2016
中国信息产业年鉴

YEARBOOK OF CHINA INFORMATION INDUSTRY

《中国信息产业年鉴》编委会 编

電子工業出版社
Publishing House of Electronics Industry
北京 · BEIJING

内容简介

本年鉴主要反映了2015年中国电子信息产业的发展情况和所取得的成就，较全面地展示了中国电子信息产业发展的技术现状和经济运行的有关数据等。

本年鉴原名《中国电子工业年鉴》，首次出版于1986年，2016年版为第31卷。从2009年版起更名为《中国信息产业年鉴》，主要提供给关注中国信息产业发展的各级领导，以及从事信息产业科研、生产、进出口贸易与市场营销的有关人员参考。

图书在版编目（CIP）数据

2016中国信息产业年鉴 /《中国信息产业年鉴》编委会编 . -- 北京 : 电子工业出版社 , 2016.12
ISBN 978-7-121-30554-2

Ⅰ . ① 2… Ⅱ . ①中… Ⅲ . ①信息产业－中国－2016－年鉴 Ⅳ . ① F492-54

中国版本图书馆 CIP 数据核字（2016）第 294635 号

责任编辑：沈艳波　徐　磊
特约编辑：伦朝丽　　　文字编辑：刘娴庆
印　　刷：北京金特印刷有限责任公司
出版发行：电子工业出版社
　　　　　北京市海淀区万寿路 173 信箱　邮编：100036
开　　本：889 × 1 194　1/16　印张：40.5　字数：1 296 千字
版　　次：2016 年 12 月第 1 版
印　　次：2016 年 12 月第 1 次印刷
定　　价：398.00 元

ISBN 978-7-121-30554-2

凡所购买电子工业出版社的图书有缺损问题，请向购买书店调换。若书店售缺，请与本社发行部联系，联系电话：（010）88254888。

质量投诉请发邮件至 zlts @ phei.com.cn，盗版侵权举报请发邮件至 dbqq @ phei.com.cn。

服务热线：（010）88258888。

2016
中国信息产业年鉴

主管　工业和信息化部

主办　工业和信息化部电子科学技术情报研究所

　　　　中国电子信息行业联合会

《中国信息产业年鉴》
编　委　会

委　　员（按姓氏笔画排序）

工业和信息化部及部属单位

文　勇　工业和信息化部国际合作司原副巡视员

史晓光　工业和信息化部人事教育司巡视员

乔跃山　工业和信息化部电子信息司副司长

刘九如　电子工业出版社副社长兼总编辑

安筱鹏　工业和信息化部信息化和软件服务业司副司长

张新明　工业和信息化部电子工业标准化研究院副院长

李　颖　工业和信息化部信息化和软件服务业司巡视员

李新社　工业和信息化部电子科学技术情报研究所副所长

陈　英　工业和信息化部信息化和软件服务业司副司长

范书建　工业和信息化部科技司副司长

姜子琨　工业和信息化部财务司副司长

胡　燕　工业和信息化部电子信息司巡视员

郭秀明　工业和信息化部政策法规司副巡视员

陶少华　工业和信息化部办公厅副主任

彭红兵　工业和信息化部电子信息司副司长

地方工业和信息化主管部门

卜江戎　湖北省经济和信息化委员会副主任

马　军　吉林省工业和信息化厅副厅长

马　勇　江西省工业和信息化委员会副巡视员

马运侠　山西省经济和信息化委员会副巡视员

王文胜　四川省经济和信息化委员会副主任

王海峰　甘肃省工业和信息化委员会副主任

卞　成　青岛市经济和信息化委员会副主任

厉　敏　浙江省经济和信息化委员会总工程师

兰红星　广西壮族自治区工业和信息化委员会巡视员

戎之勤　上海市经济和信息化委员会秘书长

刘爱丽　黑龙江省工业和信息化委员会副主任

许蒲生　陕西省工业和信息化厅副厅长

严效东　福建省经济和信息化委员会副主任

苏国平　新疆维吾尔自治区经济和信息化委员会副主任

李　涛　河南省工业和信息化委员会副主任

李朝兴　天津市工业和信息化委员会主任
邹　平　河北省工业和信息化厅厅长
邹　生　广东省经济和信息化委员会巡视员
张伯旭　北京市经济和信息化委员会主任
张宏年　宁夏回族自治区经济和信息化委员会副主任
张佰成　内蒙古自治区经济和信息化委员会副主任
张建明　云南省工业和信息化委员会副主任
张洪溢　青海省经济和信息化委员会副主任
陈万馨　海南省工业和信息化厅副厅长
陈汝义　辽宁省经济和信息化委员会副巡视员
陈松岭　湖南省经济和信息化委员会副主任
陈家宝　安徽省经济和信息化委员会副巡视员
周　青　重庆市经济和信息化委员会副主任
柯继安　厦门市经济和信息化局局长
姜玉波　新疆生产建设兵团工业和信息化委员会副主任
贾兴东　深圳市经济贸易和信息化委员会副主任
夏继泽　大连市经济和信息化委员会产业政策处处长
徐　飞　西藏自治区工业和信息化厅厅长
龚怀进　江苏省经济和信息化委员会副主任
康克岩　贵州省经济和信息化委员会副主任
靖士宽　山东省经济和信息化委员会副巡视员
戴　云　宁波市经济和信息化委员会副主任

其他单位

王小兵　农业部市场与经济信息司副司长
吕新杰　中国广播电视设备工业协会秘书长
李德芳　中国石油化工集团公司信息化管理部主任

《中国信息产业年鉴》编辑部

《中国信息产业年鉴》特约编辑

（按姓氏笔画排序）

编写说明

《中国信息产业年鉴》是一部全面反映中国电子信息产业发展状况的综合性、资料性工具书，原名《中国电子工业年鉴》，创刊于1986年，逐年连续出版，曾更名为《中国信息产业年鉴（电子卷）》，从2009年起更名为《中国信息产业年鉴》，2016年版为第31卷。

2016年版《中国信息产业年鉴》全面、系统地反映2015年中国电子信息产业发展状况和所取得的成就，展示中国电子信息产业经济运行相关数据。

2016年版《中国信息产业年鉴》的结构和体例与往年各卷相比有所变化，包括特载、大事记、产业概况、产业数据、电子信息制造业、软件服务业、信息技术应用、政策法规、科技管理、国际合作、进出口贸易、地区概况、附录等多方面的内容。

2016年版《中国信息产业年鉴》内容采用文章、条目、图表等多种表现形式。年鉴体例采用分类编辑法，全书由类目、分目、条目三个层次组成。本卷年鉴设类目13个，类目下设分目84个、条目709个、表481个、图89个、文章32篇。

2016年版《中国信息产业年鉴》稿件及数据来源于工业和信息化部的有关单位、海关总署、中国广播电视设备工业协会、中国电子元件行业协会、中国电子仪器行业协会、中国电子专用设备工业协会、中国真空电子行业协会、中国电子材料行业协会、中国光学光电子行业协会，各省、自治区、直辖市，以及信息技术应用部门。其中产业数据部分由工业和信息化部运行监测协调局提供并核准。其他系统的有关数据，均由各系统主管部门审核提供。

2016年版《中国信息产业年鉴》中的综合统计数据未包括西藏自治区、台湾地区、香港特别行政区、澳门特别行政区的数据。

2016年版《中国信息产业年鉴》卷首提供详细的目录，卷末有按汉语拼音顺序排列的主题分析索引，方便读者检索信息。

2016年版《中国信息产业年鉴》在编辑加工和印装等方面尚有许多不足，敬请广大读者批评指正。

《中国信息产业年鉴》编辑部

2016年11月

目　录

特　载

大　事　记

产业概况

产业数据

电子信息制造业

附　录

索　引

特　载

稳增长　调结构　促融合
实施中国制造 2025　建设制造强国网络强国

——工业和信息化部部长苗圩在全国工业和信息化工作会议上的报告（节选）

（2015 年 12 月 24 日）

一、2015 年工作

（一）面向全球竞争制高点启动实施制造强国战略

制定和落实中国制造 2025 是工作的重中之重。推动成立国家制造强国领导小组和战略咨询委员会，指导发布重点领域技术路线图，有序推进编制“X”体系方案，启动建立任务落实信息化管理平台和制造强国基础大数据平台。各地积极响应、主动对接，出台系列推进方案计划。开展工业强基专项行动，支持 118 个示范项目，一批关键共性技术和产品实现示范应用。完善国家制造业创新体系，认定 75 家国家技术创新示范企业和 25 家部重点实验室。重大技术装备首台（套）政策落地实施。国家科技重大专项取得重要进展，28 纳米芯片制程工艺进入量产，C919 大型客机首架机总装下线，ARJ21-700 新型涡扇支线飞机交付商用，航空发动机及燃气轮机重大专项启动实施。探月工程三期再入返回飞行试验任务圆满完成，高分二号卫星投入使用，长征五号新型运载火箭完成研制攻关，一大批国产装备在抗战胜利 70 周年阅兵式上集中展示，国防科技创新成果丰硕。

（二）顶住下行压力保持工业平稳运行

我们积极研究提出建议，国务院出台工业稳增长调结构增效益一系列重要措施，这是本届政府以来针对工业出台政策最密集的一年。开展涉企收费清理规范专项行动，预计为企业减负超过 1 100 亿元。协调扩大重大技术装备进口和小微企业税收优惠政策惠及范围，政策实施以来进口免税累计近 2 000 亿元。推动下调工商业用电价格，减少企业用电成本超过 600 亿元。扩大高端铝材、绿色建材和钢结构市场需求，支持稀土、石墨烯等重点新材料产品发展。信息通信、家电、纺织、食品、药品等行业质量品牌建设成效显著。新能源汽车推广应用扶持政策进一步完善，1—11 月生产约 28 万辆，同比增长超过 4 倍。及时推出 1.6 升及以下排量乘用车减半征收购置税政策，汽车销售实现止跌回升。国家集成电路产业投资基金运作良好，实际出资超过 240 亿元，带动社会投融资超过1 000亿元。开展扶助小微企业专项行动，推动设立国家中小企业发展基金，为大众创业、万众创新注入新活力。

（三）适应经济新常态加快调整优化产业结构

技术改造工作在新常态下作用更加凸显，得到更大重视。推动完善固定资产加速折旧政策，支持危险化学品生产企业搬迁改造等449个项目，中央专项建设资金投入577亿元，带动9 620亿元投资。高档数控机床、工业机器人、新型智能终端、工业设计等新兴产业发展势头良好，预计全年，高技术产业增长超过11%。淘汰落后和化解过剩产能取得积极进展，预计全年淘汰炼铁1 300万吨、炼钢1 700万吨、电解铝30万吨、水泥3 800万吨、平板玻璃1 100万重量箱以上，化解造船过剩产能1 500万吨，电解铝行业产能利用率回升到80%以上，市场倒逼过剩产能退出的机制加速形成。进一步优化企业兼并重组市场环境，协调落实配套政策措施，集成电路、稀土、婴幼儿配方乳粉等重点行业兼并重组进程明显加快。开展工业绿色发展专项行动，进一步健全能效标准体系，重点行业、区域资源综合利用和清洁生产水平明显提升，节能环保产业不断壮大。继续抓好国家新型工业化产业示范基地、中国软件名城、国家级工业设计中心创建工作。落实“一带一路”、京津冀协同发展、长江经济带战略，指导各地开展产业转移系列对接活动，建设合作示范园区，优势互补、梯度渐进的产业布局进一步优化。

（四）以融合促创新培育发展新动能

两化深度融合取得新进展，突出抓智能制造，启动智能制造专项和试点示范专项行动，支持新模式应用等93个项目，确定46个试点示范项目。指导组建智能制造产业联盟，开展中德智能制造合作。突出抓两化融合管理体系，贯标企业超过2 000家，一批试点企业在精益管理、风险管控、供应链协同等方面的竞争优势初步显现。突出抓培育新业态新模式，推动出台“互联网+”以及支持云计算、大数据发展的指导性文件，制定“互联网+”三年行动计划，支持网络协同制造、个性化定制、众包众创等加快融合创新。工业互联网构建基础取得阶段性研究成果。突出抓军民融合向深度发展，军民用技术双向转移加快，2 506家单位取得军品科研生产许可。简化军品市场准入审查程序、军民通用标准建设、重点领域设备设施资源共享取得新突破。

（五）聚焦热点难点问题加大信息通信业发展管理力度

狠抓网络提速降费，继续实施“宽带中国”专项行动，推进全光网城市建设，推动企业持续降费，取消京津冀长途漫游费，全国平均接入速率较2014年增长1.7倍，网间宽带扩容612G，截至10月底固定宽带和移动流量平均资费水平下降幅度已超过50%、39%，完成提速降费年度目标。发放LTE-FDD牌照，4G网络覆盖全国城市。预计全年4G用户突破3.8亿。三网融合面向全国推广，IPTV用户超过4 500万。电信普遍服务补偿机制取得实质性进展，初步形成中央、地方和企业共同促进农村宽带建设的格局。移动通信转售开放试点有序推进，宽带接入市场开放力度不断加大，在全国范围内放开电子商务外资股比限制。开展中欧5G领域战略合作，与国际电信联盟启动共建东非信息高速公路项目，积极搭建海峡两岸产业交流合作平台。完成无线电管理条例修订草案立法审查。基础资源、网站备案、用户个人信息保护、移动智能终端等方面管理进一步加强，电话用户实名制和打击治理“黑卡”、垃圾短信、“伪基站”等专项行动成效显著，移动电话携号转网有序推进。配合相关部门处置违法违规网站4 378家，竞争秩序进一步规范，电信服务质量稳步提升。网络信息安全管理持续强化，出色完成反恐维稳、重大活动及突发公共事件应急通信、无线电和网络信息安全保障任务。

二、“十二五”发展情况

（一）转型升级成效显著

妥善应对国际金融危机持续影响等风险挑战，坚持把提高质量和效益作为中心任务，持续开展转型升级“6+1”专项行动，行业总量大幅度提高，产业结构进一步优化，稳居世界第一制造大国和网络大国。“十二五”主要经济目标基本完成，前四年全部工业增加值年均增长8.3%，工业全员劳动生产率年均增长11.9%；“十二五”末预计单位工业增加值能耗和用水量较“十一五”末分别降低25%、35%，主要污染物排放等约束性指标超额完成；高技术产业占全部工业比重提高2.2个百分点，基础电信业收入规模超万亿，提前两年完成规划目标。

（二）创新能力持续加强

坚持把加强自主创新和技术进步作为产业发展的关键，建立健全以企业为主体、产学研结合的技术创新体系。规模以上工业企业研发费用支出占主营业务收入比重超过 0.85%，新一代信息技术、高档数控机床等十大重点领域发明专利年均增长率超过 23%。载人航天与探月工程、载人深潜、北斗导航、高性能计算、新型显示、移动通信等取得重大突破，高铁、海洋工程装备、核电装备、卫星成体系走出国门，装备制造业成为新的出口优势产业。军民科技协同创新和共享共用水平明显提升，小核心、大协作、专业化、开放型武器装备科研生产体系建设取得重要进展。科技创新步入跟踪、并跑和领跑并存的新阶段。

（三）两化融合深入推进

坚持把推动两化深度融合作为立部之本、全系统的共同责任，加强顶层设计和统筹推进。建成全球最大规模的宽带通信网络，移动通信实现从 3G 突破到 4G 同步的跨越，TD-LTE 成为 4G 国际两大主流标准之一。重点行业信息化步入集成应用新阶段，大中型企业数字化设计普及率提高 23.5 个百分点，重大产品和成套装备智能化水平明显提升，主要行业关键工艺流程数控化率超过 70%。互联网经济走在世界前列，电子信息产业创新发展加快，信息消费迅速扩大，移动互联网、物联网、云计算、大数据等新业态新模式成为发展的新引擎。

（四）企业竞争实力显著提升

着力推动形成大企业与中小企业协调发展、资源配置更富效率、治理结构更加科学的发展格局。规模经济行业产业集中度明显提高，具有国际竞争力的创新型大企业不断增多，在各自领域引领着行业发展和技术进步。56 家制造企业进入世界 500 强，11 家工程机械企业进入全球 50 强，4 家互联网企业和 2 家集成电路设计企业进入全球 10 强，通信设备制造商跻身世界第一阵营。众多中小微企业走专业化、精细化、特色化、新颖化发展道路，活力不断增强，产业集群持续壮大，成为推动大众创业、万众创新的中坚力量。

（五）履职能力进一步增强

坚持深化改革，进一步简政放权、放管结合、优化服务，大部门制带来的融合优势、产业链优势、政策协同优势进一步显现。对外开放合作力度空前加大，产业自主发展与对外开放合作相互促进，在相关国际组织中的影响力明显提升。法律法规不断健全，依法行政力度持续加大。战略谋划、统筹协调、创新管理、狠抓落实能力持续增强。中国制造 2025 应时而生，发展规划体系不断完善，支持发展的政策措施进一步丰富，标准规范及准入条件不断强化，创新型人才队伍建设得到加强。

三、“十三五”的形势和任务

（一）准确把握工业发展面临的形势

综合判断，中国工业发展仍处于可以大有作为的重要战略机遇期，但战略机遇期的内涵已发生深刻变化，同时一些长期积累的深层次矛盾进一步显现，各种风险也在不断积聚。要加深对经济新常态的认识和理解，彻底抛弃用旧的逻辑思维和方式方法再现高增长的想法。目前面临的问题主要不是周期性的，不可能通过短期刺激实现 V 型反弹。要做打持久战的准备，敢于经历痛苦的磨难，适当提高换挡降速容忍度，坚定信心，锐意改革，强化体制动力和内生活力，努力实现工业更高质量、更有效率、更加公平、更可持续的发展。

谋划“十三五”发展，在思想认识上要把握好以下几个方面。第一，坚持需求牵引与供给优化并举，更加注重供给侧结构性改革。第二，坚持稳增长与调结构相平衡，努力保持工业运行在合理区间。第三，坚持培育新兴产业和改造传统产业并进，加快新动能生成。第四，坚持统筹自主发展与开放合作，推动产业向价值链高端跃升。第五，坚持提能力、促融合、优管理，加快信息通信业转型发展。

（二）深入实施中国制造 2025，推进制造强国建设

“十三五”时期是实施中国制造 2025、推进制造强国建设的关键五年。要把创新、协调、绿色、开放、共享五大理念全面落实到推进中国制造 2025 各项任务中，按照加快构建产业新体系的要求，聚焦主要矛盾和薄弱环节，整合资源，掌握一批重点领域关键核心技术，优势领域竞争力进一步增强，带动制造业水平整体提升，为如期全面建成小康社会奠定更加坚实的基础。

落实好中国制造 2025，要充分发挥制度优势，动员各方面力量，形成合力，在转变政府职能、完善推进实施机制、营造良好发展环境上下功夫。一是要把立足当前和着眼长远结合起来。要从战略上谋划长期发展，瞄准未来 10 年发展目标，加快编制实施 1+X 体系。谋划好 2016 年工作，加快推动转型升级和提质增效。二是要把整体推进和重点突破结合起来。聚焦十大领域的细分行业，加强与省区市之间协商协调，实现差异化和梯次发展。以五大工程项目为牵引，在关键共性领域和重点行业率先突破，推动制造业整体水平提升。三是要把部门协同和上下联动结合起来。继续发挥好制造强国领导小组工作机制的作用，协调各部门出台配套支持政策。加快构建重大产业工程布局工作机制，统筹协调地方规划、工程的落实进展。四是要把苦练内功和营造环境结合起来。鼓励企业加强管理，苦练内功激发发展活力和创造力。进一步创新和改进政府管理方式，重点放在营造公平竞争的市场环境、促进创新创业、做好公共服务上。

（三）加快信息通信业转型发展，支撑网络强国建设

要按照实施网络强国战略、国家大数据战略、“互联网+”行动计划的总体部署，围绕加快基础设施建设、促进互联互通、推动网络经济创新发展、保障网络安全等重点任务，加快推动信息通信业转型发展，从更高层次、在更宽领域，履行支撑服务网络强国建设的新使命。要进一步增强大局意识和战略思维，从宏观定位上谋划转型，更加强调信息通信业的基础性、公共性定位，加快构建高速、移动、安全、泛在的新一代信息基础设施，开展网络提速降费行动，完善电信普遍服务机制。从发展方向上引导转型，把两化融合作为信息通信业转型发展的主要方向，夯实智能制造、工业互联网发展基础。从产业体系上促进转型，加快移动互联网、云计算、大数据、物联网等关键核心技术的研发和产业化，全力打造现代互联网产业体系。从发展格局上推动转型，鼓励民间资本通过多种形式参与信息通信业投融资，形成多种主体相互竞争、优势互补、共同发展的市场格局。从管理能力上支撑转型，坚持发展、管理与安全并重，加快建设以互联网管理为核心、基础管理和网络信息安全为重心的行业监管体系。

四、2016 年重点工作任务

我们要特别关注、着力解决当前工业运行中存在的突出矛盾与问题。一是经济减速还没有触底，投资增速降到多年最低点，新开工项目计划总投资增幅低位徘徊、后劲不足，出口下降态势仍在延续，工业下行压力仍然较大。二是产能过剩问题凸显，钢铁、煤炭、水泥、建材等行业产能已达到峰值，产能不减、价格疲软，PPI已连续 45 个月下跌，目前还看不到缓解迹象。三是企业生产经营困难加大，受需求不足和综合成本上升的双重挤压，企业利润下降，亏损面扩大，部分行业全行业亏损，面临倒逼破产的企业增多。四是金融风险隐患加大，企业负债率上升，相互拖欠增多，有的企业面临资金链断裂风险。

做好 2016 年工作总的要求：全面贯彻党的十八大和十八届三中、四中、五中全会及中央经济工作会议精神，贯彻落实习近平总书记系列重要讲话精神，牢固树立和贯彻落实创新、协调、绿色、开放、共享的发展理念，适应经济发展新常态，坚持稳中求进工作总基调，立足制造强国、网络强国战略全局，坚持稳增长与调结构、扩内需、促改革、强管理、减负担相结合，着力推进供给侧结构性改革，深入实施中国制造 2025，推进两化深度融合、军民深度融合和信息通信业转型发展，强化互联网管理和网络信息安全保障，提升供给体系的质量、效率和层次，实现工业通信业平稳增长和提质增效。

主要预期目标：规模以上工业增加值增长 6% 左右、能耗降低 4%，单位工业增加值用水量降低 4.5%；电信业、互联网行业、软件和信息技术服务业收入分别增长 3%、25% 和 14% 左右。

重点抓好八个方面的工作：

（一）狠抓供给质量和效率，努力保持工业平稳运行

（1）启动新一轮重大技术改造升级工程。加大财税金融等政策支持，更多采用后补助、股权投资等方式，以政府投资带动社会投资，提高投资有效性。选择一批城市和大型企业开展产融结合试点。

（2）实施城市危险化学品企业和钢铁企业搬迁改造、有色金属企业退城入园等重大工程。积极发挥国家集成电路产业投资基金、先进制造业投资基金等的撬动作用，引导社会资本等要素投向，谋划推出一批重大项目。

（3）开展改善消费品供给专项行动，促进轻工、纺织、食品、医药、智能硬件等产业创新发展。实施服务型制造三年行动计划，大力发展工业设计、融资租赁、节能服务、信息技术服务等生产性服务业。

（4）开展质量品牌提升行动，以食品、工业消费品为重点，推广质量标杆经验。

（5）开展绿色建材生产和应用行动，促进绿色建材、钢结构和铝型材扩大使用。实施能效、水效“领跑者”计划。

（6）实施新能源汽车推广计划，落实好已出台政策措施，加快出台乘用车企业平均燃料消耗量管理办法、促进动力电池产业发展、充电设施建设奖补等重大政策。

（7）启动农业机械装备、船舶配套自主化、重大应急装备和产品等专项行动，实施第七代超深水钻井平台、船用低速机创新等工程专项，开展光伏储能一体化应用示范。

（8）深入开展“大运行、大平台、大服务、大提升”工作，健全工业运行重点联系城市工作机制，密切跟踪重点行业、地区情况，做好监测分析、运行协调和企业服务。指导地方加大财政引导和支持力度，形成中央和地方的合力，协同推进重大工程项目。

（二）分业施策调整存量，加快传统产业优化升级

（1）制定实施机械、汽车、轻工、纺织、电子、建材等重点行业分业施策专项方案，支持困难行业加快去产能、去库存、降成本，实现产品升级、转型转产、扭亏增盈。

（2）抓紧制定实施推动产业重组、处置“僵尸企业”总体方案，协调出台扶持措施，坚持多兼并少破产，妥善安置好职工，引导“僵尸企业”平稳退出。进一步优化企业兼并重组市场环境，积极推进破局性、战略性兼并重组。

（3）多措并举化解产能过剩。通过严格环保、能耗、技术等标准，利用工业企业结构调整专项奖补资金，加大特困行业过剩产能化解力度。开展钢铁、水泥、平板玻璃等行业化解过剩产能试点。严控新增产能，依法依规查处顶风审批扩能。

（4）实施绿色制造工程。在清洁生产、节能降耗、污染治理、循环利用等重要环节，实施一批重大改造项目和示范工程。

（5）落实“一带一路”战略和京津冀协同发展产业升级转移规划，发布长江经济带创新驱动产业转型升级方案，制定重点区域产业转移指南。实施京津冀化工企业搬迁专项。继续开展产业转移对接活动。

（6）加强对国家新型工业化产业示范基地的指导和管理。支持建设国际合作工业园、中外中小企业合作区。

（7）落实中央有关决定，深入推进扶贫攻坚工程。进一步做好燕山—太行山片区扶贫、定点扶贫工作，加大特色产业帮扶和贫困村信息化推进力度。

（三）坚持创新引领发展，培育壮大高端制造业

（1）扎实推进中国制造 2025“1+X”体系，开展城市试点示范，逐步向重点地区、园区推广。完善重大产业工程布局协调机制，加快建设制造强国基础大数据平台和任务落实信息化管理平台。

（2）实施国家制造业创新中心建设工程。支持企业、科研院所、高校组成创新共同体，分领域启动创新中心试点。开展关键共性技术研究和产业化应用示范。年内争取建成 2 ~ 3 家国家制造业创新中心。

（3）实施工业强基工程。聚焦重点领域实施突破行动和应用计划，组织示范项目，集中解决 30 ~ 50 项标志性产品和技术。发布2016年版工业“四基”发展目录，依托国家新型工业化产业示范基地，布局一批产业技术基础平台和服务支撑中心。

（4）实施高端装备创新工程。组织抓好国家科技重大专项，抓紧实施航空发动机及燃气轮机重大专项。尽快启动新能源汽车等国家重点专项。适应科技计划管理改革需要，支持专业机构承担重大专项和重点研发计划管理任务。

（5）积极拓展高端装备及新材料应用市场。扩大首台（套）重大技术装备保险保费补偿政策覆盖面，推动组建若干重大装备租赁公司。研究建立新材料、关键零部件首批次应用保险保费补偿机制。

（6）强化标准制定和知识产权保护。整体推进两化融合、5G、移动互联网、大数据等重点领域标准化工作，组织实施制造业标准化提升计划。开展产业知识产权协同运用推进行动。

（7）大力实施军民融合发展战略。研究出台促进国防科技工业军民融合深度发展的若干政策措施。制定国防科技创新资源开放共享办法，推进重点实验室、军工重大实验设施等向社会开放服务。开展军民两用技术联合攻关，制发年度“军转民”和“民参军”目录，继续开展军民通用标准建设试点。完善军民融合公共服务平台，建设一批军民融合创新示范区。

（四）瞄准智能制造主攻方向，推动两化深度融合发展

（1）实施智能制造工程。支持高档数控机床与工业机器人、增材制造、智能传感与控制、智能检测与装配、智能物流与仓储五大关键装备创新应用。搭建智能制造综合标准化技术体系，启动40个标准试验验证项目。推进智能制造产业联盟建设。

（2）继续实施智能制造试点示范行动，确定60个以上新模式试点示范项目。启动一批智能化改造项目。在有色、稀土、纺织、家电、食品等行业分类推广智能矿山、智能工厂和数字化车间。开展智慧化工园区试点。

（3）深化“互联网+”制造业创新发展。指导编制互联网与制造业融合发展路线图。开展“互联网+”制造业试点示范。加快信息物理系统应用测试验证平台建设，开展行业应用示范。

（4）深入推广两化融合管理体系。研制标准体系总体框架和路线图，制定发布两化融合管理体系指导意见，新增300家通过体系评定的企业。

（5）增强关键技术研发和支撑能力。落实国家集成电路产业发展推进纲要，研究制定传感器发展行动计划。加快5G关键技术产学研用联合攻关，重点布局车联网、智能交通等新兴领域。

（6）积极落实国家大数据战略。建设一批大数据综合试验区和产业集聚区。

（7）提升工业信息安全保障能力。研究制定工业信息安全政策、标准，开展工控系统安全检查和风险评估。在石化、装备制造等行业开展工业控制系统网络安全试点。

（五）大力扶持小微企业，推动企业创新管理提质增效

（1）着力改善政策环境。发挥国务院促进中小企业发展工作领导小组办公室协调机制作用，全面梳理、评估各项惠企政策落实情况并向社会公开。推动国家中小企业发展基金尽快投入运营，支持种子期、初创期成长型中小企业加快发展。

（2）加大融资支持力度。继续深化与金融机构的合作，推动建立中小企业信用担保体系和银担风险分担机制。开展应收账款质押融资和互联网金融助力小微企业发展试点。

（3）开展“互联网+”小微企业创业创新培育行动。继续实施中小企业信息化推进工程，建设一批智慧型小微企业创业创新基地，支持构建“创客中国”创业创新服务平台。实施大企业支持大众创业、万众创新示范推广工程。加大创新资源供给，推进“芯火”计划，鼓励高校和科研院所设立技术转化机构。

（4）加快中小企业创新转型发展。运用技改资金支持中小企业“专精特新”项目。继续推进重点城市创新转型试点。开展制造业单项冠军企业培育提升行动，培育一批“小巨人”企业。

（5）深入推动减轻企业负担。全面实施涉企收费目录清单管理，督促各地各部门2016年底前公布行政审批、中介服务收费、执法检查、行政罚款等各类项目清单。

（6）开展企业管理提升专项行动。制定出台引导企业创新管理提质增效的指导意见。推进非公有制企业建立现代企业制度试点。开展工业文化建设的理论研究和试点示范。

（六）实施宽带网络提速降费行动，推进信息通信业转型发展

（1）制定高速宽带网络建设和提速降费年度行动方案。加大投资力度，促进全光网络建设和4G发展，力争2016年基本实现所有设区城市光纤网络全覆盖，20M以上高速宽带用户比例超过50%，4G用户达到6亿户。继续促进有效竞争，提升服务质量，简化资费结构，降低资费水平。

（2）实施电信普遍服务补偿机制试点，推动基础电信企业深度合作共享，实现1万个行政村通宽带和2万个行政村光纤化升级改造。继续推进“宽带中国”示范城市创建，落实通信基础设施纳入城乡规划工作。

（3）组织落实三网融合推广方案，稳步推动三网融合业务分期分批扩大至全国。开展5G技术试验和商用牌照发放前期研究，积极参与国际标准制订。加快互联网国际出入口宽带扩容，探索新型互联网交换中心建设试点，2016年实现骨干网互联带宽再扩容500G。

（4）积极稳妥推进电信领域开放发展。出台移动通信转售业务正式商用政策，深化宽带接入市场开放试点。鼓励企业“走出去”参与信息通信网络建设和运营。强化信息网络基础设施互联互通合作，实施共建东非信息高速公路项目。推动将TD-LTE纳入“走出去”部际协调机制，落实相关支持政策和措施。

（5）有序推进工业互联网发展。研究制订总体方案、标准体系框架及推进策略。推动成立工业互联网产业联盟。

（6）科学配置与合理利用无线电频谱资源，做好北斗导航、探月工程等重大工程项目频率和卫星轨道资源国内外协调。规范无线电台站设置和使用，严厉打击“伪基站”“黑广播”以及卫星电视干扰器等违法设台行为。

（七）加强互联网行业管理，提升网络与信息安全保障能力

（1）推动尽快出台加强和改进互联网行业管理、促进互联网产业健康发展的指导意见。抓好新版电信业务分类目录的实施，发布试办新型电信业务管理办法。强化互联网基础资源管理，加大对责任落实不到位、存在违规行为接入企业的处罚力度。积极参与国际互联网治理。

（2）强化服务质量监管和用户权益保护。深入开展不良网络信息和网络环境综合治理，实施网站安全专项整治、打击治理通讯信息诈骗等专项行动，着力解决骚扰电话、不明扣费、恶意吸费、不良网络信息等突出问题。深入推进电话用户实名登记工作。继续推进携号转网工作。

（3）进一步规范电信和互联网等企业经营和竞争行为。探索建立互联网市场主体信用评价体系，完善企业信用信息公示、经营异常名录、违法违规企业黑名单制度。制定互联网新技术新业务安全评估管理规定及相关技术标准。加强移动智能终端进网安全检测、预置应用软件管理和移动应用商店的网络安全监管，加大用户个人信息保护力度。

（4）深化基础电信企业安全责任考核。修订通信网络安全防护管理办法，建立行业网络安全审查制度，强化关键信息基础设施安全保障。开展网络安全试点示范，出台行业数据安全管理意见。

（5）深入推进网络管控技术体系建设，提升网络设施安全和应急通信保障能力。

（八）加强统筹协调和改革创新，营造行业发展的良好环境

（1）精心编制工业通信业领域“十三五”规划。

（2）深化改革释放发展活力。积极稳妥推进国防科技工业管理体制改革、军工科研院所分类改革，扎实推进电信业放开竞争性业务试点。

（3）持续推进简政放权、放管结合、优化服务，进一步转变政府职能，提高行政效能。推行权力清单、负面清单、责任清单，实行行政审批“一个窗口”受理制度，简化优化公共服务流程。

（4）推动重点领域立法，坚持依法行政。突出抓好无线电管理条例、电信法、中小企业促进法、稀有金属管理条例等的制修订及宣贯。

（5）务实推进国际产能和装备制造合作。抓紧建立重点项目库，支持企业以“一带一路”沿线国家、境外产业园区为重点，有序参与重点领域投资合作。充分发挥多边双边交流合作机制作用，深化5G、工业互联网、智能制造、中小企业、核与航天等领域合作。

（6）创新行业管理方式。实施更加精准的产业政策，围绕创新驱动、激活存量和绿色发展，聚焦补齐短板、鼓励竞争，推动产业政策加快向普惠性、功能性、结构性转变。强化行业规范管理，加强行业自律。

在2015中国两化融合大会上的讲话

工业和信息化部副部长 怀进鹏

（2015年9月20日）

近年来，许多国家都在反思和探讨制造业发展和制造业竞争力等问题，这些动态都值得我们研究和思考。在世界经济发展与产业发展的新趋势下，我们需要看到自身发展的问题和挑战，借鉴国际发展趋势发现其中蕴含的规律，并在转型升级、提升竞争能力的过程中不断探索和实践。

一、两化融合是否能够成为中国工业经济一次重要的腾飞机会

第一次工业革命以工匠型方式推动全球经济社会和产业发展，第二次工业革命以电力传递为先导，第三次工业革命对产业、社会生活的改变更是产生重要作用。客观上来说，在第一次、第二次工业革命和第三次科技革命中，中国都是后来者的角色。但是，改革开放 30 多年来，中国已经从后来者变成追赶者，在高性能计算机等许多重要战略性产业和技术产业领域成为并肩者，在一些领域中甚至成为领跑者。1996 年“九五”计划提出两个转型，“十五”“十一五”“十二五”计划不断总结发展规律和世界各国经验，逐渐形成一条清晰的发展路线。我们的认识和观念在不断地转型和发展，外部的条件发生着深刻变化，中国经济社会和产业的发展也创造难得的外部支撑条件。中国已经成为世界第一制造业大国，信息技术领域特别是一些新兴技术领域的发展，已处于世界领先地位。当工业与信息技术这两个重要因素的结合，特别是当“中国制造”遇到“互联网 +”浪潮，为中国推动两化深度融合创造前所未有的机遇。

两化融合是中国经过长时间发展积累起来的一种经验、一种规律的认识，也是未来努力的方向。如果不能有效地坚守和探索两化融合的方式方法和实践路径，也很难从国际先进的经验和发展趋势中更好地吸取宝贵的智慧。两化融合在发展过程中也创造很多经验和启示，特别是以新一代信息技术为代表的新一轮科技革命和产业革命蓄势待发，万物互联与工业互联共同驱使着人类智能迈向更高境界，信息通信技术与生产制造技术的跨界交流也推动新一轮的创造，并且推进生产方式、产业整合方式与商业模式的变化过程。在全球制造业加速跨界、垂直整合中，产业发展从过度关注规模生产向规模化并重转化，从关注产业的内部信息化和局部信息化发展向关注以网络化、数字化、智能化为特征的新型生产业态转化，为产业竞争转化为综合性竞争和核心能力竞争提出要求和条件。

2015 年，国务院先后发布《中国制造 2025》和《“互联网 +”行动意见》，把推进两化融合作为战略制高点。互联网技术与信息技术的有效融合与广泛融合已成为经济发展和增长新动力的一个重要因素，两化融合为工业经济腾飞创造条件不仅是大势所趋，而且大有可为，是时代发展的机遇。

社会文明的进步无一不与重大技术发明密切关联。当前，信息技术、信息化是人类文明进程的主旋律，而两化融合是制造业转型升级的主题。国内外的实践和规律表明，这是转型升级的历史性机遇。真正能够影响发展变化、影响重大变革的创新有两类：一类是边界式创新，特有的技术和突破带动行业和整个生产系统乃至经济社会发生本质变化；第二类是综合性创新，是在工业技术发展中能够推动整个社会变化、创造新价值的重要过程。还包含以下三类创新：第一类是从 0 到 1 的原始性创新，第二类是工程技术与产业变革的创新，第三类是面向应用与快速服务的创新，简称零次创新、一次创新与二次创新。在劳动力资源成熟的背景下，中国在二次创新，即在面向服务和客户反应方面创造奇迹并赢得全球关注和瞩目，特别是“引进—吸收—消化—再创新”的创新模式，已经成为中国引领追赶并赶超其他国家发展的极其重要的因素。在二次创新中，我们的能力和素质创造发展的奇迹，增强中国人在产业经济发展、技术创新等领域的信心。但是，对于一次创新、二次创新，我们还有相当长的发展时间。我们的原始创新需要继续向前推进，只有沉得住气、耐得住寂寞，才能够获得技术的突破。

对两化融合的推进，不仅来自于对生产过程深刻的理解与实践，还来自于对多要素综合发展探索出的一种新模式。简单来说，CPS 是两化融合的英文解释，C 是信息，P 是物，S 是系统，两化融合实际上就是信息化与工业化深度融合所对应的英文解释。两化融合是中国腾飞发展的重要机会，也是我们在技术能力、认识水平以及坚定信心方面的一次重要机遇。重新加强并倡导两化深度融合，是我们认识与行动的关键机遇。无论是“互联网 +”还是“+ 互联网”，关键是找到发展中的问题和重大危机时点。

转型升级的目的是升级，转型最关键的是提升竞争能力、产品质量以及提高生产力，提升在国际上的综合竞争能力和核心竞争能力。“中国制造 2025”为我们提供宏观战略方向，也给出实践的模式，需要我们研究思考并转化成实践。通过两化管理体系贯标工作的推进，许多企业受到启发，坚定先研究方向再发展的思路。但有的企业还是把信息化只作为一个部门，从事单一部门、单一领域的信息化，并没有把信息化作为战略发展目标

和未来企业竞争要素，也没有把信息化和自身生产制造结合起来。两化融合的基本内容是抓住企业发展的基本问题，理清产业发展的基本问题，通过信息技术进行融合发展。实践发现，部分产业的技术开发能力、产品开发能力和新业态的形成还存在很多局限性。如何更有效地将两化融合真正转化为中国制造和中国经济发展腾飞的机会，需要我们思考，更需要我们实践。

二、如何推动两化融合实现“中国制造2025”和“互联网+”发展的目标

国家经济社会发展的重大战略和抓手是两化融合，应该抓住下列方式去思考和实践。

一是大力发展智能制造。智能制造既是全球制造业发展的新趋势，也是两化融合的主攻方向。要加强顶层设计，以国家层面的宏观规划为切入点，进入到可实施的设计阶段，研究制定智能制造发展的战略、专项规划和标准体系，推广实践重大产品和成套设备的智能化工程，选择重点行业优先设计，不断提升产品生产和装备能力。要立足产业发展的问题和规律，开展智能制造试点，在一些已经取得经验的重点领域、重点行业树立试点示范，聚焦智能制造的关键环节，分类开展流程制造、离散制造以及装备和产品的试点示范。加强智能制造系统的解决方案和能力建设。

二要加快两化融合管理体系推广。两化融合管理体系是推动两化融合工作的重要抓手。要继续加强完善两化融合管理体系系列标准建设，特别是研究出中国两化融合的核心抓手。CPS可以理解两化融合就是IT的平方。如果把CPS当做两化融合的基本抓手和解释，那么研究制定两化融合，就是将CPS这样的一个实际承载的核心技术视为未来竞争中制胜的关键要素。我们要梳理两化融合的关键技术体系和结构，识别出作为重要支撑的共性技术和核心技术，以便通过传感、传输、感知和处理，形成产品与资源、产品与人的联合，这也是两化融合最基本的目标，也是CPS考虑问题的基本出发点。我们应该把握好两化融合的关键性时期，研究对策、目标和技术瓶颈，下好先手棋。西方发达国家不仅将自己定位于政策制定者与宣传者，而是将政策制定者、规划实施者和市场的部分参与者三种身份结合起来，三位一体地推动智能制造，推动制造业的回归发展。在这个方面，中国有传统的优势，我们可以通过制度优势推动社会共识，进一步积极推进产业提升的优势，从而形成我们在这个领域的发展优势，推进工业互联网、工业大数据及其综合技术标准体系的形成。大力推进试点示范推广工作，选择若干重点行业加大扶持力度和新型能力建设，健全组织体系，培养一批贯标咨询评定的专业化人才，加强宣贯培训，特别是针对行业的共性问题，要研究典型案例，推广典型经验，发挥典型示范作用，把盆景变成风景。要积极地引导和探索两化融合管理体系贯标的有效方法，让企业真正受益，探索确保评估有效性的方法和措施，完善和优化体系，落实好我们的两化融合。积极引导企业产生两化融合的内生动力，明确推进信息化的方向、目标和路径，探索有效的成效评价机制，打造一批具有国际竞争力的企业和行业。

三是加快培育新业态、新模式。主要是要培育新型生产制造的模式，加速制造业服务的转型，还要不断探索生产服务业新的平台技术。

三、如何构建“中国制造2025”良性发展的支撑能力和生态系统

未来，中国制造走向国际将分为三大历史阶段：第一阶段到2025年，第二阶段到2035年，第三阶段到2045年。为了能够从机械的思考进入到系统思考，从过去单一的信息化推进进入两化深度融合推进，获得新的历史机遇、时代机遇和创新机遇，我们需要建立更有效的生态环境，包括政策保障和社会支撑，必须做好以下三点。

一是完善国家制造业的创新体系，以更好地支持企业创新、产学研联盟创新，支持企业走出去与国际同类企业同台合作。为适应全球科技创新和制造业回归的新型竞争态势，中国制造2025强调要组织实施国家制造业创新建设工程，建设针对共性技术的支撑平台，从而形成国家制造业的创新网络。在企业推进技术中心建设的时候，更期望能够通过企业的引领作用、产学研的协同创新作用以及政府有效支持和资本融合的作用，共同加速国家制造业创新体系的形成。

二是推动下一代国家基础设施建设和信息工具建设。没有有效的信息化基础设施，两化融合走不远，也走不快。推动宽带中国，以及以未来通信为基础的基础设施建设和新能力建设，是助推两化融合的技术保障。要围绕两化融合中工业控制系统的安全体系来建设基础

设施，这是一个我们尚未完全认知和实践的重大领域，它将会决定未来工业发展的速度、两化融合实践的深度和重要程度。

三是要发展现代信息技术产业体系和安全保障体系建设。要努力通过重大项目、重大攻关来突破核心技术，有效组织和支持企业和学术界共同推进这项工作，解决在集成电路、软件以及无线领域中识别出来的重要问题，着力构建先进可靠的产业生态体系，通过资本产业、国家保障政策、知识产权制度以及国际间合作，在企业融资、上市、税收管理方面形成新的政策机制，形成有效的产业发展生态体系，更好地支撑制造业的发展态势。

以供给侧改革推进集成电路产业加速发展①

中国电子信息行业联合会副会长兼秘书长　周子学

一、中国集成电路产业供给侧改革必要性

供给侧改革，就要从生产、供给端入手，通过提高生产能力，促进经济增长。习近平总书记提出：“在适度扩大总需求的同时，着力加强供给侧结构性改革，着力提高供给体系质量和效率。”供给侧改革被提到重要位置，表明中国改革思路已经从之前的侧重以需求管理刺激经济转为将把更多侧重点用于供给管理。

“供给侧改革”是基于中国目前出口拉动作用减弱、高投资难以为继，消费结构升级带来的个性、高品质消费需求显现的大背景提出的。其中最重要的一方面原因是传统的中低端消费品供给过剩，而高端制造业供给不足。

集成电路产业是高端制造业的核心，对高端装备制造业、新一代信息技术产业和机器人产业发展带动作用明显，是推动《中国制造 2025》、“互联网 +”提出的战略方案落实的重要支撑。

2015 年，中国集成电路进口额达到 2 307 亿美元，电子设计自动化工具和原辅材基本依赖进口，量大面广的集成电路产品如智能终端核心芯片、CPU、存储器等尚无法满足国内需求，中国集成电路自给率严重不足。

因此，从供给侧改革出发，有效增加中国集成电路的供给，提升集成电路产品自给率，满足国家安全和国内市场需求，将是未来中国集成电路产业发展的重要出发点和着力点。

二、中国集成电路产业供给不足原因分析

经济增长理论中的生产函数一般形式是：Y=F（A，K，L）。其经济学含义为：总产出 Y 的提高需要通过优化资本要素 K、劳动力要素 L 和提高全要素生产率 A 来实现。影响 A 的常见因素包括技术、政策等等。目前中国集成电路还无法形成有效供给，主要原因可从 K、L、A 几个方面分析：

（一）从影响全要素生产率要素 A 的因素来看

一是集成电路发展产业创新能力不足。中国所掌握的核心技术较少。设计企业小、散、弱，制造企业量产技术落后国际主流约两代，关键装备、材料基本依赖进口。产业核心专利少，知识产权布局结构问题突出。

二是产业发展政策环境仍需改善。集成电路产业税收优惠政策落实不到位，政策难以达到预期实际效果；税收优惠方式单一，不利于引导创新型企业发展，对企业兼并重组中的税收优惠政策如何制定和落实尚需进一步研究；支持集成电路产业发展的融资体系仍不健全，间接融资成本高，融资渠道单一，银行类金融机构贷款抵押物折扣大，贷款担保条件高；上市公司增发股票审批环节及相关报批手续多，耗时时间长，企业上市条件要求苛刻，难以满足集成电路创业资金需求。

（二）从资本 K 来看

集成电路制造业资本投入积累不足，产业链协同格局尚未形成。芯片设计属于轻资产，容易集聚人才和知

注①　本文发表在《产业经济评论》上，个别数据有更新。

识产权，而制造设备等属于重资产，在资本充足的条件下，设计业比较容易突破，而制造、设备、材料则需长期积累和长期投入才能实现进步，产业链环节的成长速度不一样导致协同格局难以形成。这其中，材料、设备的发展需要制造业发展带动，所以产业链协同中最核心的问题是制造环节的发展，因此，资本需要长期持续投入制造业，积累到一定程度后才能最终形成设计、制造、材料等环节的协同发展。

（三）从劳动力 L 来看

集成电路高端人才相对缺乏。集成电路是高新技术产业，对人才提出了更高的需求，需要在技术上有专长、在管理上有魄力的领军人物。目前，集成电路产业高端技术人才团队相对缺乏，特别是集成电路制造领域里的工艺技术研发人才和设计领域里的高端设计人才缺乏；同时，集成电路高端管理人才和领军人才相对匮乏，没有形成真正的人才聚集。

三、实施供给侧改革应关注的几个方面

供给侧改革最终的落脚点就是在对生产要素 K、L，以及全要素生产率 A 的优化与调整上，核心是要提高全要素生产率 A。据国务院发展研究中心研究数据，中国全要素生产率在不断下降，1990—2008 年，年均增长率达到 3.56%，2009—2015 年平均增长率仅为 1.09%，集成电路产业要在结合自身特点的同时，紧密结合供给侧改革思路，重点把握以下几个方面：

（一）通过加大资本投入 K，做优做强大企业

根据 2014 年中国集成电路进口情况做未来 5 年基于中国市场的投入产出推算。中国设计、封测、制造等全产业链中，制造业产出约占全产业链的 1/3 左右，由于制造业是重资产行业，其投入最大，约占全产业链投入的 2/3。按照最先进的制造业企业经验数据，制造业每产出 1 元，需要 3 元的投入。[②]

在此基础上，假设 5 年后中国企业自行供给份额达到目前进口额的一半，即产出达到约 1 100 亿美元，那么制造业的产出约为 400 亿美元，而投入需要约 1 200 亿美元，即约 7 500 亿元。从全产业链看，资金总投入需达到 11 000 多亿元。如此大规模的资金投入，除了企业自筹，更需要国家创新金融体制，以国家各类产业投资基金以及低成本银行贷款去持续支持，才能满足 5 年后供给满足国内市场一半的需求。

而根据集成电路产业过去几十年的发展经验，前几名企业往往占据细分领域绝大部分市场份额，呈现“大者愈大”的寡头发展格局。世界先进企业毛利率基本在 50% 以上，不能挤进行业前列将意味着极大的经营风险。因此，中国要想在集成电路产业实现快速发展，必须集中资本投入，优化资本配置，着力培养 1 ~ 2 家大企业。

（二）从技术、政策环境方面提高集成电路全要素生产率 A

通过差异化技术布局，实现创新的可持续性。目前集成电路技术主要沿着三个方向发展，一是线宽尺寸仍在不断缩小，二是基于大量不同需求带来的多种类型“非尺寸依赖”集成电路芯片，三是为满足小型化而产生的系统集成技术。集成电路企业应根据不同发展方向进行布局，打造有差异化的创新产品，一方面继续跟随最先进的技术步伐，另一方面，应基于物联网等不同市场需求，继续扩充“非尺寸依赖”集成电路芯片产能，同时进行基于小型化需求的系统集成技术开发，以满足市场对不同工艺节点的需求，实现创新的可持续性和市场的多元化布局。

着力营造产业发展良好政策环境。产业发展需要长时间、低成本的宏观环境支撑。应全面降低企业的各种税费、融资成本等交易成本，提高供给质量与效率、改善供给结构，最终提高全要素生产率。一是切实降低融资成本。据前面测算，中国集成电路 1 万多亿资金量的投入，假设企业自筹和各种投资基金的投入占一半比重，剩下的一半投入则主要靠银行贷款解决。而目前中国集成电路企业正处于发展期，银行贷款成本高、资金压力大，需国家再在政策上解决企业贷款的成本问题。建议国家尽快成立专门用于集成电路产业的建设基金，着力解决集成电路供给侧融资成本偏高的问题。根据集成电路产业长期高投入、持续投入的发展规律，为解决发展过程中资金成本问题，企业需要长期低成本支

注② 此投入产出比是累积投入所产生的产出，即在 5 年后的当年，产出达到 1 100 亿美元需要的“总投入”。投入产出比 3:1 并不是说投入 3 元只能产出 1 元，继而导致不可避免的亏损，而是总投入 3 元，每年可以实现的产值为 1 元。此外，由于先进集成电路企业固定成本占比较大，技术附加值较高，毛利率能够保持在 50% 的水平以上，那么在 3:1 的投入产出比上，6 年时间内即可回本并开始盈利。如果毛利率在 20% 的水平，则需要持续投入 15 年才可以回本并开始盈利。

撑，因此建议专项建设基金期限设为15年，以无息贷款或1%左右的低息贷款的方式支持企业发展；总金额需达到5 000亿元以上，其中60%以上支持制造业发展，主要用于制造业新生产线产能建设、新产品开发以及流动资金的补充等，运作方式可借鉴国开行与农发行1万亿支持地方基建的专项建设基金。同时，配合集成电路产业专项建设基金，尽快启动战略性新兴产业板块。着重培育优秀集成电路企业上市，在交易规则、上市规则、发行制度等方面给予合理安排，确保企业上市融资及各种资金退出渠道的畅通。二是加大财税支持力度。积极落实现有财税优惠政策；加大财政研发补贴力度，以满足制造企业同时研发几代先进工艺的资金需求；对龙头企业和重点支持企业所得税在累积亏损填满之前免征，提高研究开发费用的抵税额度；完善促进集成电路产业并购重组的财税环境等。

（三）完善集成电路高端人才培养体制，全面提高劳动力L的素质和水平

供给侧改革中关键的一点是要优化人力资本。集成电路是技术密集型产业，人才的重要性更加凸显。一是从教育上重视集成电路专业学科建设，将集成电路专业设为一级学科。二是要建立健全集成电路人才培养体系，提高教育和产业结合的力度，培育和实践紧密结合的高端人才。三是要加大对引进集成电路领域优秀人才的支持力度，研究出台针对优秀企业家和高素质技术、管理团队的优先引进政策。四是要完善鼓励创新创造的分配激励机制，落实科技人员科研成果转化的股权、期权激励和奖励等收益分配政策。

集成电路产业属于投入高、回报期长、风险大的行业，国际上技术垄断已经形成，在我们发展的同时，先进企业也在前进，并不是钱砸下去，就一路坦途，以目前先进生产工艺28纳米生产线来看，一般前两年半为建厂期，后两年为产能爬坡期，生产线投入5 ~ 6年后才能产生效益。先进企业都曾经历过长期的亏损，并在社会各方面宽容支持下得以成长这样一个过程。因此，集成电路产业自身的特点决定了其自身发展不能一蹴而就。需要通过持续的技术创新和体制政策环境的改善达到资本、人才、全要素生产力的全面提升，最终实现产出的有效供给。以期达到在未来5年奠定产业基础，在10 ~ 15年后在每个细分领域均有企业跻身全球第一阵营，实现跨越式发展。

大 事 记

2015年电子信息产业大事记

1月

4日 工业和信息化部确定上海市等36个市（县、区）为第二批国家信息消费试点市（县、区）。

5日 《2014年中国两化融合发展水平评估报告》正式发布。报告显示，2014年中国两化融合发展指数为66.14，同比增长4.19。其中，基础环境指数为71.71，增长6.84；工业应用指数为59.70，增长2.36；应用效益指数为73.43，增长5.16。

5—6日 两化融合管理体系评定专题培训会在北京召开。工业和信息化部副部长、两化融合管理体系领导小组副组长杨学山出席大会并讲话。

6日 国务院印发《关于促进云计算创新发展、培育信息产业新业态的意见》。意见提出，到2017年，云计算在重点领域的应用得到深化，产业链条基本健全，初步形成安全保障有力、服务创新和技术创新以及管理创新协同推进的云计算发展格局，带动相关产业快速发展。

8日 工业和信息化部部长苗圩会见西门子公司亚太事务负责人博乐仁，双方就智能制造、物联网等新一轮产业技术的发展方向，以及如何加强中德工业4.0合作等议题交换意见。

8日 工业和信息化部部长苗圩会见厄瓜多尔工业和生产部部长拉米罗·贡萨雷斯，双方就进一步加强两国工业领域交流与合作交换意见。

8日 由中国电子工业标准化技术协会、中国电子技术标准化研究院和中关村科技园区管理委员会共同主办的第七届电子信息产业标准推动会暨中国信息技术服务标准化（ITSS）年会在北京召开。工业和信息化部副部长杨学山出席并讲话。

9日 中共中央、国务院在北京举行国家科学技术奖励大会，2014年度国家科学技术奖揭晓。其中，信息技术领域取得多项突破性成果。在自然科学奖、技术发明奖和科技进步奖这“三大奖”的250项民用项目中，电子信息领域项目占比超过12%。

12 日 《2014 年中国信息化发展水平评估报告》正式发布。报告显示，2014 年全国信息化发展指数为 66.56，比 2013 年增长 5.86。其中，网络就绪度指数为 60.94，增长 10.05；信息通信技术应用指数为 69.38，增长 3.05；应用效益指数为 72.19，增长 3.11。

12 日 安徽合肥举行集成电路产业项目集中签约仪式，来自境内外的 25 个集成电路产业项目落户合肥，总投资达 138 亿元。其中，设计类项目 19 个，封装测试和特色晶圆制造类 4 个，材料及设备类 2 个。

14 日 国务院召开常务会议，决定设立国家新兴产业创业投资引导基金，助力创业创新和产业升级。

15 日 工业和信息化部部长苗圩会见美国驻华大使马克斯·博卡斯，双方就进一步加强两国工业、通信业交流与合作交换意见。

18 日 中国智能终端安全产业联盟在上海成立。联盟由中兴通讯联合腾讯、阿里 YunOS、元心科技、Avast、大唐联芯等产业链、产学研用、社会化服务机构发起。由联盟倡导的“智能终端安全 4S 建议标准”也同时出炉。

27 日 由中国电子信息行业联合会、中国电子商会、中国软件行业协会共同主办的 2015 中国电子信息行业发展大会暨高峰论坛在北京召开。工业和信息化部副部长杨学山、中国电子信息行业联合会常务副会长曲维枝出席并讲话，中国电子信息行业联合会副会长兼秘书长周子学作主题报告。

28 日 工业和信息化部副部长杨学山会见美国 IBM 公司全球执行副总裁米尔斯，双方就进一步加强 IBM 与中国业界交流与合作交换意见。

2月

3 日 中国互联网信息中心（CNNIC）发布《第 35 次中国互联网络发展状况统计报告》。报告显示，截至 2014 年 12 月，中国网民规模达 6.49 亿，互联网普及率为 47.9%。其中，手机网民规模达 5.57 亿，占网民总数的 85.8%。

7 日 中国信息经济年会暨中国信息化百人会 2015 年会在北京召开。本次大会的主题为“信息经济：全球趋势，中国选择”。工业和信息化部副部长、中国信息化百人会学术委员会主席杨学山出席并讲话。会上，中国信息化百人会发布《2014 中国信息经济发展报告》，中国信息化百人会信息经济研究院宣布成立。

9 日 工业和信息化部副部长杨学山会见美国半导体协会总裁兼首席执行官庄友和，双方就加强中美半导体产业合作等进行交流。

9 日 工业和信息化部副部长杨学山会见比利时微电子研究中心执行副总裁休伯特，双方就中国集成电路产业的发展，以及开展国际合作与人才培养的相关议题交换意见。

26 日 工业和信息化部组织召开“宽带中国”2015 专项行动动员部署电视电话会议。工业和信息化部部长苗圩对“宽带中国”2015 专项行动各项工作进行全面部署。

28 日 工业和信息化部副部长苏波会见中国台湾富士康科技集团总裁郭台铭，双方就大陆制造强国战略、智能制造、车联网等议题交换意见。

3月

2 日 工业和信息化部发布《关于全面开展企业两化融合评估诊断和对标引导工作的通知》，指出在总结江苏、宁夏等 12 个省（自治区、直辖市）试点工作基础上，拟在全国全面开展企业两化融合评估诊断和对标引导工作。

6 日 工业和信息化部印发《2015 年工业强基专项行动实施方案》。

9 日 工业和信息化部印发《关于开展 2015 年智能

制造试点示范专项行动的通知》，并下发《2015 年智能制造试点示范专项行动实施方案》。

10 日 全球第一条 8.5 代金属氧化物工艺（IGZO）液晶面板生产线项目在中国电子熊猫集团建成投入运行，标志着中国在新型平板显示领域突破了一项关键工艺技术，填补了中国 IGZO 量产技术的空白。

11 日 工业和信息化部副部长怀进鹏会见中国香港特别行政区全国人大代表、香港科技园主席罗范椒芬女士，双方就在第五代通信技术（5G）、第三代半导体技术和智能制造等领域加强沟通与合作交换意见。

11 日 工业和信息化部副部长刘利华会见美国贸易代表办公室副贸易代表罗伯特・霍利曼，双方就加强中美半导体产业合作及信息通信技术领域等相关问题交换意见。

16 日 2015 年汉诺威消费电子、信息及通信博览会（CeBIT）在德国汉诺威开幕。本届博览会的主题为“数字经济”，中国是合作伙伴国。国务院总理李克强向博览会发表视频贺辞。德国总理默克尔出席开幕式并致辞。CeBIT 中国中央展区开幕式同日举行，主题为“创新・融合・合作”。国务院副总理马凯、德国副总理加布里尔共同出席 CeBIT 中国中央展区开幕式，工业和信息化部部长苗圩主持开幕式。2015 年 CeBIT 中德 ICT 峰会同日举行，主题为“软件定义世界”。工业和信息化部副部长刘利华、德国经济和能源部国务秘书马赫尼西出席峰会并致辞。

16 日 工业和信息化部副部长怀进鹏会见美国超威半导体公司全球总裁兼首席执行官苏姿丰，双方就集成电路产业发展与合作等交换意见。

21—23 日 中国发展高层论坛第十六届年会在北京召开。国务院副总理张高丽出席论坛开幕式并作主旨演讲。工业和信息化部副部长苏波出席论坛并在“调整产业结构，实施创新驱动发展”对话会上发表演讲。

22 日 2015 年中国（深圳）IT 领袖峰会在深圳召开。本届峰会的主题为“IT 重塑经济结构”。工业和信息化部副部长怀进鹏出席开幕式并讲话。

25 日 国务院召开常务会议，部署加快推进实施“中国制造 2025”，实现制造业升级。国务院总理李克强强调，中国制造要包含更多中国创造因素，更多依靠中国装备、依托中国品牌，推动中国制造由大变强。

26 日 中国电子信息产业集团有限公司在北京召开 CPU 与网络交换芯片新品发布暨成果推广会，网络交换芯片“智桥”SDN 智能高密度万兆交换芯片和“飞腾”FT-1500A 系列 CPU 处理器联袂发布。

27 日 工业和信息化部部长苗圩会见俄罗斯通信与大众传媒部部长尼基福罗夫，双方就中俄通信与信息技术合作、软件研发合作等交换意见。

28 日 工业和信息化部部长苗圩出席博鳌亚洲论坛 2015 年年会开幕式，并作为嘉宾出席“3D 打印、数字制造与第三次工业革命”分论坛。

30 日 国家标准化管理委员会在北京组织召开全国标准化工作会议。工业和信息化部副部长怀进鹏出席会议并讲话。

31 日 由工业和信息化部国际经济技术合作中心、中国国际贸易促进委员会电子信息行业分会主办的第三届中国国际云计算技术和应用展览会暨论坛在北京开幕，主题为“应用需求推动技术革新”。工业和信息化部副部长怀进鹏、中国电子信息行业联合会常务副会长曲维枝出席并致辞。

4 月

8 日 工业和信息化部副部长怀进鹏会见美国英特尔公司首席执行官科再奇，双方就加强中美企业在集成电路和软件等领域合作交换意见。

9—11 日 由工业和信息化部、深圳市人民政府主办的亚洲规模最大的电子信息综合性博览会——第三届中国电子信息博览会在深圳召开。本届博览会的主题为“智能新时代，数字新生活”。工业和信息化部副部长怀进鹏出席开幕式并致辞。新一代信息技术产业发展高峰论坛同期举办。工业和信息化部副部长怀进鹏发表主旨演讲。

10 日　由工业和信息化部电子知识产权中心、深圳市专利协会主办的 2015 电子信息产业专利态势发布暨知识产权高峰论坛在深圳召开。会议发布《2014 年信息技术领域专利态势报告》。报告显示，截至 2014 年 6 月 30 日，中国信息技术专利申请总量共计 248.2 万件，同比增长 18%；2014 年，中国提交专利申请 2.56 万件，同比增长 18.7%，是全球唯一实现两位数增长的国家，华为技术有限公司以 3 442 件专利申请成为全球最大 PCT 专利申请者。

14 日　工业和信息化部副部长毛伟明会见韩国三星集团大中华区总裁张元基，双方就加强在电子信息、新能源等领域合作交换意见。

16 日　工业和信息化部副部长怀进鹏会见中国台湾地区华聚基金会董事长、两岸企业家峰会秘书长陈瑞隆，双方就举办第 12 届海峡两岸信息产业和技术标准论坛和加强两岸产业与标准合作等议题交换意见。

19 日　由中国电子信息行业联合会、中国电子学会主办的第十届中国电子信息技术年会在北京召开。本届年会的主题为“电子信息技术引领智能化发展”。工业和信息化部党组成员、办公厅主任莫玮出席并致辞。

20 日　中央机构编制委员会办公室发布《关于工业和信息化部有关职责和机构调整的通知》。将信息化推进、网络信息安全协调等职责划给中央网络安全和信息化领导小组办公室（国家互联网信息办公室）。将原信息化推进司和原信息安全协调司承担的生产和制造系统信息安全和信息化职责与软件服务业司的职责进行整合，并将软件服务业司更名为信息化和软件服务业司。

21 日　工业和信息化部副部长怀进鹏会见美国 IBM 公司全球执行副总裁史蒂夫·米尔斯，双方就加强中美企业在 POWER 技术和软件等领域合作交换意见。

23 日　全国信息技术标准化技术委员会第三届委员会第四次全体会议在北京召开。工业和信息化部副部长怀进鹏出席并讲话。

27 日　两化融合管理体系贯标工作会议暨成果展在北京召开。工业和信息化部部长苗圩出席会议和成果展并讲话，副部长怀进鹏主持会议。

5 月

4 日　国务院印发《关于大力发展电子商务加快培育经济新动力的意见》，部署进一步促进电子商务创新发展。

5 日　工业和信息化部副部长怀进鹏会见美国国家工程院院士马佐平，双方就加强集成电路领域合作进行交流。

8 日　国务院印发《中国制造 2025》，部署全面推进实施制造强国战略。这是中国实施制造强国战略第一个十年的行动纲领。围绕实现制造强国的战略目标，《中国制造 2025》明确 9 项战略任务和重点。

13 日　国务院总理李克强主持召开国务院常务会议，确定加快建设高速宽带网络促进提速降费措施，助力创业创新和民生改善。

13 日　由中国工程院、工业和信息化部、中国科学院联合主办的 2015 智能制造国际会议在北京召开。会议的主题为“工业 4.0 与中国制造 2025”。工业和信息化部部长苗圩出席会议并作主题演讲。

14 日　工业和信息化部办公厅、财政部办公厅联合印发《关于组织开展 2015 年工业转型升级强基工程的通知》。通知指出，2015 年主要聚焦高端装备、电子信息等领域“四基”关键制约环节。

14 日　工业和信息化部副部长怀进鹏会见德国经

济和能源部国务秘书马蒂亚斯·马赫尼希，对两国未来在智能制造业、信息技术等前沿领域进一步深化合作交换意见。

16日 国务院办公厅印发《关于加快高速宽带网络建设推进网络提速降费的指导意见》。意见指出，未来3年，中国将加快推进全光纤网络城市和第四代移动通信（4G）网络建设，网络建设累计投资超过1.1万亿元，大幅提高网络速率，有效降低网络资费。

19日 工业和信息化部副部长怀进鹏会见美国半导体协会企业CEO代表团，双方就加强中美半导体产业合作交换意见。

20日 工业和信息化部副部长怀进鹏会见惠普公司总部全球执行副总裁兼惠普企业集团总经理维迪，双方就中国信息产业发展情况及惠普与中国业界加强交流与合作交换意见。

26—29日 由贵阳市人民政府主办的2015贵阳国际大数据产业博览会暨全球大数据时代贵阳峰会举行。会议的主题为“大数据时代的变革、机遇和挑战”。国务院总理李克强向大会发来贺信。国务院副总理马凯出席开幕式并讲话。

27—29日 由工业和信息化部主办的第十九届中国国际软件博览会在北京举行。本届博览会的主题为“软件定义世界，两化深度融合”。工业和信息化部部长苗圩出席开幕式并致辞，副部长怀进鹏主持开幕式。

28—29日 第三届IMT2020（5G）峰会在北京召开。工业和信息化部总工程师张峰出席会议并致辞。

29日 工业和信息化部批复同意将北京纳入宽带接入网业务开放试点城市。

29日 由中国信息通信研究院、中国互联网与工业融合创新联盟主办的互联网与工业融合创新峰会在北京召开。工业和信息化部副部长怀进鹏出席会议并致辞。

6月

1日 工业和信息化部组织召开首批通过公开招投标选择的工业强基示范工程签约仪式。本次签约的项目是“电子元器件质量检测及可靠性技术基础平台”等3个方向，中国电子产品可靠性与环境试验研究所等3个单位中标。工业和信息化部副部长毛伟明出席并讲话。

1日 工业和信息化部与国家能源局、国家认证认可监督管理委员会联合印发《关于促进先进光伏技术产品应用和产业升级的意见》。

1—7日 由中共中央网络安全和信息化领导小组办公室、中央机构编制委员会办公室、教育部、科学技术部、工业和信息化部等10部门共同主办的第二届国家网络安全宣传周在北京举行。本届宣传周沿用首届“共建网络安全，共享网络文明”主题，突出青少年网络安全宣传教育，并在全国各地同步开展。

3—5日 由中国电子学会主办的第七届中国云计算大会在北京召开。本次大会的主题为“促进云计算创新发展，培育信息产业新业态”。工业和信息化部副部长怀进鹏出席首日全体大会并致辞。

10日 国务院总理李克强主持召开国务院常务会议，部署促进跨境电子商务健康快速发展，推动开放型经济发展升级。

10日 在OpenPOWER基金会在北京举办的2015 OpenPOWER中国高峰论坛上，苏州中晟宏芯信息科技有限公司发布第一款国产基于POWER的高性能服务器芯片CP1。

15日 国务院总理李克强到工业和信息化部考察，听取推进“中国制造2025”“互联网+制造”等情况介绍，并主持召开座谈会。

16日 国务院办公厅印发《关于成立国家制造强国建设领导小组的通知》。通知提出，国务院决定成立国家制造强国建设领导小组，国务院副总理马凯任组长，副组长为工业和信息化部部长苗圩等，领导小组办公室设在工业和信息化部。

17日 国务院总理李克强主持召开国务院常务会议，部署运用大数据优化政府服务和监管，加快政务信息化工程建设。

18日 由中国电子材料行业协会主办的2015年中国电子材料行业发展报告会暨首届中国电子材料行业50强企业发布会在北京召开。

19日 工业和信息化部办公厅印发《2015年两化融合管理体系贯标试点企业名单的通知》。通知公布600家企业为2015年两化融合管理体系贯标试点企业。

24日 国务院总理李克强主持召开国务院常务会议，部署推进“互联网+”行动，促进形成经济发展新动能。

24日 国务院办公厅印发《关于运用大数据加强对市场主体服务和监管的若干意见》。意见要求充分运用大数据先进理念、技术和资源，加强对市场主体的服务和监管，推进简政放权和政府职能转变，提高政府治理能力。

26日 国务院新闻办公室举行国务院政策例行吹风会。工业和信息化部副部长怀进鹏介绍积极推进“互联网+”行动有关情况，并答记者问。

29日 在第十二届全国人民代表大会常务委员会第十五次会议上，工业和信息化部部长苗圩受国务院委托，向全国人大常委会报告信息化建设及推动信息化和工业化深度融合发展工作情况。

29日 工业和信息化部、财政部、商务部、科学技术部制定《电器电子产品生产者责任延伸试点工作方案》，组织开展生产者责任延伸制度试点工作。

29日 工业和信息化部部长苗圩会见古巴工业部部长萨尔瓦多·帕尔多·克鲁斯，双方就落实两部间工业领域合作文件，以及加强中古工业领域合作交换意见。

30日 工业和信息化部副部长怀进鹏率团赴比利时布鲁塞尔，与欧盟委员会通信网络、内容和技术总司副总司长佐兰·斯坦奇奇共同主持召开第六次中欧信息技术、电信和信息化对话会议，双方就网络安全与数字经济、标准化、5G、物联网、智慧城市等合作内容交换意见。

7月

1日 国务院印发《关于积极推进“互联网+”行动的指导意见》。意见提出，到2018年，互联网与经济社会各领域的融合发展进一步深化，基于互联网的新业态成为新的经济增长动力，互联网支撑大众创业、万众创新的作用进一步增强，互联网成为提供公共服务的重要手段，网络经济与实体经济协同互动的发展格局基本形成。意见提出11个重点行动。

2日 工业和信息化部公布2015年46个智能制造试点示范项目名单。试点示范项目覆盖38个行业，分布在21个省（自治区、直辖市），涉及6个类别。

3日 工业和信息化部办公厅印发《关于开展2015年质量标杆活动的通知》。

3日 工业和信息化部副部长怀进鹏会见恩智浦公司执行董事、总裁兼首席执行官瑞克·莱蒙，双方就恩智浦公司在全球及在华业务和发展计划、中国半导体产业发展规划、恩智浦公司与中国企业合作前景等议题交换意见。

6日 工业和信息化部召开“提速降费促进‘大众创业、万众创新’，支撑‘互联网+’行动计划”专题新闻发布会。工业和信息化部总工程师张峰出席发布会并回答记者提问。

8日 工业和信息化部部长苗圩会见美国通用电气公司董事长兼首席执行官杰夫·伊梅尔特，双方就《中国制造2025》、“互联网+”、工业互联网，以及通用电气公司在华合作等进行交流。

8日 工业和信息化部副部长怀进鹏会见日本日立

集团全球总裁东原敏昭，双方就加强在绿色制造、智能制造等领域合作交换意见。

10 日 由工业和信息化部主办的 2015 推动软件和信息技术服务骨干企业发展工作座谈会在海南海口召开。

10—14 日 中央组织部、工业和信息化部、国家行政学院在国家行政学院举办“中国制造 2025”专题研讨班。国务院副总理马凯出席座谈会暨结业式并讲话。

14 日 工业和信息化部部长苗圩与德国副总理兼经济和能源部部长加布里尔在北京共同签署《中华人民共和国工业和信息化部与德意志联邦共和国经济和能源部推动中德企业开展智能制造及生产过程网络化合作的谅解备忘录》。签字仪式后，苗圩还与加布里尔就智能制造、网络安全、知识产权保护等领域合作交换意见。

14 日 由中国电子技术标准化研究院主办的 2015 年新一代信息技术产业标准化论坛在北京召开。工业和信息化部副部长怀进鹏出席论坛并讲话。会议还举行 APP“掌握标准”的上线仪式，发布《智能制造标准体系研究》《智能终端与智慧家庭标准化》《无人机遥感》《对象标识符（OID）（V3.0）》《中国数据中心能效研究报告》5 个领域的新一代信息技术产业标准化系列白皮书。

15 日 工业和信息化部公布首批 25 个工业和信息化部重点实验室名单，包括集成电路测试与评价工业和信息化部重点实验室等。

17 日 工业和信息化部部长苗圩赴河北作《深入落实中国制造 2025，加快河北制造业转型升级》的专题报告。报告会后，部省共同签署关于推进河北省转型升级绿色发展战略合作协议。

18 日 中国人民银行、工业和信息化部、公安部、财政部、国家工商总局等 10 部门联合印发《关于促进互联网金融健康发展的指导意见》。

20 日 工业和信息化系统年中电视电话会议在北京召开。工业和信息化部部长苗圩针对推动《中国制造 2025》、“互联网 +”行动，以及稳增长、调结构等重点任务的落实发表讲话。

21—23 日 由中国互联网协会主办的 2015（第十四届）中国互联网大会在北京召开。工业和信息化部部长苗圩出席大会开幕式并致辞。

28—30 日 由工业和信息化部主导的《废弃电线电缆光缆处理工程设计规范》和《薄膜晶体管液晶显示器玻璃基板生产厂设计规范》两项工程建设领域电子行业国家标准的编制启动会在北京召开。两项标准的主编单位为电子工业标准化研究院、中国电子工程设计院。

29 日 工业和信息化部信息化和软件服务业司发布《关于推荐信息化和工业化融合管理体系贯标咨询服务机构的通知》。

8 月

3 日 中国互联网发展基金会在北京正式挂牌，标志着全球范围内第一家互联网领域的公募基金会正式成立。该基金会是经国务院批准，民政部登记注册，由国家互联网信息办公室主管，并具有独立法人地位的全国性公募基金会。

6 日 由中国电子信息行业联合会主办的 2015 中国“互联网 +”创新大会在北京召开。中国电子信息行业联合会副会长兼秘书长周子学作主题演讲。会议由中国电子信息行业联合会执行秘书长高素梅主持。

7 日 工业和信息化部确定 100 家企业作为 2015 年互联网与工业融合创新试点企业，并确定各企业的融合创新试点方向和项目。

11 日 由工业和信息化部电子信息司主办的电子信息行业智能制造现场经验交流会在深圳召开。

12 日 由中国电子信息产业发展研究院主办的第五届中国家电网购高峰论坛在北京召开。会议发布《2015

年上半年中国家电网购分析报告》。报告显示，2015年上半年中国家电网购市场增长强劲，B2C家电网购市场（含移动终端）规模达到1 361亿元，同比增长64%。

13日 由中国信息通信研究院主办的“互联网+智能硬件”论坛在北京召开。会上由上下游企业倡议发起成立众创空间联合实验室。

19日 国务院总理李克强主持召开国务院常务会议，通过《关于促进大数据发展的行动纲要》，提升创业创新活力和社会治理水平。

21日 国务院总理李克强主持国务院专题讲座，讨论加快发展先进制造与3D打印等问题。

21日 中国—埃及可再生能源国家联合实验室筹备签约仪式在北京举行。这是落实中埃两国签署的《关于共建中埃可再生能源联合实验室的谅解备忘录》的第一步。实验室中方由中国电子科技集团公司第48研究所牵头，埃方主体为埃及科研技术院。实验室一期建设重点在太阳能光伏方面，配套建设的还有相关示范场的建设项目。

25日 国家制造强国建设战略咨询委员会成立大会在北京召开。国务院副总理、国家制造强国建设领导小组组长马凯出席会议并讲话。

25日 国务院办公厅印发《三网融合推广方案》。方案要求，三网融合全面推进，网络承载和技术创新能力进一步提升，融合业务和网络产业加快发展，科学有效的监管体制机制基本建立，安全保障能力显著提高，信息消费快速增长。

26日 工业和信息化部副部长辛国斌会见日中经济协会前任会长张富士夫和新任会长宗冈正二，双方就产能过剩、“中国制造2025”和“互联网+”等议题交换意见。

31日 国务院印发《促进大数据发展行动纲要》。纲要明确，推动大数据发展和应用，在未来5～10年，打造精准治理、多方协作的社会治理新模式，建立运行平稳、安全高效的经济运行新机制，构建以人为本、惠及全民的民生服务新体系，开启大众创业、万众创新的创新驱动新格局，培育高端智能、新兴繁荣的产业发展新生态。

9月

1日 中国电子信息行业联合会在湖北黄石召开2015年中国电子信息百强企业发布暨新一代信息技术趋势研讨会。工业和信息化部党组成员、办公厅主任莫玮出席会议并致辞。中国电子信息行业联合会副会长兼秘书长周子学在会上发布2015年中国电子信息百强企业名单。华为技术有限公司连续九届位居榜首，海尔集团、中国电子信息产业集团有限公司分列第二、第三名。

2日 由中国电子信息行业联合会与南京市人民政府联合主办的中国“互联网+”智能制造国际研讨会在江苏南京召开。中国电子信息行业联合会副会长兼秘书长周子学作主旨演讲。

7日 工业和信息化部确定“华为投资控股有限公司大数据分析在质量预警中应用的经验”等33项典型经验为2015年全国质量标杆。

10日 工业和信息化部组织召开智能制造试点示范经验交流电视电话会议。工业和信息化部部长苗圩出席会议并讲话。

10日 经工业和信息化部最终核定，2015年（第14届）中国软件业务收入前百家企业揭晓。华为技术有限公司以软件业务年收入1 482亿元连续14年蝉联软件百家企业之首，海尔集团公司、中兴通讯股份有限公司分列第二、第三名。

11日 由工业和信息化部、浙江省人民政府主办的部省两化深度融合国家示范区建设暨基于宽带移动互联网智能汽车、智慧交通应用示范工作专题座谈会在浙江宁波召开。工业和信息化部副部长怀进鹏出席会议，并代表工业和信息化部与浙江省人民政府签署《工业和信息化部、浙江省人民政府关于基于宽带移动互联网的智能汽车、智慧交通应用示范合作框架协议》。

15日 在中国电子信息行业联合会的指导下，中国信息系统集成及服务行业联盟会员代表大会暨成立大会在北京召开。该联盟是中国信息系统集成及服务行业自愿组成的规模最大的行业组织，发起单位包括中国电子信息产业集团有限公司等65家单位。中国电子信息行业联合会常务副会长曲维枝出席会议并致辞。

16日 工业和信息化部副部长怀进鹏会见美国高通公司首席执行官史蒂夫·莫伦科夫，就集成电路产业发展与合作交换意见。

16—17日 工业和信息化部在安徽马鞍山召开国家新型工业化产业示范基地工作交流会。工业和信息化部副部长辛国斌出席会议并讲话。

17日 工业和信息化部副部长怀进鹏会见印度商业和工业部商务秘书丽塔·特奥提亚，双方就加强两国信息通信领域合作交换意见。

20日 国内首家集成电路产业融资租赁公司——芯鑫融资租赁有限责任公司揭牌暨战略合作协议签署仪式在上海举行。该公司由国家集成电路产业投资基金联合行业龙头企业及金融机构发起设立，并与多家银行签署共计650亿元的意向融资战略合作协议。

20—21日 中国两化融合咨询服务联盟在北京召开2015中国两化融合大会。工业和信息化部副部长怀进鹏出席大会并讲话。

22—23日 由中国电子工业标准化技术协会、中国通信标准化协会和华聚产业共同标准推动基金会主办的第十二届海峡两岸信息产业和技术标准论坛在中国台湾地区召开。会议公布《半导体照明产品白光颜色测试方法》《TD—LTE小基站技术要求》等8项共通标准和云计算案例汇编，并签署《海峡两岸推动汽车电子共通标准制定合作备忘录》。工业和信息化部副部长怀进鹏率团出席并发表主题演讲。

22—25日 由工业和信息化部、中国国际贸易促进委员会主办的2015年中国国际信息通信展览会在北京举行。本届展览会的主题为“感知未知，智能互联”。工业和信息化部部长苗圩出席开幕式并致辞。工业和信息化部总工程师张峰主持开幕式。

23日 工业和信息化部发布《关于进一步扩大宽带接入网业务开放试点范围的通告》，决定继续扩大试点范围，将天津、石家庄等44个城市纳入宽带接入网业务开放试点范围。

24日 由中国工程院信息与电子工程学部、工业和信息化部电子科学技术委员会主办的天地一体化信息网络第二次高峰论坛在北京召开。工业和信息化部党组成员、办公厅主任莫玮出席论坛并致辞。

28日 工业和信息化部部长苗圩参加由国务院副总理马凯与欧盟委员会副主席卡泰宁共同主持的第五次中欧经贸高层对话，就数字经济和网络安全议题作主旨发言，在马凯副总理与卡泰宁副主席见证下，与欧盟委员会数字经济和社会委员奥廷格共同签署《中华人民共和国工业和信息化部与欧盟委员会关于在第五代移动通信领域开展战略合作的联合声明》。

28日 工业和信息化部、国家机关事务管理局、国家能源局联合公布北京等14个国家绿色数据中心试点地区，涉及生产制造、互联网等领域。

29日 国家制造强国建设战略咨询委员会在北京召开《〈中国制造2025〉重点领域技术路线图（2015版）》发布会。这是《中国制造2025》的首个技术路线图。路线图包括10个重点领域，23个重点方向。咨询委员会主任、全国人大常委会原副委员长路甬祥院士，国家制造强国建设领导小组办公室主任、工业和信息化部副部长辛国斌出席会议并致辞。

29日 由中国信息通信研究院主办的2015中国“互联网+”峰会在北京召开。本次峰会的主题为“融合、创新、变革、引领”。工业和信息化部副部长怀进鹏出席峰会并致辞。

29 日　工业和信息化部电子信息司在北京召开电子信息领域标准化工作座谈会。

10 月

8 日　工业和信息化部副部长刘利华在阿根廷布宜诺斯艾利斯分别与阿根廷通信技术管理局主席诺伯特·伯纳和工业部部长德沃拉·希奥尔希举行会谈，双方就进一步加强中阿信息通信和工业领域合作交换意见。

9 日　工业和信息化部部长苗圩代表工业和信息化部与上海市人民政府在上海签署《推进“四新”经济实践区建设、促进上海产业创新转型发展战略合作协议》。

13—15 日　由中国光伏行业协会、中国可再生能源学会等 5 部门共同主办的 2015 中国光伏大会暨展览会在北京举行。工业和信息化部副部长怀进鹏出席开幕式并致辞。

14 日　国务院总理李克强主持召开国务院常务会议，决定完善农村及偏远地区宽带电信普遍服务补偿机制，缩小城乡数字鸿沟；部署加快发展农村电商，通过壮大新业态促消费惠民生等事项。

14 日　工业和信息化部、国家发展和改革委员会发布公告，确定太原市等 39 个城市（城市群）为 2015 年度“宽带中国”示范城市（城市群）。

16 日　工业和信息化部办公厅印发《云计算综合标准化体系建设指南》。

19 日　由全国大众创业万众创新活动周组委会主办的 2015 年大众创业万众创新高峰论坛在北京召开。国务院副总理张高丽出席论坛并讲话，工业和信息化部副部长怀进鹏出席论坛并陪同参观大众创业万众创新主题展示。

20 日　由合肥市发展和改革委员会、中国台湾地区华聚基金会共同主办的 2015 年海峡两岸半导体产业（合肥）高峰论坛在安徽合肥召开。

26 日　国务院办公厅印发《关于加强互联网领域侵权假冒行为治理的意见》。

29 日　由北京市经济和信息化委员会主办的第十六届北京微电子国际研讨会召开。本届研讨会的主题为“把握机遇，共促中国集成电路产业大跨越”。工业和信息化部副部长怀进鹏出席会议并讲话。

29 日　由中国半导体照明 /LED 产业与应用联盟等部门主办的 2015 中国 LED 供应链大会在安徽马鞍山召开。本次大会的主题为“推动联合、促进创新”。

30 日　由中国电子技术标准化研究院和全国信息技术标准化技术委员会联合主办的新一代信息技术国际标准化论坛在北京召开。

31 日　在国务院总理李克强和韩国总统朴槿惠的共同见证下，工业和信息化部部长苗圩与韩国产业通商资源部长官尹相直在韩国青瓦台总统府签署《中国工业和信息化部与韩国产业通商资源部推进“中国制造 2025”与“制造业革新 3.0 战略”交流合作的谅解备忘录》。

31 日　工业和信息化部公布 60 个信息消费创新应用示范项目，涉及电子商务、智能物流、互联网金融、公共服务信息化、智慧家庭、公共数据开放、数字文化、信息消费环境 8 个重点领域。

11 月

3 日　《中共中央关于制定国民经济和社会发展第十三个五年规划的建议》公布。《建议》提出，工业化和信息化融合发展水平进一步提高，产业迈向中高端水平，先进制造业加快发展，新产业新业态不断成长，服务业比重进一步上升，消费对经济增长贡献明显加大。

3—7 日　由工业和信息化部、国家发展和改革委员会、商务部等 9 部门共同主办的第十七届中国国际工业博览会在上海举行。本届博览会的主题为“创新、智能、绿色”。国务院副总理马凯宣布博览会开幕。工业和信息化部副部长冯飞代表中央主办单位致辞。

5日 国务院新闻办公室召开新闻发布会，工业和信息化部部长苗圩介绍工业和信息化部贯彻落实党的十八届五中全会精神的主要举措和促进工业通信业转型发展有关情况，并回答记者提问。

6日 无锡中太服务器有限公司宣布其自主设计研发的两款高线程、高带宽、高主频双路24核192线程服务器RedPOWER正式商用。这是国内首款基于OpenPOWER开放技术自主研发的国产服务器。

10日 由浙江舟山群岛新区管委会、舟山市人民政府主办的海洋电子信息产业发展战略研讨会在北京召开。会上，舟山市与中船工业等行业领军企业签订战略合作协议，标志着舟山海洋大数据中心建设正式启动。

12—14日 由工业和信息化部、科学技术部、国家知识产权局等6部门主办的第十二届“中国光谷”国际光电子博览会暨第十一届中国·湖北产学研合作项目洽谈会在湖北武汉举行。工业和信息化部副部长陈肇雄出席开幕式并致辞。

13—15日 由安徽省人民政府主办的第九届中国（合肥）国际家用电器暨消费电子博览会在安徽合肥举行。本届博览会的主题为“智能家电、智慧生活”。工业和信息化部发布2015年中国节能家电“能效之星”产品，包括5大类14种类型的77个型号产品。工业和信息化部副部长冯飞出席发布会。

16—21日 由商务部、科学技术部、工业和信息化部、国家发展和改革委员会等部门主办的第十七届中国国际高新技术成果交易会在深圳举行。本届交易会的主题为“创新创业，跨界融合”。工业和信息化部副部长怀进鹏出席开幕式，并在工业和信息化部主办的“互联网+”高峰论坛上致辞。

17日 国际TOP500组织发布第46届世界超级计算机500强排行榜。由国防科技大学研制的天河二号超级计算机系统再次位居第一。这是天河二号自2013年6月问世以来，连续6次位居世界超算500强榜首，这是世界超算史上首台连续6次夺冠的超级计算机。

20日 由工业和信息化部、北京市人民政府、天津市人民政府、河北省人民政府共同主办的2015京津冀产业转移系列对接活动在河北石家庄举行。本次活动的主题为“分工合作，协同发展”。开幕式上还举行京津冀三地产业有序转移与合作协议签字仪式，以及重点项目签约活动，现场共签约项目51个，协议投资金额2 900多亿元。工业和信息化部部长苗圩出席开幕式并致辞。

23—25日 由中国科学技术协会、工业和信息化部、北京市人民政府主办的2015世界机器人大会在北京召开。本届大会的主题为“协同融合共赢，引领智能社会”。国家主席习近平致信祝贺。国务院总理李克强作出批示表示祝贺。国家副主席李源潮、工业和信息化部部长苗圩等共同启动2015世界机器人大会。

25日 工业和信息化部印发《工业和信息化部贯彻落实〈国务院关于积极推进“互联网+”行动的指导意见〉的行动计划（2015—2018年）》。

26日 由中国电子信息行业联合会主办的第二届中国电子信息行业质量高峰论坛在广州召开。工业和信息化部党组成员、办公厅主任莫玮，中国电子信息行业联合会常务副会长曲维枝出席并讲话。中国电子信息行业联合会副会长兼秘书长周子学作主题报告。

26日 由中国电子信息产业发展研究院、财团法人工业技术研究院及中国工业报社联合主办的首届海峡两岸工业发展与合作论坛在北京召开。本届论坛的主题为“两岸合作创新，工业共赢发展”。论坛共同召集人、工业和信息化部副部长辛国斌出席开幕式并作主旨发言。

26日 由工业和信息化部软件与集成电路促进中心主办的2015中国集成电路产业促进大会在福建厦门召开。大会公布第十届“中国芯”遴选结果。

12 月

2 日 京东方投建的全球首条第 10.5 代薄膜晶体管液晶显示器件生产线在安徽合肥动工。这是全球最高世代液晶面板生产线，也标志着中国大陆企业在 10.5 代液晶面板生产线技术研发方面取得突破性进展。

3 日 由工业和信息化部软件与集成电路促进中心自主研发的自主空间（TEMPO 平台）在北京正式发布。

3—4 日 由工业和信息化部主办的 2015 年全国电子信息行业工作座谈会暨全国集成电路行业工作会议在北京召开。工业和信息化部副部长怀进鹏出席会议并讲话。

10 日 阿里巴巴集团旗下智能操作系统 YunOS 2015 年度发布会在北京召开，发布 YunOS 5 版本。工业和信息化部副部长怀进鹏出席发布会并讲话。

10 日 由中国电子学会、中国首席信息官联盟、中国工业大数据创新发展联盟主办的 2015 全球信息技术主管大会暨工业大数据创新发展高峰会议在北京召开。大会的主题为"'互联网 + 大数据'驱动智能制造，创新红利重构产业生态"。工业和信息化部副部长怀进鹏出席大会并致辞。

15 日 由工业和信息化部、青岛市人民政府主办的第五届数字家庭技术创新与产业应用年会在青岛召开。本届年会的主题为"智创发展，慧及民生"。会上，工业和信息化部正式宣布山东（青岛）国家数字家庭应用示范产业基地创建的批复文件，青岛成为全国 9 家数字家庭应用示范产业基地之一。工业和信息化部副部长怀进鹏出席会议并作总结讲话。

16 日 由中国电子技术标准化研究院、上海工业自动化仪表研究院等机构共同主办的首届中德智能制造 / 工业 4.0 发展与标准化交流会在上海召开。本届会议的主题为"智能制造，标准引领"。工业和信息化部副部长怀进鹏出席会议并致辞。

16 日 世界贸易组织扩大《信息技术协定》（ITA）产品范围谈判参加方达成全面协议，并发表《关于扩大信息技术产品贸易的部长声明》。此次扩围是指在 1996 年 ITA 产品范围的基础上，新增 201 项免税产品，包括信息通信技术产品、半导体及其生产设备、视听产品等科技水平较高的产品。中国大部分产品将在 3 ~ 5 年内实现零关税。

16—18 日 第二届世界互联网大会在浙江乌镇举行。大会的主题为"互联互通 · 共享共治——共建网络空间命运共同体"。国家主席习近平出席开幕式并发表主旨演讲。

17 日 由工业和信息化部、韩国未来创造科学部共同主办的第三次中韩信息通信合作部级战略对话在北京召开。工业和信息化部部长苗圩和韩国未来创造科学部长官崔阳熙出席会议并致辞。中韩双方就 5G 技术和产业化、网络安全应急处置、软件开发及人才培养等议题进行交流。

23 日 由工业和信息化部信息化和软件服务业司主办的信息消费试点示范总结会在福建厦门召开。

24 日 全国工业和信息化工作会议在北京召开。工业和信息化部部长苗圩作题为《稳增长、调结构、促融合，实施中国制造 2025，建设制造强国网络强国》的工作报告。

28 日 工业和信息化部电子信息司在北京组织召开中国传感器及物联网产业发展战略研讨会。工业和信息化部副部长怀进鹏出席会议并讲话。

28 日 工业和信息化部公布《2015 年认定国家级工业设计中心名单》《2013 年认定国家级工业设计中心通过复核名单》《撤销国家级工业设计中心称号企业名单》。国家级工业设计中心已达到 64 家，范围涉及装备制造、电子信息等行业领域。

29 日 工业和信息化部、国家标准化管理委员会联合印发《国家智能制造标准体系建设指南（2015 年版）》。

[编辑部整理]

产业概况

经济运行

【概况】 2015年，面对工业经济下行压力持续加大的困难与挑战，电子信息行业认真贯彻落实党中央、国务院决策部署，迎难而上，主动作为，行业整体运行稳中有进，转型升级成效显著，创新能力明显提升，产业体系不断完善，在国民经济中发挥积极的支撑引领作用。

【行业增速】 2015年中国电子信息行业增速领先，规模持续扩大。规模以上电子信息制造业增加值增长10.5%，高于全国工业平均水平4个百分点以上。电子制造业与软件业收入规模合计将超过15万亿元，同比增长10%；其中，电子制造业实现主营业务收入11.13万亿元，增长8%；软件业收入4.28万亿元，增长16%。从行业结构看，制造业与软件业收入份额对比为72∶28，与“十二五”初期的80∶20相比，软硬件比例更趋协调，结构明显优化。在制造业中，内生动力明显增强，内销市场与内资企业比重进一步提升，分别达到54%和40%，同比均提高3个百分点以上，比“十二五”初期提高10个百分点左右；在软件业中，服务化趋势日益凸显，信息技术服务收入比重突破50%，比上年提高1个百分点，比“十二五”初期提高20个百分点以上。

【固定资产投资】 2015年中国电子信息行业投资快速增长，资源整合活跃。2015年电子信息行业500万元以上项目完成固定资产投资额1.4万亿元，同比增长14%，高于工业平均水平5个百分点以上。

【资源整合】 在直接投资快速增长的同时，以品牌、技术和渠道为目的的整合并购步伐也在不断加快。据汤森路透报告显示，2015年中国境内并购中，以电子信息为代表的高科技行业并购总额达到1 222亿美元，增长200%以上，金额与增速均居于各行业首位。从跨国并购合作看，紫光控股新华三，浪潮与思科、中电科与微软成立合资公司等，显示出国内企业整合国外资源的能力不断提升。

【创新能力】 2015年中国电子信息行业创新能力增强，产业体系优化。在国内外电子信息领域竞争不断加剧背景下，中国电子信息企业对研发创新的重视程度不断提高。“十二五”期间，中国电子信息领域发明专利年均增速超过20%；截至2015年年末，行业平均研发投入强度接近3%；以电子信息百强企业为代表的骨干企业研发投入强度超过6%。北斗导航、高性能计算、新型显示、移动通信等领域取得多项重大技术突破。研发创新能力提升有效促进电子信息产业体系的优化与完善，“缺芯少屏”局面得到扭转。在芯片领域，中芯国际、华力微电子28纳米芯片工艺进入量产，北斗移动通信芯片与海思智能电视芯片正式投入市场应用，新一代龙芯产品全面进入产业化阶段；在面板领域，2015年中国有8条8.5代及以上液晶面板生产线实现量产，京东方投建全球首条10.5代线，大陆液晶面板出货量在未来有望跃居世界第一；在基础操作系统领域，YunOS用户突破4 000万，成为国内第三大手机操作系统；在新一代通信技术、可穿戴设备和大数据等新兴领域，政府和企业把握先机，积极布局，取得良好的发展局面。

【进出口贸易】 2015年中国电子信息行业产品外贸疲软，竞合层次提升。2015年中国电子信息产品进出口总额约1.3万亿美元，同比下降1.13%；其中出口7 810亿美元，下降1.1%；进口5 277亿美元，下降1.2%；虽然电子产品进出口呈下降态势，但降幅明显小于全国货物贸易水平，在全国外贸发展中仍发挥积极的支撑作用。从外贸结构看，内资企业与一般贸易出口保持较快增长，增速超过两位数，占比分别提高3个和4个百分点。从大企业培育来看，2015年电子信息领域有4家企业入围世界500强，有4家互联网企业和2家集成电路设计企业进入全球十强，通信设备制造商跻身世界第一阵营。

【国际合作】 在参与国际规则制定方面，中国作为重要参与方，推动《信息技术协定》（ITA）扩围谈判结束。扩围谈判协议实施，有助于中国相关产品扩大出口，巩固在全球价值链中的地位。

【效益水平】 2015年中国电子信息行业效益水平提高，带动作用突出。2015年规模以上电子信息制造业实现利润总额约5 602亿元，增幅超过10%；税金2 469.5亿元，同比增长近20%。行业平均利润率达到4.7%，比上年同期提高0.3个百分点。电子信息制造业收入与利润占全国工业比重达到10%和8.4%，分别比上年同期提高0.7和1.2个百分点。除直接经济贡献外，信息技术在经济社会各领域的应用渗透日趋广泛和深化，有力促进了生产生活效率的提升。在工业领域，主要行业关键工艺流程数控化率超过70%；在电子政务方面，中央和省级部门主要业务信息化率超过85%；在社会信息化方面，3G/4G用户普及率接近60%，光纤接入用户占比超过50%；此外，智慧城市、智慧医疗、智慧交通等建设发展步伐不断加快。

存在问题

【概况】 2015年中国电子信息行业发展有喜有忧，行业在工业经济下行背景下保持较快增长，发展质量得到明显提升。但是，行业发展动力切换，下行压力凸显，整体竞争实力偏弱，核心、高端和基础产品供给仍相对不足。造成行业发展喜忧参半的原因，有宏观环境变革带来的影响，也有政策环境不完善方面的因素，最根本的原因是创新能力、产业结构有待提升和优化。

【自主创新能力不足】 2015年中国电子信息行业自主创新能力不足，产业安全面临严峻威胁。目前，中国电子信息行业总体技术水平仍相对落后，部分关键环节对外依存度较高，产业安全面临严峻挑战。例如，在集成电路领域，中国制造水平与国际先进工艺相差1~2代，年进口额超过万亿元；在显示面板领域，近年来虽取得了较大进步，但是在上游配套方面，包括制造装备、驱动芯片、配套材料等，仍然存在巨大的缺口，国内面板企业的本土配套率低于30%，严重影响行业健康发展；另外，在软件领域，中国核心基础软件几乎全部依赖进口。一些外资软硬件生产企业通过国内厂商贴牌，参与部分安全领域招投标，给国家安全带来隐患。此外，在云计算、大数据等新兴领域，虽然扩张迅猛，但缺乏有效管理，数据库量多、规模小、格式不统一等问题也开始显现。

【发展不均衡现象日益凸显】 2015 年中国电子信息行业发展不均衡现象日益凸显，产业发展呈现青黄不接局面。当前，中国电子信息行业进入转型升级的关键阶段，增长动力逐步切换，由此带来产业不同领域和维度的发展差异化现象明显。一是外资企业与内资企业分化。2015 年，外资企业收入和利润增速分别低于内资企业 20.2 和 22.3 个百分点。二是大型企业与小微企业分化。大型龙头企业因实力雄厚，抵御风险能力较强，在逆境中保持相对平稳的发展，而为其提供配套的一些小微型企业，受需求与成本的双重挤压，已出现大量倒闭案例。三是传统与新兴领域发展分化。彩电、计算机等传统整机产品市场呈现天花板效应现象，可穿戴设备、智能家居等新兴领域虽增长较快但规模仍明显不足，产业发展呈现出“青黄不接”的格局。

发展趋势

【概况】 “十三五”时期，中国经济发展仍处于大有作为的战略机遇期，但下行压力依旧较大，周期性和结构性矛盾相互叠加，短期和长期问题相互交织，电子信息行业发展机遇与挑战并存，将面临更加复杂的形势。

【技术变革加快创造的竞合空间】 全球新一轮科技革命和产业变革正蓄势待发，集成电路、基础软件、通信网络等领域的原有技术架构和发展模式不断被打破，创新周期不断缩短。基于移动互联网、云计算、大数据、物联网的应用和创新日益活跃，催生出一系列新业态新模式。技术变革的不断加速，对中国电子信息行业来说，既是挑战，又是机遇。从挑战的角度看，中国电子信息行业总体技术水平仍相对落后，尤其在关键共性技术、底层软硬件和核心元器件等领域的基础仍较为薄弱，在重资本、重积累的信息技术竞争中，存在“掉队”风险。从机遇的角度讲，技术与模式创新加快，融合发展深化，也给中国电子信息行业带来弯道超车的机会。在市场优势的支撑下，中国在智能制造、新一代通信网络、云计算、大数据等新兴领域已实现提前布局，部分领域的技术水平与应用实践已走在世界前列。

【政策密集出台带来的巨大机遇】 以《中国制造 2025》、“互联网 +”行动计划为代表的一批重大战略举措的出台，进一步巩固电子信息行业在国民经济中的战略、基础、先导和支柱地位。《中国制造 2025》锁定智能制造为主攻方向，并把“新一代信息技术”作为重点发展的十大领域之首；《关于积极推进“互联网 +”行动的指导意见》将互联网应用由消费领域向生产领域拓展，将有效扩大电子信息行业的市场需求；《国家集成电路产业发展推进纲要》发布实施，国家集成电路产业投资基金运作良好，对夯实产业发展基础推动作用显著；物联网、云计算、大数据等相关领域一系列政策相继出台，对于规范新兴业态发展，培育产业新的增长极，起到积极的推动作用。国务院制定出台工业稳增长调结构增效益相关措施，为保障行业平稳运行提供有力支撑。

【经济社会转型提出的更高要求】 党的十八届五中全会强调“十三五”时期必须牢固树立并切实贯彻创新、协调、绿色、开放、共享的发展理念。“五个发展”的理念，揭示出电子信息行业未来发展的必然趋势和重点方向，也对行业发展提出新的要求。从创新来看，电子信息行业既要着力突破核心关键基础技术，强化产业发展基础；又要瞄准产业发展制高点，抢占未来主导权。从协调来看，一方面要处理好产业内部协调，促进全产业链融合配套发展，优化产业空间布局；另一方面要处理好产业外部协调，跳出“信息化”的小圈子，站在更高层面，把握信息化与工业化、城镇化以及农业现代化的互动发展。从绿色来看，电子信息行业要着力提升自身的清洁生产水平和产品能效水平；把助力传统工业领域节能减排、循环利用以及环境监测作为主攻方向。从开放来看，要进一步建立健全全球研发、生产和营销体系，提升产业国际化布局和运营能力；积极参与国际技术合作研发和标准制修订，提升产业国际话语权。从共享来看，要破除行业发展面临的鸿沟和壁垒，统筹协调“信息孤岛”、重复建设以及产品与内容服务的脱节等问题；同时，要高度重视信息安全，促进自主可控安全产品与服务的研发、生产、认证及监管，全面提升国家信息安全保障支撑能力。

【国际竞争加剧带来的挑战】 随着中国企业在国际市场崭露头角，面临的挑战与困难不断增多。发达经济体频繁利用反补贴、国家安全等壁垒限制中国产品出口和跨国并购；新兴经济体出于保护本国产业发展的壁垒也不断增多。目前行业对外合作仍以产品贸易为主，技术研发、人才交流和标准规范等高水平合作深度不够；对国际主流生态链的参与度、贡献度和话语权有待提升；单个企业“走出去”不乏成功案例，但产业链整体“走出去”协调度偏低，同行企业间的恶性竞争问题依然突出，尚需拓展新模式和新方法。

电子信息百强企业

【概况】 2016年（第30届）中国电子信息百强企业（以下简称百强企业）根据2015年电子信息产业统计年报数据，以企业的规模、效益及研发创新三个方面为主要依据，同时参考企业发展战略调整、社会责任贡献等综合汇审。华为技术有限公司连续九届位居榜首，联想集团、中国电子信息产业集团有限公司分列第二、第三名。2015年，电子信息百强企业主动适应新常态，落实创新、协调、绿色、开放和共享的发展理念，在规模效益、自主创新、跨国经营和融合引领等方面取得新的成就和突破。

经过三十年的发展，电子信息百强企业由小到大，由弱到强，历经了经济结构、市场结构和产品服务结构的多方面转型，实现了规模、效益、技术、品牌的全方位跃升，在引领产业健康发展，支撑经济社会转型等方面发挥了重要的作用。

【整体规模】 本届百强企业共实现主营业务收入2.96万亿元，比上届增长32.0%；总资产合计3.4万亿元，比上届增长25.9%；2015年生产计算机3 160万台、彩电11 530万台、手机3.7亿部和集成电路430亿块，占全行业比重分别达到10.1%、71.1%、20.3%和39.6%。本届百强企业中主营业务收入超过1 000亿元的有6家，超过100亿元的有58家；入围企业最低主营收入42.1亿元，比上届提高5.9亿元。

【效益水平】 本届百强企业共实现利润总额1 922亿元，比上届增长34.6%，平均销售利润率6.5%，比上届提高0.2个百分点，高于行业平均水平1.5个百分点；其中，销售利润率超过20%的企业有5家，超过10%的企业有23家。百强企业应收账款周转率达到5.4次，存货周转天数26天；资产负债率64.6%，利息保障倍数5.1倍；各项绩效指标在全行业中均处于领先地位。

【研发创新】 本届百强企业研发投入合计1 756亿元，比上届增长41.6%，其中，有25家企业研发投入超过10亿元；百强企业研发投入强度达到5.9%，比上届提高0.4个百分点，有9家企业研发投入强度超过10%。本届百强企业研发人员合计38万人，比上届增长11%，占全部从业人员比重20.7%。截至2015年年末，百强企业专利总量26.5万件，比上届增加8.9万件；其中发明专利17.3万件，占比超过60%。2015年我国发明专利授权量前十强企业中，中兴、华为、京东方、比亚迪分列第2、第3、第5和第10位。2015年PCT国际专利申请量企业排名中，华为蝉联全球榜首，中兴位列第三。

【国际竞争实力】 本届百强企业共完成出口交货值6 437亿元，比上届增长24%，占行业总量比重达到12.5%；其中，13家企业出口交货值超过100亿元，15家企业外销比重超过50%。2015年，百强企业的跨国资源整合能力进一步提升。紫光先后控股新华三，入股西部数据和力成科技；海尔收购通用电气的家电业务资产；创维收购东芝的白色家电业务；海信收购夏普的墨西哥工厂和美洲业务；浪潮与思科共同成立合资公司；中芯国际、华为、IMEC和高通签约打造集成电路研发平台。这些并购合作为我国电子信息行业的海外市场开拓和技术水平提升发挥积极作用。

【转型升级】 一方面，百强企业不断探索应用新技术，培育发展新业态，以实现自身的降本增效和业务转型。例如，华为、中兴、海尔、海信、创维等企业投资建立智能工厂；TCL、长虹、方正、同方等企业积极布局大数据业务服务；联想成立创投集团，面向全球市场对云计算、大数据、人工智能、机器人等领域进行科技创投；京东方整合互联网、信息医学、传感技术等资源布局智慧健康医疗服务。另一方面，百强企业不断增强对传统制造领域的融合渗透。例如，华为面向制造企业提供智能工厂和制造云解决方案，包含大数据存储、分析与计算等多方面服务；紫光携手机床制造企业，探索技术协同，共同推进智能制造；浪潮面向国内数十万家制造业企业提供“互联网＋制造”信息服务，帮助传统企业转型创新。

【经济贡献】 本届百强企业完成税金总额1 565亿元，比上届增长27.4%，占全行业总量63.3%；从业人员183万人，比上届增长13.9%，占全行业总量15%以上。

【社会责任】 除经济贡献外，百强企业还积极履行各项社会责任。2015年，百强企业中有半数以上的企业发布了社会责任报告，向各类公益事业直接捐款近10亿元。在2015年中国企业社会责任500强排行中，华为名列第一，海尔、大唐电信、京东方等企业位居前二十强。百强企业深入践行绿色发展理念，华为推出绿色伙伴认证，促进产业链上下游共同推行绿色发展；中兴推出模块化数据中心产品和绿色数据中心解决方案；创维积极应用绿色低碳显示技术，在全球率先实现4K OLED有机电视量产；此外，越来越多的百强企业开始面向产品全生命周期构建绿色发展技术体系。

【统计数据】

表1　2016年（第30届）电子信息百强企业名单

序号	企业名称	序号	企业名称
1	华为技术有限公司	11	天能集团
2	联想集团	12	浪潮集团有限公司
3	中国电子信息产业集团有限公司	13	京东方科技集团股份有限公司
4	海尔集团	14	亨通集团有限公司
5	中兴通讯股份有限公司	15	小米通讯技术有限公司
6	TCL集团股份有限公司	16	上海仪电（集团）有限公司
7	四川长虹电子控股集团有限公司	17	创维集团有限公司
8	海信集团有限公司	18	紫光集团有限公司
9	北大方正集团有限公司	19	杭州海康威视数字技术股份有限公司
10	比亚迪股份有限公司	20	航天信息股份有限公司

续表

序号	企业名称	序号	企业名称
21	同方股份有限公司	51	宇龙计算机通信科技（深圳）有限公司
22	南京南瑞集团公司	52	东旭集团有限公司
23	中天科技集团有限公司	53	天马微电子股份有限公司
24	晶龙实业集团有限公司	54	舜宇集团有限公司
25	大唐电信科技产业集团	55	上海斐讯数据通信技术有限公司
26	武汉邮电科学研究院	56	浙江大华技术股份有限公司
27	富通集团有限公司	57	浙江晶科能源有限公司
28	四川九洲电器集团有限责任公司	58	江苏协鑫硅材料科技发展有限公司
29	河南森源集团有限公司	59	普联技术有限公司
30	通鼎集团有限公司	60	闻泰通讯股份有限公司
31	江苏宏图高科技股份有限公司	61	中国四联仪器仪表集团有限公司
32	深圳欧菲光科技股份有限公司	62	蓝思科技（长沙）有限公司
33	上海贝尔股份有限公司	63	宁波均胜电子股份有限公司
34	万马联合控股集团公司	64	东软集团股份有限公司
35	广州无线电集团有限公司	65	侨兴集团有限公司
36	康佳集团股份有限公司	66	江苏中能硅业科技发展有限公司
37	永鼎集团有限公司	67	江苏新潮科技集团有限公司
38	震雄铜业集团有限公司	68	中冶赛迪集团有限公司
39	福建省电子信息（集团）有限责任公司	69	铜陵精达铜材（集团）有限责任公司
40	中利科技集团股份有限公司	70	广东生益科技股份有限公司
41	深圳华强集团有限公司	71	惠科电子（深圳）有限公司
42	大全集团有限公司	72	中国华录集团有限公司
43	润峰电力有限公司	73	深圳市共进电子股份有限公司
44	中芯国际集成电路制造有限公司	74	安徽天康（集团）股份有限公司
45	华勤通讯技术有限公司	75	双登集团股份有限公司
46	株洲中车时代电气股份有限公司	76	福州福大自动化科技有限公司
47	浙江富春江通信集团有限公司	77	上海华虹（集团）有限公司
48	歌尔声学股份有限公司	78	万利达集团有限公司
49	许继集团有限公司	79	欣旺达电子股份有限公司
50	陕西电子信息集团有限公司	80	深圳市神舟电脑股份有限公司

续表

序号	企业名称	序号	企业名称
81	普天东方通信集团	91	浙大网新科技股份有限公司
82	哈尔滨光宇集团股份有限公司	92	山东鲁鑫贵金属有限公司
83	风帆股份有限公司	93	浙江南都电源动力股份有限公司
84	南通华达微电子集团有限公司	94	深圳市康冠技术有限公司
85	骆驼集团股份有限公司	95	阳光电源股份有限公司
86	横店集团东磁有限公司	96	中航光电科技股份有限公司
87	深圳市华讯方舟科技有限公司	97	北京华胜天成科技股份有限公司
88	深圳市兆驰股份有限公司	98	厦门宏发电声股份有限公司
89	深圳市泰衡诺科技有限公司	99	华润微电子有限公司
90	广州佳都集团有限公司	100	河南科隆集团有限公司

[供稿：中国电子信息行业联合会]

产业数据

说　明

1. 统计范围：电子信息制造业包括在我国境内注册（不包括港、澳、台地区）的年主营业务收入 2 000 万元以上，从事电子信息产品生产及研发的企、事业独立法人单位；电子信息产业固定资产投资统计的是计划总投资 500 万元以上的建设项目。软件产业包括三类，一是在我国境内注册（港、澳、台地区除外），主要从事软件研发、系统集成及相关信息技术服务等业务，且主营业务年收入 100 万元以上，具有独立法人资格的软件企业（含软件认证企业）；二是在我国境内注册，主营业务年收入 500 万元以上，并有软件研发、系统集成服务及相关信息技术服务收入，且该收入占本企业主营业务 30% 以上的独立法人单位；三是在我国境内注册，主要从事集成电路设计的企业或其集成电路设计和测试的收入占本企业主营业务 60% 以上，且主营业务年收入 100 万元以上的独立法人单位。

2. 数据来源：电子信息制造业的主要经济指标、固定资产投资数据主要来自国家统计局，为全国工业和投资统计快报数据；电子信息制造业主要电子信息产品产销存、生产能力以及计划单列市的主要经济指标数据来自工业和信息化部电子信息制造业统计年报；软件和信息技术服务业数据来自工业和信息化部软件和信息技术服务业统计年报；电子信息产品进出口统计数据主要来自国家海关总署。

3. 本统计数据不包括我国港、澳、台地区。软件和信息技术服务业数据暂不含西藏自治区。

4. 由于四舍五入，各项值累加与合计值有可能存在误差。

5. 本统计资料解释权在工业和信息化部运行监测协调局。

表 1　2015 年规模以上电子信息产业主要指标完成情况

项目名称	单位	2014 年	2015 年	增速（%）
工业增加值	%			12.2
主营业务收入	亿元	140 014	154 166	10.1
其中：制造业	亿元	102 988	111 318	8.1
软件业	亿元	37 026	42 848	15.7
利润总额	亿元	9 878	11 368	15.1
其中：制造业	亿元	5 052	5 602	10.9
软件业	亿元	4 826	5 766	19.5
税金总额	亿元	3 807	4 448	16.8
其中：制造业	亿元	2 021	2 470	22.2
软件业	亿元	1 786	1 978	10.8
固定资产投资	亿元	12 065	13 775	14.2
电子信息产品进出口总额	亿美元	13 237	13 088	–1.1
其中：出口额	亿美元	7 897	7 811	–1.1
进口额	亿美元	5 340	5 277	–1.2

规模以上制造业统计数据

表 2　2015 年按企业登记注册类型分列的电子信息产业制造业主要经济指标完成情况（1）

单位：万元

项目名称	企业数（家）	亏损企业数（家）	工业销售产值	出口交货值	主营业务收入
总计	19 905	3 487	1 132 946 216	515 992 892	1 113 183 883
内资企业	13 201	1 756	463 161 775	85 806 344	459 322 668
国有企业	59	14	5 493 918	490 930	5 580 581
集体企业	39	7	1 660 807	448 116	1 623 724
股份合作企业	34	1	460 725	1 238	478 037
联营企业	2		57 741	29 114	45 380
集体联营企业	1		29 114	29 114	16 753
国有与集体联营企业	1		28 627		28 627
有限责任公司	3 836	600	192 318 416	45 221 660	193 880 700
国有独资公司	74	17	10 932 454	2 387 358	11 204 163
其他有限责任公司	3 762	583	181 385 961	42 834 302	182 676 537
股份有限公司	740	96	65 202 644	16 233 865	62 120 342

续表

项目名称	企业数（家）	亏损企业数（家）	工业销售产值	出口交货值	主营业务收入
私营企业	8 459	1 037	196 675 317	23 151 993	194 237 213
其他内资企业	32	1	1 292 208	229 428	1 356 691
中国港、澳、台商投资企业	3 001	710	272 377 139	166 003 558	268 144 298
合资经营企业（港、澳、台资）	645	148	50 347 566	21 017 368	45 561 185
合作经营企业（港、澳、台资）	39	9	1 280 546	719 743	1 229 532
港、澳、台商独资经营企业	2 253	542	214 287 223	141 573 695	215 091 681
港、澳、台商投资股份有限公司	60	10	6 360 302	2 686 697	6 159 279
其他港、澳、台商投资企业	4	1	101 502	6 055	102 621
外商投资企业	3 703	1 021	397 407 303	264 182 990	385 716 917
中外合资经营企业	798	181	81 304 658	42 747 641	78 100 980
中外合作经营企业	34	13	2 931 737	2 310 414	2 879 704
外资企业	2 800	812	298 626 471	209 893 294	294 213 121
外商投资股份有限公司	55	13	13 446 281	9 056 847	9 447 392
其他外商投资企业	16	2	1 098 155	174 795	1 075 720

表 3　2015 年按经济类型分列的电子信息产业制造业主要经济指标完成情况（1）

单位：万元

项目名称	企业数（家）	亏损企业数（家）	工业销售产值	出口交货值	主营业务收入
国有经济	133	31	16 426 372	2 878 288	16 784 744
集体经济	40	7	1 689 921	477 230	1 640 477
股份合作经济	34	1	460 725	1 238	478 037
股份制经济	4 502	679	246 588 605	59 068 167	244 796 879
外商及港、澳、台投资经济	6 704	1 731	669 784 442	430 186 548	653 861 215
其他经济	8 492	1 038	197 996 152	23 381 421	195 622 530

表 4　2015 年按企业规模分列的电子信息产业制造业主要经济指标完成情况（1）

单位：万元

项目名称	企业数（家）	亏损企业数（家）	工业销售产值	出口交货值	主营业务收入
大型企业	1 492	191	727 437 358	422 167 074	715 023 128
中型企业	4 761	835	219 162 266	65 741 616	214 324 493
小型企业	13 652	2 461	186 346 592	28 084 202	183 836 262

表 5　2015 年通信设备工业行业主要经济指标完成情况（1）

单位：万元

项目名称	企业数（家）	亏损企业数（家）	工业销售产值	出口交货值	主营业务收入
合计	1 514	288	239 381 416	113 460 818	238 631 831
通信系统设备制造	751	100	94 177 819	32 462 978	91 976 516
通信终端设备制造	763	188	145 203 598	80 997 841	146 655 315

表 6　2015 年广播电视设备工业行业主要经济指标完成情况（1）

单位：万元

项目名称	企业数（家）	亏损企业数（家）	工业销售产值	出口交货值	主营业务收入
合计	605	100	16 850 533	5 873 091	16 556 724
广播电视节目制作及发射设备制造	53	7	1 123 938	119 546	1 128 160
广播电视接收设备及器材制造	375	65	10 508 447	4 231 152	10 338 788
应用电视设备及其他广播电视设备制造	177	28	5 218 147	1 522 393	5 089 775

表 7　2015 年电子计算机工业行业主要经济指标完成情况（1）

单位：万元

项目名称	企业数（家）	亏损企业数（家）	工业销售产值	出口交货值	主营业务收入
合计	1 542	308	214 473 309	154 258 496	213 840 828
计算机整机制造	171	44	117 662 391	89 530 264	119 229 420
计算机零部件制造	565	104	48 795 868	37 371 860	47 251 532
计算机外围设备制造	439	96	28 120 061	18 652 951	27 664 660
其他计算机制造	208	34	14 079 803	6 245 718	13 896 129
幻灯及投影设备制造	43	9	918 633	299 784	915 437
计算器及货币专用设备制造	116	21	4 896 553	2 157 919	4 883 651

表 8　2015 年家用视听设备工业行业主要经济指标完成情况（1）

单位：万元

项目名称	企业数（家）	亏损企业数（家）	工业销售产值	出口交货值	主营业务收入
合计	1 022	203	77 149 033	34 366 023	76 249 091
电视机制造	191	44	45 109 027	13 629 045	44 588 813
音响设备制造	535	96	12 639 818	6 499 193	12 201 345
影视录放设备制造	296	63	19 400 188	14 237 785	19 458 934

表 9　2015 年电子器件工业行业主要经济指标完成情况（1）

单位：万元

项目名称	企业数（家）	亏损企业数（家）	工业销售产值	出口交货值	主营业务收入
合计	2 739	576	169 377 111	97 196 175	158 032 285
电子真空器件制造	91	17	1 888 036	182 089	1 987 754
半导体分立器件制造	324	76	9 397 307	4 751 192	9 427 503
集成电路制造	446	93	31 029 101	19 181 419	28 302 299
光电子器件及其他电子器件制造	1 878	390	127 062 667	73 081 475	118 314 730

表 10　2015 年电子元件工业行业主要经济指标完成情况（1）

单位：万元

项目名称	企业数（家）	亏损企业数（家）	工业销售产值	出口交货值	主营业务收入
合计	6 810	1 117	182 722 874	63 951 905	179 246 170
电力电子元器件制造	1 314	191	21 116 036	4 245 908	20 551 716
电子元件及组件制造	4 590	729	123 467 544	39 617 029	121 267 167
印制电路板制造	906	197	38 139 294	20 088 968	37 427 286

表 11　2015 年电子测量仪器工业行业主要经济指标完成情况（1）

单位：万元

项目名称	企业数（家）	亏损企业数（家）	工业销售产值	出口交货值	主营业务收入
合计	893	103	23 109 299	3 863 378	23 156 605
环境监测专用仪器仪表制造	106	10	2 311 213	330 194	2 227 848
运输设备及生产用计数仪表制造	185	17	6 551 471	673 811	6 558 706
导航、气象及海洋专用仪器制造	57	12	1 302 000	482 688	1 319 599
农林牧渔专用仪器仪表制造	16	1	582 588	7 447	582 452
地质勘探和地震专用仪器制造	64	12	1 612 125	96 758	1 410 935
核子及核辐射测量仪器制造	8	1	133 685	1 195	128 468
电子测量仪器制造	160	18	3 199 616	482 632	3 126 944
医疗诊断、监护及治疗设备制造	297	32	7 416 600	1 788 654	7 801 653

表 12　2015 年电子工业专用设备行业主要经济指标完成情况（1）

单位：万元

项目名称	企业数（家）	亏损企业数（家）	工业销售产值	出口交货值	主营业务收入
合计	1 715	281	60 089 975	15 285 287	58 862 318
电子工业专用设备制造	558	80	13 320 109	1 918 349	12 695 438
其他电子设备制造	1 157	201	46 769 866	13 366 938	46 166 880

表 13　2015 年电子信息机电工业行业主要经济指标完成情况（1）

单位：万元

项目名称	企业数（家）	亏损企业数（家）	工业销售产值	出口交货值	主营业务收入
合计	2 543	412	120 500 831	23 785 446	119 649 132
微电机及其他电机制造	934	112	24 146 925	6 064 911	23 394 442
光纤、光缆制造	244	24	17 865 030	996 864	18 113 210
光伏设备及元器件制造	709	148	53 443 435	10 854 962	53 545 425
锂离子电池制造	536	111	20 580 518	4 766 006	20 296 800
镍氢电池制造	120	17	4 464 924	1 102 703	4 299 255

表 14　2015 年其他电子信息行业主要经济指标完成情况（1）

单位：万元

项目名称	企业数（家）	亏损企业数（家）	工业销售产值	出口交货值	主营业务收入
信息化学品制造	477	92	26 873 537	3 644 768	26 511 961

表 15　2015 年省、市、自治区电子信息产业制造业主要经济指标完成情况（1）

单位：万元

省、市、自治区名称	企业数（家）	亏损企业数（家）	工业销售产值	出口交货值	主营业务收入
北京市	402	103	22 825 075	6 825 700	28 225 346
天津市	412	127	28 865 319	15 400 792	28 430 884
河北省	293	36	9 142 156	1 397 614	9 503 591
山西省	40	13	7 149 028	4 362 108	6 684 153
内蒙古自治区	29	10	1 322 341	9 493	1 370 400
辽宁省	303	58	9 530 166	2 779 877	9 179 495
吉林省	47	4	1 398 415	76 561	1 362 945
黑龙江省	37	5	671 131	37 261	672 826
上海市	692	171	58 247 273	43 368 640	61 949 104
江苏省	4 013	744	264 177 371	120 408 676	258 353 579
浙江省	2 168	342	45 334 437	14 087 855	45 295 810
安徽省	673	82	26 550 126	7 832 502	25 357 481
福建省	654	95	36 836 454	18 866 025	35 798 241
江西省	546	47	25 859 057	4 932 361	27 295 698
山东省	1 206	131	72 899 212	17 039 979	73 428 019
河南省	503	37	42 815 004	28 359 180	42 458 188

续表

省、市、自治区名称	企业数（家）	亏损企业数（家）	工业销售产值	出口交货值	主营业务收入
湖北省	501	65	23 925 115	5 377 981	21 418 760
湖南省	563	38	23 331 679	5 230 826	22 533 603
广东省	5 593	1 195	327 161 630	171 395 495	315 413 793
广西壮族自治区	141	15	16 302 659	3 168 003	15 785 946
海南省	6	4	385 464	169 876	414 099
重庆市	312	36	33 300 496	21 042 868	32 882 706
四川省	450	58	40 262 538	20 806 214	34 962 555
贵州省	60	9	2 746 779	137 422	2 492 576
云南省	22	4	403 301	34 712	471 532
西藏自治区	1		8 814		3 421
陕西省	177	34	8 173 927	2 568 134	7 868 571
甘肃省	25	9	787 171	267 065	659 085
青海省	14	8	762 281		743 885
宁夏回族自治区	12	6	511 977	8 084	867 867
新疆维吾尔自治区	10	1	1 259 821	1 587	1 299 726

表 16　2015 年按计划单列市分列的电子信息产业制造业主要经济指标完成情况（1）

单位：万元

计划单列市名称	企业数（家）	亏损企业数（家）	工业销售产值	出口交货值	主营业务收入
大连市	176	41	6 216 046	3 016 185	6 704 636
宁波市	112	24	8 117 689	3 612 742	8 616 375
厦门市	40	5	14 244 317	9 073 933	14 376 983
青岛市	29	6	20 953 510	3 028 717	26 543 655
深圳市	334	29	128 971 239	64 186 235	144 120 563

表 17　2015 年按企业登记注册类型分列的电子信息产业制造业主要经济指标完成情况（2）

单位：万元

项目名称	主营业务成本	营业费用	主营业务税金及附加	管理费用	财务费用	利息支出	应交增值税
总计	977 375 679	25 138 891	3 771 732	50 603 165	5 356 749	5 528 138	20 923 629
内资企业	379 328 231	16 493 774	2 514 267	29 813 943	4 000 443	3 567 808	12 718 650
国有企业	4 602 900	256 834	23 905	560 822	87 287	86 902	104 253
集体企业	1 427 093	27 419	3 376	76 801	8 317	8 128	35 853

续表

项目名称	主营业务成本	营业费用	主营业务税金及附加	管理费用	财务费用	利息支出	应交增值税
股份合作企业	394 881	8 918	4 938	19 218	2 623	1 525	19 762
联营企业	38 464	1 120	128	3 307	44	11	1 424
集体联营企业	16 251			445	31		
国有与集体联营企业	22 213	1 120	128	2 863	13	11	1 424
有限责任公司	157 208 811	8 022 383	1 011 767	15 677 993	1 872 807	1 564 333	5 788 278
国有独资公司	9 499 185	603 301	48 163	592 811	77 463	100 355	341 209
其他有限责任公司	147 709 626	7 419 082	963 604	15 085 182	1 795 343	1 463 978	5 447 070
股份有限公司	48 887 454	3 309 642	373 859	4 264 183	645 532	651 584	1 776 095
私营企业	165 630 930	4 816 544	1 092 038	9 141 441	1 364 297	1 239 989	4 970 998
其他内资企业	1 137 698	50 913	4 257	70 178	19 537	15 337	21 986
中国港、澳、台商投资企业	244 992 561	3 657 217	529 607	8 617 567	604 779	784 672	3 205 238
合资经营企业（港、澳、台资）	40 389 928	926 035	134 533	1 817 049	342 392	267 386	862 681
合作经营企业（港、澳、台资）	1 101 466	19 222	3 957	79 628	409	4 009	10 857
港、澳、台商独资经营企业	198 809 893	2 492 629	352 525	6 256 585	257 508	485 714	2 124 323
港、澳、台商投资股份有限公司	4 596 761	217 279	37 655	461 757	4 507	27 543	204 808
其他港、澳、台商投资企业	94 513	2 052	937	2 548	–36	21	2 570
外商投资企业	353 054 888	4 987 901	727 858	12 171 655	751 527	1 175 658	4 999 740
中外合资经营企业	69 452 746	1 751 460	183 145	2 717 952	215 525	323 533	1 707 514
中外合作经营企业	2 660 362	47 490	1 891	72 420	1 031	8 428	33 445
外资企业	271 159 626	2 988 143	525 574	8 996 806	546 285	806 758	3 204 675
外商投资股份有限公司	8 800 797	191 422	12 728	362 210	–14 577	34 695	30 205
其他外商投资企业	981 357	9 387	4 520	22 268	3 264	2 243	23 902

表 18　2015 年按经济类型分列的电子信息产业制造业主要经济指标完成情况（2）

单位：万元

项目名称	主营业务成本	营业费用	主营业务税金及附加	管理费用	财务费用	利息支出	应交增值税
国有经济	14 102 085	860 135	72 068	1 153 633	164 750	187 257	445 462
集体经济	1 443 344	27 419	3 376	77 246	8 348	8 128	35 853
股份合作经济	394 881	8 918	4 938	19 218	2 623	1 525	19 762
股份制经济	196 597 080	10 728 725	1 337 463	19 349 365	2 440 875	2 115 563	7 223 165

续表

项目名称	主营业务成本	营业费用	主营业务税金及附加	管理费用	财务费用	利息支出	应交增值税
外商及港、澳、台投资经济	598 047 449	8 645 117	1 257 465	20 789 222	1 356 306	1 960 330	8 204 979
其他经济	166 790 841	4 868 577	1 096 423	9 214 482	1 383 847	1 255 336	4 994 409

表 19 2015 年按企业规模分列的电子信息产业制造业主要经济指标完成情况（2）

单位：万元

项目名称	主营业务成本	营业费用	主营业务税金及附加	管理费用	财务费用	利息支出	应交增值税
大型企业	632 524 276	16 155 784	1 840 810	29 851 763	2 669 707	3 014 461	12 319 936
中型企业	185 737 607	4 632 364	913 923	11 083 699	1 302 239	1 414 329	4 588 681
小型企业	159 113 797	4 350 743	1 016 999	9 667 703	1 384 803	1 099 348	4 015 012

表 20 2015 年通信设备工业行业主要经济指标完成情况（2）

单位：万元

项目名称	主营业务成本	营业费用	主营业务税金及附加	管理费用	财务费用	利息支出	应交增值税
合计	200 844 663	9 041 947	910 551	14 966 657	1 062 342	719 828	6 147 478
通信系统设备制造	65 481 202	6 420 264	618 144	11 030 536	706 516	455 039	4 086 420
通信终端设备制造	135 363 460	2 621 683	292 407	3 936 121	355 826	264 789	2 061 058

表 21 2015 年广播电视设备工业行业主要经济指标完成情况（2）

单位：万元

项目名称	主营业务成本	营业费用	主营业务税金及附加	管理费用	财务费用	利息支出	应交增值税
合计	13 803 975	481 432	76 063	982 686	102 373	102 462	331 691
广播电视节目制作及发射设备制造	929 532	43 069	7 354	68 764	16 523	19 051	26 932
广播电视接收设备及器材制造	8 611 559	295 222	49 911	600 861	60 551	52 294	195 860
应用电视设备及其他广播电视设备制造	4 262 884	143 141	18 797	313 060	25 299	31 117	108 899

表 22 2015 年电子计算机工业行业主要经济指标完成情况（2）

单位：万元

项目名称	主营业务成本	营业费用	主营业务税金及附加	管理费用	财务费用	利息支出	应交增值税
合计	199 009 995	2 939 333	294 448	5 386 180	309 311	493 758	2 230 719
计算机整机制造	113 192 595	1 629 260	71 521	2 199 658	240 372	227 281	1 191 134
计算机零部件制造	43 452 074	339 926	101 778	1 367 185	34 730	143 781	525 659
计算机外围设备制造	25 167 047	372 679	58 423	836 334	–32 057	64 672	254 146
其他计算机制造	12 230 801	337 813	39 003	676 908	37 018	46 016	149 671

续表

项目名称	主营业务成本	营业费用	主营业务税金及附加	管理费用	财务费用	利息支出	应交增值税
幻灯及投影设备制造	797 198	20 428	6 328	42 052	2 551	2 202	15 538
计算器及货币专用设备制造	4 170 280	239 228	17 395	264 043	26 699	9 805	94 570

表 23　2015 年家用视听设备工业行业主要经济指标完成情况（2）

单位：万元

项目名称	主营业务成本	营业费用	主营业务税金及附加	管理费用	财务费用	利息支出	应交增值税
合计	68 825 195	2 526 791	222 726	2 700 006	300 087	320 847	1 072 084
电视机制造	40 378 120	2 005 473	135 856	1 269 873	222 308	230 760	659 058
音响设备制造	10 725 479	217 936	46 909	666 290	30 221	35 269	212 206
影视录放设备制造	17 721 596	303 382	39 961	763 843	47 559	54 818	200 820

表 24　2015 年电子器件工业行业主要经济指标完成情况（2）

单位：万元

项目名称	主营业务成本	营业费用	主营业务税金及附加	管理费用	财务费用	利息支出	应交增值税
合计	140 056 885	2 301 348	445 706	7 623 159	995 983	1 049 640	1 867 179
电子真空器件制造	1 617 215	50 323	15 970	148 238	42 853	42 781	63 527
半导体分立器件制造	8 192 437	151 046	35 064	575 032	58 007	92 720	132 107
集成电路制造	23 888 098	380 939	73 580	2 220 468	173 362	213 086	392 402
光电子器件及其他电子器件制造	106 359 135	1 719 040	321 091	4 679 421	721 762	701 053	1 279 142

表 25　2015 年电子元件工业行业主要经济指标完成情况（2）

单位：万元

项目名称	主营业务成本	营业费用	主营业务税金及附加	管理费用	财务费用	利息支出	应交增值税
合计	156 490 108	3 070 874	862 846	8 428 047	460 461	844 892	3 557 721
电力电子元器件制造	17 467 826	480 300	114 698	1 164 361	116 939	108 677	487 282
电子元件及组件制造	105 374 456	2 111 007	632 994	5 633 349	351 536	524 135	2 503 085
印制电路板制造	33 647 825	479 567	115 154	1 630 338	−8 014	212 079	567 353

表 26　2015 年电子测量仪器工业行业主要经济指标完成情况（2）

单位：万元

项目名称	主营业务成本	营业费用	主营业务税金及附加	管理费用	财务费用	利息支出	应交增值税
合计	17 860 241	1 274 701	157 725	1 910 923	113 019	134 826	813 988
环境监测专用仪器仪表制造	1 813 926	95 051	13 336	121 631	10 456	12 796	90 616

续表

项目名称	主营业务成本	营业费用	主营业务税金及附加	管理费用	财务费用	利息支出	应交增值税
运输设备及生产用计数仪表制造	5 369 559	175 870	42 248	416 229	53 601	44 052	204 288
导航、气象及海洋专用仪器制造	1 181 038	25 987	5 559	78 330	6 702	6 029	27 869
农林牧渔专用仪器仪表制造	500 313	5 919	2 648	21 847	2 434	2 279	21 958
地质勘探和地震专用仪器制造	1 105 884	35 130	13 490	101 039	9 793	11 024	74 825
核子及核辐射测量仪器制造	117 454	2 796	298	4 602	579	586	1 619
电子测量仪器制造	2 224 203	264 399	24 596	307 643	12 053	17 945	127 791
医疗诊断、监护及治疗设备制造	5 547 865	669 548	55 549	859 603	17 401	40 115	265 023

表 27　2015 年电子工业专用设备行业主要经济指标完成情况（2）

单位：万元

项目名称	主营业务成本	营业费用	主营业务税金及附加	管理费用	财务费用	利息支出	应交增值税
合计	51 186 995	1 130 389	230 998	2 698 492	187 052	194 673	1 303 891
电子工业专用设备制造	10 839 726	266 368	83 860	683 572	101 636	77 054	339 339
其他电子设备制造	40 347 269	864 021	147 139	2 014 920	85 416	117 619	964 552

表 28　2015 年电子信息机电工业行业主要经济指标完成情况（2）

单位：万元

项目名称	主营业务成本	营业费用	主营业务税金及附加	管理费用	财务费用	利息支出	应交增值税
合计	104 356 090	1 990 885	453 204	4 724 739	1 342 013	1 273 167	2 921 890
微电机及其他电机制造	19 820 488	495 732	107 664	1 150 890	141 230	141 595	665 440
光纤、光缆制造	15 762 918	328 094	73 583	552 571	221 347	230 988	554 773
光伏设备及元器件制造	47 576 345	713 637	143 777	1 828 259	773 869	687 804	1 176 953
锂离子电池制造	17 382 909	370 735	104 586	1 038 535	177 772	190 996	425 386
镍氢电池制造	3 813 430	82 687	23 594	154 484	27 796	21 783	99 338

表 29　2015 年其他电子信息行业主要经济指标完成情况（2）

单位：万元

项目名称	主营业务成本	营业费用	主营业务税金及附加	管理费用	财务费用	利息支出	应交增值税
信息化学品制造	22 902 778	326 535	108 213	1 043 610	472 385	377 701	632 475

表 30　2015 年省、市、自治区电子信息产业制造业主要经济指标完成情况（2）

单位：万元

省、市、自治区名称	主营业务成本	营业费用	主营业务税金及附加	管理费用	财务费用	利息支出	应交增值税
北京市	24 565 796	1 228 662	86 319	1 796 385	214 203	168 082	520 568
天津市	25 104 632	600 706	86 703	921 859	83 333	106 869	682 354
河北省	8 097 507	179 727	40 448	432 701	132 441	140 536	193 444
山西省	6 153 151	17 958	23 683	187 663	44 717	35 393	113 503
内蒙古自治区	1 276 108	13 933	2 107	61 175	46 312	43 780	14 142
辽宁省	7 775 113	290 638	55 048	592 475	58 182	62 764	121 382
吉林省	1 150 722	28 424	4 893	73 688	7 864	8 691	26 409
黑龙江省	530 886	26 605	3 208	60 022	14 060	7 637	18 787
上海市	57 144 753	1 041 562	29 877	2 670 334	169 195	197 375	217 357
江苏省	231 117 387	3 330 968	684 603	8 708 196	1 163 464	1 409 452	4 992 325
浙江省	37 133 768	1 348 560	213 846	3 231 769	374 971	526 585	1 199 907
安徽省	22 180 629	397 739	88 454	1 039 020	230 724	190 624	383 679
福建省	31 507 754	895 675	104 068	1 657 517	176 626	155 916	379 299
江西省	24 185 758	291 916	109 107	744 446	168 240	146 466	685 661
山东省	65 068 200	1 617 314	320 076	2 078 455	406 166	292 724	1 496 245
河南省	39 422 409	309 863	92 078	688 397	212 458	162 403	234 455
湖北省	18 580 466	765 240	87 367	1 321 983	131 614	94 441	304 072
湖南省	19 593 774	490 912	163 970	951 106	120 483	102 884	544 836
广东省	267 431 697	10 477 345	1 213 875	20 094 949	975 202	1 034 257	6 969 980
广西壮族自治区	14 114 602	113 829	47 895	266 817	18 114	14 502	179 596
海南省	323 653	32 416	585	44 069	21 315	16 505	7 910
重庆市	30 357 685	494 635	120 378	941 432	23 352	85 470	507 181
四川省	32 100 256	840 792	129 261	1 261 310	327 860	316 547	902 613
贵州省	2 190 478	105 291	20 933	62 235	5 043	5 322	98 401
云南省	426 793	8 543	1 526	26 046	20 232	20 929	7 448
西藏自治区	3 101	203	2	469	31	31	
陕西省	6 750 278	138 992	35 096	508 896	127 119	101 334	100 497
甘肃省	540 773	10 448	1 974	65 369	8 891	8 493	14 881
青海省	718 676	5 617	52	25 487	13 863	11 300	33
宁夏回族自治区	808 335	4 127	649	20 145	7 027	6 105	5 929
新疆维吾尔自治区	1 020 540	30 254	3 650	68 753	53 647	54 722	738

表 31　2015 年按计划单列市分列的电子信息产业制造业主要经济指标完成情况（2）

单位：万元

计划单列市名称	主营业务成本	营业费用	主营业务税金及附加	管理费用	财务费用	利息支出	应交增值税
大连市	5 516 332	206 436	32 648	475 326	65 817	34 241	52 651
宁波市	7 001 877	445 203	31 650	493 019	63 742	71 988	118 983
厦门市	13 238 515	278 899	24 619	575 539	77 638	25 901	−1 236
青岛市	21 540 038	2 288 332	184 408	1 293 062	91 683	109 161	791 679
深圳市	113 796 984	7 334 942	725 430	13 255 544	1 023 887	428 519	3 368 708

表 32　2015 年按企业登记注册类型分列的电子信息产业制造业主要经济指标完成情况（3）

单位：万元

项目名称	利润总额	税金总额	应收账款	产成品存货	资产总计	负债合计
总计	56 024 224	24 695 360	208 295 388	40 160 015	851 882 094	482 172 872
内资企业	29 643 269	15 232 917	91 056 417	22 034 833	438 690 578	243 916 086
国有企业	135 793	128 158	1 509 463	432 611	8 768 421	5 399 906
集体企业	80 401	39 229	81 990	40 957	887 363	412 398
股份合作企业	47 862	24 701	48 292	5 683	213 530	78 509
联营企业	2 317	1 552	2 110	2 419	10 710	8 250
集体联营企业	26				292	
国有与集体联营企业	2 290	1 552	2 110	2 419	10 419	8 250
有限责任公司	12 091 632	6 800 045	41 304 374	10 684 522	189 871 682	114 686 791
国有独资公司	494 974	389 371	2 439 111	659 238	17 098 392	9 575 529
其他有限责任公司	11 596 657	6 410 674	38 865 264	10 025 284	172 773 290	105 111 262
股份有限公司	4 886 135	2 149 954	18 146 292	4 317 022	101 755 381	46 053 483
私营企业	12 330 481	6 063 036	29 810 370	6 501 112	135 664 840	76 241 272
其他内资企业	68 649	26 243	153 525	50 508	1 518 650	1 035 476
中国港、澳、台商投资企业	10 981 070	3 734 846	53 240 376	9 145 413	179 821 997	112 265 762
合资经营企业（港、澳、台资）	2 265 717	997 214	8 064 416	1 894 069	38 095 656	23 611 708
合作经营企业（港、澳、台资）	27 982	14 814	261 530	96 578	982 914	520 232
港、澳、台商独资经营企业	7 572 912	2 476 848	42 917 080	6 956 120	133 067 812	85 962 387
港、澳、台商投资股份有限公司	1 111 594	242 463	1 988 418	196 087	7 636 343	2 163 750
其他港、澳、台商投资企业	2 866	3 507	8 931	2 559	39 273	7 685
外商投资企业	15 399 885	5 727 598	63 998 595	8 979 769	233 369 520	125 991 024
中外合资经营企业	4 203 013	1 890 659	12 235 695	1 725 982	55 939 085	27 319 122

续表

项目名称	利润总额	税金总额	应收账款	产成品存货	资产总计	负债合计
中外合作经营企业	100 919	35 335	513 825	61 813	1 516 883	888 445
外资企业	10 518 755	3 730 249	49 128 494	6 844 955	165 665 884	93 217 238
外商投资股份有限公司	519 932	42 933	2 012 683	321 780	9 716 599	4 350 170
其他外商投资企业	57 266	28 422	107 898	25 239	531 070	216 050

表 33　2015 年按经济类型分列的电子信息产业制造业主要经济指标完成情况（3）

单位：万元

项目名称	利润总额	税金总额	应收账款	产成品存货	资产总计	负债合计
国有经济	630 767	517 529	3 948 574	1 091 848	25 866 813	14 975 435
集体经济	80 427	39 229	81 990	40 957	887 655	412 398
股份合作经济	47 862	24 701	48 292	5 683	213 530	78 509
股份制经济	16 482 793	8 560 627	57 011 555	14 342 306	274 528 671	151 164 745
外商及港、澳、台投资经济	26 380 955	9 462 443	117 238 971	18 125 181	413 191 517	238 256 786
其他经济	12 401 421	6 090 831	29 966 005	6 554 039	137 193 909	77 284 998

表 34　2015 年按企业规模分列的电子信息产业制造业主要经济指标完成情况（3）

单位：万元

项目名称	利润总额	税金总额	应收账款	产成品存货	资产总计	负债合计
大型企业	34 912 562	14 160 745	135 225 556	23 985 557	519 810 226	306 511 317
中型企业	11 840 015	5 502 604	42 118 163	8 515 309	185 695 275	100 164 112
小型企业	9 271 647	5 032 012	30 951 669	7 659 148	146 376 592	75 497 443

表 35　2015 年通信设备工业行业主要经济指标完成情况（3）

单位：万元

项目名称	利润总额	税金总额	应收账款	产成品存货	资产总计	负债合计
合计	12 326 661	7 058 028	53 825 554	11 700 431	179 022 850	119 958 339
通信系统设备制造	8 282 564	4 704 564	26 463 538	6 634 915	93 171 064	56 732 723
通信终端设备制造	4 044 097	2 353 465	27 362 017	5 065 516	85 851 786	63 225 617

表 36　2015 年广播电视设备工业行业主要经济指标完成情况（3）

单位：万元

项目名称	利润总额	税金总额	应收账款	产成品存货	资产总计	负债合计
合计	1 168 814	407 754	3 632 872	790 790	14 194 794	6 896 540

续表

项目名称	利润总额	税金总额	应收账款	产成品存货	资产总计	负债合计
广播电视节目制作及发射设备制造	68 118	34 286	146 336	37 973	771 996	351 197
广播电视接收设备及器材制造	732 951	245 772	2 410 876	467 586	8 916 156	4 271 140
应用电视设备及其他广播电视设备制造	367 744	127 696	1 075 660	285 232	4 506 642	2 274 204

表 37　2015 年电子计算机工业行业主要经济指标完成情况（3）

单位：万元

项目名称	利润总额	税金总额	应收账款	产成品存货	资产总计	负债合计
合计	6 530 603	2 525 167	39 446 556	4 430 719	108 152 845	70 971 275
计算机整机制造	1 955 364	1 262 656	19 070 274	1 698 358	49 101 821	37 490 236
计算机零部件制造	2 015 273	627 437	9 754 828	1 178 218	26 825 585	16 336 356
计算机外围设备制造	1 553 570	312 569	5 683 647	661 004	16 967 667	8 976 508
其他计算机制造	757 867	188 675	3 664 584	507 641	10 631 016	5 752 050
幻灯及投影设备制造	46 401	21 866	159 718	37 982	667 768	340 501
计算器及货币专用设备制造	202 128	111 965	1 113 506	347 516	3 958 988	2 075 624

表 38　2015 年家用视听设备工业行业主要经济指标完成情况（3）

单位：万元

项目名称	利润总额	税金总额	应收账款	产成品存货	资产总计	负债合计
合计	2 179 576	1 294 810	10 492 400	3 195 939	47 230 810	29 460 451
电视机制造	964 472	794 914	5 423 401	1 804 752	27 449 080	18 066 974
音响设备制造	568 019	259 115	1 842 971	558 816	7 707 776	4 065 141
影视录放设备制造	647 085	240 781	3 226 029	832 371	12 073 954	7 328 335

表 39　2015 年电子器件工业行业主要经济指标完成情况（3）

单位：万元

项目名称	利润总额	税金总额	应收账款	产成品存货	资产总计	负债合计
合计	7 955 968	2 312 885	27 259 771	5 476 660	164 325 844	79 163 590
电子真空器件制造	204 085	79 498	476 850	130 784	5 539 891	3 646 746
半导体分立器件制造	514 846	167 172	1 624 825	364 998	10 263 878	4 409 860
集成电路制造	1 984 434	465 982	5 671 684	963 747	41 207 310	16 743 367
光电子器件及其他电子器件制造	5 252 603	1 600 233	19 486 412	4 017 132	107 314 765	54 363 618

表 40　2015 年电子元件工业行业主要经济指标完成情况（3）

单位：万元

项目名称	利润总额	税金总额	应收账款	产成品存货	资产总计	负债合计
合计	10 894 066	4 420 567	30 947 513	5 805 865	128 060 320	58 315 607
电力电子元器件制造	1 322 253	601 980	4 307 317	752 505	17 091 354	7 910 662
电子元件及组件制造	7 781 580	3 136 079	18 465 303	3 978 533	80 671 197	35 478 427
印制电路板制造	1 790 233	682 508	8 174 893	1 074 827	30 297 768	14 926 519

表 41　2015 年电子测量仪器工业行业主要经济指标完成情况（3）

单位：万元

项目名称	利润总额	税金总额	应收账款	产成品存货	资产总计	负债合计
合计	2 204 657	971 712	4 346 533	924 354	21 819 801	9 008 674
环境监测专用仪器仪表制造	185 964	103 952	352 709	71 681	1 967 483	704 263
运输设备及生产用计数仪表制造	538 301	246 536	1 133 418	243 166	4 938 158	2 324 648
导航、气象及海洋专用仪器制造	21 112	33 428	290 250	92 427	1 482 965	754 984
农林牧渔专用仪器仪表制造	49 581	24 606	21 965	9 717	225 908	68 711
地质勘探和地震专用仪器制造	158 279	88 315	492 601	63 616	1 791 040	658 262
核子及核辐射测量仪器制造	3 390	1 917	32 498	752	559 296	255 209
电子测量仪器制造	320 808	152 387	488 289	111 866	2 461 679	1 015 474
医疗诊断、监护及治疗设备制造	927 222	320 572	1 534 804	331 129	8 393 273	3 227 122

表 42　2015 年电子工业专用设备行业主要经济指标完成情况（3）

单位：万元

项目名称	利润总额	税金总额	应收账款	产成品存货	资产总计	负债合计
合计	3 792 494	1 534 889	9 564 085	1 882 342	41 885 544	20 594 414
电子工业专用设备制造	787 603	423 199	2 207 980	610 253	12 290 531	5 502 637
其他电子设备制造	3 004 892	1 111 691	7 356 106	1 272 089	29 595 014	15 091 777

表 43　2015 年电子信息机电工业行业主要经济指标完成情况（3）

单位：万元

项目名称	利润总额	税金总额	应收账款	产成品存货	资产总计	负债合计
合计	7 108 242	3 375 094	24 411 983	4 903 672	108 773 212	65 917 117
微电机及其他电机制造	1 818 302	773 104	3 117 804	858 859	15 125 563	7 329 882
光纤、光缆制造	1 338 019	628 357	3 836 671	948 961	16 137 547	8 850 512
光伏设备及元器件制造	2 505 297	1 320 730	13 017 674	1 852 531	54 129 145	36 195 141
锂离子电池制造	1 300 013	529 972	3 978 604	1 112 030	20 749 930	12 292 912

续表

项目名称	利润总额	税金总额	应收账款	产成品存货	资产总计	负债合计
镍氢电池制造	146 611	122 932	461 230	131 292	2 631 027	1 248 671

表 44　2015 年其他电子信息行业主要经济指标完成情况（3）

单位：万元

项目名称	利润总额	税金总额	应收账款	产成品存货	资产总计	负债合计
信息化学品制造	1 664 075	740 687	3 785 030	1 010 721	35 751 489	20 283 621

表 45　2015 年省、市、自治区电子信息产业制造业主要经济指标完成情况（3）

单位：万元

省、市、自治区名称	利润总额	税金总额	应收账款	产成品存货	资产总计	负债合计
北京市	950 152	606 887	5 421 407	1 598 145	35 145 983	18 244 955
天津市	1 678 290	769 057	3 882 115	684 776	16 169 247	7 970 929
河北省	476 168	233 892	2 523 929	313 013	14 683 932	7 950 995
山西省	339 467	137 186	1 886 698	549 449	7 976 445	5 478 405
内蒙古自治区	−16 936	16 248	99 590	49 865	2 653 206	2 003 561
辽宁省	549 386	176 430	1 975 461	364 783	11 967 385	5 167 269
吉林省	111 857	31 302	125 624	44 264	1 108 747	486 284
黑龙江省	51 722	21 996	162 138	59 719	1 256 706	588 231
上海市	1 530 706	247 234	12 555 803	1 882 380	44 307 848	25 221 992
江苏省	14 306 726	5 676 928	40 918 942	6 852 004	173 584 261	90 343 552
浙江省	3 719 590	1 413 753	13 531 634	2 656 748	51 892 686	26 979 150
安徽省	1 603 344	472 133	7 241 060	803 504	26 684 003	15 414 509
福建省	1 527 964	483 367	6 500 955	1 128 237	25 043 991	13 801 269
江西省	1 870 751	794 767	3 350 740	834 868	20 453 980	12 020 693
山东省	4 208 215	1 816 321	7 103 007	2 101 840	40 157 065	20 128 872
河南省	1 805 663	326 533	9 344 738	1 677 691	33 137 652	23 422 731
湖北省	774 086	391 439	5 576 935	1 050 389	21 533 912	11 813 549
湖南省	920 174	708 806	1 958 269	399 771	11 179 230	5 322 165
广东省	16 113 318	8 183 855	68 707 941	14 486 245	242 904 734	145 696 479
广西壮族自治区	1 200 113	227 491	1 442 013	147 145	3 870 939	2 239 952
海南省	−20 936	8 495	171 542	9 919	795 228	485 957
重庆市	976 737	627 559	3 875 789	578 975	14 494 703	9 296 527

续表

省、市、自治区名称	利润总额	税金总额	应收账款	产成品存货	资产总计	负债合计
四川省	482 577	1 031 873	6 987 019	1 235 872	26 958 623	18 358 577
贵州省	121 872	119 334	308 161	57 183	1 023 465	665 354
云南省	−6 872	8 973	125 624	16 150	1 126 132	706 613
西藏自治区	1 267	2	1 416	293	11 527	10 331
陕西省	544 295	135 594	1 653 333	429 894	14 358 223	8 105 609
甘肃省	59 174	16 856	231 501	33 833	1 661 521	582 650
青海省	−5 782	85	182 669	20 292	1 304 660	958 256
宁夏回族自治区	23 207	6 578	110 063	72 157	1 361 783	787 664
新疆维吾尔自治区	127 934	4 387	339 275	20 611	3 074 282	1 919 795

表 46　2015 年按计划单列市分列的电子信息产业制造业主要经济指标完成情况（3）

单位：万元

计划单列市名称	利润总额	税金总额	应收账款	产成品存货	资产总计	负债合计
大连市	5 115 333	85 299	1 442 968	242 861	10 058 608	4 930 424
宁波市	6 886 425	150 634	2 095 989	383 552	9 037 433	4 794 488
厦门市	1 959 270	23 383	2 421 525	262 185	9 303 906	5 470 305
青岛市	22 278 056	976 087	2 729 250	1 205 206	30 835 932	22 107 733
深圳市	121 973 155	4 094 138	30 412 896	5 118 877	113 387 584	71 352 840

表 47　2015 年光通信设备生产量、销售量和出口量汇总表

产品名称	计量单位	企业数（家）	本年生产量	本年销售量	本年出口量
光端机	部	39	7 784 716	7 775 735	1 415
光缆中继设备	部	50	8 194 241	8 137 245	700 000
光纤放大器	部	23	2 938 300	2 934 841	1 921
波分复用器	部	7	91 966	89 285	688
光交叉联接设备	端	6	114 676	115 441	
光分插复用设备（ADM）	部	3	12 022	13 000	
多业务传送设备（MSTP）	部	10	71 365	71 303	
电光转换器	部	19	2 512 870	2 480 896	
无源光分路器	部	11	46 640 502	45 871 943	375 135

表 48　2015 年卫星通信设备生产量、销售量和出口量汇总表

产品名称	计量单位	企业数（家）	本年生产量	本年销售量	本年出口量
卫星通信设备合计	部	48	109 143 087	107 565 059	5 469 694
卫星地面接收机	部	11	14 690 601	14 766 568	4 779 851
卫星接收天线	部	12	75 944 812	74 346 392	91 310
GPS 接收机	部	14	4 932 065	4 847 590	592 528
GPS 天线	部	3	13 316 450	13 350 055	6 005
卫星通信地面站终端机	部	6	47 105	46 524	
卫星地面站零部件	部	2	212 054	207 930	

表 49　2015 年微波通信设备生产量、销售量和出口量汇总表

产品名称	计量单位	企业数（家）	本年生产量	本年销售量	本年出口量
微波通信设备合计	部	18	40 172 109	40 177 812	72 048
微波收发通信机	部	11	62 604	62 066	31 615
微波终端机	部	4	39 304	38 886	19 132
微波天线、馈线	套	3	40 070 201	40 076 860	21 301

表 50　2015 年散射通信设备生产量、销售量和出口量汇总表

产品名称	计量单位	企业数（家）	本年生产量	本年销售量	本年出口量
散射通信天线	部	1	93 490 167	93 390 265	

表 51　2015 年载波通信设备生产量、销售量和出口量汇总表

产品名称	计量单位	企业数（家）	本年生产量	本年销售量	本年出口量
载波通信设备合计	部	2	16 632	11 460	
载波终端机	部	1	15 183	10 011	
电力线载波机	部	1	1 449	1 449	

表 52　2015 年通信导航定向设备生产量、销售量和出口量汇总表

产品名称	计量单位	企业数（家）	本年生产量	本年销售量	本年出口量
通信导航定向设备合计	部	17	79 293	76 942	32 156
飞机通信导航定向设备	部	2	2 479	2 421	

续表

产品名称	计量单位	企业数（家）	本年生产量	本年销售量	本年出口量
航用通信导航定向设备	部	7	73 836	71 615	32 156
地面通信导航定向设备	部	8	2 978	2 906	

表 53　2015 年数字程控交换机设备生产量、销售量和出口量汇总表

产品名称	计量单位	企业数（家）	本年生产量	本年销售量	本年出口量
数字程控交换机合计	线	24	18 803 178	18 733 873	3 262 208
用户交换机	线	16	11 627 664	11 557 419	3 255 459
汇接局交换机	线	1	334	357	
其他数字程控交换机	线	7	7 175 180	7 176 097	6 749

表 54　2015 年固网软交换相关设备生产量、销售量和出口量汇总表

产品名称	计量单位	企业数（家）	本年生产量	本年销售量	本年出口量
固网软交换相关设备合计	线	6	7 024 642	7 054 309	1
软交换控制设备	台	3	16 986	16 948	
接入媒体网关（AG）	线	2	6 873 648	6 898 550	1
中继媒体网关（TG）	线	1	134 008	138 811	

表 55　2015 年光交换机设备生产量、销售量和出口量汇总表

产品名称	计量单位	企业数（家）	本年生产量	本年销售量	本年出口量
光交换机	台	2	32 330	32 310	

表 56　2015 年基站及基站控制器生产量、销售量和出口量汇总表

产品名称	计量单位	企业数（家）	本年生产量	本年销售量	本年出口量
基站及基站控制器	万信道	13	28 696.07	28 777.2	13 111.73

表 57　2015 年基站天线生产量、销售量和出口量汇总表

产品名称	计量单位	企业数（家）	本年生产量	本年销售量	本年出口量
基站天线合计	套	16	101 430 722	98 451 127	25 152 556
智能天线	套	8	70 087 002	66 751 389	24 500 000

续表

产品名称	计量单位	企业数（家）	本年生产量	本年销售量	本年出口量
非智能天线	套	8	31 343 720	31 699 738	652 556

表 58　2015 年直放站生产量、销售量和出口量汇总表

产品名称	计量单位	企业数（家）	本年生产量	本年销售量	本年出口量
直放站	部	12	128 008	129 739	

表 59　2015 年移动交换机（MSC）及移动软交换设备生产量、销售量和出口量汇总表

产品名称	计量单位	企业数（家）	本年生产量	本年销售量	本年出口量
移动交换机（MSC）	万门	1	161.6	161.6	

表 60　2015 年移动通信核心网分组域设备生产量、销售量和出口量汇总表

产品名称	计量单位	企业数（家）	本年生产量	本年销售量	本年出口量
分组数据服务节点（PDSN）	套	1	5 126	5 126	

表 61　2015 年集群通信系统设备生产量、销售量和出口量汇总表

产品名称	计量单位	企业数（家）	本年生产量	本年销售量	本年出口量
集群基站设备	信道	4	440 952	441 000	
集群基站天线	套	3	1 600 090	1 600 088	
集群交换设备	万门	2	7	7	

表 62　2015 年无源光网络（PON）生产量、销售量和出口量汇总表

产品名称	计量单位	企业数（家）	本年生产量	本年销售量	本年出口量
光线路终端（OLT）	线	13	19 097 883	16 778 247	12 172
光网络单元（ONU）	部	9	20 137 631	19 235 485	7 882 265

表 63 2015 年有源光网络（AON）生产量、销售量和出口量汇总表

产品名称	计量单位	企业数（家）	本年生产量	本年销售量	本年出口量
有源光网络（AON）合计	台	7	735 094	735 320	
局端设备（CE）	台	5	474 992	475 221	

续表

产品名称	计量单位	企业数（家）	本年生产量	本年销售量	本年出口量
远端设备（RE）	台	2	260 102	260 099	

表 64　2015 年铜缆接入设备生产量、销售量和出口量汇总表

产品名称	计量单位	企业数（家）	本年生产量	本年销售量	本年出口量
非对称数字用户线（ADSL）					
语音分离器（POTS 分离器）	只	1	2 480 000	2 475 000	
高速率数字用户线路调制解调器（HDSL MODEM）	对	1	3 284	3 284	
甚高速率数字用户线（VDSL）					
VDSL 交换机	线	1	2 998	2 885	

表 65　2015 年电力线宽带接入设备（BPL）生产量、销售量和出口量汇总表

产品名称	计量单位	企业数（家）	本年生产量	本年销售量	本年出口量
电力网桥	线	1	4 520	4 520	
电力线调制解调器（电力猫）	部	2	6 969 824	6 101 389	2 599 000

表 66　2015 年固定无线接入设备生产量、销售量和出口量汇总表

产品名称	计量单位	企业数（家）	本年生产量	本年销售量	本年出口量
WiMAX 基站	万信道	1	9	9	
WiMAX 用户端设备（WiMAX CPE）	部	1	15	15	

表 67　2015 年其他无线固定接入设备生产量、销售量和出口量汇总表

产品名称	计量单位	企业数（家）	本年生产量	本年销售量	本年出口量
基站	万信道	2	71	199	
用户端设备	部	4	9 270 924	8 550 855	

表 68　2015 年网络控制设备生产量、销售量和出口量汇总表

产品名称	计量单位	企业数（家）	本年生产量	本年销售量	本年出口量
网络控制设备合计	台	11	631 342	637 529	
通信控制处理机	台	5	12 018	12 553	
集中器	台	1	11 760	13 313	

续表

产品名称	计量单位	企业数（家）	本年生产量	本年销售量	本年出口量
终端控制器	台	5	607 564	611 663	

表 69　2015 年网络接口和适配器生产量、销售量和出口量汇总表

产品名称	计量单位	企业数（家）	本年生产量	本年销售量	本年出口量
网络接口和适配器合计	台	7	778 933	786 559	676 729
网络收发器	台	3	719 121	726 762	676 729
网络分配器	台	1	11	11	
通信网络时钟同步设备	台	3	59 801	59 786	

表 70　2015 年网络连接设备生产量、销售量和出口量汇总表

产品名称	计量单位	企业数（家）	本年生产量	本年销售量	本年出口量
路由器	台	19	194 906 395	190 809 248	20 464 634
数字数据网络 DDN 节点设备	台	1	60	60	
数字交叉连接设备	台	3	965 544	968 994	
二层交换机	台	1	257 100	228 330	
无线局域网接入点（AP）	台	3	14 226 700	13 765 680	5 270 000

表 71　2015 年网络优化设备生产量、销售量和出口量汇总表

产品名称	计量单位	企业数（家）	本年生产量	本年销售量	本年出口量
流量控制器	台	4	23 569	22 837	

表 72　2015 年网络检测设备生产量、销售量和出口量汇总表

产品名称	计量单位	企业数（家）	本年生产量	本年销售量	本年出口量
网络检测设备合计	台	5	1 430	1 430	
协议测试设备	台	3	339	339	
差错检测设备	台	2	1 091	1 091	

表 73　2015 年固定通信终端设备生产量、销售量和出口量汇总表

产品名称	计量单位	企业数（家）	本年生产量	本年销售量	本年出口量
收发合一中小型电台合计	部	6	10 254	10 112	640

续表

产品名称	计量单位	企业数（家）	本年生产量	本年销售量	本年出口量
短波电台	部	1	53	39	
超短波电台	部	2	1 763	1 595	
短波跳频电台	部	1			
超短波跳频电台	部	2	8 438	8 478	640
电话单机合计	部	30	99 954 744	100 176 882	41 621 079
固定电话机	部	27	99 449 950	99 671 850	41 621 079
特种电话机	部	3	504 794	505 032	
数据终端设备合计	部	2	825 153	825 153	
传真机	部	1	823 217	823 217	
数传机（含机械、电子打字机）	部	1	1 936	1 936	

表 74　2015 年移动通信终端设备生产量、销售量和出口量汇总表

产品名称	计量单位	企业数（家）	本年生产量	本年销售量	本年出口量
手机	部	167	1 812 613 530	1 782 483 490	830 818 988
其中：3G 手机	部	25	136 545 295	121 224 440	78 892 585
4G 手机	部	70	698 672 657	690 227 281	286 660 061
其中：智能手机	部	166	1 399 430 590	1 375 059 359	520 634 040
其他移动通信终端合计	部	16	3 589 082	3 397 550	
集群通信终端	部	10	836 535	837 182	
对讲机	部	6	2 752 547	2 560 368	

表 75　2015 年通信配套产品和其他通信设备生产量、销售量和出口量汇总表

产品名称	计量单位	企业数（家）	本年生产量	本年销售量	本年出口量
通信电源					
一次电源	台	10	51 923 051	58 410 584	52 137 586
二次电源	台	6	131 289	129 137	
配线分线设备	部	8	18 421 826	18 365 747	13 603 269
其他配套设备	部	93	388 505 375	387 815 294	1 718 886
其中：通信用油机	部	1	64	64	

表 76　2015 年广播电视节目制作及播控设备生产量、销售量和出口量汇总表

产品名称	计量单位	企业数（家）	本年生产量	本年销售量	本年出口量
音频节目制作和播控设备合计	部	10	325 862	324 930	6 552
广播专用录音、放音设备	部	7	303 939	302 341	
音质加工与信号处理设备	部	3	21 923	22 589	6 552
视听节目制作及播控设备					
广播电视专业录、摄像机	部	4	8 995	9 085	639
视频矩阵	部	1	1 706	1 702	
非线性编辑设备	部	2	10 140	10 140	
虚拟演播室设备	部	1	79	79	
信号源设备	部	2	44 636 859	39 467 748	
视频信号处理设备	部	2	5 800	5 800	

表 77　2015 年广播发射设备生产量、销售量和出口量汇总表

产品名称	计量单位	企业数（家）	本年生产量	本年销售量	本年出口量
广播发射设备合计	部	6	60 515	59 004	2
调频同步广播设备	部	4	319	308	2
调幅同步广播设备	部	2	60 196	58 696	

表 78　2015 年电视发射设备生产量、销售量和出口量汇总表

产品名称	计量单位	企业数（家）	本年生产量	本年销售量	本年出口量
电视发射设备合计	部	12	485 522	467 171	287
模拟电视发射机	部	3	480 729	462 609	
数字电视发射机	部	8	4 733	4 502	287
电视转播发射机	部	1	60	60	

表 79　2015 年卫星电视设备生产量、销售量和出口量汇总表

产品名称	计量单位	企业数（家）	本年生产量	本年销售量	本年出口量
卫星电视设备合计	部	8	7 997 089	8 048 345	4 105 487
卫星电视接收转发设备	部	5	7 330 869	7 377 988	3 472 500
卫星电视配套设备	部	3	666 220	670 357	632 987

表 80　2015 年广播电视微波传输设备生产量、销售量和出口量汇总表

产品名称	计量单位	企业数（家）	本年生产量	本年销售量	本年出口量
广播电视微波传输设备合计	部	1	15 000	15 000	
点对点数字微波中继设备	部	1	15 000	15 000	

表 81　2015 年有线电视网络设备生产量、销售量和出口量汇总表

产品名称	计量单位	企业数（家）	本年生产量	本年销售量	本年出口量
有线电视网络设备合计	部	47	39 475 282	37 821 600	2 120 179
有线电视网络前端设备小计	部	11	5 191 406	4 969 222	15 933
数字电视编码器、解码器	部	4	177 286	176 888	12 952
调制、解调器	部	3	4 993 470	4 771 684	2 981
网络管理 / 控制设备	部	4	20 650	20 650	
有线电视光缆传输系统设备小计	部	26	33 737 532	32 290 226	1 981 225
工作站	部	4	116 210	114 616	
发射机	部	6	2 696 924	2 465 865	13 076
接收机	部	12	30 901 705	29 695 574	1 968 149
放大器	部	3	18 679	10 141	
无源器件	部	1	4 014	4 030	
有线电视电缆分配系统及终端设备小计	部	10	546 344	562 152	123 021
放大器	部	3	12 477	13 666	
分配器	部	1	1	1	
电缆调制解调器	部	6	533 866	548 485	123 021

表 82　2015 年通用应用电视监控系统设备生产量、销售量和出口量汇总表

产品名称	计量单位	企业数（家）	本年生产量	本年销售量	本年出口量
黑白、彩色监控用摄像机	部	16	3 394 264	3 382 352	56 606
黑白、彩色视频监视器	部	5	2 397 858	2 397 356	1 861 391
信号控制设备（控制主机）	套	4	139 316	139 265	4
视频信号传输设备	套	1	348	348	

表 83　2015 年特殊环境应用电视监视设备生产量、销售量和出口量汇总表

产品名称	计量单位	企业数（家）	本年生产量	本年销售量	本年出口量
特殊环境应用电视监视设备	部	1	68 548	68 600	

表 84　2015 年特殊成像及功能的应用电视设备生产量、销售量和出口量汇总表

产品名称	计量单位	企业数（家）	本年生产量	本年销售量	本年出口量
特殊成像及功能的应用电视设备	部	2	1 527	1 509	178

表 85　2015 年其他用途的应用电视设备生产量、销售量和出口量汇总表

产品名称	计量单位	企业数（家）	本年生产量	本年销售量	本年出口量
其他用途的应用电视设备	部	14	6 164 926	6 195 446	392 003

表 86　2015 年广播电视设备专用配件生产量、销售量和出口量汇总表

产品名称	计量单位	企业数（家）	本年生产量	本年销售量	本年出口量
中频调制器	个	2	12 695 129	12 704 226	
双工器	个	2	540 140	540 550	
输出滤波器	个	4	173 193 825	168 904 021	
发射天线	套	3	2 904 917	2 941 897	1 991 606

表 87　2015 年电子计算机整机生产量、销售量和出口量汇总表

产品名称	计量单位	企业数（家）	本年生产量	本年销售量	本年出口量
计算机工作站合计	台	6	285 881	282 342	
高性能计算机	台	4	268 343	264 804	
工作站	台	2	17 538	17 538	
微型计算机设备合计	台	178	314 186 740	313 106 426	176 383 549
台式微型计算机	台	50	4 554 272	4 536 929	1 667 489
便携式微型计算机小计	台	121	253 156 876	252 288 149	151 116 236
笔记本计算机	台	52	174 360 212	173 409 881	119 259 035
平板计算机	台	69	78 796 664	78 789 113	35 701 687
其他微型计算机设备	台	7	56 475 592	56 389 265	7 689 794
服务器合计	台	16	4 044 919	3 837 368	2 116 058
电子计算机数字式处理部件合计	台	21	19 958 148	19 954 456	17 938 960
高性能计算机数字式处理部件	台	3	18 320 959	18 320 949	17 938 238
微型计算机数字式处理部件	台	4	98 522	97 756	
工业控制计算机	台	14	1 538 667	1 535 751	722

表 88　2015 年电子计算机零部件生产量、销售量和出口量汇总表

产品名称	计量单位	企业数（家）	本年生产量	本年销售量	本年出口量
微机板卡合计	块	27	689 583 313	685 127 464	539 136 255
微机主机板	块	18	614 778 043	609 642 796	465 074 948
内存条	块	2	23 694 021	23 611 299	23 357 078
显卡	块	4	6 381 065	6 416 559	5 490 929
网卡小计	块	3	44 730 184	45 456 810	45 213 300
无线局域网网卡	块	3	44 730 184	45 456 810	45 213 300
电源合计	部	35	318 459 908	325 112 178	9 651 786
开关电源	部	25	312 215 859	318 951 400	7 750 583
UPS 电源小计	部	10	6 244 049	6 160 778	1 901 203
在线式 UPS 电源	台	6	1 174 927	1 133 432	957 411
后备式 UPS 电源	台	4	5 069 122	5 027 346	943 792
其他配套产品及耗材					
机箱	万个	32	43 605.77	43 582.8	11 856.92
鼠标器	万只	9	6 825.06	6 623.39	2 544.05
键盘	万只	21	24 236.21	23 781.58	10 026.4
打印头	万只	3	475	471	
墨盒	万片	5	17 839.98	17 256.38	16 485.7
硒鼓	万只	6	27 810	27 703	294
色带	万只	1	8 789.6	8 789.6	

表 89　2015 年电子计算机显示器生产量、销售量和出口量汇总表

产品名称	计量单位	企业数（家）	本年生产量	本年销售量	本年出口量
终端显示设备合计	台	66	276 537 639	265 685 904	80 868 556
字符汉字终端	台	2	15 800	15 800	
图形图像终端	台	3	10 628 023	11 005 595	2 841 000
显示器小计	台	61	265 893 816	254 664 509	78 027 556
单色显示器（CRT）	台	1	26 943	26 943	
彩色显示器（CRT）	台	20	18 780 851	18 634 509	4 836 047
平板显示器	台	40	247 086 022	236 003 057	73 191 509

表 90　2015 年电子计算机外部设备生产量、销售量和出口量汇总表

产品名称	计量单位	企业数（家）	本年生产量	本年销售量	本年出口量
输入设备合计	台	61	487 146 794	488 675 171	210 660 945
扫描仪	台	6	745 922	743 608	26 370
IC 卡读写机具	台	5	224 529	206 623	
数字照相机	台	7	10 991 945	11 042 353	2 015 716
磁卡读写器	台	3	4 834 007	4 832 293	
摄像头	台	19	417 807 955	419 663 454	208 207 552
图形板	台	1	71 025	62 000	
触感屏	台	11	52 315 720	51 967 422	365 797
射频卡机（RFID 读写器）	台	5	103 322	102 192	
生物特征识别设备	台	4	52 369	55 226	45 510
输出设备合计	台	78	1 275 841 464	1 181 834 715	1 010 806 571
打印设备小计	台	49	83 370 113	84 135 222	44 137 959
针式打印机	台	14	3 729 504	3 679 121	1 492 360
激光打印机	台	11	28 111 278	28 161 433	22 297 547
喷墨打印机	台	9	24 611 729	24 678 198	5 622 279
多功能打印机	台	15	26 917 602	27 616 470	14 725 773
语音输出设备	台	4	1 188 201 266	1 093 395 032	965 658 637
图形图像输出设备	台	6	119 663	119 612	
投影仪	台	19	4 150 422	4 184 849	1 009 975
外存储设备合计	台	45	738 479 474	822 840 210	515 897 584
硬盘类存储设备小计	台	17	364 239 167	346 347 824	276 302 142
硬盘驱动器	台	11	130 132 707	124 024 675	56 205 457
移动硬盘	台	6	234 106 460	222 323 149	220 096 685
光盘驱动器	台	5	101 567 686	101 294 932	37 733 820
半导体储存器小计	台	21	271 945 159	374 487 407	201 861 622
半导体存储盘	台	14	200 129 410	198 230 963	26 418 835
半导体存储卡	台	5	60 298 017	165 020 680	164 218 934
固态存储器 SSD	台	2	11 517 732	11 235 764	11 223 853
网络存储设备	台	1	695 042	677 628	
磁性存储设备	台	1	32 420	32 419	

续表

产品名称	计量单位	企业数（家）	本年生产量	本年销售量	本年出口量
阅读机、数据转录及处理机械合计	台	3	47 029	46 700	
数据转录媒体机械	台	1	10	10	
数据处理机械	台	2	47 019	46 690	

表 91　2015 年计算机应用产品生产量、销售量和出口量汇总表

产品名称	计量单位	企业数（家）	本年生产量	本年销售量	本年出口量
电子出版系统	部	1	2 000	2 000	
计算机辅助教学系统	部	9	52 577	53 156	30
计算器	部	5	11 913 653	11 833 907	
金融、商业、税务电子应用产品合计	部	32	17 605 261	15 732 567	2 538 389
点钞机	部	5	363 988	363 862	48 255
自动柜员机（ATM）	部	5	67 333	64 651	168
银行自助服务终端	部	3	747 612	759 409	
POS 机	部	9	16 267 000	14 387 337	2 489 966
税控机	部	5	140 118	136 946	
鉴别仪	部	5	19 210	20 362	
汽车电子					
动力总成控制系统	套	16	2 311 745	2 304 944	85
新能源汽车电池管理系统	套	10	2 286 909	2 326 654	
电机控制系统	套	26	6 020 848	5 919 409	38 190
ABS	套	5	783 272	783 919	
车载导航	套	20	18 952 885	18 504 059	6 817 713
其中：北斗导航终端	套	1	12 687	12 687	
智能穿戴设备	部	1	10 351 020	10 351 020	9 295 229
其他应用产品合计	部	3	1 990	1 990	
汽车电脑报站器	部	2	1 989	1 989	
会议视频系统	部	1	1	1	

表 92　2015 年信息系统安全产品生产量、销售量和出口量汇总表

产品名称	计量单位	企业数（家）	本年生产量	本年销售量	本年出口量
边界防护类设备和系统					
防火墙、防水墙	台	2	15 487	15 537	
虚拟专用网设备（VPN）	台	4	12 805	12 808	
数据保护类设备和系统					
数据备份系统	套	3	8 055	8 054	
数据防拷贝设备	套	1	2 635	2 706	
安全检测类设备和系统					
入侵检测系统	套	3	1 145	1 163	
安全智能卡类设备和系统	套	18	479 660 661	475 544 377	213 174 025
密钥管理类设备和系统	套	7	302 439	301 772	10

表 93　2015 年电视机生产量、销售量和出口量汇总表

产品名称	计量单位	企业数（家）	本年生产量	本年销售量	本年出口量
彩色电视机合计	台	107	144 757 334	143 663 915	57 490 617
显像管彩色电视机	台	8	738 797	738 737	337 005
平板电视机小计	台	99	153 333 647	152 170 582	60 858 300
其中：液晶（LCD）电视机	台	95	143 919 266	142 802 396	57 099 548
屏幕尺寸＜38cm	台	17	17 902 705	17 520 043	7 442 509
38cm ≤屏幕尺寸＜102cm	台	38	54 293 483	54 944 614	19 419 970
屏幕尺寸≥102cm	台	40	71 723 078	70 337 739	30 237 069
等离子（PDP）电视机	台	4	98 771	122 546	60 768
屏幕尺寸＜102cm	台	1			
屏幕尺寸≥102cm	台	3	98 771	122 546	60 768
其中：超高清电视	台	22	83 834 873	82 266 423	20 838 539
其中：智能电视	台	69	86 832 173	85 946 550	26 350 882
黑白电视机	台	2	25 026	26 687	
电视接收机顶盒合计	部	30	65 392 958	64 437 634	23 380 354
有线电视机顶盒	部	25	60 236 103	59 368 120	19 193 971
地面广播机顶盒	部	3	1 165 316	1 209 903	709 608
卫星广播机顶盒	部	2	3 991 539	3 859 611	3 476 775
网络智能机顶盒	部	6	10 358 585	10 276 261	3 329 057

表 94　2015 年摄、录像、激光视盘机生产量、销售量和出口量汇总表

产品名称	计量单位	企业数（家）	本年生产量	本年销售量	本年出口量
摄、录像、激光视盘机制造合计	台	32	182 925 340	183 279 638	143 788 657
录像机小计	台	7	4 646 829	4 944 362	2 481 161
家用摄录一体机	台	4	4 006 953	4 308 977	2 481 161
数码摄像机	台	3	639 876	635 385	
数字激光音、视盘机	台	25	178 278 511	178 335 276	141 307 496

表 95　2015 年家用音响电子设备生产量、销售量和出口量汇总表

产品名称	计量单位	企业数（家）	本年生产量	本年销售量	本年出口量
家用音响合计	台	80	95 592 182	95 811 589	30 704 902
组合音响	台	55	74 035 564	74 330 368	23 461 455
MP3、MP4 播放器	台	11	15 237 345	15 196 508	3 303 729
功率放大器	台	8	5 668 014	5 642 777	3 736 740
数字录音机（笔）	台	2	404 861	381 304	202 978
数字化多媒体组合机	台	4	246 398	260 632	
汽车电子音响设备	台	23	29 113 996	29 264 275	14 502 864

表 96　2015 年家用电子电器主要配套件生产量、销售量和出口量汇总表

产品名称	计量单位	企业数（家）	本年生产量	本年销售量	本年出口量
音像盘片	万片	9	28 030.84	27 681.91	6 405.08
录音录像磁鼓	万只	1	1 376	1 230	
充电器	万只	21	22 589.48	22 461.18	346.21
遥控器	万只	11	18 453.65	18 295.45	756.4
光机引擎	套	2	314 605	314 605	
各种接口合计	万只	22	36 000.38	36 841.33	61.74
通用串行总线接口（USB）	万只	2	7 928.44	8 120.62	
高清多媒体接口（HDMI）	万只	1	1 000	1 000	
亮 / 色（Y/C）分离接口	万只	1	40	40	
VGA 接口	万只	1	222	222	
数字视频接口（DVI）	万只	1	1 000	1 000	
其他接口	万只	16	25 809.94	26 458.71	61.74

表 97　2015 年电子测量仪器生产量、销售量和出口量汇总表

产品名称	计量单位	企业数（家）	本年生产量	本年销售量	本年出口量
频率测量仪器合计	台	37	5 219 021	5 059 647	22
数字脉冲频率测量仪	台	18	528 081	533 657	22
模拟式频率测量仪	台	9	2 259 357	2 062 371	
计数器	台	6	2 345 026	2 377 062	
时间测量仪器	台	1	44 122	44 122	
特种计数器	台	1	9 368	9 368	
频率标准	台	2	33 067	33 067	
电压测量仪器合计	台	26	24 979 656	24 343 866	2 671 408
直流数字电压表	台	6	9 312 475	8 716 782	
交流数字电压表	台	3	1 270 482	1 270 473	
数字多用表	台	7	12 726 317	12 682 270	2 419 355
电压电源标准装置	台	10	1 670 382	1 674 341	252 053
示波器	台	2	87 663	91 291	9 360
器件参数测量仪器合计	台	38	2 022 142	2 000 054	34 543
数字 IC 测试仪	台	2	118	127	
光电器件测试仪	台	6	120 297	110 911	50
电力电子器件测试仪	台	28	1 844 567	1 831 856	34 493
半导体器件图示仪	台	2	57 160	57 160	
元件参数测量仪器	台	6	69 604	70 350	7 415
脉冲测量仪器	台	5	55 625	56 182	
扫描、频谱波形分析仪器合计	台	8	217 080	217 346	8 400
扫频仪	台	4	194 624	194 888	8 400
频谱分析仪	台	4	22 456	22 458	
微波测量仪器合计	台	5	186 601	188 419	
网络特性测试仪及网络分析	台	1	950	950	
雷达综合测试仪	台	2	138 302	140 120	
微波测量仪器部件	台	2	47 349	47 349	
通信测量仪器合计	台	1	2 000	2 000	
PDH/SDH 传输分析仪	台	1	2 000	2 000	
超低频测量仪器合计	台	4	156 278	156 310	

续表

产品名称	计量单位	企业数（家）	本年生产量	本年销售量	本年出口量
频响分析仪	台	1	20	27	
滤波器、放大器	台	3	156 258	156 284	
声学测量仪器合计	台	5	670 118	670 110	
电源、声震信号发生器	台	2	5 758	5 753	
电声发生器	台	1	663 440	663 440	
振动脉击测量仪器	台	2	920	917	
干扰场强测量仪合计	台	1	13 742	13 742	
测试接收机	台	1	13 742	13 742	
稳压电源	台	5	159 417	157 086	145 000
记录显示仪合计	台	8	176 590	166 385	
记录仪	台	4	107 471	104 294	
显示仪	台	4	69 119	62 091	
信号源合计	台	5	807 247	848 663	
信号发生器	台	5	807 247	848 663	
其他测量仪器合计	台	15	110 907	110 806	
晶体振荡器	台	1	31 565	31 565	
标准电感电容电阻器	台	2	5 340	5 220	
激光测距	台	7	66 428	66 428	
水声设备	台	3	1 215	1 215	
气象仪器	台	2	6 359	6 378	
电子测量仪器零附件	台	12	5 407 540	5 390 358	2 618 364

表 98　2015 年医疗电子设备及器械生产量、销售量和出口量汇总表

产品名称	计量单位	企业数（家）	本年生产量	本年销售量	本年出口量
医用电子仪器设备合计	台	28	28 723 354	32 415 763	18 963 939
心电、生理示波及记录仪器	台	3	5 331	5 231	
监护仪器	台	8	355 191	356 423	334 083
心电遥测仪器	台	1	69	64	
治疗急救装置	台	3	35 530	34 505	
血液测定仪器	台	5	11 114 226	14 729 182	14 702 680

续表

产品名称	计量单位	企业数（家）	本年生产量	本年销售量	本年出口量
气体分析测量仪器	台	2	6 136	6 126	
电子体温、压力测量装置	台	6	17 206 871	17 284 232	3 927 176
医用超声仪器	台	18	178 265	178 768	1 920
医用激光仪器及设备	台	6	2 374	2 390	163
医用生化分析仪器	台	13	29 378	28 785	
分离制备仪器	台	2	3 905	3 905	
生化分析仪器	台	11	25 473	24 880	
医用高频微波射线核素仪器	台	19	363 437	359 607	
医用高频设备	台	4	2 038	2 038	
医用微波诊断、治疗仪器	台	8	360 258	356 545	
医用射线诊断、治疗仪器	台	7	1 141	1 024	
中医用仪器	台	14	59 837	59 151	
诊断仪器	台	11	15 607	15 431	
各种电疗磁疗光疗针麻仪器	台	3	44 230	43 720	
其他医疗电子仪器	台	17	244 350	236 724	59 849
医用光学仪器	台	13	241 848	234 234	59 849
体外循环仪器	台	4	2 502	2 490	

表 99　2015 年应用电子仪器生产量、销售量和出口量汇总表

产品名称	计量单位	企业数（家）	本年生产量	本年销售量	本年出口量
农业电子应用仪器合计	台	4	79 405	79 405	
土壤测定分析仪器	台	2	6 229	6 229	
牧副渔业仪器	台	2	73 176	73 176	
工交电子应用仪器	台	14	366 563	351 698	52 980
文教电子应用仪器	台	3	30 527	28 736	
其他仪器	台	129	93 861 247	100 438 418	183 706
电子电表	万只	10	2 145.6	2 134.55	
直流电流电压表	万只	2	64.95	64.95	
交流电流电压表	万只	5	2 028.6	2 019.6	
功率表	万只	1	17.05	15	

续表

产品名称	计量单位	企业数（家）	本年生产量	本年销售量	本年出口量
电平表	万只	2	35	35	
电子专用电表	万只	38	31 057.11	31 035.51	
特殊用途电表	万只	8	27 985.36	27 986.62	
IC 卡智能表及远程智能表系列	万只	30	3 071.75	3 048.89	
安规仪器合计	台	2	13 861	13 861	
耐压测试仪	台	2	13 861	13 861	
电化学测试仪器合计	台	3	5 543	5 553	20
电化学测试系统	台	3	5 543	5 553	20

表 100　2015 年电子工业专用设备生产量、销售量和出口量汇总表

产品名称	计量单位	企业数（家）	本年生产量	本年销售量	本年出口量
半导体材料生产、加工设备					
太阳能级半导体材料生产、加工设备小计	台	41	1 071 147	1 072 422	1 023
多晶硅铸锭炉	台	9	946 380	947 560	
单晶炉	台	12	25 613	25 707	128
磨方倒角机	台	1	1	1	
线切割机	台	14	90 968	90 965	895
清洗设备	台	5	8 185	8 189	
集成电路、分立器件半导体材料生产、加工设备小计	台	30	575 511	574 451	
单晶炉	台	2	164	164	
滚圆切断机	台	2	3 680	3 680	
倒角机	台	2	21 285	20 856	
线切割机	台	7	63 373	63 293	
磨片机	台	3	29 030	28 670	
抛光机	台	2	3 850	3 750	
清洗设备	台	12	454 129	454 038	
半导体器件和集成电路制造设备合计	台	92	367 835	366 691	359
晶硅太阳能芯片制造设备小计	台	20	39 395	39 393	
扩散炉	台	1	833	833	
等离子刻蚀机	台	2	810	790	
自动测试分选设备	台	17	37 752	37 770	

续表

产品名称	计量单位	企业数（家）	本年生产量	本年销售量	本年出口量
薄膜太阳能片制造设备小计	台	7	30 305	30 302	
沉积设备（PECVD）	台	4	29 879	29 873	
激光刻蚀机	台	2	424	427	
磁控溅射设备	台	1	2	2	
集成电路、分立器件芯片制造设备小计	台	65	298 135	296 996	359
外延设备	台	8	21 589	21 569	
扩散设备	台	2	14 855	14 813	320
快速热处理设备	台	7	37 142	37 143	
匀胶、显影设备	台	1	69	69	
光刻机	台	2	271	271	4
物理气相淀积设备	台	1	100	100	
化学气相淀积设备	台	4	1 322	1 322	
电镀铜设备	台	1	32	30	
化学机械抛光设备（CMP）	台	3	21 535	20 593	
自动探针测试台	台	3	7 120	7 120	
减薄机	台	1	3	2	
划片机	台	2	69	57	
粘片机	台	2	32	31	
键合机	台	4	25 040	25 040	
自动封装设备	台	14	105 368	105 353	35
自动测试分选设备	台	9	63 180	63 129	
自动打标编带设备	台	1	408	354	
电真空器件专用设备					
真空开关管生产设备	台	9	35 398	34 306	4
微波真空管生产设备	台	2	193 326	192 255	
电光源生产设备	台	3	5 856	5 554	
平板显示器件（FPD）生产设备小计	台	13	107 090 895	107 745 249	124 253
液晶显示器件（LCD）生产设备	台	8	107 077 295	107 731 809	124 253
等离子显示器件（PDP）生产设备	台	1	940	1 105	
其他平板显示器件生产设备	台	4	12 660	12 335	

续表

产品名称	计量单位	企业数（家）	本年生产量	本年销售量	本年出口量
电子元件专用设备合计	台	76	5 417 136	5 455 567	13 854
电阻、电位器生产设备	台	13	91 323	90 340	2 040
电容器生产设备	台	8	107 293	107 110	13
陶瓷元件生产设备	台	1	100	100	
磁性材料及元件生产设备	台	6	3 339	3 328	17
印制电路板生产设备	台	5	209 220	209 974	
线缆生产设备	台	3	1 243	1 256	
敏感元器件及传感器生产设备	台	12	4 628 374	4 667 394	
频率元器件生产设备	台	3	15 710	16 080	11 784
绿色电池生产设备	台	2	67	70	
电感器件、特种变压器生产设备	台	9	288 764	289 009	
电声器件生产设备	台	1	31 103	31 103	
开关接插件生产设备	台	13	40 600	39 803	
气候环境模拟和可靠性试验设备合计	台	13	46 344	46 313	
气候环境模拟试验设备	台	2	42 221	42 221	
力学环境试验设备	台	1	49	45	
综合试验设备	台	8	3 895	3 856	
可靠性试验设备	台	2	179	191	
水、气净化设备合计	台	36	1 265 235	1 270 288	150 844
空气净化设备小计	台	23	1 222 998	1 228 081	150 844
净化空气	台	13	1 115 158	1 120 241	150 844
净化工作台	台	2	3 513	3 513	
高效过滤器	台	4	49 059	49 059	
净化检测设备	台	4	55 268	55 268	
水纯化设备	台	7	39 874	39 844	
废水处理设备	台	6	2 363	2 363	
电子整机装联设备合计	台	45	527 698	527 950	1 466
自动贴片机	台	1	137	108	
装配生产线	台	23	17 359	17 803	1 466
波峰焊接、再流焊接设备	台	1	3	3	

续表

产品名称	计量单位	企业数（家）	本年生产量	本年销售量	本年出口量
表面贴装印刷设备	台	1	2 739	2 739	
自动检测仪器（机）	台	14	302 808	302 668	
自动X射线轮廓仪	台	1	796	796	
自动清洗设备	台	4	203 856	203 833	
电子通用设备合计	台	41	245 721	247 402	8 998
真空获得设备	台	10	72 356	71 770	
超声波设备	台	11	37 784	37 793	875
精密焊接设备	台	10	44 043	45 427	4 272
干燥设备	台	5	67 981	68 855	3 851
精密电子丝网印刷设备	台	3	11 772	11 772	
防静电系列产品	台	2	11 785	11 785	

表101　2015年电子工业模具及齿轮生产量、销售量和出口量汇总表

产品名称	计量单位	企业数（家）	本年生产量	本年销售量	本年出口量
模具	付	84	52 318 593	50 264 869	1 595 583
模架	套	7	42 659	47 352	15
模具标准件	件	23	247 353 915	244 281 966	4 935 731
气动工具	件	15	1 154 910	1 130 596	220 266
电动工具	件	24	14 165 087	13 353 438	5 340 109
焊接工具	件	11	265 765	249 763	102 032

表102　2015年其他电子设备生产量、销售量和出口量汇总表

产品名称	计量单位	企业数（家）	本年生产量	本年销售量	本年出口量
其他电子设备制造合计	台	42	459 743	441 844	326
邮政专用设备及器材制造小计	台	4	12 341	11 207	
邮政营业设备	台	2	11 030	10 030	
邮政内部处理设备	台	1	5	5	
邮政投递设备	台	1	1 306	1 172	
激光设备制造	台	29	329 051	317 319	326
电子垃圾处理设备制造	台	9	118 351	113 318	

表 103　2015 年电子元件及组件生产量、销售量和出口量汇总表

产品名称	计量单位	企业数（家）	本年生产量	本年销售量	本年出口量
电容器合计	万只	280	112 687 238.5	109 971 205.7	66 595 160.48
纸介电容器	万只	40	14 651 725.59	12 662 131.71	1 789 763.05
塑料介质电容器小计	万只	93	4 171 001.6	4 107 657.43	880 981.43
聚酯膜电容器	万只	35	1 153 836.34	1 134 833.71	55 641.07
聚丙烯膜电容器	万只	37	2 233 605.26	2 194 789.07	591 568.36
聚苯乙烯电容器	万只	6	56 266	60 022	
聚碳酸酯电容器	万只	4	34 284	34 184	
片式有机介质电容器（SMC）	万只	11	693 010	683 828.65	233 772
瓷介电容器小计	万只	25	85 554 664.28	84 957 798.56	63 336 794.95
圆片瓷介电容器	万只	9	663 546.2	664 113.48	64 930.95
多层瓷介电容器	万只	16	84 891 118.08	84 293 685.08	63 271 864
其中：片式贴装瓷介电容器	万只	2	61 071 284	60 214 459	39 432 678
超大容量电容器	万只	8	25 818.77	25 755	494
云母电容器	万只	5	14 251	14 233	
玻璃釉电容器	万只	2	11 000	11 000	
电解电容器小计	万只	93	8 247 218.89	8 181 109.98	587 087
铝电解电容器	万只	88	8 184 276.29	8 117 100.87	557 605
其中：片式铝电解电容器	万只	1	14 573	14 608	2 088
钽电解电容器	万只	5	62 942.6	64 009.11	29 482
可变电容器	万只	6	3 138.51	3 119.08	40.05
真空电容器小计	万只	8	8 419.9	8 400.9	
固定真空电容器	万只	4	2 691	2 634	
可变真空电容器	万只	4	5 728.9	5 766.9	
电阻、电位器合计	万只	87	46 216 395.81	43 916 261.02	24 426 072.5
固定电阻器小计	万只	69	45 238 490.13	42 937 954.4	24 025 259.5
碳膜电阻器	万只	15	7 402 640.77	7 705 480.53	376 076
金属膜电阻器	万只	13	700 949.8	685 834.1	40 699
氧化膜电阻器	万只	3	62 112.07	62 009.98	3 241
玻璃釉电阻器	万只	2	5 856.18	5 706.92	33
线绕电阻器	万只	14	128 746.37	129 100.48	1 979

续表

产品名称	计量单位	企业数（家）	本年生产量	本年销售量	本年出口量
合成膜电阻器	万只	3	19 437	20 673	193
实芯电阻器	万只	2	2 323.6	2 279.3	
片式电阻器	万只	14	36 914 782.55	34 325 280.87	23 603 020
熔断电阻器	万只	3	1 641.79	1 589.22	18.5
电位器小计	万只	18	977 905.68	978 306.62	400 813
线绕电位器	万只	6	497.68	503.61	
碳膜电位器	万只	5	945 446	945 962	388 995
实芯电位器	万只	1	149	149	
玻璃釉电位器	万只	1	1 783	1 829	870
导电塑料电位器	万只	1	10 948	10 948	10 948
片式电位器	万只	4	19 082	18 915	
电连接器					
低频连接器小计	万只	112	3 506 464.82	3 524 460.06	975 620.89
圆形连接器	万只	22	89 372.68	88 690.13	284
矩形连接器	万只	15	150 741.6	158 371.6	19 946
条形连接器	万只	28	924 638.58	903 214.56	379 905.22
印制电路连接器	万只	9	41 433.19	40 348.36	11 438
带状电缆连接器	万只	10	25 771.4	25 119.7	1 656
端子	万只	25	2 218 143.37	2 253 539.71	528 876.67
表面贴装型低频连接器	万只	3	56 364	55 176	33 515
射频连接器	万只	21	935 236.71	961 241.74	78 187.35
光连接器	万只	11	20 669.81	20 535.12	10 337
特种连接器	万只	24	420 078.85	415 839.45	38 478
各类开关	万只	72	1 079 919.76	1 090 157.56	146 758.88
各类插座	万只	21	33 776.65	34 195.79	10 383.1
各类插塞、插孔	万只	17	267 845.3	263 979.49	33 354
控制元件合计	万只	30	337 177	333 884.69	100 529.5
电子继电器小计	万只	30	337 177	333 884.69	100 529.5
电磁继电器	万只	22	318 272.71	314 991.64	100 438.7
固态继电器	万只	8	18 904.29	18 893.05	90.8

续表

产品名称	计量单位	企业数（家）	本年生产量	本年销售量	本年出口量
磁性材料元件及感性器件					
软磁材料元件小计	万公斤	45	42 172.78	33 033.94	1 928.27
金属软磁小计	万公斤	12	26 519.35	17 689.13	
硅钢片	万公斤	7	19 744.9	10 962.6	
金属磁粉心	万公斤	4	6 460.45	6 422.53	
铁镍合金	万公斤	1	314	304	
铁氧体软磁小计	万公斤	33	15 653.43	15 344.81	1 928.27
锰锌铁氧体	万公斤	27	15 227.17	14 913.95	1 845
镍锌铁氧体	万公斤	5	310.76	307.87	70.5
镁锌铁氧体	万公斤	1	115.5	122.99	12.77
硬磁材料元件小计	万公斤	52	62 252.7	59 502.83	11 797.53
铁氧体永磁	万公斤	19	45 955.37	43 288.77	11 215.8
钕铁硼永磁	万公斤	31	16 269.13	16 184.06	568.73
铝镍钴永磁	万公斤	2	28.2	30	13
其他磁性材料元件	万公斤	8	1 036 776.94	1 088 910.31	83.06
感性器件小计	万只	282	10 039 203.53	9 510 989.08	1 641 317.73
变压器小计	万只	175	1 592 916.9	1 583 571.77	141 150.06
电源变压器	万只	92	577 928.94	570 010.7	105 640.31
开关电源变压器	万只	23	700 476.48	699 799.26	8 457.4
音频变压器	万只	3	5 759	5 646	
脉冲变压器	万只	2	2 172.1	2 172.1	2 171
其他功能变压器	万只	55	306 580.38	305 943.72	24 881.35
电感器小计	万只	107	8 446 286.64	7 927 417.31	1 500 167.67
小型电感器	万只	64	8 119 181.85	7 620 291.57	1 330 774.68
电感滤波器	万只	21	67 243.34	66 314.4	14 080.99
扼流圈	万只	6	181 512.6	163 114.5	125 690
发射或接收线圈	万只	1	321	321	321
空心线圈	万只	15	78 027.85	77 375.84	29 301
电声器件合计	万只	177	3 416 332.32	3 402 175.95	922 245.31
通信传声器件小计	万只	29	434 180.88	435 454.99	54 714.97

续表

产品名称	计量单位	企业数（家）	本年生产量	本年销售量	本年出口量
送话器	万只	6	35 881.3	39 293.9	20 090
受话器	万只	9	192 900.11	192 258.26	18 585
组合件	万只	14	205 399.46	203 902.83	16 039.97
传声器小计	万只	17	438 110.76	430 376.52	7 585.95
电容式传声器	万只	5	34 293	32 120	2 827
驻极体传声器	万只	9	350 335.66	347 133.62	4 758.95
硅传声器	万只	2	53 362.1	51 002.9	
无线传声器	万只	1	120	120	
扬声器小计	万只	58	2 156 655.5	2 151 403.24	845 335.56
号筒扬声器	万只	23	86 923.85	82 661.83	1 979.25
直接辐射式扬声器	万只	17	1 992 812.05	1 991 617.71	837 691.31
球顶形扬声器	万只	4	55 074	55 074	
汽车扬声器	万只	14	21 845.6	22 049.7	5 665
音箱、音柱小计	万只	14	1 292.5	1 300.79	731.2
专业用音箱（厅堂馆所）	万只	5	51.49	51.98	25.2
家庭用音箱	万只	9	1 241.01	1 248.81	706
耳机	万只	44	149 568.32	148 183.14	9 060.64
蜂鸣器	万只	9	18 309.05	17 707.85	4 817
蜂鸣片	万只	6	218 215.31	217 749.41	
频率控制元件					
压电陶瓷及频率元件小计	万只	24	740 022.36	735 012.09	153 837.4
压电陶瓷滤波器	万只	10	601 122.4	597 037.4	142 798
压电陶磁谐振器	万只	1	17 214.4	17 471.4	4 266.7
压电陶磁振荡器	万只	1	74 002	74 002	
压电陶瓷检频器	万只	1	572.2	583	94.8
片式压电陶瓷器件	万只	7	22 146.8	22 588.4	4 655.9
声表面波滤波器	万只	2	12 860.56	11 666.89	1 484
声表面波振荡器	万只	1	4 000	4 000	
片式声表面波器件	万只	1	8 104	7 663	538
压电石英晶体元器件					

续表

产品名称	计量单位	企业数（家）	本年生产量	本年销售量	本年出口量
压电石英晶体谐振器	万只	28	1 353 590.34	1 344 395.7	133 786.72
压电石英晶体滤波器	万只	2	9.23	9.09	
压电石英晶体振荡器	万只	15	395 358.42	395 903.31	151 717.2
片式压电晶体器件	万只	3	46 080.5	45 230.3	12 552
石英晶片	万片	14	1 541 800.6	1 421 736.2	19 124
其他元件及零部件合计	万公斤	32	624 314.48	624 274.64	3 511
电子陶瓷零件小计	万公斤	19	4 995.7	4 998.39	282
氧化铝瓷件	万公斤	19	4 995.7	4 998.39	282
石英晶体管壳、管座	万公斤	2	206	207	
电声器件零部件	万公斤	10	619 048	619 001	3 229
电容器用铝壳	万公斤	1	64.78	68.25	

表 104　2015 年电子印制电路板生产量、销售量和出口量汇总表

产品名称	计量单位	企业数（家）	本年生产量	本年销售量	本年出口量
电子印制电路板合计	平方米	328	431 730 808	431 486 924.1	53 194 807.4
刚性印制电路板小计	平方米	222	180 658 033.8	179 881 983.9	17 269 377.28
刚性单面板	平方米	80	86 456 358.75	86 222 601.51	1 283 497.64
刚性双面板	平方米	58	35 525 360.13	35 192 355.26	7 391 877.13
刚性多层板	平方米	84	58 676 314.91	58 467 027.16	8 594 002.51
挠性印制电路板	平方米	46	57 357 712.81	56 866 728.31	14 018 283.86
刚－挠性印制电路板	平方米	60	193 715 061.4	194 738 211.8	21 907 146.26

表 105　2015 年电力电子元件生产量、销售量和出口量汇总表

产品名称	计量单位	企业数（家）	本年生产量	本年销售量	本年出口量
继电器合计	万只	29	39 137.69	39 610.12	4 476.19
电磁继电器	万只	17	38 305.36	38 778.35	4 450.58
热电继电器	万只	1	32.72	31.94	7.3
感应继电器	万只	4	149.51	148.71	16.31
静电继电器	万只	1	4	4.5	
光电继电器	万只	6	646.1	646.62	2

续表

产品名称	计量单位	企业数（家）	本年生产量	本年销售量	本年出口量
继电器保护装置	万只	1	250	231.45	101.25
配电或电器控制设备专用零件	万只	45	51 567.86	49 831.36	3 068.52

表 106　2015 年敏感元件及传感器生产量、销售量和出口量汇总表

产品名称	计量单位	企业数（家）	本年生产量	本年销售量	本年出口量
敏感元件及传感器合计	万只	166	755 196.95	739 576.7	141 775.78
敏感元件小计	万只	89	654 469.01	642 902.79	137 182.05
力敏元件	万只	8	240 534.37	239 695.03	1 522
压敏电阻器	万只	14	110 474.69	108 409.57	12 517.29
光敏电阻器	万只	13	16 844.12	16 851.94	3 668
热敏电阻器	万只	32	128 838.34	123 307.78	13 706
磁敏感元件	万只	15	149 389.49	146 962.06	105 768.76
湿敏元器件	万只	1	6	6.1	
气敏元器件	万只	6	8 382	7 670.3	
传感器	万只	77	100 727.94	96 673.91	4 593.73

表 107　2015 年真空电子器件生产量、销售量和出口量汇总表

产品名称	计量单位	企业数（家）	本年生产量	本年销售量	本年出口量
电子管合计	万只	56	124 911.18	123 522.45	278.77
收讯放大管	万只	4	4 528.76	4 560.76	
发射管小计	万只	19	41 574.28	41 307.9	239.77
中小功率发射管	万只	12	38 026.86	37 760.5	232.76
大功率玻璃发射管	万只	4	2 540.41	2 540.39	
调制管	万只	3	1 007.01	1 007.01	7.01
超高频管小计	万只	15	26 016.19	26 006.34	
磁控管	万只	5	11 237.69	11 237.69	
微波气体放电管	万只	3	1 021.08	1 021.07	
速调管	万只	2	440.43	428.77	
行波管	万只	2	10 251	10 251	
天线开关管	万只	3	3 065.99	3 067.81	

续表

产品名称	计量单位	企业数（家）	本年生产量	本年销售量	本年出口量
稳定管小计	万只	15	48 659.95	47 629.45	
稳压管	万只	13	3 647.95	3 617.45	
稳流管	万只	2	45 012	44 012	
离子管小计	万只	3	4 132	4 018	39
放电管	万只	3	4 132	4 018	39
电子束管合计	万只	7	14 669.26	14 681.95	
彩色电视显像管（CPT）小计	万只	3	233.37	245.37	
54cm	万只	2	180.37	190.37	
37cm	万只	1	53	55	
彩色显示管（CDT）	万只	1	50	49.8	
其他电子束管小计	万只	3	14 385.89	14 386.78	
投影管	万只	3	14 385.89	14 386.78	
真空开关管合计	万只	24	7 982.07	7 901.54	19.1
高、中压真空开关管（3kV 以上）	万只	17	7 888.07	7 811.39	18.57
低压真空开关管（3kV 以下）	万只	7	94	90.15	0.53
其他电真空器件合计	万只	2	7 570	6 935	
真空规管	万只	2	7 570	6 935	
真空电子器件零件					
显像管配件小计	万只	2	6 378.48	6 379.69	
彩色显像管玻壳小计	万只	1	6 333	6 333	
74cm 及以上	万只	1	6 333	6 333	
彩色显象管用荫罩小计	万只	1	45.48	46.69	
其他规格	万只	1	45.48	46.69	
电子管零件	万件	5	2 895.9	2 822.74	10

表 108　2015 年半导体分立器件生产量、销售量和出口量汇总表

产品名称	计量单位	企业数（家）	本年生产量	本年销售量	本年出口量
半导体二极管合计	万只	68	22 718 743.74	22 442 816	11 646 121.31
小信号二极管	万只	18	14 796 670.7	14 628 431.7	9 754 662
稳压、整流、开关二极管	万只	41	7 869 195.94	7 756 988.87	1 889 702.31
过电流保护二极管	万只	6	46 101	50 121.63	1 707

续表

产品名称	计量单位	企业数（家）	本年生产量	本年销售量	本年出口量
高频（微波）二极管	万只	3	6 776.1	7 273.8	50
小信号晶体管合计	万只	34	6 132 985.02	6 037 494.8	3 993 866
双极晶体管	万只	17	1 246 938.45	1 234 218.44	149 800
场效应晶体管	万只	11	4 796 896.18	4 713 810.96	3 844 066
高频（射频与微波）晶体管	万只	6	89 150.39	89 465.4	
功率晶体管合计	万只	21	616 960.52	607 446.93	183 091
高频（微波）功率晶体管	万只	5	256 968.48	251 570.04	99 469
高频（微波）功率晶体管模块	万只	1	11 000	11 000	
通用双极功率晶体管	万只	9	233 384.77	233 910.62	78 443
通用场效应功率晶体管	万只	6	115 607.27	110 966.27	5 179
整流管合计	万只	11	10 345.15	9 861.84	107.2
0.5~3.0A（含）整流管	万只	3	9 239	8 744	101
3.0~35.0A（含）整流管	万只	4	65.45	64.54	6.2
大于 35.0A　整流管	万只	4	1 040.7	1 053.3	
半导体敏感器件合计	万只	29	53 708.49	52 347.52	3 715.33
压力敏感器件	万只	7	18 686	18 288	
磁敏器件	万只	2	3 464	3 421	
气敏器件	万只	1	1 245	1 279	1 241
离子敏感器件	万只	1	9 236	9 200	
光敏感器件	万只	8	3 592.09	3 592.17	0.13
热敏感器件	万只	9	12 226.4	11 262.35	2 474.2
速度和加速度敏感器件	万只	1	5 259	5 305	

表 109　2015 年集成电路生产量、销售量和出口量汇总表

产品名称	计量单位	企业数（家）	本年生产量	本年销售量	本年出口量
集成电路制造合计	万片	49	317 983.62	330 865.94	87 616.25
12 英寸集成电路硅片小计	万片	11	38 553.71	38 079.32	2 318.73
线宽 45 纳米及以下	万片	6	34 541.33	34 303.33	0.33
线宽 45 纳米以上	万片	5	4 012.38	3 775.99	2 318.4
8 英寸集成电路硅片小计	万片	13	111 396.83	121 703.18	84 934.73
线宽 0.18 微米及以下	万片	2	75 072.87	85 497.88	84 495

续表

产品名称	计量单位	企业数（家）	本年生产量	本年销售量	本年出口量
线宽 0.18 微米至 0.35 微米	万片	9	36 189.56	36 070.9	396.16
线宽 0.35 微米以上	万片	2	134.4	134.4	43.57
6 英寸集成电路硅片小计	万片	11	63 152.05	66 211.85	329.41
线宽 0.8 微米及以下	万片	7	63 062.03	66 127.33	326
线宽 0.8 微米以上	万片	4	90.02	84.51	3.41
5 英寸集成电路硅片小计	万片	4	135.88	129.08	31.78
线宽 0.8 微米及以下	万片	3	97.88	91.08	3.78
线宽 0.8 微米以上	万片	1	38	38	28
4 英寸集成电路硅片	万片	7	104 320.8	104 318.1	1.6
4 英寸以下集成电路硅片	万片	3	424.36	424.41	
集成电路封装测试合计	万只	95	11 305 079.66	11 236 912.69	6 624 310.24
TO 系列	万只	15	979 813.28	969 229.47	308 859.36
SOT（SOD）系列	万只	13	4 635 467.5	4 621 073.5	3 570 909
DIP/SIP/ZIP 系列	万只	12	378 362.58	370 744.48	22 628
SOP/SOJ 系列	万只	19	1 966 071.39	1 950 671.64	779 885.24
QFP 系列	万只	16	950 253.39	941 294.95	630 679.89
BGA/PGA 系列	万只	10	326 420.8	319 113.28	192 953.92
Flip Chip 系列	万只	2	42 836.75	42 831.61	42 831.61
CSP 系列	万只	6	2 000 407.98	1 996 750.76	1 073 416.22
MCP 系列	万只	2	25 446	25 203	2 147
集成电路产品合计	万只	92	1 546 295.07	1 495 567.81	791 108.33
MOS 微器件小计	万只	2	12 892.45	12 082.95	1 456.72
MOS MPU	万只	2	12 892.45	12 082.95	1 456.72
逻辑电路小计	万只	8	16 612.56	16 412.83	
数字双极电路	万只	5	16 245	16 044	
MOS 逻辑电路	万只	2	307.56	308.83	
门阵列逻辑电路	万只	1	60	60	
MOS 存储器小计	万只	5	61 535	58 464	45 138
DRAM	万只	1	1 966	1 966	1 966
Flash 存储器	万只	3	59 059	56 046	42 720

续表

产品名称	计量单位	企业数（家）	本年生产量	本年销售量	本年出口量
其他存储器	万只	1	510	452	452
模拟电路小计	万只	20	222 143.95	220 542.35	26 525.23
放大器电路	万只	7	283.38	277.16	61.23
接口电路	万只	3	232	232	
电源电路（模拟开关、线性滤波器等）	万只	7	137 681	136 085.64	26 464
数模 / 模数转换电路	万只	1	30	30	
DC-DC 变换器	万只	1	0.93	0.94	
其他模拟电路	万只	1	83 916.64	83 916.61	
专用电路小计	万只	21	177 784.76	170 442.54	7 503.15
消费电子类电路	万只	7	158 652.52	151 393.52	4 771.12
计算机及外部设备电路	万只	1	3.27	3.27	
通信与网络电路	万只	2	8 022.02	7 424.84	
机动车专用电路	万只	3	480.02	454.02	
电源管理电路	万只	1	105	106	
其他专用电路	万只	7	10 521.93	11 060.89	2 732.03
智能卡芯片及电子标签芯片小计	万只	13	109 693.7	109 709	107.9
接触式智能卡芯片	万只	7	108 101.34	108 116.77	107.9
非接触式智能卡芯片	万只	5	1 114.36	1 114.23	
其中：RFID 电子标签芯片	万只	1	500	500	
读写器电路	万只	1	478	478	
传感器电路	万只	1	1 840	1 849	
微波单片集成电路	万只	2	22 140.5	22 141	10
混合集成电路	万只	20	921 652.15	883 924.14	710 367.33

表 110　2015 年显示器件生产量、销售量和出口量汇总表

产品名称	计量单位	企业数（家）	本年生产量	本年销售量	本年出口量
液晶显示屏合计	万片	69	194 173.7	194 727.27	30 467.96
24 寸及以上	万片	21	13 234.73	13 488.1	4 660.88
7 寸＜尺寸≤ 11 寸	万片	23	108 362.61	108 043.47	5 623.85
2.5 寸≤尺寸≤ 7 寸	万片	25	72 576.37	73 195.7	20 183.23

续表

产品名称	计量单位	企业数（家）	本年生产量	本年销售量	本年出口量
等离子显示器件 PDP	万片	4	357.42	357.42	191
液晶显示模组及主要配套材料	万套	105	729 553.58	730 378.81	134 409.68
等离子显示模组	万套	2	81.62	81.62	
有机发光显示器件 OLED	万只	27	402 106.58	398 296.72	
其他显示器件	万只	76	751 454.4	741 443.92	53 777.4

表 111　2015 年电力电子器件生产量、销售量和出口量汇总表

产品名称	计量单位	企业数（家）	本年生产量	本年销售量	本年出口量
晶闸管	万只	13	31 624.8	31 645.16	
绝缘栅极晶体管及模块（IGBT、IGCT）	万只	5	875.73	875.17	
快恢复二极管（FRD）	万只	8	44 355.1	43 763.1	6 812
肖特基二极管	万只	4	64 210	62 998	
金属氧化物半导体场效应管（MOSFET）器件及模块	万只	5	175 805.24	167 060.44	14 035.8

表 112　2015 年微电子组件生产量、销售量和出口量汇总表

产品名称	计量单位	企业数（家）	本年生产量	本年销售量	本年出口量
微电子组件合计	万只	85	2 891 839.5	2 777 174.81	398 983.97
集成电路模块	万只	42	1 556 088.69	1 549 465.57	360620.59
多芯片封装组件（MCM）	万只	9	455 789.74	397 550.24	
其他微电子组件	万只	34	879 961.07	830 159	38363.38

表 113　2015 年光电子器件及其他电子器件生产量、销售量和出口量汇总表

产品名称	计量单位	企业数（家）	本年生产量	本年销售量	本年出口量
电子束光电器件合计	万只	22	152 508.5	149 433.02	14 466.41
光电倍增管	万只	7	13 430.05	13 099.77	16.61
摄像管	万只	1	1	1	
光电图像器件	万只	14	139 077.45	136 332.25	14 449.8
电真空光电子器件合计	万只	150	3 956 294.29	3 911 183.49	1 925 098.4
发光器件	万只	88	2 828 469.15	2 787 674.54	999 087.04
光敏器件	万只	18	116 546.58	119 588.8	381
光电耦合器件	万只	10	267 569.12	263 941.33	256 575.76

续表

产品名称	计量单位	企业数（家）	本年生产量	本年销售量	本年出口量
红外器件	万只	8	15 899.04	157 57.02	14 142
X- 射线（光）管小计	万只	8	12 419.7	12 315.9	0.7
医用 X 射线（光）管	万只	2	2.6	2.8	0.7
工业用 X 射线（光）管	万只	6	12 417.1	12 313.1	
其他真空光电子器件	万只	18	715 390.7	711 905.9	654 911.9
电光源合计	万只	154	748 905.36	731 630.59	120 196.32
白炽灯	万只	19	27 691.28	26 744.35	4 329.28
荧光灯	万只	88	383 726.79	375 725.45	81 623.09
卤钨灯	万只	23	146 564.99	143 558.85	3 545
气体放电灯	万只	8	172 367.63	167 284.86	28 069.95
汞蒸汽灯（含汽车灯）	万只	14	18 347.66	18 108.08	2 629
钠蒸汽灯	万只	2	207	209	
半导体光电器件合计	万只	176	41 460 294.64	39 593 273	2 163 575.23
光电探测器件	万只	8	64 532.8	64 538	20.2
发光二极管	万只	168	41 395 761.84	39 528 735	2 163 555.03
激光器件合计	万只	26	65 886.98	65 495.91	17 325.32
半导体激光器件	万只	20	65 305.72	64 914.75	17 325.1
固体激光器件	万只	3	548	548	
气体激光器件	万只	3	33.26	33.15	0.22

表 114　2015 年电子微电机生产量、销售量和出口量汇总表

产品名称	计量单位	企业数（家）	本年生产量	本年销售量	本年出口量
微特电机合计	万只	360	532 741.34	515 324.21	69 755.62
驱动微电机小计	万只	208	351 400.48	340 358.16	35 876.64
异步电动机	万只	53	15 942.4	15 760.19	122
同步电动机	万只	28	11 806.08	11 760.18	1 067.3
直流电动机	万只	61	158 398.66	150 247.78	9 777.97
直线电动机	万只	9	1 476.28	1 474.55	0.5
冷却用小型风机	万只	8	1 226.1	1 224.1	
平面无刷电动机	万只	2	4 656	4 736	4 729

续表

产品名称	计量单位	企业数（家）	本年生产量	本年销售量	本年出口量
其他驱动微电机	万只	47	157 894.96	155 155.35	20 179.87
控制微电机小计	万只	66	30 465.32	29 585.45	3 010.74
自整角机	万只	2	10.05	10.05	
旋转变压器	万只	3	63.17	63.15	
感应移相器及同步器	万只	4	4 227.6	4 150.6	
伺服电动机	万只	19	2 168.28	2 141.4	952.13
测速发电机	万只	3	40.03	40.03	
步进电机	万只	13	5 578.94	5 605.74	
力矩电机	万只	8	514.28	512.28	1
微特电机机组及组合装置	万只	13	17 862.86	17 062.08	2057.61
伺服测速机组	万只	1	0.1	0.11	
专用微特电机小计	万只	33	139 389.77	134 071.84	29 993.02
传真机、电传机用电机	万只	1	3.7	3.4	
计算机外设用电机	万只	5	5 294.48	5 294.46	0.02
手机、BP 机用微型振动马达	万只	27	134 091.6	128 773.98	29 993
电源电机小计	万只	23	1 131.22	1 121	72.15
变频、变流电机	万只	10	945.52	935.36	
发电机组	万只	13	185.7	185.63	72.15
其他电机小计	万只	30	10 354.55	10 187.77	803.08
洗衣机电机	万只	5	474.05	481.05	74
风扇电机	万只	8	4 620.53	4 604.5	175.18
压缩机电机	万只	17	5 259.97	5 102.22	553.89

表 115　2015 年电子电线电缆生产量、销售量和出口量汇总表

产品名称	计量单位	企业数（家）	本年生产量	本年销售量	本年出口量
安装线缆					
安装线	公里	84	35 345 908.39	34 281 526.63	170 231.5
安装电缆	公里	157	48 899 700.12	48 409 034.61	339 140.5
带状电缆	公里	21	496 831	495 732.35	80 120
电话机、计算机用弹簧绳	万根	5	14 509.47	14 509.47	
电源插头线	万根	51	556 721.81	547 057.58	133 154

续表

产品名称	计量单位	企业数（家）	本年生产量	本年销售量	本年出口量
射频电缆合计	公里	61	5 647 183.65	5 563 484.47	512 715.97
柔软同轴电缆	公里	37	4 629 559.65	4 559 066.47	511 371.97
其中：CATV 电缆	公里	2	61 120	58 736	562
半硬（半软）同轴电缆	公里	10	237 660	236 808	1 228
其中：波纹管电缆（RF 电缆）	公里	1	5 712	5 915	1 228
硬同轴电缆	公里	5	76 268	70 278	
特种同轴电缆	公里	9	703 696	697 332	116
漏泄电缆	公里	3	5 310	5 295	116
稳相电缆	公里	5	698 356	692 002	
水密电缆	公里	1	30	35	
综合电缆	公里	198	100 850 000.3	100 552 895.2	107 872
通信及电子网络用电缆	公里	66	6 929 059.08	6 959 748.48	1 766 361
其中：电话电缆	公里	22	1 974 303.99	1 969 005.1	42 128
井下及隧道用监控、通信电缆	公里	11	160 412	160 101	
计算机网络用电缆	公里	30	4 708 816.19	4 742 361.38	1 724 233
电子线材	吨	184	69 674 343.12	69 623 673.58	2 116 526.82
电子元器件引线	吨	22	66 562 593.11	66 519 144.1	2 108 926.1
裸铜线	吨	47	1 011 134.93	1 011 461.23	500.72
铜包钢线	吨	18	90 640.18	90 544.44	1 891
铜包铝线	吨	18	172 792	172 759	1 336
微细漆包线（小于 0.6mm）	吨	20	507 894.99	506 040.99	1 164
一般漆包线（大于 0.6mm）	吨	52	1 291 100.94	1 285 559.67	1 567
纱包线及绕包线	吨	7	38 186.97	38 164.15	1 142

表 116　2015 年光纤、光缆制造生产量、销售量和出口量汇总表

产品名称	计量单位	企业数（家）	本年生产量	本年销售量	本年出口量
光纤接入设备	公里	24	149 734 009.9	150 186 950.4	1 788 948
单模光纤	公里	17	148 432 341.9	148 892 048.4	1 788 948
多模光纤	公里	4	1 133 608	1 134 208	
塑料光纤	公里	3	168 060	160 694	

续表

产品名称	计量单位	企业数（家）	本年生产量	本年销售量	本年出口量
光缆	芯公里	68	193 875 487.1	188 175 169.7	9 460 451.28
通信用室（野）外光缆	芯公里	35	120 265 894.5	116 363 153.4	2 260
通信用移动式光缆	芯公里	6	28 961 626	29 171 593	1 148 899
通信用室（局）内光缆	芯公里	10	39 832 636.82	37 545 791.09	7 034 635
通信用设备内光缆	芯公里	2	21 623.9	20 974.9	
通信用海底光缆	芯公里	2	8 328	8 464	119
接入网用光纤带光缆	芯公里	1	3 220	3 220	
通信用特殊光缆	芯公里	4	2 130 933.86	2 360 553.28	1 274 538.28
非通信用光缆	芯公里	8	2 651 224	2 701 420	

表 117　2015 年电池生产量、销售量和出口量汇总表

产品名称	计量单位	企业数（家）	本年生产量	本年销售量	本年出口量
碱性蓄电池合计	千瓦时	25	3 807 891.03	3 785 640.1	596 970
锌银蓄电池	千瓦时	5	9 442.25	9 118.1	
铁镍蓄电池	千瓦时	1	1 351 468	1 351 468	
圆柱形密封镉镍蓄电池	千瓦时	4	207 203	206 883	
镍氢蓄电池	千瓦时	15	2 239 777.78	2 218 171	596 970
酸性蓄电池合计	万 kVH	84	19 485.64	19 003.37	1 169.26
密封铅酸蓄电池	万 kVH	79	19 208.55	18 717.74	1 169.26
非密封铅酸蓄电池	万 kVH	5	277.09	285.62	
锂蓄电池合计	千瓦时	70	21 001 417.18	19 826 252.95	1 538 079.1
锂离子单体电池（电芯）	千瓦时	41	16 293 640.65	15 137 792.43	209 670
其中：聚合物锂离子电池	千瓦时	2	68 690	62 947	
锂离子电池组	千瓦时	29	4 707 776.53	4 688 460.52	1 328 409.1
原电池合计	万只	22	990 508.46	1 006 182.95	87 738.46
普通锌锰干电池	万只	14	177 246	175 892.49	55 806.46
碱性锌锰电池	万只	4	377240	386 595	26 048
锌空气电池	万只	1	4.42	4.42	
锌锰扣式电池	万只	3	436 018.04	443 691.04	5 884
物理－化学电源能电源系统	套	2	543 619	498 886	

续表

产品名称	计量单位	企业数（家）	本年生产量	本年销售量	本年出口量
蓄电池充电器	万只	5	1 737.99	1 682.6	
电池专用配件					
泡沫镍、纤维镍带	平方米	3	3 607 907	3 342 280	308 600
锂蓄电池专用配件	万只	15	63 458.87	62 559.3	13 689.25

表 118　2015 年太阳能电池及组件生产量、销售量和出口量汇总表

产品名称	计量单位	企业数（家）	本年生产量	本年销售量	本年出口量
太阳能电池合计	兆瓦	91	818 238.88	810 831.41	3 308.94
多晶硅电池	兆瓦	50	18 287.32	17 286.21	2 723.78
单晶硅电池	兆瓦	17	675 070.77	670 374.11	174.27
硅基薄膜电池	兆瓦	4	423.2	423.21	
其他太阳能电池	兆瓦	20	124 457.59	122 747.87	410.89
太阳能电池组件合计	兆瓦	95	649 660.27	645 258.74	5 387.43
单晶硅电池组件	兆瓦	29	469 113.8	467 382.98	292.34
多晶硅电池组件	兆瓦	64	180 541.67	177 870.96	5 095.1
薄膜电池组件	兆瓦	2	4.8	4.8	

表 119　2015 年电子元件材料生产量、销售量和出口量汇总表

产品名称	计量单位	企业数（家）	本年生产量	本年销售量	本年出口量
电子元件材料合计	公斤	135	650 374 992.2	641 238 494.6	53 476 952.15
纸绝缘板	公斤	23	64 072 910	63 576 023	
纸基敷铜板	公斤	13	47 292 786.41	47 098 161.95	
玻璃布基敷铜板	公斤	13	117 426 598.4	113 677 338.9	51 240 914.65
电子光学玻璃	公斤	20	50 202 320.59	49 867 086.76	650 930
电解二氧化锰粉	公斤	1	508 620	461 738	
电容器用材料小计	公斤	44	247 630 807.1	243 479 812.8	320 107.5
铝箔	公斤	20	37 691 559.1	38 995 514.8	295 107.5
聚酯膜	公斤	9	89 836 426	86 230 851.95	
聚丙烯膜	公斤	15	120 102 822	118 253 446	25 000
压电材料小计	公斤	5	614 539	620 987	
铌酸锂单晶	公斤	1	85 826	81 426	

续表

产品名称	计量单位	企业数（家）	本年生产量	本年销售量	本年出口量
人造水晶	公斤	4	528 713	539 561	
光纤预制棒	公斤	3	255 776.2	252 402.7	
电解铜箔	公斤	13	122 370 634.5	122 204 943.5	1 265 000

表 120　2015 年真空电子器件材料生产量、销售量和出口量汇总表

产品名称	计量单位	企业数（家）	本年生产量	本年销售量	本年出口量
真空电子器件材料合计	公斤	51	34 478 149.56	36 001 537.29	388 029.3
钨制品	公斤	5	289 197	284 225	
钼制品	公斤	3	3 214 261	3 173 458	
镍基合金	公斤	2	2 021 877	1 921 800	358 209
复合金属电子材料	公斤	14	17 025 798.56	18 722 729.29	21 655.3
触头材料	公斤	5	144 883	164 884	2 610
电真空器件用玻璃	公斤	1	2 901 252	2 851 240	
液晶材料	公斤	11	6 578 624	6 570 796	4 395
合金材料	公斤	10	2 302 257	2 312 405	1 160

表 121　2015 年半导体材料生产量、销售量和出口量汇总表

产品名称	计量单位	企业数（家）	本年生产量	本年销售量	本年出口量
半导体单晶合计	公斤	65	279 526 056.3	276 067 842.1	8 071 930.98
锗单晶	公斤	1	11 457	11 457	
硅单晶	公斤	19	24 038 361.39	23 368 748.15	60 642.99
化合物单晶	公斤	3	17 226 096.21	16 154 461.92	
多晶硅	公斤	42	238 250 141.7	236 533 175	8 011 287.99
半导体片材合计	万片	39	250 988.27	250 470.14	26 745.8
硅抛光片	万片	9	85 187.31	84 794.97	58.97
硅外延片	万片	5	85 326.05	84 922.05	14 670
其他半导体片材	万片	25	80 474.91	80 753.12	12 016.83
半导体封装材料					
键合用金丝	公斤	5	20 700	20 713	179
键合用硅铝丝	公斤	3	23 455 344.4	23 346 183.65	4 622

续表

产品名称	计量单位	企业数（家）	本年生产量	本年销售量	本年出口量
封装用金属管壳	万只	1	403	394.6	
封装用陶瓷外壳	万只	3	206 961	202 433	75 593
分立器件塑封引线框架及金属带材	万只	9	6 503 829.93	6 677 252.73	150 062.8
集成电路塑封引线框架及金属带材	万只	16	13 993 907.6	12 581 504.2	1 147 229
封装用模塑料粉及辅料	吨	19	158 062.05	155 101.78	34 806.78
石英制品	公斤	36	535 181 328	531 718 152	544 750
导电膜玻璃	平方米	11	23 395 401	22 851 064	3 543

表 122　2015 年信息化学品材料生产量、销售量和出口量汇总表

产品名称	计量单位	企业数（家）	本年生产量	本年销售量	本年出口量
荧光粉	公斤	6	4 995 660.74	4 768 646	2 210
消气剂	万只	1	1 242	1 242	
光刻胶	公斤	9	17 677 392	17 290 333	2 936 000

表 123　2015 年电子信息产业主要产品生产能力汇总表

主要产品名称	计量单位	年初生产能力	年末生产能力
手机	万部	201 343	219 491
传真机	万部	462	549
程控交换机	万线	3 482	4 299
台式微型计算机	万台	11 101	10 628
服务器	万台	672	679
笔记本计算机	万台	28 960	30 637
平板计算机	万台	14 508	15 570
电视机	万台	22 624	23 992
其中：彩色电视机	万台	20 338	22 494
激光视盘机	万台	20 466	22 650
数码摄像机	万台	276	320
显示器	万台	23 726	36 613
集成电路	万块	22 448 534	26 469 883
半导体分立器件	万只	32 340 019	35 394 995
半导体发光二极管（LED）	万只	31 458 045	52 641 949

表124 2015年电子信息产业主要产品分省市产量情况

省市名称	微型计算机设备（万台）	笔记本计算机（万台）	彩色电视机（万台）	液晶（LCD）电视机（万台）	智能电视（万台）	移动通信手持机（手机）（万台）	智能手机（万台）	程控交换机（万线）	集成电路（亿块）
总计	31 419	17 436	14 476	14 392	8 383	181 261	139 943	1 880	1 087
北京市	886	59	222	222	186	9 541	9 196	267	63
天津市	1 030		246	246	246	7 316	6 884		15
河北省								13	1
山西省						2 038	2 038		
内蒙古自治区			123	123	123				
辽宁省			288	287		1 615	1 615	61	
黑龙江省	2								3
上海市	3 652	2 299	135	135	91	6 748	5 289	95	217
江苏省	5 912	4 914	1 273	1 273	485	4 691	4 651	1	370
浙江省	151	137	641	641	282	4 036	3 657	187	63
安徽省	1 802	1 618	734	734	485	64	64		3
福建省	819	329	1 428	1 428	1 404	2 134	1 399		1
江西省			24	24		4 195	2 572		
山东省	24		1 767	1 767	936	6 733	4 562		
河南省			16	16		19 842	15 029		
湖北省	1 122		35	35		5 476	4 494		
湖南省	34	9	36	36	1	34		4	1
广东省	3 242	714	6 215	6 141	3 296	83 795	69 673	1 247	163
广西壮族自治区	3		97	97	16				
重庆市	6 181	5 575				17 605	7 526		3
四川省	6 343	1 779	1 056	1 048	693	3 375	1 159		37
贵州省	218	2	139	139	138	2 015	133		
云南省								6	
陕西省			1	1	1	9			
甘肃省									150

软件产业统计数据

表 125　2015 年软件产业主要经济指标汇总表（1）

单位：万元

项目名称	企业数（家）	软件业务收入	其中			其中
			软件产品收入	信息技术服务收入	嵌入式系统软件收入	软件外包服务收入
软件企业合计	38 222	428 479 158.8	136 561 432	222 109 514	69 808 213	20 969 169.03
一、按企业登记注册类型分列						
内资企业	35 009	337 476 443.6	114 336 925.8	178 549 670.1	44 589 847.75	12 878 466.76
国有企业	714	26 285 746.76	7 661 903.93	13 959 003.07	4 664 839.77	922 843.15
集体企业	53	4 552 179.18	524 257.7	2 845 351.63	1 182 569.85	33 814.92
股份合作企业	178	2 100 022.34	944 752.22	558 064.84	597 205.28	247 693.8
联营企业	79	633 721.41	200 791.57	373 499.12	59 430.72	27 622.98
国有联营企业	25	136 181.03	54 634.59	41 907.65	39 638.79	4 962
集体联营企业	12	113 656.73	58 321.6	55 335.14		1 569
国有与集体联营企业	11	177 957.13	33 494.78	143 862.35	600	20 895
其他联营企业	31	205 926.52	54 340.61	132 393.98	19 191.93	196.98
有限责任公司	14 745	156 033 435.6	47 834 090.7	88 795 457.54	19 403 887.34	6 228 987.61
国有独资公司	165	3 916 598.35	1 348 706.47	1 922 006.23	645 885.65	253 827.33
其他有限责任公司	14 580	152 116 837.2	46 485 384.23	86 873 451.31	18 758 001.69	5 975 160.28
股份有限公司	3 534	64 851 244.19	25 733 532.28	28 772 528.45	10 345 183.47	2 106 746.64
私营企业	14 769	77 389 008.82	28 571 579.65	41 069 218.66	7 748 210.51	3 247 483.5
其他内资企业	937	5 631 085.31	2 866 017.71	2 176 546.79	588 520.81	63 274.17
中国港、澳、台商投资企业	972	32 661 986.5	7 326 571.89	20 475 547.88	4 859 866.73	857 029.09
合资经营企业（港、澳、台资）	235	5 449 624.95	1 006 026.69	3 163 496.77	1 280 101.49	188 832.29
合作经营企业（港、澳、台资）	19	184 923.88	168 657.36	6 525	9 741.52	5 152
港、澳、台商独资经营企业	682	25 957 070.6	5 836 948.02	16 900 985.4	3 219 137.19	576 429.18
港、澳、台商投资股份有限公司	30	1 015 982.36	291 560.43	373 763.85	350 658.08	86 615.62
其他港澳台商投资企业	6	54 384.7	23 379.39	30 776.86	228.45	
外商投资企业	2 241	58 340 728.67	14 897 934.22	23 084 295.95	20 358 498.49	7 233 673.18
中外合资经营企业	516	10 006 867.68	2 388 433.68	2 842 047.05	4 776 386.95	570 798.83
中外合作经营企业	29	332 637.41	55 237.05	214 040.68	63 359.68	13 577.26

续表

项目名称	企业数（家）	软件业务收入	其中			其中
			软件产品收入	信息技术服务收入	嵌入式系统软件收入	软件外包服务收入
外资企业	1 637	45 532 356.78	11 859 235.68	18 923 414.65	14 749 706.45	6 321 118.41
外商投资股份有限公司	41	2 349 194.63	521 173.85	1 064 570.54	763 450.24	319 576.88
其他外商投资企业	18	119 672.17	73 853.97	40 223.03	5 595.17	8 601.8
二、按经济类型分列						
国有经济	904	30 338 526.15	9 065 244.99	15 922 916.95	5 350 364.21	1 181 632.48
集体经济	65	4 665 835.91	582 579.3	2 900 686.77	1 182 569.85	35 383.92
股份合作经济	178	2 100 022.34	944 752.22	558 064.84	597 205.28	247 693.8
股份制经济	18 114	216 968 081.4	72 218 916.51	115 645 979.8	29 103 185.16	8 081 906.91
外商及中国港、澳、台投资经济	3 213	91 002 715.17	22 224 506.11	43 559 843.83	25 218 365.22	8 090 702.27
其他经济	15 748	83 403 977.77	31 525 432.75	43 522 021.78	8 356 523.25	3 331 849.65
三、按控股经济分列						
公有控股经济	4 240	101 660 638.7	32 590 678.68	51 536 173.39	17 533 786.64	3 663 611.75
国有控股	2 325	78 190 454.1	24 947 768.09	39 435 564.76	13 807 121.25	2 756 987.95
国有绝对控股	1 685	54 706 674.04	16 579 389.92	31 096 060.64	7 031 223.48	2 125 883.37
国有相对控股	640	23 483 780.06	8 368 378.17	8 339 504.12	6 775 897.77	631 104.58
集体控股	1 915	23 470 184.6	7 642 910.59	12 100 608.62	3 726 665.39	906 623.8
集体绝对控股	741	14 446 891.38	4 014 823.71	8 347 543.23	2 084 524.44	446 441.35
集体相对控股	1 174	9 023 293.22	3 628 086.89	3 753 065.39	1 642 140.94	460 182.45
非公有控股经济	33 982	326 818 520.1	103 970 753.2	170 573 340.6	52 274 426.33	17 305 557.28
私人控股	30 899	241 008 755.1	83 848 375.9	128 246 039.9	28 914 339.32	9 528 867.82
私人绝对控股	24 288	189 627 945.5	64 071 842.86	101 486 065.3	24 070 037.3	7 508 446.72
私人相对控股	6 611	51 380 809.64	19 776 533.04	26 759 974.59	4 844 302.02	2 020 421.1
港澳台商控股	949	27 647 192.21	5 859 312.32	17 261 716.25	4 526 163.64	668 889.03
港澳台商绝对控股	789	24 178 914.19	5 099 059.32	15 986 096.82	3 093 758.05	577 998
港澳台商相对控股	160	3 468 278.01	760 253	1 275 619.43	1 432 405.59	90 891.03
外商控股	2 134	58 162 572.73	14 263 064.97	25 065 584.39	18 833 923.37	7 107 800.43
外商绝对控股	1 824	51 586 994.42	12 808 783.75	22 255 578.82	16 522 631.85	6 652 745.3
外商相对控股	310	6 575 578.31	1 454 281.22	2 810 005.56	2 311 291.52	455 055.13

续表

项目名称	企业数（家）	软件业务收入	其中			其中
			软件产品收入	信息技术服务收入	嵌入式系统软件收入	软件外包服务收入
四、按软件出口基地分列						
北京软件出口基地	127	3 912 240.5	1 357 259	2 552 024	2 957.5	494 947
天津软件出口基地	33	312 769.72	81 250.86	231 518.86		27 937
大连软件出口基地	1 764	15 068 197.22	6 084 642.47	8 169 341.19	814 213.57	4 498 889.37
上海软件出口基地	321	4 757 718.65	1 367 684.9	3 390 033.75		515 257.16
深圳软件出口基地	414	4 967 557.23	2 031 775.42	2 151 710.39	784 071.42	166 319.31
西安软件出口基地	1 328	11 397 368.51	3 165 409.12	7 116 147.39	1 115 812	2 344 568.86
五、按软件园区分列						
北京中关村软件园	1 714	43 795 112.75	17 878 202.4	25 810 781.63	106 128.72	1 168 295
大连软件园	1 764	15 068 197.22	6 084 642.47	8 169 341.19	814 213.57	4 498 889.37
上海浦东软件园	323	4 831 001.65	1 367 991.9	3 463 009.75		515 257.16
南京软件园	424	9 444 871.05	3 751 879.78	5 100 159.79	592 831.48	187 849.77
杭州软件园	657	22 588 739.09	6 625 443	14 787 593	1 175 703.09	514 631
山东齐鲁软件园	563	8 756 000.28	3 891 644.12	4 065 993.46	798 362.7	1 297 287.15
长沙软件园	174	1 720 468.73	701 926.72	684 308.17	334 233.84	111 230.65
广州天河软件园	1 645	20 423 437.65	7 857 519.42	11 453 419.98	1 112 498.25	1 052 899.81
珠海南方软件园	65	516 812.47	116 180.32	281 895.28	118 736.87	18 672.1
成都软件园	1 093	6 394 718.57	3 309 986.05	3 014 616.8	70 115.72	217 197.78
西安软件园	1 328	11 397 368.51	3 165 409.12	7 116 147.39	1 115 812	2 344 568.86
六、按行业分列						
软件产品行业	19 821	142 199 841	114 010 007.5	26 181 762.94	2 008 070.6	8 858 418.05
信息技术服务行业	14 670	201 334 413.8	14 933 353.35	184 089 244.1	2 311 816.41	11 232 687.89
嵌入式系统软件行业	3 731	84 944 903.91	7 618 071.04	11 838 506.91	65 488 325.96	878 063.09
七、按企业规模分列						
大型企业	2 725	264 737 050.8	72 080 991.05	145 801 451.5	46 854 608.18	13 779 391.16
中型企业	8 417	115 192 953.9	41 078 079.49	56 581 988.74	17 532 885.67	5 501 540.92
小型企业	24 180	47 696 232.88	23 033 153.32	19 435 540.21	5 227 539.37	1 664 981.16
微型企业	2 900	852 921.22	369 208.01	290 533.46	193 179.75	23 255.79

表 126 2015 年软件产业主要经济指标汇总表（2）

单位：万美元

项目名称	软件业务出口	软件外包服务出口	嵌入式系统软件出口
软件企业合计	4 948 702.51	960 946.06	2 292 357.11
一、按企业登记注册类型分列			
内资企业	3 035 565.75	337 167.05	1 608 649.56
国有企业	72 781.99	6 960.85	57 448.2
集体企业	20 218.8	2 888.8	14 520
股份合作企业	1 159	893	229
联营企业	501	501	
国有联营企业	300	300	
集体联营企业	54	54	
国有与集体联营企业	147	147	
有限责任公司	1 845 153.41	121 220.14	971 412.76
国有独资公司	10 052.43	6 209	3 217.43
其他有限责任公司	1 835 100.98	115 011.14	968 195.33
股份有限公司	751 324.24	109 795.34	405 748.38
私营企业	340 134.33	93 401.89	157 735.85
其他内资企业	4 292.98	1 506.03	1 555.37
中国港、澳、台商投资企业	451 960.84	53 191.7	162 957.94
合资经营企业（港、澳、台资）	164 916.47	2 438.61	33 801.76
合作经营企业（港、澳、台资）	844	844	
港、澳、台商独资经营企业	281 252.88	45 771.09	128 613.22
港、澳、台商投资股份有限公司	4 768.49	4 138	542.96
其他港澳台商投资企业	179		
外商投资企业	1 461 175.92	570 587.31	520 749.61
中外合资经营企业	133 364.75	28 709.38	79 682.53
中外合作经营企业	1 695	1 395	
外资企业	1 287 368.56	502 149.97	440 973.43
外商投资股份有限公司	37 862.76	37 448.11	93.65
其他外商投资企业	884.85	884.85	
二、按经济类型分列			
国有经济	83 134.42	13 469.85	60 665.63

续表

项目名称	软件业务出口	软件外包服务出口	嵌入式系统软件出口
集体经济	20 272.8	2 942.8	14 520
股份合作经济	1 159	893	229
股份制经济	2 586 425.22	224 806.48	1 373 943.71
外商及中国港、澳、台投资经济	1 913 136.76	623 779.01	683 707.55
其他经济	344 574.31	95 054.92	159 291.22
三、按控股经济分列			
公有控股经济	734 814.17	91 286.24	463 740.16
国有控股	653 676.35	50 290	444 112.24
国有绝对控股	296 732.43	41 197.52	100 989.24
国有相对控股	356 943.92	9 092.48	343 123
集体控股	81 137.82	40 996.24	19 627.92
集体绝对控股	41 333.4	13 675.5	16 720.06
集体相对控股	39 804.42	27 320.74	2 907.86
非公有控股经济	4 213 888.34	869 659.82	1 828 616.95
私人控股	2 533 893.94	271 073.97	1 175 448.56
私人绝对控股	2 352 786.44	221 055.77	1 115 172.24
私人相对控股	181 107.5	50 018.2	60 276.32
港澳台商控股	246 185.5	55 045.06	141 823.63
港澳台商绝对控股	219 830.07	51 109.78	123 061.99
港澳台商相对控股	26 355.43	3 935.28	18 761.64
外商控股	1 433 808.9	543 540.79	511 344.76
外商绝对控股	1 322 505.99	527 177.25	438 490.23
外商相对控股	111 302.91	16 363.54	72 854.53
四、按软件出口基地分列			
北京软件出口基地	81 135	81 135	
天津软件出口基地	3 963.77	3 210	
大连软件出口基地	373 881.22	276 382.97	10 915.6
上海软件出口基地	41 093.8	37 796.1	
深圳软件出口基地	90 605.19	3 936.43	39 372.24
西安软件出口基地	73 949.87	59 233.59	14 716.28

续表

项目名称	软件业务出口	软件外包服务出口	嵌入式系统软件出口
五、按软件园区分列			
北京中关村软件园	191 360	191 151	174
大连软件园	373 881.22	276 382.97	10 915.6
上海浦东软件园	39 939.8	37 796.1	
南京软件园	37 480.36	14 300.15	22 257.05
杭州软件园	159 514	32 705	16 054
山东齐鲁软件园	12 077	11 872	97
长沙软件园	1 877.73	671.23	
广州天河软件园	61 917.96	48 560.21	956.4
珠海南方软件园	29 851.07	1 630.48	13 439
成都软件园	55 866.65	27 642.4	830.03
西安软件园	73 949.87	59 233.59	14 716.28
六、按行业分列			
软件产品行业	870 363.32	440 074	5 014.46
信息技术服务行业	1 104 293.65	519 952.87	19 700.45
嵌入式系统软件行业	2 974 045.54	919.2	2 267 642.2
七、按企业规模分列			
大型企业	4 239 799.45	658 490.02	2 103 014.18
中型企业	534 868.5	232 451.63	144 358.96
小型企业	171 290.21	68 831.59	43 754.54
微型企业	2 744.34	1 172.82	1 229.43

表 127　2015 年软件产业主要经济指标汇总表（3）

单位：万元

项目名称	利润总额	流动资产平均余额	资产合计	负债合计	固定资产投资额
软件企业合计	57 656 999.99	332 500 339.3	618 104 968	316 751 509.5	16 464 418.42
一、按企业登记注册类型分列					
内资企业	44 865 658.97	262 753 596.2	507 559 934.2	266 103 529.6	14 611 406.01
国有企业	2 652 946.08	20 209 609.27	39 873 201.55	24 211 160.84	1 023 979.88
集体企业	777 996.42	214 169.88	27 371 757.76	20 492 846.11	7 571.94
股份合作企业	131 461.19	1 399 456.49	3 254 644.99	1 554 932.73	87 902.21

续表

项目名称	利润总额	流动资产平均余额	资产合计	负债合计	固定资产投资额
联营企业	94 020.86	290 450.18	592 496.02	278 224.47	15 440.02
国有联营企业	12 908.76	57 554.03	166 091.65	38 137.88	3 660.12
集体联营企业	–2 958.8	23 676.4	59 004.16	30 283.98	5 863.2
国有与集体联营企业	22 926.21	67 491.09	185 083.37	83 915.37	2 770.5
其他联营企业	61 144.69	141 728.66	182 316.84	125 887.24	3 146.2
有限责任公司	21 699 369.87	112 263 195.4	202 124 188.3	108 362 321	6 846 299.8
国有独资公司	314 832.91	3 387 401.01	6 217 111.68	2 814 917.7	158 882.85
其他有限责任公司	21 384 536.96	108 875 794.4	195 907 076.6	105 547 403.3	6 687 416.95
股份有限公司	10 804 271.76	72 201 679.68	131 621 614.2	53 029 023.61	3 001 642.58
私营企业	8 127 569.28	55 245 650.77	92 219 873.85	51 460 899.68	3 594 826.07
其他内资企业	578 023.5	929 384.59	10 502 157.53	6 714 121.06	33 743.52
中国港、澳、台商投资企业	7 785 282.54	36 204 912.69	53 874 077.06	22 932 490.76	624 472.56
合资经营企业（港、澳、台资）	109 559.23	3 572 682.51	5 551 486.09	3 454 699.8	130 774.29
合作经营企业（港、澳、台资）	20 581.57	799 177.51	614 630.04	277 754.41	3 331
港、澳、台商独资经营企业	7 504 749.83	30 599 514.06	46 084 426.14	18 541 047.3	477 326.14
港、澳、台商投资股份有限公司	147 258.6	1 164 299.58	1 541 208.41	631 124.98	12 454.76
其他港澳台商投资企业	3 133.31	69 239.03	82 326.39	27 864.26	586.37
外商投资企业	5 006 058.48	33 541 830.39	56 670 956.75	27 715 489.16	1 228 539.85
中外合资经营企业	786 107.94	5 195 370.73	10 358 312.26	5 474 545.92	150 728.17
中外合作经营企业	101 999.73	218 705.44	452 312.65	170 532.08	13 371.96
外资企业	3 957 035.31	26 841 301.7	43 734 250.95	21 225 397.37	1 015 260.43
外商投资股份有限公司	130 137.85	1 159 390.2	1 941 620.48	789 428.99	44 721.71
其他外商投资企业	30 777.65	127 062.32	184 460.41	55 584.79	4 457.58
二、按经济类型分列					
国有经济	2 980 687.75	23 654 564.31	46 256 404.88	27 064 216.42	1 186 522.85
集体经济	775 037.62	237 846.28	27 430 761.92	20 523 130.09	13 435.14
股份合作经济	131 461.19	1 399 456.49	3 254 644.99	1 554 932.73	87 902.21
股份制经济	32 188 808.72	181 077 474	327 528 690.8	158 576 427	9 689 059.53
外商及中国港、澳、台投资经济	12 791 341.02	69 746 743.08	110 545 033.8	50 647 979.91	1 853 012.41
其他经济	8 789 663.69	56 384 255.11	103 089 431.6	58 384 823.35	3 634 486.28

续表

项目名称	利润总额	流动资产平均余额	资产合计	负债合计	固定资产投资额
三、按控股经济分列					
公有控股经济	11 714 074.64	90 136 511.21	190 775 608.4	106 797 660.1	3 220 676.31
国有控股	8 712 586.74	76 626 640.93	130 543 205.5	72 900 015.05	2 584 017.86
国有绝对控股	6 268 302.22	56 155 964.41	92 792 658.81	53 934 365.71	1 965 905.99
国有相对控股	2 444 284.52	20 470 676.52	37 750 546.68	18 965 649.34	618 111.86
集体控股	3 001 487.9	13 509 870.28	60 232 402.95	33 897 645.02	636 658.45
集体绝对控股	2 106 463.25	7 589 090.1	47 288 334.67	27 189 461	210 298.47
集体相对控股	895 024.65	5 920 780.18	12 944 068.28	6 708 184.02	426 359.98
非公有控股经济	45 942 925.35	242 363 828.1	427 329 359.5	209 953 849.4	13 243 742.11
私人控股	34 344 304.31	178 829 282.7	327 061 030.9	164 107 329.6	11 622 248.42
私人绝对控股	27 901 731.08	145 512 441.4	245 285 945.3	122 129 474.9	9 621 005.21
私人相对控股	6 442 573.23	33 316 841.27	81 775 085.52	41 977 854.72	2 001 243.2
港澳台商控股	6 224 810.27	31 016 964.44	45 208 465.65	19 907 433.23	444 088.6
港澳台商绝对控股	6 113 896.56	28 988 945.57	42 230 097.95	17 899 755.34	392 729.97
港澳台商相对控股	110 913.71	2 028 018.87	2 978 367.7	2 007 677.89	51 358.64
外商控股	5 373 810.76	32 517 580.97	55 059 863.03	25 939 086.56	1 177 405.09
外商绝对控股	4 914 608.49	28 812 612.41	47 458 514.45	21 993 992.19	1 096 242.87
外商相对控股	459 202.27	3 704 968.55	7 601 348.58	3 945 094.37	81 162.22
四、按软件出口基地分列					
北京软件出口基地	671 774	3 793 897.5	6 699 368.84	2 713 980.88	72 276
天津软件出口基地	14 267.27	144 286.02	383 141.18	88 118.93	6 466.78
大连软件出口基地	570 892.47	4 642 652.76	12 527 468.6	6 961 563.62	153 125.43
上海软件出口基地	1 404 054.67	7 448 637.44	12 992 012.63	5 911 421.97	232 770.31
深圳软件出口基地	1 736 013.94	6 847 209.66	11 646 193.68	4 865 460.37	400 219.27
西安软件出口基地	576 681.53	7 449 180.57	14 041 761.22	7 500 121.01	447 345.69
五、按软件园区分列					
北京中关村软件园	6 717 539.36	48 524 321.95	76 982 292.1	35 155 576.47	1 339 416.63
大连软件园	570 892.47	4 642 652.76	12 527 468.6	6 961 563.62	153 125.43
上海浦东软件园	1 406 985.67	7 441 612.44	13 033 976.63	5 912 974.97	232 567.31
南京软件园	1 154 077.05	8 783 152.68	24 352 820.02	13 039 470.71	569 832.44

续表

项目名称	利润总额	流动资产平均余额	资产合计	负债合计	固定资产投资额
杭州软件园	6 965 072.94	22 947 057.49	39 724 480.15	14 013 611.99	423 901.87
山东齐鲁软件园	1 304 235.67	3 883 923.05	9 032 407.17	6 840 939.27	123 489.42
长沙软件园	235 260.33	8 745 731.18	6 154 534.08	3 710 360.37	124 003.25
广州天河软件园	2 679 821.92	19 340 244.51	36 831 916.7	14 662 218.04	300 625.66
珠海南方软件园	91 711.57	593 968.26	1 095 669.26	393 111.24	31 047.2
成都软件园	936 034.29	5 196 967.27	11 087 634.77	8 345 784.16	326 850.8
西安软件园	576 681.53	7 449 180.57	14 041 761.22	7 500 121.01	447 345.69
六、按行业分列					
软件产品行业	22 060 584.65	137 033 558.8	222 223 825.4	103 640 267.5	9 042 932.41
信息技术服务行业	29 412 894.52	154 380 230.7	332 005 477.7	175 505 607.9	6 620 794.01
嵌入式系统软件行业	6 183 520.82	41 086 549.79	63 875 664.9	37 605 634.01	800 692
七、按企业规模分列					
大型企业	40 502 305.54	208 618 382.3	415 166 877.1	215 926 422.2	8 886 352.56
中型企业	12 283 627.26	74 688 362.25	129 154 546.6	66 902 699.38	5 982 813.67
小型企业	4 817 331.93	48 056 929.44	71 307 716.71	33 123 300.52	1 584 711.32
微型企业	53 735.25	1 136 665.31	2 475 827.54	799 087.38	10 540.87

表 128　2015 年软件产业主要经济指标汇总表（4）

单位：万元

项目名称	主营业务税金及附加	年末所有者权益	年初所有者权益	应交增值税
软件企业合计	8 319 325.38	301 353 458.9	240 323 881.3	11 461 565.16
一、按企业登记注册类型分列				
内资企业	7 375 113.87	241 456 404.8	185 388 696.4	9 395 774.07
国有企业	374 374.07	15 662 040.71	14 700 730.47	562 143.96
集体企业	98 518.88	6 878 911.65	4 893 806.26	8 929.56
股份合作企业	30 404.87	1 699 712.26	1 302 894.55	49 238.46
联营企业	13 899.4	314 271.55	250 364.56	10 319.44
国有联营企业	2 795.38	127 953.77	114 593.59	1 566.69
集体联营企业	4 899.93	28 720.18	13 954.22	1 636.58
国有与集体联营企业	3 616.25	101 168	78 797.52	4 378.21

续表

项目名称	主营业务税金及附加	年末所有者权益	年初所有者权益	应交增值税
其他联营企业	2 587.84	56 429.6	43 019.24	2 737.96
有限责任公司	3 481 996.74	93 761 867.09	75 402 521.46	4 797 468.47
国有独资公司	91 997.48	3 402 193.99	2 914 042.74	142 328.46
其他有限责任公司	3 389 999.26	90 359 673.1	72 488 478.72	4 655 140.01
股份有限公司	1 230 205.1	78 592 590.69	56 825 933.58	1 911 881.27
私营企业	1 926 276.35	40 758 974.35	31 433 459.98	2 008 321.05
其他内资企业	219 438.46	3 788 036.52	578 985.54	47 471.86
中国港、澳、台商投资企业	346 698.63	30 941 586.41	34 183 633.56	1 109 258.98
合资经营企业（港、澳、台资）	38 872.95	2 096 786.29	11 216 223.48	137 864.16
合作经营企业（港、澳、台资）	2 845.4	336 875.62	309 079.61	15 755.26
港、澳、台商独资经营企业	265 587.6	27 543 378.9	21 794 784.28	910 190.87
港、澳、台商投资股份有限公司	39 165.28	910 083.46	815 085.36	43 909.28
其他港澳台商投资企业	227.4	54 462.14	48 460.83	1 539.41
外商投资企业	597 512.88	28 955 467.65	20 751 551.32	956 532.11
中外合资经营企业	205 396.93	4 883 766.33	4 149 177.46	235 721.68
中外合作经营企业	9 076.5	281 780.57	240 214.92	13 504.58
外资企业	371 644.39	22 508 853.59	15 456 650.47	676 822.27
外商投资股份有限公司	9 863.05	1 152 191.53	798 010.31	22 612.68
其他外商投资企业	1 532.02	128 875.63	107 498.16	7 870.9
二、按经济类型分列				
国有经济	469 166.93	19 192 188.46	17 729 366.81	706 039.11
集体经济	103 418.81	6 907 631.83	4 907 760.48	10 566.14
股份合作经济	30 404.87	1 699 712.26	1 302 894.55	49 238.46
股份制经济	4 620 204.36	168 952 263.8	129 314 412.3	6 567 021.27
外商及中国港、澳、台投资经济	944 211.51	59 897 054.06	54 935 184.88	2 065 791.09
其他经济	2 151 918.9	44 704 608.47	32 134 262.28	2 062 909.08
三、按控股经济分列				
公有控股经济	1 651 519.29	83 977 948.34	69 734 173.59	2 678 315.97
国有控股	1 143 918.29	57 643 190.43	49 616 408.06	2 029 171.39
国有绝对控股	813 485.41	38 858 293.07	35 164 707.38	1 417 346.38

续表

项目名称	主营业务税金及附加	年末所有者权益	年初所有者权益	应交增值税
国有相对控股	330 432.88	18 784 897.37	14 451 700.67	611 825
集体控股	507 601	26 334 757.91	20 117 765.53	649 144.59
集体绝对控股	356 622.77	20 098 873.64	16 335 167.55	359 975.72
集体相对控股	150 978.23	6 235 884.27	3 782 597.99	289 168.86
非公有控股经济	6 667 806.09	217 375 510.5	170 589 707.7	8 783 249.18
私人控股	5 653 207.87	162 953 701.5	130 018 729.8	6 959 557.12
私人绝对控股	3 925 589.34	123 156 470.7	100 973 183.7	5 769 620.38
私人相对控股	1 727 618.54	39 797 230.85	29 045 546.08	1 189 936.74
港澳台商控股	282 387.46	25 301 032.51	20 158 197.43	937 413.89
港澳台商绝对控股	231 119.64	24 330 342.68	19 265 750.54	855 190
港澳台商相对控股	51 267.83	970 689.83	892 446.89	82 223.88
外商控股	732 210.76	29 120 776.48	20 412 780.51	886 278.17
外商绝对控股	615 265.31	25 464 522.26	17 836 604.56	767 317.88
外商相对控股	116 945.44	3 656 254.22	2 576 175.95	118 960.29
四、按软件出口基地分列				
北京软件出口基地	25 581.62	3 985 387.96	3 437 649.52	106 295.12
天津软件出口基地	727.49	295 022.25	245 589.15	3 143.18
大连软件出口基地	486 972.15	5 565 904.96	4 930 016.22	236 054.06
上海软件出口基地	117 653.07	7 080 590.66	5 628 384.93	117 032.75
深圳软件出口基地	53 161.46	6 780 733.26	5 258 923.04	229 360.88
西安软件出口基地	487 584.23	6 541 640.26	6 154 421.13	131 099.06
五、按软件园区分列				
北京中关村软件园	316 471.99	41 826 715.63	33 615 196.63	1 407 852.72
大连软件园	486 972.15	5 565 904.96	4 930 016.22	236 054.06
上海浦东软件园	118 104.07	7 121 001.66	5 664 437.93	117 073.75
南京软件园	381 216.96	11 313 349.31	4 286 315.71	320 825.78
杭州软件园	225 825.71	25 710 868.16	19 085 102.71	915 760.91
山东齐鲁软件园	204 981.38	2 191 467.94	2 151 494.24	155 105.39
长沙软件园	15 784.45	2 444 173.71	1 552 919.02	75 975.48
广州天河软件园	427 106.72	22 169 698.66	18 489 347.27	724 870.16

续表

项目名称	主营业务税金及附加	年末所有者权益	年初所有者权益	应交增值税
珠海南方软件园	4 127.98	702 558.03	552 367.27	22 450.42
成都软件园	104 214.03	2 741 850.6	3 238 992.56	196 792.36
西安软件园	487 584.23	6 541 640.26	6 154 421.13	131 099.06
六、按行业分列				
软件产品行业	3 451 431.57	118 583 557.8	97 272 943	5 262 004.68
信息技术服务行业	3 997 545.72	156 499 869.7	123 607 958.4	4 395 584.67
嵌入式系统软件行业	870 348.09	26 270 031.35	19 442 979.89	1 803 975.81
七、按企业规模分列				
大型企业	4 827 580.4	199 240 454.9	149 642 753.4	7 507 959.38
中型企业	2 231 781.97	62 251 847.4	47 445 167.25	2 515 275.98
小型企业	1 239 155.42	38 184 416.44	41 659 937.84	1 409 397.35
微型企业	20 807.59	1 676 740.17	1 576 022.84	28 932.45

表 129 2015 年软件产业主要经济指标汇总表（5）

单位：万元

项目名称	应交所得税	出口已退税额	研发经费	主营业务成本
软件企业合计	7 152 317.9	1 187 531.29	39 069 513.28	378 593 977.8
一、按企业登记注册类型分列				
内资企业	5 351 080.87	871 281.42	30 639 969.95	298 243 415.5
国有企业	410 095.71	76 252.36	1 990 742.63	24 407 772.66
集体企业	283 958.16	773.43	694 263.97	15 279 336.77
股份合作企业	25 044.18	2 744.9	103 912.93	1 899 615.4
联营企业	6 483.47	9 703.62	42 414.39	646 728.45
国有联营企业	570.49	25.62	11 096.86	117 795.13
集体联营企业	925.16	575	4 408.5	146 786.27
国有与集体联营企业	3 610.99	46	10 316.89	131 883.14
其他联营企业	1 376.83	9 057	16 592.14	250 263.92
有限责任公司	2 419 303.19	195 113.78	14 870 666.17	119 422 968
国有独资公司	49 744.54	4 238.28	287 954.74	2 716 982.06
其他有限责任公司	2 369 558.64	190 875.5	14 582 711.43	116 705 986

续表

项目名称	应交所得税	出口已退税额	研发经费	主营业务成本
股份有限公司	1 172 713.92	412 575.54	6 193 894.72	61 541 264
私营企业	1 011 557.85	172 796.13	6 583 574.65	60 499 014.8
其他内资企业	21 924.4	1 321.66	160 500.48	14 546 715.36
中国港、澳、台商投资企业	1 042 252.55	151 734.67	3 928 444.2	19 856 469.6
合资经营企业（港、澳、台资）	37 022.49	99 604.79	771 224.95	3 882 280.29
合作经营企业（港、澳、台资）	5 526.44	2 637	22 663.59	254 600.5
港、澳、台商独资经营企业	991 634.18	48 458.3	2 916 411.06	14 383 181.26
港、澳、台商投资股份有限公司	7 959.43	314.58	213 759.16	1 296 742.16
其他港澳台商投资企业	110	720	4 385.44	39 665.39
外商投资企业	758 984.49	164 515.2	4 501 099.14	60 494 092.75
中外合资经营企业	116 188.24	23 693.23	562 608.22	7 935 531.08
中外合作经营企业	5 405.48	1 276	11 012.36	488 029.36
外资企业	621 626.97	139 163.94	3 823 458.17	49 802 854.14
外商投资股份有限公司	13 258.24	325.21	74 073.95	2 212 766.85
其他外商投资企业	2 505.55	56.82	29 946.44	54 911.32
二、按经济类型分列				
国有经济	460 410.74	80 516.26	2 289 794.24	27 242 549.84
集体经济	284 883.32	1 348.43	698 672.47	15 426 123.04
股份合作经济	25 044.18	2 744.9	103 912.93	1 899 615.4
股份制经济	3 542 272.56	603 451.04	20 776 606.15	178 247 249.99
外商及中国港、澳、台投资经济	1 801 237.03	316 249.87	8 429 543.34	80 350 562.35
其他经济	1 038 470.07	183 220.79	6 770 984.16	75 427 877.22
三、按控股经济分列				
公有控股经济	1 909 500.96	463 878.19	10 050 857.44	102 324 812.9
国有控股	1 359 501.99	436 629.58	7 245 756.62	72 229 104.99
国有绝对控股	966 030.11	268 049.49	4 595 454.97	50 781 070.03
国有相对控股	393 471.87	168 580.09	2 650 301.65	21 448 034.97
集体控股	549 998.98	27 248.61	2 805 100.81	30 095 707.88
集体绝对控股	429 617.85	11 372.27	1925 222.55	22 404 306.74
集体相对控股	120 381.12	15 876.34	879 878.27	7 691 401.14

续表

项目名称	应交所得税	出口已退税额	研发经费	主营业务成本
非公有控股经济	5 242 816.94	723 653.11	29 018 655.85	276 269 165
私人控股	3 544 192.23	515 427.86	21 929 154.66	198 563 110.9
私人绝对控股	2 886 059.11	432 419.34	17 661 985.58	145 336 291.2
私人相对控股	658 133.13	83 008.52	4 267 169.08	53 226 819.73
港澳台商控股	933 306.08	29 422.3	2 702 189.84	16 982 977.27
港澳台商绝对控股	912 764.79	18 175.35	2 543 763.49	13 945 533.46
港澳台商相对控股	20 541.29	11 246.95	158 426.36	3 037 443.81
外商控股	765 318.62	178 802.95	4 387 311.35	60 723 076.78
外商绝对控股	674 893.23	159 929.35	3 994 258.55	55 772 560.97
外商相对控股	90 425.4	18 873.6	393 052.8	4 950 515.81
四、按软件出口基地分列				
北京软件出口基地	126 579.52		435 454.44	2 485 363.56
天津软件出口基地	1 819.21		43 712.75	171 985.98
大连软件出口基地	196 106.85	5 492.19	325 495.54	11 609 651.78
上海软件出口基地	238 832.21	2 841.6	507 325.54	2 471 856.55
深圳软件出口基地	146 932.48	42 190.22	696 535.74	3 184 487.03
西安软件出口基地	69 977.68	3 932.18	858 919.26	5 991 233.26
五、按软件园区分列				
北京中关村软件园	951 697.25		4 449 986.03	26 459 732.12
大连软件园	196 106.85	5 492.19	325 495.54	11 609 651.78
上海浦东软件园	238 787.21	2 776.6	573 844.54	2 532 527.55
南京软件园	199 764.42	106 683.2	768 174.46	23 157 865.39
杭州软件园	874 436.58	−1 025.98	2 388 076.12	12 197 949.19
山东齐鲁软件园	121 915.07	1 616.77	466 267.13	8 030 013.21
长沙软件园	25 885.25	1 349.03	161 530.16	1 572 065.39
广州天河软件园	514 331.02	7 782.1	2 826 011.92	16 693 171.55
珠海南方软件园	7 221.65	14 657.15	62 868.75	275 468.3
成都软件园	118 162.61	6 383.86	719 919.54	4 494 687.73
西安软件园	69 977.68	3 932.18	858 919.26	5 991 233.26
六、按行业分列				

续表

项目名称	应交所得税	出口已退税额	研发经费	主营业务成本
软件产品行业	2 463 359.53	416 036.22	16 297 917.31	116 788 587.8
信息技术服务行业	4 134 172.88	343 025.94	17 915 446.11	201 864 539
嵌入式系统软件行业	554 785.49	428 469.14	4 856 149.87	59 940 851.03
七、按企业规模分列				
大型企业	5 093 566.63	1 005 104.3	25 537 150.6	248 422 673.5
中型企业	1 512 619.53	124 074.9	8 438 761.11	97 035 917.88
小型企业	532 701.24	57 899.07	5 010 830.13	32 600 242.49
微型企业	13 430.51	453.03	82 771.44	535 143.94

表 130　2015 年软件产业主要经济指标汇总表（6）

单位：万元

项目名称	应收账款	应付账款	固定资产折旧	本年应付职工薪酬
软件企业合计	118 051 797.1	81 727 382.92	20 192 011.78	59 396 494.07
一、按企业登记注册类型分列				
内资企业	97 261 434.2	69 727 304.64	14 870 371.1	43 742 434.9
国有企业	6 853 583.3	6 243 388.87	1 831 839.8	3 241 770.49
集体企业	20 066 851.75	6 124 921.97	16 433.15	143 406.46
股份合作企业	489 408.56	324 100.9	180 382.04	454 184.9
联营企业	73 824.89	46 784.24	20 915.3	90 156.62
国有联营企业	19 391.08	9 799.29	6 155.48	22 025.85
集体联营企业	11 669.26	5 039.98	4 051.32	11 362.85
国有与集体联营企业	3 967	7 779.89	3 026.11	17 621.82
其他联营企业	38 797.55	24 165.08	7 682.39	39 146.1
有限责任公司	32 926 850.41	27 769 433.49	6 070 507.06	19 968 225.78
国有独资公司	1 336 951.72	1 193 337.32	220 686.44	570 336.53
其他有限责任公司	31 589 898.69	26 576 096.17	5 849 820.62	19 397 889.25
股份有限公司	21 221 828.93	14 861 013.07	3 549 703.78	9 986 536.54
私营企业	15 209 424.77	13 154 092.6	3 083 234.74	9 287 968.05
其他内资企业	419 661.59	1 203 569.5	117 355.22	570 186.07
中国港、澳、台商投资企业	8 041 078.35	3 970 441.42	1 965 353.37	5 868 206.05

续表

项目名称	应收账款	应付账款	固定资产折旧	本年应付职工薪酬
合资经营企业（港、澳、台资）	1 626 646.32	745 763.16	238 594.77	799 747.19
合作经营企业（港、澳、台资）	241 580.55	160 379.23	21 925.97	35 320.44
港、澳、台商独资经营企业	5 648 184.15	2 940 420.55	1 619 988.25	4 800 585.01
港、澳、台商投资股份有限公司	508 883.22	121 260.34	81 483.73	222 823.31
其他港澳台商投资企业	15 784.11	2 618.15	3 360.65	9 730.1
外商投资企业	12 749 284.57	8 029 636.85	3 356 287.31	9 785 853.12
中外合资经营企业	1 964 550.31	1 267 493.44	695 841.82	1 207 586.65
中外合作经营企业	75 897.2	37 402.8	31 620.87	40 978.02
外资企业	10 272 826.51	6 417 186.43	2 459 257.02	8 239 364.07
外商投资股份有限公司	368 512.37	288 254.84	165 802.42	252 234.96
其他外商投资企业	67 498.18	19 299.35	3 765.19	45 689.42
二、按经济类型分列				
国有经济	8 209 926.1	7 446 525.48	2 058 681.72	3 834 132.87
集体经济	20 078 521.01	6 129 961.95	20 484.47	154 769.31
股份合作经济	489 408.56	324 100.9	180 382.04	454 184.9
股份制经济	52 811 727.62	41 437 109.23	9 399 524.4	29 384 425.79
外商及中国港、澳、台投资经济	20 790 362.92	12 000 078.28	5 321 640.68	15 654 059.17
其他经济	15 671 850.91	14 389 607.07	3 211 298.46	9 914 922.04
三、按控股经济分列				
公有控股经济	50 631 318.95	33 268 175.04	5 448 870.96	15 111 244.73
国有控股	25 866 107.3	23 106 708.23	4 693 559.44	11 743 099.75
国有绝对控股	17 749 044.36	17 451 913.83	3 411 557.03	7 971 900.53
国有相对控股	8 117 062.94	5 654 794.4	1 282 002.42	3 771 199.22
集体控股	24 765 211.65	10 161 466.81	755 311.51	3 368 144.98
集体绝对控股	22 566 652.35	7 450 863.25	289 385.83	2 004 872.11
集体相对控股	2 198 559.29	2 710 603.56	465 925.68	1 363 272.87
非公有控股经济	67 420 478.17	48 459 207.88	14 743 140.82	44 285 249.34
私人控股	48 517 174.44	37 595 114.96	9 946 413.21	29 716 622.92
私人绝对控股	38 553 790.58	28 732 571.54	8 072 228.26	23 297 514.03
私人相对控股	9 963 383.85	8 862 543.41	1 874 184.94	6 419 108.89

续表

项目名称	应收账款	应付账款	固定资产折旧	本年应付职工薪酬
港澳台商控股	7 064 086.11	3 235 018.83	1 570 558.74	4 853 676.57
港澳台商绝对控股	6 261 070.05	2 901 834.64	1 422 879.2	4 532 918.68
港澳台商相对控股	803 016.06	333 184.19	147 679.54	320 757.88
外商控股	11 839 217.62	7 629 074.1	3 226 168.87	9 714 949.85
外商绝对控股	10 104 293.55	6 863 725.3	2 839 939.94	8 848 847.64
外商相对控股	1 734 924.07	765 348.8	386 228.93	866 102.21
四、按软件出口基地分列				
北京软件出口基地	1 447 366.74	1 023 166.12	69 861.08	1 332 746
天津软件出口基地	40 171.69	4 436.76	11 526.7	49 065.76
大连软件出口基地	1 528 212.66	1 555 646.07	689 388.91	1 296 344.9
上海软件出口基地	1 174 936.22	1 189 971.22	298 862.14	1 173 902.9
深圳软件出口基地	2 708 027.87	1 197 852.54	406 317.19	1 138 269.43
西安软件出口基地	329 043.66	206 991.82	345 813.74	805 917.94
五、按软件园区分列				
北京中关村软件园	12 948 293.88	8 301 472.87	1 025 225.94	9 938 843.8
大连软件园	1 528 212.66	1 555 646.07	689 388.91	1 296 344.9
上海浦东软件园	1 177 310.22	1 186 456.22	298 752.14	1 176 776.9
南京软件园	3 947 167.56	3 370 334.03	386 829.04	1 713 973.06
杭州软件园	4 874 043.27	3 807 698.63	966 430.89	3 162 126
山东齐鲁软件园	1 352 958.87	685 223.68	360 258.93	640 699.16
长沙软件园	1 238 737.63	1 359 570.58	79 223.53	252 234.73
广州天河软件园	4 894 061.05	5 743 273.31	987 067.77	3 652 362.1
珠海南方软件园	230 424.65	68 623.91	34 323.81	96 192.28
成都软件园	1 948 451.3	2 051 161.69	352 077.79	1 232 142.49
西安软件园	329 043.66	206 991.82	345 813.74	805 917.94
六、按行业分列				
软件产品行业	43 287 506.6	28 155 846.7	6 632 605.23	25 717 917.95
信息技术服务行业	58 884 462.5	41 687 598.75	10 517 870.01	28 642 209.12
嵌入式系统软件行业	15 879 828.02	11 883 937.47	3 041 536.53	5 036 367
七、按企业规模分列				

续表

项目名称	应收账款	应付账款	固定资产折旧	本年应付职工薪酬
大型企业	83 414 320.9	56 427 302.85	12 991 869.12	39 684 052.44
中型企业	23 951 638.25	16 123 199.12	4 332 935.03	12 468 621.56
小型企业	10 425 108.35	9 064 094.34	2 810 979.72	7 110 786.75
微型企业	260 729.61	112 786.61	56 227.9	133 033.32

表 131　2015 年软件产业主要经济指标汇总表（7）

单位：人

项目名称	从业人员年末数	软件研发人员	管理人员	硕士以上人员	大本人员	大专以下人员
软件企业合计	5 742 713	2 832 712	899 139	587 234	3 166 913	1 988 449
一、按企业登记注册类型分列						
内资企业	4 685 283	2 383 593	711 683	462 274	2 641 449	1 581 472
国有企业	328 600	146 262	38 982	40 932	158 565	129 108
集体企业	66 210	1844	716	17 819	43 103	5 288
股份合作企业	45 459	40 964	6 099	4 321	28 414	12 727
联营企业	10 720	6 503	1 050	1 225	5 964	3 529
国有联营企业	1 738	2 555	223	236	1 112	389
集体联营企业	1 566	472	95	132	971	463
国有与集体联营企业	2 801	1 175	357	215	1 603	982
其他联营企业	4 615	2 301	375	642	2 278	1 695
有限责任公司	1 859 954	1 000 540	307 449	198 912	1 054 343	606 675
国有独资公司	47 206	24 628	9 665	6 667	28 558	11 978
其他有限责任公司	1 812 748	975 912	297 784	192 245	1 025 785	594 697
股份有限公司	1 027 969	483 787	142 983	98 540	578 591	350 832
私营企业	1 266 386	675 298	199 765	89 507	719 554	457 264
其他内资企业	79 985	28 395	14 639	11 018	52 915	16 049
中国港、澳、台商投资企业	388 291	186 098	76 031	49 432	182 190	156 667
合资经营企业（港、澳、台资）	61 380	38 439	14 779	8 594	25 292	27 491
合作经营企业（港、澳、台资）	3 855	462	314	335	1 961	1 559
港、澳、台商独资经营企业	307 478	133 103	59 253	38 992	145 597	122 889
港、澳、台商投资股份有限公司	14 496	13 658	1 593	1 503	8 572	4 422

续表

项目名称	从业人员年末数	软件研发人员	管理人员	硕士以上人员	大本人员	大专以下人员
其他港澳台商投资企业	1 082	436	92	8	768	306
外商投资企业	669 139	263 021	111 425	75 528	343 274	250 310
中外合资经营企业	124 761	87 096	15 729	8 990	76 004	39 757
中外合作经营企业	6 814	864	880	255	3 253	3 303
外资企业	512 263	165 708	93 706	63 928	249 202	199 116
外商投资股份有限公司	22 536	7 821	807	2 014	13 002	7 523
其他外商投资企业	2 765	1 532	303	341	1 813	611
二、按经济类型分列						
国有经济	377 544	173 445	48 870	47 835	188 235	141 475
集体经济	67 776	2 316	811	17 951	44 074	5 751
股份合作经济	45 459	40 964	6 099	4 321	28 414	12 727
股份制经济	2 840 717	1 459 699	440 767	290 785	1 604 376	945 529
外商及中国港、澳、台投资经济	1 057 430	449 119	187 456	124 960	525 464	406 977
其他经济	1 353 787	707 169	215 136	101 382	776 350	475 990
三、按控股经济分列						
公有控股经济	1 345 134	803 594	193 806	177 856	696 787	470 484
国有控股	991 218	610 809	154 990	130 861	489 784	370 579
国有绝对控股	698 325	443 369	123 514	88 724	332 610	276 995
国有相对控股	292 893	167 440	31 476	42 137	157 174	93 584
集体控股	353 916	192 785	38 816	46 995	207 003	99 905
集体绝对控股	197 952	62 965	21 082	33 393	124 223	40 327
集体相对控股	155 964	129 820	17 734	13 602	82 780	59 578
非公有控股经济	4 397 579	2 029 118	705 333	409 378	2 470 126	1 517 965
私人控股	3 389 071	1 611 723	520 716	298 037	1 962 528	1 128 422
私人绝对控股	2 518 488	1 216 004	422 360	235 900	1 445 668	836 858
私人相对控股	870 583	395 719	98 356	62 137	516 860	291 564
港澳台商控股	344 462	154 369	73 155	38 283	167 390	138 790
港澳台商绝对控股	286 599	111 392	69 656	35 315	134 379	116 902
港澳台商相对控股	57 863	42 977	3 499	2 968	33 011	21 888
外商控股	664 046	263 026	111 462	73 058	340 208	250 753

续表

项目名称	从业人员年末数	软件研发人员	管理人员	硕士以上人员	大本人员	大专以下人员
外商绝对控股	568 058	208 157	104 551	66 883	282 234	218 916
外商相对控股	95 988	54 869	6 911	6 175	57 974	31 837
四、按软件出口基地分列						
北京软件出口基地	53 965	23 325	30 668	9 769	33 169	11 027
天津软件出口基地	4 546	2 276	310	289	2 891	1 366
大连软件出口基地	216 612	103 604	18 764	23 013	167 657	25 938
上海软件出口基地	58 204	21 574	4 874	9 385	36 173	12 646
深圳软件出口基地	87 698	47 158	12 889	5 888	49 000	32 812
西安软件出口基地	121 531	103 157	18 097	15 542	73 061	32 930
五、按软件园区分列						
北京中关村软件园	505 554	202 193	302 057	69 667	276 901	158 983
大连软件园	216 612	103 604	18 764	23 013	167 657	25 938
上海浦东软件园	58 997	22 164	4 970	9 950	36 397	12 650
南京软件园	93 040	35 582	14 948	14 084	61 317	17 639
杭州软件园	185 820	64 898	18 272	21 125	114 141	50 549
山东齐鲁软件园	106 831	30 673	14 268	11 217	77 270	18 344
长沙软件园	34 642	9 621	3 184	2 549	19 639	12 455
广州天河软件园	355 636	221 637	35 006	26 752	203 874	125 010
珠海南方软件园	9 473	4 003	908	713	4 750	4 011
成都软件园	142 246	46 462	14 941	10 490	69 586	62 168
西安软件园	121 531	103 157	18 097	15 542	73 061	32 930
六、按行业分列						
软件产品行业	2 363 763	1 017 054	392 431	255 818	1 446 139	661 806
信息技术服务行业	2 643 721	916 570	453 620	273 263	1 494 709	875 749
嵌入式系统软件行业	735 229	899 088	53 088	58 153	226 065	450 894
七、按企业规模分列						
大型企业	3 418 229	1 835 947	508 543	376 314	1 771 809	1 270 105
中型企业	1 375 926	551 108	227 522	120 096	817 971	437 855
小型企业	931 384	432 191	159 846	89 460	566 832	275 025
微型企业	17 174	13 466	3 228	1 364	10 301	5 464

表 132　2015 年软件产品完成情况

项目名称	企业数（家）	本年收入（万元）	其中：本年出口（万美元）
软件业务收入明细合计	55 226	428 479 158.8	4 948 702.51
软件产品行业（E6201）			
一、软件产品合计	26 049	136 561 431.9	1 057 055.72
（一）基础软件	5 808	24 553 135.13	310 849.91
1. 操作系统	1 560	8 072 765.36	144 918.32
2. 数据库管理系统	1 080	3 482 861.76	14 888.78
3. 中间件	676	4 495 142.44	101 678.71
4. 办公软件	1 125	2 409 688.75	5 940.16
5. 其他	1 367	6 092 676.81	43 423.94
（二）支撑软件	1 633	5 227 730.88	14 400.98
1. 开发工具和平台软件	850	3 227 112.51	7 542.15
2. 测试工具软件	388	808 729.93	2 491.63
3. 其他支撑软件	395	1 191 888.44	4 367.2
（三）应用软件	11 976	67 719 206.15	379 934.08
1. 通用应用软件	4 892	20 750 049.87	142 409.28
2. 行业应用软件	7 084	46 969 156.28	237 524.8
（四）工业软件	1 802	9 652 843.39	39 517.8
1. 产品研发类软件	716	3 316 314.74	9 081.15
2. 生产控制类软件	1 086	6 336 528.65	30 436.65
（五）嵌入式应用软件	1 763	11 861 752.65	107 783.86
（六）信息安全产品	1 632	9 974 597.87	93 859.45
1. 基础类安全产品	265	1 504 677.25	6 927.18
2. 终端与数字内容安全产品	213	1 501 756.25	53 159.02
3. 网络与边界安全产品	265	2 191 358.63	13 405.84
4. 专用安全产品	264	2 167 904.2	3 716.5
5. 安全测试评估与服务产品	107	369 977.96	4 337.18
6. 安全管理产品	232	1 052 730.01	5 039.38
7. 其他信息安全产品及相关服务	286	1 186 193.56	7 274.35
（七）移动应用软件（APP）	462	2 602 908.35	24 113.92
（八）软件定制服务	973	4 969 257.46	86 595.72

续表

项目名称	企业数（家）	本年收入（万元）	其中：本年出口（万美元）
信息技术服务行业（E6202）			
二、信息技术服务行业合计	24 553	222 109 514	1 599 289.68
（一）信息技术咨询设计服务	7 391	39 398 044.02	326 238.54
1. 信息化规划	551	2 600 912.36	31 782.02
2. 信息系统设计	1 948	10 158 424.66	37 113.61
3. 信息技术管理咨询	3 214	17 576 323.99	237 917.11
4. 信息系统工程监理	624	2 781 016.58	8 902.87
5. 测试评估	284	4 053 584.26	6 114.72
6. 信息技术培训	770	2 227 782.17	4 408.21
（二）信息系统集成实施服务	6 948	69 646 678.75	615 791.23
1. 基础环境集成实施服务	637	16 208 651.2	552 756
2. 硬件集成实施服务	1 334	11 185 361.4	12 908.01
3. 软件集成实施服务	1 802	8 672 765.13	19 954.08
4. 安全集成实施服务	454	2 579 369.84	1 217.11
5. 系统集成实施管理服务	2 721	31 000 531.17	28 956.03
（三）运行维护服务合计	4 198	15 360 054.18	65 561.33
1. 基础环境运维服务	394	1 779 569.92	11 313.24
2. 硬件运维服务	507	2 091 151.03	3 852.94
3. 软件运维服务	1 785	4 263 815.01	34 798.73
4. 安全运维服务	277	1 010 747.41	567.04
5. 运维管理服务	1 235	6 214 770.81	15 029.38
（四）数据服务	1 658	15 149 136.04	120 460.57
1. 数据加工处理服务	967	8 819 613.43	65 551.51
2. 数字内容处理服务	691	6 329 522.62	54 909.06
（五）运营服务	2 818	43 035 852.07	77 352.24
1. 软件运营服务	652	4 823 081.57	18 859.05
2. 平台运营服务	1 731	32 895 955.26	42 472.94
（1）物流管理服务平台	159	2 458 285.12	2 097.09
（2）在线信息平台	432	8 551 795.13	677
（3）在线娱乐平台	428	13 899 023.57	14 464.78

续表

项目名称	企业数（家）	本年收入（万元）	其中：本年出口（万美元）
（4）在线教育平台	208	776 023.3	167.09
（5）其他在线服务平台	504	7 210 828.13	25 066.98
3. 基础设施运营服务	270	3 658 383.15	4 701.63
4. 呼叫中心服务	165	1 658 432.09	11 318.62
（六）电子商务平台服务	938	28 461 585.89	28 372.97
1. 在线交易平台服务	745	22 270 017.61	26 114.69
2. 在线交易支撑服务	193	6 191 568.28	2 258.28
（七）集成电路设计	602	11 058 163.01	365 512.79
嵌入式系统软件行业（E6203）			
三、嵌入式系统软件合计	4 624	69 808 212.95	2 292 357.11
（一）通信设备	1 426	30 018 889.62	1 728 484.75
1. 通信传输设备	506	7 763 082.47	374 229.11
（1）光通信设备	195	4 125 824.77	226 013.45
（2）卫星通信设备	78	1 379 072.13	91 898.39
（3）无线通信设备	233	2 258 185.57	56 317.27
2. 通信交换设备	145	1 411 378.63	59 820.59
（1）数字程控交换机	88	1 085 380.18	58 996.98
（2）软交换机	28	163 045.63	703.7
（3）光交换机	29	162 952.82	119.91
3. 移动通信设备	80	12 367 517.42	1 041 825.25
（1）基站	56	12 268 068.31	1 041 691.26
（2）直放站	24	99 449.12	133.99
4. 网络设备	695	8 476 911.09	252 609.8
（1）网络控制设备	405	4 861 479.13	125 026.87
（2）网络接口和适配器	80	798 832.39	53 546
（3）网络连接设备	151	2 274 164.57	73 970.04
（4）网络优化设备	59	542 435	66.89
（二）数字家用视听产品	147	4 889 768.28	109 820.93
1. 电视接收机顶盒	65	2 025 522.53	86 396.03
2. 家庭网关中心	82	2 864 245.75	23 424.9

续表

项目名称	企业数（家）	本年收入（万元）	其中：本年出口（万美元）
（三）计算机应用产品	896	13 131 648.49	291 130.27
1. 金融、商业、税务电子应用产品	87	605 776.78	8 428.51
（1）银行自助服务终端	36	155 902.63	783.07
（2）POS 机	26	203 383.88	2 497.44
（3）税控机	25	246 490.27	5 148
2. 汽车电子	300	6 895 458.75	22 603.73
（1）传动系控制系统	59	1 120 904.64	10 749.47
（2）行驶系控制系统	64	398 623.45	1 443
（3）车身控制系统	94	3 344 438.4	6 216.5
（4）安全控制系统	83	2 031 492.26	4 194.76
3. 智能交通	68	376 983.78	1 662.92
（1）交通信号控制机	68	376 983.78	1 662.92
4. 医疗电子设备	174	688 876.1	34 146.68
（1）医用电子仪器设备	143	599 571.15	30 279.48
（2）医学影像设备	31	89 304.95	3 867.2
5. 智能识别装置	183	4 018 984.94	220 743.75
6. 自动检售票设备	23	101 499.76	203.5
7. 超大屏幕控制器	61	444 068.38	3 341.18
（四）信息系统安全产品	130	1 255 229.01	21 771
1. 边界防护类设备和系统	28	116 552.28	40
2. 密钥管理类设备和系统	102	1 138 676.73	21 731
（五）装备自动控制产品	2 025	20 512 677.55	141 150.16
1. 集散控制系统	679	12 017 853.7	68 275.61
2. 电气传动及控制系统	592	4 367 581.69	46 684.25
3. 装备制造工控系统	754	4 127 242.17	26 190.3

表 133 2015 年各省市软件产业主要指标汇总表（1）

单位：万元

地区	企业数（家）	软件业务收入	其中			其中
			软件产品收入	信息技术服务收入	嵌入式系统软件收入	软件外包服务收入
软件企业合计	38 222	428 479 158.8	136 561 432	222 109 514	69 808 213	20 969 169.03
一、按省市分列						
北京市	2 655	54 228 650.36	21 712 261	32 373 907	142 482	1 387 929
天津市	518	10 078 452.5	2 502 559	6 161 888	1 414 005	112 690.15
河北省	284	1 844 660.98	337 104	1 487 961	19 596	14 436.07
山西省	115	241 540.63	116 210	122 468	2 863	923
内蒙古自治区	81	300 979.58	134 460	164 822	1 698	500.1
辽宁省	3 610	30 342 198.46	10 852 227	17 012 134	2 477 838	5 632 518.71
吉林省	983	4 405 089.19	1 275 661	2 555 652	573 776	201 883.08
黑龙江省	494	1 506 690.53	653 839	729 242	123 609	639 204
上海市	3 030	33 813 496.91	11 852 435	20 158 202	1 802 860	1 252 104.86
江苏省	5 291	70 623 774.48	16 334 771	28 386 536	25 902 467	1 982 418.94
浙江省	1 763	30 374 128.82	9 632 211	18 275 180	2 466 737	680 745
安徽省	418	2 055 823.93	854 767	1 060 560	140 497	44 303.63
福建省	2 398	18 271 747.34	6 281 803	10 589 141	1 400 804	217 696.77
江西省	135	863 578.42	299 471	553 096	11 011	9 139.46
山东省	3 750	37 199 485.61	13 915 899	16 244 562	7 039 025	2 920 597.11
河南省	286	2 785 437.29	771 780	1 709 729	303 929	2 806.12
湖北省	2 497	10 152 364.59	5 331 530	4 251274	569 560	255 870.99
湖南省	463	3 492 193.78	2 036 254	1001 317	454 623	127 704.1
广东省	4 437	71 051 485.21	17 236 892	31 290 890	22 523 703	1 613 152.04
广西壮族自治区	206	747 206.91	89 928	652 088	5 191	7 708.64
海南省	122	427 822.47	112 096	315 727		3 858.69
重庆市	941	8 533 469.24	2 002 534	5 398 205	1 132 730	894 815.94
四川省	1 772	21 259 096.39	8 297 108	12 821 205	140 784	574 734.21
贵州省	245	1 102 422.11	424 495	659 197	18 730	680
云南省	106	442 406.66	114 548	326 127	1 731	31 099.7
陕西省	1 328	11 397 368.51	3 165 409	7 116 147	1 115 812	2 344 568.86

续表

地区	企业数（家）	软件业务收入	其中			其中
			软件产品收入	信息技术服务收入	嵌入式系统软件收入	软件外包服务收入
甘肃省	95	356 781.59	114 629	236 477	5 676	6 603.11
青海省	21	12 142.11	2 962	8 507	673	105.41
宁夏回族自治区	67	114 051.13	45 573	53 002	15 476	195.6
新疆维吾尔自治区	111	454 613.04	60 015	394 269	329	8 175.75
二、按计划单列市分列						
大连市	1 764	15 068 197	6 084 642	8 169 341	814 214	4 498 889.37
宁波市	708	3 859 993	979 287	1 760 949	1 119 757	103 848
厦门市	1 022	9 217 448	2 305 490	5 783 557	1 128 401	127 998.89
青岛市	1 298	13 014 088	4 150 229	4 673 210	4 190 650	81 395.78
深圳市	2 097	42 176 299	7 503 225	16 543 033	18 130 042	477 100.52
三、按副省级城市分列						
沈阳市	1 639	14 831 215	4 573 223	8 683 253	1 574 739	1 129 414.14
长春市	591	3 079 950	985 522	1 619 982	4 744 46	181 763.98
哈尔滨	417	982 187	454 501	412 189	115 497	399 934
南京市	1 759	30 940 236	9 522 498	18 213 494	3 204 244	1 316 660.29
杭州市	675	25 537 982	8 273 886	16 088 393	1 175 703	558 401
济南市	1 762	20 611 389	8 912 460	10 107 280	1 591 649	2 778 024.15
武汉市	2 420	10 060 759	5 286 632	4 210 647	563 480	255 827
广州市	1 695	22 595 572	8 132 900	13 346 751	1 115 921	1 052 899.81
成都市	1 733	20 542 004	8 073 986	12 343 074	124 944	572 627.76
西安市	1 328	11 397 368.51	3 165 409.12	7 116 147.39	1 115 812	2 344 568.86

表 134　2015 年各省市软件产业主要指标汇总表（2）

单位：万美元

地区	软件业务出口	软件外包服务出口	嵌入式系统软件出口
软件企业合计	4 948 702.51	960 946.06	2 292 357.11
一、按省市分列			
北京市	227 364	227 147	182
天津市	9 024.47	4 545.57	

续表

地区	软件业务出口	软件外包服务出口	嵌入式系统软件出口
河北省	4 158.1	347.6	
内蒙古自治区	73.4	73.4	
辽宁省	445 697.63	291 765.55	24 815.43
吉林省	11 018.75	7 864.38	643.29
黑龙江省	4 159.3	2 823	1 336.3
上海市	351 541.47	107 459.7	
江苏省	770 884.03	70 577.93	544 880.32
浙江省	279 730.59	42 723	40 552.59
安徽省	11 806.02	1 298.28	3 407.38
福建省	33 425.33	17 668.91	7 192.49
江西省	10 903.09	81.09	4
山东省	139 927.26	22 387.97	103 897.47
河南省	513		
湖北省	13 281	8 465	97
湖南省	5 633.88	726.59	370
广东省	2 393 628.18	58 824.06	1 541 679.17
广西壮族自治区	102.91	25	
海南省	1 754.09	133.25	
重庆市	19 785.88	8 518.79	7 217.36
四川省	139 414.25	27 969.4	874.03
云南省	260	260	
陕西省	73 949.87	59 233.59	14 716.28
甘肃省	519	27	492
青海省	147		
二、按计划单列市分列			
大连市	373 881.22	276 382.97	10 915.6
宁波市	56 778.21	3 140	21 963.21
厦门市	25 260.51	15 558.1	6 730
青岛市	78 291.3	5 391.97	63 873.44
深圳市	2 134 225.66	7 965.45	1 401 205.22

续表

地区	软件业务出口	软件外包服务出口	嵌入式系统软件出口
三、按副省级城市分列			
沈阳市	70 096.58	15 082.58	12 505
长春市	7 744.15	5 964.38	643.29
哈尔滨	3 137.3	1 977	1 160.3
南京市	64 732.2	34 258.3	23 790
杭州市	218 380	38 705	16 054
济南市	17 499	15 963	1 033
武汉市	13 281	8 465	97
广州市	61 932.96	48 560.21	956.4
成都市	139 251.25	27 850.4	830.03
西安市	73 949.87	59 233.59	14 716.28

表 135　2015 年各省市软件产业主要指标汇总表（3）

单位：万元

地区	利润总额	流动资产平均余额	资产合计	负债合计	固定资产投资额
软件企业合计	57 656 999.99	332 500 339.3	618 104 968	316 751 509.5	16 464 418.42
一、按省市分列					
北京市	6 982 427.37	58 279 187.09	92 582 939.83	44 141 104.7	1 487 293.71
天津市	992 372.52	5 044 907.33	13 930 912.58	2 403 156.77	128 481.64
河北省	273 095.06	1 780 216.91	2 428 709.21	1 452 350.73	38 341.46
山西省	35 575.2	442 723.24	692 362.89	287 122.2	14 643.94
内蒙古自治区	15 389	170 206.61	298 233.18	133 998.58	7 548.79
辽宁省	1 866 232.26	6 816 320	17 866 590.87	8 840 095.46	401 348.31
吉林省	361 517.24	1 006 258.43	1 669 155.28	629 787.86	132 212.31
黑龙江省	218 600.85	258 447.6	963 259.97	137 486.96	44 717.63
上海市	4 004 243.01	30 537 789.97	55 545 526.29	28 657 877.92	746 926.8
江苏省	7 968 006.07	36 922 400.1	86 266 207.72	42 569 513.69	7 005 535.28
浙江省	7 913 456.59	29 693 612.62	48 679 084.85	18 594 120.34	588 894.28
安徽省	355 669.22	2 018 069.97	3 827 032.87	1 530 701.51	111 373.79
福建省	1 716 627.73	15 289 294.3	19 432 734.01	14152486.74	1 143 118.98
江西省	135 172.77	839 420.72	1 323 449.87	578 072.4	12 532.28

续表

地区	利润总额	流动资产平均余额	资产合计	负债合计	固定资产投资额
山东省	4 603 859.4	20 535 648.75	59 602 628.81	40 915 229.76	679 972.45
河南省	321 069.38	2 818 803.15	4 730 664.68	2 262 732.04	86 620.37
湖北省	1 012 475.63	13 426 417.87	21 779 491.48	11 145 071.23	784 499.27
湖南省	640 602.28	11 660 543.67	10 567 317.27	5 388 623.33	180 973.36
广东省	13 432 595.57	71 512 718.88	129 470 451.6	67 157 463.02	1 522 213.54
广西壮族自治区	178 422.09	511 322.72	751 511.42	363 619.81	15 658.15
海南省	66 764.54	281 584.58	629 030.33	345 554.75	5 111.47
重庆市	657 858.4	4 055 065.13	10 722 843.11	4 314 967.06	161 944.68
四川省	3 152 582.79	7 628 516.68	16 480 076.82	11 286 354.96	658 234.73
贵州省	40 219.96	678 713.79	1 220 387.79	545 354.57	16 758.16
云南省	26 724.69	1 788 277.33	866 812	469 518.9	6 969.56
陕西省	576 681.53	7 449 180.57	14 041 761.22	7 500 121.01	447 345.69
甘肃省	41 573.12	495 055.54	764 397.67	380 435.13	10 338.77
青海省	−170.37	11 483.79	13 447.86	5 508.46	84
宁夏回族自治区	11 560.38	92 261.62	170 232.2	88 132.52	3 613.23
新疆维吾尔自治区	55 795.72	455 890.37	787 714.28	474 947.07	21 111.78
二、按计划单列市分列					
大连市	570 892.47	4 642 652.76	12 527 468.6	6 961 563.62	153 125.43
宁波市	264 122.25	2 695 802.26	4 600 239.83	2 317 190.9	85 204.26
厦门市	1 107 436.77	4 004 765.07	5 085 943.92	3 276 561.74	117 368.39
青岛市	991 525.79	10 340 959.82	32 960 817.37	23 337 509.25	26 383.05
深圳市	8 818 035.41	44 702 306.32	78 681 797.18	46 946 209.89	997 995.98
三、按副省级城市分列					
沈阳市	1 238 266.55	1 625 623.1	4 415 516.28	1 462 786.29	226 324.38
长春市	239 262.81	781 273.24	1 359 265.64	512 937.72	39 457.51
哈尔滨	144 722.52	211 591.27	710 402.49	105 827.52	29 097
南京市	5 410 983.21	27 135 654.16	56 851 899.07	30 784 609.88	6 666 095.99
杭州市	7 547 237.94	26 087 543.49	42 596 002.15	15 503 954.99	469 975.87
济南市	3 295 951.18	8 455 431.62	22 555 660.16	16 293 119.67	539 247.07
武汉市	1 002 500.95	13 299 099.79	21 555 745.72	11 053 315.16	776 758.23

续表

地区	利润总额	流动资产平均余额	资产合计	负债合计	固定资产投资额
广州市	3 767 260.4	22 040 216.69	41 017 899.38	15 935 502.38	310 887.69
成都市	3 005 694.02	6 647 520.15	14 889 915.5	10 378 140.22	633 499.53
西安市	576 681.53	7 449 180.57	14 041 761.22	7 500 121.01	447 345.69

表 136　2015 年各省市软件产业主要指标汇总表（4）

单位：万元

地区	主营业务税金及附加	年末所有者权益	年初所有者权益	应交增值税
软件企业合计	8 319 325.38	301 353 458.9	240 323 881.3	11 461 565.16
一、按省市分列				
北京市	388 941.81	48 441 835.13	38 702 743.37	1 695 728.89
天津市	136 050.09	11 527 755.81	6 366 087.67	203 544.6
河北省	18 510.32	976 358.5	890 144.54	84 966.97
山西省	3 441.93	405 240.69	340 763.38	12 423.69
内蒙古自治区	2 492	164 234.6	151 240.78	7 775.16
辽宁省	1 286 930.96	9 026 495.41	7 481 011.68	304 296.78
吉林省	95 175.84	1 039 367.34	731 521.11	77 081.37
黑龙江省	17 099.69	825 773.02	743 705.29	31 888.54
上海市	358 359.71	26 887 648.37	22 241 784.67	759 153.02
江苏省	1 273 522.03	43 696 694.1	27 041 602.01	1 593 963.37
浙江省	327 594.73	30 084 964.49	22 951 575.82	1 197 881.23
安徽省	26 253.58	2 296 331.34	1 675 706.82	63 411.39
福建省	632 937.92	5 280 247.33	4 423 030.83	381 626.62
江西省	14 278.11	745 377.49	601 101.77	18 818.42
山东省	845 021.15	18 687 399.17	14 650 726.14	771 144.61
河南省	19 810.14	2 467 932.65	2 023 123.71	116 761.7
湖北省	148 597.88	10 634 420.29	7 601 617.65	327 277.83
湖南省	43 821.98	5 178 693.94	3 782 456.13	206 075.19
广东省	925 135.21	62 312 988.7	50 639 286.7	2 857 010.29
广西壮族自治区	27 031.35	387 891.61	263 739.94	6 525.77
海南省	6 136.7	283 475.59	205 697	9 848.38
重庆市	113 850.8	6 407 876.03	14 590 967.21	259 250.35

续表

地区	主营业务税金及附加	年末所有者权益	年初所有者权益	应交增值税
四川省	1 061 611.53	5 193 721.84	4 446 995.01	302 622.12
贵州省	33 154.93	675 033.23	614 240.71	11 954.26
云南省	5 898.26	397 293.1	362 626.68	9 210.95
陕西省	487 584.23	6 541 640.26	6 154 421.13	131 099.06
甘肃省	9 234.17	383 962.54	319 950.49	4 057.92
青海省	90.73	7 939.4	7 352.51	123.5
宁夏回族自治区	1 674.03	82 099.68	55 583.59	2 676.25
新疆维吾尔自治区	9 083.58	312 767.21	263 076.96	13 366.93
二、按计划单列市分列				
大连市	486 972.15	5 565 904.96	4 930 016.22	236 054.06
宁波市	52 454.03	2 283 048.92	1 914 064.45	110 889.01
厦门市	123 876.71	1 809 382.19	1 132 735.27	33 331.52
青岛市	291 101.3	9 623 308.17	6 883 222.26	194 326.21
深圳市	403 698.1	31 735 587.34	25 800 337.95	1 880 144.06
三、按副省级城市分列				
沈阳市	788 589.68	2 952 729.98	2 134 485.56	47 781.38
长春市	62 179.92	846 327.9	592 861.29	37 631.27
哈尔滨	12 280.19	604 574.98	541 289.13	23 140.14
南京市	918 827.08	26 067 289.19	15 626 624.66	1 291 616.52
杭州市	265 873.71	27 092 047.16	20 456 742.71	1 052 424.91
济南市	509 924.37	6 262 540.56	5 675 374.9	519 027.39
武汉市	146 350.93	10 502 430.59	7 481 008.46	321 717.88
广州市	464 106.83	25 082 397	20 755 373.04	764 052.56
成都市	1 055 418.53	4 511 775.26	3 867 679.93	297 633.69
西安市	487 584.23	6 541 640.26	6 154 421.13	131 099.06

表 137　2015 年各省市软件产业主要指标汇总表（5）

单位：万元

地区	应交所得税	出口已退税额	研发经费	主营业务成本
软件企业合计	7 152 317.9	1 187 531.29	39 069 513.28	378 593 977.8
一、按省市分列				

续表

地区	应交所得税	出口已退税额	研发经费	主营业务成本
北京市	1 122 620.64		5 081 797.9	32 165 494.87
天津市	98 353.78	1 235.9	328 910.42	14 632 094.87
河北省	35 091.58	2 633.74	54 005.91	1 656 854
山西省	5 460.66		38 431.18	273 717.84
内蒙古自治区	5 129.96	50.4	14 841.4	268 128.86
辽宁省	259 140.94	17 171.45	763 442.16	21 505 680.66
吉林省	24 324.78	3 657.6	136 229.51	3 316 364.49
黑龙江省	12 337.61	1 268.69	108 147.87	1 089 867.21
上海市	579 308.5	137 382.59	4 530 034.67	25 033 315.92
江苏省	949 694.23	396 487.27	3 824 417.5	88 931 639.04
浙江省	1 008 297.39	106 755.46	2 840 105.14	19 951 608.11
安徽省	41 143.39	1 626.16	233 226.3	1 989 390.17
福建省	96 811.05	38 579.04	1 719 059.7	15 732 893.67
江西省	16 859.71	6 094.28	73 486.38	1 027 899.59
山东省	733 080.76	15 792.48	3 465 721.4	45 509 634.3
河南省	48 060.55	70.24	149 496.1	2 598 912.31
湖北省	153 377.34	81 813.92	1 325 577.22	9 608 440.91
湖南省	97 110.97	3 849.86	355 515.55	3 403 666.62
广东省	1 441 984.56	339 784.17	9 874 144.5	56 592 403.39
广西壮族自治区	9 577.13		22 898.72	833 348.95
海南省	2 972.7		38 167.31	263 262.27
重庆市	138 491.27	21 836.26	1 364 361.44	7 508 280.61
四川省	176 741.52	6 635.95	1 746 494.27	16 190 442.9
贵州省	5 820.91		32 862.28	739 362.64
云南省	5 127.97	294.16	45 695.49	503 811.93
陕西省	69 977.68	3 932.18	858 919.26	5 991 233.26
甘肃省	4 656.42	463.5	14 573.34	433 494.37
青海省	6.14		899.44	21 371.6
宁夏回族自治区	1 449.49	116	11 683.67	85 887.05
新疆维吾尔自治区	9 308.28		16 367.24	735 475.41

续表

地区	应交所得税	出口已退税额	研发经费	主营业务成本
二、按计划单列市分列				
大连市	196 106.85	5 492.19	325 495.54	11 609 651.78
宁波市	58 228.12	80 636.15	156 147.44	4 766 126.42
厦门市	26 949.17	24 071.13	589 098.06	9 494 040.26
青岛市	304 674.16	3 030.96	1 950 936.13	21 592 697.38
深圳市	776 682.69	237 037.49	6 029 008.11	30 079 083.28
三、按副省级城市分列				
沈阳市	53 159.35	10 405.29	406 400.06	9 461 912
长春市	19 571.8	190.71	103 851.65	2 357 288.19
哈尔滨	9 308.57	803.69	73 359.71	690 764.24
南京市	693 423.78	248 798.74	3 030 124.65	48 219 621.44
杭州市	937 301.58	24 280.02	2 593 251.12	14 286 769.19
济南市	327 538.42	7 596.85	1 431 990.05	20 575 067.89
武汉市	152 607.47	81 813.92	1 310 485.38	9 533 105.95
广州市	561 103.81	7 782.1	3 184 528	20 390 431.97
成都市	171 743.53	6 596.75	1 668 317.04	15 257 559.55
西安市	69 977.68	3 932.18	858 919.26	5 991233.26

表 138　2015 年各省市软件产业主要指标汇总表（6）

单位：万元

地区	应收账款	应付账款	固定资产折旧	本年应付职工薪酬
软件企业合计	118 051 797.1	81 727 382.92	20 192 011.78	59 396 494.07
一、按省市分列				
北京市	15 571 009.55	10 075 004.99	1 246 573.54	12 827 483.8
天津市	958 467.61	653 410.92	216 263.45	884 791.84
河北省	666 604.84	449 634.65	232 672.35	557 389.55
山西省	226 769.8	90 470.44	22 326.07	44 215.75
内蒙古自治区	77 278.88	49 187.29	14 202.2	24 864.34
辽宁省	2 615 169.55	2 160 194.64	1 368 581.02	2 671 302.07
吉林省	330 380.28	415 964.75	178 209.04	189 912.53
黑龙江省	61 564.1	38 203.81	20 194.14	176 288.64

续表

地区	应收账款	应付账款	固定资产折旧	本年应付职工薪酬
上海市	10 186 880	7 236 191.33	1 913 674.85	6 495 454.42
江苏省	15 579 063.46	12 444 302.01	3 730 202.63	8 625 922.77
浙江省	6 406 707.96	4 712 653.87	1 571 611.06	3 958 016.63
安徽省	887 779.38	565 394.99	138 923.44	310 027.71
福建省	2 745 476.53	4 432 273.94	1 323 956.8	2 126 338.93
江西省	342 869.44	212 784.43	92 214.46	125 888.73
山东省	25 074 003.24	9 131 779.59	1 527 443.3	2 962 185.13
河南省	1 582 244.74	1 093 387.58	202 931.05	304 591.41
湖北省	4 509 602.07	2 917 125.54	751 692.55	2 000 527.73
湖南省	2 138 934.05	1 644 856.9	252 085.86	511 220.37
广东省	22 193 046.19	18 098 457.03	3 925 644.11	10 060 524.04
广西壮族自治区	138 317.24	76 538.05	34 443.61	119 027.96
海南省	115 603.06	71 647.82	13 003.86	70 039.57
重庆市	1 557 812.51	1 359 253.18	346 351.89	886 377.44
四川省	2 914 875.73	2 819 739.78	571 304.08	2 331 642.6
贵州省	190 703.79	246 558.49	45 572.86	89 005.83
云南省	216 543.52	177 827.07	11 623.1	60 580.63
陕西省	329 043.66	206 991.82	345 813.74	805 917.94
甘肃省	133 737.33	89 405.48	24 708.69	50 612.38
青海省	2 763.86	171.92	893.6	2 630.17
宁夏回族自治区	36 471.08	19 694.13	6 326.45	22 469.36
新疆维吾尔自治区	262 073.66	238 276.46	62 567.99	101 243.79
二、按计划单列市分列				
大连市	1 528 212.66	1 555 646.07	689 388.91	1 296 344.9
宁波市	732 008.26	478 306.61	254 149.99	509 875.63
厦门市	1 216 433.87	1 418 201.78	371 481.26	1 257 685.97
青岛市	20 452 438.98	6 453 939.45	372 083.7	949 410.26
深圳市	14 918 376.26	10 247 945.2	2 399 878.3	5 189 497.67
三、按副省级城市分列				
沈阳市	815 109.76	504 270.54	611 385.54	1 325 484.06

续表

地区	应收账款	应付账款	固定资产折旧	本年应付职工薪酬
长春市	256 085.05	384 411.19	130 859.53	134 167.89
哈尔滨	51 180.89	27 215.31	17 162.24	123 697.44
南京市	9 944 093.4	8 950 599.38	1 712 129.94	5 218 229.24
杭州市	5 255 073.27	4 046 922.63	1 236 266.89	3 320 275
济南市	4 039 228.32	2 389 286.18	801 990.54	1 691 443.59
武汉市	4 459 653.36	2 890 109.46	730 940.49	1 983 978
广州市	5 277 470.17	5 989 497.57	1 056 479.62	3 835 291.45
成都市	2 620 405.26	2 581 979.15	506 414.48	2 218 933.3
西安市	329 043.66	206 991.82	345 813.74	805 917.94

表 139　2015 年各省市软件产业主要指标汇总表（7）

单位：人

地区	从业人员年末数	软件研发人员	管理人员	硕士以上人员	大本人员	大专以下人员
软件企业合计	5 742 713	2 832 712	899 139	587 234	3 166 913	1 988 449
一、按省市分列						
北京市	682 813	284 695	396 061	89 375	381 166	212 271
天津市	81 873	29 794	6 077	4 922	47 411	29 538
河北省	35 247	7 639	2 900	3 225	18 985	13 035
山西省	8 237	3 478	1 201	481	5 142	2 614
内蒙古自治区	4 659	1 503	615	176	3 119	1 364
辽宁省	415 151	214 825	45 449	55 661	303 812	55 674
吉林省	43 745	16 791	4 781	3 643	31 896	8 204
黑龙江省	26 045	17 643	4 507	986	19 714	5 340
上海市	403 482	152 106	39 827	57 841	242 198	103 444
江苏省	1 121 680	839 848	93 907	74 885	440 961	605 794
浙江省	280 666	87 554	29 072	25 813	155 798	99 037
安徽省	41 622	15 739	4 920	3 769	25 071	12 781
福建省	242 943	80 052	29 745	13 072	126 226	103 647
江西省	17 165	5 293	2 055	1 067	11 057	5 039
山东省	480 286	110 002	44 377	64 021	303 273	112 968
河南省	38 602	11 482	5 457	3 162	21 071	14 364

续表

地区	从业人员年末数	软件研发人员	管理人员	硕士以上人员	大本人员	大专以下人员
湖北省	280 783	159 168	31 405	30 291	184 703	65 784
湖南省	73 428	19 915	8 324	4 924	39 993	28 513
广东省	878 008	535 959	87 528	91 015	480 140	306 847
广西壮族自治区	23 989	4 640	2 738	833	9 603	13 554
海南省	9 764	2 843	927	612	6 076	3 076
重庆市	122 993	37 580	10 763	11 142	74 384	37 461
四川省	251 851	72 225	21 920	27 122	132 254	92 473
贵州省	19 081	8 300	1 951	2 366	8 387	8 329
云南省	10 741	5 129	1 464	400	6 720	3 621
陕西省	121 531	103 157	18 097	15 542	73 061	32 930
甘肃省	9 119	2 342	1 255	394	5 930	2 795
青海省	876	231	74	47	428	402
宁夏回族自治区	3 467	1 203	463	96	2 377	992
新疆维吾尔自治区	12 866	1 576	1 279	351	5 957	6 558
二、按计划单列市分列						
大连市	216 612	103 604	18 764	23 013	167 657	25 938
宁波市	61 218	11 693	7 380	1 746	24 107	35 358
厦门市	126 888	19 973	17 233	7 676	53 837	65 378
青岛市	155 319	13 545	4 908	25 118	92 290	37 895
深圳市	405 141	265 811	42 517	57 243	221 836	126 059
三、按副省级城市分列						
沈阳市	186 508	107 223	25 033	32 068	131 149	23 288
长春市	29 162	12 050	3 099	2 390	21 582	5 188
哈尔滨	19 415	13 488	3 390	735	15 065	3 611
南京市	425 642	135 048	49 744	51 190	268 654	105 811
杭州市	198 931	68 632	19 366	23 515	121 541	53 870
济南市	265 913	83 144	33 859	30 634	187 048	48 224
武汉市	276 914	157 979	30 878	30 101	182 468	64 339
广州市	370 279	230 318	36 826	27 638	213 073	129 567
成都市	243 446	69 178	20 418	26 308	127 271	89 864
西安市	121 531	103 157	18 097	15 542	73 061	32 930

表 140 2015 年各省市软件和信息

地区	软件产品合计	位次	其						
			基础软件	位次	支撑软件	位次	应用软件	位次	工业软件
合计	136 561 432		24 553 135		5 227 731		67 719 206		9 652 843
北京市	21 712 261	1	1 840 968	7	38 750	15	14 481 053	1	475 516
天津市	2 502 559	12	77 277	17	13 638	19	818 668	12	384 784
河北省	337 104	20	36 371	21	16 758	18	104 201	21	26 657
山西省	116 210	23	17 981	27	2 683	26	69 238	24	7 349
内蒙古自治区	134 460	22	10 429	29	3 287	25	80 464	23	31 351
辽宁省	10 852 227	6	3 072 464	2	448 866	3	4 661 703	6	812 644
吉林省	1 275 661	15	188 812	13	19 996	17	902 907	11	76 628
黑龙江省	653 839	18	114 664	15	94 856	12	226 004	18	85 558
上海市	11 852 435	5	934 204	9	346 153	5	8 512 807	3	435 214
江苏省	16 334 771	3	2 114 594	6	1 399 257	1	8 439 777	4	1 479 378
浙江省	9 632 211	7	2 949 866	3	275 275	6	2 689 310	9	847 317
安徽省	854 767	16	122 901	14	183 319	9	351 645	15	54 479
福建省	6 281 803	9	2 120 352	5	250 980	7	2 369 900	10	622 515
江西省	299 471	21	41 680	20	4 904	22	156 667	20	3 570
山东省	13 915 899	4	4 659 075	1	1 060 835	2	5 153 415	5	761 886
河南省	771 780	17	51 646	19	42 216	14	175 650	19	272 326
湖北省	5 331 530	10	314 203	12	229 730	8	3 026 029	8	228 548
湖南省	2 036 254	13	85 930	16	25 858	16	260 072	17	919 267
广东省	17 236 892	2	2 877 995	4	412 205	4	10 130 485	2	1 084 636
广西壮族自治区	89 928	27	22 067	24	7 450	21	47 851	27	789
海南省	112 096	26	18 035	26	3 460	24	84 048	22	
重庆市	2 002 534	14	488 063	10	69 639	13	790 230	13	216 071
四川省	8 297 108	8	1 820 331	8	127 648	11	3 183 139	7	193 752
贵州省	424 495	19	72 314	18	8 208	20	276 306	16	5 424
云南省	114 548	25	21 509	25	3 961	23	65 810	25	3 099
陕西省	3 165 409	11	411 643	11	133 891	10	554 979	14	602 737
甘肃省	114 629	24	29 718	22	1 262	28	65 259	26	4 157
青海省	2 962	30	967	30	443	29	1 176	30	130
宁夏回族自治区	45 573	29	11 301	28	277	30	15 132	29	17 000
新疆维吾尔自治区	60 015	28	25 776	23	1 925	27	25 283	28	61

技术服务业分产品收入汇总表（1）

单位：万元

中								
位次	嵌入式应用软件	位次	信息安全软件	位次	移动应用软件（APP）	位次	软件定制服务	位次
	11 861 753		9 974 598		2 602 908		4 969 257	
9	202 628	14	2 132 297	2	1 178 193	1	1 362 857	1
11	1 082 920	5	30 714	15	14 059	14	80 498	11
20	147 454	15	2 700	24	205	23	2 759	23
22	14 337	20	2 666	25	28	27	1 928	26
19	6 585	22	121	28	117	25	2 106	25
5	459 943	9	266 325	10	49 732	11	1 080 550	2
17	2 384	24	63 881	13	2 021	18	19 032	16
16	55 092	19	18 064	17	6 657	16	52 945	14
10	716 025	6	376 440	8	61 178	9	470 413	4
1	2 084 056	1	466 628	7	22 914	12	328 168	6
4	1 304 686	3	831 810	4	245 472	2	488 476	3
18	128 340	17	11 834	20	808	20	1 443	27
7	269 645	11	291 083	9	239 567	3	117 761	9
25	77 676	18	7 851	21	1 592	19	5 531	19
6	454 308	10	1 332 468	3	163 738	5	330 174	5
12	131 841	16	26 880	16	56 037	10	15 184	17
13	1 234 622	4	82 599	12	142 496	6	73 304	12
3	686 862	7	43 749	14	7 966	15	6 548	18
2	1 810 077	2	531 641	6	225 491	4	164 361	7
27	3 448	23	5 436	23	418	21	2 470	24
			2 050	26	182	24	4 321	21
14	218 855	13	129 937	11	16 661	13	73 078	13
15	219 736	12	2 525 313	1	86 311	7	140 878	8
23	272	27	12 589	19	2 385	17	46 998	15
26	372	26	14 128	18	232	22	5 436	20
8	539 668	8	756 936	5	78 398	8	87 158	10
24	8 682	21	1 538	27			4 013	22
28							246	29
21	1 240	25			50	26	574	28
29			6 920	22			50	30

表 141 2015 年各省市软件和信息

地区	信息技术服务合计	位次	其					
			信息技术咨询设计服务	位次	信息系统集成实施服务	位次	运行维护服务	位次
合计	222 109 514		39 398 044		69 646 679		15 360 054	
北京市	32 373 907	1	4 513 196	3	7 391 295	3	1 378 490	5
天津市	6 161 888	11	736 683	13	1 038 231	13	221 670	15
河北省	1 487 961	16	74 402	19	941 619	15	427 433	13
山西省	122 468	28	9 755	29	76 724	28	27 728	26
内蒙古自治区	164 822	27	29 161	25	114 222	26	9 454	28
辽宁省	17 012 134	6	7 154 114	1	3 597 368	8	1 652 156	3
吉林省	2 555 652	14	596 770	15	984 715	14	443 080	12
黑龙江省	729 242	19	46 669	22	273 558	21	181 824	17
上海市	20 158 202	4	1 875 995	8	6 210 941	4	921 097	6
江苏省	28 386 536	3	3 585 851	6	11 755 837	2	1 633 749	4
浙江省	18 275 180	5	1 079 548	10	2 259 057	11	600 631	10
安徽省	1 060 560	17	99 384	17	497 806	16	51 845	21
福建省	10 589 141	9	638 904	14	4 880 750	5	874 549	7
江西省	553 096	22	134 819	16	287 538	20	51 733	22
山东省	16 244 562	7	5 635 900	2	4 302 054	6	2 357 799	1
河南省	1 709 729	15	918 935	11	387 578	17	68 328	19
湖北省	4 251 274	13	1 150 578	9	1 500 017	12	472 119	11
湖南省	1 001 317	18	88 139	18	343 079	19	55 643	20
广东省	31 290 890	2	3 963 106	4	12 343 852	1	1 751 145	2
广西壮族自治区	652 088	21	51 550	21	238 558	23	212 886	16
海南省	315 727	25	46 037	23	84 762	27	21 172	27
重庆市	5 398 205	12	833 799	12	2 592 891	9	721 496	8
四川省	12 821 205	8	2 183 253	7	4 229 971	7	684 792	9
贵州省	659 197	20	52 844	20	349 510	18	106 781	18
云南省	326 127	24	12 526	28	265 760	22	41 466	24
陕西省	7 116 147	10	3 811 689	5	2 322 083	10	304 438	14
甘肃省	236 477	26	14 341	27	126 148	25	36 032	25
青海省	8 507	30	2 433	30	2 558	30	816	30
宁夏回族自治区	53 002	29	14 414	26	28 389	29	3 054	29
新疆维吾尔自治区	394 269	23	43 249	24	219 807	24	46 650	23

技术服务业分产品收入汇总表（2）

单位：万元

中							
数据服务	位次	运营服务	位次	电子商务平台服务	位次	集成电路设计	位次
15 149 136		43 035 852		28 461 586		11 058 163	
2 247 665	2	14 464 274	1	1 436 797	7	942 190	4
319 489	11	1 107 694	9	2 151 883	4	586 240	7
22 562	21	20 480	23	1 466	22		
3 539	25	3 776	28	35	28	911	20
2 538	27	9 447	25				
1 797 576	3	2 279 578	5	284 829	11	246 513	10
229 300	13	296 053	14	3 103	20	2 632	17
99 151	15	103 126	18	24 914	18		
1 517 251	4	3 760 787	3	3 123 604	3	2 748 527	1
1 220 001	5	2 157 504	7	5 390 644	2	2 642 951	2
1 066 604	7	2 686 515	4	10 234 666	1	348 159	8
46 663	19	263 518	15	58 133	15	43 211	13
727 703	9	2 253 460	6	499 189	9	714 586	5
8 157	24	57 910	21	12 774	19	166	22
936 358	8	2 057 693	8	779 374	8	175 385	12
21 379	22	20 379	24	388	26	292 742	9
564 764	10	433 074	12	91 007	14	39 716	14
46 945	18	171 020	16	259 783	12	36 709	15
1 116 002	6	8 770 526	2	1 984 848	5	1 361 412	3
101 416	14	44 935	22	1 456	23	1 287	18
34 515	20	95 242	19	33 902	16	97	23
306 390	12	433 868	11	319 687	10	190 073	11
2 523 203	1	977 827	10	1 575 611	6	646 548	6
14 520	23	109 289	17	26 252	17		
3 057	26	1 591	29	728	25	999	19
95 392	16	383 402	13	162 934	13	36 209	16
1 280	28	58 675	20				
347	29			2 354	21		
		5 965	27	1 180	24		
75 370	17	8 244	26	48	27	901	21

表 142　2015 年各省市软件和信息

地区	嵌入式系统软件合计	位次	其			
			通信设备	位次	数字家用视听产品	位次
合计	69 808 213		30 018 890		4 889 768	
北京市	142 482	15	68 650	11	12 234	8
天津市	1 414 005	7	35 832	13	3 918	12
河北省	19 596	19	3 273	21		
山西省	2 863	25	2 498	23		
内蒙古自治区	1 698	27	447	26		
辽宁省	2 477 838	4	256 621	7	132 057	4
吉林省	573 776	11	3 935	20	3	15
黑龙江省	123 609	18	13 082	17	10 786	10
上海市	1 802 860	6	137 418	8	48 611	6
江苏省	25 902 467	1	6 935 049	2	2 852 756	1
浙江省	2 466 737	5	392 289	5	11 938	9
安徽省	140 497	17	18 026	16		
福建省	1 400 804	8	905 475	4	68 119	5
江西省	11 011	22	6 983	18		
山东省	7 039 025	3	2 967 652	3	942 018	2
河南省	303 929	14	35 653	14		
湖北省	569 560	12	114 263	9	232	14
湖南省	454 623	13	33 048	15		
广东省	22 523 703	2	17 546 966	1	780 883	3
广西壮族自治区	5 191	24	3 194	22		
海南省						
重庆市	1 132 730	9	375 930	6	19 844	7
四川省	140 784	16	106 602	10	6 113	11
贵州省	18 730	20	4 804	19		
云南省	1 731	26	562	25		
陕西省	1 115 812	10	49 271	12	256	13
甘肃省	5 676	23	6	27		
青海省	673	28		28		
宁夏回族自治区	15 476	21	1 361	24		
新疆维吾尔自治区	329	29				

技术服务业分产品收入汇总表（3）

单位：万元

中					
计算机应用产品	位次	信息系统安全产品	位次	装备自动控制产品	位次
7 878 219		6 508 658		20 512 678	
13 401	14	45 944	11	2 253	21
807 913	4			566 342	6
3 100	16	3 600	16	9 622	19
5	24	45	24	316	27
106	23	211	22	934	24
240 142	10	182 904	6	1 666 114	3
387 575	7	7 855	14	174 409	10
30 473	13	18 910	13	50 358	15
1 612 047	2	238	21	4 546	20
1 870 015	1	2 355 106	1	11 889 542	1
879 709	3	168 019	7	1 014 782	5
1 590	19	46 498	10	74 384	14
167 583	11	94 937	8	164 689	12
788	21	1 810	20	1 430	23
302 055	8	868 763	3	1 958 537	2
6 600	15	5 465	15	256 210	9
274 973	9	35 019	12	145 074	13
		87 341	9	334 234	8
625 433	5	2 037 483	2	1 532 938	4
		63	23	1 935	22
98 562	12	193 763	5	444 632	7
3 086	17	2 664	19	22 318	16
328	22	3 203	18	10 395	18
1 169	20				
549 420	6	345 605	4	171 259	11
2 147	18	3 214	17	309	28
				673	25
				14 115	17
				329	26

电子信息制造业

综　述

【概况】 2015年，中国电子信息制造业深入贯彻落实党中央、国务院的决策部署，加快推进结构调整，产业整体保持平稳增长。

产业整体增速趋稳。根据《2015年电子信息产业统计公报》数据，2015年规模以上电子信息制造业增加值同比增长10.5%，高于工业平均水平（6.1%）4.4个百分点。2015年电子信息制造业实现主营业务收入11.1万亿元，同比增长7.6%。2015年，中国生产手机和彩色电视机18.1亿部和1.4亿台，分别增长7.8%和2.5%，其中智能手机和智能电视13.99亿台和8 383.5万台，占比分别达到77.2%和57.9%；生产微型计算机3.1亿台，同比下降10.4%；生产集成电路1 087.2亿块，同比增长7.1%。

内需市场成为行业增长的主导力量。2015年，规模以上电子信息制造业实现销售产值113 294.6亿元，其中内销产值61 695亿元，同比增长17.3%，高于出口交货值17.4个百分点；内销产值占销售产值比重（54.5%）超过一半，比上年提高4.6个百分点。其中，电子测量仪器和电子信息机电行业内销产值占比高达83.3%和80.3%，电子专用设备、广播电视设备和电子元件行业内销产值占比达74.6%、65.1%和65%，家用视听设备、通信设备、电子器件和电子计算机行业内销产值占比55.5%、52.6%、42.6%和28.1%。内资企业的内销产值占比81.5%，中小型企业内销产值占比76.9%，对国内市场的依赖度较高；外商投资企业和大型企业内销比例均不同程度提高。

【进出口情况】 2015年，电子信息产品进出口金额出现下滑，进出口总额13 088亿美元，同比下降1.1%。其中，出口7 811亿美元，同比下降1.1%，占全国外贸出口比重为34.3%；进口5 277亿美元，同比下降1.2%，占全国外贸进口比重为31.4%。贸易顺差2 534亿美元，与上年基本持平，占全国外贸顺差42.7%。从贸易方式看，一般贸易出口额1 988亿美元，同比增长11.5%，增速高于平均水平12.6个百分点，比重（25.5%）比上年提高2.9个百分点；在贸易主体上，内资企业出口2 419亿美元，同比增长13.2%，其中民营企业增长较快，同比增长16.8%，国有和集体企业保持3%和7.9%的增长。

【固定资产投资】 2015年，电子信息制造业固定资产投资增速回暖。规模以上电子信息制造业500万元以上项目完成固定资产投资额 13 775.3 亿元，同比增长 14.2%，增速比上年提高 2.8 个百分点，高于同期工业投资增速 6.5 个百分点。其中，电子计算机行业完成投资 1 121.5 亿元，同比增长 30.6%，成为全行业投资增速最快的领域，电子元件、电子信息机电和专用设备行业分别完成投资 2 878.3 亿元、2 316.3 亿元和 1 750.8 亿元，分别增长 17.9%、19.6% 和 13.9%，通信设备、家用视听设备、电子器件行业增速均低于 10%；东部地区完成投资 6 748.53 亿元，同比增长 20.3%，中、西部地区分别完成投资 4 278.8 亿元和 2 251 亿元，同比增长 8.1% 和 11.8%；内资企业累计完成投资 11 462.3 亿元，同比增长 14.8%，增速高于平均水平 0.6 个百分点，比重达到 83.2%，比上年提高 1 个百分点。

【经济效益】 2015 年，电子信息制造业经济效益持续向好。规模以上电子信息制造业实现利润总额 5 602 亿元，同比增长 7.2%。产业平均销售利润率 5%，低于工业平均水平 0.8 个百分点，比上年提高 0.1 个百分点；每百元主营业务收入平均成本 87.8 元，高于工业平均成本 2.1 元，比上年下降 0.6 元；产成品存货周转天数 14.8 天，高于工业平均水平 0.6 天。规模以上电子信息制造业每百元资产实现的主营业务收入 130.7 元，高于工业平均水平 14.8 个百分点；平均总资产贡献率 10.1%，与上年持平；资产负债率 56.6%，比上年下降 1.2 个百分点。从主体看，内资企业占全行业收入和利润的比重达到 41.3% 和 52.9%，分别比上年提高 4.9 和 5.2 个百分点；从规模看，小型企业继续保持较强发展活力，收入和利润增速分别为 20.8% 和 19.4%，高于平均水平 13.2 和 12.2 个百分点；从分行业看，部分行业效益增长较快，通信设备行业收入和利润增长达到 14.4% 和 18.1%，电子专用设备行业收入和利润增长达到 14.5% 和 14.1%，电子信息机电行业收入和利润增长达到 13.6% 和 19.7%，超过行业平均水平。

【细分行业发展情况】 集成电路产业快速增长。据中国半导体行业协会统计，2015 年中国集成电路产业销售额突破 3 500 亿元，同比增长 18%。2015 年生产集成电路 1 087.2 亿块，增长 7.1%。国家集成电路产业投资基金开始密集投放，投资金额超过 300 亿元，带动社会投资超过 1 000 亿元。先进设计水平提升至 16nm，已建成投产 8 条 12 英寸生产线，32/28 纳米工艺实现小规模量产，自主核心芯片已经在智能电视、智能手机等产品广泛应用。

通信设备行业增速稳中有降。2015 年，通信设备行业实现销售产值 23 938 亿元，同比增长 13.2%，增速较 2014 年下降 3.4 个百分点。其中，内销产值 12 592 亿元，同比增长 18.6%。全行业生产手机 181 913.8 万台，同比增长 3.9%；移动通信基站 30 659.5 万信道，同比增长 13.3%；程控交换机 1 880.2 万线，同比下降 9.8%。

计算机行业占比持续下滑。2015 年，计算机行业实现销售产值 21 447 亿元，同比增长 0.5%，低于上年同期 2.4 个百分点，低于全行业平均水平 8.2 个百分点，占全行业比重已降至 18.9%，低于 2014 年 1.6 个百分点。其中，内销产值实现同比增长 15.7%，高于 2014 年 6.4 个百分点。全行业生产微型计算机 31 418.8 万台，同比下降 12.9%，其中笔记本电脑 17 525.1 万台，同比下降 16.8%；数码相机 1 922.7 万台，同比下降 20.4%；服务器 2 059 万台，同比下降 11.7%。

彩电行业保持低速增长。2015 年，家用视听行业实现销售产值 7 715 亿元，同比增长 4.8%，其中内销产值同比增长 6.4%。全行业生产彩色电视机 16 206.5 万台，同比增长 7.1%，其中液晶电视 15 323.4 万台，增长 6.1%。智能电视占比不断提升，据市场研究机构统计，2015 年国内市场智能电视销售 3 413 万台，同比增长 31%，占彩电总销量比重达到 73%。

新兴产业稳步增长。2015 年，中国 LED、太阳能光伏、平板显示等新兴产业保持稳步增长势头。LED 芯片光效水平进一步提高，达到 200 流明 / 瓦，国产芯片替代率已达到 65% 以上，自主知识产权的硅衬底 LED 产业链已形成，2015 年 LED 行业总产值近 4 000 亿元，同比增长超过 15%。太阳能光伏行业产能利用率持续提升，多晶硅产量达 16.2 万吨，同比增长 19.1%；产量约 43GW，同比增长 20.8%，出口量 28GW。主要企业盈利水平有所提升，前十家电池组件企业平均毛利率超 15%。平板显示产业销售收入 1 588 亿人民币，同比增长 16.3%，净利润 82 亿元，同比增长 9.3%。显示面板出货面积突破 4 500 万平方米，同比增长 46.1%。全行业新增专利申请量 9 500 件，专利数量累计 4.5 万件。京东方跃居为世界第四位的电视机面板供应商。LED、太阳能光伏、平板显示行业骨干企业通过并购、新建生产线等方式不断扩大规模，行业集中度进一步提升，龙头企业技术优势和规模效应逐渐凸显。

【存在问题】 当前产业发展中存在的矛盾和问题主要有以下三个方面。

出口面临严峻挑战。2015年，中国电子信息产品出口金额近5年来首次出现下滑，主要原因还在于国际消费电子产品市场需求不振，一方面是全球经济增长疲软，另一方面则是消费电子产品格局正在变革。

新增长点培育仍需时日。近年来，可穿戴设备、智能家居、无人机等新兴智能硬件产品发展迅速，已成为市场关注热点，产量保持快速增长或者迅猛增长，但由于产品未能击中消费痛点、发展模式尚不成熟等因素，新兴智能硬件产品市场规模仍然较小。据统计，2016年中国可穿戴设备销量将超过7 500万部，但市场规模还不到200亿元。因此，新兴智能硬件要成为新增长点还需时日，短期内难以填补计算机下滑带来的负面影响。

传统创新路径的产业拉动作用减弱。从手机、计算机到通信设备，产业创新模式正显现出回归传统产业特征的趋势，其突出特点是重大底层技术创新缓慢，而面向产品改进和降低成本的技术研发日益成为重点。这一形势下，传统创新路径已经难以引发重大产业变革并进而实现产业规模与价值水平的显著提升。

另外，从长期看，产业内在的深层次问题依然突出，如领军人才匮乏，企业创新能力薄弱，产业结构不合理等等。

［撰稿：余雪松　审稿：杨旭东］

通信设备行业

【概况】 “十二五”期间，中国通信设备产业突飞猛进，产业规模日趋庞大，产品产销量占据全球市场的最大份额，技术水平达到世界一流，本土企业实力大增，新产品、新技术层出不穷。但仍存在很多问题，如核心技术瓶颈仍未完全突破，关键软硬件依赖国外；产业链处于下游环节，企业利润严重偏低；市场竞争日益激烈，产品同质化现象严重等依然严重制约着中国产业的快速发展。此外，一些新的问题如新一代移动通信的来临、成熟市场增长缓慢、新兴市场难以开拓等均对中国通信设备产业的未来发展提出挑战。2015年，中国通信设备产业发展特点如下：

产业整体保持平稳增长。2015年中国通信设备产业实现销售产值23 938亿元，同比增长13.2%；内销产值同比增长18.6%，高于2014年同期2.2个百分点，内销产值占比52.6%，增速均高于电子信息制造业全行业平均水平。行业效益增长较快，通信设备产业收入和利润分别同比增长14.4%和18.1%，超过电子信息制造业平均水平。

固定资产投资增速下滑。2015年通信设备产业500万元以上新开工项目数量增长32.7%；受国内外经济增速放缓和投资周期性因素影响，2015年行业固定资产投资增速继续下降，500万元以上项目完成固定资产投资1 188.89亿元，同比增长9.6%，增速低于2014年同期11.4个百分点。

通信设备出口增速减缓。2015年，中国通信设备进口额505亿美元，同比增长9.8%，出口额2 148亿美元，增长8.7%，低于2014年同期2.8个百分点。其中，全年手机出口量13.4亿部，同比增长2.3%，低于2014年同期8.3个百分点；出口额1 237.3亿美元，同比增长7.3%，低于2014年同期14个百分点。

国内市场继续保持增长。2015年中国生产手机18.1亿部，同比增长7.8%；2015年国内市场手机整体出货量有所回升，国内手机出货量5.18亿部，同比增长14.6%；同时中国手机市场在2015年基本完成3G向4G的迁移，全年4G手机出货量4.4亿部，同比增长157%，占比高达85%；2015年，新增移动通信基站127.1万个，是上年净增数的1.3倍，总数达466.8万个。其中4G基站新增92.2万个，总数达到177.1万个。

【科技进步与应用】 LTE-V成为4.5G重要发展方向。2015年初，3GPP正式启动基于LTE的V2X（可称为LTE-V）技术需求和标准化工作。LTE-V是一种基于LTE的V2X专用短距离无线通信技术，具备低时延、高可靠等优势，是汽车提供驾驶辅助安全预警应用的基础。华为、大唐、中兴、爱立信、高通、LG、三星及大众、一汽等公司都积极参与相关技术研究和标准化推动工作。3GPP于2015年初在SA1（需求工作组）开展LTE-V需求研究，并计划于2016年初在SA2（架构工作组）启动WI。在LTE-V空口研究方面，3GPP RAN（无线技术工作组）于2015年7月启动SI立项，并计划2016年初启动V2V和V2I的WI立项。

NB-IoT成为物联网技术发展热点。2015年9月，3GPP正式宣布NB-IoT（Narrow Band-IoT）标准立项。NB-IoT技术是一种LPWA（低功耗广域网）解决方案，具有海量连接、超低功耗、深度覆盖、安全性、稳定可靠等优势。移动通信正在从人和人的连接，向人与物以及物与物的连接迈进，以NB-IoT技术为代表的低功耗广域物联网技术必将成为发展趋势。2014年5月，华为提出窄带技术NB M2M；2015年5月，融合NB OFDMA形成NB-CIoT；2015年7月，NB-LTE跟NB-CIoT进一步融合形成NB-IoT。2015年12月，华为与沃达丰、u-blox联合在西班牙完成基于NB-IoT解决方案测试，实现远程抄表业务。同时华为与上海联通开通基于NB-IoT技术的智能停车试点业务，后续将会在迪士尼等区域开展规模应用。

YunOS与智能硬件融合发展成为市场热点。YunOS是阿里巴巴集团旗下的一款自主智能设备操作系统产品，融合云数据存储、云计算服务以及智能设备操作系统等多领域的技术成果，并且可搭载于智能手机、智能机顶盒（DVB/IPTV/OTT）、互联网电视、车载终端等多种智能硬件设备。从2014年开始，YunOS操作系统在国内手机厂商的多款智能手机中开始应用。目前已成为国内市场谷歌安卓、苹果IOS之后的第三大操作系统。在智能电视与互联网机顶盒应用方面，阿里巴巴与国内多家电视企业展开深入合作，推出大量基于YunOS的智能电视、智能机顶盒产品。YunOS发展至今，与几十余家国内外智能手机制造商、TV领域企业、应用开发商保持生态合作，并逐步向智能产业生态拓展。2015年10月阿里巴巴发布YunOS for Wear智能穿戴操作系统，通过与智能手表厂商深度合作，推出基于YunOS的智能可穿戴产品。2015年11月捷渡中国推出全屏智能后视镜“Vision远界”，搭载YunOS for Car车联网操作系统，是全球首款互联网+全屏智能后视镜。

【政策与法规】 2015年5月19日，国务院印发《中国制造2025》，部署全面推进实施制造强国战略。这是中国实施制造强国战略第一个十年的行动纲领。《中国制造2025》明确，通过政府引导、整合资源，实施国家制造业创新中心建设、智能制造、工业强基、绿色制造、高端装备创新等五项重大工程，实现长期制约制造业发展的关键共性技术突破，提升中国制造业的整体竞争力。围绕实现制造强国的战略目标，《中国制造2025》明确聚焦新一代信息技术产业战略任务和重点，要求在通信领域全面突破第五代移动通信（5G）技术、核心路由交换技术、超高速大容量智能光传输技术、“未来网络”核心技术和体系架构，积极推动量子计算、神经网络等发展。研发新型路由交换、新型智能终端、新一代基站、网络安全等设备，推动核心信息通信设备体系化发展与规模化应用。

为深入推进落实“宽带中国”战略，加快建设网络强国和制造强国，工业和信息化部2015年2月26日召开会议部署“宽带中国”2015专项行动引导目标和实施计划，明确“宽带中国”2015专项行动的主要引导目标：一是宽带网络能力实现跃升，推动一批城市率先成为“全光网城市”；二是普及规模和网速水平持续提升；三是积极支撑和服务智能制造，促进工业互联网发展。

工业和信息化部于2015年2月27日向中国电信和中国联通发放“LTE/第四代数字蜂窝移动通信业务（LTE FDD）”经营许可，这将推动4G技术在中国融合发展，进一步释放中国电信市场的活力，促进信息消费并拉动投资增长，加快中国产业抢占国际4G创新的制高点，并增加中国在全球第五代移动通信系统（5G）发展中的话语权。

【市场分析与预测】 产业发展环境日臻完善，市场整合提前到来。十二五期间，在移动互联网蓬勃发展的良好态势下，中国将智能终端产业作为战略性新兴产业，上升到国家高度，并出台相应政策如《关于促进信息消费扩大内需的若干意见》支持智能终端产业发展，多个省市如河南省、天津市、重庆市等十分重视并开展对智能终端产业转移的承接工作。此外，激烈竞争使得市场整合提前到来，产业并购速度加快。国产厂商之间互相收购、国产厂商收购国外厂商都一定程度上规范了市场，淘汰了落后品牌，有利于中国智能终端产业的整体良性发展。

企业能力建设得到增强，健全生态模式成为发展重点。随着整机企业的日益壮大，部分企业已经深谙全产业链布局的重要性，并正在加紧打造垂直一体化的市场战略和健全生态体系。安卓阵营中的国产品牌已从低端市场逐渐向中高端市场转型，纷纷向产业链上游前进。其中，华为自主研发的基带芯片麒麟系列已在其高端旗舰机型应用。借助“终端 + 软件 + 应用 + 服务”的互联网思维模式，小米取得巨大成功。骨干智能终端企业也逐渐重视企业的知识产权布局，加快“走出去”战略，积极抢占全球市场尤其是增长迅速的新兴市场。

5G 技术发展为行业注入活力。ITU 于 2015 年 6 月完成 5G 愿景研究，明确 5G 将满足移动互联网和物联网业务需求。中国提出 5G 技术架构，并积极加快推进 5G 试验工作，计划于 2018 年下半年启动产品研发试验，并力争在 2020 年实现 5G 网络商用。

国产智能手机价格将持续提升。随着千元机市场的目标客户渗透率达到高位，以及手机开放市场销售量的提升，从 2015 年开始，手机厂商开始在更高价位段寻求突破而提升自身的溢价和盈利能力，国内智能手机平均价格也随之明显提升。未来几年，国内手机厂商将通过功能优化、技术创新等方式不断追求盈利能力提升，也必将带动国内智能机平均价格稳步提升。

【存在问题】 核心技术仍未完全掌控，技术产业对外依存度高。在智能终端领域，核心电子元器件及操作系统产品基本被国外企业把控，产业对外依存度高。芯片和元器件方面，CPU、传感器、大容量存储芯片，甚至高分辨率的显示器等 80% 以上主要依赖国外供给。以高端图像传感器为例，2015 年因索尼产能被苹果、三星买断，导致严重缺货，影响到中国企业出货。

市场竞争日益激烈，产品同质化现象严重。智能终端产业入行门槛低，企业良莠不一，绝大部分企业一味模仿跟随导致产品同质化严重。国产终端集中在低利润、低价格的档位，难以切入中高端市场。手机厂商忽视对产品定义和原始创新的能力，通过网络媒体炒作、打价格战等方式竞争，逐渐陷入价格竞争泥潭。此外，绝大部分中小企业对品牌的定义模糊，盲目跟风，所出产品良莠不齐，核心品牌缺乏市场竞争力。

企业利润严重偏低，手机制造产业面临外迁威胁。国产智能终端普遍形成高成本、高销量、低价格的不利状况，盈利能力和业务利润率明显不足。智能手机产业链条中高端环节基本被跨国巨头把控，国内企业仍然普遍处于劳动密集型的生产制造和低端加工配套环节。随着工人工资水平不断提高和劳动力人口数量下降导致的劳动力成本上升，优惠政策的退出和土地价格的骤升等因素都在导致企业经营成本快速上升和利润率下降。然而，印度和东南亚等国家可以提供更为低廉的经营成本，全球制造业经历转型升级带来更高效率的智能制造，都在加速中国手机制造产业链既有优势的丧失。

中低端供应链企业生存艰难，面临转型压力。2015 年全球手机市场趋于饱和，竞争加剧，产业将进入新一轮洗牌过程。国内企业也面临同样风险，手机品牌厂商一方面调整战略布局，一方面逐步精简产品线，直接影响部分产业链相关企业，多家技术和产能落后的低端供应链厂商宣告破产。未来手机供应链分工将更加精细，产业链相关企业必须通过积极创新、改进技术以及适应市场需求才能避免被市场洗牌的命运。

[撰稿：商超　审稿：乔跃山]

广播电视设备行业

【概况】 广播电视设备行业的产品领域主要包括有线电视设备与工程、广播电视无线发射与传输设备与系统、卫星广播电视地面接收设备、灯光及节目制作和播控设备及广播电视配套设备等；多数产品为投资类产品，主要用户为国内外各级广播电视台站、有线网络运营商等。根据国家有关规定，广播电视设备行业的多数产品需要入网许可证、生产许可证等。

国家新闻出版广电总局2016年5月广播电视设备器材入网认定年检情况公告显示，近三年来取得“入网认定证书”的企业情况如下：广播电视节目制作和播出设备器材企业38家；有线电视传输与覆盖设备器材企业237家；广播电视信号无线发射与传输设备企业38家；卫星电视广播传输与覆盖设备器材企业58家；移动多媒体广播系统设备企业4家。

【主要经济指标】 中国广播电视设备工业协会对58家主要会员企业2015年各主要经济指标抽样统计结果如下：全部产品现价工业总产值3 304 697万元，比上年增长7.0%；其中本行业产品现价工业总产值1 508 246万元，比上年增长7.3%。全部产品出口交货值544 350万元，比上年下降4.7%；其中本行业产品出口交货值257 969万元，比上年下降13.7%。全部产品工业增加值654 020万元，比上年下降16.7%；其中本行业产品工业增加值310 982万元，比上年下降24.9%。全部产品销售收入3 319 729万元，比上年增长1.4%；其中本行业产品销售收入1 431 145万元，比上年下降3.0%。税金总额85 967万元，比上年下降7.3%。利润总额172 258万元，比上年增长8.0%。固定资产净值平均余额348 383万元，比上年增长4.6%。卫星广播电视地面接收设备（包括卫星接收机顶盒以及分别销售的天线、高频头等）年末产成品存货180.5万台（件），视、音频节目制作和播控设备年末产成品存货17 588台，无线发射传输类设备年末产成品存货910部。

【企事业单位情况】 根据中国广播电视设备工业协会的统计，2015年底，中国广播电视设备工业协会有会员单位184家，其中包括5家研究机构和179家研制生产企业。

在会员单位中，主要从事有线电视设备与工程的为55家；主要从事无线发射与传输设备与系统研制生产的为44家；主要从事广播电视配套设备研制生产的为35家；主要从事灯光、节目制作和播控设备研制生产的为29家；主要从事卫星广播电视地面接收设备研制生产的为21家。

按经济类型划分，股份制经济76家，股份合作制经济36家，国有经济26家，外商及港、澳、台投资经济22家，集体经济14家，属于其他经济的10家。

【从业人员情况】 根据中国广播电视设备工业协会的统计，2015年底，184家会员单位全部从业人员为92 058人；其中技术人员27 362人，占从业人员总数的29.7%。

【生产与销售】 根据中国广播电视设备工业协会对58家主要会员企业的统计，在本行业产品中，2015年各类产品的生产量、销售量、销售收入及产成品存货情况如下：

广播（含短波、中波和调频）发射机生产量7 301部，比上年增长128.0%；销售量7100部，比上年增长83.4%；销售收入27 623万元，比上年增长79.9%；年末产成品存货276部，比上年同期（231部）增加19.5%。

电视发射机生产量3 428部，比上年增长147.0%；销售量3 442部，比上年增长161.6%；销售收入33 805万元，比上年增长122.2%；年末产成品存货269部，比上年同期（310部）减少13.2%。

微波传输设备生产量3 225部，比上年增长

341.8%；销售量 3 169 部，比上年增长 337.7%；销售收入 21 747 万元，比上年增长 74.6%；年末产成品存货 64 部，比上年同期（14 部）增加 357.1%。

有线电视及网络工程销售收入 566 772 万元，比上年下降 9.5%；应用电视设备销售收入 5 473 万元，比上年下降 26.4%。

卫星电视广播地面接收设备（包括卫星接收机顶盒以及分别销售的天线、高频头等）生产量 2 457 万台（件），比上年的 2 051 万台（件）增加 19.8%；销售收入 141 555 万元，比上年增长 17.5%；年末产成品存货 180.5 万台（件），比上年同期的 85.23 万台（件）增加 117.8%。

音视频节目制作、播控及灯光设备生产量 64 137 部，比上年增长 7.1%；销售量 69 361 部，比上年增长 12.6%；年末产成品存货 17 588 部，比上年同期（21 158 部）减少 16.9%；销售收入 113 450 万元，比上年下降 6.9%。

广播电视配套设备生产量 121 427 部，比上年增长 30.7%；销售量 121 747 部，比上年增长 31.4%；年末产成品存货 301 部，比上年同期（554 部）减少 45.7%；销售收入 58 183 万元，比上年下降 3.9%。

【科技进步与应用】 第八届广播电视科技创新奖评审，共有 22 家业内企业申报 29 个项目，高于上届的 18 家企业申报 26 个项目。经过由业内专家组成的评审委员会评审，北京捷成世纪科技股份有限公司的“陕西广播电视台制播一体化网络信息安全保障体系建设项目”、北京东华广信科技发展有限公司的“KU-M2000 统计复用器”、大连捷成实业发展有限公司的“一体化高标清及网络播出系统”、北京世纪睿科系统技术有限公司的“大型拖挂式环绕声录音车”、北京北广科技股份有限公司的“高效数字电视发射机系列”、北京中广上洋科技股份有限公司的“快速成片的多通道非编系统”、成都凯腾四方数字广播电视设备有限公司的“基于 Doherty 技术的地面数字电视发射机”、北京同方吉兆科技有限公司的“液冷一柜多机数字 1kW 电视发射机及 N+1 切换系统”、厦门科塔电子有限公司的“卫星电视双输出双本振高频头芯片”及万维云视（上海）数码科技有限公司的“4K 超高清裸眼 3D 电视研发项目”10 个项目获得 2015 年度广播电视科技创新优秀奖。这些项目涵盖广电设备的各个领域，既有产品系列，也有工程实现，体现了一年中本行业科技创新的成果。2015 年度广播电视科技创新奖未评出特等奖。

【进出口贸易】 在出口贸易方面，根据中国广播电视设备工业协会对会员单位上报的数据汇总，2015 年全部产品出口交货值 544 350 万元，比上年下降 4.7%，本行业产品出口交货值 257 969 万元，比上年下降 13.7%。

【政策与法规】 国务院办公厅要求加快全国有线电视网整合。5 月 20 日，国务院办公厅下发《关于加快高速宽带网络建设推进网络提速降费的指导意见》（以下简称《意见》）。《意见》指出，党中央、国务院对加快高速宽带网络建设高度重视，要求加快推进宽带网络基础设施建设，进一步提速降费，提升服务水平。《意见》还指出，经国务院同意，提出以下意见：充分发挥通信网和有线电视网信息基础设施的作用，加快全国有线电视网整合，推动基础信息网络平等互联，尽快提升网络能力，为消费者提供高速优质服务。此外，《意见》中还提出几大对有线电视网络企业利好的方面：推动形成多种主体相互竞争、优势互补、共同发展的市场格局；加强互联网骨干网通信质量监管，保障网间互联畅通；深入推进实施信息惠民等工程，建立公共信息服务平台，推进教育、医疗优质资源共享，普及应用居民健康卡，加快就业等信息实现全国联网，充分发挥宽带网络提速降费提升公共服务水平与扩大应用推动网络建设发展的相互促进作用；建立健全电信企业与互联网企业、广电企业、信息内容供应商等市场主体间的合作和公平竞争机制，促进专业化分工合作，探索产业链互利共赢发展模式。

7 月 12 日，中国人大网发布第十二届全国人大常委会第十五次会议初次审议的《中华人民共和国网络安全法（草案）》，并向社会公开征求意见。其中与广电行业相关的内容包括：顶层设计方面，国务院广播电视行业的主管部门应当依据国家网络安全战略，编制关系国家安全、国计民生的重点行业、重要领域的网络安全规划，并组织实施；国家对提供公共通信、广播电视传输等服务的基础信息网络实行重点保护；关键信息基础设施安全保护办法由国务院制定。网络方面，国务院广播电视行业的主管部门按照国务院规定的职责，负责指导和监督关键信息基础设施运行安全保护工作；建设、运营网络或者通过网络提供服务，应当依照法律、法规的规定和国家标准、行业标准的强制性要求，采取技术措施和其他必要措施，保障网络安全、稳定运行，有效应对网络安全事件，防范违法犯罪活动，维护网络数据的完整性、保密性和可用性；网络相关行业组织按照章程，加强行业自律，制定网络安全行为规范，指导会员依法加强网络安全保护，提高网络安全保护水平，促进行业健康发展。网络产品与服务方面，国务院标准化行政主管部门和国务院其他有关部门根据各自职责，组织制定并适时修订有关网络安全管理以及网络产品、服务和运行安全的国家标准、行业标准；网络产品、服务应当符合相关国家标准、行业标准；网络产品、服务的提供者不得设置恶意程序；其产品、服务具有收集用户信息功能的，应当向用户明示并取得同意；发现其网络产品、服务存在安全缺陷、漏洞等风险时，应当及时向用户告知并采取补救措施。

9月5日，国务院印发《促进大数据发展行动纲要》，部署大数据发展工作。10月23日，中国广播电视网络有限公司（简称中国广电）联合全国三十余家省市有线电视网络公司，共同成立“中国广电大数据联盟”。该联盟以全国超过4 000万双向数字电视用户的收视数据为基础，搭建全国广电大数据平台并建设收视数据调查分析机构，实现数据共享、联合发布。广电行业将联手缔造一个全新的大数据时代。

国家新闻出版广电总局细化互联网电视集成平台备案管理。2015年11月初，国家新闻出版广电总局网络视听节目管理司给七大互联网电视集成播控牌照方下发《关于对互联网电视集成平台服务器地址信息报备的函》。其目的为加强互联网电视管理，鉴别区分合法互联网电视平台与非法互联网电视平台。要求各牌照商将互联网电视集成平台的开机认证、首页EPG、应用商店管理、系统升级、用户管理和计费管理等服务器网址、域名、互联网电视集成平台所连接终端产品还能够访问的其他服务器（不属于集成平台的）网址、域名和对应功能逐一列表报国家新闻出版广电总局备案。同时集成平台所连接终端产品有不同访问地址，也必须分组分类逐一填写申报。

【市场分析与预测】 有线电视设备与工程方面，十二届全国人大四次会议通过的我国国民经济和社会发展第十三个五年规划纲要提出“加快全国有线电视网络整合和智能化建设”。我国有线电视网络是全世界规模最大、最具市场潜力的网络。国家新闻出版广电总局公布的2015年统计公报显示，截至2015年年底，全国有线电视用户2.39亿户，有线数字电视用户2.02亿户，数字化率已达85%。但是，各省用户发展差异较大，11个省的数字化率超过90%，而数字化率最低的省份还不到50%。有线电视单向业务覆盖率保持较高水平，双向业务发展水平参差不齐。随着国家政策的逐步调整、通信信息技术的快速发展、三网融合进程的不断推进、直播卫星电视的全面放开，以及地面无线数字电视的推进布局，中国有线电视网络将会由区域性特征明显的现状走向“互联互通”的新格局，形成一个综合的信息运营体。根据中国广播电视设备工业协会的统计，2015年有线电视设备与工程领域的销售收入56.7亿元，比2014年下降9.5%，且已经连续第三年下降，这与近几年IPTV、OTT等新媒体的迅速发展对有线电视行业产生的冲击有一定关系。在国家的“三网融合”、“宽带中国”战略大环境下，中国广电对有线电视网的整合、规划与发展，将在今后几年为有线电视设备与工程相关企业提供相当巨大的市场，相关企业应抓紧机会，及时更新自己的技术及产品。

机顶盒方面，尽管有各种各样的问题以及激烈的竞争，机顶盒市场仍然是不断发展的。据Broadband TV News援引SNL Kagan的报告指出，2015年，受到中国和印度等新兴市场需求的支撑，全球机顶盒（STB）出货量达到2.531亿，比上年的2.486亿上升2%。其中，2015年有线机顶盒为7 500万台，基本与2014年持平；卫星机顶盒仍然占据最大的市场份额，约为全球机顶盒出货总量的47%。高清机顶盒占到总量的76%。尽管出货量有所增加，但产品收入却继续下滑。截至2015年年底，全球机顶盒收入为175亿美元。格兰研究数据显示，截至2015年第三季度，中国有线机顶盒总出货量超过2.4亿台，其中高清机顶盒超过5 700万台，高清机顶盒占有线机顶盒超过20%，智能机顶盒超过100万台。另据格兰研究公布的报告数据表明，2015年中国有线高清机顶盒新增市场份额持续增长，全年出货量超过1 800万台，占有线机顶盒出货总量的75%以上，已远远超过标清机顶盒成为市场主力。高清以及超高清已经是机顶盒发展的一个重点；智能家庭网关成为有线智能机顶盒发展的新方向。同时，有线智能机顶盒也带来一系列问题，其中行业监管和发展路径问题、互联网企业市场产品的快速推陈出新对有线机顶盒厂商造成的冲击问题、有线运营商对于用户习惯的培养和业务评估机制的引进问题等都需要未来各方的不断探索和尝试。在卫星机顶盒方面，国家新闻出版广电总局广播电视卫星直播管理中心网站公布的数据显示，我国直播星用户已经超过 8 500 万。

地面无线广播电视发射设备方面，中国广播电视设备工业协会统计数据表明，2015 年广播（含短波、中波和调频）发射机销售量 7 100 部，比上年增长 83.4%；电视发射机销售量 3 442 部，比上年增长 161.6%；地面无线广播电视发射设备的销售额（包括配套设备和微波设备）为 141 358 万元，比上年增长 36.5%。在 2012—2013 年的低迷后，连续两年有较大幅度增加。2014 年 12 月 30 日，国家新闻出版广电总局和财政部联合印发《关于实施中央广播电视节目无线数字化覆盖工程的通知》（新广电发〔2014〕311 号，以下简称 311 号文件）。2015 年 4 月，国家新闻出版广电总局就中央广播电视节目无线数字化覆盖工程项目进行了第一次公开招标；11 月又进行了第二次公开招标。一些省市也开始就落实 311 号文件进行设备采购。这是继前些年的“西新工程”、“村村通”和“无线覆盖工程”之后，地面无线广播电视发射设备相关厂商的又一次市场机遇。

视、音频节目制作和播控设备方面，据中国广播电视设备工业协会统计，2015 年视、音频节目制作和播控设备销售收入 113 450 万元，比上年减少 6.9%，已经连续 3 年同比下降。2015 年 3 月，国家新闻出版广电总局发布《关于调整广播电视专用传输卫星上中央电视台标清节目信号的通知》，对中星 6A、6B 卫星上的中央电视台部分标清节目信号进行调整，上星传输采用 AVS+，意味着在中央 48 亿无线数字化覆盖工程里面，端到端的编码标准都将采用 AVS+，这对于 AVS 产业将是重大利好。4 月，国家新闻出版广电总局针对无线数字化覆盖工程进行招标，其中“AVS+ 专业卫星综合接收解码器”中标金额约 2.5 亿元；11 月又进行了第二次招标，金额约 8 000 万元。此外，4K、H.265 等技术与产品也需要重点关注。2015 年 10 月，国家新闻出版广电总局科技司副司长孙苏川在相关会议中提出，面对智慧化的新浪潮，如何去升级构建“智慧广电”，并且建立与媒体融合产业生态相适应的体制机制，是目前整个广电行业都需要思考和探索的问题。电视台主要探索的对策问题包括：高清的推进和超高清技术的应用，传统媒体与新兴媒体融合发展，以及电视台全 IP 化制播网络。相关企业应密切关注这些动向，努力开发适应媒体融合发展的产品。

【统计数据】

表 1　2013—2015 年广播电视设备行业主要经济指标完成情况

项目名称	单位	2013 年	2014 年	2015 年	2015 年增长率（%）
工业总产值	万元	2 965 780	3 089 384	3 304 697	7.0
其中：本行业工业总产值	万元	1 383 607	1 406 216	1 508 246	7.3
工业增加值	万元	573 878	785 358	654 020	−16.7
其中：本行业工业增加值	万元	196 653	414 177	310 982	−24.9
销售收入	万元	3 017 255	3 273 176	3 319 729	1.4
其中：本行业销售收入	万元	1 386 173	1476 154	1 431 145	-3.0

续表

项目名称	单位	2013 年	2014 年	2015 年	2015 年增长率（%）
利润总额	万元	183 784	159 489	172 258	8.0
税金总额	万元	90 729	92 740	85 967	-7.3
出口交货值	万元	588 450	571 333	544 350	-4.7
其中：本行业出口交货值	万元	343 334	298 979	257 969	-13.7
产成品存货	部 / 台 / 件	388 666	874 602	1823 388	108.5
固定资产净值平均余额	万元	323 114	333 011	348 383	4.6

注：数据来源于中国广播电视设备工业协会。表中本行业指广播电视设备行业。

表 2　2015 年广播电视设备行业企业规模及从业人员情况

类别	企事业单位数量（家）	其中		年末从业人员数（人）	其中
		研究机构（家）	企业（家）		技术人员(人)
合计	184	5	179	92 058	27 362
按照本行业内专业分类					
有线电视设备与工程	55	3	52	20 777	6 082
无线发射与传输	44	1	43	15 782	4 045
灯光、节目制作和播控设备	29		29	7 145	2 657
卫星广播电视地面接收设备	21		21	35 850	11 577
广播电视配套设备	35	1	34	12 504	3 001
按照经济类型分类					
国有经济	26	5	21	21 342	5 693
集体经济	14		14	3 128	578
股份合作经济	36		36	6 630	2 043
股份制经济	76		76	46 946	14 165
外商及港、澳、台投资经济	22		22	13 158	4 611
其他经济	10		10	854	272

注：数据来源于中国广播电视设备工业协会。

表 3 2013—2015 年广播电视设备行业主要产品产量情况

产品名称	单位	2013 年		2014 年		2015 年	
		产量	增长率 (%)	产量	增长率 (%)	产量	增长率 (%)
中波广播发射机	部	424	50.4	489	15.3	402	–17.8
短波广播发射机	部	30	–55.2	23	–23.3	147	539.1
调频广播发射机	部	1 929	–49.0	2 919	51.3	6752	131.3
VHF1kW 以上电视发射机	部	160	–18.8	224	40.0	335	49.6
UHF1kW 以上电视发射机	部	628	–0.2	680	8.3	974	43.2
VHF1kW 以下电视发射机	部	145	–36.4	170	17.2	1 289	658.2
UHF1kW 以下电视发射机	部	321	–3.9	314	–2.2	830	164.3
微波传输设备	部	279	6.1	730	161.6	3 225	341.8
卫星广播电视地面接收设备（含高频头、天线等）	万台（件）	1 593	2.2	2 051	28.8	2 457	19.8
视、音频节目制作和播控设备	部	78 848	39.5	59 891	–24.0	64 137	7.1
广播电视配套设备	部	7 800	–55.1	92 881	1 090.8	121 427	30.7

表 4 2013—2015 年广播电视设备行业主要产品销量情况

产品名称	单位	2013 年		2014 年		2015 年	
		销量	增长率（%）	销量	增长率（%）	销量	增长率（%）
中波广播发射机	部	409	52.6	477	16.6	414	–13.2
短波广播发射机	部	30	–25.0	23	–23.3	139	504.3
调频广播发射机	部	2 324	–44.8	3 372	45.1	6 547	94.2
VHF1kW 以上电视发射机	部	185	–19.9	240	29.7	338	40.8
UHF1kW 以上电视发射机	部	608	9.2	540	–11.2	962	78.1
VHF1kW 以下电视发射机	部	223	–38.6	180	–19.3	1 273	607.2
UHF1kW 以下电视发射机	部	278	–12.9	356	28.1	869	144.1
微波传输设备	部	278	6.1	724	160.4	3 169	337.7
卫星广播电视地面接收设备（含高频头、天线等）	万台（件）	1 585	–0.4	2 016	27.2	1 760	–12.7
视、音频节目制作和播控设备	部	73 795	22.9	61 625	–16.5	69 361	12.6
广播电视配套设备	部	8 248	–53.8	92 672	1 023.6	121 747	31.4

表 5 2013—2015 年广播电视设备行业主要产品销售收入情况

产品名称	单位	2013 年		2014 年		2015 年	
		销售收入	增长率 (%)	销售收入	增长率 (%)	销售收入	增长率 (%)
中波广播发射机	万元	3 552	75.8	2 974	–16.3	2 750	–7.5
短波广播发射机	万元	2 527	–60.6	1 237	–51.0	4 867	293.5
调频广播发射机	万元	10 829	20.2	11 147	2.9	20 006	79.5
VHF1kW 以上电视发射机	万元	2 330	–21.8	2 927	25.6	4 295	46.7
UHF1kW 以上电视发射机	万元	11 730	–23.3	9 830	–16.2	16 293	65.7
VHF1kW 以下电视发射机	万元	433	–21.7	449	3.7	3 378	652.3
UHF1kW 以下电视发射机	万元	1 624	–27.1	2 006	23.5	9 839	390.5
微波传输设备	万元	10 773	17.3	12 454	15.6	21 747	74.6
有线电视及网络工程	万元	667 122	–13.3	626 420	–6.1	566 772	–9.5
应用电视设备	万元	6 505	–4.5	7 435	14.3	5 473	–26.4
卫星广播电视地面接收设备（含高频头、天线等）	万元	134 929	3.5	120 474	–10.7	141 555	17.5
视、音频节目制作和播控设备	万元	132 680	–3.0	121 802	–8.2	113 450	–6.9
广播电视配套设备	万元	42 474	17.5	60 523	42.5	58 183	–3.9

注：表 3~ 表 5 数据来源于中国广播电视设备工业协会。表中的电视发射机中包括数字和模拟。

表 6 2013—2015 年广播电视设备行业主要产品出口额情况

产品名称	单位	2013 年		2014 年		2015 年	
		出口额	增长率 (%)	出口额	增长率 (%)	出口额	增长率 (%)
卫星广播电视地面接收设备（含高频头、天线等）	万元	244 570	2.5	143 665	–41.3	123 193	–14.2

注：数据来源于卫星电视广播地面接收设备定点生产企业月报管理系统。

[撰稿：赵宗儒　审稿：吕新杰]

视听电子行业

【概况】 据工业和信息化部统计，2015 年，中国家用视听行业实现销售产值 7 715 亿元，同比增长 4.8%，其中内销产值 4 278 亿元，同比增长 6.4%，出口交货值 3 437 亿元，完成固定资产投资 243.9 亿元，同比增长 7.3%，行业平均利润率 2.9%，低于电子制造业平均水平 2.1 个百分点。

【生产与销售】 据国家统计局、工业和信息化部统计，2015 年中国生产彩电 14 475.7 万台，同比增长 2.5%，其中液晶电视产量 14 391.9 万台，同比增长 3.8%，占彩电比重由上年的 98.1% 提升为 99.4%。据市场研究机构奥维云网统计，2015 年国内市场彩电销售量 4 674 万台，同比增长 4.8%。其中液晶电视销售量为 4 658 万台，同比增长 5.9%；等离子电视销售量 11 万台，同比下降 81%；OLED 电视销售量 4 万台，同比增长 1 020%。

中国机顶盒产量继续保持稳定增长。据市场研究机构格兰研究统计，2015 年，中国机顶盒总出货量 23 500 万台，比 2014 年的 21 400 万台增长 9.8%，其中有线机顶盒占 23.4%、地面机顶盒占 12.8%、卫星机顶盒占 38.7%、IPTV 机顶盒占 13.2%，其他类型机顶盒（以网络智能机顶盒为主）出货量占比 11.9%。内销机顶盒以卫星机顶盒、有线机顶盒、IPTV 机顶盒为主；出口机顶盒以地面机顶盒和卫星机顶盒为主。据格兰研究统计，截至 2015 年年底，中国有线机顶盒市场保有量超过 2.5 亿台，有线高清机顶盒数量达到 6 528 万台。随着终端智能化发展，有线智能机顶盒领域表现出良好发展态势，市场出货量 186.3 万台。网络智能机顶盒稳定发展，截至 2015 年年底，国内市场累计出货量超过 4 600 万台。

据中国电子音响行业协会统计，2015 年，中国主要电子音响产品产值 2 808.3 亿元，同比增长 1.2%；出口总额 301.1 亿美元，同比增长 0.9%；进口总额 60.1 亿美元，同比下降 11.7%；贸易顺差 241 亿美元，同比增长 4.6%。音响类产品基本以订单定产量，产销量基本相当。从各主要产品产销情况看，2015 年组合音响和家庭影院（指家庭影院的放声系统）产销量 6 793 万套，比上年的 5 806 万台增长 17%，其中内销 1 140 万台；功放产品产销量 4 875 万台，比上年的 4 728 万台增长 3.1%，其中内销 1 088 万台；激光视盘机产销量 7 226 万台，比上年的 8 866 万台下降 18.5%，其中内销 503 万台；汽车多媒体（含汽车导航）产量 5 645 万台，比上年 5 679 万台下降 0.6%，其中内销 1 632 万台；音箱产品产量 36 861 万台，比上年的 36 496 万台增长 1%，其中内销 7 861 万台；耳机产品（含无线耳机）产量 208 849 万个，比上年的 215 753 万个下降 3.2%，其中内销 15 054 万个。

【科技进步与应用】 平板电视产业自主配套日益完善。全球平板显示产业重心进一步向中国转移。截至 2015 年年底，国内平板显示全产业链累计投资超过 4 000 亿元，已建成并投产 8 条 8.5 代线，实现面板产值 1 700 亿元，出货面积约 4 500 万平方米，全球市场占有率由 2009 年的 3.2% 上升到 2015 年的 22%，超过日本成为第三大生产地区。2015 年液晶面板全年贸易逆差 87.6 亿美元，同比减少 26%，连续 4 年收窄。

智能电视自主芯片、操作系统取得阶段性重大突破。中国彩电行业芯片、操作系统等核心软硬件受制于人的局面正在逐渐改善，产业核心竞争力明显提升。截至 2015 年年底，海思超高清智能电视核心芯片累计出货量超 400 万台，基于海思核心芯片的 30 余种型号智能电视已实现量产，国内骨干企业智能电视国产芯片采用比例约为 11.3%。TVOS 1.0 智能电视操作系统在有线电视网络开展规模应用，TVOS 2.0 研发已经启动。

地面数字电视技术发展和推广应用加快。中国自主地面数字电视广播传输系统（以下简称 DTMB）技术发展和海外推广应用不断加快。2015 年 7 月，国际电信联盟（ITU）公告中国地面数字电视传输标准的演进版本（DTMB-A）成为其中的系统 E，宣示 DTMB-A 成为数字电视国际标准。DTMB 标准海外推广应用开创了“由点到面”的良好局面，不仅在老挝、柬埔寨、古巴等已落地国家完成深入推广工作，同时也实现巴基斯坦、东帝汶等“一带一路”国家落地。截至 2015 年年底，除中国大陆、香港特别行政区、澳门特别行政区外，全球已有亚、非、拉美、南太等 13 个国家或地区同意采用或局部商用中国 DTMB 标准，覆盖人口总数超过 5 亿，覆盖国土面积总数超过 350 万平方公里，商用用户总数近 80 万户。

互联网模式推动彩电产业格局变革。2015 年，随着智能电视快速发展，一、二线城市智能电视已经进入普及应用阶段。根据奥维云网统计，2015 年中国智能电视市场零售量 3 407 万台，同比增长 31%，占国内彩电销量的比重达到 73%，其中自主品牌市场占有率超过 86%，远远高于国外品牌。智能电视成为重要的互联网入口和增值服务载体，带动彩电产业向“产品 + 服务”新型价值实现模式转型。互联网模式对传统彩电产业格局的冲击影响加剧，微鲸科技、暴风科技、PPTV、风行网等一批互联网企业纷纷推出自有品牌智能电视产品，传统彩电企业积极拥抱互联网，加快自身战略转型。

显示技术创新推动产品升级换代。2015 年，超高清、激光投影、OLED、HDR（宽动态范围）、量子点、新型人机交互、绿色节能等新技术迅速发展，智能电视、超高清电视、激光短焦投影电视等新产品持续涌现，催生新的消费热点。据奥维云网统计，2015 年国内市场 4K 超高清电视销售 1 448 万台，同比增长 131%，渗透率达 31%；OLED 电视发展迅速，创维等企业推出多款 OLED 电视新产品。

【进出口贸易】 据海关总署统计，2015 年，中国彩电出口量达到 7 183 万台，同比下降 3.0%；出口额 125.09 亿美元，同比下降 7.7%。彩电出口量占总产量的比重为 49.6%，较上年下降 2.8 个百分点。其中，液晶电视出口 6 895 万台，同比增长 0.4%，出口额 121.43 亿美元，同比下降 5.4%，出口量及出口额占彩电比重分别达 96.0% 和 97.1%。

据中国电子视像行业协会统计，2015 年，海信、创维、TCL、长虹、康佳、海尔等 6 家骨干彩电企业采购台湾面板共计 2 055 万片，金额 31 亿美元，其中 4K 面板 490 万片，占采购总量的 23.8%，对台采购电视面板尺寸不断提高，2015 年平均尺寸达 44.7 寸。

【政策与法规】 稳步推进电子信息行业智能制造发展。根据《2015 年智能制造试点示范专项行动实施方案》，开展电子信息行业智能制造试点示范专项行动，2015 年 6 月底前，从各省市推荐的电子信息企业中遴选 9 家优秀企业作为试点示范。为加强智能制造试点示范经验交流和成果推广，2015 年 8 月，组织召开电子信息行业智能制造现场经验交流会，并实地考察试点示范企业智能制造实施情况。此外，依托“智能制造综合标准化实验验证”项目，组织开展彩电行业智能制造标准研究。

加强互联网电视接收设备行业管理。为规范互联网电视接收设备产品设计和生产，保障互联网电视接收设备产业健康发展，多部委联合开展互联网电视接收设备专项整治工作。2015 年，工业和信息化部会同质检、公安、商务、工商、新闻出版广电等 6 部门重点推进互联网电视接收设备生产环节治理工作，联合开展执法检查专项行动。针对互联网电视接收设备发展现状和趋势，结合互联网电视接收设备产业实际情况，研究制定与现有标准体系相互配套融合、适应产业发展和管理需求的互联网电视接收设备强制性国家标准。

【统计数据】

表 1　2013—2015 年视听行业主要产品产量情况

产品名称	单位	2013 年		2014 年		2015 年	
		产量	增长率（%）	产量	增长率（%）	产量	增长率（%）
彩色电视机	万台	12 776	–0.4	14 129	10.9	14 476	2.5
激光视盘机	万台	9 557	–24.0	8 866	–7.2	7 226	–18.5
收音机	万台	16 982	–0.4	13 987	–17.6	11 637	–16.8
录音机（含收录机）	万台	6 208	2.1	8 927	43.8	9 897	10.9
组合音响及家庭影院	万台	4 025	–14.7	5 806	44.2	6 793	17.0
CD 唱机	万台	908	–14.2	1 112	22.5	1 086	–2.3
电子乐器	万台	1 103	–8.5	1 116	1.2	1 003	–10.1
汽车多媒体音响	万台	5 672	–7.4	5 679	0.1	5 645	–0.6
功放	万台	4 881	–22.4	4 728	–3.1	4 875	3.1
视盘机芯	万千克	2 508	–12.7	2 325	–7.3	1 607	–30.9
音箱产品	万台	34 057	10.1	36 496	7.2	36 861	1.0
耳机（含无线）	万部	215 790	2.9	215 753	0.0	208 849	–3.2

表 2　2013—2015 年视听行业主要产品销量情况

产品名称	单位	2013 年		2014 年		2015 年	
		销量	增长率 (%)	销量	增长率 (%)	销量	增长率 (%)
彩色电视机	万台	10 738	2.3	11 867	10.5	11 857	0.1
激光视盘机	万台	9 557	–24.0	8 866	–7.2	7 226	–18.5
收音机	万台	16 982	–0.4	13 987	–17.6	11 637	–16.8
录音机（含收录机）	万台	6 208	2.1	8 927	43.8	9 897	10.9
组合音响及家庭影院	万台	4 025	–14.7	5 806	44.2	6 793	17.0
CD 唱机	万台	908	–14.2	1 112	22.5	1 086	–2.3
电子乐器	万台	1 103	–8.5	1 116	1.2	1 003	–10.1
汽车多媒体音响	万台	5 672	–7.4	5 679	0.1	5 645	–0.6
功放	万台	4 881	–22.4	4 728	–3.1	4 875	3.1
视盘机芯	万千克	2 508	–12.7	2 325	–7.3	1 607	–30.9
音箱产品	万台	34 057	10.1	36 496	7.2	36 861	1.0
耳机（含无线）	万部	215 790	2.9	215 753	0.0	208 849	–3.2

表 3　2013—2015 年视听行业主要产品出口量情况

产品名称	单位	2013 年		2014 年		2015 年	
		出口量	增长率 (%)	出口量	增长率 (%)	出口量	增长率 (%)
彩色电视机	万台	5 959	–3.1	7 406	24.3	7 183	–3.0
激光视盘机	万台	8 954	–14.7	8 267	–7.7	6 722	–18.7
收音机	万台	15 991	1.8	13 000	–18.7	10 911	–16.2
录音机（含收录机）	万台	5 849	13.0	8 579	46.7	9 547	11.3
组合音响及家庭影院	万台	3 316	–4.4	5 096	53.7	5 653	10.9
CD 唱机	万台	711	–4.9	909	27.8	899	–1.1
电子乐器	万台	778	–4.2	787	1.2	700	–11.1
汽车多媒体音响	万台	4 084	–8.7	4 064	–0.5	4 013	–1.3
功放	万台	3 829	–14.8	3 623	–5.4	3 778	4.3
视盘机芯	万千克	1 192	–26.8	1 016	–14.8	731	–28.1
音箱产品	万台	26 805	6.6	29 207	9.0	29 339	0.5
耳机（含无线）	万部	199 053	–0.6	198 848	–0.1	193 379	–2.8

表 4　2013—2015 年视听行业主要产品出口额情况

产品名称	单位	2013 年	2014 年	2015 年	
		出口额	出口额	出口额	增长率 (%)
彩色电视机	亿美元	110.5	135.5	125.1	-7.7
激光视盘机	万美元	331 090	296 904	247 904	-16.5
收音机	万美元	111 813	107 071	108 253	1.1
录音机（含收录机）	万美元	102 051	123 858	129 856	4.8
组合音响及家庭影院	万美元	108 699	155 041	205 077	32.3
CD 唱机	万美元	21 214	26 499	31 733	19.8
电子乐器	万美元	53 029	54 916	52 760	-3.9
汽车多媒体音响	万美元	364 059	354 719	338 221	-4.7
功放	万美元	180 581	195 070	190 316	-2.4
视盘机芯	万美元	80 248	66 302	44 616	-32.7
音箱产品	万美元	355 911	460 616	531 275	15.3
耳机（含无线）	万美元	491 060	518 071	578 597	11.7

注：表 1~表 4 数据来源于国家统计局、工业和信息化部、海关总署、中国电子视像行业协会、中国电子音响行业协会、奥维云网、格兰研究。

[撰稿：曲晓杰　审稿：乔跃山]

计算机行业

【概况】 2015 年，受国际整体经济形势低迷和市场需求趋缓等因素影响，中国计算机行业运行有喜有忧。一方面，个人计算机、平板电脑等微型计算机产品产销量呈下滑趋势。另一方面，在云计算、大数据、物联网、移动互联网、智能制造等新兴领域崛起的推动下，服务器、存储设备、智能硬件等领域市场表现良好，新技术、新产品、新模式不断涌现，重点企业加快转型，存储、服务器、智能硬件等领域不断加大投资力度，创业创新氛围日益浓厚，行业整体保持较快增长速度。整体来看，2015 年中国计算机行业呈现以下特点：

固定资产投资增幅明显。2015 年，中国计算机行业完成投资 1 121.5 亿元，同比增长 30.6%，增幅位居电子信息产业第一位，增速强劲，500 万元以上新开工项目增长 35.9%。党中央、国务院加强供给侧结构性改革和促投资、稳增长系列政策措施的带动，以及云计算、大数据、物联网、移动互联网等计算需求的高涨是计算机行业固定资产投资增加的主要原因。

行业投融资与并购活跃。2015 年，计算机行业并购频繁，联想收购 IBM 全部 X86 服务器资产，整合后推出 SystemX 服务器；紫光收购惠普中国子公司华三通信 51% 的股份，打造国产 IT 网络设备品牌新华三；同方国芯确定 NAND Flash 平台建设，增资投入存储类芯片业务；杭州华澜微电子收购桥接芯片厂商晶量半导体，成为国内主要芯片厂商之一。

服务器市场稳步增长。2015 年，中国云计算市场进一步发展与成熟，同时移动支付、O2O 应用、社交网络等移动互联行业快速扩张，各地政府相继推进大数据和智慧城市建设，促进大数据和智慧城市产业落地，智慧政务、智慧交通、智慧医疗、智能电网等行业对云计算、大数据产品和服务的需求不断高涨，内部更新部署以及持续的超大规模云部署对服务器市场起到推动作用，带动服务器市场稳步增长。根据赛迪顾问统计数据，2015 年中国市场服务器出货量 213 万台，同比增长 16.6%，营业收入 498 亿元，同比增长 22.9%，显著高于全球水平。中国四大服务器厂商浪潮、曙光、联想、华为借助国内市场的火热，相比 2014 年收入共增长 19.5%。

个人电脑市场持续萎缩。2015 年，受汇率波动和个人电脑市场需求放缓所致，中国个人电脑市场继续呈下滑态势，骨干企业市场份额和营业收入持续减少。联想集团 2015 年全球个人电脑业务收入同比下跌 11%，个人电脑销量同比下跌 6%，个人电脑市场同比下跌 12%。惠普、戴尔等国外 PC 厂商在中国市场的销量也出现不同程度下滑。

智能硬件成为新兴增长点。2015 年，虚拟现实、增强现实、智能无人系统、可穿戴设备、智能家居、智能车载、智能机器人及智慧家庭等智能硬件产品快速增长，成为新一代信息技术领域的热点，为社会发展与经济增长提供了新动力、新空间。

【生产与销售】 2015 年，中国生产微型计算机 3.1 亿台，同比下降 10.4%，生产笔记本电脑 1.75 亿部，同比下降 16.8%，生产平板电脑 7 880 万台，同比下降 8.4%。2015 年，中国计算机行业实现销售产值 21 447 亿元，同比增长 0.4%，实现内销产值 6 412 亿元，同比增长 15.7%，高于 2014 年同期 6.4 个百分点，内销产值占销售产值比重为 28.1%。

2015 年，中国电子信息百强企业中计算机类企业实现主营业务收入 3 836 亿元，同比增长 7.1%，实现利润总额 148 亿元，同比增长 71.8%。重点电子百强企业笔记本电脑产量 95 万台，同比下降 6.2%，销量 95 万台，同比下降 9%，台式计算机产量 158 万台，同比下降 4.5%，销量 156 万台，同比下降 4.5%。

【科技进步与应用】 浪潮天梭 K1 占据国内较大市场份额。2015 年，中国第一款自主知识产权的高端容错计算机天梭 K1 继续加大应用推广力度，在金融、能源、电信等关系国计民生的关键领域得到广泛应用，例如公安行业最核心的数据库系统之一珠海市公安局的综合数据库系统完成基于浪潮天梭 K1 910 平台的测试工作，相比原有平台性能提升数 10 倍，表明 K1 主机具备承担公安行业核心系统的技术能力。根据 2015 年第三季度数据显示，浪潮天梭 K1 在高端 Unix 市场已经占据 14% 的市场份额，跃升至第二位。

为满足日益增长的数据中心建设对服务器等信息基础设施的增长需求，企业纷纷开展节能型服务器的研发。2015 年，曙光公司研发出中国首款新型液冷服务器，主要通过使用易挥发的氟化物代替空气，从而实现服务器主板的快速冷却，与传统服务器相比，节能达 90%，且大大节约服务器占用空间。随着云计算、大数据、物联网、移动互联网、智能制造等新业态的兴起，液冷服务器将在数据中心等大规模应用领域得到快速发展。

高性能服务器芯片和 3D 打印设备突破显著。为满足国内日渐增长的安全可靠需求，国内主要服务器厂商和办公信息设备企业纷纷研制安全可靠信息技术新产品。其中，龙芯中科公司发布新一代处理器 3B2000，主要应用于双路 8 核以及四路 16 核国产服务器；中国电子信息产业集团推出基于飞腾 FT-1500A 系列 CPU 的台式机和服务器；上海兆芯集成电路公司发布了 ZX-C 处理器芯片且已实现初步量产；珠海赛纳打印科技公司成功研制首个基于全彩色技术的 3D 打印设备和打印头关键部件。

【重大工程与重点项目】 2015 年，"核高基"重大科技计划中重点部署"超级计算机处理器研发"项目，支持推动中国超级计算机技术与产品的快速发展。2015 年，中国超级计算机的运算性能处于全球领先水平，"天河二号"超级计算机在 2015 年全球高性能计算 TOP 500 的排行榜中位居第一，运算速度是排名第二美国"泰坦"的两倍，且排行榜中中国超级计算机的上榜数也在逐年增加。

2015 年，工业和信息化部在"工业转型升级"中安排了"中高端路由交换与存储设备产业化及应用"、"安全可靠工业控制计算机和系统安全防护产品"和"智能硬件软硬件一体化平台"等项目，支持推动中国安全可靠网络设备、存储设备和工控设备等信息技术产品的研发与产业化推广，提升信息技术应用水平。

【国际合作】 2015 年，计算机行业国际合作保持活跃状态，如天河超级计算机应用开始国际合作，德国慕尼黑工业大学利用天河二号开展真实地震震波传播模拟，再现 1992 年美国加州兰德斯大地震震波传播过程，为研究地震波产生传播机理和地震预报提供新的途径。

【进出口贸易】 2015 年，由于国内外市场需求整体下滑，中国计算机行业进出口额下滑趋势明显，出口额 1 941 亿美元，同比下降 14.4%，其中台式机出口额 528.5 亿美元，同比下降 13.77%，笔记本电脑出口额 646.3 亿美元，同比下降 14.72%，平板电脑出口额 257.5 亿美元，同比下降 21.64%。2015 年，中国出口打印机 1 830.66 万台，扫描仪 377.37 万台，硬盘驱动器 23 907.27 万台，路由器 8 788.39 万台。2015 年，中国计算机产品进口额 533 亿美元，同比下降 12.6%，其中台式机进口额 236.3 亿美元，同比下降 5.33%，平板电脑进口额 21.5 亿美元，同比下降 50.77%，服务器进口额 42.7 亿美元，同比下降 44.68%。2015 年，中国进口打印机 548.15 万台，扫描仪 60.53 万台，硬盘驱动器 25 332.22 万台，路由器 165.06 万台。

【政策与法规】 2015 年，国务院发布《中国制造 2025》和“互联网 +”战略，主动把握全球新一轮科技革命和产业变革，将新一代信息技术产业列入重点发展领域，信息技术的应用将促进制造业向数字化、智能化、网络化方向转变，促进企业的生产过程向自动化、柔性化、智能化发展，进而带动计算机产业的协同发展。国务院印发的《促进大数据发展行动纲要》、工业和信息化部印发的《云计算综合标准化体系建设指南》等相关政策进一步推升信息基础设施建设投入，带动提升计算机、服务器、网络与通信设备、存储设备、工业控制设备和信息安全及防护产品等信息技术产品的市场需求，成为计算机行业增长新引擎。

【市场分析与预测】 闪存新技术将逐步替代传统磁盘。传统硬盘以磁介质为材料，是服务器的主要数据存储单元，希捷、西部数据两大厂商占据传统硬盘市场 90% 以上份额。随着闪存成本的不断降低和技术的不断更新，以闪存为介质的 SSD 固态硬盘凭借速度快、体积小、能耗低等优点，在云计算、大数据等场景广泛应用，将在存储领域占据更大市场份额。

中国将继续拉动全球服务器市场增长。随着大数据、云计算应用的不断普及，越来越多的服务器将会应用于云计算、大数据领域，巨大的产品需求将促进信息技术产品市场保持快速发展。软件定义基础设施和混合环境管理将成为 IT 基础设施变革方向，并为下一代 IT 领域例如物联网和认知分析的计算需求做好准备。预计 2016 年至 2020 年，中国服务器市场出货量将保持稳步增长，市场占全球比重将由 2015 年的 20.6% 提升到 2020 年的 25% 左右。

国内信息技术企业实力将进一步提升。2015 年，随着国内“互联网 +”战略的深入推进，云计算、大数据、物联网等新一代信息技术催化数据中心规模持续增加，进而带动信息技术产品出货量提升。为保障服务安全可靠需求，华为、联想、浪潮、曙光等国内优秀企业将进一步提升研发、生产实力，提供基于自主知识产权的信息技术产品。

智能工业控制设备在“智能制造”时代将发挥更大作用。在通讯、网络、软件及光电的整合应用之下，工业控制计算机等智能工业控制设备结合通讯、电气、电子、软件等领域的新技术与新应用，呈现多元及定制化的设计特点。智能工业控制设备所扮演的角色将愈来愈重要，成为传统行业升级改造与“工业互联网”“两化融合”“智能制造”的基础产品，发挥重要支撑作用。

【存在问题】 行业净利润增速不断下滑。移动化趋势汹涌而来，2015 年全球 PC 市场总体需求不断下降，中国人力成本和生产成本不断攀升，国内 IT 硬件企业原有的成本优势正在逐渐被削弱，国产品牌的利润空间被压缩，企业发展面临挑战。

新技术与新应用对计算机行业提出新的挑战。云计算、大数据、人工智能、下一代计算和虚拟现实等新兴技术和应用的发展，对中国计算机行业提出更高要求，中国在虚拟化技术、大容量数据吞吐、数据安全、智能管理、能效设计等方面亟需加强，与高性能计算机相关的 CPU 多核技术、高带宽低延迟的节点间互连技术、计算机节点的异构技术、高性能功耗比技术等关键技术与国外相比还存在较大差距。

重要领域关键环节亟需加快推进。目前，计算机、服务器、网络与通信设备、存储设备、工控设备和信息安全及防护产品、空管系统、智能硬件、人工智能等信息技术与产品重要领域的关键环节尚有缺失，重要的操作系统、核心芯片、元器件还未掌控，中国亟待加快推进重要领域关键产品的研发与产业化进程，保障国家与网络安全。此外，应引导国内企业前瞻布局人工智能、下一代计算和虚拟现实等新兴领域，把握发展机遇。

【统计数据】

表 1　2015 年计算机行业主要经济指标完成情况

项目名称	单位	1–3 月	1–6 月	1–9 月	1–12 月
销售产值增速	%	4.2	1.7	–0.2	0.4
固定资产投资额	亿元	179.7	494.9	792.3	1 121.5
固定资产投资增速	%	30.5	29.3	32.1	30.6
出口额	亿美元	456	921	1 410	1 941
出口增速	%	–10.2	–11.4	–12.3	–14.4
进口额	亿美元	129	259	395	533
进口增速	%	–7.0	–8.8	–11.2	–12.6

[撰稿：商超　审稿：乔跃山]

电子工业专用设备行业

【概况】　2015 年，中国电子专用设备行业加快转型升级步伐，行业经济运行呈现继续增长态势。

【主要经济指标】　依据中国电子专用设备工业协会对从事电子专用设备生产和研发的 71 家主要单位的统计，2015 年，中国电子专用设备行业完成工业总产值 287.1 亿元；工业增加值 55.8 亿元；销售收入 267.8 亿元；利润总额 16.7 亿元；税金总额 6.5 亿元；固定资产投资 65.3 亿元；出口交货值 19.2 亿元。

【企事业单位情况】　截至 2015 年年底，行业内 71 家主要制造单位中电子专用设备制造单位 67 家（其中半导体设备制造单位 34 家），电子专用工模具制造单位 4 家。

71 家单位中，国有经济单位 14 家（其中研究机构 2 家），股份合作经济单位 2 家，股份制经济单位 8 家，外商及港、澳、台投资经济单位 5 家，民营经济单位 42 家。

2015 年，行业内的苏州苏试试验仪器股份有限公司、深圳市赢合科技股份有限公司在创业板成功上市，深圳捷佳伟创新能源装备股份有限公司在全国中小企业股份转让系统公司（新三版）成功上市。

【从业人员情况】　2015 年末，行业内 71 家主要制造单位从业人员共计 28 714 人。其中电子专用设备制造单位从业人员 26 455 人，电子专用工模具制造单位 2 259 人。

2015 年末，行业内 71 家主要制造单位工程技术人员 9 318 人。其中电子专用设备制造单位 8 978 人，电子专用工模具制造单位 340 人。

【生产与销售】 根据对行业内 71 家主要生产单位的统计，2015 年电子专用设备行业完成工业总产值 287.1 亿元、工业增加值 55.8 亿元，分别比 2014 年增长 15.1% 和 0.9%。

2015 年完成总销售收入 267.8 亿元，同比增长 22.5%，比 2014 年 10.8% 的增速高出 11.7 个百分点；其中主营产品（电子专用设备和电子专用工模具）销售收入 131.3 亿元，同比增长 23.5%，高于 2014 年 3.2 个百分点。2015 年行业延续 2014 年增长态势，继续保持较快速度的增长。

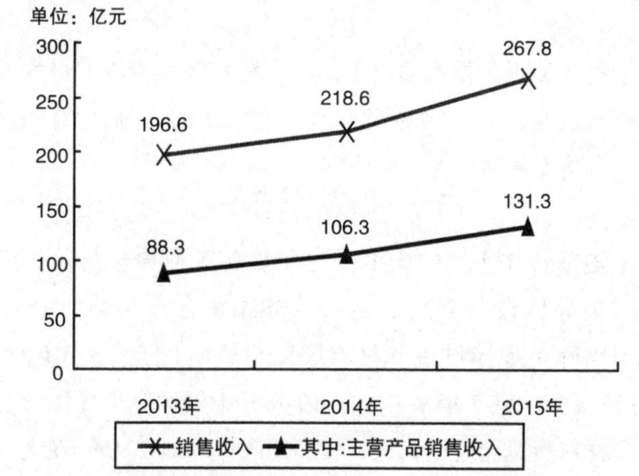

图 1　2013—2015 年中国电子专用设备行业完成的销售收入

数据来源：中国电子专用设备工业协会

2015 年行业完成电子专用设备总产量 12.1 万台（套），比 2014 年减少 0.2%。2015 年行业完成电子专用设备销售量 12.3 万台（套），同比增长 1.4%。

2015 年电子专用工模具总产量 23.3 万件、付，同比减少 3.5%。2015 年行业完成电子专用工模具销售量 22.6 万件、付，同比减少 3.3%。

【行业经济运行特点】 行业十强制造商销售呈现快速增长态势。2015 年电子专用设备行业十强制造商销售收入总额达到 204.2 亿元，占 2015 年全行业总销售收入的 76.3%，比 2014 年的行业十强制造商总销售收入 158.4 亿元增长 28.9%。2015 年行业十强制造商完成的行业主营产品销售收入达到 62.2 亿元，比 2014 年的 58.02 亿元增长 7.2%。2015 年入围行业十强制造商的销售收入为 4.07 亿元。

本行业主营产品的销售继续保持快速增长。2015 年行业主营产品销售收入 131.3 亿元，比 2014 年增长 23.5%。主营业务的 8 类产品中，只有电子通用设备和电子专用工模具销售收入出现小幅下跌，其它 6 类产品均有增长。其中，电子元件与机电组件设备在锂电池设备和锂电池材料生产设备市场的推动下，2015 年增长 136.8%，达到 28.55 亿元；半导体设备在集成电路设备市场的推动下，同比增长 16.4%，达到 47.17 亿元。

集成电路设备仍然保持较高增长，太阳能电池设备继续稳步增长。根据对中国 34 家主要半导体设备制造商的统计，2015 年共销售半导体设备 5 254 台，同比增长 36.5%。2015 年半导体设备完成销售收入 47.17 亿元，同比增长 16.4%，其中集成电路设备销售收入 22.92 亿元。

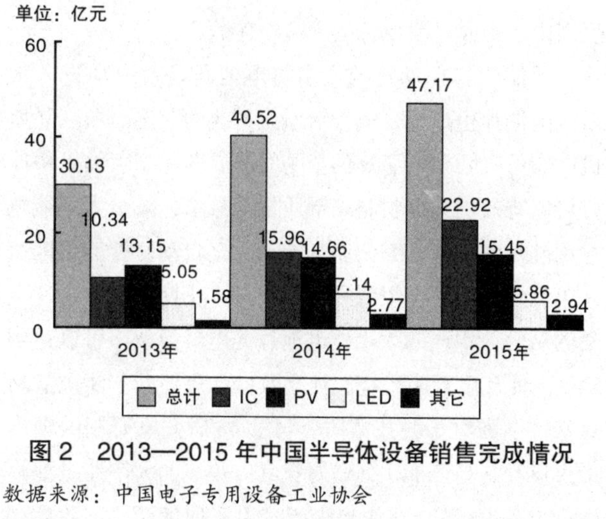

图 2　2013—2015 年中国半导体设备销售完成情况

数据来源：中国电子专用设备工业协会

行业经济效益继续保持上升态势，但亏损企业亏损额增加。2015 年行业完成利税总额 23.2 亿元，同比增长 8.5%。其中实现利润 16.7 亿元，同比增长 15.5%。行业的经济效益延续 2014 年以来的上升态势。2015 年行业 71 家单位中亏损企业 8 家，比 2014 年增加 2 家，亏损总额 24 087.6 万元，比 2014 年增加 298.56%。

【科技进步与应用】 在中国电子专用设备工业协会、中国半导体行业协会、中国电子材料行业协会和中国电子报等四单位共同举办的第十届（2015 年度）中国半导体创新产品和技术评选评审会上，具有自主知识产权并已实现销售的 13 项半导体设备被评为 2015 年度中国半导体设备创新产品。

根据对行业 71 家主要制造商的统计，2015 年完成电子专用设备、专用工模具新产品 399 项，比 2014 年增加 50 项。具有自主知识产权、性价比高的新产品增强了国产电子专用设备的市场竞争力。本行业以外的新产品完成 27 项，提高了企业在市场经济条件下生存的竞争能力。

北京北方微电子基地设备工艺研究中心有限责任公司研制的 300mm28 纳米金属物理气相沉积系统和高密度等离子硅刻蚀机、中微半导体设备（上海）有限公司研制的双反应台刻蚀除胶一体机和 22–14 纳米单反应台等离子体刻蚀机、北京中科信电子装备有限公司研制的 90–65nm 大角度离子注入机、七星华创电子股份有限公司研制的 300mm（90–28 纳米）立式氧化炉、盛美半导体设备（上海）有限公司研制的单片兆声波清洗机、北京中电科电子装备有限公司研制的倒装焊接机等一批高端集成电路设备成功进入大规模集成电路生产线，迅速提高国产集成电路设备在市场占有率。

智能化、自动化的太阳能电池新设备成功进入太阳能电池片生产线，成为新增生产线的首选。浙江晶盛机电股份有限公司研制的金刚线单晶硅棒切磨加工一体机可以有效提高硅材料切割质量与效率，减少太阳能电池用硅片的成本，其研制的 8 英寸全自动、智能化区熔硅单晶炉打破中国大直径区熔炉技术长期被国外企业垄断的局面，生产的太阳能电池片光电转换效率可以达到 24%，具有显著的经济、社会效益和重要的新能源战略意义。中国电子科技集团公司第 48 研究所研制的国内最大口径、高产能（每管每批 336 片）的太阳能电池片生产设备 PECVD 在用户生产线上实现量产，创业界高产能记录，有效降低太阳能电池片的成本。北京七星华创电子股份有限公司研制的负压扩散炉，单管产能达到 1 000 片，除实现高产能外，设备还呈现出高方阻工艺结果稳定、单片制造成本减半、设备运行消耗降低、维护成本降低等诸多优点，获得整个光伏行业的普遍认可，成为新增生产线的首选装备。

半导体照明制造关键设备取得新进展。中晟光电设备（上海）股份有限公司研制的具有自主知识产权的金属有机化学气相沉积设备（MOCVD），是用于半导体发光二极管（LED）芯片外延工艺的关键设备，2015 年设备获得市场检验和认可，实现产业化，摆脱中国 MOCVD 设备依赖进口的被动局面。

上海微电子装备有限公司研制的 4.5 代 TFT 高分辨率平板显示屏光刻机、西北机器有限公司研制的平板显示专用设备对合机进入平板显示器面板生产线，标志着国产设备开始进入平板显示器面板生产线。

锂电池设备加快转型升级，成为行业新的增长点。2015 年在锂电池市场发展的推动下，行业内锂电池设备制造商加快锂电池设备转型升级产品的研制，促进锂电池设备的发展，使其成为电子专用设备市场新的增长点。深圳赢合科技股份有限公司研制的全自动动力锂电池生产线设备不仅为动力锂电池提供全自动化新设备，还提供生产线交“钥匙”的服务功能，进一步提升了国产动力锂电池生产设备的市场综合竞争力。

【重大工程与重点项目】 国家科技重大专项“极大规模集成电路制造装备及成套工艺”（02 专项）10 项集成电路设备项目通过验收。

【国际合作】 中国电子专用设备工业协会与美国国际半导体设备和材料协会（SEMI）合作举办 2015 中国国际半导体设备和材料展览会暨研讨会《SEMICON China》。2015 年 3 月 17—19 日，中国国际半导体设备和材料展览会暨研讨会《SEMICON China 2015》在上海举办。900 多家知名国内外厂商参展，展位 2 600 个，展览面积 60 000 平方米，吸引超过 50 000 名专业观众。48 家中国主要半导体设备制造商参加展览，在《SEMICON China》开始唱起主角。这是 SEMI 与中国电子专用设备工业协会等合作伙伴共同推出迄今为止全球规模最大的又一次半导体设备产业盛会。

【进出口贸易】 2015 年，行业出口交货总值 19.2 亿元，同比增长 27.1%，其中电子专用设备和电子专用工模具的出口交货值 9.64 亿元，同比增长 5.8%。半导体设备出口交货值 6.62 亿元，同比增长 50.2%，占主营产品出口交货值的 69%。其中，集成电路设备出口交货值 5.89

亿元，同比增长 39.2%。中微半导体设备（上海）有限公司研制的等离子体刻蚀机出口 3.04 亿元，同比增长 24.6%，这标志国产自主创新的大规模集成电路高端装备在国际市场占有率在迅速增长。电子整机装联设备出口交货值 5 848 万元，同比增长 33.5%，其中，深圳市劲拓自动化设备股份有限公司出口的表面贴装（SMT）设备达到 4 227 万元。气候环境模拟和可靠性试验设备出口有了突破，出口交货值同比增长 134.6%，达到 2 618 万元，其中苏州苏试试验仪器公司出口 2 533 万元。

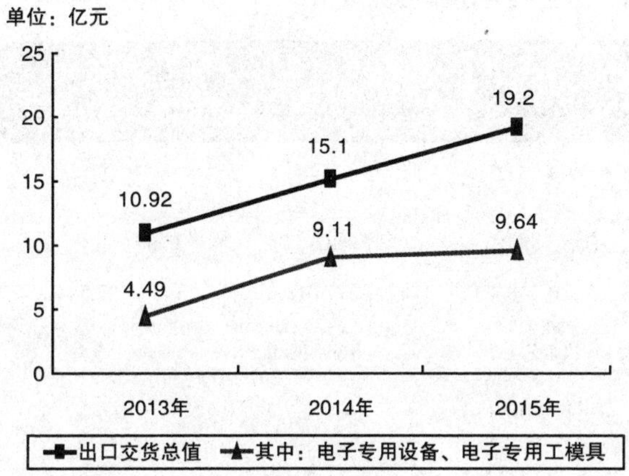

图 3　中国电子专用设备行业出口情况

资料来源：中国电子专用设备工业协会

【政策与法规】　2015 年，财政部、工业和信息化部、保监会联合印发《关于开展首台（套）重大技术装备保险补偿机制试点工作的通知》（以下简称《通知》），确定从 2015 年起开展首台（套）重大技术装备保险补偿机制试点工作。《通知》指出，重大技术装备是国家核心竞争力的重要标志。由于其技术复杂、价值量大，且直接关系用户企业生产经营，在首台（套）产品使用过程中存在一定风险，面临市场初期应用瓶颈。建立首台（套）重大技术装备保险补偿机制，是发挥市场机制决定性作用、加快重大技术装备应用推广的重要举措，对于促进装备制造业高端转型、打造中国制造升级版具有重要意义。25 项电子专用设备列入首台（套）重大技术装备推广应用指导目录，试行保险补偿机制，加快重大电子专用设备的应用推广。

2015 年 2 月，财政部、国家税务总局、国家发改委、工业和信息化部发出《进一步鼓励集成电路产业发展企业所得税政策的通知》。通知指出，符合条件的集成电路专用设备生产企业，在 2017 年（含 2017 年）前实现获利的，自获利年度起，第一年至第二年免征企业所得税，第三年至第五年按照 25% 的法定税率减半征收企业所得税，并享受至期满为止；2017 年前未获利的，自 2017 年起计算优惠期，享受至期满为止。

2015 年 12 月，财政部、国家发改委、工业和信息化部、海关总署、国家税务总局、国家能源局发出《关于调整重大技术装备税收政策的通知》（财关税 [2015]51 号）。18 项重大电子专用设备列入目录中。这项政策的实行，将提高国产重大电子专用设备的市场竞争力。

【市场分析与预测】　在 2015 年年底召开的中央经济工作会议指出，2016 年及今后一个时期，要在适度扩大总需求的同时，着力加强供给侧结构性改革，着力提高供给体系质量和效率，增强经济持续增长动力。这一适应和引领经济发展新常态的重大创新，给电子专用设备行业带来新的环境变化，一方面为行业发展带来长期利好，另一方面也不可避免地产生一定程度的短期阵痛，必须做好承受更大下行压力的准备。

在国家扩大国内光伏市场各项政策的推动下，中国已成为全球光伏最大的终端市场，光伏企业将加快扩大产能的步伐，给中国新一代全自动化、高转换效率的太阳能电池生产设备制造商带来新的发展机遇。

在国家重大科技专项（02 专项）和国家集成电路发展基金的支持下，国产高端集成电路设备（刻蚀机、CVD、PVD、氧化炉、先进封装设备）的国内外市场将继续增长。

中国锂电池产业迅速发展，将继续推动中国锂电池生产设备和锂电池材料制备设备市场的迅速增长。

中国电子焊接、点胶、装配和物料运送将更多采用机器人，智能化、自动化的电子专用设备将得到更快发展。

行业将保持继续增长的态势，与 2015 年相比，行业的主营产品销售收入增速预计将在 15% 以上。

【存在问题】　中国电子专用设备行业存在的主要问题是高端电子专用设备市场占有率较低。目前，中国大规模集成电路芯片生产线设备、平板显示器件面板生产线设备和表面贴装（SMT）自动贴片机等高端装备大部分仍然要依赖进口，国产设备市场占有率较低。如 2015

年集成电路设备进口额42.8亿美元，国产集成电路设备销售额仅为当年中国集成电路设备进口额的8.2%；平板显示器件面板生产线设备基本依赖进口；2015年SMT高速自动贴片机进口11.8亿美元，国产高速自动贴片机还是空白。

问题存在的主要原因，一是由于高端电子专用设备知识产权壁垒很高，国内企业大都缺乏高端人才组成的领军团队，缺乏对现有的专利进行全面分析，很难有自己独立的知识产权去开发高端的电子专用设备；二是由于使用国产高端电子专用设备要比使用进口设备承担更大的风险责任，国产高端电子专用设备的推广应用难度很大，导致国产高端电子设备产业化进程缓慢。

【统计数据】

表1 2013—2015年中国电子专用设备行业主要经济指标完成情况

项目名称	单位	2013年	2014年	2015年	2015年增长率（%）
工业总产值	万元	2 242 665.1	2 494 052.2	2 871 481.1	15.1
工业增加值	万元	492 706.6	553 359.9	558 134.1	0.9
销售收入	万元	1 966 103.4	2 186 448.4	2 677 818.6	22.5
利润总额	万元	123 419.4	144 572.7	166 935.9	15.5
税金总额	万元	66 627.8	69 340.3	64 837.9	–6.5
出口交货值	万元	109 181.7	150 971.5	191 862.1	27.1
固定资产投资额	万元	140 872.9	224 068.7	653 313.1	191.6
固定资产净值平均余额	万元	713 537.8	804 536.0	1 156 319.6	43.7

表2 2015年中国电子专用设备行业企业规模及从业人员情况

类别	企事业单位数量（家）	其中		年末从业人员数（人）	其中
		研究机构（家）	企业（家）		技术人员（人）
合计	71	2	69	28 714	9 318
按照本行业内专业分类					
电子专用设备	67	2	65	26 455	8 978
电子专用工模具	4		4	2 259	340
按照经济类型分类					
国有经济	14	2	12	13 617	4 878
股份合作经济	2		2	403	296
股份制经济	8		8	6 872	1 816
外商及港、澳、台投资经济	5		5	1 130	519
其他经济（民营）	42		42	6 692	1 809

表 3　2013—2015 年中国电子专用设备行业主要产品产量情况

产品名称	单位	2013 年		2014 年		2015 年	
		产量	增长率（%）	产量	增长率（%）	产量	增长率（%）
电子专用设备	台（套）	92 147	10.5	121 372	31.7	121 122	-0.2
电子专用工具	万件	21	18.4	20.65	-1.7	21	1.7
电子专用模具	付	40 876	0.5	35 073	-14.2	22 880	-34.8

表 4　2013—2015 年中国电子专用设备行业主要产品产值情况

产品名称	单位	2013 年		2014 年		2015 年	
		产值	增长率（%）	产值	增长率（%）	产值	增长率（%）
电子专用设备	万元	914 267.4	9.8	1 089 044.6	19.1	1 303 897.8	19.7
电子专用工模具	万元	36 444.0		44 697.0	22.6	44 817.0	0.3

表 5　2013—2015 年中国电子专用设备行业产品销量情况

产品名称	单位	2013 年		2014 年		2015 年	
		销量	增长率(%)	销量	增长率(%)	销量	增长率(%)
半导体与集成电路器件设备	台	4 053	-22.1	3 849	-5.0	5 254	36.5
电子元件与机电组件设备	台	5 538	-13.2	3 796	-31.5	3 160	-16.8
电真空与平板显示器件设备	台	1 706	-36.8	2 933	71.9	2 220	-24.3
气候环境模拟与可靠性试验设备	台	2 409	4.2	2 143	-11.0	2 528	18.0
空气、水净化与废气、废水处理设备	台	59 724	34.3	63 535	6.1	63 230	-0.5
电子整机装联及表面贴装设备	台	4 346	52.2	5 392	24.1	7 147	32.5
电子通用设备	台	16 660	6.5	38 911	133.6	38 729	-0.5
电子专用工具	万件	21	18.4	19.85	-5.5	20.31	2.3
电子专用模具	付	40 876	0.5	35 034	-14.3	22 755	-35.0

表 6　2013—2015 年中国电子专用设备行业产品销售收入情况

产品名称	单位	2013 年		2014 年		2015 年	
		销售收入	增长率(%)	销售收入	增长率(%)	销售收入	增长率(%)
半导体与集成电路器件设备	万元	301 250.3	-18.1	405 212.2	34.5	471 674.9	16.4
电子元件与机电组件设备	万元	125 507.0	0.2	120 581.0	-3.9	285 510.1	136.8
电真空与平板显示器件设备	万元	73 120.3	-1.3	94 451.6	29.2	99 657.9	5.5
气候环境模拟与可靠性试验设备	万元	31 583.3	32.6	27 115.5	-14.1	29 248.5	7.9
空气、水净化及废气、废水处理设备	万元	211 014.8	14.4	252 099.8	19.5	262 435.0	4.1
电子整机装联及表面贴装设备	万元	49 590.2	16.2	71 050.8	43.3	73 024.2	2.8

续表

产品名称	单位	2013 年		2014 年		2015 年	
		销售收入	增长率(%)	销售收入	增长率(%)	销售收入	增长率(%)
电子通用设备	万元	70 918.0	0.6	62 325.3	-12.1	61 097.1	-2.0
电子专用工具	万元	7 867.3	-42.7	8 888.0	13.0	8 941.0	0.6
电子专用模具	万元	12 587.0	-38.9	21 411.0	70.1	21 056.0	-1.7

表 7　2013—2015 年中国电子专用设备行业产品出口情况

产品类别	单位	2013 年		2014 年		2015 年	
		出口交货值	增长率(%)	出口交货值	增长率(%)	出口交货值	增长率(%)
电子专用设备	万元	42 136.4	21.1	84 641.8	100.9	90 151.2	6.5
电子专用工模具	万元	2 751.0	-40.0	6 528.0	137.3	6 277.0	-3.8
其它产品	万元	64 294.3	24.9	59 801.7	-7.0	95 433.9	59.6

表 8　2015 年中国电子专用设备行业前十名单位总销售收入完成情况（不含亏损单位）

序号	单位名称	2015 年		其中：电子专用设备、专用工模具	
		总销售收入（万元）	同比增长（%）	销售收入（万元）	同比增长（%）
1	中电科电子装备有限公司	1 033 244.3	62.84	136 402.0	27.38
2	江苏苏净集团有限公司	303 120.4	-0.13	251 492.3	3.40
3	西北机器有限公司	170 243.0	10.68	33 950.0	3.00
4	北京京运通科技股份有限公司	158 260.3	127.77	23 416.7	-11.86
5	格兰达技术（深圳）有限公司	86 759.8	6.29	18 471.3	6.37
6	北京七星华创电子股份有限公司	84 649.4	-10.09	41 793.9	-20.49
7	天通吉成机器技术有限公司	60 317.0	34.03	55 465.0	51.30
8	浙江晶盛机电股份有限公司	59 178.0	141.23	48 795.0	126.61
9	四川丹甫环境科技有限公司	45 888.9	-17.15		
10	陶氏模具集团有限公司	40 745.0	283.05	11 870.0	11.59
	合计	2 042 406.1	38.69	621 656.2	12.86

表 9　2015 年度中国半导体设备创新产品

序号	设备名称	研制单位
1	FZ100* 型 200mm 区熔硅单晶炉	浙江晶盛机电股份有限公司
2	WCG700-ZJS 金刚线单晶硅棒切磨加工一体机	浙江晶盛机电股份有限公司

续表

序号	设备名称	研制单位
3	Y08-3/UM 型全自动硅片品质分选设备	中国电子科技集团公司第 48 研究所
4	等离子体浸没黑硅表面处理设备	中国科学院微电子研究所
5	exiTin H430 TiN 金属硬掩膜物理气相沉积系统	北京北方微电子基地设备工艺研究中心有限责任公司
6	紫外纳米压印光刻机 URE-2000/35NI	中国科学院光电技术研究所
7	双反应台刻蚀除胶一体机 Primo iDEA®	中微半导体设备（上海）有限公司
8	22-14 纳米单反应台等离子体刻蚀机 Primo SSC AD-RIETM	中微半导体设备（上海）有限公司
9	90-65nm 大角度离子注入机	北京中科信电子装备有限公司
10	200mm 晶圆减薄机	北京中电科电子装备有限公司
11	200mm 全自动划片机	北京中电科电子装备有限公司
12	粗铝线全自动打线机	大连佳峰电子有限公司
13	JBQ-3100 型自动金属膜剥离机	中国电子科技集团公司第 45 研究所

表 10　2015 年度 02 专项验收项目表

序号	项目（课题）名称	研制单位
1	300mm 集成电路硅单晶生长炉	西安理工晶体科技有限公司 浙江晶盛机电股份有限公司 有研半导体材料股份有限公司
2	300mm 硅片多线切割机	中国电子科技集团公司第 45 研究所 有研半导体材料股份有限公司
3	300mm 硅片精密磨片机	无锡机床厂 有研半导体材料股份有限公司
4	300mm 双面抛光机	苏州赫瑞特电子专用设备科技有限公司 有研半导体材料股份有限公司
5	300mm 硅片退火炉	北京七星华创电子股份有限公司 有研半导体材料股份有限公司
6	SiC 半导体材料成套设备研发	西安电子科技大学 中国科学院上海硅酸盐研究所中试基地
7	集成电路设备用质量流量控制器	北京七星华创电子股份有限公司
8	干泵与系列真空阀门	中国科学院沈阳科学仪器研制中心有限公司
9	32nm 以下设备关键技术研究及创新设备技术探索	中国科学院微电子研究所 清华大学
10	300mm 集成电路生产线自动物料搬运系统	沈阳新松机器人自动化股份有限公司

注：表 1~表 10 数据来源于中国电子专用设备工业协会。

[撰稿：金存忠　审稿：彭红兵]

电子测量仪器行业

【概况】 2015 年，中国电子测量仪器行业增长幅度超过 GDP 增长幅度，其中核子及核辐射测量仪器、农林牧渔专用仪器仪表的增幅较大。工业和信息化部运行监测协调局统计结果表明，2015 年电子测量仪器行业规模以上企业 893 家，销售产值 2 310.9 亿元，出口交货值 386.3 亿元，资产总值 2 182.0 亿元；其中，电子测量仪器制造业规模以上企业 160 家，销售产值 320.0 亿元，出口交货值 48.3 亿元，资产总值 246.2 亿元。

【生产与销售】 2015 年，电子测量仪器行业销售产值 2 310.9 亿元，同比增长 9.0%；其中，电子测量仪器制造业的销售产值 320.0 亿元，同比增长 10.1%。

【科研与新产品】 2015 年，中国电子测量仪器制造企业取得一批科研成果，并且有一些产品市场销售情况良好。

中国电子科技集团公司第 41 研究所研发的“AV4051 系列信号 / 频谱分析仪”，频率范围 3Hz~50GHz。该产品具有优良的测试动态范围、相位噪声、幅度精度和速度，具备高灵敏度频谱分析、谱功率测试、IQ 分析、多域关联分析、脉冲参数分析、音频分析、模拟解调分析、相位噪声测试等多种测试功能。该产品可应用于航空、航天、雷达探测、通信、电子对抗、导航等领域的信号及设备测试。产品市场前景广阔，销售形势良好。

“AV3672B 矢量网络分析仪”频率范围 10MHz~26.5GHz，频率分辨率 1Hz。该产品提供频响、单端口、响应隔离、增强型响应、全双端口、电校准等多种校准方式，内设对数幅度、线性幅度、驻波、相位、群时延、Smith 圆图及极坐标等多种显示格式，外配 USB、LAN、GPIB 及 VGA 等多种标准接口，可以对混频器 / 变频器、有源互调失真、增益压缩二维扫描以及脉冲网络 S 参数等的多功能综合参数进行测试，能精确测量微波网络的幅频特性、相频特性和群时延特性。该产品可广泛应用于发射 / 接收（T/R）模块测量、介质材料特性测量、微波脉冲特性测量和光电特性测量，是相控阵雷达、通信、微波射频元器件等应用领域科研、生产必不可少的测试设备。产品市场前景广阔，销售形势良好。

“AV5266 LTE 空中接口监测仪”频段 1 800MHz~2 800MHz。该项目解决多小区、多用户环境下空口强弱信号并存接收的难题，解决大带宽、高速率、多路通信信号实时解调的难题，解决 LTE 空口信令多层协议实时解析和跨层关联分析的测试难题。产品具有功能全、指标高、成本低、可靠性好等特点，总体技术达到国际先进水平。该产品通过射频接口自动捕获空中信号，测试过程中不需要接入网络，不需要网络和终端提供任何接口，不需要网络维护人员的配合，提高测试的易用性，减少干扰，减少人员需求，大大缩减联合调试时间，加快 LTE 网络建设及 LTE 终端研发速度。产品市场前景广阔。

“AV5256 TD-LTE-Advanced 终端综合测试仪”频率范围 400MHz~4 000MHz，输出频率精度 1Hz，输入频率分析精度 1Hz。本产品采用多路并行 TD-LTE-Advanced 信号收发技术和多路宽带中频处理技术，提高基准信号输入 / 输出的精度；采用 TD-LTE-Advanced 高速协议实现技术，完成载波聚合和增强 MIMO 功能，并具有对 TD-LTE-Advanced 信号的最大发射功率、闭环功控、时间模板、FOE、EVM 等指标的测试能力，可以对 TD-LTE-Advanced 终端、专用芯片进行定性及定量分析。该产品具有指标高、覆盖范围广、功能全、成本低及操作方便等特点，能够满足终端和芯片厂商的研发和生产测试需求，可以广泛应用于手机方案提供商、手机生产企业及研发单位，为手机研发各个环节提供测试手段。该产品还可以用于手机入网前的预测试，大大降低企业的入网时间和入网成本。产品总体技术达到国际先进水平，市场前景广阔。

“AV1445 通信矢量信号发生器”频率范围 250kHz~3 000MHz，频率分辨率 1Hz，输出功率范围 -110dBm~+10dBm，输出功率分辨率 0.2dB。该产品采用“FPGA+DAC+I/Q”调制器组合完成宽频带高指标可校准正交调制器设计，满足宽带、高速率的矢量信号发生要求；采用“高动态范围 IQ 调制技术”，满足 GSM/TD-SCDMA/TD-LTE 等现代无线移动通信标准相关产品研究开发的需求。该产品综合性能达到国内领先水平，具有性价比高、体积小、操作方便、可靠性高等特点。产品市场反应良好，预计经济效益和社会效益良好。

“AV6414A 光缆普查仪”工作波长 1 550nm ± 30nm，光源最大输出功率 -4dBm，探测动态范围≥ 15dB。该产品基于光干涉的单端光缆识别技术，采用超宽带激光器、3×3 耦合器、延时光纤和光电探测器组成新型 Sagnac 干涉光路，由干涉信号解析得到扰动信号实现光缆的准确识别；利用基于相关算法的 Daubechies 小波滤波，实现光纤振动信号的有效检测。该产品具有用敲击的方法通过音频和视频对光纤光缆快速准确识别的功能，总体技术达到国内领先水平，适用于人井、隧道、架空、管道等环境下准确识别光缆，是为光缆施工、验收及运维技术人员量身定做的新型仪器。产品具有良好的性价比，预计经济效益良好。

“AV3656B 矢量网络分析仪”频率范围 100kHz~8.5GHz，频率分辨率 1Hz，频率准确度 ± 5ppm。该产品采用全射频电路设计，解决 100kHz~8.5GHz 宽带混频、宽带定向耦合器、高隔离开关、测量不确定度分析等关键技术，实现低成本控制，并申请国家发明专利 10 项，综合性能达到国内领先水平。该产品能够对全部 S 参数进行测试，具有体积小、动态范围宽、成本低、测量速度快、测试功能全等优点。产品适用于工厂大批量生产，经济效益良好。

成都前锋电子仪器有限责任公司研制的“QF4930 手持无线电综合测试仪”，频率范围 2MHz~1 300MHz，可对输出功率 30 瓦以内的无线通信装备进行接收、发射和双工测试。该产品可全面支持无线电接收机、发射机的性能测试和双功测试功能，同时具有天馈线系统故障测试与分析功能，可大幅提升无线电收发设备和转发设备的现场测试效率。产品经济效益良好。

“QF1761 直流电源分析仪”主机最大输出功率 1 500W，最大可 4 路电源同时输出，其单路最大输出电压 100V，单路最大输出电流 50A，并可同时对输出电源的电压进行测量。该产品可以模拟各种直流供电环境，同时对输出电源的电压、电流进行测量和记录。

“QF2460 功率反射计”可对主机的平均功率和峰值功率进行测量。QF81702 定向功率探头输入频率范围 25MHz~1GHz；QF81701 定向功率探头输出范围 200MHz~4GHz。该产品可兼容常用的通信调制标准，在不影响发射系统正常工作的情况下准确测量功率和阻抗匹配度，是目前国内功率测量精度较高的产品。

杭州爱华仪器有限公司研发的“ASV5910 型个人声暴露计”声压级测量范围 65~140dB(A)，声暴露测量范围 0.01Pa^{2}h~99.99Pa^{2}h，噪声剂量测量范围 0%~9999%。本产品是国内最早的防爆型噪声测量仪器，适用于煤矿、金属矿等易爆场合使用。年销售产值约 1 000 万元。

“AWA6228+ 型多功能声级计”频率范围 10Hz~20kHz，测量范围 23~136dBA，可定制至 140dBA。本产品可用于环境噪声、工业噪声、建筑声学等领域。年销售产值约 800 万元。

“AWA6258 型三轴向振动分析仪”频率范围细分如下，人体全身振动 0.315Hz~250Hz；人体手传振动 5Hz~1 600Hz；机器设备振动 5Hz~1 600Hz；低频振动 0.315Hz~250Hz。测量范围细分如下，人体全身振动 52dB~172dB；人体手传振动 70dB~185dB；机器设备振动 70dB~185dB；低频振动 50dB~159dB。该产品是国内唯一可用于机器及低频三轴向振动测量分析，并满足 ISO 8041:2005 标准的人体响应振动计。年销售产值约为 200 万元。

【重大工程与重点项目】 中国电子科技集团公司第 41 研究所承担的国家重大科学仪器设备开发专项“高性能微波频谱分析仪研制与应用开发”，研制高性能微波频谱分析仪。该项目已完成多项关键技术攻关，处于功能样机研制阶段，计划 2017 年完成验收工作。

国家重大科学仪器设备开发专项“微波矢量信号发生器开发和应用”，将攻克低噪声频率合成、多制式基带信号发生、67GHz 微波毫米波信号发生组件设计制造等关键技术。该项目突破超低噪声双晶振锁相技术、多点参考超低噪声通路设计技术、连续变模高鉴相小数分频技术、超低噪声本振发生技术、宽频带基波取样技术、低噪声 YTO 驱动技术、微波取样频率合成选频算法等多项关键技术，计划于 2017 年完成。

"LTE-Advanced 空口监测分析仪表"项目研究高速可扩展的并行数据实时处理技术、3GPP 物理层及协议栈的实现技术、面向 LTE-Advanced 空口监测的测试技术，依据 3GPP 标准，开发 LTE-Advanced 空口监测仪表的硬件和软件平台，支持 LTE-Advanced 空口 L1、L2、L3 的协议栈监测和跨层关联分析，采取实时跟踪方式监测多用户的业务建立、信令过程和数据流量，分析用户业务行为及网络问题。本项目已完成宽带高精度射频变换、并行宽带中频采样、高速基带数据处理、并行可扩展高速数据运算、多模物理层算法并行处理、多模协议栈算法并行解析、大数据实时存储及系统综合集成等关键模块设计，完成 PHY、MAC、RLC、PDCP、RRC 和 NAS 控制和用户端协议栈分析设计，完成 TD-LTE-A 增强特性，包括载波聚合、下行基于码本的 8 天线单 / 双流发送等空口信息解析设计。该项目处于正样机设计阶段，计划 2016 年完成。

"LTE 空中接口监测仪研发"和"TD-LTE-Advanced 终端综合测试仪表开发"两个项目 2015 年完成验收工作。

江苏绿扬电子仪器集团有限公司承担的国家重大科学仪器设备开发专项"超高速数字荧光串行信号分析仪开发与产业化"项目，计划于 2016 年完成。

上海创远仪器技术股份有限公司承担的国家科技重大专项"LTE/TD-SCDMA/WCDMA/GSM 终端综合测试仪开发"项目，完成各项研发目标，准备验收。

国家科技重大专项"LTE 及 LTE-Advanced 信号源及无线信号分析仪开发"项目，将于 2016 年完成。

国家科技重大专项"LTE-Advanced MIMO 矢量信号分析仪"项目，以研究开发支持 LTE-A 在内的多模信号分析仪为目标，开发出通用、稳定、高性能的信号分析仪硬件和软件平台。项目围绕未来 LTE-A 的产业化布局，以市场为导向，研制主要性能指标达到国外高端水平，最大支持 8*8MIMO 测试，并且支持所有蜂窝通信标准，可广泛应用于无线通信产业中的芯片、终端、系统设备、元器件的研发及生产测试的产品。该产品具有高测量带宽、优异测量性能、支持 GSM/GPRS/EDGE/WCDMA/TD-SCDMA/TD-LTE/LTE FDD/LTE-Advanced 标准信号，并可以扩展支持各种通信制式信号测量和射频频段等特点。该产品可以为 LTE-A 移动通信产业提供深层次、广泛支持，从根本上提高我国通信测量仪器产业的装备能力，并具有良好的经济和社会效益。项目计划 2016 年完成。

【进出口贸易】 2015 年，深圳市鼎阳科技有限公司、北京普源精电科技有限公司等中国仪器企业生产的中低端数字存储示波器、信号源、电源等产品，在国内外市场上占有较大的份额。部分基础、光电、通讯类仪器设备出口量有所增长。杭州爱华仪器有限公司与美国声学与振动研究所合作开拓美国市场。

【分析与预测】 5G 移动网络几年后将进入市场，与之相关联的毫米波测试仪器与测试系统将有更为广泛的需求。空气、水、土壤分析类仪器的需求仍将强劲。太赫兹测试仪器需求量会有较大幅度增长。在国防、通信、消费电子等领域，便携式仪器需求量大，并对产品的功能、性能、可靠性等方面提出更高要求。集成式用户可定制测试仪器需求增长较大。无面板也是测试仪器发展的一个趋势。

预计 2016 年中国电子测量仪器行业总体保持约 10% 的增长幅度。

【政策与法规】 党的十八大做出"坚持走中国特色军民融合式发展路子，坚持富国与强军相统一"的战略部署。十八届三中全会进一步把推动军民融合深度发展作为深化国防和军队改革的三大任务之一，把健全国防工业体系作为军民融合深度发展的重要内容。与其他行业相比，电子测量仪器是军民融合做得相对比较好的行业。

科技部发布《关于发布重大科学仪器设备开发专项 2016 年度指南》，设置关键核心部件、高端通用科学仪器和专业重大科学仪器三类任务，下设 10 个重点方向。其中，核心关键部件开发与应用包括：源部件、探测器与传感器、分析分离与控制部件；高端通用仪器工程化及应用开发包括：分析仪器、物理性能测试仪器、电子测量仪器、计量仪器；专业重大科学仪器开发及应用示范包括：支撑经济和产业发展的专业重大科学仪器、服务公益行业和民生改善的专业重大科学仪器、保障国家安全和公共安全的专业重大科学仪器。

【存在问题】 仪器关键技术水平不高，是影响中国电子测量仪器行业发展的重要因素。关键和高端元器件受到禁运，再加上工艺水平、原材料与发达国家存在较大差距，这些因素导致中国电子测量仪器的技术指标和整机质量与世界先进水平存在一定差距，直接限制了中国电子测量仪器行业利润率比较高的中高端产品的研发、生产和销售。中国电子测量仪器产品主要集中在中低端产品上，产品技术指标不高、品种不全，低水平竞争问题严重，高素质人才缺乏。

【统计数据】

表 1　2013—2015 年规模以上电子测量仪器行业和电子测量仪器制造业主要经济指标

类别	经济指标	2013 年		2014 年		2015 年	
		总额（万元）	增长率（%）	总额（万元）	增长率（%）	总额（万元）	增长率（%）
电子测量仪器行业	工业销售产值	19 946 335	19.1	21 202 082	6.3	23 109 299	9.0
	税金总额	793 915	15.2	811 727	2.2	971 712	19.7
	利润总额	1 937 716	15.8	2 078 974	7.3	2 204 657	6.0
电子测量仪器制造业	工业销售产值	2 485 958	12.1	2 905 133	16.9	3 199 616	10.1
	税金总额	94 828	11.0	135 656	43.1	152 387	12.3
	利润总额	239 896	14.3	290 426	21.1	320 808	10.5

表 2　2015 年规模以上电子测量仪器行业主要经济指标（1）

项目名称	工业销售产值（万元）	利润总额（万元）	税金总额（万元）	出口交货值（万元）	资产总计（万元）
总计	23 109 299	2 204 657	971 712	3 863 378	21 819 801
环境监测专用仪器仪表制造	2 311 213	185 964	103 952	330 194	1 967 483
运输设备及生产用计数仪表制造	6 551 471	538 301	246 536	673 811	4 938 158
导航、气象及海洋专用仪器制造	1 302 000	21 112	33 428	482 688	1 482 965
农林牧渔专用仪器制造	582 588	49 581	24 606	7 447	225 908
地质勘探和地震专用仪器制造	1 612 125	158 279	88 315	96 758	1 791 040
核子及核辐射测量仪器制造	133 685	3 390	1 917	1 195	559 296
电子测量仪器制造	3 199 616	320 808	152 387	482 632	2 461 679
医疗诊断、监护及治疗设备制造	7 416 600	927 222	320 572	1 788 654	8 393 273

表 3　2015 年规模以上电子测量仪器行业主要经济指标（2）

项目名称	产成品（万元）	应交增值税（万元）	负债合计（万元）	企业数（家）	亏损企业数（家）	亏损企业亏损额（万元）
总计	924 354	813 988	9 008 674	893	103	125 146
环境监测专用仪器仪表制造	71 681	90 616	704 263	106	10	1 364
运输设备及生产用计数仪表制造	243 166	204 288	2 324 648	185	17	22 395
导航、气象及海洋专用仪器制造	92 427	27 869	754 984	57	12	50 690
农林牧渔专用仪器制造	9 717	21 958	68 711	16	1	86
地质勘探和地震专用仪器制造	63 616	74 825	658 262	64	12	9 358
核子及核辐射测量仪器制造	752	1 619	255 209	8	1	401
电子测量仪器制造	111 866	127 791	1 015 474	160	18	5 245
医疗诊断、监护及治疗设备制造	331 129	265 023	3 227 122	297	32	35 606

注：表 1~表 3 数据来源于《中国电子信息产业统计年鉴》。

［撰稿：方荣　审稿：彭红兵］

集成电路行业

【概况】　2015 年，全球经济一直未完全走出金融危机阴影，整体复苏疲弱乏力，增速持续放缓，传统 PC 业务进一步萎缩，智能终端市场需求逐步减弱，云计算、大数据、物联网带来的新兴市场需求尚未爆发。受此影响，2015 年全球半导体市场规模出现下滑，为 3 352 亿美元，同比下降 0.2%。与此相反，在内需市场和投资的带动下，中国集成电路产业呈现快速发展态势。2015 年全行业实现销售收入 3 609.8 亿元，同比增长 19.7%，集成电路产量为 1 087.2 亿块，同比增长 7.1%。

【生产与销售】　2015 年集成电路设计业、集成电路制造业、封装测试业均呈增长态势。

2015 年中国集成电路设计业继续保持快速增长态势，全年实现销售收入 1 325 亿元，同比增长 26.5%，占全行业收入比例从 2014 年的 34.7% 提升至 36.7%。技术水平明显提升，先进设计水平达到 16 纳米，主流设计水平提高至 40–28 纳米。企业规模进一步扩大，中国前十大集成电路设计企业平均销售额突破 17 亿元，在 2015 年全球前十大集成电路设计企业排名中占据 2 个席位，其中深圳市海思半导体有限公司排名第 6 位，紫光集团旗下的展讯通信（上海）有限公司（2016 年 2 月，展讯通信与迪瑞科合并为紫光展锐）排名第 10 位。

在集成电路设计业快速发展的带动下，中国芯片制造业规模稳步增长，2015 年实现销售收入 900.8 亿元，同比增长 26.5%，占全行业比重为 25.0%。截至 2015 年年底，国内已建成投产 8 条 12 英寸生产线，量产先进逻辑工艺水平为 28 纳米。90–45 纳米工艺产能持续扩充，高压功率器件等特色工艺取得突破，产能利用率保持高位。骨干企业实力持续增强，中芯国际集成电路制造有限公司 2015 年实现销售收入 145 亿元，利润约 15 亿元；华润微电子有限公司、华虹宏力半导体制造有限公司销售收入分别为 47.8 亿元和 42.7 亿元；上海华力微电子有限公司28纳米工艺试产成功。

2015年中国封装测试业实现销售收入1 384亿元，同比增长10.2%，占全行业比例为38.3%。先进封装技术及产品开发和生产取得新进展，目前已形成与65-16纳米制造工艺相配套的封装测试能力，圆片级封装（WLP）、3D封装（TSV）等先进封装规模持续扩大，占封装测试业总销售额比例接近30%。骨干企业竞争力进一步增强，江苏新潮科技集团有限公司2015年实现销售收入92.2亿元，与星科金朋完成合并后，位列全球封装测试企业第4位。南通富士通微电子股份有限公司与AMD公司签署协议，将整合AMD公司马来西亚槟城和中国苏州的封装测试工厂。

【科技进步与应用】 2015年，随着中国集成电路产业规模的不断扩大，集成电路产业链各环节表现出较强的创新活力，为产业后续发展奠定了较好基础。

集成电路新产品方面，澜起科技（上海）有限公司开发的超低功率DDR4内存缓冲控制器芯片，突破架构设计、电路设计和可靠性设计等多项关键技术，在功耗、抖动及对高速数字信号的处理方面都具备优势，达到国际领先水平。晶晨半导体（上海）有限公司开发的智能电视主控SoC芯片以及分体形态智能电视解决方案，采用屏幕与硬件机芯两个功能模块相互独立的设计，打破了传统机屏一体的结构模式，便于软硬件的自由升级，满足消费者多样化的需求。北京中科汉天下电子技术有限公司通过芯片架构、电路设计以及封装方式等多方面的创新改进，开发基于标准CMOS工艺的单芯片射频前端芯片，是国内第一颗采用标准CMOS工艺实现的单芯片全集成射频功率放大器。

集成电路制造技术方面，中芯国际集成电路制造（上海）有限公司开发的28纳米低功耗逻辑集成电路制造工艺技术，采用两次图形化栅极工艺、嵌入式锗硅PMOS工艺，新的浅槽隔离衬里材料，接触孔位置优化的算法等技术，有效提升芯片性能。上海华力微电子有限公司开发的55纳米CMOS图像传感器工艺，采用双沟槽隔离、堆栈式CMOS以及非多晶硅接触孔刻蚀等工艺技术，有效降低成本，优化产品质量。上海华虹宏力半导体制造有限公司开发的第二代深槽型超级结工艺平台，采用深沟槽的刻蚀和填充技术，使产品具有更快的开关速度、更低的开关损耗、较强的雪崩耐量和抗电磁干扰能力。

集成电路封装与测试技术方面，江苏长电科技股份有限公司的超小超薄芯片高可靠性1006/0603封装技术，包括特殊设计的导线架技术，特殊结构的包封技术，有效提升产品的电性能、热性能及可靠性，技术达到国际先进水平。南通富士通微电子股份有限公司开发的12英寸28纳米晶圆级先进封装测试制程技术，采用先进的密节距凸点制造技术及TCB-NCP/MUF等Flip Chip封装技术，满足芯片的高集中度、电性能、小外形及低成本的要求。华天科技（昆山）电子有限公司开发的焊盘通孔全填充12英寸图像传感芯片WLCSP封装技术，实现焊盘通孔全填充的硅通孔结构以及芯片侧面包封装结构，有效提高产品性能和可靠性，大幅度降低成本。

【重大工程与重点项目】 重点项目和工程进展顺利。中芯国际28纳米逻辑生产工艺实现商业化量产；中国台湾地区联电公司与厦门合作建设海峡两岸第一条合资12英寸先进逻辑工艺生产线；台积电宣布在江苏南京设立12英寸芯片厂与设计服务中心，并计划2018年量产；力晶科技与安徽合肥市政府合资成立合肥晶合集成电路公司，设立月产能4万片的12寸芯片厂。此外，中芯国际与长电科技合资建设的12英寸凸块加工生产线项目正式落地江苏江阴市，并成立中芯长电半导体有限公司。在共性技术研发方面，2015年6月中芯国际、华为、高通、IMEC共同投资成立中芯国际集成电路新技术研发（上海）有限公司，开发16/14纳米CMOS逻辑工艺，打造中国最先进的集成电路研发平台。

【国际合作】 《国家集成电路产业发展推进纲要》发布实施后，国际合作取得新进展，国际先进技术、资金、产能加速向大陆转移。除2015年台湾地区的台积电、联电、力晶等几大龙头企业纷纷与大陆开展深入合作之外，国内兼并重组活动也持续活跃，如北京清芯华创并购全球第三大图像传感器厂商美国豪微科技，五岳峰资本并购美国存储器厂商芯成科技，紫光收购惠普旗下新华三公司51%股份成为其控股股东，并在持续推进入股台湾南茂、力成两家封装测试企业。

【进出口贸易】 在进出口贸易方面，2015年中国集成电路进出口量、进出口金额均较2014年有所回升。进口方面，2015年中国集成电路产品进口量为3 140.0

亿块，同比增长 10.0%，进口金额同比增长 5.6%，达 2 299 亿美元；出口方面，2015 年中国集成电路产品出口量 1 827.4 亿块，同比增长 19.0%，出口金额 690.6 亿美元，同比增长 13.5%。主要因素：一方面，中国电子信息产业快速发展对高端集成电路产品需求量持续增加；另一方面，中国集成电路产业近年来发展迅速，在中低端产品出货量稳定增长的同时，高端产品供给能力也有所提升。

【主要企业发展情况】 深圳市海思半导体有限公司，手机芯片市场占有率进一步提升，视频监控市场继续得以巩固，2015 年全年实现销售收入 221 亿元，成为国内首家销售额突破 200 亿元的集成电路企业，位列全球芯片设计企业第 6 位。中芯国际集成电路制造有限公司 28 纳米工艺成功生产高通骁龙处理器，2015 年全年实现销售收入 145.2 亿元，同比增长 13.5%，净利润同比增长 65.66%，连续两年成为全球第五大芯片制造企业。江苏新潮科技集团有限公司完成对新加坡星科金朋的并购后，WLP、3D 等先进封装比重进一步提升，销售规模实现大幅度增长，为 92.2 亿元，同比增速 33.4%，与星科金朋合并报表后，将成为全球第四大封测企业。

【政策与法规】 2015 年 5 月，国务院发布《中国制造 2025》，成为中国全面实施制造强国战略的第一个十年行动纲领。《中国制造 2025》明确：力争通过“三步走”实现制造强国战略目标，确定提高国家制造业创新能力、推进信息化与工业化深度融合、强化工业基础能力、加强质量与品牌建设、全面推行绿色制造、大力推动重点领域突破发展、深入推进制造业结构调整、积极发展服务型制造和生产性服务业及提高制造业国际化水平等九大战略任务，提出制造业创新中心建设、智能制造、工业强基、绿色制造及高端装备创新等五大工程。《中国制造 2025》的出台为集成电路产业创造了广阔的市场机遇和发展空间。

为落实《国务院关于印发进一步鼓励软件产业和集成电路产业发展若干政策的通知》（国发〔2011〕4 号），2015 年一系列集成电路产业的政策实施细则陆续出台。3 月，财政部、国家税务总局、发展改革委、工业和信息化部共同发布《关于进一步鼓励集成电路产业发展企业所得税政策的通知》（财税〔2015〕6 号），企业所得税政策优惠范围进一步扩大到集成电路封装、测试、关键设备和专用材料领域。11 月，财政部等五部门共同发布《关于调整集成电路生产企业进口自用生产性原材料 消耗品免税商品清单的通知》，结合国内产业链上下游发展情况，对免税商品清单和企业名单进行调整。

2015 年 2 月，工业和信息化部颁布《首台（套）重大技术装备推广应用指导目录（2015 年第二版）》，进一步扩大支持首台（套）装备推广应用的范围；3 月，国家发改委发布新一版《外商投资产业指导目录（2015 年修订）》，集成电路设计、制造以及先进封装和测试等依然被列入鼓励外商投资的重点领域。

【市场分析与预测】 2015 年中国集成电路市场规模 11 024 亿元，同比增速 6.1%，高于全球集成电路市场增速 6.3 个百分点。从应用结构看，市场增长的主要动力来自于汽车电子、工业控制以及通信设备等细分领域。据国家统计局数据，2015 年中国微型计算设备产量下降 12.9%，计算机领域集成电路市场占比进一步萎缩；随着国内智能手机市场的饱和以及市场竞争日趋激烈，智能手机市场增速也在逐步放缓。从产品结构看，存储器、标准集成电路、模拟电路及中央处理器仍然是主要需求产品，合计市场份额超过 70%。

截至“十二五”末，《国家集成电路产业发展推进纲要》第一阶段目标已顺利完成，国家集成电路产业投资基金实现稳步起步，撬动作用逐渐显现，地方性基金相继设立，有效缓解投融资瓶颈，带动一批重点项目投资。在资本市场的积极参与下，兼并重组日趋活跃，产业集中度进一步提升。展望“十三五”，全球集成电路产业已进入深度调整与转折期，这为中国集成电路产业发展创造机遇带来挑战。与此同时，随着《中国制造 2025》、“互联网 +”、大数据等国家战略的实施，也为中国集成电路产业发展提供广阔的市场空间。预计 2016 年，中国集成电路产业将继续保持 18% 左右的增速，产业规模可望超过 4 000 亿元。从产业链各环节看，集成电路设计业将继续保持发展活力，产品应用领域进一步拓展，系统开发能力进一步加强；多条 12 英寸生产线重大项目相继建设和投产，32/28 纳米工艺产能进一步扩充，16/14 纳米工艺加紧布局，将推动芯片制造业规模持续扩大；封装测试业的集中度将进一步提高，发展水平和层次不断提升。

【存在的问题】 2015年中国集成电路产业发展中的问题，主要包括以下几个方面。

产品结构较为单一。从近几年中国集成电路产业产品结构来看，消费电子、手机类芯片占据约90%以上市场份额，产品结构相对单一，难以满足《中国制造2025》、"互联网+"等国家战略带来的巨大市场需求。与此同时，国际厂商加速布局面向云计算、大数据、物联网、工业互联网、机器人等领域核心芯片的一系列行动也对中国未来集成电路产业发展形成非常严峻的竞争局面。

高端人才供应短缺。领军人才匮乏，企业技术和管理团队不稳定，是长期以来制约中国集成电路产业发展的主要问题之一。据不完全测算，到2020年缺口在30万人左右，特别是极具全球化视野、企业家精神的领军人才缺乏将成为影响产业可持续发展的关键因素。随着国内12英寸生产线的加速布局，人才队伍建设滞后于生产线建设的问题进一步凸显。

金融资本与产业资本协同不足。2015年由中国资本主导开展的国际并购涉及金额超过100亿美元，但国际并购顶层设计不足，多数实施主体为金融资本，产业承载主体不清晰，产业资本与金融资本协同不足。与此同时，随着国内企业与国际跨国公司深层次合作的开展，也暴露出技术引进消化再创新能力不足等问题。

【统计数据】

表1　2013—2015年中国集成电路产业主要经济指标情况

项目名称	单位	2013年	2014年	2015年
集成电路产量	亿块	867.6	1 034.8	1 087.2
集成电路产业销售额	亿元	2 508.5	3 015.4	3 609.8
集成电路产业销售额增长率	%	16.2	20.2	19.7
其中：设计业销售额	亿元	808.8	1 047.4	1 325.0
设计业增长率	%	30.1	29.5	26.5
制造业销售额	亿元	600.9	712.1	900.8
制造业增长率	%	19.9	18.5	26.5
封装测试业销售额	亿元	1 098.8	1 255.9	1384
封装测试业增长率	%	6.1	14.3	10.2

注：数据来源于工业和信息化部、国家统计局、中国半导体行业协会。

表2　2015年中国前十名集成电路设计企业销售额

排名	企业名称	销售额（亿元）	排名	企业名称	销售额（亿元）
1	深圳市海思半导体有限公司	221.0	6	北京智芯微电子科技有限公司	29.2
2	清华紫光展锐	109.9	7	敦泰科技（深圳）有限公司	22.0
3	深圳市中兴微电子技术有限公司	51.0	8	杭州士兰微电子股份有限公司	20.1
4	华大半导体有限公司	33.8	9	北京中星微电子有限公司	18.5
5	大唐半导体设计有限公司	31.0	10	格科微电子（上海）有限公司	17.9

表 3 2015 年中国前十名半导体制造企业销售额

排名	企业名称	销售额（亿元）	排名	企业名称	销售额（亿元）
1	中芯国际集成电路制造有限公司	145.2	6	上海华虹宏力半导体制造有限公司	42.7
2	三星（中国）半导体有限公司	144.7	7	英特尔半导体（大连）有限公司	22.1
3	SK 海力士半导体（中国）有限公司	127.0	8	西安微电子技术研究所	22.0
4	华润微电子有限公司	47.8	9	上海华力微电子有限公司	20.0
5	台积电（中国）有限公司	43.6	10	和舰科技（苏州）有限公司	18.1

表 4　2015 年中国前十名封装测试企业销售额

排名	企业名称	销售额（亿元）	排名	企业名称	销售额（亿元）
1	江苏新潮科技集团有限公司	92.2	6	英特尔产品（成都）有限公司	40.5
2	威讯联合半导体（北京）有限公司	62.0	7	海太半导体（无锡）有限公司	37.2
3	南通华达微电子集团有限公司	56.4	8	上海凯虹科技有限公司	30.1
4	飞思卡尔半导体（中国）有限公司	54.2	9	安靠封装测试（上海）有限公司	29.5
5	天水华天电子集团	47.8	10	晟碟半导体（上海）有限公司	27.6

注：表 2 ~ 表 4 数据来源于中国半导体行业协会。

表 5　2013—2015 年中国集成电路产品进出口额

项目名称	单位	2013 年	2014 年	2015 年
进口额	亿美元	2 313.4	2 176.2	2 299.0
增长率	%	20.4	–5.9	5.6
出口额	亿美元	877.0	608.7	690.6
增长率	%	64.1	–30.6	13.5

注：数据来源于海关总署。

［撰稿：任爱光　审核：彭红兵］

真空电子器件行业

【概况】 2015年，真空电子器件工业在完成产品结构调整和转型发展方式以后，新产品已经成为转型企业的主要营业收入。传统真空电子器件，仍然保持比较平稳的发展。高性能微波器件的研发仍在继续，不仅在国防尖端领域占有重要地位，而且在国民经济发展的各个领域发挥巨大作用。光电倍增管、X-射线管、光电图像显示管以及真空光电器件仍有较快发展。真空开关管及其配套件的生产规模已满足市场需求，在提高产品质量的同时，努力开发新的高端产品。

2015年，真空电子器件行业企业结构比较稳定，据中国真空电子行业协会统计，截至2015年年末有会员单位73家，其中研究所4家：中电科技集团公司第12研究所、中电科技集团公司第55研究所，中科院电子学研究所和安徽芜湖电真空研究所。截至2015年年末有从业人员50 950人，同比增长0.7%，其中技术人员9 544人，同比增加0.1%；管理人员6 073人，同比增加4.9%；工人35 333人，同比增加0.2%。产业结构调整后，企业结构相对稳定，人员结构处于正常合理的调整区间。为提高企业创新机制和研发水平，技术人员和管理人员有所加强。

2015年，在全球经济持续低迷的大环境下，国内宏观经济增速减缓，真空电子器件的市场受其影响，产能过剩，价格下滑。企业稳中求进，转变经济发展方式，注重节能减排，保护环境和资源，加强管理，降低成本，实现“抗下行，稳增长”的目标。2015年完成工业总产值188.80亿元，同比减少0.5%；实现销售收入198.77亿元，同比增长5.8%；利润总额20.41亿元，同比增长71.9%；上缴税金总额7.95亿元，同比增长11.8%。数据显示，除工业总产值与上年基本持平以外，销售收入、利润总额和上缴税金均呈现增长态势，特别是企业的利润总额比上年增长71.9%，增幅较大，形势喜人。

【生产与销售】 2015年，中国真空电子器件（不含电光源）总产量3 510 639万只，同比增长11.2%；销量3 464 622万只，同比增长9.8%；产销率达到98.7%，总体产销量均有小幅度增长，其中，只有超高频管和光电图像显示管有大幅度增长。电光源总产量748 905万只，同比增长63.2%；销量731 630万只，同比增长60.6%，产销率达到97.7%。其中，主要是气体放电灯市场较好，增幅较大。

真空电子管 2015年，真空电子管的产量124 911万只，同比减少53.7%；销量123 522万只，同比减少54.5%；产销率98.9%。其中，收讯放大管产量4 529万只，同比减少80.6%；销量4 561万只，同比减少79.4%，产销率100.7%。发射管产量41 574万只，同比减少72.5%；销量41 308万只，同比减少73.6%，产销率99.4%。收讯放大管和发射管在2014年国内外市场需求旺盛以后，2015年市场出现较大幅度回落。超高频管产量26 016万只，同比增长540.8%；销量26 006万只，同比增长537.2%；产销率达到100%。稳定管产量48 660万只，同比减少34.1%；销量47 629万只，同比减少33.5%，产销率97.9%。离子管产量4 132万只，同比减少75.9%；销量4 018万只，同比减少76.6%，产销率97.2%。其中，主要是通信设备过电压保护用气体放电管市场需求量较大。湖北汉光科技股份有限公司和镇江电子管厂是生产和销售气体放电管规模较大的企业。2015年真空电子管的市场总体呈现下降的态势，除超高频管有较大幅度的增长以外，其他管型均有所下降。

电子束管 2015年电子束管的总产量152 741万只，同比增长410.1%；销量149 678万只，同比增长399.6%，产销率98.0%。其中，彩色显像管（CPT）产量233万只，销量245万只，与上年持平，产销率105.2%。彩管玻壳产销量均为6 333万套。彩管荫罩产量45.48万片，销量46.69万片，产销率102.7%。2015年，国内企业及广东的外资企业，凭借着国际市场，仍在维持彩管的经营业务。河南安彩高科有限责任公司根

据订单定量生产，新产品收入已占总收入的98%以上。南京网板公司在以新品为主业的同时，也按国内外市场订单定量生产销售彩管荫罩。2015年，彩管的产销量与上年持平；玻壳产销量大幅度增长；彩管荫罩大幅度下降。2015年，光电倍增管产量13 430万只，同比增长25.6%；销量13 100万只，同比增长21.9%，产销率97.5%。摄像管产量1万只，同比减少99.9%；销量1万只，同比减少99.9%，产销率100%。光电图像显示管产量139 077万只，同比增长669.7%；销量136 332万只，同比增长653.2%，产销率98.0%。

真空开关管　真空开关管是电力真空开关的核心器件，市场需求量很大。真空开关管通过“十一五”和“十二五”的发展，已形成规模，完全能够满足国内市场需求，还有部分出口国际市场。近年来，国际市场低迷，国内在调结构、转变发展方式、稳中求进、放缓增长速度的大环境下，真空开关管的发展速度持续放缓。《中国电子信息产业统计年鉴》数据显示，2015年真空开关管产量7 982万只，同比减少6.8%；销量7 902万只，同比减少4.9%，产销率99.0%。生产中、高压真空开关管的外资企业有德国西门子、美国诺顿、厦门阿尔法、ABB和东芝白云（锦州）真空开关管有限公司。规模较大的内资企业有陕西宝光电器股份有限公司，产量49.95万只，同比减少8.0%；销量52.17万只，同比增长6.9%，其中，出口国际市场收入1208.94万美元，同比减少31.9%。2015年，成都旭光电子股份有限公司面对经济增长放缓和市场竞争日益严峻的情况下，不仅维持国内的市场，还扩大国际市场，生产真空开关管31.67万只，同比减少7.1%；销量30.40万只，同比减少1.6%，其中，出口额1 179.84万美元，同比增长63.6%。中国振华集团宇光电器有限公司产量26.72万只，同比增长8.1%；销量25.0万只，同比增长10.6%。湖北汉光科技股份有限公司，生产真空开关管26.01万只，同比增长3.6%；销量24.65万只，与上年持平。在低压真空开关管生产企业中，昆山国力电子有限公司、温州星光电子有限公司、安徽宿州电光有限公司、成都国光电子股份有限公司和甘肃虹光电子有限公司的生产规模都比较大，完全能够满足市场的需求。为真空开关管配套的瓷壳生产企业，主要有广东大埔特种陶瓷有限公司、锦州金属陶瓷有限公司、湖南湘瓷和北京路星宏达电子有限公司等，其中，北京路星宏达的陶瓷金属化检测设备比较齐全。为本行业配套的触头材料生产企业，主要是陕西斯瑞工业有限责任公司，其触头配套能力已达到国内市场的70%，还有批量出口。目前，世界各国都在研发126 kV真空开关，推广应用。2015年，国内各骨干企业研制出的126 kV真空开关管还在整机试用。北京京东方电器有限公司研制出的126 kV和72.5 kV高压真空开关管，除给整机试用外，有部分出口国际市场。为配合高压真空开关管的研制，2015年中电科技集团公司第12研究所研制出126kV的真空度检测仪，供天津平高电气有限公司试用。

真空光电器件　2015年真空光电器件产量3 225 005万只，同比增长13.2%；销量3 183 520万只，同比增长11.9%，产销率98.7%。其中，发光器件产量2 828 469万只，同比增长16.2%；销量2 787 674万只，同比增长14.4%，产销率98.6%。光敏器件产量116 547万只，同比增长14.6%；销量119 589万只，同比增长19.1%，产销率102.6%。光电藕合器件产量267 569万只，同比减少10.8%；销量263 941万只，同比减少10.7%，产销率98.6%。X-射线管产量12 420万只，同比减少0.1%；销量12 316万只，同比减少0.1%，产销率99.2%。2015年真空光电器件市场总体上比上年稍有回落，但仍保持稳增长的态势。其中，光电耦合器件落差较大，X-射线管基本上持平，发光器件和光敏器件维持小幅度的增长。其他未归类的真空光电子器件，2015年产量715 390万只，同比增长133.5%；销量711 905万只，同比增长132.6%，产销率99.5%。

电光源　电光源是人类社会不可或缺的必须品，市场需求量很大。目前，市场需求量比较大的光源有白炽灯、荧光灯、卤钨灯、气体放电灯、汞蒸气灯和钠蒸气灯等产品。2015年电光源产量748 905万只，同比增长63.2%；销量731 630万只，同比增长60.5%；产销率97.7%。其中，白炽灯产量27 691万只，同比减少18.4%；销量26 744万只，同比减少22.2%，产销率96.6%。荧光灯产量383 727万只，同比增长18.9%；销量375 725万只，同比增长17.7%，产销率97.9%。卤钨灯产量146 565万只，同比增长85.0%；销量143 559万只，同比增长82.0%，产销率97.9%。气体放电灯产量172 367万只，同比增长7 067.0%；销量167 285万只，同比增长6 917.0%，产销率97.1%。汞蒸气灯产量18 348万只，同比减少11.6%；销量18 108万只，同比减少 11.4%，产销率 98.7%。钠蒸气灯产量 207 万只，同比减少 46.2%；销量 209 万只，同比减少 45.4%，产销率 101.0%。电光源的市场经历前两年的减速以后，2015 年开始较大幅度的增长，特别是气体放电灯增速强劲。随着社会文明的进步，白炽灯的市场逐年下降，荧光灯的市场稳中有升。

【科研与新产品】 2015 年，超高频管通过省部级鉴定的项目有 56 项，满足了国防现代化和科学研究的需要，也支撑了家用电器和医疗电子行业的发展。中电科技集团第 12 研究所设有“国家大功率微波管实验室”，从事高端微波管的研制，承担国家重点项目，同时，利用现有的技术条件开发医用 X- 光管、CT- 机用球管以及医用加速器用速调管和加速管等。湖北汉光科技与中科院高能物理所合作，在湖北汉光科技建立院士工作站，2015 年研制的大功率速调管及其配套件，保障了北京正负电子对撞机直线加速器的正常运行。南京三乐电子信息产业集团公司在完成国家重点微波管的研制和生产以外，仍在建设大功率微波能工业应用服务平台为社会服务，首先解决褐煤提质和医用垃圾处理装备，大力推广微波能应用，开拓微波器件应用的新领域。

真空开关管的新品研制与开发工作，主要在西安交通大学、西安高压电器研究所与各相关企业。2015 年通过省部级鉴定的项目有 54 项，其中，陕西宝光电器股份有限公司有 15 项，多项成果获得国家专利证书。

中电科技集团公司第 55 研究所、芜湖电真空研究所、东南大学、华东电子集团公司和彩虹集团公司等单位从事真空光电器件和光电显示器件的研制与新品开发，承担国防建设急需的真空光电器件的项目。2015 年通过省部级鉴定的项目 14 项，其中，真空光电器件 7 项，特种光源 7 项。为提高研发能力，芜湖电真空研究所在国家的支持下，设立了博士后工作站，成为安徽省光电子产业研发基地。彩虹集团公司产品结构调整以后，利用原彩管玻壳的技术基础进入 LED 平板玻璃制造行业，2015 年 G4、G6 生产线正常运行，产品合格率达到 80% 以上，成为国内平板玻璃的生产基地之一。

【进出口贸易】 中国真空电子器件参与国际合作和对外贸易的产品很多，近年来，彩色显像管（CPT）和彩色显示管（CDT）进出口数量逐年减少，而其他真空电子产品逐渐增多。

2015 年，彩色显像管全年进口量 0.1 万只，同比减少 99.5%；进口额 23.4 万美元，同比减少 95.0%；出口量 395 万只，同比减少 21.1%；出口额 17 975.1 万美元，同比增长 15.2%。彩色显像管在国内市场的需求量越来越少，进口的数量和金额大幅度下降；出口数量虽然减少，而出口创汇的额度却出现增长，呈现国外彩色显像管市场价格的反弹。2015 年彩色显示管产量 50 万只，销量 49.8 万只，没有出口。

其他真空电子产品出口数量较大的还有：电子管出口 278.77 万只，同比减少 48.2%。电子束光电器件出口 14 466.4 万只，同比增长 11.3%，其中主要是光电图像显示器件出口 14 449.8 万只，占其总数的 99.9%。电真空光电子器件出口 1 925 098 万只，同比增长 62.5%，其中，真空发光器件出口 999 087 万只，同比增长 12.9%，占电真空光电子器件出口总数的 51.9%；光电耦合器件出口 256 575 万只，同比增长 148.2%，占其总数的 13.3%；其他真空光电子器件出口 654 912 万只，同比增长 126.0%，占其总数的 34.0%。电子束光电器件和电真空光电子器件仍然保持出口增长的态势。

2015 年电光源出口 120 196 万只，同比增长 87.6%。其中主要是白炽灯 4 329 万只，同比增长 66.9%；荧光灯 81 623 万只；同比增长 52.0%；卤钨灯出口 3 545 万只，同比减少 26.8%；气体放电灯 28 069 万只，同比增长 6 222%；汞蒸气灯 2 629 万只，同比减少 31.9%。数据表明，电光源的出口形势大好，除卤钨灯出口略有减少以外，其他光源出口都有较大幅度的增长，特别是气体放电灯的出口有了突破性的进展。

【统计数据】

表 1　2015 年中国真空电子器件企业与人员构成情况

类　别	企业数（家）	从业人员	其中		
		总数（人）	技术人员（人）	管理人员（人）	工人（人）
彩色显示器件及其配套	10	19 272	2 889	2 090	14 293
无源真空器件及其配套	37	11 815	1 664	1 803	8 348
真空光电器件及其配套	8	9 458	2 405	1 320	5 733
真空电子器件及其配套	18	10 405	2 586	860	6 959
合　计	73	50 950	9 544	6 073	35 333

注：数据来源于中国真空电子行业协会。

表 2　2013—2015 年中国真空电子行业主要经济指标完成情况

项目名称	2013 年（亿元）	增长率（%）	2014 年（亿元）	增长率（%）	2015 年（亿元）	增长率（%）
工业总产值	222.02	–63.7	189.73	–14.5	188.80	–0.5
销售收入	217.94	–63.6	187.82	–13.8	198.77	5.8
利润总额	12.85	–33.6	11.87	–7.6	20.41	71.9
税金总额	7.97	–2.6	7.11	–10.8	7.95	11.8

表 3　2013—2015 年中国真空电子器件产销量

类　别	2013 年		2014 年				2015 年			
	产量（万只）	销量（万只）	产量（万只）	增长率（%）	销量（万只）	增长率（%）	产量（万只）	增长率（%）	销量（万只）	增长率（%）
电子管	154 798	153 442	269 658	74.2	271 449	76.9	124 911	–53.7	123 522	–54.5
收讯放大管	2 001	2 062	23 368	1 067.8	22 123	972.9	4 529	–80.6	4 561	–79.4
发射管	28 207	27 999	151 242	436.2	156 487	458.9	41 574	–72.5	41 308	–73.6
超高频管	4 561	4 589	4 060	–10.9	4 081	–11.1	26 016	540.8	26 006	537..2
稳定管	36 140	35 853	73 838	104.3	71 618	99.8	48 660	–34.1	47 629	–33.5
离子管	83 889	82 939	17 150	–79.6	17 140	–79.3	4 132	–75.9	4 018	–76.6
电子束管	122 884	123 724	29 942	–75.6	29 961	–75.8	152 741	410.1	149 678	399.6
彩色显像管	231	243	231	0	243	0	233	0.9	245	0.8
光电倍增管	68 955	70 137	10 693	–84.5	10 747	–86.2	13 430	25.6	13 100	21.9
摄像管	118	111	948	703.4	870	683.8	1	–99.9	1	–99.9

续表

类别	2013年		2014年				2015年			
	产量（万只）	销量（万只）	产量（万只）	增长率（%）	销量（万只）	增长率（%）	产量（万只）	增长率（%）	销量（万只）	增长率（%）
光电图像显示管	53 580	53 233	18 070	−66.3	18 101	−65.9	139 077	669.7	136 332	653.2
真空开关管	12 014	11 295	8 564	−28.7	8 313	−26.4	7 982	−6.8	7 902	−4.9
真空光电器件	1 826 041	1 825 137	2 848 654	56.0	2 846 193	55.9	3 225 005	13.2	3 183 520	11.9
发光器件	1 680 178	1 681 566	2 434 469	44.9	2 437 803	44.9	2 828 469	16.2	2 787 674	14.4
光敏器件	132 255	130 059	101 675	−23.1	100 444	−22.8	116 547	14.6	119 589	19.1
光电耦合器件	1 471	1 528	300 073	20 299	295 614	19 246	267 569	−10.8	263 941	−10.7
X- 射线管	12 137	12 034	12 437	2.5	12 332	2.5	12 420	−0.1	12 316	−0.1
电光源	522 844	517 650	458 808	−12.3	455 679	−11.9	748 905	63.2	731 630	60.5
白炽灯	62 190	62 095	33 939	−45.4	34 358	−44.7	27 691	−18.4	26 744	−22.2
荧光灯	354 472	350 843	322 475	−9.0	319 262	−9.0	383 727	18.9	375 725	17.7
卤钨灯	98 617	97 234	79 216	−19.7	78 865	−18.9	146 565	85.0	143 559	82.0
气体放电灯	2 522	2 483	2 405	−4.6	2 384	−3.9	172 367	7 067.0	167 285	6 917.0
汞蒸汽灯	4 665	4 622	20 748	344.8	20 427	341.9	18 348	−11.6	18 108	−11.4
钠蒸汽灯	378	374	385	1.9	383	2.4	207	−46.2	209	−45.4

表 4　2013—2015 年中国真空电子行业产品进出口数量统计表

类别	2013年		2014年				2015年			
	进口数量（万只）	出口数量（万只）	进口数量（万只）	增长率（%）	出口数量（万只）	增长率（%）	进口数量（万只）	增长率（%）	出口数量（万只）	增长率（%）
彩色显像管	41	683	21.2	−48.3	500.4	−26.7	0.1	−99.5	395	−21.1

表 5　2013—2015 年中国真空电子行业产品进出口额统计表

类别	2013年		2014年				2015年			
	进口额（万美元）	出口额（万美元）	进口额（万美元）	增长率（%）	出口额（万美元）	增长率（%）	进口额（万美元）	增长率（%）	出口额（万美元）	增长率（%）
彩色显像管	750	19 949	470.8	−37.2	15 599.2	−21.8	23.4	−95.0	17 975.1	15.2

注：表 2~表 5 数据来源于《中国电子信息产业统计年鉴》。

[撰稿：尹泉　审稿：李庆和]

电子元件行业

【概况】 2015年，是“十二五”规划收官之年，中国电子元件行业在外部需求疲软、国内经济增速放缓、人力成本攀升、环境与资源压力增大的宏观经济环境影响下，尽管仍然保持一定增长，但行业增速与2014年相比大幅回落。

2015年中国电子元件行业重点骨干企业实现销售收入17 951亿元，仅次于通信设备制造业、电子计算机制造业，位居电子信息制造业各分行业第三位。作为电子信息产业乃至整个工业的基础，电子元件行业的创新发展也将是实现《中国制造2025》，建设工业强国、制造强国，实现“中国梦”的伟大目标的关键影响因素之一。

2015年，中国电子元件海关进出口贸易额同比小幅下降，但仍然略强于全国海关进出口贸易，而电子元件产品的出口贸易又好于进口贸易，进一步加大贸易顺差，为中国的出口创汇做出一定贡献。同时，中国电子元件行业内的并购重组活跃、海外扩张取得较好成果，虽然与国外跨国企业相比仍存在一定差距，但某些领域的部分优秀企业国际竞争力得到进一步提升。

【生产与销售】 2015年，中国电子元件制造业规模保持缓慢增长态势，重点骨干企业实现销售收入17 951亿元，同比增长6.01%。

中国电子元件行业协会根据2015年企业规模实力、财务状况、研发能力等多方面指标，发布了2016年（第29届）中国电子元件百强企业排名。本届电子元件百强企业共完成主营业务收入2 814.58亿元，同比增长16.32%；实现利润总额238亿元，同比增长18.11%；上缴税金总额115亿元，同比增长19.79%；出口创汇103亿美元，同比增长4.04%；拉动就业超10万人。

第29届中国电子元件百强，有44家企业的主营业务收入超过10亿元，比上届增加3家；有11家企业超过50亿元，与上届持平；有8家企业主营业务收入超过100亿元，比上届增加2家。其中，亨通集团有限公司2015年主营业务收入480.3亿元，同比增长26.2%，以超强的综合实力领跑中国电子元件百强企业，实现八连冠。

【科研与新产品】 2015年，中国电子科技集团公司第40研究所研发的“JUW系列微型高可靠恒温继电器”获得中国电子学会电子信息科学技术奖科技进步类二等奖。

东南大学、江苏亨鑫科技有限公司联合研发的“基于MIMO技术的新一代移动通信天线研发与产业化”、中国电子科技集团公司第四十研究所研发的“SMA-KFD005型射频同轴连接器”、中国电子科技集团公司第41研究所研发的“光纤陀螺光纤环应力分布和温度特性校准技术研究”及临沂市海纳电子有限公司研发的“电动汽车用高压大电流连接器及其线束研究开发”获得中国电子学会电子信息科学技术奖科技进步类三等奖。

中天科技光纤有限公司的“高强度大盘长海底光缆用单模光纤的制备方法（专利号ZL200910031143.8）”、汕头高新区松田实业有限公司的“一种陶瓷电容器的电介质及其制备方法（专利号ZL201010538725.8）”及烽火通信科技股份有限公司的“弯曲不敏感微结构光纤及其制造方法（专利号ZL201110355519.8）”获得“中国专利优秀奖”。

在第29届电子元件百强企业中，2015年研发费用总额99.7亿元，同比增长26.5%。从研发费用与主营业务收入的比例上看，最近几届电子元件百强企业的研发投入都稳定在3.5%左右，远远高于《中国制造2025》中2015年中国规模以上制造业研发经费内部支出占主营业务收入比重的平均水平。

从专利水平上看，第29届电子元件百强企业共获得国家知识产权局授权专利4 040件，总数再创新高，而且发明专利达到865件，也远超上届的475件。

【重大工程与重点项目】 2015 年 3 月，工业和信息化部印发《2015 年工业强基专项行动实施方案》。其中电子元件产品有 8 项，分别是："电子电路用高频微波、高密度封装覆铜板、极薄铜箔""片式多层陶瓷电容器用介质材料""介质多腔滤波器与介质波导滤波器""新一代移动通信终端用声表面波滤波器 / 双工器""LED 照明用耐高温、长寿命、小型固态铝电解电容器""高频片式压控晶体振荡器（VCXO）""宽域氧传感器""自主三代核电技术关键传感器及仪表组件"。

2015 年 7 月 2 日，工业和信息化部确定并公布 2015 年 46 个智能制造试点示范项目名单，电子元件企业——长飞光纤光缆股份有限公司的"光纤智能制造试点示范"项目入选全国首批智能制造试点示范项目。

2015 年，中国电子元件行业继续认真贯彻落实《社会信用体系建设规划纲要（2014-2020 年）》（国发〔2014〕21 号）、民政部等 8 部门《关于推进行业协会商会诚信自律建设工作的意见》(民发〔2014〕225 号）和《商务部关于加快推进商务诚信建设工作的实施意见》（商秩函〔2014〕772 号）等政府部门部署的工作，分别于 6 月和 12 月完成第二批和第三批中国电子元件行业企业信用等级评价工作，经过公示，共有 47 家企业获得 A 级以上信用等级。

【进出口贸易】 据海关数据，2015 年电子元件 13 大类 71 小类产品进出口贸易额 1 450.49 亿美元，同比下降 1.65%，实现贸易顺差 262.48 亿美元，同比增长 39.32%。其中出口额 856.48 亿美元，同比增长 2.99%；进口额 594.00 亿美元，同比下降 7.65%。2015 年电子元件产品的出口贸易强于进口贸易，进一步拉大贸易顺差额。

2015 年电子元件出口额呈小幅增长趋势。在出口创汇的大类产品中，实现同比增长的大类产品有 8 种。其中，电池以 14.84% 的增幅居首，其次是电阻电位器（12.69%）及电声器件（11.18%）。

2015 年电子元件进口用汇呈同比下降趋势，大部分产品同比都下降，只有两个大类产品同比增长，依次是：电阻电位器（6.11%）、电声器件（3.44%），可以看出，即使是同比增长的产品，其增长幅度也很小。

【国际合作】 2015 年中国电子元件行业举办、协办及参加的考察培训活动、大型展览会和研讨会有"德国工业 4.0 考察培训""日本精益生产管理研修培训""德国柏林 CWIEME 展会""2015 第二十届中国（国际）小电机技术研讨会暨展览会""中国铝电解电容器市场与发展国际研讨会""2015 年深圳国际电源工业及电子变压器展览会""第五届电声技术国际研讨会（ISEAT 2015)"等。

2015 年电子元件行业内并购重组活跃、海外扩张成果显著：瑞声科技控股有限公司收购美国 MEMS 射频元件厂商 WiSpry、深圳市得润电子股份有限公司收购 MetaSystemS.p.A.60% 股权、德昌电机控股有限公司 6.59 亿美元收购加拿大汽车零部件生产商世特科国际 (Stackpole International)、歌尔股份有限公司收购丹麦音频技术公司 AM3D A/S、长飞光纤光缆股份有限公司与印尼 PTMonas 公司合资成立光纤制造公司、武汉光迅科技股份有限公司投资约 4 000 万欧元（约人民币 2.7 亿元）建立欧洲研发中心、由中国私募股权公司组成的投资财团 19 亿美元收购苹果传感器供应商 OmniVision 等。

【政策与法规】 2015 年 8 月 19 日，商务部发布第 25 号公告，公布对原产于日本和美国的进口光纤预制棒反倾销案的终裁决定。根据终裁决定，进口经营者在进口上述来源的光纤预制棒时，应根据终裁决定所确定的各公司的倾销幅度（8.0%~41.7%）向中国海关缴纳反倾销税。该产品归在《中华人民共和国进出口税则》，税则号：70022010，该税则号下进口产品直径小于 60 毫米的除外。该裁定对中国光纤光缆行业的发展将产生积极作用。

2015 年 12 月 20 日，《中韩自贸协定》正式生效。根据中韩协定关税减让方案，以 2012 年数据为基准，中方实现零关税的产品最终将达到税目数的 91%、进口额的 85%，韩方实现零关税的产品最终将达到税目数的 92%、进口额的 91%。2016 年 1 月 1 日，中方实施零关税的税目数比例将达 20%，主要包括部分电子产品、化工产品、矿产品等；韩方实施零关税的税目数比例将达 50%，主要包括部分机电产品、钢铁制品、化工产品等。

2015 年 12 月 16 日，世界贸易组织（WTO）第十届部长级会议期间，参加方宣布《信息技术协定》（ITA）扩围谈判全面结束。ITA 是 WTO 下的多边贸易协定，旨在分阶段将 IT 产品的关税削减至零。此次扩围是指在1996年ITA产品范围的基础上，新增201项免税产品，包括信息通信技术产品、半导体及其生产设备、视听产品、医疗设备及仪器仪表等目前科技水平较高的产品。此次ITA扩围包括美国、欧盟、日本、韩国等24个参加方。中国是信息技术产品最大的生产国和消费国，按照计划，中国大部分产品将在3~5年内实现零关税。该协议对未来扩大中国电子元件进出口贸易也将产生一定的积极作用。

【市场分析与预测】 从2015年电子元件行业各重点骨干企业的经营数据来看，一些优秀企业仍然保持着较高的增速。但是，对占中国电子元件生产企业总数80%以上的中小企业来说，由于中国经济增速整体放缓，不少企业仍然经营困难，行业两极分化趋势明显。

随着中国人力成本的不断攀升，加工贸易额不断减少。外资企业不断将低端产能转移出中国，必然使中国电子元件行业的出口额和整体销售额受到影响，也给主要从事低端产品生产的中国本土电子元件中小企业带来更大的经营压力。另外，贸易摩擦和贸易保护主义的增多也对电子元件行业产生不利影响。

国外也有一些主要的电子元件生产企业仍在将相关产品转移至中国生产，或者扩大在中国的生产规模。只不过相比以往的产品来说，这些产品的技术含量更高，有不少涉及中国仍难以生产的高端产品。外资企业的“转出”与“转入”并存，这对中国电子元件行业的发展既是挑战也有机遇，中国电子元件行业也因此需要加快产业结构调整和转型升级改造的步伐。

【存在问题】 最近几年来，全球电子元件技术突飞猛进，各种微型化、集成化、节能环保型的新型元件产品层出不穷，生产难度越来越大。而中国本土电子元件生产企业的整体规模虽然在不断扩大，但整体技术水平与发达国家相比不仅并未缩小，反而在拉大。目前，中国很多产品所需要的关键、高端电子元件都需要进口，对一些高精尖领域的电子元件产品，发达国家还对中国实施禁运，而中国目前还没有能力生产。这不仅使中国电子元件行业发展受到阻碍，更可能使中国国民经济和国防建设的命脉被国外势力所把持，影响中国工业发展、经济安全乃至国家安全。

电子元件虽然与集成电路一样，都是整个电子信息产业的基础，电子元件产品的技术水平同样影响整个电子信息产业的发展水平，但近几年来，中国电子元件类项目几乎没有获得过“核高基”专项的支持。“强基工程”是目前电子元件行业获得国家扶持资金的唯一途径，但是，在《工业“四基”发展目录（2016年版）》初稿中，几乎没有电子元件类项目，许多与《中国制造2025》重点领域和重大工程成败攸关、急需获得国家专项资金支持的电子元件类项目都未能列入其中。

【统计数据】

表1　2014—2015年中国电子元件各行业经济指标完成情况

行业分类	2014年销售收入（亿元）	2015年销售收入（亿元）	同比增长（%）
合计	16 934	17 951	6.01
电阻电位器	201	208	3.48
电容器	935	977	4.49
磁性材料与器件	531	506	–4.71
电感器件	212	206	–2.83
电子变压器	575	569	–1.04
混合集成电路	66	74	12.12
电子陶瓷及器件	135	146	8.15

续表

行业分类	2014年销售收入（亿元）	2015年销售收入（亿元）	同比增长（%）
压电晶体	175	161	−8.00
继电器	214	218	1.87
敏感元器件及传感器	495	547	10.51
接插件	2 101	2 159	2.76
微特电机	879	907	3.19
电声器件	762	790	3.67
光电线缆	3 867	4 280	10.68
印制电路板	1 734	1 791	3.29
电池	4 052	4 413	8.91

表2　2013—2015年电子元件产品进出口贸易完成情况

产品名称	2013年		2014年		2015年			
	出口额（万美元）	进口额（万美元）	出口额（万美元）	进口额（万美元）	出口额（万美元）	增长率（%）	进口额（万美元）	增长率（%）
合计	7 604 251	6 365 270	8 316 148	6 432 136	8 564 831	2.99	5 940 026	−7.65
电容器	708 840	1 113 971	759 297	1 142 030	768 799	1.25	1 020 316	−10.66
电阻电位器	138 369	223 821	169 646	221 512	191 182	12.69	235 044	6.11
磁性材料与器件	228 726	80 814	232 992	74 612	216 306	−7.16	60 403	−19.04
电感器件	329 103	378 513	325 859	358 503	277 917	−14.71	297 215	−17.10
电子变压器	217 110	123 617	206 251	105 520	184 957	−10.32	87 939	−16.66
石英晶体器件（频率元件）	143 742	302 041	140 236	330 119	126 395	−9.87	313 755	−4.96
控制继电器（电控制元件）	112 843	95 467	124 374	104 780	125 397	0.82	98 721	−5.78
电接插元件	961 541	1 216 336	1 125 079	1 316 352	1 093 316	−2.82	1 221 716	−7.19
电声器件	1 236 324	374 547	1 397 109	369 939	1 553 340	11.18	382 678	3.44
微特电机	505 882	315 252	557 336	301 191	587 797	5.47	282 726	−6.13
光电线缆	950 095	399 145	1 047 079	381 944	1 073 481	2.52	365 212	−4.38
印制电路板	1 335 604	1 364 756	1 384 282	1 343 492	1 402 632	1.33	1 214 571	−9.60
电池	728 964	364 316	837 181	372 858	961 413	14.84	359 665	−3.54

表 3　2016 年（第 29 届）中国电子元件百强企业

总排名	企业名称	2015 年主营业务收入（千元）	主营产品
1	亨通集团有限公司	48 032 242	光电线缆
2	中天科技集团有限公司	25 927 400	光电线缆
3	瑞声科技控股有限公司	11 738 866	电声器件
4	富通集团有限公司	22 276 582	光电线缆
5	歌尔股份有限公司	13 656 025	电声器件
6	永鼎集团有限公司	20 053 442	光电线缆
7	立讯精密工业股份有限公司	10 139 492	连接器
8	潮州三环（集团）股份有限公司	2 486 131	陶瓷插芯、基座、阻容元件、陶瓷材料
9	厦门宏发电声股份有限公司	4 217 755	继电器
10	中航光电科技股份有限公司	4 725 197	连接器
11	广东生益科技股份有限公司	7 487 198	覆铜板
12	长飞光纤光缆股份有限公司	6 731 114	光电线缆
13	浙江富春江通信集团有限公司	14 251 029	光电线缆
14	江苏俊知技术有限公司	2 480 091	光电线缆
15	横店集团东磁有限公司	5 484 106	磁性材料
16	中山大洋电机股份有限公司	2 768 995	微特电机
17	广东东阳光科技控股股份有限公司	4 460 574	电容器用电极箔
18	深圳市得润电子股份有限公司	2 920 329	连接器
19	浙江长城电工科技股份有限公司	2 899 220	光电线缆
20	贵州航天电器股份有限公司	1 873 434	连接器、继电器
21	杭州富生电器有限公司	2 423 998	微特电机
22	深圳市崇达电路技术股份有限公司	1 711 448	印制电路板
23	深圳顺络电子股份有限公司	1 319 276	电感器、LTCC 射频器件
24	厦门法拉电子股份有限公司	1 372 936	薄膜电容器
25	湖南艾华集团股份有限公司	1 308 500	铝电解电容器
26	电连技术股份有限公司	907 931	连接器
27	金龙控股集团有限公司	1 240 808	微特电机
28	通光集团有限公司	1 200 840	光电线缆
29	广东江粉磁材股份有限公司	4 857 342	磁性材料
30	国光电器股份有限公司	2 147 075	电声器件

续表

总排名	企业名称	2015 年主营业务收入（千元）	主营产品
31	广东风华高新科技股份有限公司	1 901 978	阻容感元件、电子材料等
32	汕头超声印制板公司	1 903 729	印制电路板
33	浙江天乐集团有限公司	2 728 910	电声器件
34	开平依利安达电子有限公司	1 698 031	印制电路板
35	深圳市和宏实业股份有限公司	1 055 218	电接插件
36	天通控股股份有限公司	1 316 140	磁性材料
37	湖北瀛通通讯线材股份有限公司	769 749	光电线缆
38	东莞铭普光磁股份有限公司	1 316 574	电子变压器，光电模块等
39	北京七星华电科技集团有限责任公司	1 403 651	电声器件、阻容元件、晶体器件、电子变压器等
40	南通江海电容器股份有限公司	1 091 288	铝电解电容器
41	江苏华威世纪电子集团有限公司	1 430 465	铝电解电容器
42	成都宏明电子股份有限公司	1 044 854	陶瓷电容器、电阻器
43	合兴集团有限公司	1 107 990	连接器
44	安徽铜峰电子集团有限公司	1 677 482	薄膜电容器
45	深圳市凯中精密技术股份有限公司	803 768	微特电机
46	珠海格力新元电子有限公司	715 339	电容器
47	东莞市三友联众电器有限公司	914 980	继电器
48	深圳市麦捷微电子科技股份有限公司	678 898	电感器、LTCC 射频器件、LCM 模组
49	江苏上骐集团有限公司	1 035 584	微特电机
50	株洲宏达电子股份有限公司	383 776	钽电解电容器
51	杭州日月电器股份有限公司	1 033 680	电接插件
52	中国振华（集团）新云电子元器件有限责任公司	953 820	钽电解电容器
53	四川永星电子有限公司	465 312	电阻器
54	浙江永贵电器股份有限公司	511 128	连接器
55	福建火炬电子科技股份有限公司	347 676	多层片式陶瓷电容器
56	南通海星电子股份有限公司	738 415	电极箔
57	杭州微光电子股份有限公司	388 797	微特电机
58	合肥博微田村电气有限公司	844 384	电子变压器
59	深圳市海光电子有限公司	601 661	电子变压器
60	江西联创宏声电子有限公司	757 372	电声器件

续表

总排名	企业名称	2015 年主营业务收入（千元）	主营产品
61	浙江联宜电机有限公司	466 114	微特电机及组件
62	汇港控股集团有限公司	628 616	继电器
63	山东共达电声股份有限公司	639 491	电声器件
64	浙江凯文磁钢有限公司	574 520	磁性材料
65	绵阳开元磁性材料有限公司	777 672	磁性材料
66	广东奥迪威传感科技股份有限公司	266 061	压电电子元器件、传感器
67	陕西华达科技股份有限公司（853 厂）	603 163	连接器
68	东莞市大忠电子有限公司	488 160	电子变压器
69	深圳市通茂电子有限公司	378 558	连接器
70	宁波碧彩实业有限公司	574 056	薄膜电容器
71	新岱电子（深圳）有限公司	374 857	印制电路板
72	深圳市京泉华科技股份有限公司	757 445	电子变压器
73	苏州华之杰电讯有限公司	492 278	电接插元件
74	湖北泰晶电子科技股份有限公司	320 274	石英晶体器件
75	汕头高新区松田实业有限公司	303 304	陶瓷电容器等
76	上海埃斯凯变压器有限公司	423 825	电子变压器
77	宁波福特继电器有限公司	381 202	继电器
78	苏州瑞可达连接系统股份有限公司	188 966	连接器
79	北京元六鸿远电子科技股份有限公司	521 807	多层片式陶瓷电容器
80	广东惠伦晶体科技股份有限公司	416 417	石英晶体器件
81	上海欧姆龙控制电器有限公司	401 793	控制继电器
82	深圳市宇阳科技发展有限公司	526 754	MLCC
83	广东百圳君耀电子有限公司	245 353	电子保护元器件
84	深圳市金洋电子股份有限公司	597 067	连接器
85	浙江全方音响科技有限公司	398 819	电声器件
86	常州祥明智能动力股份有限公司	340 124	微特电机
87	四川华丰企业集团有限公司	537 363	连接器
88	深圳振华富电子有限公司	327 543	片式电感器
89	南阳森霸光电股份有限公司	133 141	光电传感器
90	深圳可立克科技股份有限公司	740 827	电子变压器

续表

总排名	企业名称	2015 年主营业务收入（千元）	主营产品
91	扬州升达集团	476 452	电极箔
92	嘉兴佳利电子有限公司	261 254	微波介质器件
93	浙江五峰电容器有限公司	395 040	薄膜电容器
94	应达利电子（深圳）有限公司	126 262	石英晶体器件
95	肇庆华锋电子铝箔股份有限公司	299 650	电容器用电极箔
96	山东国瓷功能材料股份有限公司	532 684	陶瓷电容器
97	江苏江佳电子股份有限公司	299 669	陶瓷频率器件
98	中电科技德清华莹电子有限公司	235 793	声表面波器件
99	佛山市川东磁电股份有限公司	137 591	传感器
100	深圳市正德智控股份有限公司	148 392	微特电机与组件

注：表 1~表 3 数据来源于中国电子元件行业协会信息中心。

［撰稿：娄龙　审稿：古群］

电子信息材料行业

【概况】　2015 年国内电子材料行业的经济运行进入常态化发展，行业整体维持与 2014 年持平的发展态势。2015 年电子材料行业高端产品发展较好，重点企业的产品结构调整、转型升级加快，经济效益逐渐提升。中低端产品严重过剩，亏损企业增多，压缩中低档同质化产品是行业需要共同研究和克服的任务。

【生产与销售】　2015 年，国内电子材料行业产值突破 3 000 亿，完成销售额 2 986.5 亿元，与 2014 年基本持平。

多晶硅　2015 年，全球光伏市场发展较好，增长势头超过 20%，全年新增装机容量 54GW。中国、日本和美国继续领跑，印度等新兴市场呈现较快发展态势。中国光伏市场增长强劲，技术水平不断提高，产业规模扩大，企业经济效益回升，开拓国际市场步伐加快。中国多晶硅产业和市场回暖，龙头企业结束连续多个季度的亏损开始扭亏为盈。2015 年，国内多晶硅总产量 16.9 万吨，比 2014 年增长 20.7%，用于太阳能电池的硅片产量 48GW，增长 26.3%，电池片产量 41GW，增长 24.2%。集成电路用多晶硅只有小批量生产。目前，中国主要采用改良西门子法生产多晶硅，电子级多晶硅规模化生产技术还不成熟，和国外差距较大，昆明冶研新材料股份有限公司、洛阳中硅高科技有限公司、青海黄河上游水电开发有限责任公司、江苏中能硅业有限公司等企业已有小批量电子级多晶硅生产，国内单晶硅片生产企业如有研半导体材料股份有限公司、浙江金瑞泓科技股份有限公司等企业有意愿采用国产多晶硅，已开展国内厂商多晶硅应用评估研究。国产多晶硅产品性能指标基本可以达到电子级水平，与同类进口产品相当，但产品的稳定性、一致性需要提高。另外，下游客户对国

产多晶硅的信任度不够，真正推动国产电子级多晶硅的实际应用还面临较大困难。

集成电路半导体硅单晶、衬底片、外延片　随着集成电路工艺和技术的不断发展，硅片的直径尺寸越来越大。国际上，先进企业的300mm硅片制备技术已经成熟，包括硅单晶生长技术、硅片加工技术和缺陷控制技术等。2015年全球300mm硅片的产能为495万片/月，200mm硅片的产能为470万片/月。全球300mm硅片销售5 990万片，其中日本公司销售4 940万片。200mm硅片销售5 400万片，其中日本公司销售3 000万片。至2015年年底，国际大公司（日本公司和德国公司）300mm硅片的几何参数能够满足14nm和16nm线宽集成电路制造的要求，预计到2016年年底，德国公司制造的抛光机就能满足10nm甚至7nm线宽集成电路制造的要求。目前用户使用的正片全部是300mm外延片。

由于半导体、集成电路产业发展增长，对硅单晶、衬底片、外延片市场需求较好，2015年半导体用单晶硅棒市场需求约2 700吨，产量约1 800吨（其中区熔级单晶硅不到200吨，半导体直拉单晶硅约1 600吨）。

国内浙江金瑞泓科技股份有限公司、有研半导体材料有限公司和天津中环半导体股份有限公司有200mm硅抛光片生产能力，浙江金瑞泓科技股份有限公司、南京国盛电子有限公司、河北普兴电子科技股份有限公司及上海新奥科技股份有限公司有200mm硅外延片的生产能力，国内企业制造的200mm硅片主要以分立器件用重掺杂衬底外延片为主，约占国内市场10%~20%的份额。

国内在重掺、轻掺硅片（掺砷、磷、锑等）方面具有优势，进入国内外市场较多，由于市场波动，需求时而下滑，导致价格出现大跌（约50%），如重掺片由2013年的130~140美元/片，下降至2014年的100美元/片、2015年的70~80美元/片以下；轻掺片由2013年的110美元/片，下降至2014年的80美元/片、2015年的60美元/片以下。而进口的石英坩埚、多晶硅、化学品等价格不变，同时企业要上交进口关税，致使硅衬底片企业效益下滑明显。部分外延片生产企业情况较好，总体产量增长在15%，但利润仅在5%。

环氧塑封料　国内应用量大面广的环氧塑封料产业规模仍然较小、产品档次不高、低端产品过剩、企业产品同质化和价格战的竞争局面仍然存在。高端BGA和QFN产品市场仍然被日本企业占据。2015年，国内环氧塑封料总产量为57 000吨，主要企业有长春市住友商事中国有限公司（市场占有率15%）、汉高华威电子有限公司（市场占有率14%）、中鹏新材料股份公司（市场占有率12%）、住友电木有限公司（市场占有率11%）、日立化成工业（苏州）有限公司（市场占有率11%）及科化新材料科技公司（市场占有率8%），江苏华海诚科新材料有限公司、韩国三星电子、长兴电子材料(昆山)有限公司等也从事环氧塑封料的生产，但市场占有份额都很少。国内企业正在加大中高端产品的研发、生产，科化新材料科技公司、中鹏新材料股份公司、江苏华海诚科新材料有限公司研发的高端产品如EMG350、ZP-260、KH-650、ZP-G610不断获得市场认可，并逐渐提高市场份额。

键合丝　2015年，国内从事键合丝研究生产的企业约30家，总产能约在130亿米，市场需求约在100亿米，产能利用率约在80%，产能规模供大于求。主要生产企业有贺利氏招远(常熟)电子材料有限公司、田中电子(杭州)有限公司、北京达博有色金属焊料有限责任公司及宁波康强电子股份有限公司等。半导体封装行业应用量大面广的键合丝主要是纯金键合丝、金银合金键合丝、银键合丝、镀金银丝、纯铜键合丝、镀钯铜丝、纯铝丝、硅铝丝。金丝性能优良，但是价格高，主要应用于高端集成电路、高端半导体照明器件等高品质技术产品，市场占有率降到30%左右。铜丝和镀钯铜丝系列产品由于技术突破、性能提升、价格低廉，广泛应用于普通集成电路、SMD-LED光源器件、户外显示屏等，市场应用超过40%。银丝由于良好的键合性能在集成电路和半导体照明领域具有替代金丝的趋势，市场占有率逐步扩大，约在20%左右。铝丝和硅铝丝由于其特有的电性能、低成本和焊接方式简便等特点，主要应用在大功率器件及功率变频模块的封装键合，由于其拉伸强度低、耐热性差、延伸率低、焊点抗疲劳性差等缺点，应用受到一定限制。键合金丝发展趋势是细长化、高强度、低弧度、低成本、高可靠性及绿色环保。

引线框架及铜带材料　2015年，全球引线框架生产规模约29.9亿美元，比2014年的32.1美元下降6.85%，产量6 008亿只。国内市场规模9.39亿美元，与2014年持平。引线框架生产企业仍然以日本、韩国和中国台湾地区企业为主，国内生产企业约10家，其中日本、韩国和中国台湾地区在大陆的生产企业有6家。2015年SOT表面贴装类引线框架快速增长，为市场的需求提供了机遇。而TO分立器件和冲压集成电路引线框架将被替代，市场均在减少，蚀刻引线框架市场规模扩大，QFN、DFN等高密度引线框架，将是今后几年的主要发展产品，具有较好的生产前景。

覆铜板　2015年，全国各类覆铜板的总产能已突破8亿平方米，同比小幅增长5.42%。

各类覆铜板总产量5.24亿平方米，与2014年基本持平，市场需求量4.94亿平方米，总产能利用率只有65%。玻纤布基、CEM-3型、纸基、CEM-1型四大类刚性覆铜板的比例无大的变化。各类覆铜板销售量5 083万平方米，同比微幅增长2.66%，而销售收入345.7亿元，比2014年下降2.92%，说明覆铜板行业整体价格下降，经营状况更加严峻。其中，金属基覆铜板销量827万平方米，增长51.87%，销售收入11.8亿元，只增长6.02%；挠性覆铜板的情况稍好一些。2015年，中国覆铜板市场需求量为49 389万平方米，较上年的47 650万平方米增长3.65%，高附加值的产品生产能力不足，仍需大量进口。

多层印制电路用粘结片（商品半固化片），产量35 501万米，比2014年降低3.0%，销量34 081万米，比2014年降低6.88%，销售额52.8亿元，比2014年降低0.11%，销量同比小幅减少，而销售额同比基本持平，说明销售价格小幅上升。2015年，多层印制板对商品半固化片的需求小幅减少，中国大陆的商品半固化片中高性能品种增加，价格有所提高。全国覆铜板的出口量、出口额、进口量、进口额同比都大幅降低，覆铜板的出口价格同比微幅降低；进口价格基本持平。进口价格为出口价格的约1.2倍，外贸逆差同比大幅下降约12%，又回落到4亿美元以下。国际贸易形势总体仍然十分严峻，产能过剩问题仍然严峻。产业结构调整的积极效果开始显现，凡是产品品种多、档次高、现代化管理水平高、生产自动化程度高、终端客户处于电子整机行业领先地位的覆铜板企业，经济效益绝大部分良好，而且生产规模更大，出现大者更大的局面。

电子铜箔　2015年，中国电子铜箔行业市场环境有所改善，部分企业开始扭转亏损。电子铜箔产能达到28.1万吨，比上年减少6.3%；产量23.7万吨，比2014年的21万吨增长12.9%。产能利用率由2014年的70%提高到84.3%，完成铜箔销售量22.2万吨，实现销售收入140亿元。

2015年，由于锂电池行业的迅猛发展，诺德股份有限公司（原中科英华）、灵宝华鑫铜箔有限责任公司、湖北中一科技有限公司、安徽铜冠铜箔有限公司及广东嘉元科技股份有限公司等多家铜箔企业的锂电池铜箔产销量迅速提升，仍然满足不了市场需求。

2015年，全国电子铜箔出口量16 287吨，比2014年减少38.5%。不仅延续两年出口量呈现负增长的态势，还创下自2009年以来年增长率的最大跌幅。全国电子铜箔出口额13 074万美元，同比增长率-53%，同样下滑幅度惊人。这种电子铜箔出口量（额）大幅度下降的情况，在近二十年来，只在爆发全球金融危机的2008年才出现过（2008年出口量年增长率-40.2%，出口额年增长率-34.9%）。

2015年，全国电子铜箔进口量105 815吨，比2014年下降7.7%，连续三年保持一定幅度下降，其进口量已经退到2009年的规模，2010—2014年五年的平均递增率1.03%；铜箔进口额108 954万美元，比2014年下降19%，不仅连续四年保持一定幅度下降，而且创近年下降幅度最高。

2015年，中国电子铜箔的进出口贸易逆差延续2014年的下降态势，同比下降10.1%，但进出口逆差值仍高达95 880万美元，铜箔进口量是出口量的6.5倍，而进口额是出口额的8.3倍，说明电子铜箔的进出口差价悬殊，进口铜箔的技术含量和附加值都要显著高于出口铜箔。

2015年，在中国电子铜箔进口量的国家、地区排名中，中国台湾地区、韩国、卢森堡名列前三。而铜箔进口额排名方面，中国台湾地区、韩国、马来西亚（日本企业投资的铜箔厂在此国）仍保持着在近几年一直为前三位的格局。

中国台湾地区是向大陆出口铜箔最多的地区。大陆由中国台湾地区进口电子铜箔占总进口量的比例由2013年的57.9%，2014年的63.5%，2015年提高到65.6%。内资铜箔企业与中国台湾地区企业在大陆市场的竞争，在产品质量、企业规模、成本等方面均处于不利地位。

随着中韩自贸协定的实施，由韩国进口到中国大陆的铜箔将呈增长态势。2015年，由韩国进口到中国大陆的铜箔量达到 1.87 万吨，与 2014 年持平，比 2013 年增长 9.3%。韩国铜箔大量出口到中国市场的新动态值得特别关注。

面对锂电池行业宏伟的扩产计划，铜箔行业多家有实力的大企业纷纷开始规划、筹建锂电池铜箔项目。正在改造及“十三五”期间计划新建锂电池铜箔项目的规划达 20 万吨以上，如果计划实现，“十三五”末将形成锂电池铜箔产能规模 25 万吨左右。另外韩国、中国台湾地区、日本等境外企业也都在加紧进行扩产和改产。山东天和压延铜箔有限公司、河南灵宝金源朝辉铜业有限公司及山东中色奥博特科技股份有限公司等企业的电子压延铜箔产品开始走向市场，结束了几十年来大陆企业不能生产压延铜箔的历史。

压电晶体材料　2015 年，压电晶体产量 1 000 吨，销售额 3 亿元，比 2014 年产量、销售额分别下降 23.1% 和 14.3%。2015 年全行业进口 212.38 吨，比 2014 年减少 16.3%；出口 22.05 吨，比 2014 年减少 57.7%。材料进出口总额 0.46 亿美元，其中，出口额 0.323 亿美元，比 2014 年减少 21.2%；进口额 0.138 亿美元，比 2014 年减少 5.5%。由此可见，晶体元器件和材料的进出口指标都低于 2014 年。

2015 年，压电晶体行业市场需求疲软，产能过剩，开工不足，各种综合成本上升，企业利润下降，陷入很大困境，低价竞争已到底线，再降已不太可能，所以企业要生存必须要有创新，寻找新产品，开拓新市场；或者整合重组，扩大规模，多种经营。

下游厂家产品石英谐振器件尺寸越来越小，对水晶材料的需求量在下降，但高档光学水晶材料仍需进口。近年来下游企业投资减少，对设备的需求量也在减少，所以对本行业的原材料及装备制造企业影响较大，仍处在艰难的结构调整之中。

锡焊料行业　2015 年，有色金属工业运行整体呈现供需失衡、投资下降、价格暴跌、效益下滑局面，稳增长遇到严重挑战。2015 年，锡价不稳定，整体均在低位，持续低迷的运行态势给企业的生产经营带来很大压力。为提振锡价，部分企业采取了减产或停产的措施。

2015 年，精锡产量约 17.47 万吨，较 2014 年的 18 万吨同比小幅减少。

2015 年，大部分的电子厂家对锡焊料的采购仍旧不积极，一般都是按需采购，很多中小型电子企业甚至开始缩减投资、减少产量，因此对锡的需求减少。锡丝、锡条等总产量 10.71 万吨；锡粉产量约 10 000 吨；锡膏市场供应量接近 9 000 吨。

电子化学品材料　微电子、光电子产业（LCD、LED）等制造中使用的电子化学品主要有湿电子化学品、电子特种气体、光刻胶、各类抛光液及特种电子级树脂等，是集成电路、平板显示、太阳能电池等制造用关键材料。2015 年，全球半导体制造用湿电子化学品市场为 28 亿美元，中国半导体制造用湿电子化学品市场规模 27.4 亿元；全球半导体用电子气体市场规模 36.75 亿美元，中国半导体制造用电子气体市场规模 32.8 亿元。湿电子化学品包括无机酸类、无机碱类、有机溶剂类和其他类，可用于湿法清洗剂、光刻胶配套试剂、湿法蚀刻剂和掺杂以及芯片铜互连电镀。长期以来，国产原材料无法大范围应用于高端集成电路制造主要受限于两个方面：一是通用化学品的纯度控制能力差，特别是微量金属杂质含量不达标；二是研发投入不够，生产设备、检测设备落后，缺乏在线生产数据管理软件，资金缺乏，没有开发出具有自主知识产权的功能性化学品，功能化学品的配方、专利方面受制于国际公司。国内从事电子化学品的企业约 20 多家，其中研究生产湿电子化学品的主要有浙江巨化集团公司、江阴江化微电子材料股份有限公司、江阴市润玛电子材料有限公司、苏州瑞红电子化学品有限公司、苏州晶瑞化学股份有限公司、上海新阳半导体材料股份有限公司、安集微电子(上海)有限公司及深圳新宙邦科技股份有限公等。电子特种气体主要有佛山市华特气体有限公司、中昊光明化工研究设计院有限公司、中国船舶重工集团公司第 718 研究所、绿菱电子材料(天津)有限公司、大连保税区科利德化工科技开发有限公司及苏州金宏气体股份有限公司等。国产部分湿电子化学品能达到 SEMI Grade 4 和 SEMI8 技术标准水平，在 6 寸及以下尺寸晶圆制造厂有较多应用实绩。国产氢氟酸、研磨液、剥离液已在部分 8 寸集成电路和平板显示用户中批量供应。其他大宗湿化学品，有些尽管是本地批量生产，但大多是合资工厂，其关键制造工艺技术、检测仪器仍受制于人。电子特气 NF_3、WF_6、C_2F_6 已实现国产化，高端电子特气实现国产化尚需时日。

真空电子与专用金属材料　真空电子与专用金属材料行业大力推动企业引进先进陶瓷设备，采用新技术，推动“真空开关管”改型换代，实现高端产品国产化；推动使用高热导率、高机械强度ß—氮化硅陶瓷；继续做好纤维在高温窑炉上的应用；积极推广93%氧化铝陶瓷，以利于节能减排。

陶瓷材料 电子陶瓷材料行业2015年综合运行情况与去年相比略有下降，各类瓷料市场有升有降。受到国内电子行业的发展影响，随着元器件小型化和高性能化的需求，对MLCC瓷粉和微波瓷料的需求日益增加，MLCC瓷粉的销量较2014年增长10%左右，但是出口销量下降近15%；微波瓷料的销量较2014年增加近13%，销售收入增长近8%；而圆片瓷粉的销量和销售收入较2014年下降20%左右。2015年，MLCC和微波瓷料虽然增长脚步整体放缓，但是前景较好。而圆片瓷粉必须提高其性能水平才能满足元器件的需求，为了满足小型化需求，在各项电性能指标上不断寻求突破，例如提高介电常数、耐电压强度等，否则需求会日益下降。

磁性材料 2015年，中国磁性材料市场整体依然低迷，稀土永磁产业仍然在低谷振荡，受专利制约，中高端产品出口不畅，行业企业平均开工率不到5成；软磁铁氧体材料产能出现严重过剩，需求不旺，竞争激烈，行业企业平均开工率不到6成；由于稀土永磁相对永磁铁氧体仍然成本较高，加上出口受专利制约，而永磁铁氧体原材料近两年价格也持续降低，在供大于求市场竞争加剧的情况下，下游应用对性价比相对高的永磁铁氧体产业在经过2012年的低迷后，2013年以来进入平稳增长发展，少数企业订单充足，行业企业平均开工率近8成。2015年，中国稀土永磁产量约8.3万吨、软磁铁氧体产量约33万吨、永磁铁氧体产量约71万吨，与2014年相比维持相对平稳态势。目前国内从事磁性材料生产经营的企业约1460多家，其中软磁铁氧体（包括锰锌和镍锌以及镁锌软磁铁氧体）企业约320家，磁粉心及非晶纳米晶软磁合金企业约120家，永磁铁氧体企业约360家，金属永磁（包括稀土钕铁硼永磁、稀土钐钴永磁、铝镍钴、铁铬钴等永磁）企业约420家，其他磁性材料企业约40家，磁性材料国内外经贸企业约近200家。

【科技创新】 2015年，中国电子材料行业企业积极科技创新，实现技术升级和产品结构调整，中国电子材料行业协会评出2015年半导体专用材料技术创新奖10项。

山东绿菱电子材料有限公司的已二酸尾气回收精制电子级（99.9995%）高纯氧化亚氮（笑气）气体，采用独创的工艺从大宗工业气体已二酸制造过程排放的尾气中含有的氧化亚氮粗料进行提纯，获得高纯电子级氧化亚氮产品，工艺技术不存在硝酸铵热解这种传统制备方法易爆炸的危险隐患。

深圳德邦界面材料有限公司的高性能导热材料，创新性的通过添加特种辅助性填料提高材料导热性能，降低热阻；通过添加表面活性剂、偶联剂、抗氧化剂等助剂增加填料在树脂中的分散效果，提高材料的堆积密度和导热性。

宁波江丰电子材料股份有限公司的长寿命钽环件，根据超高纯钽材料的特殊机械加工性能，设计有针对性的刀具、切削液、装夹方式，通过采用不同的加工工艺，确保各种不同的加工材料加工后的尺寸精度、表面光洁度以及完美的表面状态。

安集微电子(上海)有限公司的三维封装抛光液(TSV系列)及光刻胶去除剂(BPC系列)，通过对纳米磨料、络合剂、抑制剂及其他添加剂的筛选和优化，研发的三维封装TSV系列抛光液产品，具有抛光速率高、平坦化效率高、抛光选择比适宜等特点；通过对溶剂体系的优化等，研发的三维封装BPC系列光刻胶去除剂，具有对光刻胶及其残留物的去除能力强、对金属及非金属的腐蚀低、使用寿命长等特点。

河北普兴电子科技股份有限公司的超级结MOSFET外延片，利用外延生长技术，控制外延层生长过程中滑移线等微缺陷的产生，利用减压低温选择性生长，实现单晶硅在凹槽内选择性外延生长，并获得没有空洞的外延层。

南京国盛电子有限公司的4–6英寸低掺厚层碳化硅外延片，采用TCS作为硅源，反应气体引入Cl，生成稳定且高粘附系数的SiHxCly，同时优化反应气体C/Si比，极大提高了外延层的生长速率和良率水平。

大连保税区科利德化工科技开发有限公司的高纯三氯化硼（99.999%），采用多级吸附技术和精馏技术脱出痕量金属杂质和气体杂质；选用特定的反应器，采用卤素单质和硼化合物在高温下进行反应，建立洁净充装系统，低温收集，避免产品分解，保证合格产品进入钢瓶后不会二次污染。

广东华特气体股份有限公司的高纯六氟乙烷

（99.999%），解决了六氟乙烷中 CO_2 和 H_2O 脱除深度不够和引入无水 HCl 造成安全隐患的问题，降低能耗，增强吸附剂的吸附效果，使六氟乙烷产品纯度达到 99.9995% 以上，满足半导体与微电子工业中对电子特气的要求。

天津市环欧半导体材料技术有限公司的 8 英寸区熔硅单晶，通过研发能够满足 IGBT 芯片产业化要求，完成区熔炉热场设计、加工一体化，大直径区熔硅单晶技术及产品达到国际先进水平，形成成熟稳定的批量生产工艺，实现产业化。

天津中环领先材料技术有限公司的 8 英寸功率器件用区熔单晶硅抛光片，优化区熔单晶硅抛光片腐蚀清洗工艺，进一步降低区熔单晶硅抛光片表面的微颗粒沾污；优化精抛压力、中抛液 PH 值，延长对硅抛光片表面的修复作用，有效控制硅抛光片外延缺陷。

【进出口贸易】 2015 年，中国电子材料进口额为 82.5 亿美元，比 2014 年减少 9.61%；出口额 44.8 亿美元，比 2014 年减少 9.57%。在中国电子材料重点产品中，电子锡焊料、电子铜箔、压电晶体材料等产品的进、出口都出现了较大的跌幅。在所有产品中，仅有光导纤维的进出口额有一定的增长，进口额增长率较高，达到 40.69%，出口额增长 7.25%，其他材料进出口额均有不同程度的减少。

【统计数据】

表 1 2014—2015 年中国大陆各类覆铜板生产能力

覆铜板分类	2014 年	2015 年	
	生产能力（万 m^2 / 年）	生产能力（万 m^2 / 年）	增长（%）
玻纤布基和 CEM-3 型覆铜板	46 060	49 284	7.00
纸基和 CEM-1 型覆铜板	18 000	18 180	1.00
金属基覆铜板（单班次生产）	2 345	2 580	10.00
挠性覆铜板及相关制品	10 290	10 805	5.00
合计	76 695	80 849	5.42

表 2 2015 年中国电子信息材料产业主要产品销售收入情况

产品名称	销售收入（亿元）			增长率（%）	备注
	2013 年	2014 年	2015 年	2015 年	
多晶硅	112	152	157	3.3	
太阳能电池用硅片	238	307	354	15.3	含进口多晶硅，国内加工片
微电子用单晶硅	55	63.3	66.1	4.4	包括硅棒、硅片等
半导体封装材料	369.4	373.1	379	1.6	包括塑封料、引线框架、键合丝等
电子精细化工材料	285.6	299.9	315	5.0	包括光刻胶、电子高纯试剂、电子特气、导电浆料、特种树脂等
PCB 用覆铜板	346.2	356.1	346.7	-2.6	包括刚性覆铜板、挠性覆铜板、半固化片等
电子铜箔	142.8	162.1	140	-13.6	包括 PCB、覆铜板用电解铜箔、压延铜箔
电子锡焊料	435.1	413.3	351.3	-15.0	包括精锡，及电子领域用焊条、焊膏、焊粉、焊球、助焊剂等

续表

产品名称	销售收入（亿元）			增长率（%）	备注
	2013 年	2014 年	2015 年	2015 年	
磁性材料	355	372.8	365	-2.1	不含磁性材料器件
压电晶体材料	116.1	117.0	111	-5.1	含压电晶体器件
光纤材料	90	94.5	93	-1.6	光纤预制棒、单模、多模光纤
平板显示主要材料	147.5	193.6	238.4	23.1	玻璃基板、液晶、偏光片、化学品等
其他电子信息材料	60.4	64.7	70	8.2	包括真空电子与专用金属材料、电子陶瓷材料等
总计	2 753.1	2 969.4	2 986.5	0.6	

注：表 1~表 2 数据来源于中国电子材料行业协会。

表 3　2014—2015 年中国电子信息材料产业主要产品进出口额比较

产品名称	进口额			出口额		
	2014 年（亿美元）	2015 年（亿美元）	增长率（%）	2014 年（亿美元）	2015 年（亿美元）	增长率（%）
多晶硅	21.95	20.95	-4.56	—	—	—
单晶硅（包括棒、片）	9.65	8.41	-12.85	11.04	10.78	-2.36
PCB 用覆铜板	11.70	10.10	-13.68	7.33	6.25	-14.73
电子锡焊料	8.61	7.36	-14.52	1.47	1.04	-29.25
磁性材料	2.99	2.49	-16.72	15.93	14.78	-7.22
压电晶体材料	0.146	0.138	-5.48	0.41	0.323	-21.22
PCB 用电子铜箔	13.45	10.89	-19.03	2.78	1.31	-52.88
光纤预制棒	3.76	2.59	-31.12	—	—	—
光导纤维	2.31	3.25	40.69	1.38	1.48	7.25
其它	16.7	16.3	-2.40	9.2	8.8	-4.35
总计	91.27	82.5	-9.61	49.54	44.8	-9.57

注：数据来源于中国海关、中国电子材料行业协会。

表 4　2015 年中国电子信息材料行业销售收入排名前 10 企业情况

序号	企业名称	企业性质	销售收入（万元）		主营业务（主导产品）
			2015 年	2014 年	
1	云南锡业股份有限公司	国企	3 100 000	2 620 581	精锡、焊锡、铅、铜、铟
2	晶龙实业集团有限公司	民营	2 880 000	2 665 612	单晶硅棒、硅片、石英坩埚

续表

序号	企业名称	企业性质	销售收入（万元）		主营业务（主导产品）
			2015 年	2014 年	
3	江苏中能硅业科技发展有限公司	民营	785 059	885 698	多晶硅
4	广东生益科技股份有限公司	中外合资中方控股	761 023	741 738	覆铜板
5	长飞光纤光缆有限公司	中外合资中方控股	673 110	543 176	预制棒、光纤光缆、光器件
6	西安隆基硅材料股份有限公司	民营	594 703	368 017	单晶硅片、光伏组件
7	天津中环半导体股份有限公司	股份制	509 046	476 759	半导体硅单晶、硅抛光片、硅切磨片
8	山东鲁鑫贵金属有限公司	民营	500 104	450 523	键合金丝、铝丝等金属材料
9	阳光能源控股有限公司	股份制	458 031	491 428	太阳能单晶硅锭及硅片
10	横店集团东磁有限公司	民营	395 829	366 880	磁性材料、电容器、扬声器、电感器件、磁电机

注：数据来源于中国电子材料行业协会。

［撰稿：徐东华　权美子　审稿：袁桐］

光学光电子行业

【概况】 2015 年，国内光电产业受宏观经济发展放缓及部分产业产能过剩等影响，整体增速不高，产销基本与上年持平或者微增，部分光电产品如 LED 显示器件、LCD 显示面板等受市场竞争影响，利润率下滑严重，而以智能化个人终端及可穿戴设备为代表的消费电子产业持续增长，带动与之关联的光学镜头模组、显示面板、传感器件等产业规模增长。

中国工业在国企改革以及供给侧改革政策下，以去除落后产能为主，预计未来几年工业规模不再会大踏步增长，转而以加速集成电路、芯片、高端装备、关键基础设备等产业的发展为重点。历来为钢铁、纺织、电力等提供解决方案的低端激光制造设备、光学仪器等行业的销量及利润可能停步不前或者下降。整个中国经济处在结构性调整过程中，光电行业也应该紧跟宏观经济形势，及时调整产品定位，研发和生产方面加强创新、与热门行业跨界融合，实现换挡发展。消费电子以及智能机器、VR/AR（虚拟现实及增强现实）已成为全球经济的新热点，跨界与融合将是新趋势，如何更好地与消费电子产业深度融合并且尽快进入市场，将是光电企业面临的一次重大机遇。

【生产与销售】 以下从激光行业、光学元件与光学仪器行业、红外民用行业、LED 及 LED 应用行业、液晶显示行业分别加以说明。

激光行业　通过对国内激光行业上市公司以及行业内部分大型企业报表的统计，2015 年，国内激光产品（包括激光晶体材料、各种激光器件以及激光加工制造、激光检测及医疗等应用产品）总产值约 220 亿元，较 2014 年增长约 10%。非金属激光加工设备销售收入取得 10% 的显著增长。

国内从事激光相关的企事业单位有 700 多家。主要企业 2015 年营业收入如下：激光制造设备龙头企业大族激光科技产业集团股份有限公司（简称大族激光），实现营业收入 55 亿元人民币，武汉华工激光工程有限责任公司（简称华工激光）24亿元，武汉楚天工业激光设备有限公司、武汉团结激光股份有限公司10亿元左右，苏州苏大维格光电科技股份有限公司3.6亿元，深圳光韵达光电科技股份有限公司2.2亿元，北京凯普林光电科技股份有限公司（简称凯普林光电）、西安炬光科技股份有限公司（简称炬光科技）2亿元左右，武汉金运激光股份有限公司（简称金运激光）1.8亿元。

大族激光在大功率和中小功率激光加工设备的市场都占有较大份额。在小功率激光加工设备市场，大族激光和华工科技、武汉天琪激光设备制造有限公司、武汉华俄激光工程有限公司、金运激光、苏州德龙激光股份有限公司等已替代国外厂商锁定近九成市场份额。在中国光纤激光器市场份额中，IPG光子公司依然稳居首位；在中国半导体激光器市场份额中，北京凯普林光电在2015年表现出色。

经过多年发展，国产光纤激光器的功率已经超过万瓦，国内市场份额有望在2017年超过50%。虽然光纤激光器一直保持高速的发展及市场渗透，但是激光器行业永远不是一种技术独大，原先受到光纤激光器冲击的CO_2激光器和碟片式激光器正以改良后的产品反过来对光纤激光进行冲击，它们的成本和可靠性都远优于光纤激光器。国产半导体激光器发展迅速，功率不断改进提高，已在钎焊、熔覆和表面处理领域给光纤激光器形成很大市场压力。可以预期下一步将用半导体激光器直接切割钣金。新一代半导体激光器将会对光纤激光器构成挑战，这将会是与当年光纤激光器替代CO_2激光器相似的市场变革。面向钢铁、铜铝制造、纺织等过剩行业的激光切割、加工设备产量基本与上年持平。高性能的全固态激光器件、光纤激光器件、激光全息产品发展速度较快，技术方面以超快和太赫兹、紫外激光为热点方向。中国的制造业处于转型升级的关键时期，传统生产工艺面临着升级换代的迫切需求。工业制造领域，激光应用设备的普及率尚不到5%，因此，这些下游行业的复苏、整合及产业升级将会给激光行业带来巨大的市场需求。

光学元件与光学仪器行业　国内规模以上光学元件企业已经达到2 000多家，根据部分企业的年报及市场调研汇总，2015年，国内光学玻璃材料及光学元器件以及下游光学仪器的总产值约为200亿元，较上年增长约15%。主要增长表现在移动终端以及智能设备用镜头及镜头模组。

在2015年全球镜头厂商的出货量中，舜宇光学科技（集团）有限公司（简称舜宇光学）的出货占比以微弱优势超过玉晶光电（厦门）有限公司，位列全球出货占比第二，位列第一的仍然是LARGAN（大立光学），占比34.5%。

2015年，手机摄像头行业竞争态势明显加剧，行业出货量排行之争愈演愈烈，深圳欧菲光科技股份有限公司（简称欧菲光）正全力追赶舜宇光学。据TSR报告，2015年，舜宇光学的手机摄像头模组以及车载光学镜头的出货量全球排名第一，手机镜头销量全球排名第二。但是，舜宇光学的龙头地位遭遇到了欧菲光的挑战。欧菲光2015年提出要做行业全球第一的目标，并宣称7月及10月份的单月出货量均已超过舜宇光学。

国内主要光学企业2015年实现产值如下：舜宇光学106亿元，成都光明光电股份有限公司15亿元左右，浙江水晶光电科技股份有限公司10亿元，利达光电股份有限公司8亿元，凤凰光学股份有限公司8亿元，湖北新华光信息材料有限公司5.7亿元左右，广州市晶华精密光学股份有限公司3.4亿，长春奥普光电技术股份有限公司3亿元，江苏宇迪光学有限公司3亿元，福建福晶科技股份有限公司2.1亿元，中国大恒（集团）有限公司光学部分约1亿元。

预计未来几年车载影像用光学零件、智能手持设备、VR设备用光学零件将保持持续增长。

红外民用行业　中国的红外测温、红外成像技术已在工业、交通、电力、石化、农业、医学、遥感、安全监控与防范和科学研究等民用领域得到广泛应用，成为自动控制、在线监测、非接触测量、设备故障诊断、资源勘查、遥感测量、环境污染监测分析、人体医学影像检查等领域的重要技术手段。

国内从事红外相关的企事业单位有300多家，红外民用产品包括红外热像仪、红外测温仪、红外安防产品等，2015年，中国民用市场规模约为80亿元人民币，同比增长6%。主要红外企业2015年实现产值如下：武汉高德红外股份有限公司6亿元，浙江大立科技股份有限公司3.5亿元，广州飒特红外股份有限公司约3亿元，北京康拓红外技术股份有限公司2.5亿元。

LED及LED应用行业　2015年，中国LED行业总产值达到4 108亿元，同比增长18.7%。其中，LED上游芯片、中游封装、下游应用产值分别为141亿元、

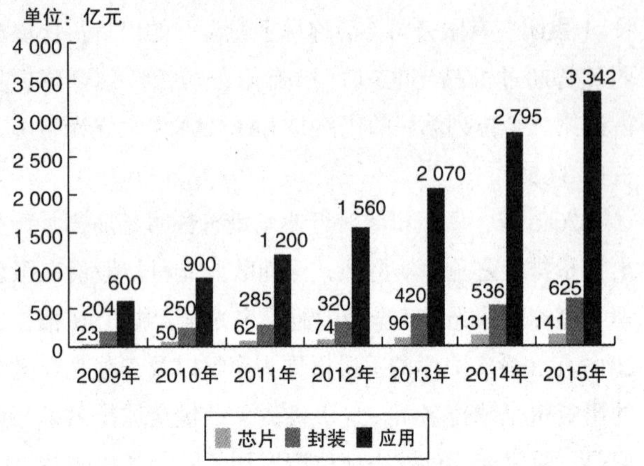

图 1 2009—2015 年中国 LED 行业各环节产业规模

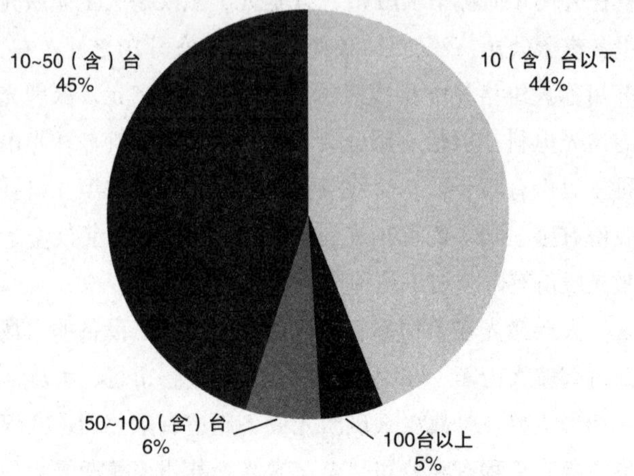

图 2 2015 年中国 MOCVD 设备保有量企业数量分布

625 亿元、3 342 亿元，同比分别增长 7.6%、16.6% 和 19.6%。

2015 年，国内 LED 行业上游增长势头趋缓，设备利用率提高。LED 外延芯片环节产值约 141 亿元，较 2014 年增长 7.6%。由于 MOCVD 设备数量的增加和产能利用率有所提高，芯片大厂持续扩产，加之下游需求放缓明显，行业竞争加剧，芯片价格下滑幅度较大，致使产值增幅不如产量。2015 年，中国 LED 芯片行业发展呈以下几个特点：技术的提升使光效水平提高，同尺寸芯片发光效率变高；MOCVD 总开机率和总产能利用率快速提升，MOCVD 开机率达 85%，产能利用率提升至 70% 以上；国产芯片产品认知度提高，渗透率达 65% 以上；企业集中度进一步提升，强者恒强的情况显现出来，小企业力求转型，多家芯片企业停产或退出，其中不乏规模过亿企业。2015 年，中国 LED 上游芯片环节 MOCVD 设备近 1 400 台，较 2014 年的 1 290 台增加 110 台左右，所增加的新机台设备基本是由资金实力较为雄厚的上游大企业购买。从设备数量来看，中国现有的 MOCVD 数量已经占到全球总量的 70%，而且设备进一步向大企业集聚，其中约 5% 的企业各自所拥有的设备数量超过 100 台，而且规模还将继续扩充，另外约 6% 的企业各自所拥有的设备数量在 50~100 台之间，44% 的企业各自所拥有的设备数量在 10 台以下。

国内 LED 行业中游封装产能增长平稳，价格下降幅度较大。2015 年，LED 封装环节产值 625 亿元，同比增长 16.6%。随着部分企业大幅扩产和产能释放的影响，中国 LED 封装市场竞争趋于白热化，产能较 2014 年增加 30% 以上，产品价格下滑超过 20%。2015 年，中国 LED 封装行业发展呈以下几个特点：LED 封装大厂扩产步伐、整合速度加快；多数封装企业步入微利时代，产能增长利润下滑，部分企业甚至出现亏损；中小企业纷纷寻找新的出路，没有核心竞争力和品牌优势的企业跑路倒闭事件频发。

国内 LED 行业下游增长最快，LED 通用照明产品认知度提高。LED 应用领域的产业规模达到 3 342 亿元，同比增长 19.6%。虽然受到价格下降的影响，但仍然是产业链中增长最快的环节，其中 LED 通用照明仍然是市场发展的最主要推动力，产值达 1 532 亿元，增长率 33.8%，占整个应用市场比重的 45%。从中国 LED 各应用领域市场规模来看，显示屏和背光处于微增长状态，照明和其他应用仍呈较快增长态势，然而相比 2014 年增速却大幅下滑，中国半导体照明产业开始整体转入中高速增长的新常态。2015 年，中国 LED 照明发展呈以下几个特点：国内 LED 照明渗透率快速提升，市场迎来 LED 照明产品替换潮；传统照明大厂业务快速转移，LED 照明占总营收比重多已超过 50%；中小照明企业批量死亡，特别是以出口业务为主的企业；LED 照明龙头企业规模增大，品牌效应初显。

LED 显示应用产业，超微间距发展空间巨大。小间距 LED 市场在 2015 年持续爆发，深圳市联建光电股份有限公司、深圳市洲明科技股份有限公司、利亚德光电股份有限公司等的小间距业绩均高歌猛进。而超微间距的关注度日益提升。2015 年国内已经有企业实现室内 P1.0 以下超微密 LED 小间距规模量产，市场主要集中在军工、广电、指挥调度等政府项目和高端商用领域，当超微间距在技术上臻于完善，成本也得到相应的控制，超微间距产品在市场的接受度和需求度将会大幅提升，应用范围也会越来越广泛，届时将会向民用领域逐步过渡。

液晶显示行业　2015年，中国新型显示行业的全球地位继续保持上升势头，全行业的营收规模接近1 700亿元人民币，同比增加23%。其中，显示面板（器件）的营收突破1 000亿元人民币，同比增加29%。随着面板产能的不断释放，中国显示面板的出货数量也不断增长。手机面板的全球市场占有率超过40%，平板电脑面板的全球市场占有率超过35%，显示器面板和电视面板的全球市场占有率超过20%。深超光电（深圳）有限公司的功能手机面板出货量全球排名第一，京东方科技集团股份有限公司（简称京东方）在智能手机面板和平板电脑面板的出货量均全球排名第一，电视面板的出货量也超过友达光电股份有限公司跃居全球第四。

液晶材料方面，2015年，中国大陆地区液晶材料的需求达150吨左右，较上年增长26%。以石家庄诚志永华显示材料有限公司、江苏和成显示科技股份有限公司、北京八亿时空液晶科技股份有限公司（简称八亿液晶）、晶美晟光电材料（南京）有限公司（简称南京晶美晟）等为代表的中国本土液晶材料企业出货量20吨，较2014年的16吨有较大增长。

基板玻璃方面，整个面板上游材料中，基板玻璃的国产化成绩最为突出。以彩虹集团公司（简称彩虹）和东旭集团（简称东旭）为代表的国产基板玻璃企业已建成投产1条4.5代、13条5代、8条6代基板玻璃生产线。截至2015年上半年，京东方4.5代液晶面板线国产基板玻璃的采购率已达80%，天马微电子股份有限公司（简称天马）4.5代线的国产化采购率为10%，京东方5代、6代生产线国产玻璃采购率分别达到38%和46%。而突破4.5代、5代、6代基板玻璃的国内企业，也开始寻求在8.5代基板玻璃上的突围。彩虹和东旭各自都有8.5代基板玻璃生产线的规划，彩虹在合肥以后道加工生产线的方式先进入8.5代基板玻璃的供应，从市场端培育开始做起，后续会谋求前段窑炉的建设。东旭集团同样也在积极计划进入8.5代玻璃的生产。

偏光片方面，中国大陆的本土企业主要是深圳市盛波光电科技有限公司（简称盛波光电）和深圳市三利谱光电科技有限公司（简称三利谱光电），两家各有一条在产的1 490mm幅宽的TFT用偏光片生产线，另外还有两家企业有6条窄幅生产线。其中盛波光电的偏光片主要出货给深圳市华星光电技术有限公司（简称华星光电），占其需求的30%左右；而三利谱在新生产线建设上较为激进，其合肥新站的生产基地已在建设中，计划10年内建6条宽幅TFT偏光片生产线。此两家产能占国内需求的10%左右。预计到2018年，所有面板生产线（含LCD、AMOLED生产线）年需求量将高达14 000万~18 000万平方米，年均增速接近30%，年产能将超过14 000万平方米，可满足大部分本地化需求。

液晶显示面板方面，国内从事LCD显示、OLED显示以及激光显示的企事业单位有500多家，中国面板行业经历十几年的发展，特别是2010年以来一直保持较快的增长态势，面板产能不断增加，规模持续扩大，技术水平明显提升，与国际先进水平差距逐渐缩小。2015年，中国面板行业发展达到一个新的高峰，面板产能持续上量，技术实力明显提升。从产能方面来看，2015年，中国大陆4.5代以上面板（含TFT-LCD和AMOLED）产能面积达到6 867万平方米，占全球产能25%，仅次于韩国和中国台湾地区，居全球第三。考虑产能爬坡的实际产能面积达到5 380万平方米，相较2014年增长36%，面板产能增长明显。面板产能增长主要受益于8.5代线的产能扩充及5.5代的产能爬坡贡献。首先受到液晶电视面板需求增长及大尺寸化需求带动，2015年，中国大陆实现量产的8.5代生产线达到8条，比2014年产能面积增加55%，特别是以京东方、华星光电和中国电子熊猫集团为首的三条新的8.5代线产能陆续开出，带动面板产能特别是高世代线的产能明显增长。京东方重庆8.5代线在二季度率先实现量产，规划产能每月投片可达12万片大板玻璃；华星光电新的8.5代线在二季度也实现量产，2015年底可实现月投入量6万片大板，实现初期满产稼动。随着3条新的8.5代线陆续实现量产，大幅提高中国大陆高世代线面板的产能，8.5代线的实际产能（含产能爬坡）同比大幅增长48%。8.5代面板生产线陆续量产，产能不断上量，在大尺寸面板供应方面提供了产能保障。受智能手机市场持续增长的影响，以手机为代表的5.5代线产能增长也非常明显。智能手机对面板高分辨率的要求越来越高，5.5代线的产能增长主要以生产高端智能手机用显示屏为主的LTPS和

AMOLED 技术生产线为主。首先天马率先在厦门布局中国大陆首条 5.5 代 LTPS 生产线，并在 2013 年实现量产，2015 年基本实现了满产稼动。随后京东方在鄂尔多斯投资 LTPS 和 AMOLED 的混合生产线；昆山国显光电有限公司 5.5 代 AMOLED 项目 2015 年三季度也开始进入量产。随着智能手机对屏幕的技术要求越来越高，以 LTPS 和 AMOLED 为技术代表的新生产线在中国大陆将会持续增加并将形成一个投资热潮。2015 年已经宣布要建或者在建的生产线有 6 条，其中含 3 条 AMOLED 生产线，3 条 TFT LTPS 生产线，到 2016 年中国大陆 LTPS 和 AMOLED 产能将会出现非常大的增长，同比增长达到 210%。其中京东方成都和天马武汉的 AMOLED 项目将布局先进的柔性显示技术产品。从技术层面来讲，中国大陆经过十几年的技术积累，已经形成比较成熟的技术基础。一方面在面板生产技术上不断提升和改善，提升自身的生产良率和效益。目前已经量产的传统技术生产线基本上良率都在 90% 以上，保持较高的良率和稼动率。另一方面，各个面板企业不断加大前沿技术投入。近年来，为刺激需求和扩大市场，各个面板企业不断推出高附加值产品，且消费者对视觉品质的追求越来越高，新的显示技术也层出不穷，新产品更新速度加快，对面板厂的技术要求也是越来越高。国内企业在认知技术发展趋势的同时，积极布局和研发新技术。

【重大工程与重点项目】 国内多条液晶材料生产线投产。外资巨头默克、DIC 分别在上海、青岛建设了液晶材料生产线。2015 年 8 月底，诚志股份有限公司公告拟投资 12 365.80 万元进行 TFT-LCD 高世代线用液晶材料的开发与产业化项目的建设，项目为年产 50 吨 TFT-LCD 高世代线用液晶材料及一期 50 吨的技术改造；JNC 在苏州建设的工厂设计产能 50 吨 / 年；八亿液晶在北京房山建设的新厂设计产能 150 吨 / 年，预计至 2016 年中可以投入生产。

2015 年 3 月 24 日，国内首台 3D 打印概念汽车在海南三亚发布。这辆概念汽车由三亚思海三维技术有限公司开发研制，车身部分是运用复合材料 3D 打印而成，重约 500 千克，其余为组装配件，该车通过电力驱动。从设计到组装完成仅耗时一个月，其中 3D 打印阶段仅耗时 5 天。

2015 年 6 月 13 日，福建中晶科技有限公司图形化蓝宝石衬底 (Patterned Sapphire Substrate，PSS）项目在龙岩国家高新技术产业开发区举行奠基仪式，项目由龙岩最大的混合所有制 LED 龙头企业福建德晖实业有限公司和韩国 LGS 公司共同投资建设，计划总投资 10.5 亿元人民币，年产 1200 万片 PSS 材料；项目全部建成投产后，年产值超过 11 亿元人民币。

大族激光增发募集资金 522 842.17 万元，用于高功率激光切割焊接系统及机器人自动化装备产业化、工业机器人关键技术研发中心等项目。项目实施主体为公司全资子公司苏州大族，投资总额 161 534.65 万元，用于建设高功率激光切割焊接系统及机器人自动化装备产业化生产线，主要产品包括高功率激光切割自动化成套装备、高功率激光焊接自动化成套装备和机器人自动化系统集成成套装备。

京东方在安徽省合肥市投建一条第 10.5 代薄膜晶体管液晶显示器件生产线，此外还将于福州投建一条第 8.5 代新型半导体显示器件生产线。合肥第 10.5 代薄膜晶体管液晶显示器件生产线项目主要生产 60 英寸以上超大尺寸及超高分辨率的高端智能电视与数字信息显示屏等产品，设计产能为每月 9 万片玻璃基板，总投资 400 亿元，项目拟于 2016 年一季度前开工建设，预计 2018 年年底前投产。

由炬光科技主持编写的两项国家标准《半导体激光器总规范》(标准号：GB/T 31358-2015) 和《半导体激光器测试方法》(标准号：GB/T 31359-2015) 在中国国家标准化委员会发布的《2015 年第 3 号中国国家标准公告》中予以公告，于 2015 年 8 月 1 日正式实施。这是国内首次系统地制定半导体激光器国家标准，利于国内企业以更优的性能、更低廉的价格快速占领市场，彻底打破国外对中国的技术封锁和销售垄断。

2015 年下半年，国内最大的激光生产设备基地——奔腾激光有限公司温州生产基地第一期主体建筑成功封顶，并于 2015 年 10 月正式启用，投产后年产值可达 5 亿元以上。该生产基地于 2013 年 12 月奠基开工，项目总占地面积 100 亩（约 6.7 公顷），建筑面积 10 万平方米，总投资 5 亿元，全面建成投产后将实现激光设备加工产值 20 亿元。

中科院上海光机所强场激光物理国家重点实验室研制成功 5 拍瓦 (1 拍瓦 =10^{15} 瓦) 超强超短激光放大系统，这是迄今国际最高峰值功率的激光放大系统，为研制 10 拍瓦超强超短激光装置奠定了重要的技术基础。

哈尔滨奥瑞德光电完成借壳西南药业上市，成为西南药业全资子公司，并实施了定向增发配套融资，上市公司主业由医药行业变更为蓝宝石和单晶炉设备业，原有资产置换入原大股东太极集团，即重庆西南药业有限责任公司。西南药业股份有限公司正式更名为奥瑞德光电股份有限公司。

2015 年 11 月 14 日，佛山市国星光电股份有限公司发布公告，拟向浙江亚威朗科技有限公司增资 1 725 万元，向国星半导体增资 6 000 万元，以不断强化公司在 LED 上游芯片领域的市场竞争力，增强公司的综合实力。

开发晶照明（厦门）有限公司（简称开发晶）为深科技持股 47.88% 的联营公司，是中国电子 LED 产业发展的平台。开发晶和战略投资者以 1.3 亿美元联合收购美国普瑞光电 100% 股权。本次股权收购资金主要是开发晶的自筹资金，部分来自战略投资者。

国内 LED 龙头木林森以自有资金人民币 1.8 亿元投资参股开发晶，通过增资扩股获取开发晶 10.91% 的股权。

【行业发展趋势】 以下从激光行业、光学元件与光学仪器行业、红外民用行业、LED 及 LED 应用行业、液晶显示行业分别加以说明。

激光行业 从全球市场看，2014 年光纤激光器占工业激光市场近 50% 的份额，并在 2015 年超过一半（54%），光纤激光器在所有的工业应用中都占据主导地位（>50%）。由此带来的影响就是其他领先的激光技术被抢占市场份额，CO_2 激光器下降 5%，固体激光器与往年持平。全球工业激光器的销售收入相比 2014 年实现 6.9% 的增长，主要得益于光纤激光器强劲的销售增长。虽然光纤激光器应用对于传统 CO_2 激光器应用和 CNC 冲床的市场有巨大的冲击，比如在激光切割机方面，光纤激光切割机占据绝对的市场优势，传统 CO_2 激光器市场份额被蚕食，但 CO_2 激光器应用也不会完全消失殆尽，依然有它的独特用武之地。未来也会出现更加先进的激光器光源，替代目前部分激光器应用市场。总体而言，不同激光器都会有相对应的应用空间。

全固态固体激光器与其他类型的激光器相比，有效率高、重复频率高、性能可靠、重量轻、结构简单紧凑、输出光束质量好、功率稳定性较高和价格低等实用化优点，成为工业加工的新选择，可直接作为光源广泛应用于激光医疗、信息产业、激光加工、环保、能源、国防工业、激光武器和战术装备等领域。全固态固体激光器未来的发展方向大体为：中小功率器件将沿着多样化、智能化、产业化方向发展，大功率器件向高平均功率及高光束质量发展，而战略性应用的高能全固态固体激光器将得到特别加强，从而开发出更多新技术。

半导体激光器主要的用途之一是作为高功率固体以及光纤激光的泵浦源，近两年高功率半导体激光器作为固体激光器泵浦源进展并不快，固体激光器未来在科研以及超快领域仍具有潜力；而在光纤激光器泵浦源方面，主要朝高亮度、高功率方向发展。半导体激光器在上游核心器件、材料以及芯片方面已经出现改观，国产化程度越来越高。但是在下游应用方面发展相对滞后，目前半导体激光行业还是靠器件驱动应用发展。未来半导体激光器应用领域还有待进一步开发。未来国内半导体激光器产业也将经历行业整合。随着政府重视度提升以及资本的大量进入，国内半导体激光器产业已经出现“过热”现象，但是相对来说产业还处于上升阶段。如果继续朝着这样的趋势发展下去，国内半导体激光器产业必将迎来调整期。

光纤激光已经很成熟。2015 年中国的激光应用市场发展非常迅猛，对于先进激光器的需求也越来越大，2014 年以前中国 CO_2 激光器生产量以及销量都比光纤激光器多，而 2015 年，更多的中国用户选择使用光纤激光器，光纤激光未来具有很大的市场潜力。中国正逐渐成为光纤激光器的领导者之一。

随着激光加工效率的不断提升，激光加工设备的便利性和成本优势更加明显，其应用将会越来越普及。智能化是制造自动化的发展方向，也是现代工业中最炙手可热的目标。激光易于控制，激光设备也更易于实现智能化。未来激光技术将在加工工艺的适应性、感知性、自诊断排除故障、无人化运行、激光 3D 打印（激光熔覆）等方面推动智能制造发展。随着应用规模的扩张，越来越多的企业或资本开始关注激光行业，整体呈现欣欣向荣的繁盛态势。但是国内的激光加工设备产品同质化严重，低价竞争在所难免。

光学元件及仪器行业 中国的光学元件与光学仪器产业规模、产能位居世界第一。随着全球数码相机、单反相机等产品市场持续下滑与萎缩，国内人工成本的不断上涨，导致相关传统光学元件制造企业出现产能过剩、价格竞争惨烈的严重局面。与此同时，智慧城市、

智能家居、智能移动终端、工业机器人、车载光学影像等领域的发展对光学元件与相关器件的需求出现爆发式增长。行业内企业在新一轮发展形势下，面临产品结构的深度调整，企业经营模式向自动化、智能化、信息化发展的趋势越来越明显。这些都将深刻影响光学制造业的发展，同时带来许多新的重大发展机遇。

红外民用行业　据国际机构预测，由于传统和新兴市场的发力，2020 年全球红外探测器市场将达到 5 亿美元。运动监测应用是目前最大的红外探测器市场，约占整体营收的 50%。由于动态照明市场越来越多地使用红外探测器，以提供智能照明系统，因此这个成熟的市场依然以 10% 的速度增长。

热释电探测器和热电堆探测器是目前两项主要的红外探测器技术，其市场份额拆分约为 60/40。热释电技术主要应用于运动监测；而热电堆技术被应用于温度感测或气体检测。对于红外阵列探测器，竞争形势更为复杂。对于中等阵列，热电堆探测器主导暖通空调（HAVC）。对于大型阵列，热电堆探测器主导零售商场的人流统计应用。对于智能楼宇，目前还不能确定哪种技术将占据主导地位。小型热释电运动探测器市场非常稳定，主要有三大厂商：Excelitas、Nicera 和村田（Murata）。相比之下，中型和大型阵列探测器有很多潜在技术，包括热释电、热电堆、微测辐射热计和热二极管，这使得各种厂商都有机会进入，从初创企业 IRLYNX 到集团企业博世。新进厂商包括红外成像和热电堆厂商，甚至主流的半导体厂商通过收购方式进入。

红外技术在民用方面主要还是用于安防、电力、建筑、汽车等领域。近几年汽车安防中采用红外技术越来越多，多种传感器集成和传感器中枢（sensor hubs）越来越多地应用于各种移动设备中。未来移动设备中嵌入红外点式测温将是一个市场热点，目前已经有 FLIR 等企业推出了可测量温度及成像的移动红外设备。

LED 行业　中国的 LED 行业从业企业有 20 000 家左右，由于行业价格战和产品同质化等竞争激烈，利润不断下降，每年都有 5% 左右的企业退出，LED 行业呈现出以大并小、优胜劣汰的格局。由于行业总体利润下滑，企业间的兼并重组成为常态，2015 年，中国 LED 行业并购金额接近 450 亿元，企业并购项目超过 50 个。

液晶显示行业　中国大陆显示产业产能将在 2016 年超过中国台湾地区成为全球第二，2018 年前后则超过韩国跃居全球第一；在技术上国内企业已完全掌握 TFT-LCD 工艺，AMOLED 也逐步量产，同时在柔性、印刷等新领域开始布局。以上这些都说明中国显示产业已经具备全球领先的基础和条件。

在新的产业形势下，日本、韩国、中国台湾地区的显示产业开始改变过去单一追求规模竞争的模式，逐渐追求从更多方位取得相对竞争优势。

中国显示产业当前的战略机遇稍纵即逝，今后政策的支持力度还需进一步加强，今后政策的方向依然是重点支持以骨干企业为核心、产业链协同创新的产业组织模式、支持国内面板骨干企业横纵整合、全球并购，促进产业结构优化和转型升级、支持国内骨干面板企业积极开展演进和替代技术研发，同时，加快建立原创性专利储备池，完善知识产权防御体系。

［撰稿：程慧云　胡春明　刘育青　审稿：王琳］

汽车电子行业

【概况】　2015 年，在汽车产业蓬勃发展的带动下，中国汽车电子行业迅速发展，成为全球重要的汽车电子市场之一。信息技术企业加快在智能汽车、新能源汽车、智能网联汽车等领域的布局，中国汽车电子行业取得一系列重大突破，并呈现以下特点：

汽车电子行业引领电子信息产业升级。2015 年，纵观整个电子信息制造业，以智能手机、平板电脑、个人电脑为代表的消费电子进入缓慢增长期，汽车电子引领智能化和节能化，成为电子信息行业成长新动力。

投融资与并购活跃。2015年，资本频繁涉猎中国汽车电子行业，少则数百万元人民币，多则数十亿美元，仅上半年50余个标的投资额已接近400亿元人民币，几乎已涵盖制造、流通、终端等各个领域。新能源汽车领域，蔚来汽车、时空电动汽车、小鹏汽车、凌云智能、和谐富腾等均获得1 000万美元以上融资。

互联网加速发力汽车互联领域。2015年，互联网巨头依赖自身优良的互联网技术，从建造整车到建造汽车周边产品等角度包围后装汽车电子行业，典型产品有360行车记录仪、小蚁行车记录仪等。

【市场分析】 2015年，中国汽车电子市场规模657亿美元，同比增长13%，市场空间约5 000亿元，接近智能手机市场的存量规模。从竞争格局看，国外厂商在中国汽车电子市场依然占据绝对主导地位，欧洲博世、大陆、法雷奥集团，美国德尔福、伟世通、天合集团，日本电装等国际巨头在发动机控制、底盘及车身控制系统等核心领域占据绝对统治地位，中国汽车电子市场十大品牌中，民族企业仅有深圳航盛电子凭借车载电子成为唯一入围的国内汽车电子企业。从细分市场看，2015年，中国汽车电子芯片占全球销售额8.3%，中国汽车传感器市场规模40.7亿美元，车载导航系统在整个产业链中占比逐年升高，中国车载导航系统前装市场出货量达371.2万台，较2014年同比增长47.8%。

【科技进步与应用】 汽车芯片领域，大唐恩智浦推出车灯调节芯片和门驱动芯片产品，车灯调节芯片借助低功耗、外围电路简单、热过载保护技术等特点受到市场青睐，占据全球59%市场份额，自主研发的半桥式门驱动芯片是国内首款汽车前装芯片。

车载系统领域，中国汽车企业推出智能汽车系统，包括一汽D-Partner系统、上汽inkaNet系统、比亚迪i系统等。清华大学联合一汽、东风、长安等，在面向现阶段可实用化的智能汽车技术方面，开展大量基础研究和原理样机研制、实车路试，部分技术如自适应巡航控制系统、行驶车道偏离预警系统、行驶前向预警系统等正在进行产业化。

智能网联汽车领域，百度进行Carnet车载智能平台的研发，可实现“人、车、手机”之间的互联互通；阿里巴巴与上汽集团合作打造“互联网汽车”，合资设立10亿元的“互联网汽车基金”，准备通过众包的方式挖掘人才和用户需求，抢先造出国内第一款互联网汽车；乐视正式发布LeUI Auto版，为乐视超级汽车的推出奠定操作系统基础。

自动驾驶领域，由宇通研发的无人驾驶大客车在其他车辆、行人正常通行的全开放环境下，行驶32.6千米，全程无人工干预，途经26个信号灯路口，顺利完成跟车行驶、自主换道、变道超车、自动识别信号灯、定点停靠等测试项目，成为全球首辆成功通过测试的无人驾驶大客车。

【进出口贸易】 2015年，中国汽车电子电器零部件产品累计出口金额109.61亿美元，比2014年同期下降1.34%，汽车电子电器零部件产品累计进口金额25.53亿美元，比2014年同期下降10.95%。

【政策法规与举措】 国务院发布《中国制造2025》，明确继续支持电动汽车、燃料电池汽车发展，掌握汽车低碳化、信息化、智能化核心技术，提升动力电池、驱动电机、高效内燃机、先进变速器、轻量化材料、智能控制等核心技术的工程化和产业化能力，形成从关键零部件到整车的完整工业体系和创新体系，推动自主品牌节能与新能源汽车同国际先进水平接轨。

国务院发布《关于加快电动汽车充电基础设施建设的指导意见》，提出加快推进电动汽车充电基础设施建设工作，到2020年，基本建成适度超前、车桩相随、智能高效的充电基础设施体系，满足超过500万辆电动汽车的充电需求。

工业和信息化部推行《节能与新能源汽车示范推广应用工程推荐车型目录》，新一轮新能源汽车补贴政策正式出台，指出在2016－2020年，对消费者购买的进入国家新能源车目录的纯电动汽车、插电式混合动力汽车和燃料电池汽车继续给予购车补贴。

国家发改委发布《关于实施增强制造业核心竞争力重大工程包的通知》，将新能源（电动）汽车列为重点领域。

国家发改委发布《电动汽车充电基础设施发展指南（2015－2020年）》，明确提出到2020年，全国将新增集中式充换电站1.2万座，分散式充电桩480万个，以满足全国500万辆电动汽车充电需求。

交通部发布《关于加快推进新能源汽车在交通运输行业推广应用的实施意见》，明确提出至2020年，新能源汽车在交通运输行业的应用初具规模，在城市公交、出租汽车和城市物流配送等领域的总量达到30万辆。

北京市财政局、科委、经信委等五部委联合发布《关于购买纯电动专用车有关财政政策的通知》，指出邮政、物流、环卫等纯电动专用车辆，在取得北京市车辆登记牌照后，可申请享受北京市纯电动专用车财政补助，这是国内首个纯电动专用车补贴细则。

财政部等四部委联合发布《关于2016－2020年新能源汽车推广应用财政支持政策的通知》，提出2016－2020年补贴范围将扩大至全国，而且退坡速度加快，2017－2018年的补贴在2016年基础上下降20%，2019－2020年在2016年基础上下降40%。

财政部发布《关于完善城市公交车成品油价格补助政策，加快新能源汽车推广应用的通知》。通知明确，现行城市公交车成品油价格补助中的涨价补助以2013年作基数，逐年调整，2015－2019年，现行城市公交车成品油价格补助中的涨价补助以2013年实际执行数作为基数逐步递减，其中2015年减少15%、2016年减少30%、2017年减少40%、2018年减少50%、2019年减少60%，2020年以后根据城市公交车用能结构情况另行确定。

【存在问题】 核心技术研发能力较弱。中国在大型驾驶模拟器、ABS、EPS、VDC等领域的应用研究方面已取得阶段性进展，但同时核心技术产品在质量上和可靠性方面还不稳定，没有受到市场长期的检验，很难保证能够与国外厂商展开竞争。由于关系到人们生命和财产的安全，国外对汽车相关零部件的研发十分慎重，从设计方案、元器件的选型，到整个研发过程都有严格的质量保证体系，因此研发周期相对较长。中国的汽车电子行业还处于起步阶段，对汽车电子的研发和生产的质量控制认识不足。

与传统机械技术结合能力较弱。中国企业多集中在车载电子产品如音响、GPS等门槛较低的领域，对于汽车电子技术与汽车机械技术结合能力要求高的电子控制系统等附加值和技术含量相对高的产品不敢轻易涉足，本土企业做得比较差。

产业链整合能力薄弱。全球最大的汽车电子设备供应商，往往都与核心汽车制造企业有稳定的供货关系，甚至是资本上的连带关系。随着中国本土汽车品牌及生产商日益壮大，汽车电子应该积极从产业整合的高度与汽车制造商形成稳定和合理的技术分享机制。与此同时，汽车制造商也应该利用其更加强大的技术与资本能力建立自己的汽车电子技术研发平台，从而将研发和生产有机结合。

【发展趋势】 无人驾驶将引领行业趋势。汽车已经开始由孤立的汽车单元向可以互联的智能终端转变。在各式各样传感器的帮助下，汽车正变得越来越智能。未来智能汽车将是无人驾驶与“互联网+”结合而成的可处理海量数据，自动执行命令的无人驾驶智能终端。

新能源车和智能汽车的发展有望给中国带来追赶机会。汽车电子产业的发展与汽车工业的发展息息相关，目前核心技术主要掌握在欧、美、日等国家。汽车电子在传统功能车整车成本中占比约10%，在高端车成本中占比能达到20%以上，而新能源车和智能汽车中的汽车电子成本占比会提高到50%~80%，汽车电子成本占比的大幅提升必将给汽车电子行业发展带来新的机会，到2020年全球汽车电子市场规模将接近3 000亿美元，未来随着国内厂商的技术升级和进口替代，定会迎来行业大发展。

更多的企业将跨界汽车电子领域。包括车企、互联网公司在内的产业链各方，对跨界合作、融合的态度将更加积极，汽车电子与互联网应用、金融、保险、二手车、各类比价服务商、认证后的线下服务商合作步伐将加速，并实现利益共赢。

［撰稿：余雪松　审稿：杨旭东］

机床电子行业

【概况】 2015年以来，受国内整体经济增速放缓影响，中国制造业投资增速进一步下滑，导致数控机床市场需求疲软，数控机床产量出现小幅下滑，行业整体运行形势较为严峻。与此同时，《中国制造2025》战略的提出和供给侧改革的推进使得中国智能制造进入快速发展阶段，相关政策的出台对数控机床产品的生产制造水平和稳定性提出更高的要求，要求中国机床电子行业加快转型升级步伐。目前，高档数控机床的研发投入不足，产业结构、产品结构与需求的矛盾尚未得到有效缓解，仍面临自主研发能力较弱、高档数控系统和关键功能部件发展滞后、配套服务能力不足等问题。

【生产与销售】 数控机床产量呈下降态势。2015年，中国数控机床产品产量出现明显下滑，全年产量为25.91万台，同比下降15.85%。其中，数控金属切削机床产量23.3万台，同比下降9.0%；数控金属成形机床2.61万台，同比下降近50%。

产业集中度出现分化。2015年，辽宁、山东、浙江位居我国数控金属切削机床产量的前三位。其中，山东省保持较高增长速度，同比增速15.50%；辽宁省增速基本持平，为0.06%；浙江省增速下降，同比增速下滑17.69%。三省数控金属切削机床产量占中国产量的63.4%，较2014年提高3.6个百分点。2015年，中国数控金属成形机床产量最高的前四省区市为江苏、湖南、浙江和山东，占全国比重高达84.4%，较2014年下降4.8个百分点。

数控机床占比稳中有降。2015年，我国金属切削机床的数控率达到34.5%，与2014年基本持平。我国金属成形机床的数控率为7.92%，比2014年降低约5.64个百分点。

【科技进步与应用】 由中国通用技术集团齐齐哈尔二机床（集团）有限责任公司（简称齐二机床）与德国哈格（HAGEL）公司合作开发的高端重型2500KN多工位自动冲压生产线宣布研制成功，并在广东福迪汽车有限公司正式投入使用，同时交付用户的还有800吨落料自动化生产线，另有3200KN多工位自动冲压生产线正在调试中。这条安装在广东福迪汽车公司的2500KN冲压线，与同等吨位多工位压力机相比，工作台面更大、冲压范围更广、功能更加齐全，集成了当代数控、通讯、传感、液压与气动等诸多高端技术。该类多工位压力机因设计复杂、制造难度大、造价高，前期仅有德国、日本少数压力机专业制造厂商技术较成熟，所以国内大的汽车企业都是花大价钱进口。目前齐二机床具备提供此类产品的能力，对于打破国外垄断、促进国内汽车制造行业可持续发展和提高国内多工位压力机产品的整体技术水平都具有重要意义。

四川普什宁江机床有限公司（简称普什宁江）新科技成果NJ-K069（系列）后桥双端面数控卧式加工机床获四川省科技厅通过。NJ-K069（系列）后桥双端面数控卧式加工机床是针对汽车后桥项目的机加工而开发设计的专用设备。该设备能够兼顾汽车制造行业对加工产品多品种、中批量且加工精度稳定、角度调整方便等多项要求。该项目总体技术处于国内领先水平，该项科技成果的通过标志着普什宁江的自主创新水平迈上了一个新台阶，为企业持续发展奠定坚实的基础。

大族激光科技产业集团股份有限公司（简称大族激光）的W4020D三维五轴激光切割机是一款世界级创新产品，填补了国内空白。长期以来，国内高端三维激光加工市场一直由国外厂家垄断，销售价格和维护成本也非常昂贵。为适应国内对三维激光加工越来越庞大和战略性的市场需求，大族激光积极地对三维五轴机床进行研发试制，并取得突破性进展。W4020D三维五轴激光切割机具有高架龙门式结构，横梁移动，拥有最大的加工空间；光纤激光器电光转换率高，比相同功率CO_2激光器能耗低60%，免光路维护，激光器无气体消耗，设备运行成本低；三维头实现 n×360° 无限旋转，从切割到焊接，加工头快速更换，无需调节，提供更稳定的加工。该机床主要适用于航空航天、汽车制造、工程机械、模具、健身器材等领域的碳钢、不锈钢、钛合金、铝合金等材料的三维精密柔性加工。

大族激光的 G3015F 光纤激光切割机是国内首创、达到国际领先水平的一款成熟产品，成功斩获多项行业大奖："十大创新产品奖""优秀新产品奖""产品质量十佳"等。该系列产品具备强大的切割能力、"飞一般"的切割速度、极低的运行成本、优异的稳定性、高质量的加工以及强大的适应能力等无可比拟的优势，是切割效率最高的激光切割机，运行成本极低。

【重大工程与重点项目】 普什宁江根据 2011 年工业和信息化部立项支持"电控共轨柴油喷射系统制造技术与关键装备的研发及应用"课题立项，针对中国高压共轨系统加工难题进行共性技术攻关，研制燃油喷射系统行业急需的高档数控机床 NJ-THMC6350IV 喷油器体型腔深孔钻铣高精多轴复合加工中心、NJ-CH6140 喷油器体柱面成型和螺纹滚压加工高精度复合数控车削中心。研制开发出来的机床在价格上将大大低于进口机床，具有一定的竞争力，可加快实现共轨精密制造技术和国产机床的推广应用，降低国内企业对进口设备的依存度、降低生产制造成本，增强产品竞争力，增强自主创新能力。该两项新产品总体技术处于国内领先、部分性能指标达到国际同类产品先进水平。

工业和信息化部在上海举行的"高档数控机床与基础制造装备"科技重大专项《航天复杂结构件高档数控加工示范工程》验收会暨成果推介会上，示范应用 11 台国产高档数控机床，这是中国航天高端制造领域首次批量应用国产数控机床。其中，大连机床集团为示范工程提供了精密卧式加工中心、精密立式加工中心、精密车削加工中心等 9 种不同型号的设备。航天产品由高性能、高可靠性、高精度零部件组成，具有结构复杂、弱刚度、高精度、材料难加工等特点。在加工航天精密结构件领域，此前基本依赖进口设备。大连机床集团研发的 9 台高档数控机床入围"高档数控机床与基础制造装备"科技重大专项，并与大连理工大学等单位加入了由上海航天设备制造总厂牵头成立的"航天制造装备产业技术创新联盟"。

由安徽力威数控机床有限公司、常州欧凯数控机床制造有限公司和六安金宇数控机床制造有限公司等企业合作投资建设的数控机床与工业机器人产业园项目落户安徽示范园区装备制造产业园内，占地约 183 亩（12.2 公顷），总投资 6.5 亿元人民币，其中固定资产投资 6 亿元。主要生产数控机床和高端智能数控设备，同时开展对数控装备循环机床再制造和数控机床营销业务等。安徽全省机床的数控率已达到 50%，一些企业已能生产立式加工中心、卧式加工中心、五轴联动数控机床，就连原生产家用机床、经济性机床的企业也积极发展数控机床，更好地适应了市场需要，许多企业的产品不仅畅销国内，还扩大出口。

配合《中国制造 2025》的发布，工业和信息化部决定自 2015 年启动实施"智能制造试点示范专项行动"，并于 2015 年 7 月确定并公布 2015 年 46 个智能制造试点示范项目名单。数控机床方面，沈阳机床（集团）有限责任公司申报的智能机床、大族激光科技产业集团股份有限公司申报的激光切割机床入围。

【进出口贸易】 数控机床进口金额显著下滑，高档数控机床依赖进口。2015 年，中国数控机床进口数量为 1.86 万台，同比增长 28.6%；进口金额 30 亿美元，同比下降 15.4%。从进口格局来看，由于中国数控机床在设计、材料、工艺、零部件加工等方面与国外仍存在很大差距，因此仍需从国外进口大量的高档数控机床设备，其中国内中高档数控机床的 80%、高档数控系统的 90%、高档数控小型车床的 85% 都有赖于从国外进口。

数控机床出口金额稳步增长，企业积极拓展国外市场。在出口方面，国内数控机床企业为提升竞争力，开始加速拓展国内外市场，多措并举与海外企业加强交流与合作，不仅继续开辟美国、阿曼等原有市场，还在西北亚、中东、俄罗斯、非洲、欧洲等市场发力，并取得一定成果。全年数控机床出口金额实现小幅增长。

【政策与法规】 2015 年 5 月 16 日，国务院发布《关于推进国际产能和装备制造合作的指导意见》，提出整合优势资源，推动工程机械等制造企业完善全球业务网络。加大工程机械、农业机械、石油装备、机床工具等制造企业市场开拓力度，积极开展融资租赁等业务，结合境外重大建设项目的实施，扩大出口。鼓励企业在有条件的国家投资建厂，完善运营维护服务网络建设，提高综合竞争能力。支持企业同具有品牌、技术和市场优势的国外企业合作，鼓励在发达国家设立研发中心，提高机械制造企业产品的品牌影响力和技术水平。

2015 年 11 月 10 日，“高档数控机床与基础制造装备”科技重大专项领导小组召开 2015 年度会议，审议通过专项“十三五”实施计划和 2016 年度计划。指出要做好“十三五”实施计划修改完善工作，要覆盖“中国制造 2025”中重点领域提出的急迫需求，力争兼顾近来技术和市场发展迅速的机器人等重点新兴产业需要；要凝练关键核心技术，集中力量突破高档数控系统等产品的关键共性技术，形成行业的可持续创新能力；专项实施管理办公室要尽快按照会议要求，修改完善“十三五”实施计划和 2016 年度计划，上报三部门进行综合平衡。《计划》将为高端数控产业发展提供支撑，与此相关的国有大型骨干企业及部分行业龙头企业有望获益。

为贯彻落实《中国制造 2025》关于做强中国装备的总体要求，不断提高重大技术装备创新水平，加快推进首台（套）推广应用，根据重大技术装备的发展现状，2015 年 10 月 29 日工业和信息化部制定发布《首台（套）重大技术装备推广应用指导目录（2015 年第二版）》。其中涉及数控机床的产品有：大型精密高速数控机床轴承、数控滚齿机、数控插齿机、数控剃齿机、数控铣齿机、数控磨齿机、数控单向走丝电火花线切割机床、数控电火花成形机床、龙门式加工中心（含龙门镗铣床）、数控车床、数控铣镗床（含铣镗加工中心）。

为促进中国机床工具行业发展，保障机床工具市场健康有序发展，维护机床工具行业的共同利益，规范机床工具企业市场行为，中国机床工具工业协会 2015 年 1 月 5 日制定《中国机床工具行业反不正当竞争公约》。鼓励企业在市场中正常合作，杜绝以不正当手段，排挤其他竞争对手，获取商业利益或市场地位；支持企业间采取各种有效方式，开展机床工具科研、生产及服务等领域的协作，共同创造良好的产业发展环境。坚决反对企业用远低于行业平均价格，甚至低于成本的价格提供产品或服务等不正当手段来获取市场份额的竞争方式。提倡遵循公平、合法和诚实守信的原则，依据生产经营成本和市场供求状况制定价格，维护消费者的持久合法权益，维护行业公平竞争秩序。

【存在问题】 缺乏核心技术，自主研发能力较弱。近年来，国产数控机床制造商通过技术引进、海内外并购重组以及国外采购等获得一些先进数控技术，但缺乏对机床结构与精度、可靠性、人性化设计等基础性技术的研究，忽视自主开发能力的培育。虽然有些国内企业创建了自主品牌，但其产品功能、性能的可靠性仍然与国外产品有一定差距，难以得到大多数用户认可。例如，中国部分企业研制了中高档小型数控车床，但大多数还是在国内小型数控车床主体制造和进口关键功能部件的基础上进行的组装，并没有掌握中高档小型数控车床及关键功能部件整体研发技术和制造技术。

产品性能稳定性较差，工艺技术有待提升。中国数控机床企业起点普遍较低，制造商不够重视整体工艺与制造水平的提高。目前已投入实际生产应用的国产高档数控机床一般采用国外进口的数控系统和关键功能部件，在加工性能方面与进口机床并无太大差距，但机床辅助部件故障率较高，直接推高了整机的故障率。此外，由于部件装配和调试技术水平不足，国产机床的精度、动态特性等比国外机床稍差，且上述性能在应用过程中的下降速度高于国外机床。

针对用户需求的技术服务与售后服务能力不足。由于中国数控机床产业发展迅速，一部分企业不顾长远利益，对提高自身的综合服务水平不够重视，甚至对服务缺乏真正的理解。一是国内机床企业缺乏对用户产品加工工艺的了解，目前还无法提供全套解决方案，提供的技术服务也只针对机床本身，影响国产机床在用户现场的应用。二是企业人员只注重推销而不注重售前与售后服务。企业派出人员对生产的数控机床缺乏足够了解，不会使用或使用不好数控机床，更不能指导用户，使得用户对制造商缺乏信心。

【发展趋势】 中国已连续多年成为世界最大的机床装备生产国、消费国和进口国。当前电子与通讯设备、航空航天装备、轨道交通装备、电力装备、汽车、船舶、工程机械与农业机械等重点产业的快速发展以及新材料、新技术的不断进步将对数控机床与基础装备提出新的战略性需求和转型挑战。对数控机床与基础制造装备的需求将由中低档向高档转变、由单机向包括机器人上下料和在线检测功能的制造单元和成套系统转变、由数字化向智能化转变、由通用机床向量体裁衣的个性化机床转变，电子与通信设备制造装备将是新的需求热点。

2016年，推进高档数控机床的产业化、提高国产高档数控机床在国家重点行业的占有率是中国机床行业摆脱当前困境、实现产业结构调整及转型升级的关键。企业应重点把握数控机床发展的四大趋势：一是高速化，随着汽车、国防、航空、航天等工业的高速发展以及铝合金等新材料的应用，对数控机床加工的高速化要求越来越高；二是高精度化，数控机床精度的要求现在已经不局限于静态的几何精度，机床的运动精度、热变形以及对振动的监测和补偿越来越获得重视；三是智能化，随着人工智能技术的发展，为了满足制造业生产柔性化、制造自动化的发展需求，数控机床的智能化程度在不断提高；四是绿色化，绿色制造的大趋势将使各种节能环保机床加速发展，占领更多的世界市场。

［撰稿：余雪松　审稿：杨旭东］

软件服务业

综　述

【产业规模】 工业和信息化部数据显示，2015年，中国软件和信息技术服务业共完成软件业务收入4.3万亿元，同比增长16.6%，增速低于2014年4.5个百分点；软件业务收入占电子信息产业比重28%，同比提升1.4个百分点。软件业实现出口545亿美元，同比增速比2014年提高1.6个百分点。

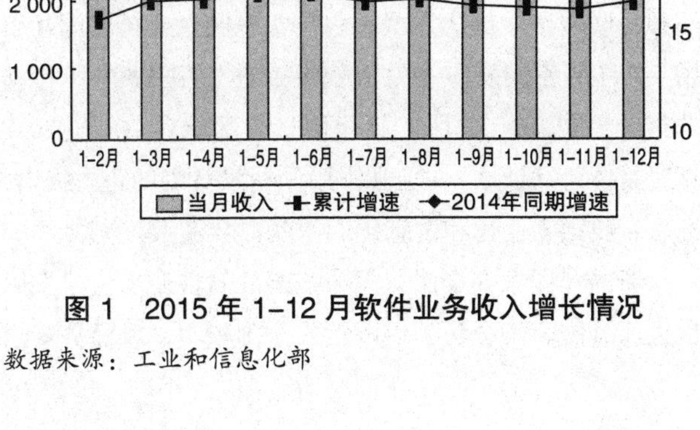

图1　2015年1-12月软件业务收入增长情况

数据来源：工业和信息化部

随着云计算、大数据、移动互联网等新技术、新模式的发展，中国软件产业正加快向网络化、服务化方向发展，对传统制造业的渗透带动作用进一步增强。2015年，信息技术服务实现收入22 123亿元，同比增长18.4%，增速比2014年提高1.7个百分点，占软件业务收入比重超过50%。其中，运营相关服务（包括在线软件运营服务、平台运营服务、基础设施运营服务等在内的信息技术服务）收入增长18.3%；电子商务平台服务（包括在线交易平台服务、在线交易支撑服务在内的信息技术支持服务）收入增长25.1%；集成电路设计实现收入1 449亿元，同比增长13.3%；其他信息技术服务（包括信息技术咨询设计服务、系统集成、运维服务、数据服务等）收入增长17.8%。

【区域发展情况】 工业和信息化部数据显示，2015年东部地区完成软件业务收入3.29万亿元，同比增长17.2%，低于2014年5.2个百分点。西部地区完成软件业务收入4 410亿元，同比增长16.6%，低于2014年4.6个百分点。中部地区完成软件业务收入1 978亿元，同比增长19.3%，低于2014年1.5个百分点。东北地区完成软件业务收入3 943亿元，同比增长10.7%，增速低于全

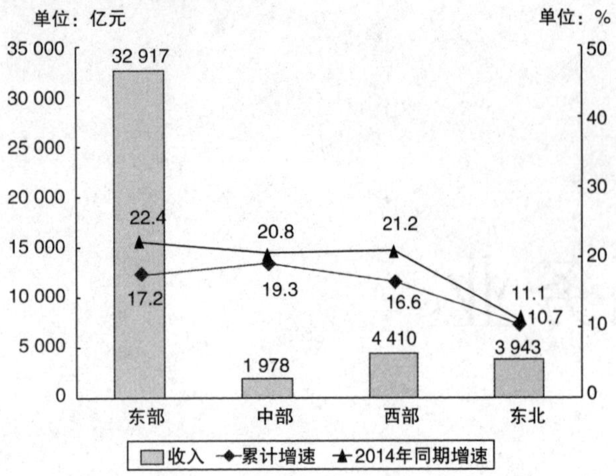

图 2　2015 年中国软件和信息技术服务业收入区域增长情况

数据来源：工业和信息化部

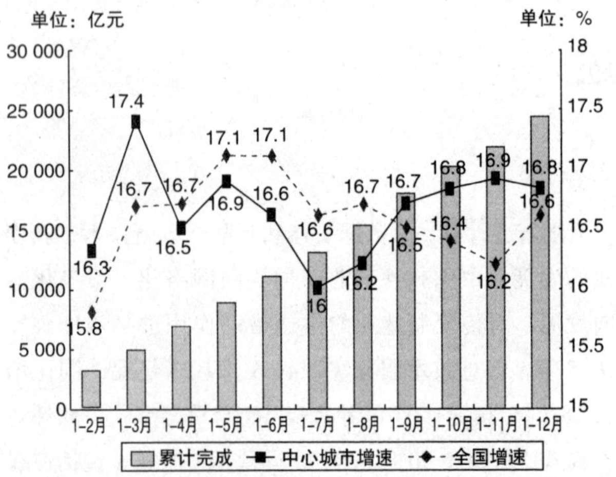

图 3　2015 年中心城市软件和信息技术服务业发展情况

数据来源：工业和信息化部

国平均水平 5.9 个百分点。

2015 年，全国 15 个副省级中心城市实现软件业务收入 2.45 万亿元，占全国收入的 56.6%，同比增长 16.8%，高出全国平均水平 0.2 个百分点，但低于 2014 年 4.7 个百分点。其中软件业务收入超过千万元的中心城市达到 11 个，比 2014 年新增加 2 个城市。

【技术创新情况】　业界研发创新能力增强。根据中国版权保护中心统计数据，2015 年，中国计算机软件著作权登记数量 292 360 件，同比增长 33.63%，是自 2010 年以来同比增速最高的一年。其中，计算机软件著作权质权登记 197 件，同比下降 3.14%；涉及合同 197 个，同比下降 3.14%；涉及软件作品数量 860 件，同比增长 16.21%；涉及主债务金额 173 685 万元，同比下降 6.68%，涉及担保金额 156 042.83 万元，同比下降 12.37%。

截至 2015 年 12 月底，我国软件和信息技术服务业已累计发布 517 项国家标准/行业标准，在研 247 项标准，提出计划 287 项标准，形成较为完整的体系。其中，强制性国家标准 95 项、推荐性国家标准 375 项、国家标准化指导性技术文件 18 项；推荐性行业标准 29 项。具体细分为，基础通用标准 355 项、产品标准 116 项、方法标准 31 项、管理标准 15 项。

【软件百家企业】　以国家统计局批准、工业和信息化部统计的 2015 年全国软件和信息技术服务业年报数据为基础，经省市工业和信息化主管部门初步审核、工业和信息化部最终核定 2016 年（第 15 届）中国软件业务收入前百家企业（以下简称“软件百家企业”）。2016 年（第 15 届）软件百家企业入围门槛为软件业务年收入 13.3 亿元，比上一届提高 2.8 亿元，增长 26.7%。软件百家企业共实现软件业务收入 6 005 亿元，比上届增长 13.1%，占软件和信息技术服务全行业的 14%。实现利润总额 1 524 亿元，比上届增长 48.2%。本届软件百家企业研发投入大幅提高，共投入研发经费 1 233 亿元，比上届增长 47.3%，增速超过收入增长 34.2 个百分点；研发强度（研发经费占主营业务收入比例）达 9.6%，比上届提高 2.6 个百分点，高于全行业 2.9 个百分点；参与研发人员数接近 36 万人，占总从业人员数的 43%，与上届相比增长 12%。

【重大政策及事件】　国家制定“互联网 +”行动计划，推动产业融合创新发展。2015 年 3 月，在十二届全国人大三次会议上，李克强总理在政府工作报告中提出“互联网 +”行动计划，推动移动互联网、云计算、大数据、物联网等与现代制造业结合，促进电子商务、工业互联网和互联网金融健康发展，引导互联网企业拓展国际市场。7 月国务院发布《关于积极推进“互联网 +”行动的指导意见》，12 月工业和信息化部出台 2015—2018 年度具体行动计划。“互联网 +”行动计划的正式提出，标志着我国工业化和信息化的深度融合进入新阶段。

新的《国家安全法》发布，国产软件迎来快速发展良机。《国家安全法》以政治安全为根本，以经济安全为基础，以军事、文化、社会安全为保障，构建国家总体安全体系。《国家安全法》要求加快发展自主可控的战略高新技术和重要领域核心关键技术，保障重大技术和工程安全，加快建设网络与信息安全保障体系，加强网络和信息技术创新研究、开发和应用。特别强调安全软件是信息安全的保证和基础。

国务院印发《关于促进云计算创新发展培育信息产业新业态的意见》。文件提出我国云计算发展目标是：到2017年，云计算在重点领域的应用得到深化，产业链条基本健全，初步形成安全保障有利，服务创新、技术创新和管理创新协同推进的云计算发展格局，带动相关产业快速发展。到2020年，云计算应用基本普及，云计算服务能力达到国际先进水平，掌握云计算关键技术，形成若干具有较强国际竞争力的云计算骨干企业。云计算信息安全监管体系和法规体系健全。该意见还从完善市场环境、建立健全相关法规制度、加大财税政策扶持力度、完善投融资政策等七方面提出了完备的支持云计算产业发展的政策措施。

国务院印发《促进大数据发展行动纲要》。该文件作为我国推进大数据发展的战略性、指导性文件，充分体现了国家层面对大数据发展的顶层设计和统筹布局，为我国大数据应用、产业和技术的发展提供了行动指南。其内容可以概括为“三位一体”，即围绕全面推动我国大数据发展和应用，加快建设数据强国这一总体目标，确定三大重点任务：一是加快政府数据开放共享，推动资源整合，提升治理能力；二是推动产业创新发展，培育新业态，助力经济转型；三是健全大数据安全保障体系，强化安全支撑，提高管理水平，促进健康发展。

第十九届中国国际软件博览会成功举办。软博会紧扣“软件定义世界，两化深度融合”主题，突出最新成果展示，突出软件在促进两化深度融合，支撑和服务“互联网 +”、《中国制造 2025》、“一带一路”建设等国家重大战略所取得的成效。来自全国33个省市、香港特别行政区及韩国的600余家软件企业组团参展。微软、IBM等国际软件巨头，国内东软、中软、浪潮等知名软件企业参加展示和专题论坛。软博会期间举办高峰论坛、信息发布会以及9场专题论坛。

开源模式渐成主流。开源软件近年来成为云计算、大数据、互联网、移动互联网等技术创新的主要依托，发展为推动全球软件产业创新发展的主要力量。2015年我国开源软件产业规模持续扩大，参与技术研发和应用队伍迅速壮大，开源社区数目与质量日渐增多与成熟，开源技术在重点行业中应用日益广泛，Linux平台在互联网、移动互联网快速应用，并且部署在金融、电力、邮政、教育、国防等国民经济主战场。开源系统凭借其开放、便宜、稳定、安全等优点，逐步发展成为主流软件平台。

【存在问题】 传统的产业服务手段和方式随着国家行政改革的推进（双软、重软的取消）、政府资金使用方式的改变需要进一步加以改变；软件产业受到国家宏观经济形势影响，一定程度上存在周期滞后，受国家经济下行压力影响，今后软件产业运行增长压力加大；软件产业收入主要集中在大型龙头企业，而软件企业主要由大量的中小微企业构成；软件企业向信息化服务转型过程中，呈现前期发展投入高，后期收入增长慢的特点；面向电子政务、能源、军工等行业信息化的市场需求减缓；在生态化、规模化、国际化的发展趋势下，传统软件企业的优势逐渐弱化，有的企业甚至边缘化；云计算、大数据带来的产业变革步伐加快，但是企业把握机遇的能力不足；软件企业原始创新能力有待加强、资源整合能力有待加强。

【统计数据】

表1　2013—2015年中国软件和信息技术服务业规模增长及占电子信息业比重

项目名称	单位	2013年	2014年	2015年
规模	万亿元	3.06	3.7	4.3
规模增速	%	23.4	20.2	16.6
占电子信息产业比重	%	25.0	26.6	28.0

表 2　2015 年各省市软件业最终核实统计数据（一）

省、自治区 直辖市名称	企业数 （家）	软件业务收入 （万元）	省、自治区 直辖市名称	企业数 （家）	软件业务收入 （万元）
合计	38 222	428 479 159	河南省	286	2 785 437
北京市	2 655	54 228 650	湖北省	2 497	10 152 365
天津市	518	10 078 453	湖南省	463	3 492 194
河北省	284	1 844 661	广东省	4 437	71 051 485
山西省	115	241 541	广西壮族自治区	206	747 207
内蒙古自治区	81	300 980	海南省	122	427 822
辽宁省	3 610	30 342 198	重庆市	941	8 533 469
吉林省	983	4 405 089	四川省	1 772	21 259 096
黑龙江省	494	1 506 691	贵州省	245	1 102 422
上海市	3 030	33 813 497	云南省	106	442 407
江苏省	5 291	70 623 774	陕西省	1 328	11 397 369
浙江省	1 763	30 374 129	甘肃省	95	356 782
安徽省	418	2 055 824	青海省	21	12 142
福建省	2 398	18 271 747	宁夏回族自治区	67	114 051
江西省	135	863 578	新疆维吾尔自治区	111	454 613
山东省	3 750	37 199 486			

表 3　2015 年各省市软件业最终核实统计数据（二）

省、自治区 直辖市名称	软件产品收入 （万元）	信息技术服务收入 （万元）	嵌入式系统软件收入 （万元）
合计	136 561 432	222 109 514	69 808 213
北京市	21 712 261	32 373 907	142 482
天津市	2 502 559	6 161 888	1 414 005
河北省	337 104	1 487 961	19 596
山西省	116 210	122 468	2 863
内蒙古自治区	134 460	164 822	1 698
辽宁省	10 852 227	17 012 134	2 477 838
吉林省	1 275 661	2 555 652	573 776
黑龙江省	653 839	729 242	123 609
上海市	11 852 435	20 158 202	1 802 860

续表

省、自治区直辖市名称	软件产品收入（万元）	信息技术服务收入（万元）	嵌入式系统软件收入（万元）
江苏省	16 334 771	28 386 536	25 902 467
浙江省	9 632 211	18 275 180	2 466 737
安徽省	854 767	1 060 560	140 497
福建省	6 281 803	10 589 141	1 400 804
江西省	299 471	553 096	11 011
山东省	13 915 899	16 244 562	7 039 025
河南省	771 780	1 709 729	303 929
湖北省	5 331 530	4 251 274	569 560
湖南省	2 036 254	1 001 317	454 623
广东省	17 236 892	31 290 890	22 523 703
广西壮族自治区	89 928	652 088	5 191
海南省	112 096	315 727	0
重庆市	2 002 534	5 398 205	1 132 730
四川省	8 297 108	12 821 205	140 784
贵州省	424 495	659 197	18 730
云南省	114 548	326 127	1 731
陕西省	3 165 409	7 116 147	1 115 812
甘肃省	114 629	236 477	5 676
青海省	2 962	8 507	673
宁夏回族自治区	45 573	53 002	15 476
新疆维吾尔自治区	60 015	394 269	329

表 4　2015 年全国软件业最终核实统计数据

指标名称	单位	2015 年完成	增速 %
企业个数	个	38 222	3.0
软件业务收入	亿元	42 848	15.7
其中：软件产品收入	亿元	13 656	11.9
信息技术服务收入	亿元	22 211	18.7
嵌入式系统软件收入	亿元	6 981	14.1
软件业务出口	亿美元	495	1.7

续表

指标名称	单位	2015 年完成	增速 %
利润总额	亿元	5 766	19.5
税金总额	亿元	1 978	10.8
研发经费	亿元	3 907	24.7
从业人员年末数	万人	574	5.2

表 5　2016 年（第 15 届）中国软件业务收入前百家企业名单

序号	企业名称	软件业务收入（万元）	序号	企业名称	软件业务收入（万元）
1	华为技术有限公司	17 861 603	23	东软集团股份有限公司	487 700
2	中兴通讯股份有限公司	4 600 000	24	软通动力信息技术（集团）有限公司	476 019
3	海尔集团公司	4 122 240	25	亚信科技（中国）有限公司	474 037
4	浪潮集团有限公司	1 615 323	26	福州福大自动化科技有限公司	471 056
5	海信集团有限公司	1 128 593	27	江苏省通信服务有限公司	457 181
6	南京南瑞集团公司	1 051 215	28	国电南京自动化股份有限公司	427 741
7	杭州海康威视数字技术股份有限公司	1 016 933	29	大唐电信科技股份有限公司	426 066
8	中国银联股份有限公司	924 136	30	广州佳都集团有限公司	421 653
9	株洲南车时代电气股份有限公司	921 335	31	上海宝信软件股份有限公司	392 958
10	航天信息股份有限公司	913 412	32	北京小米移动软件有限公司	386 793
11	浙江大华技术股份有限公司	755 837	33	太极计算机股份有限公司	378 327
12	同方股份有限公司	700 372	34	上海华讯网络系统有限公司	373 628
13	熊猫电子集团有限公司	689 509	35	中国软件与技术服务股份有限公司	360 160
14	金山软件有限公司	567 611	36	神州数码系统集成服务有限公司	348 136
15	东华软件股份公司	562 014	37	北京全路通信信号研究设计院集团有限公司	338 128
16	上海华东电脑股份有限公司	542 363	38	大族激光科技产业集团股份有限公司	336 714
17	江苏集群信息产业股份有限公司	521 143	39	中科软科技股份有限公司	327 828
18	北京中软国际信息技术有限公司	515 709	40	中国民航信息网络股份有限公司	318 107
19	武汉邮电科学研究院	514 446	41	中国电子科技网络信息安全有限公司	310 435
20	浙大网新科技股份有限公司	501 283	42	福建星网锐捷通讯股份有限公司	301 100
21	文思海辉技术有限公司	490 662	43	用友网络科技股份有限公司	296 598
22	深圳市华讯方舟科技有限公司	489 531	44	广州广电运通金融电子股份有限公司	291 857

续表

序号	企业名称	软件业务收入（万元）	序号	企业名称	软件业务收入（万元）
45	四川省通信产业服务有限公司	291 218	73	江苏金智集团有限公司	185 310
46	上海贝尔软件有限公司	281 532	74	高德信息技术有限公司	172 220
47	阿里云计算有限公司	273 484	75	博彦科技股份有限公司	171 809
48	石化盈科信息技术有限责任公司	268 077	76	深圳怡化电脑股份有限公司	170 723
49	北京神州泰岳软件股份有限公司	264 654	77	先锋软件股份有限公司	170 603
50	深圳市金证科技股份有限公司	258 565	78	深圳天源迪科信息技术股份有限公司	167 740
51	北京中电普华信息技术有限公司	255 798	79	深圳市大疆创新科技有限公司	164 967
52	北京京东尚科信息技术有限公司	251 681	80	金蝶软件（中国）有限公司	161 497
53	中控科技集团有限公司	241 786	81	南京联创科技集团股份有限公司	160 607
54	科大讯飞股份有限公司	239 331	82	北明软件有限公司	160 087
55	深圳市欧珀通信软件有限公司	239 114	83	恒宝股份有限公司	158 924
56	广州海格通信集团股份有限公司	238 348	84	广联达软件股份有限公司	153 943
57	四川九洲电器集团有限责任公司	233 097	85	天津天地伟业数码科技有限公司	152 248
58	北京中油瑞飞信息技术有限责任公司	220 172	86	云南南天电子信息产业股份有限公司	152 132
59	信雅达系统工程股份有限公司	219 126	87	启明星辰信息技术集团股份有限公司	151 411
60	国网信通亿力科技有限责任公司	209 972	88	北京四方继保自动化股份有限公司	151 383
61	卡斯柯信号有限公司	207 638	89	北京四维图新科技股份有限公司	150 615
62	东方电子集团有限公司	207 333	90	北京宇信科技集团股份有限公司	146 778
63	银江股份有限公司	204 594	91	江苏润和科技投资集团有限公司	146 215
64	北京华胜天成科技股份有限公司	202 451	92	北大方正集团有限公司	144 628
65	新大陆科技集团有限公司	199 653	93	博雅软件股份有限公司	141 722
66	平安科技（深圳）有限公司	198 138	94	启明信息技术股份有限公司	138 374
67	东莞市步步高通信软件有限公司	197 269	95	江苏国光信息产业股份有限公司	135 597
68	深圳创维数字技术有限公司	195 379	96	广州杰赛科技股份有限公司	135 582
69	中冶赛迪集团有限公司	193 854	97	北京华宇软件股份有限公司	135 167
70	山东中创软件工程股份有限公司	192 613	98	武汉天喻信息产业股份有限公司	134 719
71	恒生电子股份有限公司	190 307	99	大连华信计算机技术股份有限公司	133 415
72	万达信息股份有限公司	186 525	100	北京易华录信息技术股份有限公司	133 355

注：表1~表5数据来源于工业和信息化部。

软件产品行业

【概况】 工业和信息化部数据显示，2015 年，软件产品实现收入 13 656 亿元，同比增长 11.9%，增速低于 2014 年 11.6 个百分点，占软件和信息技术服务业总收入的 31.9%。其中，信息安全产品增长 16.3%。

【基础软件】 安全可信需求助推基础软件发展。2015 年，在政府和业界的共同努力下，我国基础软件发展取得新的进展。阿里云操作系统、元心操作系统、WPS 办公软件等成为基础软件发展的亮点，进一步提升我国信息产业自主创新能力。

国产基础软件发展取得新进展。国产基础软件主要包括操作系统、数据库、中间件、办公软件等。桌面操作系统方面，中标软件有限公司推出的中标麒麟，重点打造自主可控、安全可信等差异化特性，2011—2014 年连续四年位列我国 Linux 操作系统市场占有率第一的位置；2014 年才宣布涉足操作系统的普华基础软件股份有限公司，基于接收自中科红旗研发团队的力量，在短期内就研发出操作系统产品并打入军队、政府、公安、银行等关键领域。移动操作系统方面，随着华为、小米等品牌手机的热销，基于安卓系统改造的 EMUI、MIUI 等系统成为国内市场上流行的手机操作系统。自主研发的操作系统也取得进展，北京元心科技有限公司研发的元心操作系统，掌握了系统的全部源代码和技术演进方向，并且通过中国信息安全测评中心 EAL4 认证；截至 2015 年年底，基于阿里巴巴集团研发的 YunOS 系统的终端设备已超过 3 000 万台。数据库方面，武汉达梦数据库有限公司推出的 DM7.0 数据库取得突破性进展，进一步缩小与国外数据库巨头甲骨文（Oracle）的差距；天津南大通用数据技术股份有限公司与 IBM 合作，以源代码授权的形式引进 Informix，在消化吸收源代码的基础上自主构造的新数据库 GBase 8t 成功打入金融行业的核心业务系统。办公软件方面，北京金山软件有限公司的 WPS 荣获苹果“App Store 2015 年度精选应用”以及谷歌“Google Play 2015 年度最佳应用”称号，其移动版用户数已经突破 5 亿。

国产基础软件厂商加大合作力度。一方面，国产基础软件上下游厂商的合作促使产品兼容性极大改善，国产操作系统已经实现与国产 CPU 的代码级适配，如中标麒麟、普华操作系统同时兼容国产龙芯、申威 CPU，能最大限度地发挥软硬件的性能并确保稳定性，可满足自主可信的应用需要。另一方面，由于中国基础软件相关碎片化现象严重，厂商缺乏市场话语权，因此整合打造自主可控产业链成为各家厂商的战略。北京东方通科技股份有限公司自 2014 年上市以来，经过一系列的转型收购，整合云计算、大数据、移动互联等新技术领域的资源，打通产业链上下游，成为积极响应国家战略布局、推进 IT 国产化方面的中坚力量。中国电子科技集团（CETC）的一支重要力量普华基础软件有限公司，在中科红旗破产后全面接收其研发和销售核心力量，并为原中科红旗的产品提供技术服务。2015 年 7 月，作为 CETC 的另一支重要力量，太极计算机股份有限公司入股金蝶中间件有限公司。加上之前入股数据库厂商北京人大金仓信息技术股份有限公司，CETC 拥有包括操作系统、数据库、中间件在内的完整体系，进一步完善自主可控产业体系，提升在党政、国防和关键行业安全可靠系统建设的整体竞争力。合作力度的加大带来可喜的效果，金融、电力、石油等关键行业越来越多地倾向使用国产基础软件，如普华操作系统已在中国邮政储蓄银行部署应用，国家电网核心调度系统开始采用武汉达梦数据库有限公司的数据库产品等。

Windows 免费策略带来新的挑战。过去微软产品定价高，与国产厂商定价不冲突，然而近年来美国等发达国家经济不景气同业竞争日趋激烈，特别是 PC 市场疲软、移动设备市场崛起，促使微软改变策略并于 2015 年 7 月推出首款免费操作系统 Windows 10。微软意图借此维持 Windows 系统的影响力，并利用影响力在 Windows 生态圈内的其他方面获益。这一策略给立足不稳的国产操作系统带来极大的压力，势必影响到国产厂商的积极性。此外，微软还针对中国政府日益提高的安全可控需要，借助合资公司推销产品。2015 年 12 月微软与 CETC 成立合资公司，其中微软占 49%、CETC 占 51%。微软试图借助共同研发操作系统进入党政军核心领地，继续维持中国市场垄断地位，这势必给国产操作系统的发展带来新的挑战。

安全可信成为基础软件发展助推器。尽管“棱镜门”事件已爆发数年，但它所暴露出来的大规模监听的行为并没有消失。2015 年 1 月 23 日，中共中央政治局审议通过《国家安全战略纲要》，作为国家安全的一个重要领域，信息安全的关注度进一步提升。2015 年 6 月，全国人大常委会审议了《中华人民共和国网络安全法（草案）》，从 2015 年 7 月 6 日起在中国人大网上全文公布，并向社会公开征求意见。由此可见，安全可信被提升到前所未有的高度。基础软件作为国家信息安全的基础，对保障国家信息安全具有重大意义。此外，随着基础软件向云服务迁移的趋势越来越明显，而云计算的发展离不开安全和信任，因此安全可信成为未来云服务发展的必备要素。面对 Windows 10 免费升级这一新商业模式的挑战，国产基础软件厂商需紧抓安全可信，加大国产基础软件产品在党政军等领域的推广应用，逐步扩大影响、突破发展瓶颈。

【工业软件】 工业软件规模和投资增速放缓。市场规模增长稳中趋缓，发展环境不断优化。2015 年，受工业转型升级阵痛期以及整体工业企业平均利润增长下滑的影响，企业信息技术支持增长停滞，中国工业软件产业规模增速有所放缓。然而，随着工业领域中的技术密集型行业对信息技术的理解和应用加深，特别是高端工业制造领域将信息技术的应用和融合作为转型升级的主要驱动力，纷纷加大对智能制造、协同管理等工业软件服务和平台的投入，对工业软件市场规模增长形成有力支撑。随之，《中国制造 2025》《国务院关于积极推进“互联网 +”行动的指导意见》《促进大数据发展行动纲要》等战略性文件，大大提升了业界对中国工业软件市场即将迎来快速增长时期的预期。

以行业应用为牵引的综合解决方案发展迅速，逐步扩大到广大中小企业。在重点行业加快智能化改造提升需求的带动下，工业软件产业发展从整体上看，机械、航空、纺织等行业对设计、分析、测试等服务的集成和综合数据管理分析需求，逐渐成为新一代工业软件创新的源头动力。具体细分市场层面，研发设计类软件市场迎来快速增长期，特别是在军工、航空航天、轨道交通等重点行业的带动下，高端设计和分析软件市场规模增长加速，同比增幅超过 25%；传统占据工业软件市场主要份额的 ERP、CRM 等管理软件加快向基于云平台服务模式转变，带动用户数量和行业覆盖面大幅拓展，尤其为中小企业通过移动互联网和智能移动终端接入服务带来便利。另外，工业控制类软件和系统解决方案在电力、轨道交通、装备制造等行业实现稳定增长，工业互联网、智能工厂解决方案等新兴领域快速崛起。

工业软件平台化，加速向云计算和大数据迁移。工业云在企业落地应用，为工业企业在数据集成方面提供了天然优势，帮助企业推进建立企业统一数据标准和共享机制。平台的建立加速了工业企业数据积累，尤其一些面向行业应用的大型工业云平台还能加速行业共性数据积累，为工业大数据的进一步发展和成套解决方案的成熟提供重要的资源池和测试床。

【安全软件】 网络安全威胁倒逼信息安全软件发展。2015 年 9 月，习近平主席访美期间亮出网络空间的“中国态度”，指出“中国是网络安全的坚定维护者”，倡导建设“和平、安全、开放、合作”的网络空间；12 月，习近平主席在乌镇峰会上就构建“互联互通 · 共享共治”的网络安全命运共同体发表重要讲话，“尊重网络主权”被列在互联网治理“四项原则”的首要位置，“没有网络安全就没有国家安全”的网络安全观成为国家战略共识。然而，传统行业领域，各类网络攻击、数据泄密和窃取事件频发，2015 年，中国企业网络安全事件平均数量上升 5 倍，党政机关、工业控制、金融、电信等领域尤甚，应对高强度连续攻击（APT）已成为确保我国关键性基础设施安全的核心问题。

国家重视网络安全技术基础研发，安全软件产品技术攻关和创新紧跟发展趋势。从企业角度而言，一方面，我国网络安全企业正在利用大数据、云计算和虚拟化平台实现新型安全防护的技术攻关和创新，在云安全、数据安全、可信计算等技术领域取得一定进展。例如，启明星辰打造以数据为核心的 SOC 3.0 平台，公安部指导的下一代防火墙标准发布，国民技术股份有限公司参与的 TPM 2.0 标准被正式批准为 ISO/IEC 国际标准。另一方面，网络安全企业在新型安全业务领域竞争与合作并存。例如，腾讯和启明星辰、阿里云与安恒、普华永道与谷安天下分别在终端安全服务、云安全和安全咨询服务方面达成战略合作；华胜天成在与 IBM 达成中间件技术合作之后又推出基于 IBM POWER 技术的国产服务器。

网络安全企业迅速发展，相关资本市场空前活跃。2015 年，中国 7 家主要网络安全上市公司 2015 年营业收入共计 188.4 亿元，同比增长 41.9%，其中，北信源增速达到 80.8%，奇虎 360 增速为 46.6%，卫士通和启明星辰增速分别为 31.1% 和 29.7%。以奇虎 360、启明星辰、卫士通和绿盟科技为代表的网络安全国产化中坚力量，正在通过投资并购方式将业务领域扩展到安全数据交换产品研发与销售和大数据处理技术领域。此外，2015 年还是国内外相关资本市场最为活跃的一年，上亿美元的融资并购逾 20 起；而国内传统大型集团企业如 CEC（中国电子信息产业集团有限公司）、CETC（中国电子科技集团公司）通过投资并购打造网络安全国家队，BAT（百度、阿里巴巴、腾讯）先后借助资本市场力量入场，明朝万达、安全狗、威客众测等新兴和初创企业发展迅速。

【统计数据】

表 1　2013—2015 年中国工业软件市场规模表

项目名称	单位	2013 年	2014 年	2015 年
规模	亿元	855	1 000	1 150
增速	%	17.5	17.0	17.0

注：数据来源于工业和信息化部。

表 2　2015 年网络安全细分市场主要企业及其市场份额

细分市场	主要企业及其市场份额
防火墙	天融信（18.9%）、华为（18.6%）、网御星云（11.7%）、H3C、思科
Web 应用防火墙 WAF	绿盟科技（26.8%）、深信服、思科、网康
入侵检测系统 IDS	启明星辰（39.8%）、绿盟科技（23%）、东软（11.5%）、安氏领信
入侵防御系统 IPS	绿盟科技（21.7%）、启明星辰（17.9%）、天融信（10.6%）、H3C（10.0%）
统一威胁管理 UTM	网御星云（15.5%）、山石网科（12%）、深信服（10.9%）、H3C（9.5%）、华为（8.9%）、Fortinet（6.4%）
安全内容管理硬件	深信服（35.4%）、网康科技（18.3%）、Bluecoat（9.3%）、迪普科技（8.6%）、绿盟科技（7.6%）
终端安全管理	瑞星、赛门铁克、趋势科技、冠群金辰、北信源
漏洞扫描产品	绿盟科技（25.1%）、IBM（20%）、启明星辰（15.8%）、榕基软件
信息加密 / 身份认证	卫士通、兴唐通信、吉大正元
安全管理平台 SOC	启明星辰（22%）、安氏领信、东软、天融信、网御神州
VPN 硬件	深信服（42.1%）、启明星辰 (15.7%)、天融信（10.5%）
安全服务	绿盟科技、启明星辰、安氏领信、天融信、蓝盾科技等

注：数据来源于 IDC、上海证券研究所。

信息技术服务业

【概况】 2015年，在我国经济发展进入新常态的背景下，信息技术服务保持平稳较快增长态势，在促进互联网和实体经济深度融合发展、加快供给侧结构性改革中发挥更为重要作用。随着网络智能终端的快速普及、云计算逐步成为新型智能基础设施，信息技术服务智能化、自动化、专业化水平不断提升，服务领域由聚集于IT部门扩展到生产生活全领域，服务模式从信息系统建设走向提供整体解决方案、开展平台和数据运营，商业模式也由项目建设向增值服务、运营服务多元化方向发展。信息技术服务产业结构持续优化，产业链向高端不断延伸。

【生产与销售】 2015年，随着新兴产业的发展深化和相关政策落地，信息技术服务类收入保持较快增长。工业和信息化部数据显示，2015年中国信息技术服务收入22 211亿元，同比增长18.7%，增速比2014年提高2个百分点。其中，运营相关服务（包括在线软件运营服务、平台运营服务、基础设施运营服务等在内的信息技术服务）2015年销售收入4 304亿元，电子商务平台服务（包括在线交易平台服务、在线交易支撑服务在内的信息技术支持服务）2015年销售收入2 846亿元，集成电路设计实现收入1 106亿元，其他信息技术服务（包括信息技术咨询设计服务、系统集成、运维服务、数据服务等）2015年销售收入13 955亿元。

【科技进步与应用】 信息技术服务标准化工作、云计算产业取得一定发展。

信息技术服务标准化工作　发布《信息技术服务标准（ITSS）体系4.0》，形成系统性推进标准研制的工作体系。研究制定信息技术服务标准化工作指导性文件，组织开展ITSS标准研制工作，推动发布《信息技术服务　咨询设计　第1部分：通用要求》等3项电子行业标准。指导行业协会开展ITSS标准应用推广工作，通过标准应用经理培训、标准符合性评估师培训、标准符合性评估评审会、标准持续改进调研问卷及标准化论坛等多渠道全面铺开实施。截至2015年12月1日，ITSS会员单位333家，通过ITSS运维标准符合性评估单位268家，认定标准符合性评估师276人（专职评估师171人，独立评估师105人）。

云计算产业发展　联合发展改革委组织实施2015年云计算示范工程，支持骨干企业开展云计算关键技术研发与产业化。印发《云计算综合标准化体系建设指南》，从基础、服务、资源、安全、应用等5个方面构建云计算综合标准化体系框架，明确云计算标准化方向。

【重大工程与重点项目】 2015年工业转型升级资金、软件公共服务平台、软件和信息服务业示范基地、服务外包示范城市、信息技术服务业企业信用评价等重大工程与重点项目进展顺利。

工业转型升级资金　2015年工业转型升级资金项目，面向装备制造、钢铁石化、食品医药等重点工业领域开展云计算应用示范，提升工业领域研发设计、协同营销、供应链管理水平，加快推进两化深度融合。

软件公共服务平台　2015年软件公共服务平台专项，重点支持国产密码算法的中文浏览器、字符集转换和通用驱动框架解决方案、测试服务能力建设等三个方向，为软硬件产品、系统和服务在重点领域应用提供支撑。

软件和信息服务业示范基地　开展第五批软件和信息服务业示范基地创建工作，新认定上海市北高技术服务业园区为示范基地；开展第一批软件类示范基地复核工作。

服务外包示范城市　落实《国务院关于促进服务外包产业加快发展的意见》，参与中国服务外包示范城市综合评价工作，研究制定示范城市扩围方案。

信息技术服务业企业信用评价　指导中国软件行业

协会开展第八批软件和信息服务业企业信用评价工作，新评出信用企业 135 家并发布。

【进出口贸易】 工业和信息化部《2015 年全国软件业最终核实统计数据》显示，2015 年，我国软件业务实现出口 495 亿美元，同比增长 1.7%。其中，信息技术服务行业出口额 160 亿美元，外包服务出口额 96 亿美元，与 2014 年同期基本持平。

【国际合作】 依托重点企业，主导和实质参与服务质量模型（ISO/IEC 25011)、云服务、服务外包等领域的国际标准化工作。在"一带一路"战略下，推动中巴经济走廊建设、中印软件外包合作等国际合作计划的实施，促进国际双边与多边产业交流与合作，特别是在云计算、大数据、移动互联网等新技术新模式方面的交流互动，实现优势互补、互惠互利。召开座谈会，组织互联网骨干企业、IT 服务企业、研究机构等围绕"一带一路"战略进行交流对接。

【政策与法规】 2015 年 1 月，国务院印发《关于促进云计算创新发展培育信息产业新业态的意见》（国发〔2015〕5 号）。提出支持信息技术企业加快向云计算产品和服务提供商转型。大力发展计算、存储资源租用和应用软件开发部署平台服务，以及企业经营管理、研发设计等在线应用服务（SAAS），降低企业信息化门槛和创新成本，支持中小微企业发展和创业活动。发展基于云计算的政府信息技术服务外包业务。

2015 年 12 月，工业和信息化部联合国家标准化管理委员会发布《信息技术服务标准化工作五年行动计划（2016—2020）》（工信厅联信软〔2015〕164 号）。提出进一步加大信息技术服务标准（ITSS）应用示范，选择重点行业用户、信息技术服务业聚集发展城市或区域，开展咨询设计、集成实施、运行维护、信息技术治理、数据（信息）保护等领域标准应用示范。推动用户单位采用标准，组织开展标准实施效果评估，充分发挥标准的战略引领作用，更好地促进产业转型升级，支撑做强信息技术服务业。

【市场分析与预测】 随着"互联网 +"、智能制造、大数据等蓬勃发展，以及智慧城市的积极推进，2016 年信息技术服务需求加速释放，平台运营服务和电子商务平台服务将继续保持快速增长。与此同时，信息技术服务加速与经济社会各个领域的融合渗透，针对传统业务流程进行优化、整合、重构的新业态、新模式将不断涌现。特别是在服务业与制造业融合发展过程中，信息技术服务业发挥着粘合剂与推进剂的重要作用。随着《中国制造 2025》、"互联网 +"行动计划等国家重大战略的逐步推进，面向制造业的信息技术服务业发展潜力巨大。

产业结构优化的同时，信息技术服务企业面临转型升级压力，业务模式和商业模式的变革将持续深化。加大研发投入和服务创新、跨界并购、开放平台建设成为主要趋势。

【存在问题】 一是新兴信息技术的行业应用发展尚需大力推进。云计算、大数据等新兴技术虽然保持快速发展，但面向行业的系统解决方案研发和服务能力还有待提升，企业级应用市场还未形成规模。二是信息技术服务外包发展面临挑战。2015 年美国、欧盟、日本等主要发包市场相对疲软，同时，中国劳动力成本上升较快，非核心业务外包已经向新兴国家和地区转移，而核心业务的市场开拓竞争激烈。

嵌入式系统软件业

【概况】 2015年，中国嵌入式系统软件业与电子信息制造业的发展保持同步平稳发展态势，继续在国民经济中占据着重要位置。电子信息制造业是嵌入式系统软件的硬件载体，嵌入式系统软件作为核心，伴随着电子信息制造业生产的增长实现产值的同步递增。工业和信息化部数据显示，2015年嵌入式系统软件收入完成6 981亿元。按省市划分，江苏省、广东省、山东省、辽宁省、浙江省嵌入式系统软件收入位列全国前五位。

【主要经济指标】 2015年嵌入式系统软件收入完成6 981亿元，同比增长14.1％，占软件业务收入（42 848亿元）的16.3%，实现利润618亿元，比2014年的475亿元增长30.1%。

【企事业单位情况】 截至2015年底，嵌入式系统软件行业有3 731家企业，与2014年基本持平。嵌入式系统软件企业从事装备自动控制产品、通信设备两大领域的企业最多，分别达到2 025家和1 426家，从事计算机应用产品的企业有896家，从事数字家用视听产品的企业147家，从事信息系统安全产品的企业130家。

【从业人员情况】 截至2015年年底，嵌入式系统软件行业有从业人员约74万人，占软件企业总人数的12.8%。

【生产与销售】 2015年嵌入式系统软件行业实现收入6 981亿元，其中通信设备领域收入达3 002亿元，占嵌入式系统软件行业收入比例超过40%，装备自动控制产品领域收入2 051亿元，计算机应用产品领域收入1 313亿元，数字家用视听产品领域收入489亿元，信息系统安全产品领域收入126亿元。

【科技进步与应用】 移动操作系统方面，随着华为、小米等品牌手机的热销，基于安卓系统改造的EMUI、MIUI等系统成为国内市场上流行的手机操作系统。自主研发的操作系统也取得进展，北京元心科技有限公司研发的元心操作系统，掌握了系统的全部源代码和技术演进方向，并且通过中国信息安全测评中心EAL4认证。根据市场研究公司赛诺发布的数据显示，2015年年底基于阿里巴巴集团研发的YunOS系统的终端设备已超过3 000万台。

【进出口贸易】 根据工业和信息化部《2015年1—12月软件业经济运行快报》，2015年软件业实现出口545亿美元，同比增长5.3%。嵌入式系统软件出口增长4.2%。

【政策与法规】 2015年，国务院发布《中国制造2025》，在操作系统及工业软件领域，提出要开发安全领域操作系统等工业基础软件，推进自主工业软件体系化发展和产业化应用。国务院《关于积极推进“互联网+”行动的指导意见》，提出“互联网+”要协同制造，推动互联网与制造业融合，大力发展智能制造，着力在操作系统和工业软件等核心环节取得突破。

《工业转型升级规划（2011—2015年）》提出，加快发展支撑信息化发展的产品和技术，重点支持开发核心芯片、嵌入式操作系统、集成开发环境和嵌入式应用软件产品，加强嵌入式系统与网络技术的融合，推进嵌入式技术在各行业的应用。

【市场分析与预测】 在移动通信终端领域，随着中国市场4G的逐渐普及，智能手机销量增速逐渐放缓，但是未来仍将保持增长态势。由于开源的安卓系统平台受到中国厂商的大力支持，特别是能够基于安卓系统定制具有厂商特色的UI界面，因此安卓系统未来一段时期将继续保持中国智能手机操作系统的主导地位。在移动互联网领域，在互联网庞大用户需求的刺激下，在通信基础设施不断完善的条件下，在传统企业向互联网转型升级的背景下，移动互联网市场将继续保持增长态势。在其他消费电子领域，随着平板电脑越来越多的被认为是 PC 的替代品，市场对平板电脑的关注点逐渐集中到对操作系统的选择上。而微软 Windows10 借助 PC 领域的优秀体验，再加上微软推出的二合一平板设备，将可能促使平板电脑市场迎来新的增长点。在汽车家居领域，随着越来越多的企业开始布局智能家居市场，中国智能家居市场将迎来快速增长的局面。

【存在问题】 在移动通信终端领域，国外安卓系统和 iOS 系统占据市场主流，制约国产嵌入式操作系统的推广和应用，同时中国智能手机市场的销售增长正在放缓。在其他消费电子领域，2015 年中国数字机顶盒出货量开始缓慢下降。智能可穿戴设备尽管潜力巨大，但是市场目前仍处于早期阶段。在汽车电子领域，由于前装市场存在较高的进入壁垒，因此中国许多汽车电子厂商靠自身技术较难进入市场。

【统计数据】

表 1 中国市场主要嵌入式系统软件厂商一览表

厂商	产品	应用领域
北京凯思昊鹏软件工程技术有限公司	Hopen 嵌入式操作系统	智能终端
北京小米科技有限责任公司	MIUI 嵌入式系统	智能手机
奇虎 360 科技有限公司	360 安全操作系统	智能手机
魅族科技（中国）有限公司	Flyme 操作系统	智能手机
华东计算技术研究所	Reworks 嵌入式操作系统	车载、卫星等
北京科银京成技术有限公司	道系统	军工领域
美国 ATI 公司	Nucleus 操作系统	智能移动设备
美国风河公司	VxWorks 操作系统	航空、航天等对实时性要求极高的领域
美国微软公司	Windows 系统	移动设备
美国苹果公司	iOS 系统	移动设备
美国谷歌公司	Android 系统	移动设备

[供稿：工业和信息化部信息化和软件服务业司]

信息技术应用

综　述

【信息技术服务业】 信息技术服务业务收入保持较快增长，产业地位及作用进一步凸显。2015年，信息技术服务业实现业务收入2.2万亿元，同比增长18.4%，增速相较传统软件产品和嵌入式系统软件分别高出2个百分点和6.6个百分点。产业保持平稳较快增长，基于移动互联网、物联网、云计算、大数据的新业态、新业务、新服务快速发展，带动产业链向高端不断延伸。市场空间潜力巨大，成为市场需求热点和企业业务拓展的重要方向。随着信息技术服务业与社会各行各业间的跨界渗透的广度不断扩大，产业对国民经济社会发展的引领和支撑作用进一步凸显。

【信息技术与传统领域融合】 新技术加速信息技术与传统领域融合，新热点、新产品不断涌现。随着信息通信技术的快速发展，信息技术与传统领域融合持续深入，智能家居、虚拟现实、智能汽车等新热点、新产品层出不穷。在可穿戴设备持续快速发展的同时，智能家居市场激起风潮，苹果推出智能家居平台HomeKit，谷歌推出Brillo物联网操作系统，三星旗下SmartThings发布新一代智能家居开放平台，腾讯宣布构建QQ、微信硬件开放平台，京东推出“JD+计划”，阿里推出云生活馆平台等，以海尔、海信、创维、长虹等家电生产企业推出各类智能家电产品。虚拟现实设备进入消费市场，各式眼镜、头盔纷纷面世。蚁视ANTVR推出全兼容虚拟现实套装，奥图科技发布增强现实智能眼镜，上海视辰信息发布免费AR引擎，暴风科技推出配合影音播放器使用的魔镜，乐视推出VR头盔等。智能交通发展出现新的局面，从之前由IT企业高调推进转变为汽车厂商主动拥抱，大众、奔驰、奥迪、福特纷纷推出车联网、无人驾驶等概念车型，芯片领导厂商英特尔正式推出智能汽车系统，谷歌和苹果正在开发智能汽车，百度、腾讯、阿里携众多国内汽车厂家也纷纷涉足其中。

【两化深度融合】 两化深度融合取得新进展，制造业服务转型速度加快。《中国制造2025》的实施，加快推动工业领域智能装备普及应用，重点行业信息化步入集成应用新阶段，2015年，主要行业大中型企业数字化设计工具普及率85.2%，关键工艺数控化率70.8%，大幅提升精准制造、极端制造、敏捷制造能力。以重点制造业应用为导向，行业解决方案带动制造业企业加快服务化转型，催生出更多新的商业模式。海尔集团通过出售带有智能APP交互功能的烤箱产品（后台是工业云平台支撑），在原有的商品售卖盈利模式之外，开拓出烘焙社交、烘焙菜谱和食材电商等新商业模式。青岛红领集团利用软件平台打通零售端、工厂和供应链，发展平民百姓可定制服装的新模式，使得服装定制不再是少数高端人群独享。三一重工股份有限公司实现工业互联网应用后成立子公司三一智能公司，向其他制造企业提供工业互联网集成和咨询服务，从制造业拓展业务进入信息服务业领域。设计软件企业数码大方科技股份有限公司与数控家具生产设备厂商铭龙天同科技有限公司合作推出可在手机上定制板式家具的移动APP“智慧工匠”，后台利用云平台接受订单并生成可执行的加工文件后传送至专用自动化生产设备加工，由此实现用户定制化需求和家具工厂的对接。

【智慧城市】 智慧城市建设进入实质阶段。智慧城市是现代化治理的需要和重点，也是经济社会发展升级的强大引擎之一，随着国家政策的进一步实施落地，信息通信技术成为智慧城市动力的引擎，智慧城市建设将更持续、更快速、更深入地推进。“宽带中国”“信息惠民”等试点工程的实施落地，将推进一大批智慧城市新成果和新技术应用于基础设施、城市管理、公共安全和民生服务等领域。据统计，截至2015年9月，全国95%的副省级以上城市、76%的地级以上城市，总计超过500个城市提出或在建智慧城市。截至2015年年底，中国智慧城市建设数量达到386个，智慧城市由概念探索逐渐步入实质建设阶段。其中，省级和副省级智慧城市建设比例达到100%，地级市建设智慧城市比例达到74%，县级城市建设智慧城市比例达到32%，中东部地区领跑，西部跟进并加快步伐。

【云计算大数据】 云计算大数据在行业领域的应用进一步深化，尤其在金融、征信、医疗等领域，大数据应用取得初步成效。在金融风险管控领域，大数据成为反欺诈的重要手段。同盾科技有限公司、中智诚征信有限公司等企业基于多样化的机器学习模型、大数据关联分析和指标计算等，以云服务的方式为各行业提供网络反欺诈保护，提供更准确、全面的反欺诈服务，2015年，公司获得3 000万美金B轮投资。在征信领域，2015年，央行批准8家机构进行个人征信业务，包括阿里巴巴、腾讯等大数据企业，此类企业对用户在网上交易的行为数据进行采集、整理，再经过深度挖掘和评估，形成对客户的风险定价。在医疗领域，深圳市儿童医院搭建信息集成平台，整合原有分散在多系统中的海量数据，实现各部门的信息共享，同时通过商业智能分析对集成数据进行深入挖掘，为医院各部门人员的科学决策提供全面辅助，提升医院的服务水平和管理能力。医渡云公司与中国排名前20位中的12家三甲综合医院开展战略合作，覆盖全国400余家医院，打造“医度”医疗大数据平台，功能包括数据获取、大数据存储和计算、机器学习和应用，专注于医疗数据处理和深度挖掘，为医生、医院、顶级科研机构和监管部门提供基于自然语言的病历搜索、辅助诊疗、循证医学科研等大数据技术服务。

【电子商务】 电子商务继续保持快速发展势头，2015年，电子商务交易额20.8万亿元，同比增长约27%。网络零售总额3.88万亿元，同比增长33.3%，其中实物商品网络零售额占社会消费品零售总额的10.8%。跨境电子商务交易额约4.56万亿元，同比增长21.7%。其中，出口约3.99万亿元，同比增长21.9%；进口约5 731亿元，同比增长20.3%。2015年，中国制造业领域电子商务采购和销售普及率进一步提升，平均达到37.24%，部分行业接近60%。

【信息基础设施】 信息网络基础设施建设提速。2015年，中国电信固定资产投资完成额4 539.1亿元，同比增长13.7%，增速较上年提高7.4个百分点。全国新建光缆线路441.3万千米，光缆线路总长度2 487.3万千米，同比增长21.6%，比上年同期提高4.4个百分点。互联网宽带接入端口4.7亿个，比上年净增7 320.1万个，同比增长18.3%。其中光纤接入FTTH/0端口比上年净增1.06亿个，达到2.69亿个，占比由上年的40.6%提升至56.7%。互联网国际出口带宽再创新高，截至2015年12月，国际出口带宽达到5 392 116Mbps，同比增长30.9%，增速较上年提高近10个百分点。在4G商业快速铺开的带动下，移动通信设施建设步伐进一步加快，新增移动通信基站127.1万个，是上年净增数的1.3倍，总数达到466.8万个，其中，4G基站新增92.2万个，总数达到177.1万个。

信息产业核心技术加速突破。集成电路设计、制造工艺水平持续提升，先进设计技术成功导入16纳米级别，中芯国际28纳米工艺制程实现量产，金融卡领域芯片已经基本实现国产。在工业控制领域，中国南车IGBT功率器件已经进入量产阶段。新型平板显示高世代线建设快速推进，国产电视面板自给率超过60%。采用中国自主研发的基于SPARC指令集的FT-1500协处理器和麒麟操作系统的“天河二号”蝉联全球超算榜实现六连冠。烽火通信科技股份有限公司推出新一代POTN设备FONST6000，5G通信技术取得重大突破。云计算等新兴业态驱动基础软件行业变革，操作系统、数据库和中间件等软件取得较大突破，在产品性能、稳定性、兼容性和易用性方面获得较大提升。在操作系统领域，红旗软件有限公司推出服务器操作系统版本Red Flag Asianux Server，百度公司推出基于Android的手表操作系统DuWear，普华基础软件股份有限公司获得2014年度国产操作系统创新产品奖。在中间件领域，东方通科技股份有限公司发布云平台TongApplaud，为企业构建云计算的新一代软件平台方案、应用开发，简化企业IT解决方案的部署。在行业应用软件领域，企业管理、信息安全、互联网等领域优势明显，产品技术创新能力不断增强，应用逐步普及，形成一批具有较强市场影响力的自主品牌软件产品。如浪潮集团、IBM公司和文思海辉技术有限公司共同发布新型银行基础数据平台解决方案，中软国际有限公司接连推出面向工业企业的新一代综合执行管控平台IPC-S.MES、移动平台I-Mobile。阿里巴巴公司、腾讯公司等依托移动平台通过开放共享的模式为企业提供转型互联网的路径和工具，推动传统企业与客户的资源有效整合，如微信推出“微信行业解决方案”，推动快递、百货、医院等多行业的移动互联网化。

生态系统建设成为产业制高点。伴随信息技术产业融合化、一体化深入发展，生态系统建设的重要性凸显。开放平台是生态系统的重要组成部分，IT企业竞相通过开放平台建设布局生态系统建设，增强自身核心竞争力。华为技术有限公司、阿里云等龙头企业构筑基于云计算的信息技术生态系统，强调协同合作和开放共享，基于开放平台集聚企业和服务资源，建设由云运营商、企业客户、服务商组成的多边市场。信息技术产业的竞争正从单一企业竞争演进到以聚合生态圈协同效应的全产业链竞争，云计算商业模式也正在从“二维链”向“三维网”升级，形成数据驱动、价值互补、共创利他的多边平台型生态体系，使得各环节企业纷纷开放平台或者战略合作，构建由一个或多个核心企业引领，每一个成员承担不同的功能，这些成员相互作用、共同发展，形成互惠互赖、共生共创的生态体系。

【政策措施】 2015年，《国务院关于印发<中国制造2025>的通知》（国发[2015]28号）印发。大力发展制造业，对中国实施创新驱动发展战略、加快经济转型升级、实现百年强国梦具有十分重要的战略意义。《中国制造2025》是中国实施制造强国战略第一个十年的行动纲领。《中国制造2025》明确提出建设制造强国的“三步走”战略，以十年为一个阶段，通过“三步走”实现制造强国建设，并对第一个十年的战略任务和重点进行具体部署。《中国制造2025》立足当前，面向制造业转型升级、提质增效，提出九大战略任务、五项重点工程和若干重大政策举措；着眼长远，着眼应对新一轮科技革命和产业变革、抢占未来竞争制高点，围绕先进制造和高端装备制造，前瞻部署重点突破的十大战略领域，描绘未来30年建设制造强国的宏伟蓝图和梯次推进的路线图。其中，智能制造工程作为《中国制造2025》五项重点工程之一，明确提出“紧密围绕重点制造领域关键环节，开展新一代信息技术与制造装备融合的集成创新和工程应用”。

《国务院关于积极推进“互联网+”行动的指导意见》（国发[2015]40号）印发。《关于积极推进“互联网+”行动的指导意见》（以下简称《指导意见》）是党中央、国务院在深刻认识和准确把握互联网发展规律的基础上，立足国情、统筹全局，对互联网与经济社会融合发展做出的重大战略部署和顶层设计。《指导意见》提出，要坚持开放共享、融合创新、变革转型、引领跨越、安全有序的基本原则，充分发挥中国互联网的规模优势和应用优势，坚持改革创新和市场需求导向，大力拓展互联网与经济社会各领域融合的广度和深度。到2018年，互联网与经济社会各领域的融合发展进一步深化，基于互联网的新业态成为新的经济增长动力，互联网支撑大众创业、万众创新的作用进一步增强，互联网成为提供公共服务的重要手段，网络经济与实体经济协同互动的发展格局基本形成。到2025年，“互联网+”新经济形态初步形成，“互联网 +”成为中国经济社会创新发展的重要驱动力量。《指导意见》重点围绕转型升级需求迫切、融合创新特点鲜明的领域，提出“互联网 +”创业创新、“互联网 +”协同制造、“互联网 +”现代农业、“互联网 +”智慧能源、“互联网 +”普惠金融等 11 个方面的具体行动。此外，《指导意见》还提出推进“互联网 +”行动的七大保障措施。

《国务院关于印发促进大数据发展行动纲要的通知》（国发 [2015]50 号）印发。国务院于 2015 年 8 月正式出台《促进大数据发展行动纲要》（以下简称《行动纲要》），并将其作为中国指导大数据产业发展的国家顶层设计和纲领性文件。《行动纲要》的内容可以高度概括为“三位一体”，即围绕全面推动中国大数据发展和应用，加快建设数据强国这一总体目标，确定三大重点任务：一是加快政府数据开放共享，推动资源整合，提升治理能力；二是推动产业创新发展，培育新业态，助力经济转型；三是健全大数据安全保障体系，强化安全支撑，提高管理水平，促进健康发展。同时，结合“三位一体”，《行动纲要》具体明确五大目标、七项措施、十大工程，并细化分解出 76 项具体任务，确定每项任务的具体责任部门和进度安排。

【存在问题】 信息技术与传统产业融合发展有待升级。2015 年中国两化融合发展水平仅为 49.6，中国制造业与互联网融合进程面临“综合集成”跨越困境，仅有 14% 的企业处于两化融合集成提升阶段，融合发展面临智能装备集成薄弱、流程管理缺失、组织机构僵化、数据开发应用能力不足等挑战，制造业与互联网融合整体上处于起步阶段。同时，制造企业互联网化转型需求迫切，但目前基于互联网的“双创”平台在汇聚整合创业创新资源，带动技术产品、组织管理、经营机制创新的潜力远没有发挥出来，同时许多制造企业与互联网企业对“双创”平台建设的复杂性认识不足，对“双创”平台建设的规律认识不清。

核心技术尚显薄弱。尽管中国信息产业规模已经位居世界前列，但产业整体面临知识产权缺失、关键器件和设备依赖进口、集成服务能力差、核心技术受制于人等问题，自动控制与感知关键技术、核心工业软硬件、工业互联网、工业云与智能服务平台等制造业新型基础设施的技术产业支撑能力不足，国际先进、自主可控的产业生态尚未形成。跨学科、跨领域政产学研用协同、以企业为主体的制造业创新体系尚不健全。

工业信息安全问题日益突出。随着《中国制造 2025》、“互联网 +”等国家战略持续推进，工业互联网系统作为新一代信息技术与制造业深度融合的重要载体，面临着巨大的市场需求和良好的发展机遇。然而，随着通用协议、基础软硬件及大量的 TCP/IP 技术在工业互联网系统的广泛应用，在有效提升工业系统网络化、智能化水平和工业生产效率的同时，也引入传统 IT 领域的信息安全问题，新技术、新产品、新模式、新业态的安全模式和安全规则缺失，工业网络、工业控制系统、工业大数据平台安全防护能力薄弱，信息安全测试、评估、验证能力不强，工业信息安全问题不断凸显。

【发展趋势】 产业规模将延续有力增长态势。2016 年是实施国民经济和社会发展第十三个五年规划的开局之年，也是信息技术服务业融合创新、转型发展的关键之年。中国信息技术服务业既面临着宏观经济下行和结构调整、市场需求萎缩的挑战，又面临信息技术与经济社会各领域融合加速、国家重大政策实施、新兴领域业务强劲增长、产业协同态势良好等巨大机遇，产业将步入融合、转型和调整的新阶段。在重大政策优化落实、经济社会应用需求日益旺盛的有利形势下，智能制造、智慧城市、企业级服务和信息安全保障成为产业发展热点。预计 2016 年，中国信息技术服务业将保持 18% 以上的平稳增长。

信息技术应用向移动化、智能化方向发展。2016 年，随着信息技术向泛在、融合和智能的方向演进，企业将围绕分布式远程服务、基于数据分析的智能服务等重点方向，加大技术创新和产品研发投入，不断扩展业务领域，提升信息技术服务能力。一方面，互联网促进人—机—物协作流程优化和效率提升，围绕行业需求的网络平台建设和服务改造创新不断加速，服务交付将逐步实现全面网络化。另一方面，基于大数据的数据挖掘、机器学习和人工智能等技术创新发展，人工智能的产业化步伐和应用推广速度将会加快，进一步实现信息技术服务的智能化。

重点领域应用成效初现。互联网的高速发展带动经济社会各领域对信息技术服务的需求进一步加强，2016 年智慧城市、智能制造、智能交通、远程教育等领域的应用创新将继续活跃，应用成效初步显现。尤其在智能制造领域，依托工业互联网云服务平台，支撑企业柔性生产、产品个性化定制、产品运行过程监控及相关的个性化服务将实现快速发展。信息技术服务企业将拓展业务进入行业智能制造系统解决方案市场，制造业企业的相关部门有望剥离重组，面向市场提供行业解决方案及相关服务。

国际合作将持续深化。2016年，国内外企业合作案例将继续增加。产业协同合作成为企业建立更强竞争优势的重要途径，通过技术合作、共建合资公司等方式，国内企业与国际企业有望协同配合，共同研究和提供信息技术服务。不仅“引进来”，信息技术服务企业将拓展业务“走出去”。随着“一带一路”建设推进，不少处于“一带一路”的发展中国家和地区仍存在较大的“数字鸿沟”，为中国的信息技术服务业带来新的发展机遇，企业通过输出人员、技术与资金实现发展空间扩张。

［撰稿：余雪松　审稿：杨旭东］

两化融合

【发展现状】 两化融合评估服务平台上线运行，为全面普及推广评估诊断和对标引导工作提供互联网工具和手段，通过向企业、地方省市、行业协会、国家部委等用户在线反馈评估诊断分析结果，支持在全国范围内开展企业对标和行业对比分析，激发企业内生动力。截至2015年年底，参评企业达到5.6万余家次。

全国两化融合水平持续增长，向中等水平稳步迈进。2015年全国两化融合发展水平为49.6，与2012年45.1相比增长10.0%，2012—2015年年均增长3.2%。2015年全国企业信息化投入占销售收入0.26%，与上年0.23%相比增长13.0%。企业信息化投入力度不断加强，两化融合水平提升的环境和条件持续优化，在企业转变粗放发展方式、优化配置资源、节能减排、增强产业链高附加值环节的竞争能力等方面的促进作用日益显著。

全国两化融合发展总体处在单项覆盖向集成提升的过渡阶段，超过80%的企业两化融合仍处于中级及以下阶段，面临“综合集成”跨越困境。仅有14.6%的企业两化融合具有较高水平，进入集成提升和创新突破发展阶段，比其他阶段企业竞争力高出11.5%，经济社会效益高出10.8%。《中国制造2025》中将数字化研发设计工具普及率和关键工序数控化率作为反映两化融合水平的重要目标性指标。2015年，数字化研发设计工具普及率61.1%，关键工序数控化率45.4%。与关键业务环节数字化普及方面取得的显著成效不同，中国企业在集成互联方面水平相对薄弱，集成互联的总体普及率仅为数字化普及率的一半左右。设计与制造集成、管理与控制集成、产供销集成是衡量企业内部集成互联水平的重要方面，在这3个方面取得突破的企业分别是16.9%、18.0%、16.8%，均不足1/5，大型企业集成互联普及情况高于全国平均水平，均在1/3左右。

各省市因战略导向、经济基础、产业结构和资源禀赋等不同，两化融合发展水平和发展模式存在较大差异，整体呈现“沿海高、内陆低，南方高、北方低”的态势。江苏、山东等省市两化融合发展水平领先；中东部和环渤海地区部分省市两化融合发展水平较高，如广东、湖南、安徽等省市。聚集在环渤海和东部沿海等经济发达地区的江苏、山东等省市，其研发、生产、管理、商务各环节数字化普及情况均为全国领先水平。各省市集成互联水平呈现“中部高、南部高”的态势。福建、广东、江苏、浙江、山东等省市均有多项集成互联关键指标居于全国前列；山西、内蒙古、四川等省各方面的集成互联水平相对较均衡；黑龙江、甘肃等省反映集成互联水平的关键指标水平相对偏低，且各关键环节的数字化普及率也较低。

重点行业两化融合发展水平沿产业链呈现“三峰—双谷”波动态势。2015年，处在产业链两端以及中段的服务业、能源、电子信息3个行业两化融合发展水平最高，沿产业链形成了“三峰—双谷”波动态势。产业链上游，在重要能源行业——电力行业出现第一个波峰。沿产业链方向延伸，两化融合发展水平开始下降，在冶金行业出现第一个波谷。冶金行业以钢铁行业为例，60%面临关停并转的小微型钢铁企业两化融合发展水平只有29.0分。沿产业链方向继续延伸，建材、机械、交通设备制造行业两化融合发展水平逐步攀升，在电子信息产业达到第二个波峰。产业链中下游，在纺织行业出现第二个波谷。产业链末端，服务业两化融合发展水平出现第三个波峰。

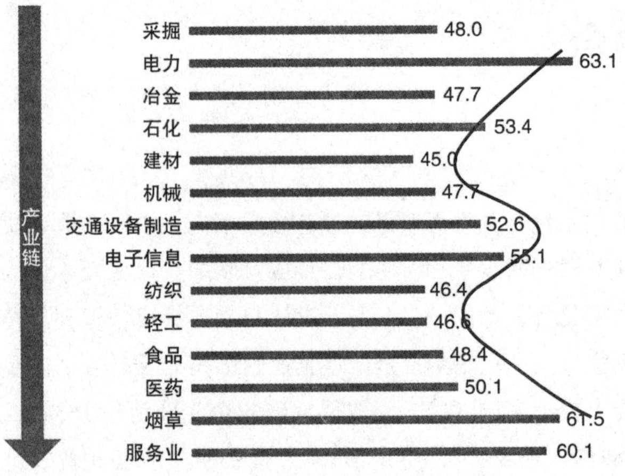

图1 沿产业链各细分行业的两化融合发展水平

【价值成效】 企业两化融合产品生命周期管理涉及产品需求识别、产品设计、工艺设计、生产制造、售后服务、回收处理等业务环节。众多企业在产品生命周期的各个环节引入并应用数字化工具，对产品有关数据进行全生命周期的关联管理与维护，在此基础上持续优化产品设计、提升研发创新能力、开展交互式协同研发、推动研发工艺制造一体化、丰富面向用户的增值服务等。工艺设计与售后服务数字化程度是制约产品生命周期管控的短板。在产品设计、工艺设计、生产制造、售后服务等产品全生命周期主要环节引入数字化工具开展初级应用的企业占比依次为48.2%、27.2%、38.0%、21.1%。仅有18.7%的企业能够实现覆盖产品生命周期的数据互通，6.8%的企业能够实现产品全生命周期业务全面集成。

全国企业供应链各环节数字化普及呈“微笑曲线”分布，数字化深度应用呈“反微笑曲线”分布。处于供

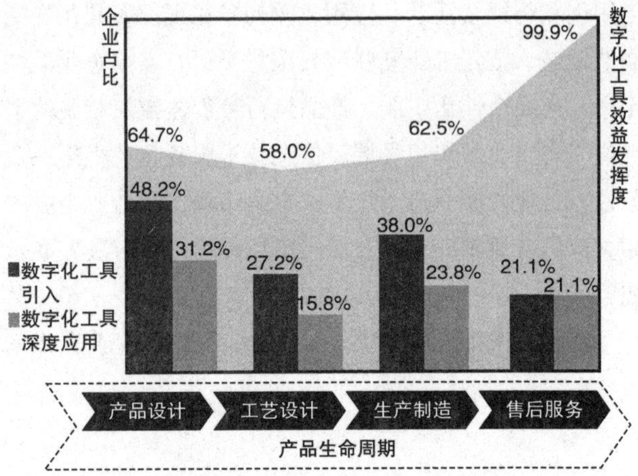

图2 产品生命周期不同环节数字化工具引入和深度应用情况

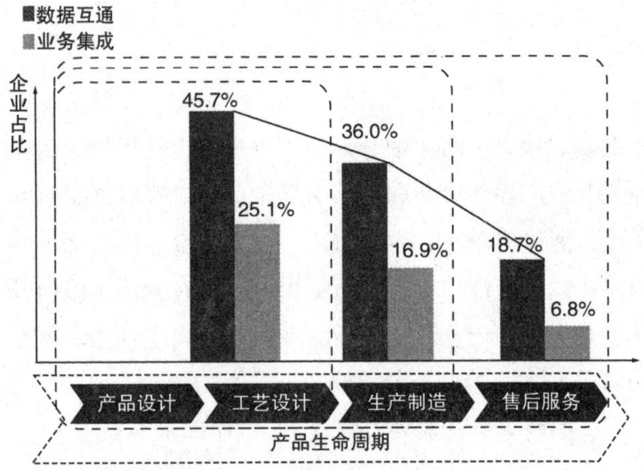

图3 产品生命周期各环节数据互通与业务集成情况

应链两端的采购管理、库存管理、销售管理及配送管理的数字化普及率已接近或超过70%，但供应链中间的生产管理环节的数字化普及率仅为58.7%，是供应链单项环节数字化普及的薄弱环节。与数字化普及情况不同，虽然生产管理数字化普及率有待提升，但58.7%已经开展数字化生产管理的企业中，有42.4%的企业能够借助信息系统有效开展生产计划及物料需求计划等，优化生产资源配置，而处于供应链两端的采购、销售、库存等环节，尽管其数字化普及程度较高，但在这些环节实现信息化深度应用的企业比例仅为20%左右。

供应链集成运作水平的提升，有助于企业建立精准采购、定制生产、精准配送等生产模式，优化企业按照客户订单进行精细化、柔性化生产组织的能力，显著提高企业按期交货率、库存资金周转率。在按时交货率方

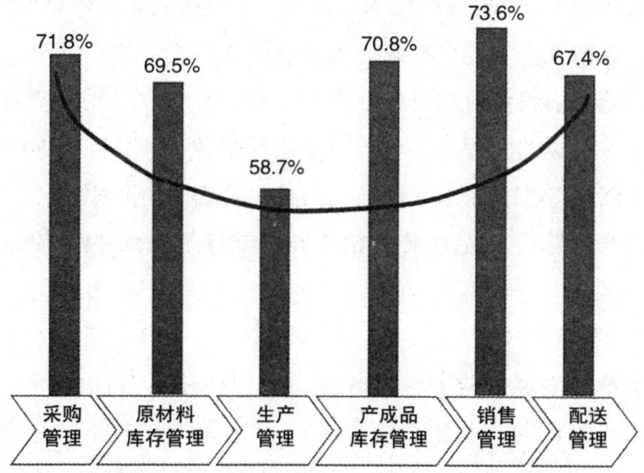

图 4　供应链各单项环节数字化普及情况

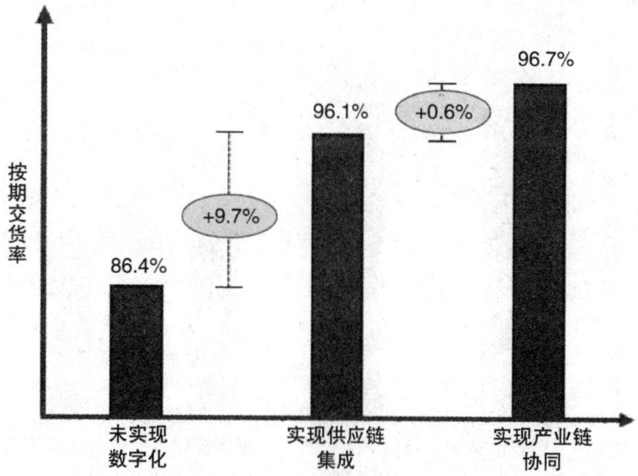

图 6　供应链管控不同水平 VS 按期交货率

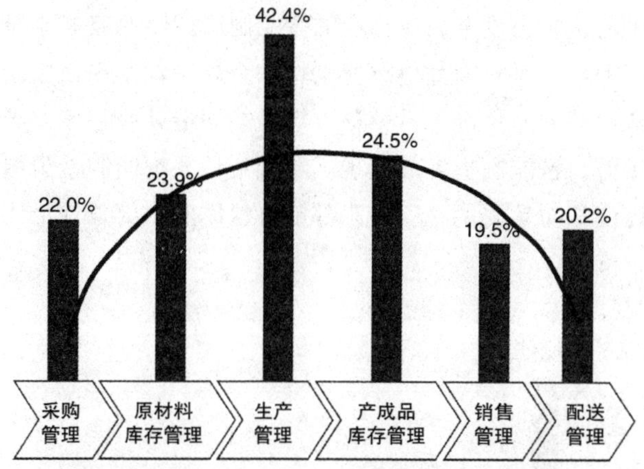

图 5　供应链各单项环节数字化深度应用情况

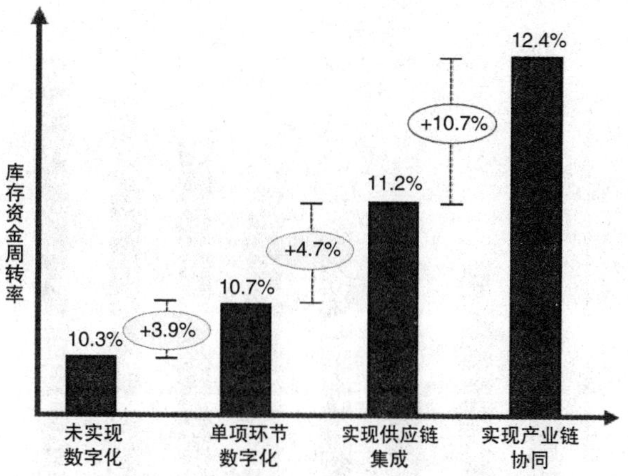

图 7　供应链管控不同水平 VS 库存资金周转率

面，实现内部供应链集成和跨企业间产业链协同的企业，按期交货率分别为 96.1% 和 96.7%，高出未实现供应链管理信息化企业近 10 个百分点。在库存资金周转率方面，实现内部供应链集成和跨企业间产业链协同的企业，库存资金周转率明显高于未实现或初步在供应链单项环节进行信息化管理的企业，并且在实现跨企业间产业链协同后，库存资金周转率可实现跃升，在集成的基础上进一步提升 10.7%。

企业在生产管理与控制四个层级上的数字化水平整体呈现“两端高、中间低”的特征，底层装备层和生产管理层的数字化普及率在 50% 左右，而过程控制层和制造执行层的数字化普及率则相对较低，约为 30%，制造执行和过程控制是实现生产管控的重要突破点。企业生产管理层和控制层之间的数据双向传输通道存在割裂。仅 18.1% 左右的企业实现多层级之间的数据双向联通，其中，生产管理层与制造执行层之间实现数据双向联通的企业比例为 19.6%，是多层级之间数据双向联通的制约环节。相对于未开展数字化生产管理的企业，开展数字化生产管理企业的设备综合利用效率由 80.1% 提升至 82.1%，产能利用率由 76.6% 提升至 80.2%。与仅开展数字化生产管理的企业相比，实现生产管理与控制全面集成的企业设备综合利用效率进一步提升至 85.7%，产能利用率进一步提升至 85.9%。

财务精细化管控可有效提升资金利用效率和产出效益。企业的财务决算速度随着财务精细化管控水平的提升而大幅降低，实现基于信息化的预算管理的企业月度财务决算时间为 5.8 天，较仅实现账务信息化管理的企业提升 59.4%。基于信息化的事先成本管控对成本费用利润率的提升作用最为明显，基于信息化开展事先成本计划、成本预测和成本决策的企业，成本费用利润率达到 24.2%，比仅进行成本核算的企业提高近 4 个百分点。能源精细化管控可有效促进企业绿色发展。基于信息化的能源精细化管控可有效降低万元产值综合能耗。全国有 50.4% 的流程与混合行业企业开展基于信息化的能源精细化管控，与未开展能源信息化管理的企业相比，万元产值综合能耗水平由 61.5 吨标准煤下降到 44.5 吨标准煤。

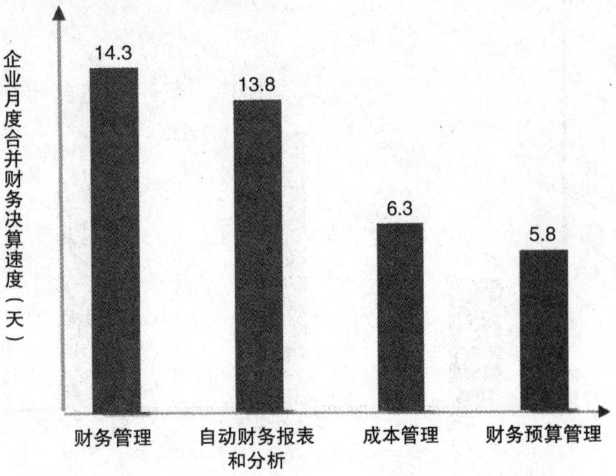

图 8　财务管理信息化不同水平 VS 财务决算速度

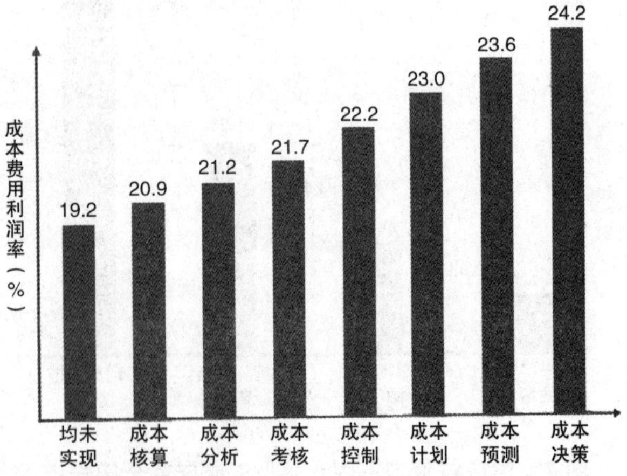

图 9　成本费用利润率 VS 成本管理信息化实现的功能

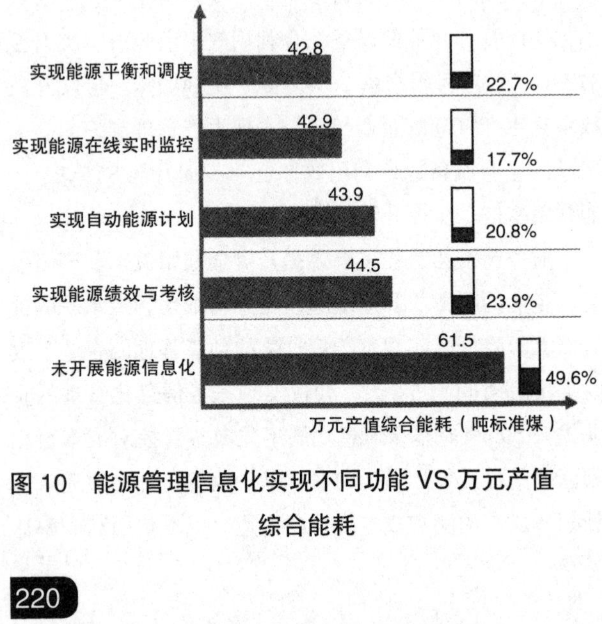

图 10　能源管理信息化实现不同功能 VS 万元产值综合能耗

【重点发展方向】　2015 年，中国初步具备探索智能制造条件的企业比例仅为 4.4%，这意味着中国企业智能制造基础薄弱，亟需大力推进两化深度融合，才能有效推进智能制造发展。从不同行业智能制造就绪率来看，电子行业智能制造就绪率最高，达 7.6%；石化、医药、交通设备制造行业的智能制造就绪率略高于全国平均水平；而其他行业则均在全国平均水平以下。从地域分布情况来看，各省市智能制造就绪程度差异显著，智能制造发展呈现区域聚集性。智能制造就绪程度相对领先的地区为东部沿海地区和中部长江沿线省市。

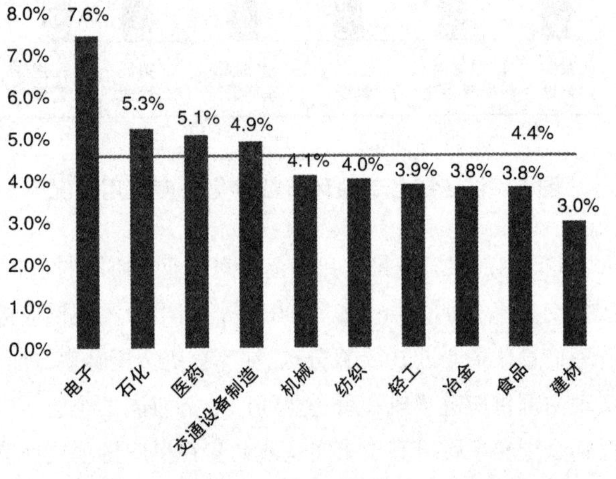

图 11　2015 年不同行业智能制造就绪率

在企业互联网化初级阶段，可从数据应用、用户参与、组织创新和企业互联 4 个关键特征来进行分析和判断，总体上用企业互联网化指数来表征。2015 年，中国企业互联网化指数为 30.4。数据应用发展水平为 37.0，用户参与方面发展水平为 22.4，组织创新方面发展水平为 24.6，企业互联方面发展水平为 34.0。

与传统制造模式相比，制造业服务化转型更强调企业通过网络协作关系构建，主动将用户引入到产品研发

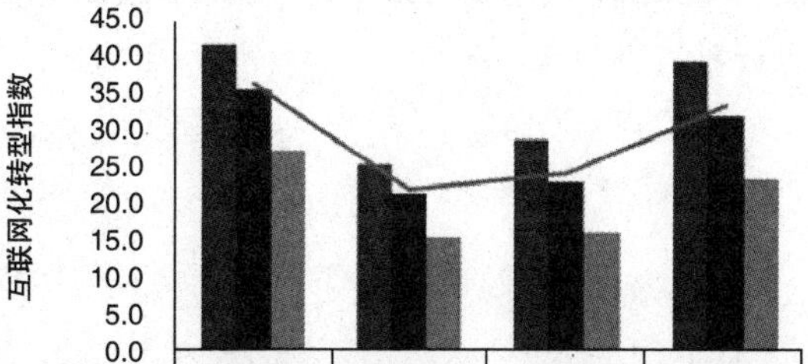

	数据应用	用户参与	组织创新	企业互联
大型企业	42.3	26.0	29.4	40.0
中型企业	36.2	21.8	23.4	32.6
小微型企业	27.7	16.0	16.7	24.0
全国平均	37.0	22.4	24.6	34.0

图 12　不同规模企业互联网化指数的一级指标得分

设计、加工制造和应用服务等全生命周期的各个环节，主动发现用户需求并展开针对性服务。当前，中国制造业服务化转型主要体现在远程在线服务、产品全生命周期管理与服务、网络精准营销、个性化定制 4 个方面。作为在服务化转型方面探索较早、成效相对显著的离散行业，开展远程在线服务、产品全生命周期管理与服务、网络精准营销、个性化定制的企业比例分别为 19.1%、12.1%、7.9%、4.2%。

两化融合的持续推进为大企业“双创”创造良好的前提条件。大企业通过搭建运营协同创新平台，整合、共享和开放企业内部的研发创新资源，依托平台与外部供应商、配套厂商、领域内专业人士等进行协同创新，开展用户、企业、资源提供方等多主体的交流与互动，引导和加强用户对产品创新过程的深度参与，构建依托平台资源进行创业创新的良性机制。2014 年中国大企业搭建并运营协同创新平台的企业比例为 36.7%，2015 年达到 44.6%，增长近 8 个百分点，2016 年预计将达到 50% 以上。

【发展趋势】　“十三五”期间，中国两化融合将加速迈进集成提升阶段。目前，35.6% 单项覆盖的企业中有 53.2% 的企业关键业务环节信息化已全面覆盖，具备开展信息化环境下的业务集成运作的良好条件。“十三五”中期，有望实现单项覆盖阶段的企业占比超过起步建设阶段。“十四五”期间将是集成提升阶段全面突破时期，起步建设阶段的企业数量进一步减少，占比降至四个阶段当中最低，单项覆盖阶段企业占比逐渐下降，集成提升及以上阶段占比加速上升。

近年来，民营企业和中小企业两化融合发展的追赶势头明显，2015 年，民营企业两化融合发展水平得分比上年提高 4.7%，高于国有企业 2.2% 的增长速度，中小企业两化融合发展水平得分提高 5.5%，高于大型企业 3.0% 的增长速度。“十三五”期间，民营企业和中小企业开展两化融合的内生动力将进一步增强，外部环境将进一步优化，其推进两化融合的创新方式将会不断增多，两化融合发展将不断提速。

制造企业价值链将加速全面重构，基于两化融合的研发设计和服务等所创造的附加值有望迎来突破性增长。研发设计方面，新产品研发设计周期将下降 5%~10%，研发设计能力将不断提高。2015 年，中国离散行业 48.2% 的企业开展产品设计数字化工具引入并初级应用，实现产品生命周期各环节数据互通和业务集成的企业比例分别为 18.7%、6.8%。预计到 2020 年，中国离散行业接近 90% 的企业能够在产品设计环节引入数字化工具并开展初级应用，实现产品生命周期各环节数据互通和业务集成的企业比例分别可达 39.3%、14.9%。服务方面，2015 年，中国开展远程在线服务、产品全生命周期管理与服务、网络精准营销、个性化定制等服务化转型的企业比例分别比上年增长 2.8 个、0.8 个、2.1 个、1.8 个百分点，增速分别为 17.2%、7.1%、26.6%、75.0%。预计到 2020 年，远程在线服务的普及率将达到 45.6%，个性化定制服务的普及率将达到 13.2%，电子商务普及率将达到 75%。

两化融合效益效能将会逐步显现并持续扩大。当企业两化融合达到集成提升以上阶段时，能够实现两化融合效能效益从量变到质变的飞跃。“十三五”期间，中国将有相当一部分企业由单项覆盖阶段迈入到集成提升及以上阶段，在“十三五”中后期或进入“十四五”后，两化融合对企业核心竞争力和综合效益的突破性提升将集中爆发，两化融合对经济发展的正向驱动作用将进一步凸显。

企业互联网化、智能制造等模式日渐清晰，有望在部分重点行业取得突破。通过对冶金、石化、建材、机械、汽车等 10 个重点行业 2014—2015 年的互联网化指数进行测算，汽车、电子、石化、医药、食品 5 个行业的互联网化程度高于全国平均水平，2015 年的互联网化指数分别达到 38.7、33.8、33.5、32.7、32.2，电子、轻工、汽车、机械、纺织等行业互联网化指数增速均超过10%。从2014—2015年各行业智能制造就绪率的发展情况来看，石化、医药等行业的智能制造就绪率分别提升20.3%、21.6%，有望成为未来几年引领智能制造发展的重点行业。

【统计数据】

表1　2015年全国两化融合关键指标水平

	指标	整体	大型	中型	小微型
数字化与自动化	数字化研发设计工具普及率	61.1%	80.7%	72.1%	55.1%
	关键工序数控化率	45.4%	56.1%	42.9%	27.5%
	关键业务环节全面信息化的企业比例	36.8%	55.3%	46.7%	31.3%
	应用电子商务的企业比例	52.9%	61.3%	57.3%	50.4%
集成互联	实现设计与制造集成的企业比例	16.9%	32.3%	22.1%	13.3%
	实现管控集成的企业比例	18.0%	30.9%	23.4%	14.6%
	实现产供销集成的企业比例	16.8%	33.8%	22.9%	12.7%
智能协同	实现产品全生命周期管控的企业比例	6.8%	10.8%	8.6%	5.6%
	实现产业链协同的企业比例	6.2%	10.9%	8.2%	5.0%

表2　不同行业两化融合关键指标

	指标	全国	原材料	装备	消费品	电子信息
数字化与自动化	数字化研发设计工具普及率	61.1%	48.5%	76.5%	54.7%	73.9%
	关键工序数控化率	45.4%	59.8%	35.4%	41.8%	51.8%
	关键业务环节全面信息化的企业比例	36.8%	28.8%	43.1%	34.0%	51.1%
	应用电子商务的企业比例	52.9%	44.7%	53.2%	55.6%	62.3%
集成互联	实现管控集成的企业比例	18.0%	15.0%	19.6%	16.8%	27.0%
	实现产供销集成的企业比例	16.8%	13.7%	16.8%	17.1%	24.6%
智能协同	实现产业链协同的企业比例	6.2%	5.3%	5.2%	7.1%	7.9%

[供稿：工业和信息化部电子科学技术情报研究所]

两化融合管理体系

【概况】 2014年，《信息化和工业化融合管理体系 要求（试行）》（工业和信息化部公告2014年第3号）正式发布，这是引导企业强化变革管理、规范两化融合过程的通用管理方法，可推动企业不断打造信息化环境下的新型能力，获取与其战略匹配的可持续竞争优势。截至2015年年底，全国有近3 300家企业开展两化融合管理体系贯标，425家企业通过评定，350余家机构提供贯标咨询服务，10家评定机构210名评定人员提供评定服务。两化融合管理体系标准在企业战略转型、管理优化、生产模式和服务模式转型等方面的作用日益显现，两化融合管理体系评定结果采信价值逐步扩大。

【新时期两化融合管理体系战略定位】 推进两化融合是复杂系统工程，亟需形成适应信息时代发展需求的系统化新理论和新方法。新形势下，企业推进两化融合是要素、技术、管理等多层次全方位的融合，要从战略目标、发展理念、主要任务、工作方法和推进机制等方面进行合理安排和优化调整，是一个规模庞大、参与者众多、关系繁杂的复杂问题，任何环节脱节或不匹配，都难以取得成效。中国企业按照传统方式推进两化融合，着眼点偏重于局部环节和技术这个单一要素，对于两化融合的系统性、复杂性及相关要素和环节间的关联性考虑不足，不利于两化融合的切实推进和成效显现。当前亟需结合信息时代发展需求，充分考虑两化融合的发展特征，探索形成推进两化融合的系统化新理论和新方法。

两化融合管理体系是在推进新型工业化的基础上，探索符合信息时代发展规律的制造业管理新模式。在当前工业社会向信息社会转型变革的重大机遇期，中国要成为制造业强国，需要自己的管理理论和方法。两化融合管理体系是借鉴成熟管理体系做法，总结提炼几十年来中国企业信息化、企业管理等方面的实践经验、规律和方法形成的一套管理方法论，充分吸收互联网时代制造业发展的新理念、新要素、新规律，对新时期企业两化融合工作的推进机制和管理方法提出的明确要求，是新时期中国制造业管理理论的探索与创新。

两化融合管理体系日益成为中国实现制造强国战略的重要抓手。2015年下半年，工业和信息化部发布《关于贯彻落实<国务院关于积极推进“互联网+”行动的指导意见>的行动计划（2015—2018年）》，明确提出“到2018年，推动形成一套完整的两化融合管理体系标准，10 000余家企业开展两化融合管理体系贯标，1 500余家企业通过两化融合管理体系评定，60 000余家企业开展两化融合自评估自诊断自对标，形成以管理标准促创新、促转型、促发展的新格局”。围绕国家相关战略部署，要加快研制融入互联网时代企业发展新理论、新基础、新体系、新模式的两化融合管理体系系列标准，以及适用于互联网时代发展需求的配套方法、工具和模型，构建两化融合管理体系普及推广的良好生态环境，推动基于两化融合管理体系的中国管理模式形成和全面普及，引领中国制造业创新能力和竞争优势大幅提高，带动中国第三方咨询服务水平和能力提升，切实服务于中国制造强国建设。

【两化融合管理体系贯标】 全国范围内各类企业自2014年起按照《信息化和工业化融合管理体系 要求（试行）》开展贯标。截至2015年年底，全国有3 248家企业开展两化融合管理体系贯标，其中1 702家企业为国家级贯标试点，占比52.4%；各省市推动贯标试点的积极性也在逐步增强，广东、江苏、安徽等省份都组织开展省市级贯标试点工作，还有部分企业自行开展贯标。从行业来看，贯标企业行业覆盖面广，涉及装备、消费品、原材料、电子信息、能源、服务业六大行业门类以及石化、钢铁、建材、有色、机械等19个细分行业，机械行业贯标企业数量最多，达到732家，占比22.5%。从区域分布来看，覆盖31个省市，区域间差异显著，广东省贯标企业数量最多，达到696家，占贯标企业总数的 21.4%，江苏、安徽、福建、山东、浙江、北京、重庆 7 个省市贯标企业均超过 100 家，少数省份贯标企业数量尚未突破 10 家。从企业规模来看，不同规模的贯标企业数量分布相对均衡，大型企业（1 000 人以上）占贯标企业总数的 58.7%。从企业性质来看，民营企业贯标积极性最高，共 1 054 家，占比 32.5%；国有企业和股份制企业数量分别为 950 家和 813 家，占比分别为 29.2% 和 25.0%；港澳台投资、外商投资以及其他性质企业占比分别为 7.7%、4.4% 和 1.2%。从两化融合发展阶段来看，48.5% 的贯标企业处于起步建设和单项覆盖这两个低水平阶段，51.5% 的贯标企业处于集成提升和创新突破这两个高水平阶段，不同两化融合发展阶段的企业均有建立完善两化融合管理机制、打造提升信息化环境下新型能力的迫切需求。

【两化融合管理体系评定】 2014 年，工业和信息化部出台《两化融合管理体系评定管理办法（试行）》（工信部信 [2014]564 号），依托中国两化融合服务联盟设立评定工作委员会，组织对两化融合管理体系的符合性及运行有效性进行评定，全国有 10 家评定机构、210 名评定人员开展评定服务。截至 2015 年年底，全国有 425 家企业通过评定，占贯标企业总数的 13.1%。从行业来看，通过评定企业中装备行业企业占比最高，为 30.4%；从区域分布来看，通过评定企业区域聚集度较高，相对集中分布在广东、江苏、福建、山东、安徽、浙江、北京等 7 个省市；从企业规模来看，企业规模越大评定通过率越高，大型企业（1 000 人以上）的评定通过率最高，为 17.7%；从企业性质来看，国有企业评定通过率最高，为 18.9%，民营企业评定通过率为 14.4%；从两化融合发展阶段来看，两化融合发展水平越高，两化融合管理体系评定通过率越高，创新突破、集成提升、单项覆盖、起步建设四个阶段企业的评定通过率依次为 15.6%、13.7%、12.6% 和 1.2%。

【两化融合管理体系贯标咨询服务】 两化融合管理体系贯标工作具有较高的创新性、系统性、复杂性，需要专业的第三方机构提供咨询服务。截至 2015 年年底，全国有约 350 余家第三方机构从事两化融合管理体系贯标咨询服务。贯标企业数量持续增长，贯标咨询服务需求旺盛。两化融合管理体系贯标咨询服务专业性和综合性要求高，IT 咨询、管理咨询、体系咨询等各类第三方服务机构踊跃参与，德勤、埃森哲、普华永道等一批跨国高水平咨询机构也逐渐加入贯标咨询服务行列。同时，两化融合管理体系贯标咨询服务市场也存在市场集中度高、服务质量有待进一步提升、区域分布不均衡等情况。

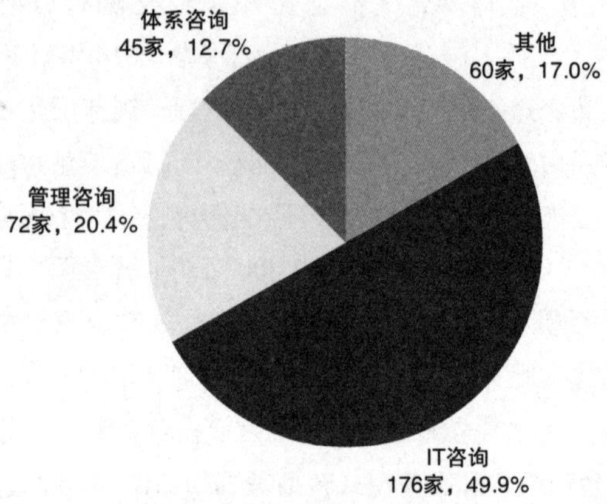

图 1　两化融合管理体系贯标咨询服务机构的类型分布情况

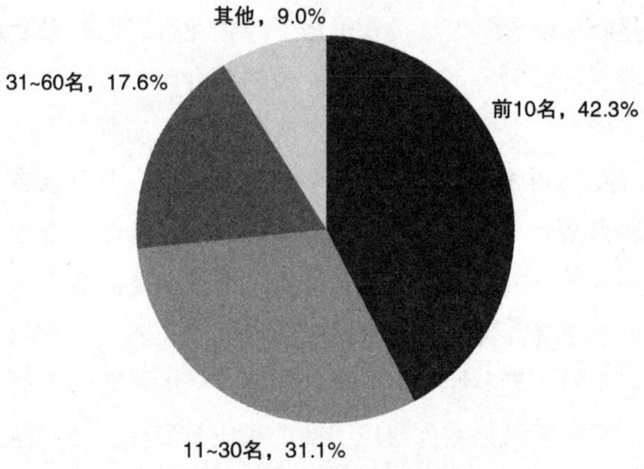

图 2　两化融合管理体系贯标咨询服务机构市场占有率

【两化融合管理体系评定结果采信市场化机制】 加快建立两化融合管理体系评定结果的市场化采信机制，可有效激发企业贯标动力，从而加速推动两化融合管理体系全面普及。政府、银行和投融资机构、央企和龙头企业等主体，均可结合业务需求，从不同侧面采信评定结果。对政府机构，可将评定结果作为产业政策与资金支持的重要依据，准确锁定有发展潜力的企业与项目，提高政策资金支持收益，并可通过经验总结和示范推广带动行业与区域整体发展，彰显政府政策与资金支持的拉动效应。对银行和投融资机构，可将评定结果纳入信用风险评级指标体系，找准投资目标，降低投资风险，提高投资收益。对央企和龙头企业，可将评定结果作为合作伙伴的遴选依据，通过引导或要求上下游企业开展贯标，加快构建可持续发展的全产业链生态系统。此外，还可进一步推动评定结果与行政许可、资质认定、招标投标、政策扶持、金融授信、品牌推广等社会各领域活动结合，实现多领域、深层次、全社会采信应用。

【两化融合管理体系政策及资金支持】 两化融合管理体系工作启动以来，国家、各行业、各省市等出台系列政策与资金支持，推动两化融合管理体系贯标工作与工业转型升级、技术改造、智能制造、“互联网 +”、智慧城市等重点工作紧密结合，设立两化融合管理体系贯标专项资金或利用工业转型升级专项、信息化发展专项、中小企业发展专项给予贯标工作资金支持，探索出一条以贯标促企业升级、以贯标加速产业转型的新路子，取得显著成效。

据不完全统计，2013—2015 年，国务院、工业和信息化部、超过 23 个省份、协会等共出台 60 余项政策或资金措施，对两化融合管理体系贯标工作进行支持。

【统计数据】

表 1　两化融合管理体系相关的政策支持（部分）

序号	省市	发布时间	文件名称	发布部门
1	全国	2015 年 5 月	《国务院关于印发〈中国制造 2025〉的通知》（国发 [2015]28 号）	国务院
2	全国	2013 年 8 月	《工业和信息化部关于印发信息化和工业化深度融合专项行动计划（2013—2018 年）的通知》（工信部信 [2013]317 号）	工业和信息化部
3	全国	2015 年 11 月	《关于贯彻落实 < 国务院关于积极推进“互联网 +”行动的指导意见 > 的行动计划（2015—2018 年）》（工信部信软 [2015]440 号）	工业和信息化部
4	北京市	2014 年 5 月	《北京市经济和信息化委员会关于印发 <2014 年北京市两化融合重点工作任务计划 > 的通知》（京经信委发 [2014]51 号）	北京市经济和信息化委员会
5	北京市	2015 年 6 月	《北京市经济和信息化委员会关于印发 <2015 年北京市两化融合重点工作任务计划 > 的通知》（京经信委发 [2015]29 号）	北京市经济和信息化委员会
6	河北省	2015 年 4 月	《河北省人民政府办公厅关于 < 印发河北省工业领域推进创新驱动发展实施方案（2015—2017 年）> 的通知》（冀政办字 [2015]50 号）	河北省政府办公厅
7	河北省	2015 年 11 月	《关于全力推进我省两化融合管理体系贯标试点工作的通知》（冀工信信 [2015]378 号）	河北省工业和信息化厅
8	内蒙古自治区	2015 年 6 月	《内蒙古自治区人民政府关于加快推进“互联网 +”工作的指导意见》（内政发 [2015]61 号）	内蒙古自治区政府
9	辽宁省	2014 年 10 月	《辽宁省人民政府办公厅关于 < 印发推动两化深度融合促进四化同步发展行动计划 > 的通知》（辽政办发 [2015]50 号）	辽宁省人民政府办公厅
10	辽宁省	2014 年 11 月	《辽宁省经济和信息化委关于印发 < 推进两化深度融合实施方案 > 的通知》（辽经信发 [2014]297 号）	辽宁省经济和信息化委员会

续表

序号	省市	发布时间	文件名称	发布部门
11	吉林省	2013 年 11 月	《吉林省工业和信息化厅关于印发 < 吉林省推进信息化和工业化深度融合专项行动计划（2013—2015 年）> 的通知》（吉工信信息化 [2013]459 号）	吉林省工业和信息化厅
12	西藏自治区	2014 年 10 月	《中共西藏自治区委办公厅 西藏自治区人民政府办公厅印发 < 西藏自治区推进智慧城市建设行动计划（2014—2016 年）> 的通知》（沪委办发 [2014]31 号）	西藏自治区委办公厅、西藏自治区人民政府办公厅
13	西藏自治区	2015 年 2 月	《西藏自治区经济信息化委关于印发 < 市经济信息化委 2015 年智慧城市建设重点工作计划 > 的通知》（沪经信推 [2015]86 号）	西藏自治区经济和信息化委员会
14	江苏省	2015 年 3 月	《关于申报 2015 年两化深度融合创新（互联网与工业融合创新）示范工程的通知》（苏经信企信 [2015]151 号）	江苏省经济和信息化委员会
15	江苏省	2015 年 6 月	《中共江苏省委江苏省人民政府关于印发 < 中国制造 2025 江苏行动纲要 > 的通知》（苏发 [2015]16 号）	江苏省委、江苏省人民政府
16	浙江省	2015 年 4 月	《浙江省经信委关于印发 < 浙江省企业信息化“登高”计划方案 > 的通知》（浙经信信息 [2015]170 号）	浙江省经济和信息化委员会
17	浙江省	2015 年 3 月	《关于浙江省“两化深度融合国家示范区”建设 2015 年工作方案的通知》（浙信办发 [2015]6 号）	浙江省信息化和工业化深度融合国家示范区建设领导小组办公室
18	安徽省	2014 年 9 月	《安徽省经济和信息化委员会关于安徽省信息化与工业化融合管理体系贯标工作的实施意见》	安徽省经济和信息化委员会
19	福建省	2015 年 7 月	《福建省人民政府关于加快发展智能制造九条措施的通知》（闽政 [2015]36 号）	福建省人民政府
20	福建省	2015 年 8 月	《福建省经济和信息化委员会关于做好 2015 年两化融合管理体系贯标工作的通知》（闽经信研究 [2015]476 号）	福建省经济和信息化委员会
21	江西省	2015 年 6 月	《江西省人民政府办公厅关于大力推进两化深度融合加快制造业转型升级的意见》（赣府厅发 [2015]36 号）	江西省人民政府办公厅
22	山东省	2014 年 6 月	《山东省经济和信息化委员会关于印发 < 山东省信息化和工业化深度融合专项行动方案（2014—2018 年）> 的通知》（鲁经信信推 [2014]255 号）	山东省经济和信息化委员会
23	山东省	2015 年 6 月	《山东省“互联网 +”发展意见》（鲁信办字 [2015]2 号）	山东省信息化工作领导小组办公室、山东省经济和信息化委员会
24	广东省	2014 年 3 月	《广东省经济和信息化委印发 < 大力发展智能制造推进“两化”深度融合加快产业转型升级专项行动计划（2014—2015 年）> 的通知》（粤经信信息 [2014]109 号）	广东省经济和信息化委员会
25	广东省	2015 年 4 月	《广东省经济和信息化委印发 <2015 年广东省“两化”融合工作方案 > 的通知》（粤经信信息 [2015]106 号）	广东省经济和信息化委员会
26	广西壮族自治区	2015 年 10 月	《关于印发广西壮族自治区医疗卫生机构药品集中采购实施方案（2015 年版）的通知》（桂卫发 [2015]39 号）	广西壮族自治区卫计委
27	海南省	2013 年 11 月	《关于印发 < 信息化和工业化深度融合专项行动实施计划（2013—2018 年）> 的通知》（琼工信信推 [2013]301 号）	海南省工业和信息化厅
28	重庆市	2014 年 3 月	《重庆市人民政府办公厅关于印发 < 重庆市信息化和工业化深度融合专项行动计划（2014—2018 年）> 的通知》（渝府办发 [2014]29 号）	重庆市人民政府办公厅
29	重庆市	2014 年 11 月	《重庆市经济和信息化委员会关于印发 < 重庆市两化融合管理体系贯标工作方案（2014—2016 年）> 的通知》（渝经信经信 [2014]5 号）	重庆市经济和信息化委员会

续表

序号	省市	发布时间	文件名称	发布部门
30	四川省	2014 年 12 月	《成都市人民政府办公厅关于加快发展先进制造业实现工业转型升级发展若干政策的意见》（成办发 [2014]55 号）	成都市人民政府办公厅
31	四川省	2015 年 7 月	《关于 < 印发 2015 年下半年信息化重点工作 > 的通知》（川经信办信息化 [2015]60 号）	四川省经济和信息化委员会办公室
32	贵州省	2013 年 12 月	《贵州省信息化和工业化深度融合专项行动实施方案》（黔信产领 [2013]2 号）	贵州省信息产业领导小组
33	甘肃省	2013 年 9 月	《关于深入落实 < 信息化和工业化深度融合专项行动计划（2013—2018 年）> 的通知》（甘工信发 [2013]667 号）	甘肃省工业和信息化委员会
34	甘肃省	2015 年 6 月	《关于印发 < 甘肃省两化融合评估诊断和对标引导工作方案（2015 年—2018 年）> 的通知》（甘工信发 [2015]220 号）	甘肃省工业和信息化委员会
35	青海省	2015 年 1 月	《关于印发 < 青海省工业企业两化融合发展水平评估办法（试行）> 的通知》（青经信信 [2015]23 号）	青海省经济和信息化委员会、青海省国有资产监督管理委员会
36	青海省	2015 年 4 月	《关于印发 <2015 年电子信息产业发展和信息化建设重点任务分解方案 > 的通知》（青经信信 [2015]137 号）	青海省经济和信息化委员会
37	宁夏回族自治区	2014 年	《宁夏回族自治区两化融合管理体系贯标工作方案》	宁夏回族自治区经济和信息化委员会
38	新疆维吾尔自治区	2015 年 5 月	《自治区信息化和工业化深度融合专项行动计划（2015—2018 年）实施方案》（新经信推进 [2015]76 号）	新疆维吾尔自治区经济和信息化委员会
39	全国	2015 年 4 月	《徐工再造标杆示范，推动供应链能力协同持续提升——徐工集团对通过两化融合管理体系评定的供应商进行优先选择》	徐工集团

表 2　两化融合管理体系相关的资金支持（部分）

序号	省市	时间	专项资（基）金名称	主管单位	两化融合管理体系相关规定
1	北京市	2015 年	两化融合管理体系贯标奖励性补助	北京市经济和信息化委员会	对通过两化融合管理体系评定的企业，给予每家 30 万元的奖励性补助
2	北京市	2014 年、2015 年	两化融合专项资金	北京市国有资产监督管理委员会	对通过两化融合管理体系评定的企业优先支持
3	河北省	2014 年、2015 年	河北省两化融合管理体系贯标行动专项资金	河北省工业和信息化厅	支持企业开展两化融合管理体系贯标评定工作
4	辽宁省	2015 年	辽宁省企业技术创新专项资金	辽宁省经济和信息化委员会	对获得省级两化融合管理体系贯标试点企业，每家给予补助资金 50 万
5	吉林省	2014 年、2015 年	省级重点产业发展引导资金	吉林省工业和信息化厅、吉林省财政厅	支持国家和省级两化融合管理体系贯标试点企业相关项目建设
6	上海市	2014 年、2015 年	上海市信息化发展专项资金	上海市经济和信息化委员会	支持开展贯标培训、跟踪服务、宣传、交流和示范推广等工作；通过项目申报和后补贴方式，对达标企业给予经费支持
7	江苏省	2014 年、2015 年	工业和信息产业转型升级专项引导资金	江苏省经济和信息化委员会	优先支持两化融合管理体系贯标试点企业
8	江苏省	2015 年	2015 年两化深度融合创新（互联网与工业融合创新）示范工程	江苏省经济和信息化委员会	通过两化融合管理体系贯标评定的企业优先申报

续表

序号	省市	时间	专项资（基）金名称	主管单位	两化融合管理体系相关规定
9	浙江省	2014 年、2015 年	两化融合示范区建设扶持资金	浙江省经济和信息化委员会、浙江省财政厅	在每个两化融合示范区获得的省级财政 1 000 万资金扶持中，对省级两化融合管理体系贯标试点企业的资金支持予以统筹安排
10	浙江省	2015 年	云工程和云服务扶持资金	浙江省经济和信息化委员会	对国家级两化融合管理体系贯标试点企业给予每家 30 万元奖励
11	福建省	2015 年	省级两化融合发展专项资金	福建省财政厅、福建省经济和信息化委员会	对通过国家级两化融合管理体系评定企业，为本省通过两化融合管理体系评定企业提供贯标咨询的服务机构予以奖励
12	湖南省	2014 年、2015 年	湖南省信息产业和信息化专项资金	湖南省经济和信息化委员会	重点优先支持通过两化融合管理体系评定的试点企业，重点支持在全省范围内开展省级两化融合管理体系贯标试点
13	广东省	2014 年	广东省省级产业结构调整专项优势产业重点技术改造专题（两化融合管理体系贯标试点）资金	广东省经济和信息化委员会	对获得省级两化融合管理体系试点企业每家补助启动资金 10 万元，对国家或省级推荐的贯标咨询服务机构每家补助资金 3 万元
14	广东省	2015 年	广东省省级企业转型升级专项（两化融合管理体系专题）资金	广东省经济和信息化委员会	对省级两化融合管理体系试点企业每家补助启动资金 10 万元，通过评定的试点企业每家奖励资金 50 万元，为通过评定的试点企业提供服务的咨询机构每通过 1 家奖励资金 5 万元
15	海南省	2014 年	工业和信息产业发展专项	海南省工业和信息化厅、海南省财政厅	设立两化融合专题。一是支持对企业实施两化融合项目建设资金事后扶持奖励，支持制造业企业实施装备智能化、数字化项目；二是支持国家和省级两化融合试点企业开展两化融合管理体系贯标试点工作，给予每家不超过 15 万元的工作补贴
16	重庆市	2014 年、2015 年	工业振兴专项资金	重庆市经济和信息化委员会	通过国家两化融合管理体系贯标评定企业，每家支持 13 万元，其中 3 万用于贯标咨询服务
17	四川省	2014 年	2014 年四川省创新驱动发展项目（两化融合专项）	四川省经济和信息化委员会	支持两化融合管理体系贯标试点企业及积极参与两化融合管理体系贯标的企业
18	四川省	2015 年	2015 年度四川省创新驱动及新兴产业发展资金项目（两化融合专项）	四川省经济和信息化委员会	支持两化融合管理体系贯标试点企业及积极参与两化融合管理体系贯标的企业
19	四川省	2015 年	成都市两化融合管理体系贯标支持资金（工业发展专项资金）	成都市经济和信息化委员会	对纳入国家级两化融合管理体系贯标试点的企业给予 10 万元一次性奖励，对实现达标的企业给予 20 万元一次性奖励，对纳入国家推荐的两化融合管理体系的贯标服务机构给予 20 万元一次性奖励
20	贵州省	2015 年	工业和信息化发展专项资金	贵州省经济和信息化委员会	支持两化融合试点企业开展两化融合管理体系贯标试点工作，给予每家 10 万元的工作补贴
21	宁夏回族自治区	2014 年	两化融合管理体系贯标工作经费	宁夏回族自治区经济和信息化委员会	给予 7 家国家级两化融合管理体系贯标试点企业每家 10 万元的工作经费支持
22	新疆维吾尔自治区	2015 年	电子发展专项资金	新疆维吾尔自治区经济和信息化委员会	支持自治区两化融合贯标试点工作

［供稿：工业和信息化部电子科学技术情报研究所］

农业信息化

【概况】 2015年，党的十八届五中全会对实施网络强国战略、“互联网+”行动计划、大数据战略等作出部署，并将农业农村信息化摆在突出重要位置。2015年中央一号文件提出“支持电商、物流、商贸、金融等企业参与涉农电子商务平台建设”“开展电子商务进农村综合示范”“推进信息进村入户”“整合利用现有设施场地和资源，构建农村基层综合公共服务平台”等工作任务。国务院多次对“互联网+”现代农业、信息进村入户、农业电子商务等农业信息化工作作出部署。农业部贯彻落实党中央、国务院的决策部署，将“发展农产品电子商务，加快农业信息化步伐”作为农业部2015年20项重点工作之一，谋划政策措施，统筹推进农业农村信息化各项重点工作，取得阶段性突出成效，为“十三五”农业农村信息化加快发展奠定基础。

【信息进村入户】 按照2014年、2015年中央一号文件有关推进信息进村入户的决策部署，农业部自2014年开始，在全国10个省22个县整县推进，开展信息进村入户试点工作；2015年，试点范围依据地方申请扩大到26个省116个县。截至2015年年底，已建立村级信息服务站7 940个，覆盖试点县行政村的90%以上，公益服务、便民服务、电子商务和培训体验已经进到村、落到户。累计提供公益服务119.6万人次，开展便民服务748.8万人次、涉及金额2.9亿元，实现电子商务交易额7.9亿元。12316全国农业公益服务热线已成为农民与专家的直通线、农民与市场的中继线、农民与党和政府的连心线。建成部、省、地市、县的农业网站群，其中农业部门户网站已经成为世界最有影响力的农业网站之一，日均点击率约700万人次。

2015年5月6—7日，农业部在浙江省遂昌县召开全国信息进村入户试点工作推进会，会议现场考察浙江省遂昌益农信息社，总结交流试点工作的进展和成效，深入分析面临的新形势新机遇，研究提出加快推进试点工作的任务措施。农业部引导国有企业、民营企业参与信息进村入户工作，不断完善政企合作、市场化运营的推进机制。

【农业物联网应用】 2015年，农业部以农业物联网应用示范为抓手，推进现代信息技术在农业生产经营过程中的集成、组装和应用，农业生产智能化水平不断提高。

农业部实施天津、上海、安徽3省（市）农业物联网区域试验工程，推动北京、内蒙古、黑龙江、江苏、新疆5省（区、市）国家物联网应用示范工程智能农业项目建设，促进农业物联网技术产品推广应用，系统梳理国家农业物联网应用示范工程和农业物联网区域试验工程取得的成果，继续坚持边试验示范、边总结提炼，及时对8个国家农业物联网应用示范工程和农业部农业物联网区域试验工程项目的建设成果进行系统梳理，同时在全国范围内征集可复制、可推广的农业物联网应用模式。2015年，农业部向社会集中发布116项节本增效农业物联网应用模式，汇编《节本增效农业物联网应用模式推介汇编2015》，示范推广工作取得良好的经济和社会效益。2015年9月8日，农业部组织在重庆市荣昌区召开农业物联网试验示范工作交流会，重点交流物联网试验示范区建设工作进展，并研讨相关推进措施。期间同时举办农业物联网节本增效应用模式现场展示，集中发布推介116项应用模式，共有100多家企事业单位参与展示活动，社会反响热烈。

【农业电子商务】 农业部推进农业电子商务发展，参与《国务院关于大力发展电子商务加快培育经济新动力的意见》的起草，会同国家发展和改革委员会、商务部共同印发《推进农业电子商务发展行动计划》，与商务部等19部门联合印发《关于加快发展农村电子商务的意见》，明确农业部门促进电子商务发展的指导思想、基本原则、总体目标和重点任务；在开展农业电子商务试点工作调研基础上，组织在北京、河北、吉林、黑龙江、江苏、湖南、广东、海南、重庆、宁夏共 10 省市开展鲜活农产品直配和农业生产资料下乡电商试点工作；印发《农业部办公厅关于组织开展农业电子商务平台对接专项行动的通知》，组织开展农业合作社、农业企业与电商平台对接专项；结合新疆库尔勒产销对接活动和中国国际农产品交易会，组织电商企业与各地农业企业对接；在 50 期大学生村官创业培训班中安排农产品电子商务的课程，共培训 5 000 人次。

【“互联网 +”现代农业】 2015 年 9 月 14 日，国务院副总理汪洋主持召开“互联网 +”现代农业座谈会，并与相关农民合作社、农业企业、IT 企业座谈交流。汪洋副总理指出，要深入贯彻落实《国务院关于积极推进“互联网 +”行动的指导意见》有关要求，大力推进互联网技术和互联网思维在农业农村工作中的应用，为提升农业生产、经营、管理和服务水平不断注入新的动力。农业部按照《国务院关于积极推进“互联网 +”行动的指导意见》部署，研究编制《“互联网 +”现代农业三年行动实施方案》，谋划“互联网 +”现代农业工程。

【农业网络与信息安全】 农业部加强网络安全检查，做到以查促改，配合公安部对 3 个国家级重要信息系统进行 3 次安全检查，配合中央网络安全和信息化领导小组办公室对农业部网络安全情况进行抽查；建立健全网络安全管理制度，编制《农业部网络安全信息通报管理办法》《农业部信息系统运行维护定额标准》《农业部信息系统建设管理办法》等规范性文件；组织开展 2015 年农业部信息系统安全等级保护定级工作，组织专家对各单位报送的 206 个信息系统进行评审，认定 4 个三级系统、168 个二级系统、34 个一级系统；加强网络安全培训和宣传，分别组织部机关司局和直属单位以及各省农业部门共 250 人进行网络安全培训。

【农业农村大数据】 农业农村大数据是国家大数据战略的重要组成部分，是现代农业新型资源要素。2015 年 8 月，国务院印发《促进大数据发展行动纲要》，对发展农业农村大数据做出专门部署。

农业部高度重视农业农村大数据的发展和应用，主要体现在 3 个方面。2015 年 12 月，印发《农业部关于推进农业农村大数据发展的实施意见》，针对农业发展的薄弱环节和迫切需求，明确发展农业农村大数据的 5 大基础性工作和 11 个重点领域，对未来 5~10 年农业农村大数据发展和应用做出总体安排，并将全球农业数据调查分析系统建设作为发展农业农村大数据的优先抓手大力推进。加强农业重大信息平台构建及运维专项经费管理，通过项目资金安排带动数据资源整合；启动编制农业部政务信息资源共享管理办法和政务信息资源目录编制指南。开展以消费需求为导向的生猪全产业链监测试点，在全国 13 个省的生态农业基地开展物联网在线监测。通过这些工作，促进农业农村大数据在全国的稳步推进和广泛应用。

【2016 年工作重点】 实施“互联网 +”现代农业行动。筹备“互联网 +”现代农业工作会议暨新农民创业创新大会，发挥农业部统筹协调和主体作用，部署“互联网 +”现代农业行动。与中央网络安全和信息化领导小组办公室、国家发展和改革委员会等相关部门联合印发“互联网 +”现代农业实施方案，明确 3 年行动计划。

统筹做好信息进村入户全面实施的准备。推进 26 个省份 116 个县的整县推进试点工作，为 2017 年全面推开打好基础、作好准备。建立全国信息进村入户管理、运营组织体系，成立信息进村入户工作推进组。加快推进试点工作在全国各省铺开，指导各地建立完善工作机制、支持机制、运营机制，形成可推广、可复制的制度、模式。

加大节本增效农业物联网推广力度。继续做好农业物联网区域试验和示范工作，增强示范带动作用。继续收集、总结、推介节本增效农业物联网技术、产品和应用模式。加大农业物联网技术和产品的研发、推广和检验检测支持力度，支持新技术、新模式熟化，支持无线农业物联网试点应用。推广上线农业物联网综合平台，连接物联网基点数据，推进数据开放共享。在猪、牛、鸡饲养和虾蟹养殖上加快物联网技术推广应用，在大田作物上加快模式探索和示范应用。

突破农业电子商务瓶颈。推动新型农业经营主体与大型电商企业开展合作，大力开展试点示范，建立稳固的销售渠道。加快建立适应电商销售的分等分级、包装运输、冷链物流等标准体系。加强电商人才培训，把电子商务作为农民手机培训的重要内容，与相关企业合作开办电商大学。抓紧建立农业电子商务等农业信息化监测统计制度，把数据作为重要生产要素，引导生产，调整优化资源配置，切实提高用数据决策、用数据管理、用数据创新的能力。

组织开展农民手机应用技能培训。统筹实施农民手机应用技能培训，组织全国竞赛，赛出一批农民能手，选出一批涉农APP好软件，测出一批适农的物美价廉好终端。

做好农业信息化发展规划和基础支撑。编制印发《“十三五”全国农业农村信息化发展规划》，筹备建立农业信息化全国标准化技术委员会及其分技术委员会。完善农业信息化评价指标体系。

[撰稿：王松　审稿：王小兵]

石化信息化

【概况】 2015年，中国石油化工集团公司（以下简称中国石化）信息化工作围绕转型升级、提质增效等中心任务，聚焦“智能制造”“互联网+”两大主题，开展信息化“三大平台”完善提升工作，推进ERP大集中、智能化管线管理、智能工厂试点、统一电子商务与客户关系管理等重点项目建设，持续深化两化融合，公司信息化能力和应用水平进一步提升，通过工业和信息化部“两化融合管理体系”贯标认定企业累计达到12家，公司和所属14家企业获评“全国石油和化工行业两化融合创新示范奖”，为石化产业转方式调结构、提质增效升级注入发展新动能。

【经营管理平台】 以ERP为核心的经营管理平台更加完善，系统集中集成度进一步提高，成为促进管理创新、提升管控水平的重要支撑。

ERP大集中建设进展顺利。2015年共完成股份公司51家企业推广，累计实现61家企业上线运行。通过ERP大集中推广，实现了模板设计、功能开发和业务流程的统一管控，流程标准化率提升到91%，实现与资金集中、合同管理等总部统建系统以及企业自建系统的紧密集成，进一步促进企业规范化管理水平提高。

资金集中管理系统在集团境内外企业平稳运行，提升全球资金集中管理、票据集中管理功能，实现与26个国家和地区相关账户的银企直联，进一步降低集团公司资金占用成本，实现企业票据信息的集中管理，提升票据风险管控水平。“十二五”期间，集团公司的资金集中度、统一筹融资比例保持在90%以上，累计节约财务费用92亿元。

合同管理系统得到提升，建起系统运行监控子系统，累计在线运行合同近200万份，合同示范文本使用率达到67%。

工程电子招投标系统建成上线，已有10家企业12个工程建设项目开展全流程电子招投标活动。

建成财务共享服务平台，为中国石化财务共享服务中心成立运营提供技术支撑。

提升和创新应用总部数据仓库功能。完成总部统一数据仓库（EDW）系统向HANA（内存计算）迁移，数据加载性能和处理能力得到显著提升；搭建经营大数据分析平台，为非油品的促销和铺货分析、化销换货业务分析、物资采购综合分析等经营大数据分析应用提供支持。

【生产营运平台】 以数字化、智能化为方向，推进生产营运平台建设，为转型升级、提质增效注入新动力。

在安全管理与应急指挥系统建设中，完成安全管理系统推广，实现集团公司企业全覆盖应用，对各企业的70余万个风险区域进行标准化管理，共记录安全检查问题34万个，问题处理率达97%。总部应急指挥中心与企业应急指挥系统、应急指挥车实现信息集成，为3次应急处置实战演练提供有效支撑。

在环境保护信息系统建设中，实现在炼化企业全面推广应用，910余套装置、1 100余万个LDAR检测点纳入系统管理，促进炼化企业泄漏检测与修复管理工作；实现对企业 362 个重点污染源排放的实时监控、超标报警及趋势分析，提升环保管理水平。

在能源优化管理系统建设中，完成 7 家炼化企业推广，累计在 9 家企业上线运行，实现对锅炉、蒸汽管网、瓦斯管网等工况的实时监测与动态优化，有效促进节能降耗、降本增效，燕山石化、扬子石化全年节约能源成本近千万元。

在油田企业信息化建设中，在 8 家油田企业 98 个管理区开展油气生产现场信息化建设，初步实现电子巡检、远程自动管控、实时集中决策，提高劳动生产率，其中中原油田采油六厂用工由 937 人优化为 403 人，人工成本降低约 1 000 万元。在 4 家油田企业开展勘探开发业务协同平台（EPBP）推广建设，有效支撑油田公司体制改革，其中，江苏油田利用勘探开发业务协同平台实现勘探、开发、工程等业务一体化协同，规范业务流程，提高管理效益。

在炼化企业信息化建设中，完成操作管理系统在 8 家企业的推广建设，累计在 15 家企业上线运行，覆盖企业内操执行监控、班组操作评价、班组考核等生产操作核心业务，强化班组操作，提升装置平稳运行水平；实现班组在线交接班，减少班组重复性数据抄写工作，提高一线劳动效率。完成 20 套装置 APC 系统建设，累计投用 193 套，实现 APC 系统与实时优化系统集成应用，促进装置操作优化、产品质量提升，提高装置运行平稳率和目标产品收率，“十二五”期间增效 29.6 亿元。

在科研单位信息化建设中，知识管理系统在勘探院、工程院等 4 家单位上线试运行，形成覆盖上游 6 大业务领域 631 万知识量的勘探开发知识库，为科研人员提供知识检索和推送服务，支撑 33 个重点科研项目应用。科研门径系统建设在集团公司科技部和北化院、抚研院等 5 家科研院所试点应用，支持科研项目量化评价、项目优选，已有 153 个科研项目线上运行。

【基础设施及运维平台】 以云技术为支撑，推进基础设施与运维平台建设，提高 IT 服务和信息安全管理水平。

在数据中心和云平台建设中，总部数据中心部署服务器达到 3 782 台、存储总容量超过 1 300TB；建成南京灾备中心，实现资金集中、人力资源等 10 个重要系统的异地灾备；建设统一的基础设施云，实现软硬件资源的按需分配和应用系统快速部署，支撑智能工厂、智能管网、客户关系管理等 100 多个应用系统的建设和运行。

在网络系统建设中，完成 2 个国内区域网络中心建设，累计建成境内外 13 个网络区域中心，建立总部和企业两层架构的综合网管监控平台，提升主干网运行稳定性及传输能力，总部及企业局域网达到万兆，主干网总带宽超过 10G。

在统一移动应用平台建设中，完成在总部和 90 多家企业推广建设，实现业务审批、统计分析、外操巡检、客户服务等移动应用功能，为内外部各层面用户提供便捷、高效、安全的移动信息化服务。

在信息安全管理体系建设中，强化信息安全管理，建立监督检查和通报工作机制，开展企业信息安全风险现场评估和信息安全自查、抽查工作，完成国产化防病毒系统部署，在 27 家企业部署网络准入控制系统，在 34 家企业实施桌面安全管理，举办 ERP 大集中系统应急演练活动，提升信息安全管理水平，保障信息系统安稳运行。

【智能工厂试点建设】 完成在燕山石化、茂名石化、镇海炼化、九江石化 4 家企业的智能工厂试点建设，初步形成中国石化智能工厂框架（1.0），九江石化智能工厂试点被工业和信息化部评为“2015 年智能制造试点示范项目”。通过智能工厂建设，推动企业生产方式、管控模式的变革，提高安全环保、节能减排、降本增效、绿色低碳水平。4 家试点企业劳动生产率提升 10%，外排污染源自动监控率达到 100%，建立数字化、自动化、智能化的生产运营管理新模式，生产优化从局部优化、离线优化逐步提升为全流程优化、在线优化，提质增效作用明显，促进集约型内涵式发展。

提升生产管控自动化水平。企业建立一体化的生产调度指挥中心，实现扁平化生产管理，调度指令一线通达，内操外操协同联动，提高现场处置效率，操作合格率从 90.7% 提升至 100%。燕山石化开创“黑屏操作”新模式（生产正常状态下操控台黑屏，异常状态下屏幕高亮显示、系统自动精准警示），降低劳动生产强度，提高应急响应效率。建设操作报警分析系统，实现对报警信息的实时监测、报警系统的状态评估和相关问题的分析诊断，提高报警响应和处置速率。茂名石化通过系统及时发现并消除1 800多项生产异常与生产数据问题，避免多起突发事故，确保安全生产和产品质量。建设工业4G网，实现融合通信。九江石化率先在炼化企业采用国产化技术建成4G无线通信网络，实现4G无线对讲与调度电话、“119”接警系统、行政电话、扩音对讲之间语音互联互通，提高生产调度效率。

提升供应链协同优化水平。建设具有生产优化、效益预测、实时跟踪功能的协同优化管理系统，实现业务信息集成共享、业务协同高效有序、生产优化动态调整，提高资源配置优化水平。九江石化2015年优化增效2.8亿元，镇海炼化生产优化综合增效10亿元以上。应用物联网、红外线、机器人等技术，在九江石化、镇海炼化建成无人值守、高度自动化的立体仓库。其中，镇海炼化建成国内石化行业首个超大型全封闭的聚丙烯立体仓库（2.5万吨），实现产品从包装、输送、出入库、盘库到装车发货的全过程无人操作。

实现设备数字化管理、预知性维修。建立三维数字化平台，综合集成设备、工艺、HSE数据、工业视频等资料信息，提高资产管理效率。九江石化实现工程级建模以及设备运行管理、检维修管理与运维培训等业务应用，茂名石化通过平台对大修项目的安全、进度、质量、成本等内容进行实时管控。建设设备健康和可靠性管理系统，实现以预知维修为核心的设备健康因素监控及分析，实现基于系统/设备/组件故障风险评价的设备维修策略制定及维修结果评价分析。镇海炼化、燕山石化基于大数据分析及专家知识库，开展关键机组故障定位及寿命预测，有效提高设备预知维修和可靠性管理水平。

实现产能、用能的在线优化。通过能源管理系统建设，实现能源的供、产、转、输、耗全业务流程管理。能源运行情况实时可视，优化方案在线推送，全局用能综合平衡，促进节能减排、降本增效，实现能源管理“说得准、管得好、省得多”，每年节约能源成本2 000万元以上。

提高HSE在线监测、可视化管理水平。综合运用三维数字化、GPS、融合通信等技术，实现对企业现场作业、人员、环境三位一体闭环管理。九江石化建立HSE观察卡3.85万个，建立环境实时在线监测点60余处，通过“环保地图”实时展示环境信息，实现环境保护可视化管理和异常报警。实现应急指挥协同一体化，形成总部、企业、现场三级一体化应急指挥体系。通过数字化、可视化技术对事故过程进行三维模拟演练，提高应急处置响应能力。

利用数据集成和深度分析提升生产经营管理水平。建设生产经营管理综合分析系统，实现生产经营信息集成、实时监控、预测预警、动态分析，支撑数字化调度例会、经营活动分析会。建立统一的大数据平台，在生产分析、生产操作、设备运行等方面开展工业大数据分析，为装置安全平稳运行、精细化生产提供科学指导。如：九江石化开展催化裂化装置报警预警大数据分析，建立装置预警模型，实现提前预警；茂名石化开展重整装置工艺优化大数据分析，共形成13个典型操作类型，实现多目标参数优化，提高高价值产品产量。

形成一套智能制造应用软件套件，包括计划生产协同优化、调度指挥、能源优化、绩效管理、大数据分析工具等5个软件产品。

形成智能工厂（1.0）标准模板，为下一步推广建设奠定基础。主要包括内涵、架构、应用规范、业务流程、主数据、实施模板、IT基础设施等七大类内容。

【智能化管线管理系统建设】 完成智能化管线管理系统推广建设，系统具备管线数字化管理、管道完整性管理、管线运行管理、应急辅助管理、隐患治理管理和综合管理六大功能，能够同时满足总部、事业部、专业公司、企业不同层面管线管理需求。截至2015年年底，系统已覆盖50家企业的长输、厂际管线，涉及管线总里程3.38万千米，实现对中国石化原油、成品油、天然气、化工产品等管线运营状态的实时监测、在线管理，提升安全隐患治理和应急响应能力。其中管道储运公司、销售华南公司的巡线有效率提高10%以上、异常事件应急响应效率提高15%，提升管道隐患治理和应急响应能力。

【统一电子商务和客户关系管理平台建设】 搭建统一的电子商务和客户关系管理平台，建成客户中心、商品中心、订单中心等14个共享组件，建成工业品、化工品、燃料油等专业电子商务，为培育“互联网+”新业态奠定基础。易派客（工业品电商）注册供应商企业2.5万多家、采购商1 600多家，上线商品总数15.3万个，为客户提供招投标、供应链金融等增值服务，创建SC2B（Supply Chain to Business）的“互联网+供应链”电商服务新模式。化工销售公司在电商平台上建起现货商城、竞价交易、电商社区等功能，交易产品范围覆盖树脂、橡胶、合纤、有机等多条产品线，拓展直销渠道，通过竞价交易增收 1 800 多万元。燃料油公司开展内贸 B2C 船加油业务，已有 16 座水上加油站上线运营。

【移动商城、微商城建设】 油品销售企业在巩固传统线下实体网络优势的同时，运用微信、手机 APP、电商网站等信息化手段，打造企业级移动电商服务平台，开发微信支付、二维码结算、O2O、汽车服务、金融服务等多种服务形式，实现线上线下互动，提升客户服务和精准营销能力。其中，广东石油微信粉丝数量突破百万，通过微信开展营销活动，带动非油营业额增加 2 600 多万元；通过开展销售大数据分析，提高零售营销决策水平，年创效益在 1 亿元以上。北京石油开通微商城，通过开展线上营销、交叉营销，2015 年获得免费资源 1 亿元以上，实现油非互促、跨界共赢。

【"互联网 +"物流服务建设】 化工销售物流管理系统与铁路车辆信息、GPS 等系统集成，实现库存信息"产、销"实时联动、物流信息"内、外"无缝连接，提高协同协作能力和物流响应速度；实现对 95% 以上的公路运输普货业务、100% 的危化品运输业务以及 3 300 余辆铁路自备车运行状态实时监控，加强对人、车、物、路、库的全方位监管，提升预测预警能力；实现往返路线在线优化、返程配货管理，提高资源利用率，密切与外部物流服务商关系。

【两化融合】 定期召开信息化领导小组会议，研究决策推进两化融合、ERP 大集中、信息安全等重大信息化事项；党组领导牵头推动 ERP 大集中、智能工厂试点、智能化管线系统等重点项目建设。

结合云计算、大数据、新一代移动通信等新技术趋势，制定中国石化"十三五"信息化发展规划以及智能工厂、信息安全等专项规划；完成"信息技术引领石化产业发展"专题研究报告和"推进两化深度融合工作方案"；健全信息化制度体系，修订完善 22 项信息化管理制度。

加强信息化培训，统一组织各类培训 12 000 余人次。其中，组织 3 期企业领导人员信息化培训班，培训党组管理干部 115 人；举办 25 期企业处长、业务专家培训班。开展信息化比武练兵。组织举办两化融合竞赛，全集团共有 82 家单位 378 名选手参加区域赛，12 家企业和 27 名选手分获团体和个人金银铜奖。

持续开展应用达标、ERP 登高示范等活动，实现企业新一轮 ERP、MES 应用全面达标，共形成深化应用成果 1 655 项、累计创效 13.54 亿元。推进企业"两化融合管理体系"贯标工作，2015 年有 6 家企业入选工业和信息化部两化融合贯标试点企业名单，累计参加贯标的企业有 25 家，通过贯标认定的企业已有 12 家，居央企集团首位。公司整体信息化水平持续保持在央企信息化水平第一方阵前列，两化融合取得的成效得到工业和信息化部、国务院国有资产监督管理委员会等部委的充分肯定，2015 年，石化集团公司和 14 家企业获评"全国石油和化工行业两化融合创新示范奖"。

【2016 年工作重点】 中国石化将深入落实党中央提出的"五大"发展理念和创新驱动发展战略，聚焦"智能制造""互联网 +"两大主题，大力推进两化深度融合，建设智能石化。"十三五"期间将全力打造四大平台（即集成共享的经营管理平台、协同智能的生产营运平台、互联高效的客户服务平台、敏捷安全的技术支撑平台），全面推进智能工厂、智能油田、智能油站、新一代电子商务建设，提升生产制造数字化、网络化、智能化水平，建立集约化、一体化的经营管控新方式，培育和打造"互联网 +"新业态，形成创新驱动发展新动能，支撑企业提质增效升级，引领石化产业未来发展。

[撰稿：王景涛　审稿：姜晓阳]

政策法规

综述

【概况】 2015年是全面深化改革的关键之年，也是全面推进依法治国的开局之年。我国电子信息产业政策法规工作，牢牢把握全面深化改革和全面推进依法治国两大主题，紧紧围绕“制造强国”和“网络强国”两大战略，着力推进“优化发展环境、完善法律制度、转变政府职能”三大举措，为行业科学发展提供良好的政策环境和制度保障。

【行业发展政策环境】 围绕党中央、国务院部署的各项改革任务，印发工业和信息化部年度改革总台账，建立第三方评估机制，健全改革联络员制度，有序推进全面深化改革各项工作。深化重点领域和关键环节改革，落实优化兼并重组市场环境政策，稳步推进民间资本进入电信领域，全面放开电子商务外资股比限制，加快推进军民融合深度发展。积极配合推进国有企业改革、市场准入负面清单管理、混合所有制、重点行业管理体制等相关改革。

【法治建设基础】 研究出台工业和信息化部关于十八届四中全会重要举措实施规划的贯彻落实方案；系统梳理国内外工业管理法律法规；组织研究网络安全、工业产品质量管理、通信产品标准符合性认定等重点问题并提出法律建议。2015年工业和信息化部出台5部规章，组织审查165件过路法规，对近300件规范性文件和其他重要文件进行了合法性审核，向社会公布工业和信息化部现行有效的239件规范性文件目录。

【行政审批管理】 围绕健全和规范行政审批管理制度，制定出台《工业和信息化部贯彻落实<国务院关于规范国务院部门行政审批行为改进行政审批有关工作的通知>工作计划》《清理规范行政审批中介服务工作方案》《2015年推进简政放权放管结合优化服务工作方案》和《工业和信息化部贯彻落实<国务院办公厅关于推广随机抽查规范事中事后监管的通知>实施方案》，印发《关于“先照后证”改革后加强事中事后监管的实施意见》和《工业和信息化部关于深化行政审批制度改革加强事中事后监管的指导意见》。

政策环境

【《中国制造 2025》正式发布】 2015 年 5 月 19 日，国务院正式印发我国实施制造强国战略第一个十年的行动纲领——《中国制造 2025》。《中国制造 2025》由工业和信息化部会同国家发改委、科技部、财政部、质检总局、工程院等部门和单位联合编制。《中国制造 2025》明确提出建设制造强国的“三步走”战略，以十年为一个阶段，通过“三步走”实现制造强国建设，并对第一个十年的战略任务和重点进行具体部署。《中国制造 2025》兼顾当前和长远、兼顾战略和战术，既立足当前，面向制造业转型升级、提质增效，提出九大战略任务、五项重点工程和若干重大政策举措；又着眼长远，着眼应对新一轮科技革命和产业变革、抢占未来竞争制高点，围绕先进制造和高端装备制造，前瞻部署重点突破的十大战略领域，描绘未来三十年建设制造强国的宏伟蓝图和梯次推进的路线图。《中国制造 2025》提出中国制造强国建设三个十年的“三步走”战略，是第一个十年的行动纲领。《中国制造 2025》明确的任务和重点有 9 项：提高国家制造业创新能力；推进信息化与工业化深度融合；强化工业基础能力；加强质量品牌建设；全面推行绿色制造；大力推动重点领域突破发展；深入推进制造业结构调整；积极发展服务型制造和生产性服务业；提高制造业国际化发展水平。

【中小企业发展政策环境优化】 一是加大财税支持。会同财政部等部门开展“小微企业创业创新基地城市示范”工作；经国务院批准，设立总额 600 亿元的国家中小企业发展基金；继续深化惠企税费政策，小微企业减半征收所得税标准提高到 30 万元。二是加强融资支持。印发《关于进一步促进中小企业信用担保机构健康发展的意见》；联合国家税务总局继续开展中小企业信用担保机构免征营业税工作；推动保险机构与担保机构合作，提高担保机构防范风险的能力。三是激发创新创业活力。印发《关于做好大众创业、万众创新工作的通知》，推动各地营造“双创”良好氛围；开展国家小微企业创业创新示范基地培育和认定；推进“互联网 + 小微企业”，推动小微企业信息化和公共服务网络化；实施中小企业知识产权战略推进工程。四是完善公共服务体系。实施中小企业公共服务平台网络建设工程，截至 2015 年第三季度，共有 895 个平台参与了平台网络建设，带动社会各类服务机构 7.51 万个，服务企业 183.58 万家（次）。

【减轻企业负担工作】 推动国务院减轻企业负担联席会议出台《关于做好 2015 年减轻企业负担工作的通知》，全面实施涉企收费目录清单管理，落实收费减免政策，完善清单公示制度，清理规范行业协会收费和涉及垄断强制的经营服务收费，加强涉企收费监管，坚决取缔各种违规收费项目。目前，全国和各地区涉企行政事业性收费和政府性基金清单均已公布，其中全国政府性基金 25 项，涉企行政事业性收费 75 项，各省区市涉企行政事业性收费不超过 22 项。同时，中央和各地区行政审批前置服务收费项目均已梳理完毕，其中中央部门共 400 多项，拟在分批取消基础上公布保留的项目清单，其中第一批已取消 89 项。开展全国减轻企业负担专项督查，就实施涉企收费清单制度和清理规范涉企收费工作逐项进行检查，推动各地区各部门工作落实。对 4 个违规收费典型案件在全国范围内给予通报批评，并在媒体上进行曝光，引起社会高度关注。举办全国减轻企业负担政策宣传周活动，营造全社会关心支持企业减负的舆论氛围。

【现行有效规范性文件的组织梳理公布】 组织对 2008 年工业和信息化部组建以来印发的 483 件文件进行认真研究、梳理把关。7 月 28 日，工业和信息化部第 53 号公告公布 239 件规范性文件目录，其中现行有效 231 件，决定废止 8 件。

【不利于民间资本投资规定的组织清理】 根据国务院法制办和工业和信息化部等10部门关于清理不利于民间资本投资规定的工作部署，组织对不利于民间资本投资的规定进行梳理，并于7月完成清理工作。12月，会同国务院法制办向国务院报送清理工作报告。

法治建设

【立法工作】 一方面推进法律法规立法。《无线电管理条例（修订）》取得突破性进展，立法审查工作全面完成并报请国务院审议。推动《电信法》列入国家相关立法计划，组织修改完善《电信法（草案）》。配合做好《中小企业促进法（修订）》《电子签名法（修订）》《刑法修正案（九）》等立法工作。另一方面组织做好规章制定工作。提请部务会议审议通过《通信短信息服务管理规定》和《电器电子产品有害物质限制使用管理办法》等部门规章。

【规章修改】 根据党中央、国务院有关改革决策部署，工业和信息化部及时组织清理了相关的部门规章。在2014年废止和修改7件规章的基础上，2015年4月29日，工业和信息化部公布《工业和信息化部关于修改部分规章的决定》（第29号令），修改《电子认证服务管理办法》中的部分条款。主要修改内容包括：按照有关注册资本认缴登记制的要求，将第六条关于申请电子认证服务许可应当提交“资金证明（经依法审计的近三年的财务会计报告，新成立公司的验资报告）”的规定，修改为“企业法人营业执照副本及复印件”。同时，按照国家关于工商登记前置审批事项改为后置审批的有关要求，修改了第十一条、第十三条和第二十三条关于电子认证服务许可作为工商登记前置审批的相关规定，取消变更公司类型、出资时间等事项应当在公司变更登记前报工业和信息化部同意等要求。

【行政审批制度改革】 一是简政放权，进一步加大行政审批改革力度。2015年继续取消、下放和调整5项行政审批项目，取消下放行政审批事项占原有审批事项的46.4%。彻底取消非行政许可审批事项，全面清理中央指定地方实施的行政审批事项，完成工商登记“先照后证”改革相关工作，清理并取消5项行政审批前置中介服务事项。二是完善制度，规范和改进行政审批行为。出台《行政审批事项服务指南》《行政审批事项审查工作细则》，制定《行政审批事项受理单文书示范文本》，以制度化、标准化促进规范化；制定“一个窗口”受理“三步走”工作方案并推动实施；组织开展相关国务院文件清理工作。三是注重服务，探索事中事后监管。按照简政放权、放管结合、优化服务的要求，制定了《工业和信息化部关于深化行政审批制度改革加强事中事后监管的指导意见》，对取消的行政审批事项提出后续管理措施；推动在部门户网站公布行政许可结果、服务指南、咨询和投诉电话等，更好服务行政相对人。清理规范行政审批中介服务事项。

［撰稿：王群峰　孙华庆　审稿：郭秀明］

关于促进云计算创新发展培育信息产业新业态的意见

国发〔2015〕5 号

各省、自治区、直辖市人民政府，国务院各部委、各直属机构：

云计算是推动信息技术能力实现按需供给、促进信息技术和数据资源充分利用的全新业态，是信息化发展的重大变革和必然趋势。发展云计算，有利于分享信息知识和创新资源，降低全社会创业成本，培育形成新产业和新消费热点，对稳增长、调结构、惠民生和建设创新型国家具有重要意义。当前，全球云计算处于发展初期，我国面临难得的机遇，但也存在服务能力较薄弱、核心技术差距较大、信息资源开放共享不够、信息安全挑战突出等问题，重建设轻应用、数据中心无序发展苗头初步显现。为促进我国云计算创新发展，积极培育信息产业新业态，现提出以下意见。

一、指导思想、基本原则和发展目标

（一）指导思想。

适应推进新型工业化、信息化、城镇化、农业现代化和国家治理能力现代化的需要，以全面深化改革为动力，以提升能力、深化应用为主线，完善发展环境，培育骨干企业，创新服务模式，扩展应用领域，强化技术支撑，保障信息安全，优化设施布局，促进云计算创新发展，培育信息产业新业态，使信息资源得到高效利用，为促进创业兴业、释放创新活力提供有力支持，为经济社会持续健康发展注入新的动力。

（二）基本原则。

市场主导。发挥市场在资源配置中的决定性作用，完善市场准入制度，减少行政干预，鼓励企业根据市场需求丰富服务种类，提升服务能力，对接应用市场。建立公平开放透明的市场规则，完善监管政策，维护良好市场秩序。

统筹协调。以需求为牵引，加强分类指导，推进重点领域的应用、服务和产品协同发展。引导地方根据实际需求合理确定云计算发展定位，避免政府资金盲目投资建设数据中心和相关园区。加强信息技术资源整合，避免行业信息化系统成为信息孤岛。优化云计算基础设施布局，促进区域协调发展。

创新驱动。以企业为主体，加强产学研用合作，强化云计算关键技术和服务模式创新，提升自主创新能力。积极探索加强国际合作，推动云计算开放式创新和国际化发展。加强管理创新，鼓励新业态发展。

保障安全。在现有信息安全保障体系基础上，结合云计算特点完善相关信息安全制度，强化安全管理和数据隐私保护，增强安全技术支撑和服务能力，建立健全安全防护体系，切实保障云计算信息安全。充分运用云计算的大数据处理能力，带动相关安全技术和服务发展。

（三）发展目标。

到 2017 年，云计算在重点领域的应用得到深化，产业链条基本健全，初步形成安全保障有力，服务创新、技术创新和管理创新协同推进的云计算发展格局，带动相关产业快速发展。

服务能力大幅提升。形成若干具有较强创新能力的公共云计算骨干服务企业。面向中小微企业和个人的云计算服务种类丰富，实现规模化运营。云计算系统集成能力显著提升。

创新能力明显增强。增强原始创新和基础创新能力，突破云计算平台软件、艾字节（EB，约为 2^{60} 字节）级云存储系统、大数据挖掘分析等一批关键技术与产品，云计算技术接近国际先进水平，云计算标准体系基本建立。服务创新对技术创新的带动作用显著增强，产学研用协同发展水平大幅提高。

应用示范成效显著。在社会效益明显、产业带动性强、示范作用突出的若干重点领域推动公共数据开放、信息技术资源整合和政府采购服务改革，充分利用公共云计算服务资源开展百项云计算和大数据应用示范工程，在降低创业门槛、服务民生、培育新业态、探索电子政务建设新模式等方面取得积极成效，政府自建数据中心数量减少5%以上。

基础设施不断优化。云计算数据中心区域布局初步优化，新建大型云计算数据中心能源利用效率（PUE）值优于1.5。宽带发展政策环境逐步完善，初步建成满足云计算发展需求的宽带网络基础设施。

安全保障基本健全。初步建立适应云计算发展需求的信息安全监管制度和标准规范体系，云计算安全关键技术产品的产业化水平和网络安全防护能力明显提升，云计算发展环境更加安全可靠。

到2020年，云计算应用基本普及，云计算服务能力达到国际先进水平，掌握云计算关键技术，形成若干具有较强国际竞争力的云计算骨干企业。云计算信息安全监管体系和法规体系健全。大数据挖掘分析能力显著提升。云计算成为我国信息化重要形态和建设网络强国的重要支撑，推动经济社会各领域信息化水平大幅提高。

二、主要任务

（一）增强云计算服务能力。

大力发展公共云计算服务，实施云计算工程，支持信息技术企业加快向云计算产品和服务提供商转型。大力发展计算、存储资源租用和应用软件开发部署平台服务，以及企业经营管理、研发设计等在线应用服务，降低企业信息化门槛和创新成本，支持中小微企业发展和创业活动。积极发展基于云计算的个人信息存储、在线工具、学习娱乐等服务，培育信息消费。发展安全可信的云计算外包服务，推动政府业务外包。支持云计算与物联网、移动互联网、互联网金融、电子商务等技术和服务的融合发展与创新应用，积极培育新业态、新模式。鼓励大企业开放平台资源，打造协作共赢的云计算服务生态环境。引导专有云有序发展，鼓励企业创新信息化建设思路，在充分利用公共云计算服务资源的基础上，立足自身需求，利用安全可靠的专有云解决方案，整合信息资源，优化业务流程，提升经营管理水平。大力发展面向云计算的信息系统规划咨询、方案设计、系统集成和测试评估等服务。

（二）提升云计算自主创新能力。

加强云计算相关基础研究、应用研究、技术研发、市场培育和产业政策的紧密衔接与统筹协调。发挥企业创新主体作用，以服务创新带动技术创新，增强原始创新能力，着力突破云计算平台大规模资源管理与调度、运行监控与安全保障、艾字节级数据存储与处理、大数据挖掘分析等关键技术，提高相关软硬件产品研发及产业化水平。加强核心电子器件、高端通用芯片及基础软件产品等科技专项成果与云计算产业需求对接，积极推动安全可靠的云计算产品和解决方案在各领域的应用。充分整合利用国内外创新资源，加强云计算相关技术研发实验室、工程中心和企业技术中心建设。建立产业创新联盟，发挥骨干企业的引领作用，培育一批特色鲜明的创新型中小企业，健全产业生态系统。完善云计算公共支撑体系，加强知识产权保护利用、标准制定和相关评估测评等工作，促进协同创新。

（三）探索电子政务云计算发展新模式。

鼓励应用云计算技术整合改造现有电子政务信息系统，实现各领域政务信息系统整体部署和共建共用，大幅减少政府自建数据中心的数量。新建电子政务系统须经严格论证并按程序进行审批。政府部门要加大采购云计算服务的力度，积极开展试点示范，探索基于云计算的政务信息化建设运行新机制，推动政务信息资源共享和业务协同，促进简政放权，加强事中事后监管，为云计算创造更大市场空间，带动云计算产业快速发展。

（四）加强大数据开发与利用。

充分发挥云计算对数据资源的集聚作用，实现数据资源的融合共享，推动大数据挖掘、分析、应用和服务。开展公共数据开放利用改革试点，出台政府机构数据开放管理规定，在保障信息安全和个人隐私的前提下，积极探索地理、人口、知识产权及其他有关管理机构数据资源向社会开放，推动政府部门间数据共享，提升社会管理和公共服务能力。重点在公共安全、疾病防治、灾害预防、就业和社会保障、交通物流、教育科研、电子商务等领域，开展基于云计算的大数据应用示范，支持政府机构和企业创新大数据服务模式。充分发挥云计算、大数据在智慧城市建设中的服务支撑作用，加强推广应用，挖掘市场潜力，服务城市经济社会发展。

（五）统筹布局云计算基础设施。

加强全国数据中心建设的统筹规划，引导大型云计算数据中心优先在能源充足、气候适宜、自然灾害较少的地区部署，以实时应用为主的中小型数据中心在靠近用户所在地、电力保障稳定的地区灵活部署。地方政府和有关企业要合理确定云计算发展定位，杜绝盲目建设数据中心和相关园区。加快推进实施“宽带中国”战略，结合云计算发展布局优化网络结构，加快网络基础设施建设升级，优化互联网网间互联架构，提升互联互通质量，降低带宽租费水平。支持采用可再生能源和节能减排技术建设绿色云计算中心。

（六）提升安全保障能力。

研究完善云计算和大数据环境下个人和企业信息保护、网络信息安全相关法规与制度，制定信息收集、存储、转移、删除、跨境流动等管理规则，加快信息安全立法进程。加强云计算服务网络安全防护管理，加大云计算服务安全评估力度，建立完善党政机关云计算服务安全管理制度。落实国家信息安全等级保护制度，开展定级备案和测评等工作。完善云计算安全态势感知、安全事件预警预防及应急处置机制，加强对党政机关和金融、交通、能源等重要信息系统的安全评估和监测。支持云计算安全软硬件技术产品的研发生产、试点示范和推广应用，加快云计算安全专业化服务队伍建设。

三、保障措施

（一）完善市场环境。

修订电信业务分类目录，完善云计算服务市场准入制度，支持符合条件的云计算服务企业申请相关业务经营资质。研究支持大规模云计算服务的网络政策。支持第三方机构开展云计算服务质量、可信度和网络安全等评估测评工作。引导云计算服务企业加强内部管理，提升服务质量和诚信水平，逐步建立云计算信任体系。加强互联网骨干网互联互通监管和技术支撑手段建设，调整网间互联结算政策，保障网间互联高效畅通。对符合布局原则和能耗标准的云计算数据中心，支持其参加直供电试点，满足大工业用电条件的可执行大工业电价，并在网络、市政配套等方面给予保障，优先安排用地。引导国有企业运用云计算技术提升经营管理水平，推广应用安全可靠的云计算产品和解决方案。

（二）建立健全相关法规制度。

落实《全国人民代表大会常务委员会关于加强网络信息保护的决定》和《中华人民共和国政府信息公开条例》，完善互联网信息服务管理办法，加快制定信息网络安全、个人信息保护等法律法规，出台政府和重要行业采购使用云计算服务相关规定，明确相关管理部门和云计算服务企业的安全管理责任，规范云计算服务商与用户的责权利关系。

（三）加大财税政策扶持力度。

按照深化中央财政科技计划（专项、基金等）管理改革的要求，充分发挥国家科技计划、科技重大专项的作用，采取无偿资助、后补助等多种方式加大政府资金支持力度，引导社会投资，支持云计算关键技术研发及产业化。支持实施云计算工程，继续推进云计算服务创新试点示范工作，及时总结推广试点经验。创新政府信息系统建设和运营经费管理方式，完善政府采购云计算服务的配套政策，发展基于云计算的政府信息技术服务外包业务。将云计算企业纳入软件企业、国家规划布局内重点软件企业、高新技术企业和技术先进型服务企业的认定范畴，符合条件的按规定享受相关税收优惠政策。

（四）完善投融资政策。

引导设立一批云计算创业投资基金。加快建立包括财政出资和社会资金投入在内的多层次担保体系，加大对云计算企业的融资担保支持力度。推动金融机构对技术先进、带动支撑作用强的重大云计算项目给予信贷支持。积极支持符合条件的云计算企业在资本市场直接融资。

（五）建立健全标准规范体系。

按照“急用先行、成熟先上、重点突破”原则，加快推进云计算标准体系建设，制定云计算服务质量、安全、计量、互操作、应用迁移，云计算数据中心建设与评估，以及虚拟化、数据存储和管理、弹性计算、平台接口等方面标准，研究制定基于云计算平台的业务和数据安全、涉密信息系统保密技术防护和管理、违法信息技术管控等标准。

（六）加强人才队伍建设。

鼓励普通高校、职业院校、科研院所与企业联合培养云计算相关人才，加强学校教育与产业发展的有效衔接，为云计算发展提供高水平智力支持。完善激励机制，造就一批云计算领军人才和技术带头人。充分利用现有人才引进计划，引进国际云计算领域高端人才。对作出突出贡献的云计算人才，可按国家有关规定给予表彰奖励，在职称评定、落户政策等方面予以优先安排。支持企业和教育机构开展云计算应用人才培训。

（七）积极开展国际合作。

支持云计算企业通过海外并购、联合经营、在境外部署云计算数据中心和设立研发机构等方式，积极开拓国际市场，促进基于云计算的服务贸易发展。加强国内外企业的研发合作，引导外商按有关规定投资我国云计算相关产业。鼓励国内企业和行业组织参与制定云计算国际标准。

各地区、各部门要高度重视云计算发展工作，按照本意见提出的要求和任务，认真抓好贯彻落实，出台配套政策措施，突出抓手，重点突破，着力加强政府云计算应用的统筹推进等工作。国务院有关部门要加强协调配合，建立完善工作机制，做好与国家网络安全和信息化发展战略及相关政策的衔接，加强组织实施，形成推进合力。发展改革委、工业和信息化部、科技部、财政部、网信办要会同有关部门，加强对云计算发展的跟踪分析，推动各项任务分工的细化落实。

国务院

2015 年 1 月 6 日

（本文有删减）

关于印发《互联网危险物品信息发布管理规定》的通知

公通字〔2015〕5 号

各省、自治区、直辖市公安厅（局）、互联网信息办、工业和信息化厅、通信管理局、环境保护厅（局）、工商行政管理局、安全生产监督管理局，新疆生产建设兵团公安局、互联网信息办、工业和信息化局、环境保护局、工商行政管理局、安全生产监督管理局：

为进一步加强对互联网危险物品信息的管理，规范危险物品从业单位信息发布行为，依法查处、打击涉及危险物品违法犯罪活动，净化网络环境，保障公共安全，公安部、国家互联网信息办公室、工业和信息化部、环境保护部、国家工商行政管理总局、国家安全生产监督管理总局联合制定了《互联网危险物品信息发布管理规定》，现印发给你们，请结合本地实际，认真贯彻执行。

公安部

国家互联网信息办公室

工业和信息化部

环境保护部

国家工商行政管理总局

国家安全生产监督管理总局

2015 年 2 月 5 日

互联网危险物品信息发布管理规定

第一条 为进一步加强对互联网危险物品信息的管理，规范危险物品从业单位信息发布行为，依法查处、打击涉及危险物品的违法犯罪活动，净化网络环境，保障公共安全，根据《全国人大常委会关于加强网络信息保护的决定》、《全国人大常委会关于维护互联网安全的决定》、《广告法》、《枪支管理法》、《放射性污染防治法》和《民用爆炸物品安全管理条例》、《烟花爆竹安全管理条例》、《危险化学品安全管理条例》、《放射性同位素与射线装置安全和防护条例》、《核材料管制条例》、《互联网信息服务管理办法》等法律、法规和规章，制定本规定。

第二条 本规定所称危险物品，是指枪支弹药、爆炸物品、剧毒化学品、易制爆危险化学品和其他危险化学品、放射性物品、核材料、管制器具等能够危及人身安全和财产安全的物品。

第三条 本规定所称危险物品从业单位，是指依法取得危险物品生产、经营、使用资质的单位以及从事危险物品相关工作的教学、科研、社会团体、中介机构等单位。具体包括：

（一）经公安机关核发《民用枪支（弹药）制造许可证》、《民用枪支（弹药）配售许可证》的民用枪支、弹药制造、配售企业；

（二）经民用爆炸物品行业主管部门核发《民用爆炸物品生产许可证》、《民用爆炸物品销售许可证》的民用爆炸物品生产、销售企业，经公安机关核发《爆破作业单位许可证》的爆破作业单位；

（三）经安全生产监督管理部门核发《烟花爆竹安全生产许可证》、《烟花爆竹经营（批发）许可证》、《烟花爆竹经营（零售）许可证》的烟花爆竹生产、经营单位；

（四）经安全生产监督管理部门核发《危险化学品安全生产许可证》、《危险化学品经营许可证》、《危险化学品安全使用许可证》的危险化学品生产、经营、使用单位；

（五）经环境保护主管部门核发《辐射安全许可证》的生产、销售、使用放射性同位素和射线装置单位；

（六）经国务院核材料管理部门核发《核材料许可证》的核材料持有、使用、生产、储存、运输和处置单位；

（七）经公安机关批准的弩制造企业、营业性射击场，经公安机关登记备案的管制刀具制造、销售单位；

（八）从事危险物品教学、科研、服务的高等院校、科研院所、社会团体、中介机构和技术服务企业；

（九）法律、法规规定的其他危险物品从业单位。

第四条 本规定所称危险物品信息，是指在互联网上发布的危险物品生产、经营、储存、使用信息，包括危险物品种类、性能、用途和危险物品专业服务等相关信息。

第五条 危险物品从业单位从事互联网信息服务的，应当按照《互联网信息服务管理办法》规定，向电信主管部门申请办理互联网信息服务增值电信业务经营许可或者办理非经营性互联网信息服务备案手续，并按照《计算机信息网络国际联网安全保护管理办法》规定，持从事危险物品活动的合法资质材料到所在地县级以上人民政府公安机关接受网站安全检查。

第六条 危险物品从业单位依法取得互联网信息服务增值电信业务经营许可或者办理非经营性互联网信息服务备案手续后，可以在本单位网站发布危险物品信息。

禁止个人在互联网上发布危险物品信息。

第七条 接入服务提供者应当与危险物品从业单位签订协议或者确认提供服务，不得为未取得增值电信业务许可或者未办理非经营性互联网信息服务备案手续的危险物品从业单位提供接入服务。

接入服务提供者不得为危险物品从业单位以外的任何单位或者个人提供危险物品信息发布网站接入服务。

第八条 危险物品从业单位应当在本单位网站主页显著位置标明可供查询的互联网信息服务经营许可证编号或者备案编号、从事危险物品活动的合法资质和营业执照等材料。

第九条 危险物品从业单位应当在本单位网站网页显著位置标明单位、个人购买相关危险物品应当具备的资质、资格条件：

（一）购买民用枪支、弹药应当持有省级或者设区的市级人民政府公安机关核发的《民用枪支（弹药）配购证》。

（二）购买民用爆炸物品应当持有国务院民用爆炸物品行业主管部门核发的《民用爆炸物品生产许可证》，或者省级人民政府民用爆炸物品行业主管部门核发的《民用爆炸物品销售许可证》，或者所在地县级人民政府公安机关核发的《民用爆炸物品购买许可证》。

（三）购买烟花爆竹的，批发企业应当持有安全生产监督管理部门核发的《烟花爆竹经营（批发）许可证》；零售单位应当持有安全生产监督管理部门核发的《烟花爆竹经营（零售）许可证》；举办焰火晚会以及其他大型焰火燃放活动的应当持有公安机关核发的《焰火燃放许可证》；个人消费者应当向持有安全生产监督管理部门核发的《烟花爆竹经营（零售）许可证》的零售单位购买。批发企业向烟花爆竹生产企业采购烟花爆竹；零售经营者向烟花爆竹批发企业采购烟花爆竹。严禁零售单位和个人购买专业燃放类烟花爆竹。

（四）购买剧毒化学品应当持有安全生产监督管理部门核发的《危险化学品安全生产许可证》，或者设区的市级人民政府安全生产监督管理部门核发的《危险化学品经营许可证》或者《危险化学品安全使用许可证》，或者县级人民政府公安机关核发的《剧毒化学品购买许可证》。

购买易制爆危险化学品应当持有安全生产监督管理部门核发的《危险化学品安全生产许可证》，或者工业和信息化部核发的《民用爆炸物品生产许可证》，或者设区的市级人民政府安全生产监督管理部门核发的《危险化学品经营许可证》或者《危险化学品安全使用许可证》，或者本单位出具的合法用途证明。

（五）购买放射性同位素的单位应当持有环境保护主管部门核发的《辐射安全许可证》。

（六）购买核材料的单位应当持有国务院核材料管理部门核发的《核材料许可证》。

（七）购买弩应当持有省级人民政府公安机关批准使用的许可文件。

（八）购买匕首、三棱刮刀应当持有所在单位的批准文件或者证明，且匕首仅限于军人、警察、专业狩猎人员和地质、勘探等野外作业人员购买，三棱刮刀仅限于机械加工单位购买。

（九）法律、法规和相关管理部门的其他规定。

第十条 禁止危险物品从业单位在本单位网站以外的互联网应用服务中发布危险物品信息及建立相关链接。

危险物品从业单位发布的危险物品信息不得包含诱导非法购销危险物品行为的内容。

第十一条 禁止任何单位和个人在互联网上发布危险物品制造方法的信息。

第十二条 网络服务提供者应当加强对接入网站及用户发布信息的管理，定期对发布信息进行巡查，对法律、法规和本规定禁止发布或者传输的危险物品信息，应当立即停止传输，采取消除等处置措施，保存有关记录，并向公安机关等主管部门报告。

第十三条 各级公安、网信、工业和信息化、电信主管、环境保护、工商行政管理、安全监管等部门在各自的职责范围内依法履行职责，完善危险物品从业单位许可、登记备案、信息情况通报和信息发布机制，加强协作配合，共同防范危险物品信息发布的违法犯罪行为。

第十四条 违反规定制作、复制、发布、传播含有危险物品内容的信息，或者故意为制作、复制、发布、传播违法违规危险物品信息提供服务的，依法给予停止联网、停机整顿、吊销许可证或者取消备案、暂时关闭网站直至关闭网站等处罚；构成违反治安管理行为的，依法给予治安管理处罚；构成犯罪的，依法追究刑事责任。

第十五条 任何组织和个人对在互联网上违法违规发布危险物品信息和利用互联网从事走私、贩卖危险物品的违法犯罪行为，有权向有关主管部门举报。接到举报的部门应当依法及时处理，并对举报有功人员予以奖励。

第十六条 本规定自2015年3月1日起执行。

关于进一步鼓励集成电路产业发展企业所得税政策的通知

财税〔2015〕6号

各省、自治区、直辖市、计划单列市财政厅（局）、国家税务局、地方税务局、发展改革委、工业和信息化主管部门：

根据《中华人民共和国企业所得税法》及其实施条例和《国务院关于印发进一步鼓励软件产业和集成电路产业发展若干政策的通知》（国发〔2011〕4号）、《国家集成电路产业发展推进纲要》精神，为进一步推动科技创新和产业结构升级，促进信息技术产业发展，现将进一步鼓励集成电路产业发展的企业所得税政策通知如下：

一、符合条件的集成电路封装、测试企业以及集成电路关键专用材料生产企业、集成电路专用设备生产企业，在2017年（含2017年）前实现获利的，自获利年度起，第一年至第二年免征企业所得税，第三年至第五年按照25%的法定税率减半征收企业所得税，并享受至期满为止；2017年前未实现获利的，自2017年起计算优惠期，享受至期满为止。

二、本通知所称符合条件的集成电路封装、测试企业，必须同时满足以下条件：

1. 2014年1月1日后依法在中国境内成立的法人企业；

2. 签订劳动合同关系且具有大学专科以上学历的职工人数占企业当年月平均职工总人数的比例不低于40%，其中，研究开发人员占企业当年月平均职工总数的比例不低于20%；

3. 拥有核心关键技术，并以此为基础开展经营活动，且当年度的研究开发费用总额占企业销售（营业）收入（主营业务收入与其他业务收入之和，下同）总额的比例不低于3.5%，其中，企业在中国境内发生的研究开发费用金额占研究开发费用总额的比例不低于60%；

4. 集成电路封装、测试销售（营业）收入占企业收入总额的比例不低于60%；

5. 具有保证产品生产的手段和能力，并获得有关资质认证（包括ISO质量体系认证、人力资源能力认证等）；

6. 具有与集成电路封装、测试相适应的经营场所、软硬件设施等基本条件。

三、本通知所称符合条件的集成电路关键专用材料生产企业或集成电路专用设备生产企业，必须同时满足以下条件：

1. 2014年1月1日后依法在中国境内成立的法人企业；

2. 签订劳动合同关系且具有大学专科以上学历的职工人数占企业当年月平均职工总人数的比例不低于40%，其中，研究开发人员占企业当年月平均职工总数的比例不低于20%；

3. 拥有核心关键技术，并以此为基础开展经营活动，且当年度的研究开发费用总额占企业销售（营业）收入总额的比例不低于5%，其中，企业在中国境内发生的研究开发费用金额占研究开发费用总额的比例不低于60%；

4. 集成电路关键专用材料或专用设备销售收入占企业销售（营业）收入总额的比例不低于30%；

5. 具有保证集成电路关键专用材料或专用设备产品生产的手段和能力，并获得有关资质认证（包括ISO质量体系认证、人力资源能力认证等）；

6. 具有与集成电路关键专用材料或专用设备生产相适应的经营场所、软硬件设施等基本条件。

集成电路关键专用材料或专用设备的范围，分别按照《集成电路关键专用材料企业所得税优惠目录》（附件1）、《集成电路专用设备企业所得税优惠目录》（附件2）的规定执行。

四、符合本通知规定条件的企业，应在年度终了之日起4个月内，按照本通知及企业所得税相关税收优惠政策管理的规定，凭省级相关部门出具的证明向主管税务机关办理减免税手续。

省级相关部门证明出具办法，由各省（自治区、直辖市、计划单列市）发展改革委、工业和信息化主管部门会同财政、税务等部门研究确定。

五、享受上述税收优惠的企业有下述情况之一的，应取消其享受税收优惠的资格，并补缴存在以下行为所属年度已减免的企业所得税税款：

1. 在申请认定过程中提供虚假信息的；

2. 有偷、骗税等行为的；

3. 发生重大安全、质量事故的；

4. 有环境等违法、违规行为，受到有关部门处罚的。

六、享受税收优惠的企业，其税收优惠条件发生变化的，应当自发生变化之日起15日内向主管税务机关报告；不再符合税收优惠条件的，应当依法履行纳税义务；未依法纳税的，主管税务机关应当予以追缴。同时，主管税务机关在执行税收优惠政策过程中，发现企业不符合享受税收优惠条件的，可暂停企业享受的相关税收优惠，并提请相关部门进行有关条件复核。

七、集成电路封装、测试企业以及集成电路关键专用材料生产企业、集成电路专用设备生产企业等依照本通知规定可以享受的企业所得税优惠政策与其他定期减免税优惠政策存在交叉的，由企业选择一项最优惠政策执行，不叠加享受。

八、本通知自2014年1月1日起执行。

附件：1. 集成电路关键专用材料企业所得税优惠目录（略）

2. 集成电路专用设备企业所得税优惠目录（略）

财政部

国家税务总局

国家发展和改革委员会

工业和信息化部

2015年2月9日

关于大力发展电子商务加快培育经济新动力的意见

国发〔2015〕24号

各省、自治区、直辖市人民政府，国务院各部委、各直属机构：

近年来我国电子商务发展迅猛，不仅创造了新的消费需求，引发了新的投资热潮，开辟了就业增收新渠道，为大众创业、万众创新提供了新空间，而且电子商务正加速与制造业融合，推动服务业转型升级，催生新兴业态，成为提供公共产品、公共服务的新力量，成为经济发展新的原动力。与此同时，电子商务发展面临管理方式不适应、诚信体系不健全、市场秩序不规范等问题，亟需采取措施予以解决。当前，我国已进入全面建成小康社会的决定性阶段，为减少束缚电子商务发展的机制体制障碍，进一步发挥电子商务在培育经济新动力，打造"双引擎"、实现"双目标"等方面的重要作用，现提出以下意见：

一、指导思想、基本原则和主要目标

（一）指导思想。全面贯彻党的十八大和十八届二中、三中、四中全会精神，按照党中央、国务院决策部署，坚持依靠改革推动科学发展，主动适应和引领经济发展新常态，着力解决电子商务发展中的深层次矛盾和重大问题，大力推进政策创新、管理创新和服务创新，加快建立开放、规范、诚信、安全的电子商务发展环境，进一步激发电子商务创新动力、创造潜力、创业活力，加速推动经济结构战略性调整，实现经济提质增效升级。

（二）基本原则。一是积极推动。主动作为、支持发展。积极协调解决电子商务发展中的各种矛盾与问题。在政府资源开放、网络安全保障、投融资支持、基础设施和诚信体系建设等方面加大服务力度。推进电子商务企业税费合理化，减轻企业负担。进一步释放电子商务发展潜力，提升电子商务创新发展水平。二是逐步规范。简政放权、放管结合。法无禁止的市场主体即可为，法未授权的政府部门不能为，最大限度减少对电子商务市场的行政干预。在放宽市场准入的同时，要在发展中逐步规范市场秩序，营造公平竞争的创业发展环境，进一步激发社会创业活力，拓宽电子商务创新发展领域。三是加强引导。把握趋势、因势利导。加强对电子商务发展中前瞻性、苗头性、倾向性问题的研究，及时在商业模式创新、关键技术研发、国际市场开拓等方面加大对企业的支持引导力度，引领电子商务向打造"双引擎"、实现"双目标"发展，进一步增强企业的创新动力，加速电子商务创新发展步伐。

（三）主要目标。到2020年，统一开放、竞争有序、诚信守法、安全可靠的电子商务大市场基本建成。电子商务与其他产业深度融合，成为促进创业、稳定就业、改善民生服务的重要平台，对工业化、信息化、城镇化、农业现代化同步发展起到关键性作用。

二、营造宽松发展环境

（四）降低准入门槛。全面清理电子商务领域现有前置审批事项，无法律法规依据的一律取消，严禁违法设定行政许可、增加行政许可条件和程序。（国务院审改办，有关部门按职责分工分别负责）进一步简化注册资本登记，深入推进电子商务领域由“先证后照”改为“先照后证”改革。（工商总局、中央编办）落实《注册资本登记制度改革方案》，放宽电子商务市场主体住所（经营场所）登记条件，完善相关管理措施。（省级人民政府）推进对快递企业设立非法人快递末端网点实施备案制管理。（邮政局）简化境内电子商务企业海外上市审批流程，鼓励电子商务领域的跨境人民币直接投资。（发展改革委、商务部、外汇局、证监会、人民银行）放开外商投资电子商务业务的外方持股比例限制。（工业和信息化部、发展改革委、商务部）探索建立能源、铁路、公共事业等行业电子商务服务的市场化机制。（有关部门按职责分工分别负责）

（五）合理降税减负。从事电子商务活动的企业，经认定为高新技术企业的，依法享受高新技术企业相关优惠政策，小微企业依法享受税收优惠政策。（科技部、财政部、税务总局）加快推进“营改增”，逐步将旅游电子商务、生活服务类电子商务等相关行业纳入“营改增”范围。（财政部、税务总局）

（六）加大金融服务支持。建立健全适应电子商务发展的多元化、多渠道投融资机制。（有关部门按职责分工分别负责）研究鼓励符合条件的互联网企业在境内上市等相关政策。（证监会）支持商业银行、担保存货管理机构及电子商务企业开展无形资产、动产质押等多种形式的融资服务。鼓励商业银行、商业保理机构、电子商务企业开展供应链金融、商业保理服务，进一步拓展电子商务企业融资渠道。（人民银行、商务部）引导和推动创业投资基金，加大对电子商务初创企业的支持。（发展改革委）

（七）维护公平竞争。规范电子商务市场竞争行为，促进建立开放、公平、健康的电子商务市场竞争秩序。研究制定电子商务产品质量监督管理办法，探索建立风险监测、网上抽查、源头追溯、属地查处的电子商务产品质量监督机制，完善部门间、区域间监管信息共享和职能衔接机制。依法打击网络虚假宣传、生产销售假冒伪劣产品、违反国家出口管制法规政策跨境销售两用品和技术、不正当竞争等违法行为，组织开展电子商务产品质量提升行动，促进合法、诚信经营。（工商总局、质检总局、公安部、商务部按职责分工分别负责）重点查处达成垄断协议和滥用市场支配地位的问题，通过经营者集中反垄断审查，防止排除、限制市场竞争的行为。（发展改革委、工商总局、商务部）加强电子商务领域知识产权保护，研究进一步加大网络商业方法领域发明专利保护力度。（工业和信息化部、商务部、海关总署、工商总局、新闻出版广电总局、知识产权局等部门按职责分工分别负责）进一步加大政府利用电子商务平台进行采购的力度。（财政部）各级政府部门不得通过行政命令指定为电子商务提供公共服务的供应商，不得滥用行政权力排除、限制电子商务的竞争。（有关部门按职责分工分别负责）

三、促进就业创业

（八）鼓励电子商务领域就业创业。把发展电子商务促进就业纳入各地就业发展规划和电子商务发展整体规划。建立电子商务就业和社会保障指标统计制度。经工商登记注册的网络商户从业人员，同等享受各项就业创业扶持政策。未进行工商登记注册的网络商户从业人员，可认定为灵活就业人员，享受灵活就业人员扶持政策，其中在网络平台实名注册、稳定经营且信誉良好的网络商户创业者，可按规定享受小额担保贷款及贴息政策。支持中小微企业应用电子商务、拓展业务领域，鼓励有条件的地区建设电子商务创业园区，指导各类创业孵化基地为电子商务创业人员提供场地支持和创业孵化服务。加强电子商务企业用工服务，完善电子商务人才供求信息对接机制。（人力资源社会保障部、工业和信息化部、商务部、统计局，地方各级人民政府）

（九）加强人才培养培训。支持学校、企业及社会组织合作办学，探索实训式电子商务人才培养与培训机制。推进国家电子商务专业技术人才知识更新工程，指导各类培训机构增加电子商务技能培训项目，支持电子商务企业开展岗前培训、技能提升培训和高技能人才培训，加快培养电子商务领域的高素质专门人才和技术技能人才。参加职业培训和职业技能鉴定的人员，以及组织职工培训的电子商务企业，可按规定享受职业培训补贴和职业技能鉴定补贴政策。鼓励有条件的职业院校、

社会培训机构和电子商务企业开展网络创业培训。（人力资源社会保障部、商务部、教育部、财政部）

（十）保障从业人员劳动权益。规范电子商务企业特别是网络商户劳动用工，经工商登记注册取得营业执照的，应与招用的劳动者依法签订劳动合同；未进行工商登记注册的，也可参照劳动合同法相关规定与劳动者签订民事协议，明确双方的权利、责任和义务。按规定将网络从业人员纳入各项社会保险，对未进行工商登记注册的网络商户，其从业人员可按灵活就业人员参保缴费办法参加社会保险。符合条件的就业困难人员和高校毕业生，可享受灵活就业人员社会保险补贴政策。长期雇用5人及以上的网络商户，可在工商注册地进行社会保险登记，参加企业职工的各项社会保险。满足统筹地区社会保险优惠政策条件的网络商户，可享受社会保险优惠政策。（人力资源社会保障部）

四、推动转型升级

（十一）创新服务民生方式。积极拓展信息消费新渠道，创新移动电子商务应用，支持面向城乡居民社区提供日常消费、家政服务、远程缴费、健康医疗等商业和综合服务的电子商务平台发展。加快推动传统媒体与新兴媒体深度融合，提升文化企业网络服务能力，支持文化产品电子商务平台发展，规范网络文化市场。支持教育、会展、咨询、广告、餐饮、娱乐等服务企业深化电子商务应用。（有关部门按职责分工分别负责）鼓励支持旅游景点、酒店等开展线上营销，规范发展在线旅游预订市场，推动旅游在线服务模式创新。（旅游局、工商总局）加快建立全国12315互联网平台，完善网上交易在线投诉及售后维权机制，研究制定7天无理由退货实施细则，促进网络购物消费健康快速发展。（工商总局）

（十二）推动传统商贸流通企业发展电子商务。鼓励有条件的大型零售企业开办网上商城，积极利用移动互联网、地理位置服务、大数据等信息技术提升流通效率和服务质量。支持中小零售企业与电子商务平台优势互补，加强服务资源整合，促进线上交易与线下交易融合互动。（商务部）推动各类专业市场建设网上市场，通过线上线下融合，加速向网络化市场转型，研究完善能源、化工、钢铁、林业等行业电子商务平台规范发展的相关措施。（有关部门按职责分工分别负责）制定完善互联网食品药品经营监督管理办法，规范食品、保健食品、药品、化妆品、医疗器械网络经营行为，加强互联网食品药品市场监测监管体系建设，推动医药电子商务发展。（食品药品监管总局、卫生计生委、商务部）

（十三）积极发展农村电子商务。加强互联网与农业农村融合发展，引入产业链、价值链、供应链等现代管理理念和方式，研究制定促进农村电子商务发展的意见，出台支持政策措施。（商务部、农业部）加强鲜活农产品标准体系、动植物检疫体系、安全追溯体系、质量保障与安全监管体系建设，大力发展农产品冷链基础设施。（质检总局、发展改革委、商务部、农业部、食品药品监管总局）开展电子商务进农村综合示范，推动信息进村入户，利用“万村千乡”市场网络改善农村地区电子商务服务环境。（商务部、农业部）建设地理标志产品技术标准体系和产品质量保证体系，支持利用电子商务平台宣传和销售地理标志产品，鼓励电子商务平台服务“一村一品”，促进品牌农产品走出去。鼓励农业生产资料企业发展电子商务。（农业部、质检总局、工商总局）支持林业电子商务发展，逐步建立林产品交易诚信体系、林产品和林权交易服务体系。（林业局）

（十四）创新工业生产组织方式。支持生产制造企业深化物联网、云计算、大数据、三维（3D）设计及打印等信息技术在生产制造各环节的应用，建立与客户电子商务系统对接的网络制造管理系统，提高加工订单的响应速度及柔性制造能力；面向网络消费者个性化需求，建立网络化经营管理模式，发展“以销定产”及“个性化定制”生产方式。（工业和信息化部、科技部、商务部）鼓励电子商务企业大力开展品牌经营，优化配置研发、设计、生产、物流等优势资源，满足网络消费者需求。（商务部、工商总局、质检总局）鼓励创意服务，探索建立生产性创新服务平台，面向初创企业及创意群体提供设计、测试、生产、融资、运营等创新创业服务。（工业和信息化部、科技部）

（十五）推广金融服务新工具。建设完善移动金融安全可信公共服务平台，制定相关应用服务的政策措施，推动金融机构、电信运营商、银行卡清算机构、支付机构、电子商务企业等加强合作，实现移动金融在电子商务领域的规模化应用；推广应用具有硬件数字证书、采用国家密码行政主管部门规定算法的移动智能终端，保障移动电子商务交易的安全性和真实性；制定在线支付标准规范和制度，提升电子商务在线支付的安全性，满足电子商务交易及公共服务领域金融服务需求；鼓励商业银行与电子商务企业开展多元化金融服务合作，提升电子商务服务质量和效率。（人民银行、密码局、国家标准委）

（十六）规范网络化金融服务新产品。鼓励证券、保险、公募基金等企业和机构依法进行网络化创新，完善互联网保险产品审核和信息披露制度，探索建立适应互联网证券、保险、公募基金产品销售等互联网金融活动的新型监管方式。（人民银行、证监会、保监会）规范保险业电子商务平台建设，研究制定电子商务涉及的信用保证保险的相关扶持政策，鼓励发展小微企业信贷信用保险、个人消费履约保证保险等新业务，扩大信用保险保单融资范围。完善在线旅游服务企业投保办法。（保监会、银监会、旅游局按职责分工分别负责）

五、完善物流基础设施

（十七）支持物流配送终端及智慧物流平台建设。推动跨地区跨行业的智慧物流信息平台建设，鼓励在法律规定范围内发展共同配送等物流配送组织新模式。（交通运输部、商务部、邮政局、发展改革委）支持物流（快递）配送站、智能快件箱等物流设施建设，鼓励社区物业、村级信息服务站（点）、便利店等提供快件派送服务。支持快递服务网络向农村地区延伸。（地方各级人民政府，商务部、邮政局、农业部按职责分工分别负责）推进电子商务与物流快递协同发展。（财政部、商务部、邮政局）鼓励学校、快递企业、第三方主体因地制宜加强合作，通过设置智能快件箱或快件收发室、委托校园邮政局所代为投递、建立共同配送站点等方式，促进快递进校园。（地方各级人民政府，邮政局、商务部、教育部）根据执法需求，研究推动被监管人员生活物资电子商务和智能配送。（司法部）有条件的城市应将配套建设物流（快递）配送站、智能终端设施纳入城市社区发展规划，鼓励电子商务企业和物流（快递）企业对网络购物商品包装物进行回收和循环利用。（有关部门按职责分工分别负责）

（十八）规范物流配送车辆管理。各地区要按照有关规定，推动城市配送车辆的标准化、专业化发展；制定并实施城市配送用汽车、电动三轮车等车辆管理办法，强化城市配送运力需求管理，保障配送车辆的便利通行；鼓励采用清洁能源车辆开展物流（快递）配送业务，支持充电、加气等设施建设；合理规划物流（快递）配送车辆通行路线和货物装卸搬运地点。对物流（快递）配送车辆采取通行证管理的城市，应明确管理部门、公开准入条件、引入社会监督。（地方各级人民政府）

（十九）合理布局物流仓储设施。完善仓储建设标准体系，鼓励现代化仓储设施建设，加强偏远地区仓储设施建设。（住房城乡建设部、公安部、发展改革委、商务部、林业局）各地区要在城乡规划中合理规划布局物流仓储用地，在土地利用总体规划和年度供地计划中合理安排仓储建设用地，引导社会资本进行仓储设施投资建设或再利用，严禁擅自改变物流仓储用地性质。（地方各级人民政府）鼓励物流（快递）企业发展“仓配一体化”服务。（商务部、邮政局）

六、提升对外开放水平

（二十）加强电子商务国际合作。积极发起或参与多双边或区域关于电子商务规则的谈判和交流合作，研究建立我国与国际认可组织的互认机制，依托我国认证认可制度和体系，完善电子商务企业和商品的合格评定机制，提升国际组织和机构对我国电子商务企业和商品认证结果的认可程度，力争国际电子商务规制制定的主动权和跨境电子商务发展的话语权。（商务部、质检总局）

（二十一）提升跨境电子商务通关效率。积极推进跨境电子商务通关、检验检疫、结汇、缴进口税等关键环节“单一窗口”综合服务体系建设，简化与完善跨境电子商务货物返修与退运通关流程，提高通关效率。（海关总署、财政部、税务总局、质检总局、外汇局）探索建立跨境电子商务货物负面清单、风险监测制度，完善跨境电子商务货物通关与检验检疫监管模式，建立跨境电子商务及相关物流企业诚信分类管理制度，防止疫病疫情传入、外来有害生物入侵和物种资源流失。（海关总署、质检总局按职责分工分别负责）大力支持中国（杭州）跨境电子商务综合试验区先行先试，尽快形成可复制、可推广的经验，加快在全国范围推广。（商务部、发展改革委）

（二十二）推动电子商务走出去。抓紧研究制定促进跨境电子商务发展的指导意见。（商务部、发展改革委、海关总署、工业和信息化部、财政部、人民银行、税务总局、工商总局、质检总局、外汇局）鼓励国家政策性银行在业务范围内加大对电子商务企业境外投资并购的贷款支持，研究制定针对电子商务企业境外上市的规范管理政策。（人民银行、证监会、商务部、发展改革委、工业和信息化部）简化电子商务企业境外直接投资外汇登记手续，拓宽其境外直接投资外汇登记及变更登记业务办理渠道。（外汇局）支持电子商务企业建立海外营销渠道，创立自有品牌。各驻外机构应加大对电子商务企业走出去的服务力度。进一步开放面向港澳台地区的电子商务市场，推动设立海峡两岸电子商务经济合作实验区。鼓励发展面向“一带一路”沿线国家的电子商务合作，扩大跨境电子商务综合试点，建立政府、企业、专家等各个层面的对话机制，发起和主导电子商务多边合作。（有关部门按职责分工分别负责）

七、构筑安全保障防线

（二十三）保障电子商务网络安全。电子商务企业要按照国家信息安全等级保护管理规范和技术标准相关要求，采用安全可控的信息设备和网络安全产品，建设完善网络安全防护体系、数据资源安全管理体系和网络安全应急处置体系，鼓励电子商务企业获得信息安全管理体系认证，提高自身信息安全管理水平。鼓励电子商务企业加强与网络安全专业服务机构、相关管理部门的合作，共享网络安全威胁预警信息，消除网络安全隐患，共同防范网络攻击破坏、窃取公民个人信息等违法犯罪活动。（公安部、国家认监委、工业和信息化部、密码局）

（二十四）确保电子商务交易安全。研究制定电子商务交易安全管理制度，明确电子商务交易各方的安全责任和义务。（工商总局、工业和信息化部、公安部）建立电子认证信任体系，促进电子认证机构数字证书交叉互认和数字证书应用的互联互通，推广数字证书在电子商务交易领域的应用。建立电子合同等电子交易凭证的规范管理机制，确保网络交易各方的合法权益。加强电子商务交易各方信息保护，保障电子商务消费者个人信息安全。（工业和信息化部、工商总局、密码局等有关部门按职责分工分别负责）

（二十五）预防和打击电子商务领域违法犯罪。电子商务企业要切实履行违禁品信息巡查清理、交易记录及日志留存、违法犯罪线索报告等责任和义务，加强对销售管制商品网络商户的资格审查和对异常交易、非法交易的监控，防范电子商务在线支付给违法犯罪活动提供洗钱等便利，并为打击网络违法犯罪提供技术支持。加强电子商务企业与相关管理部门的协作配合，建立跨机构合作机制，加大对制售假冒伪劣商品、网络盗窃、网络诈骗、网上非法交易等违法犯罪活动的打击力度。（公安部、工商总局、人民银行、银监会、工业和信息化部、商务部等有关部门按职责分工分别负责）

八、健全支撑体系

（二十六）健全法规标准体系。加快推进电子商务法立法进程，研究制定或适时修订相关法规，明确电子票据、电子合同、电子检验检疫报告和证书、各类电子交易凭证等的法律效力，作为处理相关业务的合法凭证。（有关部门按职责分工分别负责）制定适合电子商务特点的投诉管理制度，制定基于统一产品编码的电子商务交易产品质量信息发布规范，建立电子商务纠纷解决和产品质量担保责任机制。（工商总局、质检总局等部门按职责分工分别负责）逐步推行电子发票和电子会计档案，完善相关技术标准和规章制度。（税务总局、财政部、档案局、国家标准委）建立完善电子商务统计制度，扩大电子商务统计的覆盖面，增强统计的及时性、真实性。（统计局、商务部）统一线上线下的商品编码标识，完善电子商务标准规范体系，研究电子商务基础性关键标准，积极主导和参与制定电子商务国际标准。（国家标准委、商务部）

（二十七）加强信用体系建设。建立健全电子商务信用信息管理制度，推动电子商务企业信用信息公开。推进人口、法人、商标和产品质量等信息资源向电子商务企业和信用服务机构开放，逐步降低查询及利用成本。（工商总局、商务部、公安部、质检总局等部门按职责分工分别负责）促进电子商务信用信息与社会其他领域相关信息的交换共享，推动电子商务信用评价，建立健全电子商务领域失信行为联合惩戒机制。（发展改革委、人民银行、工商总局、质检总局、商务部）推动电子商务领域应用网络身份证，完善网店实名制，鼓励发展社会化的电子商务网站可信认证服务。（公安部、工商总局、质检总局）发展电子商务可信交易保障公共服务，完善电子商务信用服务保障制度，推动信用调查、信用评估、信用担保等第三方信用服务和产品在电子商务中的推广应用。（工商总局、质检总局）

（二十八）强化科技与教育支撑。开展电子商务基础理论、发展规律研究。加强电子商务领域云计算、大数据、物联网、智能交易等核心关键技术研究开发。实施网络定制服务、网络平台服务、网络交易服务、网络贸易服务、网络交易保障服务技术研发与应用示范工程。强化产学研结合的企业技术中心、工程技术中心、重点实验室建设。鼓励企业组建产学研协同创新联盟。探索建立电子商务学科体系，引导高等院校加强电子商务学科建设和人才培养，为电子商务发展提供更多的高层次复合型专门人才。（科技部、教育部、发展改革委、商务部）建立预防网络诈骗、保障交易安全、保护个人信息等相关知识的宣传与服务机制。（公安部、工商总局、质检总局）

（二十九）协调推动区域电子商务发展。各地区要把电子商务列入经济与社会发展规划，按照国家有关区域发展规划和对外经贸合作战略，立足城市产业发展特点和优势，引导各类电子商务业态和功能聚集，推动电子商务产业统筹协调、错位发展。推动国家电子商务示范城市、示范基地建设。（有关地方人民政府）依托国家电子商务示范城市，加快开展电子商务法规政策创新和试点示范工作，为国家制定电子商务相关法规和政策提供实践依据。加强对中西部和东北地区电子商务示范城市的支持与指导。（发展改革委、财政部、商务部、人民银行、海关总署、税务总局、工商总局、质检总局等部门按照职责分工分别负责）

各地区、各部门要认真落实本意见提出的各项任务，于 2015 年底前研究出台具体政策。发展改革委、中央网信办、商务部、工业和信息化部、财政部、人力资源社会保障部、人民银行、海关总署、税务总局、工商总局、质检总局等部门要完善电子商务跨部门协调工作机制，研究重大问题，加强指导和服务。有关社会机构要充分发挥自身监督作用，推动行业自律和服务创新。相关部门、社团组织及企业要解放思想，转变观念，密切协作，开拓创新，共同推动建立规范有序、社会共治、辐射全球的电子商务大市场，促进经济平稳健康发展。

国务院

2015 年 5 月 4 日

关于印发《中国制造 2025》的通知

国发〔2015〕28 号

各省、自治区、直辖市人民政府，国务院各部委、各直属机构：

现将《中国制造 2025》印发给你们，请认真贯彻执行。

国务院

2015 年 5 月 8 日

（本文有删减）

中国制造 2025

制造业是国民经济的主体，是立国之本、兴国之器、强国之基。十八世纪中叶开启工业文明以来，世界强国的兴衰史和中华民族的奋斗史一再证明，没有强大的制造业，就没有国家和民族的强盛。打造具有国际竞争力的制造业，是我国提升综合国力、保障国家安全、建设世界强国的必由之路。

新中国成立尤其是改革开放以来，我国制造业持续快速发展，建成了门类齐全、独立完整的产业体系，有力推动工业化和现代化进程，显著增强综合国力，支撑我世界大国地位。然而，与世界先进水平相比，我国制造业仍然大而不强，在自主创新能力、资源利用效率、产业结构水平、信息化程度、质量效益等方面差距明显，转型升级和跨越发展的任务紧迫而艰巨。

当前，新一轮科技革命和产业变革与我国加快转变经济发展方式形成历史性交汇，国际产业分工格局正在重塑。必须紧紧抓住这一重大历史机遇，按照"四个全面"战略布局要求，实施制造强国战略，加强统筹规划和前瞻部署，力争通过三个十年的努力，到新中国成立一百年时，把我国建设成为引领世界制造业发展的制造强国，为实现中华民族伟大复兴的中国梦打下坚实基础。

《中国制造 2025》，是我国实施制造强国战略第一个十年的行动纲领。

一、发展形势和环境

（一）全球制造业格局面临重大调整。

新一代信息技术与制造业深度融合，正在引发影响深远的产业变革，形成新的生产方式、产业形态、商业模式和经济增长点。各国都在加大科技创新力度，推动三维（3D）打印、移动互联网、云计算、大数据、生物工程、新能源、新材料等领域取得新突破。基于信息物理系统的智能装备、智能工厂等智能制造正在引领制造方式变革；网络众包、协同设计、大规模个性化定制、精准供应链管理、全生命周期管理、电子商务等正在重塑产业价值链体系；可穿戴智能产品、智能家电、智能汽车等智能终端产品不断拓展制造业新领域。我国制造业转型升级、创新发展迎来重大机遇。

全球产业竞争格局正在发生重大调整，我国在新一轮发展中面临巨大挑战。国际金融危机发生后，发达国家纷纷实施"再工业化"战略，重塑制造业竞争新优势，加速推进新一轮全球贸易投资新格局。一些发展中国家也在加快谋划和布局，积极参与全球产业再分工，承接产业及资本转移，拓展国际市场空间。我国制造业面临发达国家和其他发展中国家"双向挤压"的严峻挑战，必须放眼全球，加紧战略部署，着眼建设制造强国，固本培元，化挑战为机遇，抢占制造业新一轮竞争制高点。

（二）我国经济发展环境发生重大变化。

随着新型工业化、信息化、城镇化、农业现代化同步推进，超大规模内需潜力不断释放，为我国制造业发展提供了广阔空间。各行业新的装备需求、人民群众新的消费需求、社会管理和公共服务新的民生需求、国防建设新的安全需求，都要求制造业在重大技术装备创新、消费品质量和安全、公共服务设施设备供给和国防装备保障等方面迅速提升水平和能力。全面深化改革和进一步扩大开放，将不断激发制造业发展活力和创造力，促进制造业转型升级。

我国经济发展进入新常态，制造业发展面临新挑战。资源和环境约束不断强化，劳动力等生产要素成本不断上升，投资和出口增速明显放缓，主要依靠资源要素投入、规模扩张的粗放发展模式难以为继，调整结构、转型升级、提质增效刻不容缓。形成经济增长新动力，塑造国际竞争新优势，重点在制造业，难点在制造业，出路也在制造业。

（三）建设制造强国任务艰巨而紧迫。

经过几十年的快速发展，我国制造业规模跃居世界第一位，建立起门类齐全、独立完整的制造体系，成为支撑我国经济社会发展的重要基石和促进世界经济发展的重要力量。持续的技术创新，大大提高了我国制造业的综合竞争力。载人航天、载人深潜、大型飞机、北斗卫星导航、超级计算机、高铁装备、百万千瓦级发电装备、万米深海石油钻探设备等一批重大技术装备取得突破，形成了若干具有国际竞争力的优势产业和骨干企业，我国已具备了建设工业强国的基础和条件。

但我国仍处于工业化进程中，与先进国家相比还有较大差距。制造业大而不强，自主创新能力弱，关键核心技术与高端装备对外依存度高，以企业为主体的制造业创新体系不完善；产品档次不高，缺乏世界知名品牌；资源能源利用效率低，环境污染问题较为突出；产业结构不合理，高端装备制造业和生产性服务业发展滞后；信息化水平不高，与工业化融合深度不够；产业国际化程度不高，企业全球化经营能力不足。推进制造强国建设，必须着力解决以上问题。

建设制造强国，必须紧紧抓住当前难得的战略机遇，积极应对挑战，加强统筹规划，突出创新驱动，制定特殊政策，发挥制度优势，动员全社会力量奋力拼搏，更多依靠中国装备、依托中国品牌，实现中国制造向中国创造的转变，中国速度向中国质量的转变，中国产品向中国品牌的转变，完成中国制造由大变强的战略任务。

二、战略方针和目标

（一）指导思想。

全面贯彻党的十八大和十八届二中、三中、四中全会精神，坚持走中国特色新型工业化道路，以促进制造业创新发展为主题，以提质增效为中心，以加快新一代信息技术与制造业深度融合为主线，以推进智能制造为主攻方向，以满足经济社会发展和国防建设对重大技术装备的需求为目标，强化工业基础能力，提高综合集成水平，完善多层次多类型人才培养体系，促进产业转型升级，培育有中国特色的制造文化，实现制造业由大变强的历史跨越。基本方针是：

——创新驱动。坚持把创新摆在制造业发展全局的核心位置，完善有利于创新的制度环境，推动跨领域跨行业协同创新，突破一批重点领域关键共性技术，促进制造业数字化网络化智能化，走创新驱动的发展道路。

——质量为先。坚持把质量作为建设制造强国的生命线，强化企业质量主体责任，加强质量技术攻关、自主品牌培育。建设法规标准体系、质量监管体系、先进质量文化，营造诚信经营的市场环境，走以质取胜的发展道路。

——绿色发展。坚持把可持续发展作为建设制造强国的重要着力点，加强节能环保技术、工艺、装备推广应用，全面推行清洁生产。发展循环经济，提高资源回收利用效率，构建绿色制造体系，走生态文明的发展道路。

——结构优化。坚持把结构调整作为建设制造强国的关键环节，大力发展先进制造业，改造提升传统产业，推动生产型制造向服务型制造转变。优化产业空间布局，培育一批具有核心竞争力的产业集群和企业群体，走提质增效的发展道路。

——人才为本。坚持把人才作为建设制造强国的根本，建立健全科学合理的选人、用人、育人机制，加快培养制造业发展急需的专业技术人才、经营管理人才、技能人才。营造大众创业、万众创新的氛围，建设一支素质优良、结构合理的制造业人才队伍，走人才引领的发展道路。

（二）基本原则。

市场主导，政府引导。全面深化改革，充分发挥市场在资源配置中的决定性作用，强化企业主体地位，激发企业活力和创造力。积极转变政府职能，加强战略研究和规划引导，完善相关支持政策，为企业发展创造良好环境。

立足当前，着眼长远。针对制约制造业发展的瓶颈和薄弱环节，加快转型升级和提质增效，切实提高制造业的核心竞争力和可持续发展能力。准确把握新一轮科技革命和产业变革趋势，加强战略谋划和前瞻部署，扎扎实实打基础，在未来竞争中占据制高点。

整体推进，重点突破。坚持制造业发展全国一盘棋和分类指导相结合，统筹规划，合理布局，明确创新发展方向，促进军民融合深度发展，加快推动制造业整体水平提升。围绕经济社会发展和国家安全重大需求，整合资源，突出重点，实施若干重大工程，实现率先突破。

自主发展，开放合作。在关系国计民生和产业安全的基础性、战略性、全局性领域，着力掌握关键核心技术，完善产业链条，形成自主发展能力。继续扩大开放，积极利用全球资源和市场，加强产业全球布局和国际交流合作，形成新的比较优势，提升制造业开放发展水平。

（三）战略目标。

立足国情，立足现实，力争通过“三步走”实现制造强国的战略目标。

第一步：力争用十年时间，迈入制造强国行列。

到2020年，基本实现工业化，制造业大国地位进一步巩固，制造业信息化水平大幅提升。掌握一批重点领域关键核心技术，优势领域竞争力进一步增强，产品质量有较大提高。制造业数字化、网络化、智能化取得明显进展。重点行业单位工业增加值能耗、物耗及污染物排放明显下降。

到2025年，制造业整体素质大幅提升，创新能力显著增强，全员劳动生产率明显提高，两化（工业化和信息化）融合迈上新台阶。重点行业单位工业增加值能耗、物耗及污染物排放达到世界先进水平。形成一批具有较强国际竞争力的跨国公司和产业集群，在全球产业分工和价值链中的地位明显提升。

第二步：到2035年，我国制造业整体达到世界制造强国阵营中等水平。创新能力大幅提升，重点领域发展取得重大突破，整体竞争力明显增强，优势行业形成全球创新引领能力，全面实现工业化。

第三步：新中国成立一百年时，制造业大国地位更加巩固，综合实力进入世界制造强国前列。制造业主要领域具有创新引领能力和明显竞争优势，建成全球领先的技术体系和产业体系。

2020 年和 2025 年制造业主要指标

类别	指　标	2013 年	2015 年	2020 年	2025 年
创新能力	规模以上制造业研发经费内部支出占主营业务收入比重（%）	0.88	0.95	1.26	1.68
	规模以上制造业每亿元主营业务收入有效发明专利数[1]（件）	0.36	0.44	0.70	1.10
质量效益	制造业质量竞争力指数[2]	83.1	83.5	84.5	85.5
	制造业增加值率提高	–	–	比 2015 年提高 2 个百分点	比 2015 年提高 4 个百分点
	制造业全员劳动生产率增速（%）	–	–	7.5 左右（“十三五”期间年均增速）	6.5 左右（“十四五”期间年均增速）
两化融合	宽带普及率[3]（%）	37	50	70	82
	数字化研发设计工具普及率[4]（%）	52	58	72	84
	关键工序数控化率[5]（%）	27	33	50	64
绿色发展	规模以上单位工业增加值能耗下降幅度	–	–	比 2015 年下降 18%	比 2015 年下降 34%
	单位工业增加值二氧化碳排放量下降幅度	–	–	比 2015 年下降 22%	比 2015 年下降 40%
	单位工业增加值用水量下降幅度	–	–	比 2015 年下降 23%	比 2015 年下降 41%
	工业固体废物综合利用率（%）	62	65	73	79

1 规模以上制造业每亿元主营业务收入有效发明专利数 = 规模以上制造企业有效发明专利数 / 规模以上制造企业主营业务收入。

2 制造业质量竞争力指数是反映我国制造业质量整体水平的经济技术综合指标，由质量水平和发展能力两个方面共计 12 项具体指标计算得出。

3 宽带普及率用固定宽带家庭普及率代表，固定宽带家庭普及率 = 固定宽带家庭用户数 / 家庭户数。

4 数字化研发设计工具普及率 = 应用数字化研发设计工具的规模以上企业数量 / 规模以上企业总数量（相关数据来源于 3 万家样本企业，下同）。

5 关键工序数控化率为规模以上工业企业关键工序数控化率的平均值。

三、战略任务和重点

实现制造强国的战略目标，必须坚持问题导向，统筹谋划，突出重点；必须凝聚全社会共识，加快制造业转型升级，全面提高发展质量和核心竞争力。

（一）提高国家制造业创新能力。

完善以企业为主体、市场为导向、政产学研用相结合的制造业创新体系。围绕产业链部署创新链，围绕创新链配置资源链，加强关键核心技术攻关，加速科技成果产业化，提高关键环节和重点领域的创新能力。

加强关键核心技术研发。强化企业技术创新主体地位，支持企业提升创新能力，推进国家技术创新示范企业和企业技术中心建设，充分吸纳企业参与国家科技计划的决策和实施。瞄准国家重大战略需求和未来产业发展制高点，定期研究制定发布制造业重点领域技术创新路线图。继续抓紧实施国家科技重大专项，通过国家科技计划（专项、基金等）支持关键核心技术研发。发挥行业骨干企业的主导作用和高等院校、科研院所的基础作用，建立一批产业创新联盟，开展政产学研用协同创新，攻克一批对产业竞争力整体提升具有全局性影响、带动性强的关键共性技术，加快成果转化。

提高创新设计能力。在传统制造业、战略性新兴产业、现代服务业等重点领域开展创新设计示范，全面推广应用以绿色、智能、协同为特征的先进设计技术。加强设计领域共性关键技术研发，攻克信息化设计、过程集成设计、复杂过程和系统设计等共性技术，开发一批具有自主知识产权的关键设计工具软件，建设完善创新设计生态系统。建设若干具有世界影响力的创新设计集群，培育一批专业化、开放型的工业设计企业，鼓励代工企业建立研究设计中心，向代设计和出口自主品牌产品转变。发展各类创新设计教育，设立国家工业设计奖，激发全社会创新设计的积极性和主动性。

推进科技成果产业化。完善科技成果转化运行机制，研究制定促进科技成果转化和产业化的指导意见，建立完善科技成果信息发布和共享平台，健全以技术交易市场为核心的技术转移和产业化服务体系。完善科技成果转化激励机制，推动事业单位科技成果使用、处置和收益管理改革，健全科技成果科学评估和市场定价机制。完善科技成果转化协同推进机制，引导政产学研用按照市场规律和创新规律加强合作，鼓励企业和社会资本建立一批从事技术集成、熟化和工程化的中试基地。加快国防科技成果转化和产业化进程，推进军民技术双向转移转化。

完善国家制造业创新体系。加强顶层设计，加快建立以创新中心为核心载体、以公共服务平台和工程数据中心为重要支撑的制造业创新网络，建立市场化的创新方向选择机制和鼓励创新的风险分担、利益共享机制。充分利用现有科技资源，围绕制造业重大共性需求，采取政府与社会合作、政产学研用产业创新战略联盟等新机制新模式，形成一批制造业创新中心（工业技术研究基地），开展关键共性重大技术研究和产业化应用示范。建设一批促进制造业协同创新的公共服务平台，规范服务标准，开展技术研发、检验检测、技术评价、技术交易、质量认证、人才培训等专业化服务，促进科技成果转化和推广应用。建设重点领域制造业工程数据中心，为企业提供创新知识和工程数据的开放共享服务。面向制造业关键共性技术，建设一批重大科学研究和实验设施，提高核心企业系统集成能力，促进向价值链高端延伸。

专栏1　制造业创新中心（工业技术研究基地）建设工程

围绕重点行业转型升级和新一代信息技术、智能制造、增材制造、新材料、生物医药等领域创新发展的重大共性需求，形成一批制造业创新中心（工业技术研究基地），重点开展行业基础和共性关键技术研发、成果产业化、人才培训等工作。制定完善制造业创新中心遴选、考核、管理的标准和程序。

到2020年，重点形成15家左右制造业创新中心（工业技术研究基地），力争到2025年形成40家左右制造业创新中心（工业技术研究基地）。

加强标准体系建设。改革标准体系和标准化管理体制，组织实施制造业标准化提升计划，在智能制造等重点领域开展综合标准化工作。发挥企业在标准制定中的重要作用，支持组建重点领域标准推进联盟，建设标准创新研究基地，协同推进产品研发与标准制定。制定满足市场和创新需要的团体标准，建立企业产品和服务标准自我声明公开和监督制度。鼓励和支持企业、科研院所、行业组织等参与国际标准制定，加快我国标准国际化进程。大力推动国防装备采用先进的民用标准，推动军用技术标准向民用领域的转化和应用。做好标准的宣传贯彻，大力推动标准实施。

强化知识产权运用。加强制造业重点领域关键核心技术知识产权储备，构建产业化导向的专利组合和战略布局。鼓励和支持企业运用知识产权参与市场竞争，培育一批具备知识产权综合实力的优势企业，支持组建知识产权联盟，推动市场主体开展知识产权协同运用。稳妥推进国防知识产权解密和市场化应用。建立健全知识产权评议机制，鼓励和支持行业骨干企业与专业机构在重点领域合作开展专利评估、收购、运营、风险预警与应对。构建知识产权综合运用公共服务平台。鼓励开展跨国知识产权许可。研究制定降低中小企业知识产权申请、保护及维权成本的政策措施。

（二）推进信息化与工业化深度融合。

加快推动新一代信息技术与制造技术融合发展，把智能制造作为两化深度融合的主攻方向；着力发展智能装备和智能产品，推进生产过程智能化，培育新型生产方式，全面提升企业研发、生产、管理和服务的智能化水平。

研究制定智能制造发展战略。编制智能制造发展规划，明确发展目标、重点任务和重大布局。加快制定智能制造技术标准，建立完善智能制造和两化融合管理标准体系。强化应用牵引，建立智能制造产业联盟，协同推动智能装备和产品研发、系统集成创新与产业化。促进工业互联网、云计算、大数据在企业研发设计、生产制造、经营管理、销售服务等全流程和全产业链的综合集成应用。加强智能制造工业控制系统网络安全保障能力建设，健全综合保障体系。

加快发展智能制造装备和产品。组织研发具有深度感知、智慧决策、自动执行功能的高档数控机床、工业机器人、增材制造装备等智能制造装备以及智能化生产线，突破新型传感器、智能测量仪表、工业控制系统、伺服电机及驱动器和减速器等智能核心装置，推进工程化和产业化。加快机械、航空、船舶、汽车、轻工、纺织、食品、电子等行业生产设备的智能化改造，提高精准制造、敏捷制造能力。统筹布局和推动智能交通工具、智能工程机械、服务机器人、智能家电、智能照明电器、可穿戴设备等产品研发和产业化。

推进制造过程智能化。在重点领域试点建设智能工厂/数字化车间，加快人机智能交互、工业机器人、智能物流管理、增材制造等技术和装备在生产过程中的应用，促进制造工艺的仿真优化、数字化控制、状态信息实时监测和自适应控制。加快产品全生命周期管理、客户关系管理、供应链管理系统的推广应用，促进集团管控、设计与制造、产供销一体、业务和财务衔接等关键环节集成，实现智能管控。加快民用爆炸物品、危险化学品、食品、印染、稀土、农药等重点行业智能检测监管体系建设，提高智能化水平。

深化互联网在制造领域的应用。制定互联网与制造业融合发展的路线图，明确发展方向、目标和路径。发展基于互联网的个性化定制、众包设计、云制造等新型制造模式，推动形成基于消费需求动态感知的研发、制造和产业组织方式。建立优势互补、合作共赢的开放型产业生态体系。加快开展物联网技术研发和应用示范，培育智能监测、远程诊断管理、全产业链追溯等工业互联网新应用。实施工业云及工业大数据创新应用试点，建设一批高质量的工业云服务和工业大数据平台，推动软件与服务、设计与制造资源、关键技术与标准的开放共享。

加强互联网基础设施建设。加强工业互联网基础设施建设规划与布局，建设低时延、高可靠、广覆盖的工业互联网。加快制造业集聚区光纤网、移动通信网和无线局域网的部署和建设，实现信息网络宽带升级，提高企业宽带接入能力。针对信息物理系统网络研发及应用需求，组织开发智能控制系统、工业应用软件、故障诊断软件和相关工具、传感和通信系统协议，实现人、设备与产品的实时联通、精确识别、有效交互与智能控制。

专栏2　智能制造工程

紧密围绕重点制造领域关键环节，开展新一代信息技术与制造装备融合的集成创新和工程应用。支持政产学研用联合攻关，开发智能产品和自主可控的智能装置并实现产业化。依托优势企业，紧扣关键工序智能化、关键岗位机器人替代、生产过程智能优化控制、供应链优化，建设重点领域智能工厂/数字化车间。在基础条件好、需求迫切的重点地区、行业和企业中，分类实施流程制造、离散制造、智能装备和产品、新业态新模式、智能化管理、智能化服务等试点示范及应用推广。建立智能制造标准体系和信息安全保障系统，搭建智能制造网络系统平台。

到2020年，制造业重点领域智能化水平显著提升，试点示范项目运营成本降低30%，产品生产周期缩短30%，不良品率降低30%。到2025年，制造业重点领域全面实现智能化，试点示范项目运营成本降低50%，产品生产周期缩短50%，不良品率降低50%。

（三）强化工业基础能力。

核心基础零部件（元器件）、先进基础工艺、关键基础材料和产业技术基础（以下统称“四基”）等工业基础能力薄弱，是制约我国制造业创新发展和质量提升的症结所在。要坚持问题导向、产需结合、协同创新、重点突破的原则，着力破解制约重点产业发展的瓶颈。

统筹推进“四基”发展。制定工业强基实施方案，明确重点方向、主要目标和实施路径。制定工业“四基”发展指导目录，发布工业强基发展报告，组织实施工业强基工程。统筹军民两方面资源，开展军民两用技术联合攻关，支持军民技术相互有效利用，促进基础领域融合发展。强化基础领域标准、计量体系建设，加快实施对标达标，提升基础产品的质量、可靠性和寿命。建立多部门协调推进机制，引导各类要素向基础领域集聚。

加强“四基”创新能力建设。强化前瞻性基础研究，着力解决影响核心基础零部件（元器件）产品性能和稳定性的关键共性技术。建立基础工艺创新体系，利用现有资源建立关键共性基础工艺研究机构，开展先进成型、加工等关键制造工艺联合攻关；支持企业开展工艺创新，培养工艺专业人才。加大基础专用材料研发力度，提高专用材料自给保障能力和制备技术水平。建立国家工业基础数据库，加强企业试验检测数据和计量数据的采集、管理、应用和积累。加大对“四基”领域技术研发的支持力度，引导产业投资基金和创业投资基金投向“四基”领域重点项目。

推动整机企业和“四基”企业协同发展。注重需求侧激励，产用结合，协同攻关。依托国家科技计划（专项、基金等）和相关工程等，在数控机床、轨道交通装备、航空航天、发电设备等重点领域，引导整机企业和“四基”企业、高校、科研院所产需对接，建立产业联盟，形成协同创新、产用结合、以市场促基础产业发展的新模式，提升重大装备自主可控水平。开展工业强基示范应用，完善首台（套）、首批次政策，支持核心基础零部件（元器件）、先进基础工艺、关键基础材料推广应用。

专栏3　工业强基工程

开展示范应用，建立奖励和风险补偿机制，支持核心基础零部件（元器件）、先进基础工艺、关键基础材料的首批次或跨领域应用。组织重点突破，针对重大工程和重点装备的关键技术和产品急需，支持优势企业开展政产学研用联合攻关，突破关键基础材料、核心基础零部件的工程化、产业化瓶颈。强化平台支撑，布局和组建一批“四基”研究中心，创建一批公共服务平台，完善重点产业技术基础体系。

到2020年，40%的核心基础零部件、关键基础材料实现自主保障，受制于人的局面逐步缓解，航天装备、通信装备、发电与输变电设备、工程机械、轨道交通装备、家用电器等产业急需的核心基础零部件（元器件）和关键基础材料的先进制造工艺得到推广应用。到2025年，70%的核心基础零部件、关键基础材料实现自主保障，80种标志性先进工艺得到推广应用，部分达到国际领先水平，建成较为完善的产业技术基础服务体系，逐步形成整机牵引和基础支撑协调互动的产业创新发展格局。

（四）加强质量品牌建设。

提升质量控制技术，完善质量管理机制，夯实质量发展基础，优化质量发展环境，努力实现制造业质量大幅提升。鼓励企业追求卓越品质，形成具有自主知识产权的名牌产品，不断提升企业品牌价值和中国制造整体形象。

推广先进质量管理技术和方法。建设重点产品标准符合性认定平台，推动重点产品技术、安全标准全面达到国际先进水平。开展质量标杆和领先企业示范活动，普及卓越绩效、六西格玛、精益生产、质量诊断、质量持续改进等先进生产管理模式和方法。支持企业提高质量在线监测、在线控制和产品全生命周期质量追溯能力。组织开展重点行业工艺优化行动，提升关键工艺过程控制水平。开展质量管理小组、现场改进等群众性质量管理活动示范推广。加强中小企业质量管理，开展质量安全培训、诊断和辅导活动。

加快提升产品质量。实施工业产品质量提升行动计划，针对汽车、高档数控机床、轨道交通装备、大型成套技术装备、工程机械、特种设备、关键原材料、基础零部件、电子元器件等重点行业，组织攻克一批长期困扰产品质量提升的关键共性质量技术，加强可靠性设计、试验与验证技术开发应用，推广采用先进成型和加工方法、在线检测装置、智能化生产和物流系统及检测设备等，使重点实物产品的性能稳定性、质量可靠性、环境适应性、使用寿命等指标达到国际同类产品先进水平。在食品、药品、婴童用品、家电等领域实施覆盖产品全生命周期的质量管理、质量自我声明和质量追溯制度，保障重点消费品质量安全。大力提高国防装备质量可靠性，增强国防装备实战能力。

完善质量监管体系。健全产品质量标准体系、政策规划体系和质量管理法律法规。加强关系民生和安全等重点领域的行业准入与市场退出管理。建立消费品生产经营企业产品事故强制报告制度，健全质量信用信息收集和发布制度，强化企业质量主体责任。将质量违法违规记录作为企业诚信评级的重要内容，建立质量黑名单制度，加大对质量违法和假冒品牌行为的打击和惩处力度。建立区域和行业质量安全预警制度，防范化解产品质量安全风险。严格实施产品“三包”、产品召回等制度。强化监管检查和责任追究，切实保护消费者权益。

夯实质量发展基础。制定和实施与国际先进水平接轨的制造业质量、安全、卫生、环保及节能标准。加强计量科技基础及前沿技术研究，建立一批制造业发展急需的高准确度、高稳定性计量基标准，提升与制造业相关的国家量传溯源能力。加强国家产业计量测试中心建设，构建国家计量科技创新体系。完善检验检测技术保障体系，建设一批高水平的工业产品质量控制和技术评价实验室、产品质量监督检验中心，鼓励建立专业检测技术联盟。完善认证认可管理模式，提高强制性产品认证的有效性，推动自愿性产品认证健康发展，提升管理体系认证水平，稳步推进国际互认。支持行业组织发布自律规范或公约，开展质量信誉承诺活动。

推进制造业品牌建设。引导企业制定品牌管理体系，围绕研发创新、生产制造、质量管理和营销服务全过程，提升内在素质，夯实品牌发展基础。扶持一批品牌培育和运营专业服务机构，开展品牌管理咨询、市场推广等服务。健全集体商标、证明商标注册管理制度。打造一批特色鲜明、竞争力强、市场信誉好的产业集群区域品牌。建设品牌文化，引导企业增强以质量和信誉为核心的品牌意识，树立品牌消费理念，提升品牌附加值和软实力。加速我国品牌价值评价国际化进程，充分发挥各类媒体作用，加大中国品牌宣传推广力度，树立中国制造品牌良好形象。

（五）全面推行绿色制造。

加大先进节能环保技术、工艺和装备的研发力度，加快制造业绿色改造升级；积极推行低碳化、循环化和集约化，提高制造业资源利用效率；强化产品全生命周期绿色管理，努力构建高效、清洁、低碳、循环的绿色制造体系。

加快制造业绿色改造升级。全面推进钢铁、有色、化工、建材、轻工、印染等传统制造业绿色改造，大力研发推广余热余压回收、水循环利用、重金属污染减量化、有毒有害原料替代、废渣资源化、脱硫脱硝除尘等绿色工艺技术装备，加快应用清洁高效铸造、锻压、焊接、表面处理、切削等加工工艺，实现绿色生产。加强绿色产品研发应用，推广轻量化、低功耗、易回收等技术工艺，持续提升电机、锅炉、内燃机及电器等终端用能产品能效水平，加快淘汰落后机电产品和技术。积极引领新兴产业高起点绿色发展，大幅降低电子信息产品生产、使用能耗及限用物质含量，建设绿色数据中心和绿色基站，大力促进新材料、新能源、高端装备、生物产业绿色低碳发展。

推进资源高效循环利用。支持企业强化技术创新和管理，增强绿色精益制造能力，大幅降低能耗、物耗和水耗水平。持续提高绿色低碳能源使用比率，开展工业园区和企业分布式绿色智能微电网建设，控制和削减化石能源消费量。全面推行循环生产方式，促进企业、园区、行业间链接共生、原料互供、资源共享。推进资源再生利用产业规范化、规模化发展，强化技术装备支撑，提高大宗工业固体废弃物、废旧金属、废弃电器电子产品等综合利用水平。大力发展再制造产业，实施高端再制造、智能再制造、在役再制造，推进产品认定，促进再制造产业持续健康发展。

积极构建绿色制造体系。支持企业开发绿色产品，推行生态设计，显著提升产品节能环保低碳水平，引导绿色生产和绿色消费。建设绿色工厂，实现厂房集约化、原料无害化、生产洁净化、废物资源化、能源低碳化。发展绿色园区，推进工业园区产业耦合，实现近零排放。打造绿色供应链，加快建立以资源节约、环境友好为导向的采购、生产、营销、回收及物流体系，落实生产者责任延伸制度。壮大绿色企业，支持企业实施绿色战略、绿色标准、绿色管理和绿色生产。强化绿色监管，健全节能环保法规、标准体系，加强节能环保监察，推行企业社会责任报告制度，开展绿色评价。

专栏4　绿色制造工程
组织实施传统制造业能效提升、清洁生产、节水治污、循环利用等专项技术改造。开展重大节能环保、资源综合利用、再制造、低碳技术产业化示范。实施重点区域、流域、行业清洁生产水平提升计划，扎实推进大气、水、土壤污染源头防治专项。制定绿色产品、绿色工厂、绿色园区、绿色企业标准体系，开展绿色评价。 到2020年，建成千家绿色示范工厂和百家绿色示范园区，部分重化工行业能源资源消耗出现拐点，重点行业主要污染物排放强度下降20%。到2025年，制造业绿色发展和主要产品单耗达到世界先进水平，绿色制造体系基本建立。

（六）大力推动重点领域突破发展。

瞄准新一代信息技术、高端装备、新材料、生物医药等战略重点，引导社会各类资源集聚，推动优势和战略产业快速发展。

1. 新一代信息技术产业。

集成电路及专用装备。着力提升集成电路设计水平，不断丰富知识产权（IP）核和设计工具，突破关系国家信息与网络安全及电子整机产业发展的核心通用芯片，提升国产芯片的应用适配能力。掌握高密度封装及三维（3D）微组装技术，提升封装产业和测试的自主发展能力。形成关键制造装备供货能力。

信息通信设备。掌握新型计算、高速互联、先进存储、体系化安全保障等核心技术，全面突破第五代移动通信（5G）技术、核心路由交换技术、超高速大容量智能光传输技术、“未来网络”核心技术和体系架构，积极推动量子计算、神经网络等发展。研发高端服务器、大容量存储、新型路由交换、新型智能终端、新一代基站、网络安全等设备，推动核心信息通信设备体系化发展与规模化应用。

操作系统及工业软件。开发安全领域操作系统等工业基础软件。突破智能设计与仿真及其工具、制造物联与服务、工业大数据处理等高端工业软件核心技术，开发自主可控的高端工业平台软件和重点领域应用软件，建立完善工业软件集成标准与安全测评体系。推进自主工业软件体系化发展和产业化应用。

2. 高档数控机床和机器人。

高档数控机床。开发一批精密、高速、高效、柔性数控机床与基础制造装备及集成制造系统。加快高档数控机床、增材制造等前沿技术和装备的研发。以提升可靠性、精度保持性为重点，开发高档数控系统、伺服电机、轴承、光栅等主要功能部件及关键应用软件，加快实现产业化。加强用户工艺验证能力建设。

机器人。围绕汽车、机械、电子、危险品制造、国防军工、化工、轻工等工业机器人、特种机器人，以及医疗健康、家庭服务、教育娱乐等服务机器人应用需求，积极研发新产品，促进机器人标准化、模块化发展，扩大市场应用。突破机器人本体、减速器、伺服电机、控制器、传感器与驱动器等关键零部件及系统集成设计制造等技术瓶颈。

3. 航空航天装备。

航空装备。加快大型飞机研制，适时启动宽体客机研制，鼓励国际合作研制重型直升机；推进干支线飞机、直升机、无人机和通用飞机产业化。突破高推重比、先进涡桨（轴）发动机及大涵道比涡扇发动机技术，建立发动机自主发展工业体系。开发先进机载设备及系统，形成自主完整的航空产业链。

航天装备。发展新一代运载火箭、重型运载器，提升进入空间能力。加快推进国家民用空间基础设施建设，发展新型卫星等空间平台与有效载荷、空天地宽带互联网系统，形成长期持续稳定的卫星遥感、通信、导航等空间信息服务能力。推动载人航天、月球探测工程，适度发展深空探测。推进航天技术转化与空间技术应用。

4. 海洋工程装备及高技术船舶。大力发展深海探测、资源开发利用、海上作业保障装备及其关键系统和专用设备。推动深海空间站、大型浮式结构物的开发和工程化。形成海洋工程装备综合试验、检测与鉴定能力，提高海洋开发利用水平。突破豪华邮轮设计建造技术，全面提升液化天然气船等高技术船舶国际竞争力，掌握重点配套设备集成化、智能化、模块化设计制造核心技术。

5. 先进轨道交通装备。加快新材料、新技术和新工艺的应用，重点突破体系化安全保障、节能环保、数字化智能化网络化技术，研制先进可靠适用的产品和轻量化、模块化、谱系化产品。研发新一代绿色智能、高速重载轨道交通装备系统，围绕系统全寿命周期，向用户提供整体解决方案，建立世界领先的现代轨道交通产业体系。

6. 节能与新能源汽车。继续支持电动汽车、燃料电池汽车发展，掌握汽车低碳化、信息化、智能化核心技术，提升动力电池、驱动电机、高效内燃机、先进变速器、轻量化材料、智能控制等核心技术的工程化和产业化能力，形成从关键零部件到整车的完整工业体系和创新体系，推动自主品牌节能与新能源汽车同国际先进水平接轨。

7. 电力装备。推动大型高效超净排放煤电机组产业化和示范应用，进一步提高超大容量水电机组、核电机组、重型燃气轮机制造水平。推进新能源和可再生能源装备、先进储能装置、智能电网用输变电及用户端设备发展。突破大功率电力电子器件、高温超导材料等关键元器件和材料的制造及应用技术，形成产业化能力。

8. 农机装备。重点发展粮、棉、油、糖等大宗粮食和战略性经济作物育、耕、种、管、收、运、贮等主要生产过程使用的先进农机装备，加快发展大型拖拉机及其复式作业机具、大型高效联合收割机等高端农业装备及关键核心零部件。提高农机装备信息收集、智能决策和精准作业能力，推进形成面向农业生产的信息化整体解决方案。

9. 新材料。以特种金属功能材料、高性能结构材料、功能性高分子材料、特种无机非金属材料和先进复合材料为发展重点，加快研发先进熔炼、凝固成型、气相沉积、型材加工、高效合成等新材料制备关键技术和装备，加强基础研究和体系建设，突破产业化制备瓶颈。积极发展军民共用特种新材料，加快技术双向转移转化，促进新材料产业军民融合发展。高度关注颠覆性新材料对传统材料的影响，做好超导材料、纳米材料、石墨烯、生物基材料等战略前沿材料提前布局和研制。加快基础材料升级换代。

10. 生物医药及高性能医疗器械。发展针对重大疾病的化学药、中药、生物技术药物新产品，重点包括新机制和新靶点化学药、抗体药物、抗体偶联药物、全新结构蛋白及多肽药物、新型疫苗、临床优势突出的创新中药及个性化治疗药物。提高医疗器械的创新能力和产业化水平，重点发展影像设备、医用机器人等高性能诊疗设备，全降解血管支架等高值医用耗材，可穿戴、远程诊疗等移动医疗产品。实现生物 3D 打印、诱导多能干细胞等新技术的突破和应用。

专栏 5　高端装备创新工程
组织实施大型飞机、航空发动机及燃气轮机、民用航天、智能绿色列车、节能与新能源汽车、海洋工程装备及高技术船舶、智能电网成套装备、高档数控机床、核电装备、高端诊疗设备等一批创新和产业化专项、重大工程。开发一批标志性、带动性强的重点产品和重大装备，提升自主设计水平和系统集成能力，突破共性关键技术与工程化、产业化瓶颈，组织开展应用试点和示范，提高创新发展能力和国际竞争力，抢占竞争制高点。 到 2020 年，上述领域实现自主研制及应用。到 2025 年，自主知识产权高端装备市场占有率大幅提升，核心技术对外依存度明显下降，基础配套能力显著增强，重要领域装备达到国际领先水平。

（七）深入推进制造业结构调整。

推动传统产业向中高端迈进，逐步化解过剩产能，促进大企业与中小企业协调发展，进一步优化制造业布局。

持续推进企业技术改造。明确支持战略性重大项目和高端装备实施技术改造的政策方向，稳定中央技术改造引导资金规模，通过贴息等方式，建立支持企业技术改造的长效机制。推动技术改造相关立法，强化激励约束机制，完善促进企业技术改造的政策体系。支持重点行业、高端产品、关键环节进行技术改造，引导企业采用先进适用技术，优化产品结构，全面提升设计、制造、工艺、管理水平，促进钢铁、石化、工程机械、轻工、纺织等产业向价值链高端发展。研究制定重点产业技术改造投资指南和重点项目导向计划，吸引社会资金参与，优化工业投资结构。围绕两化融合、节能降耗、质量提升、安全生产等传统领域改造，推广应用新技术、新工艺、新装备、新材料，提高企业生产技术水平和效益。

稳步化解产能过剩矛盾。加强和改善宏观调控，按照“消化一批、转移一批、整合一批、淘汰一批”的原则，分业分类施策，有效化解产能过剩矛盾。加强行业规范和准入管理，推动企业提升技术装备水平，优化存量产能。加强对产能严重过剩行业的动态监测分析，建立完善预警机制，引导企业主动退出过剩行业。切实发挥市场机制作用，综合运用法律、经济、技术及必要的行政手段，加快淘汰落后产能。

促进大中小企业协调发展。强化企业市场主体地位，支持企业间战略合作和跨行业、跨区域兼并重组，提高规模化、集约化经营水平，培育一批核心竞争力强的企业集团。激发中小企业创业创新活力，发展一批主营业务突出、竞争力强、成长性好、专注于细分市场的专业化“小巨人”企业。发挥中外中小企业合作园区示范作用，利用双边、多边中小企业合作机制，支持中小企业走出去和引进来。引导大企业与中小企业通过专业分工、服务外包、订单生产等多种方式，建立协同创新、合作共赢的协作关系。推动建设一批高水平的中小企业集群。

优化制造业发展布局。落实国家区域发展总体战略和主体功能区规划，综合考虑资源能源、环境容量、市场空间等因素，制定和实施重点行业布局规划，调整优化重大生产力布局。完善产业转移指导目录，建设国家产业转移信息服务平台，创建一批承接产业转移示范园区，引导产业合理有序转移，推动东中西部制造业协调发展。积极推动京津冀和长江经济带产业协同发展。按照新型工业化的要求，改造提升现有制造业集聚区，推动产业集聚向产业集群转型升级。建设一批特色和优势突出、产业链协同高效、核心竞争力强、公共服务体系健全的新型工业化示范基地。

（八）积极发展服务型制造和生产性服务业。

加快制造与服务的协同发展，推动商业模式创新和业态创新，促进生产型制造向服务型制造转变。大力发展与制造业紧密相关的生产性服务业，推动服务功能区和服务平台建设。

推动发展服务型制造。研究制定促进服务型制造发展的指导意见，实施服务型制造行动计划。开展试点示范，引导和支持制造业企业延伸服务链条，从主要提供产品制造向提供产品和服务转变。鼓励制造业企业增加服务环节投入，发展个性化定制服务、全生命周期管理、网络精准营销和在线支持服务等。支持有条件的企业由提供设备向提供系统集成总承包服务转变，由提供产品向提供整体解决方案转变。鼓励优势制造业企业“裂变”专业优势，通过业务流程再造，面向行业提供社会化、专业化服务。支持符合条件的制造业企业建立企业财务公司、金融租赁公司等金融机构，推广大型制造设备、生产线等融资租赁服务。

加快生产性服务业发展。大力发展面向制造业的信息技术服务，提高重点行业信息应用系统的方案设计、开发、综合集成能力。鼓励互联网等企业发展移动电子商务、在线定制、线上到线下等创新模式，积极发展对产品、市场的动态监控和预测预警等业务，实现与制造业企业的无缝对接，创新业务协作流程和价值创造模式。加快发展研发设计、技术转移、创业孵化、知识产权、科技咨询等科技服务业，发展壮大第三方物流、节能环保、检验检测认证、电子商务、服务外包、融资租赁、人力资源服务、售后服务、品牌建设等生产性服务业，提高对制造业转型升级的支撑能力。

强化服务功能区和公共服务平台建设。建设和提升生产性服务业功能区，重点发展研发设计、信息、物流、商务、金融等现代服务业，增强辐射能力。依托制造业集聚区，建设一批生产性服务业公共服务平台。鼓励东部地区企业加快制造业服务化转型，建立生产服务基地。支持中西部地区发展具有特色和竞争力的生产性服务业，加快产业转移承接地服务配套设施和能力建设，实现制造业和服务业协同发展。

（九）提高制造业国际化发展水平。

统筹利用两种资源、两个市场，实行更加积极的开放战略，将引进来与走出去更好结合，拓展新的开放领域和空间，提升国际合作的水平和层次，推动重点产业国际化布局，引导企业提高国际竞争力。

提高利用外资与国际合作水平。进一步放开一般制造业，优化开放结构，提高开放水平。引导外资投向新一代信息技术、高端装备、新材料、生物医药等高端制造领域，鼓励境外企业和科研机构在我国设立全球研发机构。支持符合条件的企业在境外发行股票、债券，鼓励与境外企业开展多种形式的技术合作。

提升跨国经营能力和国际竞争力。支持发展一批跨国公司，通过全球资源利用、业务流程再造、产业链整合、资本市场运作等方式，加快提升核心竞争力。支持企业在境外开展并购和股权投资、创业投资，建立研发中心、实验基地和全球营销及服务体系；依托互联网开展网络协同设计、精准营销、增值服务创新、媒体品牌推广等，建立全球产业链体系，提高国际化经营能力和服务水平。鼓励优势企业加快发展国际总承包、总集成。引导企业融入当地文化，增强社会责任意识，加强投资和经营风险管理，提高企业境外本土化能力。

深化产业国际合作，加快企业走出去。加强顶层设计，制定制造业走出去发展总体战略，建立完善统筹协调机制。积极参与和推动国际产业合作，贯彻落实丝绸之路经济带和21世纪海上丝绸之路等重大战略部署，加快推进与周边国家互联互通基础设施建设，深化产业合作。发挥沿边开放优势，在有条件的国家和地区建设一批境外制造业合作园区。坚持政府推动、企业主导，创新商业模式，鼓励高端装备、先进技术、优势产能向境外转移。加强政策引导，推动产业合作由加工制造环节为主向合作研发、联合设计、市场营销、品牌培育等高端环节延伸，提高国际合作水平。创新加工贸易模式，延长加工贸易国内增值链条，推动加工贸易转型升级。

四、战略支撑与保障

建设制造强国，必须发挥制度优势，动员各方面力量，进一步深化改革，完善政策措施，建立灵活高效的实施机制，营造良好环境；必须培育创新文化和中国特色制造文化，推动制造业由大变强。

（一）深化体制机制改革。

全面推进依法行政，加快转变政府职能，创新政府管理方式，加强制造业发展战略、规划、政策、标准等制定和实施，强化行业自律和公共服务能力建设，提高产业治理水平。简政放权，深化行政审批制度改革，规范审批事项，简化程序，明确时限；适时修订政府核准的投资项目目录，落实企业投资主体地位。完善政产学研用协同创新机制，改革技术创新管理体制机制和项目经费分配、成果评价和转化机制，促进科技成果资本化、产业化，激发制造业创新活力。加快生产要素价格市场化改革，完善主要由市场决定价格的机制，合理配置公共资源；推行节能量、碳排放权、排污权、水权交易制度改革，加快资源税从价计征，推动环境保护费改税。深化国有企业改革，完善公司治理结构，有序发展混合所有制经济，进一步破除各种形式的行业垄断，取消对非公有制经济的不合理限制。稳步推进国防科技工业改革，推动军民融合深度发展。健全产业安全审查机制和法规体系，加强关系国民经济命脉和国家安全的制造业重要领域投融资、并购重组、招标采购等方面的安全审查。

（二）营造公平竞争市场环境。

深化市场准入制度改革，实施负面清单管理，加强事中事后监管，全面清理和废止不利于全国统一市场建设的政策措施。实施科学规范的行业准入制度，制定和完善制造业节能节地节水、环保、技术、安全等准入标准，加强对国家强制性标准实施的监督检查，统一执法，以市场化手段引导企业进行结构调整和转型升级。切实加强监管，打击制售假冒伪劣行为，严厉惩处市场垄断和不正当竞争行为，为企业创造良好生产经营环境。加快发展技术市场，健全知识产权创造、运用、管理、保护机制。完善淘汰落后产能工作涉及的职工安置、债务清偿、企业转产等政策措施，健全市场退出机制。进一步减轻企业负担，实施涉企收费清单制度，建立全国涉企收费项目库，取缔各种不合理收费和摊派，加强监督检查和问责。推进制造业企业信用体系建设，建设中国制造信用数据库，建立健全企业信用动态评价、守信激励和失信惩戒机制。强化企业社会责任建设，推行企业产品标准、质量、安全自我声明和监督制度。

（三）完善金融扶持政策。

深化金融领域改革，拓宽制造业融资渠道，降低融资成本。积极发挥政策性金融、开发性金融和商业金融的优势，加大对新一代信息技术、高端装备、新材料等重点领域的支持力度。支持中国进出口银行在业务范围内加大对制造业走出去的服务力度，鼓励国家开发银行增加对制造业企业的贷款投放，引导金融机构创新符合制造业企业特点的产品和业务。健全多层次资本市场，推动区域性股权市场规范发展，支持符合条件的制造业企业在境内外上市融资、发行各类债务融资工具。引导风险投资、私募股权投资等支持制造业企业创新发展。鼓励符合条件的制造业贷款和租赁资产开展证券化试点。支持重点领域大型制造业企业集团开展产融结合试点，通过融资租赁方式促进制造业转型升级。探索开发适合制造业发展的保险产品和服务，鼓励发展贷款保证保险和信用保险业务。在风险可控和商业可持续的前提下，通过内保外贷、外汇及人民币贷款、债权融资、股权融资等方式，加大对制造业企业在境外开展资源勘探开发、设立研发中心和高技术企业以及收购兼并等的支持力度。

（四）加大财税政策支持力度。

充分利用现有渠道，加强财政资金对制造业的支持，重点投向智能制造、“四基”发展、高端装备等制造业转型升级的关键领域，为制造业发展创造良好政策环境。运用政府和社会资本合作（PPP）模式，引导社会资本参与制造业重大项目建设、企业技术改造和关键基础设施建设。创新财政资金支持方式，逐步从“补建设”向“补运营”转变，提高财政资金使用效益。深化科技计划（专项、基金等）管理改革，支持制造业重点领域科技研发和示范应用，促进制造业技术创新、转型升级和结构布局调整。完善和落实支持创新的政府采购政策，推动制造业创新产品的研发和规模化应用。落实和完善使用首台（套）重大技术装备等鼓励政策，健全研制、使用单位在产品创新、增值服务和示范应用等环节的激励约束机制。实施有利于制造业转型升级的税收政策，推进增值税改革，完善企业研发费用计核方法，切实减轻制造业企业税收负担。

（五）健全多层次人才培养体系。

加强制造业人才发展统筹规划和分类指导，组织实施制造业人才培养计划，加大专业技术人才、经营管理人才和技能人才的培养力度，完善从研发、转化、生产到管理的人才培养体系。以提高现代经营管理水平和企业竞争力为核心，实施企业经营管理人才素质提升工程和国家中小企业银河培训工程，培养造就一批优秀企业家和高水平经营管理人才。以高层次、急需紧缺专业技术人才和创新型人才为重点，实施专业技术人才知识更新工程和先进制造卓越工程师培养计划，在高等学校建设一批工程创新训练中心，打造高素质专业技术人才队伍。强化职业教育和技能培训，引导一批普通本科高等学校向应用技术类高等学校转型，建立一批实训基地，开展现代学徒制试点示范，形成一支门类齐全、技艺精湛的技术技能人才队伍。鼓励企业与学校合作，培养制造业急需的科研人员、技术技能人才与复合型人才，深化相关领域工程博士、硕士专业学位研究生招生和培养模式改革，积极推进产学研结合。加强产业人才需求预测，完善各类人才信息库，构建产业人才水平评价制度和信息发布平台。建立人才激励机制，加大对优秀人才的表彰和奖励力度。建立完善制造业人才服务机构，健全人才流动和使用的体制机制。采取多种形式选拔各类优秀人才重点是专业技术人才到国外学习培训，探索建立国际培训基地。加大制造业引智力度，引进领军人才和紧缺人才。

（六）完善中小微企业政策。

落实和完善支持小微企业发展的财税优惠政策，优化中小企业发展专项资金使用重点和方式。发挥财政资金杠杆撬动作用，吸引社会资本，加快设立国家中小企业发展基金。支持符合条件的民营资本依法设立中小型银行等金融机构，鼓励商业银行加大小微企业金融服务专营机构建设力度，建立完善小微企业融资担保体系，创新产品和服务。加快构建中小微企业征信体系，积极发展面向小微企业的融资租赁、知识产权质押贷款、信用保险保单质押贷款等。建设完善中小企业创业基地，引导各类创业投资基金投资小微企业。鼓励大学、科研院所、工程中心等对中小企业开放共享各种实（试）验设施。加强中小微企业综合服务体系建设，完善中小微企业公共服务平台网络，建立信息互联互通机制，为中小微企业提供创业、创新、融资、咨询、培训、人才等专业化服务。

（七）进一步扩大制造业对外开放。

深化外商投资管理体制改革，建立外商投资准入前国民待遇加负面清单管理机制，落实备案为主、核准为辅的管理模式，营造稳定、透明、可预期的营商环境。全面深化外汇管理、海关监管、检验检疫管理改革，提高贸易投资便利化水平。进一步放宽市场准入，修订钢铁、化工、船舶等产业政策，支持制造业企业通过委托开发、专利授权、众包众创等方式引进先进技术和高端人才，推动利用外资由重点引进技术、资金、设备向合资合作开发、对外并购及引进领军人才转变。加强对外投资立法，强化制造业企业走出去法律保障，规范企业境外经营行为，维护企业合法权益。探索利用产业基金、国有资本收益等渠道支持高铁、电力装备、汽车、工程施工等装备和优势产能走出去，实施海外投资并购。加快制造业走出去支撑服务机构建设和水平提升，建立制造业对外投资公共服务平台和出口产品技术性贸易服务平台，完善应对贸易摩擦和境外投资重大事项预警协调机制。

（八）健全组织实施机制。

成立国家制造强国建设领导小组，由国务院领导同志担任组长，成员由国务院相关部门和单位负责同志担任。领导小组主要职责是：统筹协调制造强国建设全局性工作，审议重大规划、重大政策、重大工程专项、重大问题和重要工作安排，加强战略谋划，指导部门、地方开展工作。领导小组办公室设在工业和信息化部，承担领导小组日常工作。设立制造强国建设战略咨询委员会，研究制造业发展的前瞻性、战略性重大问题，对制造业重大决策提供咨询评估。支持包括社会智库、企业智库在内的多层次、多领域、多形态的中国特色新型智库建设，为制造强国建设提供强大智力支持。建立《中国制造 2025》任务落实情况督促检查和第三方评价机制，完善统计监测、绩效评估、动态调整和监督考核机制。建立《中国制造 2025》中期评估机制，适时对目标任务进行必要调整。

各地区、各部门要充分认识建设制造强国的重大意义，加强组织领导，健全工作机制，强化部门协同和上下联动。各地区要结合当地实际，研究制定具体实施方案，细化政策措施，确保各项任务落实到位。工业和信息化部要会同相关部门加强跟踪分析和督促指导，重大事项及时向国务院报告。

关于加快高速宽带网络建设推进网络提速降费的指导意见

国办发〔2015〕41号

各省、自治区、直辖市人民政府，国务院各部委、各直属机构：

宽带网络是国家战略性公共基础设施，建设高速畅通、覆盖城乡、质优价廉、服务便捷的宽带网络基础设施和服务体系一举多得，既有利于壮大信息消费、拉动有效投资，促进新型工业化、信息化、城镇化和农业现代化同步发展，又可以降低创业成本，为打造大众创业、万众创新和增加公共产品、公共服务“双引擎”，推动“互联网+”发展提供有力支撑，对于稳增长、促改革、调结构、惠民生具有重要意义。近年来，随着“宽带中国”战略的启动实施和持续推进，我国宽带发展水平有了显著提升，但仍与人民群众的需求和用户期望差距较大，网络速率相对国际先进水平仍然较低，人均网费支出占收入的比重仍然较高，城乡区域发展不平衡，服务质量有待改善。党中央、国务院对此高度重视，要求加快推进宽带网络基础设施建设，进一步提速降费，提升服务水平。经国务院同意，现就有关工作提出以下意见：

一、加快基础设施建设，大幅提高网络速率

（一）加快高速宽带网络建设。加快推进全光纤网络城市和第四代移动通信（4G）网络建设，2015年网络建设投资超过4 300亿元，2016—2017年累计投资不低于7 000亿元。推进光纤到户进程，2015年完成4.5万个铜缆接入小区的光纤化改造，新建光纤到户家庭超过8 000万户。完善电信普遍服务，开展宽带乡村工程，加大农村和中西部地区宽带网络建设力度，2015年新增1.4万个行政村通宽带，在1万个行政村实施光纤到村建设，着力缩小“数字鸿沟”。扩大移动通信覆盖范围，鼓励移动用户向4G迁移，提升移动宽带速率。

到2015年底，全国设区市城区和部分有条件的非设区市城区80%以上家庭具备100Mbps（兆比特每秒）光纤接入能力，50%以上设区市城区实现全光纤网络覆盖；直辖市、省会城市等主要城市宽带用户平均接入速率达到20Mbps，其他设区市城区和非设区市城区宽带用户平均接入速率达到10Mbps，鼓励有条件的地区推广50Mbps、100Mbps等高带宽接入服务；95%以上的行政村通固定或移动宽带。建成4G基站超过130万个，实现乡镇以上地区网络深度覆盖，4G用户超过3亿户。

到2017年底，全国所有设区市城区和大部分非设区市城区家庭具备100Mbps光纤接入能力，直辖市、省会城市等主要城市宽带用户平均接入速率超过30Mbps，基本达到2015年发达国家平均水平，其他设区市城区和非设区市城区宽带用户平均接入速率达到20Mbps；80%以上的行政村实现光纤到村，农村宽带家庭普及率大幅提升；4G网络全面覆盖城市和农村，移动宽带人口普及率接近中等发达国家水平。

（二）提升骨干网络容量和网间互通能力。适度超前建设高速大容量光通信传输系统，持续提升骨干传输网络容量。优化互联网骨干网络结构，大幅增加网间互联带宽，2015年扩容600Gbps（吉比特每秒）。加大中央预算内投资，加快互联网国际出入口带宽扩容，全面提升国际互联带宽和流量转接能力。

（三）加强应用基础设施建设。加快推动内容分发网络向大容量、广覆盖、智能化演进，不断增强网络流量承载和分发能力。加大支持力度，促进向下一代互联网演进升级。提升网站服务能力，增加主要业务应用带宽配置，实现互联网信源高速接入、网络流量高效疏通，促进应用基础设施与骨干网络协同发展，持续改善用户上网体验。

（四）深入推进电信基础设施共建共享。创新电信基础设施建设管理方式，加快推进集中统一建设和专业化运营，全力保障 4G 网络建设进度，促进铁塔等电信基础设施资源整合共享，提高效率和效益，避免重复建设。全面推进“三网融合”，2015 年底前将实施范围扩大到全国。

二、有效降低网络资费，持续提升服务水平

（五）推动电信企业降低网费。电信企业要增强服务能力，多措并举，实现网络资费合理下降。鼓励电信企业积极承担社会责任，在网费明显偏高的城市开展宽带免费提速和降价活动，将具备网络条件的 4Mbps 以下铜缆用户接入速率免费提升到 4Mbps~8Mbps，下调百兆光纤接入网费，更多让利于民。引导和推动电信企业通过定向流量优惠、闲时流量赠送等多种方式降低流量资费水平，提升性价比。鼓励电信企业推出流量不清零、流量转赠、套餐匹配等服务，指导电信企业完善流量提醒服务，让广大用户用得安心、实惠。鼓励电信企业向社会发布网络提速降费方案计划，并进一步完善具体办法。

（六）提高电信企业运营效率。建立健全电信企业与互联网企业、广电企业、信息内容供应商等市场主体间的合作和公平竞争机制，促进专业化分工合作，探索产业链互利共赢发展模式。推动电信企业加大管理机制创新力度，深化改革、强化管理、加快转型、增强活力，抓住“互联网 +”、云计算、物联网、大数据等发展机遇，积极开展技术创新、产品创新和商业模式创新，丰富业务品种，提高服务质量，加快培育新的利润增长点。

（七）有序开放电信市场。充分发挥民间资本的创新活力，推动形成多种主体相互竞争、优势互补、共同发展的市场格局，通过有序竞争持续促进提升宽带服务质量和降低资费水平。宽带接入业务开放试点企业 2015 年底前超过 100 家，带动民间资本投资超过 100 亿元，试点城市由 16 个增加到 30 个以上，2017 年试点城市范围扩大到全国各地区。继续推进移动通信转售业务开放试点，2016 年实现全面开放。充分发挥通信网和有线电视网信息基础设施的作用，加快全国有线电视网整合，推动基础信息网络平等互联，尽快提升网络能力，为消费者提供高速优质服务。

（八）加强电信市场监管。加强电信监管队伍建设，进一步维护好宽带市场竞争秩序。加强资费行为监管和宽带接入服务监管，严厉打击价格违法行为以及虚假宣传、非法网站和应用程序窃取用户流量等损害消费者合法权益的违法违规行为，规范市场秩序。加强互联网骨干网通信质量监管，保障网间互联畅通。加大网络数据和用户信息保护力度，加快网络信息安全配套工程建设。加快建设对木马和僵尸病毒、移动互联网恶意程序的监测和处置等技术手段，建立完善移动互联网应用程序安全管理机制，营造安全可靠的网络运行环境。

（九）提升公共服务水平。深入推进实施信息惠民等工程，建立公共信息服务平台，推进教育、医疗优质资源共享，普及应用居民健康卡，加快就业等信息实现全国联网，充分发挥宽带网络提速降费提升公共服务水平与扩大应用推动网络建设发展的相互促进作用。

三、完善配套支持政策，强化组织落实

（十）推进简政放权。对通信建设资质资格审批等已经取消或下放的相关行政许可事项和非行政许可审批事项，各有关部门要加强督促检查，确保落实到位。要进一步改进行政审批工作，简化申报材料要求，努力为企业经营活动创造便利条件。要坚持放管结合，强化事中事后监管，积极推进电子政务和政务公开，加快实现网上申请、受理、审核流转、公示审批结果等，着力提升工作效率，不断提高服务能力和管理水平，切实减轻企业负担，充分激发市场活力。

（十一）完善配套支持政策。工业和信息化部、发展改革委、财政部等要加快完善以宽带为重点内容的电信普遍服务补偿机制，加快农村宽带基础设施建设。结合无线电频率占用费统筹使用，发挥中央财政资金引导作用，持续支持农村及偏远地区宽带网络建设和运行维护，推进电信普遍服务工作。利用中央预算内投资，结合新型城镇化、“一带一路”、长江经济带等国家战略，支持基础薄弱区域宽带基础设施升级改造。金融部门要加大融资支持，对重大项目投资给予有效贷款支持。国资委要统筹考虑宽带网络作为战略性公共基础设施的定位，优化完善基础电信企业经营业绩考核体系。环保部门要进一步优化通信基站环境监管机制，加快环评进度。各地要对基础电信企业在融资、用电、选址、征地、小区进入等各方面给予支持并加强对政策落实情况的考

核。鼓励有条件的地方对众创空间的宽带网络给予适当补贴。

（十二）完善宽带网络标准。工业和信息化部要抓紧完善网络速率监测标准、电信服务质量标准等并抓好组织实施，加快建设“宽带中国”地图及网速监测平台，发布各地、各企业宽带速率权威信息，促进企业有序竞争，接受用户监督。住房城乡建设部、工业和信息化部要加大对光纤到户国家标准的组织实施和监督检查力度，确保执行到位。

（十三）全面保障宽带网络建设通行。各地要在经济社会发展规划、城乡规划、土地利用总体规划、城市地下综合管廊建设规划等综合性和专项规划中，同步安排通信光缆、管道、基站、机房等宽带网络设施建设内容。市政设施和政府机关、企事业单位、公共机构等所属公共设施，应向宽带网络设施建设开放，并提供通行便利，保障公平进入，禁止巧立名目收取进场费、协调费、分摊费等不合理费用。积极探索通过推动地方性法规建设，进一步明确宽带网络的战略性公共基础设施属性，切实保障宽带网络基础设施的建设通行权。

（十四）规范通信建设行为。各地要进一步完善新建住宅小区和住宅建筑内光纤到户通信设施规划建设和验收备案等工作机制，严格执行光纤到户国家标准规范，落实小区红线内通信管道等配套设施建设。支持现有住宅小区光纤改造，禁止任何机构和个人无故阻碍通信设施建设或收取不合理费用，切实保障用户的公平选择权。对因征地拆迁、城乡建设等造成的宽带网络设施迁移或毁损，严格按照有关标准予以补偿。

各地区、各有关部门要充分认识加快宽带网络提速降费工作的重要意义，把思想和行动统一到党中央、国务院决策部署上来，按照本意见要求，加强组织领导，明确工作责任，切实落实好各项任务措施。充分发挥“宽带中国”战略实施部际协调小组作用，各有关部门要按照职责分工，加强协调配合，形成工作合力，共同推进宽带网络提速降费，积极制定实施财税、土地、建设、环评、企业经营业绩考核等方面支持政策。工业和信息化部要加强与相关部门的协调，做好统筹推动和督促检查，每年向社会公布全国和各地区实施情况，接受社会监督，重大情况及时报国务院。

国务院办公厅

2015 年 5 月 16 日

（本文有删减）

关于促进先进光伏技术产品应用和产业升级的意见

国能新能〔2015〕194 号

各省、自治区、直辖市及新疆生产建设兵团发展改革委（能源局）、工业和信息化主管部门、质监局，国家能源局各派出机构，国家电网公司、南方电网公司，华能集团、国电集团、大唐集团、华电集团、中电投集团、神华集团、中节能集团、中核集团、中广核集团、中电建集团、中能建集团：

2013 年国务院发布《关于促进光伏产业健康发展的若干意见》（国发［2013］24 号）以来，我国光伏技术进步明显加快，市场规模迅速扩大，为光伏产业发展提供了有力的市场支撑。与此同时，也出现了部分落后产能不能及时退出市场、先进技术产品无法进入市场、光伏产业整体技术升级缓慢、光伏发电工程质量存在隐患等问题。为促进先进光伏技术产品应用和产业升级，加强光伏产品和工程质量管理，现提出以下意见：

一、发挥市场对技术进步的引导作用。充分发挥市场配置资源的决定性作用，提高光伏产品市场准入标准，引导光伏技术进步和产业升级。根据不同发展阶段的光伏技术和产品，采取差别化的市场准入标准，支持先进技术产品扩大市场，加速淘汰技术落后产品，规范光伏发电技术和质量监督管理。逐步建立光伏产品市场准入标准的循环递进机制，加速光伏发电技术进步和产业升级。

二、严格执行光伏产品市场准入标准。自本文件发布之日起，光伏发电项目新采购的光伏组件应满足工业和信息化部《光伏制造行业规范条件》（2015 年本）相关产品技术指标要求。其中，多晶硅电池组件和单晶硅电池组件的光电转换效率分别不低于 15.5% 和 16%；高倍聚光光伏组件光电转换效率不低于 28%；硅基、铜铟镓硒（CIGS）、碲化镉（CdTe）及其他薄膜电池组件的光电转换效率分别不低于 8%、11%、11% 和 10%；多晶硅、单晶硅和薄膜电池组件自项目投产运行之日起，一年内衰减率分别不高于 2.5%、3% 和 5%，之后每年衰减率不高于 0.7%，项目全生命周期内衰减率不高于 20%。高倍聚光光伏组件自项目投产运行之日起，一年内衰减率不高于 2%，之后每年衰减率不高于 0.5%，项目全生命周期内衰减率不高于 10%。上述指标将根据产业发展情况适时调整。

三、实施“领跑者”计划。国家能源局每年安排专门的市场规模实施“领跑者”计划，要求项目采用先进技术产品。2015 年，“领跑者”先进技术产品应达到以下指标：多晶硅电池组件和单晶硅电池组件的光电转换效率分别达到 16.5% 和 17% 以上；高倍聚光光伏组件光电转换效率达到 30% 以上；硅基、铜铟镓硒、碲化镉及其他薄膜电池组件的光电转换效率分别达到 12%、13%、13% 和 12% 以上。“领跑者”计划通过建设先进技术光伏发电示范基地、新技术应用示范工程等方式实施。国家能源局提出示范工程的主要技术进步指标、建设规范、运行管理及信息监测等要求。省级能源主管部门通过竞争性比选机制选择技术能力和投资经营实力强的开发投资企业，企业通过市场机制选择达到“领跑者”先进技术指标的产品。

四、发挥财政资金和政府采购支持光伏发电技术进步的作用。国家支持的解决无电人口用电、偏远地区缺电问题和光伏扶贫等公益性项目、国家援外项目、国家和各级能源主管部门组织实施的各类光伏发电应用示范项目、各级地方政府使用财政资金支持的光伏发电项目以及在各级政府机构建筑设施上安装的光伏发电项目，优先采用“领跑者”先进技术产品。

五、加强光伏产品检测认证。加强光伏产品检测认证能力建设，逐步提高光伏产品认证标准，提高光伏行业国际标准制定和国际互认能力。光伏组件生产企业应具备组件及其使用材料的产品试验、例行检验所必须的检测能力。企业生产的关键产品必须通过第三方检测认证，并由第三方检测认证机构公布检测认证结果。光伏组件生产企业在产品说明书中应明确多晶硅、电池片、玻璃、银浆、EVA、背板等关键原辅材料的来源信息，确保进入市场的光伏产品必须是经过检测认证且达标的产品。

六、加强工程产品质量管理。光伏发电项目采用的光伏组件、逆变器及关键产品，须通过国家认监委批准的认证机构认证且与认证送检产品保持一致。各光伏发电开发投资企业应建立光伏发电关键设备的技术及质量管理制度，在产品招标采购、到货验收、竣工验收环节，对光伏产品技术指标提出明确的要求。

七、加强技术监测和监督。国家能源局、工业和信息化部和国家认监委等部门定期组织有关单位对光伏市场产品开展技术质量检查，重点检查光伏产品关键技术性能和产品质量，完善技术质量管理政策，检查结果向社会公布。对产品未达到市场准入标准的制造企业，予以公告。对国家组织实施的“领跑者”计划项目，委托第三方检测认证机构进行全过程技术监测评价，在工程竣工验收时重点检查是否达到承诺的指标，在工程投产一年后进行后评估并公布评估结果。

八、完善光伏发电运行信息监测体系。行业技术支撑单位要按照行业管理有关要求，开展并网运行光伏发电项目建设运行信息统计工作。电网企业要建立和完善并网运行信息监测系统，监测项目输出功率和发电量等数据，保持运行信息的连续性和完整性，配合开展光伏发电技术评价和质量检查信息服务工作。项目单位应向国家可再生能源信息系统报送光伏发电设施的基本信息，包括光伏组件类型、规格、额定功率、安装方式、逆变器型号、系统最大输出功率等。项目设施进行检修和发生故障时，项目单位应按运行规程及时向电网企业通报有关情况。

附件：主要技术指标说明（略）

国家能源局

工业和信息化部

国家认监委

2015 年 6 月 1 日

关于促进跨境电子商务健康快速发展的指导意见

国办发〔2015〕46号

各省、自治区、直辖市人民政府，国务院各部委、各直属机构：

近年来，我国跨境电子商务快速发展，已经形成了一定的产业集群和交易规模。支持跨境电子商务发展，有利于用“互联网+外贸”实现优进优出，发挥我国制造业大国优势，扩大海外营销渠道，合理增加进口，扩大国内消费，促进企业和外贸转型升级；有利于增加就业，推进大众创业、万众创新，打造新的经济增长点；有利于加快实施共建“一带一路”等国家战略，推动开放型经济发展升级。为促进我国跨境电子商务健康快速发展，经国务院批准，现提出以下意见：

一、支持国内企业更好地利用电子商务开展对外贸易。加快建立适应跨境电子商务特点的政策体系和监管体系，提高贸易各环节便利化水平。鼓励企业间贸易尽快实现全程在线交易，不断扩大可交易商品范围。支持跨境电子商务零售出口企业加强与境外企业合作，通过规范的“海外仓”、体验店和配送网店等模式，融入境外零售体系，逐步实现经营规范化、管理专业化、物流生产集约化和监管科学化。通过跨境电子商务，合理增加消费品进口。

二、鼓励有实力的企业做大做强。培育一批影响力较大的公共平台，为更多国内外企业沟通、洽谈提供优质服务；培育一批竞争力较强的外贸综合服务企业，为跨境电子商务企业提供全面配套支持；培育一批知名度较高的自建平台，鼓励企业利用自建平台加快品牌培育，拓展营销渠道。鼓励国内企业与境外电子商务企业强强联合。

三、优化配套的海关监管措施。在总结前期试点工作基础上，进一步完善跨境电子商务进出境货物、物品管理模式，优化跨境电子商务海关进出口通关作业流程。研究跨境电子商务出口商品简化归类的可行性，完善跨境电子商务统计制度。

四、完善检验检疫监管政策措施。对跨境电子商务进出口商品实施集中申报、集中查验、集中放行等便利措施。加强跨境电子商务质量安全监管，对跨境电子商务经营主体及商品实施备案管理制度，突出经营企业质量安全主体责任，开展商品质量安全风险监管。进境商品应当符合我国法律法规和标准要求，对违反生物安全和其他相关规定的行为要依法查处。

五、明确规范进出口税收政策。继续落实现行跨境电子商务零售出口货物增值税、消费税退税或免税政策。关于跨境电子商务零售进口税收政策，由财政部按照有利于拉动国内消费、公平竞争、促进发展和加强进口税收管理的原则，会同海关总署、税务总局另行制订。

六、完善电子商务支付结算管理。稳妥推进支付机构跨境外汇支付业务试点。鼓励境内银行、支付机构依法合规开展跨境电子支付业务，满足境内外企业及个人跨境电子支付需要。推动跨境电子商务活动中使用人民币计价结算。支持境内银行卡清算机构拓展境外业务。加强对电子商务大额在线交易的监测，防范金融风险。加强跨境支付国内与国际监管合作，推动建立合作监管机制和信息共享机制。

七、提供积极财政金融支持。鼓励传统制造和商贸流通企业利用跨境电子商务平台开拓国际市场。利用现有财政政策，对符合条件的跨境电子商务企业走出去重点项目给予必要的资金支持。为跨境电子商务提供适合的信用保险服务。向跨境电子商务外贸综合服务企业提供有效的融资、保险支持。

八、建设综合服务体系。支持各地创新发展跨境电子商务，引导本地跨境电子商务产业向规模化、标准化、集群化、规范化方向发展。鼓励外贸综合服务企业为跨境电子商务企业提供通关、物流、仓储、融资等全方位服务。支持企业建立全球物流供应链和境外物流服务体系。充分发挥各驻外经商机构作用，为企业开展跨境电子商务提供信息服务和必要的协助。

九、规范跨境电子商务经营行为。加强诚信体系建设，完善信用评估机制，实现各监管部门信息互换、监管互认、执法互助，构建跨境电子商务交易保障体系。推动建立针对跨境电子商务交易的风险防范和预警机制，健全消费者权益保护和售后服务制度。引导跨境电子商务主体规范经营行为，承担质量安全主体责任，营造公平竞争的市场环境。加强执法监管，加大知识产权保护力度，坚决打击跨境电子商务中出现的各种违法侵权行为。通过有效措施，努力实现跨境电子商务在发展中逐步规范、在规范中健康发展。

十、充分发挥行业组织作用。推动建立全国性跨境电子商务行业组织，指导各地行业组织有效开展相关工作。发挥行业组织在政府与企业间的桥梁作用，引导企业公平竞争、守法经营。加强与国内外相关行业组织交流合作，支持跨境电子商务企业与相关产业集群、专业商会在境外举办实体展会，建立营销网络。联合高校和职业教育机构开展跨境电子商务人才培养培训。

十一、加强多双边国际合作。加强与“一带一路”沿线国家和地区的电子商务合作，提升合作水平，共同打造若干畅通安全高效的电子商务大通道。通过多双边对话，与各经济体建立互利共赢的合作机制，及时化解跨境电子商务进出口引发的贸易摩擦和纠纷。

十二、加强组织实施。国务院有关部门要制订和完善配套措施，做好跨境电子商务的中长期总体发展规划，定期开展总结评估，支持和推动各地监管部门出台相关措施。同时，对有条件、有发展意愿的地区，就本意见的组织实施做好协调和服务等相关工作。依托现有工作机制，加强部门间沟通协作和相关政策衔接，全力推动中国（杭州）跨境电子商务综合试验区和海峡两岸电子商务经济合作实验区建设，及时总结经验，适时扩大试点。在此基础上，逐步建立适应跨境电子商务发展特点的政策体系和监管体系。

地方各级人民政府要按照本意见要求，结合实际情况，制订完善发展跨境电子商务的工作方案，切实履行指导、督查和监管责任。组建高效、便利、统一的公共服务平台，构建可追溯、可比对的数据链条，既符合监管要求，又简化企业申报办理流程。加大对重点企业的支持力度，主动与相关部门沟通，及时协调解决组织实施工作中遇到的困难和问题。

国务院办公厅

2015年6月16日

关于积极推进“互联网+”行动的指导意见

国发〔2015〕40号

各省、自治区、直辖市人民政府，国务院各部委、各直属机构：

“互联网+”是把互联网的创新成果与经济社会各领域深度融合，推动技术进步、效率提升和组织变革，提升实体经济创新力和生产力，形成更广泛的以互联网为基础设施和创新要素的经济社会发展新形态。在全球新一轮科技革命和产业变革中，互联网与各领域的融合发展具有广阔前景和无限潜力，已成为不可阻挡的时代潮流，正对各国经济社会发展产生着战略性和全局性的影响。积极发挥我国互联网已经形成的比较优势，把握机遇，增强信心，加快推进“互联网+”发展，有利于重塑创新体系、激发创新活力、培育新兴业态和创新公共服务模式，对打造大众创业、万众创新和增加公共产品、公共服务“双引擎”，主动适应和引领经济发展新常态，形成经济发展新动能，实现中国经济提质增效升级具有重要意义。

近年来，我国在互联网技术、产业、应用以及跨界融合等方面取得了积极进展，已具备加快推进“互联网+”发展的坚实基础，但也存在传统企业运用互联网的意识和能力不足、互联网企业对传统产业理解不够深入、新业态发展面临体制机制障碍、跨界融合型人才严重匮乏等问题，亟待加以解决。为加快推动互联网与各领域深入融合和创新发展，充分发挥“互联网+”对稳增长、促改革、调结构、惠民生、防风险的重要作用，现就积极推进“互联网+”行动提出以下意见。

一、行动要求

（一）总体思路。

顺应世界“互联网+”发展趋势，充分发挥我国互联网的规模优势和应用优势，推动互联网由消费领域向生产领域拓展，加速提升产业发展水平，增强各行业创新能力，构筑经济社会发展新优势和新动能。坚持改革创新和市场需求导向，突出企业的主体作用，大力拓展互联网与经济社会各领域融合的广度和深度。着力深化体制机制改革，释放发展潜力和活力；着力做优存量，推动经济提质增效和转型升级；着力做大增量，培育新兴业态，打造新的增长点；着力创新政府服务模式，夯实网络发展基础，营造安全网络环境，提升公共服务水平。

（二）基本原则。

坚持开放共享。营造开放包容的发展环境，将互联网作为生产生活要素共享的重要平台，最大限度优化资源配置，加快形成以开放、共享为特征的经济社会运行新模式。

坚持融合创新。鼓励传统产业树立互联网思维，积极与“互联网+”相结合。推动互联网向经济社会各领域加速渗透，以融合促创新，最大程度汇聚各类市场要素的创新力量，推动融合性新兴产业成为经济发展新动力和新支柱。

坚持变革转型。充分发挥互联网在促进产业升级以及信息化和工业化深度融合中的平台作用，引导要素资源向实体经济集聚，推动生产方式和发展模式变革。创新网络化公共服务模式，大幅提升公共服务能力。

坚持引领跨越。巩固提升我国互联网发展优势，加强重点领域前瞻性布局，以互联网融合创新为突破口，培育壮大新兴产业，引领新一轮科技革命和产业变革，实现跨越式发展。

坚持安全有序。完善互联网融合标准规范和法律法规，增强安全意识，强化安全管理和防护，保障网络安全。建立科学有效的市场监管方式，促进市场有序发展，保护公平竞争，防止形成行业垄断和市场壁垒。

（三）发展目标。

到2018年，互联网与经济社会各领域的融合发展进一步深化，基于互联网的新业态成为新的经济增长动力，互联网支撑大众创业、万众创新的作用进一步增强，互联网成为提供公共服务的重要手段，网络经济与实体经济协同互动的发展格局基本形成。

——经济发展进一步提质增效。互联网在促进制造业、农业、能源、环保等产业转型升级方面取得积极成效，劳动生产率进一步提高。基于互联网的新兴业态不断涌现，电子商务、互联网金融快速发展，对经济提质增效的促进作用更加凸显。

——社会服务进一步便捷普惠。健康医疗、教育、交通等民生领域互联网应用更加丰富，公共服务更加多元，线上线下结合更加紧密。社会服务资源配置不断优化，公众享受到更加公平、高效、优质、便捷的服务。

——基础支撑进一步夯实提升。网络设施和产业基础得到有效巩固加强，应用支撑和安全保障能力明显增强。固定宽带网络、新一代移动通信网和下一代互联网加快发展，物联网、云计算等新型基础设施更加完备。人工智能等技术及其产业化能力显著增强。

——发展环境进一步开放包容。全社会对互联网融合创新的认识不断深入，互联网融合发展面临的体制机制障碍有效破除，公共数据资源开放取得实质性进展，相关标准规范、信用体系和法律法规逐步完善。

到2025年，网络化、智能化、服务化、协同化的“互联网+”产业生态体系基本完善，“互联网+”新经济形态初步形成，“互联网+”成为经济社会创新发展的重要驱动力量。

二、重点行动

（一）“互联网+”创业创新。

充分发挥互联网的创新驱动作用，以促进创业创新为重点，推动各类要素资源聚集、开放和共享，大力发展众创空间、开放式创新等，引导和推动全社会形成大众创业、万众创新的浓厚氛围，打造经济发展新引擎。（发

展改革委、科技部、工业和信息化部、人力资源社会保障部、商务部等负责，列第一位者为牵头部门，下同）

1. 强化创业创新支撑。鼓励大型互联网企业和基础电信企业利用技术优势和产业整合能力，向小微企业和创业团队开放平台入口、数据信息、计算能力等资源，提供研发工具、经营管理和市场营销等方面的支持和服务，提高小微企业信息化应用水平，培育和孵化具有良好商业模式的创业企业。充分利用互联网基础条件，完善小微企业公共服务平台网络，集聚创业创新资源，为小微企业提供找得着、用得起、有保障的服务。

2. 积极发展众创空间。充分发挥互联网开放创新优势，调动全社会力量，支持创新工场、创客空间、社会实验室、智慧小企业创业基地等新型众创空间发展。充分利用国家自主创新示范区、科技企业孵化器、大学科技园、商贸企业集聚区、小微企业创业示范基地等现有条件，通过市场化方式构建一批创新与创业相结合、线上与线下相结合、孵化与投资相结合的众创空间，为创业者提供低成本、便利化、全要素的工作空间、网络空间、社交空间和资源共享空间。实施新兴产业“双创”行动，建立一批新兴产业“双创”示范基地，加快发展“互联网+”创业网络体系。

3. 发展开放式创新。鼓励各类创新主体充分利用互联网，把握市场需求导向，加强创新资源共享与合作，促进前沿技术和创新成果及时转化，构建开放式创新体系。推动各类创业创新扶持政策与互联网开放平台联动协作，为创业团队和个人开发者提供绿色通道服务。加快发展创业服务业，积极推广众包、用户参与设计、云设计等新型研发组织模式，引导建立社会各界交流合作的平台，推动跨区域、跨领域的技术成果转移和协同创新。

（二）“互联网+”协同制造。

推动互联网与制造业融合，提升制造业数字化、网络化、智能化水平，加强产业链协作，发展基于互联网的协同制造新模式。在重点领域推进智能制造、大规模个性化定制、网络化协同制造和服务型制造，打造一批网络化协同制造公共服务平台，加快形成制造业网络化产业生态体系。（工业和信息化部、发展改革委、科技部共同牵头）

1. 大力发展智能制造。以智能工厂为发展方向，开展智能制造试点示范，加快推动云计算、物联网、智能工业机器人、增材制造等技术在生产过程中的应用，推进生产装备智能化升级、工艺流程改造和基础数据共享。着力在工控系统、智能感知元器件、工业云平台、操作系统和工业软件等核心环节取得突破，加强工业大数据的开发与利用，有效支撑制造业智能化转型，构建开放、共享、协作的智能制造产业生态。

2. 发展大规模个性化定制。支持企业利用互联网采集并对接用户个性化需求，推进设计研发、生产制造和供应链管理等关键环节的柔性化改造，开展基于个性化产品的服务模式和商业模式创新。鼓励互联网企业整合市场信息，挖掘细分市场需求与发展趋势，为制造企业开展个性化定制提供决策支撑。

3. 提升网络化协同制造水平。鼓励制造业骨干企业通过互联网与产业链各环节紧密协同，促进生产、质量控制和运营管理系统全面互联，推行众包设计研发和网络化制造等新模式。鼓励有实力的互联网企业构建网络化协同制造公共服务平台，面向细分行业提供云制造服务，促进创新资源、生产能力、市场需求的集聚与对接，提升服务中小微企业能力，加快全社会多元化制造资源的有效协同，提高产业链资源整合能力。

4. 加速制造业服务化转型。鼓励制造企业利用物联网、云计算、大数据等技术，整合产品全生命周期数据，形成面向生产组织全过程的决策服务信息，为产品优化升级提供数据支撑。鼓励企业基于互联网开展故障预警、远程维护、质量诊断、远程过程优化等在线增值服务，拓展产品价值空间，实现从制造向“制造+服务”的转型升级。

（三）“互联网+”现代农业。

利用互联网提升农业生产、经营、管理和服务水平，培育一批网络化、智能化、精细化的现代“种养加”生态农业新模式，形成示范带动效应，加快完善新型农业生产经营体系，培育多样化农业互联网管理服务模式，逐步建立农副产品、农资质量安全追溯体系，促进农业现代化水平明显提升。（农业部、发展改革委、科技部、商务部、质检总局、食品药品监管总局、林业局等负责）

1. 构建新型农业生产经营体系。鼓励互联网企业建立农业服务平台，支撑专业大户、家庭农场、农民合作社、农业产业化龙头企业等新型农业生产经营主体，加强产销衔接，实现农业生产由生产导向向消费导向转变。提高农业生产经营的科技化、组织化和精细化水平，推进农业生产流通销售方式变革和农业发展方式转变，提升农业生产效率和增值空间。规范用好农村土地流转公共服务平台，提升土地流转透明度，保障农民权益。

2. 发展精准化生产方式。推广成熟可复制的农业物联网应用模式。在基础较好的领域和地区，普及基于环境感知、实时监测、自动控制的网络化农业环境监测系统。在大宗农产品规模生产区域，构建天地一体的农业物联网测控体系，实施智能节水灌溉、测土配方施肥、农机定位耕种等精准化作业。在畜禽标准化规模养殖基地和水产健康养殖示范基地，推动饲料精准投放、疾病自动诊断、废弃物自动回收等智能设备的应用普及和互联互通。

3. 提升网络化服务水平。深入推进信息进村入户试点，鼓励通过移动互联网为农民提供政策、市场、科技、保险等生产生活信息服务。支持互联网企业与农业生产经营主体合作，综合利用大数据、云计算等技术，建立农业信息监测体系，为灾害预警、耕地质量监测、重大动植物疫情防控、市场波动预测、经营科学决策等提供服务。

4. 完善农副产品质量安全追溯体系。充分利用现有互联网资源，构建农副产品质量安全追溯公共服务平台，推进制度标准建设，建立产地准出与市场准入衔接机制。支持新型农业生产经营主体利用互联网技术，对生产经营过程进行精细化信息化管理，加快推动移动互联网、物联网、二维码、无线射频识别等信息技术在生产加工和流通销售各环节的推广应用，强化上下游追溯体系对接和信息互通共享，不断扩大追溯体系覆盖面，实现农副产品“从农田到餐桌”全过程可追溯，保障“舌尖上的安全”。

（四）“互联网 +”智慧能源。

通过互联网促进能源系统扁平化，推进能源生产与消费模式革命，提高能源利用效率，推动节能减排。加强分布式能源网络建设，提高可再生能源占比，促进能源利用结构优化。加快发电设施、用电设施和电网智能化改造，提高电力系统的安全性、稳定性和可靠性。（能源局、发展改革委、工业和信息化部等负责）

1. 推进能源生产智能化。建立能源生产运行的监测、管理和调度信息公共服务网络，加强能源产业链上下游企业的信息对接和生产消费智能化，支撑电厂和电网协调运行，促进非化石能源与化石能源协同发电。鼓励能源企业运用大数据技术对设备状态、电能负载等数据进行分析挖掘与预测，开展精准调度、故障判断和预测性维护，提高能源利用效率和安全稳定运行水平。

2. 建设分布式能源网络。建设以太阳能、风能等可再生能源为主体的多能源协调互补的能源互联网。突破分布式发电、储能、智能微网、主动配电网等关键技术，构建智能化电力运行监测、管理技术平台，使电力设备和用电终端基于互联网进行双向通信和智能调控，实现分布式电源的及时有效接入，逐步建成开放共享的能源网络。

3. 探索能源消费新模式。开展绿色电力交易服务区域试点，推进以智能电网为配送平台，以电子商务为交易平台，融合储能设施、物联网、智能用电设施等硬件以及碳交易、互联网金融等衍生服务于一体的绿色能源网络发展，实现绿色电力的点到点交易及实时配送和补贴结算。进一步加强能源生产和消费协调匹配，推进电动汽车、港口岸电等电能替代技术的应用，推广电力需求侧管理，提高能源利用效率。基于分布式能源网络，发展用户端智能化用能、能源共享经济和能源自由交易，促进能源消费生态体系建设。

4. 发展基于电网的通信设施和新型业务。推进电力光纤到户工程，完善能源互联网信息通信系统。统筹部署电网和通信网深度融合的网络基础设施，实现同缆传输、共建共享，避免重复建设。鼓励依托智能电网发展家庭能效管理等新型业务。

（五）“互联网 +”普惠金融。

促进互联网金融健康发展，全面提升互联网金融服务能力和普惠水平，鼓励互联网与银行、证券、保险、基金的融合创新，为大众提供丰富、安全、便捷的金融产品和服务，更好满足不同层次实体经济的投融资需求，培育一批具有行业影响力的互联网金融创新型企业。（人民银行、银监会、证监会、保监会、发展改革委、工业和信息化部、网信办等负责）

1. 探索推进互联网金融云服务平台建设。探索互联网企业构建互联网金融云服务平台。在保证技术成熟和业务安全的基础上，支持金融企业与云计算技术提供商合作开展金融公共云服务，提供多样化、个性化、精准化的金融产品。支持银行、证券、保险企业稳妥实施系统架构转型，鼓励探索利用云服务平台开展金融核心业务，提供基于金融云服务平台的信用、认证、接口等公共服务。

2. 鼓励金融机构利用互联网拓宽服务覆盖面。鼓励各金融机构利用云计算、移动互联网、大数据等技术手段，加快金融产品和服务创新，在更广泛地区提供便利的存贷款、支付结算、信用中介平台等金融服务，拓宽普惠金融服务范围，为实体经济发展提供有效支撑。支持金融机构和互联网企业依法合规开展网络借贷、网络证券、网络保险、互联网基金销售等业务。扩大专业互联网保险公司试点，充分发挥保险业在防范互联网金融风险中的作用。推动金融集成电路卡（IC 卡）全面应用，提升电子现金的使用率和便捷性。发挥移动金融安全可信公共服务平台（MTPS）的作用，积极推动商业银行开展移动金融创新应用，促进移动金融在电子商务、公共服务等领域的规模应用。支持银行业金融机构借助互联网技术发展消费信贷业务，支持金融租赁公司利用互联网技术开展金融租赁业务。

3. 积极拓展互联网金融服务创新的深度和广度。鼓励互联网企业依法合规提供创新金融产品和服务，更好满足中小微企业、创新型企业和个人的投融资需求。规范发展网络借贷和互联网消费信贷业务，探索互联网金融服务创新。积极引导风险投资基金、私募股权投资基金和产业投资基金投资于互联网金融企业。利用大数据发展市场化个人征信业务，加快网络征信和信用评价体系建设。加强互联网金融消费权益保护和投资者保护，建立多元化金融消费纠纷解决机制。改进和完善互联网金融监管，提高金融服务安全性，有效防范互联网金融风险及其外溢效应。

（六）“互联网 +”益民服务。

充分发挥互联网的高效、便捷优势，提高资源利用效率，降低服务消费成本。大力发展以互联网为载体、线上线下互动的新兴消费，加快发展基于互联网的医疗、健康、养老、教育、旅游、社会保障等新兴服务，创新政府服务模式，提升政府科学决策能力和管理水平。（发展改革委、教育部、工业和信息化部、民政部、人力资源社会保障部、商务部、卫生计生委、质检总局、食品药品监管总局、林业局、旅游局、网信办、信访局等负责）

1. 创新政府网络化管理和服务。加快互联网与政府公共服务体系的深度融合，推动公共数据资源开放，促进公共服务创新供给和服务资源整合，构建面向公众的一体化在线公共服务体系。积极探索公众参与的网络化社会管理服务新模式，充分利用互联网、移动互联网应用平台等，加快推进政务新媒体发展建设，加强政府与公众的沟通交流，提高政府公共管理、公共服务和公共政策制定的响应速度，提升政府科学决策能力和社会治理水平，促进政府职能转变和简政放权。深入推进网上信访，提高信访工作质量、效率和公信力。鼓励政府和互联网企业合作建立信用信息共享平台，探索开展一批社会治理互联网应用试点，打通政府部门、企事业单位之间的数据壁垒，利用大数据分析手段，提升各级政府的社会治理能力。加强对“互联网 +”行动的宣传，提高公众参与度。

2. 发展便民服务新业态。发展体验经济，支持实体零售商综合利用网上商店、移动支付、智能试衣等新技术，打造体验式购物模式。发展社区经济，在餐饮、娱乐、家政等领域培育线上线下结合的社区服务新模式。发展共享经济，规范发展网络约租车，积极推广在线租房等新业态，着力破除准入门槛高、服务规范难、个人征信缺失等瓶颈制约。发展基于互联网的文化、媒体和旅游等服务，培育形式多样的新型业态。积极推广基于移动互联网入口的城市服务，开展网上社保办理、个人社保权益查询、跨地区医保结算等互联网应用，让老百姓足不出户享受便捷高效的服务。

3. 推广在线医疗卫生新模式。发展基于互联网的医疗卫生服务，支持第三方机构构建医学影像、健康档案、检验报告、电子病历等医疗信息共享服务平台，逐步建立跨医院的医疗数据共享交换标准体系。积极利用移动互联网提供在线预约诊疗、候诊提醒、划价缴费、诊疗报告查询、药品配送等便捷服务。引导医疗机构面向中小城市和农村地区开展基层检查、上级诊断等远程医疗服务。鼓励互联网企业与医疗机构合作建立医疗网络信息平台，加强区域医疗卫生服务资源整合，充分利用互联网、大数据等手段，提高重大疾病和突发公共卫生事件防控能力。积极探索互联网延伸医嘱、电子处方等网络医疗健康服务应用。鼓励有资质的医学检验机构、医疗服务机构联合互联网企业，发展基因检测、疾病预防等健康服务模式。

4. 促进智慧健康养老产业发展。支持智能健康产品创新和应用，推广全面量化健康生活新方式。鼓励健康服务机构利用云计算、大数据等技术搭建公共信息平台，提供长期跟踪、预测预警的个性化健康管理服务。发展第三方在线健康市场调查、咨询评价、预防管理等应用服务，提升规范化和专业化运营水平。依托现有互联网资源和社会力量，以社区为基础，搭建养老信息服务网络平台，提供护理看护、健康管理、康复照料等居家养老服务。鼓励养老服务机构应用基于移动互联网的便携式体检、紧急呼叫监控等设备，提高养老服务水平。

5. 探索新型教育服务供给方式。鼓励互联网企业与社会教育机构根据市场需求开发数字教育资源，提供网络化教育服务。鼓励学校利用数字教育资源及教育服务平台，逐步探索网络化教育新模式，扩大优质教育资源覆盖面，促进教育公平。鼓励学校通过与互联网企业合作等方式，对接线上线下教育资源，探索基础教育、职业教育等教育公共服务提供新方式。推动开展学历教育在线课程资源共享，推广大规模在线开放课程等网络学习模式，探索建立网络学习学分认定与学分转换等制度，加快推动高等教育服务模式变革。

（七）“互联网 +”高效物流。

加快建设跨行业、跨区域的物流信息服务平台，提高物流供需信息对接和使用效率。鼓励大数据、云计算在物流领域的应用，建设智能仓储体系，优化物流运作流程，提升物流仓储的自动化、智能化水平和运转效率，降低物流成本。（发展改革委、商务部、交通运输部、网信办等负责）

1. 构建物流信息共享互通体系。发挥互联网信息集聚优势，聚合各类物流信息资源，鼓励骨干物流企业和第三方机构搭建面向社会的物流信息服务平台，整合仓储、运输和配送信息，开展物流全程监测、预警，提高物流安全、环保和诚信水平，统筹优化社会物流资源配置。构建互通省际、下达市县、兼顾乡村的物流信息互联网络，建立各类可开放数据的对接机制，加快完善物流信息交换开放标准体系，在更广范围促进物流信息充分共享与互联互通。

2. 建设深度感知智能仓储系统。在各级仓储单元积极推广应用二维码、无线射频识别等物联网感知技术和大数据技术，实现仓储设施与货物的实时跟踪、网络化管理以及库存信息的高度共享，提高货物调度效率。鼓励应用智能化物流装备提升仓储、运输、分拣、包装等作业效率，提高各类复杂订单的出货处理能力，缓解货物囤积停滞瓶颈制约，提升仓储运管水平和效率。

3. 完善智能物流配送调配体系。加快推进货运车联网与物流园区、仓储设施、配送网点等信息互联，促进人员、货源、车源等信息高效匹配，有效降低货车空驶率，提高配送效率。鼓励发展社区自提柜、冷链储藏柜、代收服务点等新型社区化配送模式，结合构建物流信息互联网络，加快推进县到村的物流配送网络和村级配送网点建设，解决物流配送“最后一公里”问题。

（八）“互联网 +”电子商务。

巩固和增强我国电子商务发展领先优势，大力发展农村电商、行业电商和跨境电商，进一步扩大电子商务发展空间。电子商务与其他产业的融合不断深化，网络化生产、流通、消费更加普及，标准规范、公共服务等支撑环境基本完善。（发展改革委、商务部、工业和信息化部、交通运输部、农业部、海关总署、税务总局、质检总局、网信办等负责）

1. 积极发展农村电子商务。开展电子商务进农村综合示范，支持新型农业经营主体和农产品、农资批发市场对接电商平台，积极发展以销定产模式。完善农村电子商务配送及综合服务网络，着力解决农副产品标准化、物流标准化、冷链仓储建设等关键问题，发展农产品个性化定制服务。开展生鲜农产品和农业生产资料电子商务试点，促进农业大宗商品电子商务发展。

2. 大力发展行业电子商务。鼓励能源、化工、钢铁、电子、轻纺、医药等行业企业，积极利用电子商务平台优化采购、分销体系，提升企业经营效率。推动各类专业市场线上转型，引导传统商贸流通企业与电子商务企业整合资源，积极向供应链协同平台转型。鼓励生产制造企业面向个性化、定制化消费需求深化电子商务应用，支持设备制造企业利用电子商务平台开展融资租赁服务，鼓励中小微企业扩大电子商务应用。按照市场化、专业化方向，大力推广电子招标投标。

3. 推动电子商务应用创新。鼓励企业利用电子商务平台的大数据资源，提升企业精准营销能力，激发市场消费需求。建立电子商务产品质量追溯机制，建设电子商务售后服务质量检测云平台，完善互联网质量信息公共服务体系，解决消费者维权难、退货难、产品责任追溯难等问题。加强互联网食品药品市场监测监管体系建设，积极探索处方药电子商务销售和监管模式创新。鼓励企业利用移动社交、新媒体等新渠道，发展社交电商、“粉丝”经济等网络营销新模式。

4. 加强电子商务国际合作。鼓励各类跨境电子商务服务商发展，完善跨境物流体系，拓展全球经贸合作。推进跨境电子商务通关、检验检疫、结汇等关键环节单一窗口综合服务体系建设。创新跨境权益保障机制，利用合格评定手段，推进国际互认。创新跨境电子商务管理，促进信息网络畅通、跨境物流便捷、支付及结汇无障碍、税收规范便利、市场及贸易规则互认互通。

（九）“互联网 +”便捷交通。

加快互联网与交通运输领域的深度融合，通过基础设施、运输工具、运行信息等互联网化，推进基于互联网平台的便捷化交通运输服务发展，显著提高交通运输资源利用效率和管理精细化水平，全面提升交通运输行业服务品质和科学治理能力。（发展改革委、交通运输部共同牵头）

1. 提升交通运输服务品质。推动交通运输主管部门和企业将服务性数据资源向社会开放，鼓励互联网平台为社会公众提供实时交通运行状态查询、出行路线规划、网上购票、智能停车等服务，推进基于互联网平台的多种出行方式信息服务对接和一站式服务。加快完善汽车健康档案、维修诊断和服务质量信息服务平台建设。

2. 推进交通运输资源在线集成。利用物联网、移动互联网等技术，进一步加强对公路、铁路、民航、港口等交通运输网络关键设施运行状态与通行信息的采集。推动跨地域、跨类型交通运输信息互联互通，推广船联网、车联网等智能化技术应用，形成更加完善的交通运输感知体系，提高基础设施、运输工具、运行信息等要素资源的在线化水平，全面支撑故障预警、运行维护以及调度智能化。

3. 增强交通运输科学治理能力。强化交通运输信息共享，利用大数据平台挖掘分析人口迁徙规律、公众出行需求、枢纽客流规模、车辆船舶行驶特征等，为优化交通运输设施规划与建设、安全运行控制、交通运输管理决策提供支撑。利用互联网加强对交通运输违章违规行为的智能化监管，不断提高交通运输治理能力。

（十）“互联网 +”绿色生态。

推动互联网与生态文明建设深度融合，完善污染物监测及信息发布系统，形成覆盖主要生态要素的资源环境承载能力动态监测网络，实现生态环境数据互联互通和开放共享。充分发挥互联网在逆向物流回收体系中的平台作用，促进再生资源交易利用便捷化、互动化、透明化，促进生产生活方式绿色化。（发展改革委、环境保护部、商务部、林业局等负责）

1. 加强资源环境动态监测。针对能源、矿产资源、水、大气、森林、草原、湿地、海洋等各类生态要素，充分利用多维地理信息系统、智慧地图等技术，结合互联网大数据分析，优化监测站点布局，扩大动态监控范围，构建资源环境承载能力立体监控系统。依托现有互联网、云计算平台，逐步实现各级政府资源环境动态监测信息互联共享。加强重点用能单位能耗在线监测和大数据分析。

2. 大力发展智慧环保。利用智能监测设备和移动互联网，完善污染物排放在线监测系统，增加监测污染物种类，扩大监测范围，形成全天候、多层次的智能多源感知体系。建立环境信息数据共享机制，统一数据交换标准，推进区域污染物排放、空气环境质量、水环境质量等信息公开，通过互联网实现面向公众的在线查询和定制推送。加强对企业环保信用数据的采集整理，将企业环保信用记录纳入全国统一的信用信息共享交换平台。完善环境预警和风险监测信息网络，提升重金属、危险废物、危险化学品等重点风险防范水平和应急处理能力。

3. 完善废旧资源回收利用体系。利用物联网、大数据开展信息采集、数据分析、流向监测，优化逆向物流网点布局。支持利用电子标签、二维码等物联网技术跟踪电子废物流向，鼓励互联网企业参与搭建城市废弃物回收平台，创新再生资源回收模式。加快推进汽车保险信息系统、“以旧换再”管理系统和报废车管理系统的标准化、规范化和互联互通，加强废旧汽车及零部件的回收利用信息管理，为互联网企业开展业务创新和便民服务提供数据支撑。

4. 建立废弃物在线交易系统。鼓励互联网企业积极参与各类产业园区废弃物信息平台建设，推动现有骨干再生资源交易市场向线上线下结合转型升级，逐步形成行业性、区域性、全国性的产业废弃物和再生资源在线交易系统，完善线上信用评价和供应链融资体系，开展在线竞价，发布价格交易指数，提高稳定供给能力，增强主要再生资源品种的定价权。

（十一）“互联网 +”人工智能。

依托互联网平台提供人工智能公共创新服务，加快人工智能核心技术突破，促进人工智能在智能家居、智能终端、智能汽车、机器人等领域的推广应用，培育若干引领全球人工智能发展的骨干企业和创新团队，形成创新活跃、开放合作、协同发展的产业生态。（发展改革委、科技部、工业和信息化部、网信办等负责）

1. 培育发展人工智能新兴产业。建设支撑超大规模深度学习的新型计算集群，构建包括语音、图像、视频、地图等数据的海量训练资源库，加强人工智能基础资源和公共服务等创新平台建设。进一步推进计算机视觉、智能语音处理、生物特征识别、自然语言理解、智能决策控制以及新型人机交互等关键技术的研发和产业化，推动人工智能在智能产品、工业制造等领域规模商用，为产业智能化升级夯实基础。

2. 推进重点领域智能产品创新。鼓励传统家居企业与互联网企业开展集成创新，不断提升家居产品的智能化水平和服务能力，创造新的消费市场空间。推动汽车企业与互联网企业设立跨界交叉的创新平台，加快智能辅助驾驶、复杂环境感知、车载智能设备等技术产品的研发与应用。支持安防企业与互联网企业开展合作，发展和推广图像精准识别等大数据分析技术，提升安防产品的智能化服务水平。

3. 提升终端产品智能化水平。着力做大高端移动智能终端产品和服务的市场规模，提高移动智能终端核心技术研发及产业化能力。鼓励企业积极开展差异化细分市场需求分析，大力丰富可穿戴设备的应用服务，提升用户体验。推动互联网技术以及智能感知、模式识别、智能分析、智能控制等智能技术在机器人领域的深入应用，大力提升机器人产品在传感、交互、控制等方面的性能和智能化水平，提高核心竞争力。

三、保障支撑

（一）夯实发展基础。

1. 巩固网络基础。加快实施“宽带中国”战略，组织实施国家新一代信息基础设施建设工程，推进宽带网络光纤化改造，加快提升移动通信网络服务能力，促进网间互联互通，大幅提高网络访问速率，有效降低网络资费，完善电信普遍服务补偿机制，支持农村及偏远地区宽带建设和运行维护，使互联网下沉为各行业、各领域、各区域都能使用，人、机、物泛在互联的基础设施。增强北斗卫星全球服务能力，构建天地一体化互联网络。加快下一代互联网商用部署，加强互联网协议第6版（IPv6）地址管理、标识管理与解析，构建未来网络创新试验平台。研究工业互联网网络架构体系，构建开放式国家创新试验验证平台。（发展改革委、工业和信息化部、财政部、国资委、网信办等负责）

2. 强化应用基础。适应重点行业融合创新发展需求，完善无线传感网、行业云及大数据平台等新型应用基础设施。实施云计算工程，大力提升公共云服务能力，引导行业信息化应用向云计算平台迁移，加快内容分发网络建设，优化数据中心布局。加强物联网网络架构研究，组织开展国家物联网重大应用示范，鼓励具备条件的企业建设跨行业物联网运营和支撑平台。（发展改革委、工业和信息化部等负责）

3. 做实产业基础。着力突破核心芯片、高端服务器、高端存储设备、数据库和中间件等产业薄弱环节的技术瓶颈，加快推进云操作系统、工业控制实时操作系统、智能终端操作系统的研发和应用。大力发展云计算、大数据等解决方案以及高端传感器、工控系统、人机交互等软硬件基础产品。运用互联网理念，构建以骨干企业为核心、产学研用高效整合的技术产业集群，打造国际先进、自主可控的产业体系。（工业和信息化部、发展改革委、科技部、网信办等负责）

4. 保障安全基础。制定国家信息领域核心技术设备发展时间表和路线图，提升互联网安全管理、态势感知和风险防范能力，加强信息网络基础设施安全防护和用户个人信息保护。实施国家信息安全专项，开展网络安全应用示范，提高“互联网+”安全核心技术和产品水平。按照信息安全等级保护等制度和网络安全国家标准的要求，加强“互联网+”关键领域重要信息系统的安全保障。建设完善网络安全监测评估、监督管理、标准认证和创新能力体系。重视融合带来的安全风险，完善网络数据共享、利用等的安全管理和技术措施，探索建立以行政评议和第三方评估为基础的数据安全流动认证体系，完善数据跨境流动管理制度，确保数据安全。（网信办、发展改革委、科技部、工业和信息化部、公安部、安全部、质检总局等负责）

（二）强化创新驱动。

1. 加强创新能力建设。鼓励构建以企业为主导，产学研用合作的“互联网+”产业创新网络或产业技术创新联盟。支持以龙头企业为主体，建设跨界交叉领域的创新平台，并逐步形成创新网络。鼓励国家创新平台向企业特别是中小企业在线开放，加大国家重大科研基础

设施和大型科研仪器等网络化开放力度。（发展改革委、科技部、工业和信息化部、网信办等负责）

2. 加快制定融合标准。按照共性先立、急用先行的原则，引导工业互联网、智能电网、智慧城市等领域基础共性标准、关键技术标准的研制及推广。加快与互联网融合应用的工控系统、智能专用装备、智能仪表、智能家居、车联网等细分领域的标准化工作。不断完善“互联网 +”融合标准体系，同步推进国际国内标准化工作，增强在国际标准化组织（ISO）、国际电工委员会（IEC）和国际电信联盟（ITU）等国际组织中的话语权。（质检总局、工业和信息化部、网信办、能源局等负责）

3. 强化知识产权战略。加强融合领域关键环节专利导航，引导企业加强知识产权战略储备与布局。加快推进专利基础信息资源开放共享，支持在线知识产权服务平台建设，鼓励服务模式创新，提升知识产权服务附加值，支持中小微企业知识产权创造和运用。加强网络知识产权和专利执法维权工作，严厉打击各种网络侵权假冒行为。增强全社会对网络知识产权的保护意识，推动建立“互联网 +”知识产权保护联盟，加大对新业态、新模式等创新成果的保护力度。（知识产权局牵头）

4. 大力发展开源社区。鼓励企业自主研发和国家科技计划（专项、基金等）支持形成的软件成果通过互联网向社会开源。引导教育机构、社会团体、企业或个人发起开源项目，积极参加国际开源项目，支持组建开源社区和开源基金会。鼓励企业依托互联网开源模式构建新型生态，促进互联网开源社区与标准规范、知识产权等机构的对接与合作。（科技部、工业和信息化部、质检总局、知识产权局等负责）

（三）营造宽松环境。

1. 构建开放包容环境。贯彻落实《中共中央国务院关于深化体制机制改革加快实施创新驱动发展战略的若干意见》，放宽融合性产品和服务的市场准入限制，制定实施各行业互联网准入负面清单，允许各类主体依法平等进入未纳入负面清单管理的领域。破除行业壁垒，推动各行业、各领域在技术、标准、监管等方面充分对接，最大限度减少事前准入限制，加强事中事后监管。继续深化电信体制改革，有序开放电信市场，加快民营资本进入基础电信业务。加快深化商事制度改革，推进投资贸易便利化。（发展改革委、网信办、教育部、科技部、工业和信息化部、民政部、商务部、卫生计生委、工商总局、质检总局等负责）

2. 完善信用支撑体系。加快社会征信体系建设，推进各类信用信息平台无缝对接，打破信息孤岛。加强信用记录、风险预警、违法失信行为等信息资源在线披露和共享，为经营者提供信用信息查询、企业网上身份认证等服务。充分利用互联网积累的信用数据，对现有征信体系和评测体系进行补充和完善，为经济调节、市场监管、社会管理和公共服务提供有力支撑。（发展改革委、人民银行、工商总局、质检总局、网信办等负责）

3. 推动数据资源开放。研究出台国家大数据战略，显著提升国家大数据掌控能力。建立国家政府信息开放统一平台和基础数据资源库，开展公共数据开放利用改革试点，出台政府机构数据开放管理规定。按照重要性和敏感程度分级分类，推进政府和公共信息资源开放共享，支持公众和小微企业充分挖掘信息资源的商业价值，促进互联网应用创新。（发展改革委、工业和信息化部、国务院办公厅、网信办等负责）

4. 加强法律法规建设。针对互联网与各行业融合发展的新特点，加快“互联网 +”相关立法工作，研究调整完善不适应“互联网 +”发展和管理的现行法规及政策规定。落实加强网络信息保护和信息公开有关规定，加快推动制定网络安全、电子商务、个人信息保护、互联网信息服务管理等法律法规。完善反垄断法配套规则，进一步加大反垄断法执行力度，严格查处信息领域企业垄断行为，营造互联网公平竞争环境。（法制办、网信办、发展改革委、工业和信息化部、公安部、安全部、商务部、工商总局等负责）

（四）拓展海外合作。

1. 鼓励企业抱团出海。结合“一带一路”等国家重大战略，支持和鼓励具有竞争优势的互联网企业联合制造、金融、信息通信等领域企业率先走出去，通过海外并购、联合经营、设立分支机构等方式，相互借力，共同开拓国际市场，推进国际产能合作，构建跨境产业链体系，增强全球竞争力。（发展改革委、外交部、工业和信息化部、商务部、网信办等负责）

2. 发展全球市场应用。鼓励“互联网 +”企业整合国内外资源，面向全球提供工业云、供应链管理、大数据分析等网络服务，培育具有全球影响力的“互联网 +”应用平台。鼓励互联网企业积极拓展海外用户，推出适合不同市场文化的产品和服务。（商务部、发展改革委、

工业和信息化部、网信办等负责）

3. 增强走出去服务能力。充分发挥政府、产业联盟、行业协会及相关中介机构作用，形成支持“互联网+”企业走出去的合力。鼓励中介机构为企业拓展海外市场提供信息咨询、法律援助、税务中介等服务。支持行业协会、产业联盟与企业共同推广中国技术和中国标准，以技术标准走出去带动产品和服务在海外推广应用。（商务部、外交部、发展改革委、工业和信息化部、税务总局、质检总局、网信办等负责）

（五）加强智力建设。

1. 加强应用能力培训。鼓励地方各级政府采用购买服务的方式，向社会提供互联网知识技能培训，支持相关研究机构和专家开展“互联网+”基础知识和应用培训。鼓励传统企业与互联网企业建立信息咨询、人才交流等合作机制，促进双方深入交流合作。加强制造业、农业等领域人才特别是企业高层管理人员的互联网技能培训，鼓励互联网人才与传统行业人才双向流动。（科技部、工业和信息化部、人力资源社会保障部、网信办等负责）

2. 加快复合型人才培养。面向“互联网+”融合发展需求，鼓励高校根据发展需要和学校办学能力设置相关专业，注重将国内外前沿研究成果尽快引入相关专业教学中。鼓励各类学校聘请互联网领域高级人才作为兼职教师，加强“互联网+”领域实验教学。（教育部、发展改革委、科技部、工业和信息化部、人力资源社会保障部、网信办等负责）

3. 鼓励联合培养培训。实施产学合作专业综合改革项目，鼓励校企、院企合作办学，推进“互联网+”专业技术人才培训。深化互联网领域产教融合，依托高校、科研机构、企业的智力资源和研究平台，建立一批联合实训基地。建立企业技术中心和院校对接机制，鼓励企业在院校建立“互联网+”研发机构和实验中心。（教育部、发展改革委、科技部、工业和信息化部、人力资源社会保障部、网信办等负责）

4. 利用全球智力资源。充分利用现有人才引进计划和鼓励企业设立海外研发中心等多种方式，引进和培养一批“互联网+”领域高端人才。完善移民、签证等制度，形成有利于吸引人才的分配、激励和保障机制，为引进海外人才提供有利条件。支持通过任务外包、产业合作、学术交流等方式，充分利用全球互联网人才资源。吸引互联网领域领军人才、特殊人才、紧缺人才在我国创业创新和从事教学科研等活动。（人力资源社会保障部、发展改革委、教育部、科技部、网信办等负责）

（六）加强引导支持。

1. 实施重大工程包。选择重点领域，加大中央预算内资金投入力度，引导更多社会资本进入，分步骤组织实施“互联网+”重大工程，重点促进以移动互联网、云计算、大数据、物联网为代表的新一代信息技术与制造、能源、服务、农业等领域的融合创新，发展壮大新兴业态，打造新的产业增长点。（发展改革委牵头）

2. 加大财税支持。充分发挥国家科技计划作用，积极投向符合条件的“互联网+”融合创新关键技术研发及应用示范。统筹利用现有财政专项资金，支持“互联网+”相关平台建设和应用示范等。加大政府部门采购云计算服务的力度，探索基于云计算的政务信息化建设运营新机制。鼓励地方政府创新风险补偿机制，探索“互联网+”发展的新模式。（财政部、税务总局、发展改革委、科技部、网信办等负责）

3. 完善融资服务。积极发挥天使投资、风险投资基金等对“互联网+”的投资引领作用。开展股权众筹等互联网金融创新试点，支持小微企业发展。支持国家出资设立的有关基金投向“互联网+”，鼓励社会资本加大对相关创新型企业的投资。积极发展知识产权质押融资、信用保险保单融资增信等服务，鼓励通过债券融资方式支持“互联网+”发展，支持符合条件的“互联网+”企业发行公司债券。开展产融结合创新试点，探索股权和债权相结合的融资服务。降低创新型、成长型互联网企业的上市准入门槛，结合证券法修订和股票发行注册制改革，支持处于特定成长阶段、发展前景好但尚未盈利的互联网企业在创业板上市。推动银行业金融机构创新信贷产品与金融服务，加大贷款投放力度。鼓励开发性金融机构为“互联网+”重点项目建设提供有效融资支持。（人民银行、发展改革委、银监会、证监会、保监会、网信办、开发银行等负责）

（七）做好组织实施。

1. 加强组织领导。建立“互联网+”行动实施部际联席会议制度，统筹协调解决重大问题，切实推动行动的贯彻落实。联席会议设办公室，负责具体工作的组织推进。建立跨领域、跨行业的“互联网+”行动专家咨询委员会，为政府决策提供重要支撑。（发展改革委牵头）

2. 开展试点示范。鼓励开展“互联网+”试点示范，推进“互联网+”区域化、链条化发展。支持全面创新改革试验区、中关村等国家自主创新示范区、国家现代农业示范区先行先试，积极开展“互联网+”创新政策试点，破除新兴产业行业准入、数据开放、市场监管等方面政策障碍，研究适应新兴业态特点的税收、保险政策，打造“互联网+”生态体系。（各部门、各地方政府负责）

3. 有序推进实施。各地区、各部门要主动作为，完善服务，加强引导，以动态发展的眼光看待“互联网+”，在实践中大胆探索拓展，相互借鉴“互联网+”融合应用成功经验，促进“互联网+”新业态、新经济发展。有关部门要加强统筹规划，提高服务和管理能力。各地区要结合实际，研究制定适合本地的“互联网+”行动落实方案，因地制宜，合理定位，科学组织实施，杜绝盲目建设和重复投资，务实有序推进“互联网+”行动。（各部门、各地方政府负责）

国务院

2015 年 7 月 1 日

关于印发《工业和信息化部贯彻落实〈深化实施国家知识产权战略行动计划（2014—2020 年）〉实施方案》的通知

工信厅科〔2015〕85 号

各省、自治区、直辖市及计划单列市、新疆生产建设兵团工业和信息化主管部门，部机关相关司局，有关单位：

为贯彻落实《深入实施国家知识产权战略行动计划（2014—2020 年）》（国办发〔2014〕64 号），我部组织编制了《工业和信息化部贯彻落实 < 深入实施国家知识产权战略行动计划（2014—2020 年）> 实施方案》，现予印发，请认真组织实施。

工业和信息化部办公厅

2015 年 7 月 31 日

工业和信息化部贯彻落实《深入实施国家知识产权战略行动计划（2014—2020 年）》实施方案

为贯彻落实《深入实施国家知识产权战略行动计划（2014—2020 年）》（国办发〔2014〕64 号），现就工业和信息化领域深入实施国家知识产权战略提出如下实施方案。

一、工作思路

围绕《中国制造 2025》和“互联网+”的重点领域与关键环节，加强知识产权创造与储备，加快知识产权实施与转化，提升产业知识产权运用能力，优化工业、通信业和信息化领域创新发展的知识产权保护环境，加强行业知识产权服务能力建设，大力促进大众创业、万众创新，为制造强国建设提供有力支撑和保障。

二、主要目标

到 2020 年，工业、通信业和信息化领域知识产权创造、运用、保护、管理和服务能力明显增强。行业知识产权保护环境继续优化。知识产权促进和保障制造强国建设的作用充分显现。

（一）关键核心技术知识产权创造与储备能力明显增强。《中国制造 2025》和“互联网 +”的重点领域与关键环节，积累和储备一批关键核心技术知识产权，形成一批产业化导向的专利组合、专利布局以及拥有核心技术的标准。培育一批国际知名品牌。

（二）知识产权协同运用能力大幅提升。制造业创新体系中知识产权资源共享、开放协同的新机制初步形成。知识产权与技术研发、标准化、质量品牌建设和产业活动的结合更加紧密。知识产权许可、交易、并购更加活跃。80% 以上的技术创新示范企业、企业技术中心建立知识产权管理体系并有效运行。

（三）行业知识产权环境明显改善。行业组织知识产权自律约束、维权援助机制基本建立，诚信体系建设进一步加强。重点行业知识产权保护措施和监管机制进一步健全完善。新出厂计算机操作系统预装正版化率保持在 98% 左右。

（四）产业知识产权综合服务体系基本形成。扶持一批产业知识产权服务平台，知识产权服务资源有效聚集。基于知识产权的信息资源、数据库、实务培训、创业辅导等服务体系基本形成。

三、重点工作

（一）加强关键核心技术知识产权创造与储备，提升制造业创新能力

加强国家科技重大专项关键核心技术的知识产权积累和储备。在新一代信息技术、高档数控机床和机器人、航空航天装备、海洋工程装备及高技术船舶、先进轨道交通装备、节能环保与新能源汽车、电力装备、农机装备、新材料、生物医药及高性能医疗器械等重点发展领域，以及“互联网 +”的关键环节积累和储备一批核心技术知识产权。实施重大关键技术、工艺和关键零部件的专利布局。支持骨干企业、高校、科研院所联合研发，获得和拥有一批具有竞争力的关键核心共性技术专利、软件著作权、集成电路布图设计和商业秘密等知识产权，形成一批产业化导向的关键核心技术专利组合。

（二）深化重点产业知识产权协同运用，促进产业转型升级

实施“产业知识产权协同运用推进工程”。依托制造业创新中心和众创空间，建立联合保护、风险分担、开放共享的知识产权协同运用机制。推动市场主体积极开展知识产权许可、交易和并购，以及在知识产权密集型领域开展知识产权运营。在新型工业化产业示范基地、小微型创业示范基地等园区，充分发挥骨干企业、高校和科研院所、行业组织和专业机构的作用，着力推动技术研发、知识产权保护、标准化、质量品牌建设、成果转移转化与产业化应用融合发展。鼓励和支持企业主导国内、国际标准制定和海外推广应用，加快装备“走出去”和国际产能合作中的知识产权海外布局。

（三）加强知识产权管理，提升市场主体的竞争力

加强国家科技重大专项知识产权管理，将知识产权管理纳入国家科技重大专项全过程管理，探索建立科技重大专项承担单位和各参与单位知识产权利益分享机制。加强部属高校和科研院所知识产权管理制度建设，建立健全知识产权转移转化机制，推广科技成果使用、处置和收益管理改革试点的成功做法，促进知识产权转化利用。引导企业贯彻实施《企业知识产权管理规范》（GB/T29490—2013）、《工业企业知识产权管理指南》（工信部科〔2013〕447 号），提高企业知识产权规范化管理水平，推动技术创新示范企业和企业技术中心普遍建立知识产权管理制度。组织专家分类、分行业开展实务培训，培育一批知识产权标杆企业。加强国防知识产权管理，发布军民结合高新技术领域应掌握自主知识产权的部分关键技术和产品目录，促进知识产权军民双向转化实施。

（四）强化行业知识产权保护，营造产业创新发展的良好环境

根据全国“打击侵犯知识产权和制售假冒伪劣商品”工作领导小组的统一部署，打击网络侵权假冒，依法关闭违法违规网站；推动建立互联网市场主体信用评价体系；加大新出厂计算机操作系统软件正版化监督检查，规范软件市场竞争秩序；开展农资打假，规范和引导农药、化肥、农机装备等企业提升知识产权保护意识和能力。鼓励行业组织与中介机构形成合力，发布知识产权自律规范，引导企业合理合规使用知识产权，采取监测、预警和法律援助等手段，主动防范和规避知识产权滥用，建立海外知识产权纠纷应对、中小微企业知识产权维权援助机制。

（五）加强行业知识产权服务能力建设，夯实产业

创新发展基础

实施“行业知识产权服务能力提升工程”。依托专业机构，创建一批布局合理、开放协同、市场化运作的产业知识产权服务平台。支持服务平台集成、优化配置各类知识产权资源，开展信息分析研究、转移转让、价值评估、风险预警、创业辅导和实务培训等服务。行业组织、专业机构通过发布重点产业知识产权信息、竞争动态和年度发展态势报告等，建立知识产权风险监测、动态跟踪和态势发布的机制。推动现有中小企业公共服务平台和“互联网＋协同制造”公共服务平台增强知识产权服务功能。鼓励和支持专业机构为中小微企业和创客群体提供高效、优质、精准的服务。

（六）培养产业知识产权实务人才，做好工业创新发展智力支撑

加强部属高校知识产权专业建设，尽快形成具有行业特色的知识产权专业人才培养体系和培养基地。鼓励高校和科研院所与企业合作，建设一批高水平、复合型的人才实训基地。支持行业组织与专业机构合作加大知识产权实务人才培训力度。

四、保障措施

（一）加强组织实施

工业和信息化部组织实施“产业知识产权协同运用推进工程”和“行业知识产权服务能力提升工程”，继续推动“中小企业知识产权战略推进工程”，编制《工业和信息化部知识产权年度推进计划》，全面部署全系统的年度知识产权工作。各地工业和信息化主管部门结合本地工作实际，将本实施方案的主要目标、重点工作等内容纳入地方经济和社会发展的“十三五”规划加以部署落实。行业组织、部属高校和科研院所要采取有力措施，贯彻落实本实施方案相关部署和要求。

（二）加大扶持力度

加强知识产权政策与创新政策、产业政策、中小微企业政策的研究与结合，推动知识产权与制造业创新体系建设、标准体系建设、质量品牌建设等措施有效衔接。完善技术创新示范企业和企业技术中心认定管理办法，将企业知识产权保护与运用情况作为重要参考条件。各地工业和信息化主管部门积极争取地方财政对本实施方案的重点工作给予扶持。

（三）营造良好舆论氛围

加强工业和信息化领域知识产权政策宣讲和典型案例编辑宣传。分区域、分专题开展企业知识产权实务培训。积极利用报刊和网站等媒体，采用专题、专栏、专版、年鉴、论坛等形式，集中宣传和展示“打击侵犯知识产权和制售假冒伪劣商品”、工业和信息化领域实施的重点工程取得的成效，报道和推广地方工业和信息化主管部门开展知识产权工作的经验，推介行业组织、专业机构在组织协调、服务推进等方面的好做法，营造产业创新发展的良好社会氛围。

关于印发三网融合推广方案的通知

国办发〔2015〕65 号

各省、自治区、直辖市人民政府，国务院各部委、各直属机构：

《三网融合推广方案》已经国务院同意，现印发给你们，请认真贯彻落实。

推进三网融合是党中央、国务院作出的一项重大决策。近年来，各地区、各有关部门认真贯彻落实国务院关于推进三网融合总体方案和试点方案有关工作部署，试点阶段各项任务已基本完成。在总结试点经验的基础上，加快在全国全面推进三网融合，推动信息网络基础设施互联互通和资源共享，有利于促进消费升级、产业转型和民生改善。各地区、各有关部门要充分认识全面推进三网融合的重要意义，切实加强组织领导，落实工

作责任，完善工作机制，扎实开展工作，确保完成推广阶段各项目标任务。国务院三网融合工作协调小组办公室要会同有关部门加强指导协调和跟踪督促，不断完善有关政策，及时解决推广工作中遇到的问题。各有关部门要进一步加强协调配合，形成合力，共同推进各项工作。

国务院办公厅

2015年8月25日

三网融合推广方案

按照国务院关于推进三网融合有关部署，现就三网融合推广阶段工作提出如下方案：

一、工作目标

（一）三网融合全面推进。总结推广试点经验，将广电、电信业务双向进入扩大到全国范围，并实质性开展工作。

（二）网络承载和技术创新能力进一步提升。宽带通信网、下一代广播电视网和下一代互联网建设加快推进，自主创新技术研发和产业化取得突破性进展，掌握一批核心技术，产品和业务的创新能力明显增强。

（三）融合业务和网络产业加快发展。融合业务应用更加普及，网络信息资源、文化内容产品得到充分开发利用，适度竞争的网络产业格局基本形成。

（四）科学有效的监管体制机制基本建立。适应三网融合发展的有关法律法规基本健全，职责清晰、协调顺畅、决策科学、管理高效的新型监管体系基本形成。

（五）安全保障能力显著提高。在中央网络安全和信息化领导小组的领导下，网络信息安全和文化安全管理体系更加健全，技术管理能力显著提升，国家安全意识进一步增强。

（六）信息消费快速增长。丰富信息消费内容、产品和服务，活跃信息消费市场，拓展信息消费渠道，推动信息消费持续稳定增长。

二、主要任务

（一）在全国范围推动广电、电信业务双向进入。

1. 确定开展双向进入业务的地区。广电、电信业务双向进入分期分批扩大至全国。各省（区、市）三网融合工作协调小组（以下称省级协调小组）结合当地实际确定本省（区、市）开展双向进入业务的地区，报国务院三网融合工作协调小组办公室备案。（工业和信息化部、新闻出版广电总局负责）

2. 开展双向进入业务许可审批。在全面做好试点地区双向进入工作的基础上，按照“成熟一个、许可一个”的原则，开展双向进入许可申报和审批工作。广电企业在符合电信监管有关规定并满足相关安全条件的前提下，可经营增值电信业务、比照增值电信业务管理的基础电信业务、基于有线电视网的互联网接入业务、互联网数据传送增值业务、国内网络电话（IP电话）业务，中国广播电视网络有限公司还可基于全国有线电视网络开展固定网的基础电信业务和增值电信业务。符合条件的电信企业在有关部门的监管下，可从事除时政类节目之外的广播电视节目生产制作、互联网视听节目信号传输、转播时政类新闻视听节目服务、除广播电台电视台形态以外的公共互联网视听节目服务、交互式网络电视（IPTV）传输、手机电视分发服务。国家和省级电信、广电行业主管部门按照相关政策要求和业务审批权限，受理广电、电信企业的申请，同步向符合条件的企业颁发经营许可证。企业取得许可证后，即可依法开展相关业务。（工业和信息化部、新闻出版广电总局负责）

3. 加快推动IPTV集成播控平台与IPTV传输系统对接。在宣传部门的指导下，广播电视播出机构要切实加强和完善IPTV、手机电视集成播控平台建设和管理，负责节目的统一集成和播出监控以及电子节目指南（EPG）、用户端、计费、版权等的管理，其中用户端、计费管理由合作方协商确定，可采取合作方“双认证、双计费”的管理方式。IPTV全部内容由广播电视播出机构 IPTV 集成播控平台集成后，经一个接口统一提供给电信企业的 IPTV 传输系统。电信企业可提供节目和 EPG 条目，经广播电视播出机构审查后统一纳入集成播控平台的节目源和 EPG。电信企业与广播电视播出机构应积极配合、平等协商，做好 IPTV 传输系统与 IPTV 集成播控平台的对接，对接双方应明确责任，保证节目内容的正常提供和传输。在确保播出安全的前提下，广播电视播出机构与电信企业可探索多种合资合作经营模式。（工业和信息化部、新闻出版广电总局等负责）

4. 加强行业监管。电信、广电行业主管部门要按照公开透明、公平公正的原则，加强对广电、电信企业的监督管理，规范企业经营行为，维护良好行业秩序。电信行业主管部门应按照电信监管有关政策法规要求，加强对经营电信业务企业的网络互联互通、服务质量、普遍服务、设备入网、网络信息安全等管理；广电行业主管部门应按照广播电视管理有关政策法规要求，加强对从事广播电视业务企业的业务规划、业务准入、运营监管、内容安全、节目播放、服务质量、公共服务、设备入网、互联互通等管理。工业和信息化部、新闻出版广电总局要督促已获得许可的地区全面落实双向进入，推动相关企业实际进入和正常经营，丰富播出内容，提高服务水平。电信和广电企业要相互合作，优势互补，推动双向进入业务快速发展。（工业和信息化部、新闻出版广电总局负责）

（二）加快宽带网络建设改造和统筹规划。

1. 加快下一代广播电视网建设。加快推动地面数字电视覆盖网和高清交互式电视网络设施建设，加快广播电视模数转换进程。采用超高速智能光纤传输交换和同轴电缆传输技术，加快下一代广播电视网建设。建设下一代广播电视宽带接入网，充分利用广播电视网海量下行宽带、室内多信息点分布的优势，满足不同用户接入带宽的需要。加快建设宽带网络骨干节点和数据中心，提升网络流量疏通能力，全面支持互联网协议第 6 版（IPv6）。加快建设融合业务平台，提高支持三网融合业务的能力。中国广播电视网络有限公司要加快全国有线电视网络互联互通平台建设，尽快实现全国一张网，带动各地有线电视网络技术水平和服务能力全面提升，引导有线电视网络走规模化、集约化、专业化发展道路。充分发挥有线电视网络的国家信息基础设施作用，促进有线电视三网融合业务创新，全面提升有线电视网络的服务品质和终端用户体验。（新闻出版广电总局牵头，中央宣传部、发展改革委、工业和信息化部、财政部等参加）

2. 加快推动电信宽带网络建设。实施“宽带中国”工程，加快光纤网络建设，全面提高网络技术水平和业务承载能力。城市新建区域以光纤到户模式为主建设光纤接入网，已建区域可采用多种方式加快“光进铜退”改造。扩大农村地区宽带网络覆盖范围，提高行政村通宽带、通光纤比例。加快互联网骨干节点升级，提升网络流量疏通能力，骨干网全面支持 IPv6。加快业务应用平台建设，提高支持三网融合业务的能力。（工业和信息化部牵头，发展改革委、财政部、国资委等参加）

3. 加强网络统筹规划和共建共享。继续做好电信传输网和广播电视传输网建设升级改造的统筹规划，充分利用现有信息基础设施，创新共建共享合作模式，促进资源节约，推动实现网络资源的高效利用。加强农村地区网络资源共建共享，努力缩小“数字鸿沟”。（工业和信息化部、新闻出版广电总局牵头，发展改革委、财政部、国资委等参加）

（三）强化网络信息安全和文化安全监管。

1. 完善网络信息安全和文化安全管理体系。结合文化改革发展重大工程的实施，推进国家新媒体集成播控平台建设，探索三网融合下党管媒体的有效途径，健全相关管理体制和工作机制，确保播出内容和传输安全。完善互联网信息服务管理，重点加强对时政类新闻信息的管理，严格规范互联网信息内容采编播发管理，构筑清朗网络空间。（中央宣传部、网信办、新闻出版广电总局、公安部等负责）

按照属地化管理和谁主管谁负责、谁经营谁负责、谁审批谁监管、谁办网谁管网的原则，健全网络信息安全和文化安全保障工作协调机制。企业要按照国家信息安全等级保护制度和行业网络安全相关政策要求，完善网络信息安全防护管理制度和技术措施，建立工作机制，落实安全责任，制定应急预案，定期开展安全评测、风险评估和应急演练。建立事前防范、事中阻断、事后追溯的信息安全技术保障体系，落实接入（含互联网网站、手机、有线电视）用户实名登记、域名信息登记、内外网地址对应关系留存管理制度，为有关部门依法履行职责提供技术支持，增强三网融合下防黑客攻击、防信息篡改、防节目插播、防网络瘫痪等能力。加强三网融合新技术、新应用上线前的安全评估，及时消除重大安全隐患。（工业和信息化部、公安部、安全部、国资委、新闻出版广电总局、网信办等负责）

2. 加强技术管理系统建设。完善国家网络信息安全基础设施，提高隐患发现、监测预警和突发事件处置能力。按照同步规划、同步建设、同步运行的要求，统筹规划建设网络信息安全、文化安全技术管理系统，加快提升现有国家网络信息安全技术管理平台、广电信息网络视听节目监管系统、三网融合新闻信息监测管理系统的技术能力。加快地方网络信息安全技术管理平台建设，积极研究适应三网融合新技术、新业务的安全技术管理手段，加强相关技术研究，提高安全技术管理能力。（发展改革委、科技部、工业和信息化部、公安部、安全部、财政部、新闻出版广电总局、网信办等负责）

广电信息网络视听节目监管系统要进一步提高搜索发现能力，在节目集成播控、传输分发、用户接收等环节部署数据采集和监测系统，及时监测各类传输网络中视听节目播出情况，及时发现和查处违规视听节目和违法信息。（新闻出版广电总局牵头，工业和信息化部、公安部、安全部等参加）

3. 加强动态管理。强化日常监控，确保及时发现安全方面存在的新情况、新问题，采取措施妥善应对处理，及时、客观、准确报告网络安全重大事件。充分发挥国家三网融合安全评估小组的作用，对重大安全问题进行论证并协调解决。省级协调小组办公室下要成立安全评估小组，定期开展安全评估，协调解决安全问题。（中央宣传部、科技部、工业和信息化部、公安部、安全部、新闻出版广电总局、网信办等负责）

（四）切实推动相关产业发展。

1. 加快推进新兴业务发展。进一步探索把握新型业务的发展方向。鼓励广电、电信企业及其他内容服务、增值服务企业充分利用三网融合的有利条件，以宽带网络建设、内容业务创新推广、用户普及应用为重点，通过发展移动多媒体广播电视、IPTV、手机电视、有线电视网宽带服务以及其他融合性业务，带动关键设备、软件、系统的产业化，推动三网融合与相关行业应用相结合，催生新的经济增长点。（发展改革委、科技部、工业和信息化部、国资委、新闻出版广电总局、网信办等负责）

大力发展数字出版、互动新媒体、移动多媒体等新兴文化产业，促进动漫游戏、数字音乐、网络艺术品等数字文化内容的消费。加强数字文化内容产品和服务开发，建设数字内容生产、转换、加工、投送平台，鼓励各类网络文化企业生产提供弘扬主旋律、激发正能量、宣传社会主义核心价值观的信息内容产品。（中央宣传部、工业和信息化部、国资委、新闻出版广电总局、网信办等负责）

2. 促进三网融合关键信息技术产品研发制造。围绕光传输和光接入、下一代互联网、下一代广播电视网等重点领域，支持高端光电器件、基于有线电视网的接入技术和关键设备、IPTV 和数字电视智能机顶盒、互联网电视及配套应用、操作系统、多屏互动技术、内容传送系统、信息安全系统等的研发和产业化。（发展改革委、科技部、工业和信息化部、公安部、安全部、国资委、新闻出版广电总局等负责）

加快更高速光纤接入、超高速大容量光传输和组网、新一代万维网等关键技术的研发创新，加强三网融合安全技术、产品及管控手段研究，加强自主知识产权布局和标准制定工作。支持电信、广电运营单位与相关产品制造企业通过定制、集中采购等方式开展合作，带动智能终端产品竞争力提升。（发展改革委、科技部、工业和信息化部、公安部、安全部、国资委、质检总局、新闻出版广电总局等负责）

3. 营造健康有序的市场环境。建立基础电信运营企业与广电企业、互联网企业、信息内容供应商等的合作竞争机制，规范企业经营行为和价格收费行为，加强资费监管，维护公平健康的市场环境。鼓励电信、广电企业及其他内容服务、增值服务企业加强协作配合，创新产业形态和市场推广模式，鼓励创建三网融合相关产业联盟，凝聚相关产业及上下游资源共同推动产业链成熟与发展，促进创新成果快速实现产业化。（发展改革委、工业和信息化部、国资委、新闻出版广电总局等负责）

4. 建立适应三网融合的标准体系。围绕三网融合产业发展和行业监管的需要，按照“急用先行、基础先立”的原则，加快制定适应三网融合要求的网络、业务、信息服务相关标准，优先制定网络信息安全和文化安全相关标准，尽快形成由国家标准、行业标准和企业标准组成的三网融合标准体系。企业开展相关业务应遵循统一标准，充分发挥标准在规范行业发展、保障市场秩序

等方面的作用。（质检总局牵头，工业和信息化部、公安部、新闻出版广电总局、网信办等参加）

三、保障措施

（一）建立健全法律法规。推动制定完善电信、广电行业管理法律法规，积极推进电信法、广播电视传输保障法立法工作，清理或修订相关政策规定，为广电、电信业务双向进入提供法律保障。（工业和信息化部、新闻出版广电总局等负责）

（二）落实相关扶持政策。利用国家科技计划（专项、基金等）及相关产业发展专项等，支持三网融合共性关键技术、产品的研发和产业化，推动业态创新。将三网融合业务应用纳入现代服务业范畴，大力开发信息资源，积极创新内容产品和业务形态。完善电信普遍服务补偿机制，形成支持农村和中西部地区宽带网络发展的长效机制。对三网融合相关产品开发、网络建设、业务应用及在农村地区的推广给予政策支持。（中央宣传部、发展改革委、科技部、工业和信息化部、财政部、新闻出版广电总局、网信办等负责）

（三）提高信息网络基础设施建设保障水平。城乡规划建设应为电信网、广播电视网预留所需的管线通道及场地、机房、电力设施等，各类市政基础设施和公共服务场所应向电信网、广播电视网开放，并为网络的建设维护提供通行便利。（各地政府，发展改革委、工业和信息化部、新闻出版广电总局、住房城乡建设部、交通运输部等负责）

（四）完善安全保障体系。研究加大资金落实等政策支持力度，加强工作能力建设，完善三网融合网络信息安全和文化安全保障体系。提高各省（区、市）有关行业主管部门安全管理能力，加快建立健全监管平台，有效维护网络信息安全和文化安全。（工业和信息化部、公安部、安全部、财政部、新闻出版广电总局、网信办等负责）

关于印发促进大数据发展行动纲要的通知

国发〔2015〕50号

各省、自治区、直辖市人民政府，国务院各部委、各直属机构：

现将《促进大数据发展行动纲要》印发给你们，请认真贯彻落实。

国务院

2015年8月31日

（本文有删减）

促进大数据发展行动纲要

大数据是以容量大、类型多、存取速度快、应用价值高为主要特征的数据集合，正快速发展为对数量巨大、来源分散、格式多样的数据进行采集、存储和关联分析，从中发现新知识、创造新价值、提升新能力的新一代信息技术和服务业态。

信息技术与经济社会的交汇融合引发了数据迅猛增长，数据已成为国家基础性战略资源，大数据正日益对全球生产、流通、分配、消费活动以及经济运行机制、社会生活方式和国家治理能力产生重要影响。目前，我国在大数据发展和应用方面已具备一定基础，拥有市场优势和发展潜力，但也存在政府数据开放共享不足、产业基础薄弱、缺乏顶层设计和统筹规划、法律法规建设滞后、创新应用领域不广等问题，亟待解决。为贯彻落实党中央、国务院决策部署，全面推进我国大数据发展和应用，加快建设数据强国，特制定本行动纲要。

一、发展形势和重要意义

全球范围内，运用大数据推动经济发展、完善社会治理、提升政府服务和监管能力正成为趋势，有关发达国家相继制定实施大数据战略性文件，大力推动大数据发展和应用。目前，我国互联网、移动互联网用户规模居全球第一，拥有丰富的数据资源和应用市场优势，大数据部分关键技术研发取得突破，涌现出一批互联网创新企业和创新应用，一些地方政府已启动大数据相关工作。坚持创新驱动发展，加快大数据部署，深化大数据应用，已成为稳增长、促改革、调结构、惠民生和推动政府治理能力现代化的内在需要和必然选择。

（一）大数据成为推动经济转型发展的新动力。以数据流引领技术流、物质流、资金流、人才流，将深刻影响社会分工协作的组织模式，促进生产组织方式的集约和创新。大数据推动社会生产要素的网络化共享、集约化整合、协作化开发和高效化利用，改变了传统的生产方式和经济运行机制，可显著提升经济运行水平和效率。大数据持续激发商业模式创新，不断催生新业态，已成为互联网等新兴领域促进业务创新增值、提升企业核心价值的重要驱动力。大数据产业正在成为新的经济增长点，将对未来信息产业格局产生重要影响。

（二）大数据成为重塑国家竞争优势的新机遇。在全球信息化快速发展的大背景下，大数据已成为国家重要的基础性战略资源，正引领新一轮科技创新。充分利用我国的数据规模优势，实现数据规模、质量和应用水平同步提升，发掘和释放数据资源的潜在价值，有利于更好发挥数据资源的战略作用，增强网络空间数据主权保护能力，维护国家安全，有效提升国家竞争力。

（三）大数据成为提升政府治理能力的新途径。大数据应用能够揭示传统技术方式难以展现的关联关系，推动政府数据开放共享，促进社会事业数据融合和资源整合，将极大提升政府整体数据分析能力，为有效处理复杂社会问题提供新的手段。建立“用数据说话、用数据决策、用数据管理、用数据创新”的管理机制，实现基于数据的科学决策，将推动政府管理理念和社会治理模式进步，加快建设与社会主义市场经济体制和中国特色社会主义事业发展相适应的法治政府、创新政府、廉洁政府和服务型政府，逐步实现政府治理能力现代化。

二、指导思想和总体目标

（一）指导思想。深入贯彻党的十八大和十八届二中、三中、四中全会精神，按照党中央、国务院决策部署，发挥市场在资源配置中的决定性作用，加强顶层设计和统筹协调，大力推动政府信息系统和公共数据互联开放共享，加快政府信息平台整合，消除信息孤岛，推进数据资源向社会开放，增强政府公信力，引导社会发展，服务公众企业；以企业为主体，营造宽松公平环境，加大大数据关键技术研发、产业发展和人才培养力度，着力推进数据汇集和发掘，深化大数据在各行业创新应用，促进大数据产业健康发展；完善法规制度和标准体系，科学规范利用大数据，切实保障数据安全。通过促进大数据发展，加快建设数据强国，释放技术红利、制度红利和创新红利，提升政府治理能力，推动经济转型升级。

（二）总体目标。立足我国国情和现实需要，推动大数据发展和应用在未来 5~10 年逐步实现以下目标：

打造精准治理、多方协作的社会治理新模式。将大数据作为提升政府治理能力的重要手段，通过高效采集、有效整合、深化应用政府数据和社会数据，提升政府决策和风险防范水平，提高社会治理的精准性和有效性，增强乡村社会治理能力；助力简政放权，支持从事前审批向事中事后监管转变，推动商事制度改革；促进政府监管和社会监督有机结合，有效调动社会力量参与社会治理的积极性。2017 年底前形成跨部门数据资源共享共用格局。

建立运行平稳、安全高效的经济运行新机制。充分运用大数据，不断提升信用、财政、金融、税收、农业、统计、进出口、资源环境、产品质量、企业登记监管等领域数据资源的获取和利用能力，丰富经济统计数据来源，实现对经济运行更为准确的监测、分析、预测、预警，提高决策的针对性、科学性和时效性，提升宏观调控以及产业发展、信用体系、市场监管等方面管理效能，保障供需平衡，促进经济平稳运行。

构建以人为本、惠及全民的民生服务新体系。围绕服务型政府建设，在公用事业、市政管理、城乡环境、农村生活、健康医疗、减灾救灾、社会救助、养老服务、劳动就业、社会保障、文化教育、交通旅游、质量安全、消费维权、社区服务等领域全面推广大数据应用，利用大数据洞察民生需求，优化资源配置，丰富服务内容，拓展服务渠道，扩大服务范围，提高服务质量，提升城市辐射能力，推动公共服务向基层延伸，缩小城乡、区域差距，促进形成公平普惠、便捷高效的民生服务体系，不断满足人民群众日益增长的个性化、多样化需求。

开启大众创业、万众创新的创新驱动新格局。形成公共数据资源合理适度开放共享的法规制度和政策体系，2018 年底前建成国家政府数据统一开放平台，率先在信用、交通、医疗、卫生、就业、社保、地理、文化、教育、科技、资源、农业、环境、安监、金融、质量、统计、气象、海洋、企业登记监管等重要领域实现公共数据资源合理适度向社会开放，带动社会公众开展大数据增值性、公益性开发和创新应用，充分释放数据红利，激发大众创业、万众创新活力。

培育高端智能、新兴繁荣的产业发展新生态。推动大数据与云计算、物联网、移动互联网等新一代信息技术融合发展，探索大数据与传统产业协同发展的新业态、新模式，促进传统产业转型升级和新兴产业发展，培育新的经济增长点。形成一批满足大数据重大应用需求的产品、系统和解决方案，建立安全可信的大数据技术体系，大数据产品和服务达到国际先进水平，国内市场占有率显著提高。培育一批面向全球的骨干企业和特色鲜明的创新型中小企业。构建形成政产学研用多方联动、协调发展的大数据产业生态体系。

三、主要任务

（一）加快政府数据开放共享，推动资源整合，提升治理能力。

1. 大力推动政府部门数据共享。加强顶层设计和统筹规划，明确各部门数据共享的范围边界和使用方式，厘清各部门数据管理及共享的义务和权利，依托政府数据统一共享交换平台，大力推进国家人口基础信息库、法人单位信息资源库、自然资源和空间地理基础信息库等国家基础数据资源，以及金税、金关、金财、金审、金盾、金宏、金保、金土、金农、金水、金质等信息系统跨部门、跨区域共享。加快各地区、各部门、各有关企事业单位及社会组织信用信息系统的互联互通和信息共享，丰富面向公众的信用信息服务，提高政府服务和监管水平。结合信息惠民工程实施和智慧城市建设，推动中央部门与地方政府条块结合、联合试点，实现公共服务的多方数据共享、制度对接和协同配合。

2. 稳步推动公共数据资源开放。在依法加强安全保障和隐私保护的前提下，稳步推动公共数据资源开放。推动建立政府部门和事业单位等公共机构数据资源清单，按照“增量先行”的方式，加强对政府部门数据的国家统筹管理，加快建设国家政府数据统一开放平台。制定公共机构数据开放计划，落实数据开放和维护责任，推进公共机构数据资源统一汇聚和集中向社会开放，提升政府数据开放共享标准化程度，优先推动信用、交通、医疗、卫生、就业、社保、地理、文化、教育、科技、资源、农业、环境、安监、金融、质量、统计、气象、海洋、企业登记监管等民生保障服务相关领域的政府数据集向社会开放。建立政府和社会互动的大数据采集形成机制，制定政府数据共享开放目录。通过政务数据公开共享，引导企业、行业协会、科研机构、社会组织等主动采集并开放数据。

专栏 1　政府数据资源共享开放工程

推动政府数据资源共享。制定政府数据资源共享管理办法，整合政府部门公共数据资源，促进互联互通，提高共享能力，提升政府数据的一致性和准确性。2017 年底前，明确各部门数据共享的范围边界和使用方式，跨部门数据资源共享共用格局基本形成。

形成政府数据统一共享交换平台。充分利用统一的国家电子政务网络，构建跨部门的政府数据统一共享交换平台，到 2018 年，中央政府层面实现数据统一共享交换平台的全覆盖，实现金税、金关、金财、金审、金盾、金宏、金保、金土、金农、金水、金质等信息系统通过统一平台进行数据共享和交换。

形成国家政府数据统一开放平台。建立政府部门和事业单位等公共机构数据资源清单，制定实施政府数据开放共享标准，制定数据开放计划。2018 年底前，建成国家政府数据统一开放平台。2020 年底前，逐步实现信用、交通、医疗、卫生、就业、社保、地理、文化、教育、科技、资源、农业、环境、安监、金融、质量、统计、气象、海洋、企业登记监管等民生保障服务相关领域的政府数据集向社会开放。

3. 统筹规划大数据基础设施建设。结合国家政务信息化工程建设规划，统筹政务数据资源和社会数据资源，布局国家大数据平台、数据中心等基础设施。加快完善国家人口基础信息库、法人单位信息资源库、自然资源和空间地理基础信息库等基础信息资源和健康、就业、社保、能源、信用、统计、质量、国土、农业、城乡建设、企业登记监管等重要领域信息资源，加强与社会大数据的汇聚整合和关联分析。推动国民经济动员大数据应用。加强军民信息资源共享。充分利用现有企业、政府等数据资源和平台设施，注重对现有数据中心及服务器资源的改造和利用，建设绿色环保、低成本、高效率、基于云计算的大数据基础设施和区域性、行业性数据汇聚平台，避免盲目建设和重复投资。加强对互联网重要数据资源的备份及保护。

专栏2　国家大数据资源统筹发展工程

整合各类政府信息平台和信息系统。严格控制新建平台，依托现有平台资源，在地市级以上（含地市级）政府集中构建统一的互联网政务数据服务平台和信息惠民服务平台，在基层街道、社区统一应用，并逐步向农村特别是农村社区延伸。除国务院另有规定外，原则上不再审批有关部门、地市级以下（不含地市级）政府新建孤立的信息平台和信息系统。到2018年，中央层面构建形成统一的互联网政务数据服务平台；国家信息惠民试点城市实现基础信息集中采集、多方利用，实现公共服务和社会信息服务的全人群覆盖、全天候受理和“一站式”办理。

整合分散的数据中心资源。充分利用现有政府和社会数据中心资源，运用云计算技术，整合规模小、效率低、能耗高的分散数据中心，构建形成布局合理、规模适度、保障有力、绿色集约的政务数据中心体系。统筹发挥各部门已建数据中心的作用，严格控制部门新建数据中心。开展区域试点，推进贵州等大数据综合试验区建设，促进区域性大数据基础设施的整合和数据资源的汇聚应用。

加快完善国家基础信息资源体系。加快建设完善国家人口基础信息库、法人单位信息资源库、自然资源和空间地理基础信息库等基础信息资源。依托现有相关信息系统，逐步完善健康、社保、就业、能源、信用、统计、质量、国土、农业、城乡建设、企业登记监管等重要领域信息资源。到2018年，跨部门共享校核的国家人口基础信息库、法人单位信息资源库、自然资源和空间地理基础信息库等国家基础信息资源体系基本建成，实现与各领域信息资源的汇聚整合和关联应用。

加强互联网信息采集利用。加强顶层设计，树立国际视野，充分利用已有资源，加强互联网信息采集、保存和分析能力建设，制定完善互联网信息保存相关法律法规，构建互联网信息保存和信息服务体系。

4. 支持宏观调控科学化。建立国家宏观调控数据体系，及时发布有关统计指标和数据，强化互联网数据资源利用和信息服务，加强与政务数据资源的关联分析和融合利用，为政府开展金融、税收、审计、统计、农业、规划、消费、投资、进出口、城乡建设、劳动就业、收入分配、电力及产业运行、质量安全、节能减排等领域运行动态监测、产业安全预测预警以及转变发展方式分析决策提供信息支持，提高宏观调控的科学性、预见性和有效性。

5. 推动政府治理精准化。在企业监管、质量安全、节能降耗、环境保护、食品安全、安全生产、信用体系建设、旅游服务等领域，推动有关政府部门和企事业单位将市场监管、检验检测、违法失信、企业生产经营、销售物流、投诉举报、消费维权等数据进行汇聚整合和关联分析，统一公示企业信用信息，预警企业不正当行为，提升政府决策和风险防范能力，支持加强事中事后监管和服务，提高监管和服务的针对性、有效性。推动改进政府管理和公共治理方式，借助大数据实现政府负面清单、权力清单和责任清单的透明化管理，完善大数据监督和技术反腐体系，促进政府简政放权、依法行政。

6. 推进商事服务便捷化。加快建立公民、法人和其他组织统一社会信用代码制度，依托全国统一的信用信息共享交换平台，建设企业信用信息公示系统和“信用中国”网站，共享整合各地区、各领域信用信息，为社会公众提供查询注册登记、行政许可、行政处罚等各类信用信息的一站式服务。在全面实行工商营业执照、组织机构代码证和税务登记证“三证合一”、“一照一码”登记制度改革中，积极运用大数据手段，简化办理程序。建立项目并联审批平台，形成网上审批大数据资源库，实现跨部门、跨层级项目审批、核准、备案的统一受理、同步审查、信息共享、透明公开。鼓励政府部门高效采集、有效整合并充分运用政府数据和社会数据，掌握企业需求，推动行政管理流程优化再造，在注册登记、市场准入等商事服务中提供更加便捷有效、更有针对性的服务。利用大数据等手段，密切跟踪中小微企业特别是新设小微企业运行情况，为完善相关政策提供支持。

7. 促进安全保障高效化。加强有关执法部门间的数据流通，在法律许可和确保安全的前提下，加强对社会治理相关领域数据的归集、发掘及关联分析，强化对妥善应对和处理重大突发公共事件的数据支持，提高公共安全保障能力，推动构建智能防控、综合治理的公共安全体系，维护国家安全和社会安定。

专栏 3　政府治理大数据工程

推动宏观调控决策支持、风险预警和执行监督大数据应用。统筹利用政府和社会数据资源，探索建立国家宏观调控决策支持、风险预警和执行监督大数据应用体系。到 2018 年，开展政府和社会合作开发利用大数据试点，完善金融、税收、审计、统计、农业、规划、消费、投资、进出口、城乡建设、劳动就业、收入分配、电力及产业运行、质量安全、节能减排等领域国民经济相关数据的采集和利用机制，推进各级政府按照统一体系开展数据采集和综合利用，加强对宏观调控决策的支撑。

推动信用信息共享机制和信用信息系统建设。加快建立统一社会信用代码制度，建立信用信息共享交换机制。充分利用社会各方面信息资源，推动公共信用数据与互联网、移动互联网、电子商务等数据的汇聚整合，鼓励互联网企业运用大数据技术建立市场化的第三方信用信息共享平台，使政府主导征信体系的权威性和互联网大数据征信平台的规模效应得到充分发挥，依托全国统一的信用信息共享交换平台，建设企业信用信息公示系统，实现覆盖各级政府、各类别信用主体的基础信用信息共享，初步建成社会信用体系，为经济高效运行提供全面准确的基础信用信息服务。

建设社会治理大数据应用体系。到 2018 年，围绕实施区域协调发展、新型城镇化等重大战略和主体功能区规划，在企业监管、质量安全、质量诚信、节能降耗、环境保护、食品安全、安全生产、信用体系建设、旅游服务等领域探索开展一批应用试点，打通政府部门、企事业单位之间的数据壁垒，实现合作开发和综合利用。实时采集并汇总分析政府部门和企事业单位的市场监管、检验检测、违法失信、企业生产经营、销售物流、投诉举报、消费维权等数据，有效促进各级政府社会治理能力提升。

8. 加快民生服务普惠化。结合新型城镇化发展、信息惠民工程实施和智慧城市建设，以优化提升民生服务、激发社会活力、促进大数据应用市场化服务为重点，引导鼓励企业和社会机构开展创新应用研究，深入发掘公共服务数据，在城乡建设、人居环境、健康医疗、社会救助、养老服务、劳动就业、社会保障、质量安全、文化教育、交通旅游、消费维权、城乡服务等领域开展大数据应用示范，推动传统公共服务数据与互联网、移动互联网、可穿戴设备等数据的汇聚整合，开发各类便民应用，优化公共资源配置，提升公共服务水平。

专栏 4　公共服务大数据工程

医疗健康服务大数据。构建电子健康档案、电子病历数据库，建设覆盖公共卫生、医疗服务、医疗保障、药品供应、计划生育和综合管理业务的医疗健康管理和服务大数据应用体系。探索预约挂号、分级诊疗、远程医疗、检查检验结果共享、防治结合、医养结合、健康咨询等服务，优化形成规范、共享、互信的诊疗流程。鼓励和规范有关企事业单位开展医疗健康大数据创新应用研究，构建综合健康服务应用。

社会保障服务大数据。建设由城市延伸到农村的统一社会救助、社会福利、社会保障大数据平台，加强与相关部门的数据对接和信息共享，支撑大数据在劳动用工和社保基金监管、医疗保险对医疗服务行为监控、劳动保障监察、内控稽核以及人力资源社会保障相关政策制定和执行效果跟踪评价等方面的应用。利用大数据创新服务模式，为社会公众提供更为个性化、更具针对性的服务。

教育文化大数据。完善教育管理公共服务平台，推动教育基础数据的伴随式收集和全国互通共享。建立各阶段适龄入学人口基础数据库、学生基础数据库和终身电子学籍档案，实现学生学籍档案在不同教育阶段的纵向贯通。推动形成覆盖全国、协同服务、全网互通的教育资源云服务体系。探索发挥大数据对变革教育方式、促进教育公平、提升教育质量的支撑作用。加强数字图书馆、档案馆、博物馆、美术馆和文化馆等公益设施建设，构建文化传播大数据综合服务平台，传播中国文化，为社会提供文化服务。

交通旅游服务大数据。探索开展交通、公安、气象、安监、地震、测绘等跨部门、跨地域数据融合和协同创新。建立综合交通服务大数据平台，共同利用大数据提升协同管理和公共服务能力，积极吸引社会优质资源，利用交通大数据开展出行信息服务、交通诱导等增值服务。建立旅游投诉及评价全媒体交互中心，实现对旅游城市、重点景区游客流量的监控、预警和及时分流疏导，为规范市场秩序、方便游客出行、提升旅游服务水平、促进旅游消费和旅游产业转型升级提供有力支撑。

（二）推动产业创新发展，培育新兴业态，助力经济转型。

1. 发展工业大数据。推动大数据在工业研发设计、生产制造、经营管理、市场营销、售后服务等产品全生命周期、产业链全流程各环节的应用，分析感知用户需求，提升产品附加价值，打造智能工厂。建立面向不同行业、不同环节的工业大数据资源聚合和分析应用平台。抓住互联网跨界融合机遇，促进大数据、物联网、云计算和三维（3D）打印技术、个性化定制等在制造业全产业链集成运用，推动制造模式变革和工业转型升级。

2. 发展新兴产业大数据。大力培育互联网金融、数据服务、数据探矿、数据化学、数据材料、数据制药等新业态，提升相关产业大数据资源的采集获取和分析利用能力，充分发掘数据资源支撑创新的潜力，带动技术研发体系创新、管理方式变革、商业模式创新和产业价值链体系重构，推动跨领域、跨行业的数据融合和协同创新，促进战略性新兴产业发展、服务业创新发展和信息消费扩大，探索形成协同发展的新业态、新模式，培育新的经济增长点。

专栏5　工业和新兴产业大数据工程

工业大数据应用。利用大数据推动信息化和工业化深度融合，研究推动大数据在研发设计、生产制造、经营管理、市场营销、售后服务等产业链各环节的应用，研发面向不同行业、不同环节的大数据分析应用平台，选择典型企业、重点行业、重点地区开展工业企业大数据应用项目试点，积极推动制造业网络化和智能化。

服务业大数据应用。利用大数据支持品牌建立、产品定位、精准营销、认证认可、质量诚信提升和定制服务等，研发面向服务业的大数据解决方案，扩大服务范围，增强服务能力，提升服务质量，鼓励创新商业模式、服务内容和服务形式。

培育数据应用新业态。积极推动不同行业大数据的聚合、大数据与其他行业的融合，大力培育互联网金融、数据服务、数据处理分析、数据影视、数据探矿、数据化学、数据材料、数据制药等新业态。

电子商务大数据应用。推动大数据在电子商务中的应用，充分利用电子商务中形成的大数据资源为政府实施市场监管和调控服务，电子商务企业应依法向政府部门报送数据。

3. 发展农业农村大数据。构建面向农业农村的综合信息服务体系，为农民生产生活提供综合、高效、便捷的信息服务，缩小城乡数字鸿沟，促进城乡发展一体化。加强农业农村经济大数据建设，完善村、县相关数据采集、传输、共享基础设施，建立农业农村数据采集、运算、应用、服务体系，强化农村生态环境治理，增强乡村社会治理能力。统筹国内国际农业数据资源，强化农业资源要素数据的集聚利用，提升预测预警能力。整合构建国家涉农大数据中心，推进各地区、各行业、各领域涉农数据资源的共享开放，加强数据资源发掘运用。加快农业大数据关键技术研发，加大示范力度，提升生产智能化、经营网络化、管理高效化、服务便捷化能力和水平。

4. 发展万众创新大数据。适应国家创新驱动发展战略，

专栏6　现代农业大数据工程

农业农村信息综合服务。充分利用现有数据资源，完善相关数据采集共享功能，完善信息进村入户村级站的数据采集和信息发布功能，建设农产品全球生产、消费、库存、进出口、价格、成本等数据调查分析系统工程，构建面向农业农村的综合信息服务平台，涵盖农业生产、经营、管理、服务和农村环境整治等环节，集合公益服务、便民服务、电子商务和网络服务，为农业农村农民生产生活提供综合、高效、便捷的信息服务，加强全球农业调查分析，引导国内农产品生产和消费，完善农产品价格形成机制，缩小城乡数字鸿沟，促进城乡发展一体化。

农业资源要素数据共享。利用物联网、云计算、卫星遥感等技术，建立我国农业耕地、草原、林地、水利设施、水资源、农业设施设备、新型经营主体、农业劳动力、金融资本等资源要素数据监测体系，促进农业环境、气象、生态等信息共享，构建农业资源要素数据共享平台，为各级政府、企业、农户提供农业资源数据查询服务，鼓励各类市场主体充分发掘平台数据，开发测土配方施肥、统防统治、农业保险等服务。

农产品质量安全信息服务。建立农产品生产的生态环境、生产资料、生产过程、市场流通、加工储藏、检验检测等数据共享机制，推进数据实现自动化采集、网络化传输、标准化处理和可视化运用，提高数据的真实性、准确性、及时性和关联性，与农产品电子商务等交易平台互联共享，实现各环节信息可查询、来源可追溯、去向可跟踪、责任可追究，推进实现种子、农药、化肥等重要生产资料信息可追溯，为生产者、消费者、监管者提供农产品质量安全信息服务，促进农产品消费安全。

专栏7　万众创新大数据工程

大数据创新应用。通过应用创新开发竞赛、服务外包、社会众包、助推计划、补助奖励、应用培训等方式，鼓励企业和公众发掘利用开放数据资源，激发创新创业活力。

大数据创新服务。面向经济社会发展需求，研发一批大数据公共服务产品，实现不同行业、领域大数据的融合，扩大服务范围、提高服务能力。

发展科学大数据。积极推动由国家公共财政支持的公益性科研活动获取和产生的科学数据逐步开放共享，构建科学大数据国家重大基础设施，实现对国家重要科技数据的权威汇集、长期保存、集成管理和全面共享。面向经济社会发展需求，发展科学大数据应用服务中心，支持解决经济社会发展和国家安全重大问题。

知识服务大数据应用。利用大数据、云计算等技术，对各领域知识进行大规模整合，搭建层次清晰、覆盖全面、内容准确的知识资源库群，建立国家知识服务平台与知识资源服务中心，形成以国家平台为枢纽、行业平台为支撑，覆盖国民经济主要领域，分布合理、互联互通的国家知识服务体系，为生产生活提供精准、高水平的知识服务。提高我国知识资源的生产与供给能力。

实施大数据创新行动计划，鼓励企业和公众发掘利用开放数据资源，激发创新创业活力，促进创新链和产业链深度融合，推动大数据发展与科研创新有机结合，形成大数据驱动型的科研创新模式，打通科技创新和经济社会发展之间的通道，推动万众创新、开放创新和联动创新。

5. 推进基础研究和核心技术攻关。围绕数据科学理论体系、大数据计算系统与分析理论、大数据驱动的颠覆性应用模型探索等重大基础研究进行前瞻布局，开展数据科学研究，引导和鼓励在大数据理论、方法及关键应用技术等方面展开探索。采取政产学研用相结合的协同创新模式和基于开源社区的开放创新模式，加强海量数据存储、数据清洗、数据分析发掘、数据可视化、信息安全与隐私保护等领域关键技术攻关，形成安全可靠的大数据技术体系。支持自然语言理解、机器学习、深度学习等人工智能技术创新，提升数据分析处理能力、知识发现能力和辅助决策能力。

6. 形成大数据产品体系。围绕数据采集、整理、分析、发掘、展现、应用等环节，支持大型通用海量数据存储与管理软件、大数据分析发掘软件、数据可视化软件等软件产品和海量数据存储设备、大数据一体机等硬件产品发展，带动芯片、操作系统等信息技术核心基础产品发展，打造较为健全的大数据产品体系。大力发展与重点行业领域业务流程及数据应用需求深度融合的大数据解决方案。

专栏 8　大数据关键技术及产品研发与产业化工程

通过优化整合后的国家科技计划（专项、基金等），支持符合条件的大数据关键技术研发。

加强大数据基础研究。融合数理科学、计算机科学、社会科学及其他应用学科，以研究相关性和复杂网络为主，探讨建立数据科学的学科体系；研究面向大数据计算的新体系和大数据分析理论，突破大数据认知与处理的技术瓶颈；面向网络、安全、金融、生物组学、健康医疗等重点需求，探索建立数据科学驱动行业应用的模型。

大数据技术产品研发。加大投入力度，加强数据存储、整理、分析处理、可视化、信息安全与隐私保护等领域技术产品的研发，突破关键环节技术瓶颈。到 2020 年，形成一批具有国际竞争力的大数据处理、分析、可视化软件和硬件支撑平台等产品。

提升大数据技术服务能力。促进大数据与各行业应用的深度融合，形成一批代表性应用案例，以应用带动大数据技术和产品研发，形成面向各行业的成熟的大数据解决方案。

7. 完善大数据产业链。支持企业开展基于大数据的第三方数据分析发掘服务、技术外包服务和知识流程外包服务。鼓励企业根据数据资源基础和业务特色，积极发展互联网金融和移动金融等新业态。推动大数据与移动互联网、物联网、云计算的深度融合，深化大数据在各行业的创新应用，积极探索创新协作共赢的应用模式和商业模式。加强大数据应用创新能力建设，建立政产学研用联动、大中小企业协调发展的大数据产业体系。建立和完善大数据产业公共服务支撑体系，组建大数据开源社区和产业联盟，促进协同创新，加快计量、标准化、检验检测和认证认可等大数据产业质量技术基础建设，加速大数据应用普及。

专栏 9　大数据产业支撑能力提升工程

培育骨干企业。完善政策体系，着力营造服务环境优、要素成本低的良好氛围，加速培育大数据龙头骨干企业。充分发挥骨干企业的带动作用，形成大中小企业相互支撑、协同合作的大数据产业生态体系。到 2020 年，培育 10 家国际领先的大数据核心龙头企业，500 家大数据应用、服务和产品制造企业。

大数据产业公共服务。整合优质公共服务资源，汇聚海量数据资源，形成面向大数据相关领域的公共服务平台，为企业和用户提供研发设计、技术产业化、人力资源、市场推广、评估评价、认证认可、检验检测、宣传展示、应用推广、行业咨询、投融资、教育培训等公共服务。

中小微企业公共服务大数据。整合现有中小微企业公共服务系统与数据资源，链接各省（区、市）建成的中小微企业公共服务线上管理系统，形成全国统一的中小微企业公共服务大数据平台，为中小微企业提供科技服务、综合服务、商贸服务等各类公共服务。

（三）强化安全保障，提高管理水平，促进健康发展。

1. 健全大数据安全保障体系。加强大数据环境下的网络安全问题研究和基于大数据的网络安全技术研究，落实信息安全等级保护、风险评估等网络安全制度，建立健全大数据安全保障体系。建立大数据安全评估体系。切实加强关键信息基础设施安全防护，做好大数据平台及服务商的可靠性及安全性评测、应用安全评测、监测预警和风险评估。明确数据采集、传输、存储、使用、开放等各环节保障网络安全的范围边界、责任主体和具体要求，切实加强对涉及国家利益、公共安全、商业秘密、个人隐私、军工科研生产等信息的保护。妥善处理发展创新与保障安全的关系，审慎监管，保护创新，探索完善安全保密管理规范措施，切实保障数据安全。

2. 强化安全支撑。采用安全可信产品和服务，提升基础设施关键设备安全可靠水平。建设国家网络安全信息汇聚共享和关联分析平台，促进网络安全相关数据融合和资源合理分配，提升重大网络安全事件应急处理能力；深化网络安全防护体系和态势感知能力建设，增强网络空间安全防护和安全事件识别能力。开展安全监测和预警通报工作，加强大数据环境下防攻击、防泄露、防窃取的监测、预警、控制和应急处置能力建设。

专栏10　网络和大数据安全保障工程
网络和大数据安全支撑体系建设。在涉及国家安全稳定的领域采用安全可靠的产品和服务，到2020年，实现关键部门的关键设备安全可靠。完善网络安全保密防护体系。 大数据安全保障体系建设。明确数据采集、传输、存储、使用、开放等各环节保障网络安全的范围边界、责任主体和具体要求，建设完善金融、能源、交通、电信、统计、广电、公共安全、公共事业等重要数据资源和信息系统的安全保密防护体系。 网络安全信息共享和重大风险识别大数据支撑体系建设。通过对网络安全威胁特征、方法、模式的追踪、分析，实现对网络安全威胁新技术、新方法的及时识别与有效防护。强化资源整合与信息共享，建立网络安全信息共享机制，推动政府、行业、企业间的网络风险信息共享，通过大数据分析，对网络安全重大事件进行预警、研判和应对指挥。

四、政策机制

（一）完善组织实施机制。建立国家大数据发展和应用统筹协调机制，推动形成职责明晰、协同推进的工作格局。加强大数据重大问题研究，加快制定出台配套政策，强化国家数据资源统筹管理。加强大数据与物联网、智慧城市、云计算等相关政策、规划的协同。加强中央与地方协调，引导地方各级政府结合自身条件合理定位、科学谋划，将大数据发展纳入本地区经济社会和城镇化发展规划，制定出台促进大数据产业发展的政策措施，突出区域特色和分工，抓好措施落实，实现科学有序发展。设立大数据专家咨询委员会，为大数据发展应用及相关工程实施提供决策咨询。各有关部门要进一步统一思想，认真落实本行动纲要提出的各项任务，共同推动形成公共信息资源共享共用和大数据产业健康安全发展的良好格局。

（二）加快法规制度建设。修订政府信息公开条例。积极研究数据开放、保护等方面制度，实现对数据资源采集、传输、存储、利用、开放的规范管理，促进政府数据在风险可控原则下最大程度开放，明确政府统筹利用市场主体大数据的权限及范围。制定政府信息资源管理办法，建立政府部门数据资源统筹管理和共享复用制度。研究推动网上个人信息保护立法工作，界定个人信息采集应用的范围和方式，明确相关主体的权利、责任和义务，加强对数据滥用、侵犯个人隐私等行为的管理和惩戒。推动出台相关法律法规，加强对基础信息网络和关键行业领域重要信息系统的安全保护，保障网络数据安全。研究推动数据资源权益相关立法工作。

（三）健全市场发展机制。建立市场化的数据应用机制，在保障公平竞争的前提下，支持社会资本参与公共服务建设。鼓励政府与企业、社会机构开展合作，通过政府采购、服务外包、社会众包等多种方式，依托专业企业开展政府大数据应用，降低社会管理成本。引导培育大数据交易市场，开展面向应用的数据交易市场试点，探索开展大数据衍生产品交易，鼓励产业链各环节市场主体进行数据交换和交易，促进数据资源流通，建立健全数据资源交易机制和定价机制，规范交易行为。

（四）建立标准规范体系。推进大数据产业标准体系建设，加快建立政府部门、事业单位等公共机构的数据标准和统计标准体系，推进数据采集、政府数据开放、指标口径、分类目录、交换接口、访问接口、数据质量、数据交易、技术产品、安全保密等关键共性标准的制定和实施。加快建立大数据市场交易标准体系。开展标准验证和应用试点示范，建立标准符合性评估体系，充分发挥标准在培育服务市场、提升服务能力、支撑行业管理等方面的作用。积极参与相关国际标准制定工作。

（五）加大财政金融支持。强化中央财政资金引导，集中力量支持大数据核心关键技术攻关、产业链构建、重大应用示范和公共服务平台建设等。利用现有资金渠道，推动建设一批国际领先的重大示范工程。完善政府采购大数据服务的配套政策，加大对政府部门和企业合作开发大数据的支持力度。鼓励金融机构加强和改进金融服务，加大对大数据企业的支持力度。鼓励大数据企业进入资本市场融资，努力为企业重组并购创造更加宽松的金融政策环境。引导创业投资基金投向大数据产业，鼓励设立一批投资于大数据产业领域的创业投资基金。

（六）加强专业人才培养。创新人才培养模式，建立健全多层次、多类型的大数据人才培养体系。鼓励高校设立数据科学和数据工程相关专业，重点培养专业化数据工程师等大数据专业人才。鼓励采取跨校联合培养等方式开展跨学科大数据综合型人才培养，大力培养具有统计分析、计算机技术、经济管理等多学科知识的跨界复合型人才。鼓励高等院校、职业院校和企业合作，加强职业技能人才实践培养，积极培育大数据技术和应用创新型人才。依托社会化教育资源，开展大数据知识普及和教育培训，提高社会整体认知和应用水平。

（七）促进国际交流合作。坚持平等合作、互利共赢的原则，建立完善国际合作机制，积极推进大数据技术交流与合作，充分利用国际创新资源，促进大数据相关技术发展。结合大数据应用创新需要，积极引进大数据高层次人才和领军人才，完善配套措施，鼓励海外高端人才回国就业创业。引导国内企业与国际优势企业加强大数据关键技术、产品的研发合作，支持国内企业参与全球市场竞争，积极开拓国际市场，形成若干具有国际竞争力的大数据企业和产品。

关于印发《云计算综合标准化体系建设指南》的通知

工信厅信软〔2015〕132 号

各省、自治区、直辖市、计划单列市工业和信息化主管部门、新疆生产建设兵团工业和信息化委员会，各有关单位：

云计算作为战略性新兴产业的重要组成部分，是信息技术服务模式的重大创新，对贯彻实施《中国制造2025》和“互联网+”行动计划具有重要意义。为加快推进云计算标准化工作，提升标准对构建云计算生态系统的整体支撑作用，我部组织相关单位、标准化机构和标准化技术组织编制了《云计算综合标准化体系建设指南》。现印发给你们，请在标准化工作中遵照执行。

随着技术和产业的不断发展，我部将对本综合标准化体系建设指南进行不断完善。

工业和信息化部办公厅

2015 年 10 月 16 日

云计算综合标准化体系建设指南

云计算通过网络将分散的计算、存储、软件等资源进行集中管理和动态分配，使信息技术能力如同水和电一样实现按需供给，具有快速弹性、可扩展、资源池化、广泛网络接入和多租户等特征，是信息技术服务模式的重大创新。云计算是战略性新兴产业重要组成部分，推进云计算健康快速发展，对加速产业转型升级、促进信息消费、建设创新型国家具有重要意义。

一、云计算发展情况

（一）国外云计算发展情况

全球云计算市场迅速增长，世界主要国家和地区纷纷出台云计算发展战略规划，大型跨国企业已形成全球化服务能力和系统解决方案提供能力，企业和开源社区共同推动关键技术研发取得突破性进展，云计算应用在政务、金融、医疗、教育和中小企业等重要领域先后落地。与此同时，国外标准化组织和协会纷纷开展云计算标准化工作，涉及基础、云资源管理、云服务和云安全等方面。

（二）国内云计算发展情况

近年来，在党中央、国务院的高度重视下，政、产、学、研、用各方共同努力，已形成服务创新、技术创新和管理创新协同推进的云计算发展格局，关键技术和软硬件产品取得一批成果，公共云服务能力显著提升，行业应用进一步深化，云计算生态系统初步形成，产业规模迅速扩大，为开展标准化工作奠定了良好的技术、产品和应用基础。

我国云计算生态系统（见附件 1）主要涉及硬件、软件、服务、网络和安全五个方面。

——硬件。云计算相关硬件包括服务器、存储设备、网络设备，及数据中心成套装备等，以及提供和使用云服务的终端设备。目前，我国已形成较为成熟的电子信息制造产业链，设备提供能力大幅提升，基本能够满足云计算发展需求，但低功耗 CPU、GPU 等核心芯片技术与国外相比尚有较大差距，新型架构数据中心相关设备研发较为滞后，规范硬件性能、功能、接口及测评等方面的标准尚未形成。

——软件。云计算相关软件主要包括资源调度和管理系统、云平台软件和应用软件等。资源调度管理系统和云平台软件方面，我国已在虚拟弹性计算、大规模存储与处理、安全管理等关键技术领域取得一批突破性成果，拥有了面向云计算的虚拟化软件、资源管理类软件、存储类软件和计算类软件，但综合集成能力明显不足，与国外差距较大。云应用软件方面，我国已形成较为齐全的产品门类，但云计算平台对应用移植和数据迁移的支持能力不足，制约了云应用软件的发展和普及。

——服务。服务包括云服务和面向云计算系统建设应用的云支撑服务。云服务方面，各类 IaaS、PaaS 和 SaaS 服务不断涌现，云存储、云主机、云安全等服务实现商用，阿里、百度、腾讯等公共云服务能力位居世界前列，但国内云服务总体规模较小，需要进一步丰富服务种类，拓展用户数量。同时，服务质量保证、服务计量和计费等方面依然存在诸多问题，需要建立统一的 SLA（服务水平协议）、计量原则、计费方法和评估规范，以保障云服务按照统一标准交付使用。云支撑服务方面，我国已拥有覆盖云计算系统设计、部署、交付和运营等环节的多种服务，但尚未形成自主的技术体系，云计算整体解决方案供给能力薄弱。

——网络。云计算具有泛在网络访问特性，用户无论通过电信网、互联网或广播电视网，都能够使用云服务。“宽带中国”战略的实施为我国云计算发展奠定坚实的网络基础。与此同时，为了进一步优化网络环境，需要在云内、云间的网络连接和网络管理服务质量等方面加强工作。

——安全。云安全涉及服务可用性、数据机密性和完整性、隐私保护、物理安全、恶意攻击防范等诸多方面，是影响云计算发展的关键因素之一。云安全不是单纯的技术问题，只有通过技术、服务和管理的互相配合，形成共同遵循的安全规范，才能营造保障云计算健康发展的可信环境。

为进一步推动我国云计算发展，需要运用综合标准化的系统性、目标性和配套性等思维方式和工作方法，以云计算相关技术和产品、云服务为标准化对象，按成套体系制定整体协调的标准。云计算综合标准化工作的重点是从云计算发展实际出发，构建云计算综合标准化体系，用标准化手段优化资源配置，促进技术、产业、应用和安全协调发展。

二、云计算综合标准化体系建设指南总体思路

（一）指导思想

按照《关于促进云计算创新发展培育信息产业新业态的意见》（国发［2015］5 号）提出建设云计算标准规范体系的要求，广泛借鉴国际云计算技术和标准研究成果，紧扣云计算服务和应用发展需求，充分发挥企业主体作用，加强标准战略研究和标准体系构建，明确云计算标准化研究方向，加快推进重要领域标准制定与贯彻实施，夯实云计算发展的技术基础，为促进我国云计算持续快速健康发展做好支撑。

（二）基本原则

——顶层设计，明确方向。结合云计算服务发展实际，立足国内，借鉴国际，做好云计算综合标准化工作的顶层设计，加强标准战略研究和标准体系构建，明确

云计算标准化研究方向，指导国内标准化组织和企业有序开展云计算标准化活动。

——需求牵引，重点推进。以云计算服务需求为引领，围绕云计算发展过程中存在的共性问题，推进重点标准研制和贯彻实施工作，动态更新云计算标准体系。

——加强交流，注重协调。以支撑行业管理、服务产业发展为出发点和落脚点，加强国际交流与合作，统筹国际国内两个标准化工作大局，凝聚行业力量，夯实标准化工作基础，确保标准化成果的综合性、配套性和协调性。

三、云计算综合标准化体系建设内容

（一）云计算综合标准化体系框架

依据我国云计算生态系统中技术和产品、服务和应用等关键环节，以及贯穿于整个生态系统的云安全，结合国内外云计算发展趋势，构建云计算综合标准化体系框架，包括“云基础”、“云资源”、“云服务”和“云安全”4个部分（如图1）。各个部分的概况如下：

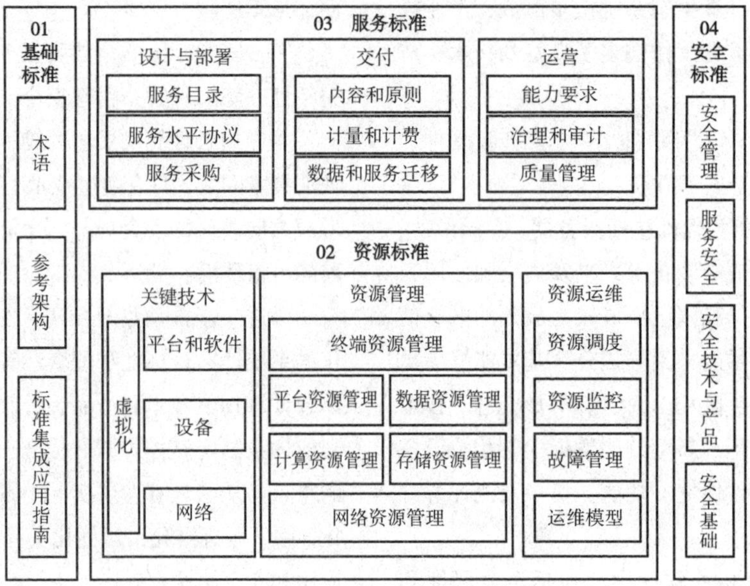

图1　云计算综合标准化体系框架

1. 云基础标准。用于统一云计算及相关概念，为其他各部分标准的制定提供支撑。主要包括云计算术语、参考架构、指南等方面的标准。

2. 云资源标准。用于规范和引导建设云计算系统的关键软硬件产品研发，以及计算、存储等云计算资源的管理和使用，实现云计算的快速弹性和可扩展性。主要包括关键技术、资源管理和资源运维等方面的标准。

3. 云服务标准。用于规范云服务设计、部署、交付、运营和采购，以及云平台间的数据迁移。主要包括服务采购、服务质量、服务计量和计费、服务能力评价等方面的标准。

4. 云安全标准。用于指导实现云计算环境下的网络安全、系统安全、服务安全和信息安全，主要包括云计算环境下的安全管理、服务安全、安全技术和产品、安全基础等方面的标准。

（二）云计算标准研制方向

以云计算综合标准化体系框架为基础，通过研究分析信息技术和通信领域已有标准，提出现有标准缺失的，

表1　云计算重点标准研制方向统计

名称	标准研制方向
云基础标准	3
云资源标准	8
云服务标准	6
云安全标准	12
共计	29

并能直接反映云计算特征，有效解决应用和数据迁移、服务质量保证、供应商绑定、信息安全和隐私保护等问题的29个标准研制方向（如表1，详见附件2），以指导具体标准的立项和制定。对尚未纳入标准研制方向但在云计算综合标准化体系框架中列出的，统一作为标准化需求研究方向。

附件1：云计算（技术、产业、应用、安全）生态系统（略）

附件2：云计算标准研制方向明细表（略）

关于加强互联网领域侵权假冒行为治理的意见

国办发〔2015〕77号

各省、自治区、直辖市人民政府，国务院各部委、各直属机构：

当前，以"互联网+"为主要内容的电子商务发展迅猛，成为我国经济增长的强劲动力，对推动大众创业、万众创新发挥了不可替代的作用。但是，互联网领域侵犯知识产权和制售假冒伪劣商品违法犯罪行为也呈多发高发态势。为深入贯彻落实《国务院关于大力发展电子商务加快培育经济新动力的意见》（国发〔2015〕24号），加强互联网领域侵权假冒行为治理，营造开放、规范、诚信、安全的网络交易环境，促进电子商务健康发展，经国务院同意，现提出以下意见：

一、总体要求

（一）指导思想。深入贯彻党的十八大和十八届二中、三中、四中全会精神，按照党中央、国务院部署，以全面推进依法治国为统领，以改革创新监管制度为保障，以新信息技术手段为支撑，以建立健全长效机制为目标，着力完善电子商务领域法律法规，加强跨部门、跨地区和跨境执法协作，提升监管能力和技术水平，遏制互联网领域侵权假冒行为多发高发势头，净化互联网交易环境，促进电子商务健康发展，为创新创业增添新活力，为经济转型升级注入新动力。

（二）基本原则。

依法监管。加快推进打击互联网领域侵权假冒行为相关法律法规建设，运用法治思维和法治方式履行市场监管职责，强化事中事后监管，构建法治化市场环境。

技术支撑。积极创新监管方式和手段，加强大数据、云计算、物联网、移动互联网等新信息技术在网络交易监管中的研发应用，提高对网上侵权假冒违法犯罪线索的发现、收集、甄别、挖掘能力。

统筹协作。充分发挥打击侵权假冒工作统筹协调机制作用，加强行政执法、行业管理、宣传、司法等部门间协作配合，形成工作合力。

区域联动。推进线上线下一体化监管，加强跨区域、跨境监管执法信息共享，强化对侵权假冒违法犯罪线索的追踪溯源和联合行动，铲除侵权假冒违法犯罪链条。

社会共治。充分发挥行业组织的自律作用，落实电子商务相关企业主体责任，畅通社会举报投诉渠道，加强网络数据信息的共享和分析，构建多方参与打击侵权假冒工作新格局。

（三）主要目标。用3年左右时间，有效遏制互联网领域侵权假冒行为，初步形成政府监管、行业自律、社会参与的监管格局，相关法律法规更加健全，监管技术手段更加先进，协作配合机制更加完善，网络交易秩序逐步规范，电子商务健康有序发展。

二、突出监管重点

（四）打击网上销售假劣商品。以农资、食品药品、化妆品、医疗器械、电器电子产品、汽车配件、装饰装修材料、易制爆危险化学品、儿童用品以及服装鞋帽等社会反映集中、关系健康安全、影响公共安全的消费品和生产资料为重点，组织开展集中整治行动，加强监管执法。坚持线上线下治理相结合，在制造加工环节，组织开展电子商务产品质量提升行动，加强风险监测，净化生产源头；在流通销售环节，加强网络销售商品抽检，完善网上交易在线投诉及售后维权机制。将打击侵权假冒行为纳入邮政行业常态化监管，督促邮政企业、快递企业加强对电子商务企业等协议客户的资格审查。依法依规处置互联网侵权假冒有害信息。（工业和信息化部、公安部、农业部、海关总署、工商总局、质检总局、食品药品监管总局、网信办、邮政局按职责分工分别负责）

（五）打击网络侵权盗版。以保护商标权、著作权、专利权等知识产权为重点，严厉打击利用互联网实施的侵权违法犯罪。加大对销售仿冒知名商标、涉外商标商品的查处力度，维护权利人和消费者的合法权益。开展打击网络侵权盗版专项行动。强化对网络（手机）文学、音乐、影视、游戏、动漫、软件及含有著作权的标准类作品等重点领域的监测监管，及时发现和查处网络非法转载等各类侵权盗版行为。依托国家版权监管平台，扩大版权重点监管范围，将智能移动终端第三方应用程序（APP）、网络云存储空间、微博、微信等新型传播方式纳入版权监管。加强网上专利纠纷案件办理和电子商务领域专利执法维权，推进网络商业方法领域发明专利保护。开展邮件、快件寄递渠道专项执法，重点打击进出口环节“蚂蚁搬家”等各种形式的侵权行为。（工业和信息化部、公安部、文化部、海关总署、工商总局、新闻出版广电总局、知识产权局、网信办、邮政局按职责分工分别负责）

（六）提升监管信息化水平。充分利用大数据、云计算、物联网、移动互联网等新信息技术，创新市场监管手段。加强域名属地化、网际协议地址（IP地址）精细化管理和网站备案管理，推行网络实名制，推广使用电子标签，实现侵权假冒行为网上发现、源头追溯、属地查处，全程追查不法分子住所地址、IP地址、银行账户等，提高执法打击的精准度。加强业务培训，增强利用新信息技术进行市场监管的能力。（工业和信息化部、公安部、农业部、商务部、文化部、人民银行、海关总署、工商总局、质检总局、新闻出版广电总局、食品药品监管总局、林业局、知识产权局、网信办、邮政局按职责分工分别负责）

三、落实企业责任

（七）落实电子商务企业责任。指导和督促电子商务平台企业加强对网络经营者的资格审查，建立健全网络交易、广告推广等业务和网络经营者信用评级的内部监控制度，制止以虚假交易等方式提高商户信誉的行为，建立完善举报投诉处理机制，实施侵权假冒商品信息巡查清理及交易记录、日志留存，履行违法犯罪线索报告等责任和义务，配合执法部门反向追溯电子商务平台上的侵权假冒商品经营者。指导和督促电子商务自营企业加强内部商品质量管控和知识产权管理，严把进货和销售关口，严防侵权假冒商品进入流通渠道和市场。（公安部、文化部、海关总署、工商总局、质检总局、新闻出版广电总局、食品药品监管总局、林业局、知识产权局按职责分工分别负责）

（八）落实网络服务商责任。督促网络服务商落实“通知—删除”义务，对利用网络服务实施侵权假冒行为的网络信息，及时采取删除、屏蔽、断开链接等必要措施。（工业和信息化部、公安部、文化部、海关总署、工商总局、质检总局、新闻出版广电总局、食品药品监管总局、林业局、知识产权局按职责分工分别负责）

（九）落实上下游相关企业责任。指导和督促配送、仓储、邮政、快递等企业推行寄递实名制，完善收寄验视、安检制度，拒绝接收、储运、配送、寄递侵权假冒商品，为执法部门核查违法犯罪线索提供支持。指导和督促网站落实主体责任，建立健全信息发布审核制度，不得发布侵权假冒商品信息。提供商品竞价排名搜索服务的网站，应当提醒消费者搜索结果来自竞价排名，避免误导消费者。（中央综治办、公安部、商务部、海关总署、工商总局、网信办、邮政局按职责分工分别负责）

四、加强执法协作

（十）完善部门间执法联动机制。加强工作统筹协调与部门合作，完善执法与司法部门之间的线索通报、案件咨询、联席会议制度。加强行政执法与刑事司法衔接，实现行政执法部门与公安、检察、审判机关的信息共享，及时移送涉嫌犯罪案件。加大刑事打击力度，充分利用集群战役模式，摧毁犯罪网络和产业链条。完善跨境电子商务物品通关与检验检疫监管模式。充分发挥税务机关在案件查办中线索发现、协助核查等职能作用。探索建立资金流动监管工作机制，根据侵权假冒犯罪线索，依法追查交易资金账户，控制非法资金。（公安部、农业部、文化部、人民银行、海关总署、税务总局、工商总局、质检总局、新闻出版广电总局、食品药品监管

总局、林业局、知识产权局、高法院、高检院按职责分工分别负责）

（十一）健全区域间执法协作机制。建立健全电子商务产品执法区域协查机制，实现案件线索与执法信息在区域间流转。鼓励地理位置邻近的地区特别是京津冀、长三角、泛珠三角等地区，推进案件线索和信息共享，开展区域执法联动。（全国打击侵权假冒工作领导小组办公室牵头，有关地区打击侵权假冒工作领导小组按职责分工分别负责）

（十二）完善跨境执法交流协作机制。加强境内外执法部门的合作，建立侵权假冒违法犯罪网上追溯、跨境协作、联合查办的工作机制，围绕重大涉外案件组织开展联合执法行动。（全国打击侵权假冒工作领导小组办公室牵头，公安部、商务部、海关总署、工商总局、质检总局、新闻出版广电总局、知识产权局、贸促会按职责分工分别负责）

五、健全长效机制

（十三）加快电子商务领域法规建设。针对互联网领域侵权假冒行为的特点、趋势，查找监管执法的薄弱环节，完善相关法律法规和规章制度。推动电子商务立法，明确网络商品交易规范、争议解决方式、法律责任以及监管执法依据。推动明确各类电子交易凭证、电子检验检疫报告和证书的法律效力，细化电子证据规格。研究制定电子商务平台与网络经营者侵权假冒责任划分的相关规定。制定统一编码的电子商务交易产品质量信息发布规范，建立电子商务纠纷解决和产品质量担保责任机制。制定电子商务产品质量和互联网食品药品经营的监督管理办法。针对利用微信、微博等社交网络平台制售侵权假冒商品等现象，研究相关监管和防范措施。（全国打击侵权假冒工作领导小组办公室牵头，中央综治办、工业和信息化部、公安部、农业部、商务部、文化部、海关总署、工商总局、质检总局、新闻出版广电总局、食品药品监管总局、林业局、知识产权局、法制办、网信办、高法院按职责分工分别负责）

（十四）推进电子商务领域信用体系建设。充分利用全国统一的信用信息共享交换平台和“信用中国”网站等政府网站，加强侵权假冒违法犯罪案件等信息公开。建立健全电子商务信用信息管理制度，推进人口、法人、商标和产品质量等信息资源向电子商务企业和信用服务机构开放，促进电子商务信用信息与其他领域相关信息的交换共享，完善电子商务领域信用评价和失信行为联合惩戒机制。加快推进企业标准自我声明公开和监督制度建设，组织地方开展试点，加强企业标准信息公开服务。组织各行业骨干企业开展产品质量承诺活动，对承诺企业全面开展执法检查，公开执法检查结果。指导电子商务行业组织加强行业自律，推行行业诚信公约、企业诚信守法等级评估，引导企业增强信用意识。发布失信企业“黑名单”。（发展改革委、人民银行牵头，公安部、农业部、商务部、文化部、卫生计生委、海关总署、工商总局、质检总局、新闻出版广电总局、食品药品监管总局、林业局、知识产权局、网信办按职责分工分别负责）推动电子商务领域应用网络身份证，完善网店实名制，鼓励发展社会化的电子商务网站可信认证服务。（公安部、工商总局、质检总局按职责分工分别负责）

（十五）加强政企沟通与协作。加强执法部门与电子商务企业的信息沟通与交流，与电子商务平台企业建立投诉举报、违法案件信息通报机制。加强执法部门与行业协会、商会、同业公会等社会组织的沟通联系，完善公示、约谈工作机制，共同防范和打击侵权假冒违法犯罪。（公安部、农业部、文化部、海关总署、工商总局、质检总局、新闻出版广电总局、食品药品监管总局、林业局、知识产权局、网信办按职责分工分别负责）指导地方政府帮助生产企业与电子商务企业开展合作，扩大品牌影响，促进优质商品网上销售，推动产业转型升级。（全国打击侵权假冒工作领导小组办公室牵头负责）

（十六）加强舆论和社会监督。借助各类媒体和网络信息平台，广泛开展宣传报道，曝光侵权假冒行为，及时发布网络购物消费警示，震慑违法犯罪，增强消费者自觉抵制侵权假冒商品的意识。畅通网络举报投诉渠道，鼓励和引导消费者、权利人积极举报投诉侵权假冒违法犯罪行为。积极利用国际多双边场合，宣传展示我国打击互联网领域侵权假冒工作成效，增信释疑，创造良好的舆论氛围。（全国打击侵权假冒工作领导小组办公室、中央宣传部牵头，公安部、农业部、商务部、文化部、海关总署、工商总局、质检总局、新闻出版广电总局、食品药品监管总局、林业局、知识产权局、网信办、贸促会按职责分工分别负责）

国务院办公厅

2015年10月26日

关于印发贯彻落实《国务院关于积极推进“互联网+”行动的指导意见》行动计划（2015－2018 年）的通知

工信部信软〔2015〕440 号

各省、自治区、直辖市工业和信息化主管部门、通信管理局：

为贯彻落实党的十八届五中全会精神，促进互联网和经济社会融合发展，拓展网络经济空间，提高发展质量和效益，根据《国务院关于积极推进“互联网+”行动的指导意见》（国发〔2015〕40 号），工业和信息化部研究制定了《工业和信息化部关于贯彻落实 < 国务院关于积极推进“互联网+”行动的指导意见 > 的行动计划（2015－2018 年）》，现印发给你们，请结合实际制定配套政策措施，积极探索新方法、新路径，营造良好环境，抓好贯彻落实。

工业和信息化部

2015 年 11 月 25 日

工业和信息化部贯彻落实《国务院关于积极推进“互联网+”行动的指导意见》的行动计划（2015－2018 年）

为进一步贯彻落实《国务院关于积极推进“互联网+”行动的指导意见》，加快推进两化深度融合，全面支撑《中国制造 2025》实施和制造强国、网络强国建设，特制定本行动计划。

一、总体要求

（一）指导思想

全面贯彻落实党的十八大和十八届三中、四中、五中全会精神，深刻把握“互联网+”时代大融合、大变革趋势，充分发挥我国互联网规模应用综合优势，以加快新一代信息通信技术与工业深度融合为主线，以实施“互联网+”制造业和“互联网+”小微企业为重点，以高速宽带网络基础设施和信息技术产业为支撑，不断打造新形势下产业竞争新优势。把市场对资源配置的决定性作用和政府作用有机结合起来，突出企业主体地位，大力拓展互联网与制造业融合的深度和广度，积极培育新技术、新产品、新业态、新模式，深化体制机制改革，创新政府服务模式，释放发展潜力和活力，推动产业转型升级和提质增效，加快制造强国和网络强国建设。

（二）基本原则

坚持创新引领。加强互联网创新要素、创新体系和创新理念与产业发展的对接应用，最大程度汇聚各类创新力量，带动技术和模式创新，不断培育新兴业态和产业新增长点。

坚持两化融合。充分发挥互联网在信息化和工业化融合中的平台作用，鼓励传统产业树立互联网思维，促进信息通信技术向制造业各领域环节渗透，推动生产方式和发展模式变革。

坚持开放共享。巩固提升我国互联网发展优势，鼓励基于互联网的各类要素资源集聚、开放、共享，提高配置效率，加快建立优势互补、合作共赢的开放型产业生态体系。

坚持安全有序。健全网络安全保障体系，夯实技术和产业支撑能力，强化重要信息系统和数据资源保护，健全标准体系和法规制度，完善科学有效的市场监管方式，促进行业有序发展。

（三）总体目标

到 2018 年，互联网与制造业融合进一步深化，制造业数字化、网络化、智能化水平显著提高。两化融合管理体系成为引领企业管理组织变革、培育新型能力的重要途径；新一代信息技术与制造技术融合步伐进一步加快，工业产品和成套装备智能化水平显著提升；跨界融合的新模式、新业态成为经济增长的新动力，培育一批互联网与制造业融合示范企业；信息物理系统（CPS）初步成为支撑智能制造发展的关键基础设施，形成一批可推广的行业系统解决方案；小微企业信息化水平明显提高，互联网成为大众创业、万众创新的重要支撑平台；基本建成宽带、融合、泛在、安全的下一代国家信息基础设施；初步形成自主可控的新一代信息技术产业体系。

二、主要行动

（一）两化融合管理体系和标准建设推广行动

1. 行动目标

两化融合管理体系成为引导企业战略调整、业务转型、组织变革、新型能力培育的重要抓手。到 2018 年，形成一套完整的两化融合管理体系标准，10 000 余家企业开展两化融合管理体系贯标，1 500 余家企业通过两化融合管理体系评定，60 000 余家企业开展两化融合自评估自诊断自对标，形成以管理标准促创新、促转型、促发展的新格局。

2. 行动内容

全面推进两化融合管理体系贯标。持续推进两化融合管理体系贯标试点工作，完善贯标评定线上线下协同工作平台，鼓励有条件的地区提供政策引导和资金支持，建立市场化贯标模式和机制。加强人才培养、宣贯培训和监督管理，建立贯标质量保障体系，在智能制造、技术改造、工业强基、工业转型升级等重点工作中采信两化融合管理体系评定结果，加快形成市场化采信机制。

加快培育互联网环境下的企业新型能力。依托两化融合咨询服务平台，鼓励地方主管部门和行业协会组织企业开展两化融合自评估、自诊断、自对标，明确两化融合发展目标、重点方向和实施路径。分行业、分领域遴选一批贯标企业，组织地方、行业主管部门和中介组织，总结提炼两化融合经验和做法，开展示范推广，引导企业加快互联网环境下的业务创新和组织变革，培育数据驱动、网络协同、精细管理等新型能力。开展区域两化融合发展水平评估，指导各地科学推进两化深度融合。

加快建立两化融合标准体系。整合信息技术、工业和通信领域的标准化资源，加强两化融合领域的标准化技术组织建设。研究制定两化融合标准路线图，建立和完善相关标准体系。按照急用先行、成熟先上、重点突破的原则，研究制定信息物理系统（CPS）、工业云、工业大数据、工业互联网、工控系统、生产性服务等领域的关键标准，积极推动国际标准化工作。组织制定两化融合管理体系细分领域标准，开展信息技术服务标准（ITSS）符合性评估工作。

（二）智能制造培育推广行动

1. 行动目标

新一代信息技术与制造技术融合步伐进一步加快，制造业产品、装备、生产、管理、服务的智能化水平显著提升。到 2018 年，高端智能装备国产化率明显提升，建成一批重点行业智能工厂，培育 200 个智能制造试点示范项目，初步实现工业互联网在重点行业的示范应用。

2. 行动内容

加强智能制造顶层设计。研究制定智能制造发展战略，明确阶段目标、发展重点和实施路径。制定智能制造工程实施方案，明确智能制造装备和产品、重点行业智能工厂、数字化车间等领域发展的目标、重点和实施路线图。制定发布智能制造综合标准化建设指南，开展标准试验验证及在典型行业的推广应用。推动传统装备智能化改造和升级，围绕量大面广中小企业核心装备、关键工序智能化改造的共性问题，支持地方主管部门、协会联盟、研究院所分行业制定装备智能化改造路线图，明确阶段性目标、重点、路径、方法。

发展智能制造装备和产品。组织实施智能制造专项，支持智能制造装备和产品创新发展。加快重点领域装备智能化，继续组织“数控一代”装备创新工程行动计划、高档数控机床与基础制造装备专项。出台《车联网发展创新行动计划（2015—2020 年）》，推动车联网技术研发、标准制定，组织开展车联网试点、基于 5G 技术的车联网示范。制定《智能硬件创新发展行动计划》，推动智能穿戴、服务机器人等新型智能硬件产品研发和产业化，持续推进国家智慧家庭应用示范基地创建。

组织开展智能制造试点示范。以企业为主体、市场为导向、应用为核心，聚焦制造关键环节，在基础条件好、需求迫切的重点地区、行业，遴选一批在智能装备、智能工厂、智能服务、智能供应链、制造新模式领域具有引领示范作用的试点企业，不断提炼和总结有效的经验和模式，开展行业示范和应用推广。依托新型工业化示范基地，开展智能园区试点示范，培育一批智能园区。

推进工业互联网发展部署。研究制定工业互联网整体网络架构方案，明确我国工业互联网的关键技术路径。加快基于 IPv6、工业以太网、泛在无线、软件定义网络（SDN）、5G 及工业云计算、大数据等新型技术的工业互联网部署。组织开展工业互联网关键资源管理平台和关键技术试验验证平台建设。推动成立工业互联网产业联盟，支持企业开展工业互联网创新应用示范，在工厂无线应用、标识解析、工业以太网、IPv6 应用等领域开展应用示范。

（三）新型生产模式培育行动

1. 行动目标

互联网广泛融入生产制造全过程、全产业链和产品全生命周期，催生一批新技术、新业态和新模式，成为引领产业转型升级的重要驱动力。到 2018 年，重点行业形成一批众包设计、个性化定制、协同制造等新模式，培育一批国家级工业云、工业大数据、工业电子商务和众创空间示范平台，形成一批具有创新性、引领性的互联网与制造业融合示范企业。

2. 行动内容

培育发展开放式研发设计模式。引导消费电子、家电、制鞋、服装等制造企业建立开放创新交互平台、在线设计中心，充分对接用户需求，发展基于互联网的按需、众包、众创等研发设计模式。支持机械、航空、船舶、汽车、电子信息等制造企业加快构建产业链协同研发体系，集聚各类创新资源，发展基于互联网的协同设计模式。支持大企业建立面向全社会的研发测试、创业培训、投融资、创业孵化等大众创业、万众创新服务平台，鼓励地方发展创客空间、创新工场、开源社区等新兴众创空间，打造市场化与专业化结合、线上与线下互动、孵化与投资衔接的创新载体。

发展新型生产制造方式。组织开展“互联网 +”制造业试点示范，推动企业建立基于互联网的大规模个性化定制、网络化协同制造、云制造等新型制造模式，形成基于消费需求动态感知的研发、制造、服务新方式。推动互联网应用从销售环节向生产制造全过程拓展，鼓励企业在线实时发布研发设计资源、生产制造和物流配送能力，形成基于网络、数据驱动的线下资源线上配置的新型生产方式。

打造服务产业转型的平台经济。支持制造企业、互联网企业、信息技术服务企业跨界联合，建设和应用推广工业云平台。组织开展工业云服务创新试点，推进研发设计、生产制造、营销服务、测试验证等资源的开放共享，打造工业云生态系统。开展工业电子商务区域试点，推动工业电子商务平台、第三方物流、互联网金融等业务协同创新和互动发展，培育一批工业电子商务示范区、平台和企业。支持制造龙头企业以供应链管理为重点，深化企业间电子商务应用，发展直销电商、社交电商、跨境电商等网络营销新模式。

加快开发和应用工业大数据。研究制定工业大数据发展路线图，明确发展方向、目标和路径。支持开发一批面向市场营销、研发设计、生产制造、经营管理等关键环节的大数据分析技术和产品，推动建设面向全产业链的大数据资源整合和分析平台，组织开展行业应用试点示范。依托高端装备、电子信息等数据密集型产业集聚区，建设一批工业大数据行业平台和服务示范基地。

（四）系统解决方案能力提升行动

1. 行动目标

重点行业信息物理系统（CPS）应用水平和智能制造系统解决方案能力显著提升，工控安全保障体系进一步完善。到 2018 年，国内工业软件骨干企业营业收入年均增速超过 20%，形成一批行业信息物理系统（CPS）应用测试验证平台，培育 20 余家行业智能制造系统解决方案领军企业。

2. 行动内容

推进信息物理系统（CPS）关键技术研发及产业化。建设信息物理系统（CPS）标准体系，加快制定信息物理系统（CPS）参考模型、功能架构、数据和数据链等基础关键标准。支持工业软件企业，攻关解决物理仿真、人机交互、智能控制、系统自治等关键技术，提升计算机辅助设计仿真（CAD/CAE）、制造执行系统（MES）、产品全生命周期管理（PLM）、分布式控制系统（DCS）等工业软硬件研发和产业化能力。支持研发行业信息物理系统（CPS）开发工具、知识库、组件库等通用开发平台，推动工业软件、工业大数据、工业网络、工控安全系统、智能机器等集成应用，增强行业信息物理系统（CPS）系统解决方案研发能力。

开展行业信息物理系统（CPS）应用测试和试点示范。依托科研院所、高校、大型企业，围绕重点行业，建立行业信息物理系统（CPS）应用测试验证平台，构建具有信息物理系统（CPS）综合验证能力的试验床，开展关键技术、网络、平台、应用环境的兼容适配、互联互通和互操作测试验证。支持第三方机构建立信息物理系统（CPS）安全测试评估平台，测试评估信息物理系统（CPS）关键软件、传感器、移动终端设备、工业网络等的安全性能。面向航空、汽车、电子、石化等重点行业，组织开展信息物理系统（CPS）应用示范。

提升智能制造系统解决方案能力。面向重点行业智能制造单元、智能生产线、智能车间、智能工厂建设，提升工业自动化、信息技术等集成服务企业的架构设计、综合集成和解决方案能力。组织实施智能制造系统解决方案能力提升工程，支持制造企业、信息技术企业、互联网企业建立协作机制，开展设计工具、生产装备、工业操作系统、工业互联网、智能芯片及工业控制设备等协同攻关和应用示范，形成一批行业智能制造整体解决方案。

加强工业信息系统安全保障体系建设。探索建立工业信息系统和产品安全审查制度，完善工业信息系统信息安全标准体系，提升工业企业信息安全管理能力。研究制定工业信息安全风险信息报送发布管理办法，开展重点领域工控系统信息安全检查和风险评估，支持工控系统信息安全核心技术和产品研发和产业化。建设一批工业信息系统安全实验室，优先支持工业控制产品与系统信息安全仿真测试、监测预警等公共服务平台建设，培育一批第三方服务机构。

（五）小微企业创业创新培育行动

1. 行动目标

中小企业信息化推进工程持续深入推进，面向中小微企业的服务体系进一步完善，小微企业应用互联网的水平和两化融合能力不断提升，大众创业、万众创新的环境不断改善。到 2018 年，建成一批面向小微企业的信息化服务平台，不断提高小微企业应用信息技术开展研发、管理和生产控制的能力。

2. 行动内容

完善服务体系。实施中小企业公共服务平台网络建设工程，实现服务资源的互联互通、信息共享和服务协同。鼓励电信企业和大型互联网企业打造开放共享的资源平台，与工业园区、产业集聚区开展合作，为小微企业提供低成本、低门槛、以租代建、支持核心业务发展的服务。探索供应链金融、电子商务信用融资等小微企业融资新模式和新渠道。

推动互联网技术应用。加强工业云平台对小微企业的服务能力建设，提供面向小微企业的在线研发设计、优化控制、设备管理、质量监控与分析等软件应用服务。支持电信运营商、信息技术服务企业、互联网企业等实施专项计划为小微企业提供电子商务、移动互联网应用解决方案等服务，推动小微企业创新业务模式、扩宽营销渠道、改进产品服务。

支持小微企业创业创新。建设一批智慧型小微企业创业创新基地，提供面向创业者和小微企业互联网应用的基础设施、软件支撑、网络安全、数据存储等服务。支持构建“创客中国”创业创新服务平台，举办创客大赛。依托各类中小企业信息化辅导站、培训基地、体验中心等服务机构，广泛开展信息化人才培训、服务和产品展示、应用推广活动。

（六）网络基础设施升级行动

1. 行动目标

宽带、融合、泛在、安全的下一代国家信息基础设施基本建成，全面提升对“互联网 +”的支撑能力。到 2018 年，建成一批全光纤网络城市，4G 网络全面覆盖城市和乡村，80% 以上的行政村实现光纤到村，直辖市、省会主要城市宽带用户平均接入速率达到 30Mbps。

2. 行动内容

加快信息基础设施建设和应用。推进全光纤网络城市和“宽带中国”示范城市建设。加快 4G 网络建设发展，加大 5G 研发力度。实施以宽带为重点内容的电信普遍服务补偿机制，加快农村宽带基础设施建设，缩小数字鸿沟。推进电信基础设施共建共享、互联互通，引导云计算数据中心优化布局，推动数据中心向规模化、集约化、绿色化发展。优化升级互联网架构，推进互联网基础资源科学规划和合理配置。开展以 5G 为重点的国际移动通信（IMT）频率规划研究，以及智能交通频谱规划研究和技术试验。引导互联网企业优化网站设计、加大带宽配置，实现互联网信源高速接入，提升网站服务能力。

加强和改进互联网市场监管。加强对互联网新业务分类指导，建立健全备案管理、综合评估等制度。完善互联网市场竞争管理规范，落实信息网络实名登记要求，推进网站、域名、IP 地址真实身份注册。健全网络数据和用户信息保护制度体系和标准，督促企业落实分类分级保护要求。强化互联网网络性能监测手段，加强部省两级监测系统建设。积极推动、配合做好网络安全法、电信法、无线电管理条例（修订）、互联网信息服务管理办法（修订）等法律法规立法。

加强网络基础设施安全保障。完善电信和互联网行业网络安全防护标准，健全网络安全防护体系。指导企业加强网络安全技术手段建设。加强网络安全监测预警和信息通报，健全网络安全应急工作机制。强化网络数据和用户个人信息保护，建立大规模用户信息泄露报告和用户通知制度。持续开展公共互联网网络安全威胁治理，完善恶意程序处置机制。组织开展电信和互联网领域网络安全试点示范工作，指导督促企业加强网络安全管理和技术手段创新。

（七）信息技术产业支撑能力提升行动

1. 行动目标

信息技术产业持续快速发展，围绕“互联网 +”行动的软硬件技术、产业基础不断夯实。到 2018 年，高性能计算、海量存储系统、网络通信设备、安全防护产品、智能终端、集成电路、平板显示、软件和信息技术服务等领域取得重大突破，涌现出一批具有自主创新能力的国际领先企业，安全可靠的产业生态体系初步建成。

2. 行动内容

突破核心技术和产品。制定集成电路重点领域发展路线和实施路径，构建具备自主发展能力的通用基础软硬件平台。研究制定传感器发展战略，明确核心传感器阶段目标、重点任务和发展模式。加强可编程控制系统（PLC）、工控计算机、工业网络设备、安全防护产品攻关，支持高集成度低功耗芯片、底层软件、传感互联、自组网等共性关键技术创新。实施“芯火”计划，开发自动化测试工具集和跨平台应用开发工具系统，提升集成电路设计与芯片应用公共服务能力，加快核心芯片产业化。推动基于互联网的视听节目服务、智慧家庭服务等产品的研发和应用，加强互联网电视接收设备、智能音响、可穿戴设备等新型信息消费终端产品研发创新。

发展软件和信息技术服务业。推动基础软件核心关键技术突破，加快新兴领域基础控制及应用软件发展。支持高端工业软件、新型工业 APP 的研发和应用，发展自主可控工业操作系统及实时数据库等基础软件，提升设计、仿真、管理、控制类工业软件的国产化率和应用水平。推进智能语音和新型人机交互、自然语言处理、智能决策控制等关键技术研发和产业化，推动人工智能在工业制造领域规模商用。研制和推广应用面向制造业的信息技术服务标准（ITSS）。

构建安全可靠产业生态体系。以高端通用芯片和基础软件为抓手，构建安全可靠核心信息设备综合验证、集成测试、系统评测等公共服务平台和产业链协同创新平台。支持面向互联网的智能可穿戴、智慧家庭、智能音响、智能车载、智慧健康、智能无人系统等智能硬件核心关键技术突破，加强硬件样机设计平台、技术标准和知识产权等公共服务平台建设。加快安全可靠服务器、存储系统、桌面计算机及外部设备、网络设备、智能终端等终端产品、基础软件和信息系统的研发与推广。

提升“云计算 + 大数据”综合支撑能力。以云计算创新试点城市为重点，开展面向行业、区域的“云计算 + 大数据”智能基础设施建设示范工程，建设智能制造公共云服务平台，加强制造资源和能力的共建共享，提升智能制造公共服务水平。实施大数据关键技术及产品研发与产业化工程、大数据产业支撑能力提升工程，推动大数据应用和产业发展。

三、保障措施

（一）强化组织保障

加强统筹协调，强化部门合作、部省合作，构建各负其责、紧密配合、运转高效的工作体系。把推进“互联网 +”和实施“中国制造 2025”有机结合起来，实现相互促进，共同发展，加强整体规划和布局，分步骤组织实施各项行动计划。加强对地方的指导和跟踪评价，充分调动地方主管部门的积极性。各地要加强对本行动计划的贯彻落实和组织保障，结合实际制定配套政策措施，积极探索新方法、新路径，营造良好发展环境。

（二）改革体制机制

加强对“互联网+”背景下法律法规、监管制度、技术标准、安全防范机制等重大问题的研究。进一步推进互联网领域的立法工作，健全网络信息服务、网络安全、大数据管理等方面的法律法规，提升互联网空间法制化管理水平。推进电信业务市场开放，做好宽带接入市场开放和移动通信转售业务开放试点等相关工作，引导和支持民营企业进一步进入电信业，提升宽带市场的有序开放和服务水平。建立跨行业、跨领域的新型产学研用联盟，形成利益共享、合作共赢的新机制。充分发挥政府在制定和实施标准、营造政策环境、提供公共服务等方面的作用。

（三）创新财税支持

统筹利用现有财政专项资金，整合各类资源，优化资金配置。鼓励有条件的地方设立专项资金，加大对“互联网+”制造业和“互联网+”小微企业的财政支持。采用政府和社会资本合作模式（PPP），引导社会资本参与网络基础设施建设等。探索推动符合条件的跨界、融合、创新性产品和服务享受软件产业税收优惠等政策。

（四）创新人才培养

编制实施制造业人才发展规划，加强人才发展分类指导。围绕“互联网+”发展需求，依托国家重大人才工程，加快培养引进一批高端、复合型人才。加强高校与企业合作，建立一批面向“互联网+”制造业和小微企业实训基地，培育一批经营管理、专业技术和职业技能人才。调整完善部属高校学科专业建设体系和人才培养评价体系，引导部属高校建设在线开放课程、“工信慕课平台”。加快推广首席信息官制度。

（五）加强国际合作

结合“一带一路”等国家重大战略，支持和鼓励互联网企业联合制造、金融、信息技术、通信等领域企业“走出去”。联合国内金融机构及丝路、中非等基金，建立“互联网+”制造业境外投资合作机制。积极发起或参与互联网领域多双边或区域性规则的谈判，提升影响力和话语权。推动建立中德、中欧、中美、中日韩政府和民间对话交流机制，围绕智能制造、标准制定、行业应用示范，组织开展技术交流与合作。支持行业协会、产业联盟与企业共同推广中国技术和中国标准。

关于印发《信息技术服务标准化工作五年行动计划（2016—2020）》的通知

工信厅联信软〔2015〕164号

各省、自治区、直辖市及计划单列市、新疆生产建设兵团工业和信息化主管部门、质量技术监督局（市场监督管理部门），各有关部门：

为贯彻落实《国务院关于积极推进“互联网+”行动的指导意见》和《中国制造2025》的要求，做好信息技术服务标准化工作，按照国务院关于深化标准化工作改革方案的总体部署，我们组织编制了《信息技术服务标准化工作五年行动计划（2016—2020）》。现印发你们，请遵照执行。

工业和信息化部办公厅

国家标准化管理委员会办公室

2015年11月30日

信息技术服务标准化工作五年行动计划（2016—2020）

为贯彻落实党的十八大和十八届三中、四中、五中全会关于推动战略性新兴产业健康发展和现代服务业发展壮大的总体部署，落实《国务院关于积极推进“互联网+”行动的指导意见》和《中国制造2025》，做好信息技术服务标准化工作，构建综合配套的信息技术服务标准体系和应用推广体系，促进信息技术服务业发展，制定本行动计划。

一、发展基础与形势

（一）发展基础

信息技术服务标准化是我国电子信息产业标准化工作中的新领域。六年多来，经过多方共同努力，现已形成政府主导、企业主体、产学研用共同推进的管理机制和工作格局；发布了信息技术服务标准体系框架4.0版，已颁布实施了6项标准，正在组织制定60余项标准；主导和深度参与了服务质量、服务外包和云计算服务等领域的国际标准化工作。通过以上工作，培育了“ITSS”标准品牌。

“ITSS”标准化成果在制定产业政策和规划、推动行业转型升级、构建行业统计制度、提升企业服务能力、指导信息技术服务关键支撑工具和产品研发等方面发挥了重要作用，有效培育了内需市场，标准的战略作用、基础作用和支撑作用初步显现。

（二）面临形势

网络安全和信息化作为国家战略的提出，新一代信息技术产业的快速发展，云计算、大数据、移动互联网等新技术的迅速普及，信息技术服务业的转型升级，对信息技术服务标准化工作提出了新的更高要求：一是信息技术服务标准体系有待进一步完善，标准的先进性和国际竞争力有待提升。二是关键标准的前期技术研究水平和基础数据采集能力亟需提高。三是利用重点标准规范市场秩序、营造发展环境和培育内需市场等方面的力度有待加强。四是企业综合应用标准提升服务能力、规范服务交付、保证服务质量、推动产品研发，以及引导服务模式和业务创新的意识有待提升。五是国际标准化工作需要从参与向主导制定转变。

二、总体要求

（一）指导思想

认真贯彻落实十八大和十八届三中、四中、五中全会精神，以规范市场秩序、营造公平竞争环境、提升企业服务能力为主线，创新体制机制。以做强信息技术服务业为目标，依托重点项目和重大工程，以自主标准研制为重点，加强标准应用推广能力建设。统筹做好国内和国际标准化工作，全面提升标准化发展质量和水平，为推进信息化和工业化深度融合、促进信息消费、大力发展面向制造业的信息技术服务、保障国家网络安全和信息化建设做好支撑和服务。

（二）基本原则

1. 顶层设计，突出重点。围绕国民经济各行业信息化重大战略需求，准确把握信息技术服务发展趋势，创新标准化工作理论和实践探索，做好总体设计和布局，全面推进信息技术服务标准体系和应用推广体系建设。依据行业管理和市场需求，加强基础共性标准的研制，形成系列协调配套的关键标准，实现信息技术服务的标准化、产品化和自主可控，支撑解决产业发展中的关键问题。

2. 政府主导，企业主体。加强部门协调和部省联动，发挥信息技术服务标准指导协调组的领导作用，创新工作机制。充分发挥标准化核心机构和相关技术组织在技术协调、标准研制、技术审查和应用推广方面的作用。依托信息技术服务重点龙头企业，结合技术创新和市场需求，联合重点行业用户，带动中小企业，协同开展标准研制与应用推广。鼓励科研院所积极参与标准化工作，形成政产学研用共同推进的良好局面。

3. 系统推进，整体提升。紧密围绕做强信息技术服务业的中心任务，统筹考虑标准研制和应用推广工作的相互协调性和配套性，构建全面推广和系统实施标准的制度体系和工作体系，建立标准应用效果跟踪评价机制。积极开展信息技术服务前沿领域标准预研工作，提前布局关键核心标准，整体提升标准的适用性、先进性和有效性。

4. 面向国际，加强创新。紧密跟踪国际相关领域的标准化动态和趋势，借鉴国际先进做法，提前谋划、尽早布局，大力推动国内自主制定的重点标准上升为国际标准，提升标准的国际水平。协同推进标准研制与信息技术服务关键技术、服务模式和业务创新，推动自主创新成果形成关键标准，建立标准持续改进的机制和模式。

（三）发展目标

到 2020 年，形成需求引领、企业主体、政产学研用共同推进的标准研制、应用推广、持续改进的机制和模式。建成信息技术服务标准体系，制定 80 余项标准，使“ITSS”成为具有广泛影响力的标准品牌。推进云计算服务、大数据服务、移动应用服务、面向制造业的信息技术服务等领域的自主标准广泛应用。制定一批具有市场竞争力的团体标准并应用推广，深度参与和主导国际标准化工作。培养 10 000 名左右掌握标准内容和实施方法的专业人才，培育 500 家左右的服务标准化示范企业，建立 20 个左右的标准示范城市或示范区，促进标准在 10 个左右的信息化重点行业得到广泛应用，培育 40 家左右的信息技术服务品牌企业。

三、重点任务

（一）建设信息技术服务标准体系

1. 完善标准体系框架。分析支撑行业管理、服务能力提升、服务安全可靠、服务质量保证等信息技术服务标准需求，重点研究云计算、大数据、移动应用、面向制造业的信息技术服务等新架构、新应用和新模式，跟踪国际标准化趋势，适时更新完善信息技术服务标准体系，提出信息技术服务标准研制和应用路线图。到 2020 年，建成布局合理、适应发展的信息技术服务标准体系。

2. 加快推进标准研制。制定服务质量评价、服务成本度量、云计算服务、大数据服务、面向制造装备的远程诊断维护等领域的 80 余项标准。结合积极发展服务型制造和生产性服务业的有关工作部署，鼓励和支持国内有关学会、协会和联盟，研究制定数字化营销服务、互联网服务、移动应用服务等领域的团体标准。

（二）开展信息技术服务重点标准应用示范

指导和支持第三方机构，建设覆盖服务质量评价、数据（信息）保护、运行维护、云计算服务等重点领域标准应用公共服务平台，开展信息技术服务产品测评认定。指导标准化核心机构和组织，研究并提出依据标准提升信息技术服务能力的方法论，推动重点企业提升知识库建设、服务自动化和可视化、云计算和大数据运行维护等关键技术能力，培育 500 家左右的信息技术服务标准化示范企业。选择 20 个左右的信息技术服务业聚集发展城市或区域，开展咨询设计、集成实施、运行维护、信息技术治理、数据（信息）保护等领域的重点标准应用示范。支持重点企业，联合电子政务、金融、电信、电力等 10 个左右的行业用户，开展信息技术治理、信息系统运行维护、云计算服务等重点领域标准应用示范。

（三）培养信息技术服务标准化人才队伍

支持标准化核心机构、相关行业协会和技术组织，编制标准宣贯培训教材和培训大纲，建立标准宣贯师资队伍。在全国范围内组织开展 200 场次左右的标准宣贯培训活动，培养 10 000 名左右掌握标准内容和标准实施方法论的专业人员。鼓励具备条件的重点企业建立标准化专业人员培养和首席标准官（CSO）制度。指导相关行业协会，依据标准开发信息技术服务从业人员能力培养和评价方法，形成市场化的从业人员能力培养和评价机制。

（四）开发信息技术服务关键支撑工具

依托行业中介组织，动态研究分析信息技术服务关键支撑工具发展趋势，依据《信息技术服务 分类与代码》（GB/T 29264），建立工具产品目录。围绕咨询设计、集成实施、运行维护等领域的关键支撑工具的互联互通和互操作，研发信息技术服务关键支撑工具集成指南，组织开展标准符合性测评认定。指导和支持重点企业，探索依据标准建设信息技术服务关键支撑工具开源社区的模式和机制。

（五）培育面向制造业的信息技术服务

推动制造企业和信息技术服务企业联合，研究制定制造业领域的智能检测、远程诊断维护、产品全生命周期管理等信息技术服务标准。支持制造业企业、信息技术服务企业和互联网企业跨界合作，制定基于智能产品的在线服务标准。依托行业中介组织和第三方机构，研发标准在智能制造领域的应用指南。结合推动发展服务型制造的标准化需求，推动标准在个性化定制、产品全生命周期管理、网络精准营销和在线支持等领域的应用，培育面向制造业的信息技术服务新模式、新业态。

（六）培育信息技术服务品牌企业

研究分析国际相关领域标准品牌培育的方法和模式，加大力度提升“ITSS”品牌影响力。研究依据标准培育信息技术服务品牌企业的模式和机制，建立品牌企业评价制度，培育40家左右的信息技术服务品牌企业。

（七）推进信息技术服务国际标准化工作

支持标准化核心机构和重点企业做好服务质量、云计算服务国际标准研制工作，跟踪研究服务质量领域的国际标准化需求，以自主标准为基础，至少主导制定5项国际标准。指导标准化核心机构加强国际交流与合作，积极推进服务外包、云计算服务、数据治理等领域的国际标准化工作，至少深度参与制定10项国际标准，提升自主标准的国际化水平。

四、保障措施

（一）加强综合协调，完善工作机制。工业和信息化部会同国家标准化管理委员会，联合地方工业和信息化主管部门、质量技术监督部门，建立综合推进信息技术服务标准化工作的协调机制。建立标准质量保证和标准实施后的评估制度，组织开展标准实施效果评价，形成标准质量评价模式和机制。

（二）加强政策引导，加大资金支持。结合国家科技计划改革精神和要求，在信息技术服务领域各项科研及产业化项目立项和实施阶段，提供标准化支撑服务，推动科研成果通过标准快速实现产业化。地方工业和信息化主管部门、质量技术监督部门结合实际，合理安排资金，支持企事业单位参加标准研制工作。鼓励企业开展标准符合性评估和实施标准的人才培养，支持第三方机构建设标准研制和应用公共服务平台，提升标准化服务能力和公共服务水平。

（三）夯实行业管理，创新标准应用。按照《国务院机构改革和职能转变方案》的有关精神，积极探索采用自主标准加强事中事后监督管理的模式和机制，为建立客观、公平、透明的市场准入标准积累经验。地方工业和信息化主管部门、质量技术监督部门加强合作，结合所在省市信息技术服务业发展情况，组织开展标准应用示范（见附件），建设信息技术服务标准示范城市或示范区，培育信息技术服务标准示范企业和信息技术服务品牌企业。

（四）强化信息服务，提高服务质量。充分利用标准化核心机构的标准信息资源优势，做好国内外标准信息收集、加工和传递，建成国内外技术法规和标准数据库，形成高效、快捷、实用的标准信息服务平台。通过提供标准研制、应用信息服务和技术支撑，提升信息技术服务质量。

（五）加强宣传引导，营造应用氛围。支持信息技术服务标准化核心机构和组织建设标准研制和应用推广的信息化系统，编制标准宣传材料，提高标准研制和应用推广环节的透明度和参与度，普及标准应用知识。以企业为主体，建立标准应用反馈和改进完善机制。地方工业和信息化主管部门要结合实际，积极组织开展标准宣贯工作，为标准的贯彻实施营造良好的舆论氛围和社会环境。

附件：信息技术服务标准（ITSS）应用示范申请报告（试行）（略）

关于印发《产业技术基础公共服务平台建设管理暂行办法》的通知

工信部科〔2015〕458 号

各省、自治区、直辖市及计划单列市，新疆生产建设兵团工业和信息化部主管部门，部直属相关单位，有关单位：

为深入贯彻实施《中国制造 2025》，进一步完善重点产业技术基础体系，保障产业创新发展和质量品牌提升，我部制定了《产业技术基础公共服务平台建设管理暂行办法》，现予印发。

工业和信息化部

2015 年 12 月 14 日

产业技术基础公共服务平台建设管理暂行办法

第一章　总则

第一条　为了加快实施创新驱动发展战略，落实《中国制造 2025》的任务要求，实施工业强基工程，保障产业创新发展和质量品牌提升，完善重点产业技术基础体系，优化资源配置，培育一批具备权威性、基础性、公益性、前瞻性的技术基础公共服务平台，制定本办法。

第二条　本办法所称产业技术基础公共服务平台（以下简称服务平台），是为工业、通信业和信息化重点领域的技术创新和产业可持续发展提供质量可靠性试验验证、标准验证与检测、计量检测、认证认可关键技术、产业信息、知识产权等基础支撑和公共服务的平台。

第三条　服务平台分为试验检测、信息服务两种类型。

试验检测类服务平台的主要功能是开展质量可靠性试验验证、标准验证、计量检测、认证认可、综合分析等基础关键技术研究，研究制定试验检测方法，建立计量标准器具，构建量传溯源体系，研制相关设备，提供相关服务。

信息服务类服务平台的主要功能是研究先进的信息采集工具，构建专题信息库和知识产权资源数据库，提供政策研究、产业运行分析与预测、信息查询、知识产权分析评估和综合运用等服务。

第四条　鼓励、支持服务平台加强自身能力建设，为技术创新和产业发展提供强有力的支撑和服务，建成一流的知名服务机构。

第五条　工业和信息化部负责服务平台的建设管理工作。各省、自治区、直辖市及计划单列市、新疆生产建设兵团工业和信息化主管部门（以下简称省级工业和信息化主管部门）、中央管理企业集团分别负责对本地区、所属单位服务平台申报进行初审、推荐及相关管理工作。

第六条　服务平台的申报实行自愿申报、择优推荐，服务平台建设应当遵循统筹规划、合理布局、应用牵引、动态管理的原则。

第二章　服务平台申报

第七条　服务平台的申报单位应当具备以下条件：

（一）　符合国家有关法律、法规、规章和国家产业技术基础发展政策及相关规定；

（二） 自觉接受政府有关部门、企业集团的指导和监督；

（三） 具有完善的运行机制；

（四） 行业内公信度高、服务面广、具有示范带动作用；

（五） 拥有高水平的专业人员队伍；

（六） 具备提供试验检测、信息服务所必需的基础设施；

（七） 具有领先的科研能力和服务能力。

服务平台申报单位应当具备的具体条件见附件 1。

第八条 工业和信息化部原则上每两年组织开展一次服务平台的申报工作。

第九条 申报单位经所在地省级工业和信息化主管部门或有关行业协会推荐申报，中央管理企业经所在企业集团推荐申报，工业和信息化部直属单位直接向工业和信息化部申报。

第十条 申报单位依据本办法第九条的申报渠道提交《工业和信息化部产业技术基础公共服务平台申报书》（见附件 2）。

第十一条 省级工业和信息化主管部门、中央管理企业集团应当对申报单位的申报书进行初审、择优推荐，提出审查推荐意见，报送工业和信息化部。

第三章 审核公示

第十二条 工业和信息化部委托中介机构或组建专家评审组，分类型对申报书和申报单位服务能力进行评审，提出评审意见，必要时组织答辩或实地评审。

第十三条 工业和信息化部根据产业技术基础发展政策以及工业强基工程规划布局，听取行业意见，研究确定服务平台建议名单。

第十四条 服务平台建议名单在工业和信息化部门户网站公示 15 个工作日。

第十五条 工业和信息化部将符合条件的服务平台列入产业技术基础公共服务平台名录，并公告。

第四章 服务平台运行

第十六条 服务平台应当遵循公平、公正、诚实信用原则，不断提高业务能力和服务水平，接受社会监督，完善市场化运作机制。

第十七条 服务平台应当主动开展公益性服务，向政府和行业提供试验检测、信息服务发展报告，积极承担政府部门委托的各项任务。

第十八条 服务平台应当于每年一季度末将上一年度的能力建设和服务运营情况上报。上报程序参照本办法第二章规定的渠道报送工业和信息化部。

第十九条 服务平台负责人、地址、主要投资方或上级主管单位等重要信息发生变更应当及时备案。备案程序参照本办法第二章规定的渠道报送工业和信息化部。

第五章 监督管理

第二十条 工业和信息化部负责发布服务平台名录。

第二十一条 工业和信息化部对列入名录的服务平台予以扶持。

第二十二条 省级工业和信息化主管部门、中央管理企业集团应当加强对服务平台的指导、监督，支持服务平台的建设。

第二十三条 工业和信息化部对服务平台实行动态管理。对已列入名录的服务平台，依据本办法每三年进行复核。对复核合格的服务平台予以确认，否则移出名录，并公告。

第二十四条 已列入名录的服务平台有下述情形之一的，从名录中移出并公告，且不再受理其申报。

（一） 存在违法违规行为的；

（二） 发现在申报或复核过程中弄虚作假的；

（三） 损害服务对象利益并造成严重后果的；

（四） 有其他对社会造成不良影响行为的。

工业和信息化部将于公告前 30 天告知拟移出名录的服务平台的申报单位，允许其陈述和申辩。

第六章 附则

第二十五条 本办法由工业和信息化部负责解释。

第二十六条 本办法自 2016 年 1 月 1 日起施行。

附件：1. 服务平台申报单位应当具备的具体条件（略）

2. 产业技术基础公共服务平台申报书（略）

科技管理

技术创新

【“国家制造业创新中心建设工程”实施】 2015年，工业和信息化部会同科技部、国家发改委等有关部门，加快组织实施“国家制造业创新中心建设工程”，组织编制完成《国家制造业创新中心建设工程实施方案》（送审稿），制定2016年创新中心试点建设工作。

【“国家技术创新示范企业”认定】 工业和信息化部联合财政部认定75家企业为“2015年国家技术创新示范企业”；对2012年认定的76家“国家技术创新示范企业”进行复核评价，75家企业通过考评；河北、江苏、河南、广西、重庆等地相继完成2015年省级技术创新示范企业认定工作，共认定118家企业。

【我国制造业创新体系重大课题研究】 成立课题组以及专家咨询委员会，重点比较美、德、英等国制造业创新体系的要素结构、建设模式和运行机制等方面的特征，分析各国主要创新载体的建设模式，同时开展我国制造业创新体系现状及趋势研究。

【《产业技术创新规划（2016—2020年》编制】 开展《“十三五”产业技术创新规划前期课题研究》，编制完成《产业技术创新规划（2016—2020年）》（初稿）。

【首批工业和信息化部重点实验室认定】 确定首批25家工业和信息化部重点实验室，极大提高部属单位的创新积极性，提升部属单位的创新能力。

【《产业关键共性技术发展指南（2015年）》修订】 2015年，工业和信息化部组织修订《产业关键共性技术发展指南（2015年）》（简称《指南》），《指南》共包括五大领域、205项关键共性技术，其中节能环保与资源综合利用48项、原材料工业42项、装备制造业49项、消费品工业27项、电子信息与通信业39项。

【产学研协同创新机制建设】 支持部属高校和单位开展产学研合作，强化部属高校和单位对企业技术创新的源头支持，推动各地开展多种形式的产学研对接展览洽谈活动。

【国家重大科学仪器设备开发项目】 支持部属高校和直属单位科技创新工作，做好国家重大科学仪器设备开发项目相关工作，配合科技部对相关项目开展中期评估，做好国家重点实验室相关工作。

[供稿：工业和信息化部科技司]

高技术与物联网

【科技体制改革】 从促进科技与产业和经济紧密结合的角度积极推动科技体制改革：一是参与制定议事规则、咨评委组建方案、专业机构改建方案、科技监督评估体系建设工作方案等，推动建立科技计划管理部际联席会议。二是参与科技计划优化整合有关工作。围绕《中国制造 2025》和“互联网 +”战略实施，结合工业和通信业发展需求，提出重点研发计划相关需求建议，开展相关重点专项实施方案编制工作，确定 2016 年拟启动的 36 项重点专项。三是参与重大科技项目和重大工程论证工作，针对“智能制造和机器人”、“天地一体化信息网络”、“大数据”等与工业和信息化部密切相关的重大工程，提出意见与建议，反映产业需求，促进重大科技项目和重大工程与产业发展紧密衔接。《事关我国未来发展重大科技项目和重大工程的立项建议》已经国家科教领导小组和科改领导小组审议通过。四是开展专业机构改建工作，确定以 03 专项试点促专业机构改建的策略。支持工业和信息化部产业发展促进中心成功入围专业机构，并承接 3 个重点研发计划重点专项。配合科技部、国家发改委做好科技体制改革实施方案、全面创新改革试验科技规划、科技安全政策、国家自主创新示范区建设和科技基础设施开放共享等工作。

【5G 推进工作统筹协调】 马凯副总理高度重视 5G 发展，多次作出重要批示，并在 2015 年 9 月对外宣布中国于 2020 年正式启动 5G 商用服务。按照领导批示精神，工业和信息化部统筹推进 5G 工作。一是建立推进机制。加强 5G 工作统筹协调，成立以苗圩部长为组长的 5G 推进领导小组，印发《5G 推进工作行动方案》，明确目标、任务布局、分工和近期重点工作。二是推进关键技术攻关。编制重大专项“十三五”规划和 2016 年指南，全面部署 5G 重点研发任务，组织开展无线技术、网络技术以及 5G 频谱需求和候选频段研究。三是积极开展对外合作。深入参与国际标准化工作，组织发布 5G 需求和概念白皮书；与欧美日韩建立合作机制，与欧盟委员会委员签署中欧 5G 战略合作联合声明，指导和支持 5G 推进组与欧洲 5GPPP 签订合作协议。

【物联网发展的推进】 一是组织开展“十三五”规划编制工作，完成“十三五”物联网产业及工业物联网发展课题研究。二是推动科技部将“物联网和智慧城市”和“网络协同制造”列入国家重点研发计划重点专项，加大对物联网研发和示范支持力度。三是支持地方和行业物联网发展。继续支持无锡国家传感网创新示范区建设，与江苏省共同主办第六届中国国际物联网（传感网）博览会。推动在无锡设立产业园、物联网研究院、工程中心等。支持无锡示范区开展智能交通、智慧医疗等物联网重大应用示范项目。支持福州经济技术开发区获批国家新型工业化产业示范基地（物联网）。四是研究制定《车联网创新发展推进方案》，明确关键技术研发、标准、示范应用等重点任务和工作分工。举办“2015 中国车联网大会”，会同有关部门开展京津冀和无锡汽车电子标识试点示范工作。五是推进中欧物联网合作，支持双方科研机构和企业在示范对接、测试床等方面开展产业合作。六是组织相关单位编制物联网典型应用案例，加大创新成果应用推广力度。

【科技重大专项归口管理】 积极参与重大专项管理改革方案编制，组织开展“十三五”规划和 2016 年立项工作，完成“十三五”战略研究报告和 2016 年课题指南编制。做好新一代宽带无线移动通信网试点改革工作，研究制定 03 专项 2015 年工作安排。03 专项作为四个试点专项之一，按照改革要求，率先通过统一的国家科技管理信息平台发布指南和统一的科技计划专家库遴选评审专家，率先由工业和信息化部产业发展促进中心作为试点专业机构组织开展课题评审。

[供稿：工业和信息化部科技司]

质量品牌工作

【工业质量品牌推进行动计划】 2015年，依托工业强基专项行动，组织实施工业质量品牌推进行动计划。3月4日印发《工业和信息化部关于做好2015年工业质量品牌建设工作的通知》，对年度工业质量品牌推进行动计划进行全方位部署。各界对工业质量品牌建设工作的关注度持续提高，使用百度搜索“工业质量品牌”的结果已经达到1亿多条。

【《促进装备制造业质量品牌提升三年专项行动指南》编制】 按照《中国制造2025》1+X体系方案要求，组织开展《促进装备制造业质量品牌提升三年专项行动指南》策划、组织和实施工作。2015年5月组织开展全国工业质量品牌现状调研。7月，针对重点行业开展共性质量技术问题调研，组织编制8个主要工业行业质量品牌状况分析报告。12月，完成《促进装备制造业质量品牌提升三年专项行动指南》（初稿）编制。

【先进质量管理方法推广】 2015年，在梳理总结前三年质量标杆活动经验的基础上，重点总结企业运用两化融合、智能制造、“互联网+”等提升质量管控能力的典型经验。遴选确定33项典型经验为全国质量标杆，在广东、山东、甘肃、上海组织四场全国质量标杆经验交流活动。其中，评选出9个“互联网+”质量标杆，组织一期“互联网+”经验学习交流活动。通过“质量标杆服务平台”和“质量标杆微信平台”推广全国质量标杆典型经验，服务平台全年被访问次数超过49 500次，微信平台关注人数近3 000人。

【工业品牌发展基础的强化】 一是研究建立工业品牌培育的长效机制。组织编制《工业品牌培育示范企业管理办法（试行）》《产业集群区域品牌建设试点和示范区管理办法（试行）》。在专业研究方面，启动了“品牌培育管理体系”国家标准立项工作。

二是组织开展全国工业企业品牌培育试点示范工作，1 500余家工业企业被确定为品牌培育试点企业，537家企业实现品牌管理体系有效运行，培养76家示范企业。组织中国信息通信研究院等单位研究和发布手机品牌培育评价体系，指导中国信息通信研究院发布《2015年国产手机品牌发展报告》。

三是开展产业集群区域品牌建设试点示范工作。通过引导产业集群开展区域品牌策划与设计、加强信誉与风险管理等工作，打造一批知名区域品牌。2015年4月评选确定15家产业集群区域品牌建设试点区。组织研究质量可靠性整体解决方案、企业质量和效益提升模式等方法；在活动形式方面，“质量标杆移植推广”“两个服务平台建设”（质量标杆视频及微信平台）以及河南省试点开展的“企业诊断服务”等创新性活动取得良好效果。

【质量控制和技术评价实验室复评】 发布《工业产品质量控制和技术评价实验室复核工作方案》。以高端装备、工业机器人等领域为重点，制定工业产品质量控制和技术评价实验室评选方案，确定一批工业产品质量控制和技术评价实验室，支持实验室加强质量控制和技术评价能力建设，协助相关企业从产品研发、生产直至售后全过程强化质量控制手段，提升产品质量水平。

【质量检测公共服务平台】 以省级政府质量考核为抓手，继续推动地方和行业组织企业开展质量信誉承诺活动。下达“2015年工业产品质量企业自我声明”推进项目，完善“企业自我声明平台”功能，开展家电领域自我声明研究工作，编制《家电行业产品质量企业自我声明政策措施研究报告》。组织LED、音响、印刷等行业企业开展自我声明活动。

［供稿：工业和信息化部科技司］

行业标准管理

【标准化改革】 全面启动工业和通信业强制性行业标准清理工作，明确强制性标准清理、评估、整合、转化、废止的处置工作，提出目标、原则、要求、进度安排和工作措施，清理评估近1 000项强制性行业标准，并提出初步处理意见。确定推荐性行业标准的优化原则，进一步突出政府制定标准的公益性，切实履行好政府标准保基本的职能，为团体标准的发展留出空间。参与《标准化法》的修改以及《培育和发展团体标准指导意见》的制定工作，科学合理地界定好国务院标准化主管部门和国务院行业主管部门的职责，避免产生职责不清、责权不统一的现象，做到标准化工作有法可依。

【重点标准立项】 围绕制造强国和网络强国战略全局，落实“中国制造2025”“互联网+”对标准提出的各项任务，联合国家标准委组织制定《制造业标准化提升计划》指导标准化工作的开展。按照工业和信息化部标准化工作的总体要求，针对行业标准计划编制特点，2015年初提出计划编制原则、编制重点及编制要求。下达4批共1 850项行业标准制修订计划，其中重点项目395项，重点支持高端装备制造、新材料、移动通信等领域的产业发展所需标准。批准公布4批2978项行业标准。组织复审1 584项标龄5年以上的行业标准，废止127项不适应产业发展的行业标准，提升标准水平，优化标准体系。

【标准国际化工作】 以国际标准提案为核心，支持企事业单位积极参与国际标准制定工作。2015年支持以中国为主导向ISO、IEC、ITU三大国际标准化组织提交并正式立项的国际标准提案151项，其中《智能型通信网络感知体系功能架构》等50项标准已制定完成并在三大国际标准化组织批准公布，进一步增强中国的话语权和竞争实力。

【综合标准化工作】 对跨行业、跨领域的标准化工作，针对其行业特点，组织开展综合标准化工作。在已发布的电动汽车、电动自行车锂离子电池、半导体照明等综合标准化体系建设的基础上，2015年启动智能制造、云计算等综合标准化工作。坚持“统筹规划、以事为重，相互合作、共同推进”的工作方针，召开数次研讨会，确定业务范围、界面接口、方案论证，提出完整的综合标准化体系，开展标准的制修订工作。《智能制造标准体系建设指南》《云计算综合标准化体系建设指南》等2015年已正式发布。

【两化融合标准体系建设】 组织完成《信息化和工业化融合管理体系实施指南》等7项两化融合管理体系系列国家标准计划的申报工作，其中3项国家标准获国家标准委正式立项，体现标准对两化融合管理体系工作的支撑和保障作用。支持相关单位就两化融合管理体系标准的理论框架、主要内容和应用情况等与国际标准化组织（ISO）的专家进行沟通交流，提交两化融合管理体系国际标准提案，推动两化融合管理体系得到国际关注、认可和支持。

【军民融合标准化工作】 积极落实工业和信息化部军民融合深度发展2015专项行动中对标准化工作的要求，以集成电路为试点，与国家标准委、总装备部、国防科工局等共同成立集成电路标准化推进组，全面梳理集成电路领域民用标准、军用标准的现状。《半

导体集成电路 串行外设接口测试方法》等12项军民通用行业标准制定计划，《半导体集成电路 快闪存储器测试方法》等25项军民通用国家标准计划获国家标准委正式立项，为军民通用标准建设探索道路、积累经验。

【供稿：工业和信息化部科技司】

知识产权管理

【工业企业知识产权运用能力】 会同省市，大幅提升创新性企业知识产权运用能力。指导企业技术中心、技术创新示范企业建立知识产权管理制度，1 479家试点企业中，90%以上建立知识产权管理制度，推动培育省级知识产权示范企业363家，部级知识产权运用标杆企业60家。组织企业知识产权运用能力培训会、各类知识产权大讲堂8次，培训人数近3 000人次。在辽宁、山东等9个省市开展知识产权特色培育试点工作。新兴工业化示范基地有效发明专利数达到22万件，同比增长30.8%，园内驰名商标拥有量达到1 960个，较2013年增长近30%，年均增加200余个。

【行业知识产权服务支撑能力】 在知识产权密集型领域形成知识产权风险应对与服务运营的有效机制。紧密围绕《中国制造2025》，在工业机器人、战略新材料、节能环保低碳装备等重点产业6个关键技术领域以及国家重大专项上，部署组织开展专利态势分析及应对策略研究，召开知识产权专题态势发布会6次，组织专题高峰论坛4次，面向行业发布态势报告，受众企业近3 000家，形成知识产权态势发布长效机制；在船海工程、新能源汽车、移动智能终端、集成电路等产业链，组织建立知识产权协同运用机制和风险联合防控体系，初步建成产业知识产权精准服务与实体化运营的载体平台。完善工业行业知识产权综合数据服务平台，建立预警信息数据库，服务会员单位1 000余家。

[供稿：工业和信息化部科技司]

国际电联对口管理

【主导制定国际标准进展情况】 2015年，中国向国际电联标准化部门（ITU-T）提交1 166篇标准类文稿，主导完成78项国际标准，牵头新立65个项目，在云计算/大数据、光通信、电磁兼容、多媒体编码等领域继续保持优势，并牵头制定完成基于大数据的云计算需求和能力、雷电防护和接地、无源光网络等70余项建议书；在5G核心网、物联网与智慧城市等战略性新兴领域成功把握主导地位，在新成立的第20研究组第一次全会上通过的22个新立项目中由中国牵头主导的项目达19个。

【国际标准文稿审查机制完善】 为加强文稿分层次管理，适时调整《向国际电信联盟标准化部门提交文稿管理细则（试行）》并召开宣贯会，加强对与中国权益相关的重要文稿的审批，简化一般技术性文稿的报审流程，加大对口组组长单位对文稿审查管理的灵活性，鼓励和吸纳更多的企业积极参与 ITU-T 国际标准化活动。此外，为提升向 ITU-T 提交文稿审查工作的信息化管理水平，委托中国通信标准化协会开发“ITU-T 国内对口组网站”，完成需求定位、原型布局等工作。

【2016 年世界电信标准化全会筹备工作】 组织国内相关单位积极开展重点议题研究，结合国际电联和亚太区筹备工作进展与重点，明确 5G 核心网、物联网及智慧城市、互联网安全等重要议题的研究方向和实施计划。本着“公正、公平、公开”的选拔原则，启动向国际电联推荐主席和副主席候选人工作。

【战略性新兴领域国际标准化工作】 结合国际电联改革新形势与国务院相继发布的《“中国制造 2025”》和《关于积极推进“互联网 +”行动的指导意见》，坚持创新引领发展，统筹协调国内相关单位研究力量，对 5G 焦点组和物联网与智慧城市研究组做出工作部署。根据工业和信息化部在实施“中国制造 2025”和“互联网 +”行动中承担的重要责任，着重考虑通过与物联网重大专项进行对接，为具有我国自主知识产权的标准提供国际标准转化渠道。筹备第 20 研究组国内对口组，吸纳非传统电信企业参与国际电联标准化工作，打造跨行业跨领域新型合作平台。

[供稿：工业和信息化部科技司]

获国家科学技术奖励情况

【获国家自然科学奖情况】

序号	编号 / 获奖等级	项目名称 / 主要完成单位	主要完成人
1	Z-107-2-01 国家自然科学奖二等奖	图像非均匀计算理论与方法 中国科学技术大学	吴　枫，李厚强，汪　萌，刘　东，洪日昌
2	Z-107-2-02 国家自然科学奖二等奖	复杂耦合动态系统控制与应用 北京大学	段志生，黄　琳，李忠奎，王金枝，杨　莹
3	Z-107-2-03 国家自然科学奖二等奖	用于功能集成的微型化光子器件基础研究 中山大学	李宝军，邢晓波，张　垚，赵新宏，余华清
4	Z-107-2-04 国家自然科学奖二等奖	不确定性系统的辨识与控制 中国科学院数学与系统科学研究院，山东大学，东南大学，曲阜师范大学	张纪峰，刘允刚，赵延龙，刘淑君，马翠芹
5	Z-107-2-05 国家自然科学奖二等奖	可视媒体几何计算的理论与方法 清华大学，中山大学	胡事民，黄继武，艾海舟，徐　昆，陈　韬
6	Z-107-2-06 国家自然科学奖二等奖	视觉模式的局部建模及非线性特征获取理论与方法研究 中国科学院计算技术研究所，北京大学，哈尔滨工业大学	陈熙霖，山世光，高　文，王瑞平，柴秀娟
7	Z-107-2-07 国家自然科学奖二等奖	受限控制系统的参数化设计理论与应用 哈尔滨工业大学，香港大学	段广仁，林　参，刘国平，周　彬，吴爱国
8	Z-107-2-08 国家自然科学奖二等奖	复杂网络演化动力学分析与控制 上海交通大学，复旦大学，华中科技大学，上海交通大学	汪小帆，李　翔，苏厚胜，荣智海，卢文联

【获国家技术发明奖情况】

序号	编号 / 获奖等级	项目名称 / 主要完成单位	主要完成人
1	F-30902-1-01 国家技术发明奖一等奖	硅衬底高光效 GaN 基蓝色发光二极管 南昌大学，晶能光电（江西）有限公司，中节能晶和照明有限公司	江风益，刘军林，王　立 孙　钱，熊传兵，王　敏
2	F-30701-2-01 国家技术发明奖二等奖	特种液晶材料及调光膜制备技术 北京大学，北京科技大学	杨　槐，曹　晖，杨　洲 李立东，张兰英，王　冬
3	F-30701-2-02 国家技术发明奖二等奖	耐高温杂化硅树脂及其复合材料制备关键技术 哈尔滨工业大学	黄玉东，刘　丽，姜　波 陈向群，胡立江，白永平
4	F-30701-2-04 国家技术发明奖二等奖	全钒液流电池储能技术及应用 中国科学院大连化学物理研究所，大连融科储能技术发展有限公司	张华民，马相坤，李先锋 刘宗浩，高素军，陈　剑
5	F-30901-2-01 国家技术发明奖二等奖	天线多频技术及在多模移动终端的应用 北京邮电大学，工业和信息化部电信研究院，华为技术有限公司，天珑移动技术股份有限公司	刘元安，苏　明，肖　雳 郭　琳，张学飞，邓晓丹
6	F-30901-2-02 国家技术发明奖二等奖	运动座载设备协调控制关键技术及应用 北京航空航天大学，北京邮电大学，中国科学院电工研究所，北京控制工程研究所	贾英民，霍　伟，杜军平 宋　涛，刘　凯，熊　凯
7	F-30901-2-03 国家技术发明奖二等奖	基于网络的软件开发群体化方法及核心技术 中国人民解放军国防科学技术大学，北京大学，北京航空航天大学，中国科学院软件研究所	王怀民，谢　冰，孙海龙 魏　峻，尹　刚，周明辉
8	F-30901-2-04 国家技术发明奖二等奖	面向社区共享的高可用云存储系统 清华大学	郑纬民，武永卫，舒继武 余宏亮，陈　康，姜进磊
9	F-30901-2-05 国家技术发明奖二等奖	多流波束赋形的无线传输技术 电信科学技术研究院	陈山枝，王映民，孙韶辉 孙晓南，王　可，蔡月民
10	F-30902-2-01 国家技术发明奖二等奖	高性能星载铷原子钟原子信号增强与稳定关键技术 中国科学院武汉物理与数学研究所	梅刚华，钟　达，安绍锋 赵　峰，王　芳，祁　峰
11	F-30902-2-02 国家技术发明奖二等奖	高能效动态可重构计算及其系统芯片关键技术 清华大学，上海交通大学，东南大学，深圳市国微电子有限公司	魏少军，刘雷波，毛志刚 时龙兴，尹首一，邓玉良
12	F-30902-2-03 国家技术发明奖二等奖	高精度微小气体流量测量新技术及应用 兰州空间技术物理研究所	李得天，冯　焱，成永军 张涤新，赵　澜，杨晓林

【获国家科学技术进步奖情况】

序号	编号 / 获奖等级	项目名称 / 主要完成单位	主要完成人
1	J-206-2-01 国家科学技术进步奖二等奖	中国电科技术创新体系重构工程 中国电子科技集团公司	
2	J-211-2-02 国家科学技术进步奖二等奖	空调器舒适性智能控制技术研究及产业化 青岛海尔空调器有限总公司，西安交通大学	王友宁，屈治国，高保华，王　晔，付　裕，张新起，程永甫，吴洪金，雷永锋，马玉新
3	J-219-2-01 国家科学技术进步奖二等奖	氮化镓基紫外与深紫外 LED 关键技术 西安电子科技大学，中国科学院半导体研究所，三安光电股份有限公司，青岛杰生电气有限公司，西安中为光电科技有限公司	郝　跃，李培咸，林科闯，李晋闽，张国华，王军喜，马晓华，闫建昌，蔡伟智，高　英
4	J-219-2-03 国家科学技术进步奖二等奖	非制冷红外辐射热探测系统关键技术及应用 电子科技大学，中国航空工业集团公司洛阳电光设备研究所，中电科技集团重庆声光电有限公司	蒋亚东，吴志明，王　涛，李明锁，蒋　城，顾德恩，刘子骥，郑　兴，赵凯生，沈建宏

续表

序号	编号 / 获奖等级	项目名称 / 主要完成单位	主要完成人
5	J-220-2-01 国家科学技术进步奖二等奖	大规模网络流媒体服务关键支撑技术 华中科技大学，深圳市融创天下科技有限公司，深圳市迅雷网络技术有限公司	金　海，廖小飞，程　斌，陈汉华，马国强，朱在国，刘智聪
6	J-220-2-02 国家科学技术进步奖二等奖	32 位星载容错控制计算机系统关键技术及应用 北京控制工程研究所，中国科学院计算技术研究所	华更新，杨　桦，梁洁玫，杨孟飞，李晓维，周新发，刘　群，胡　瑜，刘　波，衣学慧
7	J-220-2-03 国家科学技术进步奖二等奖	基于大数据的互联网机器翻译核心技术及产业化 北京百度网讯科技有限公司，中国科学院自动化研究所，浙江大学，哈尔滨工业大学，中国科学院计算技术研究所，清华大学	王海峰，吴　华，宗成庆，刘　挺，刘　洋，姜晓红，刘　群，马艳军，胡晓光，何中军
8	J-220-2-04 国家科学技术进步奖二等奖	支持批量定制生产的数字化车间动态管控平台及装备研发与应用 中国科学院沈阳自动化研究所，沈阳新松机器人自动化股份有限公司，陕西法士特汽车传动集团有限责任公司，山东特种工业集团有限公司，东风朝阳朝柴动力有限公司	于海斌，史海波，曲道奎，陈书宏，徐志刚，严仓锋，赵兴俭，高明山，潘福成，徐　方
9	J-220-2-05 国家科学技术进步奖二等奖	在线社交网络分析关键技术及系统 中国人民解放军国防科学技术大学，北京理工大学，湖南蚁坊软件有限公司，任子行网络技术股份有限公司	贾　焰，周　斌，方滨兴，李爱平，韩伟红，黄河燕，杨树强，韩　毅，黄九鸣，刘江宁
10	J-220-2-06 国家科学技术进步奖二等奖	普适计算软硬件关键技术与应用 清华大学，浙江大学，闪联信息技术工程中心有限公司，东软集团股份有限公司，中国科学院软件研究所，中国科学院计算技术研究所	史元春，潘　纲，陈　渝，吕勇强，李石坚，孙育宁，奉飞飞，刘　威，史兴国，朱珍民
11	J-223-2-04 国家科学技术进步奖二等奖	车辆联网感知与智能驾驶服务关键技术及应用 北京航空航天大学，清华大学，北京九五智驾信息技术股份有限公司，北京市交通行业节能减排中心，交通运输部公路科学研究所，北京四通智能交通系统集成有限公司，吉林大学	王云鹏，沃天宇，余贵珍，王建强，田大新，周　炜，郭继孚，关积珍，陈志方，于海洋
12	J-236-2-04 国家科学技术进步奖二等奖	高清视频网络化即时服务技术与应用 上海交通大学，北京世纪睿科系统技术有限公司，博康智能网络科技股份有限公司，中国人民解放军理工大学	张文军，杨小康，归　琳，王兴东，田　广，宋　利，马文峰，王国辉，解　蓉，张重阳
13	J-25103-2-04 国家科学技术进步奖二等奖	植物 – 环境信息快速感知与物联网实时监控技术及装备 浙江大学，北京农业信息技术研究中心，北京派得伟业科技发展有限公司，浙江睿洋科技有限公司，北京农业智能装备技术研究中心	何　勇，杨信廷，史　舟，刘　飞，田宏武，罗　斌，聂鹏程，冯　雷，邵咏妮，张　洪
14	J-25201-2-03 国家科学技术进步奖二等奖	多系统多频率卫星导航定位关键技术及 SoC 芯片产业化应用 和芯星通科技（北京）有限公司	韩绍伟，钱　镱，郑　睿，张正烜，莫　钧，高庆余，王旭社，廖炳瑜，胡　刚，黄　磊

[供稿：工业和信息化部科技司]

电子行业标准与国家标准

【2015 年批准发布的电子行业标准】

序号	标准号	标准名称	实施日期
1	SJ/T 11484-2015	掺铝氧化锌型透明导电氧化物玻璃	2015-10-1
2	SJ/T 11485-2015	LED 型号命名规则	2015-10-1
3	SJ/T 2354-2015	PIN 、雪崩光电二极管测试方法	2015-10-1
4	SJ/T 11486-2015	小功率 LED 芯片技术规范	2015-10-1
5	SJ/T 2214-2015	半导体光电二极营和光电晶体管测试方法	2015-10-1
6	SJ/T 2215-2015	半导体光电耦合器测试方法	2015-10-1
7	SJ/T 2216-2015	硅光电二极管技术规范	2015-10-1
8	SJ/T 11487-2015	半绝缘半导体晶片电阻率的无接触测量方法	2015-10-1
9	SJ/T 11488-2015	半绝缘砷化镓电阻率、霍尔系教和迁移率测试方法	2015-10-1
10	SJ/T 11489-2015	低位错密度磷化铟抛光片蚀坑密度的测量方法	2015-10-1
11	SJ/T 11490-2015	低位错密度砷化镓抛光片蚀坑密度的测量方法	2015-10-1
12	SJ/T 11491-2015	短基线红外吸收光谱法测量硅中间隙氧含量	2015-10-1
13	SJ/T 11492-2015	光致发光法测定磷镓砷晶片的组分	2015-10-1
14	SJ/T 11493-2015	硅衬底中氮浓度的二次离子质谱测量方法	2015-10-1
15	SJ/T 11494-2015	硅单晶中Ⅲ－Ⅴ族杂质的光致发光测试方法	2015-10-1
16	SJ/T 11495-2015	硅中间隙氧的转换因子指南	2015-10-1
17	SJ/T 11496-2015	红外吸收法测量砷化镓中硼含量	2015-10-1
18	SJ/T 11497-2015	砷化镓晶片热稳定性的试验方法	2015-10-1
19	SJ/T 11498-2015	重掺硅衬底中氧浓度的二次离子质谱测量方法	2015-10-1
20	SJ/T 11499-2015	碳化硅单晶电学性能的测试方法	2015-10-1
21	SJ/T 11500-2015	碳化硅单晶晶向的测试方法	2015-10-1
22	SJ/T 11501-2015	碳化硅单晶晶型的测试方法	2015-10-1
23	SJ/T 11502-2015	碳化硅单晶抛光片规范	2015-10-1
24	SJ/T 11503-2015	碳化硅单晶抛光片表面粗糙度的测试方法	2015-10-1

续表

序号	标准号	标准名称	实施日期
25	SJ/T 11504-2015	碳化硅单晶抛光片表面质量的测试方法	2015-10-1
26	SJ/T 11505-2015	蓝宝石单晶抛光片规范	2015-10-1
27	SJ/T 11506-2015	集成电路用 铝腐蚀液	2015-10-1
28	SJ/T 11507-2015	集成电路用 氧化层缓冲腐蚀液	2015-10-1
29	SJ/T 11508-2015	集成电路用 正胶显影液	2015-10-1
30	SJ/T 11509-2015	液晶显示器用 ITO 腐蚀液	2015-10-1
31	SJ/T 11510-2015	液晶显示器用 铝腐蚀液	2015-10-1
32	SJ/T 11511-2015	液晶显示器用 正胶显影液	2015-10-1
33	SJ/T 11512-2015	集成电路用 电子浆料性能试验方法	2015-10-1
34	SJ/T 11513-2015	太阳电池用铝浆	2015-10-1
35	SJ/T 11514-2015	印制电路用热固型导体浆料	2015-10-1
36	SJ/T 11515-2015	等离子显示器用无铅玻璃粉	2015-10-1
37	SJ/T 11516-2015	薄膜晶体管（TFT）用掩模版规范	2015-10-1
38	SJ/T 11517-2015	电子工业用气体 一氧化碳	2015-10-1
39	SJ/T 10464-2015	电容器用金属化聚丙烯薄膜	2015-10-1
40	SJ/T 10465-2015	电容器用金属化聚酯薄膜	2015-10-1
41	SJ/T 11518-2015	表面贴装技术印刷模板	2015-10-1
42	SJ/T 11519-2015	电子连接用镀锡铜线规范	2015-10-1
43	SJ/T 11520.8.2-2015	同轴通信电缆 第 8-2 部分：50-047 型聚四氟乙烯（PTFE）绝缘半柔电缆详细规范	2015-10-1
44	SJ/T 11520.8.3-2015	同轴通信电缆 第 8-3 部分：50-086 型聚四氟乙烯（PTFE）绝缘半柔电缆详细规范	2015-10-1
45	SJ/T 11520.8.4-2015	同轴通信电缆 第 8-4 部分：50-141 型聚四氟乙烯（PTFE）绝缘半柔电缆详细规范	2015-10-1
46	SJ/T 11520.8.5-2015	同轴通信电缆 第 8-5 部分：50-250 型聚四氟乙烯（PTFE）绝缘半柔电缆详细规范	2015-10-1
47	SJ/T 11520.8.8-2015	同轴通信电缆 第 8-8 部分：75-141 型聚四氟乙烯（PTFE）绝缘半柔电缆详细规范	2015-10-1
48	SJ/T 11520.8.9-2015	同轴通信电缆 第 8-9 部分：75-250 型聚四氟乙烯（PTFE）绝缘半柔电缆详细规范	2015-10-1
49	SJ/T 11460.6.2-2015	液晶显示用背光组件 第 6-2 部分：测试方法 动态光学与光电参数	2015-10-1
50	SJ/T 11460.6.1-2015	液晶显示用背光组件 第 6-1 部分：测试方法 光学与光电参数	2015-10-1
51	SJ/T 11378.6.1-2015	等离子体显示器件 第 6-1 部分：数字电视机用彩色等离子体显示器件详细规范	2015-10-1
52	SJ/T 11378.7-2015	等离子体显示器件 第 7 部分：数字电视机用等离子体显示器件可靠性试验方法	2015-10-1
53	SJ/T 11521.1-2015	数字电视接收设备交互式平台 第 1 部分：系统架构	2015-10-1
54	SJ/T 11521.2-2015	数字电视接收设备交互式平台 第 2 部分：应用编程接口	2015-10-1

续表

序号	标准号	标准名称	实施日期
55	SJ/T 11521.3-2015	数字电视接收设备交互式平台 第3部分：系统测试规范	2015-10-1
56	SJ/T 11522-2015	影院扬声器系统主要性能测试方法	2015-10-1
57	SJ/T 11523-2015	线阵列扬声器系统用音箱性能测试方法	2015-10-1
58	SJ/T 11524-2015	数字调音台通用规范	2015-10-1
59	SJ/T 11340-2015	前投影机通用规范	2015-10-1
60	SJ/T 11525-2015	数字相框通用规范	2015-10-1
61	SJ/T 11310.6-2015	信息设备资源共享协同服务 第6部分：服务类型	2015-10-1
62	SJ/T 11310.2-2015	信息设备资源共享协同服务 第2部分：应用框架	2015-10-1
63	SJ/T 11310.3-2015	信息设备资源共享协同服务 第3部分：基础应用	2015-10-1
64	SJ/T 11310.5-2015	信息设备资源共享协同服务 第5部分：设备类型	2015-10-1
65	SJ/T 11526-2015	信息技术 SCSI 基于对象的存储设备命令	2015-10-1
66	SJ/T 11527-2015	磁盘阵列通用规范	2015-10-1
67	SJ/T 11528-2015	信息技术 移动存储 存储卡通用规范	2015-10-1
68	SJ/T 11529-2015	服装制造生产线射频识别系统通用规范	2015-10-1
69	SJ/T 11530-2015	信息技术 开关型电源适配器通用规范	2015-10-1
70	SJ/T 11531-2015	电子标签读写设备无线技术指标和测试方法	2015-10-1
71	SJ/T 11532.1-2015	危险化学品气瓶标识用电子标签通用技术要求 第1部分：气瓶电子标识代码	2015-10-1
72	SJ/T 11532.2-2015	危险化学品气瓶标识用电子标签通用技术要求 第2部分：应用技术规范	2015-10-1
73	SJ/T 11532.3-2015	危险化学品气瓶标识用电子标签通用技术要求 第3部分：读写器特殊要求	2015-10-1
74	SJ/T 11533-2015	24针点阵式打印头通用规范	2015-10-1
75	SJ/T 11534-2015	微波电路用覆铜箔聚四氟乙烯玻纤布层压板	2015-10-1
76	SJ/T 2938-2015	电视图像信号发生器通用技术要求和测试方法	2015-10-1
77	SJ/T 11535-2015	磁控管调制器通用规范	2015-10-1
78	SJ/T 11436-2015	风机盘管空调能耗监控系统技术规范	2016-4-1
79	SJ/T 11437-2015	信息技术 移动存储 便携式数字音视频播放器通用规范	2016-4-1
80	SJ/T 11438-2015	信息技术 商用卷式热敏纸通用规范	2016-4-1
81	SJ/T 11439-2015	信息技术 面阵式二维码识读引擎通用规范	2016-4-1
82	SJ/T 11536.1-2015	高性能计算机 刀片服务器第1部分：管理模块技术要求	2016-4-1
83	SJ/T 11537-2015	高性能计算机 机群 监控系统技术要求	2016-4-1
84	SJ/T 11538-2015	热打印头通用规范	2016-4-1

续表

序号	标准号	标准名称	实施日期
85	SJ/T 11540-2015	有源扬声器通用规范	2016-4-1
86	SJ/T 11541-2015	立体电视图像质量测试方法	2016-4-1
87	SJ/T 11346-2015	电子投影机测量方法	2016-4-1
88	SJ/T 11542-2015	立体投影机技术要求和测试方法	2016-4-1
89	SJ/T 11339-2015	数字电视等离子体显示器通用规范	2016-4-1
90	SJ/T 11343-2015	数字电视液晶显示器通用规范	2016-4-1
91	SJ/T 11543-2015	前投影机光学引擎技术要求及测量方法	2016-4-1
92	SJ/T 11544-2015	数字电视背投影显示器光学引擎技术要求及测量方法	2016-4-1
93	SJ/T 11545-2015	微显投影机用交流超高压汞灯通用规范	2016-4-1
94	SJ/T 11407.3.1-2015	数字接口内容保护系统技术规范第 3-1 部分：DTV-CI 内容保护系统技术规范	2016-4-1
95	SJ/T 11407.3.2-2015	数字接口内容保护系统技术规范第 3-2 部分：DTV-CI 内容保护系统测试规范	2016-4-1
96	SJ/T 11549-2015	晶体硅光伏组件用免清洗助焊剂	2016-4-1
97	SJ/T 11550-2015	晶体硅光伏组件用浸锡焊带	2016-4-1
98	SJ/T 10414-2015	半导体器件用焊料	2016-4-1
99	SJ/T 11011-2015	电子器件用纯银钎料中杂质含量 铅、铋、锌、镉、铁、镁、铝、锡、锑、磷的 ICP-AES 测试方法	2016-4-1
100	SJ/T 10753-2015	电子器件用金、银及其合金钎料	2016-4-1
101	SJ/T 10754-2015	电子器件用金、银及其合金钎料分析方法清洁性、溅散性的测定	2016-4-1
102	SJ/T 11028-2015	电子器件用金铜钎料的分析方法 EDTA 容量法测定铜	2016-4-1
103	SJ/T 11029-2015	电子器件用金镍钎料的分析方法 EDTA 容量法测定镍	2016-4-1
104	SJ/T 11030-2015	电子器件用金铜及金镍钎料中杂质铅、锌、磷的 ICP-AES 测定方法	2016-4-1
105	SJ/Z 2808-2015	印制板组装件热设计	2016-4-1
106	SJ/T 11551-2015	高密度互连印制电路用涂树脂铜箔	2016-4-1
107	SJ/T 11552-2015	以布鲁斯特角入射 P 偏振辐射红外吸收光谱法测量硅中间隙氧含量	2016-4-1
108	SJ/T 11553-2015	93%氧化铝真空电子用陶瓷	2016-4-1
109	SJ/T 11554-2015	用电感耦合等离子体发射光谱法测定氢氟酸中金属元素的含量	2016-4-1
110	SJ/T 11555-2015	用电感耦合等离子体质谱法测定硝酸中金属元素的含量	2016-4-1
111	SJ/T 11556-2015	用原子吸收光谱测定硝酸溶剂中银、金、钙、铜、铁、钾和钠的含量	2016-4-1
112	SJ/T 11557-2015	低压复合式开关总规范	2016-4-1
113	SJ/T 11558.5-2015	LED 驱动电源 第 5 部分：测试方法	2016-4-1
114	SJ/T 2089-2015	电子测量仪器型号命名方法	2016-4-1

续表

序号	标准号	标准名称	实施日期
115	SJ/T 2658.1-2015	半导体红外发射二极管测量方法第 1 部分：总则	2016-4-1
116	SJ/T 2658.2-2015	半导体红外发射二极管测量方法第 2 部分：正向电压	2016-4-1
117	SJ/T 2658.3-2015	半导体红外发射二极管测量方法第 3 部分：反向电压和反向电流	2016-4-1
118	SJ/T 2658.4-2015	半导体红外发射二极管测量方法第 4 部分：总电容	2016-4-1
119	SJ/T 2658.5-2015	半导体红外发射二极管测量方法第 5 部分：串联电阻	2016-4-1
120	SJ/T 2658.6-2015	半导体红外发射二极管测量方法第 6 部分：辐射功率	2016-4-1
121	SJ/T 2658.7-2015	半导体红外发射二极管测量方法第 7 部分：辐射通量	2016-4-1
122	SJ/T 2658.8-2015	半导体红外发射二极管测量方法第 8 部分：辐射强度	2016-4-1
123	SJ/T 2658.9-2015	半导体红外发射二极管测量方法第 9 部分：辐射强度空间分布和半强度角	2016-4-1
124	SJ/T 2658.10-2015	半导体红外发射二极管测量方法第 10 部分：调制带宽	2016-4-1
125	SJ/T 2658.11-2015	半导体红外发射二极管测量方法第 11 部分：响应时间	2016-4-1
126	SJ/T 2658.12-2015	半导体红外发射二极管测量方法第 12 部分：峰值发射波长和光谱辐射带宽	2016-4-1
127	SJ/T 2658.13-2015	半导体红外发射二极管测量方法第 13 部分：辐射功率温度系数	2016-4-1
128	SJ/T 11435-2015	信息技术服务 服务管理 技术要求	2016-4-1
129	SJ/T 11560-2015	声频功率放大器能效限定值及能效等级专业用 D 类	2016-4-1
130	SJ/T 11561-2015	软件构件运行环境规范	2016-4-1
131	SJ/T 11562-2015	软件协同开发平台技术规范	2016-4-1
132	SJ/T 11563-2015	网络化可信软件生产过程与环境	2016-4-1
133	SJ/T 11548.1-2015	信息技术 社会服务管理 三维数字社会服务管理系统技术规范 第 1 部分：总则	2016-4-1
134	SJ/T 11564.4-2015	信息技术服务 运行维护 第 4 部分：数据中心规范	2016-4-1
135	SJ/T 11565.1-2015	信息技术服务 咨询设计第 1 部分：通用要求	2016-4-1
136	SJ/T 11539-2015	接触式图像传感器通用规范	2016-4-1
137	SJ/T 11546-2015	拼接显示墙技术要求及测量方法	2016-4-1

【2015 年批准发布的电子行业国家标准】

序号	标准号	标准名称	实施日期
1	GB/T 31369-2015	太阳电池用电子级氢氟酸	2015-10-1
2	GB/T 31370.1-2015	平板显示器（FPD）彩色滤光片测试方法 第 1 部分：颜色和透光率	2015-10-1
3	GB/T 31370.2-2015	平板显示器（FPD）彩色滤光片测试方法 第 2 部分：耐光性	2015-10-1
4	GB/T 31370.3-2015	平板显示器（FPD）彩色滤光片测试方法 第 3 部分：耐热性	2015-10-1

续表

序号	标准号	标准名称	实施日期
5	GB/T 31370.4-2015	平板显示器（FPD）彩色滤光片测试方法 第 4 部分：耐化学性	2015-10-1
6	GB/T 31371-2015	废弃电子电气产品拆解处理要求 台式微型计算机	2015-10-1
7	GB/T 31372-2015	废弃电子电气产品拆解处理要求 便携式微型计算机	2015-10-1
8	GB/T 31373-2015	废弃电子电气产品拆解处理要求 打印机	2015-10-1
9	GB/T 31374-2015	废弃电子电气产品拆解处理要求 复印机	2015-10-1
10	GB/T 31375-2015	废弃电子电气产品拆解处理要求 等离子电视机及显示设备	2015-10-1
11	GB/T 31376-2015	废弃电子电气产品拆解处理要求 液晶电视机及显示设备	2015-10-1
12	GB/T 31377-2015	废弃电子电气产品拆解处理要求 阴极射线管电视机及显示设备	2015-10-1
13	GB/T 31378-2015	平板显示器（FPD）偏光膜表面硬度的测试方法	2015-10-1
14	GB/T 31379-2015	平板显示器（FPD）偏光膜试验方法	2015-10-1
15	GB/T 31417-2015	等离子显示器用荧光粉	2016-1-1
16	GB/T 31469-2015	半导体材料切削液	2016-1-1
17	GB/T 31470-2015	俄歇电子能谱与 X 射线光电子能谱测试中确定检测信号对应样品区域的通则	2016-1-1
18	GB/T 31471-2015	印制电路用金属箔通用规范	2016-1-1
19	GB/T 31472-2015	X 光电子能谱中荷电控制和荷电基准技术标准指南	2016-1-1
20	GB/T 31854-2015	光伏电池用硅材料中金属杂质含量的电感耦合等离子体质谱测量方法	2016-3-1
21	GB/T 5838.1-2015	荧光粉 第 1 部分：术语	2016-1-1
22	GB/T 5838.2-2015	荧光粉 第 2 部分：牌号	2016-1-1
23	GB/T 5838.3-2015	荧光粉 第 3 部分：性能试验方法	2016-1-1
24	GB/T 5838.41-2015	荧光粉 第 4-1 部分：黑白显示管用荧光粉	2016-1-1
25	GB/T 5838.42-2015	荧光粉 第 4-2 部分：指示管用荧光粉	2016-1-1
26	GB/T 5838.43-2015	荧光粉 第 4-3 部分：示波管和显示管用荧光粉	2016-1-1
27	GB/T 5838.44-2015	荧光粉 第 4-4 部分：彩色显像管用荧光粉	2016-1-1
28	GB/T 5838.45-2015	荧光粉 第 4-5 部分：彩色显示管用荧光粉	2016-1-1
29	GB/T 11313.101-2015	射频连接器 第 101 部分：MMCX 系列射频同轴连接器分规范	2016-2-1
30	GB/T 11313.16-2015	射频连接器 第 16 部分：外导体内径为 7mm（0.276in）、特性阻抗为 50Ω（75Ω）、螺纹连接的射频同轴连接器（N 型）分规范	2016-2-1
31	GB/T 11313.37-2015	射频连接器 第 37 部分：STWX8 系列射频同轴连接器分规范	2016-2-1
32	GB/T 11313.8-2015	射频连接器 第 8 部分：外导体内径为 6.5mm(0.256in)、特性阻抗为 50Ω（75Ω）、卡口连接的射频同轴连接器（BNC 型）分规范	2016-2-1
33	GB/T 14112-2015	半导体集成电路 塑料双列封装冲制型引线框架规范	2016-1-1
34	GB/T 15156-2015	压电陶瓷换能元件总规范	2016-2-1

续表

序号	标准号	标准名称	实施日期
35	GB/T 15876–2015	半导体集成电路 塑料四面引线扁平封装引线框架规范	2016–1–1
36	GB/T 15878–2015	半导体集成电路 小外形封装引线框架规范	2016–1–1
37	GB/T 16525–2015	半导体集成电路 塑料有引线片式载体封装引线框架规范	2016–1–1
38	GB/T 17737.201–2015	同轴通信电缆 第 1–201 部分：环境试验方法 电缆的冷弯性能试验	2016–2–1
39	GB/T 17737.313–2015	同轴通信电缆 第 1–313 部分：机械试验方法 介质和护套的附着力	2016–2–1
40	GB/T 22181.5–2015	等离子体显示器件 第 5 部分：总规范	2016–2–1
41	GB/T 22181.6–2015	等离子体显示器件 第 6 部分：数字电视机用等离子体显示器件空白详细规范	2016–2–1
42	GB/T 22319.7–2015	石英晶体元件参数的测量 第 7 部分：石英晶体元件活性跳变的测量	2016–2–1
43	GB/T 31473–2015	卤素气体检漏仪	2016–1–1
44	GB/T 31474–2015	电子装联高质量内部互连用助焊剂	2016–1–1
45	GB/T 31475–2015	电子装联高质量内部互连用焊锡膏	2016–1–1
46	GB/T 31476–2015	电子装联高质量内部互连用焊料	2016–1–1
47	GB/T 31490.1–2015	社区信息化 第 1 部分：总则	2016–1–1
48	GB/T 31490.4–2015	社区信息化 第 4 部分：数据元素字典	2016–1–1
49	GB/T 31490.7–2015	社区信息化 第 7 部分：信息系统技术要求	2016–1–1
50	GB/T 31492–2015	数字电视码流发生器技术要求和测量方法	2016–1–1
51	GB/T 31493–2015	数字音视频分析仪技术要求	2016–1–1
52	GB/T 31494–2015	数字电视场强测试仪技术要求和测量方法	2016–1–1
53	GB/T 31723.405–2015	金属通信电缆试验方法 第 4–5 部分：电磁兼容 耦合或屏蔽衰减 吸收钳法	2016–2–1
54	GB/T 31723.406–2015	金属通信电缆试验方法 第 4–6 部分：电磁兼容 表面转移阻抗 线注入法	2016–2–1
55	GB/T 5593–2015	电子元器件结构陶瓷材料	2016–1–1
56	GB/T 5594.3–2015	电子元器件结构陶瓷材料性能测试方法 第 3 部分：平均线膨胀系数测试方法	2016–1–1
57	GB/T 5594.4–2015	电子元器件结构陶瓷材料性能测试方法 第 4 部分：介电常数和介质损耗角正切值的测试方法	2016–1–1
58	GB/T 5594.6–2015	电子元器件结构陶瓷材料性能测试方法 第 6 部分：化学稳定性测试方法	2016–1–1
59	GB/T 5594.7–2015	电子元器件结构陶瓷材料性能测试方法 第 7 部分：透液性测定方法	2016–1–1
60	GB/T 5594.8–2015	电子元器件结构陶瓷材料性能测试方法 第 8 部分：显微结构的测定方法	2016–1–1
61	GB/T 5598–2015	氧化铍瓷导热系数测定方法	2016–1–1
62	GB/T 6346.11–2015	电子设备用固定电容器 第 11 部分：分规范 金属箔式聚乙烯对苯二甲酸乙二醇酯膜介质直流固定电容器	2016–3–1
63	GB/T 6346.1101–2015	电子设备用固定电容器 第 11–1 部分：空白详细规范 金属箔式聚乙烯对苯二甲酸乙二醇酯膜介质直流固定电容器 评定水平 EZ	2016–3–1
64	GB/T 6346.14–2015	电子设备用固定电容器 第 14 部分：分规范 抑制电源电磁干扰用固定电容器	2016–3–1

续表

序号	标准号	标准名称	实施日期
65	GB/T 6346.1401-2015	电子设备用固定电容器 第 14-1 部分：空白详细规范 抑制电源电磁干扰用固定电容器 评定水平 D	2016-3-1
66	GB/T 6346.3-2015	电子设备用固定电容器 第 3 部分：分规范 表面安装 MnO_2 固体电解质钽固定电容器	2016-3-1
67	GB/T 6346.301-2015	电子设备用固定电容器 第 3-1 部分：空白详细规范 表面安装 MnO_2 固体电解质钽固定电容器 评定水平 EZ	2016-3-1
68	GB/T 9546.8-2015	电子设备用固定电阻器 第 8 部分：分规范 表面安装固定电阻器	2016-3-1
69	GB/T 9546.801-2015	电子设备用固定电阻器 第 8-1 部分：空白详细规范 G 等级的表面安装固定电阻器 评定水平 EZ	2016-3-1
70	GB/T 18336.1-2015	信息技术 安全技术 信息技术安全评估准则 第 1 部分：简介和一般模型	2016-1-1
71	GB/T 18336.2-2015	信息技术 安全技术 信息技术安全评估准则 第 2 部分：安全功能组件	2016-1-1
72	GB/T 18336.3-2015	信息技术 安全技术 信息技术安全评估准则 第 3 部分：安全保障组件	2016-1-1
73	GB/T 20277-2015	信息安全技术 网络和终端隔离产品测试评价方法	2016-1-1
74	GB/T 20279-2015	信息安全技术 网络和终端隔离产品安全技术要求	2016-1-1
75	GB/T 20281-2015	信息安全技术 防火墙安全技术要求和测试评价方法	2016-1-1
76	GB/T 31495.1-2015	信息安全技术 信息安全保障指标体系及评价方法 第 1 部分：概念和模型	2016-1-1
77	GB/T 31495.2-2015	信息安全技术 信息安全保障指标体系及评价方法 第 2 部分：指标体系	2016-1-1
78	GB/T 31495.3-2015	信息安全技术 信息安全保障指标体系及评价方法 第 3 部分：实施指南	2016-1-1
79	GB/T 31496-2015	信息技术 安全技术 信息安全管理体系实施指南	2016-1-1
80	GB/T 31497-2015	信息技术 安全技术 信息安全管理 测量	2016-1-1
81	GB/T 31499-2015	信息安全技术 统一威胁管理产品技术要求和测试评价方法	2016-1-1
82	GB/T 31500-2015	信息安全技术 存储介质数据恢复服务要求	2016-1-1
83	GB/T 31501-2015	信息安全技术 鉴别与授权 授权应用程序判定接口规范	2016-1-1
84	GB/T 31502-2015	信息安全技术 电子支付系统安全保护框架	2016-1-1
85	GB/T 31503-2015	信息安全技术 电子文档加密与签名消息语法	2016-1-1
86	GB/T 31504-2015	信息安全技术 鉴别与授权 数字身份信息服务框架规范	2016-1-1
87	GB/T 31505-2015	信息安全技术 主机型防火墙安全技术要求和测试评价方法	2016-1-1
88	GB/T 31506-2015	信息安全技术 政府门户网站系统安全技术指南	2016-1-1
89	GB/T 31507-2015	信息安全技术 智能卡通用安全检测指南	2016-1-1
90	GB/T 31508-2015	信息安全技术 公钥基础设施 数字证书策略分类分级规范	2016-1-1
91	GB/T 31509-2015	信息安全技术 信息安全风险评估实施指南	2016-1-1
92	GB/T 31722-2015	信息技术 安全技术 信息安全风险管理	2016-2-1
93	GB/T 17173.1-2015	信息技术 开放系统互连 分布式事务处理 第 1 部分：OSI TP 模型	2016-1-1
94	GB/T 17173.2-2015	信息技术 开放系统互连 分布式事务处理 第 2 部分：OSI TP 服务	2016-1-1

续表

序号	标准号	标准名称	实施日期
95	GB/T 17554.2-2015	识别卡 测试方法 第 2 部分：带磁条的卡	2016-1-1
96	GB/T 31491-2015	无线网络访问控制技术规范	2016-1-1
97	GB/T 13709-2015	工业用 X 射线管空白详细规范	2016-5-1
98	GB/T 14555-2015	船用导航雷达接口及安装要求	2016-5-1
99	GB/T 6257-2015	发射管空白详细规范	2016-5-1
100	GB/T 6206-2015	黑白显象管空白详细规范	2016-5-1
101	GB/T 7274-2015	电子管极间电容测试方法	2016-5-1
102	GB/T 31921-2015	信息技术 基于数字键盘的柯尔克孜文字母布局	2016-5-1
103	GB/T 31916.5-2015	信息技术 云数据存储和管理 第 5 部分：基于键值（Key-Value）的云数据管理应用接口	2016-5-1
104	GB/T 31919-2015	信息技术 基于数字键盘的哈萨克文字母布局	2016-5-1
105	GB/T 31918-2015	信息技术 哈萨克文通用键盘字母数字区布局	2016-5-1
106	GB/T 31920-2015	信息技术 基于数字键盘的维吾尔文字母布局	2016-5-1
107	GB/T 31917-2015	信息技术 柯尔克孜文通用键盘字母数字区布局	2016-5-1
108	GB/T 31915-2015	信息技术 弹性计算应用接口	2016-5-1
109	GB/T 31916.1-2015	信息技术 云数据存储和管理 第 1 部分：总则	2016-5-1
110	GB/T 31916.2-2015	信息技术 云数据存储和管理 第 2 部分：基于对象的云存储应用接口	2016-5-1
111	GB/T 12510-2015	信息技术 维吾尔文通用键盘字母数字区布局	2016-5-1
112	GB/T 31988-2015	印制电路用铝基覆铜箔层压板	2016-5-1
113	GB/T 31986-2015	电子工业用气体 八氟丙烷	2016-5-1
114	GB/T 31985-2015	光伏涂锡焊带	2016-5-1
115	GB/T 31987-2015	电子工业用气体 锗烷	2016-5-1
116	GB/T 31984-2015	光伏组件用乙烯 - 醋酸乙烯共聚物中醋酸乙烯酯含量测试方法 热重分析法（TGA）	2016-5-1
117	GB/T 32280-2015	硅片翘曲度测试 自动非接触扫描法	2017-1-1
118	GB/T 12962-2015	硅单晶	2017-1-1
119	GB/T 32189-2015	氮化镓单晶衬底表面粗糙度的原子力显微镜检验法	2016-11-1
120	GB/T 32188-2015	氮化镓单晶衬底片 X 射线双晶摇摆曲线半高宽测试方法	2016-11-1
121	GB/T 19199-2015	半绝缘砷化镓单晶中碳浓度的红外吸收测试方法	2016-7-1
122	GB/T 17170-2015	半绝缘砷化镓单晶深施主 EL2 浓度红外吸收测试方法	2016-7-1
123	GB/T 32281-2015	太阳能级硅片和硅料中氧、碳、硼和磷量的测定 二次离子质谱法	2017-1-1
124	GB/T 32278-2015	碳化硅单晶片平整度测试方法	2017-1-1

续表

序号	标准号	标准名称	实施日期
125	GB/T 32282-2015	氮化镓单晶位错密度的测量 阴极荧光显微镜法	2016-11-1
126	GB/T 32279-2015	硅片订货单格式输入规范	2017-1-1
127	GB/T 32277-2015	硅的仪器中子活化分析测试方法	2017-1-1
128	GB/T 24578-2015	硅片表面金属沾污的全反射 X 光荧光光谱测试方法	2017-1-1
129	GB/T 16263.5-2015	信息技术 ASN.1 编码规则 第 5 部分：W3C XML 模式定义到 ASN.1 的映射	2016-8-1
130	GB/T 17969.1-2015	信息技术 开放系统互连 OSI 登记机构的操作规程 第 1 部分：一般规程和国际对象标识符树的顶级弧	2016-8-1
131	GB/T 30269.401-2015	信息技术 传感器网络 第 401 部分：协同信息处理：支撑协同信息处理的服务及接口	2016-8-1
132	GB/T 30269.1-2015	信息技术 传感器网络 第 1 部分：参考体系结构和通用技术要求	2016-8-1
133	GB/T 16263.4-2015	信息技术 ASN.1 编码规则 第 4 部分：XML 编码规则（XER）	2016-8-1
134	GB/T 32214.2-2015	信息技术 ASN.1 的一般应用 第 2 部分：快速 Web 服务	2016-8-1
135	GB/T 20090.11-2015	信息技术 先进音视频编码 第 11 部分：同步文本	2016-8-1
136	GB/T 20090.12-2015	信息技术 先进音视频编码 第 12 部分：综合场景	2016-8-1
137	GB/T 32213-2015	信息安全技术 公钥基础设施 远程口令鉴别与密钥建立规范	2016-8-1
138	GB/T 18290.2-2015	无焊连接 第 2 部分：压接连接 一般要求、试验方法和使用导则	2016-7-1
139	GB/T 15157.2-2015	印制板用频率低于 3 MHz 的连接器 第 2 部分：有质量评定的具有通用安装特征基本网格 2.54 mm 的印制板用两件式连接器详细规范	2017-1-1
140	GB/T 18290.5-2015	无焊连接 第 5 部分：压入式连接 一般要求、试验方法和使用导则	2016-7-1
141	GB/T 11297.9-2015	热释电材料介质损耗角正切 tan δ 的测试方法	2016-7-1
142	GB/T 11297.10-2015	热释电材料居里温度 Tc 的测试方法	2016-7-1
143	GB/T 11313.29-2015	射频连接器 第 29 部分：50Ω 和 75Ω 用特性阻抗为 50Ω、具有螺纹、推拉、快锁或滑轨式机架或面板用小型射频同轴连接器（1.0/2.3 型）分规范	2016-7-1
144	GB/T 32385.1-2015	光纤预制棒 第 1 部分：总规范	2016-4-1
145	GB/T 15291-2015	半导体器件 第 6 部分：晶闸管	2017-1-1
146	GB/T 18290.4-2015	无焊连接 第 4 部分：不可接触无焊绝缘位移连接 一般要求、试验方法和使用导则	2016-7-1
147	GB/T 11297.8-2015	热释电材料热释电系数的测试方法	2016-7-1
148	GB/T 4023-2015	半导体器件 分立器件和集成电路 第 2 部分：整流二极管	2017-1-1
149	GB/T 11297.11-2015	热释电材料介电常数的测试方法	2016-7-1
150	GB/T 32431-2015	信息技术 SOA 服务交付保障规范	2017-1-1
151	GB/T 32413-2015	网络游戏外挂防治	2016-7-1
152	GB/T 32430-2015	信息技术 SOA 应用的服务分析与设计	2017-1-1
153	GB/T 32428-2015	信息技术 SOA 服务质量模型及测评规范	2017-1-1
154	GB/T 32393-2015	信息技术 工作流中间件 参考模型和接口功能要求	2015-12-31

续表

序号	标准号	标准名称	实施日期
155	GB/T 32392.4-2015	信息技术 互操作性元模型框架（MFI）第 4 部分：模型映射元模型	2017-1-1
156	GB/T 32392.3-2015	信息技术 互操作性元模型框架（MFI）第 3 部分：本体注册元模型	2017-1-1
157	GB/T 32395-2015	信息技术 中文 Linux 操作系统应用编程接口（API）扩充要求	2016-7-1
158	GB/T 32392.2-2015	信息技术 互操作性元模型框架（MFI）第 2 部分：核心模型	2017-1-1
159	GB/T 18787.1-2015	信息技术 电子书 第 1 部分：设备通用规范	2017-1-1
160	GB/T 32417-2015	信息技术 用于老年人和残疾人的办公设备可访问性指南	2017-1-1
161	GB/T 32392.1-2015	信息技术 互操作性元模型框架（MFI）第 1 部分：参考模型	2017-1-1
162	GB/T 32394-2015	信息技术 中文 Linux 操作系统运行环境扩充要求	2016-7-1
163	GB/T 32427-2015	信息技术 SOA 成熟度模型及评估方法	2017-1-1
164	GB/T 32400-2015	信息技术 云计算 概览与词汇	2017-1-1
165	GB/T 32396-2015	信息技术 系统间远程通信和信息交换 基于单载波无线高速率超宽带（SC-UWB）物理层规范	2017-1-1
166	GB/T 18787.4-2015	信息技术 电子书 第 4 部分：标识	2017-1-1
167	GB/T 18787.3-2015	信息技术 电子书 第 3 部分：元数据	2017-1-1
168	GB/T 32429-2015	信息技术 SOA 应用的生存周期过程	2017-1-1
169	GB/T 32419.1-2015	信息技术 SOA 技术实现规范 第 1 部分：服务描述	2017-1-1
170	GB/T 32399-2015	信息技术 云计算 参考架构	2017-1-1
171	GB/T 32414-2015	网络游戏安全	2016-7-1
172	GB/T 32416-2015	信息技术 Web 服务可靠传输消息	2017-1-1
173	GB/T 32420-2015	无线局域网测试规范	2017-1-1
174	GB/T 30269.302-2015	信息技术 传感器网络 第 302 部分：通信与信息交换：高可靠性无线传感器网络媒体访问控制和物理层规范	2017-1-1
175	GB/T 32418-2015	信息技术 手持设备游戏软件接口要求	2016-7-1
176	GB/T 16680-2015	系统与软件工程 用户文档的管理者要求	2016-7-1
177	GB/T 32391-2015	信息技术 藏文词汇	2017-1-1
178	GB/T 32411-2015	信息技术 维吾尔文、哈萨克文、柯尔克孜文通用软件排版规则	2017-1-1
179	GB/T 32409-2015	信息技术 传统蒙古文软件工程术语	2017-1-1
180	GB/T 32390-2015	信息技术 哈萨克文常用术语	2016-7-1
181	GB/T 32424-2015	系统与软件工程 用户文档的设计者和开发者要求	2016-7-1
182	GB/T 32412-2015	信息技术 维吾尔文、哈萨克文、柯尔克孜文特定功能符与引用功能符	2017-1-1
183	GB/T 32422-2015	软件工程 软件异常分类指南	2016-7-1
184	GB/T 32408-2015	信息技术 柯尔克孜文常用术语	2016-7-1

续表

序号	标准号	标准名称	实施日期
185	GB/T 32423-2015	系统与软件工程 验证与确认	2016-7-1
186	GB/T 32410-2015	信息技术 维吾尔文常用术语	2016-8-1
187	GB/T 32421-2015	软件工程 软件评审与审核	2016-8-1
188	GB/T 32386-2015	电子工业用气体 六氟化钨	2016-7-1
189	GB/T 17618-2015	信息技术设备 抗扰度 限值和测量方法	2015-9-1

[供稿：中国电子技术标准化研究院]

国内授权专利情况

【概况】 2015 年，中国国家知识产权局授权的中国申请人所持有的电子信息技术类发明专利共 73 009 件，2014 年授权 51 471 件，2015 年相比于 2014 年增加 41.8%。

在 2015 年授权的电子信息技术类发明专利中，测量测试类专利 16 002 件，基本电气元件类专利 13 978 件，计算机软硬件类专利 11 091 件，电通信类专利 16 527 件，其他类型的发明专利 15 411 件。从技术领域的分布来看，2015 年获得授权的发明专利在各个领域的增长幅度均较大，数量相比 2014 年有较大跃升。基本电气元件和计算机软硬件的授权发明专利增幅最大，相比 2014 年，

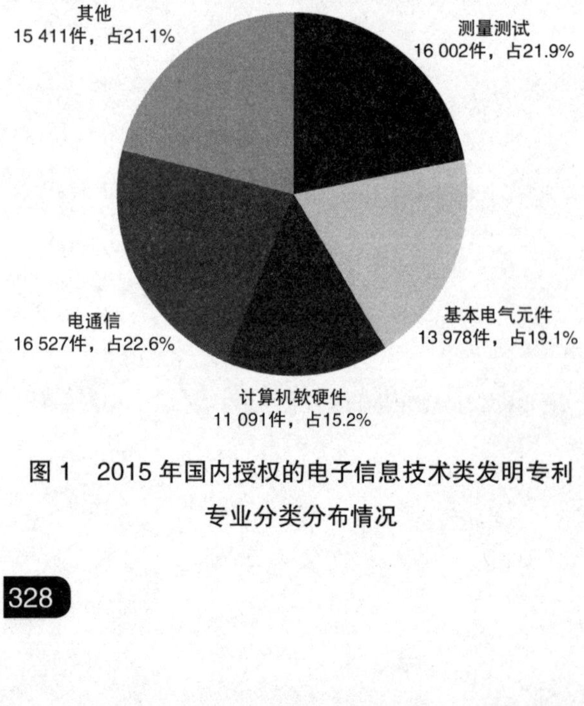

图 1 2015 年国内授权的电子信息技术类发明专利专业分类分布情况

这两个领域的年增长率分别为 64.5% 和 60.4%。其他类的年增长率为 51.9%，测量测试领域、电通信领域的授权发明专利年增长率分别为 44.2%、11.5%。

2015 年电子信息技术类授权发明专利中，电通信类的发明专利授权量占比仍在各专业领域排名第一，所占比例为 22.6%，比 2014 年下降 6.2 个百分点。测量测试类的发明专利 2015 年授权量占比排名第二，所占比例为 21.9%，相对于 2014 年占比有 0.4 个百分点的微弱上升，排名无变化。占比排名第三位的仍然是其他类，所占比例为 21.1%，比 2014 年增长 1.4 个百分点。基本电气元件类的发明专利 2015 年所占比例为 19.1%，比 2014 年上升 2.6 个百分点，排名仍为第四位。排名位于最后的是计算机软硬件类，2015 年发明专利授权量比例为 15.1%，比 2014 年增长 1.8 个百分点。2015 年电子信息技术类各专业领域发明专利授权量的分布相对于 2014 年更加均衡，除了电通信领域保持较大体量，占比有所下降外，其他各个专业领域所占比例变化都很小，保持在 3 个百分点之内。

总体而言，2011 — 2015 年电子信息技术类发明专利授权量 5 年的年平均增长率为 18.1%，与 2010 — 2014 年电子信息技术类发明专利授权量 5 年的年平均增长率 19.6% 相比，降低了 1.5 个百分点。在五个专业领域中，基本电气元件类与计算机软硬件类的 5 年平均增

长率最高，达到28.6%。其他三个专业类别的5年平均增长率在7%~25%之间，发展相对平稳。从总的发展趋势来看，2011年之后电子信息技术领域的专利申请保持快速增长趋势，因此近几年内专利授权量仍将会呈现稳步增长的态势。

【测量测试类发明专利】 测量测试类发明专利的授权数量在2015年比2014年增加4 906件，增长44.2%，在各专业领域中，年度增长率位列第四。2011－2015年，测量测试类发明专利授权量年平均增长率为24.2%，在各专业领域中名列第三。但相比于2010－2014年5年期间的年平均增长率26.8%，下降2.6个百分点。

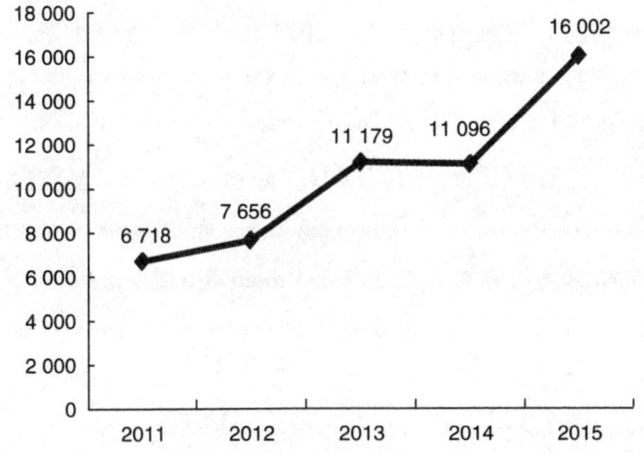

图2　2011－2015年国内测量测试类发明专利授权情况

【基本电气元件类发明专利】 基本电气元件类发明专利的授权数量经历了2013年的成倍增长和2014年的平稳发展之后，2015年增长幅度较大，年度增长率为

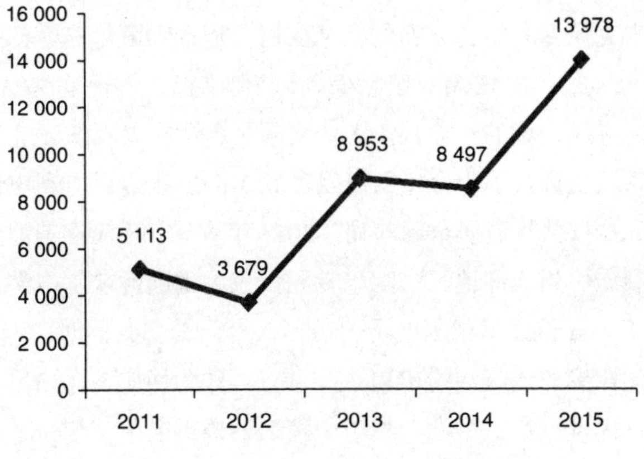

图3　2011－2015年国内基本电气元件类发明专利授权情况

64.5%，位列第一。2011－2015年，其发明专利授权量年平均增长率为28.6%，在各专业领域中排在第一位，相比于2010－2014年5年期间的年平均增长率9.1%，增长19.5个百分点，是5年期成长率增长幅度最大的专业领域。

【计算机软硬件类发明专利】 计算机软硬件类发明专利的授权量2015年增长迅速，年度增长幅度为60.4%，在各专业领域中排名第二。2011－2015年，计算机软硬件类发明专利的授权量5年期间年平均增长率为28.6%，在各专业领域中与基本电气元件类并列第一，相比于2010－2014年5年期间的年平均增长率26.1%，上升约2.5个百分点。

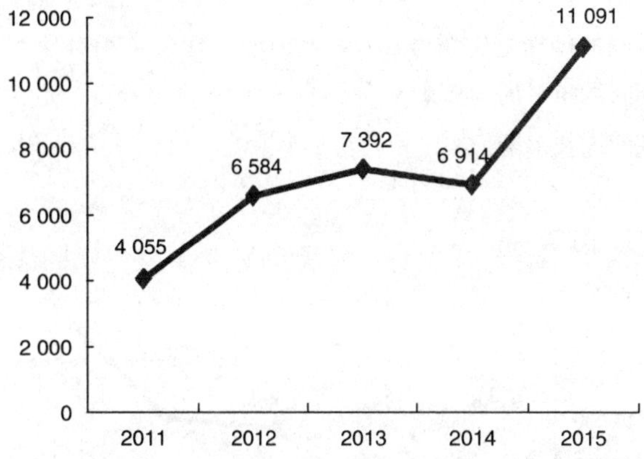

图4　2011－2015年国内计算机软硬件类发明专利授权情况

【电通信类发明专利】 电通信类发明专利的授权量在2013年大幅增长一倍之后，2014年和2015年发展较为

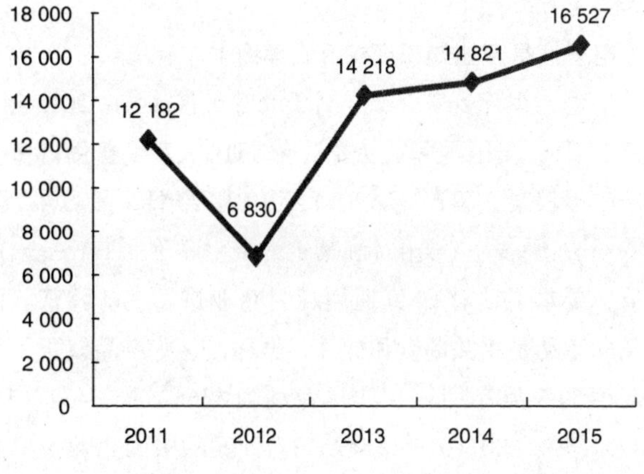

图5　2011－2015年国内电通信类发明专利授权情况

平稳，2015 年在保持较大体量的基础上，授权量增长 11.5%，年度增长率排名各专业领域最后。2011 — 2015 年，电通信领域发明专利授权量 5 年期间年平均增长率为 7.9%，相比于 2010 — 2014 年 5 年期间的年平均增长率 38.9%，降低约 30.9 个百分点。电通信领域的 5 年期年均增长率下降明显，但该领域的专利量整体还是呈缓慢增加趋势。电通信领域是电子信息产业中专利相对密集的领域，相关企业仍然会把获得有价值的专利作为掌握市场竞争主动权的重要途径，因此电通信领域发明专利授权数量仍将会呈现持续增长趋势。

【其他类发明专利】 其他类发明专利的授权量 2015 年增长数量较大，年度增长率为 51.9%，在各专业领域中排名第三位。2011 — 2015 年，其他类发明专利授权量 5 年期间的年均增长率为 13.3%，相比于 2010 — 2014 年 5 年期间的年平均增长率 5.7%，上升约 7.5 个百分点，是 5 年期间增长率增长幅度较大的专业领域。

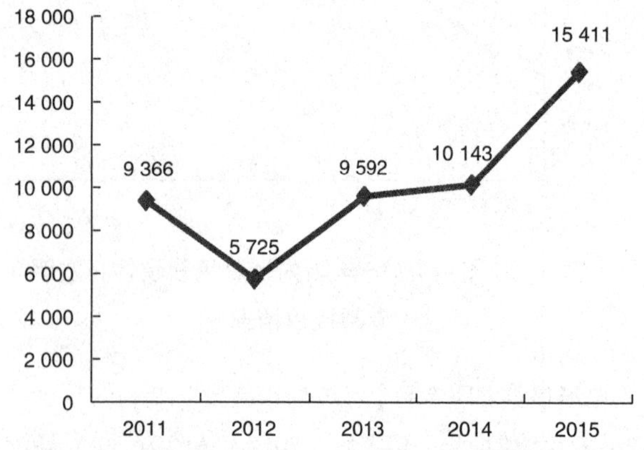

图 6 2011 — 2015 年国内其他类发明专利授权情况

【电子信息产业知识产权诉讼案例】

爱普生诉多家企业专利侵权案获得立案 2015 年 1 月 21 日，美国国际贸易委员会（ITC）对爱普生诉多个被告侵权案立案调查。2014 年 12 月 23 日，爱普生(波特兰)、爱普生(美国)和精工爱普生联手向 ITC 提出申请，要求 ITC 对 19 家通用耗材企业进行 337 调查。涉及的产品是相关墨盒和配件，据称，这些产品侵犯了爱普生的 5 项专利权，具体专利为 8366233、8454116、8794749、8801163 和 8882513。涉案的中国企业主要是打印配件制造商。

Vringo 诉中兴专利侵权，遭德国法院驳回 2015 年 2 月，德国杜塞尔多夫地方法院驳回美国专利运营公司 Vringo 专利侵权索赔诉讼请求。Vringo 起诉中兴和华硕两件专利侵权，并提出索赔诉求。这两件专利分别是 EP 136 和 EP 941，用于移动终端设备的热点功能以及地图导航。中兴与 Vringo 公司的诉讼始于 2012 年。2012 年 8 月，Vringo 公司同诺基亚签订专利购买协议，以 2 200 万美元的价格获得后者 500 余件专利。为使其专利尽快变现，Vringo 公司首先在英国发起针对中兴的专利侵权诉讼，接下来的两年，继续在德国、巴西、澳大利亚、印度、法国等国家发起针对中兴的诉讼，指控中兴专利侵权。中兴迅速回应，除了在各国积极应诉，还向全球多个国家的法院及相关行政机构申请对 Vringo 公司持有专利的有效性进行审查。2013 年开始，各个国家的知识产权或法律机构陆续作出判决，中兴和 Vringo 各有胜负。2015 年 1 月底，中国国家知识产权局判决 Vringo 的三件专利无效，这三项专利分别为 201010526581.4、200580010576.5、200580026870.5。而 2014 年 8 月，印度新德里当地最高法院也在 Vringo 起诉中兴的专利诉讼中宣判支持中兴，还解除此前关于中兴产品的单方面临时禁令。

歌尔声学与楼氏专利纠纷以和解告终 2015 年 2 月 25 日，歌尔声学发布公告称与 MEMS 麦克风产业开拓者楼氏长达 20 个月的专利纠纷终于尘埃落定，公司同楼氏就 MEMS 麦克风相关专利诉讼达成协议，双方就之前所有未决的专利诉讼达成全球性和解。双方达成的和解协议包括楼氏提出的歌尔声学销售到美国的 MEMS 麦克风封装侵权案件以及歌尔声学提出的楼氏 MEMS 麦克风封装侵权案件等一系列诉讼，还包括双方在 MEMS 麦克风专利组合方面的交叉许可。楼氏和歌尔声学都是全球重要的 MEMS 麦克风设计与制造商，楼氏是 MEMS 麦克风领域的产业开拓者，而歌尔声学在 MEMS 麦克风领域也进行了十余年的研发，其 MEMS 麦克风专利申请和授权数量位居全球前列。2013 年 6 月，楼氏在美国伊利诺伊州北部地区法院以专利侵权为由起诉歌尔声学及其全资子公司歌尔电子（美国）有限公司，同时向 ITC 就该专利侵权纠纷申请 337 调查。作为回应，2013 年 7 月 8 日，歌尔声学在潍坊中院起诉楼氏电子（苏州）有限公司生产的 MEMS 麦克风产品侵犯其 5 项中国专利。随后在 2013 年 8 月 29 日，楼氏又在其工厂所在地中国

苏州起诉歌尔的 MEMS 麦克风产品侵犯了其一项中国专利。这场诉讼和反诉讼的纠纷在 2014 年 3 月出现阶段性成果，中国知识产权局专利复审委员会判定楼氏中国专利无效，楼氏在苏州对歌尔声学的起诉被依法驳回；同一时期，楼氏在美国 ITC 起诉歌尔声学的专利被初步裁定无效，而歌尔声学诉讼楼氏的各项专利均被中国知识产权局维持有效，并且潍坊中院作出了楼氏侵犯歌尔声学两项专利的判决。此后，该诉讼再次陷入长期的静默阶段，直至此次双方的全面和解。

汇顶科技和新思科技专利和解案　2015 年 4 月，美国触控芯片厂商新思科技（Synaptics）对深圳汇顶科技股份有限公司（简称汇顶科技）发起专利侵权诉讼及 337 调查。主要指控汇顶科技的 GT915 触控芯片产品，涉及其在美国的 4 件专利。随后汇顶科技立即发表声明否认指控，并表示已在美国聘请律师开始积极应诉。与此同时，汇顶科技开始采取以攻为守的策略主动反击，分别在 2015 年 8 月与 11 月向美国专利商标局递交多个专利无效的行政诉讼程序（IPR），请求美国专利局宣告这些专利无效。新思科技成立于 1986 年，在触控芯片市场占据有一定的市场份额。由于起步早，在专利积累上也有很强的优势，在全球 17 个国家和地区共申请了 1 500 多件专利，有效的授权专利近 400 件。汇顶科技成立于 2002 年，最初主要是为固定电话提供控制芯片，2007 年转型切入触控芯片领域，逐步成为中国触控芯片领导企业之一。在专利方面，申请和授权专利达 300 多项。新思科技提出的专利号分别为美国专利号 7868874、8338724、8558811 和 8952916，政府律师综合给出了无效指控的结论，最终认为并不违反 337 条款。或许是 ITC 律师的调查结果改变了新思科技将官司继续打下去的念头，而汇顶科技也选择撤销对新思科技的无效专利诉讼，双方各让一步最终实现和解。

阿里巴巴在美被诉专利侵权　2015 年 4 月 6 日，美国 IT 公司 Express Mobile 宣称其已向美国得克萨斯州东区法院递交诉状，起诉阿里巴巴专利侵权。Express Mobile 在诉状中指责阿里巴巴侵犯其一项有关平台级独立网站开发的专利，涉案专利在美国专利监管部门的登记号为 6546397。根据 Express Mobile 公告，该公司向企业提供移动终端解决方案的服务，2013 年 11 月同在纽交所挂牌的企业解决方案提供商 Document Security Systems 达成有关销售和知识产权方面的合作，后者于 2014 年入股前者成为小股东。

微软手机被判侵犯专利，或禁止向美国出售　2015 年 4 月 27 日，ITC 判定，微软在未经许可的情况下，在手机产品中使用 InterDigital 公司（简称 IDCC）的技术，侵犯了后者的专利权。法官 Theodore Esse 指出，微软侵犯专利许可方 IDCC 持有的两项蜂窝无线电技术专利，而禁止向美国出售微软手机，应该不会损害公众的利益。位于特拉华州的 InterDigital 公司最初在 2007 年起诉诺基亚侵犯其专利。微软 2014 年收购了诺基亚的手机设备业务。上述 InterDigital 的专利涉及到调整手机电量以降低信号干扰的技术。ITC 起初认定诺基亚并未侵权，但美国最高法院——美国联邦巡回上诉法院在 2012 年推翻了此前的判决，将案件发回 ITC 重审。微软称 4 月 27 日的判决只是整个过程的一个环节。InterDigital 方面表示期待与微软进行“后续讨论”来决定专利许可。

苹果被诉侵犯 PUMA 公司 7 项专利　2015 年 5 月 4 日，苹果被一家名为 Parthenon Unified Memory Architecture LLC（以下简称 PUMA）的专利公司指控，iPhone 6、iPad Air 等多款设备侵犯其所持有的 7 项技术专利。这 7 项专利是 PUMA 从意法半导体（STMicroelectronics）公司购买而来。这些专利包括“共享内存接口设备的音频和 / 或视频压缩”、“计算机系统解码的内存共享架构”等。而侵权的产品涉及所有 iPhone 产品及 iPad 系列（iPad、iPad Air 和 iPad mini）、iPod Touch 以及 Apple TV 媒体播放器等。实际上，PUMA 并不制造产品，这家公司主要目的就是向科技公司发起专利侵权诉讼，获得专利赔偿。

小 i 机器人专利确权案再审申请获最高院立案　2015 年 6 月 26 日，中国最高人民法院正式做出立案决定，受理上海智臻网络科技有限公司关于小 i 机器人专利确权的再审申请，该再审申请针对北京市高级人民法院就苹果诉国家知识产权局专利纠纷案做出二审判决，该二审判决撤销了专利复审委员会做出的第 21307 号决定（即维持专利权人为上海智臻网络科技有限公司的小 i 机器人发明专利有效），判令专利复审委员会重新做出无效宣告请求审查决定。上海智臻网络科技有限公司（小 i 机器人）对此结果不服，提出再审申请，最高法院在一个月内迅速予以受理立案。上海智臻网络科技有限公司成立于 2001 年，致力于人工智能的开发和应用，是中国发明专利 ZL200410053749.9（一种聊天机器人系统，即小 i 机器人）的权利人。Siri 的原专利权人成立于 2007 年，

2010 年被苹果以 2 亿美金收购。2011 年 12 月 6 日，苹果公司首次在其发布的 iPhone4S 手机上推出 Siri。2012 年 6 月，上海智臻网络科技有限公司起诉苹果公司 Siri 产品侵犯了其知识产权，不过遭苹果公司反击，2012 年 11 月，苹果公司向专利复审委员会提出申请，请求宣告小 i 机器人专利权无效，专利复审委员会认定苹果无效请求理由均不成立，小 i 专利合法有效。随后，苹果公司将专利复审委员会诉至北京市一中院，要求其撤销小 i 机器人专利的决定，北京一中院最终驳回苹果公司的诉讼请求。在经历了 2 轮败诉后，苹果公司在北京市高院意外获胜，北京高院以专利撰写中个别技术描述不充分为由，撤销了专利复审委和北京一中院的判决。

Unwired Planet 公司起诉三星、华为首获胜　2015 年 11 月 24 日，英国高级法院针对 Unwired Planet 公司起诉三星、华为专利侵权纠纷作出裁决，法院裁定涉案专利 EP 2229744 对于 4G 通信是必不可少的，是有效专利，并且裁定三星和华为对该项专利构成侵权。此前，Unwired Planet 于 2014 年 3 月就其拥有的 5 项标准必要专利针对三星和华为发起一系列专利侵权诉讼，此项裁判是针对其中一项标准必要专利作出的。诉讼中，三星和华为质疑 Unwired Planet 拥有的专利是无效的。同时，三星和华为提出 Unwired Planet 滥用市场支配地位，拒绝以 FRAND 原则进行专利许可。三星表示，该公司坚信其没有侵犯 Unwired Planet 的专利，并将继续采取必要措施证明其产品源自数十年的研发。华为表示将就此项裁决提起上诉。Unwired Planet 总部位于加州洛斯阿尔托斯，该公司共有 16 名员工，其唯一的实质性资产就是 2000 多项专利，多数都是 2013 年从爱立信收购来的。这些专利的价值目前还无法确定，因为具体需要根据与手机厂商的诉讼和谈判来确定。

三星同意向苹果支付 5.48 亿美元专利赔偿金　2015 年 11 月 26 日，三星宣布同意向苹果公司支付 5.48 亿美元的专利侵权赔偿金。针对双方的专利侵权诉讼，下级法院命令三星向苹果支付专利赔偿金。三星就该裁定向上诉法院提起上诉但被驳回。三星表示，如果苹果在 12 月 4 日之前寄出发票，那么三星将在 12 月 14 日付款。2011 年，苹果起诉三星，称三星手机侵犯苹果 iPhone 多项专利权。2012 年法庭裁定三星侵犯苹果专利，要求三星向苹果赔偿 10.5 亿美元。后来，主审法官又下令重审，称因陪审团计算错误，最终，三星被裁定向苹果赔偿 9.3 亿美元。随后，三星提起上诉。2015 年 5 月，美国联邦巡回上诉法院裁定，需要重新评估赔偿金。法院认为三星侵犯了苹果的设计和功能专利，但并未侵犯苹果的“商业外观”(trade dress) 专利。因此，地方法院需要重新评估这 3.82 亿美元的“商业外观”赔偿费用。最终，联邦巡回上诉法院要求三星向苹果赔偿 5.48 亿美元。 但三星对该裁决仍不满意，2015 年 8 月继续上诉，要求进一步降低赔偿金，但被联邦巡回上诉法院驳回。与此同时，三星还在其他方面进行反击。例如，要求法庭裁定苹果的“捏拉缩放”(Pinch-to-zoom) 专利无效，从而进一步缩减赔偿金。

【统计数据】

表 1　2011—2015 年国内授权的电子信息技术类发明专利总体分布情况

产品分类	2011 年	2012 年	2013 年	2014 年	2015 年	合计
测量测试	6 718	7 656	11 179	11 096	16 002	52 651
基本电气元件	5 113	3 679	8 953	8 497	13 978	40 220
计算机软硬件	4 055	6 584	7 392	6 914	11 091	36 036
电通信	12 182	6 830	14 218	14 821	16 527	64 578
其他	9 366	5 725	9 592	10 143	15 411	50 237
合计	37 434	30 474	51 334	51 471	73 009	343 722

注：表 1 中的合计数据均采用各专业领域简单累加的数据，未去重。

[撰稿：李秀娟　张春林　审稿：李慧颖]

国际合作

综　述

【概况】 2015年，工业和信息化部继续服务工业、通信业发展需要，服从国家外交大局，发挥双多边合作机制作用，与有关国家加强对话交流，搭建合作渠道，为电子信息产业拓展国际合作提供服务；利用汉诺威消费电子、信息及通信博览会等国际展会平台，宣介中国电子信息产业创新驱动发展成果，进一步促进国际创新合作；务实推动中非信息高速公路建设和中德智能制造合作，助力“中国制造2025”的实施和“一带一路”建设；工业和信息化部领导多次会见国际知名电子信息企业及行业协会代表，鼓励其深化在华合作。在各方面的共同努力下，电子信息产业国际合作呈现新亮点。

亚　洲

【中国—东盟】 工业和信息化部副部长尚冰率团赴泰国出席第九次中国—东盟电信部长会议。工业和信息化部副部长陈肇雄率团赴越南出席第十次中国–东盟电信部长会议。会议决定重点推进中国与东盟成员国在信息通信发展和监管政策、宽带发展与普遍服务、互联网新业态和新应用、云计算及大数据等新一代信息通信技术促进经济社会发展及中国–东盟国家计算机应急响应等领域的合作。组织参加2015年度中国–东盟电信高官会工作组会议、中国–东盟电信监管理事会会议，审议双方相关合作项目，组织举办中国–东盟移动互联网发展与创新培训班、电子商务培训班、大数据技术及应用培训班、电信互联互通促进社会和经济发展培训班、网络安全培训班等一系列中国—东盟信息通信合作项目。

【中国—韩国】 在国务院总理李克强与韩国总统朴槿惠的共同见证下，工业和信息化部部长苗圩与韩国产业通商资源部长官尹相直在韩国首尔共同签署《中国工业和信息化部与韩国产业通商资源部推进“中国制造2025”与韩国“制造业革新 3.0 战略”交流合作谅解备忘录》。工业和信息化部和韩国未来创造科学部在北京共同举办第三次中韩信息通信合作部级战略对话，工业和信息化部部长苗圩和韩国未来创造科学部崔阳熙长官共同出席会议并致辞，双方就第五代移动通信（5G）技术和产业化、网络安全应急处置、用户个人信息保护、软件开发及人才培养等议题进行交流，达成共识，确定下一步合作重点。

【中国—柬埔寨】 工业和信息化部副部长尚冰率团访问柬埔寨，会见柬埔寨邮电部部长巴素坤，共同签署两部间信息通信技术合作谅解备忘录，并共同出席中国计算机应急技术处理协调中心与柬埔寨信息通信技术综合部有关加强网络安全和应急响应合作的谅解备忘录等双边合作文件签字仪式。

欧洲和非洲

【中国—欧盟】 第五次中欧经贸高层对话期间，在国务院副总理马凯和欧盟委员会副主席卡泰宁共同见证下，工业和信息化部部长苗圩与欧盟委员会数字经济与社会委员奥廷格共同签署《中华人民共和国工业和信息化部与欧盟委员会关于在第五代移动通信领域开展战略合作的联合声明》。工业和信息化部副部长怀进鹏与欧盟委员会通信网络、内容和技术总司副总司长佐兰·斯坦奇奇在比利时布鲁塞尔共同主持召开第六次中欧信息技术、电信和信息化对话会议，就信息通信监管、网络安全与数字经济、研发创新（RDI）与远程数据访问（RDA）、标准化、5G、物联网、智慧城市等合作内容交换意见。

【中国—德国】 中国担任 2015 年德国汉诺威消费电子、信息及通信博览会（CeBIT）合作伙伴国，拉开“中德创新合作年”的序幕。工业和信息化部与德方共同举办 CeBIT 开幕式，国务院总理李克强发表视频讲话，对博览会开幕表示祝贺，国务院副总理马凯和德国总理默克尔共同出席开幕式并致辞。工业和信息化部部长苗圩主持中央展区开幕式，国务院副总理马凯与德国副总理兼经济和能源部部长加布里尔共同出席并致辞。620 家中国内地企业参展，是本届展会最大的海外展团。展会期间，双方还举行中德信息通信技术峰会，就产业发展趋势和开展国际合作前景作交流，工业和信息化部副部长刘利华与德国经济和能源部国务秘书马赫尼西出席峰会并致辞。苗圩与德国副总理兼经济和能源部部长加布里尔在北京共同签署《中华人民共和国工业和信息化部与德意志联邦共和国经济和能源部推动中德企业开展智能制造及生产过程网络化合作的谅解备忘录》。中德智能制造合作工作组召开第一次会议，双方正式建立起推动中德智能制造合作的经常性工作机制。

【中国—俄罗斯】 工业和信息化部总工程师张峰在莫斯科同俄罗斯通信与大众传媒部副部长阿尔哈佐夫共同主持中俄总理定期会晤委员会通信与信息技术合作分委会第十四次会议，双方就中俄在通信、信息技术、无线电频率协调、网络安全、邮政等领域的合作深入交换意见，达成共识。

【中国—捷克】 第四次中国－中东欧（16+1）领导人会晤期间，在国务院总理李克强和捷克共和国总理索博特卡见证下，工业和信息化部副部长刘利华与捷克共和国工业和贸易部副部长伊日·哈弗里切克共同签署《中华人民共和国工业和信息化部与捷克共和国工业和贸易部合作谅解备忘录》，加强双方在工业和信息通信领域的政府间合作。

【中国—非洲】 工业和信息化部部长苗圩率团访问坦桑尼亚、南非，期间提出中非加强与国际电信联盟（简称国际电联）合作、加快非洲信息通信基础设施建设的合作倡议，与南非通信和邮政服务部部长奎莱签署两部间开展信息通信技术领域合作的行动计划。工业和信息化部副部长刘利华参加中非合作论坛约翰内斯堡峰会，期间与国际电联秘书长赵厚麟、南非通信和邮政服务部部长奎莱共同主持“中非信息通信合作论坛”，与赵厚麟秘书长及东非共同体5国（坦桑尼亚、乌干达、卢旺达、肯尼亚、布隆迪）政府通信主管部门负责人共同签署《共建东非信息通信基础设施的合作谅解备忘录》，正式启动“共建东非信息高速公路”项目。

美洲和大洋洲

【中国—美国】 工业和信息化部副部长刘利华在美国休斯敦与美商务部副部长赛利格、副贸易代表霍利曼大使共同主持召开第六次中美商贸联委会产业和竞争力对话，会上双方就工业和信息产业领域各自关注的议题交换意见，并就推进中美工业互联网合作进行探讨；与美国商务部召开中美商贸联委会信息产业工作组会议，双方就电信市场管理与开放、集成电路产业发展与合作、两国企业在对方市场所面临问题等各自关注议题交换意见，期间双方政府部门和产业界代表围绕集成电路行业发展、信息技术在智慧城市中的作用进行研讨交流。

【中国—巴西】 国务院副总理汪洋和巴西副总统特梅尔在巴西利亚共同主持中国—巴西高层协调与合作委员会第四次会议，工业和信息化部副部长刘利华出席并与巴西发展工业和贸易部就推进双方产业对接合作交换意见。

【中国—委内瑞拉】 工业和信息化部副部长刘利华和委内瑞拉高等教育科技部部长马努埃尔·费尔南德斯在北京共同主持中国—委内瑞拉高级混合委员会第十四次会议科技、工业和航天分委会会议，期间召开信息通信和航天领域两个分组会议，双方就委内瑞拉国家骨干网络建设、普遍服务、海底光缆、农村通信、智慧教室、卫星合作、遥感数据及应用合作、卫星地面基础设施建设等20多个具体合作项目交换意见，就下一步合作方向达成共识。

【中国—阿根廷】 在国家主席习近平和访华的阿根廷总统克里斯蒂娜共同见证下，工业和信息化部副部长刘利华与阿根廷计划、公共投资及服务部通信国务秘书伯纳在人民大会堂签署两部间信息通信领域合作谅解备忘录。刘利华率团访问阿根廷，期间分别与阿根廷通信技术管理局主席诺伯特·伯纳和工业部部长德沃拉·希奥尔希举行会谈，就进一步加强中阿信息通信和工业领域合作交换意见。

国际组织

【国际电信联盟】 国家主席习近平、国务院总理李克强、国务院副总理马凯分别会见国际电联秘书长赵厚麟，就中国与国际电联加强合作交换意见。工业和信息化部领导出席世界无线电通信大会、全球电信监管机构专题研讨会、2015 年世界电信展等国际电联一系列会议和活动。中方与国际电联务实推进一系列合作项目，工业和信息化部与国际电联和东非国家通信主管部门共同提出共建“东非信息高速公路”合作倡议并正式启动项目，与国际电联联合在华举办“互联网 +”时代信息通信业发展研讨班等活动，合作开展高级培训中心项目，在北京举办“国际电联成立 150 周年暨 2015 年世界电信和信息社会日大会”，中国通信建设集团有限公司、中国长城工业集团有限公司、北京四达时代软件技术股份有限公司和重庆大学等单位先后成为国际电联部门成员和学术成员。

【金砖国家】 工业和信息化部部长苗圩出席在俄罗斯莫斯科举行的金砖国家第一届通信部长会议，会上金砖五国通信部长共同发表《关于扩大信息通信技术领域合作》的公报，苗圩出席新闻发布会，就金砖国家加强互联网、5G 标准、通信基础设施建设等领域的合作回答记者提问；20 多家金砖国家信息通信企业，包括中国电信、中国移动、中兴、华为、浪潮等多家中国企业，参加会议期间举行的金砖国家 IT 企业论坛。

【亚太经合组织】 工业和信息化部总工程师张峰出席在马来西亚吉隆坡举行的亚太经合组织（APEC）第十次电信部长会议；工业和信息化部国际合作司组织参加 APEC 电信工作组会议，并参与制定 APEC 电信工作组“2016—2020 年战略行动计划”。

[供稿：工业和信息化部国际合作司]

进出口贸易

综　述

【概况】　2015年，中国电子信息产品进出口整体平稳运行，增速较去年小幅下滑。全年电子信息产品进出口总额13 088.2亿美元，同比下降1.1%；进出口总额占全国外贸进出口总额的33.1%，比上年增长2.3个百分点。其中，电子信息产品出口总额7 810.9亿美元，同比下降1.1%，占全国外贸出口额的34.3%；进口总额5 277.3亿美元，同比下降1.2%，占全国外贸进口额的31.4%。

【月度走势】　从月度走势看，电子信息产品月度进出口额基本稳定在1 000亿美元左右，月度进出口增速较低。

单月进出口额方面，2月进出口总额864亿美元，为年内最低，进出口额最高出现在12月，为1 338亿

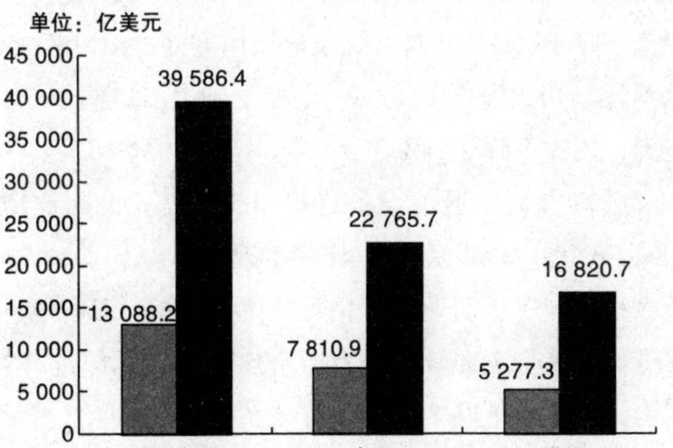

图1　2015年电子信息产品与全国进出口情况对比图

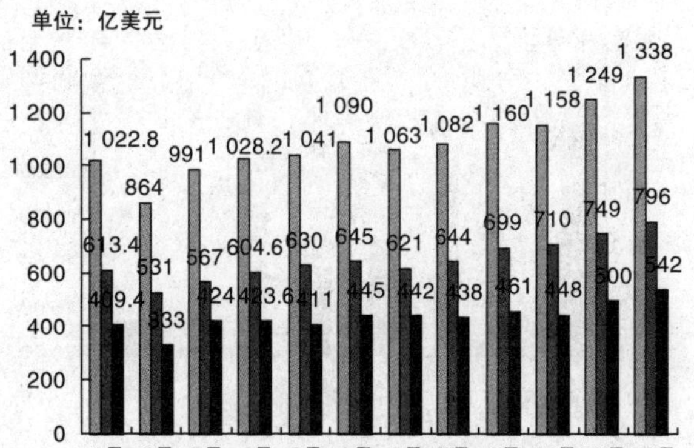

图2　2015年电子信息产品单月进出口额

美元。出口方面，单月出口额最高为 12 月份，出口总额为 796 亿美元，最低为 2 月份的 531 亿美元；进口方面，单月进口额最高为 12 月份的 542 亿美元，最低为 2 月份的 333 亿美元。

单月进出口增速方面，出口累计增速最高的月份出现在 2 月，同比增长 6.2%，最低的是 8 月、11 月、12 月，均为 –1.1%；进口累计增速最高的月份是 3 月，同比增长 –0.5%，最低的是 1 月份及 10 月份的 –2.6%。

综合来看，面对国际市场需求不振、国内经济下行压力较大的严峻形势，2015 年电子信息产品进出口额出现小幅下降，且进、出口均小幅下降。

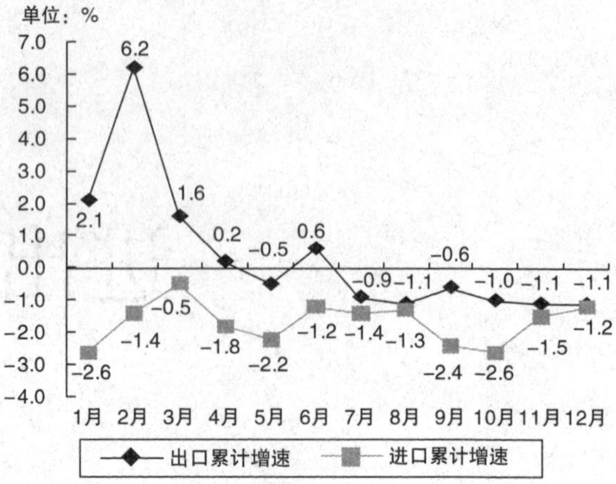

图 3　2015 年电子信息产品进出口月增幅情况

结构与特点

【按主要产品统计的进出口情况】　2015 年，各大类电子信息产品进出口有增有降，部分产品进出口下降幅度明显。

出口方面，通信设备类产品出口 2 148 亿美元，同比增长 8.7%；广播电视设备类产品出口 76 亿美元，同比下降 10.2%；计算机类产品出口 1 941 亿美元，同比下降 14.4%；家用电子电器类产品出口 1 057 亿美元，同比下降 0.6%；电子元件类产品出口 808 亿美元，同比增长 3.0%；电子器件类产品出口 1 399 亿美元，同比增长 6.2%；电子材料类产品出口 66 亿美元，同比下降 6.1%；电子仪器设备类产品出口 316 亿美元，同比下降 4.9%。

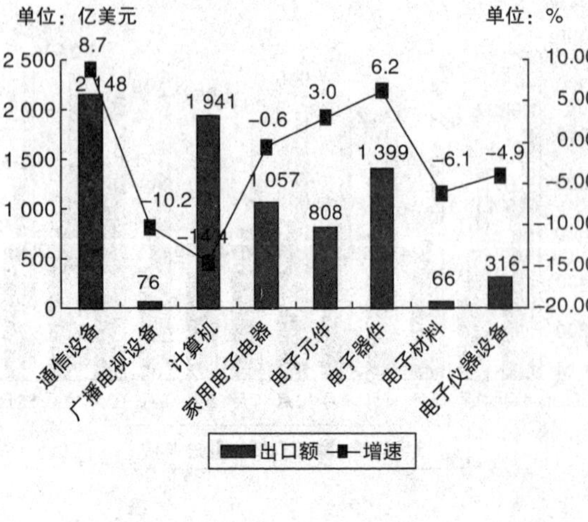

图 4　2015 年电子信息主要产品出口及增速情况

出口主要产品方面，出口额排在前 5 位的电子信息产品分别为手持（车载）无线电话，出口额 1 237.3 亿美元，同比增长 7.26%；集成电路，出口额 691.2 亿美元，同比增长 13.57%；便携式电脑，出口额 646.3 亿美元，同比下降 14.6%；手持式无线电话用零件，出口额 350.3 亿美元，同比增长 12.82%；平板电脑，出口额 309.6 亿美元，同比下降 2.57%。

进口方面，通信设备进口 505 亿美元，同比增长 9.8%；广播电视设备进口 41 亿美元，同比下降 11.7%；计算机进口 533 亿美元，同比下降 12.6%；家用电子电器进口 198 亿美元，同比下降 5.0%；电子元件进口 480 亿美元，同比下降 7.3%；电子器件进口 2 994 亿美元，同比增长 2.2%；电子材料进口 73 亿美元，同比下降 9.6%；电子仪器设备进口 453 亿美元，同比下降 6.8%。

主要产品进口方面，进口额排在前 5 位的电子信息产品分别为集成电路，进口额 2 299.3 亿美元，同比增

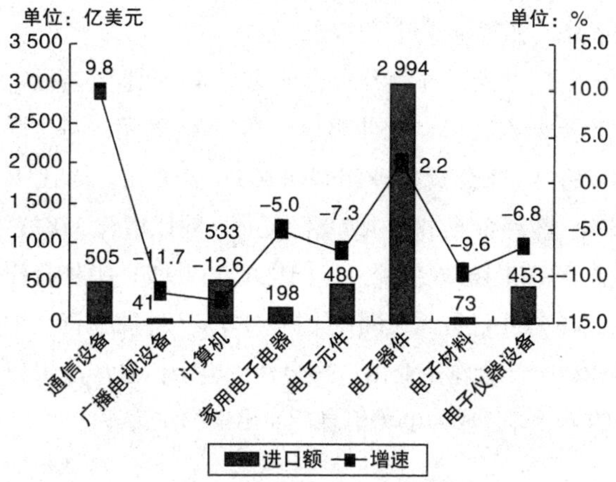

图 5　2015 年电子信息主要产品进口及增速情况

长 5.6%；液晶显示板，进口额 397.3 亿美元，同比下降 9.2%；手持式无线电话用零件，进口额 328.8 亿美元，同比增长 6.7%；硬盘驱动器，进口额 156.6 亿美元，同比下降 1.6%；印刷电路，进口额 121.4 亿美元，同比下降 9.6%。

【按国家与地区统计的进出口情况】 2015 年，电子信息产品进出口按国别和地区看，结构变化不大，出口市场依然集中在中国香港特别行政区、美国、日本、韩国等发达国家或地区，进口则主要来自亚洲的韩国、日本和中国台湾地区。

中国电子信息产品出口主要国家和地区市场同比以增长为主。2015 年，出口国家和地区中，中国香港特别行政区排在第一位，出口额为 2 166.1 亿美元，同比增长 3.5%；美国居第二位，出口额为 1 444.1 亿美元，同比下降 2.8%；韩国居第三位，出口额为 444.1 亿美元，同比增长 5.6%；日本位居第四位，出口额为 443.4 亿美元，同比下降 11.8%；荷兰位居第五位，出口额为 320.3 亿美元，同比下降 10.7%；其余依次是德国、中国台湾地区、新加坡、印度和英国。出口排在前十位的国家和地区出口总额达到 5 768.3 亿美元，占电子信息产品出口额的 73.8%。

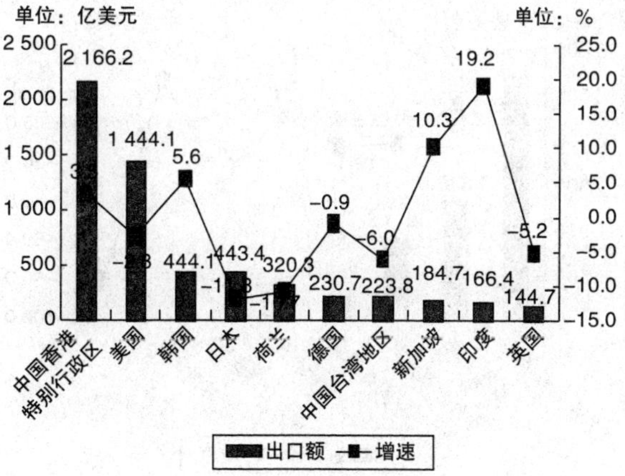

图 6　2015 年电子信息产品出口前十名国家和地区

从主要进口来源地看，国货复进口 1 171.3 亿美元，同比增长 0.5%；自韩国进口 1 077.1 亿美元，同比增长 3.9%；自中国台湾地区进口 1 040.1 亿美元，同比下降 2.1%；自日本进口 508.4 亿美元，同比下降 6.7%；自马来西亚进口 351.5 亿美元，同比下降 0.8%；进口排在第六位到第十位的国家和地区分别是美国、德国、泰国、菲律宾和越南。进口排在前十位的国家和地区进口总额达到 4 926.0 亿美元，占电子信息产品进口额的 93.3%。

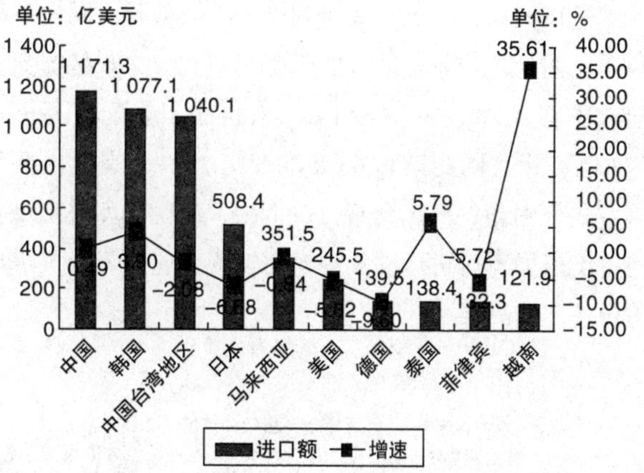

图 7　2015 年电子信息产品进口前十名国家和地区

【按贸易方式统计的进出口情况】 加工贸易仍是主要贸易方式，一般贸易比重进一步提高；加工贸易，尤其是进料加工贸易比重下降显著。

2015 年，电子信息产品出口贸易方式结构继续优化。电子信息产品出口中，一般贸易出口 1 988 亿美元，同比增长 11.5%，占出口额的 25.5%，比上年提高 2.9 个百分点；进料加工贸易出口 4 477 亿美元，同比下降 6.4%；来料加工装配贸易出口 292 亿美元，同比下降3.9%；保税区仓储转口货物出口814.1亿美元，占出口额的10.4%；保税仓库进出境货物出口160.4亿美元，占出口额的2.1%。进料加工贸易、来料加工装配贸易占出口总额的61.0%，是电子信息产品出口的主要贸易方式。

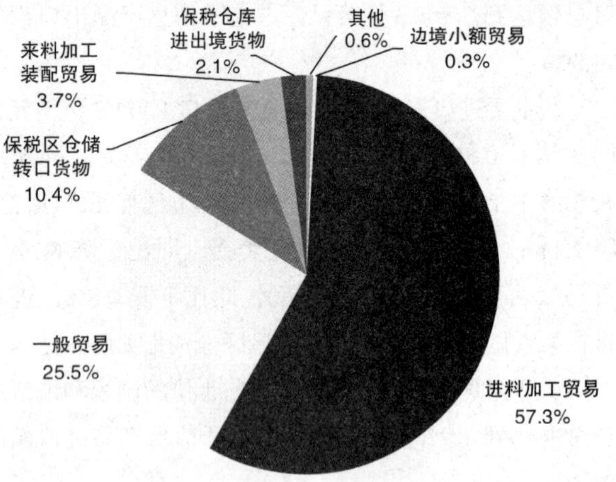

图8　2015年电子信息产品出口主要贸易方式占比情况

进口方面，一般贸易进口1 357亿美元，同比下降1.6%，占比25.7%；进料加工贸易进口2 220亿美元，同比下降4.5%，占比42.1%；来料加工装配贸易进口378亿美元，同比增长6.6%，占比7.2%；其他主要贸易方式分别为保税区仓储转口货物、保税仓库进出境货物、出口加工区进口设备、外商投资企业作为投资进口的设备、物品等。

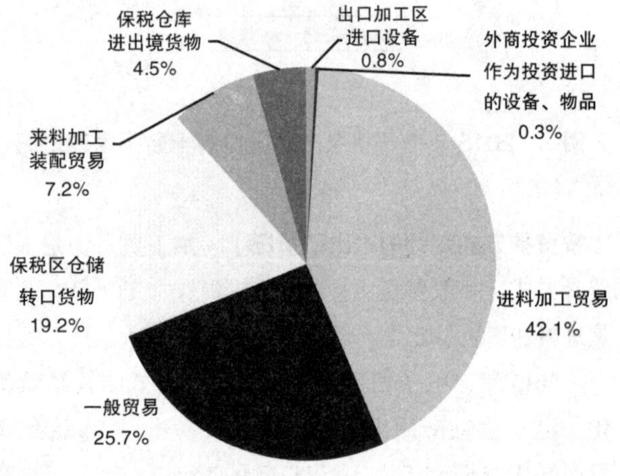

图9　2015年电子信息产品进口主要贸易方式占比情况

【按企业性质统计的进出口情况】　外资企业进出口出现下降，私营企业进出口增长显著。

出口方面，外商独资企业出口4 053.1亿美元，同比下降6.4%；私营企业出口1 785.5亿美元，同比增长16.9%；中外合资企业出口1 305.6亿美元，同比下降5.8%；国有企业出口464.8亿美元，同比增长3.0%；集体企业出口167.6亿美元，同比增长7.9%；中外合作企业出口32.0亿美元，同比下降31.4%。外商独资、中外合资和中外合作企业出口额合计占电子信息产品出口总额的68.9%，成为电子信息产品出口的主力军。

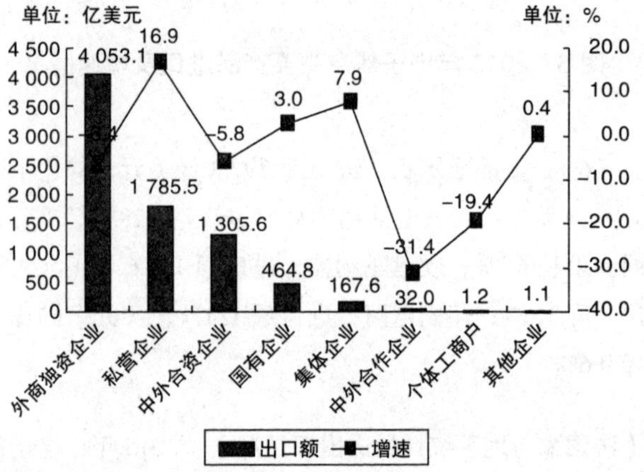

图10　2015年电子信息产品主要企业类型出口及增速

进口方面，外商独资企业进口额为2 728.7亿美元，同比下降3.0%；私营企业进口额1 315.0亿美元，同比增长11.9%；中外合资企业进口额911.2亿美元，同比下降8.5%；国有企业进口额265.5亿美元，同比下降10.7%；集体企业进口额50.7亿美元，同比增长5.2%。

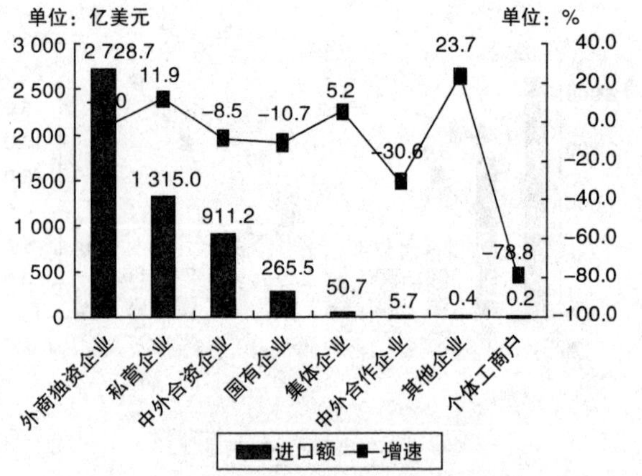

图11　2015年电子信息产品主要企业类型进口及增速

外商独资、中外合资和中外合作企业进口额合计占电子信息产品进口总额的 69.1%，同样是电子信息产品进口的主力军。

【按省市统计的进出口情况】 电子信息产品出口主要集中在广东、江苏和上海三省市，部分中西部省市出口增长较快。

出口方面，电子信息产品出口额前 5 位的省市分别为：广东省 3 213.5 亿美元，同比下降 0.6%；江苏省 1 458.5 亿美元，同比增长 1.4%；上海市 884.5 亿美元，同比下降 5.3%；浙江省 285.3 亿美元，同比增长 3.3%；河南省 277.3 亿美元，同比增长 24.7%。广东省出口增速小幅下降，中西部一些省市电子信息产品出口增势突出，贵州省、湖南省、青海省同比分别增长 345.9%、72.0% 和 70.9%。

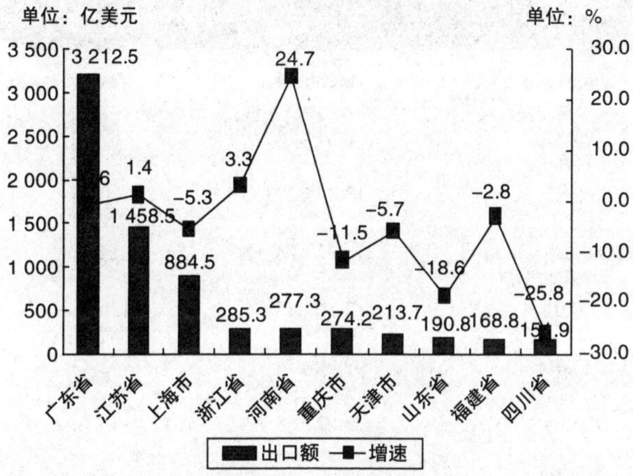

图 12　2015 年电子信息产品出口前十名省市

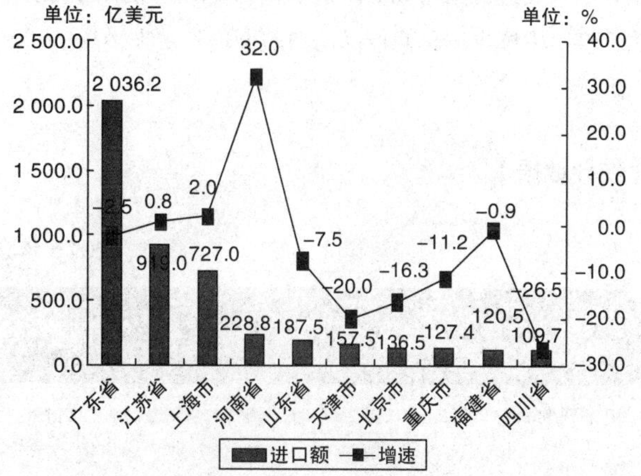

图 13　2015 年电子信息产品进口前十名省市

进口方面，主要省市进口额较上年有增有降。广东省进口 2 036.2 亿美元，同比下降 2.5%；江苏省进口 919.0 亿美元，同比增长 0.8%；上海市进口 727.0 亿美元，同比增长 2.0%；河南省进口 228.8 亿美元，同比增长 32.0%；山东省进口 187.5 亿美元，同比下降 7.5%。

存在问题

【概况】 从全年进出口数据来看，当前中国电子信息产业深层次结构性问题依然存在，加之世界经济不景气，直接影响了对外依存度较高的电子信息产业发展，进出口增速放缓，产业下行压力较大，产业亟需加快转型升级。

【进出口增长放缓】 2015 年电子信息产品出口增速下降 1.1%，进口增速下降 1.2%，贸易顺差进一步扩大，电子信息产业下行压力较大。一般贸易占四成，较上年大幅提升，但加工贸易依然占据出口六成份额，出口方式优化仍任重道远。

【出口产品附加值和技术含量偏低】 产业加速创新、加快转型的步伐已有所体现，但由于核心技术相对缺乏，大部分电子信息产业仍处于全球价值链中低端，企业仍以加工贸易方式出口为主，产品附加值、技术含量普遍偏低。同时，中国电子信息产品由于相对缺乏自主知识产权，出口面临越来越多的贸易摩擦。

【出口市场更加集中】 2015 年中国电子信息产品出口到美国、日本、韩国和中国香港特别行政区等国家和地区占出口总额的 61.6%，比上年增长 1.6%，这表明中国电子信息产品出口仍主要集中在这些发达国家和地区，行业发展易受其影响，出口发展中国家市场的力度仍需进一步加大。对发达国家市场的严重依赖以及由此带来的贸易争端，将给中国电子信息产品出口长期增长带来挑战。

【出口企业结构仍以外资企业为主】 三资企业的电子信息产品出口占主导地位，2015 年，外商独资企业、中外合资企业、中外合作企业的出口占比合计达到 68.9%，比重比上年度下降 3%，私营企业出口占比 22.8%，比上年度增长 2.8%，这表明我国电子信息产业出口企业结构有所优化，但外资企业仍然占据主要比重。

【统计数据】

表 1　2015 年通信设备产品进口情况

产品名称	单位	进口量	进口额（万美元）	进口额增长率（%）
电话机合计	万台	63.11	6 286.64	24.01
其中：无绳电话	万台	29.51	2 614.76	87.02
多功能一体机	万台	162.32	13 435.27	0.46
各种程控交换机	万台	27 484.29	215 957.18	12.51
其中：移动通信交换机	万台	0.01	2 165.45	126.56
以太网交换机	万台	115.79	92 404.34	2.43
IP 电话信号转换设备	万台	193.68	23 217.58	−14
手持（车载）无线电话	万台	1 701.23	288 868.43	77.3
手持式无线电话用零件	万千克	4 506.47	3 288 366.47	6.77
移动通信基地站	万台	1.49	1 917.53	−32.83
光通信设备	万台	95.77	4 336.98	−7.68
其中：光端机及脉冲编码调制设备	万台	1.33	627.32	−8.93
波分复用光传输设备	万台	94.44	3 709.65	−7.47

表 2　2015 年通信设备产品出口情况

产品名称	单位	出口量	出口额（万美元）	出口额增长率（%）
电话机合计	万台	7 981.49	124 185.23	−7.36
其中：无绳电话	万台	3 813.83	71 391.77	−7.48
多功能一体机	万台	1 980.34	207 571.18	−31.98
各种程控交换机	万台	39 568.37	1 127 141.94	57.65
其中：移动通信交换机	万台	0.41	22 671.1	−19.88
以太网交换机	万台	3 043.1	377 906.19	4.93

续表

产品名称	单位	出口量	出口额（万美元）	出口额增长率（%）
IP 电话信号转换设备	万台	1 720.93	90 466.78	-2.92
手持（车载）无线电话	万台	134 341.83	12 373 408.86	7.26
手持式无线电话用零件	万千克	9 532.3	3 503 453.42	12.82
移动通信基地站	万台	138.23	427 842.82	22.26
光通信设备	万台	1 014.65	166 824.1	9.39
其中：光端机及脉冲编码调制设备	万台	621.78	59 268.93	68.19
波分复用光传输设备	万台	392.86	107 555.17	-8.28

表 3　2015 年广播电视设备产品进口情况

产品名称	单位	进口量	进口额（万美元）	进口额增长率（%）
广播电视用无线电广播、电视发射设备	万台	0.01	217.42	24.03
电视卫星地面站设备	万台	0.03	510.66	-17.65
电视摄像机	万台	1.23	2 819.08	0.65
非特种用途的取像模块	万千克	41.73	166 167.48	-18.36
其他电视摄像机等及数字照相机的零件	万千克	240.5	201 567.57	11.87
等离子显像组件及其零件	万千克	23.62	424.26	-98.51

表 4　2015 年广播电视设备产品出口情况

产品名称	单位	出口量	出口额（万美元）	出口额增长率（%）
广播电视用无线电广播、电视发射设备	万台	4.1	2 300.41	-2.52
电视卫星地面站设备	万台	0.37	1 896.75	17 040.66
电视摄像机	万台	15.39	2 670.02	35.99
非特种用途的取像模块	万千克	46.26	200 973.31	-31.34
其他电视摄像机等及数字照相机的零件	万千克	1 153.06	98 489.71	-8.58
等离子显像组件及其零件	万千克	129.13	1 435.44	-96.33

表 5　2015 年电子计算机产品进口情况

产品名称	单位	进口量	进口额（万美元）	进口额增长率（%）
微型计算机	万台	14.03	23 631.72	-5.33
便携式电脑	万台	141.56	37 795.88	115.01

续表

产品名称	单位	进口量	进口额（万美元）	进口额增长率（%）
平板电脑	万台	112.82	21 495.32	–50.77
计算器	万台	2 118.23	6 821	85.72
打印机	万台	548.15	70 430.55	–21.02
其中：针式	万台	61.04	9 297.68	–28.91
激光	万台	333.37	37 995.03	–28.96
喷墨	万台	108.45	10 543.72	20.29
热敏	万台	35.71	8 171.7	–17.24
扫描仪	万台	60.53	14 364.94	–7.67
数字化仪	万台	1.19	328.8	–92.36
硬盘驱动器	万台	25 332.22	1 566 138.72	–1.63
软盘驱动器	万台	0.15	35.53	–0.11
光盘驱动器	万台	5 340.74	66 267.8	–46.65
显示器	万台	49.62	9 311.59	–9.05
其中：液晶显示器	万台	49.6	9 161.44	–9.27
阴极射线管显示器	万台	0.01	42.14	–35.03
自动柜员机	万台	1.75	18 513.74	–62.89
不间断供电电源	万台	61.36	12 103.15	–4.17
集线器	万台	20.68	2 318.12	–8.11
路由器	万台	165.06	23 701.45	–11.46
调制解调器	万台	58.81	2 038.67	–38.44
其他数字照相机	万台	647.72	141 406.98	–15.58

表6　2015年电子计算机产品出口情况

产品名称	单位	出口量	出口额（万美元）	出口额增长率（%）
微型计算机	万台	826.93	528 540.71	–13.77
便携式电脑	万台	13 608.43	6 463 402.78	–14.72
平板电脑	万台	16 232.31	2 575 287.77	–21.64
计算器	万台	23 539.05	49 035.9	–23.12
打印机	万台	1 830.66	297 506.1	–16.4
其中：针式	万台	94.2	13 960.93	–10.71
激光	万台	940.08	194 527.57	–22.14
喷墨	万台	132.14	20 702.07	–19.77

续表

产品名称	单位	出口量	出口额（万美元）	出口额增长率（%）
热敏	万台	569.13	53 534.28	3.13
扫描仪	万台	377.37	41 858.36	-6.8
数字化仪	万台	22.57	1 204.36	-76.54
硬盘驱动器	万台	23 907.27	1 330 644.44	-7.16
软盘驱动器	万台	18.04	192.69	48.06
光盘驱动器	万台	5 522.5	63 522.84	-48.94
显示器	万台	3 367.1	305 121.76	-25.5
其中：液晶显示器	万台	3 361.67	303 648.67	-25.63
阴极射线管显示器	万台	0.32	51.88	28.72
自动柜员机	万台	23.34	66 771.35	-25.73
不间断供电电源	万台	1 653.54	119 301.7	-5.16
集线器	万台	1 166.68	6 770.09	13.37
路由器	万台	8 788.39	316 274.72	-4.4
调制解调器	万台	5 356.26	245 751.97	8.57
其他数字照相机	万台	3692.4	259 815.57	-17.74

表 7　2015 年家用电子电器产品进口情况

产品名称	单位	进口量	进口额（万美元）	进口额增长率（%）
彩色电视机	万台	5.85	1 960.91	5.8
其中：显像管彩电	万台	0.04	31.68	14 836.78
液晶彩电	万台	5.8	1 852.68	3.63
等离子彩电	万台		30.47	196.89
家用型视频摄录一体机	万台	34.68	6 716.42	94.92
激光视盘放像机	万台	8.83	917.39	-8.44
其中：VCD 机	万台	0.02	14.63	-29.35
DVD 机	万台	5.16	698.53	-7.88
激光唱机	万台	8.13	1 209.78	-9.33
收录放音组合机	万台	74.63	4 730.59	-8.55
汽车用收音及收录放组合机	万台	83.03	25 356.48	-16.79
彩色投影机	万台	4.45	3 942.18	-0.43

续表

产品名称	单位	进口量	进口额（万美元）	进口额增长率（%）
微波炉	万台	1.33	629.64	10.05
激光视盘机的机芯	万个	344.88	19 679.46	-44.95

表 8　2015 年家用电子电器产品出口情况

产品名称	单位	出口量	出口额（万美元）	出口额增长率（%）
彩色电视机	万台	7 183.66	1 250 952.15	-7.7
其中：显像管彩电	万台	283.4	35 237.71	-45.24
液晶彩电	万台	6 894.72	1 214 184.5	-5.38
等离子彩电	万台	3.78	1 218.42	-83.16
家用型视频摄录一体机	万台	1 143.43	90 937.04	5.43
激光视盘放像机	万台	6 722.23	247 903.76	-16.5
其中：VCD 机	万台	1.61	134.95	25.13
DVD 机	万台	6 690.79	245 382.01	-16.69
激光唱机	万台	569.34	17 673.8	-8.4
收录放音组合机	万台	14 229.74	323 848.83	23.75
汽车用收音及收录放组合机	万台	1 968.58	140 850.43	-15.99
彩色投影机	万台	454.32	160 871.92	-20.48
微波炉	万台	5 370.97	265 253.32	-5.77
激光视盘机的机芯	万个	731	44 616.41	-32.71

表 9　2015 年电子元器件产品进口情况

产品名称	单位	进口量	进口额（万美元）	进口额增长率（%）
电容器	万（千克 / 千个）	223 589.34	992 173.77	-10.76
电阻器	万（千克 / 千个）	113 501.73	225 202.51	7.58
印刷电路	万（千克 / 千个）	3 860 449.75	1 214 570.99	-9.6
智能卡	万个	505 566.74	81 411.81	28.08
集成电路	万个	31 401 322.84	22 993 461.57	5.66
其中：处理器及控制器	万个	9 189 316.81	10 810 324.29	2.74
存储器	万个	3 144 051.61	6 141 810.81	13.15
放大器	万个	2 437 374.27	1 110 274.52	23.42

续表

产品名称	单位	进口量	进口额（万美元）	进口额增长率（%）
其他集成电路	万个	16 630 580.14	4 931 051.95	0.39
彩色显像管	万只	0.14	23.44	-95.02
晶体管	万个	31 752 017.73	1 093 689.74	-12.63
彩色电视机零件	万千克	1 004.04	49 865.36	-18.72
黑白电视机零件	万千克	8.85	188.12	-5.28
光缆	万千克	317.73	17 242.76	-10.98
电声器件	万个	373 198.48	364 210.71	0.79
液晶显示板	万个	282 985.72	3 973 104.39	-9.24
固态非易失性存储器件（闪速存储器）	万个	42 024.6	224 441.56	27.05
静止变流器	万个	184 379.85	638 832.41	-11.03
其中：稳压电源	万个	2 477.55	51 874.32	-19.31

表 10　2015 年电子元器件产品出口情况

产品名称	单位	出口量	出口额(万美元)	出口额增长率（%）
电容器	万（千克 / 千个）	142 474.68	750 051.64	1.98
电阻器	万（千克 / 千个）	132 376.67	200 105.91	21.61
印刷电路	万（千克 / 千个）	3 048 062.94	1 402 632.32	1.33
智能卡	万个	832 442.58	165 252.54	26.22
集成电路	万个	18 275 218.17	6 912 625.9	13.57
其中：处理器及控制器	万个	6 897 127.38	3 037 614.38	12.83
存储器	万个	1 488 085.41	2 154 299.78	22.64
放大器	万个	597 677.99	307 969.59	29.93
其他集成电路	万个	9 292 327.38	1 412 742.14	0.86
彩色显像管	万只	395.8	17 975.12	15.23
晶体管	万个	32 214 469.5	703 629.07	-12.8
彩色电视机零件	万千克	17 341.97	217 648.26	-8.44
黑白电视机零件	万千克	4 648.21	15 121.93	0.51
光缆	万千克	13 634.9	132 675.17	8.13
电声器件	万个	608 948.92	1 387 570.7	6.84
液晶显示板	万个	229 358.45	3 096 896.48	-2.57

续表

产品名称	单位	出口量	出口额(万美元)	出口额增长率(%)
固态非易失性存储器件(闪速存储器)	万个	111 928.47	337 502.14	2.94
静止变流器	万个	505 732.37	1 661 510	-4.53
其中：稳压电源	万个	27 071.25	272 063.03	-5.84

表 11　2015 年电子专用设备产品进口情况

产品名称	单位	进口量	进口额(万美元)	进口额增长率(%)
自动插件机	万台	0.04	5 142.47	-30.7
自动贴片机	万台	0.81	117 841.43	-29.32
离子注入机	万台	0.01	21 052.86	20.91

表 12　2015 年电子专用设备产品出口情况

产品名称	单位	出口量	出口额(万美元)	出口额增长率(%)
自动插件机	万台	0.03	728.66	48.66
自动贴片机	万台	0.24	9 694.87	3.76
离子注入机	万台		79.09	-8.69

表 13　2015 年按贸易方式划分的电子信息产品进口情况

单位：万美元

贸易方式	进口总计	通信设备	广播电视设备	计算机	家用电子电器	电子元件	电子器件	电子材料	电子仪器设备
进料加工贸易	22 195 005.67	2 801 400.97	260 791.66	1 718 791.69	1 041 418.64	2 360 675.23	13 156 101.66	278 594.73	577 231.09
一般贸易	13 569 475.19	1 357 537.50	96 612.81	1 516 722.13	516 545.68	1 091 996.14	5 907 678.89	241 166.36	2 841 215.67
保税区仓储转口货物	10 143 951.56	477 265.83	35 059.26	1 674 761.99	231 960.25	769 447.72	6 482 976.95	130 967.53	341 512.02
来料加工装配贸易	3 780 990.46	101 388.57	6 967.78	219 559.19	154 453.30	275 532.90	2 944 566.31	52 335.96	26 186.45
保税仓库进出境货物	2 354 513.50	304 656.49	7 438.69	177 417.17	26 784.56	289 213.62	1 427 991.31	24 245.02	96 766.64
出口加工区进口设备	442 574.60	1 784.17	85.73	11 314.43	2 728.06	3 654.65	1 235.91	334.90	421 436.76
外商投资企业作为投资进口的设备、物品	171 131.35	165.54	13.13	2 766.93	1 342.30	379.49	108.96	0.10	166 354.90
其他	72 021.29	9 078.06	577.80	10 015.25	3 204.50	4 466.36	17 154.66	2 324.63	25 200.01
加工贸易进口设备	38 164.48	5.91		142.82	0.15	1.89	0.08		38 013.62
出料加工贸易	3 516.89					1.72	1 593.17	1 918.06	3.93

续表

贸易方式	进口总计	通信设备	广播电视设备	计算机	家用电子电器	电子元件	电子器件	电子材料	电子仪器设备
租赁贸易	943.12	0.25	5.30	377.00	0.88	3.55			556.16
免税品	356.23	28.61	0.16	7.10	159.85	93.39	0.30		66.82
国家间、国际组织无偿援助和赠送的物资	242.70								242.70
边境小额贸易	128.66	9.94			0.69	0.01	0.02		118.01
其他捐赠物资	29.95				2.88				27.07
易货贸易	19.72						0.16		19.56
免税外汇商品	0.77				0.15	0.18			0.44

表 14 2015 年按贸易方式划分的电子信息产品出口情况

单位：万美元

贸易方式	出口总计	通信设备	广播电视设备	计算机	家用电子电器	电子元件	电子器件	电子材料	电子仪器设备
进料加工贸易	44 767 707.06	13 979 208.52	478 665.28	14 745 145.95	5 913 022.90	2 833 412.81	5 386 865.97	153 247.92	1 278 137.70
一般贸易	19 883 595.05	6 239 945.49	200 250.99	1 471 742.96	3 692 904.62	3 918 498.48	2 574 355.70	437 601.64	1 348 295.18
保税区仓储转口货物	8 141 286.75	716 990.30	28 528.42	1 841 004.35	420 580.44	561 785.21	4 357 664.49	26 621.46	188 112.07
来料加工装配贸易	2 922 369.82	278 596.99	13 865.29	773 710.94	260 053.73	160 489.27	1 226 107.63	29 786.26	179 759.72
保税仓库进出境货物	1 604 662.19	154 398.81	20 994.99	527 360.78	116 686.47	329 840.00	358 326.40	2 054.16	95 000.59
其他	464 480.25	74 651.14	16 274.38	21 475.06	109 299.50	136 220.74	56 070.25	5 125.96	45 363.23
边境小额贸易	211 820.97	23 953.27	2 037.32	6 554.80	46 442.56	96 056.56	25 483.58	340.10	10 952.77
对外承包工程出口货物	101 635.28	11 457.05	626.05	17 059.95	9 868.62	43 826.03	2 296.92	277.75	16 222.90
国家间、国际组织无偿援助和赠送的物资	8 353.61	1 362.95	337.14	2 630.76	1 450.29	1 077.45	275.90	0.26	1 218.86
出料加工贸易	2 632.20					3.39	1860.86	766.26	1.70
租赁贸易	482.85	246.98	1.08	139.76	1.68	19.14	5.01		69.21
其他捐赠物资	113.04	58.27		0.08		0.02			54.67
易货贸易	8.09				0.56	1.18		0.21	6.13

表 15 2015 年按企业不同经济类型划分的电子信息产品进口情况

单位：万美元

经济类型	进口总计	比去年同期增长（%）	通信设备	广播电视设备	计算机	家用电子电器	电子元件	电子器件	电子材料	电子仪器设备
外商独资企业	27 286 584.0	−3.0	2 010 638.3	204 057.9	3 124 737.1	1 036 525.1	2 886 825.3	15 754 536.9	464 799.5	1 804 464.0
私营企业	13 149 931.4	11.9	1 303 717.4	82 643.8	1 403 218.3	348 204.4	1 047 303.1	7 883 050.5	148 244.9	933 548.9

续表

经济类型	进口总计	比去年同期增长（%）	通信设备	广播电视设备	计算机	家用电子电器	电子元件	电子器件	电子材料	电子仪器设备
中外合资企业	9 111 714.3	−8.5	1 515 597.7	104 355.1	378 726.8	505 700.6	657 679.9	4 740 340.4	66 623.1	1 142 690.7
国有企业	2 654 792.2	−10.7	167 188.5	15 320.2	355 843.2	73 445.6	161 987.4	1 218 896.9	44 593.9	617 516.5
集体企业	506 783.1	5.2	54 565.8	1 110.8	64 002.1	10 994.8	27 189.5	317 721.3	2 269.9	28 928.9
中外合作企业	57 284.0	−30.6	1 257.7	60.7	2 146.0	3 643.8	13 682.9	24 401.6	5 263.0	6 828.3
其他企业	3 681.2	23.7	257.2	2.7	2 827.6	71.2	126.9	145.6	0.9	249.2
个体工商户	2 296.1	−78.8	99.4	1.2	374.6	16.4	672.0	315.2	92.1	725.3

表 16　2015 年按企业不同经济类型划分的电子信息产品出口情况

单位：万美元

经济类型	出口总计	比去年同期增长（%）	通信设备	广播电视设备	计算机	家用电子电器	电子元件	电子器件	电子材料	电子仪器设备
外商独资企业	40 531 007.0	−6.4	8 840 567.0	359 020.6	15 115 521.3	3 964 546.9	3 366 532.8	7 020 693.8	226 311.0	1 637 813.7
私营企业	17 854 522.5	16.9	3 904 482.6	210 510.1	1 965 748.5	3 220 740.8	2 967 619.7	4 348 982.7	284 866.6	951 571.5
中外合资企业	13 055 911.7	−5.8	6 663 898.4	148 799.8	1 221 179.7	2 309 875.6	914 464.8	1 511 937.4	63 425.9	222 330.1
国有企业	4 648 425.2	3.0	930 902.3	38 753.1	855 830.6	860 748.0	620 979.8	1 040 969.8	73 049.3	227 192.3
集体企业	1 675 904.2	7.9	1 122 055.9	3 621.3	119 595.9	161 800.0	154 605.8	37 063.1	7 015.5	70 146.8
中外合作企业	320 000.7	−31.4	15 021.3	431.1	124 327.8	44 926.6	54 499.6	27 326.5	940.0	52 527.9
个体工商户	12 407.8	−19.4	271.8	311.5	170.6	7 394.6	1 777.6	1 825.6	213.6	442.5
其他企业	10 968.2	0.4	3 670.5	133.5	4 450.9	279.1	750.4	513.8		1 169.9

表 17　2015 年省、自治区、直辖市电子信息产品进口情况

单位：万美元

省、自治区、直辖市名称	进口总计	通信设备	广播电视设备	计算机	家用电子电器	电子元件	电子器件	电子材料	电子仪器设备
广东省	20 362 341.57	2 474 646.59	164 643.59	2 269 346.34	604 336.52	2 163 601.84	11 567 081.55	111 655.52	1 007 029.64
江苏省	9 190 151.68	350 899.39	43 398.63	691 323.37	323 510.08	773 779.57	6 004 601.88	231 107.03	771 531.73
上海市	7 270 140.95	263 061.92	25 560.3	981 037.26	388 447.35	614 856.19	4 118 213.36	149 278.56	729 686.02
河南省	2 287 558.67	623 062.98	350.67	1 918.61	282 712.36	112 159.48	1 205 928.7	747.66	60 678.2
山东省	1 874 655.52	354 304.76	41 055.45	137 795.19	29 888.24	180 862.44	960 555.06	21 566.46	148 627.92
天津市	1 575 241.81	375 132.93	29 606.03	84 696.96	38 799.31	186 682.9	736 691.16	28 660.52	94 972.01
北京市	1 365 219.57	236 098.06	37 778.16	209 763.55	87 212.41	68 784.47	306 422.24	25 899.48	393 261.2
重庆市	1 273 940.77	11 649.23	498.54	309 931.5	15 812.12	86 260.67	683 138.74	420.01	166 229.95

续表

省、自治区、直辖市名称	进口总计	通信设备	广播电视设备	计算机	家用电子电器	电子元件	电子器件	电子材料	电子仪器设备
福建省	1 204 835.66	94 547.28	11 836.54	143 304.55	18 528.57	76 316.73	750 633.96	11 681.52	97 986.5
四川省	1 097 287.52	42 666.12	1 207.48	72 459.74	37 019.61	81 321.5	798 363.11	3 570.35	60 679.61
陕西省	1 082 555.72	2 232.72	46.88	12 131.22	3 187.81	16 988.05	750 337.34	17 541.71	280 089.99
浙江省	804 238.26	29 068.25	2 042.52	66 322.44	11 550.74	88 746.42	485 745.65	48 599.45	72 162.78
湖北省	556 033.69	33 205.88	1 660.83	14 469.64	9 212.87	33 136.48	313 044.06	11 319.65	139 984.3
广西壮族自治区	492 507.32	16 721.09	43 209.78	156 419.19	3 696.48	62 567.87	177 059.02	631.65	32 202.24
辽宁省	393 257.47	13 326.25	537.26	45 273.3	36 087.87	62 540.16	96 480.97	12 572.2	126 439.45
江西省	353 844.17	4 549.26	555.19	6 592.39	913.89	27 459.86	273 337.28	9 019.5	31 416.78
湖南省	352 111.15	9 080.51	88.34	11 889.02	28 761.88	49 366.4	198 323.08	637.22	53 964.7
安徽省	316 788.98	1 091.38	30.64	65 491.79	3 176.87	11 636.94	197 076.81	5 307.6	32 976.96
吉林省	303 929.8	31 582.27	3 137.89	36 040.57	25 448.54	29 390.97	19 928.69	1 119.03	157 281.85
山西省	245 271.92	68 252.94	140.59	2 270.98	25 176.31	14 156.74	123 280.99	621.32	11 372.05
河北省	128 673.84	14 746.16	67.07	5 332.82	3 152.51	15 110.41	46 559.25	18 723.25	24 982.37
贵州省	122 814.02	865.9	4.58	963.18	504	36 972.69	79 015.52	711.45	3 776.7
云南省	32 950.25	1 137.98	18.85	1 782.31	307.26	227.49	23 583.78	23.67	5 868.9
内蒙古自治区	22 157.63	280.94	6.07	887.66	168.16	405.4	6 729	8 613.47	5 066.94
甘肃省	19 422.46	28.51	9.84	393.57	46.51	587.43	11 782.26	15.79	6 558.57
宁夏回族自治区	17 264.43	195.13		1 092.61	63.58	281.37	3 973.74	9 266.4	2 391.59
黑龙江省	10 945.11	414.45	54.63	1 186.14	469.59	588.18	914.7	254.06	7 063.37
新疆维吾尔自治区	7 917.02	308.1		1 206.2	136.68	391.59	247.77	718.52	4 908.16
海南省	7 908.46	153.61	5.98	547.15	137.32	280.99	231.98	1 604.24	4 947.19
青海省	1 018.18	11.26		6.42	132.34	5.66	126.75		735.76
西藏自治区	82.54				4.12				78.42

表 18　2015 年省、自治区、直辖市电子信息产品出口情况

单位：万美元

省、自治区、直辖市名称	出口总计	通信设备	广播电视设备	计算机	家用电子电器	电子元件	电子器件	电子材料	电子仪器设备
广东省	32 134 609.4	10 469 090.5	396 283.98	6 103 435.51	5 657 529.54	4 201 885.45	3 467 435.09	63 384.61	1 775 564.71
江苏省	14 585 415.12	2 401 319.45	75 364.21	4 452 559.01	1 595 302.73	1 229 709.52	4 246 833.68	142 569.76	441 756.76
上海市	8 844 976.9	2 057 112.63	53 703.34	3 261 876.29	585 796.39	326 825.07	2 247 880.76	56 483.93	255 298.48
浙江省	2 852 646.17	175 812.86	24 163.61	154 622.92	888 788.98	838 230.75	527 615.74	42 302.93	201 108.39

续表

省、自治区、直辖市名称	出口总计	通信设备	广播电视设备	计算机	家用电子电器	电子元件	电子器件	电子材料	电子仪器设备
河南省	2 773 130.23	2 692 143.98	2 614.91	5 196.85	13 210.85	22 320.11	22 839.67	9 263.61	5 540.25
重庆市	2 742 059.11	175 345.52	625.76	2 236 121.2	79 216.36	50 561.34	172 458.66	16 105.68	11 624.59
天津市	2 137 081.55	954 677.23	71 441.91	243 194.59	289 843.45	157 662.23	392 908.81	6 995.33	20 357.99
山东省	1 908 078.26	671 791.47	36 174.4	398 271.89	280 338.17	206 469.46	185 101.81	31 259.63	98 671.43
福建省	1 697 811.29	191 443.65	13 089.54	255 626.27	463 157.58	173 329.83	465 805.6	42 780.18	92 578.65
四川省	1 519 225.2	158 302.06	456.95	1 011 103.18	23 776.37	34 948.31	260 940.12	12 521.36	17 176.85
北京市	1 062 942.35	518 584.33	4 176.53	84 687.3	54 052.2	70 051.76	260 852.04	17 283.99	53 254.21
陕西省	956 053.67	10 815.35	106.39	364 529.53	10 968.13	12 864.18	509 912.63	33 748.62	13 108.86
湖北省	784 055.11	296 375.38	781.43	274 477.22	31 503.65	84 905.62	80 079.38	4 464.44	11 468
安徽省	772 788.77	6 050.99	1 194.6	234 231.36	200 117.48	50 923.02	243 349.99	4 851.45	32 069.86
江西省	691 953.73	62 624.24	6 909.32	94 998.85	53 421.93	133 960.74	280 838.04	33 368.42	25 832.19
辽宁省	562 381.69	23 111.35	4 106.18	82 061.93	204 910.94	138 575.73	62 755.12	9 823.75	37 036.7
广西壮族自治区	497 675.23	90 477.28	63 018.9	83 264.13	22 636.28	126 615.11	90 714.64	4 330.76	16 618.12
湖南省	495 464.27	101 206.06	929.61	33 119.46	45 205.4	93 665.85	173 698.01	28 495.3	19 144.57
山西省	401 756.59	378 433.15	4 495.44	126.4	3 251.2	6 584.69	6 594.33	1 003.94	1 267.46
河北省	213 650.07	19 803.47	281.3	9 316.08	29 106.28	42 454.46	92 044.3	6 907.33	13 736.85
贵州省	157 931.66	11 440.03	232.82	8 885.28	3 990.03	19 915.07	105 418.44	2 769.88	5 280.12
云南省	90 982.88	9 793.47	207.42	2 018.35	4 627.81	5 004.88	23 233.59	42 868.67	3 228.69
新疆维吾尔自治区	49 731.11	1 964.13	496.01	1 378.97	15 593.93	8 805.45	12 517.24	5 658.02	3 317.35
黑龙江省	40 672.45	1 544.19	197.7	1 864.02	3 855.01	27 223.12	1 914.88	425.04	3 648.49
内蒙古自治区	39 952.71	112.52	117.75	276.88	1 491.4	5 467.17	2 389.21	29 966.25	131.53
海南省	30 466.94	4.3	2.84	2	12.87	4 738.4	25 548.15	0.63	157.75
吉林省	28 719.48	934.53	188.33	8 051.53	4 884.82	3 119.26	7 510.11	2 523.77	1 507.12
甘肃省	25 009.86	383.51	129.71	1 029.79	2 816.66	2 525.52	16 137.49	198.66	1 788.52
宁夏回族自治区	8 988.52	64.78	54.24	235.26	488.57	1 067.29	3 236.11	3 215.92	626.35
青海省	1 944.18	56.8	12.46	123.51	286.42	512.78	615.72	250.12	86.38
西藏自治区	992.69	50.58	23.33	139.84	129.96	308.1	133.35		207.52

表 19　2015 年按国家或地区统计的电子信息产品进口情况

单位：万美元

国家或地区名称	进口总计	通信设备	广播电视设备	计算机	家用电子电器	电子元件	电子器件	电子材料	电子仪器设备
中国	11 713 026.7	2 747 469.81	113 104.85	1 898 976.8	574 107.21	1 486 787.25	4 335 167.31	44 160.61	513 252.85
韩国	10 770 528.91	905 898.87	43 179.84	650 460.9	312 690.92	553 549.11	7 589 738.51	183 780.29	531 230.48
中国台湾地区	10 400 921.8	203 451.88	13 562.42	361 185.8	210 894.88	644 684.17	8 588 312.94	164 806.66	214 023.05
日本	5 083 736.53	345 597.16	76 777.07	467 559.07	149 932.34	774 278.88	2 055 495.31	155 159.56	1 058 937.13
马来西亚	3 515 328.85	89 716.34	2 704.11	258 568	31 153.57	186 344.82	2 841 947.53	10 533.22	94 361.24
美国	2 455 194.77	90 542.71	6 387.97	163 131.03	42 965.27	135 758.91	1 334 077.11	60 422.36	621 909.41
德国	1 395 229.1	38 939.58	7 174.59	106 097.56	78 308.37	138 758.31	340 367.33	77 043.5	608 539.88
泰国	1 384 058.51	147 311.73	8 025.27	569 977.78	83 806.11	117 755.17	415 133.2	152.47	41 896.78
菲律宾	1 323 212.63	56 056.35	12 372.56	401 617.93	19 345.27	104 084.45	698 528.77	88.85	31 118.45
越南	1 219 456.74	174 865.39	68 179.12	81 269.33	223 795.43	200 042.49	433 889.98	46.82	37 368.18
新加坡	1 166 540.87	12 713.97	2 858.33	146 878.9	99 534.32	91 854.44	628 630.58	8 774.45	175 295.88
墨西哥	386 560.63	37 052.75	610.24	28 186.21	9 274.34	39 170.74	230 900.87	6.05	41 359.42
中国香港特别行政区	182 562.09	48 248.24	41 517.79	7 665.56	3 773.93	9 753.09	37 037.7	219.74	34 346.05
法国	181 945.81	15 533.12	1 057.61	23 722.65	9 888	24 920.11	47 851.93	976.93	57 995.46
英国	145 741.55	8 339.71	799.54	8 558.44	4 986.02	14 161.57	49 989.85	1 703.67	57 202.76
印度尼西亚	135 800.05	2 589.45	379.21	20 579.92	9 932.26	65 721.25	16 539.38	479.42	19 579.16
荷兰	109 255.81	1 967.04	73.1	4 966.47	4 209.01	3 367.03	7 691.21	60.22	86 921.72
以色列	105 920.82	7 679.28	89.51	5 461	4 440.53	8 185.15	47 420.7	3 809.08	28 835.57
意大利	92 335.52	5 344.56	1 257.58	10 074.82	5 372.11	15 827.54	19 837.52	1 455.62	33 165.77
奥地利	82 754.43	5 688.07	55.58	2 927.18	6 191.67	11 155.95	31 605.93	1 365.21	23 764.84
瑞士	79 750.19	2 847.63	42.56	4 858.92	3 772.53	20 132.23	10 087.13	318.77	37 690.41
加拿大	79 010.6	6 842.65	2 957.74	4 992.32	4 827.11	4 465.98	37 132.79	136.19	17 655.82
匈牙利	72 188.63	1 369.77	553.87	23 632.03	5 709.59	9 080.2	7 324.36	50.17	24 468.64
捷克	70 057.1	5 802.9	1 167.53	5 366.66	21 649.14	24 552.31	2 250.25	91.71	9 176.6
爱尔兰	66 198.14	514.59	8.14	18 963.79	10 178.72	1 213.34	26 059.24	673.53	8 586.79
比利时	57 237.72	30 782.35	116.66	2 081.12	2 005.76	1 497.76	8 496.33	601.91	11 655.82
挪威	48 512.21	16 141.55	316.1	11 252.92	3 527.58	1 044.92	1 499.18	3934.8	10 795.15
瑞典	48 361.72	8 675.17	684.87	3 683.23	4 517.82	4 380.42	1 512.01	221.08	24 687.11
哥斯达黎加	43 726.16	90.67	219.73	95.49	2.05	21 464.65	21 689.32	7.17	157.08
马耳他	39 569.67	31.73	55.92	184.09	291.6	7 750.71	31 188.76		66.86

续表

国家或地区名称	进口总计	通信设备	广播电视设备	计算机	家用电子电器	电子元件	电子器件	电子材料	电子仪器设备
印度	38 715.39	3 777.1	44.6	2 586.79	2 730.78	10 958.19	6 816.66	4 617.59	7 183.67
丹麦	32 462.63	2 489.04	196.01	5 987.46	1 332.33	4 382.24	2 115.22	637.76	15 322.57
波兰	26 195.4	6 651.51	86.4	4 298.84	1 346.12	6 197.21	2 940.36	115.17	4 559.81
芬兰	24 972.93	4 371.22	25.35	2 769.57	454.03	3 235.11	597.51	752.61	12 767.53
斯洛伐克	20 943.39	84.08	115.81	1 466.66	5 821.14	3 559.87	879.22		9 016.59
西班牙	19 628.68	1 118.48	18.88	2 251.24	5 335.41	6 990.46	489.24	46.85	3 378.14
摩洛哥	19 123.13	121.04		1.44	35.47	295.27	18 509.55	1.62	158.73
罗马尼亚	17 836.5	3 009.01	8.2	5 402.52	1 982.11	2 569.17	77.32	0.09	4 788.09
葡萄牙	17 423.85	981.42	306.93	428.47	5 636.09	6 516.55	2 629.44	0.54	924.41
澳大利亚	12 818.2	3 860.57	78.32	773.76	790.23	957.56	1 486.32	425.45	4 446
波多黎各	9 344.19	591.18		7 483.81	93.93	13.87	102.4	1 040.39	18.62
巴西	9 138.63	379.67	67.6	299.49	2 584.44	4 682.4	539.26	8.7	577.07

表 20　2015 年按国家或地区统计的电子信息产品出口情况

单位：万美元

国家或地区名称	出口总计	通信设备	广播电视设备	计算机	家用电子电器	电子元件	电子器件	电子材料	电子仪器设备
中国香港特别行政区	21 661 753.69	6 786 074.06	228 407.14	4 059 563.67	1 301 122.88	2 693 149.67	5 717 847.75	80 626.97	794 961.55
美国	14 441 062.48	3 755 893.57	136 539.86	5 614 551.47	2 574 225.4	1 070 113.73	717 316.84	31 603.76	540 817.85
韩国	4 440 736.39	1 836 683.71	54 502.92	465 144.29	236 917.95	307 601.41	1 325 088.35	81 078.72	133 719.03
日本	4 433 966.18	1 099 248.06	35 037.63	1 080 709.25	801 995.42	363 015.37	793 871.02	67 406.01	192 683.41
荷兰	3 202 506.54	939 827.71	26 191.85	1 476 872.03	400 862.26	135 708.88	130 627.27	10 790.23	81 626.31
中国台湾地区	2 306 901.12	188 655.32	12 847.95	256 356.41	109 157.92	229 450.37	1 255 707.88	169 907.19	84 818.08
德国	2 238 396.64	345 606.67	19 614.24	929 916.57	335 168.87	252 214.6	205 729.43	24 103.23	126 043.03
新加坡	1 847 250.93	275 835.27	7 675.09	510 122.96	106 429.65	168 708.27	690 688.27	3 409.64	84 381.78
印度	1 664 125.49	475 156.66	16 610.74	376 508.99	267 633.24	170 128.69	280 743.5	19 021.5	58 322.18
英国	1 447 143.83	342 761.94	15 926.39	488 689.44	307 200.11	129 660.32	88 938.17	7 773.14	66 194.32
墨西哥	1 417 769.25	334 165.45	6 287.43	354 736.25	213 653.6	126 161.86	313 154.19	6 935.21	62 675.27
越南	1 371 264.55	472 608.26	54 712.68	96 275.11	88 372.43	347 132.97	245 485.01	6 175.39	60 502.71
马来西亚	1 145 285.95	151211.87	7 301.52	154 984.77	128 210.17	175 115.31	418 465.95	30 380.02	79 616.33
泰国	1 039 327.67	306 029.93	13 237.59	212 410.15	169 643.02	141 610.78	133 686	15 953.6	46 756.6

续表

国家或地区名称	出口总计	通信设备	广播电视设备	计算机	家用电子电器	电子元件	电子器件	电子材料	电子仪器设备
阿联酋	965 469.42	352 193.03	4 552.21	297 900.29	163 777.24	76 481.66	33 213.16	9 494.05	27 857.77
澳大利亚	914 256.26	191 546.5	5 911.76	347 462.64	212 211.19	81 635.64	48 844.36	2 637.42	24 006.76
巴西	684 642.13	125 258.16	14 338.75	89 320.37	160 498.61	93 180.26	168 492.41	2 644.11	30 909.46
法国	668 131.59	153 085.4	7 039.33	167 773.96	163 567.71	61 502.18	83 491.1	1 268.66	30 403.24
加拿大	636 616.36	197 204.01	9 398.48	181 265.54	145 061.07	58 834.19	20 080.6	512.26	24 260.2
捷克	621 620.45	165 380.15	1 018.59	287 560.23	91 103.96	31 790.21	23 894.45	325.6	20 547.26
俄罗斯联邦	620 924.12	185 879.16	3 535.12	144 597.7	149 280.38	57 966.2	46 008.31	3 890.37	29 766.88
印度尼西亚	616 168.87	189 533.69	6 394.41	106 511.23	101 818.62	90 095.04	78 520.74	7 035.12	36 260.02
意大利	605 684.32	176 367.59	3 123.05	179 731.86	108 442.46	77 781.42	19 935.38	2 965.52	37 337.03
波兰	544 550.12	87 504.05	1 968.48	150 763.66	93 597.99	38 248.63	146 061.13	1 936.96	24 469.22
土耳其	495 717.9	147 402.11	2 958.35	95 851.14	83 625.04	53 094.86	84 904.14	4 638.83	23 243.43
菲律宾	483 219.77	78 521.66	4 748	71 969.53	80 898.43	73 082.07	127 736.42	22 298.18	23 965.48
西班牙	392 145.14	136 555.1	2 887.69	68 309.48	96 817.41	48 506.97	13 838.9	2 644.8	22 584.78
匈牙利	354 477.05	152 957.64	1 484.54	43 660.67	42 453.79	31 964.1	63 328.14	293.49	18 334.69
南非	347 386.56	96 644.97	3 355.04	78 303.1	91 643.58	32 104.29	29 754.14	674.6	14 906.85
沙特阿拉伯	311 549.28	73 491.82	1 308.42	20 298.37	168 986.66	25 237.48	9 025.97	1 287.14	11 913.44
阿根廷	254 368.71	75 202.68	2 090.97	26 051.17	97 519.18	18 641.39	25 928.15	1 043.21	7 891.96
智利	240 130.39	63 635.49	1 404.83	36 594.41	63 325.8	18 563.82	49 954.56	273.75	6 377.73
巴基斯坦	237 753.29	68 432.11	1 129.97	9 920.42	51 513.09	36 340.55	53 292.8	1 584.35	15 540
伊朗	226 091.07	50 087.76	2 836.4	22 543.9	73 499.71	29 201.45	29 624.08	2 827.11	15 470.67
卢森堡	222 100.93	81 855.84	3.56	139 394.17	272.57	209.47	65.22	2.2	297.9
比利时	196 976.34	18 313.46	3 092.71	57 414.91	47 813.06	38 630.5	19 193.48	692.85	11 825.37
斯洛伐克	193 778.74	17 243.14	3 586.77	43 470.52	14 079.84	14 264.36	89 512.16	300.07	11 321.88
哥伦比亚	191 390.26	73 741.77	1 149.56	43 022.15	41 236.77	17 849.63	6 710.66	542.53	7 137.18
埃及	177 692.26	44 767.96	1 409.66	10 884.71	47 239.63	24 001.12	32 880.84	966.28	15 542.05
尼日利亚	177 195.54	32 306.03	2 602.05	11 133.8	59 153.04	37 393.87	14 381.83	804.81	19 420.1
阿尔及利亚	155 760.83	50 390.76	863.87	10 575.65	63 692.8	9 701.65	15 926.79	148.53	4 460.79
孟加拉国	150 728.29	30 830.5	1 083.26	14 198.95	41 275.68	31 627.26	15 799.81	825.83	15 087

注：表 1~表 20 数据均根据海关总署有关数据整理。表 19、表 20 仅取排名前 42 名的国家和地区。

[撰稿：关兵　审稿：张楠]

地区概况

北 京 市

【电子信息制造业】 2015年，根据北京市统计局数据，北京市电子信息制造业工业增加值为7.3%，电子信息制造业增加值高于北京市工业增加值6.3个百分点。根据北京市电子信息制造业经济运行数据，5项主要经济指标：主营业务收入、工业总产值、利润、出口交货值、固定资产投资额全部为负增长，从业人员数量同比也呈下降状态，经济运行情况基本在预测之内。北京市电子信息制造业主要产品包括移动通信手持机、台式电脑、笔记本电脑、平板电脑、显示器、电子元件、半导体分立器件、集成电路、单晶硅、液晶显示面板、半导体发光二极管、电视机、路由器等。

截至2015年年底，北京市电子信息制造业在统计范围内企业128家，其中，完成主营业务收入、产值最多的是私营企业，完成利润最多的是国营企业，完成出口交货值最多的是中外合资企业。按照国家《关于印发中小企业划型标准规定的通知》，北京市电子信息制造业企业大型企业27家（1 000人以上），中型企业42家（300～1 000人），小型企业53家（20～300人），微型企业6家（20人以下）。

移动通信行业近10年来一直是北京市电子信息制造业的主力，诺基亚、索爱、富士康手机代工厂是行业中的龙头，2015年，随着小米公司的快速成长，以及诺基亚工厂的关闭、索爱生产订单的外移，行业内部结构发生根本改变，低端组装代工生产大幅萎缩，主打自主品牌、创新发展模式的小米科技取代国外品牌组装工厂成为行业新龙头。乐视公司推进全球首家以开放、闭环的生态模式，打造超级电视、乐视影业、乐视体育、乐视云等内容平台，让手机由智能时代进入生态时代，市场反映良好，三季度乐视手机形成规模销售并进入行业统计，成为北京市移动通信产业的新生力军。

电子元器件及设备制造行业是北京市近年来发展的重点产业，通过“十二五”期间持续对液晶显示器件和集成电路及装备制造业的支持，培育出京东方科技集团股份有限公司等一批国内知名的行业龙头企业。在02专项支持下，北方微电子基地设备工艺研究中心有限责任公司等一批装备企业创新成果显著，刻蚀机、氧化炉、离子注入机等关键装备技术达到国际主流水平。

百度、小米、京东、奇虎等互联网企业跨界发展不断推出新产品。乐视公司除手机外，又发布超级汽车计划；小米公司推出智能体重秤、插线板，小米移动电源、手环等产品已销往欧美市场；京东联合长虹集团发布全新智能硬件流云，利用大数据分析能力推广“JDPhone”计划，提升上游制造业的生产能力和产品水平；奇虎公司陆续推出儿童智能手表第三代、带夜视功能的智能摄像头、360 行车记录仪等智能硬件产品，推出智能家居开放平台战略。

典型企业　2015 年，北京市电子信息制造业集中度进一步增强。年产值超过 100 亿元的企业有 4 家，分别是小米通讯技术有限公司、联想（北京）有限公司、北京索爱普天移动通信有限公司、北京京东方显示技术有限公司。主营业务收入超过 100 亿元的有 6 家，分别是小米通讯技术有限公司、联想（北京）有限公司、北京索爱普天移动通信有限公司、北大方正集团有限公司、北京京东方显示技术有限公司、紫光股份有限公司，其中，小米通讯主营业务收入最高，为 529.96 亿元；主营业务收入超过 10 亿元的有 24 家。利润超过 10 亿元的有 4 家，分别是北京京东方显示技术有限公司、航天信息股份有限公司、中芯国际集成电路制造（北京）有限公司、北京索爱普天移动通信有限公司；利润超过 1 亿元的有 17 家。

北京市有 7 家企业入围第 29 届电子信息百强企业，分别是北大方正集团有限公司、京东方科技集团股份有限公司、同方股份有限公司、航天信息股份有限公司、紫光股份有限公司、大唐电信科技产业集团、北京华胜天成科技股份有限公司。北京市有 9 家企业入围第 30 届中国电子信息百强企业，增加联想集团、小米通讯技术有限公司。9 家百强企业营业收入共计 5 800.62 亿元，利润 122.23 亿元，上缴税金 169.76 亿元。百强企业重视“知识产权推进计划”，提高工业企业知识产权运用能力，在创新知识产权运用模式、建立工作体系、营造知识产权运用氛围等方面取得成果。

【软件和信息服务业】　2015 年，北京市软件和信息服务业实现增加值 2 372.7 亿元，同比增长 12.0%；高于第三产业 3.9 个百分点；占全市 GDP 的 10.3%，较上年同期提高 0.6 个百分点；实现营业收入 6 231.5 亿元，同比增长 10.7%；规模以上企业平均营收同比增长 14.8%，人均营收同比增长 6.4%；从业人员同比增长 2.1%。

北京市软件和信息服务业产业结构以行业应用软件为主升级为行业应用软件、互联网信息服务“双支撑”。行业应用软件、互联网信息服务已接近全行业收入的 2/3，互联网信息服务占比提升 8 个百分点，行业应用软件延伸为以系统集成为核心的 IT（Information Technology）服务产业链。云计算、北斗导航与位置服务、大数据、移动互联网等新兴业态增长速度约 25%，成为产业发展的新引擎。

年收入 10 亿元以上企业 82 家，33 家企业入选中国软件业务收入前百家，43 家企业入选中国互联网企业百强，21 家企业入选《福布斯》2015 中国移动互联网 30 强，国家安全可靠系统集成重点企业 6 家。上市企业约 140 家，总市值比 2011 年提高近 1 倍，达 1.9 万亿元，在资本市场上形成活跃的“北京板块”。企业投融资活跃，并购成为企业扩大业务布局、获取技术资源、降低交易成本、实施品牌战略的重要手段。

2015 年，北京市软件著作权登记量为 64 532 件，2011—2015 年复合增长率达 21.0%。有效发明专利数逐年增加，平均每家企业拥有 2.6 件。产业从单纯的技术创新和产品创新演进为以流量变现和应用服务为核心的商业模式创新，组织、技术、业态、资本多层次协同创新在持续深化。

海淀区贡献全市软件和信息服务业六成收入，同时是软件创新创业孵化最为活跃的地区；朝阳区成为跨国总部和通信产业的聚集区；东城区和西城区信息传输业、丰台区嵌入式行业应用软件、石景山区文化创意和游戏动漫产业、亦庄开发区云计算等齐头并进，顺义区引进骨干企业实现突破发展。上下游配套的产业链集聚、龙头企业引领的生态集聚、专业基地为载体的空间集聚态势突出，形成全市共同发展软件和信息服务业的局面。

【产业热点】　传统软件开发企业和行业应用及系统集成企业围绕产业互联网加快布局新业务，培育增长潜力。用友软件公司正式更名为用友网络科技公司，部署“软件＋企业互联网＋互联网金融”的主业发展战略，转型路径定为“产品型—平台型—生态型”演进。平台型互联网企业发展新一代互联网应用，构建“大平台＋小前端＋富生态”的体系结构。百度公司实现从“连接人与信息”到“连接人与服务”的转型，搜索业务占中国市场份额约为 80%，移动业务占总收入比重超过 50%；布局百度糯米、百度外卖等 O2O 领域，直达号已接入商户76万，实现服务交易总额同比增长119%；在互联网金融领域，百度钱包的已激活账户数量达4 500万个，比上年同期增长520%，与中信银行共同设立百信银行。京东公司打造京东金融生态圈，旗下白条、众筹、理财等业务通过一个账号体系实现一体化。乐视公司成为唯一一家基于一云多屏构架、实现全终端覆盖的网络视频服务商，日均独立访问用户约5 300万；日均视频播放量2.9亿，峰值3.6亿。乐视云视频开放平台CDN节点全球覆盖超过650个；发布超级手机、超级电视等终端产品，打造“平台+内容+终端+应用”的生态系统。小米公司上线小米众筹平台，为智能硬件产品项目发起者提供筹资、投资、孵化、运营一站式综合众筹服务。

实施云计算“祥云工程”升级版，一批重大云应用取得实效。“北京健康云”服务平台整合10余家硬件生态系统和6家后台服务系统，服务用户近百万人，3家健康云体验中心已落地；中关村“创新云”平台服务近1 000家企业；北京“政务云”已为北京市近20家委办局提供云服务；北京“工业云”成为全国著名的云制造平台，提供超过150种的各类应用软件，注册用户数12.5万。北斗产业推进实现新突破，北斗导航与位置服务产业公共平台项目完成百万级用户能力建设，大众和行业用户20万，建成项目公共运营中心；累计完成4.4万台北斗终端的安装应用，在环卫、应急预警、警用等多个领域开展应用示范，成为全国北斗应用最广泛、终端推广量最大的城市；全球首款全系统多核高精度GNSS导航定位芯片、首个卫星移动通信与北斗卫星导航一体化基带处理芯片等研发成功。

大数据平台规模不断扩大，乐视跨行业大数据服务平台的行业覆盖达到电商的70%，平台企业级客户入驻300家；大数据交易服务平台完成350余大数据企业基本信息入库，在线数据交易系统上线数据商品550余款；京东基于云计算的大数据服务平台日处理能力已超过1PB，数据服务软件达7个，使用商家超过18 500万家。信息安全自主可控产业链基本构建，推进北京可信开放高端计算系统产业化（TOP）项目，发布17款新云东方全系列Power System服务器，数据库公司注册成立，推出完整高端计算系统全产业链的系列产品。

取消双软审批等事项，规范行政行为。以北京软件与信息服务业公共服务平台为抓手，不断创新服务举措，提升服务质量。围绕“软件支撑产业互联”，举办2015北京软件周活动，参与的专业用户累计上万名。北京软件和信息服务交易所有限公司发布软件和信息服务交易采购规范、交付规范，开创性探索软件和信息服务交易的标准化，为157个政府和社会重大信息化项目招标采购提供入场交易服务，涉及交易金额3.5亿元。加强科技金融创新服务，近200家企业通过软交所平台达成合作，涉及金额6.1亿元。

推进京津冀共赢发展。组织软通动力科技有限公司等知名软件外包企业与河北曹妃甸进行产业对接。联合廊坊市、张家口市张北县共建数据中心产业基地。廊坊市润泽国际信息港以及联通廊坊云数据中心基地一期工程建成。张家口张北云联数据中心项目、数据港张北数据中心项目、全国教育云数据中心园区项目等一批项目启动开工；在建及在谈项目总投资约800亿元，建设规模150万台服务器。组织召开京津冀北斗卫星导航区域应用示范项目工作推进会，加快推进京津冀北斗应用一体化。组织神州数码公司与河北省签署“智慧河北”战略合作协议。与天津市武清区在电子商务领域加强联动协同，唯品会华北物流中心、酒仙网、当当网等20家电子商务企业签约落户武清区电商园。

【主要问题】 在电子信息制造业领域中，国内市场竞争加剧，产业增长动力不足；产业结构调整和资源环境约束形势严峻，重大项目储备不足；基础领域关键技术创新与设备制造有待突破；比例结构欠佳，自主创新能力不足。

在软件和信息服务业领域中，传统的产业服务手段和方式需要进一步加以转变，产业公共服务平台资源整合能力和服务创新能力需要进一步提升；企业要实现收入增长，还需要国家各项政策落地，开展大规模应用支撑；产业管理服务、运行监测的手段在新常态下亟需调整跟进。

【统计数据】

表 1　2015 年北京市电子信息制造业人员构成情况

企业类别	企业数（家）	年末从业人员总数（人）	其中：研发人员（人）
国有企业	19	8 345	2 411
集体企业	1	1 583	666
有限责任公司	48	39 653	4 229
股份有限公司	21	12 897	4 648
私营企业	4	804	179
港、澳、台商投资企业	9	20 237	2 937
三资企业	26	22 698	862

表 2　2013—2015 年北京市电子信息制造业基本情况

项目名称	单位	2013 年	2014 年	2015 年
工业总产值（现行价）	万元	20 929 963	22 617 679.3	18 516 586.1
工业销售产值	万元	23 538 797	21 854 591.8	18 254 673.9
出口交货值	万元	10 974 925	7 005 452.6	5 517 056.7
流动资产平均余额	万元	19 141 289	24 268 548.6	24 319 940.8
固定资产净值平均余额	万元	3 421 507	2 770 009.6	4 411 961.3
资产总计	万元	37 219 356	42 026 556.5	43 759 981.3
负债合计	万元	22 597 549	20 170 782.8	23 195 602.9
主营业务收入	万元	27 853 722	30 919 276.1	26 574 403.0
税金总额	万元	378 317	101 407.3	340 213.7
利润总额	万元	1 163 439	1 209 001.9	524 860.8
应交所得税	万元	136 199	157 027.0	132 669.3
从业人员年末人数	人	118 785	118 733	106 217
从业人员年工资总额	万元	1 227 283	1 994 143.3	1 593 433.0

表 3　2013—2015 年北京市电子信息制造业三资企业基本情况

项目名称	单位	2013 年	2014 年	2015 年
工业总产值（现行价）	万元	16 467 488	17 356 567.4	12 955 448.6
工业销售产值	万元	16 307 140	17 016 222.2	13 046 742.9

续表

项目名称	单位	2013 年	2014 年	2015 年
出口交货值	万元	9 147 380	5 857 119.0	4 216 185.0
流动资产平均余额	万元	7 363 083	8 677 519.4	8 276 780.3
固定资产净值平均余额	万元	1 367 292	1 372 999.8	1 724 096.7
资产总计	万元	10 129 113	11 440 059.1	10 873 339.6
负债合计	万元	6 690 998	7 831 190.5	7 910 211.1
主营业务收入	万元	19 082 718	20 308 430.2	16 738 498.8
税金总额	万元	24 538	–50 131.1	136 937.8
利润总额	万元	423 186	359 626.1	292 204.8
应交所得税	万元	80 911	76 175.6	53 058.5
从业人员年末人数	人	65 595	63 038	42 935
从业人员年工资总额	万元	661 316	1 469 359.7	628 590.0

表 4　2013—2015 年北京市电子信息制造业主要经济效益指标完成情况

项目名称	单位	2013 年	2014 年	2015 年
全员劳动生产率	元 / 人	207 780	312 760	282 150
流动资产周转率	次	1.46	1.27	1.1
产品销售率	%	112.5	96.6	98.6
总资产贡献率	%	5.7	4.2	3.1
资产保值增值率	%	108.7	144.2	107.9
资产负债率	%	60.7	48.0	53.0

表 5　2013—2015 年北京市电子信息制造业三资企业主要经济效益指标完成情况

项目名称	单位	2013 年	2014 年	2015 年
全员劳动生产率	元 / 人	221 638	335 853	309 289
流动资产周转率	次	2.59	2.34	2.0
产品销售率	%	99.0	98.0	100.7
总资产贡献率	%	8.0	3.0	4.1
资产保值增值率	%	104.2	108.8	106.0
资产负债率	%	66.1	68.5	72.8

表 6　2013—2015 年北京市主要电子信息产品产销量情况

产品名称	单位	产量			销量		
		2013 年	2014 年	2015 年	2013 年	2014 年	2015 年
移动手持机	万部	18 558.85	17 718.3	9 269.3	18 522.15	17 472.9	8 913.5
微型计算机	万台	929.9	689.3	801.9	888.38	696.5	800.8

表 7　2013—2015 年北京市三资企业主要电子信息产品产销量情况

产品名称	单位	产量			销量		
		2013 年	2014 年	2015 年	2013 年	2014 年	2015 年
移动手持机	万部	18 558.9	17 718.3	8 511.9	18 522.15	17 472.9	8 166.2
微型计算机	万台	781.28	542.2	671.3	773.06	545.3	671.9

注：表 1 ～表 7 数据来源于北京电子商会，其中，表 3、表 5、表 7 均包括港、澳、台企业。

[供稿：北京市经济和信息化委员会]

天　津　市

【概况】　2015 年，天津市将信息化建设作为经济社会发展的重要引擎和基础平台，加快运用互联网、云计算、大数据等信息技术推动产业转型升级。全市信息化发展指数达到 89.57，其中，应用效益指数达到 121.65。

【电子信息制造业】　2015 年，天津市电子信息产品制造业总产值达到 3 349.2 亿元，下降 4.9%，占天津市工业比重 12%；实现主营业务收入 3 223.5 亿元，下降 3.9%；实现利税总额 270.4 亿元，增长 11.8%。

依托滨海高新区、经济技术开发区、西青开发区、保税区四大产业聚集区，在智能手机领域形成集研发、生产、应用为一体的产业链条，电子元器件、半导体材料、显示器等配套产业较为完备。平板电脑、智能手机、云计算、新型显示器件等产品产量保持较高水平。其中，平板电脑产量 1 090 万台，智能手机产量 6 354 万部，高性能服务器产量 16 万台，显示器产量 645.7 万台。天津三星通信技术有限公司、天津三星视界移动有限公司、天津三星电子有限公司、天津钜宝电子有限公司、伟创力电子制造（天津）有限公司、鸿富锦精密电子（天津）有限公司年销售收入均超过 100 亿元。滨海新区 192 家规模以上电子信息企业实现工业产值 2 246.7 亿元，占天津市电子信息产业总产值的 67%。此外，西青区、津南区的电子信息产业也呈现出较快的发展势头。

2015 年，天津市计算机制造行业聚集曙光信息产业股份有限公司等 16 家企业，行业主营业务收入 379 亿元，主要生产监控显示器、高性能服务器、条码打印机、智能插座等产品；通信设备制造行业聚集三星通信、伟创力等 29 家企业，行业主营业务收入 536 亿元，手机产量 6 829 万部；广播电视设备制造行业聚集韩国相信电子等 4 家企业，行业主营业务收入 2 亿元，主要生产录音话筒、滤波器等产品；视听设备制造行业聚集三星 SDI、三星视界、三星 LED 等 11 家企业，行业主营业务收入 261 亿元，平板显示器产量 1 029 万台，激光视盘机产量 27 万台；电子元器件行业聚集尼吉康、松下部品、三星电机、三星高新电机、有容等171家企业，行业主营业务收入1 008亿元。

典型企业　2015年，天津中环电子信息集团有限公司资产达到810亿元，从业人员55 614人。主营业务收入1 205亿元，下降21.7%；利润总额58.8亿元，下降20.5%。集团位列2015中国企业500强第101位、中国制造业企业500强第34位。全年实施固定资产投资项目28个，投资总额24.6亿元，12个项目完成竣工。完成光伏电站建设220MW，实现并网发电114MW。无人机项目取得实质性进展。三星动力电池、日本GMG太阳能电池组件、太阳能电站等5个新项目签约，投资额11.3亿元。重点企业科技投入达6.7亿元，完成新产品产值74亿元。1家公司认定为国家技术创新示范企业，1家公司认定为国家级工业设计中心，1家公司院士专家工作站授牌成立。高效太阳能电池用硅单晶等四项关键技术属国内首创，固定源挥发性有机气体在线监测系统达到国内先进水平，航空用印制板通过GE航空等客户端质量认证及“国家航空航天和国防合同方授信项目”认证。42个研发项目列入天津市技术创新项目计划，3个项目获得天津市科委智能制造科技重大专项支持。获得天津市科技进步奖5项，中国建设工程鲁班奖2项，质量攻关成果获得省部级一等奖10个。申请专利152项，其中发明专利43项；获得授权159项，其中发明专利13项。推进七一二通信广播有限公司股份制改造，引入TCL集团战略投资，规范优化股权结构。完成光电集团有限公司等3家企业股权结构调整和规范工作。斯巴克瑞汽车电子有限公司上市成功，成为集团公司第一家控股的新三板挂牌公司。放开搞活企业11家，清理退出企业12家。

2015年，曙光信息产业股份有限公司主营业务收入36.62亿元，同比增长30.9%；存储产品同比增长35%，软件及服务同比增长34%，保持较快增速。公司承担多个国家863计划、核高基项目、发改委专项和工业和信息化部电子基金重大技术研发任务。自主开发多款服务器和软件，半数以上为国内首创、国际先进。“2015年中国高性能计算机TOP100排行榜”中，公司以34%的市场占有率，连续7年蝉联市场份额第一，高性能计算机的出货量排名升至全球第六、亚洲第一。在2015年11月公布的全球超级计算机500强榜单（TOP500）中，以49台的成绩问鼎榜单系统份额三甲，实现中国企业在世界超算领域的历史性突破。先后发布刷新全球SpecPower测试记录的高端服务器TC6600、全新架构的高性能计算机硅立方、国内首款采用直接浸没式冷却技术的液冷服务器、国产最高密度存储服务器S650-G20、国内首款地球数值模拟装置等。建设城市云计算中心22个，政务应用和智慧城市应用种类超过1 000个，数据交换和共享超过30PB。

【软件和信息服务业】　2015年，天津市软件产业保持良好的发展势头。全年实现业务收入1 007.8亿元，同比增长11.1%。软件产品及服务占产业的比重逐年上升，由2010年的63.4%提高到2015年的86%。

天津市充分发挥国家级软件和信息服务业示范基地（高新区）的作用，搭建安全可控软件的交流平台，形成曙光服务器、天河超级计算机、飞腾CPU、麒麟操作系统、神舟通用和南大通用数据库、书生电子公文系统、奇虎360安全软件等为代表的完整产业链。建设应用于天津市优势支柱产业的软件项目，APP开发项目，基于北斗卫星导航系统以及下一代互联网IPv6的应用系统和软件项目，面向大数据应用、操作系统、IC设计与测试、云计算等领域的行业软件项目，面向数字内容、电子商务平台开发等新兴领域的软件研发项目。重点推进开发区、保税区、中新生态城、西青区、武清区等产业园区的发展，初步形成以滨海新区为龙头的产业核心区，以周边区县软件园为主体的产业辐射区和以中心城区商务楼宇为核心的产业特色区。

典型企业　软通动力信息技术有限公司于2006年成立，注册资本1亿元，是软通动力集团的全资子公司。公司作为国家高新技术企业、国家规划布局内重点软件企业、计算机信息系统集成一级企业，拥有ISO9001、ISO27001、CMMI3级、ITSS运维、建筑智能化等资质认证。公司内设研究院，已通过天津市企业技术中心认定。主营业务涵盖智慧业务与信息技术服务两大领域，经营范围包括软件开发与销售、IT技术服务、IT咨询服务、软件信息、数据处理服务等，具备端到端“软件+服务”综合业务能力和强大的纵深服务优势。先后在全国近100个城市展开“智慧城市”战略布局，业务范围包括顶层设计、城市管理、产业发展、环保节能、民生服务及基础设施等多个方向；在信息技术服务领域，提供信息技术外包、众包、业务流程外包（BPO）、系统集成等多项服务，覆盖银行、保险、电力、交通、零售等10余个重要行业。连续多年获评保税区百强企业。

天津天地伟业数码科技有限公司成立于2004年，注册资本10亿元，是一家在天津市滨海新区注册的国家级高新技术企业和软件企业，提供全线自主研发的视频监控软硬件产品和行业解决方案。公司先后成立博士后科研工作站、院士专家工作站，主持和参与起草国家行业标准17项，申请专利200余项，获得天津市科技进步一等奖；是天津市唯一连续三年被认定为“中国软件百强企业”的企业；是国家规划布局内重点软件企业，天津市入选企业排名第一位；是业内三家被认定为“国家企业技术中心”之一；被认定为“国家地方联合工程实验室”，为行业内首家。自主研发出超星光视频监控技术、S+265编码技术、云存储技术和图侦技术等业内领先技术。超星光视频监控技术实现在0.0008Lux超低照度环境下还原出高清彩色视频图像，获得“2015年度天津市科技进步一等奖”；S+265编码技术是继H.265编码之后的升级版视频编码算法，可在H.265基础上节约30%带宽占用和存储空间；云存储技术实现网络中大量不同类型的存储设备协同工作，共同对外提供海量数据存储和快速检索等功能；图侦技术通过大数据分析可对监控画面的敏感人物、敏感地区（人脸、车牌、手机号、地理信息、声音）进行智能分析，实现由事后追查变为事前预警，解决视频滞后性的问题。通过超星光视频监控技术、S+265编码技术研发“Tiandy”星光级高清网络视频监控设备，被认定为“天津市杀手锏产品”。

天津神舟通用数据技术有限公司是中国航天科技集团旗下从事国产数据库产品研发及产业化的国有控股企业，注册资本6000万元，提供国产自主可控数据库系列产品、大数据解决方案和服务。公司作为国家“核高基”重大专项的牵头承担单位，承担国家发展国产软件的核高基重大专项数据库方向的多个研发与应用示范课题，参与多个党政军领域的重大工程，是安全可靠一期试点项目的重要数据库产品提供商。公司主营业务主要包括神通关系型通用数据库、神通KStore海量数据管理系统、神通xCluster集群件、神通商业智能套件等系列产品研发和市场销售。基于产品组合，可形成支持交易处理、MPP数据库集群、数据分析与处理等解决方案。相关数据库产品通过公安部等保四级和军B+认证，是国内安全等级最高的国产数据库之一。产品源码自主可控，先后获得30多项数据库技术发明专利。在政府、网络安全、电信、能源、金融等行业大量应用，是国内主要的基础软件企业之一。

国家计算机病毒应急处理中心经公安部推荐，由原国信办于2001年批复成立，是中国唯一的负责计算机病毒应急处理的专门机构，其主要职责是快速发现和处置计算机病毒疫情与网络攻击事件，保卫计算机网络与重要信息系统的安全。2015年，中心开展信息网络安全监测工作。构建覆盖天津市的计算机病毒和网络攻击监测体系，分析研判中国网络与信息安全状况，形成对国务院84个部委112个网站和市政府10个重点网站7×24小时不间断的安全监测，及时了解天津市互联网安全状况。牵头组织国家信息通报机制网络与信息安全研判会。2015年收到技术支持单位报告的各类监测报告506份，并撰写《网络安全形势状况周报》和《网站安全监测报告》各48份，各类计算机病毒和网络攻击疫情分析报告10份、预报52份、周报52份、月报24份，网站检测报告806份。共报告各类计算机病毒和网络攻击疫情分析报告77份，其中53份被公安部十一局采用。中心获得“2014年度天津开发区科技创新20强”称号，这是中心连续三年获得该项荣誉。

【科技进步与应用】 2015年，天津市以增强自主创新能力、提升信息化水平、提高支撑服务为目标，以应用驱动、服务引领、重点突破、融合发展为主线，着力优化发展环境、健全基础设施、打造产业链条、推动集成应用、促进产学研用有机结合，全面支撑智慧天津建设。初步形成以超算中心、数据中心、展示中心为基础，以数字化、广覆盖的信息通信网络为支撑，以天河、腾讯、曙光、惠普、联通、东软等企业为龙头的云计算产业体系，培育形成具有示范带动效应的政府云、公共云和行业云“三云”应用体系。其中，浪潮集团大数据中心落户滨海高新区，着力打造大数据研发及应用创新中心、云计算数据中心，为企业提供大数据应用和培训服务。

【信息基础设施】 2015年，天津市继续抓住“宽带中国”建设的战略机遇，落实工业和信息化部《关于实施“宽带中国”2015专项行动的意见》相关要求，加快推进光纤宽带网络建设，完善4G网络覆盖，启动公共区域免费WiFi建设，信息基础设施建设取得新进展，为智慧天津建设和天津市“互联网+”发展提供基础支撑和保障。

天津市光纤化改造全面完成，光纤入户能力达到650万户，成为国内首个实现全光网络的城市。互联网城市出口带宽达到4 680Gbps，比“十一五”末提高11.3倍。城镇和农村统一实现100Mbps的宽带接入能力，提前5年实现“宽带中国”的建设目标要求，城市宽带可用下载速率位居全国第三位。3G网络不断优化，4G基站建成1.5万个，实现市区、县城、乡镇、校园、3A以上景区连续覆盖，行政村4G覆盖率95%。在热点地区建设无线局域网（WLAN），开通AP共11万个。在重要公共区域建设以“i-Tianjin”为标识的免费WiFi网络，建成无线网络接入点超过2万个，开通近7 000处，为市民提供免费上网服务。具备下一代广播电视网络（NGB）主要功能的数字化双向化广播电视网络覆盖范围不断扩大，有线电视双向化用户317万户，其中高清互动业务用户117万户，农村有线电视的数字化、双向化、信息化改造加速推进，已完成70%以上的用户覆盖。三网融合全面推广，IPTV用户超过100万户，通过有线电视网络接入互联网的用户38万户。

【信息产业基地和园区】 2015年，天津开发区电子信息产业示范基地规模以上电子信息产业产值1 527.3亿元，信息传输、软件和信息技术服务业主营业务收入80.15亿元。构建信息产业链。相继培育以芯片设计、集成电路、片式元件、贴片、键盘、电池等环节为主的移动通信产业链，以材料生产、芯片设计、封装测试等环节为主的集成电路产业链，以电管、电机、注塑、元器件、面板等环节为主的消费电子产业链，产业竞争力持续提升。创新“互联网+”商业模式。先后发展以国美控股、京东互联金融、钢联俊安金控为代表的“互联网+供应链金融”，以新希望、联动优势、拉卡拉为代表的“互联网+商业保理”，以58同城、赶集网为代表的“互联网+市场”，以天津钢银电子商务为代表的“互联网+大宗商品交易平台”，以津投保险为代表的“互联网+保险”和以腾讯数码为代表的“互联网+公共服务”等新兴业态和商业模式。

2015年，西青经济技术开发区电子信息产业示范基地电子信息产业产值1 253亿元，成为推动园区工业转型升级、由大变强的重要载体。基地以重点企业为中心，以“整机带配套、配套促整机”为发展模式，先后引进三星、飞思卡尔等200多家知名企业，相继实施中芯国际二期和三期、电子城大数据互联网金融产业园等龙头项目。逐渐形成以中芯国际、飞思卡尔为龙头的芯片制造封装企业集群，以松下电子、罗姆电子、三和电机为代表的电子元器件业集群和以三星通讯、日新塑胶、唯一科力、中云科技、东明电子、泰贤电子等手机通信配套企业集群，铝式电容器、片式陶瓷电容器片等产品产量均位居全国首位。

2015年，天津高新区软件和信息服务产业示范基地软件业务收入同比增长突破15%。基地围绕软件与信息产业链、高端自主品牌链，集聚以浪潮集团、曙光信息、汉柏科技为代表的高端服务器企业，以南大通用为代表的基础数据库软件企业，以麒麟操作系统为代表的国产信息操作系统企业，以飞腾CPU项目为代表的核心芯片企业和以奇虎360公司为代表的安全软件企业，形成“硬件+数据库+系统+安全”较为完备的自主品牌高端产业链。聚集全市71%的软件企业和53%的系统集成企业，先后研发出曙光超千万亿次高性能计算机、中科蓝鲸海量数据高性能存储系统、南大通用目录管理系统、天大求实电网规划计算机辅助决策系统等一系列代表国家自主创新前沿方向的关键技术和高端产品。

【电子政务】 2015年，天津市通过重点项目建设，进一步创新政府管理应用，完成基于云计算的电子政务公共平台顶层设计国家试点工作，完成基于云计算的电子政务公共平台顶层设计书编制，制定相关配套文件初稿12件。开展天津市电子政务项目管理办法等4项政府规章草案编制，其中天津市电子政务管理办法（修订）被列入2015年法制办调研项目。

截至2015年年底，政务云主体搭建完成，计算能力达到6400核CPU，可为政务部门提供虚拟主机、虚拟存储、虚拟防火墙、千兆互联网出口等8项云服务业务。相继迁入公安、工信委、民政、食药监等15个部门业务应用，部署的政务云服务平台和桌面云试点为近20个业务应用提供支撑服务。智能交通管理实现对交通流量的监控和预测、实时人口分布显示和分析。楼宇经济动态监管服务实现集监管、服务、信息查询、统计分析等功能为一体的动态监管服务平台。天津市检察院第一分院利用信息化手段实现检察工作的动态管理。天津市小客车调控管理系统实现车辆指标管理的公平公正公开。城市建设管理系统实现城市建设管理领域的信息共享，搭建统一的综合监管平台。市场主体信用信息公示平台对促进市场公平竞争、维护市场正常秩序起到积极作用。民生档案数据资源建设工程为人民群众提供高效便捷的民生档案信息资源服务。

电子政务“五个一”工程重点是打造“一张网、一朵云、一灾备、一平台、一批数据库”，着力促进信息共享、业务协同，加快建设效能政府。2015 年，专网覆盖全市 400 个副局级以上单位和区县，电子政务云计算中心承载 70 个重要业务系统，审计、公安、工信委、民政等15个部门开展先行先试。开通全国第一家审计“一张网”，覆盖 160 家市级财政预算单位、国有企业和重大投资项目；建成国土房管“一张图”，支撑国土资源“批、供、用、补、查”和房屋管理的“买、抵、住、管、拆”；推行规划管理“一网通”，实现统一作业、统一监管和统一服务。初步建成全市首个灾难备份系统。累计签发电子认证数字证书 3 万余张。

民心工程项目以社区 1.5 ~ 2 千米半径范围开展社区商家接入，已初步纳入 68 项便民服务，推动网上 15 分钟社区生活服务圈建设，为社区居民提供咨询服务、家政服务、生活用品配送、预定服务等。搭建物业公司与社区居民的互动平台，帮助社区居民解决安防、缴费、维修、停车、休闲娱乐等物业管理问题，提高办事效率和服务水平。建立政府与市民互动平台，社区居民可通过手机对城市和社区管理中出现的污水跑冒、煤水电气、供热采暖、环境卫生等问题，通过市民报料系统进行上报，随时随地拍照取证并上传到相应的管理部门，系统按照不同的事项类别自动分发到相关管理单位进行处理，并对问题的处理结果可以查询，为市民提供参与城市管理的新途径。

天津图书馆完成信息惠民工程数据库建设，包括 3 个天津地区非物质文化遗产专题的子库，提供资源模糊检索与文本、图像、视频相结合的多媒体体验方式，实现数据库上网发布供读者免费使用。“妇女就业创业网上综合平台”融入创业咨询、技能培训、就业信息、创业指导、创业融资等功能，打造妇女创业就业一条龙服务综合平台。“印象・天津”信息港依托新华社的全球视野、海量资讯、先进技术优势，搭建“印象・天津”网上资讯平台，以独特的第三方视角客观地呈现国内其他地区眼中的天津变化、全球眼中的天津变化。

【两化融合】 2015 年，天津市将两化融合纳入促进万企转型升级的子路径，开展企业两化融合评估诊断对标和两化融合管理体系建设。全市企业两化融合发展水平评估得分的平均值为 56.95，在集成提升和创新突破阶段的企业比率分别高于全国 23.05 个百分点和 6.45 个百分点。重点企业 CAD 应用率达到 95% 以上，大型装备制造企业基本实现内部协同设计制造。重点企业 ERP 应用达 63.9%，生产环节 MES 普及率为 61.7%，供应链环节 SCM 普及率为 55.2%，数控装备化率为 39.1%。国家级两化融合管理体系试点企业达到 14 家，国家级两化深度融合示范企业达到 4 家，天士力、鼎盛重工、特变电工等 13 家企业完成管理体系建设并通过认定机构的审核认定，8 家企业列入国家两化融合管理体系咨询服务推荐机构，天汽模等 4 家企业入选工业和信息化部 2015 年度互联网与工业融合创新试点，11 人被评为全国优秀首席信息官。

“滨海工业云”作为工业和信息化部“工业云创新示范工程”，在集成遥感数据处理、石油勘探数据处理、动漫与影视特效渲染等应用系统基础上，拓展工程仿真云和建筑云服务功能，用户总量超过 2 000 家。

联交所、渤商网、融宝支付、天物大宗商城、天士力大健康网、长荣健豪云印刷建设行业电子商务平台建设取得突破性进展，滨海高新区、武清区、宝坻区等电子商务产业园区集聚效应初步显现，北辰区国家工业电子商务区域试点工作进展顺利，初步实现重点企业构建业务协同配套体系。“天士力大健康网”为糖尿病患者提供网上（电话）预订药品、在线结算、送货等服务；长荣云印刷电子商务平台上线运行，满足小批量、个性化、快速印刷需求；渤商网为钢铁产业链企业提供产品信息发布、交易、融资等电商服务。

【信息安全】 2015 年，天津市重点保障基础信息网络和重要信息系统安全，切实加强电子政务安全管理，不断提高信息安全保障能力，促进信息安全产业发展。在有效的措施和机制应对下，天津市未发生重大信息安全事故。

天津市工业和信息化委员会联合市网信办等部门在近百个政务系统和市政领域开展为期 4 个月的信息安全

检查。在各单位自查整改的基础上，对全市全部重要信息系统和政务部门共计500余个网站进行现场检查和远程检测，及时堵塞漏洞，消除安全隐患。截至2015年年底，重点领域信息安全检查工作已历时7年，完成对天津市近百个政务部门和市政领域信息系统的现场检测，初步掌握各个单位系统网络安全状况，确保政府信息系统安全稳定运行。

天津市信息安全测评中心对已建成的攻防实验室进一步测试完善，利用现有设备对天津市重要信息系统进行定期远程漏洞扫描，以电子邮件的方式向运营单位提示风险，建议整改。中心受委托在天津市重要信息应用系统开展信息安全预警通报工作，针对微软公布 http.sys 远程代码执行漏洞，对重要信息系统中存在该漏洞隐患的，逐一发送漏洞预警通知，并在中心网站公布。

【信息消费】 2015年，天津市被评为国家信息消费示范城市，2个项目被列为国家信息消费创新应用示范项目。信息消费规模达到4 000亿元，成为提升消费结构、扩大内需和拉动经济增长新的引擎。

便民信息服务提升工程不断深入。便民信息服务、农村信息服务项目分别列入20项民心工程，社区信息服务系统覆盖市、区、街、居委会等社区管理部门，以银行卡为主的非现金支付工具得到广泛应用，通信、广电、电力、供热、自来水、燃气等行业网上缴费便民服务效果显著，统一市场主体信用信息公示系统启动建设，医疗领域为市民提供移动预约挂号、远程会诊等服务，基本形成居民电子健康档案和电子病历两大数据库。

电子商务应用不断深化。天津钢铁、医药、服装等传统产业应用电子商务转型升级步伐明显加快，大批传统企业如海鸥手表、飞鸽自行车、郁美净化妆品等纷纷应用电子商务拓宽网销渠道。一批知名电子商务企业相继落户，形成滨海高新区、武清区、宝坻区等一批电子商务聚集区。推动农村电子商务，鼓励引导农业企业开展网上销售，天津市农产品网上交易额达到3亿多元，1 200家农业企业近千种农产品开展网上营销，成为信息消费产业发展的重要力量。

信息产品供给能力显著增强。软件和信息服务业发展势头良好。腾迅、58同城等一批互联网龙头企业聚集天津，娱乐类、游戏类、生活类、信息服务类等移动互联网应用软件和服务业快速发展，高性能计算机服务器、存储设备等硬件产品制造能力位居全国前列。

【物联网】 2015年，天津市实施农业物联网“12345”工程，初步建成数据资源云中心，实现25个基地环境数据在线采集，集成17个数据库、各类应用系统88个。实施智能电网、智能交通、桥梁安全检测等应用示范工程，提高重大基础设施监管与安全保障能力。其中，中新生态城国家智能电网综合示范工程成为全国第一个进入实质性建设和运行的城市智能电网示范工程，也是全世界目前区域最大、功能最综合的智能电网示范区。

【大数据】 2015年，天津市重点发展制造业大数据，推动大数据技术向装备、汽车、电力、能源以及增材制造、设计模拟等行业领域深度应用拓展，加快建设具有国际竞争力的大数据产业基地和数据资源聚集服务区。启动人口、法人、空间地理、宏观经济、文化、感知资源六大信息资源库建设，形成全市1 400万条人口基础信息、四大类法人单位百万条基础信息、4T空间地理信息，部分数据资源实现共建共享。

【产业环境】 2015年，天津市围绕促进信息消费、智慧城市建设等信息化发展领域，相继出台《关于促进天津市信息消费扩大内需的实施意见》《天津市推进智慧城市建设行动计划（2015—2017年）》《天津市新一代信息服务产业发展行动方案》《“宽带天津”实施方案》《天津市软件产业发展三年行动计划》《天津市推进电子商务发展三年行动计划》《天津市建设全国先进制造研发基地实施方案（2015—2020年）》等一系列文件，形成从基础设施到产业发展的一套完整规划体系。

【统计数据】

表 1　2013—2015 年天津市电子信息制造业基本情况

项目名称	单位	2013 年	2014 年	2015 年
企业数	家	638	575	590
工业总产值	亿元	3 647.0	3 618.4	3 349.2
出口交货值	亿元	809.6	1 487.0	1 440.4
主营业务收入	亿元	3 789.0	3 404.0	3 223.5
税金总额	亿元	101.2	69.8	270.4
利润总额	亿元	195.7	174.4	183.2
从业人员数	万人	26.8	23.0	20.4

表 2　2013—2015 年天津市主要电子信息产品产量情况

产品名称	单位	2013 年	2014 年	2015 年
移动通信手持机	万部	10 336.3	9 754.2	7 315.6
电子计算机整机	万台	2 226.1	3 299.0	2 933.1
集成电路	亿块	9.6	14.2	14.9
电子元件	亿只	6 290.9	6 377.7	5 443.2

注：表 1 ~表 2 数据来源于天津市统计局。

表 3　2013—2015 年天津市软件产业基本情况

项目名称	单位	2013 年	2014 年	2015 年
软件业务收入	万元	7 113 918	9 068 842	10 078 453
软件业务出口收入	万美元	58 759	50 270	9 024
软件产品销售收入	万元	2 050 111	2 461 160	2 502 559
流动资产平均余额	万元	1 055 358	1 987 513	5 044 907
固定资产投资额	万元	109 531	58 632	128 482
资产合计	万元	9 022 256	12 918 648	13 930 913
负债合计	万元	1 259 982	1 720 715	2 403 157
利润总额	万元	848 774	792 726	992 373
应交所得税	万元	25 135	81 263	98 354
从业人员年末人数	人	69 428	87 162	81 873
从业人员工资总额	万元	610 539	860 396	884 792

注：数据来源于工业和信息化部。

[撰稿：高建　审稿：周胜昔]

河 北 省

【概况】 2015年，河北省电子信息产业总体呈现缓中有降趋势，各项主要指标增幅逐步收窄，完成主营业务收入1247亿元，同比增长4%；实现利税126.5亿元，同比下降4.9%；出口27.3亿美元，同比下降25.4%。其中，电子信息制造业完成主营业务收入990亿元，实现利税85.4亿元，出口创汇26.9亿美元，完成固定资产投资33.4亿元；软件产业完成营业收入252亿元。

【电子信息制造业】 2015年，河北省电子信息制造业入统企业275家，从业人员近16万人；全年累计完成主营业务收入990亿元，同比增长1.4%；实现利税85.4亿元，同比下降10.5%；完成出口创汇26.9亿美元，同比下降25.1%；完成固定资产投资33.4亿元。

光伏产业全球装机量60GW（国内20GW），主营业收入累计227.69亿元，同比下降11.3%；利润-19.3亿元，较上年同期下滑严重；全行业出口7.64亿美元，同比下降42%。通信和导航产业完成主营业务收入147.26亿元，实现利税22.16亿元，出口创汇4.56亿美元。平板显示产业完成主营业务收入113.43亿元，实现利税总额16.27亿元，出口创汇3.18亿美元。半导体照明（LED）产业完成主营业务收入32.24亿元，同比增长28.8%；实现利税总额4.52亿元，出口创汇3 660万美元，同比增长63.4%。行业基础电子产品完成主营业务收入313.72亿元，同比增长7.1%；实现利税总额32.73亿元，出口创汇8.58亿美元，同比增长14.7%。

典型企业　2015年，晶龙实业集团有限公司、东旭集团有限公司、风帆股份有限公司3家企业入围全国电子信息百强企业，分列第17位、第72位和第73位。

晶龙实业集团有限公司经过20年发展已成为全球领先的光伏制造企业，年产晶体硅1.5万吨、硅片4吉瓦、电池片5吉瓦，在国内外有12个生产基地。2015年，电池组件出货量居全球第四位，实现营业收入288亿元；居中国企业500强第462位和全球新能源企业500强第14位；获得国家专利107项，开展科技创新课题200多项，润秀多晶电池转换效率超过18.9%，组件功率275瓦；博秀单晶电池效率超过20.7%，组件功率超过295瓦。

东旭集团有限公司是集光电显示产业（液晶玻璃基板、彩色滤光片、高铝盖板玻璃）、新能源产业（光伏电站、智能电网）、新材料产业（石墨烯产业、蓝宝石产业）、高端装备制造产业（液晶玻璃基板、高铝盖板玻璃、光伏组件及太阳能电池等产线装备制造技术）、金融产业、节能照明产业等为一体的大型高科技产业集群化集团。经过多年自主研发，开发出拥有自主知识产权的平板显示玻璃基板工艺及制造技术，建成国内第一条TFT-LCD液晶玻璃基板生产线，并迅速实现规模化，先后在全国14个城市建成20余条玻璃基板生产线及彩色滤光片、石墨烯、蓝宝石等研发生产基地，已累计开发和拥有专利960余项，平板显示玻璃技术和装备国家工程实验室获得国家发展和改革委员会正式批复，建成后将成为中国首家玻璃基板国家级工程实验室。

风帆股份有限公司隶属中国船舶重工集团，是目前国内规模最大、市场占有率最高的汽车起动电池生产企业，是一汽大众、上海大众、上海通用、北京现代、东风汽车、长安汽车等常年合作方，出口30多个国家和地区，拥有博士后工作站、国家级重点实验室、国家动力型锂电池实验室和行业内唯一的国家级技术中心。2015年实现销售收入57.5亿元，同比增长80%。

【软件与信息服务业】 2015年，河北省软件企业307家，完成营业收入252亿元。具备计算机信息系统集成资质企业153家，其中，一级5家，二级11家，三级89家，四级48家；33家企业通过CMMI（软件能力成熟度模型）认证；5家通过ITSS通用部分符合性评估。

省人民政府办公厅印发《河北省信息服务业发展三年行动计划（2015—2017年）》，促进各部门、各领域信息服务体系建设，释放信息化应用市场，促进信息技术跨界融合发展、扩大物联网技术示范应用范围，为软件与信息技术服务企业提供广覆盖、多层次、差异化、高品质服务的同时，提高经济运行的质量和规模。

落实省人民政府《关于促进全省服务业发展若干政策措施》，结合产业特色和优势，培育和发展医疗电子、电力电子、安防电子、交通电子、智能仪表、环保监测、智能控制等一批市场竞争力强、具有一定规模和较强市场竞争力的优势企业。重点推进中电科卫星导航公司城市综合位置服务平台建设，打造“电科导航”品牌。

实施卫星导航应用示范工程，推进卫星导航相关技术在交通运输、船舶监控、公共安全、救灾减灾等多个领域开展应用，为智能交通、物联网、智慧城市建设等时空位置服务应用需求提供统一的核心数据和服务支撑。开展京津冀北斗卫星导航示范应用项目前期工作，经过京津冀三地协商初步确定，将智慧养老、物流配送、冬奥会安全保障作为京津冀合作内容。

【电子产品进出口贸易】 河北省工业和信息化厅推动招商引资，组织省内相关开发区和企业参加第三届中国电子信息博览会、厦门经济贸易洽谈会、河北国际信息产业周等活动，重点展示河北省在北斗导航、光伏、汽车电子、应用电子、高端材料等领域最新技术和成果。举办“新一代信息技术专题对接会”，发布30项投资规模大、技术水平高、带动能力强、市场前景好、投资回报率高的招商项目，为企业合作提供新平台。

光伏行业国际产能合作取得新进展，晶龙集团、英利集团分别在马来西亚和美国、泰国、阿尔及利亚投资建厂。英利集团与泰国 demeter 公司旗下子公司成立合资公司，在泰国建设300兆瓦太阳能组件工厂；晶澳集团在马来西亚槟城建设400兆瓦太阳能电池厂，与印度企业 EIL 签署共建500兆瓦产能光伏生产基地的谅解备忘录。

【科技进步与应用】 2015年，河北省电子信息行业新增省级以上研发机构15家，总数达到120家；新增省名牌产品24种，省优质产品7种，4家企业获质量效益型企业称号。中国电子科技集团第13研究所研制的1 310纳米 2.5Gbs DFB 高端激光器芯片，打破国外垄断，填补国内空白。中国电子科技集团北斗导航运营公司“基于北斗的数码雷管监管系统”获得中国电子信息博览会创新产品与应用奖，其“基于北斗的智慧家庭民生关爱区域应用示范项目”入选工业和信息化部信息消费创新应用示范。河北海伟集团双向拉伸工艺生产的电容膜可达3 ~ 5微米，填补国内空白。

【信息产业基地和园区】 廊坊国家新型工业化（电子信息）示范基地形成以华为、中兴、富士康为龙头的通信及其配套产业，以京东方、冀雅电子、河北视窗公司为龙头的平板显示产业集群，以微软游戏创新中心、中油龙慧、华通科技为主的软件产业集群，以润泽国际信息港、中国联通华北（廊坊）基地、光环云谷、信和软件园为主的“云”存储及信息服务业产业集群。2015年实现主营业务收入311.48亿元，同比增长12%。

【电子政务】 河北省农业领域深入实施农业信息化“114工程”，建成1个省级农业数据中心、1个河北农业信息网站群，全省农业视频指挥、农业政务、农业科技服务和农业市场信息4个平台。环保领域建设技术设备先进、基础数据完备、信息共享利用的智能化生态环境监控平台。民政领域建设省社会救助和优抚信息管理平台。质监部门搭建质量技术监督行政事项电子政务系统、特种设备安全监察检验系统、特种设备移动监管平台。国土资源系统以“数据大集中、应用一体化”为主要特点的“一张图”和综合监管平台建设平稳推进。水利系统初步形成全省水利数据中心体系，实现各类水利数据信息的汇集存储与交换共享。

教育领域创办“河北教育网”，实现对省、市、县、学校四级教育网站的统一设计与管理。文化领域实施“数字图书馆推广工程”，推进文化信息资源共享工程，实现文化共享工程的基本全覆盖。医疗卫生领域省、市、县三级卫生信息平台和各项业务应用系统建设稳步推进，居民电子健康档案、电子病历等数据库建设取得成效。社会保障领域建成全省统一的省、市、县、乡四级网络和统一的数据中心。工商系统建立全省统一、面向社会公众服务的对外服务平台。民政服务领域建成婚姻登记、殡葬和救助站信息管理系统，实现殡仪馆、经营性公墓、救助站和婚姻登记的数字化。旅游系统完善手机 APP 平台，增强面向管理部门和游客的公共服务能力。

互联网、移动通信网、广播电视网等全方位、广覆盖的基础通信网络已基本形成。行政村通宽带比例达到98.7%，城市社区光纤网络覆盖能力超过99%，城市和农村家庭宽带接入能力分别达到20Mbps和4Mbps。电子政务外网建设应用继续深化，电子政务内外建设启动并取得新进展，采用企业投资建设政府购买服务的方式实施省政务云建设，并采用竞争性磋商方式完成省政务云采购工作。

【两化融合】 2015年年底，河北省两化融合整体水平快速提升，大部分企业从单项覆盖阶段向集成提升阶段迈进。关键生产工序数控化率达到32.58%，数字化研发设计工具普及率达到49.74%。

20家企业被列为国家第二批两化融合管理体系贯标试点企业，并正式启动试点工作。通过组织试点企业参加评定专题培训会，召开座谈督导会，到试点企业现场督导等手段督促试点建设。第一批国家试点的24家企业中，6家通过工业和信息化部组织的评定。

制定印发新型工业化示范基地两化融合评估工作方案，建立11个设区市、44个新型工业化产业示范基地评估工作联络体系，开通企业评估平台，组织企业登录平台填报评估数据，重点对44个新型工业化产业示范基地（国家级12个，省级32个）的规模以上企业进行评估。填报企业1740家，示范基地企业总数722家。

新增100家省级两化融合重点企业，新培育认定18个两化融合示范企业和11个两化融合公共服务示范平台，16家企业被认定为河北省“十二五”制造业信息化科技工程第四批试点企业。省工业和信息化厅确定100项两化融合重点建设项目，21个两化融合项目列入2015年第一批千项技改计划。

启动“互联网+”工业融合创新试点示范工作，研究制定试点示范工作方案和管理办法。中信戴卡股份有限公司基于大数据的生产协同信息管理平台、石家庄科林电气股份有限公司“互联网”分布式光伏发电监控运维平台2个项目列入国家互联网与工业融合创新试点。石家庄市起草《推动“互联网+制造”指导意见（2015—2020年）》，唐山市起草印发《唐山市“互联网+”工业创新发展实施意见》，邢台市编印《两化融合专题知识培训材料工业4.0简读》。

培育和完善两化融合支撑体系，省工业和信息化厅印发《河北省信息化与工业化融合创新服务示范单位评审管理办法（试行）》，5个单位被评为省级两化融合创新服务示范单位。唐山、衡水、承德、廊坊等市举办两化融合高级培训班，石家庄、唐山、保定等市开展“互联网+工作的革命”2015协同行业解决方案百城巡礼活动。

【信息安全】 2015年，河北省在全国范围内率先完成工业控制系统在线安全评估工作，制定《工业控制系统信息安全测评标准规范》及评估作业指导书，对唐山港集团股份有限公司的液化码头等实施工业控制系统信息安全评估。对钢铁、有色、石化、装备制造4个行业13家企业开展工控系统信息安全检查。

推进政府部门互联网安全接入工作，河北省省本级和9个设区市均完成政府部门互联网集中接入工作。完善省级政府部门互联网安全监控平台，制定一系列管理办法、相关制度以及安全管控策略，可实时监测网络状况，及时感知安全事态，实现政府部门互联网访问可管、可控、可剥离，提升政府部门互联网应用的整体安全防护水平和监控能力。

拓展电子认证和数字签名应用领域，衡水、沧州市以及43个省直部门使用数字证书进行网上办公、网上审批申报等应用。创新推进“法人一证通”，重点在省国税、省地税、省工商、省社保、省质监、省公积金推行使用。全年新发放数字证书5.7万张，累计共发放数字证书120万张，其中电子政务面向公众服务有效数字证书22万张，电子政务内部办公项目有效证书3.4万张。

落实全国人大常委会《加强网络信息保护的决定》和《河北省信息化条例》，在秦皇岛市试点开展个人信息保护管理工作的基础上，探索将个人信息保护工作常态化、规范化。

【信息消费】 2015年，河北省加快实施“宽带普及提速工程”和“宽带中国”战略，互联网出省带宽7 196.9 Gbps，FTTH覆盖家庭2 658万户，宽带接入用户1 373万户，20Mbps以上宽带用户占比46.9%；4G投资完成6.17亿元，比上年增长3.7%；新建4G基站2 246个，达到8.1万个。固定电话用户950.9万户，移动电话用户6 193.1万户。行政村通宽带率达到99.6%。

推进“大光电”和卫星导航产业发展，面向平安校园、老人关爱、车辆监控、船舶监控、民爆品监管和高精度位置服务等领域开展应用示范。开展电子商务示范和平台建设工程，沙河玻璃等5个省级电子商务示范基地投入运营，30个县域特色产业电子商务交易平台和100个单品电子商务交易平台已经全部上线。实施“一村一店一网”项目工程，在河北省1 000个行政村建立配有电脑和电商系统的标准化农家店；河北旅游虚拟体验网新增30个景区，建设河北省森林旅游网和省级果品观光采摘园信息平台，带动休闲旅游经济。

推进“三通工程”建设，接入互联网的中小学达50%以上，河北省中小学计算机教室配备率达到100%。截至2015年年底，全省1 871个社区建设综合信息平台，11个设区市建立12349民政公益服务电话和信息服务平台，居家养老呼叫服务网络实现城乡全覆盖，入网人数突破100万人。石家庄、秦皇岛、廊坊、邯郸、迁安、北戴河新区等13个市县（区）入选国家智慧城市建设试点。全省市（县）数字化城市管理平台总数达102个。

完善信息消费政策标准体系，省人民政府办公厅印发《关于推进网络提速降费的实施意见》，宽带和手机流量资费降低超过30%，取消京津冀三地长途费和漫游费。省社会信用体系建设官方门户网站“信用河北”已经运行，共归集36个部门的重要信用信息175万余条。秦皇岛开展个人信息保护工作试点，制定《个人信息保护信息系统评测标准》，建立个人信息保护监管体系。

石家庄、秦皇岛、唐山、邯郸永年4个市（县）被列为首批国家信息消费试点城市，白沟新城被列为第二批试点。石家庄市成立北斗导航产业发展领导小组，针对平安校园、老人关爱开展北斗导航应用示范。唐山市围绕钢铁、能源、化工、建材、装备制造等传统支柱行业，谋划实施两化融合重点项目100项，完成投资额17.3亿元。秦皇岛市建设市民公共服务信息平台，685项与市民工作生活关系密切的服务事项实现网上办理。邯郸市永年县研究建立“永年·中国标准件指数”。

【物联网】 2015年，河北省将物联网确定为重点培育的战略性新兴产业，先后在战略性新兴产业发展、工业企业技术改造和科技支撑计划等专项经费中累计支持物联网相关项目1.2亿元。

发展传感器、电子标签（RFID）、数字通信等物联网基础产品，促进软件嵌入、数据采集、数据传输、智能控制、系统集成、网络应用与服务融合发展。全省物联网相关产业产值突破1 000亿元（其中包括物联网相关产品制造业、软件业、通信传输业和物联网服务业收入）。围绕产业特色，着力打造石家庄卫星导航、承德智能仪表、秦皇岛数据产业、唐山智能工控、廊坊云计算和云服务、保定智能电网六大物联网产业基地建设。

依托中国电子科技集团第13研究所、第54研究所技术优势，在网络与宽带接入、基础材料与芯片、传感器网络、无线通信、卫星导航等物联网关键核心技术研发方面取得成果。康泰医学“智能远程医疗系统”“远程个人健康管理系统”被美国著名评估机构CLEARWATER评为远程医疗和远程健康物联网全球第二名。河北广联建设的二维码注册解析平台被中国电子商会二维码工作组确定为国家二维码技术应用基础支撑平台。

加强与国家标准化委员会、中国电子技术标准化研究院合作，共同实施物联网、智慧城市、面向服务的体系结构（SOA）、电子政务、基于OID的二维码（i-OID）、大数据等相关标准的研究、制定、应用和推广活动。组织开展废旧铅酸电池、中医药和钢材生产流通全周期追溯标准体系研究，制定相关行业标准并推荐上升为国家标准。

建设“河北省物联网应用体验中心”，重点展示物联网、云计算、智慧城市以及行业信息化的最新研发和应用成果。围绕促进主导产业升级改造，在工业、农业、节能环保、能源交通、食品药品安全、物流等领域组织实施十大物联网应用示范工程——依托开滦集团实施矿山物联网技术应用示范。河北钢铁交易中心通过运用GPS、GIS、RFID、二维码、条形码等物联网技术手段，实现物流配送的最优化和智能化，为客户提供经济、合理的物流运输方案。

【云计算与大数据】 2015年，河北省确立将张北建成京津冀地区乃至全国的“两基地、两中心、一枢纽”。“两基地”即京津冀云存储主基地、国家绿色数据中心示范基地，“两中心”即全国数据灾备中心、河北主数据中心，“一枢纽”即全国数据交互重要枢纽。

推动省直部门数据中心集约化建设，以购买服务或租赁服务器方式，用3年左右时间逐步迁移到“云上河北”平台，实现政务数据在云计算基地集中存储和汇聚。

河北省被工业和信息化部确定为14个国家绿色数据中心试点省之一，3家企业被确定为国家绿色数据中心试点单位。河北省数据中心建设布局提出建设张家口张北、承德、廊坊数据中心聚集区。张家口张北云计算产业基地规划的数据中心有5个，规模为35万台服务器。承德德鸣大数据产业园建设2万个机柜，项目主要建设IDC数据中心机房及其配套设施。廊坊电子信息（大数据）基地有华为技术有限公司、润泽科技发展有限公司、中国联通、光环云谷科技有限公司4家企业入驻，廊坊云数据中心一期、润泽国际信息港一期、华北（廊坊）基地一期、光环云谷数据中心一期项目均已投入运营。

廊坊政务云系统汇聚30多家市直有关部门和其他单位在运转。灾备应用主要有华为、润泽、联通和光环云谷4家数据中心，互联网应用主要为廊坊开发区和燕郊开发区，重点提供农业物联网、环保物联网、安防物联网等业务。润泽国际信息港承载中国政府外网的灾备中心，华为软件技术有限公司为近3万家企业提供云服务，涉及车联网、互联网、金融、政务等多领域。

【重点信息化项目】 2015年，中国电子科技集团北斗导航运营公司基于北斗的智慧家庭民生关爱区域应用示范、天地通大恒控股股份有限公司北斗海量位置数据云计算公共服务平台2个项目入选国家信息消费创新应用示范。智慧家庭民生关爱区域应用示范项目目前已经在平安校园、老人关爱、交通运输和远洋渔业4个领域发展北斗用户6万余名，北斗海量位置数据云计算公共服务平台服务企业达5 000家以上，企业及个人用户数量超过20万。一批重点建设项目建成达效，河北省充分利用香港投资贸易洽谈会、廊坊国际经济贸易洽谈会、厦门经贸洽谈会、省信息产业周等平台开展招商活动。继华为、中兴、富士康、京东方之后，美的、格力等一批世界500强和中国电子信息百强企业相继落冀后，2015年共有52个电子信息项目列入省千项技改，总投资额74.78亿元，新增年销售收入136.7亿元，2个国家发展基金项目获得省级配套资金180万元。廊坊环波云谷科技有限公司、润泽国际信息港、中国联通华北（廊坊）基地一期数据机房楼、华为廊坊云数据中心一期陆续建成。

【产业热点】 2015年，河北省贯彻落实《京津冀协同发展规划纲要》，京津冀三地深入推进京津冀信息化协同发展，北京市、天津市、河北省三地工业和信息化主管部门联合签署《京津冀信息化协同发展合作协议》，从加强信息化顶层设计协调发展、推动信息基础设施共建共享、促进信息数据共享和利用、支撑产业协同创新发展、支撑区域服务管理协同、加强信息消费环境保障协作、加强信息网络安全防护协作、加强冬奥信息服务保障协作等方面提出共建合作的内容。京津冀三地有关管理部门和企业机构还签署4项合作协议：一是工业云共建合作协议，推进建设标准统一、互联互通的工业云，发展互联网协同制造，推动产业转型升级；二是政务信息资源共享和利用协议，促进政务数据共享和开发，为信息系统业务协同奠定基础；三是电子证书结果共享和互认协议；四是北斗导航应用服务合作协议，共同开展北斗卫星区域示范应用，推动北斗导航产业发展。

【产业环境】 2015年，河北省编制印发《河北省电子信息产业“十三五”发展规划（2016—2020年）》，出台一系列政策文件，为信息产业和信息化发展营造良好环境。

出台《河北省政务信息资源共享管理规定》（2015年第5号令），明确提出依托法人库建设，以企业法人注册监管信息共享为切入点，推进省直部门间信息共享。相继出台《关于促进云计算创新发展的实施意见》《张北云计算产业基地规划（2015—2020年）》，提出统筹布局云计算基础设施、推进云服务平台建设和应用、建设“云上河北”应用系统、增强云计算服务能力、提升安全保障能力等主要任务。为推进“互联网+”和大数据产业发展，省工业和信息化厅起草《河北省关于推进全省无线局域网（WiFi）建设和免费开放的指导意见》（送审稿），就编制标准规范进行部署，以省委办公厅、省政府办公厅名义印发。

【主要问题】 信息产业规模小。全行业主营业务收入占全国比重不足1%，仅占全省规模以上工业的2.5%左右。

产品结构亟待优化。主导产品主要集中在基础类产品，缺乏拉动作用明显的龙头整机类产品、平台类产品，高端新兴产业和高附加值产品比重有待进一步提高，软件与信息技术服务业支撑“互联网 +”、两化深度融合能力不足。

研发投入力度较小。资源配置较为分散，产业政策环境亟待完善，内需带动机制尚未健全。缺乏一大批高端、复合型人才。

物联网应用和产业发展仍处于起步阶段，存在商业模式未定、技术标准不一等共性问题，同时在产业规模提升、产业链培育、关键核心技术研发以及机制建设、发展规划、政策引导等方面还存在一些矛盾和问题。

信息消费环境制约信息消费增长。信息安全保障能力弱，信息消费市场缺乏有效监管，信息消费权益维护力量薄弱。无线 WiFi 建设上存在经费短缺制约平台运营、基础设施建设协调难度大、带宽难以满足高峰需求的问题。

云计算、大数据产业发展上仍然存在规划布局不完善、产业资源不集中、重复投资等问题，政府购买云计算服务的政策亟待细化等。

【统计数据】

表 1　2015 年河北省电子信息制造业人员构成情况

企业类别	企业数（家）	年末从业人员总数（人）	其中：研发人员（人）
内资企业	236	103 346	6 658
国有企业	8	4 450	1 392
集体企业	3	234	28
股份合作企业	2	671	25
有限责任公司	147	53 766	2 729
股份有限公司	40	26 057	2 068
私营企业	29	3 723	416
其他内资企业	7	14 445	
港、澳、台商投资企业	7	1 844	
三资企业	32	53 646	291

表 2　2013—2015 年河北省电子信息制造业基本情况

项目名称	单位	2013 年	2014 年	2015 年
工业总产值（现行价）	万元	8 232 875	9 776 205.6	9 709 900.8
工业销售产值	万元	8 096 546	9 596 182.0	9 175 959.4
出口交货值	万元	1 176 882	1 183 325.0	1 527 656.4
流动资产平均余额	万元	7 537 696.2	7 787 001.8	8 282 421.9
固定资产净值平均余额	万元	3 595 007.7	2 594 196.7	3 874 968.0
资产总计	万元	14 773 668	15 604 889.9	14 838 277.3
负债合计	万元	7 537 923	8 490 280.9	6 939 860.3

续表

项目名称	单位	2013 年	2014 年	2015 年
主营业务收入	万元	8 490 845	9 694 877.5	9 901 864.9
税金总额	万元	183 150	230 244.0	227 989.9
利润总额	万元	269 886	728 696.2	575 480.6
应交所得税	万元	98 712	110 943.2	74 467.8
从业人员年末人数	人	295 274	183 126	153 323
从业人员工资总额	万元	1 049 804	678 079.4	603 037.6

表 3　2013—2015 年河北省电子信息制造业三资企业基本情况

项目名称	单位	2013 年	2014 年	2015 年
工业总产值（现行价）	万元	2 652 352	3 350 622.6	2 086 048.3
工业销售产值	万元	2 867 616	3 637 669.7	2 061 171.8
出口交货值	万元	727 792	635 669.6	638 844.2
流动资产平均余额	万元	2 732 641.2	2 501 404	2 642 127.7
固定资产净值平均余额	万元	1 521 392.8	902 774.8	618 023.5
资产总计	万元	5 036 995	5 902 671.7	4 303 655.0
负债合计	万元	2 987 127	3 553 305.4	2 496 306.9
主营业务收入	万元	2 973 096	3 426 316.7	2 493 124.3
税金总额	万元	46 319	77 277.2	76 989.6
利润总额	万元	10 507	233 113.7	–116 614.3
应交所得税	万元	43 250	51 889.1	33 586.8
从业人员年末人数	人	206 028	82 385	53 646
从业人员工资总额	万元	252 228	307 474.4	157 688.4

表 4　2013—2015 年河北省主要电子信息产品产销量情况

项目名称	单位	产量			销量		
		2013 年	2014 年	2015 年	2013 年	2014 年	2015 年
数字程控交换机	线	41 300	100 000	130 000	41 255	100 000	130 000
通信及电子网络用电缆	千米	126 345	172 978.8	121 261	126 961.1	171 785.1	120 426
太阳能电池	兆瓦	3 421.6	1 383.5	1 573	3 524.9	1 385.5	1 472
电子印制电路板	平方米	1 505 483.7	1 736 165.5	1 404 031.7	1 444 887.8	1 786 927.3	1 391 568.5
半导体光电器件	万只	21 334.7	39 112	49 142.9	21 139.6	37 313.6	49 227.7

表 5　2013—2015 年河北省三资企业主要电子信息产品产销量情况

产品名称	单位	产量			销量		
		2013 年	2014 年	2015 年	2013 年	2014 年	2015 年
半导体材料	千克	5 849 450	1 830 721	5 934 000	6 050 540	2 033 393	5 360 000
电子印制电路板	平方米	1 213 444.4	1 416 914.5	1 404 031.7	1 150 375.4	1 467 993.3	1 391 568.5
外存储设备	台	29 903 337	24 412 254	15 787 930	29 913 628	25 131 246	14 986 284
电子测量仪器零附件	台	3 679 478	2 896 409	2 400 359	3 679 400	2 896 080	2 400 300

表 6　2015 年河北省软件产业人员构成情况

企业类别	企业数（家）	年末从业人员总数（人）	人员构成			
			管理人员（人）	在总人数中所占比例（%）	软件开发研究人员（人）	在总人数中所占比例（%）
内资企业	303	32 352	2 696	8.3	6 689	20.7
国有企业	5	374	48	12.8	124	33.2
集体企业	1	20	4	20.0	7	35.0
股份合作企业	2	228	50	21.9	96	42.1
有限责任公司	166	20 548	1 399	6.8	3 087	15.0
股份有限公司	28	4 120	503	12.2	1 491	36.2
私营企业	97	6 413	676	10.5	1 847	28.8
其他内资企业	4	649	16	2.5	37	5.7
三资企业	4	3 453	307	8.9	834	24.2

表 7　2013—2015 年河北省软件产业基本情况

项目名称	单位	2013 年	2014 年	2015 年
软件业务收入	万元	1 342 256	1 500 604.2	1 845 785.1
软件业务出口收入	万美元	5 767	6 632.2	4 164.6
软件产品销售收入	万元	358 602	371 928.5	337 939.1
流动资产平均余额	万元	1 472 598	1 673 799.8	1 843 551.3
固定资产投资额	万元	49 903	54 496.1	40 773.3
资产合计	万元	2 083 967	2 450 938.6	2 573 317.5
负债合计	万元	1 044 744	1 327 265.8	1 497 185.3
税金总额	万元	90 680	98 559.4	107 706.1

续表

项目名称	单位	2013 年	2014 年	2015 年
利润总额	万元	333 121	239 495.1	275 289.7
应交所得税	万元	31 133	59 754.2	35 693.0
从业人员年末人数	人	30 358	35 908	36 850
从业人员工资总额	万元	297 435	451 539.8	564 998.4

表 8　2013—2015 年河北省软件产业三资企业基本情况

项目名称	单位	2013 年	2014 年	2015 年
软件业务收入	万元	90 372	93 104.4	87 806
软件业务出口收入	万美元	753	1 502.3	1 098
软件产品销售收入	万元	68 386	73 473	70 885
流动资产平均余额	万元	327 372	354 011.9	353 628
固定资产投资额	万元	17 809	15 003	2 742
资产合计	万元	392 239	426 063.5	414 301
负债合计	万元	127 246	126 071.2	122 869
税金总额	万元	18 685	17 211	20 433
利润总额	万元	89 067	80 445.1	79 126
应交所得税	万元	17 296	39 729.1	19 937
从业人员年末人数	人	2 288	3 727	3 453
从业人员工资总额	万元	20 006	21 898.4	26 515

注：表 1 ~表 8 数据来源于河北省工业和信息化厅。

[撰稿：赵立平　审稿：毛红领]

山　西　省

【概况】　2015 年，山西省规模以上电子信息制造业完成销售产值 714.9 亿元，同比增长 8.7%，实现出口交货值 436.2 亿元。软件和信息技术服务业完成营业收入 42.2 亿元，同比增长 2.1%；完成软件业务收入 24.2 亿元，同比增长 10.2%。电子信息产业累计完成固定资产投资 120.8 亿元。

【电子信息制造业】 2015年，山西省电子信息制造业规模以上企业实现主营业务收入668.4亿元，同比增长7.4%；实现利润总额37.0亿元，同比增长66%；税金总额13.7亿元。

“十二五”以来，山西省电子信息制造业规模以上企业主营业务收入从2010年127.3亿元到2015年突破668.4亿元，年均增长39.3%。光伏、LED、电子专用设备制造、锂电池等产业发展已初具规模。晋能清洁能源科技有限公司已形成650兆瓦太阳能电池片、780兆瓦光伏组件实际产能，目前正在推进2吉瓦异质结光伏电池及组件项目的建设；长治高科产业投资有限公司建成国内规模领先的LED封装、LED显示屏生产线，生产规模迅速扩大；中国电子科技集团公司第二研究所形成全国最大的电子专用设备制造基地。

富士康集团太原富士康科技工业园致力于苹果手机零组件的生产及苹果手机整机组装，2015年，富士康精密电子公司销售产值401亿元，鸿富晋精密工业公司销售产值106亿元。晋城富士康主要生产苹果iPhone精密机构件、工业机器人，2015年销售产值97亿元。在规模快速扩大的同时，山西省电子信息制造产业结构不断优化升级，在太阳能光伏、LED照明、电子专用设备制造、信息安全等领域具备较强的竞争力。

中国电子科技集团公司第2研究所和第33研究所、山西中天信科技股份有限公司、长治高科产业投资有限公司、山西光宇半导体照明股份有限公司、山西乐百利特科技有限公司、晋能清洁能源科技有限公司、山西天地科技有限公司等企业在电磁防护、电子专用设备、微电子组装、高清安防监控、LED封装、光伏电池和组件制造、物联网、虹膜生物识别系统等领域具备核心研发能力，自主知识产权产品在军工电子、轨道安全、探月工程、城市建设、环境保护等重点工程上得到应用。2015年，晋能清洁能源科技和潞安太阳能科技同时进入国家光伏领跑者计划首批认证企业名单；中国电子科技集团公司第2研究所“微电子组装智能装备试点示范”项目成为工业和信息化部2015年智能制造试点示范项目。山西省电子信息产业建成省级企业技术中心17个，重点骨干企业的研发投入占销售收入的比重达到10%以上。

山西省LED产业联盟和山西省光伏产业联盟相继组建，提升山西省LED和光伏产业的整体竞争力。不断强化重点园区、基地、集群的配套建设，完善上下游产业链，产业集聚效应初步呈现。不断优化发展环境，出台《山西省信息化促进条例》《山西省信息技术产业三年推进计划》（2015—2017）等法规政策文件。促进银企合作、证企合作，建立产业基金和企业的合作渠道，不断创新融资方式，山西精英科技股份有限公司、山西寰烁电子科技有限公司等一批企业在新三板实现上市融资。

典型企业　晋能清洁能源科技有限公司位于吕梁市文水县，成立于2013年年底，致力于成为全球领先的光伏制造企业和清洁能源提供商。拥有年产500兆瓦太阳能电池及600兆瓦太阳能组件的生产基地，引进由国家“千人计划”专家、留美博士、国内优秀光伏专业人才组成的国际一流研发、运营管理团队。其量产多晶电池平均效率已成功突破18.7%，270W组件的产出比达到60%，并实现高效多晶、PERC、异质结三代业内领先技术的布局。公司已列入国家首批光伏领跑者企业名单，2015年实现销售产值11.8亿元，并成功入选Asiasolar2015亚洲太阳能光伏创新企业候选名单，获得“十佳光伏创新企业”奖项。

山西光宇半导体照明股份有限公司成立于1988年，是中国历史最为悠久的LED企业，位于临汾市尧都区。多年来专注于大功率LED照明领域，科技水平及产品品质已跻身国内一流。公司拥有专利150多项，先后3次承担国家863重大科技攻关项目，在2015年度中国LED路灯企业竞争力排名中名列第二。2015年，公司取得重大技术突破，推出陶瓷厚膜LED电光源，在一个封装车间就可以完成光电合二为一的生产，且产品的一次性成品率达99%以上。

【软件和信息服务业】 山西省软件和信息技术服务业主要服务于省内煤焦冶电等支柱产业及政务、交通等信息化领域。2015年，全省软件及服务业规模以上企业114家，软件服务业实现软件业务收入24.2亿元。其中，软件产品收入11.6亿元，信息技术服务收入12.2亿元，嵌入式系统软件收入2 863.39万元。全省软件和信息服务业从业人员年末数8 457人，其中研发人员3 478人。

山西同昌信息技术实业有限公司、山西精英科技股份有限公司、山西天地科技有限公司等软件骨干企业不断加大研发力度，谋求转型发展，推进云计算、大数据、北斗导航、物联网、信息安全、工业控制系统安全等领域的研发和应用。山西科达自控公司等企业发起成立的山西省工业控制和安全联盟有联盟成员 20 家，正联合研发推广煤炭行业工业控制和安全解决方案、数字工厂整体解决方案等系统；太原罗克佳华工业有限公司推进云计算基地和物联网产业园区建设，打造山西物联网产业基地。

典型企业　山西同昌信息技术实业有限公司成立于 1996 年，是以软件研发为核心，综合信息系统集成、运维服务、信息安全为一体的大型软件企业，是国家互联网应急中心授权的省级应急服务支撑单位。公司研发的信息安全云监控平台，针对山西省政务网站及重要信息系统建立检测与监测体系，远程监测政务网站系统及 Web 应用的漏洞和受攻击情况，并进行预警、分析被监测网站系统的各种安全信息，提供安全监测报告。

山西精英科技股份有限公司是能源行业安全生产领域信息化服务的领跑者、山西省首批“软件和信息技术服务示范企业”、山西中小企业创业投资基金（有限合伙）投资的第一家企业，2015 年 6 月 24 日成功登陆“新三板”。公司拥有 3 项注册商标、5 项实用新型专利技术、71 项软件著作权登记、24 项软件产品登记。重点服务于煤炭行业监管部门及追求高效管理的能源企业，凭借多年来对能源行业发展的深入研究与丰富的信息技术专业实践，推动能源产业两化融合进程。

【电子产品进出口贸易】　2015 年，山西省规模以上电子信息制造业完成出口交货值 436.2 亿元。全年出口机电产品 53.4 亿美元，增长 4.4%；进口机电产品 31.7 亿美元，增长 11.1%。

【科技进步与应用】　2015 年，经工业和信息化部和国家互联网信息办公室批准，山西天地科技有限公司承担国家《信息安全技术 虹膜识别系统技术要求》标准的制定工作。虹膜识别被称为物联网时代的信息安全“门禁”，虹膜识别技术已被广泛运用于机场的安检通道、银行的身份认证系统、国家机要机关、军队的保密系统中。公司多年来致力于信息安全领域，研发形成虹膜识别系统、网关系统等系列自主产品。公司拥有自主知识产权的虹膜识别核心算法，结合多光谱识别及活体检测技术，大幅提升虹膜识别的精度，经过多年的探索与磨砺，已形成较为完善的虹膜识别产品线。

晋城市清瑞能源科技（山西）有限公司“基于互联网的分布式油气井智能控制与数据处理”项目被列入《信息化和工业化深度融合专项行动计划（2013—2018 年）》。公司由山西清慧机械制造公司与加拿大洛克能源技术公司联合组建，实施的国家综改试验地标项目“煤层气远程智能化排采系统装备研发及制造”为互联网平台的分布式油气井智能控制与数据处理系统，以互联网为载体，实现油气井现场的数据采集、分析处理与数据分发、现场设备的远程智能控制。远程排采系统在新疆科林思德公司运用并取得成功，煤层气开采单井平均产量由原来的每天 1 100 立方米提高到 6 280 立方米，最高达到 17 125 立方米，突破国内 30 年煤层气产业单井开采最高纪录。

【信息基础设施】　2015 年，山西省电话用户 3 781.9 万户，比上年年末减少 104.7 万户。全省电话普及率 103.7 部 / 百人，固定、移动电话普及率分别为 12.2 部 / 百人、91.5 部 / 百人。全省固定电话用户 444.6 万户，比上年年末减少 109.7 万户，占电话用户总数的 11.8%；移动电话用户 3 337.3 万户，比上年年末新增 4.9 万户，占电话用户总数的 88.2%，其中 4G 电话用户突破 1 000 万户，达到 1 198.2 万户，占移动电话用户数的 35.9%。

2015 年，全省（固定）互联网宽带接入用户 606.1 万户，比上年年末净增 35 万户，宽带接入用户普及率 16.6%。宽带接入速率整体提高，速率在 4Mbps 以下、4Mbps ~ 8Mbps 以及速率在 8Mbps 以上的宽带用户分别为 4 万户、234.9 万户和 367.2 万户，占比分别达到 0.6%、38.8%、60.6%。全省固定互联网宽带接入时长累计达 15 549.5 亿分钟，同比增长 22.5%。光纤用户增长迅速，截至 2015 年年底，光纤接入（FTTH/O）用户 396.3 万户，比上年年末净增 175.9 万户，占宽带用户比重由上年年末的 38.6% 大幅增加至 65.4%。全省移动互联网用户 2 162.2 万户，比上年年末净增 245.1 万户。全省 FTTH 覆盖家庭完成 595 万户，累计达 1 367 万户。

2015 年，全省固定互联网宽带接入端口新增 169 万个，总数达 1 166 万个，其中，FTTH/O 端口新增 373 万个，总数达 812 万个，比重达 69.6%。全年新增光缆长度 29 万千米，光缆线路总长度达 96.2 万千米。

2015 年，山西省广播电视台 114 座，电视台 2 座，中短波转播发射台 15 座，调频转播发射台 119 座，100 瓦以上电视转播发射台 145 座。广播人口覆盖率 98.5%，电视人口覆盖率 99.3%，有线电视用户 517.0 万户。

【信息产业基地和园区】 长治市光电产业园由长治高科产业投资有限公司投资建设，信息产业电子第十一设计院有限公司西安分院设计施工总承包，山西建设监理有限公司监理，是全国首个LED产业链垂直整合的光电园区，一期建设面积7万余平米，总投资16亿元，分为蓝宝石拉晶、切磨抛、LED外延芯片3个厂区，其中厂房等基础建设投资4.5亿元。长治高科产业投资有限公司拥有低温共烧陶瓷封装技术、大尺寸外延用蓝宝石衬底晶体产业化关键技术、大屏幕液晶电视用LED背光源系统技术、外延及芯片制造技术等国内多项LED核心技术。园区是中国首个覆盖从衬底材料、外延、芯片、封装、电视背光到研发的光电全产业链园区。

阳泉百度云计算产业园位于山西省阳泉市开发区。百度云计算（阳泉）中心项目于2010年立项，2012年7月山西省人民政府与百度公司签订《战略合作协议》，8月开始奠基动工，项目计划投资47.08亿元，建设周期为4年。项目建成后，可形成支持日处理能力10p级数据规模的数据中心，服务百度自身搜索业务，并面向社会提供数据服务。数据中心拥有8个计算模组，共70万颗CPU和4 000PB存储能力，可存储的信息量相当于20多万个中国国家图书馆的藏书总量。

【两化融合】 2015年，山西省推动两化深度融合发展。深化两化融合管理体系贯标试点，推动山西汾西重工有限责任公司、山西普德药业股份有限公司、亚宝药业集团股份有限公司等6家企业成为第二批试点。推动首批国家级贯标试点中的太原钢铁（集团）有限公司、太原重型机械集团有限公司、中国铝业山西分公司等6家试点企业顺利达标。组织实施省级两化融合管理体系贯标，确定15家省级两化融合管理体系贯标试点企业。实施两化融合示范引领工程，对首批16家两化融合示范企业和15家两化融合试点企业进行授牌表彰，认定11家省级两化深度融合示范企业和8家省级两化融合试点企业。开展企业两化融合评估诊断和对标引导工作，依托中国两化融合咨询服务平台的山西省评估服务分平台收集山西省400余家企业的两化融合发展数据，了解全省辖区内各行业企业两化融合总体发展现状，指导企业明确两化融合发展重点和定量目标。研究制定《关于推进“互联网＋工业”的实施意见》，从推进“互联网＋工业”网络基础设施升级、促进“互联网＋工业”融合创新发展、促进“互联网＋工业”绿色发展和促进“互联网＋工业”健康安全发展4个方面对“互联网＋工业”实施展开部署。推动工业云服务模式发展，推动太钢集团建设中小企业信息化“智助”云平台，采取服务外包方式，为中小企业提供统一应用服务，引导和带动更多企业应用工业云服务。

【信息安全】 2015年，山西省开展网络安全培训工作，对省、市、县三级经信、煤炭部门和省属各大煤炭集团以及省两化融合试点单位，开展12期国家标准《工业控制系统信息安全 评估规范 验收规范》（GB/T30976.1/2–2014）培训班。开展网络安全检查工作，对10个单位进行信息安全测评、风险评估，对16个单位进行远程技术测试，分别编制安全测评报告、风险评估报告和远程技术测试报告。加强网络安全基础工作，组建山西工业控制系统与安全产业联盟，开展《山西省信息技术服务外包安全管理要求》《山西省信息工程安全建设管理规范》起草工作。

【信息消费】 2015年，山西省推进信息消费试点城市建设。太原市落实促进信息消费实施方案，优化信息基础设施，发展宽带用户达135万户，移动电话用户640万户，数字电视用户132万户；升级“数字城市”“天网工程”“地眼工程”等项目；引进培育“贡天下”“百事帮”等一批B2B、B2C、O2O电子商务应用示范企业。长治市出台《长治市促进信息消费实施方案》，重点推动县级电子政务、平安城市、教育信息化、两化融合发展。拓展信息消费领域，山西省旅游局公共信息和咨询服务平台初步形成官方网站、12301旅游服务热线、官方微博、微信及手机APP多位一体的信息服务架构。鼓励信息消费合作模式创新，支持省内知名连锁便利店与网络电商的合作，唐久与京东合作启动京东唐久网上大卖场，山西美特好超市联手网商平台1号店，以“互联网＋实体零售”的方式率先开展O2O运营，提供万余种商品的网上订货、支付、送货上门“一站式”服务。

【云计算与大数据】 2015年，山西省出台《关于促进云计算创新发展培育信息产业新业态的实施意见》，推动重点项目建设，加快云计算发展。

百度云计算（阳泉）中心累计完成投资约 18 亿元，模组投运服务器约 3 万台；预计 2016 年、2017 年每年完成两个模组的基础建设，到 2017 年完成全部 8 个模组的使用要求。

吕梁云计算中心自 2014 年 6 月份正式运行以来，主要向外提供云计算计算、数据灾备及高性能计算服务，累计为中国科学院、清华大学等全国 160 多家重点科研院所提供高性能计算服务。承担部分省直单位和全市 170 多家市直单位及吕梁 13 个县（市、区）的电子政务信息化建设任务。通过集约建设和资源统筹利用，每年可以为省、市财政节约资金数千万元。

山西移动"公众云"布局数据中心、云计算和开放平台等新型基础设施。加强 IDC 基础能力储备，机架总数达到 1 504 架，IDC 数据中心成为全集团首批"钻石五星级"数据中心，出口峰值流量达 2 600G。聚焦移动互联网、物联网、车联网、移动医疗、移动教育等领域，向全省推出涵盖城市、家庭、政企、教育的"智慧"系列产品体系，多方位满足"社会人"的生产和经济活动需求，拉动山西省信息消费，促进山西省经济发展和民生水平提升。

【产业热点】 2015 年，山西省推动"宽带中国"示范城市建设，太原市被评为国家"宽带中国"示范城市。出台《关于加快高速宽带网络建设、推进网络提速降费的实施意见》，推进宽带网络提速降费。截至 2015 年年底，全省（固定）互联网宽带接入用户 606.1 万户。在"提速降费"行动的推动下，8Mbps 以上宽带用户比 2014 年年末净增 285.7 万户，在宽带用户中的占比大幅提高 46.3 个百分点。

2015 年 8 月，中国联通公司与山西省人民政府签署《"互联网 +"战略合作框架协议》。根据协议，中国联通公司将在宽带网络基础建设的人才、技术、资金等方面对山西省给予倾斜，充分发挥主导运营商作用，预计在 3 年内投入 150 亿元，重点强化"宽带山西""互联网 +"基础设施建设合作，推动山西省"互联网 +"产业落地生根，开花结果。2015 年 12 月，山西省人民政府与中国人民解放军总参谋部作战部就深化北斗导航产业发展签署战略合作框架协议。

【产业环境】 2015 年 6 月，山西省印发《山西省信息技术产业三年推进计划（2015—2017 年）》和 2015 年行动计划，着力提升信息技术产业竞争力。

7 月，山西省举办第一届山西省互联网大会，主题为"互联网 + 新业态，创新发展新引擎"。

9 月，山西省人民政府办公厅印发《关于成立"宽带山西"建设领导小组的通知》（晋政办函 [2015]96 号）。2015 年，山西省超额完成专项行动的各项工作目标和任务，"宽带山西 2015"专项行动成效显著。

10 月，太原、晋中两市移动电话用户通过"资费叠加包"模式实现资费同城化，两市（含区县）之间取消移动电话互拨产生的长途通话费、漫游费，改为按本地通话费规则计费。

10 月，山西省人民政府办公厅印发《关于加快高速宽带网络建设推进网络提速降费的实施意见》（晋政办发 [2015]91 号）。截至 2015 年年底，3 家基础通信企业资费降幅达 30% 以上；全省宽带用户视频下载速率较上年同期增加 76%，可用下载速率较上年同期增加 98%。

【统计数据】

表 1　2015 年山西省电子信息制造业人员构成情况

企业类别	企业数（家）	年末从业人员总数（人）	人员构成					
			工程技术人员（人）	在总人数中所占比例（%）	管理人员（人）	在总人数中所占比例（%）	研发人员（人）	技术工人（人）
有限责任公司	134	47 036	5 647	12.0	3 125	6.6	3 982	34 282

表 2　2013—2015 年山西省电子信息制造业基本情况

项目名称	单位	2013 年	2014 年	2015 年
工业销售产值	万元	5 156 846	6 585 324	7 149 028
出口交货值	万元	3 702 300	5 163 243	4 362 108
主营业务收入	万元	5 216 181	6 192 948	6 684 153
税金总额	万元	71 703	137 900	147 210
利润总额	万元	83 189	198 118	370 212
应交所得税	万元	7 012	39 114	55 364
从业人员年末人数	人	135 543	97 309	98 397
从业人员工资总额	万元	392 356	403 652	525 629

表 3　2013—2015 年山西省主要电子信息产品产销量情况

产品名称	单位	产量			销量		
		2013 年	2014 年	2015 年	2013 年	2014 年	2015 年
智能手机	万部	1 100	1 500	2 038	1 056	1 302	1 960

表 4　2015 年山西省软件产业人员构成情况

企业类别	企业数（家）	年末从业人员总数（人）	人员构成			
			管理人员（人）	在总人数中所占比例（%）	软件开发研究人员（人）	在总人数中所占比例（%）
私营企业	114	8 457	1 231	14.6	3 478	41.1

表 5　2013—2015 年山西省软件产业基本情况

项目名称	单位	2013 年	2014 年	2015 年
软件业务收入	万元	396 700	227 373.6	241 540.6
软件产品销售收入	万元	486 823	152 742.0	116 209.6
流动资产平均余额	万元	328 485	407 469.4	451 326.0
固定资产投资额	万元	9 227	73 514.0	14 949.0
资产合计	万元	590 113	622 492.4	710 430.0
负债合计	万元	254 058	235 007.4	291 644.9

续表

项目名称	单位	2013 年	2014 年	2015 年
利润总额	万元	47 383	32 894.4	37 901.5
应交所得税	万元	5 260	9 235.9	5 471.9
从业人员年末人数	人	9 236	9 098	8 457
从业人员工资总额	万元	39 918	152 978.6	45 871.3

注：表 1 ~表 5 数据来源于山西省经济和信息化委员会。

[供稿：山西省经济和信息化委员会]

内蒙古自治区

【电子信息制造业】 2015 年，内蒙古自治区（以下简称内蒙古）电子信息制造业实现销售收入 132 亿元，同比下降 5.6%。全区生产多晶硅 14 876.9 吨，同比增长 81.6%；生产单晶硅 11 255.3 吨，同比增长 18.5%；生产电视机 266 万台，同比下降 23.8%。

【软件产业】 2015 年，内蒙古软件和信息技术服务业销售收入 30.1 亿元，同上年基本持平；实现软件产品收入 13.4 亿元，信息技术服务收入 16 亿元，嵌入式系统软件收入 1 697 万元，软件业务出口 73 万元。

【信息基础设施】 2015 年，内蒙古电话用户 2 752.31 万户，固定电话用户 326.97 万户，移动电话用户 2 425.34 万户，电话普及率 110.5%，互联网普及率 88.7%。光缆线路总长度 42 万千米，互联网省际出口带宽 2 341Gbps，分别在 2010 年基础上翻两番；电话普及率 110%，较“十一五”末增长 10 个百分点；行政村通宽带比例达到 80%；城市平均宽带接入能力 20Mbps，农村牧区平均宽带接入能力 4Mbps；有线电视用户由 2010 年的 290 万户增加到 345.9 万户。“十二五”期间，呼和浩特市和鄂尔多斯市成为 2015 年度创建“宽带中国”示范城市。中国电信、中国联通、中国移动三大电信企业在呼和浩特市建成全国最大的数据中心基地之一，承载能力达到近 70 万台服务器。2015 年，全区 IPTV 用户 20 多万户。

【“十二五”期间电子信息产业】 产业特色逐步显现。“十二五”期间，内蒙古依托资源、能源、政策优势，发展稀土新材料、LED 衬底材料、晶体硅、化成箔、锗金属等电子基础原材料产业；依托民族特色，加快蒙古文软件的开发和推广应用，开发出蒙汉双语图书管理系统和档案管理软件、蒙古文 WPS、Office2000 等办公自动化软件；依托包头市等工业基地优势，加快工业自动化控制系统研发，其中自主研发的“电厂燃料自动监控系统”“啤酒工控系统”“炼钢转炉计算机控制系统”处于国内领先水平。

新型产业不断涌现。“十二五”期间，内蒙古加大经济结构调整力度，推动电子信息产业转型升级，培育引进云计算、大数据、物联网、发光二极管、蓝宝石衬底、光热产业等技术领先、特色鲜明的新型产业，初步形成集聚发展态势；建成全国最大的云计算服务基地，阿里巴巴集团、百度公司、腾讯公司、搜狐公司、中兴通讯股份有限公司、浪潮集团、东华软件股份公司、中科院云计算育成中心等一批互联网和大数据应用企业入驻。

【科技进步与应用】 2015年3月，华腾科技股份有限公司依托自主研发基于大数据的HT-EIP企业级开发框架平台和组件库，为高等教育以及政务行业提供移动信息化解决方案和大数据服务。平台形成包含40多项模块化组件的基础组件库，依托HT-EIP平台支撑，客户可以对机构自身的业务、数据和流程等进行全面的一体化管控，可以安全地通过PC、APP和微信等多种服务渠道随时随地进行业务处理，降低运营成本，提高运营效率。华腾科技“学生培养过程管理”被内蒙古科技大学、内蒙古农业大学、内蒙古医科大学、山东财经大学、山东职业学院、山东艺术学院等20多所大学应用。

5月，内蒙古自立科技有限责任公司自主开发设计内蒙古旅游局智慧旅游综合分析系统服务平台，综合运用数据库技术、数据交换技术、快速索引技术、网络技术以及虚拟现实技术等最先进的信息化技术，通过对旅游数据的数理分析，帮助自治区旅游局及盟市各级旅游管理部门实现旅游管理的旅游收入、旅游人均天花费、旅游停留天数、旅游人数、旅游满意度的实时综合统计，提高统计分析工作效率。

7月，内蒙古灵奕高科技（集团）有限责任公司通过构建企业工业控制与数据采集网络，建立工业大数据采集平台，集成工厂的ERP、MES、自动化控制等系统，达到数据统一、共享、集成、协同智能。基于大数据平台的数据采集、数据存储及数据分析能力，集成诸如生产调度、产品跟踪、质量控制、设备故障分析、网络报表等管理功能，使用统一的数据库和通过网络连接可以同时为生产部门、质检部门、工艺部门、物流部门等提供车间管理信息服务。

9月，内蒙古瑞特优化科技股份有限公司自主研发基于大数据挖掘的火电厂锅炉深度性能优化项目，采用大数据分析，对火电厂锅炉进行运行优化和智能控制。通过对改造前后锅炉历史大数据的初步分析，结合优化目标锅炉实际运行状况调研和摸底排查，设计基于大数据挖掘的火电厂锅炉深度性能优化解决方案，采用大数据挖掘方法解决煤质波动及动态过程优化问题，结合稳态优化方法实现全面、完整的锅炉深度性能优化。

10月，内蒙古云谷电力科技股份有限公司自主研发大数据平台，可根据用户负荷的变化规律、天气等影响因素预测配电变压器未来负荷增长情况，对可能超载的配电变压器进行提前告警。同时，通过对海量多源异构数据的整合分析，实现对现场故障的速报与抢修，完善和补充现有抢险指挥平台及生产管理系统功能。

10月，内蒙古物通天下网络科技有限责任公司研发基于大数据的草原畜产品安全溯源体系项目，采用先易后难的策略，以草原羊食品安全问题为切入点，建立草原畜产品“养殖—屠宰加工—仓储物流—流通销售”各环节防伪溯源的闭合大数据体系。该项目获得1项发明专利、7项实用新型专利，在溯源大数据的支撑下，解决草原羊的防伪和溯源数据链的闭合性、完整性和真实性问题。

自2014年年初至2015年年底，内蒙古国讯富通科技有限公司自主研发内蒙古危险品物流公共服务平台开发与集成示范应用平台，将GPS移动目标报警定位、固定目标报警及一些相关应用功能集中展示。通过此平台，可以在地图上实时查看机动车所处位置、当前车辆状态和不同用户根据需求定制的一些相关功能，方便用户的统一管理调度。作为全区公安指挥系统指定的GIS基础平台，在平台内部可以实现报警信息的快速无缝隙传输，报警信息可通过内蒙古GPS网管中心直接传送到属地公安110指挥中心，免去不同系统之间的数据转换，缩短接处警时间。

【电子政务】 2015年，内蒙古自治区本级、呼和浩特市、锡林郭勒盟、乌兰察布市、乌海市、二连浩特市均成立电子政务外网管理办公室，履行本级电子政务外网规划、建设、运维管理等职能。自治区本级、呼伦贝尔市、赤峰市、巴彦淖尔市均成立电子政务工作领导小组，统筹安排本地电子政务工作。全区电子政务外网管理体制正逐步理顺。

自治区电子政务（外网）云中心以集约化方式建设“两级平台、四级服务”模式。自治区本级云中心采取双活模式进行建设，分别租赁中国联通西北数据中心和中国电信内蒙古信息园IDC机房进行部署，并投入使用。呼和浩特市与浪潮集团、包头市与曙光公司、通辽市与西安未来国际公司、乌兰察布市与华为公司合作建设本级电子政务（外网）云中心，乌海市依托公安局信息大厦自建政务云中心。同时，锡林郭勒盟、巴彦淖尔市、二连浩特市均利用自治区电子政务（外网）云中心部署部分业务应用系统。

自治区电子政务外网实现国家、自治区、盟市、旗县区四级全部联通。自治区本级108个、盟市791个、旗县区2 858个政务部门全部接入电子政务外网。国家、自治区、盟市、旗县区四级共1 639个业务应用系统部署依托电子政务（外网）云中心运行，其中，2015年自治区本级新增144个业务应用系统。盟电子政务外网接入终端8万多台。

自治区本级、呼和浩特市、包头市、赤峰市、锡林郭勒盟、鄂尔多斯市、巴彦淖尔市、乌海市、二连浩特市完成互联网出口统一工作，本级所有政务部门全部使用由政务外网提供的互联网出口。自治区本级、呼和浩特市、呼伦贝尔市、兴安盟、赤峰市、锡林郭勒盟、乌兰察布市、巴彦淖尔市、二连浩特市完成本级电子政务外网安全等级保护备案工作。自治区电子政务外网运维中心完成对各类故障（事件）处理255件，处理客户服务请求43件，完成各类变更164件，完成对接入电子政务外网厅局用户回访281人次。

完成全区各级发改系统、邮政系统及重大项目库和投资项目在线审批监管平台接入电子政务外网工作。建设内蒙古政务云网站、内蒙古政务云微信公众平台、内蒙古政务云微信群。召开全区电子政务外网工作会议，组织盟市、旗县区电子政务外网技术人员参加国家电子政务外网CIO高级研修班培训。制定《自治区电子政务外网综合考评体系》《自治区电子政务外网线路考核办法》《自治区电子政务外网运维管理办法》。

【两化融合】 2015年，内蒙古以自治区电子信息产品质量检验院为支撑平台，成立自治区两化融合联盟，将大专院校、科研机构、行业协会、电信运营商、IT企业等联合起来，以“政府引导、企业为主、政策支持、联盟提供咨询服务”的工作思路，形成上下协同、各负其责、紧密配合、运转高效的贯标推进和服务体系。组建自治区两化融合专家库，截至2015年年底，专家库有69名专家，其中，IT专家44名，行业专家15名，体系专家10名。

分别在呼和浩特市、鄂尔多斯市、巴彦淖尔市、乌兰察布市和赤峰市举办五期两化融合管理体系贯标专题培训会，完成培训1 260人次。

全区有16家企业被工业和信息化部列入国家工业化和信息化深度融合贯标试点，累计达28家，其中，6家通过评定。国家工业化和互联网创新试点企业5家，自治区级工业化和信息化深度融合贯标试点企业30家。

根据工业和信息化部《关于全面开展企业两化融合评估诊断和对标引导工作的通知》要求，以自治区统计局监测的全区规模以上工业企业为基数，确定完成1 000家规模以上企业对标的工作任务。全区上线企业1 055家。

启动包头工业云创新服务试点和包头网络协同制造项目，并在全国率先运行。包头工业云平台集成10项信息系统，部署各种工业设计软件和相关工具144条，资源库2 000余条，网络培训视频700条，1 000多门免费课程，3 000多种移动建站模板；访问量突破16万人次，本地注册用户3 200户，其中1 100余户通过平台开通企业微网站；为用户发布各类宣传展示信息500余条，发布公共服务信息1 230余条，同比增长32%。网络协同制造中心平台完成机床数字化改造90余台套，对其中的70台套进行验收；被自治区列为全区两化融合重点试点项目，获批成为工业和信息化部2015年互联网和工业融合创新试点项目；改造完成机床设备236台套，基本搭建协同平台框架并试运行；项目建设经费4 000万元。

自治区畜产品全产业链追溯体系试点建设进展顺利。完成基于物联网的畜产品追溯5项电子自治区地方标准的编制工作，并于2015年9月1日正式实施。自治区畜产品全产业链追溯监管服务平台正式上线试运行，截至2015年年底，上传耳标数据52.29万个，其中，呼伦贝尔市上传25.2万个，锡林郭勒盟上传27万个，巴彦淖尔盟上传871个。追溯采集数据标准195项，征求相关部门意见正在修改完善。

【电子商务】 2015年，内蒙古制定并印发《内蒙古自治区电子商务发展规划（2014—2020年）》和《内蒙古自治区加快电子商务发展若干政策规定》。全年实现电子商务交易总额约1 481亿元，比2013年710亿元翻一番。借助国内第三方大型网络交易平台实现交易，据不完全统计，全区在淘宝、天猫、京东等主要平台开设网店5 500多家，在阿里巴巴、慧聪平台开展企业间交易的企业超过6 000家。销售产品主要是牛羊肉制品、奶制品、围巾和针织毛衫、五金机电、机械设备等。支撑电子商务发展的物流配送、网络支付、安全认证、电子信息技术等支撑服务业也应运而生。呼和浩特市获准创建第二批国家电子商务示范城市，赤峰红山物流园区被列为国家级电子商务示范基地，通辽草原旭日公司被确定为国家级电子商务示范企业。

【社会领域信息化】 2015 年，内蒙古教育信息化支持远程教育、科学研究、教育管理、资源共享，提供高效便捷的网络平台。医疗信息化促进医疗、医药和医保的联动，保障 80% 以上三甲医院建立电子病历信息系统和电子健康档案。建设社保五险合一、民政低保、经适房和廉租房等民生信息系统，保障社保“一卡通”即时结算覆盖 80% 以上的城乡居民。金融、交通、社保等便民“一卡通”推广迅速，呼和浩特市、包头市、鄂尔多斯市等地的数字社区建设实效明显。

形成以内蒙古农牧业信息网、“12316”三农三牧服务热线和“农信通”手机短信服务为基础，以微信、微博和客户端为延伸的多元化的农牧业和农村牧区信息服务模式，年均服务农牧民 100 万人次以上。一批旗县探索出适合本地区发展的信息进村入户模式。设施农业物联网“大棚管家”建成并得到推广。全区建立以 24 个抽样调查县、25 个农产品批发市场、13 个蔬菜产地、2 个口岸为主体的农畜产品市场信息采集网络。

【网络安全】 2015 年，内蒙古开展重点领域信息系统安全检查工作，加强政府部门互联网接入与安全防护体系建设。建成自治区政务信息安全灾备中心，对 17 个部门 120 多个业务信息系统进行灾备。开展全区工业控制系统信息安全摸底调查和公共服务试点示范工作。开展全区重点领域网络信息安全人员培训，增强信息安全人员岗位能力。全区等级保护、密码保障、网络信任、电子认证、应急响应、容灾备份等信息安全基础设施建设逐步加快。涉密信息系统设备配置、分级保护和安全检查等相关工作进一步加强。互联网管理进一步提升，建立并完善互联网信息内容监测指挥和互联网侦控系统。

【统计数据】

表 1　2015 年内蒙古自治区电子信息制造业人员构成情况

企业类别	企业数（家）	年末从业人员总数（人）	其中：研发人员（人）
内资企业	14	4 117	416
国有企业	1	169	
股份合作企业	1	15	
有限责任公司	9	3 270	317
股份有限公司	3	663	99

表 2　2013—2015 年内蒙古自治区电子信息制造业基本情况

项目名称	单位	2013 年	2014 年	2015 年
工业总产值（现行价）	万元	1 020 305.5	9 946 909.1	6 342 725.0
工业销售产值	万元	1 001 984.9	10 547 596.3	5 922 511.4
出口交货值	万元	30 834.9	262 447	277 526.0
资产总计	万元	1 360 167.3	12 417 900.2	7 790 091.2
负债合计	万元	915 082.0	8 394 330.8	5 082 498.1
主营业务收入	万元	990 616.9	11 064 540.8	6 087 493.0

续表

项目名称	单位	2013 年	2014 年	2015 年
税金总额	万元	32 855.5	151 154	43 912.1
利润总额	万元	52 258.9	298 483.2	291 210.0
应交所得税	万元	9 993.9	69 865.1	12 963.2
从业人员年末人数	人	5 964	6 012	4 117
从业人员工资总额	万元	24 514.2	311 852.5	242 254.3

表 3　2013—2015 年内蒙古自治区电子信息制造业主要经济效益指标完成情况

项目名称	单位	2013 年	2014 年	2015 年
流动资产周转率	次	1.07	1.3	2.0
产品销售率	%	98.2	106.0	90.0
总资产贡献率	%	7	4	3.3
资产保值增值率	%	113.7	106.5	100.0
资产负债率	%	67.3	67.2	60.0

表 4　2015 年内蒙古自治区软件产业人员构成情况

企业类别	企业数（家）	年末从业人员总数（人）	人员构成			
			管理人员（人）	在总人数中所占比例（%）	软件开发研究人员（人）	在总人数中所占比例（%）
内资企业	80	4 568	609	13.3	1 420	31.1
有限责任公司	20	1 763	263	14.9	698	39.6
股份有限公司	4	290	38	13.1	76	26.2
私营企业	55	2 408	290	12.0	581	24.1
其他内资企业	1	107	18	16.8	65	60.7

表 5　2013—2015 年内蒙古自治区软件产业基本情况

项目名称	单位	2013 年	2014 年	2015 年
软件业务收入	万元	278 410.7	294 602	300 979
软件业务出口收入	万美元	167.1	169.2	73

续表

项目名称	单位	2013年	2014年	2015年
软件产品销售收入	万元	135 935.5	144 080.9	134 459
流动资产平均余额	万元	105 851.2	142 499	170 206
固定资产投资额	万元	2 111.5	3 397	7 548
资产合计	万元	219 788	272 721.2	298 233
负债合计	万元	82 492.2	112 860.6	133 998
税金总额	万元	11 565.1	10 548	12 905
利润总额	万元	25 390.6	20 139.7	15 389
应交所得税	万元	2 668.1	1 885.3	5 129
从业人员年末人数	人	4 259	4 663	4 568
从业人员工资总额	万元	19 795.4	25 293.8	24 257

表6　2013—2015年内蒙古自治区软件产业主要经济效益指标完成情况

项目名称	单位	2013年	2014年	2015年
流动资产周转率	次	2	2.5	2
产品销售率	%	40	40	38
总资产贡献率	%	19.5	12	15
资产保值增值率	%	140.4	143	140
资产负债率	%	37.5	41.4	40

注：表1～表6数据来源于内蒙古自治区经济和信息化委员会。

[撰稿：梁玉龙　审稿：霍航雄]

辽　宁　省

【概况】　2015年，辽宁省电子信息产业总体呈稳中趋缓态势，其中，电子信息制造业继续下行，主要产品产销基本平衡；软件和信息技术服务业平稳增长。全省电子信息产业实现主营业务收入4 342.9亿元，实现利润283亿元，税金总额268.1亿元，出口创汇110.1亿美元。

全年生产激光视盘机253万台，同比增长33.9%；手机1 615万部，同比下降44.2%；液晶电视机269万台，同比下降21.6%；打印机60万台，同比下降19.7%；汽车音响1 012万台，同比下降12.1%。

【电子信息制造业】　截至2015年年底，辽宁省电子信息制造业纳入国家统计范畴的企业411家，从业人员

16.7万人，实现主营业务收入1 308.7亿元，实现利润98亿元，税金总额16.5亿元，出口交货值399.5亿元。

2015年，辽宁省两家企业入围全国电子信息百强企业名单，东软集团股份有限公司、中国华录集团有限公司分别居第64位、第72位。

【软件和信息技术服务业】 截至2015年年底，辽宁省软件和信息技术服务业纳入国家统计范畴的企业3 610家，其中，沈阳市1 639家，大连市1 764家；软件从业人员41.5万人，实现软件业务收入3 034.2亿元，软件业务出口收入44.6亿美元，其中软件外包服务出口收入29.2亿美元。

【云计算与大数据】 2015年，辽宁省制定《辽宁省推动云计算创新发展培育信息产业新业态行动计划》（辽政发[2015]41号）。组织成立辽宁省云计算基础资源产业联盟，集聚社会离散资源，通过互联互通、统一运营的方式加快辽宁省云计算基础设施建设；制定下发《辽宁省促进大数据发展行动实施方案》（辽政发[2015]81号），加强顶层设计和统筹协调，推动政府数据和公共数据互联开放共享，加快数据融合应用，推进数据资源向社会开放，打造精准治理、多方协作的社会治理新模式，构建以人为本、惠及全民的民生服务新体系，开启大众创业、万众创新的创新驱动新格局，培育高端智能、新兴繁荣的产业发展新生态。

【信息基础设施】 截至2015年年底，辽宁省固定电话用户1 036.2万户，普及率24.4部/百人；移动电话用户4 429.6万户，普及率104.3部/百人，3G/4G用户2 545万户，占移动电话用户总数的57.5%。固定互联网宽带接入用户839.3万户，人口普及率19.8%；8Mbps及以上（固定）互联网宽带接入用户占比达70.7%，20Mbps及以上用户数占比达30.3%；移动互联网用户3 161万户，FTTH覆盖家庭2 219万户。鞍山市、盘锦市成为“宽带中国”示范城市。

《辽宁省三网融合推广实施方案》经省政府常务会议审议通过，沈阳、大连、本溪、盘锦4市率先开展广电、电信双向进入业务；辽宁IPTV集成播控平台首家通过广电总局验收，全国第一张省份IPTV正式落户辽宁，全省IPTV用户68万户。

【两化融合】 2015年，辽宁省建立省市协同的两化融合水平评估机制，开展规模以上工业企业及重点项目两化融合评估诊断。29家企业列为国家第二批两化融合管理体系贯标试点，培育22家省级两化融合贯标试点。技术创新专项支持4个项目，安排资金1 450万元。培育互联网创新模式，沈阳鼓风机集团股份有限公司、三一重型装备有限公司、辽宁思凯科技股份有限公司获得国家工业互联网融合试点企业。组织两化融合培训推广，编印《辽宁省两化融合管理体系首批评定企业优秀案例集》《两化融合相关政策及概念汇编》，征集两化融合成果，总结推广成熟经验。

【电子政务】 截至2015年年底，辽宁省电子政务外网综合网络平台覆盖95家省直部门、144个接入点，建有省政府云数据中心、跨部门数据交换平台、多业务虚拟专网等，运行网站、邮件、视频、服务审批等722个基于IP的业务应用系统。省信息化发展资金安排4 825万元，支持45个电子政务项目，研究启动省电子政务移动平台项目，组织开展项目绩效评价。

【信息消费】 2015年，辽宁省本溪市获批国家信息消费试点城市，大连智慧商圈、大连智慧家庭老幼监护系统平台获批国家信息消费创新应用示范项目，《4G LTE全制式多模无线通信模块的研发及产业化》等10个项目申请国家信息消费试点市建设重点项目。

【网络产业】 2015年，辽宁省制定《辽宁省积极推进“互联网+”行动实施方案》《辽宁省促进大数据发展行动实施方案》《辽宁省推动云计算创新发展培育信息产业新业态行动计划》等文件，组建省车联网产业创新联盟、云计算基础资源产业联盟，组织技术交流、业务洽谈20多次。签署云计算基础资源战略合作协议，为辽宁省云计算产业发展及经济社会转型提供保障。推动全省位置服务产业发展。

【信息安全】 2015年，辽宁省依据《辽宁省政府信息系统安全检查实施办法》，检查11家省直部门的23个信息系统。省级电子政务监控平台初步实现在线监控、防御、加固与分析等核心功能。

【统计数据】

表 1　2015 年辽宁省电子信息制造业人员构成情况

企业类别	企业数（家）	年末从业人员总数（人）	人员构成			
			工程技术人员（人）	在总人数中所占比例（%）	管理人员（人）	在总人数中所占比例（%）
内资企业	282	93 961	7 289	7.8	6 015	6.4
国有企业	25	30 881	3 015	9.8	3 089	10.0
集体企业	3	3 606	188	5.2	317	8.8
股份合作企业	6	921	99	10.7	91	9.9
联营企业	2	1 794	5	0.3	11	0.6
有限责任公司	149	35 794	2 024	5.7	1 159	3.2
股份有限公司	29	13 674	952	7.0	785	5.7
私营企业	67	7 278	1 003	13.8	561	7.7
其他内资企业	1	13	3	23.1	2	15.4
港、澳、台商投资企业	26	8 682	1 025	11.8	674	7.8
三资企业	103	64 207	4 980	7.8	2 501	3.9

表 2　2013—2015 年辽宁省电子信息制造业基本情况

项目名称	单位	2013 年	2014 年	2015 年
工业总产值（现行价）	万元	18 020 436	17 493 351	12 760 508
工业销售产值	万元	17 676 655	17 168 841	12 770 310
出口交货值	万元	5 280 656	5 018 927	3 994 677
流动资产平均余额	万元	8 862 972	9 692 786	10 781 826
固定资产净值平均余额	万元	3 425 167	5 090 812	4 944 330
资产总计	万元	17 154 581	19 287 906	20 712 557
负债合计	万元	7 784 171	8 187 644	8 317 060
主营业务收入	万元	17 642 479	17 503 248	13 087 061
税金总额	万元	182 485	173 130	165 392
利润总额	万元	792 958	849 378	979 807
应交所得税	万元	124 121	115 806	86 059
从业人员年末人数	人	205 367	189 976	166 850
从业人员工资总额	万元	933 917	853 539	902 228

表 3　2013—2015 年辽宁省电子信息制造业主要经济效益指标完成情况

项目名称	单位	2013 年	2014 年	2015 年
全员劳动生产率	元 / 人	206 947	211 908	188 246
流动资产周转率	次	1.99	1.72	1.2
产品销售率	%	98.1	98.1	100.1
总资产贡献率	%	6.4	6.6	5.9
资产保值增值率	%	107.7	115.4	93.6
资产负债率	%	45.4	42.4	40.2

表 4　2013—2015 年辽宁省主要电子信息产品产销量情况

产品名称	单位	产量			销量		
		2013 年	2014 年	2015 年	2013 年	2014 年	2015 年
电视机	万台	444	343	269	439	343	273
激光视盘机	万台	202	189	253	204	188	251
汽车音响	万台	1 066.7	1 150	1 012	1 071	1 172	1 035
手机	万部	2 715	2 895	1 615	2 695	2 880	1 615
打印机	万台	78	61	60	74.6	62	56

表 5　2015 年辽宁省软件产业人员构成情况

企业类别	企业数（家）	年末从业人员总数（人）	人员构成			
			管理人员（人）	在总人数中所占比例（%）	软件开发研究人员（人）	在总人数中所占比例（%）
内资企业	3 271	340 387	40 511	11.9	179 793	52.8
国有企业	40	9 383	1 257	13.4	5 320	56.7
集体企业	4	239	30	12.6	186	77.8
股份合作企业	5	98	16	16.3	43	43.9
联营企业	1	21	4	19.0	6	28.6
有限责任公司	669	94 186	8 496	9.0	53 368	56.7
股份有限公司	173	54 993	6 424	11.7	35 659	64.8
私营企业	1 769	142 013	18 241	12.8	67 837	47.8
其他内资企业	610	39 454	6 043	15.3	17 374	44.0
港、澳、台商投资企业	40	6 354	811	12.8	2 792	43.9
三资企业	299	68 410	4 127	6.0	32 240	47.1

表 6 2013—2015 年辽宁省软件产业基本情况

项目名称	单位	2013 年	2014 年	2015 年
软件业务收入	万元	27 795 022	30 653 236	30 342 196
软件业务出口收入	万美元	605 645	605 715	445 697
软件产品销售收入	万元	9 700 131	10 765 679	10 852 226
流动资产平均余额	万元	8 913 981	11 434 636	6 816 320
固定资产投资额	万元	603 157	694 441	401 348
资产合计	万元	21 890 090	25 005 394	17 866 590
负债合计	万元	11 867 308	12 508 503	8 840 095
税金总额	万元	1 684 770	2 515 277	2 515 277
利润总额	万元	2 024 661	2 306 071	1 850 366
应交所得税	万元	344 691	559 143	259 140
从业人员年末人数	人	503 897	560 044	415 151
从业人员工资总额	万元	3 303 973	4 897 818	2 671 302

表 7 2013—2015 年辽宁省软件产业主要经济效益指标完成情况

项目名称	单位	2013 年	2014 年	2015 年
流动资产周转率	次	3.12	2.68	4.5
总资产贡献率	%	15.9	18.4	23.2
资产保值增值率	%	115.6	111.1	120.7
资产负债率	%	54.2	50.0	49.5

注：表 1 ~ 表 7 数据来源于辽宁省经济和信息化委员会。

[供稿：辽宁省经济和信息化委员会]

吉 林 省

【概况】 2015 年，吉林省电子信息产业继续保持平稳增长，实现规模总量 974.8 亿元，同比增长 14.0%。其中，规模以上电子信息制造业累计完成产值 534.3 亿元，同比增长 12.6%；软件和信息技术服务业实现业务收入 440.5 亿元，同比增长 15.5%。

【电子信息制造业】 2015 年，吉林省纳入统计口径的电子信息制造业规模以上企业 191 家，产品涵盖光电子、汽车电子、新型元器件、电力电子等多个领域。长吉图区域企业集聚现象明显，形成吉林省电子信息制造业较为发达和活跃的经济带。

全年电子信息制造业累计完成产值 534.3 亿元，同比增长 12.6%；完成销售产值 525 亿元，同比增长 13.2%；完成主营业务收入 511.5 亿元，同比增长 13.0%；实现利润 26.5 亿元，同比增长 4.7%；从业人员年末人数 3.3 万人。

全年生产半导体分立器件 34.4 亿只，同比下降 0.3%；光电子器件 12.4 亿只（片），同比增长 9.2%；电子元件 324.5 万只，同比增长 1 966%；灯具及照明装置 13.7 万套（台），同比下降 91.5%；光学仪器 7.6 万台，同比下降 19.6%；汽车仪器仪表 69.4 万台，同比下降 2.8%。

长春光电子产业集群现有企业 70 家。激光器、光电编码器、激光调阻机、激光医疗设备、激光打标机等产品凭借技术上的优势，市场竞争力不断增强。长春市高新北区光电子产业园于 2015 年 6 月完成土地摘牌，园区内光电子产业孵化器建设工作基本完成，20 余家企业入驻。“吉林一号”卫星于 2015 年 10 月 7 日成功发射，围绕卫星遥感和航天信息集成应用两大产业链打造的航天信息产业园区开工建设。

长春汽车电子产业集群现有企业 20 家。吉林省汽车电子产业致力于提高产业协作配套能力，进一步加大汽车电子各领域关键、共性技术的研发力度，采用高低端产品搭配生产等方式，使得发动机控制单元、车载导航、车载信息系统、车载音响、车用仪表等汽车电子产品协作配套能力进一步提升。具有自主知识产权的高性能锂离子动力电池达到国际水平，为国内多家电动车厂配套，成为产业新的经济增长点。

电力电子产业集群现有企业 35 家。重点生产稀土永磁电力高低压开关柜、智能永磁高低压真空断路器、稀土永磁电机、电子式电能表等产品。龙头企业吉林永大集团股份有限公司在北京市设立全资子公司——北京永大科技有限公司，将专门作为公司的营销总部和研发中心，展开以北京市为核心的营销网络辐射，逐步实现全国乃至世界范围内的产品覆盖。

电子元器件行业通过产品结构调整以及淘汰、升级、研发等一系列措施，功率半导体分立器件、绝缘栅双极型晶体管等产品继续保持良好的市场占有率。龙头企业吉林华微电子股份有限公司加快产品更新换代步伐，研发投产的 MOSFET 晶体管成为公司新的经济增长点。

典型企业　吉林华微电子股份有限公司继续进行市场结构调整、客户结构调整及产品结构调整，加快推进公司 MOSFET、IGBT 产品、太阳能用肖特基产品的系列化，加大新品开发力度，通过自主创新全年共申报专利 10 余项。同时，企业开拓并占领新品市场，加强成本费用管理，公司各项经营指标趋向于良性增长。2015 年，公司实现销售收入 13 亿元，同比增长 5%。

【软件和信息服务业】　2015 年，吉林省软件和信息服务业产品结构不断完善，种类不断丰富，软件产业自身发展模式实现由单一向多元化的转变。全年完成软件业务收入 440.5 亿元，同比增长 15.5%。其中，软件产品收入 127.5 亿元，占软件业务收入的 28.9%；信息技术服务收入 255.6 亿元，占软件业务收入的 58.0%；嵌入式系统软件收入 57.4 亿元，占软件业务收入的 13.0%。

吉林省现有软件和信息服务企业 983 家，其中通过认定的软件企业 564 家，登记软件产品 2 367 个，系统集成资质企业 85 家，信息系统工程监理资质企业 4 家；软件和信息服务企业中，主营业务收入超亿元的企业 60 家，超 5 000 万元的企业 78 家；国家规划布局内重点软件企业 1 家，上市公司 12 家，筹备上市的企业 17 家。

软件和信息服务业产业规模逐步扩大，产业结构服务化趋势突出，数据处理和运营服务收入增速加快，增加 8 亿多元；技术整合更加明显，软件渗透生产生活各领域，推动传统产业发展。

在以电信网、广电网为主的基础网络体系和以光纤通信为骨干、卫星通信和数字微波为辅的通信网络体系良性运行下，在电子商务领域，小商品在线支付网络、防伪信息网络、网上银行、企业的电子商务采购平台等运行平稳，省密钥管理中心和数字认证中心的综合服务能力进一步提高，尤其是电子商务中的短信业务实现较快增长。

拓宽信息服务平台涉猎领域，加强建设完善力度。省软件和信息服务公共服务平台、数字电视服务平台、农业综合信息服务平台、制造业信息化服务平台、企业基础信息交换平台、信息技术综合服务平台等平台建设日趋完善与健全，在就业、社会保障、安全生产、公共卫生等领域的信息服务平台作用日益突出。

典型企业　启明信息技术股份有限公司在汽车管理

软件产品研发与服务、车载信息系统研制与服务2个领域的市场份额居国内同行业前列，在全国百强软件企业中居第72位。吉大正元信息技术股份有限公司是国内信息安全行业知名企业，是国内最大的公钥基础设施（PKI）产品供应商，市场占有率在70%以上。吉林省差旅天下网络技术股份有限公司是全省首家“新三板”上市公司，自主研发的出差和旅行系列软件整合出差、旅行、会议、旅游等相关需求，解决各类机构95%以上的差旅管理、差旅采购、差旅优化问题；业务遍布全国，收入和净利润均以成倍速度增长。

【科技进步与应用】 国家启动的“极大规模集成电路制造装备及成套工艺”专项（简称02专项）核心内容之一是“实现国产高端光刻机关键技术突破与产业化”，研制具有自主知识产权的90纳米～45纳米节点光刻机。中国科学院长春光学精密机械与物理研究所突破90纳米节点物镜系统研制所需单元及系统级关键技术，具备独立自主的物镜系统研制能力。90纳米节点投影物镜已经完成系统集成，初步测试结果表明该物镜质量控制优良。

东北师大理想软件股份有限公司研究开发11大系列700多种能够有效支撑教育信息化工作的系列软件产品，已推广到全国31个省、市、自治区，职业教育软件产品已推广到50多所职业院校。

【信息基础设施】 2015年，吉林省省、市、县三级主干网络建设、基础通信资源覆盖面逐步扩大，实现全省行政村宽带覆盖率100%。固定电话用户572.3万户，其中，城市电话用户447.3万户，农村电话用户125万户；固定电话普及率20.8部/百人。移动电话用户2 604.1万户，其中，3G移动电话用户822.7万户；移动电话普及率94.7部/百人。互联网络宽带接入用户426.4万户，增长2.8%。移动互联网用户1 793.3万户，其中，手机上网用户1 720.3万户。

三网融合基础网络升级改造完成交互式现代媒体信息平台、IPTV分发平台、IPTV集成播控平台、网络信息安全管控平台建设。国家三网融合试点城市长春市IPTV用户4.4万户，截至2015年年底，全省有线电视入网用户595.43万户，实现县级以上城市有线电视数字化、双向化，全网数字化用户543.44万户，双向网覆盖用户471.3万户，双向化改造累计投资14.67亿元。

【信息产业基地和园区】 吉林省国家汽车电子高新技术产业化基地位于长春高新区腹地，完成一期建设，占地面积12.3万平方米，建筑面积6万平方米，内有标准化生产厂房4栋，道路、水、电、热等基础配套设施较完备，食堂、班车、技术与服务中心等配套服务齐全。作为国家级产业园区，基地以创客空间—孵化器—加速器—产业园—产业集聚有机融合为发展模式，通过资源整合、科技引领、服务创新，推进产业化基地的建设进程。基地技术服务中心的研发核心团队有40人，涉及汽车总线技术、整车匹配技术、云计算、多系统整合4个方向的技术领域。截至2015年年底，入驻企业30家，销售收入3亿元。

吉林省软件园区建设以长春、吉林和延吉软件产业集群为核心，3个市州各自根据其产业基础、人才情况、地理位置形成各具特色的软件产业基地。长春软件园建有长春软件与动漫服务外包产业园、东北亚文化创意科技园、吉林动漫游戏原创产业园3个软件产业专业园区，各园区建筑面积70万平方米，吸引300余家企业集聚发展。吉林软件园有创业中心、留学人员创业园、大学科技园等专业孵化器，拥有自主产权孵化面积5.1万平方米，基地内企业软件著作权及软件产品近200种，其中，具有自主知识产权产品105种。延吉科技创新园是软件服务外包产业基地，投资建成孵化办公楼5.8万平方米，建设1.5万平方米的集住宿、餐饮、洗浴、超市、医疗、保安为一体的综合服务设施和600平方米的集培训室、多媒体会议厅、接待厅为一体的公共服务平台。

【电子政务】 2015年，吉林省电子政务内、外网建设与管理机制逐步完善，应用水平整体提高，政务信息发布逐步规范、及时、透明，电子政务重点项目建设和培训工作开展有序，突发应急信息管理逐步加强，“一站式”电子政务服务能力得到提升，政府网站内容不断丰富，功能逐步增强。

电子政务应用和资源整合不断深入，政务外网基础建设进一步完善，形成省、市（州）、县（市）三级结构的广域网，包括1个省核心、9个市（州）和长白山管委会、42个县（区）共53个节点。政务外网支撑作用更加突出，构建省发改委、省审计厅、省物价局等单位的业务专网，27 个政务部门应用政务外网的网络支撑开展业务。电子认证工作为省检察院、省物价局分别发放证书 398 个、568 个，并提供相应服务。

【两化融合】 根据中国电子信息产业发展研究院发布的《2014 年中国信息化与工业化融合发展水平评估报告》，吉林省两化融合发展总指数 60.65，居全国第 21 位，较上年前进 1 位。

围绕长吉图城市群的主导产业和特色工业产业园区创建的省级两化融合试验区 7 个，推动实施信息化建设项目 86 个，总投资 14.6 亿元，各试验区公共信息服务平台搭建完成并上线运营。

开展两化融合管理体系贯标培训活动 6 场次，740 家企业近 1 000 人参加。首批国家两化融合管理体系贯标试点企业中，中化吉林长山化工有限公司和吉林敖东药业集团股份有限公司通过工业和信息化部贯标评定；一汽轿车股份有限公司、吉林吉恩镍业股份有限公司等 13 家企业入选国家两化融合管理体系贯标试点；福耀集团长春有限公司等 20 家企业被确定为省级贯标试点。

滚动实施两化融合重点项目 126 个，涵盖汽车、医药、化工、食品等重点行业 41 个产业集群，带动企业总投资 20.6 亿元。利用省级专项资金支持汽车、化工、纺织、医药等行业两化融合重点项目 68 个。

【"互联网+"】 2015 年，吉林省人民政府与中国联合网络通信集团有限公司签署《"互联网 +"战略合作框架协议》。推动中国联通吉林分公司围绕"互联网 +"网络基础设施等 10 个重点领域，实施 26 个"智慧吉林"建设项目。截至 2015 年年底，吉林省社会创新管理平台、安监生产监管平台、HIS（医疗信息系统）移动化项目、城市一卡通等 12 个项目完成平台搭建、功能完善并推广使用，其他项目按计划建设中。

白城市、珲春市被工业和信息化部确定为第二批国家信息消费试点城市，全省试点城市数量达到 5 个，实施启明公司驾驶者伙伴服务平台等 29 个示范项目，累计完成投资 28.5 亿元，其中省食品药品电子监管可追溯平台被工业和信息化部评为信息消费创新应用（智能物流应用）示范项目。

重点与阿里巴巴、百度公司在电子商务领域开展合作，推动 2 600 家中小企业进入阿里巴巴诚信通平台和百度互联网营销体系。

【公共领域信息化】 2015 年，吉林省无线城市年度累计使用用户 217.1 万，用户点击量累计 6 389.5 万，累计上线应用 925 项，注册用户超过 753.6 万，门户访问量累计 2.54 亿次，主要涉及民生、政务、交通、教育、医疗、餐饮、旅游、就业等领域，较上年累计新增应用 280 余项。

建立医疗卫生服务网络，建设完成集医疗、预防、保健、康复、健康教育和计划生育为一体的社区卫生服务信息系统，实现医疗卫生全流程信息化。实施"宽带网络校校通"工程，实现全省大中型城市的中心校级"网络全覆盖"。依托省图书馆信息查阅优势开展信息查阅服务，增设政府信息公共查阅服务，设立政府公开信息查阅室。社会保障"一卡通"建设基础数据采集覆盖到 58 个县（市、区）、750 多个乡镇和街道。建设完成低保信息比对系统、吉林省建筑市场诚信管理平台、房地产市场监管平台、市政公用行业监管平台、公共建筑能耗检测平台、城市供热企业热源管控信息平台等一批公共服务平台。

【产业环境】 2015 年，吉林省出台《吉林省促进互联网经济发展指导意见》（吉政发 [2015]10 号）。明确未来 5 年，全面提升基础信息网络有效覆盖和支撑服务能力，宽带、融合、安全、泛在的下一代互联网基础设施初步建成，固定宽带家庭普及率达到 75%，3G/4G 用户普及率达到 90%，有线电视网络覆盖率超过 95%，互联网产业规模达到 2 100 亿元，年均增长 20% 以上，电子商务交易额超过 8 100 亿元，网络零售交易额突破 2 400 亿元，年均增长 30% 以上；提出主要在信息基础设施建设等 8 个方面开展工作，并针对各项任务提出营造互联网经济发展环境、加大政府财税支持力度等 7 项保障措施。

制定两化深度融合评估指标评测方法，开发吉林省两化融合数据采集评估系统，设定基础网络、工业应用、应用效益 3 个方面 58 项评估指标，连续开展全省区域两化融合发展水平评估数据采集工作，逐渐增加企业样本数量，纳入系统企业数量已近 1 000 户，并形成吉林省工业企业信息化与工业化融合发展水平评估报告。

2015年，全省84%的工业企业处于单项应用和综合集成阶段，呈现中间高、两头低正态分布。

强化信息化建设激励机制，把信息化建设和管理创新工作先进单位和先进个人表彰奖励项目列入省政府表彰项目，面向全省工业和信息化系统、中省直企业和重点企业，每3年评选全省信息化建设和管理创新工作先进单位和先进个人并实施表彰。

【主要问题】 电子信息制造业企业结构不优，小微企业多，龙头大企业少，抵御风险能力较弱；产品结构不优，基础元器件多，终端整机产品少，产业链延伸能力不强；人才结构不优，一般专业人才较多，高端管理人才少。

软件和信息服务业企业数量多、规模小、产业优势、集群效应和品牌形象不突出、研发生产投入不足。资金需求缺乏广阔有效的融资来源渠道，核心技术自主创新能力薄弱，风险投资及投融资机制、海外市场开拓支撑体系、公共技术开发体系、软件技术创新机制、统筹协调机制以及相关的制度法规建设尚未健全。

【统计数据】

表1 2013—2015年吉林省电子信息制造业基本情况

项目名称	单位	2013年	2014年	2015年
工业总产值(现行价)	万元	4 444 891	4 743 220	5 342 991
工业销售产值	万元	4 324 368	4 636 332	5 250 233
出口交货值	万元	91 317	97 168	157 324
资产总计	万元	2 763 515	2 947 857	3 235 307
负债合计	万元	1 231 911	1 343 510	1 482 780
主营业务收入	万元	4 268 232	4 528 058	5 115 196
税金总额	万元	120 255	113 240	122 950
利润总额	万元	246 986	253 365	265 375
应交增值税	万元	99 772	90 791	91 748
从业人员年末人数	人	32 625	36 474	32 783

表2 2013—2015年吉林省电子信息制造业主要产品产量情况

产品名称	单位	2013年	2014年	2015年
半导体分立器件	万只	371 694	345 057	344 070

表3 2013—2015年吉林省电子信息制造业主要经济效益指标完成情况

项目名称	单位	2013年	2014年	2015年
全员劳动生产率	元/人	434 416	355 678	406 843
流动资金周转率	次	2.8	3	3.3

续表

项目名称	单位	2013 年	2014 年	2015 年
产品销售率	%	97.3	97.7	98.2
总资产贡献率	%	15.3	14.3	13.9
资产负债率	%	44.6	45.5	45.8

注：表 1 ~表 3 数据来源于吉林省统计局。

表 4　2013—2015 年吉林省软件产业人员构成情况

企业类别	企业数（家）	年末从业人员总数（人）	人员构成			
			管理人员（人）	在总人数中所占比例（%）	软件开发研究人员（人）	在总人数中所占比例（%）
内资企业	951	44 641	4 916	11.0	16 062	36.0
国有企业	14	44 54	165	3.7	1 006	22.6
股份合作企业	1	18	3	16.7	5	27.8
有限责任公司	682	26 403	2 858	10.8	10 095	38.2
股份有限公司	68	5 125	613	12.0	1 786	34.8
私营企业	179	7 668	1241	16.2	3 092	40.3
其他内资企业	7	973	36	3.7	78	8.0
三资企业	32	8 173	220	2.7	729	8.9

表 5　2013—2015 年吉林省软件产业基本情况

项目名称	单位	2013 年	2014 年	2015 年
软件业务收入	万元	3 195 737	3 813 615.8	4 405 089.2
软件业务出口收入	万美元	3 444	12 830.6	11 018.8
软件产品销售收入	万元	825 656	1 025 710.0	1 189 823.6
流动资产平均余额	万元	746 989	963 690.3	1 161 255.0
固定资产投资金额	万元	124 759	97 751.7	149 188.6
资产总计	万元	1 325 242	1 870 706.9	2 566 912.8
负债合计	万元	465 831	728 648.7	960 005.5
税金总额	万元	128 212	131 494.8	146 766.0
利润总额	万元	218 409	346 167.0	478 453.8

续表

项目名称	单位	2013 年	2014 年	2015 年
应交所得税	万元	28 361	44 705.7	35 287.6
从业人员年末人数	人	47 742	50 501	52 814
从业人员工资总额	万元	152 013	204 598.7	247 414.9

表 6　2013—2015 年吉林省软件产业三资企业基本情况

项目名称	单位	2013 年	2014 年	2015 年
软件业务收入	万元	477 301.6	570 240.5	591 236.3
软件业务出口收入	万美元	781.0	2 471.9	2 618.6
软件产品销售收入	万元	265 475.3	387 676.2	413 865.4
流动资产平均余额	万元	83 493.1	96 357.1	88 928.4
固定资产投资金额	万元	3 295.1	8 983.7	9 134.1
资产总计	万元	151 127.5	529 524.0	858 987.2
负债合计	万元	48 825.2	256 126.8	329 778.9
税金总额	万元	95 086.9	74 707.9	49 984.9
利润总额	万元	40 094.9	105 421.5	126 889. 8
应交所得税	万元	7 694.9	24 134.3	13 022.0
从业人员年末人数	人	3 706	6 080	8 173
从业人员工资总额	万元	23 106.2	31 421.3	60 232.9

表 7　2013—2015 年吉林省软件产业主要经济效益指标完成情况

项目名称	单位	2013 年	2014 年	2015 年
全员劳动生产率	元 / 人	101 794	112 845	125 257
流动资产周转率	次	447	521	692
产品销售率	%	26	27	30
总资产贡献率	%	17	19	25
资产保值增值率	%	126	133	177
资产负债率	%	35	39	37

表 8　2013—2015 年吉林省软件产业三资企业主要经济效益指标完成情况

项目名称	单位	2013 年	2014 年	2015 年
全员劳动生产率	元 / 人	49 515.2	56 447.4	65 479
流动资产周转率	次	572	592	665
产品销售率	%	23	25	28
总资产贡献率	%	89	34	21
资产保值增值率	%	122	131	180
资产负债率	%	32.3	48.3	38

注：表 4 ～表 8 数据来源于吉林省工业和信息化厅。

［撰稿：盛延鹏　杨锁　汪洋　审稿：王增华］

黑龙江省

【概况】　2015 年，黑龙江省电子信息产业实现主营业务收入 295.42 亿元，同比增长 8.7%。其中，电子信息制造业实现主营业务收入 144.72 亿元，同比增长 4.3%；软件和信息技术服务业实现软件业务收入 150.7 亿元，同比增长 13.0%。

【电子信息制造业】　2015 年，黑龙江省电子信息制造企业生产经营情况总体平稳，全省列入统计的电子信息制造企业 49 家，完成工业总产值 145.78 亿元，同比下降 3.0%；完成主营业务收入 144.72 亿元，同比增长 4.3%；实现利润总额 20.92 亿元，同比增长 51.3%。黑龙江省在传感技术、集群通信、激光通信、光电子材料等方面已具备较强的研发实力，初步形成以动力电池、光电子、汽车电子、传感器和应用电子为特色的产业格局。

双鸭山市引进全球最大的太阳能薄膜发电企业汉能集团生产基地建设项目，2015 年 3 月正式批量生产。七台河市引进的德彩光电有限公司生产基地建设项目、哈尔滨奥瑞德光电技术有限公司总投资 4 亿元的蓝宝石视窗材料生产基地建设项目，已相继投产。航天科技控股集团股份有限公司哈尔滨公司投资 750 万元建设的电磁兼容实验室项目已投入使用，为全省电子信息企业提供服务平台。

典型企业　2015 年，黑龙江省电子信息制造业龙头企业哈尔滨光宇集团股份有限公司连续 13 年进入国家电子信息产业百强序列，排名第 77 位。公司实现产值 62.21 亿元，主要产品有铅酸电池、动力锂离子电池等。动力锂离子电池日产 300 万瓦时，聚合物锂离子电池月产 1 500 万只。公司计划投资 4.5 亿元扩建动力锂离子电池生产线，项目达产后，可新增产能 10 亿瓦时。

2015 年，哈尔滨奥瑞德光电技术有限公司实现产值 11.68 亿元，继续保持快速增长势头。2015 年 12 月 4 日，公司投资 15.3 亿元收购新航科技 100% 股权，收购后公司将延伸蓝宝石产业链，主要产品将延伸至硬脆材料切磨抛加工设备及技术服务领域。

中国电子科技集团公司第 49 研究所是国内唯一专门从事敏感元器件与传感器研究、开发、生产的专业研究所，建有黑龙江省环境与安全传感技术重点实验室、黑龙江敏感器件与传感器工程技术研究中心、哈尔滨传感器工程技术研究中心、工业和信息化部传感器产品质量监督检测中心，是中国传感器行业的主力军。

大庆佳昌晶能信息材料有限公司是以砷化镓、锗、磷化铟等半导体材料生产、销售为主营业务的高科技企业，月产2~4英寸砷化镓抛光9万片，占国内市场份额的27%，产能位居全国第二。

哈尔滨海格科技发展有限责任公司是黑龙江省唯一一家集成电路封装企业，是全球第二大红外接收器件产品供应商，生产的红外接收器产品占国内市场份额的25%，市场占有率居全国第一。

哈尔滨固泰电子有限责任公司研发的随频喇叭，成为德系车在中国认可的第一个汽车电子产品，大众、奥迪都是固泰客户。固泰汽车电子喇叭已为国内外30多家汽车厂商供货，在同类产品中市场占有率达到80%以上。

哈尔滨万宇科技股份有限公司是美国通用汽车公司的配套商，每年销售产值达2亿元。威帝电子股份有限公司、航天科技控股集团股份有限公司哈尔滨公司、天有为电子有限责任公司生产的汽车仪表产品，占据国产车20%的市场份额。黑龙江瑞兴科技股份有限公司是铁路总公司认定的两家轨道电路产品供应商之一，技术处于国际先进水平，具有较强的运维服务支持能力。

【软件和信息技术服务业】 2015年，黑龙江省软件产业实现软件业务收入150.7亿元，同比增长13.0%，增速比上年同期降低0.4个百分点。实现软件产品收入53.2亿元，同比增长10.2%；实现信息安全产品收入2.4亿元，同比增长60%，增幅较大。实现信息技术服务收入79.3亿元，同比增长16.6%；实现嵌入式系统软件收入18.2亿元，同比增长5.3%。

在充分调研的基础上研究提出云计算数据中心电价问题解决方案，对全省大型及大型以上云计算数据中心用电享受优惠电价，优惠电价与实际市场电价差额部分由政府补贴，破解多年来困扰云计算数据中心发展的电价难题。

推动中国移动哈尔滨数据中心、中国联通哈尔滨数据中心、哈尔滨云古名气通数据中心、大庆联想科技城云计算中心、北安新中新星光信息科技股份有限公司数据处理中心、哈工大松北科技港及物联网技术研发中心等重点大项目建设，协调有关部门解决项目实施中存在的问题，保证项目按期完成。

完成“创享汇”主题沙龙筹备工作。“创享汇”主题沙龙是一个集培训讲座、经验分享和项目路演形式于一体的交流平台，以“支持创新、鼓励创业，分享经验、共享资源，汇集智慧、汇聚人才”为原则，帮助黑龙江省软件与信息服务业的中小微企业提振发展信心、提高经营管理水平、提升创新能力，帮助大学生转变就业观念、培育创业意识、树立创业信心、掌握创业技能。

工业大数据在热电领域实现应用价值。钧安工业大数据云数据中心相关产品采用一系列先进的数据处理技术，可对海量实时、历史数据进行收集、压缩、存储、检索，并保证数据质量和存取速度；提供的扩充模块还能帮助用户对数据进行处理、计算、分析、发布，以挖掘海量数据的潜在价值，并通过大数据分布式存储与高性能计算的处理方式，对数据进行相关业务的处理与分析。此外，还运用可视化展现形式，通过直观地显示画面来传达数据指标与参数特征，从而实现复杂的数据集的深入洞察。该产品已在火力发电厂取得一定经济效益。

典型企业 大庆正方软件科技股份有限公司成立于2002年，2003年通过双软企业认证，2009年被评为国家级高新技术企业及技术先进型服务企业，2015年7月27日在新三板上市，股票代码832911。公司主营：油田应用开发、系统应用集成平台、大数据分析、智慧油田、智能管理，工业4.0解决方案，石油应用云服务，企业级培训及文化产业，职业经理人培训。公司已成为东北地区石油行业的主要应用软件供应商。在国家提出工业4.0战略以来，公司抓住机遇实现技术创新与转型，通过多年积累的经验，未来将打造石油行业首家将应用、开发、部署实施一体化的企业服务总线云平台。

哈尔滨钧安世通科技有限公司成立于2013年8月，注册资金100万元。公司现有员工50余人，核心研发团队由中国科学院大学和哈尔滨工业大学的各领域技术精英构成，拥有丰富的理论知识和实际经验。2015年7月，公司在上海股交所Q版挂牌。公司专注于工业大数据产品、工业节能产品、工业安全产品的成果转化、销售及相关的技术咨询、培训。

【科技进步与应用】 哈尔滨九洲电气股份有限公司研发的九洲技术电动汽车充电系统BMS电池管理系统软件V1.0，是应用先进技术研发的用于提高电动汽车中电池利用率的监控软件，是电池和用户之间的纽带。电池的性能复杂，不同类型的电池特性差异明显，本套系统可以监控电池状态，延长电池寿命，提高电池利用率，防止过度充放电。

哈尔滨创博科技有限公司研发的创博齿轮双面啮合综合测量仪嵌入式软件 V1.0，改变目前市场同类产品自动化程度低、智能程度不高的现状，齿轮啮合仪嵌入式软件高速精密的运动控制、数据采集及数据处理系统能够测量齿轮的一齿径向偏差，齿轮径向综合总偏差径向跳动，并根据中心距的变化量测量出齿轮的公法线和跨棒距，按国际齿轮精度标准对齿轮测量结果进行误差评定。

黑龙江稷昌农业科技发展有限公司研发的水稻生产信息管理系统 V1.0，搭建从农田到餐桌的农产品质量溯源系统，实现稻米全程质量安全生产与溯源。消费者可以随时查询稻米生产中的相关信息，系统以溯源二维码为信息载体，结合相应质量控制和管理标准规范，构建水稻溯源信息管理系统，实现对示范区的土壤有机质含量、水稻品种、种植、加工、仓储、运输和销售等环节的全程监控。

黑龙江安信与诚科技开发有限公司研发的安信与诚短信防伪系统软件 V1.0，为安卓手机专用，作为防伪码查询自动验证、回复系统，适用于市场上容易产生假冒伪劣产品的行业。主要完成功能、厂家生产产品的过程通过该软件生成防伪码，印刷到相应产品上，当产品销售给终端消费者后，消费者可以将防伪码发送给厂家指定的手机号，厂家指定的手机接收到防伪码进行自动验证，并回复给消费者商品的真伪识别结果。

哈尔滨华夏矿安科技有限公司研发的井下智能联锁爆破安全监控系统 V1.0，完成井下爆破管理从“措施管理”到“本质安全”管理的飞跃，实现放炮安全管理的智能化、自动化、网络化，满足通过网络对放炮（爆破）全过程进行实时监控的需求，实现煤矿井下爆破本质安全，保证井下工作人员的生命安全。

【信息产业基地和园区】 2015 年，黑龙江省重点推进 4 个产业项目，完成固定资产投资 6.47 亿元。一是中国移动哈尔滨数据中心项目，完成固定资产投资 5.83 亿元，新建云计算数据中心，建成后达到 5 万个机架，已完成建设内容，项目一阶段主体施工全部完成。二是哈尔滨云谷名气通数据中心项目，完成固定资产投资 4 912 万元，建成后承载机柜 6 050 个，已完成建设内容，1、2、6 号楼的主体结构建设收尾。三是大庆联想科技城云计算中心一期项目，固定资产投资计划 1.73 亿元，设计容量 2 000 余组机柜，可容纳 2.4 万台服务器，由于资金存在问题，暂时没有启动。四是北安新中新星光信息科技股份有限公司数据处理中心建设项目，完成固定资产投资 1 500 万元，已完成建设内容，建设呼叫中心席位 400 席。

【两化融合】 2015 年，黑龙江省推进信息化与工业化融合，顺应“中国制造 2025”和“互联网 +”发展趋势，以新一代信息技术与制造业深度融合为主线，推进重点行业两化融合，加快推广普及两化融合管理体系，推动企业“互联网 +”应用，提升工业控制系统信息安全保障能力，不断打造信息化环境下企业竞争新优势，促进产业转型升级和工业提质增效。

黑龙江省推进重点行业两化融合，装备、食品、石化、医药、民爆等行业智能化改造取得进展，企业装备数控化率达到 50%。企业两化融合管理体系贯标进入推广阶段，在引领企业管理组织变革、培育新型能力等方面发挥推动作用，14 家企业成为全国两化融合管理体系贯标试点企业，哈电集团、飞鹤乳业、西钢集团、哈飞集团成为全国两化融合管理体系达标企业。区域和重点行业两化融合发展水平评估工作有序开展，940 家企业完成两化融合评估诊断和对标引导，为各市地和企业科学推进两化融合提供参考依据。工业云信息化服务平台建设与应用加快推进，服务工业企业特别是中小微企业开展“互联网 +”应用成效逐步显现。信息消费继续保持增长势头，哈尔滨市、大庆市、牡丹江市入选全国信息消费试点城市。工业控制系统信息安全管理进一步加强，保障重要工业控制系统安全稳定运行。

典型应用 一是工业云平台服务企业“互联网 +”应用。黑龙江省工业云信息化服务平台作为国家和黑龙江省重点支持的工业云创新试点项目，通过整合云计算、物联网、移动互联网技术以及创新设计与协同制造技术，基于 SaaS 模式，为企业提供设计、制造、营销、数据存储等业务环节的应用软件和信息化资源，用户涵盖装备、能源、石化、食品等多个行业，成为服务黑龙江省工业企业特别是中小微企业开展“互联网 +”应用的重要平台。

二是运用“互联网 +”推动全产业链追溯体系建设。

黑龙江飞鹤乳业在两化融合管理体系贯标基础上，将“互联网+”运用到乳制品生产的各个生产流通环节，通过建立数据平台实现数字化信息的统一管理，加强质量内控体系建设，实现乳制品生产全程质量及卫生管理信息可追溯，从根源上确保产品质量安全及保障消费者权益，在全国同行业率先实现全产业链追溯体系。

三是实施两化融合管理体系贯标提高供应链管理水平。哈尔滨电机厂有限责任公司通过实施两化融合管理体系贯标不断提高协同采购新型能力，采取编写程序文件，整合现有制度等方式，丰富完善企业采购管理制度，采购计划编制准确率达到97.9%，采购收料及时率达到85.1%，切实收获“本质贯标”带来的经济效益。

四是基于互联网与工业融合创新的3D打印。黑龙江省自动化系统工程公司作为国家第二批互联网与工业融合创新试点企业，积极研发3D打印设备智能运营系统，通过提高3D打印设备的智能化水平，在3D打印材料、设备和服务等领域不断取得创新突破。

【统计数据】

表1 2015年黑龙江省电子信息制造业人员构成情况

企业类别	企业数（家）	年末从业人员总数（人）	其中：研发人员（人）
内资企业	47	11 840	1 579
国有企业	2	451	67
有限责任公司	22	3 453	470
股份有限公司	13	5 912	917
私营企业	8	1 484	
其他内资企业	2	540	126
三资企业	2	8 392	11

表2 2013—2015年黑龙江省电子信息制造业基本情况

项目名称	单位	2013年	2014年	2015年
工业总产值（现行价）	万元	1 337 357	1 503 193	1 457 802
工业销售产值	万元	1 297 820	1 389 964	1 395 687
出口交货值	万元	97 436	106 931	112 832
流动资产平均余额	万元	1 012 932	1 432 752	1 627 629
固定资产净值平均余额	万元	186 458	381 599	233 386
资产总计	万元	2 279 308	2 348 280	2 955 728
负债合计	万元	1 120 440	1 156 591	941 126
主营业务收入	万元	1 375 908	1 386 912	1 447 195
税金总额	万元	22 970	27 862	22 891
利润总额	万元	135 896	138 232	209 155

续表

项目名称	单位	2013 年	2014 年	2015 年
应交所得税	万元	10 090	10 113	18 066
从业人员年末人数	人	22 376	20 837	20 061
从业人员工资总额	万元	54 619	44 760	83 513

表 3　2013—2015 年黑龙江省电子信息制造业三资企业基本情况

项目名称	单位	2013 年	2014 年	2015 年
工业总产值（现行价）	万元	574 001	617 277	631 375
工业销售产值	万元	574 001	564 381	613 005
出口交货值	万元	77 555	83 185	102 773
流动资产平均余额	万元	121 645	599 262	611 081
资产总计	万元	835 452	918 998	927 212
负债合计	万元	465 874	517 661	52 557
主营业务收入	万元	540 747	590 923	613 005
税金总额	万元	5 460	1 389	1 305
利润总额	万元	36 814	52 376	47 681
从业人员年末人数	人	8 015	8 196	8 393
从业人员工资总额	万元	7 044	4 754	34 183

表 4　2015 年黑龙江省软件产业人员构成情况

企业类别	企业数（家）	年末从业人员总数（人）	人员构成				
			工程技术人员（人）	在总人数中所占比例（%）	管理人员（人）	在总人数中所占比例（%）	研发人员（人）
内资企业	479	28 716	6 757	23.5	5 011	17.5	16 948
国有企业	16	1 728	630	36.5	258	14.9	840
集体企业	1	115	46	40.0	22	19.1	47
股份合作企业	8	376	74	19.7	72	19.1	230
联营企业	4	1 086	253	23.3	166	15.3	667
有限责任公司	252	14 559	3 007	20.7	2 588	17.8	8 964
股份有限公司	54	4 756	1 437	30.2	770	16.2	2 549

续表

企业类别	企业数（家）	年末从业人员总数（人）	人员构成				
			工程技术人员（人）	在总人数中所占比例（%）	管理人员（人）	在总人数中所占比例（%）	研发人员（人）
私营企业	140	5 857	1 233	21.1	1 088	18.6	3 536
其他内资企业	4	239	77	32.2	47	19.7	115
港、澳、台商投资企业	3	121	22	18.2	26	21.5	73
三资企业	15	1 115	227	20.4	193	17.3	695

表 5　2013—2015 年黑龙江省软件与信息服务业基本情况

项目名称	单位	2013 年	2014 年	2015 年
流动资产平均余额	万元	682 218	486 639	310 657
资产总计	万元	1 429 735	1 317 657	1 188 247
负债合计	万元	390 416	191 634	174 314
税金总额	万元	93 625	14 217	57 261
利润总额	万元	223 179	253 190	218 600
应交所得税	万元	26 574	35 467	12 338
从业人员年末人数	人	25 863	27 526	29 831
从业人员工资总额	万元	166 584	234 412	176 289

表 6　2013—2015 年黑龙江省软件与信息服务业三资企业基本情况

项目名称	单位	2013 年	2014 年	2015 年
流动资产平均余额	万元	24 811	10 334	15 831
资产总计	万元	42 648	37 918	27 912
负债合计	万元	6 644	2 976	5 910
税金总额	万元	1 842	3 108	724
利润总额	万元	3 301	2 826	4 075
应交所得税	万元	692	2 436	295
从业人员年末人数	人	1 020	1 373	1 115
从业人员工资总额	万元	5 873	11 679	5 920

注：表 1 ～表 6 数据来源于黑龙江省工业和信息化委员会。

［供稿：黑龙江省工业和信息化委员会］

上 海 市

【电子信息制造业】 2015年，上海市电子信息制造业整体运行平稳，转型升级成效显著，完成工业总产值6159.6亿元，占全市工业总产值的20%，完成“十二五”既定目标。

细分领域中，笔记本电脑产量下降，电子计算机制造业等组装代工业所占份额逐步降低。通信设备制造业、集成电路制造业、电子测量仪器、电子元件制造业等保持正增长。全年手机产量增长4.7%，服务器产量增长15.2%。集成电路产业优先发展设计业，形成核心竞争力的产业格局正逐步形成。电子信息制造业的产业重心继续向高端消费电子、支撑汽车电子物联网等产业的基础性电子元器件转变。

在芯片领域，中芯国际28纳米进入量产，14纳米工艺关键节点技术FinFET的专利申请数量跃居世界第6位；华力微电子40纳米工艺进入量产，28纳米工艺完成研发；展讯通信14纳米4G基带完成研发，2015年基带芯片全球市场占有率超过20%；格科微电子CMOS图像传感器芯片全年出货超过10亿颗，全球市场占有率近30%。在面板领域，和辉光电AM-OLED屏在国内率先实现量产，成为华为技术有限公司、中兴通讯股份有限公司等终端龙头企业的国内供货商，“缺芯少屏”局面逐渐扭转。此外，高精度便携式化学气体和PM2.5传感器研制成功，面向手机、无人机等消费品市场的传感器每月出货突破100万颗，硅麦克风芯片制造工艺为苹果手机供应商提供量产服务，自主研发的智能家居短距离通信技术被思科、英特尔等国际大厂批量采购，上海交通大学高清视频网络化及时服务技术与应用获国家科技进步二等奖。

典型企业　中芯国际集成电路制造（上海）有限公司于2000年12月在上海市浦东张江高科技园区注册成立，是世界领先的集成电路晶圆制造企业之一，是中国内地规模最大、技术最先进的集成电路晶圆制造企业，也是国家认定的高新技术企业和国家级企业技术中心，现有员工6 000余名。公司提供0.35微米到28纳米集成电路制程工艺设计和制造服务，包括逻辑电路、混合信号/CMOS射频电路、高压电路、系统级芯片、闪存内存、EEPROM、影像传感器以及硅上液晶微显示技术，可广泛应用于通信、计算机、消费电子、汽车电子、工业控制及信息化等各个领域。除晶圆制造外，公司还提供全方位的晶圆代工解决方案，从光掩模制造、IP研发及后段辅助设计服务到外包服务（包含凸块服务、晶圆片探测以及最终的封装、终测等），缩短产品上市时间。公司光掩模厂拥有国内最大、最先进的光掩模制造设施，可生产0.5微米到28纳米工艺的光掩模板，实现便捷的流片服务和增值服务；提供更为丰富和多元化的IP完整解决方案，帮助和加快新产品投入市场。截至2015年年底，公司累计申报国内外专利9 691项，获得授权专利4 363项。2015年，公司实现销售收入73.74亿元。

上海晨兴希姆通电子科技有限公司成立于1993年，2005年在香港主板上市，现有员工1 500余人，是国内专业从事物联网无线模块、3G/4G移动通信终端（手机、行业终端等）研发和生产的国家级高新技术企业、上海市专利工作试点企业和国家火炬计划重点高新技术企业，客户遍布全球120多个国家和地区。公司位于青浦工业园区，拥有现代化生产车间10万平方米和数十条先进自动化智能生产线，具备手机前道主板SMT以及后道智能组装能力。据ABI调查报告显示，移动通信无线通信模块产品市场份额居国内第一、世界第二。公司具有年产物联网无线通信模块1 000万件、3G/4G移动通信终端500万台、宽带接入设备及终端1万件的研发及生产能力。

上海和辉光电有限公司成立于2012年10月，是专注于中小尺寸AMOLED显示屏生产和下一代显示技术研发的高科技公司。公司首期项目于2012年11月破土动工，是国内第一条第4.5代低温多晶硅（LTPS）AMOLED量产线。12.7万平方米的厂房建造仅用时170

天，16 个月点亮第一块屏，两年多即启动量产，第一块搭载其屏幕的手机正式上市，其速度打破三星当时的记录。公司成立以具有多年海外研发经验的留学人员组成的研发团队，对 AMOLED 技术有深刻研究并具有创新精神的技术骨干作为研发人员，配备优秀精通 ISO 质量管理体系的人才，技术开发队伍日益壮大，研发实力日益增强，技术团队已达 470 人，搭建大中华地区最为完整的 AMOLED 技术团队。公司首批产品于 2014 年 4 月亮相，成为目前国内唯一一家能够正式出货的 AMOLED 屏企业。

【软件和信息技术服务业】 2015 年，上海市软件和信息技术服务业实现软件业务收入 3 381.35 亿元，比上年同期增长 16.6%。软件出口企业主要集中在浦东、徐汇和杨浦等 7 个中心城区，占全市出口比重超过 90%。截至 2015 年年底，409 家软件企业经营收入超亿元，其中，44 家企业经营收入超 10 亿元；累计 299 家企业获得计算机信息系统集成资质。中国银联股份有限公司等 7 家企业入围 2015 年中国软件业务收入百强企业。

上海市基础软件初步形成完整的自主可控基础软件产业链条，集聚普华基础软件、中标软件、普元中间件等一批国产基础软件龙头企业和具有竞争力的基础软件产品；普元、爱数等自主可控基础软件供应商市场开拓顺利，均实现 30% 左右的增长。工业软件在汽车、轨道交通、钢铁、石化等诸多产业领域处于国内领先水平，例如，宝信软件公司在全国钢铁领域成为产业中坚，卡斯柯信号公司占据国内轨道交通信号领域市场重要份额。国内第三方支付领域 50% 以上的业务量都在上海市，全国 1/5 有第三方支付牌照的公司都注册在上海市，而且银联商务、快钱和汇付天下 3 家企业居第三方支付市场前 5 名。以携程为代表的在线旅游转型移动领域的战略不断取得突破，通过资本运作，入股艺龙、去哪儿，整合产业链上下游，进一步巩固其在在线旅游领域的龙头地位，全年营业收入超百亿元，在线旅游领域优势明显。

2015 年，上海市软件和信息技术服务企业研发投入比超过 10%，远高于全国平均水平。将炼钢连铸部分的数字化仿真成果与 MES 产品化系统进行集成和整合的工业软件初步形成炼钢 MES 系统的仿真支持方案和功能扩充，星环的 Hadoop 架构产品开始向分布式内存数据库层面进军，万达信息、华东电脑等公司形成面向企事业单位的私有云解决方案，新跃物流平台为 5 000 多家物流企业实现资源有效对接，帜讯信息移动业务平台的企业用户接近 1.8 万家，安捷力医药数据管理平台覆盖 100 家药厂和 7 400 多家经销商，上海玻森语义识别的“风报”企业舆情监控产品被 40 家大中企业应用。

【信息产业基地和园区】 上海市电子信息制造业初步形成以国家级信息产业园区为骨干、以市级工业园区为补充的产业布局体系。集成电路围绕“一带（由张江、金桥、外高桥组成浦东微电子产业带）两区（漕河泾新兴技术开发区和松江科技园区）”重点布局；新型显示初步形成以浦东新区为核心基地，金山区重点发展 AMOLED，闵行区重点发展 TFT-LCD、关键配套及 LED 应用，松江、普陀、嘉定等区重点发展 LED 封装、照明应用的“1+X”产业布局；通信设备业完善以浦东金桥、张江为研发中心和制造基地，漕河泾为创新园区的产业布局；汽车电子巩固以嘉定（嘉定国际汽车）、浦东（浦东金桥、张江高新技术开发区）为核心区，松江、青浦、徐汇、杨浦、闵行、奉贤等区为拓展区的空间布局。

信息服务产业基地主要集中在浦东、徐汇、杨浦、长宁、普陀、静安等中心城区。全市规模以上软件和信息服务产业基地有 50 多个，其中经认定的市级信息服务产业基地累计达到 36 个。基地建筑面积 949.5 万平方米，集聚 7 430 家企业、23.6 万人，2015 年实现经营收入 2 401.3 亿元，单位面积产值 2.54 万元 / 平方米，人均产出 101.96 万元，形成以漕河泾开发区、紫竹高新区、浦东软件园、天地软件园等为代表的综合基地和以云计算、数字内容、数据服务、移动互联网、互联网金融等为重点的特色基地。

【两化融合】 2015 年，上海市推进企业首席信息官制度建设，举办首席信息官论坛暨上海首席信息官联盟成立大会，上海首席信息官联盟正式成立。启动开展优秀 CIO 和产品评选、首届两化融合创新高峰论坛、信息化大咖走进金山、专题交流近 20 场次等活动；联合中国浦东干部学院等启动的上海首席信息官培训工程被纳入上海市经济和信息化人才发展“十三五”规划。启动开展企业两化融合评估诊断和对标引导工作，上海市首批 8 家贯标试点完成达标评定，2015 年新增试点企业 29 家，由上海市经济和信息化委员会牵头协调、48家试点企业、3家服务机构、1家评定机构和多家全国或地方性服务机构多方参与和协同推进的工作推进格局日益健全，分类分批召开贯标动员会、交流沟通会、专题培训会、供需对接会等约20场次，建立企业贯标工作、年度测评工作推广和跟踪反馈机制，通过企业贯标和等级评定，促进两化融合管理体系的社会化。

聚焦钢铁、装备制造、汽车等重点产业，围绕传统产业信息化改造提升，支持传统企业开展新技术新模式创新、产业服务公共平台建设和信息化系统集成应用等。鼓励智慧园区建设引入“园区服务云”或行业性公共服务平台，完成3批共30家智慧园区试点单位申报认定，并加强重点项目建设落实。以钢铁、石化、装备、汽车等行业为重点，加快节能减排与新一代信息技术的融合创新。

【智能制造】 2015年，上海市开展智能制造试点示范工程，加强数字化协同研发平台、智能化制造执行系统、工业机器人、自动化物流系统等深度应用；围绕智能制造生产模式培育，鼓励企业通过互联网与产业链各环节紧密协同，发展众包、众创、众筹、O2O营销等新技术和新模式创新应用。上海国际汽车城的智能网联汽车等3个项目入选工业和信息化部2015年智能制造试点示范项目名单；和鹰科技以3D技术为核心的未来服装店系列产品的推出更将颠覆服装行业以往的产销定式，通过打造C2B模式的智能化服装定制服务平台，集合200位客户服务工程师、50辆服务车、遍布产业密集区的20家4S服务中心，实现119分钟售后响应速度。

【物联网】 2015年，上海市物联网企业超过700家，在公共交通、车联网、移动生活等领域培育6个百万终端规模的应用示范工程。在工业物联网领域，电梯物联网接入5万台电梯，成为原厂维保模式的典型案例。钢铁热轧智能车间示范项目入选工业和信息化部智能制造首批试点示范项目。车轮装配产线解决方案具备智能物流、智能检测和混线共用等能力，大幅提高奔驰、丰田、中信戴卡等行业标杆客户的生产质量水平和自动化水平。在健康物联网领域，第三方医院药品供应链平台可减少医院库存75%，有效降低药品流通成本，实现药品全程可追溯，并向全国推广，已经实施超过80家医院、100家药商；远程心电服务600多家基层或小型医疗机构，累计诊断超过160万人次，年均增长100%。率先将RFID技术应用于生猪饲养、屠宰、加工、销售等，实现从消费到生产的全产业链溯源，每年为上海市提供70万头生猪的溯源管理。

【云计算与大数据】 2015年，上海市云计算相关软件和信息服务业产值679.4亿元。其中，云计算技术服务215.23亿元，占比31.7%；云计算基础设施平台52.23亿元，占比7.7%；云计算应用平台411.92亿元，占比60.6%。顶层规划政策效果凸显，分别发布“云海计划1.0”和“云海计划2.0”，2010年推动上海列入国家首批云计算创新发展试点城市，2011年5家企业获得国家云计算发展专项。骨干企业领先细分市场。在云海计划实施阶段，上海云计算企业形成差异化的优势，骨干云计算企业成长为细分行业的领军企业。行业云应用日益普及。在金融领域，银联的电子支付云承载各类互联网应用；在工业云领域，上汽互联网汽车融合新一代云科技，“欧冶云商”打造钢铁行业全产业链的生态型服务平台；在电子政务领域，静安区建设云服务构架的区域型政务平台。融合新技术带动产业升级。云计算成为支撑大数据、物联网、人工智能等新兴技术的核心载体，降低技术实现成本、带动新兴产业发展。例如，中国电信上海理想信息产业有限公司的数据平台汇集电信大数据，实现数据的商业化等。

注重大数据统筹规划，研究编制《上海市推进大数据发展实施意见》（草案），开展大数据产业链分析、数据交易立法与监管等专项课题研究。作为工业和信息化部《大数据产业“十三五”规划》参与编制单位，开展座谈研讨。围绕全产业链竞争优势推进大数据“交易机构＋创新基地＋产业基金＋发展联盟＋研究中心”五位一体发展布局，各方面工作有序推进。基本完成数据交易中心筹备工作，筹建方案已报上海市政府常务会议审议；加快大数据产业园区申报认定；牵头推进大数据基金体系建设；推进上海大数据联盟筹建；联合高校和研究机构力量，推进大数据研究院建设。

【统计数据】

表 1　2013—2015 年上海市电子信息制造业基本情况

项目名称	单位	2013 年	2014 年	2015 年
工业总产值（现行价）	万元	64 863 502	62 523 360	61 595 502
税金总额	万元	350 748	369 710	372 610
利润总额	万元	1 816 698	2 128 098	1 883 292
从业人员年末人数	人	580 420	518 122	491 202

表 2　2013—2015 年上海市主要电子信息产品产量情况

产品名称	单位	2013 年	2014 年	2015 年
晶圆片	万片	361.6	411.8	442.6

表 3　2013—2015 年上海市软件产业基本情况

项目名称	单位	2013 年	2014 年	2015 年
软件业务收入	万元	25 088 773	28 993 538	33 813 497
软件业务出口收入	万美元	342 167	384 987	385 200
利润总额	万元	3 821 805	4 102 118	4 004 243
从业人员年末人数	人	338 202	372 250	403 482
从业人员工资总额	万元	4 462 732	5 898 272	6 495 454

注：表 1 ~表 3 数据来源于上海市经济和信息化委员会。

[供稿：上海市经济和信息化委员会]

江　苏　省

【概况】　2015 年，根据江苏省经济和信息化委员会行业数据，全省电子信息产业实现销售收入 38 738 亿元，增长 11.0%。其中，电子信息产品制造业实现产品销售收入 31 432 亿元，增长 9.5%；软件产业完成业务收入 7 306 亿元，增长 18.4%。

【电子信息产品制造业】　2015 年，江苏省电子信息产品制造业规模以上企业 5 192 家，比上年同期增加 86

家；资产总计 20 760.7 亿元，同比增长 9.2%；实现利税 2 493 亿元，同比增长 13.4%。

苏北地区实现主营业务收入 3 682.6 亿元，同比增长 15.5%，占全省产业比重 11.7%；苏中地区共实现主营业务收入 5 932.5 亿元，同比增长 14.7%，占全省产业比重 18.9%；苏南地区共实现主营业务收入 21 817.6 亿元，同比增长 7.2%，比上年增速提高了 5.4 个百分点，占全省产业比重 69.4%。其中，苏州、无锡市发展增速分别比上年同期增速提高 8.4 个、5.2 个百分点。

重点监测的主要产品中，有 7 种产量出现增长：手机 4 690 万台，同比增长 34.1%；彩电 1 626 万台，同比增长 33.1%；显示器 6 270 万台，同比增长 18.3%；光缆 13 872 万芯千米，同比增长 14.3%；集成电路 369 亿块，同比增长 12.1%；半导体分立器件 1 759 亿只，同比增长 3.1%；数码相机 892 万台，同比增长 1.1%。产量出现下降的有：微机 5 911 万台，同比下降 15.3%，其中，笔记本电脑 4 914 万台，同比下降 15.6%。

在新型显示、集成电路、网络通信等领域一批重大项目加快建设的带动下，全省电子行业固定资产投资延续上年回升态势，投资增速进一步提高。2015 年，全省电子行业完成固定资产投资 2 582.4 亿元，同比增长 10.1%，较上年提高 4.5 个百分点。其中，总投资 189 亿元的三星高世代线项目累计完成投资 102 亿元；苏州中晟宏芯信息科技有限公司 Power8 服务器芯片项目第一款芯片开发完成；世硕电子、三星芯片载板两个总投资超过 10 亿美元的项目进展顺利；总投资 26 亿元的国显光电项目完成投资 14 亿元。

省内三资企业发展增速虽然仍处于低位，但比上年同期有所回升。1—12 月，全行业内资企业实现产值 12 503 亿元，同比增长 11.2%，占产业比重 38.6%；三资企业实现产值 19 902 亿元，同比增长 8.4%，比上年提高 5.3 个百分点，其中港澳台资企业、外资企业分别增长 11.9%、5.5%。

全省电子信息产品制造业出口扭转上年的负增长态势，呈现回暖趋势。2015 年，全行业共实现出口交货值 12 406 亿元，同比增长 0.4%。全行业出口依存度 39.3%，比上年同期降低 3.7 个百分点。全行业实现内销产值 19 180 亿元，同比增长 15.1%，比上年提高 2 个百分点。

【软件和信息服务业】 2015 年，江苏省软件和信息服务业 1—12 月快报数据显示，软件和信息服务业实现业务收入 7 306 亿元，同比增长 18.4%，增速比上年下降 6 个百分点，但连续四个季度增速分别为 18.6%、20.2%、16.3%、18.4%，呈现平稳增长态势。实现软件业务出口 106 亿元，同比增长 6.6%，第一至第四季度增速分别为 9.5%、9.4%、5.9%、6.6%，增速趋缓。重点监测的云计算收入 1 450 亿元，同比增长 20.8%，第一至第四季度增速分别为 14.1%、29.3%、20.8%、20.8%，相对比较平稳。

从软件业务收入三大类型来看，软件产品收入 2 060 亿元，同比增长 24.7%，占全业务比重 28.2%，同比上升 0.8 个百分点；信息技术服务收入 2 937 亿元，同比增长 28.7%，占全业务比重 40.2%，同比上升 6.3 个百分点；嵌入式系统软件收入 2 309 亿元，同比增长 3.1%，占全业务比重 31.6%，同比下降 3 个百分点。信息技术服务类软件无论增速还是占比都高于软件产品类和嵌入式系统软件类，单纯从事软件产品开发的传统软件企业面临巨大的转型压力。

从 2015 年公布的第 14 届中国软件业务收入前百家企业名单来看，江苏省入围企业 8 家，比上届减少 2 家，入榜企业 2014 年软件业务总收入 310.5 亿元，占全国百家企业软件总收入的 5.9%，比上年下降 1.98 个百分点。南京南瑞集团公司经中国宽带集群产业联盟和 TD 产业联盟联合授牌，成立国内电力行业首家高水平实验室，解决宽带集群通信技术在电力行业的应用难点，并实现其在智能电网发、输、变、配、用、调等领域的推广应用。江苏润和软件股份有限公司迈出进军金融信息化市场的第一步，先后以 21.98 亿元收购联创智融、7 900 万元收购菲耐得。以政务软件起家的南京擎天科技有限公司，也以积累的财税数据同蚂蚁金服合作，打造另一个金融平台。

从 2015 年江苏省软件协会评估的 345 家企业主营业务数据来看，致力于传统的电力、能源、网络通信、电子、企业管理、交通、政务、医疗教育、制造业、系统集成等行业的占多数，但这些企业呈现多元化发展方向，并且向平台化和移动端发力。部分企业逐步向一体化的业务流程发展，在云计算、云平台、互联网、信息安全、机器人控制、数字化、移动电商、游戏等产业方向上出现一定数量的企业，各地也不断涌现出平台化的公司。2015 年，全省有 35 家软件和信息服务类企业在新三板挂牌。

【软件产业园区】 江苏省有 6 家国家级软件园和 26 家省级软件园，软件产业的空间布局基本形成。2015 年上半年，省经济和信息化委员会确定 11 个优先发展的特色产业方向园区，主要集中在大数据、云计算、电子商务、北斗信息服务、智能电网、医药信息服务和矿山信息服务等领域；确定 7 个培育发展的园区特色产业方向，主要集中在嵌入式软件、物联网技术研发应用及平台服务等领域。此外，全省各地相继创建一些特色园区，省经济和信息化委员会与盐城市共建大数据产业园，推动盐城市大数据产业发展；南京软件谷倾力打造的全新城市综合体——科创城项目正式亮相，这是南京首家规模性的“互联网 +”产业基地，主要定位于“互联网 +”创新产业基地，聚焦大数据、云计算、物联网、移动互联网等新兴产业；中兴（淮安）智慧产业园开工，致力于 4G 技术、云计算和应用软件的研发、应用，促进淮安智慧城市产业发展；泰州市智谷软件园开园，是集软件开发、推广、服务，信息传播，技术交流和培训，商务活动和产品研发生产于一体的综合基地；全省首家以地理信息产业发展为主题的专业园区——江苏省兰德地理信息产业园一期工程在仙林大学城建成。

【信息化】 2015 年，江苏省加大智慧江苏建设统筹协调力度，建立“一个长效机制、四项工作制度、五类评价标准”常态化推进体系，健全政府 CIO、联络员制度等工作机制。推动省政府召开智慧江苏建设常务会议，部署推进年度重点任务。建立政府信息主管（CIO）制度，在北京市、深圳市举办两期政府 CIO 培训班，全方位提升省政府各部门信息化主管领导能力。建立智慧江苏建设联络员制度，分批次分专题召开联络员工作会议，抓好行动方案的分工落实。指导各地围绕全省布局和地区特色，制定出台新一轮智慧发展规划、指导意见及行动计划。协同各部门加强智慧江苏重大工程标准体系建设，在智慧教育、智慧旅游、智慧交通、智慧环保等重点领域建立标准和规范。省经济和信息化委员会与省交通运输厅签订战略合作框架协议，共同推进智慧江苏和交通运输现代化建设。组织开展信息化发展水平指数评测和区域两化融合发展水平评估。

打造两类重点平台。一是打造 B2B 行业电商平台。安排 9 000 万元专项资金支持 159 个企业开展电商应用，集中支持苏宁云商、焦点科技、徐工集团等大中型企业打造重点电商平台。结合 B2B 电商行业诊断开展专项对接，支持省内 10 大电商重点平台服务于 1 015 家大中型企业电商应用，以政府购买服务方式减免企业电商服务费用 1 260 万元。二是扶持农村电商特色产业发展，打造农村综合信息服务平台。集中 300 万元专项资金支持江阴海之语、新沂钟吾乐购、句容电商集聚区等一批农村电商特色交易平台和农村信息化示范基地建设。支持宿迁电子商务特色产业发展，集中 650 万元资金专项支持洋河酒厂、苏宁云商、润兴软件等企业的电商重点项目。与团省委联合发布农村青年电商创业培育示范基地实施意见，引导省内涉农电商企业、园区拓展涉农电商业务。完成省级农村综合信息服务平台一期工程建设，推动南京等 9 市及江宁等 100 多个县市区建成市县统一平台，县级平台覆盖 2 万多个行政村。

推进三大示范试点。一是推进智慧江苏重点示范。围绕政务管理、民生服务、智慧城市、信息安全、互联网经济等领域，组织开展 2015 年智慧江苏示范和信息消费示范工程遴选。全年认定 26 项智慧江苏重点示范工程、14 项信息消费示范工程，与省交通运输厅等部门共同认定 30 个智慧江苏行业应用示范工程，对全省重点行业领域开展信息化建设具有重大示范推广带动作用。二是推进两化融合示范试验区建设。组织开展两化融合示范区试验区创建，优化调整认定指标和认定办法，新认定 5 家省级两化融合示范区、14 家两化融合试验区，复核通过 10 家两化融合示范区，引导地方和企业形成以点带面、全面推进的两化融合发展格局。三是推进国家和省信息消费试点。组织有关地市申报国家信息消费试点，徐州市和苏州市成功入选国家第二批信息消费城市；开展省级信息消费试验区评选，认定南京市江宁区等 11 个县（县级市、区）为首批省信息消费试验区。

举办信息化宣传月活动，先后举办智慧江苏发展论坛和中国信息化百人会，组织开展工业互联网巡回大讲堂、极客公园等系列活动，宣传普及信息化知识；联合团省委、中国电信江苏分公司，组织委属 3 所院校，动员逾万名师生志愿者和农村青年骨干，在全省农村地区开展农民用网推广活动。组织开展两化融合送管理进园区活动，以企业电商应用、互联网化转型等为主题，在高邮、东海、东台三地组织开展两化融合送管理进园区活动，推动园区企业运用新理念新技术加快跨界融合创新。巡回开展电商拓市环省行活动，通过政府购买服务的方式，推动10家重点电商平台为全省大中型企业提供互联网购销、供应链优化和特色定制服务，并选择一批龙头骨干企业开展示范平台建设。举办优秀APP评选活动，联合省互联网创新联盟，开展十大优秀APP和公众号评选，鼓励企业开发推广有助于民生服务、有优秀创意和有较高市场价值的移动互联网应用。

【信息安全】 2015年，江苏省印发《2015年全省网络与信息安全工作要点》，明确重点工作及任务分解，进一步促进形成多部门的工作合力。印发《关于切实做好2015年重要时期全省信息安全保障工作的通知》，指导各地各部门做好重要时期的保障工作。针对信息安全检查、信息安全事件处置等全省性管理工作，充分发挥牵头协调作用，组织各职能部门共同研究制定工作方案、共同组织实施。

开展信息安全检查。修订检查指标体系，适应信息安全形势发展的需要；进一步量化指标项，提升可操作性和可比性；强化检查动员和培训，检查结果更加符合工作实际；加强检查结果的统计、分析并总结上报，为领导和上级部门决策提供依据。加强政务网站日常监测处置。发挥省级政务网站及重要信息系统安全监测预警平台、攻防实验室作用，加大在线监测频度，并加强成员单位间的信息交流、沟通，加强特殊时期的应急保障。

提升灾备中心服务能力。落实省灾备中心运维原厂服务保障，省灾备中心日常安全运维有序开展，灾备系统运行情况总体良好。完成省灾备中心介质备份服务基础设施及相关管理制度建设，基本具备向省级机关重要信息系统提供同城介质备份服务的条件。提升监测预警平台能力。实现暗链及时发现的功能，平台预警监测服务水平进一步提高。启动应急指挥平台建设。完成方案制定、公开招投标、实施方案论证、系统软硬件配备、应用开发等，平台完成上线调试并投入试运行。加强信息安全风险评估机构的引导与管理。开展风险评估市场情况的调研、分析，加强对备案机构开展信息安全风险评估工作的引导，完成对备案机构资质的审核。

在全国率先开展工控领域的信息安全管理工作试点，探索工控领域信息安全管理标准规范建设，在印发全省《关于加强工控系统信息安全管理实施办法》的工作基础上，出台《工控系统信息安全保护基本要求》地方标准，开展工业控制系统信息安全管理监督检查实施规范研究。

开展信息安全宣传普及。围绕社会信息安全知识普及教育、专业人才选拔培养、技术防护能力提升等内容，以“共建网络安全、共享网络文明”为主题，联合省有关部门举办江苏省第二届网络与信息安全宣传周系列活动。举办第三届信息安全技能竞赛、网络安全专家讲座、信息安全产业发展论坛等活动。开展信息安全员人才培训。组织实施并指导各地开展党政机关信息安全员培训，全省信息安全管理队伍能力与水平得到进一步提升。服务信息安全产业发展。编制年度信息安全产业发展报告，组织省内信息安全企业参加软博会，指导产业联盟服务企业，举办信息安全产学研交流对接会，搭建业界专家、高等院校、科研院所与企业用户的沟通桥梁，促进产用对接，推动信息安全产业加快提档升级。

【统计数据】

表1 2015年江苏省电子信息制造业企业构成情况

企业类别	企业数（家）	企业类别	企业数（家）
国有企业	6	股份制企业	3 029
集体企业	23	其他内资企业	114
股份合作企业	5	三资企业	2 015

表 2　2013—2015 年江苏省电子信息制造业基本情况

项目名称	单位	2013 年	2014 年	2015 年
工业总产值（现行价）	万元	283 611 235	300 907 221	324 049 373
工业销售产值	万元	277 800 783	294 981 386	315 863 693
出口交货值	万元	123 976 973	126 790 378	124 059 931
流动资产平均余额	万元	106 111 000	115 886 300	123 289 300
资产总计	万元	174 576 700	189 594 300	207 607 300
负债总计	万元	96 452 200	101 242 800	108 501 600
产品销售收入	万元	275 103 000	294 123 300	309 225 300
税金总额	万元	5 949 700	6 901 600	6 462 800
利润总额	万元	12 409 200	15 555 400	17 538 500
从业人员年末人数	人	2 527 400	2 548 700	2 559 600

表 3　2013—2015 年江苏省电子信息制造业三资企业基本情况

项目名称	单位	2013 年	2014 年	2015 年
工业总产值（现行价）	万元	184 102 783	188 697 446	199 020 132
工业销售产值	万元	1 804 356 573	184 963 935	193 198 420
流动资产平均余额	万元	63 819 200	67 703 600	67 790 900
资产总计	万元	105 250 100	110 096 200	112 435 800
负债总计	万元	56 984 400	57 791 100	57 191 700
产品销售收入	万元	179 188 300	184 600 500	188 161 400
税金总额	万元	2 366 100	2 721 000	2 478 200
利润总额	万元	6 217 100	8 149 600	8 996 300

表 4　2013—2015 年江苏省电子信息制造业主要经济效益指标完成情况

项目名称	单位	2013 年	2014 年	2015 年
流动资产周转率	次	2.6	2.5	2.6
产品销售率	%	98.0	97.7	97.5
总资产贡献率	%	11.5	11.8	11.6
资产负债率	%	55.2	53.4	52.3

表 5　2013—2015 年江苏省电子信息制造业三资企业主要经济效益指标完成情况

项目名称	单位	2013 年	2014 年	2015 年
流动资产周转率	次	2.8	2.7	2.8
产品销售率	%	98.0	98.0	97.1
总资产贡献率	%	8.9	9.8	10.2
资产负债率	%	54.1	52.5	50.8

表 6　2015 年江苏省软件产业人员构成情况

企业类别	企业数（家）	年末从业人员总数（人）	人员构成			
			管理人员（人）	在总人数中所占比例（%）	软件开发研究人员（人）	在总人数中所占比例（%）
内资企业	4 585	827 314	82 001	9.9	226 762	27.4
国有企业	93	70 584	11 589	16.4	13 939	19.7
集体企业	3	1 747	5	0.3	3	0.2
股份合作企业	40	9 581	588	6.1	1 512	15.8
联营企业	7	632	57	9.0	94	14.9
有限责任公司	1 413	263 052	23 531	8.9	88 764	33.7
股份有限公司	384	194 994	15 385	7.9	37 893	19.4
私营企业	2 603	271 741	24 803	9.1	84 012	30.9
其他内资企业	42	14 983	6 043	40.3	542	3.6
港、澳、台商投资企业	194	105 718	4 598	4.3	18 263	17.3
外商投资企业	512	188 648	7 308	3.9	16 166	8.6

表 7　2014—2015 年江苏省软件产业基本情况

项目名称	单位	2014 年	2015 年
软件业务收入	万元	61 725 909	70 623 774
软件业务出口收入	万美元	789 764	770 884
软件产品销售收入	万元	16 518 426	16 334 771
流动资产平均余额	万元	31 611 969	36 922 400
固定资产投资额	万元	2 530 486	7 005 535
资产合计	万元	79 732 374	86 266 208

续表

项目名称	单位	2014 年	2015 年
负债合计	万元	38 599 318	42 569 514
税金总额	万元	1 212 829	2 470 998
利润总额	万元	5 142 062	7 968 006
应交所得税	万元	640 764	949 694
从业人员年末人数	人	1 049 949	1 121 680
从业人员工资总额	万元	9 934 578	8 625 923

表 8　2014—2015 年江苏省软件产业三资企业基本情况

项目名称	单位	2014 年	2015 年
软件业务收入	万元	22 051 349	17 899 515
软件业务出口收入	万美元	692 145	558 012
软件产品销售收入	万元	3 103 262	1 495 174
流动资产平均余额	万元	6 752 077	5 680 209
固定资产投资额	万元	237 241	218 821

注：表 1 ~表 8 数据来源于江苏省统计局。

[供稿：江苏省经济和信息化委员会]

浙　江　省

【概况】　2015 年，浙江省电子信息产业规模以上企业 5 187 家，从业人员 106.9 万人。全省电子信息产业实现主营业务收入 14 258 亿元，比上年增长 12.7%；实现利税总额 1 652 亿元，比上年增长 18.3%；实现利润总额 1 205 亿元，比上年增长 17.2%；完成出口交货值 2 548 亿元，比上年增长 2.7%。

推进信息经济发展、信息化和工业化深度融合，加快智慧城市建设示范试点，全省信息化水平得到全面提升。根据中国电子信息产业发展研究院发布的《2015 年中国信息化发展水平评估报告》显示，2015 年浙江省信息化发展指数达 95.89，高出全国平均水平（72.45）23.44，居全国第三位。根据省经济和信息化委员会、省统计局发布的《2015 年全省信息经济发展水平综合评价报告》显示，浙江省信息经济发展指数达 116.9%，其中基础设施、核心产业、个人应用和企业应用分别较上年增长 27.4%、10.4%、24.6% 和 6.7%，成为全国首个发布信息经济发展指数的省份。

【电子信息制造业】 2015 年，浙江省规模以上电子信息制造业增加值占全省规模以上工业增加值比重为 10.5%，同比增长 9.3%，达到年内最高水平，高出全省规模以上工业 4.9 个百分点。“十二五”期间，全省规模以上电子信息制造业工业增加值年均增长 8.1%，高出全省规模以上工业（4.9%）3.2 个百分点。从行业来看，优势行业增长快。43 个子行业中，有 18 个子行业生产增幅高于全行业，其中，雷达设备、通信设备、计算机应用、广播电视发射设备、智能电视、锂离子电池、光纤光缆和光伏设备及元器件行业分别增长 25.1%、32.1%、30.6%、20.2%、25.1%、48.3%、34.7% 和 28.7%。

全省规模以上电子信息制造业实现利税 675.7 亿元、利润 481.2 亿元，分别同比增长 12.6% 和 12.5%，尤其利润增速高出全省规模以上工业 7.5 个百分点，占全省规模以上工业利润比重达到 12.9%，对全省工业利润增长贡献率达到 30.2%，拉动规模以上工业利润 1.51 个百分点。高附加值效应释放，盈利水平加快提升。主营业务利润率为 7.5%，为五年来最高水平，分别高出全省规模以上工业和全国电子行业 1.6 个和 2.8 个百分点，高出“十一五”末 0.7 个百分点。每百元主营业务收入中的成本为 82.9 元，分别比全省规模以上工业和全国电子行业低 1.9 元和 5.5 元。全省规模以上电子信息制造业劳动生产率增长 13.3%，高出全省规模以上工业 5.3 个百分点，劳动生产率稳步提升，发展质量不断改善。

新一代信息技术产业增加值增长 15.1%，高出战略性新兴产业增幅 8.2 个百分点。其中，通信网络设备行业增速保持领先，领跑行业增长，2015 年销售收入、利润总额、出口交货值分别增长 20.3%、15.6% 和 12.1%，对全行业收入增长贡献率达 60.9%，成为全行业增长的主动力。光伏行业转型快成效明显，2015 年主营业务收入、利润总额和出口分别增长 27.6%、204.2% 和 21%，3 家企业被认定为第四批光伏行业规范公告企业，被认定的企业累计达 27 家。

重点在集成电路、5G 车联网、云计算大数据等关键产业、领域谋划推进一批重大项目，全省征集信息经济发展重大项目共 300 余项，涉及投资近 3 000 亿元，推进高端射频集成电路、5G 车联网、海康高端存储芯片等重大项目实施和落地。规模以上电子信息行业完成工业投资 306 亿元、技改投资 217 亿元，分别增长 24.6% 和 31.6%，高出全省规模以上工业 13.6 个和 8 个百分点，有效投资快速增长。

【软件和信息技术服务业】 2015 年，浙江省软件产业实现软件业务收入 3 037.4 亿元，比上年增长 24.6%，高出全国软件 8 个百分点。软件出口 27.9 亿美元，比上年增长 11.1%，高出全国软件 5.8 个百分点。利润增速和销售利润率分别达到 13.3% 和 26.1%，分别高出全国软件 2.5 个和 14.7 个百分点。浙江省软件收入占全国软件收入的 7.1%，实现利润却占全国利润的 13.7%，行业贡献突出。杭州、宁波、金华等市大力推进软件产业集聚发展，引领全行业增长。杭州市实现软件业务收入 2 553.7 亿元，占全省比重 84.2%；宁波市实现软件业务收入 385.9 亿元，比上年增长 29.1%；金华市实现软件业务收入 42.5 亿元，比上年增长 105.2%。天猫、淘宝、恒生电子、网易网络、中控科技、信雅达、核新同花顺等一批行业龙头企业带动性突出，综合实力明显提升。

全年全省（不含宁波市）完成软件产品登记 1 764 件，软件产品延续 549 件，软件产品变更 222 件；软件企业认定 53 家，软件企业年审 322 家，软件企业更名 30 家。支持杭州市“中国软件名城”创建培育工作，加强软件行业的引导与服务，开展《浙江省软件和信息服务业“十三五”发展规划》编制，加快培育发展软件和信息服务新业务、新业态。

【科技进步与应用】 浙江省创新投入强度持续加大。2015 年全省电子信息制造业完成科技活动经费支出 190.2 亿元，占主营业务收入比重达 2.96%，高出全省规模以上工业 1.6 个百分点，以杭州华三通信技术有限公司、杭州海康威视数字技术股份有限公司、浙江大华技术股份有限公司等为代表的龙头骨干企业研发投入强度超过 10%，一批创新能力强的高新技术企业快速发展，行业创新动力持续增强。

新品产出增势良好。2015 年全省规模以上电子信息制造业完成新产品产值 3 531.7 亿元，同比增长 18.5%，高出全省规模以上工业 4.7 个百分点。新品产值率屡创新高，新产品产值率达 52.4%，高出全省规模以上工业

20.2 个百分点。2015 年涉及电子信息领域的 31 项新产品被认定为省级优秀工业新产品，占全省工业新产品的 1/4 以上，电子信息制造业已成为浙江省工业新产品的高产区。

推进技术创新综合试点。推进以重点企业研究院为核心的产业技术创新综合试点，累计在 14 个领域建立 100 多家省级重点企业研究院，组织启动近 200 项重大技术攻关计划，其中信息经济领域重点企业研究院达 73 家，涉及智慧医疗、智慧城市专用软件、云工程与云服务等，初步建立以企业为主体的产业技术创新体系。近年来信息技术领域专利申请年均增长 20% 以上，2015 年 366 家电子信息企业被新认定为 2015 年省级高新技术企业，占全省高新技术企业近 1/4；浙江生辉照明有限公司、浙江晶科能源有限公司 2 家企业被新认定国家级企业技术中心；杭州海康威视数字技术股份有限公司、超威电源有限公司 2 家企业被新认定国家技术创新示范企业。

【信息产业基地】 浙江省产业集聚发展趋势加快，园区示范效应明显。一批产业优势明显、龙头企业主导、创新能力突出、辐射带动作用强的百亿级产业基地园区和特色小镇正加速成形。全省已建成国家和省级信息产业基地、园区 40 余个，培育形成通信和计算机网络、软件和信息服务、通信电缆及光缆、电子信息机电和电子元器件及材料等 5 个超千亿元产业集群和 8 个超百亿元基地（园区）。2015 年，梦想小镇、西湖云栖小镇等 10 个信息经济小镇已列入全省两批省级特色小镇创建名单，组织认定 2015 年省级信息经济发展示范区 12 个。杭州市高新（滨江）区成为浙江省信息产业的集聚区和信息经济应用的先行区，发展信息软件、电子商务、物联网、数字安防、集成电路等重点产业；西湖区发力信息经济，从搭建发展平台入手，发挥阿里云等互联网龙头企业的“引力”，打造中国首个云计算产业生态小镇。嘉兴市、桐乡市乌镇借助世界互联网大会，推进互联网产业基地创建。一批互联网创业小镇、基金小镇、云计算小镇在各地蓬勃发展。2015 年杭州市滨江区、余杭区和嘉兴市南湖区等信息技术产业增长均在 30% 以上，成为全省经济转型升级的推手。全省列入国家级信息经济相关的试点示范累计达 30 余项，数量和种类居全国前列。

【龙头企业培育】 2015 年，浙江省电子信息制造业 30 强企业实现主营业务收入 1 869.9 亿元、利润总额 210.1 亿元，分别增长 11% 和 14.6%，分别占全省规模以上电子信息制造业的 29.1% 和 43.7%。软件 10 强企业实现软件业务收入 1 208.9 亿元、利润总额 550.3 亿元，分别占全省软件行业的 40% 和 69.8%。以移动通信、计算机、数字安防、电子商务、云计算、大数据等新一代信息技术为主的龙头骨干企业增长势头良好。2015 年超百亿元企业 12 家，浙江天猫技术有限公司、杭州海康威视数字技术股份有限公司、富通集团有限公司、淘宝（中国）软件有限公司 4 家企业超 200 亿元以上，浙江大华技术股份有限公司、网易（杭州）网络有限公司、舜宇集团有限公司、浙江晶科能源有限公司 4 家企业首超百亿元。阿里巴巴集团、海康威视、网易网络、华三通信、大华股份 5 家企业实现利润 600.5 亿元，同比增长 13.3%，对行业贡献突出达到 51.3%，成为推动行业增长的主引擎。2015 年全省电子信息行业超百亿元、十亿元、亿元企业分别达到 12 家、98 家和 455 家，较上年分别增加 4 家、11 家和 103 家；全省分别有 13 家、9 家、22 家企业入围全国电子百强、软件百强、电子元件百强，入围企业数居全国前列。

【信息基础设施】 2015 年，浙江省以无线宽带网络为重点加快信息基础设施建设，网络覆盖和保障能力不断提升，各项指标处于全国前列。制定出台《加快推进无线宽带网络建设的实施意见》《关于推进全省无线局域网（WiFi）建设和免费开放的指导意见》等政策文件，推进宽带普及提速、光纤到户、无线城市、4G 网络、广电“一省一网”整合及“三网融合”等信息基础设施演进升级和共建共享，建成 4G 基站约 10 万个，各类 WiFi AP 24 余万个，其中 i-Zhejiang 免费 WiFi AP 11.7 万个。杭州互联网国家骨干直联点、国际出口专用通道建设正在积极争取中。截至 2015 年年底，全省固定电话用户 1 500 万户，普及率为 27.2 线 / 百人；移动电话数用户 7 466 万户，普及率为 135.6 部 / 百人；固定互联网宽带用户 1 872.5 万户，普及率为 34%；移动互联网用户 5 430 万户，增长 7.2%。根据《中国互联网发展状况统计报告》显示，浙江互联网域名及 IP 地址数量快速增长，截至 2015 年年底，全省 IPv4 地址数占全国总数的 6.5%，较上年提高 1.06 个百分点，互联网域名数 208.79 万个，较上年增加 117.63 万个，占全国总数的 6.7%，占比提高 2.3 个百分点。

【两化融合】 2015 年，浙江省制定印发《浙江省“两化深度融合国家示范区”建设 2015 年工作方案》，明确全年 22 项两化融合重点任务，引导各地开展工作。牵头制定《浙江省国民经济和社会发展信息化“十三五”规划》（草案）。组织开展 2015 年全省信息化发展水平、两化深度融合水平评估，引导各地区补强短板，有针对性提高信息化发展水平。

新批复萧山、镇海、吴兴、桐乡、新昌、江山、青田、永嘉 8 个示范区域，全省共有 18 个两化融合示范区。组织开展示范区域绩效评价，柯桥区、乐清市、海宁市、余杭区、温岭市等绩效评价排名前列。

实施千家企业信息化登高计划，引导企业在管理、销售、制造、研发等各个环节提升信息化水平。重点以智能制造、“互联网 + 制造”和管理体系贯标 3 个方向开展示范试点建设，下达两化融合智能制造项目 86 项（示范项目 69 项、试点项目 17 项），互联网与产业融合应用项目 124 项，管理体系贯标项目 82 项（第一批 39 项，第二批 43 项，已有 12 家通过认定），对示范试点项目予以支持。

制定实施《浙江省工业信息工程产业技术创新综合试点方案》，两年建立 17 家工业信息工程省级重点企业研究院，为轻工、纺织、医化、电子等行业提供智能制造和“云网端”一体化智慧工厂解决方案。

继续分层组织实施两化深度融合千人培训计划，2015 年全省共培训信息化工作人员 1 000 人次以上、企业首席信息官和信息化管理师 100 人次以上、两化融合实用人才 3 000 人次以上。开展两化深度融合服务年活动，以走进企业系列活动为主题，举办上百场两化深度融合专项活动。

【智慧城市】 2015 年，浙江省以云工程云服务应用为载体，深化推进智慧城市建设示范试点。实施云工程与云服务产业技术创新综合试点，2015 年新建 7 家，两年共建立 17 家云工程和云服务省级重点企业研究院，支持云栖小镇建设全国云工程与云服务产业示范基地。推进 20 个智慧城市建设示范试点，培育智慧城市大型专用软件和智慧医疗操作系统软件，不断提升项目建设水平。制定实施《浙江省智慧城市标准化建设五年行动计划》，在软件技术、标准化、运营模式等方面探索可复制、推广的成功模式。在全国率先推出小微企业云服务平台，加快推进中小微企业信息化服务全覆盖。

【信息安全】 2015 年，浙江省完成世界互联网大会网络安全保障工作，开展重要信息系统网络与信息安全检查。完成全省 11 个平安市、90 个县（市、区）建设网络与信息安全内容考核工作。信息安全标准体系建设和信息安全系统定级评审等工作全面推进，组织制定云计算信息安全检查标准，明确 15 项评估指标、50 个评价要素、57 个评估要点，进一步完善标准体系建设，完成 15 个单位 25 个重要信息系统定级评审工作。加强信息网络安全行业指导和服务，开展《我省网络安全主动防御体系建设方案》编制工作，以九大平台建设为重点，以八项工程为支撑，全面构建先进适用、安全可靠的网络安全主动防御体系。启动网络与信息安全“十三五”规划编制。

【物联网】 2015 年，浙江省物联网产业形成以杭州市为核心、宁波和嘉兴等市为重点的产业布局，建立较为完整的物联网产业体系，形成涵盖核心芯片、智能传感器、射频识别 RFID、智能天线、软件与应用平台、系统集成方案等的产业链体系。创建国家级技术创新平台和产业基地，数字安防成为中国三大安防产业集群之首，工业控制、环境监测、智慧健康、智慧交通、数字家庭、智慧能源等领域的物联网产业发展和应用处于国内领先水平。涌现出一批业内具有较强竞争优势的企业。全省拥有物联网产业相关上市企业 20 余家，主营业务收入超亿元企业 50 余家，杭州海康威视数字技术股份有限公司、杭州华三通信技术有限公司、浙江大华技术股份有限公司 3 家企业规模已超过百亿元。

【云计算及大数据】 2015 年，浙江省启动云工程与云服务重点项目建设，新建 7 家省级重点企业研究院，遴选 124 个互联网与产业融合应用项目、5 个购买第三方云服务智慧城市示范试点项目、7 个智慧城市示范试点标准化建设项目和 28 家“两化融合”管理体系贯标企业列入 2015 年云工程和云服务项目专项计划。阿里云成为全国最大的公有云公司，已有超过 20 万淘宝、天猫卖家和超过3万多家大中小企业的各类应用部署在阿里云平台。根据《2015—2016阿里云创新研究报告》显示，浙江省位列“中国云栖指数”排行榜第4位，杭州市位列2015年度“中国云创城市”第3位，并在14个不同行业的TOP5榜单中占据13席。

研究起草《浙江省促进大数据发展实施计划（征求意见稿）》。组织开展大数据产业应用示范企业培育工作，第一批认定17家示范企业。省级政务信息资源目录体系建设初步完成，45家省级单位的信息资源目录完成编目注册。2015年9月23日，浙江政务服务网“数据开放”专题网站正式上线，面向社会公众集中、免费开放政府数据资源，成为国家《促进大数据发展行动纲要》发布后全国省份第一个推出的政府数据统一开放平台，首批开放68个省级单位358项数据资源，其中包含100项可下载数据资源、137个数据接口和8个移动APP应用，涵盖教育、医疗、工商、税务等多个民生领域。

【信息消费】 2015年，浙江省培育消费热点，推进两批共5个国家信息消费试点城市创建工作，组织试点市申报8个重点项目争取国开行信贷支持。组织推荐嘉兴、湖州等5市申报国家第二批“宽带中国”示范城市，深化开展“宽带乡村”建设试点。杭州市中小企业服务云项目和区域智慧医疗健康云平台项目成功入选国家信息消费创新应用示范项目，杭州市成功入选全国信息消费示范城市。与“互联网+”相关的电子信息产品内销增势强劲，2015年，全省通信器材类零售额增长73.6%，网上零售额同比增长54.5%，均远超过社会消费品零售总额增长速度，分别高出62.7个和43.6个百分点。

【产业热点】 电子商务领跑全国。制定出台《关于大力发展电子商务加快培育经济新动力的意见》和《关于加快农村电子商务发展增强农村经济社会发展活力的实施意见》等政策文件，推进跨境电商、农村电商等的发展，认定首批12家省级跨境电子商务园区和11个省级公共海外仓，杭州市获批首个国家跨境电子商务综合试验区。建成阿里巴巴产业带24个，全省现有1.5万多家规模以上企业和380多个专业市场开展电商应用。建成全省电商公共服务平台及50多个市县电商公共服务中心，累计建成淘宝特色馆29个、农村电商服务点8 800多个，新建E邮柜等智能投递柜1万多个。2015年，全省电子商务交易额突破3万亿元，其中跨境电商进出口额约占全国的16%。全省网络零售额和居民网络消费额分别达7 610.6亿元和4 012.3亿元，同比增长48.3%和39.4%，其中网络零售额总量居全国第二位。列入2015年全国电子商务百强县和淘宝村的数量分别达41个和280个。

互联网金融创新发展。制定出台《浙江省促进互联网金融持续健康发展暂行办法》，成为全国首个互联网金融地方性政策。2015年6月出台的《浙江省金融产业发展规划》，明确将互联网金融作为主要新增长点之一列入全省重点打造的五大特色金融产业。健全互联网金融监管和风险处置机制，浙江网商银行完成筹建并正式开业，指导组建成立浙江互联网金融联盟，启动商业性征信机构试点工作，芝麻信用已获人民银行总行批复开展个人征信业务准备工作，另有浙江汇信科技有限公司等4家机构通过审核完成备案。推动金融机构加强互联网金融技术运用，开设“直销银行”“网络银行”，推出网络供应链金融等新业务。鼓励互联网公司的金融化探索，批复同意蚂蚁金融服务集团、恒生电子股份有限公司发起设立“浙江互联网金融资产交易中心”。根据网贷之家数据显示，截至2015年年底，浙江省运行的P2P平台达300个，成交量及贷款余额等指标均居全国前列。

智慧物流快速发展。推进国家交通运输物流公共信息平台建设与应用，开展海陆空物流信息互联。建立亚太区域高效交通运输和物流信息共享系统，进一步拓展国际港口互联合作，平台互联国际港口达23个。平台已互联企业40万余家，提供723.8万辆营运货车的资质信息，车辆的实时定位信息占全国的16.7%。成立国家平台跨境电商服务区，打造跨境电商物流信息服务的基础平台，已涵盖杭州、宁波等市，服务于230余家电商平台、30余家支付平台、40余家物流企业、50余家仓储企业以及30余家报关企业，促进跨境电商产业链各环节的信息互通与资源共享。全省拥有快递企业1 335家，完成快递业务量38.31亿件，业务收入383.8亿元，分别同比增长55.9%和39.9%，业务量和收入均居全国第二。

数字内容产业稳健发展。市场主体不断壮大，全省共有 98 家互联网出版视听持证单位。网络出版视听企业改革发展稳步推进。成功举办首届中国数字阅读大会、2015 中国梦（浙江）微电影大赛，启动全省数字出版网络视听信息内容创新大赛，促进传统媒体和新媒体融合发展，网络新媒体内容开发不断加速，杭州国家数字出版、中国移动阅读、中国电信阅读等三大基地发展迅猛。发布《开放融合，连接一切——浙江省公共图书馆“互联网 +”行动计划》，组织公共图书馆开展“寻遍浙江·阅动全城”活动，推广数字阅读，引领阅读潮流。开通浙江文化通 APP 和微信公众号，2015 年客户端下载量达 45 875 个，点击量达 121 万余次。

【合作交流】 开展产业合作与交流。推进落实与阿里巴巴、三大运营商及中国电子科技集团公司等战略合作。完成美国华美半导体协会代表团来杭州、嘉兴、宁波等市的考察交流活动，在集成电路、物联网、云计算、大数据等新一代信息技术领域开展合作交流进行探讨。组织参加工业和信息化部举办的第三届中国电子信息博览会、2015 产业互联网大会及中美德产业创新国际论坛活动；组团赴新加坡、以色列、印度及中国台湾地区等地的经贸对接交流，吸引国际先进企业和优秀人才来浙江投资创业。与国家进出口银行浙江省分行开展集成电路产业等领域的合作，与中国银行探讨信息经济领域开展相关合作。

举办第二届世界互联网大会。2015 年 12 月，第二届世界互联网大会在浙江省乌镇召开。大会期间，浙江省举办“智能制造与转型升级”论坛，更加明确浙江省实施“中国制造 2025”“互联网 +”行动计划的方向、目标和路径；举办“互联网之光”博览会，吸引来自亚太地区、美国、欧洲、拉丁美洲等世界各地的近 258 家企业参展，浙江省参展企业有 80 家，呈现出浙江互联网创业创新的魅力。

部省合作，推进项目示范应用。2015 年 9 月，省政府与工业和信息化部签署《关于基于宽带移动互联网的智能汽车智慧交通应用示范合作框架协议》，组织在杭州市西湖区和桐乡市乌镇开展试点，旨在通过部省合作和政策支持，开展基于新一代移动通信网（5G）及车联网等的战略研究、示范项目建设、标准与技术规范制定，探索建立基于宽带移动互联网的智能汽车、智慧交通生态体系。2015 年 12 月，省政府与国家互联网信息办公室签署《关于互联网创新发展战略合作框架协议》，推进国家信息经济发展示范区和乌镇互联网经济创新发展综合试验区创建工作。

【产业环境】 2015 年，浙江省组织编制印发《信息经济发展规划（2014—2020 年）》，制定 2015 年全省推进信息经济发展工作要点，加强工作部署。

抓行业规范工作，组织开展第四、五批光伏制造行业规范条件企业申报工作，3 家企业入围第四批公告名单，累计 27 家企业入围光伏公告名单，入围数居全国前列。加强自主品牌、质量和标准化工作，开展打击非法境外电视网络接收设施专项整治行动，完成电子信息领域重点装备研制单位调查工作。定期发布产业动态运行分析报告，完善产业预测预警机制。

通过规划引领和重点工作安排，强化省财政专项资金扶持，2015 年省财政安排支持两化深度融合、软件信息服务业发展和信息经济奖励共 2.23 亿元。支持企业申报各类国家专项资金，2015 年已获国家重大科技专项、产业振兴和技术改造等专项资金 9 504 万元。推进省信息经济创业投资基金的运作，指导各地政府及相关机构策划设立子基金，共设立 8 个区域子基金和 7 个行业子基金，基金总规模达 355 亿元，其中省信息经济创业投资基金出资额达 33.7 亿元。编制并下达 2015 年省电子信息产业重点项目计划，共安排 180 项，涉及计划总投资 31.9 亿元。

组织召开信息经济发展情况新闻发布会，在全省开展信息经济宣讲，分赴 11 个市开展宣讲，参加培训人员 2 000 余人，营造信息经济发展良好氛围，促进各地有针对性地开展工作。联合中央及省市各大新闻媒体，加强信息经济发展宣传，营造发展氛围。开展信息经济人才招引，帮助企业引进紧缺急需高精尖人才 600 余名，强化省“151”专家等高层次人才与企业的结对帮扶工作。

【统计数据】

表 1　2015 年浙江省电子信息制造业重点企业人员构成情况

企业类别	企业数（家）	年末从业人员总数（人）	人员构成	
			研发人员（人）	在总人数中所占比例（%）
内资企业	558	293 915	38 015	12.9
国有企业	6	3 478	926	26.6
国有独资公司	3	1 025	323	31.5
股份合作企业	11	1 086	100	9.2
有限责任公司	327	151 028	16 581	11.0
股份有限公司	116	112 376	17 617	15.7
私营企业	88	23 441	2 290	9.8
其他企业	7	1 481	178	12.0
港、澳、台商投资企业	44	36 861	5 548	15.1
三资企业	70	57 917	4 539	7.8

注：数据来源于浙江省经济和信息化委员会。

表 2　2013—2015 年浙江省电子信息制造业规模以上企业基本情况

项目名称	单位	2013 年	2014 年	2015 年
工业总产值（现行价）	万元	57 449 024	60 789 215	67 460 059
工业销售产值	万元	55 666 952	58 723 438	65 015 788
其中：出口交货值	万元	16 673 722	17 747 671	17 833 618
流动资产平均余额	万元	37 108 350	41 110 306	44 775 562
资产总计	万元	56 090 547	61 702 295	70 507 723
负债合计	万元	31 011 154	33 454 425	37 186 130
主营业务收入	万元	56 480 181	58 826 087	64 314 916
税金总额	万元	1 465 832	1 634 203	1 944 973
利润总额	万元	3 659 378	4 094 739	4 811 929
从业人员年末人数	人	729 607	747 752	788 257
从业人员工资总额	万元	3 651 683	4 246 760	4 869 735

表 3　2013—2015 年浙江省电子信息制造业规模以上企业三资企业基本情况

项目名称	单位	2013 年	2014 年	2015 年
工业总产值（现行价）	万元	22 638 538	22 763 511	23 820 332
工业销售产值	万元	21 999 995	22 068 978	22 908 047
其中：出口交货值	万元	10 720 811	10 699 696	9 705 713
流动资产平均余额	万元	14 169 554	14 355 265	15 413 320
资产总计	万元	20 985 293	21 353 679	22 735 876
负债合计	万元	10 936 411	10 342 053	10 338 700
主营业务收入	万元	22 031 129	21 945 289	22 426 396
税金总额	万元	515 991	554 692	630 130
利润总额	万元	1 745 408	2 037 958	2 294 135
从业人员年末人数	人	277 754	268 937	262 707
从业人员工资总额	万元	1 690 021	1 692 354	1 810 946

表 4　2013—2015 年浙江省电子信息制造业规模以上企业主要经济效益指标完成情况

项目名称	单位	2013 年	2014 年	2015 年
全员劳动生产率	元 / 人	133 131	151 587	176 186
流动资产周转率	%	152.2	143.1	143.6
产品销售率	%	96.9	96.6	96.4
总资产贡献率	%	10.1	10.7	11.2
资产保值增值率	%	101.0	111.8	135.7
资产负债率	%	55.3	54.2	52.7

表 5　2013—2015 年浙江省电子信息制造业规模以上企业三资企业主要经济效益指标完成情况

项目名称	单位	2013 年	2014 年	2015 年
全员劳动生产率	元 / 人	139 054	157 828	186 664
流动资产周转率	%	155.5	152.9	145.5
产品销售率	%	97.2	96.9	96.2
总资产贡献率	%	11.2	13.4	14.2
资产保值增值率	%	101.5	112.8	112.3
资产负债率	%	52.1	48.4	45.5

注：表 2 ~表 5 数据来源于浙江省统计局。

表 6　2013—2015 年浙江省主要电子信息产品产销量情况

产品名称	单位	产量			销量		
		2013 年	2014 年	2015 年	2013 年	2014 年	2015 年
移动通信手机	万部	4 510	4 148	4 958	4 447	4 201	5 017
程控交换机	万线	169	161	145	178	160	140
彩色电视机	万台	350	463.2	389	348	458.9	389
其中：液晶电视机	万台	346	449.8	389	347	445.7	389
液晶显示模组	万套	5 520	5 504	3 677	5 537	5 487	3 718
集成电路	亿块	24.1	31.8	41.7	23.7	27.5	37.6
半导体分立器件	亿只	368.7	554.9	709.7	358.8	559.7	632.9
电子元件类	亿只	492.2	341.9	781.5	484.2	339.3	785.6
笔记本电脑	万部	162.3	172.8	120	161.9	172.5	120

表 7　2013—2015 年浙江省三资企业主要电子信息产品产销量情况

产品名称	单位	产量			销量		
		2013 年	2014 年	2015 年	2013 年	2014 年	2015 年
移动通信手机	万部	1 376.2	495.4	562.2	1391.9	501.5	576.2
笔记本电脑	万部	162.0	172.8	133.3	161	172.5	133.5
集成电路	亿块	3.8	4.3	9.1	3.7	3.7	8.2
半导体分立器件	亿只	147.5	221.9	283.9	143.5	223.9	253.2
电子元件类	亿只	130.0	90.3	212.9	125.2	89.6	235.7
液晶显示模组	万套	5 483	5 504	3 677	5 503	5 487	3 718

表 8　2015 年浙江省软件产业人员构成情况

企业类别	企业数（家）	年末从业人员总数（人）	人员构成			
			管理人员（人）	在总人数中所占比例（%）	软件开发研究人员（人）	在总人数中所占比例（%）
内资企业	1 651	245 416	27 089	11.1	78 232	31.9
国有企业	10	1 253	143	11.4	373	29.8
国有独资公司	3	561	84	15.0	28	5.0
股份合作企业	6	1 888	19	1.0	33	1.7
有限责任公司	826	120 817	15 575	12.9	39 161	32.4
股份有限公司	217	74 919	5 730	7.6	27 848	37.2

续表

企业类别	企业数（家）	年末从业人员总数（人）	人员构成			
			管理人员（人）	在总人数中所占比例（%）	软件开发研究人员（人）	在总人数中所占比例（%）
私营企业	571	45 141	5 469	12.1	10 536	23.3
其他内资企业	18	837	69	8.2	253	30.2
港、澳、台商投资企业	55	29 611	1 463	4.9	7 966	26.9
三资企业	57	5 639	520	9.2	1 356	24.0

表 9　2013—2015 年浙江省软件产业基本情况

项目名称	单位	2013 年	2014 年	2015 年
软件业务收入	万元	18 988 428	24 376 170	30 374 129
软件业务出口	万美元	171 779	251 577	279 731
流动资产平均余额	万元	15 819 253	24 065 530	29 693 613
固定资产投资额	万元	564 660	799 924	588 894
资产总计	万元	29 241 680	37 156 311	48 679 085
负债合计	万元	12 360 674	15 664 010	18 594 120
税金总额	万元	982 518	1 280 200	1 525 476
利润总额	万元	5 479 240	6 986 233	7 913 457
应交所得税	万元	304 343	733 977	1 008 297
从业人员年末人数	人	250 144	290 060	280 666
从业人员工资总额	万元	2 227 726	3 373 958	3 958 017

表 10　2013—2015 年浙江省软件产业三资企业基本情况

项目名称	单位	2013 年	2014 年	2015 年
软件业务收入	万元	4 331 225	5 697 640	8 161 349
软件业务出口	万美元	15 245	74 304	73 327
流动资产平均余额	万元	3 913 398	7 359 976	9 268 287
固定资产投资额	万元	155 318	313 180	57 791
资产总计	万元	6 192 565	9 148 805	15 247 261
负债合计	万元	2 648 354	2 798 410	4 761 176

续表

项目名称	单位	2013 年	2014 年	2015 年
税金总额	万元	316 781	252 677	355 508
利润总额	万元	2 733 693	3 451 570	3 893 069
应交所得税	万元	84 461	382 719	504 766
从业人员年末人数	人	41 354	30 417	35 250
从业人员工资总额	万元	470 997	502 762	804 669

表 11　2013—2015 年浙江省软件产业主要经济效益指标完成情况

项目名称	单位	2013 年	2014 年	2015 年
全员劳动生产率	元 / 人	374 728	415 149	572 210
流动资产周转率	%	120.0	130.4	102.3
销售利润率	%	28.9	21.4	26.1
总资产贡献率	%	26.1	22.6	22.6
资产保值增值率	%	130.0	127.3	139.9
资产负债率	%	42.3	42.2	38.2

表 12　2013—2015 年浙江省软件产业三资企业主要经济效益指标完成情况

项目名称	单位	2013 年	2014 年	2015 年
全员劳动生产率	元 / 人	693 713	925 348	1 278 149
流动资产周转率	%	110.7	101.1	88.1
销售利润率	%	63.1	60.6	47.7
总资产贡献率	%	47.6	48.3	35.1
资产保值增值率	%	212.6	174.3	165.1
资产负债率	%	42.8	30.6	31.2

注：表 6 ~表 12 数据来源于浙江省经济和信息化委员会。

[撰稿：郑闽红　审稿：涂进法]

安 徽 省

【概况】 2015年，安徽省电子信息产业保持“高增速、快进位”的高成长态势，产业强创新、调结构、谋转型、促升级、提质量、增效益、激活力、添动力成效显著，综合影响力和核心竞争力稳步提升，支撑引领全省经济可持续发展。

【电子信息制造业】 2015年，安徽省电子信息制造业完成销售产值2 655.0亿元，增速达到25.9%，高于全国同行业平均17.2个百分点。实现主营业务收入2 535.7亿元，增长23.3%；工业增加值增长20.1%，增速高于安徽省规模以上工业平均11.5个百分点；实现利润总额160.3亿元，增长17.0%；实现税金总额47.2亿元，增长16.0%。

安徽省500万元以上电子信息制造业项目完成固定资产投资834.5亿元，增长15.3%。一批龙头带动性强的重大投资项目实现落地，总投资400亿元的合肥京东方TFT-LCD 10.5代线、总投资135亿元的合肥晶合晶圆制造（一期）、总投资100亿元的蚌埠凯盛薄膜太阳能电池生产线、总投资50亿元的国轩5万吨锂电池正极材料、总投资15亿美元的康宁液晶玻璃工厂、总投资13亿元的通富微电集成电路封测等项目先后开工建设。

新增合肥鑫晟光电科技有限公司、安徽康佳电子有限公司2家年产值超百亿元企业，全行业百亿元级企业数达到4家；安徽天康（集团）股份有限公司、铜陵精达铜材（集团）有限责任公司入选“中国电子信息百强企业”，安徽铜峰电子（集团）股份有限公司、合肥博微田村电气有限公司入列“中国电子元件百强”，安徽康佳电子有限公司、安徽四创电子股份有限公司等14家企业入选“全国电子行业优秀企业”；新增通威太阳能（合肥）有限公司、阳光电源股份有限公司、安徽金峰新能源股份有限公司3家符合国家光伏制造行业规范条件公告企业，安徽省符合国家光伏制造行业规范条件公告企业数达到8家。

先后引进力晶科技股份有限公司、北京君正集成电路股份有限公司、杰发科技（合肥）有限公司、北京兆易创新科技股份有限公司、群联电子股份有限公司、北京集创北方科技有限公司、矽力杰半导体技术（杭州）有限公司、南通富士通微电子股份有限公司等一批集成电路龙头企业来皖投资，新落户企业数达50多家，项目涵盖集成电路设计、制造、封装测试、材料等产业链环节。举办中国半导体行业协会集成电路设计年会、中国半导体市场年会暨第四届中国集成电路产业创新大会、海峡两岸半导体产业高峰论坛等一系列活动。

新型显示、智能终端两大高成长产业累计新增产值189亿元、增加值55亿元，经济总量占行业比重超过40%，对全行业增长贡献率达37.5%。其中，显示器件行业实现产值497亿元、增加值160亿元，增速分别达到36.2%和34.2%；计算机行业实现产值633亿元、增加值142亿元，增速均超过10%；智能硬件产品实现突破，笔记本电脑产量超过1 800万台，新增平板电脑产量184万台、手机产量64万部，智能手环累计出货量超1 000万枚，智能体重秤、智芯等新品实现量产。

安徽省电视机制造业实现产值218亿元，增长63.1%，生产彩色电视机1 176.9万台，增长95.4%，增速高于全国平均88个百分点，占全国比重升至7.3%，智能电视生产比重突破80%，高于全国平均水平，合肥鑫昊光电科技有限公司、合肥惠科金扬科技有限公司2家新增彩电整机企业实现投产；光伏制造业实现产值302亿元，增长17.4%，阳光电源与阿里云计算达成“智慧光伏云”战略合作协议，实现“互联网＋光伏新能源”新模式发展。

【软件服务业】 2015年，安徽省软件和信息技术服务业完成营业收入327.1亿元，首次突破300亿元，增长43.6%，比2013年翻一番；完成主营业务收入321.9亿元，增长42.4%。年收入超亿元软件企业突破60家；超10亿元企业达到5家，比上年新增2家；超20亿元企业实现零突破达到3家，分别是科大讯飞股份有限公司、安徽四创电子股份有限公司和安徽尚趣玩网络科技有限公司。“十二五”期间，安徽省软件服务业年均增长率31.3%，成为安徽省调结构、转方式、促转型的重要支撑和经济发展亮点。

安徽省软件企业实现软件业务收入205.6亿元，增长41.5%，高于全国平均增速20余个百分点。其中，软件产品收入83.1亿元，增长0.4%；信息技术服务收入108.5亿元，增长107.5%；嵌入式系统软件收入14亿元，增长35.9%。软件产品、信息技术服务、嵌入式软件的结构比例由上年的57∶36∶7调整为40∶53∶7，服务化方向升级趋势明显。

重点骨干企业培育取得新进展，科大讯飞股份有限公司首次进入全国软件百强，2015年实现主营收入25亿元，增长40.4%；安徽尚趣玩网络科技有限公司成为全国十大网页游戏运营商，实现收入23.1亿元，增长112%。龙头骨干企业加强市场开拓，在嵌入式软件领域，安徽省是国内最大的色选机研发和生产基地，大米色选机市场占有率达90%以上；行业应用和解决方案市场占有率持续提升，智能语音应用软件和解决方案在全国同类产品市场中占有率领先，交通、电力、动漫游戏等行业应用软件具有较高的市场占有率和品牌知名度。

合肥市聚集全省80%的软件企业，2015年实现软件产业收入240.2亿元，增长43.5%。芜湖市动漫游戏、文化创意产业集中区和马鞍山市电子商务、软件服务外包产业集中区以及铜陵市智能交通、行业应用软件集中区各具特色，构成沿江软件产业城市集聚带。其中，芜湖市实现软件产业收入35亿元，增长30.6%；马鞍山市实现软件产业收入12亿元，增长46.3%；铜陵市实现软件产业收入7.3亿元，增长23.7%。

2015年，安徽省软件服务业实现利润总额40.6亿元，增长30.7%，营业利润率达12.6%；实现税金总额9.8亿元，增长24.2%。全行业资产合计427.9亿元，负债合计172.8亿元，资产负债率为40.4%，较上年下降2.2个百分点。软件企业享受税收优惠有所下降，2015年软件企业共享受优惠政策退税2.9亿元，比上年下降2 239万元，享受出口退税3 098万元，比上年下降13万元。实现研发经费投入24.8亿元，增长30.5%，研发投入占营业收入比重为5.9%。

【产品进出口贸易】 2015年，安徽省电子信息制造业累计完成出口交货值783.3亿元，增长21.1%，高于安徽省工业出口平均增速15.9个百分点，占安徽省工业出口总额近4成；微型计算机、新型显示、太阳能光伏等产品成为出口主要增长点，软件业务出口收入1.2亿美元；联宝（合肥）电子科技有限公司、合肥鑫晟光电科技有限公司、合肥晶澳太阳能科技有限公司、合肥京东方光电科技有限公司等企业入选安徽进出口排行榜50强名单。

【科技进步与应用】 2015年，安徽省电子信息行业创新能力不断升级，量子通信、铁基超导、频谱分析等技术领域创新取得新进展；新型显示、智能穿戴设备、集成电路设计、关键元器件及新型电子材料等领域突破一批关键技术和产品，中科大先进技术研究院、合工大智能制造技术研究院、中科院创新工程研究院等一批电子信息相关重点协同创新平台成立。

【信息基础设施】 截至2015年12月底，安徽省（固定）互联网宽带接入用户比上年末净增162.5万户，总数达到887.9万户；安徽省家庭宽带接入用户比上年末净增150.6万户，总数达到776.2万户；移动互联网用户比上年末净增1 003.2万户，总数达到3 671.8万户，其中3G/4G用户净增551.8万户，总数达到2 465.3万户。

安徽省8Mbps以上固定宽带用户605.7万户，占固定宽带总用户的68.2%，超额完成“宽带中国”2015专项行动提出的55%的年度目标；20Mbps以上固定宽带用户348万户，占固定宽带总用户的39.2%；FTTH/O（光纤接入）用户550万户，占固定宽带总用户的62.0%。安徽省城区（含县级市城区）宽带用户平均接入速率29.46Mbps；固定宽带单位带宽价格1.617元/Mbps，比年初下降74.8%，手机流量价格0.069元/MB，比年初下降48.1%。

安徽省互联网宽带接入端口比上年末增加473.8万

个，达到 2 124.1 万个；出口带宽增加 1 219Gbps，达到 3 464Gbps；长途光缆纤芯长度比上年末增加 2.8 万芯千米，达到 91 万芯千米；本地光缆纤芯长度比上年末增加 296.1 万芯千米，达到 1 751.1 万芯千米；移动基站比上年末增加 5 万个，达到 16.3 万个，其中 4G 基站达到 6.3 万个，4G 信号覆盖乡镇以上区域、交通干线和 3A 级以上旅游景点；移动电话交换机容量达到 8302.7 万户，短消息中心容量达到 3 亿条。

安徽省网民人数 2 395 万，增长 7.6%，超出全国平均增速 1.5 个百分点。IPv4 地址数占全国的 1.7%。域名数量 488 784 个，增长 37.3%，域名数占全国的 1.6%。网站数量 55 581 个，增长 38.9%，网站数占全国的 1.3%。网页数量 24.5 亿个，增长 58.1%。其中，静态网页数量 13.45 亿个，增长 41.3%；动态网页数量 11.09 亿个，增长 85.5%；静、动态网页比例为 1.21。总网页大小达 107.46GB。

【信息产业基地和园区】 安徽省落实部省共同推进语音产业发展领导小组工作推进机制，中国智能语音产业基地通过国家新型产业示范基地审批，编制完成《中国（合肥）智能语音产业基地（中国声谷）规划（2015—2020 年）》。中国（合肥）国际智能语音产业园孵化园实现搬迁入驻，入园企业 100 户，呈现出高成长、高融合的良好发展态势。

2015 年，合肥新型显示国家新型工业化产业示范基地实现产值 361.4 亿元，增长 57.8%，完成固定资产投资 50 亿元，增长 25%，累计完成投资超过 820 亿元。基地已汇聚上下游产业链从业企业 40 余家，基本形成涵盖面板、模组、装备、基板玻璃、光学膜、偏光片、显示光源、驱动 IC、整机生产等上下游完整产业链。其中，在面板领域，全球首条 TFT-LCD 10.5 代线开工，将使京东方跃升全球显示行业前三甲；在上游核心材料和装备领域，康宁 10.5 代玻璃基板、欣奕华蒸镀机、三利谱偏光片等项目建成后将大幅提升新型显示产业关键材料本地配套水平，打破长期依赖进口局面；在终端应用领域，京东方 1 800 万台整机项目落户，鑫昊 200 万台智能整机生产项目实现满产。

【两化融合】 安徽省有 14 家企业完成全国首批两化融合管理体系达标任务，两化融合首批达标企业数位列全国第四、中部第一；争取全国第二批两化融合贯标试点数 22 家，居中部第一；国家贯标监测平台数据显示，安徽省贯标总进展排名处于全国第七位。推动开展“百家贯标，千家对标”活动，在国家试点基础上选定 114 家企业进行省级两化融合贯标试点工作。及时做好两化融合贯标总结，组织企业参加全国两化融合管理体系贯标工作会议暨成果展，《点到点服务、段与段衔接、片推片普及，扎实推进两化融合管理体系贯标工作》两化融合贯标总结入选工业和信息化部信息化推进司文件选编，并在《安徽经济和信息化》刊载相关内容，受到安徽日报、安徽广播电视台、安徽经济报的重点报道。组织有关试点企业参加工业和信息化部、服务联盟组织的专题培训，全省共有 400 多人次参加服务联盟的贯标培训、机构培训考试、两化融合大会等，并将管理体系贯标作为“两化融合江淮行”活动重要内容，在合肥、马鞍山、阜阳等多个市组织开展贯标培训，有近千家企业参加。

【信息安全】 2015 年，安徽省进一步强化信息安全技术服务支撑工作，开展全省网络信息安全服务机构摸底调查，对 38 家重点网络信息安全服务机构进行备案和能力评估，发布安徽省第一批 10 家信息安全服务机构推荐名单。

推进电子认证服务在电子政务和电子商务中深入应用，促进全省网络信任体系建设，截至 2015 年年底，全省面向社保、卫生、住建、税务、招投标等领域累计发放数字证书 30.1 万张，同比增长 76.5%。

【信息消费】 2015 年，合肥市、芜湖市、马鞍山市入选全国信息消费示范城市，入围数居全国第一；10 个项目入选国家信息消费创新应用示范项目，占全国示范项目总数的 1/6，居全国第一，成为全国标杆。培育信息消费新需要，加强氛围营造，组织开展“体验信息消费、享受文化生活”等系列活动，建立“安徽信息消费季”官网和“徽风皖韵”公众号，举办各类沙龙、主题论坛和培训活动 300 余场，1 万多人次参加，吸引省内外 5 000 余家企业赴信息消费体验中心参观学习，2.7 万名消费者参加体验活动，有 50 多万消费者通过专题网站和微信公众号参与安徽省信息消费季各项活动。

【云计算与大数据】 安徽省政务云、语音云、金融云、医疗云、交通云平台等一批重点工程建设带动云计算产业快速发展，截至2015年年底，安徽省云计算大数据产业在建项目33个，累计投入320多亿元。其中，合肥市云计算大数据生产应用中心和淮南市、宿州市大数据存储基地以及黄山市、池州市云计算大数据创意产业园加快建设，带动骨干企业快速发展，云计算产业链逐步形成。涌现三只松鼠、三个农民、亿赞普（宿州）等一批国内知名的电商平台，建成一批“皖货”网上专业市场。

【产业环境】 2015年，《安徽省信息化条例》成功提交省人大常委会第21次会议进行审议，信息化立法正式进入法治轨道。

安徽省人民政府出台《关于促进云计算创新发展培育信息产业新业态的实施意见》（皖政[2015]84号），并设立云计算、大数据发展财政专项，引导云计算产业发展。

【主要问题】 经济总量偏小、带动力不强，占全国比重不足3%，与安徽省经济社会发展需求相比差距明显。在产业分工体系中，位置偏向中低端，“制造基地”特征未根本改变，产品附加值不高，关键技术及核心配套依赖外部。

新技术、新产品、新业态、新模式创新不足，研发投入强度偏低，除新型显示外，大部分新一代信息技术产业领域发展薄弱。软硬融合、跨界融合、与互联网融合、与制造技术融合、与工业化融合深度仍显不足。

支撑产业持续快速发展的技术、人才、资本等要素紧缺。产业体系不够健全，产业链、创新链、资源链缺乏有效协同，发展环境需要改善。产业配套有待增强，关键环节还依赖发达地区或国外。

【统计数据】

表1 2013—2015年安徽省电子信息制造业基本情况

项目名称	单位	2013年	2014年	2015年
工业总产值（现行价）	万元	18 114 384	23 022 605	28 067 323
工业销售产值	万元	14 812 894	21 090 746	26 550 126
出口交货值	万元	2 847 224	6 440 848	7 832 502
资产总计	万元	16 175 803	18 583 276	26 965 920
负债合计	万元	9 264 054	10 467 485	15 925 513
主营业务收入	万元	16 485 905	20 566 950	25 357 481
税金总额	万元	377 200	406 885	472 133
利润总额	万元	1 105 223	1 370 340	1 603 344

表2 2013—2015年安徽省电子信息制造业主要经济效益指标完成情况

项目名称	单位	2013年	2014年	2015年
产品销售率	%	81.8	91.6	94.6
资产负债率	%	57.3	56.3	59.1

表3　2013—2015年安徽省主要电子信息产品产销量情况

产品名称	单位	产量			销量		
		2013年	2014年	2015年	2013年	2014年	2015年
彩色电视机	万台	561.8	602.23	1 176.9	561.8	602.23	1 176.9
微型计算机	台	6 717 762	17 158 900	18 014 700	6 701 571	17 158 900	18 014 700
液晶显示屏	万片	10 657	52 005	26 562	10 657	52 005	26 562
移动通信手持机	万部	1.1		64.3	1.1		64.3
集成电路	万块		5 654.8	24 572.9		5 654.8	24 572.9

注：表1～表3数据来源于安徽省统计局。

表4　2015年安徽省软件产业人员构成情况

企业类别	企业数（家）	年末从业人员总数（人）	人员构成			
			管理人员（人）	在总人数中所占比例（%）	软件开发研究人员（人）	在总人数中所占比例（%）
内资企业	405	42 220	4 886	11.6	14 399	34.1
国有企业	10	1 975	247	12.5	464	23.5
股份合作企业	1	66	2	3.0	23	34.8
联营企业	1	114	9	7.9	54	47.4
有限责任公司	154	14 643	1 853	12.7	4 903	33.5
股份有限公司	48	13 573	1 337	9.9	5 113	37.7
私营企业	187	11 620	1 394	12.0	3 751	32.3
其他内资企业	4	229	44	19.2	91	39.7
港、澳、台商投资企业	1	202	32	15.8	45	22.3
三资企业	8	2 323	239	10.3	1 289	55.5

表5　2013—2015年安徽省软件产业基本情况

项目名称	单位	2013年	2014年	2015年
软件业务收入	万元	995 709	1 453 247	2 055 824
软件业务出口收入	万美元	7 396	11 512	11 806
软件产品销售收入	万元	507 062	827 590	854 767
流动资产平均余额	万元	1 257 741	1 898 580	2 226 224
固定资产投资额	万元	96 208	116 812	116 806

续表

项目名称	单位	2013 年	2014 年	2015 年
资产合计	万元	2 498 225	3 348 427	4 279 058
负债合计	万元	935 889	1 425 786	1 728 166
税金总额	万元	65 286	78 605	97 593
利润总额	万元	218 649	310 548	405 738
应交所得税	万元	23 050	31 790	47 215
从业人员年末人数	人	31 673	35 845	45 770
从业人员工资总额	万元	203 622	250 925	337 749

表 6　2013—2015 年安徽省软件产业主要经济效益指标完成情况

项目名称	单位	2013 年	2014 年	2015 年
资产负债率	%	37.5	42.6	40.4

注：表 4 ~表 6 数据来源于安徽省经济和信息化委员会。

[供稿：安徽省经济和信息化委员会]

福　建　省

【概况】　2015 年，福建省规模以上电子信息制造业完成工业总产值 4 838.6 亿元，同比增长 14.2%，工业增加值增长 13.6%，产业主要集中在厦门市、福州市、漳州市、泉州市、莆田市等沿海地区，戴尔电脑公司、宸鸿科技（厦门）有限公司、友达光电（厦门）有限公司等 7 家企业年销售收入超百亿元。福建省电子信息（集团）有限责任公司、福州福大自动化科技有限公司、南靖万利达集团有限公司和厦门宏发电声股份有限公司共 4 家企业入围第 30 届电子信息百强企业。福州经济技术开发（物联网）获得工业和信息化部第六批国家新型工业化产业示范基地，云霄县云陵工业开发区（光电子）获得工业和信息化部第七批国家新型工业化产业示范基地。

2015 年，福建省软件和信息服务业实现业务收入 1 820 亿元，同比增长 20%。全省有 13 家软件骨干企业名列全国软件企业综合竞争力前 200 强。四三九九网络股份有限公司、福建网龙计算机网络信息技术有限公司、厦门三五互联科技股份有限公司入选 2015 年中国互联网企业百强。

2015 年，福建省信息消费规模达 3 500 亿元，同比增长 18%，福州市、厦门市入选全国信息消费示范城市，“运吧物流 O2O 信息交易与服务平台（福州）”等 5 个项目入选国家信息消费创新应用示范项目，在全国率先启动建设 60 个数字家庭示范村，推广农村互联网应用。企业信息化建设不断加快，两化融合水平明显提高，2015 年省级两化融合示范企业有 117 家，通过国家两化融合管理体系贯标评定的企业有 13 家（总数居全国第 5 位）。全省两化融合发展指数居全国第 7 位，全省重点行业典型企业的 ERP（企业资源计划）、MES（制造执行系统）、PLM（产品生命周期管理）和 SCM（供应链管理）普及率分别为 72.7%、67.9%、60.5% 和 65.7%，采购环节和销售环节电子商务应用率分别为 70.6% 和 84%，装备数控化率为 55.6%。

【电子信息制造业】 福建省新型显示产业主要以台资和外资为主，产品大部分出口，产业主要集中在厦门火炬园、福清融侨、马尾开发区及莆田高新区等地。平板显示产业链主要在中下游的低世代 TFT-LCD 液晶面板、多品种平板显示模组和智能终端整机制造等方面有优势，是全国平板显示器、笔记本电脑和液晶电视等终端产品的主要生产基地之一，液晶显示模组、触控模组和液晶显示器整机等规模位居全国前三。厦门天马微电子有限公司投资 70 亿元建设的国内首条、全球第二条 5.5 代 LTPS 及彩色滤光片成功量产。宸鸿科技（厦门）有限公司保持全球触控组件的龙头地位，友达光电（厦门）有限公司拥有 12 条中大尺寸模组生产线。厦门天马微电子有限公司二期 6 代低温多晶硅（LTPS）TFT-LCD 及彩色滤光片、京东方 8.5 代液晶面板线、中华映管 6 代中小尺寸面板线等一批项目先后开工建设。

福建省计算机和智能网络通信产业主要集中在福州市、厦门市、漳州市等地。戴尔电脑公司是国内最大的计算机和笔记本电脑厂商之一，星网锐捷通讯股份有限公司的下一代网络交换机、瘦客户机等已达到国内领先水平，福建爱普生有限公司的针式打印机凭借稳定耐用、高速高效等优势，连续多年蝉联该产品的销售冠军，福建联迪商用设备有限公司的电子支付 POS 机被誉为中国金融 POS 第一品牌，并跻身于全球十大 POS 供应商之列。

福建省集成电路产业主要分布在福州市、厦门市、泉州市等地，已有集成电路企业约 80 家，设计工艺水平（线宽）一般在 0.35 微米 ~ 90 纳米，少数优势企业达到 28 纳米国际先进水平。主要产品包括移动多媒体、数字音视频、电源管理、光通信、LED 驱动、二维码解码芯片等。设计龙头企业瑞芯微电子股份有限公司通过自身的技术研发，与英特尔公司密切合作，在平板电脑芯片领域取得较好成绩，芯片市场份额居全国第一，连续 10 年获得“中国芯”最佳市场表现奖。总投资 62 亿美元的厦门联芯 12 英寸集成电路生产线正加快建设中，预计 2016 年年底试产，三安光电股份有限公司砷化镓集成电路生产等项目顺利建成投产。

福建省 LED 产业基本形成以三安光电股份有限公司为龙头的涵盖衬底、外延、芯片、封装和应用产品等较为完整的产业链，产业主要分布在厦门市、福州市、泉州市、漳州市、龙岩市等地，福建省是全国 LED 外延芯片实力最强、规模最大、品种最全的生产基地。三安光电股份有限公司、乾照光电股份有限公司分别居中国 LED 芯片竞争力 10 强首位和第五位；立达信集团居中国照明百强榜前八强，LED 球泡灯出口量居全国第二位。三安光电在厦门市投资 100 亿元建设全省最大外延片、开发晶照明，乾照光电建设高亮度芯片，这些重点项目的建成或部分建成投产，将带动产业进一步发展。另外，得益于国家鼓励新能源汽车消费政策，全省锂离子电池行业增长迅猛，成为产业一个新亮点。宁德新能源科技有限公司的动力锂离子电池供不应求，2015 年销量居全国第二位、全球第三位；飞毛腿（福建）电子有限公司的消费类锂离子电池成为华为、小米手机的一级供应商。

【软件和信息服务业】 2015 年 2 月，福州市人民政府与工业和信息化部、福建省人民政府共同签署《部省市协同开展中国软件名城创建工作合作备忘录》，正式启动中国软件名城试点创建，与 2013 年签订合作备忘录的厦门市形成福建省软件产业发展“双子星”格局。福州市、厦门市通过创建“中国软件名城”取得显著成效，示范带动作用明显，吸引全省 90% 的软件企业、软件人才集聚两地。

全省鞋服、建材、食品等传统优势制造业企业与软件企业合作，创新营销方式、拓展产业市场。同时，软件企业加速向其他行业进军，如：以开发大型游戏而著称的网龙网络控股有限公司通过“硬件—平台—内容”三个生态链环节全面布局在线教育行业，不仅投入 3 亿元打造全球首款针对 K12（国际上对基础教育的统称）的教育平板 101 同学派，还以云计算、大数据技术为依托，建立一个涵括教师、学生和家长的开放式教育云平台。2015 年 11 月，网龙网络控股有限公司以 1.3 亿美元收购全球领先的教育信息化解决方案供应商Promethean（普罗米修斯）100%股权，在“互联网+教育”领域又迈出一大步，同时公司还推出“99家居在线”家装设计软件，向智能家居领域开拓。

2015年，福建省动漫游戏业务继续保持较高增速。第十一届中国国际动漫节，福建神画时代公司斩获最具潜力动画电影提名奖，成为福建省首个获得该奖项的动漫企业。网龙网络控股有限公司入选《福布斯》中文版“中国潜力企业榜单”，位列三甲，其研发的网游《虎豹骑》入围并斩获“年度网游精品”和“年度新游”两座大奖，填补战争历史网游在该奖项上的空白。天之谷网络科技有限公司倾力打造的3D动画片《土豆侠》继第一季获得2014年优秀国产动画片之后，第二季再次被国家新闻出版广电总局推荐为2015年第一季度优秀国产动画片。

移动互联网产业成为福建省信息产业新的增长点，集聚百度91、联想移动、三大运营商的动漫基地、美图、美柚等一批移动互联网行业的龙头企业，产业集群效应突显，2015年，移动互联网等创新型企业实现高增长，4月中国移动手机动漫基地更名为咪咕动漫有限公司，以移动互联网动漫内容运营为核心，累计签约超过1 300家内容合作伙伴，在线正版动漫作品数量超过32万集。三大运营商的手机动漫基地带动数百家动漫企业落户厦门市，使福建省成为中国移动新媒体产业的聚集地。

【两化融合】 福建省两化融合管理体系贯标通过率为69%，比全国平均贯标通过率（40%）高出29个百分点。明一国际营养品集团有限公司、东南（福建）汽车工业有限公司、国网福建省电力有限公司、厦门金龙旅行车有限公司、厦门科华恒盛股份有限公司等13家重点企业按照国家贯标工作的有关要求，成功通过国家首批评定。

自2014年起全省建立的“百项千亿”省级两化融合重点项目库（每个项目投资500万元以上）实施入库跟踪管理，2015年发布省级两化融合重点项目共计667个，总投资1 012亿元，项目建成后预计新增年销售收入1 513亿元。

实施互联网与工业融合创新试点，推动30家企业开展试点工作，其中，明一国际营养品集团有限公司和富贵鸟股份有限公司2家企业列入国家试点。大力培育工业互联网平台型企业，重点扶持九牧厨卫股份有限公司、特步（中国）有限公司等一批有条件的行业骨干企业实施新型互联网生产组织模式，应用互联网、云计算、大数据等先进技术和创新理念，开展工业互联网行业协同平台项目建设。

组织实施以“百企示范、千企试点、万企行动”为目标的“百千万”企业两化融合提升工程，开展全省两化融合宣传推广对接八闽行系列活动，重点依托咨询服务机构开展以两化融合宣传、推广、评估、咨询、对接等公共服务为主要内容的八闽行活动，先后在福州市、厦门市、泉州市、漳州市、南平市等多个地市成功举办，制造业企业和信息技术服务企业围绕两化融合技术咨询、管理咨询、工业信息化建设等领域开展现场交流对接。

【信息消费】 2015年，福州市、厦门市入选全国信息消费示范城市，实施信息消费自主创新重点项目超过200项，总投资近100亿元，其中超过40项产品或服务在细分领域居全国乃至全球领先水平。

在全国率先启动建设数字家庭示范村，以家庭网关应用为基础，推广农村留守人员亲情远程互动等互联网应用，首批60个村建成数字家庭用户超过1万户，深受基层干部、挂村干部和农村群众欢迎。同时，编制印发省级数字家庭技术规范《福建省数字家庭总体技术规范》，引导数字家庭规范发展。

【物联网】 物联网产业基本形成比较完善的物联网支撑层、感知层、传输层、平台层、应用层全产业链，相关产品在交通监控、食品溯源、工业控制、环保节能、家居安防等领域居全国领先水平。企业具有较强的自主研发能力，新大陆电脑股份有限公司研发的全球首颗二维码解码芯片已获100多项相关专利，上润精密仪器有限公司压力传感器性能达到世界领先水平。

【主要问题】 电子信息制造业外向型特征明显，产品高端化程度不高，企业拥有自主核心品牌少，以ODM、OEM等整机生产为主，液晶电视、显示器等终端产品在国内占有一定市场，但仍不是国内一线品牌；产业链关键环节较弱，在集成电路高端领域、新型显示的高世代面板等领域发展滞后。

软件和信息服务业拥有核心关键技术的软件领军企业较少；产业渗透能力不强，对工业领域的两化融合支撑效益尚未完全发挥；产业创新能力和人才发展有待加强。

企业对两化融合的意识和层次仍有待提升，两化融合的基础环境有待完善。

【统计数据】

表 1 2013—2015 年福建省电子信息制造业基本情况

项目名称	单位	2013 年	2014 年	2015 年
工业总产值（现行价）	万元	44 628 387	49 428 501	48 385 520
工业销售产值	万元	41 250 960	47 724 074	45 858 804
出口交货值	万元	22 378 943	20 670 000	20 690 000
流动资产平均余额	万元	14 691 871	12 602 300	21 533 100
资产总计	万元	15 939 349	27 317 600	32 747 900
负债合计	万元	954 854	15 170 200	17 959 000
主营业务收入	万元	41 250 960	39 595 300	44 423 700
税金总额	万元	372 550	666 700	708 300
利润总额	万元	1 342 147	1 998 400	2 087 100
从业人员年末人数	人	394 600	392 100	418 100

表 2 2013—2015 年福建省主要电子信息产品产销量情况

产品名称	单位	2013 年	2014 年	2015 年
微型计算机	万台	1 285	985	819
其中：笔记本电脑	万台	855	541	418
液晶（LCD）电视机	万台	874	1 470	1 420
手机	万部	3 661.8	1 278	1 399
平板显示器	万台	2 810.3	3 097	2 884
锂离子电池	万只	20 959	41 927	67 209

注：表 1 ~ 表 2 数据来源于福建省经济和信息化委员会、福建省统计局。

[撰稿：郑育忠 姚欣 审稿：严效东]

江 西 省

【概况】 2015年，江西省电子信息产业组织实施工业强省战略，培育优势产业，推进转型升级，完成年初预定目标任务。

【电子信息制造业】 2015年，江西省电子信息制造业实现主营业务收入1 345.7亿元，同比增长15.5%，高于全省工业增速11.2个百分点。全省电子信息制造业地区发展不平衡现象得到初步改善。抚州、宜春等原来一些产业规模较为弱小的地区主营业务收入保持15%以上的增长速度，规模不断扩大；地区占比发生变化，南昌、赣州地区完成主营业务收入占全省比例分别为23.9%和16.6%，较上年占比分别提高1.5个和1.8个百分点，吉安地区完成主营业务收入占全省比例为35.5%，较上年占比下降7.3个百分点。

全年半导体照明、通信和数字视听三大主导产业累计完成主营业务收入1 014.9亿元，同比增长8.1%。其中，半导体照明产业完成主营业务收入232.8亿元，同比增长11.8%；通信设备产业完成主营业务收入471.9亿元，同比增长10.3%；数字视听产业完成主营业务收入310.2亿元，同比增长7.1%。九大重点电子信息类产业集群累计完成主营业务收入1 245.6亿元，同比增长20.7%，占全省60个工业重点产业集群总量的12%；实现利税100.5亿元，同比增长16.1%，占全省总量的10.2%。其中，南昌高新区光电及通信、南昌经开区光电、共青城手机产业集群、井开区通信终端设备、吉安县数字视听、吉州区通信传输系统产业集群六大产业集群完成主营业务收入过百亿元。

全省最大的触控屏生产企业欧菲光科技有限公司处在小尺寸触控屏生产向大尺寸转型阶段，小尺寸触控屏产量下降明显；小尺寸触控屏累计生产21 438.4万片，同比下降7.1%；大尺寸触控屏累计生产3 572.7万片，同比增长115.1%。江西联创电子有限公司累计生产触控屏5 072万片，同比增长25.6%；中大功率LED芯片累计生产109.7亿粒，同比增长3.7%，占全省LED芯片总产量的36.2%，占全省LED芯片产品产值的58%，其中，硅衬底LED芯片累计生产88亿粒，同比增长45%；各类LED灯具累计生产11 358.7万盏，同比增长10.1%，其中，路灯219万盏、同比增长17.1%，使用硅衬底LED芯片生产的路灯110万盏、同比增长30%。

典型企业 联创电子有限公司技改项目见成效，电容式触摸屏、光学镜头等元件产品产能不断扩大，全年完成主营业务收入同比增长11.6%；智慧海派科技有限公司投产见效快，已经迅速发展成为南昌规模最大的手机整机生产企业，全年完成主营业务收入同比增长100%，实现利税同比增长100%；合力泰科技有限公司进一步巩固触控屏骨干企业优势，完成主营业务收入同比增长42.7%；航盛电子科技有限公司虽然受车载视听产品出口下降的影响，但国内配套市场开拓见成效，完成主营业务收入同比增长33.6%。

光伏产业收入规模首次突破千亿大关，全年实现主营业务收入1 008.1亿元，同比增长3.1%；实现利润82.4亿元，同比增长9.1%；实现利税106.2亿元，同比增长8.5%。以晶科光伏材料有限公司为代表的龙头光伏企业，品牌效应突显，产品始终处于满产状态，产品供不应求，主要经济指标保持两位数增长，产能持续扩充；赛维集团、旭阳雷迪高科技股份有限公司等具有一定特色优势、但受资金等因素制约未能全线生产的企业，已经逐步复产，产能进一步得以释放。

【软件和信息服务业】 2015年，江西省软件和信息服务业推进各项重点工作，推动重大项目建设，产业规模继续壮大。全省软件服务业实现营业收入141亿元，同比增长17%。其中，实现软件业务收入86.4亿元，同比增长13%；实现利润13.9亿元，同比增长25%。

全省营业收入超亿元的软件服务企业有28家，实现营业收入 117.7 亿元，占全省软件服务业营业收入的 83.5%。其中，先锋软件股份有限公司、捷德（中国）信息科技有限公司、北方联创通信有限公司 3 家企业营业收入超过 10 亿元，思创数码科技股份有限公司、泰豪软件股份有限公司、江西通信产业服务公司等 5 家企业营业收入超过 5 亿元。

【项目进展与科技进步】 2015 年，江西联思科技有限公司的联思科技触摸屏生产项目等 14 个电子信息项目入围全省重点推进投资 10 亿元以上的电子信息制造业的重大工业项目，增补江西科慧明科技有限公司的 LED 封装、LED 显示屏及照明项目等 4 个项目，共计 18 个项目纳入 2015 全省重点推进重大项目计划。

全年新申报计算机信息系统集成资质企业 20 家，全省计算机信息系统集成资质企业达到 64 家。

【信息产业基地与园区】 2015 年，南昌高新区推进电子信息产业，使其成为主导产业之一，园区形成以通信、LED、触摸屏、微电子等为主要特色的电子信息产业集群，光电产业集聚效应明显、产业链条较为完备、品牌优势逐步凸显。园区电子信息生产及研发企业近百家，完成主营业务收入 271.64 亿元，同比增长 21.5%；实现利税 10.28 亿元，同比增长 50.9%；出口创汇 14.84 亿美元。主营业务收入超亿元的企业有 27 家，超 10 亿元的企业有 5 家。

吉泰走廊电子信息产业基地是江西省重要的电子信息制造业集聚区，是唯一一个电子信息领域“国家新型工业化产业示范基地”。走廊内各县区因地制宜打造特色产业集群，培育 4 个省级电子信息产业集群，井开区重点培育通信终端设备产业集群、吉安县重点培育数字视听产业集群、吉州区重点培育通信传输系统产业集群、泰和县重点培育触控显示产业集群，2015 年分别完成主营业务收入 219 亿元、155 亿元、112.2 亿元、73.4 亿元。

信丰省级电子信息产业基地承接沿海发达地区产业转移，电子信息产业发展迅速，规模不断扩大，产业集群发展成效显著，逐渐成为信丰县的特色产业集群。基地规划面积 2.37 万亩，已建成面积 1.5 万亩；拥有电子信息类省级技术研发中心 1 个；投产企业 66 家，其中规模以上企业 22 家。2015 年，基地完成主营业务收入 51.5 亿元，同比增长 15%，初步形成以电子元器件、印制电路板等产品为主的产业布局。

【信息基础设施】 2015 年，江西省光缆线路长度 63.8 万千米，其中，长途光缆线路长度 2.0 万千米，本地网中继光缆线路长度 49.1 万千米；3G 基站 4.5 万个，4G 基站 5.2 万个；累计共建基站 568 个（其中铁塔 435 个）、共建杆路 335.44 线路千米、共建管道 32.1 线路千米、共建室内分布系统 87 个；累计共享基站 4 284 个（其中铁塔 3 663 个）、共享杆路 1 623.7 线路千米、共享管道 57.99 线路千米，共享室内分布系统 5 个，节省建设投资约 8.9 亿元。

2015 年，全省互联网宽带接入端口数 1 376 万个，全省固定互联网宽带用户 714 万户，其中光纤到户（FTTH）用户 248 万户；固定互联网宽带接入速率在 8Mbps 及以上用户占比 69.6%，20Mbps 及以上用户占比 49.2%；电话用户总数 3 599.4 万户，比上年末净增 108.7 万户，其中，移动电话用户 3 030.9 万户，比上年末净增 107.7 万户；3G 移动电话用户 832.1 万户，4G 移动电话用户 1 068.7 万户，3G/4G 用户普及率 41.8 部 / 百人，其中 4G 用户普及率 23.5 部 / 百人。

2015 年，省政府出台《三网融合推广实施方案》，推动广电和电信企业业务、网络双向进入，鼓励各设区市先行先试。全省广播综合人口覆盖率 97.61%，电视综合人口覆盖率 98.64%；全省骨干广播电视发射台和转播台 215 座，有线广播电视传输干线总长 8 600 千米；村村通工程采用直播卫星接收方式，完成 26 509 个村（场）的村村通设施建设，项目总投资 6 978 万元，共计采购 168 672 套直播卫星接收设备。全省有线广播电视用户 703.69 万户，入户率 55.98%，其中农村广播电视用户 290 万户；数字电视用户 605.89 万户，入户率 48.4%；高清互动机顶盒 30 万台，网内传输的高清频道数量增加到 50 套以上，数字电视节目频道达到 200 余套以上；有线电视双向覆盖用户 100 万户，其中，CMTS 覆盖用户 40 万户，EOC 覆盖用户 40 万户，LAN 覆盖用户 20 万户。

【两化融合】 2015 年，江西省出台《关于大力推进两化深度融合加快制造业转型升级的意见》，通过加强政策引导，以典型示范带动、重点项目推进、发展水平评估为抓手，从区域、行业、企业 3 个层面，因地制宜推进两化融合。举办 2015 江西信息化与工业化深度融合推进会及现场对接会，同期举办两化融合经验交流与校企合作推进会和新一代信息技术与工业转型升级论坛两个分会，邀请省内外的著名企业参加现场对接会，邀请院士和著名专家参会并进行演讲，全省有 500 多名企业分享两化融合成功经验。组织开展两化融合“个十百千万”工程，扶持 3 个示范园区、48 个示范企业。支持企业参与两化融合管理体系贯标，12 家企业列入全国两化融合贯标试点，3 家企业通过两化融合管理体系认证。开展全省各设区市两化融合发展水平评估，对 11 个设区市两化融合发展情况进行排名，摸清各地两化融合发展水平、挖掘两化融合薄弱环节，实现以“评”促“推”。开通江西省两化融合咨询服务平台，在各设区市和县开设分平台，不定期组织企业上平台参加评估诊断，开展两化融合发展水平自评估，定量摸清企业信息化情况，让企业查找在全国、同行业的差距和潜力。

【信息安全】 2015 年，江西省重点开展信息安全宣传培训、重点领域网络与信息安全检查和重要网站安全监测预警等，加速推进信息安全基础设施建设，完成江西省网络安全攻防及监测一体化平台可行性研究报告的编制和项目立项工作。从整体上看，全省各地、各部门的信息安全意识、从业人员队伍水平及安全保障能力有所提升。

【云计算与大数据】 2015 年，江西省推进云计算相关项目落地，协调推进航天云网在江西组建公司，落实省投资集团公司参股，“江西航天云网”如期正式开通，吸引 1 万家江西企业上线，云端各类制造资源和能力将为省内企业所用。中华工业云项目在赣州落户，完成项目实施具体的落户流程，建设中华工业云的首期项目——“互联网 +”新能源。中国电信中部云计算基地建设取得进展，协调中国电信中部云计算基地建设存在用地、用电、有关支持政策等问题，制定工作方案，召开相关部门协调会，将相关措施逐项落实到位。

【热点】 江西省南昌大学自主研发的“硅衬底高光效 GaN 基蓝色发光二极管”项目获得 2015 年国家技术发明一等奖。该技术打破日美 LED 核心技术的垄断局面，形成蓝宝石、碳化硅、硅衬底半导体照明技术方案三足鼎立的局面。

第十三届赣台经贸文化合作交流大会——赣台战略性新兴产业合作洽谈会在宜春市举行。江西省电子学会与中国台湾地区电机电子工业同业公会签订双方合作备忘录。本次会议重点推介节能环保、新能源、新材料、生物和新医药、新一代信息技术、航空、先进装备制造、锂电及电动汽车、文化暨创意、绿色食品等十大战略性新兴产业项目 954 个，总投资 8 572 亿元。

上饶光电高科有限公司入围第 29 届中国电子信息百强企业，居第 57 位。第十九届中国国际软件博览会期间，企业软件产品参与评奖，全省获得 5 项金奖、5 项创新奖。

【统计数据】

表 1　2015 年江西省电子信息制造业人员构成情况

企业类别	企业数（家）	年末从业人员总数（人）	人员构成	
			研发人员（人）	在总人数中所占比例（%）
内资企业	249	155 133	2 113	1.4
国有企业	2	523	22	4.2
集体企业	1	215		
有限责任公司	80	72 830	1 649	2.3

续表

企业类别	企业数（家）	年末从业人员总数（人）	人员构成	
			研发人员（人）	在总人数中所占比例（%）
股份有限公司	19	15 068	184	1.2
私营企业	134	60 373	255	0.4
其他内资企业	13	6 124		
港、澳、台商投资企业	30	32 195	820	2.5
三资企业	18	8 336	76	0.9

表 2　2013—2015 年江西省电子信息制造业基本情况

项目名称	单位	2013 年	2014 年	2015 年
工业总产值（现行价）	万元	8 445 736.2	11 418 814.3	13 471 861.5
工业销售产值	万元	8 113 750	11 001 792.2	13 206 678.6
出口交货值	万元	2 644 353	2 812 755	2 238 787.3
流动资产平均余额	万元	2 352 607	2 967 635.5	5 209 497.9
固定资产净值平均余额	万元	1 469 098	2 107 257.8	2 028 870.5
资产总计	万元	4 753 018	6 322 457.8	9 454 173.7
负债总计	万元	2 540 517	3 293 632.6	5 344 887.2
主营业务收入	万元	8 513 390	11 383 797.4	13 456 623.1
税金总额	万元	253 272	300 680.6	448 513.8
利润总额	万元	576 527	717 478.3	775 305.2
利息支出	万元	33 921	4 114.3	16 889.4
应交所得税	万元	62 639	39 092.3	70 433.1
从业人员年末人数	人	111 162	165 742	195 664
从业人员工资总额	万元	410 525	920 430.6	835 530.3

表 3　2013—2015 年江西省电子信息制造业三资企业基本情况

项目名称	单位	2013 年	2014 年	2015 年
工业总产值（现行价）	万元	1 286 996	1 535 125	670 890.9
工业销售产值	万元	1 230 821	1 475 861	670 890.9

续表

项目名称	单位	2013 年	2014 年	2015 年
出口交货值	万元	511 580	568 957	238 851.4
流动资产平均余额	万元	279 548	372 098.8	160 773.6
固定资产净值平均余额	万元	156 502	181 964	21 284.1
资产总计	万元	512 657	593 212.9	252 522.1
负债总计	万元	320 721	334 282.2	124 959.6
主营业务收入	万元	1 284 163	1 533 591.4	681 703.8
税金总额	万元	49 629	57 697.1	7 195.3
利润总额	万元	88 041	118 217.4	52 534.7
利息支出	万元	6 264	8 491	255.2
应交所得税	万元	15 134	17 422.5	6 972.4
从业人员年末人数	人	17 618	18 084	8 336
从业人员工资总额	万元	59 149	71 764.4	42 524.3

表 4　2013—2015 年江西省电子信息制造业主要经济效益指标完成情况

项目名称	单位	2013 年	2014 年	2015 年
全员劳动生产率	元 / 人	159 551.3	144 679.7	144 589.2
流动资金周转率	%	361.9	383.6	258.3
产品销售率	%	96.1	96.4	98.0
总资产贡献率	%	18.2	16.2	13.1
资本保值增值率	%	114.0	136.7	154.2
资产负债率	%	53.5	52.1	56.5

表 5　2013—2015 年江西省电子信息制造业三资企业主要经济效益指标完成情况

项目名称	单位	2013 年	2014 年	2015 年
全员劳动生产率	元 / 人	153 405.1	178 266.0	169 010.4
流动资金周转率	%	459.4	412.2	424.0
产品销售率	%	95.6	96.1	100.0
总资产贡献率	%	28.1	31.1	23.8
资本保值增值率	%	97.7	119.5	187.4
资产负债率	%	62.6	56.4	49.5

表 6　2013—2015 年江西省电子信息产品产销量情况

产品名称	单位	产量			销量		
		2013 年	2014 年	2015 年	2013 年	2014 年	2015 年
手机	万部	5514	5 126	4 367	5 488.5	5 126	4 571
电视机	台	467 600	195 745	235 600	442 600	195 745	235 600
其中：彩色电视机	台	467 600	195 745	235 600	442 600	195 745	235 600
汽车音响	台	3 781 177	1 249 175	175 520	3 447 282	1 249 175	174 520
电容器	万只	381 926	942 679	960 590	381 926	942 679	960 590
印制电路板	平方米	3 483 041	61 170 946	64 530 554	3 468 141	61 170 946	64 530 554
电声器件	万只	48 702	35 090	65 562	47 693	35 090	65 562
光电器件合计	万只	514 690	512 670	513 899	514 690	512 670	513 899
电线电缆	千米	2 209 773	994 076	5 227 067	2 141 752	994 076	5 227 067
光缆	皮长公里	93 232	841 933	595 283	92 943	841 933	595 283
LED 芯片	亿粒	212.2	139.7	142.7	212	139.7	142.7
电解铜箔	吨	15 996	17 717.7	18 718	16 168	17 717.7	18 593

表 7　2015 年江西省软件产业人员构成情况

企业类别	企业数（家）	年末从业人员总数（人）	人员构成			
			管理人员（人）	在总人数中所占比例（%）	软件开发研究人员（人）	在总人数中所占比例（%）
内资企业	137	16 618	2 141	12.9	5 164	31.1
国有企业	6	846	28	3.3	586	69.3
股份合作企业	1	6	2	33.3	2	33.3
有限责任公司	74	8 987	1 079	12.0	1 984	22.1
股份有限公司	21	4 637	792	17.1	1 886	40.7
私营企业	33	2 090	228	10.9	676	32.3
其他内资企业	2	52	12	23.1	30	57.7
港、澳、台商投资企业	1	361	25	6.9	119	33.0
三资企业	4	821	48	5.8	251	30.6

表 8　2013—2015 年江西省软件产业基本情况

项目名称	单位	2013 年	2014 年	2015 年
软件业务收入	万元	650 215	761 692	864 093
软件业务出口收入	万美元	5 974	8 193	10 903
软件产品销售收入	万元	182 318	280 060	299 863
流动资产平均余额	万元	464 882	661 243	879 067
固定资产投资额	万元	21 501	13 641	12 589
资产总计	万元	958 480	1 165 271	1 389 364
负债总计	万元	394 910	520 829	602 206
利润总额	万元	103 603	110 656	139 203
应交所得税	万元	12 320	13 401	17 662
从业人员年末人数	人	16 489	18 033	17 816
从业人员工资总额	万元	82 690	90 432	129 053

表 9　2013—2015 年江西省软件产业三资企业基本情况

项目名称	单位	2013 年	2014 年	2015 年
软件业务收入	万元	128 368	63 957	79 409
软件业务出口收入	万美元	5 948	8 165	10 818
软件产品销售收入	万元	7 924	1 286	76 111
流动资产平均余额	万元	79 939	83 858	93 006
固定资产投资额	万元	3 373	340	493
资产总计	万元	106 304	99 437	101 801
负债总计	万元	60 139	63 404	69 032
利润总额	万元	8 181	13 512	13 409
应交所得税	万元	1 048	1 898	1 800
从业人员年末人数	人	1 304	925	821
从业人员工资总额	万元	9 135	7 626	10 437

注：表 1 ~表 9 数据来源于江西省工业和信息化委员会。

[撰稿：陈伟涛　审稿：马勇]

山 东 省

【概况】 2015 年，山东省信息技术产业仍保持平稳较快增长，转型升级不断推进，创新能力不断增强，增长点不断增多。2015 年，全省信息技术产业（含制造业、软件业）统计内规模以上企业 5 283 家，实现主营业务收入 1.36 万亿元、利润 831.2 亿元、利税 1 293.75 亿元，分别同比增长 12%、13%、13%。

【信息技术产业】 2015 年，山东省信息技术制造业实现主营业务收入 7 999.09 亿元、利润 540.95 亿元、利税 779.63 亿元。重点调度的电子类产品中，除了正在逐步淘汰的电子元件（产量 169.8 亿只，下降 4.8%）、打印机（产量 410 万台，下降 26.6%）、笔记本电脑（产量 23.2 万台，下降 69.1%）等三类低附加值产品增速持续下滑之外，其他产品均保持良好的增长态势。其中，服务器产量 40.6 万台，光电子器件产量 357.4 亿片，移动通信基站产量 1 947.5 万信道，半导体分立器件产量 173.7 亿只，手机产量 6 732.6 万部，彩色电视机产量 1 766.9 万台，分别同比增长 44.5%、18.9%、6.9%、3.1%、2.2%、0.9%。

信息技术产业对山东省工业经济增长贡献率从上年的 8.2% 上升到 37.7%，主营业务收入、利润和利税占工业总体比重分别达到 9.1%、9.2% 和 8.8%，较上年所占比重分别提高 0.7 个百分点、1.3 个百分点、1.4 个百分点，信息技术制造业出口交货值比重达到 22.3%。信息技术与工业的融合发展推动生产制造、交通物流等多行业的智能化和自动化改造。

形成以青、烟、威为龙头，沿胶济铁路延伸拓展，鲁西南和鲁西北呈两尾翼的布局，烟台市制造业强势增长 11.2%，聊城市、临沂市、德州市逆势增长 10% 以上；支持济宁信息技术产业基地发展，推进菏泽富士康项目，推进全省信息产业布局优化。加大高端产品的研发和生产力度，服务器、光电子器件、移动通信基站分别同比增长 45.6%、22.6%、10.6%；逐步淘汰低附加值产品，笔记本电脑、打印机和电子元件等低端产品增速下降。扶持龙头企业做大做强，鼓励引导产业链式的发展模式，小微企业为龙头企业做好产品体系相关配套，共同发展；海尔集团、海信集团、浪潮集团、歌尔声学股份有限公司、山东鲁鑫贵金属有限公司 5 家企业入围全国电子百强企业；海尔集团、浪潮集团、海信集团、山东中创软件工程股份有限公司、东方电子集团有限公司 5 家企业入围全国软件收入前百家企业。浪潮集团保持国产服务器国内市场占有率第一，高密度服务器产品在百度和阿里得到大范围应用；歌尔声学股份有限公司在电声器件、虚拟现实 VR 领域等产品市场占有率居全球前列，与华为技术有限公司等合作开发的可穿戴设备取得良好市场反应；海信平板电视连续 10 年成为中国液晶电视销量冠军；中创软件工程股份有限公司是国内基础软件领域唯一的中间件骨干企业；积成电子股份有限公司具有信息系统安全集成服务和国家计算机系统集成两项一级资质；神思电子技术股份有限公司的智能身份认证终端和行业应用软件居国内同行业前列；浪潮软件股份有限公司、国核信息科技有限公司等 6 家企业通过工业和信息化部 ITSS（信息技术服务标准）符合性评估。

按照重点推动集成电路、高端软件、数字家庭等九大产业变大变强的要求，不断深挖产业新增长点。推动北斗导航产业的有序发展。全省位置导航产业已初具规模，企业发展前景良好，有天海科技股份有限公司等 30 余家企业；济南、青岛、潍坊、济宁、德州等市纷纷设立北斗产业园区；与总参谋部测绘导航局签订《深化北斗卫星导航产业发展战略合作框架协议》，打造“精度高、服务好、数据全”的山东北斗导航位置服务体系。加强对新型电子材料的调研和指导，推动新型电子材料产业发展。山东天岳的碳化硅晶体材料、恒汇电子的 IC 卡封装载带、济南晶正电子的铌酸锂电子材料等在电子材料领域处于国内相关专业市场龙头地位。

【软件和信息服务业】 2015年，山东省统计内软件企业3 782家，累计认定软件企业1 912家，登记软件产品8 752个，分别是“十一五”末的2.6倍、2.1倍和2.3倍，产业规模不断壮大。实现软件业务收入3 750亿元，同比增长20.8%，高于全国平均增速4.2个百分点，产业规模是“十一五”末（905亿元）的4.14倍，5年翻两番；实现利润239亿元，同比增长51.8%；实现利税456亿元，同比增长22.5%。软件业占整个信息产业规模比重由2010年的11.6%提高到2015年的27.5%，5年提高16个百分点。

完成软件产品收入1 445.9亿元，信息技术服务收入1 715.3亿元，嵌入式系统软件收入607.1亿元。受跨境电商和互联网平台经济影响，电子商务平台服务收入增速最快，同比增长44.8%，高于全省软件业务收入24个百分点；信息安全产品收入同比增长26.4%，高于全省软件业务收入5.6个百分点；嵌入式系统软件收入增速回落，同比增长15.1%，低于全省软件业务收入5.7个百分点。

济南市、青岛市支撑作用依旧明显，两市共完成软件业务收入3 351亿元，占全省软件业务收入的89.4%。其中，济南市实现软件业务收入2 050亿元，同比增长17.1%；青岛市实现软件业务收入1 301亿元，同比增长24.5%。济宁市打造全省信息技术产业基地，后发优势明显，实现软件业务收入60.45亿元，同比增长425.3%。重点监测的5家电子百强企业共完成软件业务收入726亿元，占全行业比重19.4%，同比回调1.7个百分点。中小软件企业对行业的影响力逐步显现，同比增长8.9个百分点。

济南国家超算中心、省云计算中心等重大项目顺利实施，实现跨区域资源聚合优化，在工业设计、海洋科学、信息技术和安全、气候气象、航空航天、电子政务等方面开展一系列应用，服务用户超过300家单位；浪潮云计算在智慧城市、政府服务、市场监管、民生、大数据服务等行业开展广泛应用。华天软件创新软件技术与服务模式两者融合的新商业模式，推出企业“私人订制”CAD。海信网络科技股份有限公司、软控股份有限公司入选中国“交通行业信息服务十大龙头企业”和“制造业信息服务十大龙头企业”，龙泰天翔通信科技有限公司入选中国“智慧社区优秀解决方案”。

齐鲁软件园和青岛软件园被批准为国家新型工业化产业示范基地（软件和信息服务业领域），2015年入园企业突破2 000家。齐鲁软件园以占高新区不到5%的土地容纳区内近30%的企业，实现高新区超过35%的生产总值。中国软件名城二期工程、齐鲁外包城、青岛信息谷、潍坊呼叫中心基地、动漫基地的建设和优化，不仅为软件业提供载体空间和数万人的就业岗位，也成为区域经济发展亮点，带动房产、金融、服务业发展。

【信息基础设施】 2015年，山东省信息基础设施加快升级。在全国率先建成“全光网络省”，农村宽带接入能力达到50Mbps、城区达到100Mbps，固定宽带接入用户1 626万户，移动宽带用户6 110万户，4G用户1 893万户，4G基站9.3万个，青岛等7个市成为“宽带中国”示范城市。

【两化融合】 区域两化融合发展指数持续增长。2015年，全省区域两化融合发展水平指数平均为55.17，增长3.97。济南、青岛、淄博、枣庄、东营等市得分超过60分，青岛市最高（74.02），济南市、烟台市、莱芜市最低（38.58）。3类一级指标中，基础环境发展水平指数平均为60.17，济南市最高（88.72），莱芜市最低（35.2）；工业应用发展水平指数平均为51.19，济宁市最高（66.75），莱芜市最低（40.91）；应用效益发展水平指数平均为58.47，青岛市最高（106.23），莱芜市最低（36.93）。随着“两区一圈一带”等区域发展战略深入推进，青岛市、济南市成为两化融合发展的先行者，东、中、西部两化融合协同发展的格局基本形成。

行业两化融合发展齐头并进。2015年，评估企业涉及轻工、纺织、机械、电子等9个行业，各行业评估得分依次为：电力63.33、电子62.37、医药60.41、化工56.94、机械56.02、轻工55.19、建材54.42、纺织53.50、冶金52.76。与上年评估结果相比，得分均有增加，其中医药行业增幅最大（增长4.86）。从一级指标得分来看，基础建设和单项应用指标均为电子行业得分最高（分别为69.61、61.84），综合集成和协同创新指标均为电力行业得分最高（分别为60.97、61.82），竞争力、经济和社会效益指标均为医药行业得分最高（72.07、77.44）。

企业两化融合发展总体水平进一步提升。2015年，全省工业企业两化融合发展水平平均得分为57.08，较上年增长 2.56。连续参与评估的 350 家重点企业两化融合发展水平平均得分为 59.30，较上年增长 2.58。从两化融合发展水平所处的阶段占比来看，2015 年处于起步建设阶段的企业占 8.8%，较上年增长 0.7%；处于单项覆盖阶段的企业占 53.1%，下降 1.5%；处于集成提升阶段的企业占 28.5%，下降 1.6%；处于创新突破阶段的企业占 9.6%，增长 2.4%。1 944 家样本企业中，有 186 家两化融合发展水平已进入创新突破阶段，占比较上年增加 3.76 个百分点；进入综合集成阶段、单项应用阶段的企业分别达到 554 家、1 032 家。

企业两化融合关键指标总体高于全国平均水平。依据《工业企业信息化和工业化融合评估规范》（GB/T 23020–2013）和《企业两化融合评估指标体系》，遴选的衡量企业两化融合发展水平的 12 个关键指标中，全省有 10 项得分高于全国平均水平。其中三个指标表现突出：企业设置专职信息化部门的比例为 59.9%，高于全国平均 26.3%；应用电子商务的企业比例为 89.4%，高于全国平均 36.4%；数字化研发设计工具普及率为 74.1%，高于全国平均 17.4%。

【电子商务】 2015 年，山东省电子商务继续保持较快发展态势，83.5% 的规模以上工业企业利用电子商务开展网络销售和采购，电子商务交易额超过 1.3 万亿元，同比增长 26.2%。

第三方电子商务平台发展迅速，交易活动集中度较高。2015 年，调度的 70 家第三方电子商务平台交易总额达到 2 055.4 亿元，同比增长 32.1%。其中，45 个 B2B 平台完成电子商务交易额 1 932.1 亿元，同比增长 31.5%；25 个 B2C 和 C2C 平台完成电子商务交易额 123.3 亿元，同比增长 39.4%。依托实体产业的机械、石化、农产品等行业平台，成为第三方电子商务平台发展重点，居前 3 位的平台分别是黄河农资和农产品平台、休斯顿石油装备平台、黄河三角洲石油化工平台，2015 年交易额分别为 703 亿元、419 亿元、130 亿元。

传统产业网络购销平稳发展，电子商务占比持续增长。2015 年，调度的 70 家传统企业电子商务销售额 1 545.2 亿元，占总销售额的 38.1%，同比增长 28.1%。电子商务采购额为 1 390.3 亿元，占总采购额的 39.6%，同比增长 17.0%。其中，55 家企业拥有自主建设的网络销售平台和采购平台，占调度企业总数的 78.5%。分行业看，消费品制造业网络销售占比提高较快。调度的海尔集团、红领集团等 26 家企业面向代理商的网络分销额 830.3 亿元，占总销售额的 45.6%，同比增长 22.1%；面向消费者的网络零售额 147.4 亿元，占总销售额的 8.1%，同比增长 36.9%。

电子商务服务新业态、新模式不断涌现。2015 年，好品山东平台新增上线企业 15 408 家，全部上线企业 31 078 家，带动企业完成网上交易额 625 亿元，同比增长 22.7%；全年举办培训 74 场，累计培训人数 9 998 人次。联行支付第三方互联网支付平台新增企业用户 367 家，个人用户 64 500 户，企业用户 1 018 家，个人用户 365 800 户，实现支付额度 227 亿元，同比增长 24.7%。调度的 70 家企业，电子商务服务销售额 76.4 亿元，同比增长 56.3%；电子商务服务收入 7.1 亿元，同比增长 73.6%；从业人员 14 862 人，同比增长 69.1%。

【信息消费】 2015 年，山东省信息消费重点产业实现主营业务收入 7 236.85 亿元，最终信息消费规模达到 5 427.64 亿元，同比增长 16.6%，高于同期社会消费品零售总额增速 5.98 个百分点，成为全省居民消费的最大亮点和消费增长的主要引擎。

信息服务消费呈明显攀升态势。2015 年，全省信息服务消费支出实现 4 112.68 亿元，同比增长 19.7%，其中，居民电信消费支出 1 254.16 亿元。增值电信企业（主要是互联网企业）完成业务收入 434.73 亿元，同比增长 15.7%；居民广电网络消费支出 45.77 亿元，同比增长 10.4%；软件及其他信息服务消费支出 2 812.75 亿元，同比增长 20.8%。

信息产品消费进入大规模推广应用的关键时期。2015 年，全省信息产品消费支出 1 314.96 亿元，同比增长 7.9%。其中，手机消费支出 901.78 亿元，同比增长 8.1%；计算机消费支出 20.74 亿元，同比增长 5.7%；彩色电视机消费支出 392.44 亿元，同比增长 7.4%。

【电子政务与信息资源开发利用】 2015 年，山东省电子政务集约化建设取得成效。山东省省级电子政务公共服务云平台已建成投入运行，截至 2015 年年底，整合部署 19 家省直机关、22 个业务应用系统。省级各类信息系统部署周期大幅缩短。省政府办公厅的山东省省级电子政务服务平台、省信访局的山东省网上信访信息系统和省口岸办的山东省电子口岸公共平台等重大项目在省级云平台部署后，迁移调试平均周期仅3个月，较传统建设模式缩短工期60%以上。财政预算和运维费用明显降低。例如，济南市实现50多个部门机房、传输网络、支撑平台、运行管理集中统一，300多项业务应用和10余项跨部门应用在统一的云平台上运行，年节约财政经费20%以上。

信息共享政策环境不断优化。以《山东省电子政务“十二五”规划》为指导，印发《关于启动省级政务信息资源共享工作的通知》(鲁经信政[2015]239号)、《山东省人民政府办公厅关于印发山东省政务信息资源共享管理办法的通知》（鲁政办发[2015]6号）等文件，人口、法人数据共享工作不断推进。基础数据库建设扎实推进，信息共享平台交换体系进一步完善。结合山东省省级政务服务平台建设需求，先期开展人口、法人、办件库、证照库等资源目录和共享目录的编制工作。根据人口、法人、行政审批等共享应用主题，在共享平台建设完成人口、法人共享交换基础数据库、电子证照信息库、网上办件信息库等共享主题数据库，为各部门信息资源共享和业务协同提供基础支撑。根据山东省省级政务服务平台等项目建设需求，进一步完善共享平台实时交换体系建设，满足相关部门对共享平台实时性共享交换需求。

【信息安全】 加强信息安全保障基础设施建设。“十二五”期间，山东省支持建成一批跨部门、综合性、全局性的基础设施平台。省网络与信息安全突发事件监测平台、面向电子政务的数据灾难备份中心、数据恢复与清除技术中心、云安全防御平台、网络舆论信息管理平台、信息安全公共仿真平台等多个平台的相继建成，实现从预警、日常监测、数据备份到灾后恢复较为全面的安全防护，初步形成较为完善的基础保障体系。2015年，全省推进工业控制系统信息安全实验室建设，挑选钢铁、焦化两个行业开展安全管理试点，探索工控安全管理模式和配套制度规范建设。截至2015年年底，工控安全实验室 初步建成，试点工作相继展开。

推动完善信息安全标准和认证认可体系。2015年2月，山东省率先成立中国信息安全认证中心山东分中心，推进信息安全认证认可、技术检测、认证制度技术支持、认证人员培训等工作。

推动网络信任体系建设。推进电子政务系统、医疗卫生信息化、有机农产品安全全程可追溯、新型农业保险等众多方面的电子认证工作。全省正在形成以数字证书签发管理系统、跨境/域互联互通互认系统、认证服务资源配置系统为核心的新型“互联网+”系统产品电子认证服务体系。

发展信息安全产业。“十二五”期间，信息安全技术研究和产业化发展取得新的成果。浪潮服务器市场占有率居国内第一、世界第五，形成以浪潮的可信服务器、中创的安全中间件、威海渔翁的高速密码卡、山东中孚的网络隔离卡为龙头的一批信息安全知名产品，涌现出一批优秀的整体安全解决方案，培育一批专业从事信息安全系统集成服务、等保测评服务、信息安全咨询服务、风险评估服务、信息安全培训服务、智能建筑和能源管理服务等安全服务的骨干企业。各类信息安全产品和服务达100多个（种），产业规模达20多亿元。

【统计数据】

表1　2015年山东省电子信息制造业人员构成情况

企业类别	企业数（家）	年末从业人员总数（人）	其中：研发人员（人）
国有企业	7	34 727	591
集体企业	7	57 206	
股份合作企业	8	3 685	191
有限责任公司	284	85 893	14 739

续表

企业类别	企业数（家）	年末从业人员总数（人）	其中：研发人员（人）
股份有限公司	83	67 199	10 161
私营企业	163	24 628	1 266
其他内资企业	18	4 295	38
港、澳、台商投资企业	36	44 890	467
三资企业	162	109 580	735

表 2　2013—2015 年山东省电子信息制造业基本情况

项目名称	单位	2013 年	2014 年	2015 年
工业总产值（现行价）	万元	65 325 000	75 487 985	73 980 573
工业销售产值	万元	63 249 001	74 298 394	73 980 573
资产总计	万元	36 918 770	55 775 725	57 346 146
负债合计	万元	21 348 354	36 299 645	35 867 841
主营业务收入	万元	67 578 169	80 329 672	79 990 860
税金总额	万元	707 364	606 759	2 386 815
利润总额	万元	4 074 774	5 188 834	5 409 490
应交所得税	万元	352 059	374 189	620 049
从业人员年末人数	人	425 837	472 687	432 083
从业人员工资总额	万元	1 743 569	3 041 361	56 447 479

表 3　2013—2015 年山东省电子信息制造业三资企业基本情况

项目名称	单位	2013 年	2014 年	2015 年
工业总产值（现行价）	万元	28 931 311	20 586 250	21 483 310
工业销售产值	万元	28 012 908	20 045 901	21 483 310
出口交货值	万元	9 957 744	3 098 490	2 318 535
资产总计	万元	8 571 259	6 722 788	6 142 570
负债合计	万元	4 715 698	3 380 216	2 930 033
主营业务收入	万元	28 218 548	19 864 534	21 536 334
税金总额	万元	133 866	145 635	1 095 199
利润总额	万元	1 610 391	1 046 389	1 133 502

续表

项目名称	单位	2013 年	2014 年	2015 年
应交所得税	万元	65 215	80 416	74 449
从业人员年末人数	人	213 731	147 407	109 580
从业人员工资总额	万元	780 531	767 292	708 138

表 4　2013—2015 年山东省电子信息制造业主要经济效益指标完成情况

项目名称	单位	2013 年	2014 年	2015 年
产品销售率	%	96.82	98.42	100.0
总资产贡献率	%	13.82	10.64	14.0
资产保值增值率	%	111.13	115.16	120.0
资产负债率	%	57.82	65.08	62.6

表 5　2013—2015 年山东省电子信息制造业三资企业主要经济效益指标完成情况

项目名称	单位	2013 年	2014 年	2015 年
产品销售率	%	96.83	97.38	100.0
总资产贡献率	%	20.91	18.23	37.2
资产保值增值率	%	104.82	111.75	112.0
资产负债率	%	55.03	50.28	47.7

表 6　2013—2015 年山东省主要电子信息产品产销量情况

产品名称	单位	产量			销量		
		2013 年	2014 年	2015 年	2013 年	2014 年	2015 年
液晶电视	万台	1 526.7	1 646	1 766.9	1 526.7	1 646	1 766.9
电子元件	亿只	136.7	162.3	169.8	136.7	162	169.8
打印机	万台	604	558.8	410.0	604	616.7	410.0
手机	万部	5 096.7	6 590.8	6 732.6	5 096.7	6 552.5	6 732.6
笔记本电脑	万台	96.7	75	23.2	96.7	75	23.2

表 7　2013—2015 年山东省三资企业主要电子信息产品产销量情况

产品名称	单位	产量			销量		
		2013 年	2014 年	2015 年	2013 年	2014 年	2015 年
电子元件	亿只	26.1	75.23	52.08	26.1	75.2	52.08
打印机	万台	582.6	488.1	410	581.99	487.2	410
笔记本电脑	万台	96.7	75	23.2	96.7	75	23.2

表 8　2015 年山东省软件产业人员构成情况

企业类别	企业数（家）	年末从业人员总数（人）	人员构成			
			管理人员（人）	在总人数中所占比例（%）	软件开发研究人员（人）	在总人数中所占比例（%）
内资企业	3 633	464 947	45 596	9.8	104 989	22.6
国有企业	39	21 794	1 767	8.1	7 769	35.6
集体企业	6	57 701	54	0.1	201	0.3
股份制合作企业	11	1 197	95	7.9	371	31.0
联营企业	15	5 008	3 520	70.3	2 501	49.9
有限责任公司	1 590	192 467	22 410	11.6	50 788	26.4
股份有限公司	493	56 876	4 099	7.2	11 695	20.6
私营企业	1 457	127 548	13 389	10.5	31 066	24.4
其他内资企业	22	2 356	262	11.1	598	25.4
港、澳、台商投资企业	15	2 085	241	11.6	506	24.3
三资企业	134	16 604	1 878	11.3	5 284	31.8

表 9　2013—2015 年山东省软件产业基本情况

项目名称	单位	2013 年	2014 年	2015 年
软件业务收入	万元	22 648 978	31 002 969	37 503 294
软件业务出口收入	万美元	120 671	122 206	123 536
软件产品销售收入	万元	7 923 664	12 668 116	14 389 301
流动资产平均余额	万元	30 421 469	37 794 685	20 535 648
固定资产投资额	万元	796 411	996 589	679 972
资产合计	万元	66 760 711	86 101 710	59 602 628
负债合计	万元	44 058 068	54 964 321	40 915 229
税金总额	万元	277 387	1 598 543	316 474

续表

项目名称	单位	2013 年	2014 年	2015 年
利润总额	万元	5 076 317	1 579 622	2 397 833
应交所得税	万元	616 327	819 783	733 080
从业人员年末人数	人	479 200	571 177	467 983
从业人员工资总额	万元	3 613 732	3 686 469	2 962 185

表 10　2013—2015 年山东省软件产业三资企业基本情况

项目名称	单位	2013 年	2014 年	2015 年
软件业务收入	万元	1 011 390	1 393 887	1 656 920
软件业务出口收入	万美元	53 048	44 369	45 014
软件产品销售收入	万元	204 043	270 329	435 697
流动资产平均余额	万元	389 034	2 704 932	207 896
固定资产投资额	万元	154 138	42 241	60 221
资产合计	万元	1 309 375	2 058 208	2 259 608
负债合计	万元	756 894	1 345 785	1 577 897
税金总额	万元	1 166	36 308	39 687
利润总额	万元	168 765	208 378	235 782
应交所得税	万元	8 622	14 405	20 561
从业人员年末人数	人	16 364	22 333	28 996
从业人员工资总额	万元	150 352	220 162	306 591

表 11　2013—2015 年山东省软件产业主要经济指标完成情况

项目名称	单位	2013 年	2014 年	2015 年
流动资产周转率	次	1.81	1.90	1.89
总资产贡献率	%	6	8	8
资产保值增值率	%	134	127	131
资产负债率	%	51	60	61

表 12 2013—2015 年山东省软件产业三资企业主要经济效益指标完成情况

项目名称	单位	2013 年	2014 年	2015 年
流动资产周转率	次	2.96	2.90	3
总资产贡献率	%	8	7	8
资产保值增值率	%	121	117	118
资产负债率	%	61	60	62

注：表 1 ～表 12 数据来源于山东省经济和信息化委员会。

［供稿：山东省经济和信息化委员会］

河 南 省

【概况】 2015 年，河南省电子信息制造业完成主营业务收入 4 245.8 亿元，同比增长 25%；利润总额 180.6 亿元，同比增长 18.9%；税金总额 32.7 亿元，同比增长 19.8%；出口交货值 2 835.9 亿元，同比增长 23.8%。软件服务业保持持续快速发展，产业规模继续扩大，完成软件业务收入 278.5 亿元，同比增长 19.1%。

【电子信息制造业】 受电子产品高频度升级换代，以及大众对移动电子设备消费需求旺盛拉动，河南省 2015 年电子信息制造业主营业务收入是 2010 年的 8 倍，“十二五”期间平均增速达 60% 以上。2015 年 1—12 月，行业增加值同比增长 23.2%，高于全省工业平均增速 14.6 个百分点。

编制《中国制造 2025 河南行动纲要》，将智能终端及信息技术产业作为重点优势领域来抓，以龙头带动、集群配套为抓手壮大电子信息产业规模；编制《先进制造业大省建设重点产业发展 2015 年实施方案》，将电子信息产业列入高成长性制造业发展工程，集中力量打造全球重要的智能手机生产基地，发展平板电脑、智能电视和可穿戴智能终端产品，培育适应信息消费和新兴业态发展需要的制造业增长点。

郑州航空港经济综合实验区累计签约引进智能终端企业 121 家，其中 16 家企业已投产。2015 年，全省手机产量 19 841.8 万部，同比增长 51.0%，其中，智能手机产量 15 029.3 万部，同比增长 24.2%。河南省与富士康科技集团的合作再开新领域，郑州经济技术开发区管理委员会与富士康合作的第 6 代低温多晶硅（LTPS）薄膜晶体管液晶显示器件项目正式签约。此外，正威集团智能手机产业园、酷派集团智能手机产业园等一批重大项目开工建设，智能手机产业链逐步完善，全球重要的智能终端生产基地初步形成。

电子信息龙头企业自主创新能力不断增强。河南仕佳光子科技有限公司自主研发的 PLC 光分路器芯片实现量产，填补国内空白，占国内市场份额 50% 以上，打破国外垄断局面。中国电子科技集团公司第 27 研究所自主研发生产的土壤水分传感器在气象上的应用占全国将近 1/2 区域。河南汉威电子股份有限公司研发生产的双通道热释电红外传感器达到国际先进水平。郑州光力科技股份有限公司用于矿山安全生产的气体测定仪被列入国家安全生产监督管理总局的“安全生产新型实用装备”。新天科技股份有限公司的无线远传智能计量仪表，新开普股份有限公司的 RFID 系列智能终端设备等都具有国内领先水平。濮阳惠成电子材料股份有限公司具备年产 500 吨 OLED 功能材料的生产能力，产品在市场上获得良好反响。

电子信息制造业对外贸易继续活跃。2015年，出口交货值2 835.9亿元，同比增长23.8%，增速比上年同期提高5.4个百分点，增长动力主要来自郑州航空港经济综合实验区智能终端产业的快速发展。全省富士康项目实现进出口额516.3亿美元，同比增长24.3%。郑州项目实现进出口额496.4亿美元，同比增长27.6%。其中，进口228.1亿美元，同比增长30.4%；出口268.3亿美元，同比增长25.3%。

按照“硬件+软件+内容+服务”的产业生态环境，河南省构建退税资金池、智能终端供应链、智能终端检测、孵化器等四大要素平台。退税资金池平台有8家企业办理综合授信业务，做到当天受理、当天放款，有效提高退税效率；智能终端供应链平台实现深圳市至实验区物流点对点直通车，解决货物运输时效、货物数量管控及运费高等问题；智能终端检测公共服务平台前期建设资金1 000万元拨付到位，预计2017年上半年建成并投入使用；孵化器平台智能终端（手机）产业园正式开园，一期12栋标准化厂房全部建成投用，二期8栋标准化厂房具备进场入驻条件。

【软件和信息服务业】 河南省软件服务业软件业务收入结构不断调整，信息技术服务收入增长最为迅猛，所占比重进一步攀升。2015年，完成软件业务收入278.5亿元，同比增长19.1%。其中，软件产品收入77.2亿元，占软件业务收入总额的27.7%；信息技术服务收入为171.0亿元，同比增长17.6%；嵌入式系统软件收入30.4亿元，占软件业务收入总额的10.9%。全行业实现利润32.1亿元，上缴税金16.5亿元，从业人员3.9万人，同比增长9.6%。

支持行业内企业联合，成立云安信息安全产业联盟，吸收会员100余家，建立技术成果、产学研信息、知识产权等资源共享机制，探索信息安全创新发展新模式。转变工作思路为企业服务，指导业务处室将工作重点从行政审批向做好行业服务和事中事后监管转变，充分发挥行业组织的积极性。推进信息技术服务企业标准化工作，推动成立省软件服务业协会信息技术服务标准化专业委员会，推动国内具有独立知识产权的ITSS标准体系应用和地方团体标准研制，同时启动IT运维服务定额标准的起草工作。

【信息基础设施】 2015年，河南省信息基础设施不断完善，信息传输服务实现持续较快增长，截至2015年年底，全省光缆线路长度122.4万千米，互联网省际出口带宽6 514Gbps，移动互联网用户5 398.4万户，互联网宽带接入用户1 228.5万户，8Mbps以上宽带接入用户占比77.6%，4G网络实现城区、县城、乡镇区域和高速、高铁的连续覆盖，行政村、3A以上景区有效覆盖，光纤网络县以上城区覆盖率达100%，行政村覆盖率超过95%，实现由铜网到光网的历史性跨越。全省移动互联网接入流量19 685万G，同比增长86.9%；固定互联网宽带接入时长31 651.94亿分钟，同比增长23.6%。

【电子商务】 河南省电子商务进入快速发展时期，产业规模不断壮大，2015年，全省电子商务交易额7 750亿元，同比增长36.9%；电子商务相关企业3 000多家，从业人数超过18万人。

河南省拥有中华粮网、世界工厂网、中钢网、鲜易网、企汇网、回家网等一批知名本土电子商务平台，在装备制造、钢铁、食品等领域居于全国领先地位。其中，世界工厂网面向制造业企业，是国内第四大B2B电子商务平台，拥有2 600万企业用户，2015年实现交易额860亿元；中钢网作为河南省首家“新三板”挂牌上市电子商务企业，日均促成钢材成交量近8万吨，2015年实现交易额510亿元；鲜易网作为国内最大垂直B2B生鲜电子商务平台，创新“互联网+”冷链物流服务模式，2015年实现交易额32亿元。

电子商务集聚发展水平不断提高。郑东新区国家级电子商务示范基地、河南省电子商务产业园、中部国际电子商务产业园、河南网商园等园区初具规模，吸引甲骨文、阿里巴巴、百度、腾讯、中国网库等国内外知名电子商务企业入驻。其中，郑东新区国家级电子商务示范基地（郑东新区电子商务大厦）入驻企业67家，2015年完成全口径税收5.82亿元；河南省电子商务产业园入驻企业200多家，2015年完成全口径税收近1亿元。

传统企业应用电子商务的意识不断提高。从企业数量来看，全省规模以上工业企业开展电子商务应用比例达到47%；从应用程度来看，全省规模以上工业企业电子商务采购和销售比重分别达到22%和24%，电子商务成为工业企业独立于传统营销渠道之外的新型营销渠道。

【两化融合】 2015 年，河南省两化融合发展环境不断优化。以省政府名义出台《关于加快推进信息化促进“四化”同步发展的意见》《河南省推进信息化促进信息消费实施方案（2014—2016 年）》《中国制造 2025 河南行动纲要》，以省工业和信息化委员会名义出台《河南省信息化和工业化深度融合专项行动计划（2014—2018）》，为两化融合提供政策支持。省信息化发展专项资金累计支持项目 189 个，总金额 17 328 万元，发挥引导和扶持作用。

区域两化融合不断深入。郑州市自 2011 年 4 月列入国家级两化融合试验区以来，围绕汽车及装备制造、电子信息、新材料、生物医药、铝及铝精深加工、现代食品制造、品牌服装及家具制造等重点行业，搭建行业信息服务平台，在推动企业竞争力提升、产业结构调整和区域发展方式转变等方面效果明显。在县域产业集聚区层面，认定 25 家省级两化融合试验区，带动实施数字化产业集聚区建设工程，加快信息基础设施和信息化公共服务平台建设，截至 2015 年年底，省级产业集聚区规模以上工业企业光纤接入率达到 77%，信息化公共服务平台覆盖率达到 58%。

行业两化融合水平不断提高。围绕电子信息、装备制造、汽车及零部件、食品、现代家居、服装服饰、生物医药、节能环保、新材料、新能源、冶金、建材、化工、轻纺等 14 个重点行业，以 100 家省级两化融合示范企业为引领，带动信息技术在传统工业企业的应用，截至 2015 年年底，全省规模以上工业企业的企业资源计划、制造执行、产品生命周期管理、供应链管理等重点信息系统覆盖率分别达到 47%、26%、20%、20%，生产装备数控化率达到 42%。

中小企业信息技术应用逐步普及。省中小企业公共服务平台初步建成，以统筹全省服务资源的省级平台为枢纽，以 28 个综合窗口平台（18 个省辖市、10 个省直管县）、30 个产业集聚区窗口平台为骨干框架，省、市、县三级联动的中小企业公共服务平台网络体系。依托电信运营商，组织开展“创新中国行”中小企业信息化推广活动、中小企业“数字企业（智慧企业）”建设活动，累计覆盖中小企业超过 3 万家。

信息产业支撑能力不断增强。2015 年，全省电子信息制造业实现主营业务收入 4 246 亿元，同比增长 25%。智能手机生产能力进一步提升，2015 年全省手机产量 19 841.8 万部，同比增长 51.0%，其中，智能手机产量 15 029.3 万部，同比增长 24.2%。富士康液晶显示器件等一批重大项目开工建设，智能手机产业链逐步完善，全球重要的智能终端生产基地初步形成。形成郑州软件园、金水科教新城、洛阳软件园等产业园区以及信息安全、电力信息、轨道交通、地理信息、金融税务、医疗卫生、工业控制、物联网等优势软件产品。

【信息安全】 2015 年，河南省加强网络与信息安全，充分发挥省网络与信息安全管控平台作用，健全网络安全事件通报机制。组织开展全省网络安全检查。推进统一电子认证公共服务平台建设。开展第二届网络安全宣传周活动。

【物联网】 2015 年，河南省物联网相关企业和单位总数超过 300 家，其中年产值过亿企业 30 多家。河南省物联网产业依托在气体传感、轨道监控、电力（网）传感、气象、农业传感器等领域技术优势，形成应用门类较为齐全的产品线和量产能力，构成从传感器研发制造到行业应用比较完整的产业链，产生一批在全国具有一定影响力的企业，河南省物联网产业呈现良好发展势头。

“十二五”期间，河南省大力推进物联网发展，印发《河南省物联网产业发展规划（2012—2015）》（豫工信信 [2012]627 号），成立河南省物联网行业协会，争取国家物联网专项资金支持，2011—2014 年成功获批国家物联网发展补助资金项目 18 个，支持金额 4 050 万元。河南省信息化专项资金设立以来，累计支持物联网项目近 30 个，支持金额超过 3 000 万元。

感知设备的研发能力和产业化水平位居全国领先地位。河南省感知设备生产企业超过 30 家，主要分布在郑州、洛阳两市，其中，90% 的感知设备生产企业集中在郑州市，形成农业传感器、气象传感器、环境检测仪、电力（网）传感器、气体传感器等多门类传感器产业链，产业基础良好，应用领域广阔。

系统集成和应用示范处于优势地位。河南省物联网应用开展一系列试点和示范项目，在电网、交通、物流、节能环保、工业自动控制、医疗卫生、精细农牧业、金融服务业、公共安全等领域取得进展。

物联网产业研发体系初步建立。河南省是国内物联网产业起步较早的地区，借助中国电子科技集团公司第27研究所、物联网研究院等一批骨干企业，实现RFID、传感器、嵌入式软件及传输等关键产品研发和技术创新。

物联网产业集群正在形成。郑州市拥有较好的物联网产业发展基础，通过顶层设计、项目带动、社会参与等一系列措施，推动郑州市物联网产业和应用工作取得快速发展。

【主要问题】 两化融合发展整体水平不高。两化融合顶层设计滞后，政府引导力度偏弱，一定程度处于企业自主、行业自发推进状态。

两化融合政策支持力度不强。在两化融合领域出台的一系列政策措施普遍是在宏观层面的原则性、方向性指导，缺少财政税收方面的支持；尚未设立省级两化融合专项资金，省辖市多数尚未设立信息化或两化融合专项资金。

两化融合发展不平衡。在区域方面，郑州、洛阳、济源等市两化融合发展速度较快，而信阳、周口、驻马店等市仍然存在“重工业化、轻信息化”情况，全省呈现“北强南弱”态势。在行业方面，装备制造、汽车及零部件、食品等高成长性制造业的信息化水平总体高于有色、建材、化工等传统支柱产业。在企业方面，大型企业总体处于集成应用阶段中后期，规模以上企业总体处于深化普及阶段，中小企业大体处于点状应用阶段。

【统计数据】

表1　2013—2015年河南省电子信息制造业基本情况

项目名称	单位	2013年	2014年	2015年
出口交货值	万元	19 300 339	22 874 132	28 359 180
主营业务收入	万元	27 239 658	33 361 700	42 458 188
税金总额	万元	223 252	265 072	326 533
利润总额	万元	1 057 520	1 446 172	1 805 663

注：数据来源于工业和信息化部。

表2　2013—2015年河南省主要电子信息产品产量情况

产品名称	单位	2013年	2014年	2015年
手机	万部	9 720.7	12 065.2	19 841.8

注：数据来源于河南省统计局。

表3　2015年河南省软件产业人员构成情况

企业类别	企业数（家）	年末从业人员总数（人）	人员构成			
			管理人员（人）	在总人数中所占比例（%）	软件开发研究人员（人）	在总人数中所占比例（%）
国有企业	12	10 351	1 617	15.6	1 437	13.9
集体企业	1	254	32	12.6	85	33.5

续表

企业类别	企业数（家）	年末从业人员总数（人）	人员构成			
			管理人员（人）	在总人数中所占比例（%）	软件开发研究人员（人）	在总人数中所占比例（%）
有限责任公司	213	14 767	2 077	14.1	5 845	39.6
股份有限公司	51	12 384	1 650	13.3	3 834	31.0
私营企业	63	3 347	388	11.6	1 325	39.6
其他内资企业	2	74	4	5.4	73	98.6
港、澳、台商投资企业	1	244	97	39.8	29	11.9
三资企业	2	27	7	25.9	14	51.9

表 4　2013—2015 年河南省软件产业基本情况

项目名称	单位	2013 年	2014 年	2015 年
软件业务收入	万元	1 932 503.3	2 339 218	2 785 437.3
软件业务出口收入	万美元	333.6	288	513.0
软件产品销售收入	万元	716 345.7	796 163	771 779.6
流动资产平均余额	万元	996 345	2 543 772	2 818 803.2
固定资产投资额	万元	5 097 474	73 921	86 620.4
资产合计	万元	2 007 424	2 954 648	4 730 664.7
负债合计	万元	718 991	1 071 783	2 262 732.0
税金总额	万元	266 064	177 912	164 822.3
利润总额	万元	303 476	398 255	321 069.4
应交所得税	万元	150 646	54 135	48 060.6
从业人员年末人数	人	27 620	35 212	38 602
从业人员工资总额	万元	314 984	226 394	304 591.4

表 5　2013—2015 年河南省软件产业三资企业基本情况

项目名称	单位	2013 年	2014 年	2015 年
软件业务收入	万元	6 220	624.4	262.4
软件产品销售收入	万元	210	63.8	169.5
流动资产平均余额	万元	4 092.3	2 488.6	2 124.0
资产合计	万元	17 494.7	2 842.0	2 425.3

续表

项目名称	单位	2013 年	2014 年	2015 年
负债合计	万元	1 791.4	357.9	159.9
税金总额	万元	42.1	48.3	42.1
利润总额	万元	1 473.3	-43.3	-217.8
应交所得税	万元	2.5	5.1	0.2
从业人员年末人数	人	133	30	27
从业人员工资总额	万元	868	212.9	159.0

注：表 3 ~表 5 数据来源于河南省软件服务业协会。

[撰稿：张黎明　耿萌　李洋　赵广磊　审稿：朱鸣　阮征]

湖　北　省

【概况】 2015 年，湖北省信息产业实现主营业务收入 4 280.9 亿元，同比增长 11.7%。其中，电子信息制造业实现主营业务收入 3 265.6 亿元，同比增长 9.5%；软件业务收入 1 015.2 亿元，同比增长 19.3%。全年主营业务收入超过亿元的企业有 463 家，比上年减少 84 家；三资企业 95 家，比上年减少 16 家，实现产值 390.2 亿元，同比增长 38.4%；产业从业人数 65.3 万人，增长 23.4%。

【电子信息产品制造业】 2015 年，湖北省 1 046 家规模以上电子信息制造业企业实现主营业务收入比上年提高 0.1 个百分点，销售产值占全省规模以上工业销售产值的 7.4%，比上年提高 0.4 个百分点。全年实现利税 291.4 亿元，增长 23.4%。其中，实现利润总额 173.9 亿元，同比增长 32.4%。全行业工业总产值超过 100 亿元的企业有 5 家，比上年增加 1 家；超过 50 亿元的企业有 5 家，比上年增加 3 家；超过 10 亿元的企业有 49 家，比上年增加 1 家；超过 1 亿元的企业有 361 家，比上年下降 12.4%。全行业从业人员 34.1 万人，比上年下降 0.9%。

2015 年，湖北省电子信息产品制造业区域发展更趋协调。武汉市电子信息产品制造业实现主营业务收入 2 178 亿元，占全省电子信息产品制造业主营业务收入的 66.7%，比上年下降 1.8 个百分点。其他市（州）加速发展，有 10 个市（州）电子信息制造业主营业务收入增速超过两位数，其中，荆门市、荆州市、宜昌市、咸宁市、恩施州增速均超过 20%。襄阳市、宜昌市、荆州市、孝感市电子信息制造业主营业务收入分别达到 281 亿元、215 亿元、165 亿元和 108 亿元。

典型企业　2015 年，湖北省电子信息制造业上市（含挂牌）公司 40 家，比上年净增 8 家，实现主营业务收入共计 484.9 亿元。其中 19 家上市公司完成主营业务收入情况：长飞光纤光缆股份有限公司 67.4 亿元，同比增长 34.7%；华工科技产业股份有限公司 26.4 亿元，同比增长 12.5%；湖北凯乐集团 56.9 亿元，同比增长 18.8%；武汉长江通信产业集团股份有限公司 8.8 亿元，同比下降 33.4%；烽火通信科技股份有限公司 132.6 亿元，同比增长 26.0%；武汉光迅科技股份有限责任公司 13.4 亿元，同比增长 25.2%；湖北新华光信息材料股份有限公司 5.7 亿元，同比增长 32.6%；武汉凡谷电子技术股份有限公司 17.2 亿元，同比下降 0.8%；荆门市格林美新材料有限公司 33.1 亿元，同比增长 23.9%；武汉高德红外股份有限公司 3.7 亿元，同比下降 5.1%；湖北台基半导体股份有限公司 1.9 亿元，同比下降 24.0%；湖北鼎龙化学股份有限公司 2.9 亿元，同比增长 26.1%。武汉中元华电科技股份有限公司 1.8 亿元，同比下降 5.2%；湖北骆驼蓄电池股份有限公司 86.3 亿元，同比增长 29.4%；武汉华中数控股份有限公司 2.7 亿元，同比增长 8.0%；武汉力源信息技术股份有限公司 1.9 亿元，同比下降 38.7%；武汉金运激光股份有限公司 1.4 亿元，同比增长 27.3%；华灿光电股份有限公司 9.8 亿元，同比增长 53.1%；武汉微创光电股份有限公司 1.0 亿元，同比下降 9.1%。

2015 年，湖北省电子信息制造业重点监测的 20 家企业实现主营业务收入 1 385 亿元，占全行业主营业务收入的 42.4%，比上年下降 1 个百分点。其中，摩托罗拉（武汉）移动技术通信有限公司完成主营业务收入 338.1 亿元，同比增长 14.2%；武汉邮电科学研究院 240.9 亿元，同比增长 19.8%；鸿富锦精密工业（武汉）有限公司 167.2 亿元，同比下降 24.2%；冠捷显示科技（武汉）有限公司 150.4 亿元，同比增长 250.6%；长飞光纤光缆股份有限公司 67.4 亿元，同比增长 34.7%；武汉天马微电子有限公司 65.3 亿元，同比下降 9.1%；湖北凯乐集团 56.9 亿元，同比增长 18.8%；海思光电子有限公司 54.5 亿元，同比增长 40.8%；宜昌劲森照明电子有限公司 39.4 亿元，同比增长 22.4%；宜都东阳光化成箔有限公司 35.8 亿元，同比增长 12.6%；华工科技产业股份有限公司 26.4 亿元，同比增长 12.5%；武汉恒发科技有限公司 24.1 亿元，同比增长 22.3%；武汉恒生光电产业有限公司（原武汉恒生誉天实业有限公司）18.1 亿元，同比增长 24.8%；随州波导电子有限公司 17.7 亿元，同比增长 20.4%；名幸电子（武汉）有限公司 17.6 亿元，同比下降 4.9%；武汉凡谷电子技术股份有限公司 17.2 亿元，同比下降 0.8%；武汉日新科技股份有限公司 15.2 亿元，同比增长 913.3%；武汉中原电子集团有限公司 12.5 亿元，同比增长 27.2%；宜昌南坡硅材料有限公司 10.7 亿元，同比增长 44.6%；武汉新芯集成电路制造有限公司 9.6 元，同比增长 5.5%。

【软件业】 2015 年，湖北省纳入统计范围的 2 516 家软件企业中，软件业务收入在 1 000 万元以上的企业 1 594 家，比上年增加 372 家；5 000 万元以上的企业 354 家，增加 51 家；1 亿元以上的企业 148 家，增加 14 家；5 亿元以上的企业 23 家，增加 3 家。全年获得计算机信息系统集成资质企业 216 家，其中，一级 5 家，二级 26 家，三级 165 家，四级 20 家。

典型企业　2015 年，湖北省软件业有上市（含挂牌）公司 29 家，比上年增加 9 家。其中，精伦电子股份有限公司完成主营业务收入 2.6 亿元，同比下降 7.1%；武汉天喻信息产业股份有限公司 14.8 亿元，同比增长 2.1%；武汉光谷信息技术股份有限公司 1.5 亿元，同比增长 50%；武汉时代地智科技股份有限公司 1 567.7 万元，同比增长 12.1%；武汉地大信息工程股份有限公司 2 616 万元，同比增长 60.9%；武汉华敏测控技术股份有限公司 1.6 亿元，同比增长 6.7%；武汉希文科技股份有限公司 1 414.2 万元，同比下降 17.1%；武汉众联信息技术股份有限公司 1 133.4 万元，同比增长 9.7%；武汉易维科技股份有限公司 4 388.7 万元，同比增长 76.9%；武汉颂大教育科技股份有限公司 2.2 亿元，同比增长 242.7%；武汉银都文化传媒股份有限公司 5 143.3 万元，同比增长 64.7%；武汉威明德科技股份有限公司 1 803.6 万元，同比增长 11.7%；武汉亿房信息股份有限公司 3 070.7 万元，同比下降 2.8%；武汉蓝星科技股份有限公司 3 355.3 万元，同比下降 15.6%；武汉尚远环保股份有限公司 7 276.8 万元，同比下降 8.3%；武汉康普常青软件技术股份有限公司 2 584.3 万元，同比下降 9.7%；武汉思为同飞网络技术股份有限公司 969.1 万元，同比增长 10.8%；武汉天喻软件股份有限公司 2 257.6 万元，同比增长 21.2%；武汉博润通文化科技股份有限公司 538.7 万元，同比增长 80.5%；武汉超级玩家科技股份有限公司 194.4 万元，同比下降 68.8%。

2015 年，湖北省规模领先的主要软件企业完成主营业务收入情况：烽火通信科技股份有限公司 56.5 亿元，同比增长 21%；武汉烽火信息集成技术有限公司 11.4 亿元，同比增长 36%；软通动力技术服务有限公司 27.3 亿元，同比增长 52.1%；武汉百捷集团股份有限公司 5.1 亿元，同比增长 25.2%。同时，也出现一些发展形势较好、收入成倍增长的软件企业：武汉佰钧成技术有限责任公司 7 亿元，同比增长 177%；武汉奇米网络科技有限公司 2.4 亿元，同比增长 400%；武汉颂大教育科技股份有限公司 2 亿元，同比增长 428%；武汉南斗六星系统集成有限公司 1.8 亿元，同比增长 264%；湖北睛彩视讯科技有限公司 1.7 亿元，同比增长 568%；合康变频科技（武汉）有限公司 1.5 亿元，同比增长 207%；武汉迈异信息科技有限公司 0.4 亿元，同比增长 511%。

【信息基础设施】 2015 年，湖北省获得国家农村宽带建设补贴资金 2.83 亿元，新建或升级行政村宽带网络，惠及全省 10 个市（州）51 个县（市、区）10 186 个行政村。其中，国家“宽带乡村”项目的 1 亿元资金用于支持黄冈市、恩施州、十堰市、孝感市 4 个市（州）21 个县（市、区）的农村宽带建设。湖北省武汉国家级互联网骨干直联点建成，大大提高湖北网间互通能力和网间通信质量，并为周边省份提供网间交换服务。省内骨干网、城域网光纤网络扩容、IPv6 骨干网升级整体完成。全省行政村通宽带率 96.07%，25 236 个行政村中有 24 245 个行政村通达宽带网络。宜昌市、孝感市、鄂州市、仙桃市、潜江市、天门市等地区行政村通宽带率 100%。城市地区光纤接入能力 50Mbps，部分达到 100Mbps，农村在建光纤到户接入能力 12Mbps，部分达到 20Mbps。全省 4G 基站数累计达到 89 550 个。全省 4G 基站接近 5 万个，4G 网络覆盖全省地市、县以上城区及高速公路和高铁沿线，人口覆盖率 71%。全省移动电话用户 4 637.9 万户，移动互联网用户超过 3 000 万户。截至 2015 年 12 月，中国铁塔股份有限公司湖北省分公司累计建设投资近 21 亿元，新建铁塔 5 500 个，改造存量铁塔 1.4 万个。

2015 年，湖北省三网融合“幸福新农村”项目覆盖 6 000 多个行政村，发展用户近 30 万户。广电版 IPTV 自 2014 年 4 月上线运营以来达到 80 万用户规模，基本形成湖北省城市、农村宽带建设新模式。

【科技进步与应用】 2015 年，湖北省规模以上企业研发投入占销售收入的比重约 2.3%。武汉光迅科技股份有限公司、武汉华工正源光子技术有限公司、长飞光纤光缆股份有限公司、武汉高德红外股份有限公司等企业获得工业和信息化部技术改造专项资金 1.8 亿元支持。企业技术创新成果丰硕。华中科技大学与华工科技产业股份有限公司等企业联合研发的汽车制造中的高质高效激光焊接、切割关键工艺及成套装备获得 2015 年度国家科技进步一等奖；武汉梦芯科技公司自主研发的 40 纳米高精度消费类北斗导航定位芯片在国内率先实现量产；武汉精测电子公司研制的超高清液晶模组信号测试系统点亮全球首款 82 英寸 10K 超高清显示屏，其分辨率是目前主流高清电视分辨率的 21 倍；武汉邮电科学研究院在国内首次成功实现 200Tb/s 超大容量波分复用及模分复用的光传输系统实验（相当于 24.02 亿对人在一根光纤上同时通话）。武汉新芯集成电路制造有限公司研发出超级存储器 9 层 45 纳米“三维闪存芯片”；武汉梦芯科技有限公司研制的国内第一款 40 纳米级北斗智能芯片于 9 月份量产；华中科技大学“大功率白发光二极管封装和应用中的光热调控理论及方法”获湖北省自然科学一等奖；华中师范大学“复杂网络的统计物理和实证研究”获湖北省自然科学二等奖；湖北科技学院“绿色电池用新型电解质溶液及电极材料的应用基础研究”等 2 个项目获湖北省自然科学三等奖。武汉大学“大型复杂软件系统的测试技术”、武汉天喻信息产业股份有限公司“教育云关键技术与规模化应用”等 6 个项目获湖北省科技进步一等奖；武汉滨湖电子有限责任公司“商用车车载网络与信息集成系统”等 8 个项目获湖北省科技进步二等奖；武汉日电光通信工业有限公司“大容量高性能光传输关键技术及应用”等 5 个项目获湖北省科技进步三等奖。武汉光庭信息技术有限公司等 5 家企业获湖北省科技型中小企业创新奖。

【电子产品进出口贸易】 2015 年，湖北省 10 家电子信息企业名列全省进口前 20 名，累计进口 44.8 亿美元，占全省外贸进口总额的 27.4%，比上年增长 3.3 个百分点。其中，摩托罗拉（武汉）移动技术通信有限公司、鸿富锦精密工业（武汉）有限公司分别累计进口 10.9 亿美元、7.9 亿美元，分别同比下降 3.5% 和 37.9%；海思光电子有限公司、武汉烽火国际技术有限公司、武汉光迅科技股份有限公司分别累计进口 5.8 亿美元、4.5 亿美元、1.9 亿美元，分别同比增长 39.9%、41.9% 和 28.0%。

2015 年，7 家电子信息企业名列全省出口前 20 名，累计出口 48.1 亿美元，占全省外贸出口总额的 20.3%，比上年增长 2.3 个百分点。其中，鸿富锦精密工业（武汉）有限公司累计出口 19.3 亿美元，同比下降 31.6%；联想移动通信贸易（武汉）有限公司、摩托罗拉（武汉）移动技术通信有限公司、武汉烽火国际技术有限责任公司、武汉新芯集成电路制造有限公司、随州波导科技有限公司分别增长 186.4%、154.4%、18.6%、2.3%、5.0%。

全省出口过千万美元以上的电子信息企业 28 家，其中，鸿富锦精密工业（武汉）有限公司、联想移动通信（武汉）有限公司、摩托罗拉（武汉）移动技术运营中心有限公司、摩托罗拉（武汉）移动技术通信有限公司、武汉烽火国际技术有限责任公司、武汉新芯集成电路制造有限公司、随州波导科技有限公司全年累计出口创汇分别名列全省出口企业的第 1 位、第 3 位、第 4 位、第 6 位、第 9 位、第 11 位和第 12 位。

【信息产业基地】 2015 年，国家（宜昌）电子材料产业园完成固定资产投资 5.7 亿元；研发投入 1.1 亿元；实现工业总产值 58 亿元，占全行业总产值的 1.2%；完成出口交货值 5.3 亿元，同比下降 28.7%。

国家（武汉）光电子产业基地拥有企业 239 家，比上年增加 35 家；完成固定资产投资 230.8 亿元，同比增长 19.9%；研发投入 58.8 亿元，同比增长 11.4%；实现工业总产值 1 286.4 亿元，占全行业总产值的 37.3%；完成出口交货值 235.8 亿元，同比下降 19.2%。

【信息化】 根据工业和信息化部发布的 2015 年全国信息化发展水平评估报告，对各省市信息网络就绪度、信息通信技术应用、应用效益三大类共 20 个指标进行分项比较、定量评价和区域对比，2015 年湖北省信息化发展指数 74.15，较上年增长 8.03，比全国平均水平高出 1.7。其中，三个一级指标均取得较大增长，网络就绪度指数、信息通信技术应用指数、应用效益指数分别为 70.95、76.79、75.24，分别增长 10.43、5.91、2.25。反映网络就绪度的智能终端普及指数 58.01、有线电视发展指数 79.96、光纤发展指数 59.92、宽带普及指数 82.97、宽带速率指数 73.92。反映技术应用的企业应用指数 87.43、政务应用指数 68.64、居民应用指数 71.59。反映效益的劳动生产率 69.66、技术创新指数 71.24、节能降耗指数 87.41、人均收益指数 72.67。

【电子政务】 2015 年，湖北省行政权力阳光运行系统推进系统建设，完成“行政权力库、行政权力运行平台、法制监督平台”设计开发和建设工作，达到设计方案要求。

强化试点应用，先行在省教育厅、省国土资源厅、省住房和城乡建设厅等 7 个省直部门开展试点工作，发现并解决系统运行中的一些突出问题，优化系统功能；组织试点验收，起草一库两平台在省直部门全面推广试运行的方案，并报请省行政审批制度改革联席会议办公室印发实施；推进系统整体建设，推进行政权力“电子监察平台”“网上公开服务平台”两个平台和软硬件包、第三方测试包的政府招标采购工作，办理相关手续。

推进楚天云建设工作，打造形成全省统一的信息资源交换中心、云计算中心和大数据中心。完成湖北省楚天云有限公司的工商注册手续，正式组建市场主体，楚天云项目开始实体化运作。省经济和信息化委员会会同省楚天云有限公司完成《加快推进楚天云建设的工作方案》和《湖北省楚天云总体设计方案》。推动省楚天云有限公司加强与相关地方、部门的合作，省楚天云有限公司与湖北三峡云计算中心有限责任公司、省国防科学技术工业办公室达成长期战略合作意向，开展地理信息数据库、航天云、工业云等全方面合作。

【重大项目】 2015 年，湖北省电子信息产业完成投资 801 亿元，增长 6.6%；新增固定资产 401 亿元，增长 13.5%。主要包括武汉华星光电技术有限公司在武汉东湖高新区左岭产业园投资的 6 代 OLED/LTPS 研发生产基地项目 160 亿元、武汉天马微电子有限公司的第六代低温多晶硅（LTPS）TFT-LCD 及彩色滤光片（CF）生产线项目 120 亿元、武汉奇宏电子有限公司的华中基地项目 53 亿元、湖北华为武汉研发中心的光电子研发生产基地项目 50 亿元、长飞光纤光缆股份有限公司的科技园项目 50 亿元、湖北骆驼蓄电池股份有限公司的年产 200 万 KVAH 密封型蓄电池及 400 万 KVAH 动力电池的扩产项目 15.7 亿元、华讯方舟科技（湖北）有限公司的超高频微波通信系统扩产项目 11 亿元、湖北晶星科技股份有限公司的太阳能电池片及组件扩产项目 11 亿元以及汉软件新城建设项目等。

【信息消费】 2015 年，湖北省信息消费规模达到 2 899.6 亿元，同比增长 24.5%；完成业务收入 409 亿元，按可比口径同比增长 4.3%；智能终端销售收入 783.4 亿元，同比增长 11.5%，信息消费成为稳定经济增长的新着力点。武汉市入选成为国家首批 25 个信息消费示范城市，黄石市、襄阳市、宜昌市、十堰市、随州市5个城市成为宽带中国示范城市。宽带网络覆盖范围全面扩大，2015年，全省电话用户5 522万户，互联网固定宽带用户983万户，移动互联网用户超过3 200万户，4G用户1 393万户。

【智慧城市】 2015年，湖北省武汉市、宜昌市、襄阳市、咸宁市、黄冈市、武汉市江岸区等国家智慧城市试点城市组织实施一批涉及智慧政务、智慧城管、智慧教育、智慧居家养老、智慧医疗、智慧农业、智慧交通等示范项目建设。武汉智慧城市—智慧家庭智能家居应用示范工程成为首批国家信息消费创新应用示范项目。宜昌市、襄阳市和孝感市被评为信息惠民国家试点城市。

【数字家庭】 2015年，湖北省数字家庭产业实现主营业务收入893.9亿元，同比增长11.7%。湖北省数字家庭产业以武汉东湖新技术开发区为核心，从核心部件、设备制造、软件、系统集成与工程、内容制作、业务运营等整个产业链凝聚上千家企业，先后启动实施8项重点示范工程，分别是基于广电网络的数字家庭全业务应用示范工程、数字家庭基础平台搭建和整体转换应用示范工程、数字家庭文化教育及内容制作服务平台应用示范工程、基于电信云业务平台的社区及数字家庭应用示范工程、数字家庭高端业务应用示范工程、数字家庭社区基础业务应用示范工程、大型企业社区的数字家庭应用示范工程、“数字家庭体验馆”集成创新和应用推广平台示范工程。

【两化融合】 2015年，湖北省联合有关院校在武昌区开展首期全省两化深度融合试点示范企业高级培训班，此后分别在襄阳、十堰、孝感、宜昌等地开展5期培训班，累计培训企业信息化人员1 000多人次。

开展两化融合评估诊断和对标引导工作，联合各市州组织培训会数十场，完成近千人次培训工作，完成1 000家企业的参评任务。开展区域两化融合水平评估，组织400多家企业参与工业和信息化部两化融合评估数据采集工作，以此为依据评估全省信息化发展水平指数。

组织开展湖北省2015年“两化融合”试点示范企业的申报和评选工作，试点示范企业达到500家，较上年增加200家。

开展两化融合管理体系贯标试点企业推荐工作，2015年全省第二批16家企业取得国家贯标试点（累计达到39家），5家企业正式通过国家贯标。

【电子商务】 2015年，湖北省电商交易额达到1.1万亿元，同比增长37.5%。全省网民总数2 600多万人，电子商务在工业、农业等各个行业广泛应用，大型企业电商普及率近70%，中小企业超过50%。全省国家级电商示范基地增加到3个，拥有良品铺子、九州通医药、安琪酵母、武汉良中行、十堰秦楚网络等国家级电商示范企业5家。全省重大电商在建项目20余项，总投资500多亿元，阿里巴巴、腾讯等全国前十大品牌电商均在湖北落户。麻城、英山、黄梅、赤壁、鹤峰、广水、秭归、石首等县市成为国家电子商务进农村试点，3万湖北“新农人”在淘宝上开店销售农产品。

【产业环境】 2015年，湖北省先后出台《湖北省人民政府办公厅关于印发加快推进智慧湖北建设行动方案（2015—2017年）的通知》（鄂政办发[2015]55号）、《省人民政府关于加快推进智慧湖北建设的意见》（鄂政发[2015]52号）、《省人民政府办公厅关于印发湖北省加快信息基础设施建设工程行动方案的通知》（鄂政办函[2015]72号）、《省人民政府关于深入推进大众创业万众创新打造经济发展新引擎的实施意见》（鄂政发[2015]65号）、《省人民政府关于加快推进“互联网+”行动的实施意见》（鄂政发[2015]80号）等。

【统计数据】

表 1　2015 年湖北省电子信息制造业人员构成情况

企业类别	企业数（家）	年末从业人员总数（人）	其中：研发人员（人）
内资企业	953	268 879	35 468
国有企业	41	39 317	9 201
集体企业	4	570	173
股份合作企业	7	836	31
联营企业	17	4 376	294
有限责任公司	532	115 981	13 478
股份有限公司	183	72 545	8 645
私营企业	80	14 193	588
其他内资企业	89	21 061	3 058
港、澳、台商投资企业	27	36 118	2 244
三资企业	66	35 753	4 539

表 2　2013—2015 年湖北省电子信息制造业基本情况

项目名称	单位	2013 年	2014 年	2015 年
工业总产值（现行价）	万元	26 917 425	34 498 986	34 521 136
工业销售产值	万元	25 880 697	32 983 686	34 521 136
出口交货值	万元	3 826 310	5 267 248	5 247 120
流动资产平均余额	万元	18 118 053	21 520 464	32 537 525
固定资产净值平均余额	万元	6 483 075	6 843 992	5 756 391
资产总计	万元	45 203 989	35 384 208	45 607 107
负债合计	万元	26 402 569	30 496 449	24 908 623
主营业务收入	万元	23 390 328	29 820 562	32 656 146
税金总额	万元	580 689	1 048 001	1 174 883
利润总额	万元	1 198 706	1 312 973	1 738 724
应交所得税	万元	149 150	385 530	385 071
从业人员年末人数	人	312 444	343 816	340 750
从业人员工资总额	万元	1 457 691	1 974 429	1 937 352

表 3　2013—2015 年湖北省电子信息制造业三资企业基本情况

项目名称	单位	2013 年	2014 年	2015 年
工业总产值（现行价）	万元	2 803 888	2 782 459	3 583 136
工业销售产值	万元	2 872 629	2 629 615	3 583 136
出口交货值	万元	344 081	315 905	280 664
流动资产平均余额	万元	1 936 491	1 783 054	2 402 807
固定资产净值平均余额	万元	1 058 651	812 806	747 836
资产总计	万元	3 352 404	2 904 638	3 486 554
负债合计	万元	1 708 682	1 349 597	1 801 599
主营业务收入	万元	2 989 654	2 721 081	3 663 144
税金总额	万元	69 934	95 545	120 230
利润总额	万元	285 322	205 350	300 756
应交所得税	万元	25 933	83 125	102 161
从业人员年末人数	人	35 809	33 659	35 753
从业人员工资总额	万元	176 428	174 512	186 851

表 4　2013—2015 年湖北省主要电子信息产品产销量情况

产品名称	单位	产量			销量		
		2013 年	2014 年	2015 年	2013 年	2014 年	2015 年
电话单机	部	185 126	49 126	49 045	183 126	49 126	49 045
手机	部	5 189 644	54 953 320	54 971 306	4 654 200	54 682 189	54 805 931
台式微型计算机	台	999 869	1 206 868	1 613 651	1 000 449	1 248 055	1 613 651
显示器	台	10 727 165	7 472 121	12 956 959	10 616 748	7 295 022	12 875 981
平板显示器	台	10 727 165	602 200	9 236 545	10 616 748	602 090	9 238 867
集成电路	万片	487.5	492	2 345	485.1	492	2 345
光纤	千米	10 812 114	40 951 500	53 515 711	10 799 955	38 138 469	55 173 747
光缆	芯公里	28 730 227	75 746 220	42 547 317	28 201 008	72 003 416	40 803 015

表 5　2015 年湖北省软件产业人员构成情况

企业类别	企业数（家）	年末从业人员总数（人）	人员构成			
			管理人员（人）	在总人数中所占比例（%）	软件开发研究人员（人）	在总人数中所占比例（%）
内资企业	2 441	367 786	42 807	11.6	154 349	42.0
国有企业	133	68 022	8 349	12.3	27 304	40.1
集体企业	12	2 098	332	15.8	707	33.7
股份合作企业	15	65 060	10 010	15.4	31 730	48.8
联营企业	9	4 554	669	15.6	2 073	45.5
有限责任公司	1 581	150 877	15 352	10.2	59 176	39.2
股份有限公司	249	48 485	5 227	10.8	17 807	36.7
私营企业	387	24 319	2 414	9.9	13 916	57.2
其他内资企业	55	4 371	454	10.4	1 636	37.4
港、澳、台商投资企业	12	988	73	7.4	476	48.2
三资企业	44	8 690	986	11.3	4 343	50.0

表 6　2013 年—2015 年湖北省软件产业基本情况

项目名称	单位	2013 年	2014 年	2015 年
软件业务收入	万元	7 094 478	8 511 963	10 152 365
软件业务出口收入	万美元	19 543	10 807	13 281
软件产品销售收入	万元	3 069 070	4 348 201	5 331 530
流动资产平均余额	万元	11 673 006	11 416 730	18 479 067
固定资产投资额	万元	909 842	744 473	1 110 736
资产合计	万元	21 505 593	19 006 079	30 232 721
负债合计	万元	12 059 864	9 740 777	15 517 153
税金总额	万元	417 788	400 008	568 017
利润总额	万元	1 076 832	864 120	1 264 173
应交所得税	万元	114 539	103 840	174 301
从业人员年末人数	人	221 992	361 704	377 464
从业人员工资总额	万元	1 272 230	2 277 999	2 584 583

表 7 2013—2015 年湖北省软件产业三资企业基本情况

项目名称	单位	2013 年	2014 年	2015 年
软件业务收入	万元	231 357	327 314	325 381
软件业务出口收入	万美元	3 950	947	992
软件产品销售收入	万元	114 321	191 016	233 915
流动资产平均余额	万元	290 389	375 502	542 043
固定资产投资额	万元	5 521	32 818	44 475
资产合计	万元	437 924	627 346	885 074
负债合计	万元	197 599	283 491	375 571
税金总额	万元	12 266	15184	17 182
利润总额	万元	36 742	27737	108 398
应交所得税	万元	5 908	2 092	14 441
从业人员年末人数	人	8 655	15 030	8 690
从业人员工资总额	万元	48 054	95 613	61 041

表 8 2013—2015 年湖北省信息化发展指标和位次情况

项目名称	2013 年分值	2014 年分值	2015 年分值	2013 年全国位次	2014 年全国位次	2015 年全国位次
信息化发展指数	60.85	67.16	74.15	13	11	9
网络就绪度指数	51.26	60.52	90.95	10	11	17
信息通信技术应用指数	65.94	70.88	76.79	14	13	11
应用效益指数	60.87	72.99	75.24	14	13	13

注：表 1 ~表 8 数据来源于湖北省经济和信息化委员会。

[供稿：湖北省经济和信息化委员会]

湖 南 省

【概况】 2015 年，湖南省电子信息产业全年实现主营业务收入 3 020.6 亿元。其中，电子信息制造业实现主营业务收入 2 347.1 亿元，增长 19%；软件和信息服务业实现主营业务收入 345.5 亿元，增长 15.1%；移动互联网产业实现主营业务收入 328 亿元，增长 105%。

【电子信息制造业】 根据湖南省统计局数据，2015 年，全省电子信息制造业实现工业增加值增长 14.5%，较全省规模工业平均水平高 6.7 个百分点，连续 4 个月实现增速回升。

全省电子信息制造业在产业规模增长减缓的同时，产业效益保持稳步提升。全行业 571 家企业中，亏损企业 32 家，同比下降 13.5%。全年全省电子信息制造业实现利润 92 亿元，同比增长 23.2%；上缴税金 70.9 亿元，增长 10.4%。

总投资 55 亿元的蓝思科技三期暨总部基地项目临近建成投产，总投资 30 亿元的威胜电气产业园项目、基伍手机长沙工厂项目已实现部分投产，总投资 40 亿元的中兴通讯长沙基地项目、总投资 52 亿元的网讯通公司光通信设备项目已开始基础施工，总投资 60 亿元的中光通讯第二代光纤项目进入总体规划报审阶段。中电软件园以传统制造产业改造升级、发展智能制造为契机，培育大批自主创新型企业，逐步形成信息安全、智能制造等特色核心产业，成为产业新的增长点。

蓝思科技股份有限公司成功登录创业板，创造营收、净利、资产等多个第一；中车时代电气股份有限公司成为全省第三个跻身百亿元的电子信息企业，连续 4 年入围全国电子企业百强；省内 12 家企业获得 2015 年（第三届）全国电子信息行业优秀企业称号。在纪念抗日战争胜利 70 周年大阅兵中，80% 以上装备应用到全省相关产品。国科微电子股份有限公司国内首款支持 NDS 高级安全的解码芯片 GK6105S 获得 2015 年“中国芯”“最佳市场表现奖”。

湖南省陆续发布鼓励集成电路产业发展的意见、政策及规划，基本建立产业政策框架体系；成立湖南省集成电路产业联盟，组建湖南省集成电路产业投资基金。国科微电子股份有限公司获得国家集成电路产业投资基金 4 亿元投资，成为国内首家实际获得“国家大基金”注资的集成电路设计企业。景嘉微电子股份有限公司通过中国证监会发审会审核，成为全省首家集成电路设计上市企业。省内集成电路企业加快研发，陆续推出高端固态硬盘主控芯片、高清安防监控芯片、新型 IGBT 模块、北斗导航芯片、32 位单核 DSP 工控芯片、快速充电芯片等新产品。长沙经济技术开发区代表湖南省取得“2016 年中国集成电路设计业年会”（ICCAD）承办权。

【软件和信息服务业】 “十二五”期间，湖南省软件和信息服务业进入平缓增长期和发展转型期，软件和信息服务业务收入保持 12.8% 的平均增长速度。截至 2015 年年底，全省软件和信息技术服务企业工商登记数量达到 12 963 家。其中，2015 年新成立的企业 5 589 家，比上年增长 61.3%，占企业总数的 43.1%。

2015 年，湖南省移动互联网业务收入连续两年保持 100% 以上的增长。移动电商、移动金融、智慧城市、智慧医疗等新兴产业集群雏形初现。湖南省移动支付的牌照数量和交易额在中西部地区处于领先地位，全国最大的行业支付企业易宝支付在长沙市开始建设第二大基地，掌钱、邮易通等一批本地互联网金融企业发展迅速。移动电子商务领域空前活跃，营收额在全省电子商务总营收额中的占比已经超过 3 成，增速高于 200%。一批电子制造骨干企业加快向移动互联网转型，长城信息产业股份有限公司发展移动医疗产业，高斯贝尔数码科技股份有限公司、纽曼数码科技有限公司等一批企业发展车联网和车载信息服务。基于移动互联网，湖南省汽车电子、医疗电子、金融电子产业加快向软件和硬件、制造和服务融合发展转型。北斗导航、云计算、物联网等新兴领域不断取得突破。

工业控制软件作为两化融合的切入点，成为湖南省软件产业的优势领域，推动智能制造核心竞争力的提升，带动传统企业通过工业互联网和智能制造转型升级。中车时代电气股份有限公司不仅是轨道交通骨干企业，也是全省软件和物联网领域的龙头企业，已经进军能源互联网领域。中联重科股份有限公司成立基于"互联网+"的创新管理公司。三一重工股份有限公司将工业互联网作为新兴产业的发力点之一，并成立对接"互联网+"的众智新城孵化器。威胜集团有限公司在发展智能电网的同时向能源互联网迈进。梦洁家纺股份有限公司等家纺服装生产企业利用移动互联网开展品牌打造、众包设计、个性化定制、社交化营销。千山制药机械股份有限公司成立互联网健康服务平台——慢病健康管理有限公司。全州药业集团有限公司联合三诺生物传感股份有限公司打造亚洲最大的血糖检测仪软件开发、生产制造、平台服务基地。纽曼数码科技有限公司由消费类电子整体转型为移动互联网企业。基石无人机等移动互联网智能产品加快发展。湖南金蝶移动互联技术有限公司着重在工业互联网布局发力。

湖南省软件产业主要聚集在长沙市、株洲市、湘潭市、衡阳市等地，软件产业初具规模。长沙高新区已成为省移动互联网产业集聚区，聚集湖南省80%的信息技术企业，已建设一批定位清晰、特色鲜明的产业园区。其中，长沙信息产业园和长沙中电软件园已成为湖南省高端研发和软件制造基地，集聚长城信息产业股份有限公司、快乐购物股份有限公司等一批优势企业，在移动互联网、军民融合、电子商务等领域形成自身特色，实现迅猛增长。区内可供移动互联网产业发展的载体已超过100万平方米，服务功能日趋完善，平均月入驻企业80余家。企业总数从2013年年底不足200家增加到1 693家，增长7倍多，全年新增移动互联网企业1 083家，从业人数已突破3万人，注册资本总额70.42亿元。

湖南省加快在全省布局软件和信息服务业（移动互联网产业）专业园区，明确长沙中电软件园及衡阳高新区为省软件和信息服务产业园、长沙广告产业园、常德市武陵区移动互联网产业园等为省移动互联网产业专业园区，并在浏阳市、资兴市等有条件的县级市扶持移动互联网产业园。资兴市引进投资12亿元，建设东江湖大数据中心，发展大数据产业。湘潭市、岳阳市等地也开始建设移动互联网产业园。

【科技进步与应用】 2015年1月，2014年度国家科技奖励大会召开。由国防科技大学计算机学院研制的中国首台千万亿次超级计算机系统——"天河一号"获得国家科技进步奖特等奖。"天河一号"实现中国自主研制超级计算机能力从百万亿次到千万亿次的跨越，使中国成为继美国之后世界上第二个能够研制千万亿次超级计算机系统的国家。华磊光电股份有限公司与中国科学院半导体研究所合作的低热阻高光效蓝宝石基GaN LED材料外延及芯片技术获得国家技术发明奖二等奖。该项目属于电子与通信科学技术学科，为国际首创，解决光提取效率低、衬底导热性差、P型掺杂离化率低、异质外延失配度大等诸多关键技术难题，发明半导体照明基础新材料和新型器件集成技术体系，推动中国LED研发及产业从无到有的跨越。

8月，由国防科技大学和湖南长城银河科技有限公司联合自主研发的"长城银河"计算机在长沙中电软件园正式下线。"长城银河"系列电脑基于飞腾FT1500A芯片自主研制，分台式机、一体机和笔记本三款，依托国防科技大学的科研成果，具有人脸识别登录、自毁、加密、传输、认证等自主可控功能，与国内外主流计算机相比，不仅性能相当，而且保密性更强。该系列电脑生态系统比较丰富，功耗小，适用面广，处理能力、图形显示能力和计算能力成为湖南制造、长沙制造新的标杆。

9月，在大连市举办的夏季达沃斯论坛上，新亚胜光电股份有限公司"魔幻舞台"LED显示屏以璀璨出众的显示效果点亮"天津之夜"，高清无损画质模拟夜间星空，与晚会主题交相辉映，营造出仿若亲临其境的效果。公司专注LED显示屏研发，是中国光电行业内极具发展潜力的企业。

10月，科学技术部发布《关于批准建设第三批企业国家重点实验室的通知》。中车株洲电力机车研究所有限公司旗下时代电气的"新型功率半导体国家重点实验室"成功入选第三批75家企业国家重点实验室。功率半导体器件又称电力电子器件，是能量转换实现的关键器件，广泛应用于轨道交通、航空航天、船舶、电网、新能源装备等多个重要领域，属于行业装备的关键共性技术。“新型功率半导体国家重点实验室”将坚持以国家政策和发布指南为导向，以技术开发为基础，以大功率、高效能、高稳定、智能化为研究方向，重点解决大功率半导体器件的前沿技术和共性关键技术。

11 月，由工业和信息化部软件与集成电路促进中心主办的 2015 年度中国集成电路产业促进大会暨第十届“中国芯”颁奖典礼在厦门市召开。作为国内首款支持 NDS 高级安全的解码芯片，国科微电子股份有限公司自主研发的 GK6105S 获得本次“中国芯”评选含金量最高的“最佳市场表现奖”。该公司五年来四次获得“中国芯”大奖。GK6105S 已广泛应用于国家“村村通”、“户户通”惠民工程中。

11 月，中国电子科技集团公司第 48 研究所在长沙市召开第三代半导体关键设备推介会暨 SiC 高温高能离子注入机新品发布会。M56700-1/UM 型 SiC 高温高能离子注入机的研制成功，标志着中国在第三代半导体材料制造中的瓶颈技术取得突破性进展，打破长期以来 SiC 高温高能离子注入机依赖进口受制于人的被动局面。

【信息基础设施】 2015 年，湖南省固定电话用户 787 万户，移动电话用户 4 792.1 万户；固定宽带用户新增 151.5 万户，达到 934.5 万户；移动互联网用户新增 416.1 万户，达到 3 639.1 万户。推进第四代移动通信网络建设，新建 4G 基站 6 700 个，4G 基站达到 7.3 万个，3G/4G 移动电话人口普及率达到 45.3%，4G 信号基本覆盖城乡、主要乡镇和 86% 的行政村。推进光纤到户，推动长株潭城市群、岳阳市创建“宽带中国”示范城市群（城市），新增到户（FTTH）端口 155 万个，1 328 个新建小区实现光纤到户，7 314 个铜缆接入小区完成光纤入户改造，391.4 万户家庭实现光纤到户。实施“宽带乡村”工程，完成 9 310 个行政村光纤到村建设，169.8 万户农村家庭实现通宽带。

三网融合进入全面推广阶段，湖南广电集团与中国电信湖南分公司联手打造 IPTV 平台，中国联通湖南分公司的电视业务视频内容超过 60 万小时。中国电信湖南分公司和中国联通湖南分公司的 IPTV 用户 210 万户，手机电视用户 100 万户。湖南有线宽带接入用户 45 万，湖南有线网络集团与阿里巴巴、芒果 TV 等开展合作，IPTV 可提供 110 套直播电视、72 小时电视回看以及 5 万多小时节目。三网融合等智能终端产业规模达 800 亿元。

【两化融合】 2015 年，湖南省经济和信息化委员会印发《实施“+ 互联网”行动推进传统产业转型升级工作方案》，以装备制造、钢铁产业、有色金属、石油化工、烟花陶瓷、医药食品、纺织服装 7 个行业为重点，开展制造业与互联网融合创新的示范试点工程，通过支持“+ 互联网”重点项目建设，推动全省制造业向智能制造转变，加快结构调整和转型升级。

充分发挥省信息化专项资金的扶持引导作用，以有色、化工、医药、食品、冶金、机械、新材料、纺织、轻工等传统行业为重点，安排资金 3 000 多万元，扶持 100 多个重点项目建设。湖南派意特服饰有限公司、湖南华曙高科技有限责任公司、湖南长高高压开关集团股份公司、湖南中拓电子商务有限公司、湖南鸿胜物流有限公司、湖南深拓智能设备股份有限公司 6 家企业列入工业和信息化部互联网与工业融合创新试点。

新增国网湖南省电力公司等 18 家企业入选工业和信息化部两化融合贯标试点。截至 2015 年年底，全省共有 32 家企业列入工业和信息化部两化融合贯标试点。其中，南车株洲电力机车有限公司、三一集团有限公司、中联重科股份有限公司 3 家企业已通过贯标认定。

在农业、卫生、教育、旅游和环保等重点领域扶持“数字农业”“数字医院”“数字校园”“数字景区”和“数字环保”共 15 个试点示范项目建设，安排专项资金 300 万元，发挥信息化推动公共民生事业发展的支撑作用。

【信息消费】 2015 年，湖南省株洲市、衡阳市、郴州市、常德市武陵区等国家信息消费试点城市建设进展顺利。株洲县域农产品电商发展平台项目获批国家信息消费创新应用示范项目。省信息化专项资金向信息消费重点企业倾斜，推动一批信息消费项目落地，中兴通讯股份有限公司投资 40 亿元在长沙市建设中部地区最大的研发生产基地，中国电子信息产业集团有限公司拟投资 8 亿元在株洲市建设自主计算机整机生产基地。2015 年，重点调度的 60 家年营业收入 2 000 万元以上的信息消费企业实现主营业务收入 622.42 亿元，同比增长 19.2%。

举办“+ 互联网”培训班，引导企业树立互联网思维。以智能制造、两化深度融合为主题，连续组织两期共计 260 家企业参加的信息化培训班。组织开展“信息进企业、

4G 惠民生”活动，开展各类企业信息化建设宣讲 3 216 场，新增 4G 移动用户 48 026 户，宽带用户 2 596 户。

数字湖南领导小组办公室（省经济和信息化委员会）商有关部门建立促进智慧城市健康发展厅际协调工作制度，并制定 2015 年工作要点，统筹推进智慧城市建设。促进长株潭信息一体化，推动“宽带中国”长株潭示范城市群和长株潭城市群国家级两化融合试验区建设，推进长株潭三市公交一卡通、健康一卡通、社保一卡通建设。培育智慧城市市场，引导互联网企业参与全省智慧城市建设。中兴通讯股份有限公司与长沙市、株洲市、衡阳市开展智慧城市合作。腾讯公司与长沙市、湘西自治州合作建设的微信城市服务已经上线，并在交通、媒体、文化、商业、公共安全五大领域开展合作。

【主要问题】 大企业、大项目少，多点支撑格局有待培育。全省规模过百亿元的电子信息企业仅两三家，产业增速对龙头企业依赖较大，规模前三的大企业占全行业规模的三分之一强，缺少投资力度大、带动作用强的大项目支撑。

产业配套体系不健全，企业服务能力亟需提升。上下游产业链配套难。一方面企业所需原材料、元器件大多要外购；另一方面因沟通不畅造成已有配套协作能力不能发挥作用，导致省内企业生产成本提高，本地市场开拓不够。还有服务业配套问题，部分园区第三产业发展滞后，还不能满足企业商务、法律、认证、劳务、信息、医疗等需求。

人才缺口持续扩大，人才流失状况较为严重。湖南省薪酬待遇、明星企业以及后续发展方面的吸引力较沿海地区差距较大，企业面临用人“两头难”的局面，一线普工用工难和高端人才引进难。

投资情况严峻，部分项目进展缓慢。2015 年，湖南省电子信息制造业完成固定资产投资曾连续 8 个月负增长，至 11 月才恢复增长，全年增速较上年同期下降 14 个百分点，较全国平均水平低 8 个百分点。

【统计数据】

表 1　2015 年湖南省电子信息制造业人员构成情况

企业类别	企业数（家）	年末从业人员总数（人）	其中：研发人员（人）
内资企业	328	133 326	9 652
国有企业	5	3 311	520
集体企业	1	54	8
股份合作企业	4	654	38
联营企业	2	116	4
有限责任公司	171	41 403	2 437
股份有限公司	41	61 347	5 128
私营企业	96	24 941	1 517
其他内资企业	8	1 500	
港、澳、台商投资企业	19	11 563	150
三资企业	26	20 418	427

表 2　2013—2015 年湖南省电子信息制造业基本情况

项目名称	单位	2013 年	2014 年	2015 年
工业总产值（现行价）	万元	16 226 508.8	17 490 469.8	15 244 191.7
工业销售产值	万元	15 140 008.3	16 704 413.9	15 243 847.2
出口交货值	万元	4 701 037.8	3 385 742.0	1 682 882.6
流动资产平均余额	万元	4 142 720.3	5 006 368.0	5 185 973.3
固定资产净值平均余额	万元	1 974 245.4	1 936 122.0	1 828 552.8
资产总计	万元	7 349 841.5	8 521 972.1	18 844 919.9
负债合计	万元	3 241 855.9	3 585 377.9	11 436 182.2
主营业务收入	万元	14 981 739.9	16 192 507.1	14 994 236.7
税金总额	万元	540 261.7	711 166.2	659 058.7
利润总额	万元	914 973.9	985 348.3	920 407.0
应交所得税	万元	86 883.9	92 928.4	105 524.7
从业人员年末人数	人	156 992	159 271	151 249
从业人员工资总额	万元	640 369.8	586 155.9	786 473.6

表 3　2013—2015 年湖南省电子信息制造业三资企业基本情况

项目名称	单位	2013 年	2014 年	2015 年
工业总产值（现行价）	万元	4 694 719.7	3 316 546.2	1 248 418.9
工业销售产值	万元	4 552 815.5	3 003 997.6	1 248 418.9
出口交货值	万元	3 690 661.8	1 117 874.2	389 386.7
流动资产平均余额	万元	728 836.4	672 363.6	351 961.3
固定资产净值平均余额	万元	357 008.4	150 739.5	154 392.8
资产总计	万元	1 328 109.2	1 281 850.7	593 401.0
负债合计	万元	513 403.2	487 295.2	357 040.7
主营业务收入	万元	4 554 935.1	2 925 532.6	1 234 962.9
税金总额	万元	142 169.9	71 588.2	42 652.7
利润总额	万元	178 297.0	143 220.4	85 415.8
应交所得税	万元	4 430.8	7 938.4	3 239.5
从业人员年末人数	人	30 553	28 340	20 418
从业人员工资总额	万元	111 943.9	113 249.3	73 787.2

表 4　2013—2015 年湖南省电子信息制造业主要经济效益指标完成情况

项目名称	单位	2013 年	2014 年	2015 年
全员劳动生产率	元 / 人	170 580.6	188 850.0	129 453.1
流动资产周转率	次	3.6	3.2	2.9
产品销售率	%	93.3	95.5	100.0
总资产贡献率	%	19.8	19.9	8.8
资产保值增值率	%	136.8	120.3	177.0
资产负债率	%	44.1	42.1	60.7

表 5　2013—2015 年湖南省电子信息制造业三资企业主要经济效益指标完成情况

项目名称	单位	2013 年	2014 年	2015 年
全员劳动生产率	元 / 人	135 766.0	127 753.7	137 626.9
流动资产周转率	次	6.3	4.4	3.5
产品销售率	%	97.0	90.6	100.0
总资产贡献率	%	24.1	16.8	21.6
资产保值增值率	%	116.6	107.1	107.8
资产负债率	%	38.7	38.0	60.2

表 6　2013—2015 年湖南省主要电子信息产品产销量情况

产品名称	单位	产量			销量		
		2013 年	2014 年	2015 年	2013 年	2014 年	2015 年
机顶盒	万台	222.8	249.1	395.9	226.7	241.8	357.3
打印机	部	51 736	47 421	38 860	41 705	44 906	41 235
电子元件	亿只	470.0	456.7	609.9	463.6	455.8	609.2
手机摄像头	万只	100	876	1 022.1	95	798	1 022.2
卫星接收天线	万部	13.7	15.2	15.1	13.7	15.1	15.0
集成电路	万块	15 445	9 780	195.6	15 445	9 608	194.6
笔记本电脑	台	244 920	156 855	21 1562	248 760	156 855	212 749

表 7　2013—2015 年湖南省三资企业主要电子信息产品产销量情况

产品名称	单位	产量			销量		
		2013 年	2014 年	2015 年	2013 年	2014 年	2015 年
电子元件	万只	1 127 979.8	1 088 255	1 228 078	1 112 046.8	1 090 882	1 225 247.6

表 8　2015 年湖南省软件产业人员构成情况

企业类别	企业数（家）	年末从业人员总数（人）	人员构成			
			管理人员（人）	在总人数中所占比例（%）	软件开发研究人员（人）	在总人数中所占比例（%）
内资企业	463	73 428	11 930	16.2	28 733	39.1
国有企业	12	3 519	982	27.9	1 352	38.4
集体企业	3	1 565	220	14.1	382	24.4
股份合作企业	1	491	45	9.2	165	33.6
国有独资公司	4	1 211	110	9.1	321	26.5
有限责任公司	226	26 265	5 337	20.3	10 245	39.0
股份有限公司	56	17 592	2 147	12.2	6 854	39.0
私营企业	161	22 785	3 089	13.6	9 414	41.3
港、澳、台商投资企业	4	67	10	14.9	36	53.7
三资企业	6	89	15	16.9	53	59.6

表 9　2013—2015 年湖南省软件产业基本情况

项目名称	单位	2013 年	2014 年	2015 年
软件业务收入	万元	2 556 575.6	3 017 374.9	3 492 193.8
软件业务出口收入	万美元	7 711.8	4 092.5	5 633.9
软件产品销售收入	万元	1 115 257.3	1 866 786.6	2 036 253.8
流动资产平均余额	万元	8 860 327.7	9 448 150.6	9 782 415.6
固定资产投资额	万元	100 103.6	197 967.7	254 621.2
资产合计	万元	7 593 516.1	9 507 071.6	9 906 048.0
负债合计	万元	3 399 478.4	4 127 662.0	4 211 672.0
税金总额	万元	187 330.0	244 531.2	281 521.0
利润总额	万元	476 044.4	620 212.8	640 602.3
应交所得税	万元	68 051.4	88 619.2	97 111.0

续表

项目名称	单位	2013 年	2014 年	2015 年
从业人员年末人数	人	53 346	65 390	73 428
从业人员工资总额	万元	333 086.5	487 738.0	511 220.4

表 10　2013—2015 年湖南省软件产业三资企业基本情况

项目名称	单位	2013 年	2014 年	2015 年
软件业务收入	万元	227 073.4	20 811.2	21 736
软件业务出口收入	万美元	1 631.8	154	894
软件产品销售收入	万元	201 447.2	8 696.2	10 735
流动资产平均余额	万元	1 101 910.7	17 606.2	18 456
固定资产投资额	万元	2 721.8	776.6	945
资产合计	万元	513 478.1	10 714.3	13 425
负债合计	万元	211 390.1	6 230.2	7 350
税金总额	万元	17 185.8	1 011	1 745
利润总额	万元	40 437.5	3 509.2	4 510
应交所得税	万元	6 646.4	556.7	675
从业人员年末人数	人	5 371	959	959
从业人员工资总额	万元	33 984.2	13 255.8	14 256

表 11　2013—2015 年湖南省软件产业主要经济效益指标完成情况

项目名称	单位	2013 年	2014 年	2015 年
全员劳动生产率	万元 / 人	14.4	15.1	13.9
流动资产周转率	次	42.0	52.1	48.2
产品销售率	%	100.0	100.0	100.0
总资产贡献率	%	7.7	11.2	10.5
资产保值增值率	%	128.0	131.2	126.8
资产负债率	%	44.8	43.4	44.1

表 12　2013—2015 年湖南省软件产业三资企业主要经济效益指标完成情况

项目名称	单位	2013 年	2014 年	2015 年
全员劳动生产率	万元 / 人	17.5	18.2	19.3
流动资产周转率	次	28.8	36.6	35.5
产品销售率	%	100.0	100.0	100.0
总资产贡献率	%	5.5	8.9	7.9
资产保值增值率	%	100.4	110.3	112.3
资产负债率	%	41.2	58.2	54.6

注：表 1 ～表 12 数据来源于湖南省经济和信息化委员会，为部分企业数据。

[撰稿：易永彤　审稿：彭涛]

广　东　省

【概况】　2015 年，广东省电子信息产业围绕“一板一芯一业态”的工作重点，以珠江东岸电子信息产业带提升为抓手，坚持创新驱动、应用带动、市场推动，支持发展新兴产业、鼓励大众创新创业、促进产业高端发展。

【电子信息制造业】　2015 年，全省规模以上计算机、通信和其他电子设备制造业实现销售产值 3.27 万亿元，同比增长 9.1%；实现工业增加值同比增长 10.5%，高于工业平均增速 3.3 个百分点。出口增长继续低位运行，实现出口交货值 1.71 万亿元，同比下降 0.3%。行业经济效益有所下滑，实现主营业务收入 2.80 万亿元，同比增长 8.7%；实现利润总额 1 257.40 亿元，同比增长 9.3%；实现税金总额 675.05 亿元，同比增长 24.4%。固定资产投资逐步回暖，新增固定资产投资 813 亿元，同比增长 20%。

广东省主要地市基本实现平稳较快增长，珠江东岸带动作用显著。2015 年，珠江东岸五市（深圳、东莞、惠州、河源、汕尾）完成电子信息制造业增加值 5 905 亿元。

细分领域　从各细分领域的情况来看，锂电池、电子测量仪器、光伏、通信设备等热点或新兴领域增长较快，计算机制造、电子器件、电子元件领域增长比较平稳，广播电视设备、视听设备等传统领域下滑明显。

通信设备制造业全年实现增加值 3 756 亿元，同比增长 14.8%，高于全行业增速 4.3 个百分点。通信设备制造业一直是广东省规模最大、增长较快的电子信息产业领域。全年实现手机产量 8.4 亿部，同比下降 2.2%。其中，智能手机产量增长较快，全年生产 6.4 亿部，同比增长 13.6%；出口金额 3 096.6 亿元，同比增长 2.5%。程控交换机产量 1246.9 万线，同比增长 97.7%。龙头企业带动一直是通信领域保持高增速的重要原因之一。华为技术有限公司营业收入超过 3 900 亿元，同比增长 35.3%，是全球第一大电信设备供应商，成为继三星、苹果之后全球第三家年度智能手机出货量超过 1 亿部的企业。中兴通讯股份有限公司营业收入 1 008 亿元，成为继华为、惠州三星、TCL 之后广东通信领域第 4 家千亿级企业。在手机终端领域，5 家广东手机厂商进入全球智能手机出货量前十。其中，华为居第 3 位；TCL 出货 8 300 万部，同比增长 13.7%，居第 7 位；步步高旗下的 OPPO、VIVO 分别居第 8 位、第 9 位；中兴居第 10 位。步步高在近年来手机企业纷纷采取互联网销售的背景下，推动线下营销取得不俗成绩，在国内市场，步步高（包括 OPPO、VIVO）的市场占有率超过华为和小米，排名第一。

计算机制造业全年实现增加值 607 亿元，同比增长 9.4%；计算机整机产量 5 099 万台，同比下降 2.6%，其中微型计算机设备产量有所反弹，生产 3 241.7 万台，同比增长 8.1%。

视听设备制造业全年实现增加值 390 亿元，同比增长 1.6%；彩色电视机产量 7 003.6 万台，同比增长 0.8%。2015 年是传统电视厂商集体突围的一年，在电视市场需求不足与互联网电视大举进军的双重压力下，传统厂商不得不进行转型。ULED 电视、激光电视、模块化电视、量子点电视、4K HDR 电视逐一亮相。在此背景下，TCL 集团实现营业收入 1 046 亿元，增长 3.5%，其中，LCD 电视销售 1 784.3 万台，增长 3.9%。创维集团积极布局海外市场，2015 年收购德国美兹、日本东芝印尼彩电工厂和日本东芝在中国的白电基地，全年实现营业收入 379.1 亿元，增长 24.9%，其中，LCD 电视销售 1 405 万台，增长 16.1%。

电子元件制造业全年实现增加值 1 199 亿元，同比增长 4.8%；电子器件制造业实现增加值 983 亿元，同比增长 9.2%。光电子器件领域依然保持高增长，是拉动元器件产业发展的主要力量。全年光电子器件产量 3 374.43 亿只，增长 40.3%，增幅比上年同期提高 8.2 个百分点。其中，LED 产量 2 739.4 亿只，同比增长 43.3%；液晶显示屏产量 10.9 亿片，同比下降 37.3%。虽然受产品市场的影响，2015 年液晶显示屏产量出现较大下滑，但在高端、新型产品的支撑下，企业依然取得不俗的增长成绩。华星光电 8.5 代液晶面板生产线 T2 项目提前量产，全年液晶玻璃基板累计投片量为 192.1 万片，同比增长 19.7%，其 55 寸面板市场占有率跃居全球第三；乐金显示第 8.5 代液晶面板一期项目投产后运行良好，全年实现营业收入 32.9 亿元。

集成电路领域是广东省较为薄弱的环节，虽然近年来芯片设计产业取得快速发展，但产业整体来看仍有不小差距。2015 年，广东省实现集成电路产量 162.7 亿块，同比下降 7.3%；出口金额 783.36 亿元，同比增长 31.4%。2015 年，华为海思半导体有限公司实现营业收入 248.7 亿元，同比增长 19%，居国内芯片设计公司首位和全球第 6 位；珠海全志科技股份有限公司实现营业收入 12.1 亿元，同比下降 2.6%，在经历上年平板电脑芯片业务大幅下滑之后，公司加速技术升级，开发出 4 核、8 核及 64 位处理器芯片，新型芯片毛利率回升明显。2015 年，广东省人民政府批准设立广东省集成电路产业发展基金，由省财政注资 15 亿元，通过社会资本募集最终将达到 150 亿元左右的规模。基金按照“政府引导、市场运作、科学决策、风险防范”的指导思想进行管理，主要投向集成电路设计及制造业的先进、重大项目，支持集成电路装备、材料、封装项目，支持通过资本运作推动重点企业的兼并重组，在条件允许的情况下进行海外收购。

光伏行业延续回暖态势，在国内光伏市场增长的拉动下，产能利用率得到提高，规模稳步增长，光伏设备及元器件制造业全年实现增加值 26 亿元，同比增长 15.5%。锂电池产业在智能终端、新能源企业等热点产业的带动下实现快速增长，锂离子电池制造业全年实现增加值 106 亿元，同比增长 30%。

【软件和信息服务业】 2015 年，广东省软件业和信息服务业在云计算、物联网、移动互联网等新兴业务的带动下，保持较快增长，全省软件信息服务业企业 4 700 多家，从业人员 120 万人，全年累计实现软件业务收入 7 105.1 亿元，同比增长 18%。

软件产业服务化和网络化发展加速，信息技术服务增长突出，全年累计实现信息技术服务收入 3 129.6 亿元，同比增长 20.6%，占全省软件业务收入的 44.0%。随着消费电子产品的快速增长，嵌入式系统软件增速加快，累计实现收入 2 252.4 亿元，同比增长 18.9%。软件产品收入 1 724.8 亿元，同比增长 12.7%。

软件业务出口 239.4 亿美元，同比增长 6%。其中，软件外包服务出口 5.9 亿美元，同比下降 4.8%；嵌入式系统软件出口 154.2 亿美元，同比增长 10.8%。深圳市继续保持全国软件出口龙头地位，全年软件出口 213.4 亿美元，同比增长 4.6%。

全省软件业务收入超亿元的企业 685 家，比上年增加 26 家。全行业在境内外上市的企业累计超过 300 家。16 家企业入选 2015 年（第 14 届）中国软件业务收入前百家企业，软件业务总收入占全国前百家的 38%，居全国第一，华为技术有限公司再次蝉联前百家之冠。腾讯公司、网易公司、广州唯品会信息科技有限公司等 16 家企业入选 2015 年“中国互联网企业 100 强”排行榜。截至 2015 年年底，获计算机信息系统集成企业资质的企业 1 031 家，居全国前列，其中，一级 34 家，二级 112 家，三级 545 家，四级 340 家。

软件信息服务业形成以广州市、深圳市两个中国软件名城为中心，珠三角地区为主体，依托各地市软件及信息服务业园区辐射全省。2015 年，珠三角地区完成软件业务收入 6 959.5 亿元，占全省 99.8%，广州、深圳两市产业规模占全省 90%。

2015 年，广东省软件著作权登记 61 804 件，同比增长 64.2%，占全国登记总量的 21.1%。PCT 国际专利申请量 15 190 件，占全国 PCT 国际专利受理总量的 53.5%，中兴通讯股份有限公司和华为技术有限公司分别以 3 538 件、3 150 件专利位居国内 PCT 专利申请榜首。世界知识产权组织（WIPO）公布 2015 年全球专利申请情况，华为以 3 898 件专利技术申请量蝉联全球专利申请最多的企业，中兴通讯以 2 155 件专利技术申请量居第 3 位。

软件信息服务新业态发展迅速。腾讯持续加大移动互联网布局，与上海、天津、深圳等市签署战略合作协议，推进“互联网 +”战略；金证科技股份有限公司、银之杰科技股份有限公司等企业抓住“互联网 +”机遇，开拓互联网金融、互联网教育、互联网能源新业务；大疆创新科技有限公司成为全球领先的无人飞行器控制系统及解决方案的研发和生产商；微信总部、飞信、飞聊、灵犀、139 邮箱、MM 商店应用等基础趋势型服务发源并发展于广州；UC 浏览器成为仅次于谷歌的全球第二大浏览器；YY 语音、酷狗音乐、网易游戏、京信通信等一批自主创新能力强的企业在多个细分领域独占鳌头，品牌效应明显。

【信息基础设施】 2015 年，广东省出台《广东省信息基础设施建设三年行动计划（2015—2017 年）》，召开全省信息基础设施工作部署会议，采取超常措施推动互联网基础设施跨越发展。广东省与中国电信、中国移动、中国联通、中国铁塔、中国铁通、腾讯公司签署战略合作框架协议，推动 2 850 亿元信息化建设投资。实施全光网城市建设和村村通光纤工程，建设以珠三角光缆网和粤东、粤西、粤北光缆环为主体的全省“一网三环”大容量光缆骨干网，全省光纤接入用户累计 1 113 万户，光纤入户率大幅提升至 38.9%；新增 4G 基站 14.7 万座，累计 33.5 万座，其中中国移动广东分公司、中国电信广东分公司、中国联通广东分公司分别新增 4.05 万座、6.67 万座、4.04 万座。全省基站站址新增 1.3 万个，累计 11.1 万个，增长 13%。4G 用户约 4 896 万户，增长 232%，首次超过 3G 用户数。全省所有镇区和珠三角所有行政村基本实现 4G 网络覆盖。无线局域网应用取得突破，省级电信运营商新建 WLAN 热点 5 289 个，累计 9.82 万个；新增 AP 点 5 万个，累计 44.7 万个。“i-GuangDong”第一期项目建成 3 007 个 AP 热点，为 20 万用户提供免费接入服务。

【电子政务】 2015 年，广东省推进电子政务畅通工程建设。通过建立省、市、县三级的政务信息资源共享交换体系，推进跨地区、跨部门的数据交换和共享，减少数据重复录入，节约行政成本，解决跨部门、跨层级信息，以及非结构化数据的共享和实时交换等问题，提升各级政府的社会管理、公共服务和辅助决策等提供信息交换和共享服务水平，更好地支撑省网上办事大厅电子证照库、省企业情况综合数据、省“信用广东”网、社会信用网等信息的交换服务。

实施政务大数据战略。不断完善省政务信息资源共享平台，初步实现与 68 个省直单位和 21 个地市互联互通，共享 250 余类信息，数据总量超过 50 亿条，年交换数据量约 15 亿条。启动“开放广东”全省统一数据开放平台建设，开展省级政府部门政务数据资源开放梳理工作，建立政府数据资源对外开放和鼓励社会开发利用的制度规范，搭建广东省政务数据资源开放平台，为各级政府部门提供向社会发布可公开数据和服务的统一平台，为社会公众、企业获取可公开的政府数据资源提供便捷通道。

【两化融合】 2015 年，广东省新增部省贯标试点企业 331 家，服务机构 8 家，国家级试点企业 52 家。全省贯标试点企业总数 431 家，服务机构 20 家，其中国家级贯标试点企业 84 家。25 家企业通过国家首批评定，占全国 1/8。试点企业涵盖全省 21 个地市及顺德区，覆盖主要支柱行业。开展贯标培训全省行活动。在全国率先召开两化深度融合工作暨家具行业智能制造现场会，参会人员超400人次；在全省19个地市各举办1场两化融合贯标培训暨牵手工程对接会，培训地市经信部门、试点企业及贯标服务机构超过3 000人次，促成129对传统企业与信息技术服务企业牵手合作。推动互联网与工业融合创新试点建设。新增9家企业入选成为2015年全国互联网与工业融合创新试点企业，试点企业累计13家，推动实现生产组织、生产运营产品及营销模式、融资方式以及全集成方向的"互联网+工业"创新模式。推进工业云平台建设与应用，推动1 000家骨干企业率先进入"广东工业云"公共服务平台，带动超过5 000家中小企业上线应用。

【"互联网+"】 2015年9月，广东省在全国率先出台《广东省"互联网+"行动计划（2015—2020年）》，提出"互联网+"创业创新、先进制造、现代农业、现代金融、现代物流、现代商务、现代交通、节能环保、政务服务、公共安全、惠民服务、便捷通关、城乡建设13项重点任务。举办中国（广东）国际"互联网+"博览会，筛选1 000家企业予以扶持，带动1万家传统企业与互联网企业实现跨界融合。联合腾讯公司举办"互联网+智慧粤政"2015广东互联网政务论坛，推动"互联网+禁毒"战略合作签约，推广"互联网+惠民服务、政务服务"经验。推动深圳市安排6 000万元专项资金重点扶持"互联网+制造"类试点、示范项目；将"中山美居"产业园打造为"互联网+美居"示范园区，吸引家居设计、电子商务等180余家企业进驻；推动肇庆"互联网+农业"发展，建立"供销菜篮子"电商平台，连通40多个农民合作社和种养基地。

【云计算】 2015年9月，广东省经济和信息化委员会与华为技术有限公司、云浮市人民政府签订三方推进云计算产业发展的战略合作协议，支持华为（云浮）云计算数据中心建设。10月，广东软件行业协会与香港数码港管理有限公司联合举办第四届粤港云计算大会。12月，广东省人民政府与阿里巴巴联合召开广东省云计算大数据开发者大会暨2015年云栖大会广东峰会，超过5 000人次参会。广东省各地市各部门在建或计划建设的各类云计算重点项目超过150个，涉及公共服务平台、云计算基础软件与关键技术、云计算应用示范、大数据开发应用、云安全建设等各个方面。此外，广东省发挥粤港合作的地缘优势，成立粤港信息化专家委员会，推进实施第四届粤港ICT青年创业计划，深化粤港在云计算、大数据应用和服务模式推广等领域合作。其中，粤港合作编写的《云计算服务采购指南》被纳入国家云计算标准体系。

【大数据】 2015年，广东省发布《广东大数据产业发展报告（白皮书）》，为相关政策制定提供依据；出台《广东省促进大数据发展行动计划（2016—2020年）》，明确大数据产业未来发展的目标和重点工作任务；编制《创建珠江三角洲国家大数据综合试验区实施方案》。

开展大数据应用示范项目推荐，在智能交通、智慧医疗、O2O、社区服务等领域征集和推荐15个大数据应用示范项目。推动大数据行业应用，针对高分辨率对地观测数据应用、纺织、交通、社会和人口等领域，研究制定行业数据资源统计和共享规范；推动数据银行研究，推动筹建省数据交易中心。开展大数据宣传培训工作，协调岭南通公司开放7 000余万条市民公交刷卡数据资源，与省交通厅、省教育厅、省团委、阿里巴巴联合举办广东公共交通大数据大赛，并配合开展宣传报道，进一步引发社会各界对大数据事业的关注。

开展大数据领域重点标准研究，推进编制电子政务互联互通测评指标体系，推进智慧城市评价指标体系、智能移动终端安全测试规范、数据开放和共享标准、电子证照数据标准等四项标准制定，2015年完成标准预立项。

【物联网】 2015年，广东省物联网市场规模约3 000亿元，增长25%，相关企业3 400家，其中，市场规模超1亿元的企业14家，超10亿元的企业5家，超50亿元的企业3家，另有5个超百亿元的基地和集群。初步形成以广州、东莞、惠州、佛山、顺德五大物联网产业基地、广东电信物联网应用孵化扶持基地、深圳物联网产业创新先行区为重点的产业聚集发展格局。投入3亿元用于物联网发展和星光中国芯物联网项目建设，研制的首款芯片（高清安防监控视音频芯片）和首个产品（星光级低照度高清网络摄像机）即将投产上市，广东中星电子有限公司成立首年盈利1 000万元、缴税124

万元。引进全国唯一的"国家物联网标识管理平台"落户广东，项目总投资超过2亿元，注册标识近2.2亿条，日均解析量约1万次。建设国家"南方物联网检测认证公共服务平台"，建立100人团队，服务企业超过50家，开展超过300批次的物联网相关产品质量与可靠性技术服务。

【智慧城市】 2015年，广东省印发实施《广东省促进智慧城市健康发展工作方案（2015—2017年）》，成立省促进智慧城市健康发展部门协调工作组，落实各部门建设任务和目标。出台实施全国唯一省级智慧城市评价指标体系——《广东省智慧城市评价指标体系（试行）》，引导推动全省各地智慧城市建设。推进深圳市、汕头市、珠海市、惠州市、佛山市5个国家信息消费试点城市建设，组织做好信息消费创新应用示范项目推荐工作，向工业和信息化部共报送12个项目并入选3个。

【信息安全】 2015年，广东省完成省级电子政务外网互联网出口及骨干节点监测预警平台建设。重点针对省直部门的门户网站、网上办事大厅等业务系统、电子政务外网骨干网络、电子政务外网互联网出口展开实时监测预警，为省直部门和地市党政机关提供信息安全预警服务。

建立电子政务网络信息安全预警通报反馈机制。形成网络安全事件"预警发布、跟踪支撑、处置反馈"的闭环工作机制。2015年，协调处理中央网信办通报广东省的网络安全事件100余起。

建设数字证书交叉认证平台，构建安全可信的信息服务环境。通过数字证书交叉认证技术，平台实现多CA与多政府部门业务系统的互联互通，提高数字证书实用效率，一证多用、一网通行，解决政府各部门业务系统用户身份认证的难题，为政府业务全流程网上办理提供安全便利的保障。

【统计数据】

表1 2013—2015年广东省电子信息制造业基本情况

项目名称	单位	2013年	2014年	2015年
主营业务收入	亿元	25 898.4	28 620.5	28 002.6
工业销售产值	亿元	26 828.2	29 742.4	32 716.2
出口交货值	亿元	16 338.0	17 297.4	17 139.5
利润总额	亿元	1 145.1	1 401.2	1 257.4
税金总额	亿元	523.7	596.0	675.1

注：数据来源于工业和信息化部。

表2 2013—2015年广东省主要电子信息产品产量情况

产品名称	单位	2013年	2014年	2015年
集成电路	亿块	181.8	190.5	162.7
程控交换机（含移动通信交换机）	万线	1 821.9	1 605.8	1 246.9
移动通信手持机	万部	77 818.0	92 435.6	84 447.8
微型计算机设备	万台	3 614.0	2 830.6	3 241.7

续表

产品名称	单位	2013 年	2014 年	2015 年
其中：笔记本电脑	万台	954.9	816.2	714.0
彩色电视机	万台	6 691.1	7 039.9	7 003.6
其中：LCD 电视	万台	4 512.5	6 611.3	6 388.2
电子元件	万只	13 592.2	15 304.5	14 778.9
发光二极管（LED）	亿只	1 132.5	1 874.1	2 739.4

注：数据来源于广东省统计局。

表 3　2013—2015 年广东省软件业基本情况

项目名称	单位	2013 年	2014 年	2015 年
软件业务收入	亿元	4 906.4	6 018.7	7 105.1
利润总额	亿元	841.2	1 025.1	1 343.3

注：数据来源于工业和信息化部。

［供稿：广东省经济和信息化委员会］

广西壮族自治区

【概况】 2015 年，广西壮族自治区（以下简称广西）电子信息产业在“十二五”收官之年产值突破 2 000 亿元，成为广西新的 2 000 亿元产业，初步形成以北海市至桂林市的高速公路为主轴，以北海、南宁、桂林 3 个市为区域中心的电子信息产业集聚区，梧州、玉林、柳州、钦州、贺州等市电子信息产业也在不断壮大。

【电子信息制造业】 2015 年，广西电子信息制造业列入统计范围的企业有 119 家，其中，国有企业 9 家，集体企业 1 家，有限责任公司 37 家，股份有限公司 12 家，私营企业 24 家，港、澳、台商投资企业 36 家。全行业年末职工总数 96 940 人，固定资产 140.74 亿元，流动资产 212.43 亿元。

2015 年，广西电子信息制造业完成工业总产值 1 954 亿元，同比增长 27.9%；完成工业销售产值 1 912.39 亿元，同比增长 28.6%；完成出口交货值 334.18 亿元，同比增长 20.7%；完成主营业务收入 1 723.09 亿元，同比增长 24.3%；实现利润 51.58 亿元，同比增长 20.3%；实现税金 10.36 亿元，同比增长 28.5%。

2015 年，广西完成工业总产值 1 亿元以上的企业有 73 家。其中，产值 200 亿元以上的企业 1 家，100 亿元以上的企业 2 家，产值在 50~100 亿元的企业 4 家，产值在 10~50 亿元的企业 18 家，产值在 1~10 亿元的企业 48 家。

广西主要电子产品包括以平板电脑、液晶显示器、计算机零部件等为代表的电子计算机产品，以移动终端、光通信、微波通信设备等为代表的通信设备产品，以数显量具、医疗分析仪、医疗超声仪器等为代表的医疗电子产品，以彩色电视机、显示器等为代表的家用视听产品，以激光头、电容器、电位器等为代表的电子元器件产品，以太阳能电池、太阳能组件、太阳能灯具等为代表的太阳能光伏产品，以及电线电缆、LED 产品、电机产品、汽车电子产品等。

典型企业　广西电子信息制造业重点企业有南宁富桂精密工业有限公司、建兴光电科技（北海）有限公司、德昌电机（北海）有限公司、广西三诺电子有限公司、冠捷显示科技（北海）有限公司、广西惠科科技有限公司、广西新未来信息产业股份有限公司、丰达电机（南宁）有限公司、北海市云盛科技有限公司、北海银河产业投资股份有限公司、广西广缆科技集团有限公司、广西三创科技有限公司、南宁富泰宏精密工业有限公司、北海惠科电子有限公司、桂林优利特电子集团有限公司、建欣电子（梧州）有限公司、广西七星精进能源科技有限公司、广西钦州天山微电子有限公司、广西盛和电子科技股份有限公司、桂林 NEC 无线通信有限公司、桂林市思奇通信设备有限公司、桂林海威科技有限公司、桂林尚华新能源有限公司、广西贺州市桂东电子科技有限责任公司、广西吉光电子科技股份有限公司等。

南宁富桂精密工业有限公司于 2011 年 4 月注册成立，注册资金 5 000 万美元，2011 年 6 月投产，从属富士康科技集团通讯网络产品事业群，主要开发、生产、销售新型电子元器件、宽带接入网通信系统设备、传送通信系统设备、城域以太网通信系统设备、无线局域网（广域网）设备、高端路由器、高端交换机、便携式微型计算机、车载通讯装备、移动上网装置、平板电脑等电子产品。2015 年，公司完成工业总产值 250.37 亿元。

建兴光电科技（北海）有限公司是中国台湾光宝集团于 2008 年 6 月在北海市投资兴建的电子信息企业。公司位于北海出口加工区内，注册资金 5 500 万美元。主要生产大容量光盘驱动器、数码相框、数字录放机、汽车电子装置、节能灯、LED 灯、电子元器件及其部件等产品。2015 年，公司完成工业总产值 139.99 亿元。

广西盛和电子科技股份有限公司成立于 2011 年，位于北部湾经济区钦州高新技术产业园，是一家从事 LED 相关产品的研发、设计、生产和销售为一体的高新技术企业。公司拥有 MOCVD 测试实验室、光电参数测试实验室、分布光度实验室、EMC 测试实验室等，拥有各类光电测试设备及材料测试设备 40 余台，建有高标准的 LED 外延芯片、LED 封装、LED 贴片，LED 灯具组装等洁净车间。主要生产 LED 外延片、各种尺寸及各种波段的 LED 芯片、工业照明产品、广告显示、户外照明、室内照明等传统照明以及医疗、农业等特殊用途照明。2015 年，公司完成工业总产值 12.83 亿元。

桂林市思奇通信设备有限公司成立于 2000 年，注册资金 2 420 万元，位于桂林国家高新技术产业开发区，是一家从事地面数字电视和数字音频广播技术及产品和无线传输设备的研发、生产、销售并承接工程安装和技术服务的高新技术民营企业。公司拥有自主知识产权的国标地面数字电视传输系统系列产品 50 多个，专利 26 项（发明专利 10 项、实用新型专利 16 项），通过国家高新技术企业认定和 ISO9000-2008 质量体系认证。产品通过入网认定、型号核准及质量认定，广泛应用于广播电视通信等领域，远销欧洲、中亚、东南亚、非洲等。2015 年，公司完成工业总产值 2.86 亿元。

【软件和信息技术服务业】　广西软件和信息技术服务业主要集中在南宁市、桂林市、北海市、柳州市。2015 年，列入统计范围的软件与信息技术服务业企业 229 家，其中，国有企业 7 家，有限责任公司 91 家，股份有限公司 13 家，私营企业 114 家，其他内资企业 4 家；年末从业人员 28 433 人，其中，从事软件产品研发的技术人员 3 852 人。

2015 年，广西软件和信息技术服务业完成主营业务收入 120.01 亿元，同比增长 19.1%。完成软件业务收入 93.78 亿元，同比增长 23.9%。其中，软件产品收入 20.06 亿元，同比下降 16.9%；信息技术服务收入 73.45 亿元，同比增长 41.7%。完成软件业务出口 309.6 万美元。

广西主营业务收入 1 000~2 000 万元的企业有 49 家，2 000~5 000 万元的企业有 37 家，5 000~10 000 万元以上的企业有 17 家，超过 1 亿元以上的企业有 14 家。

广西软件产品涉及金融、保险、交通、电力、旅游、酒店、教育、医疗、城市综合管理等领域。主要产品有项目综合管理系统软件、酒店信息管理系统软件、网络游戏软件、电子商务交易平台软件、社区管理（网络化）信息平台软件、车辆管理系统软件、电力管理系统软件、东盟语种应用软件、糖厂无线调度指挥系统软件、电子签章系统软件等。

典型企业　广西软件和信息技术服务业重点企业有广西广播电视信息网络股份有限公司、润建通信股份有限公司、广西通信产业服务有限公司、桂林大为通信技术有限公司、广西交通科学研究院、北海石基信息技术有限公司、广西联正达通信技术有限公司、桂林力港网络科技有限公司、广西博联信息通信技术有限责任公司、广西航天信息技术有限公司、广西德意数码股份有限公司、柳州腾龙煤电科技有限公司、南宁超创信息工程有限公司、广西桂能软件有限公司、广西宏智科技有限公司、广西盛源行电子信息有限公司、广西瀚特信息产业有限公司、广西金源信息产业有限公司、广西申能达智能技术有限公司、广西星宇智能电气有限公司等。

北海石基信息技术有限公司于成立于2008年1月，从事数字化酒店信息系统的计算机软件开发、销售及相关的系统集成、技术服务以及电子产品、网络设备、网络技术的研究开发、销售及服务，是国家发展和改革委员会、工业和信息化部、财政部、商务部、国家税务总局联合认定的国家规划布局内重点软件企业。主要产品有石基酒店售后服务支持系统、石基银行卡收单一体化系统、石基酒店前台管理系统、Sinfonia酒店前台管理系统、Pastoral酒店前台管理系统等，产品占全国高端酒店管理软件市场90%份额。2015年，公司完成主营业务收入3.08亿元。

广西博联信息通信技术有限责任公司成立于2004年，注册资金3 032.4万元，主要从事软件研发、系统集成、通信自动化和信息化技术服务四大领域，拥有计算机信息系统集成二级、通信工程施工总承包二级、涉及国家秘密的计算机信息系统集成乙级资质、安防工程企业一级、ISO 9000、ISO 20000、CMMI开发模型成熟度3级、安全生产许可证、增值电信业务经营许可证等行业资质。主要产品有博联电力生产管理信息应用平台软件、博联配电网地理管理信息软件、博联信息门户与数据交换平台软件、博联协同办公平台软件、博联输电移动作业系统软件V1.0、博联信息运维系统软件等20多个具有著作权的软件产品。2015年，公司完成主营业务收入2.43亿元。

桂林力港网络科技有限公司是广西首家获得《网络文化经营许可证》、具备网络游戏研发及运营资质的高新技术型软件企业，主要产品有力港老K深海狩猎游戏软件、力港老K斗地主游戏软件、力港老K桂柳麻将游戏软件、力港老K桂林字牌游戏软件等，产品主要销往中国国内市场以及东南亚、欧美等国家。2015年，公司完成主营业务收入2亿元。

一铭软件股份有限公司成立于2004年，是从事通用基础软件研发、云计算和东盟小语种智能翻译云服务的高新技术企业，通过国际CMMI3认证、ISO质量管理体系认证，取得37项软件著作权、26项软件产品登记证、23项工业新产品证书，于2014年11月在全国中小企业股份转让系统正式挂牌，成为首家在“新三板”挂牌上市的国产操作系统企业。公司是中国开源软件推进联盟副主席单位，也是中国版权协会、中国软件行业协会、中国软件联盟、中国智能终端操作系统产业联盟、开源及基础软件通用技术创新战略隧盟、北京长风信息技术产业联盟、广西软件行业协会等机构的核心会员单位。主要产品有一铭操作系统、一铭正版软件管理系统、一铭办公信息管理系统、一铭云平台、一铭翻译云等。2015年，公司完成主营业务收入1 919万元。

【电子产品出口贸易】　2015年，广西电子信息制造业完成出口交货值334.18亿元，同比增长20.7%。主要出口产品有通讯网络产品、电子计算机（含显示器、硬盘驱动器等）、电机产品、液晶显示器、液晶电视、卫星电视接收转发设备、微波通信设备、通信测试分析仪、电子印刷设备、数显量具、电子铝箔等。主要出口企业有南宁富桂精密工业有限公司、建兴光电科技（北海）有限公司、丰达电机（南宁）有限公司、冠捷显示科技（北海）有限公司、桂林思奇通信设备有限公司、桂林广陆数字测控股份有限公司、桂林NEC无线通信有限公司、广西桂东电子科技有限责任公司等。

2015年，广西软件业务出口309.6万美元。主要出口企业有桂林力港网络科技有限公司、广西三原高新科技有限公司、南宁奇网计算机有限公司、柳州蓝海科技有限公司、柳州市达迪通信设备有限公司、南宁海蓝数据有限公司等，出口的国家和地区主要是日本、美国、中国香港特别行政区等。软件外包服务企业主要有广西瀚特信息产业有限公司、广西安盟信息科技有限公司等，软件外包服务的国家和地区主要是日本、中国香港特别行政区等。

【科技进步与应用】 2015 年，广西工业和信息化委员会安排财政专项资金 1 960 万元，扶持企业科技技术项目 12 项（包括新一代信息技术、创新能力建设、技术创新和新产品新技术产业化等项目），推动广西电子信息产业科技进步与应用。主要项目有广西盛洲电力科技有限公司的"物联网的用电管理系统与智能电器产业化科研生产基地项目"、柳州腾龙煤电科技股份有限公司的"城市物联网应急救灾可视化管理系统产业化建设项目"、中国电子科技集团公司第 34 研究所的"年产 10 万件光电集成器件生产线建设项目"、广西鑫华通科技有限公司的"智慧健康云手机研制项目"、广西瀚特信息产业股份有限公司的"智慧家庭传感终端系列产品产业化项目"、南宁富桂精密工业有限公司的"LTE module 新产品产业化项目"、广西盛源行电子信息有限公司的"北斗兼容型车载信息终端（VDA）和汽车智能管控平台系统研制与应用产业化项目"、广西交通科学研究院的"高速公路电子不停车收费系统产业化项目"、桂林健评环保节能产品开发有限公司的"高效节能型太阳能光控及人体感应灯产业化项目"、广西百色美联能源科技有限责任公司的"矿用低压隔爆馈电开关研制产业化项目"、广西吉光电子科技有限公司的"高压贴片小型化铝电解电容器新产品产业化项目"、广西下田锰矿有限责任公司的"扣式电池专用电解二氧化锰产业化项目"等。

2015 年，广西工业和信息化委员会、科技厅、财政厅等部门联合认定电子信息领域自治区级技术创新示范企业 4 家，分别是桂林海威科技有限公司、桂林星辰科技股份有限公司、广西新未来信息产业股份有限公司、北海石基信息技术有限公司；认定自治区级研发中心 1 家，为桂林市光隆光电科技有限公司；认定自治区级产学研用一体化企业 2 家，分别是桂林星辰科技股份有限公司、广西瀚特信息产业股份有限公司；认定自治区企业技术中心 4 个，分别是广西瀚特信息产业股份有限公司技术中心、桂林信通科技有限公司技术中心、北海市深蓝科技发展有限责任公司技术中心、冠德科技（北海）有限公司技术中心。

【信息产业基地和园区】 北海电子信息产业基地主要包括中电北海电子信息产业园、北海工业园区和北海出口加工区，是广西电子信息制造业主要集聚区。园区重点发展计算机整机及零部件、平板显示器、电力电子、电子元件及组件、数字音视频等电子产品和系列软件产品，主要重点企业有建兴光电科技（北海）有限公司、广西三诺电子有限公司、冠捷显示科技（北海）有限公司、广西惠科科技有限公司、广西新未来信息产业股份有限公司、永昶科技电子（北海）有限公司、北海银河产业投资股份有限公司、北海银河科技变压器有限公司、北海石基信息技术有限公司、北海银河科技有限公司等。

南宁电子信息产业基地主要包括南宁富士康科技产业园、南宁高新技术开发区、南宁市经济技术开发区，是广西软件和信息技术服务业主要集聚区。园区重点发展通讯、智能手机、高端路由器、高端交换机网卡、数字家电、智能仪表、新型电子元器件、汽车电子仪器、电线电缆等电子产品和系列软件产品，主要重点企业有南宁富桂精密工业有限公司、丰达电机（南宁）有限公司、南宁富泰宏精密工业有限公司、广西广缆科技集团有限公司、广西阳工电线电缆有限责任公司、广西佳微电子科技有限公司、广西申能达智能技术有限公司、润建通信股份有限公司、广西通信产业服务有限公司、广西博联信息通信技术有限责任公司、广西德意数码股份有限公司、广西交通科学研究院等。

桂林电子信息产业基地主要包括桂林国家高新区、西城经济开发区、八里街经济开发区、兴安工业园区，是广西首个"国家新型工业化（电子信息）示范基地"。园区重点发展通信设备（光电光通信和微波通信）、医疗器械、测量器具、机床电子、太阳能光伏、电线电缆等电子产品和系列软件产品，主要重点企业有桂林 NEC 无线通信有限公司、桂林优利特电子集团有限公司、桂林大为（光通）电子工程公司、桂林市思奇通信设备有限公司、桂林海威科技有限公司、桂林市啄木鸟医疗器械有限公司、桂林尚华新能源有限公司、桂林尚鼎新能源有限公司、桂林广陆数字测控股份有限公司、广西瀚特信息产业股份有限公司、桂林力港网络科技有限公司、广西金源信息产业股份有限公司等。

梧州电子信息产业基地以梧州工业园区为核心，按照"园中园"方式建设电子信息产业园，重点发展手机主板、整机及笔记本等电子产品以及掌上多媒体产业及电子信息服务产业，配套发展电子信息材料产业，主要重点企业有建欣电子（梧州）有限公司、领冠电子（梧州）有限公司、鑫华通科技有限公司、广西七星精进能源科技有限公司、优耐电子（岑溪）有限公司等。

贺州电子信息产业基地主要利用东部地区铝电资源优势，发展铝电工业，重点生产铝电解电容器、电极箔等产品，同时引进发展计算机产业、太阳能利用、高能电池等产业，将成为综合型电子信息制造业基地，主要重点企业有贺州市桂东电子科技有限责任公司、吉光电子科技有限责任公司、大锰银鹤电池工业有限公司等。

【两化融合】 2015年，中国电子信息产业发展研究院发布《2014年度中国信息化与工业化融合发展水平评估报告》，广西两化融合发展指数超过全国平均指数，列全国第17位，西部第3位。

2015年，广西4家企业通过工业和信息化部两化融合管理体系认定，分别是广西糖网食糖批发市场有限责任公司、桂林立白日化有限公司、桂林三金药业股份有限公司、燕京啤酒（桂林漓泉）股份有限公司。广西国投钦州发电有限公司等9家企业入围工业和信息化部遴选确定的2015年两化融合管理体系贯标试点企业。广西燕京啤酒（桂林漓泉）股份有限公司开展网络化协同制造，建设PDA销售终端信息采集系统以及移动集成办公平台，实现用PDA手机对销售终端信息进行实时采集，并及时通过后台形成数据分析，改善关键环节的生产工艺、产品质量，加强对生产销售各个环节的管控，创新营销模式；2015年，被工业和信息化部授予“互联网与工业融合创新试点”企业。

广西组织803家企业登录中国两化融合咨询服务平台参与对标评测工作。通过对数据进行分析，广西大部分企业处于两化融合起步建设或单项覆盖阶段，10%以上的企业迈入集成提升甚至是创新突破阶段。广西金桂浆纸业有限公司、华润电力（贺州）有限公司、柳工柳州铸造有限公司等多家企业在相关行业中成效突出。

广西组织开展两化融合标杆企业和工业园区试点示范认定工作，认定广西柳州钢铁（集团）公司等24家企业为2015年广西信息化和工业化深度融合标杆企业，认定柳州市阳和工业新区等5个工业园区为“2015年度广西工业园区两化融合示范园区”、9个工业园区为“2015年度广西工业园区两化融合试点园区”。

防城港市探索在互联网时代发展“IT小镇”，计划引进30~50家电子信息领域的高新技术企业，重点引进和培养电子信息技术、软件与信息服务、电子商务、天猫专业市场、互联网金融、北斗导航、网络职业教育、文化创意、大数据、云计算等专业领域。广西防城港·阿里巴巴全球货源采购平台于2015年9月19日正式上线运行，是广西首个以进口货源为主的B2B平台，完成签约意向企业100余家，上架产品数量2 000余种。根据腾讯研究院发布的“互联网+”指数，防城港市居全国351个城市第2位；在阿里研究院2014年中国“电商百佳县”榜单中，东兴市继2013年后再度榜上有名，居第27位。

桂林三金药业股份有限公司的“自动化立体仓库建设项目”是广西2015年自治区企业技术改造专项资金（两化融合）项目。该项目建设一套成品自动码垛及自动化立体仓库管理系统，能够实现公司多种产品的自动编码并随机入库，加快货物的存取节奏；通过数据集成实现与药监码生产数据、ERP入库及销售出库数据的对接，提高企业工业制造水平；能够大幅提高空间利用率达到6.8倍，可存放25~32万件成品或物料，是广西最大的药品类存储立体仓库。

广西组织举办两化融合管理体系贯标培训班、2015年广西信息化与工业化深度融合论坛，在全区14个市巡回举办两化融合培训班，参加培训和交流人员1 500多人次。

【信息安全】 2015年，广西研究提出广西网络安全重点建设项目，经认证确定《中国—东盟数字证书认证体系》和《中国—东盟信息系统监测与风险评估平台》申报国家《2015中国—东盟信息港建设方案》重点建设项目，并组织开展项目前期可研报告的编制工作。

组织召开加强广西全区工业控制信息安全管理专题工作会议，提高对工业控制系统信息安全工作形势的认识；召开2014年重点领域信息安全检查工作研判会，通报上年度全区重点领域网络与信息安全检查总体情况，总结安全管理和系统安全存在的共性问题和通过检查行动所取得的成效；组织在北京市举办广西全区工业控制系统信息安全管理专题培训班。

在2015（第二届）网络安全宣传周期间，开展以“加强工业控制信息系统安全管理”为主题的一系列宣传活动，通过展板、技术人员现场讲解和咨询等方式宣传网络安全知识，营造提高网络安全全民意识、网络安全人人有责的良好氛围。

组织开展2015年国家网络安全检查工作，检查范围除了政府信息系统外，还涉及党委、人大政协、金融等部门。结合广西实际，制定《2015年广西壮族自治区重点领域网络与安全检查行动工作实施方案》及《信息安全自查操作指南》，落实网络安全检查各项工作行动。

完成编制《加快推动网络安全和信息化军民融合深度发展指导意见》，举办第二届“中国—东盟网络空间论坛”、广西第一届网络安全大赛，组织开展《网络安全法》相关材料撰写和《信息安全公共服务平台》软课题研究等工作。

【重点信息化项目】 2015年，广西工业和信息化委员会会同财政厅在全区范围内组织企业申报2015年自治区两化融合专项资金项目。各市工信委、财政局联合推荐项目145个。经联合审核、遴选并组织专家评审，确定扶持46个项目，安排自治区财政扶持资金2 000万元。

此外，还在全区范围内组织软件与信息技术服务业企业申报2015年自治区信息服务业发展专项资金项目。各市工信委、财政局共同推荐100多个项目。经联合审核、遴选并组织专家评审，确定扶持38个项目，安排专项资金1 500万元。重点扶持北斗卫星导航应用和产业化、大数据研究和应用、可穿戴设备研发和产业化、云计算、移动互联网关键技术研发及服务、基于ICT的动漫游戏、数字互动娱乐、移动支付、智慧旅游等信息服务关键支撑技术开发与产业化、面向装备制造业、糖业等重点产业的工业软件、信息安全软件及服务、信息技术服务业人才培育等领域。此批项目拉动投资约1.8亿元，进一步推动广西软件与信息技术服务业的发展。

【产业环境】 2015年1月，广西工业和信息化委员会制定《2014年广西电子信息和软件业工作指导意见》，明确2015年推进电子信息和软件业发展的工作目标、工作任务、工作措施等，确定2015年广西电子信息产业重点发展：计算机、视听产品，通信、电子元器件、电子原材料产品，电子节能、太阳能光伏产品，北斗导航、遥感遥测产品，云计算、大数据、移动互联网，工业软件、行业解决方案与信息安全服务等。

12月，广西人民政府办公厅印发《关于推进中国—东盟信息港建设工作方案的通知》（桂政办函[2015]148号），推进中国—东盟信息港建设。

【主要问题】 产业规模偏小，地区发展不平衡；企业自主创新能力偏弱，缺乏创新技术积累；高端人才紧缺，引进人才难；企业劳动成本高，招工比较难；物流成本、生产成本高，影响企业发展；企业资金短缺，融资困难。

【统计数据】

表1 2015年广西壮族自治区电子信息制造业人员构成情况

企业类别	企业数（家）	年末从业人员总数（人）	人员构成					
			工程技术人员（人）	在总人数中所占比例（%）	管理人员（人）	在总人数中所占比例（%）	研发人员（人）	技术工人（人）
内资企业	83	63 536	7 698	12.1	6 916	10.9	4 058	44 864
国有企业	9	6 216	835	13.4	637	10.2	392	4 352
集体企业	1	413	51	12.3	57	13.8	23	282
有限责任公司	37	28 392	3 857	13.6	2 987	10.5	2 689	18 859

续表

企业类别	企业数（家）	年末从业人员总数（人）	人员构成					
			工程技术人员（人）	在总人数中所占比例（%）	管理人员（人）	在总人数中所占比例（%）	研发人员（人）	技术工人（人）
股份有限公司	12	8 157	826	10.1	983	12.1	316	6 032
私营企业	24	20 358	2 129	10.5	2 252	11.1	638	15 339
港、澳、台商投资企业	36	33 404	5 826	17.4	4 618	13.8	1 869	21 091

表 2　2013—2015 年广西壮族自治区电子信息制造业基本情况

项目名称	单位	2013 年	2014 年	2015 年
工业总产值（现行价）	万元	8 739 742	15 275 088	19 540 033
工业销售产值	万元	7 646 084	14 868 631	19 123 876
出口交货值	万元	1 256 264	2 769 589	3 341 837
流动资产平均余额	万元	1 426 425	1 838 041	2 124 271
固定资产净值平均余额	万元	313 879	1 384 709	1 407 380
资产总计	万元	2 551 145	4 187 034	4 519 609
负债合计	万元	1 625 102	1 935 814	1 969 146
主营业务收入	万元	7 023 426	13 865 183	17 230 903
税金总额	万元	50 915	80 621	103 601
利润总额	万元	151 200	428 721	515 806
应交所得税	万元	10 847	16 449	18 142
从业人员年末人数	人	66 014	92 123	96 940
从业人员工资总额	万元	158 527	163 960	282 746

表 3　2013—2015 年广西壮族自治区电子信息制造业主要经济效益指标完成情况

项目名称	单位	2013 年	2014 年	2015 年
全员劳动生产率	元 / 人	132 392	172 539	168 926
流动资金周转率	次	2.9	4.2	4.0
产品销售率	%	87.5	93.2	92.6
总资产贡献率	%	10.3	14.6	13.3
资产保值增值率	%	113.2	125.6	126.2
资产负债率	%	63.7	49.4	43.6

表 4　2013—2015 年广西壮族自治区主要电子信息产品产销量情况

产品名称	单位	产量			销量		
		2013 年	2014 年	2015 年	2013 年	2014 年	2015 年
电子计算机（含显示器）	万台	4 280	4 962	4 913	3 980	4 958	4 910
微波 / 光通信设备	台	3 900	3 782	3 816	3 820	3 780	3 780
通信测试分析仪	台	3 820	4 138	4 215	3 800	4 121	4 136
数显量具	万件	560	573	640	530	572	620
医疗电子设备	台	9 360	10 210	10 520	9 312	10 200	10 300
电视机	万台	152	173	180	130	170	178
电视显示器	万台	300	639	710	285	638	705
电子通用设备	台	170	236	251	155	233	246
电子铝箔	万平方米	2 800	3 200	3 600	2 675	3 200	3 600
电容器	万只	126 380	321 160	431 761	126 100	321 152	431 109
电子印刷电路板	平方米	15 090	18 052	16 917	15 000	18 009	16 728
太阳能电池	千伏安	2 860 000	3 156 800	3 312 600	2 850 000	3 156 752	3 311 237
汽车电子产品	万套	168	192	189	160	190	189
开关设备	台	16 750	21 364	21 620	16 130	21 359	21 590

表 5　2015 年广西壮族自治区软件产业人员构成情况

企业类别	企业数（家）	年末从业人员总数（人）	人员构成			
			管理人员（人）	在总人数中所占比例（%）	软件开发研究人员（人）	在总人数中所占比例（%）
内资企业	229	28 433	3 279	11.5	3 852	13.5
国有企业	7	3 076	432	14.0	469	15.2
有限责任公司	91	8 265	893	10.8	1 158	14.0
股份有限公司	13	1 426	182	12.8	203	14.2
私营企业	114	15 299	1 726	11.3	1 963	12.8
其他内资企业	4	367	46	12.5	59	16.1

表 6　2013—2015 年广西壮族自治区软件产业基本情况

项目名称	单位	2013 年	2014 年	2015 年
软件业务收入	万元	754 924	756 625	937 805
软件业务出口收入	万美元	287.6	307.2	309.6
软件产品销售收入	万元	342 650	234 583	200 587
流动资产平均余额	万元	374 273	307 843	518 094
固定资产投资额	万元	17 964	12 345	19 255
资产合计	万元	682 071	452 845	821 622
负债合计	万元	323 785	194 613	392 583
税金总额	万元	36 348	12 457	19 329
利润总额	万元	171 222	164 029	78 542
应交所得税	万元	31 822	4 674	11 421
从业人员年末人数	人	19 651	21 200	28 433
从业人员工资总额	万元	120 731	101 626	126 707

表 7　2013—2015 年广西壮族自治区软件产业主要经济效益指标完成情况

项目名称	单位	2013 年	2014 年	2015 年
全员劳动生产率	元 / 人	162 938	165 326	168 923
流动资金周转率	次	3.3	4.1	5.4
产品销售率	%	96.3	97.5	95.8
总资产贡献率	%	18.7	23.7	25.8
资产保值增值率	%	115.6	120.2	118.6
资产负债率	%	47.5	53.5	47.8

注：表 1~ 表 7 数据来源于工业和信息化部、广西壮族自治区工业和信息化委员会。2013 年，电子信息产品制造业统计企业 92 家，软件和信息服务业统计企业 235 家；2014 年，电子信息产品制造业统计企业 108 家，软件和信息服务业统计企业 241 家；2015 年，电子信息产品制造业统计企业 119 家，软件和信息服务业统计企业 229 家。

[撰稿：罗家泰　审稿：张阳]

海南省

【概况】 2015 年，海南省信息产业规模不断扩大，运行态势良好，完成信息产业产值 370.8 亿元，同比增长 15.3%。其中，电子信息制造业产值 41.7 亿元，同比下降 0.5%；软件和信息技术服务业营业收入 232.5 亿元，同比增长 25.7%。

【电子信息制造业】 2015 年，海南省电子信息制造业产值增速比上年同期提高 11.67 个百分点。

海南省主要的工业总产值较大的企业有海南英利新能源有限公司、康宁（海南）光通信技术有限公司、海南宝通实业公司、三亚中兴软件有限公司、用友新道科技有限公司 5 家，占电子信息制造业产值的 97.7%。受岛屿经济影响，电子信息制造企业发展平稳，增长幅度较小。

【软件和信息技术服务业】 2015 年，全省软件和信息技术服务业实现平稳增长，营业收入增速比上年同期提高 1.17 个百分点，占全省信息产业比重达到 62.7%。2011—2015 年，软件和信息技术服务业产值从 66.9 亿元增长到 232.5 亿元，年均增长率 36.5%，对全省信息产业经济运行的支撑作用更加明显。

2015 年，海南省具备计算机系统集成资质企业 77 家，其中，三级 16 家，四级 61 家；具备信息系统工程监理资质单位 2 家，其中，乙级 1 家，丙级 1 家；软件著作权登记数量 300 件，申请企业 92 家；7 家企业通过 ITSS（信息技术服务）运行维护服务能力成熟度符合性评估。

海南省围绕产业增长目标，采取有效措施，加大对本土企业的培育力度，涌现一批发展势头强劲的本土企业，如：海南旅游电子票务的龙头企业酷秀公司的平台交易额比上年增长超过 10 倍，海南互联网金融龙头企业新生信息技术公司的平台交易额比上年增长超过6倍。2015 年，营业收入超过 1 亿元的企业有 17 家，5 家 IT 企业在新三板上市。

【软件园区】 截至 2015 年年底，海南生态软件园建成 65 万平方米、在建 65 万平方米，入园企业 815 家，包括腾讯、金山云、中国游戏数码港、易友会等一批引擎产业项目，园区工作人员超过 7 500 人。2015 年，园区实现税收 8.03 亿元，同比增长 212.5%。

海口美安生态科技新城规划面积 39.86 平方千米，分三期建设，一期规划面积 16.73 平方千米。截至 2015 年年底，在建项目 26 个，总投资 160.14 亿元；储备项目 56 个，开始启动招商工作；拥有高新技术企业 56 家，占全市企业总量的 1/2、全省企业总量的 1/3。

三亚创意产业园规划面积 17.19 平方千米，开工建设面积 1 400 亩，累计完成投资 90.46 亿元，引进国康医院等 23 个项目。2015 年，园区实现工业总产值 11.51 亿元，上缴工业税收 1.58 亿元。

【信息基础设施】 在互联网宽带领域，截至 2015 年年底，海南省市县两级财政共投入 8 949 万元拉动企业投资，信息基础设施总体投资完成 40.75 亿元，较上年增长 64.5%。城市和行政村光纤宽带网络覆盖率分别达到 89.2% 和 71%；全省本地网光缆长度 14.9 万皮长千米；宽带接入端口 350 万个，其中光纤端口 229.3 万个，占比达到 65.5%。全省分别实现城市和农村家庭宽带平均接入速率 20Mbit/s 和 6Mbit/s，海口市、三亚市等中心城区已具备 100 Mbps 接入能力。全省城市和行政村 4G 覆盖率分别达到 99.1% 和 84.7%，4G 网络已实现海口市、三亚市、博鳌镇等重点城区全覆盖，主要景点、机场、火车站等公共区域覆盖率在 90% 以上。截至 2015 年年底，共建成 3G/4G 移动通信基站 2.7 万个，其中 4G 基站占比达到 50%。全省 80% 以上重点公共场所实现 WiFi 覆盖，WiFi 热点 3702 个，AP 数 2.34 万个。完成有线电视光节点双向网络改造 4 122 个，城市双向化改造覆盖用户43.6万户，数字电视用户基本具备开通20M带宽超高清4K电视的能力。

在三网融合领域，截至2015年年底，累计设计派单3 673个光节点，覆盖用户60.54万户，完成进度的1113%；累计施工完成3 673个光节点，覆盖用户60.54万户，完成进度的113%；累计开通信号3 270个光节点，覆盖用户53.89万户，完成进度的100.6%；完成互动电视平台、BOSS系统建设及高清互动机顶盒的开发工作，并通过初验；发展宽带试点用户6 719户、高清双向互动试点用户9 318户。

【电子政务】 2015年，海南省建设省电子政务公共服务平台，推进网上审批、政务信息公开和电子监督等服务向市县、乡镇街道、社区和行政村延伸，截至2015年年底，平台服务在各省直部门、所有市县及100%乡镇投入使用，累计办理完成25多万个办件。推动全省政务信息资源共享和政务信息系统对接，提高税务、交通、工商等部门在综合治税、公共交通、企业信用信息等方面共享程度，发布第一批共享目录（企业法人、人口基础信息库方面），形成各部门《政务信息资源共享目录征求意见稿》和《促进大数据发展的实施意见（送审稿）》等文件。省信息化综合管理系统搭建完成，该系统将全面强化政务信息化工程全过程管理，规范各部门信息化项目立项、建设和验收工作，实现对信息化项目的有效管理服务和监督。完成“信息智能岛”顶层设计编制，针对信息化共性基础和共性应用，顶层设计将完善相关标准规范体系，开放各类应用，统筹新形势下的全省信息化建设。

【两化融合】 2015年，海南省推动信息化与各类行业融合发展，贯彻落实两化融合实施方案，组织完成百家工业企业两化融合评估，向各市县、企业宣传有关政策和典型案例，利用工业和信息产业发展专项等资金支持两化融合相关项目实施，全省旅游、农业、交通、食品药品监督等行业以及公共资源交易等领域的信息化利用水平不断得到提高。

【信息安全】 2015年，海南省工业和信息化厅在博鳌亚洲论坛期间，配合省公安厅做好亚洲论坛的指挥部信息系统、线路租用等7个系统的检查验收工作，并把每年的论坛保全信息化工作逐步按信息化项目要求规范化。

完成海南省网络与信息安全综合管理服务平台（一期）项目建设验收并正式运行，将全省70家相关重点政务门户网站及电子政务外网上的重要系统纳入安全监控，完善内外网信息的安全监管。

按照中央网信办部署，组织全省各市县、省直部门开展为期5个月的网络安全检查工作，在各单位全面自查的基础上，完成对琼中、昌江、东方等部分市县和省直机关的网络安全工作抽查，并开展通报工作。

联合省公安厅、省互联网信息办公室、省机构编制委员会办公室、省通信管理局出台《海南省党政机关、事业单位和国有企业互联网网站安全专项整治行动方案》，联合开展互联网网站安全专项整治行动。

及时发现处理国家网络安全检查信息共享平台下发涉及海南省的网络安全隐患，第一时间通知责任单位抓好应急处理，及时整改，并落实上报制度。

分别组织完成针对海南省党政机关和部分企事业（企业为国企）单位网络与信息安全工作人员的注册信息安全员（CISM）和注册信息安全专业人员（CISP）培训工作，通过率为100%；对培训人员进行网络攻防系统现场演练；组织完成2015年海南省网络安全检查联络员和海南省网络安全综合服务平台用户的网络安全培训工作。

【信息消费】 举办2015年海南省移动互联网创新创业大赛（澄迈）、世界电信和信息社会日暨第四届海南省信息化发展大会；实施IPTV平台建设运营和有线电视双向网改造等三网融合推广工作；微信智慧海南项目于11月18日正式开通，该项目通过将各部门政务、公共服务应用系统与微信“智慧海南”平台对接，为居民和游客提供政务服务、公共服务和商务服务。截至2015年年底，电子商务、政务服务、居民生活、智慧旅游等21个服务事项正式上线。

【云计算与大数据】 海南省电子政务云计算中心项目主要满足省直部门基础硬件设备及支撑软件建设，省食品药品监督管理局、省质量技术监督局、省旅游委、省卫生和计划生育委员会、省民政厅等30家单位使用该项目。云中心按服务目录方式提供计算资源、存储、容灾、专享云等各类服务，可提升各部门支撑软件和设计实施类服务质量，减少运维管理成本，经济和管理效益显著。结合项目建设，2015 年，完成《海南省电子政务云计算中心服务质量规范》《海南省电子政务云计算中心服务收费参考指南》《海南省电子政务云计算中心管理办法》等规范性文件的编制。

海南省工业和信息化厅加快建设省政务信息资源共享推进工程，推动全省政务信息系统互相对接，提高税务、交通、工商等部门在综合治税、公共交通、企业信用信息等方面共享程度，扩大政府数据的采集范围，项目一期完成验收；发布第一批共享目录（企业法人、人口基础信息库方面），形成各部门《政务信息资源共享目录征求意见稿》和《促进大数据发展的实施意见（送审稿）》等文件。

【重点信息化项目】 海南联通基础设施建设工程包括联通云计算中心基础设施项目、4G 移动网及配套项目、宽带普及提速工程、西环铁路沿途设施 4 个项目的基础设施建设。云计算中心基础设施项目正在进行土建主体工程施工。基础通信网络从 2014 年 6 月开工至 2015 年 10 月，完成以下基础网络建设：移动网完成建设 897 个 4G 逻辑基站、359 个 3G 逻辑基站，固定与宽带网络建设宽带端口 8.7 万个，传送网建设综合接入点 285 个，新建光缆 516 皮长千米。

海南移动基础设施建设工程主要建设 4G 网络三期工程，包括新建 LTE 基站 2 980 个及其配套传输建设，其中宏基站 2 029 个、室分基站 851 个，完成海口、三亚、三沙等 19 个市县城区的 4G 网络建设。截至 2015 年 12 月，完成 1 280 个宏站、320 个室分及配套传输网络建设，完成比例为 53.6%。

海南光网智能岛项目拟对海南城市、乡村地区进行光网覆盖、铜缆接入改造和无线宽带网络覆盖，并对承载网进行改造，提高出省带宽。截至 2015 年年底，投产 FTTH 7.2 万线。同时，在各市县选取完成全光网建设试点 124 个，其中，海口市 16 个，文昌市 10 个，三亚市 7 个，儋州市 7 个，其他分公司各 6 个。

【产业环境】 2015 年，海南省出台一系列互联网产业发展政策。5 月，印发《海南省人民政府办公厅关于印发光网智能岛项目建设工作方案的通知》（琼府办 [2015]76 号）；6 月，印发《海南省人民政府关于加快发展互联网产业的若干意见》（琼府 [2015]42 号）、《海南省人民政府办公厅关于印发 2015 年海南宽带网络提速降费实施方案的通知》（琼府办 [2015]101 号）；7 月，印发《海南省人民政府办公厅关于印发推进全岛重点区域无线网络全覆盖实施方案的通知》（琼府办 [2015]121 号）；8 月，印发《海南省人民政府关于印发海南省信息基础设施建设三年专项行动实施方案的通知》（琼府 [2015]66 号）、《海南省人民政府办公厅关于解决全省信息基础设施建设突出问题责任分解的通知》（琼府办 [2015]139 号）；9 月，印发《海南省人民政府办公厅关于把信息基础设施建设纳入百日大会战专项督查内容的通知》（琼府办 [2015]195 号）；11 月，印发《海南省人民政府办公厅关于印发 2015 年海南省信息基础设施建设考核方案的通知》（琼府办 [2015]210 号）、《海南省工业和信息化厅、海南省财政厅关于印发 2015 年海南省信息基础设施建设财政补贴实施方案的通知》（琼工信信安 [2015]307 号）、《海南省人民政府办公厅关于加快全省重点公共场所 WiFi 网络建设的通知》（琼府办 [2015]231 号）。

【主要问题】 海南省信息产业企业主要集聚在海口市、澄迈县、三亚市，其他市县的信息产业发展明显滞后；企业数量偏少，大多数企业规模小，产业效率不高，竞争力不强；人才不能自给，高端人才尤其是技术型人才紧缺；受岛屿经济的影响，电子信息制造业产业发展平稳，增长幅度较小；软件和信息技术服务业起点低，产业基础差，创新驱动不足，产业生态体系不完善。

【统计数据】

表 1　2015 年海南省电子信息制造业规模以上企业人员构成情况

企业类别	企业数（家）	年末从业人员总数（人）	其中：研发人员（人）
内资企业	3	4 218	408
国有企业	1	739	223
有限责任公司	2	3 479	185
港、澳、台商投资企业	2	267	
三资企业	1	457	

表 2　2015 年海南省电子信息制造业规模以上企业基本情况

项目名称	单位	2015 年	项目名称	单位	2015 年
工业总产值（现行价）	万元	393 439	主营业务收入	万元	377 475
工业销售产值	万元	348 840	税金总额	万元	4831
出口交货值	万元	169 876	利润总额	万元	–23 369
流动资产合计	万元	535 626	应交所得税	万元	3 122
固定资产净值	万元	264 514	从业人员年末人数	人	4 942
资产总计	万元	758 622	从业人员工资总额	万元	34 906
负债合计	万元	460 259			

表 3　2015 年海南省电子信息制造业规模以上企业三资企业基本情况

项目名称	单位	2015 年	项目名称	单位	2015 年
工业总产值（现行价）	万元	46 971	主营业务收入	万元	46 972
工业销售产值	万元	46 971	利润总额	万元	–15 984
出口交货值	万元	27 067	应交所得税	万元	3
流动资产合计	万元	31 148	从业人员年末人数	人	457
资产总计	万元	53 289	从业人员工资总额	万元	5 378
负债合计	万元	11 387			

表 4　2015 年海南省电子信息制造业规模以上企业主要经济效益指标完成情况

项目名称	单位	2015 年	项目名称	单位	2015 年
全员劳动生产率	元 / 人	774 639	资产保值增值率	%	83
产品销售率	%	89	资产负债率	%	61

表 5　2015 年海南省电子信息制造业规模以上企业三资企业主要经济效益指标完成情况

项目名称	单位	2015 年	项目名称	单位	2015 年
全员劳动生产率	元 / 人	1 010 138	资产保值增值率	%	79
产品销售率	%	100	资产负债率	%	21

表 6　2015 年海南省主要电子信息产品产销量情况

产品名称	单位	产量	销量
其他配套设备	部	25 605	24 591
刚性多层板	平方米	75 000	75 000
液晶显示屏	万片	138	138
单模光纤	千米	6 640 878	6 640 878
通信用室（局）内光缆	芯千米	2 523 586	2 523 586
多晶硅电池	兆瓦	817	782
非接触式智能 IC 卡	张	7 414 705	7 414 705

表 7　2015 年海南省三资企业主要电子信息产品产销量情况

产品名称	单位	产量	销量
单模光纤	千米	6 640 878	6 640 878
通信用室（局）内光缆	芯千米	2 523 586	2 523 586

表 8　2015 年海南省软件产业人员构成情况

企业类别	企业数（家）	年末从业人员总数（人）	人员构成			
			管理人员（人）	在总人数中所占比例（%）	软件开发研究人员（人）	在总人数中所占比例（%）
内资企业	121	9 955	1 146	11.5	2 844	28.6
国有企业	2	81	6	7.4	1	1.2
有限责任公司	73	5 860	785	13.4	1 544	26.3
股份有限公司	10	2 065	178	8.6	915	44.3
私营企业	34	1 883	175	9.3	374	19.9
其他内资企业	2	66	2	3.0	10	15.2
三资企业	3	148	11	7.4	65	43.9

表 9　2015 年海南省软件产业基本情况

项目名称	单位	2015 年	项目名称	单位	2015 年
软件业务收入	万元	430 178	负债合计	万元	363 157
软件业务出口收入	万美元	1 754	税金总额	万元	13 627
软件产品销售收入	万元	112 783	利润总额	万元	65 011
流动资产平均余额	万元	294 710	应交所得税	万元	3 066
固定资产投资额	万元	5 202	从业人员年末人数	人	10 103
资产总计	万元	647 850	从业人员工资总额	万元	72 239

表 10　2015 年海南省软件产业三资企业基本情况

项目名称	单位	2015 年	项目名称	单位	2015 年
软件业务收入	万元	4 317	负债合计	万元	119
软件业务出口收入	万美元	214	税金总额	万元	13
软件产品销售收入	万元	2 483	应交所得税	万元	13
固定资产投资额	万元	6	从业人员年末人数	人	148
资产总计	万元	933	从业人员工资总额	万元	1 317

表 11　2015 年海南省软件产业主要经济效益指标完成情况

项目名称	单位	2015 年	项目名称	单位	2015 年
全员劳动生产率	元 / 人	593 490	资产负债率	%	56
资产保值增值率	%	136			

表 12　2015 年海南省软件产业三资企业主要经济效益指标完成情况

项目名称	单位	2015 年	项目名称	单位	2015 年
全员劳动生产率	元 / 人	513 919	资产负债率	%	13
资产保值增值率	%	102			

注：表 1 ~表 12 数据来源于海南省工业和信息化厅。

［供稿：海南省工业和信息化厅］

重　庆　市

【概况】　2015 年，重庆市电子信息产业实现产值 5 726.6 亿元，同比增长 13.5%。其中，电子制造业实现规模以上工业总产值 4 075.6 亿元，同比增长 10.4%；软件实现主营业务收入 1 651 亿元，同比增长 22.1%。

【电子信息制造业】　2015 年，重庆市规模以上电子信息制造业主营业务收入比上年上升 0.15 个百分点；实现出口交货值 2 106.1 亿元，同比下降 4.4%，占全市工业出口交货值的 77%。全年累计生产电脑 6 180.8 万台，同比下降 12%，其中，笔记本电脑 5 575.1 万台；生产显示器 1 949.8 万台，同比增长 32.9%；生产打印机 1 447.7 万台，同比下降 10.4%；手机企业 64 家，其中规模以上手机企业 33 家，生产手机 1.76 亿台，同比增长 63%，其中，智能机产量约 7 000 万台。

惠普、宏碁、华硕、东芝全球订单分别同比下降 2.9%、23.9%、14.7%、33.6%，但惠普和华硕在重庆市的订单占比有所上升，分别上升 3 个百分点和 7 个百分点。其中，惠普的出货量在全市的电脑品牌中仍占首要位置，占比 38.8%。截至 2015 年年底，全市有笔记本电脑配套企业 860 家，其中，已投产企业 595 家，已开工建设企业 150 家，开工投产率 86.6%；在笔记本电脑整机出货量减少的情况下，配套企业实现较大幅度逆势增长。单台笔记本电脑进项物流成本大幅下降，从 2011 年的 24.23 元下降到 3.8 元。

重庆市确立以电子核心零部件为首的十大战略性新兴产业。2015 年，电子核心零部件行业实现产值约 200 亿元。其中，集成电路实现产值 50 亿元，平板显示实现产值 110 亿元，其他电子核心部件产值 40 亿元。在集成电路领域，SK 海力士项目顺利放量，2015 年，累计实现产值 43 亿元。在平板显示领域，惠科金扬科技有限公司进一步扩大生产规模，全年产值 54 亿元，是上年同期的 1.6 倍；莱宝科技有限公司产值 12.5 亿元，同比增长 71%；美景光电科技有限公司产值 13 亿元，是上年同期的 8 倍；京东方项目于 2015 年 4 月投产后，产能逐渐扩大，全年实现产值26亿元。

【软件和信息服务业】 2015年，重庆市软件和信息技术服务业保持快速增长态势，实现软件业务收入853.6亿元，同比增长21.3%。其中，软件产品收入193亿元，同比增长18.1%；信息技术服务收入487亿元，同比增长23.2%；嵌入式系统软件收入173亿元，同比增长19.8%。

2015年，全行业企业数量超过5 000家，规模以上（年营业收入1 000万元以上）企业654家，比上年增加17家；年营业收入亿元以上企业256家，比上年增加1家。两家企业入选第14届中国软件业务收入前百家企业，比上年增加1家。其中，中冶赛迪集团有限公司居第22位，实现软件业务收入45.15亿元；中煤科工集团重庆研究院有限公司居第91位，实现软件业务收入12.43亿元。软件和信息技术服务行业从业人员12.3万人，比上年同期增长21.2%。

2015年，移动互联网、物联网、云计算、电子商务等新兴信息技术服务业快速成长。猪八戒网营业收入1.3亿元，全年交易额75亿元，拥有超过1 000万家线上服务商，并入选《福布斯》2015中国最快成长科技公司；大龙网全年交易流水超过300亿元，同比增长超过5倍；秒银科技于2014年成立，2015年实现营业收入1.4亿元。电子商务市场主体（含商户）总量14.04万户，比2013年翻一番，交易平台网站2 966个。电子商务全年交易总额超过6 000亿元，同比增长33%。

在软件和信息技术服务业逐步向网络化、服务化转型的影响下，传统软件产品研发、系统集成等行业受到较大冲击，部分未能及时向互联网服务方向转型的企业营业收入和盈利能力都有所下降。2015年，全市传统软件产品开发收入197亿元，占全市软件业务收入的23%，比上年同期下降6个百分点。其中，中煤科工集团重庆研究院、梅安森科技股份有限公司受煤炭行业不景气影响，2015年软件和信息技术服务业务收入分别下降56%、82%。

【科技进步与应用】 2015年，重庆市新登记计算机软件著作权数量继续增加，全年超过2 100件，以金融财税、医疗健康、商贸服务等为代表的行业应用软件占新登记数量比重超过55%，以移动互联网、物联网、嵌入式、地理信息等为代表的热点领域软件登记量呈现出不同程度的增长。中冶赛迪钢铁行业云、城投金卡智慧交通应用获批成为工业和信息化部示范项目；梅安森智能窨井盖警示系统、方正高密基于云计算高密度互连线路板研发获批火炬计划“产业化示范项目”，本土企业自主创新能力不断提升，行业发展内生动力不断增强。

“十二五”期间，重庆市电子信息制造业获得专利授权11 538件，其中，发明专利2 055件，实用新型专利7 680件，外观设计专利1 803件。新增市级企业技术中心62家，总数达392家；新增工业设计中心11家、体验中心5家；国家级企业技术中心20家。启动技术改造及技术创新项目160余个，新产品开发项目300余个。

【信息基础设施】 2015年，重庆市光缆线路65.4万皮长千米，同比增长21.3%。固定宽带用户560万。其中，光纤宽带用户占比从上年的25.8%提升至54.3%，8Mbps以上、20Mbps以上宽带用户比重分别达到75.3%、37.4%，同比分别提高143.9%、989.1%。新建4G基站9 000个，累计达3万个；新增4G用户584.6万户，累计达860.2万户。全市移动电话用户2 788.8万户，同比增长7.7%；互联网用户2 794.5万户，同比增长12.3%。全市电话普及率112.3户/百人。互联带宽扩容90Gbps达到200Gbps，互联网省际出口带宽新增1.22Tbps达到4.74Tbps。全市有线电视用户615万户，有线电视入户率49.5%，其中，数字电视用户505万户，双向化率72%。IPTV用户139.8万户，同比增长93%。有线宽带在册用户104万户，同比增长89%。

【信息产业基地和园区】 2015年，重庆市软件和信息技术服务业重点园区差异化、专业化、集群化发展取得成效，两江国际云计算产业园建设稳步推进，投入运营服务器约5 200台，形成5万台服务器运营支撑能力，联通云重庆公司实现收入8 726万元，增长约3倍，电信、移动、斐讯、浪潮等数据中心将于2016年建成投运。北部新区互联网产业园、重庆仙桃大数据谷正式开园，腾讯重庆众创空间、永川互联网青创营等创业创新平台相继投入运营，渝中区电子商务和信息消费产业基地、南岸区物联网产业基地、大渡口重庆移动互联网产业园、江北网商产业园等一批专业突出、特色鲜明的重点园区逐渐崭露头角。

【社会信息化】 推进全市信息化系统集约化迁移。截至 2015 年 12 月 20 日，重庆市政府和国有企事业单位信息系统通过迁移和购买两江云计算产业园内云服务商服务，共使用服务器 689 台。

初步建成电子政务云平台一期工程。浪潮软件公司租用联通西南数据中心机房建设电子政务云平台一期工程，已为 20 余个市级部门和区县的 30 余个信息系统提供服务。

完成市行政审批电子监察二期工程验收。二期工程完善行政审批电子监察系统，开发政府采购、土地交易、工程建设招投标 3 个电子监察子系统；完成系统总集成和软件接口和通信网络建设。一、二期工程实现 45 个市级部门和所有区县的网络、数据和视频接入，市级 508 项行政审批项目、区县 13 680 项行政审批项目纳入电子监察。2012 年 1 月至 2015 年 4 月，系统共受理行政审批事项 112 483 件，办结 111 443 件，提前办结 90 836 件，提前办结率 81.5%，发出预警 1 894 次、黄牌 28 张、红牌 12 张。

信息惠民“在重庆”平台于 2015 年 6 月 17 日成功上线，面向市民提供交通资讯、公积金和社保查询、医院预约挂号、水电气缴费等公共服务，涵盖社保、医疗、社区、食药安全、交通出行、农业六大领域。开展“在重庆”手机 APP、微博账号“智慧神州－在重庆”、微信订阅号“在重庆微平台”、微信服务号“在重庆惠民平台”品牌推广和服务推广活动。截至 2015 年 12 月，平台提供九大主题服务和四类融合服务 147 项。信息惠民平台“在重庆”网站总浏览量 42 万次，APP 安装 2.6 万次，注册用户 2.1 万人，其中 68% 为 APP 注册用户。

重庆微信城市服务于 2015 年 12 月 2 日成功上线，为市民提供出入境办理预约、预约挂号、驾驶人交通违法行为查询、公交换乘等 20 项便民服务，涵盖公安、交管、医疗、出行等众多方面。

基本完成全市社会安全事件应急联动指挥系统建设工程一、二期，建设视频镜头 5 万路，覆盖全市所有区县主要公共区域。

制定《重庆市深入推进智慧城市建设总体方案（2015—2020）》，强化顶层设计，推进智慧城市试点示范工作。引导社会资本投资智慧社区建设。

【两化融合】 2015 年，重庆市两化融合总指数 78.96。19 家企业成为国家级两化融合管理体系贯标试点企业；5 家企业通过全国首批两化融合管理体系标准评定；57 家企业开展市级两化融合管理体系贯标试点；确定 9 家市级两化融合管理体系贯标服务机构；组织开展全市两化融合管理体系贯标培训，100 余家企业决策层领导参加培训。

国家互联网与工业融合创新试点——猪八戒网建设工业服务众包平台，提供工业设计外包技术和信息服务，涵盖工业设计交易、知识产权、法律服务、信息展示、企业孵化等功能，提供近 50 个工业设计门类的在线交易，建立工业设计的雇主库、设计师库、设计机构库、专家库，整合工业设计行业的产业链，打造工业设计协作平台，建立行业价值生态圈。众包平台入驻工业设计师 5.8 万人，入驻设计机构和企业 3.6 万家，完成交易 1 532 万元。山外山科技有限公司等企业运用互联网推动组织结构优化、生产装备智能化升级、业务流程再造，提升市场竞争力；川仪自动化股份有限公司等企业建立客户大数据库，开展用户消费行为分析，提升精准营销、精细服务水平；重庆潍柴发动机厂、重庆恒通客车有限公司等企业基于互联网开展故障预警、远程维护、质量诊断、生产过程优化等在线增值服务，拓展产品价值空间，实现从“制造”向“制造＋服务”转型升级。山外山科技有限公司、重庆潍柴发动机厂、川仪自动化股份有限公司等企业成为国家第二批互联网与工业融合创新试点企业。

工业云主平台及工业设计云、金融云、采购云等分平台搭建完成并试运行，开始推进分平台整合集聚。平台投入 2 400 余万元，已上线企业社交、企业财务、投融资、企业管理等多种产品及服务，拥有近 2 000 家企业用户。300 多平方米的工业云体验中心在巴南区建成并投入使用；成立重庆市工业云推进联盟；确定巴南、九龙坡 2 个试点区县，为工业企业提供“一站式”信息服务。

完成 50 家重点企业首席信息官（CIO）制度试点。2015 年全球信息技术主管大会公布全国百佳优秀 CIO 评选结果，全市有 4 人获得全国百佳 CIO，12 人获得全国优秀 CIO，1 人获得两化融合特殊贡献奖。

【信息消费】 重庆市于 2013 年 12 月成功申报为国家

信息消费104个试点市（县、区）之一，试点期为两年。2015年12月，试点工作结束，工业和信息化部评审出25个“国家信息消费示范城市”，重庆市入围。市政府印发《重庆市促进信息消费2015年工作要点》。2015年，全市信息消费规模突破738亿元，同比增长21%。

【物联网】 2015年，重庆市从事物联网相关业务的企业300余家，实现产值约360亿元。其中，传感器及智能硬件类产值约220亿元，约占60%；系统集成及平台服务类产值约140亿元，约占40%。

召开《重庆市加快物联网产业发展行动计划》宣贯会，各区县主管部门、物联网企业代表150余人参会；开展“重庆市首批物联网十大应用案例”评选活动，城投金卡、四联光电等企业的10个典型案例入选；委托中国移动设计院重庆分公司编撰出版《重庆市物联网应用示范典型案例》；组织协调50多家物联网企业，组成南岸区国家物联网基地、智能医疗和中移物联网公司等3个专题馆参加2015年重庆云博会，并主办重庆市物联网应用展示交流会；组织5家市内物联网企业参加无锡物联网博览会。

推进四联集团智能传感器、中移物联网公司物联网运营平台、城投金卡智能交通物联网大数据服务平台等重点项目建设，召开重庆市智能交通物联网大数据服务平台大足应用推广现场会；推进重庆公租房智慧社区改造、摩托车“行车卫士”、基层医疗机构心电监护物联网项目建设；中移物联网公司“物联网产业园区建设”和城投金卡“RFID智能交通物联网重庆市工程研究中心”项目列入市级重点项目，总投资24亿元，进展顺利。

银江股份、德尔森、天胜电子、无锡曼荼罗、吉之汇等物联网项目落户重庆，其中，银江股份拟投资5亿元开展智能医疗建设，德尔森拟投资2亿多元建设传感器产业园。突出物联网产业前端产品的招商力度，推动德国、荷兰等国传感器、MEMS企业来渝发展。为各区县经信委和工业园区相关人员进行物联网产业招商引资培训。

南岸区既是“国家新型工业化电子信息·物联网产业示范基地”，又是全国首批“智慧城市”试点城市。2015年，基地在技术研发、应用示范、产业培育、招商引资等方面取得明显成效，物联网产业体系逐步形成，新引进物联网企业36家，总投资20多亿元，开展物联网应用示范项目12项。

【云计算与大数据】 2015年，重庆市陆续起草和发布“互联网+”、云计算、大数据等行业顶层设计文件。腾讯、联通（二期）等高等级数据中心项目顺利开工。原EC项目、太平洋电信离岸数据中心等重大资产成功盘活。重庆市获批成为国家绿色数据中心试点地区。推动中新第三个政府合作项目落户重庆，并将ICT作为首期4个重点领域之一。召开2015中国(重庆)国际云计算博览会、2015腾讯全球合作伙伴大会。腾讯“互联网+”等一批重点项目落户重庆。北部新区互联网产业园、渝北仙桃大数据谷等重点园区和腾讯重庆众创空间、永川互联网青创营等创业创新平台相继投入运营。

【产业热点】 2015年，重庆市电子信息制造业有8个项目签约，计划投资约130亿元，达产后计划年产出约200亿元。其中，签定合作协议项目5个，分别为：南京高一智光学科技有限公司配套导光板签约落户，总投资7 440万元；颖台科技股份有限公司导光板项目签约落户，总投资10亿元；康宁玻璃基板生产项目签约落户，计划投资50亿元；同方股份有限公司碳产业项目签约落户，总投资4亿元；锐迪科物联网芯片设计项目签约落户。签订意向协议项目3个，分别为：AOS功率半导体制造和封装项目，计划投资60亿元；台湾三合微科IC设计项目，计划投资3 000万元；ARM公司与重庆市签订战略合作框架协议。

推进重大项目。在集成电路领域，SK海力士项目不断放量，奥特斯IC载板项目一期顺利建成并完成产品认证，超硅12英寸硅片项目正按计划推进；在平板显示领域，惠科金扬科技有限公司进一步扩大生产规模，京东方8.5代平板显示器件项目实现月产能12万片，惠科金渝8.5代面板项目按计划推动，于6月19日举行开工仪式。

【产业环境】 2015年，重庆市起草《关于促进云计算创新发展培育信息产业新业态的实施意见》，7月正式印发实施；起草并经市政府审议通过《“互联网+”行动计划》；起草《关于进一步促进大数据发展的实施方案》，形成初稿并征求各部门意见，拟进一步修改完善后报市政府审议。

【主要问题】 产业链逐步形成，战略核心部件本地化供应有待进一步提高。全市零部件数量本地化率达80%，但价值量仅为30%，处理器、硬盘、存储器等核心部件缺失，电化学原料、衬底片、玻璃基板等相关原材料产业需进一步发展。

电子制造产量急速增长，创新能力仍显薄弱。科研基地建设和高等教育发展不能满足产业快速发展需要，技术创新平台有待完善，电子制造类人才储备明显不足，服务于中小微企业的孵化平台尚不完善，研发经费在企业开支中的占比仅为1.2%。

【统计数据】

表1 2015年重庆市电子信息制造业人员构成情况

企业类别	企业数（家）	年末从业人员总数（人）	企业类别	企业数（家）	年末从业人员总数（人）
内资企业	373	3 100	私营企业	225	
国有企业	6	3 000	其他内资企业	1	
股份合作企业	1	100	港、澳、台商投资企业	41	
有限责任公司	128		三资企业	56	
股份有限公司	12				

表2 2013—2015年重庆市电子信息制造业基本情况

项目名称	单位	2013年	2014年	2015年
工业总产值（现行价）	万元	29 346 734	36 836 210	40 755 573
工业销售产值	万元	28 798 233	36 442 923	40 031 335
出口交货值	万元	17 532 466	21 994 369	21 060 878
资产总计	万元	13 781 467	11 206 248	11 280 246
负债合计	万元	10 561 583	8 120 303	8 189 598
主营业务收入	万元	28 421 826	29 077 104	28 981 549
税金总额	万元	37 074	27 058	31 953
利润总额	万元	730 274	722 721	720 514
从业人员年末人数	人	201 498	152 859	150 000

表3 2013—2015年重庆市电子信息制造业三资企业基本情况

项目名称	单位	2013年	2014年	2015年
工业总产值（现行价）	万元	9 940 383	13 106 706	11 639 241
工业销售产值	万元	9 808 416	11 151 194	11 402 944
出口交货值	万元	7 851 231	10 736 872	8 974 458

表 4　2013—2015 年重庆市电子信息制造业主要经济效益指标完成情况

项目名称	单位	2013 年	2014 年	2015 年
全员劳动生产率	元 / 人	1 456 428	1 664 161	2 717 038
产品销售率	%	98	98.9	98.2
资产负债率	%	76.6	72.5	72.6

表 5　2013—2015 年重庆市电子信息制造业三资企业主要经济效益指标完成情况

项目名称	单位	2013 年	2014 年	2015 年
产品销售率	%	98.7	99.7	98

表 6　2013—2015 年重庆市主要电子信息产品产量情况

产品名称	单位	2013 年	2014 年	2015 年
电子计算机整机	台	55 934 975	64 467 800	61 807 865
其中：笔记本计算机	台	54 710 628	63 488 400	55 751 350
电话单机	部	7 110	7 640	57 466
移动通信基站设备	信道	125 736	639 840	767 552
移动通信手持机（手机）	台	35 456 852	94 182 396	176 050 758
光缆	芯千米	247 278	3 092 204	5 112 985
电子元件	万只	973 692.5	1 268 438	1 516 783
印制电路板	平方米	7 714 928	13 017 988	15 280 686
集成电路圆片	万片	38.2	33	42
显示器	台	9 948 068	14 673 404	19 497 824
其中：平板显示器	台	9 948 068	12 779 923	14 039 581
打印机	台	19 436 941	16 162 897	14 477 060
光电子器件	万只（片）	78 872.6	59 111	59 927
锂离子电池	只（自然只）	11 664 288	62 126 593	32 658 697

注：表 1 ~表 6 数据来源于重庆市统计局。

表 7　2013—2015 年重庆市软件产业基本情况

项目名称	单位	2013 年	2014 年	2015 年
软件业务收入	万元	5 469 408.2	7 062 363.4	8 535 977.8
软件业务出口收入	万美元	20 271.5	6 798.8	19 799.2
软件产品销售收入	万元	750 026.7	1 182 698.9	1 933 810.7
流动资产平均余额	万元	2 503 419.7	4 334 851.4	12 899 923.1
固定资产投资额	万元	83 281.7	117 255.6	192 731.8
资产合计	万元	6 490 615.5	10 754 952.7	13 286 771.7
负债合计	万元	2 877 799.6	4 114 295.6	5 628 805.4
利润总额	万元	423 811.0	478 251.1	1 767 286.8
应交所得税	万元	26 513.6	146 933.6	149 475.5
从业人员年末人数	人	84 752	101 304	122 794
从业人员工资总额	万元	463 192.9	673 394.9	1 012 186.3

注：数据来源于重庆市经济和信息化委员会。

[供稿：重庆市经济和信息化委员会]

四　川　省

【概况】　2015 年，四川省电子信息产业完成主营业务收入 5 622.2 亿元，同比下降 1.4%。其中，电子信息产品制造业完成主营业务收入 3 496.3 亿元，同比下降 8.2%；软件与信息服务业完成软件业务收入 2 125.9 亿元，同比增长 12.1%。

【电子信息产品制造业】　2015 年，四川省规模以上电子信息产品制造业完成销售产值 4 026.3 亿元，同比下降 0.5%；利润总额 48.3 亿元，同比下降 80.8%；税金总额 103.2 亿元，同比增长 2.8%；工业增加值同比增长 2.5%，占全省规模以上工业增加值的 7.8%，比重比上年同期提高 0.1 个百分点。全省电子信息产业 500 万元以上项目完成投资额 430.2 亿元，同比下降 2.0%。

2015 年，四川省生产微型计算机 6 343 万台，同比下降 16.8%；集成电路 37.0 亿块，同比下降 10.5%；半导体分立器件 917.9 亿只，同比增长 33.5%；彩色电视机 1 055.7 万台，同比增长 2.0%；手机 3 375.3 万部，同比增长 171%。

2015 年，四川省规模以上电子信息产品制造业三资企业完成现价工业总产值 2 217.2 亿元，同比下降 13.4%；完成销售产值 2 088.1 亿元，同比下降 18.1%；实现主营业务收入 1 570.4 亿元，同比下降 33.1%；利润亏损 19.3 亿元，同比下降 115.3%。

四川长虹电子控股集团有限公司、四川九洲电器集团有限责任公司入围第 30 届中国电子信息百强企业名单，分列第 7 位、第 28 位。

【软件与信息服务业】　2015 年，四川省软件与信息服务业实现利润总额 315.2 亿元，同比增长 12.6%；从业人员 25.2 万人，同比增长 13.6%。

成都市软件营业收入与软件业务收入分别占全省的95.5%和96.5%，较上年同期分别下降0.7个和0.1个百分点；绵阳市软件营业收入与软件业务收入分别占全省的4.1%和3.1%，分别较上年同期上升0.5个和0.05个百分点。全省软件与信息服务产业依然呈现出高度集聚态势。雅安、攀枝花等市以智慧城市建设为着力点，逐步做大做强软件与信息技术服务业。

四川省信息服务类业务比重逐渐增大。2015年，信息技术服务业收入占全省软件业务总收入的61%。传统IT制造企业与基础运营商转型步伐明显加快；基于云计算、移动互联网的服务内容与运营模式不断丰富多元；数字内容产业快速发展，动漫游戏方兴未艾；信息安全产品发展势头旺盛；自主可控的产品门类覆盖面逐步扩大。

截至2015年3月，四川省累计认证软件企业1 548家，新认定软件企业20家，新增软件产品登记7 107个，新登记软件产品268个。截至2015年年底，现共有系统集成资质企业299家（其中，一级8家，二级35家，三级160家，四级96家），新增142家；计算机信息系统集成项目经理1 850人，新增425人；高级项目经理687人，新增156人；监理企业5家，其中，甲级3家，丙级1家，丙级（暂定）1家；监理工程师155人。

2015年，信息产业电子第十一设计院科技工程股份有限公司、四川九洲电器集团有限公司、四川省通信服务有限责任公司3家企业，进入中国软件企业综合竞争力50强；成都天府软件园获中国骨干软件园区第3名。鹏博士电信传媒集团股份有限公司、艾普网络股份有限公司入围2015年“中国互联网企业100强”。四川久远银海软件股份有限公司、成都勤智数码科技股份有限公司、四川创意信息技术股份有限公司、四川长虹佳华数字技术有限公司等19家企业通过ITSS标准符合性评估。

四川省先后建立国家软件基地（成都）公共技术支撑平台、移动互联网公共服务平台、公共服务信息系统、软件测试中心、信息安全测评中心、软件外包平台、数字娱乐软件开发平台、软件人才培训联盟公共服务平台、软件投融资平台等公共平台，助力企业尤其是中小企业增强创新能力。

【电子产品进出口贸易】 2015年，四川省电子产品进出口贸易由增转降，进出口总额245.3亿美元，同比下降23.8%。其中，进口102.8亿美元，同比下降20.4%；出口142.5亿美元，同比下降28.6%；贸易顺差39.7亿美元。

2015年，四川省电子信息产品制造业规模以上企业完成出口交货值2 080.6亿元。据四川省商务厅统计，2015年，四川省出口以大中小微型计算机、集成电路及微电子组件为代表的电子产品142.5亿美元，同比下降26.1%，总量占全省的42.7%。其中，大中小微型计算机产品出口97.2亿美元，同比下降30.9%；集成电路及微电子组件出口20.9亿美元，同比下降31.2%；有线载波及有线数字通信设备出口5.69亿美元，同比增长183.2%。

据四川省商务厅统计，2015年，四川省进口电子产品102.8亿美元，总量占全省的54.9%。集成电路及微电子组件是四川省进口额最大的单项产品，全年进口集成电路及微电子组件76.0亿美元，同比下降22.2%，占四川省进口总额的41.7%，占进口电子产品的73.9%。

【科技进步与应用】 截至2015年年底，四川省电子信息产业拥有国家级企业技术中心7家，省级技术中心81家。省级以上企业技术中心研发投入16.82亿元，实现销售收入444.54亿元，利润41.54亿元，专利申请数2 383项，发明专利申请数1 077项，被授权的发明专利数789项。

2015年，电子信息类项目获四川省科学技术二等奖以上奖励项目16项。其中，中科院成都分院“超构表面电磁功能器件原理、方法及应用”获技术发明类全省唯一的特等奖；电子科技大学“XXX真空电子器件核心关键技术”“安全隐蔽定位跟踪技术与应用”获技术发明类全省仅有的2个一等奖；电子科技大学等单位“国产云操作系统研制与应用”、电子科技大学“高品质大尺寸微波单晶石榴石薄膜材料”、四川旭虹光电科技有限公司等单位“基于浮法工艺生产高强超薄铝硅酸盐触控屏玻璃成套技术及产业化”以及电子科技大学、成都国科海博信息技术股份有限公司、成都振芯科技股份有限公司“基于北斗系统的灾害监控预警平台关键技术及应用系统研究”4个项目获省科技进步一等奖。

截至2015年年底，全省电子企业申请专利20 162件，其中，实用新型7 397件，外观1 562件，发明专利11 203件；授权专利64 953件，其中，实用新型31 420项，外观24 428项，发明专利9 105项。

【信息基础设施】 截至 2015 年年底，四川省长途光缆线路 161.4 万千米，同比增长 24.6%，其中接入网光缆线路 95.9 万千米，同比增长 27.5%。互联网宽带接入端口 2 414 万个，同比增长 12.5%。在“宽带中国”2015 专项行动的推动下，宽带网络进一步升级，光纤接入 FTTH/O 端口 1 758 万个，同比增长 44.2%，占互联网宽带接入端口总数的 72.8%，比上年末提升 16 个百分点。移动电话用户 6 872 万户，移动电话普及率 84.8%。4G 用户 1 979 万户。固定互联网宽带接入用户 1 026 万户，移动互联网用户 5 477 万户。全年移动基站新增 7.9 万个，总数 24.8 万个，同比增长 46.7%，其中，4G 基站 10.5 万个。3G/4G 基站 16.9 万个，占全部移动基站的 68.2%。WLAN 网络热点覆盖继续推进，WLAN 公共运营接入点（AP）17.2 万个。

继 2014 年成都、攀枝花、阿坝成为“宽带中国”示范城市后，2015 年，工业和信息化部又同意批复绵阳、内江、宜宾、达州成为“宽带中国”示范城市。

三网融合业务得到进一步发展。四川广电加强网络视听文化内容产品的开发利用，加快融合业务应用的普及。除阿坝州府、三州各县（市、区）外，高清互动电视业务、互联网宽带接入业务已全面推广，全省高清互动电视用户近 200 万户，宽带上网用户突破 250 余万户，高清直播业务用户 330 万户。参与当地“智慧城市”“智慧乡村”“宽带中国”“宽带乡村”“农村电商”等各工程建设，覆盖党员远程教育、电视政务、智慧社区、智慧医疗、智慧交通、智能家庭等具体项目。

【信息产业基地和园区】 2015 年，四川成都高新技术产业开发区 GDP 达到 1 277.6 亿元，工业增加值同比增速实现 9.7%；完成固定资产投资 552.3 亿元，财政总收入 348.77 亿元，公共预算收入 140.88 亿元，实际利用外资 15 亿美元；实现规模以上工业总产值 3 085.6 亿元，同比增长 4%。新川创新科技园、中和组团等片区控制性详细规划得到优化，西区产业升级、社区划分等一批专项规划编制陆续完成。新一代信息技术产业已聚集规模以上工业企业 105 家，包括富士康科技集团、戴尔（中国）有限公司、联想集团、英特尔集团、美国德州仪器（中国）公司、京东方集团公司等重点企业，聚集高端软件和新兴信息服务企业 1 200 多家，其中全球软件十强有 6 家企业、全国软件百强有 22 家企业入驻园区，全年实现规模以上工业总产值 2 383 亿元。

截至 2015 年年底，绵阳科技城产业园区规划面积 363.7 平方千米，聚集企业 2 635 家，实现规模以上工业总产值 2 356.43 亿元，产业集中度达 81% 以上。95% 以上的企业在企业总体预算中有信息化预算，7% 的企业建立 CIO 制度。全市规模以上工业企业 777 家，除四川长虹电器股份有限公司、四川九洲电器集团有限责任公司等 8 家市属企业外，各县市区 212 家企业，其中，134 家企业建有网站，54 家企业在淘宝、天猫、京东、天虎云商、江豆商城等网站建立或入驻电商平台，上半年产值 133.1 亿元，通过电商销售 20.1 亿元，占比 15.1%；1 家企业通过公司自己的网站销售产品达 20%，销售额 600 万元。大宗商品电子商务平台发展迅猛，“觅来”时尚购物、长虹智易家、金循环再生资源电子商务平台、长虹“点点帮”、江豆商城、钢铁匣等平台各具特色，带动电商应用型企业快速增加，集聚效应初步显现。江油电子商务基地、江油科技孵化园、三台县科技型中小企业孵化中心、梓潼县电子商务创业基地等一批电商集聚区初具雏形。四川长虹电器股份有限公司、四川九洲电器集团有限责任公司、绵阳双汇食品有限公司、四川富临实业集团有限公司争取到两化融合管理体系（GB24000）贯标试点，四川九洲电器集团有限责任公司获得 2015 年四川省“互联网 +”制造示范企业称号。

2015 年，成都崇州经济开发区被确定为“四川省信息安全产业示范园区”，规划面积从 2010 年的 13.3 平方千米增加到 19.8 平方千米，18.3 平方千米范围内的基础设施建设基本完成，形成以电子信息产业（含大数据产业）为主导、与家具及装饰装修材料等传统产业“两化融合”为特征的现代产业体系。园区电子信息产业以成都崇州捷普电子有限公司为龙头，涵盖研发设计、电子材料、电子元器件、模具、模切、精密加工、产品检测等上下游产业链配套的产业集群。全年电子信息产业实现工业总产值 55.97 亿元，同比增长 210%，行业占比 26.0%；主营业务收入 54.72 亿元，同比增长 215%，行业占比 26.0%；利润总额 4.33 亿元，同比增长 245%，行业占比 31.1%；税收 1.50 亿元，同比增长 10.2%，行业占比 19.5%；大数据产业发展完成顶层设计，规划建设 2 000 亩的大数据产业园区，IPC（智慧处理中心）投入运营，引进 20 余家关联企业合作建设智慧城市，发展大数据产业。

【电子政务】 2015年，四川省建设完成“1+2”平台建设，即1个云监管平台、2个云服务商平台，作为支撑省级部门在互联网、政务外网、非涉密业务专网上运行的云应用服务以及云监管服务。

【两化融合】 2015年，四川省从“推动制造业信息化，促进产业创新升级；推动信息化能源管控，促进节能减排；推动工业云平台建设，创新两化融合集成服务模式；推动数字园区建设，提高产业园区信息化水平；推动物联网技术应用，促进社会发展”5个方面支持项目建设，带动项目总投资额15.6亿元。

推动9家龙头企业开展工业和信息化部首批贯标试点，完成3家企业认定工作。开展第二批两化融合管理体系贯标试点企业和贯标咨询服务机构申报工作，18家企业和4家服务机构入选。成立四川省信息化与工业化融合创新联盟，整合大专院校、科研院所、典型制造业企业、信息技术服务机构、专家学者等多方力量和资源推进两化融合工作。

组织开展第二批工业和信息化部互联网与工业融合创新试点申报工作。四川长虹电器股份有限公司、泸州老窖股份有限公司等4家企业入选。引导试点企业开展试点示范工作，并结合四川省自身优势和支柱产业通过示范和经验提炼，培育大规模个性化定制、线上线下（O2O）、制造服务化转型等互联网新模式，推动企业通过“互联网+”实现转型升级。

【产业热点】 2015年，四川省出台《信息安全产业发展规划（2015—2020）》，指导四川“十三五”期间信息安全产业发展；发起成立四川信息安全集成电路产业投资基金，首期资金募集规模100~120亿元，重点投向信息安全产业和集成电路产业。举办国家网络安全宣传周公众体验展暨四川省信息安全产业推进成果展。2015年，四川省完成信息安全产业产值220亿元，同比增长20.1%。

作为全国首个“全光网省”，四川省在8Mbps以上固定宽带接入用户占比达到85%，居全国第一。中国电信云计算基地、中国移动（四川成都）数据中心基地、中国联通IDC（成都）基地三大数据中心的建设以及IBM西南云计算中心项目的实施，为四川省发展云计算、大数据产业打下坚实基础。引进IBM、微软、GDS、百度、阿里巴巴、腾讯、中兴通讯等国内外40多家电子信息巨头企业和大数据企业入驻成都。国家信息中心大数据创新创业（成都）基地项目、中国西部电子信息产业园和四川省信息安全（大数据）产业示范园区分别在成都市郫县和崇州市落户。引进中国航天科工集团公司，利用其在云计算、大数据、云制造等新一代信息技术领域的创新成果，全方位促进四川省产业转型升级。

开展四川省北斗综合应用示范工程，建设国家级军民融合北斗产业示范基地。2015年，四川省北斗产业实现产值22亿元，同比增长46.7%。

作为中国集成电路产业的重要集聚区，四川省IC设计收入居全国第6位，封装测试全球50%的笔记本电脑“芯片”，初步形成以国家级产业园区为骨干、省级和市级工业园区为补充的产业布局体系。2015年，集成电路和信息安全产业投资基金设立工作进展顺利，英特尔“骏马”、海威华芯6寸第二代和第三代半导体集成电路芯片等重大项目取得进展。

组织实施《促进智慧城市加快发展的实施意见》等政策意见，指导各市州推进智慧城市建设。全省大部分市州及部分县区因地制宜制定智慧城市顶层规划或者工作方案，从数据集中共享、公共服务平台建设、信息资源开发利用等各层面推进智慧城市建设，涌现出如雅安智慧城市建设“六个第一”等典型案例。全省智慧交通、智慧社区、智慧城管、智慧安防等应用逐步普及。

以提升电子信息产业支撑能力为方向，以突破核心零部件和传感器关键技术为重点，以开放合作兼并重组为路径，以应用推广为手段做强做大智能制造产业。围绕智能电视、平板计算机、智能手机、北斗智能移动终端等产品，大规模开发应用智能终端。推动软硬融合、制造与服务融合、网络与产品融合，延伸传统信息技术产业链条，推动产业模式创新，推动全省制造业转型升级。

作为国家智慧家庭应用示范产业基地，四川省研发数字家庭整体解决方案，拥有从数字前端、网络传输设备到终端接收的全系列产品；研发数字家庭智能网关、智能机顶盒、CHiQ智能冰箱、CHiQ智能空调、CHiQ智能厨卫等产品；搭建基于小区物业管理基础服务之上、以社区实名O2O为平台、构建并支撑O2O社区商业生态服务的运营体系。

服务全省“互联网+”制造业工程，在工业互联网、工业大数据、工业云等领域引进和培育一批企业。发挥全省物联网产业在科研能力、应用基础、产业园区等方面的特点和优势，在传感器、RFID 芯片、射视频识别、短距离无线通信、网络信息安全设备、物联网服务等重点领域取得进展，形成成都、绵阳、乐山 3 个物联网产业集中发展区域，物联网产业园区面积 10 平方千米。其中，70% 以上的物联网企业聚集在成都高新区、双流县，销售收入超 10 亿元的企业有 30 多家，超 1 亿元的企业有 100 多家。

【统计数据】

表 1　2015 年四川省电子信息制造业人员构成情况

企业类别	企业数（家）	年末从业人员总数（人）	人员构成	
			研发人员（人）	在总人数中所占比例（%）
内资企业	332	150 173	20 865	13.9
国有企业	13	23 165	2 820	12.2
集体企业	3	487	65	13.3
股份合作企业	1	118		
有限责任公司	177	88 653	13 834	15.6
股份有限公司	27	17 588	2 589	14.7
私营企业	103	18 262	1 472	8.1
其他内资企业	8	1 900	85	4.5
港、澳、台商投资企业	6	104 294	400	0.4
三资企业	23	140 541	890	0.6

表 2　2013—2015 年四川省电子信息制造业基本情况

项目名称	单位	2013 年	2014 年	2015 年
工业总产值（现行价）	万元	37 455 111	42 371 917	40 196 258
工业销售产值	万元	35 797 125	40 481 065	40 262 538
出口交货值	万元	20 694 480	25 269 631	20 806 214
资产总计	万元	23 216 823	26 892 697	25 594 384
负债合计	万元	14 703 926	18 440 918	17 370 284
主营业务收入	万元	34 309 585	38 079 736	34 962 555
税金总额	万元	1 250 819	994 157	1 031 873
利润总额	万元	1 665 635	1 268 587	482 577
应交所得税	万元	121 534	171 265	658 348
从业人员年末人数	人	310 964	315 232	290 714
从业人员工资总额	万元	1 306 041	1 410 524	1 765 191

表3 2013—2015年四川省电子信息制造业三资企业基本情况

项目名称	单位	2013年	2014年	2015年
工业总产值（现行价）	万元	18 294 495	25 591 808	22 171 807
工业销售产值	万元	17 953 407	25 508 295	20 881 498
出口交货值	万元	17 350 668	23 939 274	16 482 328
资产总计	万元	6 123 091	8 390 986	9 269 019
负债合计	万元	3 301 939	6 236 875	6 535 359
主营业务收入	万元	18 874 362	23 480 980	15 704 374
税金总额	万元	13 214	126 507	583 143
利润总额	万元	1 289 722	1 264 413	-192 606
应交所得税	万元	37 465	41 106	564 744
从业人员年末人数	人	158 633	145 901	136 851
从业人员工资总额	万元	621 554	671 278	894 513

表4 2013—2015年四川省电子信息制造业主要经济效益指标完成情况

项目名称	单位	2013年	2014年	2015年
流动资产周转率	次	2.6	2.3	2.1
产品销售率	%	95.6	106.5	87.0
总资产贡献率	%	13.8	9.3	13.0
资产保值增值率	%	109.2	101.2	119.5
资产负债率	%	63.3	68.6	67.9

表5 2013—2015年四川省电子信息制造业三资企业主要经济效益指标完成情况

项目名称	单位	2013年	2014年	2015年
流动资产周转率	次	5.3	3.8	2.3
产品销售率	%	98.1	91.8	70.8
总资产贡献率	%	20.6	17.1	5.3
资产保值增值率	%	157.5	102.8	170.4
资产负债率	%	53.9	74.3	70.5

表 6　2013—2015 年四川省主要电子信息产品产销量情况

产品名称	单位	产量			销量		
		2013 年	2014 年	2015 年	2013 年	2014 年	2015 年
彩色电视机	万台	991.6	1027.7	1 055.7	892.4	1 027	970.7
笔记本计算机	万台	1 216	2 559	1 779.2	1 155	2 559	1 779.2
平板计算机	万台	4 700	4 878	4 436	4 465	4 878	4 436
手机	万部	760	291	3 375.3	719	298	3 174.5
机顶盒	万台	1 992.3	831	853.9	1 830.2	835	852.8
集成电路	万块	403 387	411 991	369 669	403 387	411 991	369 669
电子元件	万只	1 387 406	1 144 686	808 534.1	13 74 919	1 144 686	845 991.8
电子器件	万只	13 072 922	15 163 000	14 027 456	13 276 952	15 021 498	14 048 302

表 7　2013—2015 年四川省三资企业主要电子信息产品产销量情况

产品名称	单位	产量			销量		
		2013 年	2014 年	2015 年	2013 年	2014 年	2015 年
笔记本计算机	万台	1 216	2 557	1 779	1 155	2 559	1 779
平板计算机	万台	4 700	4 878	4 436	4 465	3 991	4 436
彩色电视机	万台	100.7	130	127	100.7	131	127
电子元件	万只	1 268 947	1 046 951	176 812	1 245 461	1 046 951	176 812
电子器件	万只	5 753 454	6 673 307	6 173 548	5 753 471	6 673 307	6 173 548
集成电路封装测试	万只	250 000	205 328	20 000	250 000	205 328	20 000

表 8　2015 年四川省软件产业人员构成情况

企业类别	企业数（家）	年末从业人员总数（人）	人员构成			
			管理人员（人）	在总人数中所占比例（%）	软件开发研究人员（人）	在总人数中所占比例（%）
内资企业	1 671	226 611	18 928	8.4	61 891	27.3
国有企业	38	55 392	3 445	6.2	14 623	26.4
集体企业	3	2 375	22	0.9	67	2.8
股份合作企业	4	201	36	17.9	100	49.8
联营企业	1	23	5	21.8	5	21.8
有限责任公司	788	79 132	5 769	7.3	24 479	30.9

续表

企业类别	企业数（家）	年末从业人员总数（人）	人员构成			
			管理人员（人）	在总人数中所占比例（%）	软件开发研究人员（人）	在总人数中所占比例（%）
股份有限公司	111	40 652	4 670	11.5	9 176	22.6
私营企业	712	46 426	4 861	10.5	13 120	28.3
其他内资企业	14	2 410	120	5	321	13.3
港、澳、台商投资企业	22	5 118	244	4.8	2 414	47.2
三资企业	79	20 122	2 748	13.7	7 920	39.4

表 9　2013—2015 年四川省软件产业基本情况

项目名称	单位	2013 年	2014 年	2015 年
软件业务收入	万元	16 003 085.7	18 955 652.2	21 259 096.4
软件业务出口收入	万美元	119 375.4	133 263.4	139 414.3
软件产品销售收入	万元	5 345 358.9	7 166 321.2	8 297 107.8
流动资产平均余额	万元	4 736 085.8	6 772 233.0	7 628 516.7
固定资产投资额	万元	221 242.0	512 574.8	658 234.7
资产合计	万元	15 461 547.4	22 208 445.5	16 480 076.8
负债合计	万元	8 382 776.5	9 723 978.8	11 286 355.0
税金总额	万元	927 198.0	1 214 632.0	47 400.9
利润总额	万元	2 513 511.0	2 798 245.5	3 152 582.8
应交所得税	万元	88 472.1	329 808.7	176 741.5
从业人员年末人数	人	194 359	217 730	251 851
从业人员工资总额	万元	2 668 639.3	2 381 027.5	2 331 642.6

表 10　2013—2015 年四川省软件产业三资企业基本情况

项目名称	单位	2013 年	2014 年	2015 年
软件业务收入	万元	2 084 214.5	5 625 997	1 552 231.3
软件业务出口收入	万美元	102 799.8	86 403.8	102 236.6
软件产品销售收入	万元	415 882.9	1 825 678.0	396 832.2
流动资产平均余额	万元	496 798.5	458 254.9	430 820.7

续表

项目名称	单位	2013 年	2014 年	2015 年
固定资产投资额	万元	18 182.2	239 252.6	228 240.2
资产合计	万元	4 046 451.6	1 049 297.0	712 315.5
负债合计	万元	292 295.0	418 152.8	316 296.7
税金总额	万元	34 132.9	78 348.2	7 073.9
利润总额	万元	344 326.6	747 450.7	338 560.3
应交所得税	万元	5 625.3	149 985.8	11 966.3
从业人员年末人数	人	24 784	23 282	20 122
从业人员工资总额	万元	340 143.8	284 388.5	265 844.4

注：表 1 ~表 10 数据来源于工业和信息化部、四川省经济和信息化委员会。

[供稿：四川省经济和信息化委员会]

贵 州 省

【概况】 2015 年，贵州省规模以上电子信息制造业工业增加值同比增长 102%，拉动全省工业增长 0.7 个百分点；软件和信息服务业业务收入 110.24 亿元，同比增长 24%。

贵州省平板电脑、电子白板等产品实现零突破，智能终端业态增长迅猛。大数据、云计算、物联网等新一代电子信息技术的广泛应用加快传统产业改造升级步伐，推动大健康、大旅游等产业与大数据融合发展，催生电子商务、网络新媒体、智能安防等一批新型业态。

【电子信息制造业】 2015 年，贵州省电子信息制造业智能终端业态实现产值 212.6 亿元，增长 381.8%。智能手机、平板电脑生产规模快速扩大，生产手机 2 430 万部、平板电脑 57.6 万台、触摸屏 3 300 万片、集成电路板 1 200 万片。

电子元器件、电子材料增长稳定，分别实现产值 12 亿元、110 亿元；生产电子元器件 127 亿只，同比增长 31.4%；生产电子材料 4 640 万吨，同比增长 28.6%。

贵州以晴光电集团有限公司产值突破 100 亿元，成为贵州省电子信息产业首家百亿级企业。

【软件和信息服务业】 2015 年，贵州省软件和信息服务业业务收入 110.24 亿元，同比增长 24%；实现利润总额 4.32 亿元。其中，软件产品收入 42.45 亿元，信息技术服务收入 65.92 亿元，嵌入式系统软件收入 1.87 亿元。

软件和信息技术服务业企业纳入统计 245 家，企业分布以贵阳市为主，约占 60%，遵义市占比 20% 左右，其他市州占比 20%。截至 2015 年年底，全省获计算机信息系统集成资质企业 41 家，其中，二级 3 家，三级 33 家，四级 5 家；获项目经理资质 257 人，高级项目经理资质 53 人；获信息系统工程监理丙级企业 6 家，信息系统工程监理工程师资质 56 人；通过 CMMI 认证企业 36 家，其中，二级 2 家，三级 30 家，四级 1 家，五级 3 家。

【信息基础设施】 2015年，贵州省完成投资132.7亿元，同比增长89.6%。基础设施加速提升，省互联网交换中心建成运行，实现三大电信运营商互联网本地流量交换，减少用户访问互联网延时和丢包率；互联网出省带宽能力新增960Gbps，达到3 060Gbps；数据中心初具规模，三大基础电信运营企业贵安新区数据中心一期建成投运，形成标准数据存储服务器承载能力16万台；贵州省获批国家绿色数据中心试点地区，12个数据中心获批国家绿色数据中心试点单位。贵州省成为中国电信集团南方数据基地并成为集团网络骨干节点，成为中国移动集团五大数据基地之一、中国联通集团云计算一级节点。

【两化融合】 2015年，贵州省推进信息化与工业化融合。两化融合管理体系诊断评估和贯标试点持续推进，27家企业获国家试点，约56%企业启动贯标。实施重点行业"互联网+"50家示范企业培育工程。贵州工业云平台整体功能架构逐步完善，提供云制造、工业品商城和创新创业的本地化服务，总注册登录企业3.97万户。航天电器获国家智能制造专项，瓮福和海信贵阳工厂项目获国家智能制造试点示范。

推进大数据与农业融合发展。"贵农网"农村电商平台覆盖面扩大，构建集电商交易、农技服务、农村金融、物流配送于一体的农村电子商务生态体系，打通"黔货出山"和"网货下乡"的双向通道，电商服务覆盖420万农村居民。"农经云"大数据农村综合服务平台建设94个大数据村域经济服务社，提供农村普惠金融、电子商务、科技及便民、乡村旅游、大数据应用等服务。

推进大数据与服务业融合发展。发展智慧物流，贵阳货车帮科技公司构建中国第一张覆盖全国的货源信息网，诚信认证车辆140余万台，初步构建服务全国的社会公共运力池，注册会员超过170万，为司机大幅减少货车空驶里程。贵州电子商务综合服务平台为电商主体提供店铺装修、产品拍照、商品详情页等445个应用和服务。

【信息安全】 2015年，贵州省探索建立大数据安全技术保障体系。支持基于大数据技术的网络与信息安全环境建设，加强数据保护，提升网络安全监测、预警和应急处理能力。加快大数据环境下数据的认证管理体系建设。制定大数据产业发展相关标准和规范，推动全省电子政务、电子商务的信息网络身份认证的互认互通取得突破，在人社、工商、税务等领域推动电子证书创新应用。强化信息安全管理。做好网络与信息安全监测、预警、通报，对1 000个重要网站进行24小时远程外部监测，及时对存在的安全隐患进行研判、处置。开展网络安全信息安全事件应急演练。加强对重要网站网络与信息安全的检查，开展现场检查和风险评估。

【云计算与大数据】 2015年，贵州省重点实施15个"提升政府治理能力大数据云应用示范工程"。"扶贫云"建设建档立卡管理、脱贫指挥调度、项目资金管理和扶贫工作巡检4个平台，精准识别贫困人口，全程管理脱贫路径，有效监管扶贫资金，及时评估扶贫效果。贵阳市启动"数据铁笼"行动计划试点，让权力在全程数字化记录的"阳光"下运行。"食品安全云"及时提示周期性、趋势性食品安全重点问题，保障群众"舌尖上的安全"。"环保云"对监控区域指标数据进行挖掘分析，为环境治理与突发性污染事故处置提供决策依据。"电梯应急救援处置服务平台"提升应急响应速度，救援人员到达现场平均时间为11.4分钟，大幅缩短国家规定的30分钟。"电子政务云"建成省级网上项目联审联批平台，平均承诺办理时限缩短一半。在2015年省级政府网上政务服务能力排名中，贵州省居全国第7位。

贵州省拓宽大数据在重点民生领域应用，促进数据惠民。引导公共医疗机构依法开放医疗数据，与相关机构开展合作，提升公共医疗服务水平。朗玛信息技术股份有限公司获批开展互联网医院建设试点，借助区域综合共享平台推进医疗协同，实现优质医疗资源向乡镇、社区、药店延伸；华大基因公司在兴义市采样54 513例，利用HPV筛查技术确诊癌变231例、早期浸润癌2例，200多名癌变患者得到提前发现、及早治疗。建成全省统一社会保险、养老保险信息系统，为全省城镇企业职工提供基本养老、失业、医疗、工伤、生育等便捷的公共服务。"智能交通云"的"黔通途"应用实现高速公路实时路况、路线、通行费查询，并通过互动功能实现应急救援、连线交通服务热线；推动滴滴打车、神州专车、优步、北斗位置云服务等快速发展，方便群众出行。"教育云"实现54所高校、3 215所中小学接入云平台。建成中国第一个国学云计算平台"数字孔学堂"，推动传统文化和新兴媒体融合发展。国家基础教育资源公共服务平台落户黔西南，全州中小学光纤互联网接入率92.44%，60% 的学校实现数字教育，超过全国平均水平。“智慧旅游云”在黄果树瀑布、百里杜鹃等 10 个景区开展云应用，发布贵州旅游大数据综合指数，为旅行者提供景区等级、交通拥堵、适游季节、住行购娱一体的数字服务；“太极智旅”把本地化旅游资源整合与互联网入口企业直接对接，提供智慧旅游解决方案和服务。

【重点信息化项目】 2015 年，贵州“工业云”提供 260 个云应用，企业用户 15 998 家。通过推进“互联网 +”协同制造、国家智能制造试点示范、“互联网 +”工业融合创新试点、省智能制造试点示范，贵州省两化融合指数全国排名第 20 位，上升 2 位，重点行业数字化研发设计工具普及率 40.5%，提高 4.8 个百分点，关键工序数控化率 23.4%，提高 3.4 个百分点，传统企业电商覆盖率 35.3%，提高 5 个百分点。

【产业热点】 2015 年，贵州省促进农业转型升级，“农经云”聚合省内 8 家主要涉农部门的数据资源，日均发布信息 1.5 万条，全省 100% 的乡镇和行政村全部实现“一乡一网页”和“一村一网页”，开展涉农大数据服务和农村公共信息服务。淘宝、京东、苏宁易购、赶街网等 7 家大型电商运营企业入驻贵州，助推“网货下乡”“农货进城”“黔货出山”，农村电商网点超过 1 000 家。促进服务业转型升级，大数据快速发展催生互联网金融、网络新媒体、导航服务、电子商务、呼叫中心等一批新兴业态。建成全国首个数据交易机构——贵阳大数据交易所，发展会员 312 个，发生交易会员 67 个，交易额 6 085 万元。货车帮成为中国公路车联网物流大数据的领跑者，发展会员 140 万。国家旅游局、国家质检总局、公安部、中国科学院相关数据资源先后落地贵州，国家食品安全溯源追溯云、中国文化（版权云、广电云）、华大基因（西南）库、华为（贵州）、科大讯飞、滴滴出行等数据资源签约落户贵州。

搭建开放交流平台，推动创业创新、要素集聚。先后举办贵阳数博会、云上贵州大数据商业模式大赛，筹备 2016 云上贵州 · 大数据招商引智再出发活动，“1+10”路演有序推进。

【产业环境】 2015 年，贵州省出台呼叫中心产业人才培养培训实施方案、加快推进政府数据集聚共享开放等政策文件，进一步完善促进大数据发展政策体系。市州也出台配套政策，贵阳市出台加快推进大数据产业发展的若干意见、支持呼叫中心十条、支持创客十条等措施，贵安新区出台《创客投资基金管理办法(试行)》《关于扶持花溪大学城清镇职教城大学生在贵安新区创业落户三年行动计划（2015—2017 年）》、鼓励数据资源引进等政策措施，建立“贵安创谷”创业创新孵化平台，发起设立 1 亿元创客投资基金。遵义市出台扶持服务外包及呼叫中心产业发展的政策措施。省人大颁布全国首部大数据地方法规《贵州省大数据发展应用促进条例》，填补地方立法空白。

【主要问题】 数据汇聚进展开放共享水平不高，开放交易的量还不够，大数据应用环境、场景、模式不够丰富，引领作用还需提高；大数据人才总量偏小，高端技术人才、创业人才、管理人才等高层次人才紧缺，技术性、基础性人才储备不足。

【统计数据】

表 1 2015 年贵州省电子信息制造业人员构成情况

企业类别	企业数（家）	年末从业人员总数（人）	企业类别	企业数（家）	年末从业人员总数（人）
内资企业	157	39 765	私营企业	18	4 261
国有企业	14	9 062	其他内资企业	3	1 762
股份有限公司	122	24 680	三资企业	1	158

表 2　2013—2015 年贵州省电子信息制造业基本情况

项目名称	单位	2013 年	2014 年	2015 年
工业总产值（现行价）	亿元	275	350	426
工业销售产值	亿元	247.2	332	397
出口交货值	亿元	3.4	6.4	45.7
资产总计	亿元	128.7	196.2	231.2
负债合计	亿元	63.4	98.4	137.4
主营业务收入	亿元	220.7	316.4	382.9
税金总额	亿元	5.6	9.4	14.7
利润总额	亿元	8.2	13.7	18.9
应交所得税	亿元	1.8	3.6	4.6
从业人员年末人数	人	29 066	36 507	39 765
从业人员工资总额	亿元	18.7	28.9	32.6

表 3　2013—2015 年贵州省电子信息制造业三资企业基本情况

项目名称	单位	2013 年	2014 年	2015 年
工业总产值（现行价）	亿元	1.3	1.4	1.7
工业销售产值	亿元	1.26	1.28	1.6
资产总计	亿元	1.3	1.4	1.4
负债合计	亿元	0.09	0.26	0.18
主营业务收入	亿元	1.3	1.4	1.6
税金总额	亿元	0.2	0.23	0.26
利润总额	亿元	0.09	0.26	0.32
应交所得税	亿元	0.03	0.04	0.04
从业人员年末人数	人	165	167	158
从业人员工资总额	亿元	0.09	0.11	0.13

表 4　2013—2015 年贵州省电子信息制造业主要经济效益指标完成情况

项目名称	单位	2013 年	2014 年	2015 年
全员劳动生产率	元 / 人	170 852	174 863	167 129
流动资产周转率	次	1.8	1.5	1.7

续表

项目名称	单位	2013 年	2014 年	2015 年
产品销售率	%	92.6	91.8	93.2
总资产贡献率	%	5.8	6.3	5.2
资产保值增值率	%	112.4	123.1	117.8
资产负债率	%	49.3	51.3	59.4

表 5　2013—2015 年贵州省电子信息制造业三资企业主要经济效益指标完成情况

项目名称	单位	2013 年	2014 年	2015 年
全员劳动生产率	元 / 人	273 402	268 345	278 465
流动资产周转率	次	2.6	2.5	2.4
产品销售率	%	98.7	97.9	98.9
总资产贡献率	%	7.8	7.7	7.2
资产保值增值率	%	145.6	143.4	124.6
资产负债率	%	12.1	15.2	12.9

表 6　2013—2015 年贵州省主要电子信息产品产销量情况

产品名称	单位	产量			销量		
		2013 年	2014 年	2015 年	2013 年	2014 年	2015 年
手机	万部	1 580.7	1 813	2 430	1 580.7	1 813	2 430
电子元器件	亿只	145	134	127	136	117	116
电视机	万台	122.0	115.7	174.1	119.6	106	165.7
电冰箱	万台	138.0	147.5	138.6	136	141	132.7
电子信息专用材料	千克	3 426 350	3 256 750	65 823 228	3 345 420	3 018 976	65 823 228

表 7　2013—2015 年贵州省三资企业主要电子信息产品产销量情况

产品名称	单位	产量			销量		
		2013 年	2014 年	2015 年	2013 年	2014 年	2015 年
电子级三氯氧磷	千克	900 000	870 000	960 000	880 000	810 000	960 000

表 8　2015 年贵州省软件产业人员构成情况

企业类别	企业数（家）	年末从业人员总数（人）	人员构成			
			管理人员（人）	在总人数中所占比例（%）	软件开发研究人员（人）	在总人数中所占比例（%）
内资企业	245	19 312	1 973	10.2	8 300	43.0
国有企业	33	2 175	248	11.4	1 148	52.8
集体企业	1	35	4	11.4	22	62.9
股份合作企业	5	566	71	12.5	224	39.6
联营企业	2	41	8	19.5	26	63.4
有限责任公司	132	8 405	971	11.6	4 391	52.2
股份有限公司	20	3 325	206	6.2	802	24.1
私营企业	33	3 643	349	9.6	979	26.9
其他内资企业	19	1 122	116	10.3	708	63.1

表 9　2013—2015 年贵州省软件产业基本情况

项目名称	单位	2013 年	2014 年	2015 年
软件业务收入	万元	707 286	889 104	1 102 422
软件产品销售收入	万元	286 687	351 392	424 495
流动资产平均余额	万元	581 539	742 934	714 995
固定资产投资额	万元	13 177	20 377	17 064
资产合计	万元	939 926	1 232 256	1 265 246
负债合计	万元	521 147	610 333	572 260
税金总额	万元	37 717	37 395	42 077
利润总额	万元	36 503	36 094	43 247
应交所得税	万元	4 289	6 036	6 186
从业人员年末人数	人	12 008	14 574	19 312
从业人员工资总额	万元	67 149	72 494	90 959

表 10　2013—2015 年贵州省软件产业主要经济效益指标完成情况

项目名称	单位	2013 年	2014 年	2015 年
全员劳动生产率	万元 / 人	58.9	61.0	67.8
流动资产周转率	次	1.2	1.2	1.6

续表

项目名称	单位	2013 年	2014 年	2015 年
总资产贡献率	%	10.5	10.9	8.5
资产保值增值率	%	128.0	139.7	109.9
资产负债率	%	55.4	49.5	45.2

注：表 1 ～表 10 数据来源于贵州省经济和信息化委员会。

［供稿：贵州省经济和信息化委员会］

云 南 省

【概况】 2015 年，云南省信息产业完成主营业务收入 482 亿元。其中，电子信息制造业完成主营业务收入 105.94 亿元，同比增长 18.5%；软件和信息技术服务业完成主营业务收入 65.28 亿元，同比增长 5.9%。“十二五”期间，云南省电子信息产业年均增速 10.7%。电子信息产业统计内企业 124 家，其中，电子信息制造企业 18 家，软件和信息技术服务企业 106 家。

云南省主要电子产品中，其他数字程控交换机产量 5.77 万台，增长 9.8%；台式微机产量 4 300 台，下降 43.4%；存折（针式）打印机产量 5.54 万台，下降 16.1%；有线电视机顶盒产量 6.93 万部，下降 60.3%；传感器产量 6.27 万只，下降 0.3%；荧光灯产量 40.8 万只，下降 23%。

【电子信息制造业】 2015 年，云南省电子信息制造业实现工业总产值（现行价）84.21 亿元，同比增长 12.3%；出口交货值 1.67 亿元，同比下降 39.3%；利润总额 7.33 亿元，同比下降 12.8%；上缴税金 3.04 亿元，同比增长 29.9%；从业人员年末人数 13 493 人，同比下降 0.9%；从业人员工资总额 7.05 亿元，同比增长 53.0%；总资产贡献率 6.49%，增长 152%。初步形成以红外及微光夜视、光电子信息材料、太阳能电池等为主导，以光机电一体化设备、半导体照明、OLED 等产业为补充的光电子产业发展格局。

北方夜视科技有限集团公司是国内专业化水平最高、规模最大的以红外、微光技术为主的光电夜视产业基地，产业规模和技术水平居世界先进行列，拥有中国唯一一条能批量生产一代、二代、高性能微光像增强器的生产线，产品技术水平和生产能力居世界前四，是中国唯一专门从事红外材料、红外探测器、红外热像仪研发、生产的单位。

云南临沧鑫圆锗业股份有限公司是国内锗产业链最完整、锗金属保有储量最大、锗产品产销量最大的锗系列产品生产商和供应商，是中国唯一一家集锗矿开采、冶炼及深加工为一体的锗业上市公司，产品市场占有率居行业首位。

南天电子信息产业股份有限公司的金融电子产品保持高速增长，存折打印机、BST 银行自助服务终端、BP 系列磁卡读写设备等产品均有良好的市场份额。公司在网络设备及前端系统方面具备较强的竞争力，凭借自行研制开发的设备成为中国银行总行选型认证通过的五大外设供应厂商之一。

贵研铂业股份有限公司是中国目前唯一一家贵金属行业的高科技上市公司，生产的贵金属信息功能材料包括半导体气体传感器，贵金属厚膜电子浆料等。随着中国贵金属废弃物高峰的到来，公司年回收 5 吨贵金属募投项目的逐步投产建成，贵金属再生成为主要业务，在铂族金属需求景气持续上行的运行背景下，二次回收业务的快速增长成为公司业绩增长的最大推力。

昆船电子设备有限公司是国内规模最大、水平最高的物流自动化系统生产基地，堆垛机、激光自动引导车（AGV）、穿梭车、密集缓存、滑鞋式分类机、自动货柜等物流自动化设备填补多项国内空白，使云南省的烟草工业信息化应用处于全国领先水平，成功开发达到国际先进水平的烟草制丝成套设备、打叶复烤成套设备。

【软件和信息服务业】 2015年，云南省软件和信息服务业实现软件业务收入44.24亿元，下降5.8%；软件产品销售收入11.45亿元，增长1.7%；利润总额2.67亿元，增长8.5%；上缴税金2.18亿元，增长20.4%；从业人员年末人数10 741人，下降0.4%；从业人员工资总额6.06亿元，下降12.2%；总资产贡献率7.14%，下降11.1%。立足服务本地企业，软件和信息技术服务企业106家。其中，南天电子信息产业股份有限公司为中国软件收入前百家企业，软件业务收入超过15亿元；7家公司软件业务收入上亿元。

南天电子信息产业股份有限公司的核心业务是金融电子，在银行业务终端、网络、软件、核心业务系统等方面均有涉及，在解决银行IT综合方案领域具有充分优势。公司银行外包服务紧跟客户需求，业务实现良性发展。随着银行IT服务外包逐渐成为趋势，与中国银行、建设银行、农业银行、交通银行等客户保持并开拓软件外包和数据中心外包服务业务，启动基于云计算的开放式银行业务系统，为加强中国金融系统安全提供更多选择。

中通网信公司全面开展系统集成、网络维护、软件开发、语音增值、声讯服务和IT产品销售等业务，先后承揽云南省农村中小学现代远程教育、云南省电子政务一至四期、全省无线电监测网等具有重大影响的大型网络项目实施工作；实施昆明、大理等地平安城市，招商银行云南省分行视频会议系统、云南省红云集团视频会议系统项目，云南省电子政务Internet门户网数据存储备份等项目。

电信公众信息产业有限公司从事通信产业运营服务，为云南信息港等政府网站提供系统维护；具有云南信息港、电信短信平台、企业呼叫中心、企业集团彩铃、IPTV（互联网电视）等优良的“三屏融合”信息交互通道，运用“三网融合”与“三屏融合”的业务运营支撑能力以及相关资源的整合能力，依托电信的网络和业务平台进行“新业务和运营服务”业务的开发与合作。

东讯科技有限公司开发建设在国内具有创新性和领先性的云南省基层网络党建平台，开发的“中国中小企业云南网”为云南省内外中小企业提供从电子商务、政府服务到企业信息化的全方位服务。“云南省中小企业网上融资服务平台”依托云南省工商局全省企业数据库，有效解决省内中小企业融资难的问题。“GMS企业电子商务平台”是一个立足云南、连接内地、辐射GMS及东盟区域的国际企业服务及电子商务贸易平台，开通英、中、泰、缅、越、老、柬7个语言版本，是GMS区域规模最大、信息最全、企业最多的大型国际电子商务平台。

科海电子有限公司利用CRM项目实施有效的客户资源管理，通过完善的客户信息来支持不同业务角色面向客户的工作，提高面向客户的工作有效性和效率，从而提升客户满意度。公司承建的云南省高等级公路管理中心智能化办公大楼，包括安防系统、综合布线系统、网络系统、服务器及软件系统、会议室系统、信息发布系统、有线电视系统、电视电话会议系统、机房工程等子系统获得“云南省2011年度优质工程一等奖”。

【信息基础设施】 截至2015年年底，昆明国际通信出入口局初步建成，国际光纤网直接连接缅甸、老挝。云南省信息网络日益完善，网络接入和传输能力显著增强，全省传输光纤总长度达到76万千米，5条出省光纤汇入国家光缆网。国际通信业务服务范围扩增到越南、老挝、缅甸、泰国、柬埔寨、印度、斯里兰卡、孟加拉国8个国家。出省宽带扩容至5Tbps，省内宽带扩容至7.2Tbps，光网覆盖率提升至94%，100%的行政村实现光纤到村，光纤宽带覆盖户数超过700万户，实现4G网络对全省城区、乡镇、行政村、风景区、公共交通干线全覆盖。电话用户4 167.3万户，移动电话普及率80.9部/百人，固定宽带用户377万户，移动互联网用户2 777万户。全省广电传输网络基本完成整合改造，有线电视用户超过500万户，广播电视综合覆盖率97%。全面启动“十二五”广播电视村村通、户户通工程，完成情况良好。昆明市入选三网融合第二批试点城市。

【信息产业基地和园区】 呈贡信息产业园区（新一代新技术产业核心区）是经云南省政府批准确认的省级工业园区，是全省唯一以大数据、云计算信息产业为特色的专一园区。园区区位优势和交通优势突出，总体规划面积约30.3平方千米，呈“一园三区”的开发格局，即万溪核心区、高校区、宝相科学区。园区依托高校产学研优势和呈贡新区产城一体化布局，打造辐射南亚和东南亚区域性国际信息服务中心、国家信息产业示范基地、云南省云计算中心和大数据中心、云南省信息产业发展高地和核心园区、云南省实施“云上云”计划的核心基地。

电子硅材料产业集群（红河、保山、德宏、楚雄、丽江等工业园区）重点发展依托隆基集团、韩国OCI公司千亿级单晶光伏产业龙头项目，整体引进和带动产业链上下游配套产业。

红河综保区（蒙自经开区）重点发展计算机、通信设备、智能手机、智能家电、平板电脑、液晶显示模组、触摸盖板、智能机器人制造、跨境电子商务、出口加工配套产业以及小语种软件和机器翻译。

昆明高新区立足软件和信息服务业，重点发展移动互联网、空间地理信息、互联网金融、物联网、GSM（跨境）电子商务、北斗导航、泛亚语种软件、机器翻译、数字内容加工、信息内容服务、远程医疗等信息服务。

昆明经济开发区重点发展半导体材料、光电子材料及产品、金融电子产品、物流分拣系统以及面向南亚和东南亚的信息通信设备、物联传感器件设备、北斗导航设备、电子产品、软件产品、机器翻译产品等。

玉溪高新区重点发展LED显示器件、太阳能光伏、云计算大数据中心、大数据分析挖掘、呼叫中心外包、物联网、移动互联网、跨境电子商务等。

曲靖经开区重点发展光电子、电子材料、智能终端、汽车电子、物联网、智能工业等。

保山工贸园区重点发展云计算和大数据中心、数据分析应用、数据存储及容灾备份、内容分发网络（CDN）、数字内容加工、信息内容服务以及面向南亚和东南亚的云计算大数据应用中心、软件外包及信息服务、国际数据服务外包等。

文山州砚山电子信息产业园重点发展广播电视设备及数字视听产品、汽车导航、音响、液晶显示屏等。

【两化融合】 2015年，云南省3家企业参加全国两化融合管理体系贯标首批试点认定并顺利通过，遴选推荐上报23家企业申报工业和信息化部2015年两化融合管理体系贯标（第二批）试点，6家被确定为试点企业。

组织开展全省两化融合培训（省级1期、州市8期）、两化融合昆明高峰论坛、工业园区两化融合论坛等活动，通过两化融合政策宣讲、两化融合管理体系贯标经验及云南省工业企业两化融合服务支撑能力建设项目成果分享，多层次推进全省两化融合向纵深发展。

研究制定《2015年云南省区域两化融合发展水平评估工作方案》，启动全省16个州市两化融合发展水平评估工作。通过“云南两化融合网暨两化融合评估系统”的推广应用，在全省范围内以州市为单位组织开展云南省区域两化融合发展水平调研普查和两化融合发展水平评估分析工作。619家企业参与云南省数据填报工作，数据分析与评估报告正在编制中。

在互联网与工业融合创新领域，昆明钢铁控股有限公司基于移动互联的移动办公系统建设，为企业提供一套完整便捷的协同办公平台，在个人事务、公文流转、流程管理等方面得到全面应用，电子商务系统建设实现详细、准确、快速的采销业务数据收集和处理，建立昆钢内部物资快捷、高效、敏捷的阳光采购平台、产品销售及贸易平台，实现供应商管理、客户关系管理，实现供应商、客户与昆钢的业务协同，减少采购、销售成本，降低库存及资金占用，减员增效，实现商流、信息流、资金流、物流的统一，并建立面向社会的公共服务平台，提供采购、销售、物流及相关增值服务。

在工业云领域，云南冶金集团工业云建设项目完成集团工业云基础平台建设，昆钢控股有限公司进行企业私有云建设。通过工业云计算建设，逐步实现去小机、去集中存储，建立分布式存储系统，逐步建立完善自主研发的软件开发平台，为企业内外部提供平台开发服务，逐步调整现有生产经营管理系统，调整架构实现云端化，为集团、其他企业、社会提供个性化软件按需服务。

在工业大数据领域，昆钢控股有限公司建立数据仓储系统、商务智能分析系统，云铜集团在4S1P项目的推动下，构建以信息资源标准为基础、信息安全为保障的数据交换服务平台、数据加工存储平台和数据分析应用平台（即数据中心），初步形成云南铜业决策分析系统，并已融合相对稳定的云铜整体系统架构。

【信息安全】 2015年，云南省完成省电子政务灾备中心建设研究报告，推进省电子政务同城灾备中心建设。

推进云南政务安全统一接入建设。在前期试点工作基础上，全面提高平台接入能力及安全防护能力，保证托管平台托管业务的连续性。一批重点政务平台通过平台得到安全的网络接入服务。

进一步推动云南数字证书认证应用，完善网络信任体系。加大对云南省推广应用数字证书认证的支持力度，进一步促进云南工商、税务、公共资源交易、环保、社会保障以及电子商务等领域网络信任体系和信息消费环境建设。开展电子签名法与数字认证应用宣传，增强个人对《电子签名法》等法律法规的认识，增强信息保护意识，推进身份认证、网站认证和电子签名等网络信任服务，进一步构建安全可信的信息消费环境。

【重点信息化项目】 华为玉溪云计算数据中心位于玉溪高新区九龙片区电子信息产业园，总用地面积35亩，一期工程于2014年8月开工建设，预计2016年6月投入运营。一期工程建筑面积1.26万平方米，可配置云计算机柜1 000台，可提供1万台云服务器、80PB存储、2万台云电脑的云计算服务能力。二期项目建成后，机房面积3万平方米。目前在电信机房共37个物理机柜，移动机房50个机柜，公有云平台具备交付能力，承接教育云、众创空间、智慧城市等互联网业务。已经交付教育云一、二期项目，高新区众创平台项目。日报社容灾项目、卫生局项目预计、政务云平台正常推进。构建云计算产业的产品研发、运营服务、基础设施配套三位一体的产业集群，带动区域内信息产业结构升级。该中心是华为集团云服务业务的全国二级节点，是西南大区产业支撑中心、华南区域和东南亚地区云服务业务承接中心、东南亚跨境电子商务中心、小语种服务外包中心、东南亚离岸数据中心、全国业务备份中心。该中心计划2016年8月30日完成基础设施建设，年底前全面投入运营。

浪潮昆明云计算产业园总体规划88亩，一期建设30亩，主要以建筑面积6 000平米的云计算中心为核心载体，结合大数据研发、软件实训、小语种研发与软件测评等功能，建筑面积3万平米，预计投资6亿元。大数据研发中心、软件实训基地、小语种研发中心与软件测评中心主体建筑已经封顶，云计算中心一期主体工程已完成基础建设，预计2016年年底完成基础装修，2017年3月正式投入运营。

【主要问题】 产业基础薄弱。云南省信息产业总体规模小，信息产业门类不全。

信息技术和产业发展严重滞后。以自然资源为主的电子材料占云南省电子信息产品比重达1/3以上，缺少规模大、市场广、产业链长的特色产业支撑。

高端人才匮乏。特别是新一代信息技术领军型人才、复合型人才和高端技术人才不能满足需求。企业创新活力与技术创新能力明显不足，发展后劲不足。

环境支撑不足。政策体系、投融资平台、产业园区、市场监管等相关要素不完善，特别是软件和信息技术服务类企业融资难问题较明显，企业研发投入和投资意愿不强。

【统计数据】

表1　2015年云南省电子信息制造业人员构成情况

企业类别	企业数（家）	年末从业人员总数（人）	其中：研发人员（人）
内资企业	15	11 010	4 127
国有企业	4	1 354	173
有限责任公司	7	4 452	1 308
股份有限公司	3	5 170	2 643
私营公司	1	34	3
港、澳、台商投资企业	2	2 432	31
三资企业	1	51	9

表 2　2013—2015 年云南省电子信息制造业基本情况

项目名称	单位	2013 年	2014 年	2015 年
工业总产值（现行价）	万元	676 464	749 901.7	842 148.7
工业销售产值	万元	632 475.6	706 000.7	842 148.7
出口交货值	万元	11 455.8	27 489.4	16 665.1
流动资产平均余额	万元	857 180.8	905 600.3	1 035 905.8
固定资产净值平均余额	万元	216 493	265 553.3	324 253.5
资产总计	万元	1 453 715.2	1 566 670.9	1 773 965.5
负债合计	万元	503 154.7	539 723.9	670 613.9
主营业务收入	万元	815 584.6	894 280.6	1 059 381.0
税金总额	万元	5 411.3	4 586.1	4 455.0
利润总额	万元	70 720.9	84 114.5	73 286.0
应交所得税	万元	7 501.7	6 100	10 424.8
从业人员年末人数	人	12 870	13 620	13 493
从业人员工资总额	万元	66 739.5	46 074.9	70 501.0

表 3　2014—2015 年云南省电子信息制造业三资企业基本情况

项目名称	单位	2014 年	2015 年
工业总产值（现行价）	万元	5 258.1	5 063.2
工业销售产值	万元	5 258.1	5 063.2
流动资产平均余额	万元	4 950.4	5 364.4
固定资产净值平均余额	万元	44.8	71.3
资产总计	万元	4 995.6	5 436.0
负债合计	万元	1 493	1 632.7
主营业务收入	万元	5 020.8	5 063.2
税金总额	万元	46.4	35.9
利润总额	万元	520.7	363.7
应交所得税	万元	147.3	61.9
从业人员年末人数	人	53	51
从业人员工资总额	万元	393.6	173.0

表 4　2013—2015 年云南省电子信息制造业主要经济效益指标完成情况

项目名称	单位	2013 年	2014 年	2015 年
全员劳动生产率	万元 / 人	53.6	55.1	64.2
流动资产周转率	次	0.95	0.99	1.0
产品销售率	%	93.5	94.2	100.0
总资产贡献率	%	7.9	2.6	6.5
资产保值增值率	%	19.3	7.4	5.9
资产负债率	%	34.6	34.5	37.8

表 5　2014—2015 年云南省电子信息制造业三资企业主要经济效益指标完成情况

项目名称	单位	2014 年	2015 年
全员劳动生产率	万元 / 人	99.2	103.3
流动资产周转率	次	1.01	0.9
产品销售率	%	100.0	100.0
总资产贡献率	%	22.0	8.8
资产保值增值率	%	–0.5	8.6
资产负债率	%	28.8	30.0

表 6　2013—2015 年云南省主要电子信息产品产销量情况

产品名称	单位	产量			销量		
		2013 年	2014 年	2015 年	2013 年	2014 年	2015 年
其他数字程控交换机	线		52 597	57 749		52 597	57 749
台式微机	台	12 200	7 600	4 300	12 200	7 600	4 300
针式打印机	台	71 219	66 040	55 419	66 611	58 061	55 662
有线电视机顶盒	部		174 610	69 282		174 610	69 282
传感器	万只	5.4	6.29	6.27	5.35	6.24	6.22
荧光灯	万只		53	40.8		52	37.5

表 7　2014—2015 年云南省三资企业主要电子信息产品产销量情况

产品名称	单位	产量		销量	
		2014 年	2015 年	2014 年	2015 年
其他数字程控交换机	线	52 957	57 749	52 957	57 749

表 8 2015 年云南省软件产业人员构成情况

企业类别	企业数（家）	年末从业人员总数（人）	人员构成			
			管理人员（人）	在总人数中所占比例（%）	软件开发研究人员（人）	在总人数中所占比例（%）
内资企业	104	10 579	1 444	13.6	4 987	47.1
国有企业	13	2 187	311	14.2	1 005	46.0
股份合作企业	1	24	6	25.0		
有限责任公司	35	1 834	378	20.6	896	48.9
股份有限公司	5	4 179	358	8.6	2 507	60.0
私营公司	47	2 246	344	15.3	563	25.1
其他内资企业	3	109	47	43.1	16	14.7
港、澳、台商投资企业	1	60	4	6.7	56	93.3
三资企业	1	102	16	15.7	86	84.3

表 9 2013—2015 年云南省软件产业基本情况

项目名称	单位	2013 年	2014 年	2015 年
软件业务收入	万元	552 840.0	469 826.0	442 406.7
软件业务出口收入	万元	275.5	240.0	260.0
软件产品销售收入	万元	80 557.5	112 615.9	114 547.9
流动资产平均余额	万元	631 490.5	624 424.1	1 788 277.3
固定资产投资额	万元	17 504.0	10 521.8	6 969.6
资产合计	万元	892 495.4	870 763.0	866 812.0
负债合计	万元	462 945.4	465 451.1	469 518.9
税金总额	万元	18 667.6	7 444.5	7 555.6
利润总额	万元	33 667.9	24 647.8	26 724.7
应交所得税	万元	5 724.6	4 043.4	5 128.0
从业人员年末人数	人	11 575	10 785	10 741
从业人员工资总额	万元	102 674.1	68 995.2	60 580.6

表 10　2013—2015 年云南省软件产业三资企业基本情况

项目名称	单位	2013 年	2014 年	2015 年
软件业务收入	万元	1 762.9	1 481	1 648
软件业务出口收入	万元	275.5	240	260
软件产品销售收入	万元	1 762.9	1 481	1 648
流动资产平均余额	万元	891.8	874	3.5
资产合计	万元	911.7	916	804
负债合计	万元	207.2	203	125
利润总额	万元	–8.1	–6	–34
从业人员年末人数	人	95	95	102
从业人员工资总额	万元	776.3	275	946

表 11　2013—2015 年云南省软件产业主要经济效益指标完成情况

项目名称	单位	2013 年	2014 年	2015 年
流动资产周转率	次	1.22	13.1	36.5
总资产贡献率	%	7.1	8.0	7.1
资产保值增值率	%	100.2	100.1	9.6
资产负债率	%	51.87	51.7	54.2

表 12　2013—2015 年云南省软件产业三资企业主要经济效益指标完成情况

项目名称	单位	2013 年	2014 年	2015 年
流动资产周转率	次	1.98	12.4	470.9
总资产贡献率	%	–0.9	–0.97	–4.2
资产保值增值率	%	99.99	99.96	–4.8
资产负债率	%	22.72	32.9	15.6

注：表 1~ 表 12 数据来源于云南省电子工业行业协会。

[供稿：云南省工业和信息化委员会]

西藏自治区

【概况】 2015 年，西藏自治区以保障和改善民生为立足点，以促进信息技术普及应用为主线，以重点信息化项目为抓手，坚持创新驱动、特色发展，推动信息化与工业化深度融合，推进政务信息化、电子商务发展，完善农牧区综合信息服务体系，培育发展云计算、大数据、物联网、移动互联网等新应用、新业态，不断壮大自治区电子信息产业，确保重要工业控制系统网络安全，进一步提升国民经济和社会信息化水平。

【软件和信息服务业】 2015 年，西藏自治区专业从事软件开发、系统集成和信息服务的企业 54 家，其中，本地企业 39 家，内地公司在藏设立的分公司或子公司 15 家。涌现出西藏珂尔信息技术有限公司、金采科技股份有限公司、华盛信息技术有限公司等为代表的一批本地优秀软件和信息技术服务企业。此外，自治区继续推进藏文信息技术标准、藏文软件研发与应用推广，逐步培育西藏特色信息产业，指导有关企业筹备发起成立自治区电子信息行业协会，帮助本地软件和信息技术服务企业提高相关服务资质等级水平，为本地信息化建设提供有力支撑。截至 2015 年年底，4 家企业获得国家计算机信息系统集成 3 级资质，1 家企业获得信息系统工程监理乙级资质。

【信息基础设施】 截至 2015 年 12 月，西藏自治区电话用户 306 万户，电话普及率 96 部 / 百人；固定电话用户 34.9 万户，固定电话普及率约为 11%；3G 移动电话用户 133.9 万户，3G 普及率 42%。

截至 2015 年年底，农牧区通讯基础设施完成 684 个乡镇通光缆，乡镇通光缆率 100%，累计实现 4 208 个行政村通宽带，行政村通宽带率 80%。加强寺庙通信建设力度，累计完成 1 770 座寺庙通电话。

截至 2015 年 12 月，全区 8Mbps 以上宽带接入用户 14.9 万户，占比 58.4%；20Mbps 以上宽带接入用户 13.6 万户，占比 53.3%。固定互联网用户家庭普及率 34%。移动互联网接入流量逐年增幅较大，流量超过 738.2 万 GB，同比增长超过 39.8%。互联网升级出口宽带 263.8GB。

西藏自治区推进“宽带西藏”专项行动和“消除移动通信盲区”工程，实现乡乡通光缆，且流量资费水平进一步下降，行政村宽带开通率达到 80% 以上，全区互联网用户 217 万户。通信网络建设水平进一步提升，提高主要交通干线的移动通信信号覆盖率，国道信号覆盖率达到 90% 以上，省道信号覆盖率达到 64% 以上，实现了 A 级以上景区景点移动通信信号的全覆盖。

【电子商务】 2015 年，西藏自治区全面完成工程建设各项前期工作，完成核心业务平台开发及试运行，总体进度达到初步设计要求；与阿里巴巴集团的合作取得进展，“淘宝特色中国——西藏馆”正式上线运行，联合阿里巴巴组织开展“结缘西藏”特色产品网上大型营销活动，参与淘宝网“土蛋攻城战”等全国性活动，展示西藏特产魅力。

【农村综合信息服务体系】 2015 年，西藏自治区建设 1 700 个农村综合信息服务站，累计完成 3 000 个站点的建设任务，实现西藏农村综合信息服务平台的搭建和手机 APP 客户端的上线运行。自治区农村综合信息服务站工程“十二五”规划任务完成。

【两化融合】 2015 年，西藏自治区完成起草《“两化融合”五年行动计划》，开展区域两化融合评估，组织举办相关培训两期，指导推进自治区工业企业开展全国两化融合管理体系试点。2015 年，自治区两化融合指数同比提高 3 个点。全区工业和服务业继续保持快速发展，信息化步伐明显加快，两化融合发展指数达到 35 分。民爆、采矿等重点高危行业企业生产自动化和数字化水平显著提升，食饮品、藏药、天然饮用水等行业质量安全追溯体系建设加快推进，计算机辅助设计在藏毯、皮革制造等传统特色产业中进行试点应用和推广，拉萨百货、百益超市、西藏金哈达羊绒制品等企业借力优势电商平台开拓国内外市场，华泰龙数字矿山信息化建设、西藏高争民爆两化融合安全生产等一批两化融合重点项目陆续建成，拉萨经济开发区、达孜工业园区管理信息化水平进一步提升。两化融合管理体系在重点企业中得到普及推广，管理体系理念得到更多企业管理者的认同，企业通过贯标引领管理、生产和经营创新的意识逐步加强。

【电子政务外网】 2015年，西藏自治区电子政务外网接入927家单位，包括自治区所有厅级单位、4地3市处级以上单位、5个驻区外办事处及全区74个县和1个口岸的10家单位。截至2015年年底，区电子政务外网机房完成建设，并为自治区9个厅局开发门户网站。

【产业热点】 2015年，自治区工业和信息化厅组织中国移动西藏公司和本地信息技术服务企业研发搭建具备藏汉双语功能的农村综合信息服务平台，通过“两屏、两站、一热线”（网站、手机客户端、村级信息服务站、语音热线）等多个业务系统，打造集信息采集、发布、处理、存储、开发应用为一体的综合应用交互平台。在第二届世界互联网大会上，西藏农村综合信息服务平台作为唯一且首次参展世界互联网大会的西藏项目，在互联网之光“双创”展区展出。西藏农村综合信息服务平台充分展现西藏实施“互联网+”行动计划、推动农牧区发展稳定取得的新面貌、新景象。

西藏自治区商务厅与河南省电子商务协会战略合作签约，标志着西藏首次打开与内地电子商务平台的互动，并以此为依托，打造“走出去”的电商品牌。自治区拥有许多特色产品，虫草、藏红花、贝母、藏香、牦牛制品等一大批特色产品享誉海内外，是西藏发展电子商务的独特优势。据统计，2015年，自治区电子商务销售收入1 135万元，其中，拉萨百货、百益超市和圣美家超市线上销售收入145万元，西藏七芝堂实业有限公司线上销售收入280万元，西藏金哈达羊绒制品线上销售收入710万元。

“淘宝特色中国——西藏馆”首次举办大型营销活动。24个店家参加此次营销活动，涵盖高原农牧特产、手工艺品、藏药材等90余种产品，交易额330万元，成交总单数9 000余单，其中牦牛肉干单数1 495单，为单品订单量最高。

[供稿：西藏自治区工业和信息化厅]

陕 西 省

【概况】 “十二五”期间，陕西省抓好一批重大项目的招商引资工作，加快发展集成电路、智能手机、北斗卫星导航、物联网、云计算与大数据等新一代信息技术产业，推动全省电子信息产业呈现良好发展势头。

2015年，陕西省电子信息产业实现主营业务收入1 957.1亿元，同比增长25%，实现较高增长速度。其中，电子信息产品制造业规模以上企业实现销售产值817.4亿元，同比增长37.4%；软件服务业实现业务收入1 139.7亿元，同比增长28.6%。陕西省电子信息产业实现出口交货值256.81亿元，同比增长81.6%；累计完成固定资产投资486.04亿元，同比增长11.3%。

2015年，陕西省电子元器件生产92.1亿只，销售82.8亿只，分别同比增长54.5%和38.9%；集成电路生产1.4亿只，销售1亿只，分别同比下降65.9%和67.7%。陕西省软件和信息服务产业实现软件产品收入316.6亿元，同比增长16.8%，占总业务收入的27.8%；信息技术服务收入711.6亿元，同比增长22.4%，占总业务收入的62.4%；嵌入式系统软件收入111.6亿元，同比增长23.7%，占总业务收入的9.8%。

【电子信息产品制造业】 三星存储芯片配套的封装测试项目于2015年上半年完成全部5亿美元投资，顺利投产。西安卫光科技公司的6英寸器件线一期生产线全面打通并投入运营。华天科技（西安）公司的智能移动终端集成电路封装产业化项目开始建设。协调有关部门和开发区开展集成电路重大项目招商工作，加强联系中兴通讯股份有限公司，力争中兴微电子工厂项目落户西安。

引进酷派1 500万部的智能手机生产项目，智能手机产业集群初具规模。中兴智能手机项目形成批量生产能力，全年累计产量达500万余部，实现产值30亿元；比亚迪6 000万套手机金属壳项目于2015年1月建成投产，全年产量近1 000万套，实现产值15亿元。

协助咸阳市与中国电子信息产业集团有限公司商谈，在咸阳市投资建设8.6代TFT-LCD生产线。项目总投资280亿元，建筑面积约90万平方米，建成后形成月投入120K张玻璃基板（2 250mm × 2 600mm）生产能力。项目建成投产后，既可以带动彩虹集团走出困境，又可以填补咸阳市乃至全省的产业空白，吸引上下游企业跟进投资。

在西安市召开第六届中国卫星导航年会。国内外2 000多名卫星导航领域的知名专家、学者和企业界代表通过学术交流、高端论坛、展览展示、科学普及等一系列活动，带动陕西省卫星导航产业的发展氛围，促进卫星导航及应用产业发展。

典型企业 陕西电子信息集团有限公司（以下简称电子集团）是陕西省发展电子信息、太阳能光伏和半导体照明产业的龙头企业。电子集团拥有一级企业20家，在岗职工3.2万余人，所属企业大多数始建于上世纪五六十年代，是中国“一五”期间和“三线建设”时期兴建的企业。半个多世纪以来，集团企业先后承担多项国家军事电子装备、元器件、原材料的研制和生产任务。电子集团拥有国家级企业技术中心1个、国家地方联合工程研究中心1个、国家级科技企业孵化器1个、院士专家工作站3个、博士后创新基地1个、博士后科研工作站4个、省级企业技术中心13个、省级工程研究中心6个、省级工程技术研究中心7个。截至2015年年底，电子集团累计获权专利855件，其中发明专利142件。获得中国驰名商标认定2件，获得省级著名商标认定6件，获得软件著作权13件，获得集成电路布图设计权3件。作为首家通过省知识产权局的企业知识产权管理规范贯标试点验收的企业，拥有52个电磁环境实验室、可靠性摸底实验室、环境实验室、三防实验室、电声实验室等。2015年，电子集团实现营业收入133.27亿元，资产总额268亿元，在第29届电子百强排名中居第43位。

彩虹集团是中国首家从事彩色显像管及其玻壳、荧光材料等全套零部件配套的企业。近年来，随着新型显示器件的蓬勃发展，彩虹集团推进企业战略转型，着力培育液晶基板玻璃和光伏玻璃等重点产业，持续加大技术攻关和人才引进，5代、6代生产线良品率逐步提升并全面掌握量产技术和工艺，并获批建设中国首家平板显示玻璃工艺技术国家工程实验室和国内首批、行业唯一的智能制造试点示范项目。2015年12月25日，8.6代液晶面板生产线项目开工建设，预计2017年四季度完成项目建设工作；改建完成1条盖板玻璃生产线，正在进行产品用户认证，小批量送货，适时计划启动第2条盖板玻璃生产线的建设。在产业结构调整的基础上，彩虹集团建立“一个集团、五个专业公司”，推进电子玻璃、光伏及电子材料、LED、CF、现代服务业5项发展管控架构。拥有二级全资子公司、控股公司、参股公司20余家，拥有2家上市公司；现有职工约8 000人，总资产188亿元。2015年，集团实现营业收入36.94亿元。

西安中兴新软件有限责任公司成立于2008年12月，注册资金6亿元，主要从事手机、无线通讯系统及部件、下一代通讯系统预研等研究与开发以及软件产品的生产和销售。2014年7月，中兴通讯智能终端项目落户西安。2015年，中兴公司落地陕西的专利申请包括中国专利和PCT专利申请100件，软件著作权200个，软件产品200个；各项经济指标完成情况良好，完成全年计划产值和固定资产投资指标，其中，营业收入113亿元，利润3.8亿元，利税5.8亿元，员工人数累计10 300人。

华天科技（西安）有限公司成立于2008年1月30日，是中国从事集成电路封装测试的知名企业之一，注册资本15.4亿元（由天水华天科技股份有限公司和国家集成电路产业投资基金股份有限公司两个法人共同出资）。公司位于西安经济技术开发区凤城五路105号，建筑面积93 230平方米，主要从事高端集成电路封装测试研发、生产及销售业务。年封装能力25亿块，封装成品率99.8%；集成电路产品年测试能力20亿块，是陕西省最大的封装测试企业，也是西部最大的高端集成电路封测企业，在智能移动终端领域和基板类先进封装技术、成本、基板类产品上均保持国内领先优势。截至2015年年底，公司拥有员工2 300人，总资产235 764万元，负债50 845万元，总产值88 878万元，营业收入78 718万元，利润总额11 215万元，纳税2 858万元，进出口总值70 883万元，其中出口创汇30 842万元。预计到2020年，企业集成电路封装规模将达到40亿只，可实现销售额20亿元。

【软件和信息服务业】 陕西省是国内最早从事软件产品研发、生产和服务的省份之一。近年来，陕西省把大力发展软件及信息技术服务产业作为转变经济发展方式、提高综合实力的重要组成部分。陕西省稳定的人才保障、高效的政府服务、良好的生态环境及完善的产业配套，也为软件及信息技术服务产业提供良好发展环境。

陕西省软件服务业连续12年保持25%以上的高速增长速度，越来越多的跨国软件企业正在纷纷落户陕西，陕西省在软件及信息技术服务方面的价值和地位已不亚于东部省份和沿海地区。以软件及信息技术服务产业为代表的“低碳经济”，已经成为陕西省经济社会发展的新亮点和新引擎。

陕西省本土软件企业的研发实力和竞争力不断增强，承担众多国家级重点项目。近年来，西安协同数码公司、西安华芯公司、西安华迅微电子公司、西安交通大学、西安电子科技大学等单位承担多个国家核高基重大科技项目；西安航空计算机研究所在国产飞机的计算机系统及网络方面技术遥遥领先，占据该领域绝大部分市场份额；西安西电捷通公司、西安未来国际公司参与国家有关信息安全和信息技术服务标准（ITSS）的制定工作；西安交大捷普公司、西安三茗科技公司等一批优秀本地企业，开发生产一大批具有自主知识产权的软件及信息安全产品，网络和信息安全产品的市场份额占全国的13%。同时，陕西省软件企业的信息系统集成能力较强，综合服务水平全国领先。

陕西省形成以西安高新区的软件产业、西咸新区的大数据产业、航天基地的北斗导航产业、经济技术开发区及国际港务区的信息技术服务产业为重点承载区的软件和信息技术服务产业空间分布格局。

【产业环境】 2015年，陕西省发布推进集成电路产业发展的实施意见，加大对集成电路产业发展的政策和资金支持，特别是省政府决定组建电子信息产业发展基金，将有效促进8英寸以上集成电路制造生产线、智能终端制造、高世代平板显示等大项目的引进与建设，陕西省电子信息产业将迎来新一轮的投资热潮。

【发展经验】 电子信息产业是一个开放程度最高、创新最为活跃的产业。为此，陕西省紧抓全球电子信息产业转移重组的新机遇，瞄准电子信息产业的高端，重点围绕电子信息产业龙头企业开展招商引资和招才引智，引进以三星电子、美光、英特尔、微软等为代表的信息类世界500强企业30多家，以中兴、华为万人研发基地为代表的国内知名企业100多家，以炬光科技刘兴胜、华讯微电子周文益、华芯半导体任奇伟为代表的“千人计划”人才9名，在激光功率器件、北斗导航芯片、存储器设计、宽禁带半导体等领域培育国际领先的技术团队，赢得新一轮信息产业发展的主动权和话语权。

完善产业链条、壮大产业集群是陕西省电子信息产业发展的必然选择。以做大做强半导体产业集群为目标，突出存储芯片和智能终端两大重点领域，实施“补链、扩链、强链”工程，不断放大三星效应。一方面，在做好三星存储芯片项目协调服务的基础上，推动美光三期项目建设，使三星、美光这两个全球第一大、第二大的存储器制造企业在陕西省都能加快发展，力争“十三五”期间，陕西省存储器产业规模突破1 000亿元，奠定陕西省在全球存储器领域的领导地位；另一方面，依托西安智能手机研发的雄厚基础，着力向产业链的下游延伸，弥补陕西省在智能手机制造方面的短板，带动通信电子元器件配套产业发展。

【存在问题】 受流动性影响，电子信息制造企业流动资金紧张。随着集成电路、北斗卫星导航、智能终端等新一代信息技术产业在陕西省的加快发展，各相关重点企业跟随市场需求，引导配套产品规模化发展，随着经营规模的进一步扩大，企业的应收账款和存货也随之增长，资金流动性有所减弱。

电子产品价格压力持续增大，企业盈利能力下降。随着人口红利的减弱，劳动力成本上升较快，企业生产成本不断增加，导致企业盈利空间缩小。由于企业融资难，各项融资费用的增长也进一步挤压企业的利润空间。

【发展预测】 全球电子信息领域产业融合发展，各行业边界逐渐模糊，制造业、软件业、运营业与内容服务业加速融合，新技术、新产品、新模式不断涌现，对传统产业体系带来猛烈冲击，推动产业格局发生重大变革。同时，信息技术发展和更新的步伐明显加快，信息技术在各类终端产品中应用日益广泛，大数据、云计算、物联网、移动互联网等新兴领域蓬勃发展，为发展电子信息产业带来更多机遇和挑战。

【统计数据】

表 1 2015 年陕西省电子信息制造业人员构成情况

企业类别	企业数（家）	年末从业人员总数（人）	其中：研发人员（人）
内资企业	55	119 301	27 944
国有企业	29	53 058	10 047
有限责任公司	14	58 650	16 752
股份有限公司	8	6 488	647
私营企业	4	1 105	498
港、澳、台商投资企业	11	10 098	2 022

表 2 2013—2015 年陕西省电子信息制造业基本情况

项目名称	单位	2013 年	2014 年	2015 年
工业总产值（现行价）	万元	5 547 396	6 017 245	8 302 379
工业销售产值	万元	5 477 368	5 917 877	8 173 927
出口交货值	万元	586 258	1 402 769	2 568 134
流动资产平均余额	万元	5 393 800	6 308 245	8 207 287
固定资产净值平均余额	万元	2 496 961	2 765 125	3 621 577
资产总计	万元	9 946 636	11 223 524	15 024 639
负债合计	万元	6 375 037	7 520 360	9 908 765
主营业务收入	万元	5 278 250	5 801 079	7 868 571
税金总额	万元	126 566	90 846	135 594
利润总额	万元	160 395	337 976	544 295
应交所得税	万元	32 852	36 874	58 296
从业人员年末人数	人	98 856	101 756	129 399
从业人员工资总额	万元	482 311	501 338	601 605

表 3　2013—2015 年陕西省主要电子信息产品产销量情况

产品名称	单位	产量			销量		
		2013 年	2014 年	2015 年	2013 年	2014 年	2015 年
电子元件	亿只	33.2	40.1	56.4	31.5	39.2	50.2
半导体电子器件	亿只	25.3	19.5	35.7	24.4	20.4	32.6
集成电路	亿只	2.82	4.1	1.4	2.71	3.1	1.0

表 4　2013—2015 年陕西省软件产业基本情况

项目名称	单位	2013 年	2014 年	2015 年
软件业务收入	万元	6 883 101.7	8 864 383.3	11 397 368.5
软件业务出口收入	万美元	49 692.6	65 228.0	73 949.9
软件产品销售收入	万元	1 966 776.6	2 709 425.5	3 165 409.1
流动资产平均余额	万元	7 396 871.8	5 953 073.0	8 632 805.0
固定资产投资额	万元	464 680.9	336 002.3	493 935.0
资产合计	万元	13 640 878.2	10 760 490.5	16 089 323.1
负债合计	万元	7 419 536.0	5 825 183.3	8 656 993.6
税金总额	万元	442 456.0	343 733.1	626 038.0
利润总额	万元	495 374.9	513 066.3	795 119.2
应交所得税	万元	92 112.8	88 242.5	92 733.2
从业人员年末人数	人	128 460	132 686	153 989
从业人员工资总额	万元	864 282.7	974 681.7	1 041 294.6

表 5　2013—2015 年陕西省软件产业三资企业基本情况

项目名称	单位	2013 年	2014 年	2015 年
软件业务收入	万元	1 213 847.8	1 563 250.5	1 849 151.4
软件业务出口收入	万美元	17 053.3	22 384.7	23 347.6
软件产品销售收入	万元	341 272.4	470 135.8	505 316.9
流动资产平均余额	万元	1 722 072.3	1 385 940.2	1 749 026.1
固定资产投资额	万元	112 349.2	81 237.7	99 868.4
资产合计	万元	2 525 961.2	1 992 583.0	2 541 005.7

续表

项目名称	单位	2013 年	2014 年	2015 年
负债合计	万元	1 342 132.2	1 053 727.1	1 340 699.7
税金总额	万元	93 431.9	72 585.0	91 622.5
利润总额	万元	88 542.3	91 704.4	120 748.5
应交所得税	万元	18 101.8	17 341.2	18 765.8
从业人员年末人数	人	27 615	28 523	30 455
从业人员工资总额	万元	203 869.3	229 910.5	245 973.5

表 6　2013—2015 年陕西省软件产业主要经济效益指标完成情况

项目名称	单位	2013 年	2014 年	2015 年
全员劳动生产率	元 / 人	535 816.7	552 197.4	637 503
流动资产周转率	次	0.93	0.89	1.12
产品销售率	%	28.6	29.3	27.8
总资产贡献率	%	7.2	7.5	8.8
资产保值增值率	%	149.0	149. 6	106.4
资产负债率	%	54.4	53.3	53.8

表 7　2013—2015 年陕西省软件产业三资企业主要经济效益指标完成情况

项目名称	单位	2013 年	2014 年	2015 年
全员劳动生产率	元 / 人	439 561	452 999	482 371
流动资产周转率	次	0.70	0.67	0.72
产品销售率	%	28.1	28.9	29.5
总资产贡献率	%	7.4	7.7	8.2
资产保值增值率	%	146.3	146.8	149.2
资产负债率	%	53.1	52.0	54.2

注：表 1 ~表 7 数据来源于陕西省工业和信息化厅。

[供稿：陕西省工业和信息化厅]

甘 肃 省

【概况】 2015年，甘肃省信息产业完成主营业务收入297.3亿元，同比增长15.1%。其中，电子信息制造业实现主营业务收入72.58亿元，同比增长19.8%；软件和信息技术服务业实现营业收入54.24亿元，同比增长51%。

全年集成电路产量142.2亿块、销量141.7亿块，同比分别增长22.9%、22.3%；电真空器件产量1.3万只、销量1.2万只，同比分别下降27.8%、29.4%；综合电缆产量11 317千米、销量11 317千米，同比分别下降23.7%、4%；波导元器件产量45 849套、销量45 849套，同比分别下降28.3%、25.8%。

【电子信息制造业】 2015年，甘肃省电子信息制造业完成工业总产值84.34亿元，同比增长14.3%；完成出口交货值23.58亿元，同比增长21.8%；从业人员总数13 657人，同比增长0.6%。华天微电子总投资6.2亿元的IGBT器件封装与测试技术研发及产业化、通讯多媒体集成电路封装测试产业化等7个项目加快建设，其中芯片多叠层先进集成电路封装技术研发及产业化项目完成投资，达到竣工条件。兰州新区6个重点项目累计完成投资21亿元，新增投资6亿元。

全省电子信息制造业集聚态势凸显，产业布局不断优化，天水市电子信息制造业占全省比重75%，逐步形成微电子、通信设备集聚发展态势，骨干企业拉动作用不断明显。全年华天微电子公司申报专利56项，授权专利140项。华天科技公司研发的“多圈V/UQFN新型封装产品”被评为国家重点新产品，天水华天电子集团获得甘肃省企业技术创新示范奖。全省电子信息制造业新增省级企业技术中心1个，1家企业被认定为甘肃省技术创新示范企业，省级企业技术中心10个、省级重点实验室5个。

典型企业 天水华天电子集团主要产品有塑封集成电路、模拟/混合集成电路、等九大系列1 000多个品种。2015年，公司完成工业总产值50.1亿元，同比增长17.6%；工业增加值16.63亿元，同比增长24.8%；销售收入44.84亿元，同比增长18.5%；利润总额5.18亿元，同比增长25.9%。

甘肃长风电子科技有限责任公司建成洗衣机、电视机、电冰箱生产线和精密加工中心，形成年生产80万台洗衣机、20万台电视机、20万台电冰箱生产能力，有各类普通设备700余台、精密加工设备20余台，建立拥有高精度卧式镗铣床、高精度电火花加工机床及高速数控铣等组成的精密加工中心和较先进的综合环境试验中心。2015年，公司完成总产值3.1亿元，生产主要电子设备4万台。

天光半导体有限责任公司相继开发的大功率三极管、固体放电管、发光二极管等系列产品在用户中享有较高信誉。2015年，公司实现营业收入1.46亿元，同比增长10.2%；实现利润总额250万元、利税780万元，分别较上年增长105%和253%。

天水华洋电子科技股份有限公司自主开发的8排8线SOP系列引线框架、多基岛多排引线框架使以冲制工艺生产的该系列产品由原始单排形式跨越提升8倍；VCM摄像头弹片实现量产、240线的CQFP型蚀刻引线框架系列新产品开发成功并实现量产。2015年，公司完成销售收入2.2亿元，同比增长20.1%；利润总额2 551万元，同比增长9%；研发投入1 233万元，同比增长14%；上缴税金356.6万元，同比增长75%。

甘肃虹光电子有限责任公司相继开展3毫米磁控管、高放行波管系列产品、栅控行波管等用于先进武器装备系统的新型器件的研发工作。2015年，公司完成工业总产值7.46亿元，同比增长14%；主营业务收入3.86元，同比增长15.3%。

【软件和信息技术服务业】 2015年，甘肃省软件和信息技术服务业实现软件业务收入35.7亿元，同比增长63.1%。其中，软件产品收入11.48亿元，同比增长31%；信息技术服务收入22.66亿元，同比增长64%。从业人员数9 427人，同比增长6.3%。实现利润4.09亿元，同比增长79.5%；上缴税金1.8亿元，同比增长5%。

兰州市三维数字社会服务管理系统联盟推广中心完成主体23层建设。推进西北中小企业云服务平台、三维数字社会管理服务平台、云计算软件研发应用中心平台等10个平台建设。兰州市以兰州新区为依托，加快“国家软件和信息服务业示范基地”、甘肃众力厚德北斗导航、甘肃信源软件产业园、联创智业园等一批软件和信息技术服务业重大项目建设，全省经认定的软件企业98%集中在兰州市。

典型企业　甘肃紫光智能交通与控制技术有限公司2015年投标208项，其中，省内42个，省外166个。中标项目26个，中标金额合计5.61亿元，其中，省外中标项目5个，中标额1.22亿元。全年维护甘肃省高等级公路涉及17个管理所、79个收费站、429条车道、8条高速公路隧道和2条二级公路隧道，维护总里程1 745.8千米。

甘肃万维信息技术有限责任公司2015年完成各项既定目标，完成收入4.58亿元，超额完成预算目标的9%，同比增长45%；公司及其所属外包公司缴纳税金1 780万元，同比增长20%；实现利润2 600万元，同比增长84%；公司R&D投入4 200万元，研发支出占比达到9%，同比增长40%，主要用于公司在“互联网+”政务、医疗、教育、旅游和公众服务等行业平台的建设。

兰州大成科技股份有限公司在铁路信号全电子计算机连锁系统、聚光太阳能与光热发电，绿色镀膜新能源（聚光太阳热能）等多个领域，取得一系列成果，并在铁路等多个领域得到广泛应用。2015，公司实现产值9 765万元，净利润2 071万元，上缴税金850万元。

【科技进步与应用】　截至2015年年底，甘肃省新增省级企业技术中心6家，全行业现有国家级企业（工程）技术中心2个、省级企业技术中心21个、省级重点实验室6个，软件产品502项，著作权600多项。

甘肃瑞盈公司高效煤粉锅炉智能群控系统、甘肃陇盛绿色科技推广公司农业智能综合信息服务系统等17项软件产品分别获得高交会“优秀产品奖”和2015第十七届中国国际软件博览会金奖、创新奖。天水华天电子集团累计自主开发出1 000多种多领域应用产品，其中100多项技术达到国际先进、国内领先水平；获国家授权专利145项，其中发明专利44项；承担并完成省级以上科技研发项目280项。虹光公司8mm同轴磁控管在国内率先取得突破性成果，不仅填补国内空白，而且达到国际先进水平。新网通公司开发甘肃省道路运政管理系统、全省物流信息系统、客运联网售票系统、96779公众交通信息服务系统、IC卡电子证件系统、交通监控指挥系统等，形成较完整产品体系。

【信息基础设施】　截至2015年年底，甘肃省互联网宽带用户累计达到244.42万户，同比增长15.3%；移动互联网用户累计达到1 598.79万户，同比增长8.0%。城市宽带20Mbps以上用户比例50.9%，农村宽带4Mbps以上用户比例83.6%；城市地区4G网络基本实现全覆盖，贫困县行政村2G网络覆盖率98%，3G网络覆盖率71.6%。

【信息产业基地和园区】　2015年，甘肃省四联光电高新技术西北产业基地、正威集团兰州新区电子信息产业园、甘肃北斗卫星导航产业园及示范城市项目、信源软件产业园、联创智业园等一批电子信息产业基地园区重大项目建成投产。天水市以华天电子集团、天光半导体有限责任公司、天水华洋电子科技股份有限公司、天水六九一三电子科技有限责任公司等企业为龙头，通过实施华天电子科技园、天水明讯通讯产业基地、半导体集成电路引线框架产业基地等重点项目，发展集成电路封装、特种集成电路芯片制造、电子器件、半导体分立器件、移动终端设备及相关配套产品，逐步形成微电子、通信设备集聚发展态势。

【两化融合】　2015年，甘肃省印发《甘肃省两化融合评估诊断和对标引导工作方案（2015—2018年）》，加强政策指导和服务，宣传两化融合管理体系。组织近600家企业开展两化融合评估，并在此基础上推荐16家企业申报工业和信息化部第二批两化融合管理体系贯标试点，推荐11家企业申报工业和信息化部互联网与工业融合创新试点。联合中国船级社认证公司甘肃分公司召开甘肃省两化融合管理体系贯标培训暨工作推进会，对省内国家级两化融合管理体系贯标试点企业、重点工业企业、两化融合咨询服务机构、各市州工信委及兰州新区经发局有关负责同志进行贯标培训。引导企业通过国家两化融合咨询服务平台进行自评对比、查摆不足，提升企业研发、生产和经营管理各环节信息集成和业务协同化水平，促进企业两化融合发展。加强企业贯标跟踪服务，鼓励企业积极参与贯标达标，全面推广两化融合管理体系。

【电子政务】 2015年，甘肃省电子政务外网基本建成，利用高速网络下联14个市（州）节点、86个县（市、区）以及部分乡镇近1万个接入点，承载近30个部门（系统）的核心业务，市县节点覆盖率100%，实现全省电子政务外网“纵向到底”的目标。甘肃省电子政务外网通过双链路与国家电子政务外网骨干网互连，实现与77个中央部委、31个省（市、区）和新疆建设兵团互联互通，统一网络平台初步构建。甘肃省级数据中心初步建成，已经开通省级部门节点20多家，并正在利用电子政务外网开通纵向业务。涉及民生领域的12358物价举报系统已经开通，张掖市利用电子政务外网搭建的政务云平台也开始运行辖区内的电子政务。

【电子商务】 截至2015年年底，甘肃省培育涉及电子商务业务企业2万余家。其中，个人经营C2C店铺4 000余家，法人自营B2B店铺40余家，阿里巴巴平台商家1.4万余家，支持团购的商家2 800余家。电子商务、物流配送、连锁经营、特许经营等现代流通模式已经在全省企业和企业间、企业和消费者之间广泛应用。

陇南市农村产权确权抵押交易服务平台顺利建成并上线运行。该平台运用新一代信息技术，将农村产权的“确权登记、抵押贷款、流转交易”程序全部纳入统一平台管理，利用先进的技术手段进行收集、加工、整理、储存，实现“权证管理、信息发布、产权交易、抵押贷款、风控管理”等功能，具有“数据储存量大、系统操作性强、信息安全性高”等特点，为农村产权的确权抵押交易提供信息服务。

甘肃省粮油批发市场通过建设打造先进的交易平台，从以前只能开展场内举牌竞价交易发展到无线竞价交易、招投标交易和网上交易，同时通过短信平台，及时向客户发送相关交易信息，信息传递更加准确、快捷，实现市场交易模式的创新，使交易环境更加公平高效。

甘肃惠森集团研发药材盈中药材交易系统软件，成立电子商务中心，在全国建立367个区域性基层产销信息采集站点，对3 000多个品种规格中药材进行信息采集，制定信息采集标准与规范，形成完整的全国中药材基层信息采集服务体系。甘肃惠森集团主办的“药材盈交易网”被工业和信息化部认定为中药材生产信息服务平台、被商务部认定为第一批中药材电子商务交易示范平台、被科技部认定为科技支撑计划项目中药材在线交易示范应用平台。

【物联网】 2015年，甘肃省物联网技术在公路网运行状态监测、现代物流等方面初步应用，形成“感知—互联—服务”的闭环，实现集网站、广播、路侧通信、移动终端和可变信息标志牌等面向路网使用者和管理者提供实时路网运行状态信息服务的试点应用，提高出行效率和安全性。基于北斗卫星定位系统的公共物流云平台研发应用开始与中国航天科技集团公司下属的中寰卫星导航通信有限公司合作，建设全省交通物流调度指挥中心，搭建“甘肃省物流车辆综合监控指挥平台”和“甘肃省物流综合信息服务平台”。启动“甘肃省交通运输物流公共信息平台及交换节点建设项目”，作为国家平台的区域交换节点，实现与交通运输部国家交通运输物流公共信息平台和其他31个省级区域交换节点，覆盖全省的物流信息基础交换网络和平台门户，统一数据交换标准规范，建立政府部门、物流园区、生产企业等现代物流所牵涉单位的信息共享渠道和平台。

省公安系统实施《兰州市基于物联网技术的智能交通管理系统》，以道路交通管理和涉车涉驾管理为切入点，完成“兰州市人民政府公务车辆管理服务系统”示范先导工程的建设，为兰州市所有注册登记的机动车辆安装车辆电子信息卡14.27万张，建设路面信息采集基站85套，搭建数据中心基础平台，实现主城区部分路段的车辆信息采集与识别功能。同时，应用服务平台开始部署建设，先后完成兰州市黄标车管理（一期）布点方案、兰州市大货车限行的布点方案，并通过“一路我帮您16580”微信公众平台、客服热线、网站、微博、手机APP、短信等多渠道为驾驶员免费提供涉车涉驾信息服务。

农业领域物联网技术主要应用在设施农业的种植和养殖2个方面，用于远程视频监控、大棚温湿度控制、自动放风、浇水、施肥、二氧化碳发生、自动卷帘、自动喂养等，逐步建立起小麦、蔬菜等设施农业生产管理、农产品质量安全监管、畜牧精确饲养管理等信息自动监测与智能化控制系统，全省 56 个市、县建立农产品质量安全追溯查询系统，为农业用户提供在线指导和病虫害远程诊断服务。

【信息安全】 2015 年，甘肃省涉密信息系统安全监控管理服务项目从地域上覆盖全省 14 个市（州）的 86 个县（区），为全省涉密单位的业务协同和信息共享提供便利条件，提高工作效率。违规外联监控管理平台能够实时监控使用普通电话线、ISDN、ADSL、无线网卡、GPRS/CDMA、双网卡、代理服务器等各种方式导致的内外网互联行为。移动存储介质应用监测系统能够防止非法信息恶意传播，避免涉密信息、科研成果的泄漏；可实时监测各类移动存储介质的交叉混用，管理并审计内部人员对移动存储介质的使用行为。省信息中心建设完成甘肃省数字证书认证 RA 中心，顺利通过国家信息中心合规性检查，并配合兰州市数字办三维数字社会服务管理系统和网上办公系统的应用需求，实现证书发放、证书更新、证书撤销和证书验证。

【产业环境】 2015 年，甘肃省出台《促进云计算创新发展培育信息产业新业态的实施方案》（甘政办发 [2015]30 号）、《关于加快高速宽带网络建设推进网络提速降费的实施意见》（甘政办发 [2015]111 号）、《关于加快大数据、云平台建设促进信息产业发展的实施方案》（甘政办发 [2015]119 号）、《甘肃省人民政府关于促进云计算创新发展培育信息产业新业态的实施方案》等一系列文件，在建设用地、电力配套、基站环评、共建共享、资金支持等重点关键环节优先保障，全方位优化信息基础设施、大数据、云平台的建设发展环境。制定《丝绸之路黄金段智能物流骨干网建设规划》，推进“互联网 +”交通建设，推动交通物流信息化发展。

【主要问题】 软件产业研发能力不强，创新能力不足，缺乏具有自主知识产权的关键技术和核心技术，特别是企业资质等级结构不能适应经济社会信息化快速发展需要，市场占有率比偏低。

社会信息化发展水平亟待提高。全省信息化水平低，信息技术在社会中的普及率低、应用程度浅，各领域纵向的信息化系统封闭性较强，相对的开放性互通性不够。

信息产业和信息化方面人才匮乏。受地域、经济发展水平等影响，专业人才比较缺乏，高学历高素质的专业人才较少，企业面临人才难招、人才难留等现实问题，特别是软件企业人才流失严重。

【统计数据】

表 1　2015 年甘肃省电子信息制造业人员构成情况

企业类别	企业数（家）	年末从业人员总数（人）	其中：研发人员（人）
内资企业	18	13 657	2 769
国有企业	2	2 022	234
有限责任公司	14	4 726	576
股份有限公司	2	6 909	1 959

表 2　2013—2015 年甘肃省电子信息制造业基本情况

项目名称	单位	2013 年	2014 年	2015 年
工业总产值（现行价）	万元	499 991	738 124	843 442
工业销售产值	万元	460 211	685 911	785 137
出口交货值	万元	169 486	193 548	235 828
资产总计	万元	918 637	1 438 446	1 825 943
负债合计	万元	464 595	558 100	538 172
主营业务收入	万元	453 205	630 988	725 778
税金总额	万元	15 188	31 016	43 802
利润总额	万元	36 294	54 451	69 745
应交所得税	万元	3 581	7 622	8 839
从业人员年末人数	人	10 400	13 574	13 657
从业人员工资总额	万元	33 610	25 876	53 258

表 3　2013—2015 年甘肃省主要电子信息产品产销量情况

产品名称	单位	产量			销量		
		2013 年	2014 年	2015 年	2013 年	2014 年	2015 年
集成电路	万块	915 905	1 156 942	1 422 191	911 646	1 158 463	1 417 256
综合电缆	千米	17 196	14 841	11 317	16 217	13 706	11 317
电真空器件	万只	2.6	1.8	1.3	2.6	1.7	1.2
波导元器件	件 / 套	44 012	63 882	45 849	44 009	61 852	45 849
集成电路引线框架	万只	900 000		8 000 000	880 000		800 032

表 4　2015 年甘肃省软件产业人员构成情况

企业类别	企业数（家）	年末从业人员总数（人）	人员构成			
			管理人员（人）	在总人数中所占比例（%）	软件开发研究人员（人）	在总人数中所占比例（%）
内资企业	99	9 362	1 383	14.8	2 383	25.5
国有企业	6	1 295	150	11.6	389	30.0
股份合作企业	2	220	8	3.6	20	9.1
有限责任公司	49	4 138	607	14.7	1 120	27.1
股份有限公司	8	1 583	313	19.8	143	9.0
私营企业	34	2 126	305	14.3	711	33.4
三资企业	2	65	5	7.7	17	26.2

表 5　2013—2015 年甘肃省软件产业基本情况

项目名称	单位	2013 年	2014 年	2015 年
软件业务收入	万元	262 878	272 584	357 162
软件业务出口收入	万美元	28	30	519
软件产品销售收入	万元	88 784	76 668	114 796
流动资产平均余额	万元	219 304	422 979	503 950
固定资产投资额	万元	16 567	15 484	10 356
资产合计	万元	438 789	630 881	777 513
负债合计	万元	203 880	338 479	389 952
税金总额	万元	14 975	17 284	18 126
利润总额	万元	22 412	22 767	40 875
应交所得税	万元	2 999	3 346	4 658
从业人员年末人数	人	7 524	8 857	9 427

表 6　2015 年甘肃省软件产业三资企业基本情况

项目名称	单位	2015 年	项目名称	单位	2015 年
软件业务收入	万元	808	税金总额	万元	37
软件业务出口收入	万美元	27	利润总额	万元	9
软件产品销售收入	万元	396	应交所得税	万元	6
流动资产平均余额	万元	43	从业人员年末人数	人	65
资产合计	万元	1 810	从业人员工资总额	万元	194
负债合计	万元	713			

注：表 1 ~表 6 数据来源于甘肃省工业和信息化委员会。

[供稿：甘肃省工业和信息化委员会]

青海省

【概况】 2015年，青海省电子信息制造业基本形成硅系、箔系、锂系、线缆、半导体照明五大特色优势产业；软件和信息技术服务业涵盖应用软件开发和维护、信息系统集成、信息技术咨询、数据处理和存储服务、嵌入式软件等多个领域，软件研发与信息技术应用取得进展。

【电子信息制造业】 2015年，青海省统计规模以上骨干企业17家，实现主营业务收入86.73亿元，同比增长105%；利润-1.14亿元，同比下降153%；销售产值81.06亿元，同比增长86.8%；累计完成固定资产投资74.78亿元，增速97.3%，比上年同期增长79个百分点。从主要产品产量来看，单晶硅1 949.44吨，同比下降32.0%；多晶硅10 829.95吨，同比增长40.4%；铜箔18 783吨，同比下降4.7%；化成箔723.07万平方千米，同比下降74.5%；发光二级管1 650万只。新投产的单模光纤183.98万芯千米，蓝宝石晶体46.47吨，锂电池30.12万千瓦时。

【软件和信息技术服务业】 2015年，青海省软件服务业总体保持平稳发展势头。根据《青海省第三次全国经济普查主要数据公报》数据显示，全省共有信息传输、软件服务业企业法人单位339个，从业人员14 294人，分别比2008年年末增长5.6%和30.9%。截至2015年年底，在统计范围内的24家骨干企业软件业务收入1.2亿元。其中，软件开发收入2 962.13万元，信息技术服务收入8 507.22万元，嵌入式系统软件收入672.76万元。

【科技进步与应用】 截至2015年年底，青海省确定的100个企业技术创新重点项目中有76个项目完成全部工作，100个项目中，共获得专利59件，科技成果1项，制定企业标准7项。其中，获得“云藏搜索引擎系统”“云藏百度系统”等4件计算机软件著作权，“一种制备氧化铝多晶体的方法”“藏文输入方法及系统”等21件新授权发明专利，新授权“一种蓝宝石晶体的泡生法生产设备中的加热电极”等11件实用新型专利，“藏汉英电子词典”等27件外观设计专利。

在新能源领域，突破流化床冷氢化技术和多晶硅生产四氯化硅循环利用技术，实现四氯化硅闭路循环和副产物的综合回收利用，大大降低生产成本和环境污染；突破光伏电池片多晶反应离子刻蚀（RIE）制绒技术，降低电池片表面反射率，平均转换效率大于18.9%；突破新型低温稀土锂离子电池生产技术，提高电池耐高低温特性、电池能量密度和循环寿命，取得2项发明专利；突破锂电池隔离膜用高纯氧化铝材料生产技术，产品纯度达99.99%，申报5项发明专利、1项实用新型专利。“青海省光伏发电规划及运行控制关键技术与应用”成果被评为2014年度青海省科技进步一等奖。

在战略性新兴产业培育中，以晶硅及光伏、光电和锂电、先进装备制造等产业为重点，实施一大批技术创新和技术进步项目。亚洲硅业（青海）有限公司自主研发多晶硅冷氢化技术并成功应用于生产，与传统热氯化工艺相比，吨产品能耗降低25%以上，在实现低能耗、高产量闭路循环的同时，对环境的污染也降到最低。青海中利光纤技术有限公司利用亚洲硅业生产多晶硅的副产品四氯化硅作为原料，采用气相沉积法工艺生产光纤预制棒及光纤拉丝，项目一期已完成，形成年产200吨光纤预制棒及650万芯千米光纤拉丝产能。

青海省初步形成多晶硅、单晶硅、晶硅切片、电池片、组件完整产业链及储能电池、光伏玻璃、逆变器等光伏配套产业。晶硅电池、高倍聚光电池、薄膜电池品种齐全的光伏产业基地建设初具规模；依托丰富的盐湖锂资源，初步构建1万吨锂电池正级材料、高纯石墨和2万吨锂电池负极材料、铜铝箔材、动力和储能电池的锂电产业链。

【信息基础设施】 截至2015年年底，（固定）互联网宽带接入用户74.4万户，宽带家庭普及率33.3%。其中，光纤到户用户占全省固定宽带用户的 62.2%；8Mbps 以上固定宽带用户新增 43.7 万户，占全省固定宽带用户的 78.2%；20Mbps 以上固定宽带用户新增 25.2 万户，占全省固定宽带用户的 33.9%。

青海省发挥气候冷凉、能源充足、地质灾害少、列入全国数据中心建设一类地区的优势，加速信息产业园建设步伐。2015 年 12 月，中国移动（青海）高原大数据中心投入使用，设计标准服务器机柜 3 200 个，是青藏高原首个大型云计算数据中心以及全国信息“一带一路”上的重要节点；中国电信青海公司的柴达木云数据中心暨青藏高原数据灾备中心正式揭牌。据初步统计，省内三大电信运营企业在西宁市、海东市、格尔木市已具备约 1 万台服务器装机能力。

“通信村村通”任务目标全面完成，六盘山片区、藏区等地通信基础设施扶贫工作顺利推进。截至 2015 年年底，青海省 368 个乡镇宽带实现全覆盖；全省行政村通宽带率 89.7%。农牧区平均宽带接入能力达到 4Mbps 以上。尖扎县河滩村建成省内第一个全光网新农村。

铁塔青海公司设立并在全国率先完成第一份省级《交割确认函》的签署。“十二五”期间，共建方面，全省共建铁塔 211 座，基站 196 处；共享方面，全省满足共享要求铁塔 579 座，基站 501 处。

【信息产业基地和园区】 2015 年，青海中关村高新技术产业基地入驻孵化器企业 67 家，其中信息产业 24 家。青海广播电视大学与海东道通科技发展股份有限公司，整合清华大学信息技术专业优势，共同开办物联网以及电子商务特色专业课程，培养海东市以及青海省信息技术领域紧缺的专业型和应用型人才。海东大美信息技术有限公司承办的“淘宝特色中国·青海馆”启动仪式暨“互联网 +”高峰论坛在西宁市召开。青海易捷智慧软件科技有限公司承建的互助县城市智能公共自行车服务平台在互助县举行开通运行仪式。

【电子政务】 2015 年，青海省电子政务外网已覆盖全省各级政务部门 1 500 余个，承载监察、劳动、扶贫、文化、应急等 10 多个业务系统。省政府电子政务专网形成以省政府办公厅为枢纽，顶层互联省四大班子和两院，纵向连通省、市（州）、县、乡四级政府部门，横向覆盖全省各有关部门和企事业单位，并与互联网逻辑隔离。接入单位 3 500 余家，成为全省覆盖面最大、应用面最广的政务信息化网络，承载全省电子公文传输、视频会议、应急管理、信息报送、督查督办、民政、卫生、审计、国土等部门的业务应用系统。省政府电子公文传输系统建成电子公文传输节点 4 213 个，实现非涉密电子公文网上传输，传输各类政务信息和电子公文 84 万余件，收文总数 100 多万件次。全省政务视频会议系统在各级政府部门广泛运用，该系统以省政府为中心，在省政府办公厅设立 2 个主会场，在省委办公厅、8 个市（州）等设立 65 个分会场。

以省政府门户网站为主体的全省政府网站群基本建成，网站主动公开信息内容日益丰富。政府信息公开系统自 2012 年年底建成后累计发布各类信息 24 万余条，同时，为各市（州）、省直各部门搭建二级发布平台和依申请公开系统。网上政务服务内容不断扩大，省级网上政务大厅正式投入使用，建成省级行政审批服务平台、省级公共资源交易平台和省级电子监察平台，基本实现行政服务事项网上审批、督查督办、办理查询、咨询投诉等一站式服务。青海省网上信访信息系统正式上线运行，实现群众来信、来访、“省长信箱”、网上投诉、群众信访事项满意度评价等信访业务网上流转，进一步优化畅通群众诉求表达渠道，提升政府公信力。

【两化融合】 2015 年，青海省相继开展国家级两化融合管理体系贯标、省级两化融合示范企业创建、信息化促进工业经济转型升级提质增效专项、物联网应用示范“1035”工程、智能制造试点示范专项行动、工业云创新服务试点、信息化促进安全生产和节能减排、两化融合发展水平评估等专项工作。培育国家级两化融合典型示范企业 4 家，省级示范企业 20 家。以信息化集成技术应用为主的“智能制造”“绿色制造”加快与特色优势产业深度融合，示范企业新产品开发周期平均缩短 35%，生产周期平均缩短 38%，新产品贡献率 20% 以上，企业累计新增直接经济效益 10 亿元以上。

【信息安全】 2015 年，青海省规范流程，完善管理机制，推进网络安全工作程序化和制度化。加强安全宣传教育与培训，通过举办培训和比赛等方式提高相关主体对网络与信息安全防护的认识。加强技术手段建设，开展网络安全保障提升工程。强化互联网基础资源管理，实名登记工作有序推进，截至2015年年底，全省电话用户实名登记率95%。应急通信管理机制逐步完善，设立省国防动员委员会信息动员办公室，圆满完成环湖赛、青洽会、“清食展”等重大社会经济活动的应急通信保障任务。

【信息消费】 青海省信息消费发展势头良好，对经济社会发展贡献突出。2015年，全省信息消费投入102亿元，信息消费规模210亿元。信息消费成为推动青海省经济增长的新引擎，并在扩内需、调结构中发挥更加积极的作用。

【物联网】 2015年，青海省实施物联网示范工程，西宁特钢数字化调度指挥平台实现能源、物料、设备、生产状况等要素的集中监控和管理；盐湖工业股份有限公司运用物联网技术强化过程控制，成本降低20%以上；青海一机数控机床有限责任公司和华鼎重型机床有限责任公司采用计算机辅助设计技术，实现设计过程的三维实体造型、数字化模拟装配和运动状态仿真；黄河上游水电公司太阳能电池及组件生产企业采取113台套工业机器人，有效降低人工成本，提高产品质量。大自然地毯纱有限公司“全产业链＋互联网+O2O+服务”模式以互联网平台助力发展，此外，智能照明、智能穿戴、生物医药、软件开发等一批科技型、成长型企业快速发展，“创意＋科技”“企业＋服务”“网络＋金融”等新模式加快形成。

【云计算和大数据】 2015年，青海省内三大电信运营商建成较为成熟的电子政务、旅游、交通、教育、物流、电子商务、食品安全、市民服务、中小企业等基于大数据应用综合解决方案的“行业云”。中国移动（青海）高原大数据中心将面向西部、全国乃至中亚各国提供数据存储、大数据分析计算、数据挖掘等“一站式”服务。中国电信青海公司的互联网信息中心和IDC数据中心为青海人力资源和社会保障厅、国税局及金融结算中心、农村信用联社等50余家企事业单位提供基础的IAAS层面的设备及数据、托管、云服务和异地云灾备服务。中国联通青海公司具备成熟的多领域大数据应用综合解决方案。2015年6月，青海省政府分别与三大运营商以及浪潮集团等国内知名企业签订战略合作协议，在云计算、大数据领域展开全面深入合作。

【重点信息化项目】 2015年，青海省社会信息化重点项目中，教育系统推动教育信息化“三通两平台”建设，实施优质资源班班通、宽带网络校校通、网络学习空间人人通、教育教学资源公共服务平台和教育管理公共服务平台建设工程；科技系统发挥省制造业信息化工作办公室主管部门的协调和推动作用，组织实施智慧生态畜牧业云平台建设；人力资源社会保障系统全面实施社会保障卡“一卡通”工程，建立公共服务一体化建设项目；国土资源系统推进全省国土资源“一张图”工程建设，推动国土资源数据信息的共享开放；环保系统组织实施生态环境监测信息传输网络与大数据平台工程，依托环保云平台，提升环保业务协同和基础服务能力；住房城乡建设系统落实省驻地网通信设施建设规范，推动光纤入户工程、光网城市示范工程；交通运输系统推进公共交通设施实现网络化管理，做好宽带网络与高速公路、铁路、机场等交通设施规划和建设的衔接；农牧系统建设农牧业生产全程个性化、智能化、精准化的主动推送服务和技术信息化平台，有5大类18个农作物品种以及生态畜牧业高效养殖、燕麦等饲草混播种植、饲草青贮等技术得到示范推广；商务系统推进电子商务和电商平台的建设与发展，组织实施电子商务试点示范工作；文化新闻出版系统实施网络信息文化信息内容建设工程；卫生计生系统统筹人口健康信息资源，建设人口健康信息平台，实现各卫生计生业务应用互联互通、信息共享、有效协同；工商系统完成市场主体信用信息公示系统建设；林业系统组织实施“互联网＋林业”工程建设，推动数字林业向智慧林业发展；旅游系统推进“智慧旅游”工程，组织实施旅游云平台建设；测绘地理信息系统建成全省地理信息公共服务平台建设，推动北斗导航应用，拓宽地理信息服务市场。

信息产业重点项目中，“十二五”期间重点支持建设的项目涵盖电子信息制造业的多晶硅、单晶硅新技术改造、光纤预制棒、锂电池、大功率LED灯，软件和信息技术服务业的工业控制管理、少数民族语言应用等领域，累计投资超过400亿元。青海中利科技200吨光纤预制棒和650万芯千米光纤拉丝、黄河水电新能源公司2 000吨电子级多晶硅、青海时代新能源5吉瓦时动力及储能电池、青海安飞电子LED产业化、西富百鸿大功率LED路灯等重点项目初具规模。

【产业热点】 2015 年，黄河上游水电公司新能源分公司电子级多晶硅填补该产品国产空白，打破国内电子级多晶硅产品由国外公司垄断的局面，产品各项指标均达到国家标准（GB/T12963）半导体级一级品规格，产品质量满足直拉法半导体分立器件和 6 英寸集成电路抛光片对高纯多晶硅的要求。培育少数民族动漫游戏开发、动漫影视制作等数字产业发展和发展少数民族语言应用项目取得实质性突破。藏汉双语科普机器人、藏汉英 3 语点读机、藏文平板电脑等多项藏文电子产品“自主造血”填补国内空白，“云藏”藏文搜索引擎完成以新闻、网页、图片和视频为主的搜索功能建设以及以百科、文库和问答为主体的知识资源建设。

【产业环境】 2015 年，青海省在电子信息产业发展领域，先后制定出台《青海省工业企业两化融合发展水平评估办法》、提交《关于全省信息化工作的调研报告》《加快我省信息化和工业化融合进程的思考》等 10 余篇研究报告等，组建成立“青海省信息产业协会”，加大对两化融合的指导力度，研究编制《青海省信息产业“十三五”规划》。

在宽带青海建设领域，先后制定出台《关于推进青海省国家农村信息化建设实施意见》《加快宽带青海建设创建宽带中国示范城市工作方案》《宽带中国 2015 青海专项行动实施方案》《推进网络提速降费工作实施方案》《关于积极推进“互联网 +”行动的实施意见》等政策文件，基本构建全省宽带青海建设的基本政策框架。

在云计算和大数据领域，制定出台《关于促进云计算发展培育大数据产业的实施意见》（青政办 [2015]154 号），研究编制制定《青海省云计算平台建设规划》《青海省大数据产业“十三五”发展规划》。

【主要问题】 产业规模相对较小。信息产业收入占全省工业总体比重约 4.3%，全国电子信息百强和软件百家企业中暂无青海省企业入选。

产品结构较为单一。电子信息制造业产品主要集中在电子元器件的制造和生产；软件和信息技术服务业领域缺乏能实现硬件、软件、网络、平台、应用和业务流程综合集成的信息技术企业。

人才缺乏且流失严重。高层次、高技能人才相对缺乏，尤其是缺乏创新人才、管理人才和技术领军的高层次人才；经济发展水平和企业工资水平难以吸引外地人才，本地培养的人才尤其是高端人才大量流失。

两化融合推进面临特殊困难。在信息化技术方面缺乏高端人才，普通百姓的信息化意识以及信息化技能普遍欠缺；地广人稀以及农牧区城镇化建设滞后造成信息化基础设施建设成本高而使用密度低。

【统计数据】

表 1　2015 年青海省电子信息制造业人员构成情况

企业类别	企业数（家）	年末从业人员总数（人）	企业类别	企业数（家）	年末从业人员总数（人）
内资企业	17	5 274	私营企业	15	4 441
国有企业	2	833			

表 2　2015 年青海省电子信息制造业基本情况

项目名称	单位	2015 年	项目名称	单位	2015 年
工业总产值（现行价）	万元	895 436.1	主营业务收入	万元	867 300
工业销售产值	万元	810 600	利润总额	万元	-11 400
出口交货值	万元	7 149	从业人员年末人数	人	5 274

表 3　2015 年青海省主要电子信息产品产量情况

产品名称	单位	2015 年	产品名称	单位	2015 年
电解铜箔	吨	18 783	发光二极管	万只	1 650
单硅晶	吨	1 949.4	锂电池	万千瓦时	30.1
多晶硅	吨	10 830	单模光纤	万芯千米	184
蓝宝石晶体	吨	46.5	单晶硅电池组件	兆瓦	5.7
数字千分尺	把	49 971	多晶硅电池组件	兆瓦	85.8
化成箔	万平方千米	723.1	半导体片材	万粒	164.3

表 4　2015 年青海信息传输、软件产业人员构成情况

企业类别	企业数（家）	年末从业人员总数（人）	企业类别	企业数（家）	年末从业人员总数（人）
内资企业	328	14 291	股份有限公司	17	4 001
国有企业	20	2 487	私营企业	242	2 302
集体企业	1	20	其他内资企业	10	94
股份合作企业	1	10	港、澳、台商投资企业	9	3
联营企业	1	83	三资企业	2	
有限责任公司	36	5 294			

注：表 1 ~表 4 数据来源于青海省经济和信息化委员会。

表 5　2015 年青海省软件产业基本情况

项目名称	单位	2015 年	项目名称	单位	2015 年
软件业务收入	万元	12 142.1	负债合计	万元	5 508.5
软件业务出口收入	万美元	147	税金总额	万元	28.4
软件产品销售收入	万元	2 962.1	利润总额	万元	-170.4
流动资产平均余额	万元	11 484	应交所得税	万元	6.1
固定资产投资额	万元	84	从业人员年末人数	人	876
资产合计	万元	13 447.9	从业人员工资总额	万元	2 630.2

注：数据来源于工业和信息化部。

［供稿：青海省经济和信息化委员会］

宁夏回族自治区

【电子信息制造业】 2015年，宁夏回族自治区（以下简称宁夏）规模以上电子信息制造企业完成工业总产值65.9亿元，同比增长47%。其中，银川隆基硅材料有限公司是全球最大的单晶硅单体工厂，天通银厦新材料有限公司蓝宝石晶体产能居全国第5位，宁夏隆基宁光仪表有限公司销售收入居全国同行第15位。

宁夏单晶硅棒年产能1.9万吨，多晶硅锭年产能1.3万吨，多晶硅切片年产能7 000万片，组件年产能400MW，工业蓝宝石年产能516吨，智能电表年产能360万只，电极箔年产能230万平方米，ITO靶材年产能5万吨，锂电池正极材料年产能2 000吨，声表面滤波器件年产能800万只。

【软件和信息服务业】 2015年，宁夏软件服务业主营业务收入17.96亿元。软件业务收入11.41亿元，同比增长20.7%。其中，软件产品收入4.56亿元，同比增长35.4%；信息技术服务收入5.3亿元，同比增长8.5%；嵌入式系统软件收入1.55亿元，同比增长29.2%。软件服务外包收入196万元。企业研发经费投入2.07亿元。税金总额5 532万元，享受所得税减免430万元，增值税即征即退1 072万元。年末从业人数3 848人，同比增长6.6%。银川方达电子公司、宁夏希望信息产业公司、宁夏亚视电子公司、宁夏天佑软件公司等本地软件企业140多家，其中，认定的计算机信息系统集成企业51家，通过CMMI国际认证企业5家，新三板上市企业10家。引入亚马逊宁云技术服务（宁夏）有限公司、东方道迩数字数据技术（宁夏）有限公司、赛瑞工信科技（宁夏）有限公司、兰州大学中卫高新技术研究院等。

【信息产业基地】 2015年，银川IBI育成中心完成一期15万平方米建设，入驻银川方达电子公司、宁夏希望信息产业公司、宁夏亚视电子公司、宁夏天佑软件公司等140多家软件企业；二期40万平方米主体工程全部完成，三期“三创工场”完成总建筑面积的90%。

中卫市西部云基地加紧建设。亚马逊AWS云数据中心一期完成2.7万平方米建筑工程，6月投入使用服务器1 000台，年底达到2万台，宁夏云创公司完成4.3万平方米建筑工程。宁夏中关村科技产业园入驻45家，包括宁夏西部云基地科技公司、宁夏云创数据投资公司。

银川滨河新区智慧银川大数据中心一期2.7万平方米完工，安装运行服务器800台，年底达到1万台，已经注册入驻中兴（银川）智慧产业有限公司、杰拉网络技术有限公司、好大夫在线（银川）科技有限公司等；二期约3.9万平方米，规划容纳8万台服务器，并作为核心区形成银川智慧产业园。

【信息基础设施】 截至2015年年底，宁夏全区3G/4G网络建设高速推进，3G/4G基站物理站址7 700个，3G/4G基站数量1.7万个，基本实现全区城市、县城以及主要乡镇、高速公路、风景区的热点覆盖。全区移动交换容量超过1 100万门，室内分布系统超过4 200套，WLAN接入点（AP）数3.6万个。光缆总长度11.4万千米，同比增长28.2%，其中，接入光缆线路长度6.9万千米，同比增长37%。

截至2015年年底，宁夏互联网省际出口带宽570Gbps。移动互联网用户534.9万户。互联网有线宽带接入端口数量198.6万个，FTTH/O端口数量增长迅猛，达到153.7万个，占接入端口数量的77.4%。全区城市光纤到户覆盖率90%，100Mbps光纤接入能力覆盖市辖区80%以上家庭，乡镇光纤率100%，行政村宽带覆盖率80%，行政村通光纤率54%。互联网固定宽带接入用户86.1万户，比上年末增加7.9万户，其中，光纤宽带用户60.1万户，渗透率69.9%。

【电子政务】 2015年，宁夏提升政务民生信息化水平。

初步建成自治区、市、县（区）三级统一的电子政务网络和平台，政务网络基本覆盖各级主要机关事业单位，公共云平台规模达到3 000台云服务器，集中承载50多个政务民生应用系统。初步建成覆盖全区的人口和地理空间基础信息共享库一期工程，为政府、企业和社会公众提供集中的数据服务。政务、民政等八朵云应用系统全面启动，推动政府行政效能和政务服务水平提升。智慧宁夏综合展示中心建成运行，成为国家信息技术和宁夏信息化成果的对外宣传展示窗口。

【两化融合】 2015年，宁夏两化融合水平指数48.8。其中，56.3%的企业仍处于起步建设阶段，开始加大信息化投入并搭建计算机、网络等信息基础设施，初步将信息系统引入到企业；34.1%的企业处于单项覆盖阶段，主要推进信息系统在办公、财务、研发、生产、采购、销售等单项业务环节普及渗透；8%的企业处于集成提升阶段，单项业务信息化基本全面覆盖，并不同程度地开展关键业务系统集成基础上的资源优化和一体化管理；1.6%的企业处于创新突破阶段，在综合集成基础上实现跨企业的业务协同和模式创新。

【信息经济】 2015年，宁夏信息产业规模144亿元，增速超过22%。通信基础设施日益完善，互联网普及率45.1%，第四代移动通信（4G）网络基本实现城区无缝覆盖。宁夏中关村科技产业园西部云基地等产业基地快速发展，亚马逊、中国电信、中国移动、中国联通等国内外一流数据中心相继落户宁夏。物联网技术在设施农业、节水灌溉等领域开展示范应用，有效提升农业生产效率。

电子商务快速发展，建成覆盖35%行政村的农村电商服务体系，促进农村经济转型升级和农民增收致富。中阿网上丝绸之路开始起步。银川市被列为国家首批电子商务示范和跨境贸易电子商务试点城市，培育优百贸、丝路通等一批本土跨境贸易电子商务企业，与迪拜等地电商企业开展合作，实现电子产品、服装等30多类商品的中阿跨境网上交易。基本建成涵盖报关、检验检疫、结算等流程的跨境电商综合服务系统，为跨境贸易企业提供一站式通关服务。银川经济技术开发区和中国全球卫星联盟共同设立中阿卫星服务产业示范园，将使宁夏成为中国面向阿拉伯国家提供卫星数据服务的重要节点。

【主要问题】 电子制造业没有形成完整的产业链。行业结构单一，光伏制造业产值约占90%；信息通信产品、视听产品、计算机制造几乎空白；产业配套能力弱，单晶硅棒、工业蓝宝石、锂电池正极材料、电极箔等产品全部外地采购原料，初级加工后再送外地精细加工。

企业规模和自主创新能力不足。软件产业缺少龙头企业，企业规模普遍较小，绝大部分企业研发实力薄弱，技术和产品创新能力有限，缺乏核心技术和产品，无法形成比较完整的产业链和产业协同效应。

企业信息技术人才匮乏。大多数信息产业企业由于管理体制不健全和资金不足，无法吸引和留住高级人才，尤其是能承担系统分析、高端设计、整体集成的项目领军人物和既熟悉信息技术又懂企业管理的优秀企业家。

企业融资难，资金严重不足。融资难制约电子信息企业在科研资金上的投入，贷款难、资金拆借难成为企业普遍难题。

【统计数据】

表1 2015年宁夏回族自治区电子信息制造业人员构成情况

企业类别	企业数（家）	年末从业人员总数（人）	人员构成					
			工程技术人员（人）	在总人数中所占比例（%）	管理人员（人）	在总人数中所占比例（%）	研发人员（人）	技术工人（人）
有限责任公司	12	6 014	265	4.4	662	11.0	1 067	5 087

表 2　2013—2015 年宁夏回族自治区电子信息制造业基本情况

项目名称	单位	2013 年	2014 年	2015 年
工业总产值（现行价）	万元	426 500	451 200	658 838
工业销售产值	万元	412 600	430 000	567 478
出口交货值	万元	3 300	120 000	504
流动资产平均余额	万元	75 000	80 000	393 378
固定资产净值平均余额	万元	475 000	520 000	104 802
资产总计	万元	660 054	780 000	1 495 112
负债合计	万元	493 463	523 541	813 843
主营业务收入	万元	398 700	426 510	807 767
税金总额	万元	15 566	12 220	7 600
利润总额	万元	1 000	9 620	22 317
应交所得税	万元	1 044	1 055	2 837
从业人员年末人数	人	5 594	8 594	6 014
从业人员工资总额	万元	25 484	32 120	34 517

表 3　2013—2015 年宁夏回族自治区电子信息制造业主要经济效益指标完成情况

项目名称	单位	2013 年	2014 年	2015 年
全员劳动生产率	元 / 人	762 424	825 614	1 095 507
产品销售率	%	96.7	97.9	86.1
资产负债率	%	74.8	68	54.4

表 4　2013—2015 年宁夏回族自治区主要电子信息产品产销量情况

产品名称	单位	产量			销量		
		2013 年	2014 年	2015 年	2013 年	2014 年	2015 年
单晶硅棒	千克	7 109 000	9 604 000	19 000 000	6 876 422	9 604 000	16 360 000
多晶硅锭	千克	4 761 000	9 484 000	13 000 000	4 140 103	9 484 000	11 190 000

表 5　2015 年宁夏回族自治区软件产业人员构成情况

企业类别	企业数（家）	年末从业人员总数（人）	人员构成			
			管理人员（人）	在总人数中所占比例（%）	软件开发研究人员（人）	在总人数中所占比例（%）
内资企业	124	3 848	502	13.0	1 203	31.3
国有企业	4	72	60	83.3	37	51.4
有限责任公司	109	2 891	264	9.1	867	30.0
股份有限公司	11	885	178	20.1	299	33.8

表 6　2013—2015 年宁夏回族自治区软件产业基本情况

项目名称	单位	2013 年	2014 年	2015 年
软件业务收入	万元	79 315.2	94 473.0	114 051.1
软件产品销售收入	万元	33 392.7	33 656.5	45 573.4
流动资产平均余额	万元	46 598.0	70 678.9	105 496.0
固定资产投资额	万元	4 345.3	7 123.0	3 639.2
资产合计	万元	121 043.7	140 497.8	192 144.5
负债合计	万元	56 928.5	65 743.3	97 335.3
税金总额	万元	5 884.0	5 321.7	5 532.0
利润总额	万元	8 729.1	13 796.0	14 385.9
应交所得税	万元	1 293.7	1 539.7	1 743.0
从业人员年末人数	人	3 846	3 611	3 848
从业人员工资总额	万元	16 304.9	18 954.4	25 531.0

表 7　2013—2015 年宁夏回族自治区软件产业主要经济效益指标完成情况

项目名称	单位	2013 年	2014 年	2015 年
全员劳动生产率	元 / 人	94 442	105 000	118 556
流动资产周转率	次	1.6	1.3	1.7
产品销售率	%	100.0	100.0	100.0
总资产贡献率	%	10.8	13.6	11.1
资产保值增值率	%	120.0	132.0	144.0
资产负债率	%	46.4	46.8	50.7

注：表 1 ~ 表 7 数据来源于宁夏回族自治区经济和信息化委员会。表 6 中 2013 年数据为修正数据。

［供稿：宁夏回族自治区经济和信息化委员会］

新疆维吾尔自治区

【概况】 2015年，新疆维吾尔自治区（以下简称新疆）电子信息产业利用资源、能源、区位优势，发展硅、铝电子材料以及多语种语言软件、云计算和大数据等新兴产业，全行业继续保持健康快速发展。电子信息产业实现主营业务收入307.35亿元，同比增长20.7%；实现利润14亿元，同比增长46.3%。其中，电子信息制造业实现主营业务收入219.25亿元，同比增长29.5%；软件业主营业务收入88.16亿元，同比增长3.2%。

【电子信息制造业】 2015年，新疆多晶硅、光伏系统集成占比较大，完成主营业务收入107.5亿元，占全行业主营业务收入的1/2；铝电子材料完成主营业务收入71.6亿元，占全行业的32.7%；工业硅完成主营业务收入28.2亿元，占全行业的12.9%。3类产品总收入207.3亿元，占全行业的94.5%。全行业产品仅占到电子信息制造业十大产业门类中的两类。

硅产品生产和销售大幅增加。多晶硅产量3.14万吨，同比增长33%；销售3.13万吨，同比增长32.2%。硅片产量4 395万片，同比增长17.5%；销售4 429.8万片，同比增长23.7%。工业硅产量35.7万吨，同比增长19.6%；销售33.1万吨，同比增长32.9%。铝基电子材料发展平稳。电子铝箔产量21 946.5吨，同比增长7.4%；销售22 397吨，同比增长13.4%。电极箔产量1 633.46万平方米，同比增长10.2%；销售1 584.49万平方米，同比增长11.2%。

近年来，东部发达省区企业经营、用工成本上升较快，新疆南疆地区有大量富余劳动力，用工成本较低，适合发展劳动密集型的电子信息制造业。广东思科拓展实业有限公司自2014年3月在南疆喀什地区投资生产劳动密集型电子产品，累计投入2.4亿元，在喀什深圳产业园、伽师县、莎车县、疏附县投资9个电子产品生产就业示范基地，建设48条电子产品生产线，主要产品包括手机数据线、高清线、充电器等产品。截至2015年年底，吸纳就业2 800人，实现产值2亿元。

为了克服新疆产业配套不足、专业人才匮乏的问题，部分企业采取与区外企业开展技术合作或在发达城市设立研发中心的模式，研发、核心生产等环节依托当地成熟的产业环境，逐步形成总部在新疆、研发或生产基地在区外，或者总部在区外、生产基地在新疆的格局。

【软件和信息服务业】 2015年，新疆软件和信息服务业120家规模以上软件和信息技术服务企业营业收入实现88.16亿元，软件业务总收入实现41.83亿元，同比下降16%。2015年，新疆软件企业105家，计算机信息系统集成企业543家，信息系统集成监理企业7家；营业收入过亿元的软件和信息技术服务企业18家。120家规模以上软件和信息技术服务企业实现利税总额5.56亿元，同比增长3.2%；从业人数12 887人。120家规模以上软件和信息技术服务企业软件业务收入中，软件产品收入10.5亿元，同比增长39.9%；信息技术服务收入28.8亿元，同比下降29.8%；嵌入式软件收入2.5亿元，同比增长11.2%。

【科技进步与应用】 2015年，石河子鑫磊光电手机面板、窗口材料用蓝宝石晶体实现220千克单体产业化生产，技术水平国际领先。新疆三锐科技有限公司采用国内首创工艺生产的蓝宝石用高纯氧化铝粉，避免传统工艺复杂、产品杂质多等问题。新疆新太博软件信息技术有限公司研发的“未物理连接的网络之间的数据交换系统”，解决保密单位内外网数据交换安全问题，产品进入市场推广阶段。新疆创安达电子科技发展有限公司研发的电子雷管专用电子芯片和配套产品，通过密码和指令的下载、运算、执行等，实现电子雷管的全程管控，对高效安全使用民爆产品、提升政府监管能力、维护社会公共安全有显著作用。

【信息基础设施建设】 截至2015年年底，新疆移动电话用户2 067.2万户，互联网宽带用户322.6万户，移动互联网用户1 499.4万户；固定电话普及率22.8部/百人，用户523.6万户；移动电话普及率89.9部/百人，用户2 067万户（其中3G和4G用户1 100万户）；WLAN AP点约20万个，光纤覆盖家庭近450万户，农村宽带用户60万户。3.2万座3G/4G移动通讯基站覆盖所有城市和乡镇，行政村和有条件的自然村覆盖率为97%以上。克拉玛依市建成新疆第一个三网融合城市，乌鲁木齐三网融合有序推进。

在西向信息通道方面，与周边国家开通8条直达光缆，建成中巴光缆境内段，启动中俄跨境光缆规划。

【信息产业基地和园区】 2015年，新疆软件园基本建成，入园企业45家、中介服务机构5家，入园企业营业收入超过10亿元，全口径税收突破5 400万元，软件产业聚集效应初步显现。完成工商税务注册、变更企业178家，租赁面积14 899平方米。

克拉玛依云计算产业园中，华为云服务数据中心、中石油数据中心（克拉玛依）、新疆自治区重要信息系统异地灾难备份中心、中国移动集团（新疆）数据中心等大型数据中心建成投用，国家信息中心电子政务外网西北数据中心和灾备中心、国家天地图克拉玛依数据中心暨北方灾备中心、中国航天集团西部卫星通讯网基地、天地图·中亚空间信息枢纽等国家重点项目驻扎启动。

新疆信息产业园于2015年5月10日在昌吉市奠基，产业园区计划以服务外包业务为突破口，着力发展软件外包业务。截至2015年年底，沿天山北坡经济带的云计算产业集聚区雏形初显，为新疆云计算产业集约化、规模化发展夯实基础。

【电子政务】 2015年，新疆开展政务网站评估。印发《2015年新疆政府网站发展评估工作实施方案》，成立评估工作机构，修订网站发展评估指标体系。推进政府网站集约化和网上政府建设，深化政府信息公开，打造一站式网上办事大厅，利用新媒体提升政府网站用户体验。委托第三方机构开展政府网站发展评估，形成《2015年新疆维吾尔自治区政府网站发展评估报告》及14个地州（市）分报告，2015年年底召开新疆政府网站发展评估结果发布会。

【两化融合】 2015年，新疆两化融合指数58.96，新增两化融合示范企业53家，两化融合示范园区4家，2家企业通过国家两化融合贯标，11家企业正在评审中；新疆数字企业3 000多家，培育两化融合示范企业363家，14个自治区级两化融合试验区，培训相关人员5 000多人次。

特变电工新疆新能源股份有限公司、新疆特变电工自控设备有限公司、新特能源股份有限公司、新疆天山毛纺织股份有限公司、新疆中泰（集团）有限责任公司5家企业确定为两化融合管理体系贯标试点企业。中国石油新疆油田分公司、塔里木油田分公司，蓝山屯河型材处于现状调研及诊断、体系分析策划、文件编写与发布阶段。

围绕重点行业重点企业，促进信息技术在工业产品研发设计、企业管理、市场营销和人力资源开发等方面的全面渗透和广泛应用，推广企业资源管理（ERP）、客户关系管理（CRM）和供应链管理（SCM）等应用。通过信息技术持续创新研发设计手段，提高生产装备智能化和自动化，优化企业物资流、信息流、资金流，推动企业现代经营管理体系以及企业间资源整合与业务协同发展。一批中小企业结合各自行业特点和自身实际的企业信息化取得一定成效。

【信息安全】 2015年，新疆重要信息系统异地灾难备份中心完成云数据机房、运维中心、生活基地等基础设施建设，预计2016年7月投入运行。举办首届新疆网络安全宣传周，系列活动有启动仪式、网络安全知识大讲堂、网络安全高峰论坛、工业控制系统信息安全工作座谈会、青少年网络安全主题日、网络安全技术和产品展等，社会各界参与人数超万人，5 000多名大学生在全国率先开展"做中国好网民"宣誓和签名活动。保障敏感时期和重大活动期间网络安全，组建9家自治区网络与信息安全应急支撑机构，对200多家政府机关、高校、企业开展网络安全检查和事件处置，查找网络安全漏洞1万多个，处置数十起网站挂马、网页篡改、网络入侵等网络安全事件。召开全区工业控制系统信息安全座谈会，组织起草《关于加强全区工业控制系统信息安全工作的意见》（送审稿）。对《中华人民共和国网络安全法》（草案）提出 6 个方面、18 条修改建议。江苏省、深圳市分别组团来疆考察灾备基地建设，拟将电子政务系统和基础信息资源备份到灾备中心；新疆“天山云”应用现场会代表参观、考察自治区重要信息系统异地灾难备份中心，并现场观摩异地灾备演示。

【信息消费】 截至 2015 年 9 月，新疆居民网上消费额 207 亿元，增长 26.7%；企业网上销售额 33.1 亿元，增长 34.8%；购销比从 2013 年的 9∶1、上年的 7.6∶1 到 5.5∶1，购销比持续缩小。

克拉玛依市、伊宁市、库尔勒市等城市信息消费试点建设有序进行。克拉玛依市信息网络基础设施完善，形成无线和有线城域网的立体式、高质量、全覆盖的网络格局，在三网融合、无线 WiFi、诚信体系、无线城市、数字医院、远程医疗、跨境电商、智慧交通、智能油田和云计算应用推广等方面取得阶段性成效。伊宁市光纤宽带已覆盖 10 万城市家庭用户和 1 万中小企业，实现 3G 网络全覆盖，宽带应用融入生产生活，移动互联网全面普及。库尔勒市作为国家智慧城市试点、中欧绿色智慧城市试点、信息消费城市试点，基本形成基础地理空间数“一张图”、计算存贮资源“一朵云”的模式，有效提升政府公共服务能力，初步实现信息兴业、惠民的目标。

【云计算与大数据】 2015 年，新疆云计算应用示范和深化云应用全面展开，克拉玛依云服务进入电子政务、卫生医疗、社区服务、行政管理、城市管理等领域并逐步向新疆及西北地区推广。基于华为云平台的新农云为用户提供农产品追溯、农资追溯系统、县农业综合服务、农业信息等服务。新疆云计算中心部署安全监管云、普惠医疗云面向 14 个地州的加气站、车辆、改装厂及 10 余所基层卫生所提供云服务。新疆怡林实业有限公司流域水质监测预警云平台在塔里木河、叶尔羌河、乌鲁木齐河流域推广使用。

【重点信息化项目】 2015 年，新疆云计算产业园区及重点项目建设快速推进。克拉玛依云计算产业园区的通信、供电、供水等设施加快建设，自治区重要信息系统异地灾难备份中心、中国移动(新疆)数据中心上线运营；乌鲁木齐云计算产业园区道路和配套管网等基础设施开工建设，220 千伏电力保障设施完成立项，“天山媒体云”即将开工，新疆君盾“丝绸之路信息安全云”项目签约落户乌鲁木齐园区。

亚欧信息高速公路基础设施和通信枢纽建设开始启动。2015 年，中巴光缆（境内段）建成，中塔、中俄等跨境光缆正在规划中，乌鲁木齐区域性国际通信业务出入口局开通部分国际通信业务。建立以三大运营商为主体的亚欧信息高速公路基础设施建设工作推进机制，联合推动亚欧信息高速公路基础设施建设。

现代物流综合公共信息平台进入规划设计阶段。围绕新疆丝绸之路经济带核心区“五大中心”建设的需要，以“西行班列”和“中欧班列货物集结分拨中心”需求为切入点，开展自治区跨境电商和现代物流综合信息公共平台体系研究，初步明确框架、建设方案以及行业信息系统互通互联和数据共享交换标准规范体系。

【主要问题】 人力资源匮乏。受多种因素的影响，高层次、复合型、领军型人才严重缺乏，同时一般技术工人本地供给能力不足，成为制约产业发展的瓶颈。

产品种类少，整体竞争实力弱。电子制造业主要集中在电子材料、光伏产业等领域，产品线较为单一，向下游延伸不足，资源依赖性强，抗风险能力不足；软件产品研发等高附加值产业规模很小，产业整体处于价值链低端，产业结构不合理。

产业规模小，龙头企业带动性不强。综合实力强的企业少，龙头企业带动性不强，小企业分布散、实力弱，未形成健康的集群式的产业环境。

企业管理制度相对滞后。很多企业没有建立起现代企业制度，部分企业没有健全的企业内控制度和财务管理制度，在办理行政审批、银行贷款等方面存在困难。

扶持政策力度不够，发展环境有待进一步优化。电子信息产业扶持政策较少，企业获得的优惠力度不够大，发展动力不强；企业缺乏长远发展战略和目标，发展盲目性大，甚至连基本的优惠政策都不掌握，使得很多扶持政策无法享受。

【统计数据】

表 1　2015 年新疆维吾尔自治区电子信息制造业人员构成情况

企业类别	企业数（家）	年末从业人员总数（人）	人员构成					
			工程技术人员（人）	在总人数中所占比例（%）	管理人员（人）	在总人数中所占比例（%）	研发人员（人）	技术工人（人）
有限责任公司	23	14 577	3 542	24.3	518	3.6	1 462	9 055

表 2　2013—2015 年新疆维吾尔自治区电子信息制造业基本情况

项目名称	单位	2013 年	2014 年	2015 年
工业总产值（现行价）	万元	1 344 210.1	1 940 004.5	1 990 454.4
工业销售产值	万元	1 222 612.1	1 774 644.6	1 859 360.0
出口交货值	万元	41 774.5	39 096.0	34 107.7
流动资产平均余额	万元	897 759.3	1 266 844.7	1 534 148.1
固定资产净值平均余额	万元	1 433 629.2	1 533 839.3	226 064.5
资产总计	万元	3 109 818.9	3 733 813.4	4 274 778.5
负债合计	万元	2 088 649.5	2 353 188.0	2 644 609.9
主营业务收入	万元	1 216 666.3	1 714 553.0	2 192 532.8
税金总额	万元	1 241.7	3 289.5	6 453.5
利润总额	万元	37 102.1	105 491.2	104 868.9
应交所得税	万元	1 792.4	995.5	4 921.5
从业人员年末人数	人	10 625	13 194	14 577
从业人员工资总额	万元	57 483.1	57 668.8	124 654.9

表 3　2013—2015 年新疆维吾尔自治区电子信息制造业主要经济效益指标完成情况

项目名称	单位	2013 年	2014 年	2015 年
流动资产周转率	次	1.04	1.35	1.2
产品销售率	%	91.0	91.5	93.4
总资产贡献率	%	2.6	5.3	2.4
资产保值增值率	%	166.9	191.7	153.3
资产负债率	%	49.1	63.0	61.9

表 4　2013—2015 年新疆维吾尔自治区主要电子信息产品产销量情况

产品名称	单位	产量			销量		
		2013 年	2014 年	2015 年	2013 年	2014 年	2015 年
热敏电阻	万只	962	1 137	506	1 342	905	590
硅片	万片	3 388.7	3 741.7	4 395	3 277.3	3 582.9	4 429.8
多晶硅	吨	9 405.7	23 630.9	31 428.5	9 405.7	23 703.0	31 341.3
电子铝箔	吨	21 073	19 382	21 946.5	19 914	19 757	23 463.6
电极箔	万平方米	1 424.9	1 481.7	1 633.5	1 344.2	1 425.2	1 584.5
碳化硅晶片	万片	0.92	0.82	1.3	0.89	0.79	1.3
碳化硅	吨	57 089.5	72 446.3	48 056	43 887.6	68 087.9	57 828
太阳能组件	千瓦	3 313	2 609	4 483	3 313	2 617	4 427
蓝宝石	千克		66 901.3	145 028.5			105 333.4

表 5　2015 年新疆维吾尔自治区软件产业人员构成情况

企业类别	企业数（家）	年末从业人员总数（人）	人员构成			
			管理人员（人）	在总人数中所占比例（%）	软件开发研究人员（人）	在总人数中所占比例（%）
国有企业	6	11 527	1 867	16.2	1 302	11.3
集体企业	15	5 092	805	15.8	555	10.9
有限责任公司	70	3 063	469	15.3	129	4.2
股份有限公司	14	3 261	512	15.7	264	8.1
私有企业	504	17 503	2 555	14.6	420	2.4

表 6　2013—2015 年新疆维吾尔自治区软件产业基本情况

项目名称	单位	2013 年	2014 年	2015 年
软件业务收入	万元	496 519.9	497 827.2	418 295.1
软件产品销售收入	万元	46 433.1	89 367.7	104 590.2
流动资产平均余额	万元	320 758.0	534 219.2	456 322.9
固定资产投资额	万元	24 320.2	21 611.2	21 111.8
资产合计	万元	776 350.4	843 729.1	791 271.3
负债合计	万元	417 363.7	486 054.6	475 779.7
税金总额	万元	46 938.8	34 373.7	27 308.2
利润总额	万元	53 413.3	54 066.1	55 795.7

续表

项目名称	单位	2013 年	2014 年	2015 年
应交所得税	万元	11 913.3	8 110.8	9 385.3
从业人员年末人数	人	12 337	12 953	12 887
从业人员工资总额	万元	78 275.7	91 901.3	101 328.0

表 7　2013—2015 年新疆维吾尔自治区软件产业主要经济效益指标完成情况

项目名称	单位	2013 年	2014 年	2015 年
流动资产周转率	次	2.56	1.7	2.4
总资产贡献率	%	13.24	10.8	14.9
资产保值增值率	%	141	108.8	118.8
资产负债率	%	53.7	57.6	55.7

注：表 1 ~表 7 数据来源于新疆维吾尔自治区经济和信息化委员会。

[供稿：新疆维吾尔自治区经济和信息化委员会]

大　连　市

【电子信息制造业】　2015 年，大连市 176 家规模以上（主营业务收入 500 万元及以上）电子信息制造业企业实现工业总产值 613.2 亿元，主营业务收入 670.5 亿元，出口交货值 301.6 亿元。全年生产移动通信基站 26.6 万信道，增长 91.9%；激光视盘机 253 万台，增长 33.8%；半导体分立器件 144 475 万只，增长 29.7%。产量下滑的产品有：程控交换机 61 万线，下降 3.2%；汽车音响 1 001 万台，下降 11.7%；集成电路 14 428 万块，下降 18.5%；打印机 59.8 万台，下降 19.7%。

中国华录集团有限公司、大连辽无二电器有限公司两家国有及国有控股企业完成主营业务收入 115.7 亿元，占全行业 17.3%，所占比重同比增长 3.3 个百分点；出口交货值 46.8 亿元，占全行业 15.5%，所占比重同比增长 1.2 个百分点。

91 家民营企业实现主营业务收入 170.6 亿元，占全行业 25.4%，所占比重同比下降 1.3 个百分点；出口交货值 13.2 亿元，占全行业 4.3%。

83 家外资及港澳台企业完成主营业务收入 384.2 亿元，占全行业 57.3%，所占比重同比下降 2 个百分点；出口交货值 241.6 亿元，占全行业 80.1%。其中，日资企业 63 家，完成主营业务收入 310.9 亿元，同比下降 14.7%；出口交货值 211.9 亿元，同比下降 20.6%。日资企业收入下滑的主要原因是劳动力成本优势削弱、税费优惠减少以及部分劳动密集型企业出现减产、停产和产业转移现象。

典型企业　2015 年，大连市电子信息制造业形成数字视听、通信网络、汽车电子、应用电子、电子工业设备和材料、电子元器件六大行业。

数字视听行业有 5 家企业，主要产品有激光投影电视、激光视盘机整机及机芯、智能家居产品、音视频矩阵产品等。全年完成主营业务收入 90. 9 亿元，占全市电子信息制造业总量的 13.6%。代表企业有中国华录集团有限公司、大连科迪视频技术有限公司、大连鼎创科技开发有限公司等。

通信网络行业有 8 家企业，主要产品有程控交换机、移动通讯基站、船舶引航系统、对讲机及相关配套产品等。全年完成主营业务收入 56.2 亿元，占全市电子信息制造业总量的 8.4%。代表企业有大连环宇阳光集团、大连海创高科信息技术有限公司、大连贝斯特电子有限公司。

汽车电子行业有 8 家企业，主要产品有汽车音响系统、电位器、车载电装部件、超精密车载马达等。全年完成主营业务收入 122.7 亿元，占电子信息制造业收入总量的 18.3%。代表企业有大连辽无二电器有限公司、大连阿尔卑斯电子有限公司、日本电产（大连）有限公司、大连现代高技术集团有限公司。

应用电子行业（含电子计算机及外设、电子测量仪器、电子信息机电产品等）有 43 家企业，主要产品有打印机、微型马达、血压计、通信线缆等。全年完成主营业务收入 150.9 亿元，占电子信息制造业总量的 22.5%。代表企业有佳能大连有限公司、东芝大连有限公司、大连通信电缆有限公司、大连比克动力电池有限公司、大连中盈科技有限公司、大连艾珂光电技术有限公司。

电子工业设备与材料行业有 59 家企业，主要产品有应急电源设备、节能电源、新能源电池设备等。全年完成主营业务收入 132.6 亿元，占电子信息制造业总量的 19.8%。代表企业有国彪电源集团有限公司、大连四达高技术发展有限公司、大连宏光锂业股份有限公司、大连福思达化学有限公司、大连科利德化工科技开发有限公司、大连佳峰电子有限公司。大连宏光锂业有限公司已经完成 3 种动力汽车用锂离子电池人造石墨负极材料的研发，可以实现向动力汽车用锂离子电池生产企业供货。

电子元器件行业有 54 家企业，主要产品有芯片、半导体分立器件、LED 芯片、LCD/LCM 液晶显示器等。全年完成主营业务收入 117.3 亿元，占电子信息制造业总量的 17.5%。代表企业有英特尔半导体大连有限公司、大连德豪光电科技有限公司、大连宇宙电子有限公司、大连崇达电路有限公司、大连吉星电子有限公司、大连艾科科技开发有限公司、大连龙宁科技有限公司、大连藏龙光电子科技有限公司。

【软件和信息技术服务业】 2015 年，大连市软件和信息技术服务业平稳较快发展，在云计算、大数据、物联网、移动互联网等新一代信息技术领域涌现出大连华信计算机技术股份有限公司、东软集团（大连）有公司、大连楼兰科技股份有限公司、大连现代高技术发展集团有限公司、大连环宇移动科技有限公司等一批较具发展潜力的企业。截至 2015 年年底，全市软件和信息技术服务业企业 1 764 家，其中千人以上规模的企业 13 家、世界 500 强企业和著名跨国公司分支机构 70 余家；从业人员 21.7 万人；软件业务收入 1 506.8 亿元，同比增长 2.4%；软件业务出口 37.4 亿美元，同比下降 19%。

云计算公共服务平台（大连云）正式开通运行。以大连华信计算机技术股份有限公司为依托的云计算公共服务平台基础建设年内完成，公共平台的管理机制及服务功能日臻完善，并于 2015 年 12 月月底开通运行。该平台开放的公共服务包括云主机、云存储、云桌面、贸易 365、云呼叫、云 OA 等。

推动华为软件云服务平台项目建设。2015 年 6 月，大连市人民政府与华为软件技术公司签署战略合作协议，双方就共建软件云服务平台和大连城市智慧化建设等合作达成战略共识。双方将共同构建软件云服务平台，助力大连软件和信息技术服务业的转型升级、快速发展；为软件企业提供项目管理、配置管理、代码检查、编译、构建、测试、集成部署、发布等软件开发云服务，切实提高开发交付效率，提升软件开发质量，降低软件开发成本，提高软件企业竞争力。截至 2015 年年底，总投资 8 000 余万元的华为软件云服务平台项目具备随时上线条件，试用软件云的 90 家企业 300 余个软件开发项目反响效果良好。

成立中国工业软件联盟 CAE（计算机辅助工程）分联盟。依托大连市 CAE 仿真软件研发现有基础及大连理工大学相关科研成果，集聚国内 CAE 自主软件研发企业，中国工业软件产业联盟 CAE 分联盟于 2015 年 8 月 27 日成立。截至 2015 年年底，该联盟的理事单位 52 家，成员涵盖中国 90% 以上的 CAE 自主研发企业和近 20 家国内装备制造业重点企业，包括汽车、造船、轨道交通、飞机制造等应用单位以及10余所高校、科研院所和多家国产CAE软件代理商。

【科技进步与应用】 2015年，大连市围绕产业集群建设和战略性新兴产业领域中的优势企业，重点组织实施并支持以国家重点工程为依托，以工程配套为重点，以提高产品机、电、液、仪一体化水平为目的，通过开展自主研发、消化吸收再创新、整合资源系统集成等技术创新，开发研制重大装备成套设备及其配套关键产品和核心零部件项目；加大对市级以上技术中心企业，以提升和形成核心技术为目标、提高企业自主创新能力的研究开发条件建设项目的支持力度；支持对提升产业技术有重大作用的技术开发项目和技术含量高、市场容量大、产业链条长、带动作用明显并具有自主知识产权的新产品开发项目；引导鼓励企业采用高新技术特别是信息技术和先进适用技术改造提升传统产业，支持企业研究开发产业共性技术、关键技术、成套产品和推广应用。全年重点支持20个技术创新项目，企业研发投入超过1亿元，预计达产后年新增经济效益7亿元。

【信息基础设施】 2015年，大连市全面完成主城区家庭光纤入户改造，农村地区新建小区家庭光纤宽带网络全部接入覆盖、老旧小区持续进行光纤入户改造工程。建成4G基站7 000余个，4G用户287万户，主城区、各区县城区以及所有高铁路段实现4G信号全覆盖。大连市超级计算中心正式启用，计算能力达到350万亿次。

不断完善便民服务支付网络建设，“大连全民付”便民缴费项目在全市布放自助缴费终端1 243台，全年实现交易3.67万笔，交易金额693.87万元。市民可以通过商业银行网点、互联网、手机银行、“大连全民付”便民缴费终端等完成水、电、煤气、采暖、有线电视、交通罚款、话费充值等10多项缴费和信息业务。

根据《2015年大连市国民经济和社会发展统计公报》数据显示，截至2015年年底，大连市年末固定电话用户229万户，下降4.5%；移动电话用户726.2万户，下降14.4%。年末（固定）互联网宽带接入用户129.4万户，下降2.2%。

【信息产业基地】 大连经济技术开发区电子信息产业示范基地于2010年12月被工业和信息化部授予“国家新型工业化产业示范基地”称号，2014年通过复审。2015年，开发区电子信息示范产业完成主营业务收入307亿元，电子信息产品制造企业占规模以上工业产值的比重为14.3%。

大连市信息产业主要集中在金州新区，形成以半导体晶圆、LED芯片及外延片、电子元器件、工业电子、办公设备与家电、通讯与电子设备、工业控制软件等门类为核心的产业集群。形成以大连环宇阳光集团等为代表的通信网络设备制造企业，以大连阿尔派电子有限公司、大连阿尔卑斯电子有限公司等为代表的汽车电子产品制造企业，以大连机床集团（数控）、大连光洋科技工程有限公司和久茂自动化（大连）有限公司等为代表的数控机床及智能部件产品制造企业，以大连德豪光电科技有限公司、傅氏国际（大连）双金属线缆有限公司、大连佳林设备制造有限公司、大连光洋科技工程有限公司、大连东方电气制造有限公司、大连机床集团（数控）等为代表的快速增长型的民营企业。形成以大连环宇集团的程控交换机及移动通信基站、佳能办公设备的打印机、罗姆电子的集成电路、欧姆龙的电子血压计及血糖仪、东芝大连的CT诊断仪等为代表的特色电子产品，部分产品产量和技术在国际、国内占据领先优势。

【两化融合】 大连市继续实施工业化和信息化两化深度融合工程建设，并取得良好效果。大连机床集团有限责任公司、美罗药业股份有限公司等9家企业成为国家第二批两化融合管理体系贯标试点企业；中国华录集团有限公司等7家企业成为辽宁省首批两化融合管理体系贯标试点企业；大连华锐重工集团股份有限公司、大连供电公司2家企业被评为辽宁省两化融合体系优秀案例。开展百户企业信息化应用示范工程建设。在全市两化融合示范企业中开展互联网与工业融合创新试点工作，推动数字化车间、物联网应用等项目实施。奇瑞汽车股份有限公司大连工厂、大连冶金轴承股份有限公司、美罗药业股份有限公司等企业的智慧工厂、数字化车间雏形基本形成。

【信息技术应用】 2015年，大连市人民政府出台《关于进一步推进城市智慧化建设工作的意见》，在顶层设计、信息基础设施建设、资源共享、管理机制等方面提出明确的政策措施。

开展区市县智慧城市建设，西岗区率先完成人口、法人单位和地理信息三大数据库建设，实现全区地理信息资源的统一管理和综合分析应用；沙河口区建成大连市首个空间三维地理信息系统，获中国地理信息产业最高级别奖项——中国地理信息产业优秀工程金奖；高新园区设立华为软件云服务创新中心，华为软件云服务平台上线运行；长兴岛经济区建设经济运行分析系统和企业信息数据库，实现对企业动态管理。

启动建设全国首个城市级智慧商圈项目，采用“政府支持 + 企业市场化运作”的创新合作模式，由企业进行投资、建设、运营，通过互联网模式实现社会及经济效益。截至 2015 年年底，部署无线 AP 设备 5 000 多个，WiFi 网络覆盖大连商场、新玛特总店、胜利广场、佳兆业广场、时代广场、福佳新天地等 30 多家大型商场、超市，并向学校、医院等场所拓展延伸，综合运用云计算、大数据分析、移动互联网 WiFi 室内定位等信息技术，开发完成全市统一智慧商圈应用服务平台和大数据分析平台，为顾客提供的商圈服务 APP“城市汇”的用户数超过 20 万人。

开展智慧教育建设，大连市招生考试系统投入使用，初升高招生考试的报送、阅卷、查询等环节全部实现网络化，全年 10 万名考生在系统内完成报考、查询等环节，系统在线人数峰值为 2.7 万人，日访问量突破 20 万人次。

开展智慧卫生建设，累计发放居民健康卡 17 万张，16 家医院实现用卡环境，70 余家基层医疗单位实现远程影像会诊，100 余家基层医疗单位实现远程心电会诊，加强基层医疗单位医疗服务能力，促进优质医疗资源共享和医疗服务均等化。“健康大连”微信预约平台上线运行，19 家医疗机构的 1512 名医生信息供市民随时预约挂号，缓解患者看病难、挂号难问题。

开展智慧农业建设，在金州新区好地农业园区的 40 栋温室开展农业物联网技术示范，对蔬菜和花卉作物温室环境参数进行自动调控和远程控制，实现视频监控远程可视化管理，提升农业生产过程智能化水平。开展动物卫生监管信息化建设，覆盖全市动物卫生监督机构、动物卫生监督检查站、饲养场、屠宰场、隔离场等监管场所，建立集视频监控、GPS 跟踪定位、动物卫生监督业务管理于一体的网络管理平台，实现对动物和动物产品全程可追溯管理。

开展智慧口岸建设，大连海关国际贸易“单一窗口”项目上线运行，货物申报及验放信息共享、船舶进出口岸联网核放、舱单申报与跨部门共享、通关状态综合信息查询 4 个项目在辽宁口岸实现全面推广。该项目上线运营，企业可以减少几十项数据的重复录入，申报效率提高 50% 以上，录入人工成本减少约 1/3。

开展智慧旅游建设，大连老虎滩海洋公园、圣亚海洋世界等 8 家试点景区实现门票电子化和年票电子化，实现智能管理，大连旅游网建成基于云平台的全新网站集群体系。

开展智慧药监建设，大连市食品药品监督管理局完成全市药械基础数据采集，建成药械基础数据库，全面实现数据化管理。系统数据库中录有 3 765 家药房、47 家药品生产企业、61 家药品批发企业、98 家器械生产企业、1 005 家器械经营企业的数据以及 14 179 名药学技术人员数据等，成为全市医疗大数据的重要基础之一。

开展智慧金融建设，金融 IC 卡非接受理环境持续改善，金融机构和银联商务共布放 POS 终端 82 195 台，所有 POS 终端全部能够受理金融 IC 卡，其中支持非接受理的有 36 295 台。公交行业受理金融 IC 卡业务取得突破，有 15 条公交线路的 470 辆公交车安装金融 IC 卡受理设备，开通金融 IC 卡、手机支付乘车服务，全年发生交易 410 万笔，覆盖人群 100 余万人。金融监管评价系统于 2015 年 5 月投入使用，可以对银行风险管控态势的变化实施追踪和监测，对监管大数据资源进行综合分析，实现全流程监督管控和重点指标自动预警，加强银行机构对监管政策的执行力，增强金融风险防控的针对性和有效性。

【统计数据】

表 1　2015 年大连市电子信息制造业人员构成情况

企业类别	企业数（家）	年末从业人员总数（人）	其中：研发人员（人）
内资企业	93	27 012	2 894
国有企业	3	5 214	640
集体企业	2	3 554	
股份合作企业	1	115	
联营企业	1	16	6
有限责任公司	26	9 410	591
股份有限公司	13	3 335	577
私营企业	47	5 368	1 080
港、澳、台商投资企业	11	2 686	439
三资企业	72	53 547	1 975

表 2　2013—2015 年大连市电子信息制造业基本情况

项目名称	单位	2013 年	2014 年	2015 年
工业总产值（现行价）	万元	8 109 469	7 450 937	6 132 352
工业销售产值	万元	7 941 585	7 369 275	6 156 004
出口交货值	万元	4 298 888	3 860 113	3 016 185
流动资产平均余额	万元	5 152 356	5 415 346	6 611 175
固定资产净值平均余额	万元	1 689 659	1 581 105	2 103 467
资产总计	万元	9 017 275	9 859 756	10 058 608
负债合计	万元	4 594 305	4 816 186	4 930 424
主营业务收入	万元	8 101 406	7 614 984	6 704 636
税金总额	万元	136 455	122 949	1 415 100
利润总额	万元	423 361	412 349	511 533
应交所得税	万元	86 014	82 551	56 211
从业人员年末人数	人	108 189	97 321	83 245
从业人员工资总额	万元	657 189	540 864	625 668

表 3　2013—2015 年大连市电子信息制造业三资企业基本情况

项目名称	单位	2013 年	2014 年	2015 年
工业总产值（现行价）	万元	4 194 975	4 619 240	3 885 548
工业销售产值	万元	4 104 645	4 546 194	3 927 405
出口交货值	万元	2 823 193	3 103 493	2 415 628
流动资产平均余额	万元	1 837 967	2 259 522	2 390 792
固定资产净值平均余额	万元	813 714	1 114 183	1 033 816
资产总计	万元	2 678 555	3 800 066	3 869 853
负债合计	万元	1 056 723	2 460 680	1 280 344
主营业务收入	万元	4 058 537	4 520 502	3 841 969
税金总额	万元	71 170	56 405	62 058
利润总额	万元	114 307	217 950	270 183
应交所得税	万元	41 805	40 292	31 559
从业人员年末人数	人	67 399	65 964	56 233
从业人员工资总额	万元	414 623	414 437	447 647

表 4　2013—2015 年大连市电子信息制造业主要经济效益指标完成情况

项目名称	单位	2013 年	2014 年	2015 年
全员劳动生产率	元 / 人	165 459	162 873	162 728
流动资产周转率	次	1.57	1.4	1.0
产品销售率	%	97.9	98.9	100.4
总资产贡献率	%	7.05	6.3	6.5
资产保值增值率	%	105.8	114.1	106.6
资产负债率	%	50.95	48.8	49.0

表 5　2013—2015 年大连市电子信息制造业三资企业主要经济效益指标完成情况

项目名称	单位	2013 年	2014 年	2015 年
全员劳动生产率	元 / 人	134 362	151 879	161 517
流动资产周转率	次	2.21	2.0	1.6
产品销售率	%	97.8	98.4	101.1
总资产贡献率	%	7.01	7.4	8.6

续表

项目名称	单位	2013 年	2014 年	2015 年
资产保值增值率	%	95.2	100.8	111.7
资产负债率	%	39.5	35.2	33.1

表 6　2013—2015 年大连市主要电子信息产品产销量情况

产品名称	单位	产量			销量		
		2013 年	2014 年	2015 年	2013 年	2014 年	2015 年
程控交换机	万线	58	63	61	58	63	61
移动通信基站	信道	148 410	138 780	266 280	148 410	138 780	266 280
激光视盘机	万台	202	189	253	204	188	251
打印机	万台	78	74.4	59.8	74.6	75	56
半导体分立器件	万只	131 500	111 430	144 475	124 864	124 787	133 099
集成电路	万块	19 349	17 703	14 428	19 529	17 704	13 239
汽车音响	万台	1 042	1 134	1 001	1 046	1 155	1 024
雷达	部		4 699	2 689		4 718	2 668

表 7　2013—2015 年大连市三资企业主要电子信息产品产销量情况

产品名称	单位	产量			销量		
		2013 年	2014 年	2015 年	2013 年	2014 年	2015 年
打印机	万台	65	61.4	40.8	64	62.2	40.3
集成电路	万台	2 990	17 703	14 428	2 990	17 704	13 239
汽车音响	万块	237	287	226	235	284	225

表 8　2015 年大连市软件产业人员构成情况

企业类别	企业数（家）	年末从业人员总数（人）	人员构成			
			管理人员（人）	在总人数中所占比例（%）	软件开发研究人员（人）	在总人数中所占比例（%）
内资企业	1 462	153 571	14 258	9.3	75 608	49.4
国有企业	27	2 841	440	15.5	1 254	44.1
集体企业	3	219	25	11.4	176	80.4
股份合作企业	2	29			4	13.8

续表

企业类别	企业数（家）	年末从业人员总数（人）	人员构成			
			管理人员（人）	在总人数中所占比例（%）	软件开发研究人员（人）	在总人数中所占比例（%）
有限责任公司	373	37 794	2 830	7.5	19 648	52.0
股份有限公司	104	16 805	1 612	9.6	10 725	63.8
私营企业	933	93 590	8 974	9.7	43 228	46.5
其他内资企业	20	2 293	377	16.4	573	25.0
港、澳、台商投资企业	34	3 823	570	14.9	1 041	27.2
三资企业	268	59 218	3 336	5.6	26 955	45.5

表 9　2013—2015 年大连市软件产业基本情况

项目名称	单位	2013 年	2014 年	2015 年
软件业务收入	万元	13 500 362	14 708 001	15 068 197
软件业务出口收入	万美元	430 255	462 723	373 881
软件产品销售收入	万元	5 154 468	5 797 192	6 084 642
流动资产平均余额	万元	6 793 211	7 749 470	4 642 652
固定资产投资额	万元	232 926	292 570	153 125
资产合计	万元	16 722 760	14 903 541	12 527 468
负债合计	万元	9 919 346	8 494 473	6 961 563
税金总额	万元	506 225	659 799	1 002 166
利润总额	万元	964 923	589 212	570 892
应交所得税	万元	128 000	257 613	196 106
从业人员年末人数	人	216 985	247 477	216 612
从业人员工资总额	万元	1 099 557	1 591 088	1 296 344

表 10　2013—2015 年大连市软件产业三资企业基本情况

项目名称	单位	2013 年	2014 年	2015 年
软件业务收入	万元	4 637 218	4 621 932	4 651 217
软件业务出口收入	万美元	250 263	317 773	249 798
软件产品销售收入	万元	1 348 638	1 545 202	1 279 825
流动资产平均余额	万元	926 749	1 008 119	734 306

续表

项目名称	单位	2013年	2014年	2015年
固定资产投资额	万元	23 724	24 508	28 839
资产合计	万元	2 901 128	3 075 523	2 665 407
负债合计	万元	2 178 074	2 404 184	829 541
税金总额	万元	160 405	170 367	238 762
利润总额	万元	330 792	78 660	144 902
应交所得税	万元	19 982	69 532	61 605
从业人员年末人数	人	56 075	62 793	59 218
从业人员工资总额	万元	460 644	469 088	590 492

注：表1～表10数据来源于大连市经济和信息化委员会。

[供稿：大连市经济和信息化委员会]

宁　波　市

【电子信息制造业】 2015年，宁波市电子信息制造业企业累计完成工业总产值1 616.76亿元，同比下降2.7%；内销产值843.24亿元，同比增长5.9%，比上年同期增加0.32个百分点，内销对销售产值的增长贡献率达八成以上；实现利税总额120.79亿元，同比增长11.6%。宁波市948家规模以上电子信息制造业工业增加值同比增长4.1%；全员劳动生产率12.79万元；完成新产品产值690.2亿元，同比增长10.4%，新产品产值率42.7%，比上年同期增加4个百分点。

2015年12月，宁波市规模以上电子信息产品制造业企业有亏损企业131家，比9月减少34家，亏损面13.8%，比全省电子信息产品制造业亏损面低2.48个百分点，比宁波市工业规模以上企业亏损面低3.83个百分点；131家亏损企业亏损额6.4亿元，同比下降1.4%；全年规模以上电子信息制造业完成科技活动经费支出37.96亿元，同比增长5.1%。

典型企业　舜宇集团有限公司、宁波均胜电子股份有限公司被工业和信息化部评为2015年（第29届）全国电子信息百强企业。舜宇集团是一家从事光学仪器、光电产品研发设计和生产的国家级高新技术企业，是国内最大的手机摄像模组生产企业；集团重视研发队伍建设、加大创新研发投入，拥有发明专利38项、实用新型专利61项、外观专利43项，在韩国、日本、以色列、新加坡、中国台湾地区等陆续建立分公司或研发团队办事处。均胜电子主要从事汽车电子零部件制造，2015年跨国并购美国KSS及德国汽车导航公司；公司研发、生产、销售业务拓展至欧洲、美洲、亚洲地区，在全球拥有约20个生产及销售基地、4个研发中心，为保时捷、宝马、奔驰、大众、北美通用和北美福特等国际知名企业配套生产汽车电子零部件产品。

【软件和信息服务业】 2015年，宁波市电子商务平台服务收入72.2亿元，同比增长30.5%，在信息技术服务收入的3个细分行业中增长最快。软件业务出口保持平稳增长，全年实现软件业务出口收入 56 778 万美元，同比增长 6.4%。嵌入式系统软件增速放缓，全年实现嵌入式系统软件收入 164.14 亿元，同比增长 24.7%，占软件和信息服务业收入的 43.1%。

全市纳入软件业统计的企业平均软件业务收入 4 760 万元，同比增长 21.9%。收入超亿元企业 23 家，比上年增加 6 家；收入超千万软件企业 184 家，比上年增加 13 家；上市软件企业增长较快，纳入统计的 15 家上市软件企业全年实现软件业务收入 29.25 亿元，同比增长 62%，是全行业平均增速的 2.2 倍。利税稳步增长，但增幅下降，实现利税 24.29 亿元，同比增长 1.3%。其中，实现利润总额 17.34 亿元，同比增长 1.1%；上交税金 6.95 亿元，同比增长 1.6%。

累计有宁波伟立机器人科技有限公司等 5 家企业技术研发机构被认定为浙江省重点企业研究院，宁波中青华云新媒体科技有限公司被评为浙江省大数据产业首批应用示范企业。宁波高格软件股份有限公司等 5 家企业被评为宁波市信息化和工业化深度融合优秀服务机构；浙江中之杰软件股份有限公司等 2 家企业被评为宁波市服务业十佳“创新之星”企业。国家规划布局内重点企业和深交所上市公司 1 家，新三板挂牌上市企业 14 家，4 家公司通过股权并购上市。

区域产业特色优势初步形成。高新区、鄞州区发展软件研发和行业应用，软件业务收入分别达到 92.89 亿元和 93.14 亿元；海曙区、江北区、江东区发展电子商务产业，软件业务收入分别达到 23.59 亿元、31.01 亿元、8.2 亿元；慈溪市、余姚市、北仑区发展嵌入式软件、生产控制软件，软件业务收入分别达到 45.38 亿元、35.53 亿元、14.25 亿元；镇海区、宁海县、奉化市、象山县发展文化创意、行业运营服务、行业物联网应用等，软件业务收入分别达到 9.1 亿元、5.84 亿元、4.02 亿元、3.86 亿元。

典型企业　宁波理工监测科技股份有限公司成立于 2000 年 12 月，公司总部位于宁波保税区，截至 2015 年 8 月，在职员工 1 175 人，其中研发人员 362 人，占总人数的 30.8%。公司专业从事电力系统关键设备在线监测技术、电力电子技术、能效测控技术、水质安全与环境监测技术的研究以及设备的生产、销售和技术服务。

东蓝数码有限公司是国家发展和改革委员会、工业和信息化部等联合认定的“国家规划布局内重点软件企业”、科技部认定的“国家现代服务业创新发展示范企业”和“国家火炬计划软件产业骨干企业”、浙江省认定的“浙江省智慧城市大型软件产业技术创新综合试点企业”。公司主要承担智慧城市规划、智慧城市建设、智慧城市基础设施的投融资服务、智慧城市运营服务，有 1 000 多名员工，从事软件开发与系统集成的人员占全体员工的 87%，拥有浙江省省级重点企业研究院、省级企业研发中心。

【信息基础设施】　宁波光网城市建设超额完成“宽带中国”指标，截至 2015 年年底，互联网宽带接入用户 380 万户，已覆盖所有行政村以上住宅区域，互联网城域出口带宽达 2 900Gbps，移动电话用户 1 400 万户，移动数据用户 760 万户，其中，3G 用户 465 万户，4G 用户 295 万户。“iNingbo”市民免费上网项目通过以商业养公益的模式创新，形成可持续的市民免费无线上网服务体系，覆盖范围进一步加大，平台注册用户 80.9 万，每天访问量突破 7 万，总认证次数 1 549 万次。乡镇以上城镇区域实现 4G 网络全覆盖。互联网国际出口专用通道带宽达到 60Gbps。

完成数据交换平台扩容、政府微门户、服务器、安全设备及安全服务和可信计算组件及服务等招投标项目 6 项。成立宁波市政务云计算中心（大数据）管理办公室，修订并正式印发《宁波市政务云计算中心服务指南》。市政务云计算中心为全市 30 家单位 80 个系统提供服务，15 个单位 2 858 万多条数据进入宁波市政务云计算中心数据架构体系进行共享，每周增加数据 10 万条以上。截至 2015 年年底，宁波市电子政务内网市本级接入 265 家单位及 3 个驻外办事处，电子政务外网市本级接入 383 家单位。

【信息产业基地和园区】　宁波市高新区智慧园一期项目用地 223 亩，总投资 25 亿元，完成投资 7.6 亿元，招商引进企业 8 家，招商面积 8 639 平方米。意创国际动漫城项目占地 64 亩，总投资 12 亿元，完成投资 5.2 亿元，计划三年内建成投用，打造集动漫影视、院线管理、仿真娱乐、影视投资贸易等为一体的大文化创意中心。鄞州区浙江清华长三角研究院宁波科技园建筑面积 14 万平方米，总投资 3 亿元，完成投资 2 亿元，服务创业企业 13 家。慈星纺织软件园一期工程累计完成投资

33 127万元，新增5 256万元，主体装修完工，园区除了纺织软件产业链功能外，引进人工智能相关企业，打造服务机器人产业基地。

宁波市江北区长兴158电商园、801电商园、亚虎电商园、澳洲电商园、慈谷电商园、世纪博园、豪成国际电商园、正和电商园等一批电商园已启动招商，入驻企业超过200家，涉及跨境贸易电商、进口食品生鲜电商、社区型电商、创新创业电商等类型。宁波市海曙区与浙江神州酷奇电子商务发展有限公司合作建立“神州电商园”，重点孵化母婴用品类电子商务创业企业。宁波市宁海综合电子商务产业园建成开园，建筑面积4.6万平方米，入驻企业20余家。

宁波市海曙区投入近5.7亿元、建筑面积近7万平方米的众创空间正式开园，9家企业签署入住协议；博洋集团投资建设的“创客157”项目投入使用。宁波市江东区盛世方舟众创空间综合体项目进展顺利，1万平方米场地全部招满，入驻合作的孵化器总计9家，其中7家完成工商注册，入驻项目团队人数190人。宁波市“集盒”产业园打造创业生态圈，总用地面积25 491平方米，被列入重点扶持的“众创平台”首批政策性扶持资金正式投入。

【两化融合】 2015年，宁波市通过评选“示范企业”“案例企业”“示范项目”等形式，挖掘一批在“互联网+”大背景下各领域、各行业中具有典型示范意义的案例进行宣传推广，鼓励发展制造业新模式、新业态。东方电缆股份有限公司、精诚科技股份有限公司等企业通过物联网、云计算、大数据等信息化技术成功向服务型制造业转型，贝发集团股份有限公司、慈星股份有限公司等企业正在形成大规模个性化定制的新型生产方式，舜宇集团有限公司、中银（宁波）电池有限公司等企业通过柔性生产线改造和无人化车间建设向智慧工厂又迈进一步。全年排摸评选出符合政策导向的两化深度融合示范企业33家，建立企业信息化实施项目库，对27个两化融合示范项目进行重点扶持，共补助资金1 146万元。

设置“《中国制造2025》解读”等6个符合时宜的信息化培训主题，分批、分层次、分对象地开展面向企业负责人、信息化主管、经信系统人员等不同人群的信息化培训工作，实现轮训1 490人次。培养一批能促进企业可持续发展企业信息化应用和管理人才。加大信息化普及工程推广力度，用政府负责宣传推广软件产品及提供部门培训费用的形式，促使信息化服务商降低产品费用并为工业企业提供部分免费服务。全年推出8个主题的企业信息化普及工程活动，普惠近200多家企业。

在慈溪市、北仑区获得“国家级两化融合示范区”称号基础上，推荐镇海区成为第二批“示范区”，分别给予“示范区”每年500万专项资金用于重点支持制造业研发设计、生产装备、流程管理、物流配送、能源管理的数字化、网络化、智能化，促进企业两化融合迈向集成应用新阶段。2015年，慈溪市、北仑区通过专项资金引导企业加大信息技术投入，整合技术服务资源，建立“企业信息技术专家库”，引进专业团队推动行业内的信息技术应用，涌现出慈星股份有限公司、海天塑机集团有限公司等两化深度融合典型特色企业。

【信息消费】 2015年，宁波市信息消费规模600亿元，同比增速超过30%。智能制造水平逐步提升。全市80%以上重点行业骨干企业实现生产装备自动化，全市25家企业跻身2015年全国企业信息化500强。各类新型工业云服务平台助力中小企业信息化建设。截至2015年年底，全市391家中小企业上线中小企业云服务平台，140余家纺织服务企业运用纺织服装云平台，70家中小家电企业使用家电云平台。

2015年，全市电子商务交易额超过6 000亿元。面向重点行业领域的电子商务规模发展，年交易额超过4 000亿元，拥有百余家大宗商品交易平台和上千家垂直型行业网站。网络零售持续增长，网络零售额突破700亿元，同比增长59.7%，涌现出博洋控股集团有限公司、太平鸟时尚服饰股份有限公司等知名电商应用企业。跨境贸易电子商务迅速崛起，先后获批跨境电商试点城市、国家跨境电商综合试验区等试点，全年跨境电商试点业务进出口总额81.4亿元，培育出跨境购、世贸通、敦煌网等跨境电商平台。

【重点信息化项目】 截至2015年年底，电子公文系统共有市本级用户单位300多家，全大市用户单位1 300多家，其中40多家委办局实现市县两级纵向单位的文件下发和上传。推进党委信息化系统建设，完善协同办公系统，全面建成市公务员考核信息平台。政府信息公开市级平台累计发布政府信息 287 652 条，2015 年新增信息约 48 467 条；累计办理依申请公开 2 959 件，2015 年受理依申请公开约 638 件。全年市政府门户网站共整理上网信息 6 万余条，日均页面浏览量 8 万余次，开展“全国文明城市创建调查问卷”等网上调查 4 次，开展“公开征集 2016 年度市政府民生实事项目”等网上征集意见 26 次，新增“政府网站普查”等专题。企业政策查询平台发布 300 多条市级政策文件、1 800 多条部门政策文件，县（市）区、管委会平台发布 3 600 多条政策文件，平台访问量 450 多万人次。

智慧健康保障项目新增投入 600 万元。宁波市区域卫生信息平台、宁波市智慧健康基础设施建设项目（一期）等进展顺利。网上预约挂号、诊间结算、远程会诊等应用不断拓展，国内首家云医院成功上线。智慧交通项目新增投入 900 万元。启动交通运输综合指挥中心一期项目，完成高位视频和智能停车诱导一期项目。智慧教育项目新增投入 2 000 万元。智慧教育项目进展顺利，二期项目中的门户网站、智慧教育学习平台、智慧教育云平台已按计划启动建设。数字人社项目按计划启动应用、支撑、服务信息化平台建设。市民卡多领域应用，持续推进。截至 2015 年年底，轨道交通 1 号和 2 号线、市区 4 427 辆出租车、市六区二岛 4 400 余辆公交车、市六区公共自行车、无轨电车新版市民卡应用全部开通。咪表停车开通试点，县（市）公交互通支付实现突破，新版市民卡居民健康卡发行，商业领域应用不断推广，手机市民卡完成试发行。

【产业环境】 2015 年，宁波市智慧城市建设组织领导机制及市县两级统筹协调的推进工作机制不断完善，工作合力日益增强。智慧城市重大项目统筹设计和协调推进力度进一步加大，资金统筹机制和科学管理机制得到确立。决策咨询、政策扶持、考核评价、教育培训等一系列配套机制逐步健全。出台《关于加快发展信息经济的实施意见》（甬政发 [2015]65 号），明确全市信息经济发展的目标、任务、重大工程及保障措施。智博会合作交流的平台效应不断显现，举办第五届中国智慧城市技术与应用产品博览会，参观人数 6.6 万余人次。工业和信息化部软件与集成电路促进中心“国家互联网 + 智能制造创新服务平台”、腾讯“互联网 + 智慧城市”、东软“智能可穿戴设备产业基地”等 28 个智慧项目签约，总投资额超过 70 亿元。

【统计数据】

表 1　2015 年宁波市电子信息制造业人员构成情况

企业类别	企业数（家）	年末从业人员总数（人）	其中：研发人员（人）
内资企业	62	60 324	4 828
国有企业	2	411	84
股份合作企业	1	67	
有限责任公司	29	39 787	2 508
股份有限公司	16	15 362	1 674
私营企业	12	3 528	417
其他内资企业	2	1 169	145
港、澳、台商投资企业	25	20 877	1 321
三资企业	29	12 966	1 387

表 2　2013—2015 年宁波市电子信息制造业基本情况

项目名称	单位	2013 年	2014 年	2015 年
工业总产值（现行价）	万元	14 347 203	15 108 525	16 167 559
工业销售产值	万元	13 803 984	14 552 574	15 448 490
出口交货值	万元	6 887 564	7 109 238	7 016 049
流动资产平均余额	万元	8 961 668	8 755 935	10 355 469
固定资产净值平均余额	万元	12 929 985	1 133 785	5 346 833
资产总计	万元	12 823 102	13 932 314	15 702 301
负债合计	万元	7 449 525	7 743 571	8 755 187
主营业务收入	万元	13 866 397	14 543 371	15 486 970
税金总额	万元	247 031	255 469	331 339
利润总额	万元	637 805	964 578	876 577
应交所得税	万元	199 374	204 891	267 599
从业人员年末人数	人	208 970	214 648	237 987
从业人员工资总额	万元	988 772	1 079 278	1 303 906

表 3　2013—2015 年宁波市电子信息制造业三资企业基本情况

项目名称	单位	2013 年	2014 年	2015 年
工业总产值（现行价）	万元	2 842 790	2 830 539	2 998 832
工业销售产值	万元	2 795 410	2 747 795	2 703 293
出口交货值	万元	2 586 945	2 580 900	1 618 755
流动资产平均余额	万元	1 335 902	1 400 330	1 724 659
固定资产净值平均余额	万元	432 485	441 526	419 750
资产总计	万元	1 914 841	1 951 107	2 554 315
负债合计	万元	1 077 530	1 103 148	1 385 555
主营业务收入	万元	2 820 897	2 779 592	2 867 828
税金总额	万元	18 992	36 512	50 994
利润总额	万元	67 323	81 192	157 335
应交所得税	万元	10 954	7 782	18 952
从业人员年末人数	人	28 588	28 716	26 673
从业人员工资总额	万元	138 892	153 966	155 624

表 4　2013—2015 年宁波市电子信息制造业主要经济效益指标完成情况

项目名称	单位	2013 年	2014 年	2015 年
全员劳动生产率	元 / 人	11 4876	119 854	127 956
流动资产周转率	次	1.6	1.56	1.5
产品销售率	%	96.2	96.3	95.6
总资产贡献率	%	8.3	8.3	8.9
资产保值增值率	%	98.4	104.5	104.1
资产负债率	%	58.1	55.6	54.7

表 5　2013—2015 年宁波市电子信息制造业三资企业主要经济效益指标完成情况

项目名称	单位	2013 年	2014 年	2015 年
全员劳动生产率	元 / 人	103 124	157 228	193 368
流动资产周转率	次	1.5	2.0	1.7
产品销售率	%	97.6	96.9	90.2
总资产贡献率	%	6.0	5.96	7.5
资产保值增值率	%	101.2	102.3	114.0
资产负债率	%	64.1	58.7	54.2

表 6　2013—2015 年宁波市主要电子信息产品产销量情况

产品名称	单位	产量			销量		
		2013 年	2014 年	2015 年	2013 年	2014 年	2015 年
手机	万部	587	441.1	562	595	438.1	576
显示器	万台	3	1	1	3	1	1
其中：液晶显示器	万台	3	1	1	3	1	1
电子元件	万只	355 503	419 351	576 087	366 503	423 365	579 369
其中：片式元件	万只	134 569	114 327	125 888	145 118	124 293	137 864
半导体分立器件	万只	3 463 407	4 713 138	7 012 599	3 380 409	4 715 681	6 243 373
单晶硅	千克	114 593	1 624		104 527	1 448	15
太阳能电池	千伏安	350 081	324 879	132 382	351 588	328 057	109 350
液晶显示模组	万套	5 486	5 504	3 677	5 503	5 487	3 718
半导体发光二极管（LED）	万只	91 060	108 714	110 187	78 950	95 375	87 827

表7　2015年宁波市软件产业人员构成情况

企业类别	企业数（家）	年末从业人员总数（人）	人员构成			
			管理人员（人）	在总人数中所占比例（%）	软件开发研究人员（人）	在总人数中所占比例（%）
内资企业	625	86 865	10 255	11.8	9 299	10.7
国有企业	5	525	101	19.2	229	43.6
集体企业	2	277	4	1.4	61	22.0
股份合作企业	2	178	20	11.2	12	6.7
有限责任公司	264	39 571	3 095	7.8	3 271	8.3
股份有限公司	48	8 556	1 062	12.4	1 106	12.9
私营企业	292	36 795	5 834	15.9	4 402	12.0
其他内资企业	12	963	139	14.4	218	22.6
港、澳、台商投资企业	20	4 100	289	7.0	330	8.0
三资企业	44	6 432	640	10.0	790	12.3

表8　2013—2015年宁波市软件产业基本情况

项目名称	单位	2013年	2014年	2015年
软件业务收入	万元	2 338 646	3 014 008	3 859 992
软件业务出口收入	万美元	25 641	53 388	56 778
软件产品销售收入	万元	454 098	800 177	979 287
流动资产平均余额	万元	1 329 242	1 812 847	2 695 802
固定资产投资额	万元	87 684	109 556	85 204
资产合计	万元	3 368 616	4 081 788	4 600 239
负债合计	万元	1 637 937	2 042 521	2 317 190
税金总额	万元	109 343	254 889	180 600
利润总额	万元	231 000	300 187	264 122
应交所得税	万元	39 349	47 498	58 228
从业人员年末人数	人	68 970	86 796	97 397
从业人员工资总额	万元	345 221	438 785	509 875

表 9　2013—2015 年宁波市软件产业三资企业基本情况

项目名称	单位	2013 年	2014 年	2015 年
软件业务收入	万元	234 225	302 587	371 121
软件业务出口收入	万美元	4 130	5 903	6 292
软件产品销售收入	万元	7 261	41 009	48 817
增加值	万元	56 581	78 916	84 735
流动资产平均余额	万元	104 302	144 879	185 652
固定资产投资额	万元	1 822	3 150	4 375
资产合计	万元	245 129	326 448	418 800
负债合计	万元	159 540	206 095	267 999
税金总额	万元	12 292	16 748	21 195
利润总额	万元	6 218	9 470	11 935
应交所得税	万元	1 354	8 492	9 786
从业人员年末人数	人	4 356	9 904	6 432
从业人员工资总额	万元	21 609	25 939	32 640

表 10　2013—2015 年宁波市软件产业主要经济效益指标完成情况

项目名称	单位	2013 年	2014 年	2015 年
全员劳动生产率	万元 / 人	15.1	28.8	16.5
流动资产周转率	次	3.2	1.7	4.7
产品销售率	%	24.0	27.6	37.0
总资产贡献率	%	18.0	15.2	18.0
资产保值增值率	%	199.0	119.0	134.0
资产负债率	%	51.0	63.1	56.5

表 11　2013—2015 年宁波市软件产业三资企业主要经济效益指标完成情况

项目名称	单位	2013 年	2014 年	2015 年
全员劳动生产率	万元 / 人	28.3	32.0	19.8
流动资产周转率	次	1.9	2.1	1.9
产品销售率	%	26.0	24.6	33.8
总资产贡献率	%	15.0	15.1	7.6

续表

项目名称	单位	2013 年	2014 年	2015 年
资产保值增值率	%	115.0	119.0	110.0
资产负债率	%	54.0	55.9	51.8

注：表 1 ～表 11 数据来源于宁波市经济和信息化委员会，其中，表 1、表 3、表 5 为 116 家重点监测企业数据。

[供稿：宁波市经济和信息化委员会]

厦门市

【电子信息制造业】 2015 年，厦门市规模以上电子信息制造业实现工业产值 1 962.14 亿元，同比增长 3.9%，占全市规模以上工业产值（现行价）的 39%，是产值规模最大的一个行业。其中，平板显示产业链利用全国唯一的光电显示产业集群试点及得天独厚的对台区位优势，承接全球平板显示产业转移，推进与中国台湾平板显示产业在技术攻关、市场拓展、产业配套等方面的合作，2015 年产值突破千亿，完成工业产值 1 153.02 亿元；计算机与通讯设备产业链以计算机整机、手机、手机镜头、微电机、柔性电路板、蓝牙及无线接入设备、定位导航等产品为龙头的一批集成制造产业为核心，聚集一批基础元器件、配套件、外设、IT 服务等配套及产业链延伸企业，2015 年完成工业产值 709.22 亿元。

2015 年，厦门市电子信息制造业（计算机、通信和其他电子设备制造业）完成投资 194.32 亿元，同比增长 66%，占全市工业投资的 54.8%。其中三安 LED 厦门光电产业化项目本年计划投资 40 亿元，实际完成投资 43.73 亿元，完成年度计划的 109.3%；联芯（闽台合资）12 英寸集成电路项目本年计划投资 18.7 亿元，实际完成投资 27.63 亿元，完成年度计划的 147.8%；弘信挠性印制电路板项目本年计划投资 1.8 亿元，实际完成投资 1.85 亿元，完成年度计划的 102.9%；法拉新型能源用电容器项目本年计划投资 9 000 万元，实际完成投资 18 530 万元，完成年度计划的 205.9%。

2015 年，厦门市 41 家重点企业实现总产值 1 541.77 亿元，出口交货值 943.05 亿元，占全市工业产品出口的 46.1%，出口依然是拉动厦门市电子信息制造业发展的首要推动力。5 家电子信息制造企业产值超百亿元，分别是戴尔（中国）有限公司、宸鸿科技（厦门）有限公司、友达光电（厦门）有限公司、冠捷显示科技（厦门）有限公司、达运精密工业（厦门）有限公司，数量与上年相比持平。通达（厦门）科技有限公司、厦门盈趣科技股份有限公司、同致电子科技（厦门）有限公司、冠捷显示科技（厦门）有限公司、厦门天马微电子有限公司等企业产值增长较快，分别同比增长 61.5%、56.3%、51.8%、50.2%、38.2%。

【软件和信息服务业】 2015 年，厦门市软件和信息服务业实现业务收入 921.8 亿元，同比增长 23.1%，基本完成“十二五”规划目标。其中，软件产品收入 208.9 亿元，同比增长 19.6%；信息技术服务收入 524.9 亿元，同比增长 20.6%；嵌入式系统软件收入 187.9 亿元，同比增长 35.1%。

中小软件企业对接资本市场能力增强，2015 年，海迈科技股份有限公司、蓝斯通信股份有限公司等 13 家企业在新三板挂牌，其中动漫游戏企业在新三板实现零的突破，新游网络科技有限公司、本捷网络股份有限公司、飞博共创网络科技股份有限公司 3 家动漫游戏企业正式挂牌，行业累计上市企业 24 家。此外，四三九九网络股份有限公司、吉比特网络技术股份有限公司等 IPO 申请已被受理。

开展软件信息服务领域国家现代服务业综合试点工作。咪咕动漫平台等 10 个项目获得资金扶持 4 410 万元，拉动投资 2.8 亿元。软件评测中心等 35 个项目获得省软件资金补助 1 656 万元，重点用于补助企业的资质认定、品牌创建、人才培养等；厦门信息集团有限公司"厦门市软件园三期众创空间集群服务平台"等 3 个公共服务平台项目获得国家切块给福建省电子信息产业集群创新发展专项资金支持。完善软件产业扶持政策，制定印发《关于进一步加快软件和信息服务业发展若干意见的实施细则》（厦经信软件 [2015]104 号），2015 年预算安排 5 000 万元专项资金用于厦门市软件和信息服务企业的扶持，较上年增加 3 000 万元。经专家评审后，对 220 家企业的加大研发投入、标准制定、研发机构建设等进行补助，提升企业的创新能力，帮助企业做大作强，补助金额约 4 800 万元。

【信息基础设施】 2015 年，厦门市实施"宽带中国"示范城市建设，组织编制基站建设专项规划，将基站布局纳入城市规划体系及城市土地出让条件，推动电信、移动、联通、广电四大运营商签署战略合作协议，在网络基础设施共建共享、共同绘制宽带地图、共建信息消费体验馆等方面开展战略合作，加大全市宽带网络基础设施投入，在全国率先推行对运营商和用户双向补贴政策，加快宽带网络基础设施建设，拓展和深化宽带在生产经营领域和教育、医疗、就业、社保等民生领域的应用，发挥信息基础设施对于国民经济和社会发展的支撑作用。拥有带宽 334.5Gbps 的互联网国际出口，城区宽带接入能力达到 100Mbps，具备普遍提供 20Mbps 带宽的服务能力，是国内首批建成以光通信、广电网络和 4G 网络等信息基础网络大范围覆盖的城市，是全国首批三网融合试点城市、下一代互联网示范城市、国家信息消费试点城市、国家电子商务示范城市、中国十大智慧城市，是部、省、市合作共建的中国软件名城。

【信息产业基地和园区】 2015 年，厦门火炬高技术产业园区（电子信息产业基地）规模以上工业产值 2 081.16 亿元，同比增长 12.1%，增速高于全市 4 个百分点，占全市工业总产值的 41.4%。规模以上工业增加值完成 461.31 亿元，同比增长 12.8%，增速高于全市 4.9 个百分点。高新技术产业产值完成 1 732.07 亿元，占高新区工业总产值的 83.2%，为近五年占比最高。固定资产投资 202.12 亿元，同比增长 68.0%。其中工业固定资产投资 197.82 亿元，同比增长 69.3%，完成全年任务的 128.0%。合同利用外资 4.75 亿美元，实际利用外资 3.51 亿美元，引进项目 52 个，其中 1 000 万美元以上项目 9 个。引进的内资项目注册资本 280.37 亿元，超额完成任务 2.5 倍。

截至 2015 年年底，软件园一期工商注册企业 800 家，企业员工约 1.3 万人，其中，软件和信息服务业企业 620 家，全年实现销售收入 75 亿元，税收 3.4 亿元。软件园二期工商注册企业 1 056 家，企业员工约 6 万人，全年实现销售收入 483 亿元，同比增长 20.0%；获得中国金软件金服务方案商最信赖的产业园区、软件和信息技术服务业骨干软件园区（第七名）、2015 优秀服务软件园区、中国 IT 服务最佳产业园区、2015 年度中国软件和信息服务领军产业园区等称号。软件园三期意向投资企业累计 535 家，意向面积 308 万平米；通过入园审核企业 461 家，核准面积约 242.6 万平米；全年新增审核企业 104 家，核准购房面积 21.83 万平米；园区工商注册企业 143 家，实际入驻企业 138 家，入驻企业员工约 3 300 人；全年实现销售收入 24.93 亿元，同比增长 332.8%。

【信息消费】 2015 年，厦门市印发《厦门市深入推进三网融合工作方案》《创建国家信息消费示范城市总体工作方案》《信息消费专项行动财政扶持的意见》等，推进"基础网络、系统平台、终端服务"3 个层面的融合发展，推进三网融合示范楼宇、数字家庭示范小区（村）建设；好慷家庭服务电商平台、停车信息共享服务平台获评国家信息消费创新应用示范项目。据腾讯研究院《腾讯"互联网 +"指数（2015 年第一期）》统计结果显示，厦门以 21.91 634 的指数值领先福建省其他城市，居福建省"互联网 +"指数首位。

厦门市信息化馆于 2015 年 6 月 26 日正式开馆，建设以市信息化馆为统领、全市 30 家信息消费体验店协同的覆盖全市的"一馆多店"实体推广和体验体系；构建“以业助用，以用兴业”的生态体系，引进海尔集团等一批国内龙头企业，涉及数字家庭、跨境电商、公共服务平台等多种业态，促进信息化建设和信息消费的可持续发展。

易通卡全年刷卡交易额7.2亿元，新增发卡84万张，累计发卡702万张，线上新推出线上售卡、充值、学生卡年审、圈存补登、自行车卡代办、线上理财、卡保险等多项线上业务；普及岛内公共自行车、出租车、早餐车e通卡支付；搭建全国通卡联盟移动应用平台，启动全国互联互通工作。

【电子政务】 2015年，厦门市率先建成电子政务云，实现全市各类公共服务平台互联互通、资源共享和服务协同。“多规合一”平台建设深入推进，解决“规划打架”问题，审批效率大幅提升。制定政府大数据战略、规划和政策措施，完善市民库、法人库、空间库、信用库、视频库等基础数据库建设，覆盖全市所有业务部门，入库数据累计超过2亿条，每月更新数据近90万条、各业务单位共享交换量260万条，推广政府大数据应用。研究出台《厦门市政务信息资源共享管理暂行办法》《共享协同平台接入规范》，累计服务调用次数超1.5亿次，构建52条数据交换通道，累计超过35.1万个数据文件交换，总数据量超过1TB。推动各类政府公共服务平台的数据共享和业务协同，放大公共资源服务效用，建设全市统一具有一点呼叫、灵活转接、就近服务、快速响应的网络平台管理运营系统和数据资源共享系统，实现全市各类公共服务平台互联互通、资源共享和服务协同。

【社会信息化】 2015年，“i厦门”惠民服务平台汇聚医院预约挂号、社保生育险领取等300多项惠民服务；用户实名身份认证系统提供“一个ID、一次登录、全市通行”服务，截至2015年年底，平台实名认证用户超过1 017万，已对接50多个政府公共服务系统，近30万个各级实名认证用户通过便捷的在线实名认证获取政府信息和应用服务；市民通过微信“城市服务”入口享受出入境等11项通用民生服务和市民实名登记等16项厦门特色应用，便民服务数量位居全省第一。该平台在公共服务资源整合、实名认证体系建设等方面的创新使其获评“十二五”中国智慧城市创新应用奖。

社区网格化服务管理信息平台完成全市494个城乡社区、38个镇（街）、6个区级网格化平台升级改造和建设工作。平台与各级职能部门的业务系统进行信息共享与业务协同，实现社区业务的“一个网络、一个终端、一个入口”，社工只需要一个账号登录，即可办理社区主要业务，解决社区工作人员使用多个部门的业务系统、重复采集和录入等问题。同时，平台还延伸出“社区证明套打”“业务报表一网清”“社区微信”等一批特色应用，减少社工的重复劳动，提高社区现代化管理水平。

商事登记信息系统实现多个部门综合审批的信息传送和信息共享，实行商事登记的“一口受理”和“先照后证”，简化企业注册流程，率先实现“工商营业执照、组织机构代码证和税务登记证”的三证合一，法人和相关组织拥有唯一的“身份证号”，即“一照一码”，提高办事效率。

市民健康信息系统实现区域内不同体制、不同类别的医疗卫生机构间信息系统的互联互通，市民电子健康档案通行各个医疗机构；预约挂号平台整合各医院的预约号源建立全市统一的预约挂号系统，通过网站、微信等多种途径预约挂号，预约时间可精确到分钟；分级诊疗协作平台建立社区医院和大医院之间远程会诊、诊间预约、双向转诊、区域心电协同机制，推动小病在社区医院就近就医；建立“三师共管”的慢病管理机制，通过专科医师、全科医师和健康管理师全程照顾患者，实现从医院到社区的治疗、预防一体化管理。

交通信息共享平台基础框架搭建完成，实现与政务共享协同平台对接，并开始接入交通数据，在交警支队管控平台发布道路实施交通FCD实时路况数据；红绿灯智能联网联控平台根据不同交通时段，对红绿灯实施联网联控，减缓交通压力；交通事故视频远程定责定损平台依托视频监控系统对交通事故进行实时定责定损，快速调处事故，疏导现场交通；通过对全市交通流量、交通事故等交通大数据的分析挖掘，生成大数据图，制定重点路段的交通拥堵指数标准，形成“四桥一隧”及重点路段的交通流量、通行效率及阈值分析报告。停车信息共享平台“i车位”APP于2015年5月15日顺利上线运行，共接入216个停车场54 253个车位的剩余车位信息，其中有30余个大型公共停车场支持“付车费”功能，注册用户近万人。

积分入学在线申请系统实时调用公安、人社等多部门的数据信息，实现申请资格、入学积分自动预审和计算。该系统于 2015 年 3 月 15 日上线运行，至 8 月 14 日派位工作结束，完成 2015 年的积分入学工作。全市有超过 18 万独立 IP 访问积分入学在线申请系统，累计访问量超过 195 万次，完成全市 24 311 人的在线登记报名，开具计生证明 18 150 张，现场积分确认 20 218 人，填报志愿 18 372 人，成功派位 17 440 人，获评“十二五”中国智慧城市创新应用奖。

信用信息共享平台上线运行，建立健全信用信息采集、整合、管理与使用标准，对各部门信用信息进行汇集和应用，整合完成 43 家单位的 196 项信用数据，汇聚 228 万条信用数据记录，并在福建省自贸区厦门片区开通信用服务窗口，配合人民银行同步开设征信查询窗口，成为全国第 2 个在自贸区实现银行征信与社会信用并行查询的城市。

无线城市建设先后推出“掌上公交”“移动 e 通卡”等规模大、影响大的应用。据公交集团统计，每个月厦门地区约有 220 万市民使用公交出行服务，而掌上公交每月为超过 50 万市民提供便捷的公交到站查询服务，平均减少市民 60% 的等车时间。截至 2015 年年底，厦门无线城市累计上线应用 168 项，累计明确信源来源单位的应用 85 项、无线城市广度应用数 69 项、深度应用数 27 项，累计使用用户数 74 万，累计用户访问量 3.5 亿人次，页面访问量 14 亿次。

【物联网】 2015 年，据不完全统计，厦门市有物联网企业 200 多家，实现营业收入 210 亿元，同比增长 20%；自 2013 年有统计数据以来，年复合增长率达到 44.3%；规模以上企业 114 家，实现营业收入 200 亿元，占全产业营业收入的 95.2%；上市公司 13 家。

物联网企业突破射频识别（RFID）、智能传感器、GPS/ 北斗导航定位系统的技术瓶颈，研发生产一批具有自主知识产权的航空发动机传感器、高铁健康监测传感器、汽车碰撞测试传感器、高温震动传感器、消防专用传感器等高性能、高可靠、高寿命智能传感器，研发的 RFID 芯片和标签广泛应用于食品溯源、智能交通、服装行业、危险品管理、票证管理、供应链物流、仓储管理、防伪识别、图书管理、人员和资产管理、航空行李管理等领域。

部分产品（方案）技术水平处于国内领先地位，雅迅网络股份有限公司的车载终端的市场占有率连续多年保持全国第一；智能家居产品市场占有率处于国内同行业前列；厦门市路桥信息工程有限公司的基于 RFID 车载卡的厦门市智慧停车项目陆续推出六代产品，产品推广辐射华东、华北、华中众多省市；厦门市美亚柏科信息股份有限公司的物联网实时图像识别综合系统实现产业化，占有大部分市场份额，并在公共安全部门得到运用。厦门市列入“国家物联网重大应用示范工程区域试点”，金龙联合汽车工业有限公司等 4 家企业的项目成为“国家物联网重大应用示范工程重点项目”。

【主要问题】 电子信息制造产业发展增速放缓。部分企业基于区域布局优化和降低风险，在厦门区域外投资建设新厂、转移部分订单到外地生产，土地资源日益紧张、人力成本上升等因素也影响限制产业规模扩大。各层次人才缺乏。本地产业集聚程度不够，专业人才吸引力不足；薪资水平缺乏吸引力，难以吸引高端技术人才；与内陆地区相比，较高的生活成本难以吸引低端人才。自主创新能力尚待提升。企业研发投入总体偏低，尤其是台（外）资企业受境外公司产业布局及技术制约，产品创新不足，缺乏技术创新动力。

［供稿：厦门市经济和信息化局］

青 岛 市

【概况】 青岛市是家电及电子信息、软件和信息服务业国家新型工业化产业示范基地，也是国家数字家庭应用示范产业基地创建城市。2015 年，青岛市电子信息制造业稳中有增，软件和信息服务业实现快速发展。电子信息制造业完成工业总产值 2 146.3 亿元（本地口径），同比增长 5.8%；软件业务收入 1 301.4 亿元，同比增长 24.6%。

【电子信息制造业】 2015 年，青岛市规模以上电子信息制造业企业 196 家，占全市规模以上企业的 4.2%。电冰箱、电冰柜、洗衣机、电热水器、移动电话和彩色电视机产量分别为 872.1 万台、572 万台、595.1 万台、392.1 万台、3 817.8 万台和 1 736.2 万台，分别同比增长 12.8%、3%、0.7%、6%、10.6% 和 1.2%。

海尔集团、海信集团等企业持续实施品牌化发展战略，保持产品的市场占有率和竞争力。在 2015 年中国电子信息百强企业排序中，海尔集团由第 4 位跃居第 2 位，海信集团稳居第 5 位。海尔集团投资建立智能工厂，力求在“工业 4.0”时代占据有利竞争地位。在 2015（第 21 届）中国品牌价值 100 强评选上，海尔集团以 1 288.6 亿元的品牌价值连续 14 年蝉联榜首。海信集团规划从智能家电到智能家居再到智能城市的系统布局，推动企业创新发展，海信电视国内市场占有率连续 12 年排名第一。

企业加快转型升级、创新驱动步伐，开辟市场新空间。海尔净水洗热水器创造世界 80L 储水式电热水器加热速度最快、出热水量最多、换水新鲜度最高三项世界纪录。海信集团实施精品战略，针对用户需求进行技术创新，推出 ULED、曲面电视、苹果派空调、十字对开门冰箱等亮点突出的差异化产品。在中国首批智能家电产品评价结果发布会上，海尔集团、海信集团的产品均获大奖。澳柯玛公司推出“互联网 + 全冷链”新战略，研发的新型疫苗冷藏箱项目进入世界卫生组织、联合国儿童福利基金会、全球疫苗援助组织等机构的认证和采购目录，提升公司在生物冷链领域的竞争力。

发力北斗，落实市政府与总参测绘导航局签署的《深化北斗导航产业发展战略合作协议》，推进北斗（青岛）导航位置服务数据中心（国家第一个分中心）建设。在高新区全力打造北斗产业新高地，建设北斗大厦，举行首届中国北斗导航创新应用大赛暨北斗导航民用创新应用高峰论坛；推进 3D 打印，产业生态圈日臻完善。全市有涉及 3D 打印技术研发和应用的相关企事业单位近 30 家，涵盖设备制造、材料研发、技术应用等多个领域。中国 3D 打印创新中心总部正式开业，“三迪时空 · 3D 智造云平台”成为行业公认的中国最大的 3D 打印公共服务平台。中航工业青岛增材制造技术中心研发出全省第一台金属粉末激光选区烧结 3D 打印机；经工业和信息化部批复同意，建设国家数字家庭应用示范产业基地，推进海尔集团、海信集团承担的国家应用示范工程项目，培育东软载波、文达通等应用新项目，进一步强化青岛市数字家庭在全国的典型示范地位。2015 年 12 月，由工业和信息化部主办的第五届数字家庭技术创新与产业应用年会在青岛市举行。

推进电子信息制造业产业集群化发展，产业集聚度不断提高。青岛市拥有家电及电子信息国家级示范基地 1 个、黄岛和崂山国家级园区 2 个、城阳和平度省级示范基地 2 个。国家级数字家庭应用示范产业基地正在创建，高端智能设备研发制造中心基本形成。

【软件和信息服务业】 2015 年，青岛市列统涉软企业 1 298 家。全市实现软件业务收入 1 301.4 亿元，同比增长 24.6%，高于全国平均增长率 8 个百分点。

在软件业务收入的三个细分行业中，软件产品收入 415 亿元，同比增长 26.9%；信息技术服务收入 467.3 亿元，同比增长 31.8%；嵌入式系统软件收入 419.1 亿元，同比增长 30%，结构进一步优化。软件百强、规划布局内和全市软件业务收入上规模等 50 家重点企业累计完成软件业务收入占全市软件业务收入近 50%，中小企业首超 50%。大企业继续领跑软件产业增长，中小企业同步发展。

全市累计拥有通过认定的软件与信息服务企业 548 家，累计登记软件产品 2112 件，软件产品著作权 5 000 多个，通过 CMMI（软件能力成熟度模型集成）认证企业 37 家，获得各级计算机信息系统集成资质企业 70 家。海尔集团、海信集团分列 2015 年中国软件百强企业第 2 位、第 5 位，东软载波科技股份有限公司、海信网络科技股份有限公司 2 家企业被认定为国家规划布局内重点软件企业。

举办 2015 青岛国际软博会。本届软博会以“ICT 助力互联网工业”为主题，突出国际化、专业化、市场化，促进创新、服务创业、助力创客，重点打造展览、论坛、大赛、发布等四大板块活动，总展览面积 2 万平方米。展会吸引微软、IBM、SAP、神州数码和航天信息等 196 家国内外知名软件企业参展，参会对接 5.8 万人次。

【企业技术中心】 2015 年，青岛市电子信息产业领域新增市级以上企业技术中心 10 家。截至 2015 年年底，全市共有市以上认定企业技术中心 47 家，其中国家认定企业技术中心 4 家，已经成为国内同行业技术创新的领军力量。

2015 年，电子信息产业领域实施的市级企业技术创新重点项目 220 项，研发费预算总额 10.1 亿元，项目突破的技术主要是数据传输技术、云计算及服务支撑平台关键技术、物联网软件技术、人机交换技术、北斗导航技术、移动智能终端技术、集成电路模块等。

【信息基础设施】 2015 年，青岛市推进“宽带中国”示范工程，固定宽带互联网用户累计达到 249.3 万户，FTTH 覆盖用户超过 580 万户，城市家庭 20Mbps 及以上宽带接入能力为 100%，农村家庭 4Mbps 及以上宽带接入能力为 99.9%。加快无线城市建设，建成 2G、3G、4G、WLAN 联通互补的无线网络，移动基站超过 34 000 个，其中 4G 基站超过 1.2 万个，WLAN 热点 9 000 余个，全市无线网络覆盖率达 99.9%。推进广播电视网（NGB）建设，全市有线电视用户 217.5 万户。以内容融合为主体推进三网融合，“爱青岛”“智慧青岛”等综合性三网融合用户超过 150 万户，“和 TV”“天翼高清”等 IPTV 用户近 20 万户。

【信息产业基地和园区】 2015 年 8 月，海尔集团开始在多家互联工厂中的若干关键部位安装摄像头，向全世界直播其先进的生产线。目的是提升用户体验，增强用户对产品制造的参与度。从“互联工厂”到“透明工厂”，海尔集团实现对传统家电制造业的颠覆性变革：一是从工人到机器人，颠覆人工作业；二是从孤岛生产到智能互联，颠覆串联式作业；三是从大规模制造到大规模定制，颠覆同质化生产；四是从毫不知情到全球直播，颠覆封闭式生产。

大企业集团加大技术改造力度，布局建立新的产业园区，吸引配套企业集聚发展。2015 年，海尔集团、海信集团、澳柯玛股份有限公司 3 家企业共完成工业总产值 1 260 亿元（本地口径），占全市电子信息制造业总产值的 58.7%。鼓励和引导企业兼并重组，支持龙头骨干企业开展并购，推动产业链整合，创新管理机制和发展模式，进一步做大做强。通过技术改造、品牌建设和“专精特新”等措施，重点培育和支持中小企业提高规模化经营能力和水平，成为促进青岛市电子信息制造业发展的中坚力量。

海尔开放创新平台（HOPE）致力于打造全球最大的创新生态系统和全流程创新交互社区，通过整合全球智慧，实现创新的产生和创新的转化，最终实现各相关方的利益最大化。HOPE 平台可触及全球一流资源 320 万，注册用户 37 多万，平均每年产生创意超 6 000 个，累计成功孵化 220 个创新项目。海信集团在显示领域、智能化和营运平台、离子保鲜等领域有多项创新：领先行业掌握 LED 背光模组和动态控制核心技术，通过 ULED 技术超越日韩主导的 OLED，提升液晶显示画质效果；行业首创智能电视 VIDAA 极简操控系统，从根本上解决“移动操作系统 + 电视业务 = 智能电视”的传统交互逻辑导致的智能电视内容展示混乱等问题；首创差异化的耦合水分子团簇电离分解保湿技术、正负离子除菌技术和 DBD 介质阻挡放电净化技术，实现果蔬保鲜和全效除菌两重功能的耦合设计。

完善家电及电子信息、软件和信息服务业国家示范基地，以及“东园西谷北城”等产业载体建设方案。重点实施“千万平米”软件产业园区工程，软件园建设工作顺利推进。截至2015年年底，累计开工面积475万平方米，累计竣工面积380万平方米。东园、西谷、北城累计入驻企业400多家。全面实施软件和信息服务业“东园西谷北城”发展战略，对现有项目做好跟踪服务，对增量项目做好对接。跟踪调度的累计60个软件园区支撑项目计划总投资724亿元，其中，过亿元项目34个。

【物联网】 2015年，青岛市现有物联网企业40余家，其中省级重点物联网企业17家，涉及传感器研发、芯片设计、终端研制、网络设备生产、系统集成等各个相关领域。拥有中国RFID产业联盟海尔开放实验室、数字化家电国家重点实验室、数字家庭网络国家工程实验室、省级RFID工程技术中心、青岛市物联网协会和射频识别（RFID）技术及产业促进会等物联网创新平台资源，在智能家电、数字化轮胎、智能电网、智能制造、智慧物流、智能交通等部分领域有较强的国际和国内竞争力。

推动技术研发，在电力线载波、RFID芯片制造技术、智慧医疗、智能交通、智能家居等领域的技术研发取得重大突破。其中，在低压电力线载波通信领域，突破电力线载波通信系统的三大重点核心技术——电力线通信网络与数据交换技术、电力线高精度同步和速率自适应扩频通信技术，研发的系列电力线载波通信集成电路芯片在通信能力、稳定性、可靠性和抗干扰能力方面均达到国内领先水平；在智能家居领域，海尔U-home凭借U-home2.0智慧物联核心技术，实现手机屏、PAD屏、电脑屏、智能终端等多屏合一，通过任何一个屏都可实现对空调、热水器、地暖、新风、灯光、窗帘等设备的监控。

推进物联网应用，在智能工业、智能家居、智能交通、智慧农业、民生等领域的重点应用取得良好的经济效益和社会效益，包括青岛港基于RFID技术的集装箱可视化协同服务平台、海尔集团的物联网智能家居应用与集成示范、海信网络科技股份有限公司的电子车牌与智能交通管理系统、青岛中科英泰商用系统股份有限公司开发的食品批发市场一体化结算系统等。

发挥青岛市物联网协会作用。该协会由中国海洋大学、海尔集团、海信集团等80多家企业、院校和科研机构组成，通过技术合作、供需对接、服务集成等形式搭建全方位资源平台，通过开展人才培训、技术交流、高层对话等形式搭建行业内交流平台，结合门户网站、电子杂志、展会论坛、信息简报、电视媒体等多渠道的开放式平台及时关注行业发展动态，为企业提供指导。

【云计算与大数据】 引进重点项目带动发展。青岛市与清华大学签订合作协议，共建“清华大学—青岛数据科学研究院”，“清华—青岛大数据工程研究中心”落户高新区。惠普软件全球大数据应用研究及产业示范基地项目在青岛市西海岸部分开工，将逐步建设未来城市试验基地以及全球大数据应用研究中心、大数据处理中心、大数据测试中心、全球战略伙伴智慧产业实验区等研发机构。浪潮集团与青岛市签订战略合作协议，将投资数十亿元在青岛市建设云计算中心和大数据研发中心。

建设云中心推进云服务。中国三大通信运营企业纷纷在青岛市建设互联网数据中心（IDC），已投入运营的IDC机房超过10 000个标准机柜，为政府和企事业单位提供基础设施云服务，阿里巴巴、腾讯、百度、新浪等国内排名前20的互联网企业均已入驻，超过30 000个机柜正在建设，已经签约的IDC项目建成后机柜规模超过8万个，将成为北方数据中心。

推进数据积累与开放。统筹人口、法人、空间地理、宏观经济、信用信息、自然资源、地下管线、行政执法等各类基础性信息资源，中央数据库累计政务信息资源存量2.44亿条。例如，包含770多万人20项信息的人口数据库，包含130多个图层220多万条信息的地理信息库，汇集44个部门1 330项数据的信用信息数据库。建设政务数据开放网，首批开放经济、卫生、教育、交通、财税、金融等37个部门开放数据资源307个。

推进行业云计算与大数据应用。青岛三迪时空网络科技有限公司建成全国最大的3D智造云平台，汇集国内外95%的优秀3D打印设备、耗材及服务商数据；青岛宝佳自动化设备有限公司建成工业机器人大数据平台，可实时远程监控销往全国各地的机器人运行状态，实现售后服务集约化、网络化、平台化；青岛特锐德有限公司打造的智能云平台汇聚新能源汽车市场、信息、服务等各类数据，管理和运营全国67个城市的超过2万个充电终端；北斗（青岛）导航位置服务数据中心落户青岛高新区。各类政务、企业呼叫中心积累大量基于服务的终端用户数据，可以为互联网营销等高附加值业务提供基础数据。

【重点信息化项目】 2015 年，在城市运行领域，青岛市以部门信息系统融合为重点，推进规划、城建、公安、应急、城市管理、交通运输、环境保护等领域信息化。例如，融合七大交通领域，建成交通运输公共服务中心，实现对全市公交车、出租车、长途客车、危险化学品运输车、进出港船舶等动态监测，市民可随时随地查询公共交通和召唤出租汽车；建成城市道路智能交通系统，包括自适应信号系统、交通引导系统、电子警察系统等八大系统，信息服务准确性和及时性比行业高出 20%，获世界智能交通年会最佳应用奖。

在行业管理领域，以数据驱动为重点，推进工商、税务、海关、物价、质量监督、住房管理、食品药品、安全生产等行业管理信息化。例如，建设市场主体信用信息公示系统，及时发布企业相关信用信息，创新打造工商电子营业执照与“e 证通”企业数字证书平台，通过电子营业执照和“e 证通”的结合，提供市场主体网络身份识别、签名验证等服务；建设智慧办税平台，面向全市 35 万户纳税人开展国税申报、票具、抄税、认证等业务服务。

在民生领域，以智慧城市建设为核心，融合互联网，加强教育、民政、卫生计生、人力资源社会保障等民生服务领域的信息化建设。例如，建设智慧教育中心平台和教育资源平台、教育管理平台，推进智慧校园，294 所学校通过评估验收、375 所学校申报评估验收，探索翻转课堂，普及电子书包，打造智慧课堂，形成青岛经验，首届国际教育信息化大会召开；创新推进智慧人社，形成上连人力资源和社会保障部、省人力资源和社会保障厅，向下覆盖青岛市 130 多个区市经办机构、70 多个街镇、6 000 余个社区和 600 多家定点医疗机构、3 000 多家药店的网络体系，形成“一网一库一卡一号一平台”的基础服务格局。

【产业环境】 2015 年，青岛市出台《青岛市互联网工业发展行动方案》，推进互联网、物联网、云计算、大数据等信息技术在工业各领域深度应用，力争到 2020 年，培育 5 个全国领先、行业主导的互联网工业平台，打造 50 个智能工厂或互联工厂，建设 500 条（个）自动化生产线或数字化车间，促进传统制造业转型升级、提质增效。继续组织实施《青岛市委、市政府关于推进青岛国家软件和信息服务业示范基地建设促进软件产业跨越式发展的意见》，对软件业务收入新达到上规模标准的企业实施奖励。自 2013 年以来，全市共有 26 家企业获得该项表彰奖励，累计获得奖励资金 2 150 万元，促进全市软件产业发展。继续组织实施《智慧青岛战略发展规划 (2013—2020 年)》《青岛市卫星导航产业发展规划（2013—2020）》，不断培育新兴产业和新的增长点。继续实施青岛名牌培育计划、企业技术改造贴息扶持等政策，进一步优化产业发展环境。

【统计数据】

表 1　2015 年青岛市软件产业人员构成情况

企业类别	企业数（家）	年末从业人员总数（人）	人员构成			
			管理人员（人）	在总人数中所占比例（%）	软件开发研究人员（人）	在总人数中所占比例（%）
内资企业	1 257	152 609	4 773	3.1	13 226	8.7
国有企业	10	7 855	333	4.2	4 083	52.0
集体企业	2	57 105	4	0.0	7	0.0
联营企业	1	12	1	8.3	9	75.0
有限责任公司	542	36 335	1 831	5.0	3 514	9.7
股份有限公司	169	17 404	912	5.2	2 394	13.8

续表

企业类别	企业数（家）	年末从业人员总数（人）	人员构成			
			管理人员（人）	在总人数中所占比例（%）	软件开发研究人员（人）	在总人数中所占比例（%）
私营企业	527	33 116	1 654	5.0	3 094	9.3
其他内资企业	6	247	12	4.9	63	25.5
港、澳、台商投资企业	6	535	26	4.9	62	11.6
三资企业	35	2 710	135	5.0	319	11.8

表 2　2013—2015 年青岛市软件产业基本情况

项目名称	单位	2013 年	2014 年	2015 年
软件业务收入	万元	7 021 174	10 450 631	13 014 088.0
软件业务出口收入	万美元	45 823	55 443	78 291.3
软件产品销售收入	万元	1 413 646	3 682 776	4 150 228.7
流动资产平均余额	万元	22 140 445	16 187 384	10 340 960.0
固定资产投资额	万元	134 143	34 160	26 383.1
资产合计	万元	42 564 562	17 083 360	32 960 817.0
负债合计	万元	29 254 802	10 476 635	23 337 509.0
税金总额	万元	205 214	186 218	209 242.3
利润总额	万元	2 298 976	1 286 170	991 525.8
应交所得税	万元	260 898	76 079	304 674.2
从业人员年末人数	人	191 357	112 162	155 319
从业人员工资总额	万元	1 919 275	1 288 334	949 410.3

表 3　2013—2015 年青岛市软件产业三资企业基本情况

项目名称	单位	2013 年	2014 年	2015 年
软件业务收入	万元	241 323	441 391	464 689.1
软件业务出口收入	万美元	6 701	430	618.9
软件产品销售收入	万元	79 535	116 680	111 486.7
流动资产平均余额	万元	28 200	800 238	189 461.6
固定资产投资额	万元	177	990	327.0
资产合计	万元	199 686	443 882	133 212.9

续表

项目名称	单位	2013 年	2014 年	2015 年
负债合计	万元	60 174	279 100	76 196.0
税金总额	万元	78	5 385	9 260.5
利润总额	万元	7 400	45 983	8 470.6
应交所得税	万元	345	557	93.8
从业人员年末人数	人	2 664	9 120	2 710
从业人员工资总额	万元	72 019	114 109	23 096.3

注：表 1 ～表 3 数据来源于青岛市经济和信息化委员会。

［供稿：青岛市经济和信息化委员会］

深 圳 市

【电子信息制造业】 2015 年，深圳市电子信息制造业实现总产值 1.49 万亿元，同比增长 9.1%，占全市规模以上工业产值的 59.7%，对全市工业经济增长贡献率达 83.3%，支柱产业地位进一步巩固；工业增加值占全市规模以上工业增加值的 62.1%，同比增长 10.6%，高于全市工业增速 2.9 个百分点。集成电路产业实现收入 432.5 亿元，同比增长 37%。其中，集成电路设计收入 380 亿元，同比增长 43.4%，较上年增速提高 23.7 个百分点；中芯国际 8 英寸芯片制造项目投产，实现收入 7.5 亿元，同比增长 42.4%；集成电路封装测试收入约 45 亿元，与上年基本持平。

深圳市 20 家企业入选 2015 年中国电子信息百强企业（比上年增加 6 家），拥有境内外上市电子信息企业超过 200 家。深圳市在通信设备、计算机、电子元器件、家用视听等细分行业具有较强竞争力，基站、交换机、路由器、智能终端等重点产品产量居世界前列，华为技术有限公司、中兴通讯股份有限公司成为全球领先的信息与通信解决方案提供商。据 TrendForce 公布数据，2015 年全球十大智能手机厂商中国企业占据 7 席，其中 3 家来自深圳市，华为、OPPO（研发中心在深圳）、中兴分别居第 3 位、第 8 位、第 10 位；在国内厂商市场份额中，华为以 20% 居首位，OPPO 以 9.1% 居第 5 位。2015 年，华为智能手机出货量首度突破 1 亿部大关。在全球通信设备领域，华为和中兴位列前五大厂商首位和第 4 位。

2015 年，深圳市以电子信息为主的 PCT 国际专利申请 1.33 万件，同比增长 14.3%，连续 12 年居全国首位。其中，中兴和华为分别以 3 538 件、3 150 件专利位居国内 PCT 专利申请量前两位，同时排名全球企业 PCT 申请量首位和第 3 位。

华星光电技术有限公司、宇龙计算机通信科技（深圳）有限公司和大疆创新科技有限公司发展迅速，跻进国内 PCT 专利申请量前十位。海思半导体有限公司成为中国设计水平最先进、规模最大的芯片设计企业，其麒麟 950 芯片采用 16 纳米工艺，达到国际领先水平并应用于华为手机 Mate8；中兴微电子技术有限公司获得国家集成电路投资基金投资 24 亿元。

【软件和信息服务业】 2015 年，深圳市软件产业实现产值 9 051 亿元，同比增长 23.7%。软件收入 4 503.1 亿元，同比增长19%。其中，软件产品收入887.8亿元，信息技术服务收入1 673.1亿元，嵌入式系统软件收入1 942.2亿元。软件出口214.3亿美元，同比增长5%。华为和中兴通讯两家企业的软件出口占全市软件出口的87.7%，均在国际市场增长放缓、国内市场增长突出。软件从业人员65.7万人，同比增长10%，其中软件研发人员28万人。利润总额1361.5亿元，同比增长41.5%。税金总额（主营业务税金、应交所得税、应交增值税3项之和）520.6亿元，同比增长44.1%，其中，应交所得税及增值税增速均超过48%。软件研发投入1 097.7亿元，同比增长37.6%。

在国家取消“双软认定”后的过渡时期，深圳市软件行业协会开展软件企业及软件产品评估服务。2015年，经协会评估通过的新软件企业347家，软件产品2 246件，办理软件著作权登记4 544件，软件增值税退税105亿元；联合北京市、上海市等9个省市软件行业协会共同发起成立中国软件企业评估联盟。

深圳市软件业务收入仍以嵌入式系统软件收入为主，占总收入的43.1%。深圳市移动终端生产能力全球领先，以硬件及嵌入式软件为主的智能设备市场的兴起，使得O2O模式成为移动互联网公司的主流商业模式之一。信息技术服务收入占总收入的37.2%，形成行业应用软件、系统集成和运维服务、IC设计等多种业态多元化发展的格局。

深圳市软件企业布局云计算、移动互联网、大数据等新业态。2015年，新一代信息技术产业实现增加值3 173.07亿元，同比增长19.1%。云计算产值约210亿元，同比增长40%，逐步形成留仙洞战略性新兴产业基地、南山云谷、天安云谷、蛇口网谷、南山智园等新一代信息技术产业基地。阿里巴巴集团、腾讯公司、百度公司和宝德公司等企业纷纷在深圳市建立云计算中心。华为、中兴、迅雷公司等企业实施企业“云战略”，推出云平台、云存储、云安全和云终端等系列云产品和服务；创维集团、康佳集团等传统家电企业推动产品向网络化、智能化、平台化发展。天源迪科信息技术股份有限公司等传统通信类软件企业开展基于移动互联网的数据挖掘和精准营销业务，探索大数据商业模式；腾讯公司持续加大移动互联网布局，与上海、天津、深圳等市签署战略合作协议，推进“互联网+”战略；金证科技股份有限公司等企业开拓互联网金融、互联网教育、互联网能源新业务。

【信息基础设施】 截至2015年年底，深圳市新建4G基站9 700个，固定宽带接入用户520万户，光纤覆盖用户能力超过600万户，光纤接入用户139万户，4G用户超过800万户。作为首批TD-LTE试点城市，深圳市率先建成TD-LTE规模试验网并推动4G正式商用运营，中国移动深圳公司已投资超过10亿元，截至2015年第三季度末，建设3G/4G基站数超过6.4万座，WLAN热点3.5万个，接入点（AP）8.5万个，其中全市公共场所免费WLAN AP数量1.2万个，无线宽带网络覆盖率90%。

编制《深圳市加快推进“宽带中国”示范城市建设工作方案（2015—2016年）》，征求相关单位和专家意见，并以深圳市政府名义印发实施。在全市范围内开展光网城市示范小区授牌活动，制定《深圳市光网城市示范小区授牌方案》，向入选住宅小区授光网城市示范小区牌匾。

印发2015年公益性公共场所免费WLAN覆盖实施计划，确保完成深圳市2015年免费WLAN覆盖要求。制定《2015年深圳市公益性公共场所无线局域网建设评估补贴工作方案》，组织对深圳市各区（新区）公益性公共场所无线局域网的建设服务和运营管理进行评估后，落实2015年市财政补贴计划。

实施深圳市战略性新兴产业互联网产业发展专项三网融合试点城市建设项目资助第一批、第二批计划，正式下达资助资金980万元，资助5个项目，待下达资助3 412万元拟资助9个项目。发展IPTV用户数超过52万户，完成近100万户双向网络改造。

【电子政务】 2015年，深圳市人民政府发布《关于印发深圳市政务信息资源共享管理办法的通知》（深府[2015]99号），确定“共享为原则、不共享为例外”的基本原则。深化“政务信息共享”绩效评估，推动各部门利用信息化和信息共享开展管理和服务创新，推动解决基层群众“办证多、办事难”问题。全市人口、法人、房屋等基础信息资源库不断完善，已汇集28家单位的384类信息资源、37亿多条数据，全年为各区、市直各单位提供共享数据近40亿条。

启动深圳分厅交叉认证管理系统建设项目硬件设施

上线部署及 3 个子系统的建设工作。完成广东省网办大厅深圳分厅 31 家应用单位 A 类服务事项交叉认证和单点登录改造、测试、检测、上线运行工作，共完成 105 个电子政务系统上线。其中，委办局 75 个，1 062 个 A 类服务事项；区级分厅 30 个，1 980 个 A 类服务事项。累计发放“一证通用”数字证书 70 余万张。

推广数字证书应用，印发电子公共服务全流程无纸化技术规范、基于数字证书一证多用的《电子政务业务办理指南》，开展 316 家中小微企业数字证书应用培训。印发《关于规范第三方 CA 机构服务标准规范的通知》，规范 4 家 CA 服务和技术标准并开展检查工作。完善《深圳市电子公共服务数字证书技术规范》。开展基于数字证书的移动办公解决方案研究。

【两化融合】 2015 年，深圳市新增国家级、省级两化融合管理体系贯标试点企业 49 家，新增 1 家省级两化融合管理体系贯标咨询服务机构，通过国家两化融合管理体系评定企业 3 家，提交评定申请企业 10 家；举办 8 场两化融合管理体系宣贯培训会，累计参训人数超过 1 000 人，约占广东省参训人数的 1/4；参加两化融合评估诊断与对标的企业有 269 家。

全市工业增加值占 GDP 比重 41.2%，第二产业全员劳动生产率 18.7 万元 / 人 · 年，工业成本费用利润率 6.63%，单位工业增加值专利量 13.76 件 / 亿元，单位地区生产总值电耗 417.6 千瓦小时 / 万元。根据广东省经济和信息化委员会编制的广东省区域两化融合发展评估及分析报告，深圳市在广东省两化融合区域评估中连续 3 年排名第一。

【信息安全】 2015 年，深圳市对全市重要信息系统和所有政府网站进行实时监测，建成网络信息安全监测预警平台，监测范围包括 400 个党政机关网站和机房出口，监测内容包括网页篡改、网站挂马、DDoS 攻击、病毒、漏洞等。建立信息安全事件日常通报机制，全年发布网络与信息安全事件监测通报 22 次，并限期整改。

发布《深圳市网络与信息安全突发事件应急预案》，总体协调深圳市网络与信息安全突发事件应急工作。建设网络与信息安全应急值班室，制定值班室值守制度规范，启动值班室值守工作机制。组建由 10 名专家组成的网络与信息安全专家队伍，3 家常设及 7 家非常设应急处置专业技术队伍，建立网络与信息安全突发事件应急指挥体系。成功应急处置南山区电子政务网受到外来 DDOS 攻击、深圳市第 9 期小汽车指标增量竞价网站遭受不明身份黑客 DDOS 攻击 2 次应急处置事件。

制定《2015 年深圳市党政机关信息安全联合检查工作方案》，召开 2015 年深圳市党政机关信息安全工作动员培训会议。开展重要信息系统渗透测试工作，向被渗透成功的 15 家单位印发整改通知，限期整改。

继续开展深圳市政府信息安全绩效评估。2015 年，各区正式纳入绩效评估范围。印发《2015 年信息安全绩效评估指标操作规程》，按操作规程要求，开展服务器、网站、个人终端等安全评估工作。

对全市网络与信息安全重点企业开展调研，形成《2014年度深圳市网络与信息安全行业调查分析报告》，并开展《深圳市网络与信息安全产业规划研究》编制工作。召开 2015 年全市信息安全认证工作会议，推动深圳市网络与信息安全企业在资质认证、知识产权、专利申请等方面加强与国家部委对接。

【信息消费】 2015 年，深圳市信息消费规模 5 066 亿元，同比增长 5.3%。电子商务交易额 17 264.5 亿元，同比增长 14.6%，比深圳 GDP 增速（8.9%）高 5.7 个百分点。其中，服务型企业交易额 9 006.9 亿元，占总交易额的 52.2%；应用型企业交易额 8 257.6 亿元，占总交易额的 47.8%。跨境电子商务交易额逆势走高，交易额 333.95 亿美元，较上年增长 96.0%，占全市外贸进出口总额的 4.9%，已成为深圳市外贸进出口重要的新型业态。网络零售额 1 670.7 亿元，同比增长 77.0%，占全市社会消费品零售总额的 33.3%。

2015 年 12 月，工业和信息化部在厦门市召开全国信息消费试点示范总结会，深圳市被工业和信息化部认定为全国信息消费试点示范市，同时深圳市有 2 个项目被列为全国信息消费创新应用示范项目，并入选为“信息消费创新应用示范项目成果展览”。

【对外合作】 2015 年，深圳市 196 家企业经核准对外投资设立 211 家电子信息企业（机构），投资总额 339.69 亿美元，中方投资额 16.46 亿美元。

对外投资覆盖 25 个国家（地区），主要投资地区为中国香港特别行政区，设立企业（机构）157 家；在美国、英国、日本分别设立企业（机构）20家、4家、4家。从投资额来看，主要投资地区仍为中国香港特别行政区，中方投资额7.57亿美元；在加拿大、英属维尔京群岛、吉尔吉斯斯坦、新加坡等地区，中方投资额分别为2.98亿美元、1.68亿美元、1.30亿美元和0.78亿美元。

经核准的深圳市企业对外投资设立软件和信息技术服务业企业（机构）113家，投资总额5.92亿美元，中方投资额4.35亿美元；设立互联网和相关服务企业（机构）54家，投资总额326.87亿美元，中方投资额6.66亿美元；设立计算机、通信和其他电子设备制造业企业（机构）41家，投资总额5.61亿美元，中方投资额5.35亿美元；设立仪器仪表制造业企业（机构）2家，投资总额550万美元，中方投资额515万美元。

全年深圳市共组织542家企业参加11场电子信息行业境外展会，包括美国拉斯维加斯国际冬季消费类电子产品展览会、德国汉诺威国际信息通信暨软件技术博览会、德国柏林电子消费品展览会等国际知名展会。

【利用外资】 2015年，据不完全统计，深圳市电子信息产业引进项目118个，涉及雷达及配套设备、通信设备、电子计算机制造、家用视听设备、电子测量仪器、电子工业专用设备、电子元器件制造及软件业等领域。

软件业引进项目102个，同比增长148.8%；合同外资金额45 007万美元，同比增长25.6%；实际使用外资金额27 037万美元，同比增长33.6%。电子计算机制造业引进项目1个，实际利用外资3 596万美元，同比增长61.8%。电子元件制造业引进项目3个，合同外资金额13 623万美元，同比增长137.6%；实际使用外资4 415万美元，同比增长19.1%。电子器件制造业引进项目2个，实际使用外资11 444万美元，同比增长68.3%。通信设备制造业引进项目2个，合同外资金额15 442万美元，同比增长463.6%；实际使用外资金额1774万美元，同比增长721.3%。广播电视设备制造业实际使用外资950万美元，同比增长280%。

【产业环境】 2015年，深圳市出台《深圳市“互联网+”行动计划》《深圳市促进创客发展三年行动计划》《“中国制造2025”深圳行动计划》《深圳市推进云计算发展行动计划（2015—2017年）》《深圳市促进信息消费扩大内需工作方案（2014—2015年）》。

在扶持产业发展方式上，逐渐从以无偿资助为主向无偿资助、贷款贴息和股权投资有机结合的方式转变，提高财政扶持效应。

【主要问题】 2015年，华为增加值增量约为405亿元，对全市电子信息制造业增长的贡献率超过100%。除去华为，深圳市电子信息制造业与上年基本持平。在智能手机大规模普及、国内4G基站建设日益完善的情况下，电子信息制造业将很难持续保持较快的增长速度。

［供稿：深圳市经济贸易和信息化委员会］

新疆生产建设兵团

【概况】 2015年，新疆生产建设兵团（以下简称兵团）信息技术在工业、农业、社会管理等领域得到进一步发展。兵团电子信息制造业和信息技术服务业呈现出快速增长的良好态势，信息传输、软件和信息技术服务业总产值37亿元。

【信息基础设施】 2015年，兵团信息基础设施不断优化，现有小区的光纤改造力度不断增强，“连连通电话、通广播电视”“宽带兵团”等惠民工程顺利实施，3G、4G网络向基层连队延伸。光纤宽带基本覆盖团场、连队、交通沿线和各类工业园区，通信质量明显提高。

截至2015年年底，城市家庭4Mbps和8Mbps以上宽带接入率分别为98%和80%以上，宽带及视频信息服务进入90%以上的团场连队家庭，团场连队家庭

4Mbps及以上宽带接入率达到80%以上，基本实现光纤宽带“连连通”。

截至2015年年底，连队家庭平均每百户拥有固定电话56部、移动电话216部，城镇家庭平均每百户拥有固定电话71部、移动电话196部。城镇家用电脑普及率70台/百户，连队家用电脑普及率47台/百户。相对完备的广播电视传输网络已经形成，广播、电视覆盖率分别达到98.5%和99.5%。部分边境和偏远团场、连队打电话、看电视难问题得到切实解决。

截至2015年年底，兵团推动与三大运营商战略合作框架协议，在信息基础设施、智慧城市、智慧产业、智慧民生、智慧政务、平安兵团和教育信息化等重点领域实现突破，为兵团“三化”建设提供信息化配套支撑，协议签订以来三大运营商累计在兵团投入达到121亿元，用于完善信息基础设施，支持兵团城镇化、新型工业化、农业现代化和民生领域信息化建设。

【电子政务】 2015年，兵团电子政务机房通过基础环境资源整合共享，节省大量的机房建设资金和建筑空间。统一的兵团电子政务内、外网络全部建成并投入使用，上连国家，向下连接14个师、176个团场，横向连通所有政务部门，并支持连队、社区VPN接入和移动办公接入。国家部委和兵团各部门近30个业务专网接入统一网络。组织部建设“兵团组织人事工作专网”，并依托内网门户网站建成“组织人事文件信息库”和“组织人事工作信息库”，成为兵、师两级组织人事部门发布信息、交流情况、传输公文的重要渠道。农业局建设农情上报系统，实现对全兵团农情数据的汇总、分析，为农业生产提供决策支持。水利局在各主要灌区建立农田水情自动测报系统，实现对灌区防洪、引蓄、灌溉、配水、水资源的科学利用和水利工程的有效管理。国土局建设的集网上办公、业务审批和图形分析于一体的综合电子政务系统，成为推进转变兵团国土资源管理方式、规范各项业务流程、提高公文审批速度和用地审批效率必不可少的工具和管理手段。财务局的财务电算化系统显著提高兵、师、团三级财务管理水平。公安局的“金盾”系统通达14个师、全部垦区及大部分团场派出所，实现网上案件会诊、在逃人员指纹识别等多项新型业务功能，保障社会稳定和公共安全。兵团机关部门政务网站集约化建站率达到92%，28个部门的行政审批事项全部上网公开，司法局、质监局等15个部门的行政审批事项通过办事指南、办事流程、表格下载等形式向社会提供网上服务。

【农业信息化】 2015年，兵团围绕全国节水灌溉示范基地、农业机械化推广基地和现代农业示范基地“三大基地”建设，利用互联网整合分散的农业资源，完善新型农业生产经营体系，农业信息基础设施建设取得进展，信息资源开发利用取得成效，建设一批农业信息技术应用示范区。农业环境信息获取与解析、农业无线传感网络、精准农业、基于物联网的智能决策系统等信息技术在农业管理、生产经营以及农产品流通交易等领域得到广泛应用。兵团初步构建以兵团农业局为中心，连接14个师农业管理部门及涉农部门的农业网站集群，部分师、团场逐步搭建面向职工的农业信息平台，兵团农业网站数量342家，为职工群众提供大量的科技、市场、政策等服务信息。4月27日，第八师石河子市召开北斗系统精准农业重大应用示范工程实施方案专家咨询暨项目启动会，该工程将在搭建北斗卫星农机导航与位置服务平台、地基增强系统，部署应用5万台套北斗卫星农业应用终端，该项目在14个团场部署相关应用，开展北斗导航自动驾驶系统推广和“北斗三农手机”示范应用，建成1个地基增强系统基站，后续还将在八师149团等5地同步建设其他北斗基站，将推广3.5万部北斗手机终端。农业基础设施建设不断加强，建成高标准农田916万亩，约占耕地面积的一半；建成高新节水灌溉面积1 550万亩，占播种面积的78%。

【工业信息化】 2015年，兵团信息技术改造提升传统产业的步伐不断加快，信息技术向工业领域全面渗透，产业协同能力逐步增强，企业研发设计创新能力、生产集约化和管理现代化水平进一步提升，工业发展质量和效益不断改善。以建设兵团工业云中心为切入点，搭建资源信息共享的公共服务平台，推动建设兵团工业云数据中心一期工程，调试完成300台云主机组成的高性能云服务器集群，具有20万亿次计算能力和10GB网络带宽，可为500多家企事业单位提供云计算服务。兵团信息化发展专项资金为15家企事业单位提供1 000万元的信息化发展项目资金支持。天山铝业有限责任公司被评为两化融合管理体系试点企业。

【服务业信息化】 2015年，兵团软件和信息技术服务业营业收入17 441.21万元，从业人员175人，较上年同期相比有较大水平提高。发挥云计算等综合服务平台对信息化和电子信息产业的辐射带动作用，中国互联网协会和石河子市人民政府共同举办以“互联共享、智慧石城”为主题的2015第14届中国互联网大会石河子专场，阿里云计算有限公司、中国电子科技集团第54研究所分别与八师石河子市、兵云信息技术有限公司、兵团供销合作社签署战略性框架合作协议。与中国电子科技集团、中国航天科技集团公司签署战略合作协议，在智慧城市、智慧园区、智慧农业、卫星技术应用、高端装备制造以及公共安全等领域开展全面合作，同时加强人才交流和技术合作，共同促进产学研成果在兵团落地转化。

【社会及城镇信息化】 2015年，兵团加快“智慧城市”“智慧团场”“智慧社区”建设进程，推进覆盖公共场所重点部位的社会治安综合防控体系，展开平安创建活动。卫生局的远程会诊系统实现与石河子医学院及23个师、团医院、新疆医学院、解放军302医院等医院的远程会诊、运程手术、远程病理等功能。教育局以宽带网络“校校通”、优质资源“班班通”和网络学习空间“人人通”及教育资源公共服务平台、教育管理公共服务平台为内容的“三通两平台”建设进一步推进。人力资源和社会保障局建设的兵师两级集中统一的劳动就业和社会保险系统实现劳动业务和社会保障业务的集中办理及信息的互联互通，劳动保障门户网站和兵团12333劳动保障电话咨询服务平台在向职工群众提供医疗保险、劳动就业和职业技能培训等公共服务方面发挥积极作用。交通局建设兵、师、企三级安全监控管理平台，实现兵团营运车辆联网联控。长途班线、旅游和危货车辆安装GPS车载设备，形成“数据共享、分级监管、层层负责”的监管模式，在预防和减少运输行车事故方面发挥重要作用。八师养老、医疗保障信息系统已覆盖全部社区、医疗机构，实现养老金、医保、住院结算的社会化、网络化发放。社会治安监控系统在团场全面推开，团场发案率明显下降。城市信息化进程加快，“数字一师阿拉尔市”建设进一步推进，无线宽带网络覆盖阿拉尔市城区和15个团场（镇），4G网络实现阿拉尔市全覆盖。六师五家渠市“12319”城管热线实现对市政管理信息资源的有效整合和利用，提升城市和社区综合管理水平。

【网络与信息安全】 2015年，兵团各级各部门网络与信息安全意识不断增强，安全管理体制逐步完善，网络信息安全责任制进一步落实。网络信息安全基础设施重大工程建设深入推进，建设兵团电子政务外网安全管理中心和兵团政务信息安全传输平台等信息安全基础设施，基础信息网络和重要信息系统的安全防护水平得到进一步提升。开展基础信息网络和重要信息系统等级保护安全定级工作。基础信息网络和重要信息系统的主管运营单位建立健全网络管理、信息发布审核、应急处置等制度，强化病毒检测、漏洞扫描、安全审计等技术防范措施。实施网吧专项整治、打击淫秽色情网站等专项行动。定期开展对基础网络和重要信息系统的信息安全检查。对兵团辖区互联网网站进行监测，及时通报整改，有效遏制网络病毒的传播。国产信息技术产品和信息安全产品使用率普遍提高，党政机关终端计算机的国产化率达到60%，信息安全软硬件产品国产化率达到95%以上。全兵团网络与信息安全态势总体平稳可控，未发生重大网络与信息安全事件，为维护国家安全与社会稳定，保障和促进信息化健康发展发挥重要作用。

【信息化基础工作】 2015年，兵团工业和信息化委员会联合发展和改革委员会等5个部门印发《加快推进兵团通信基站塔台建设的意见》，进一步提升兵团信息基础设施建设水平。制定出台《新疆生产建设兵团信息化和工业化融合示范区认定办法（试行）》，编制《新疆生产建设兵团信息化第十三个五年规划》等一系列文件。

两化融合培训工作逐步深入，兵团依托石河子大学召开两化融合培训班，邀请两化融合方向的专家与各师分管领导和企业代表就如何实施企业信息化、开展两化融合自评估、推进两化融合管理工作进行探讨。每年两次的全国计算机与软件资格考试和全国信息技术水平考试如期完成，石河子大学、塔里木大学为社会培养一批实用信息技术人才。各类应试教育、职业教育和继续再教育工作广泛深入开展，促进兵团全民信息能力的提升。

全年开展计算机信息系统集成资质、信息系统集成高级项目经理、信息系统集成项目经理资质延续换证工作的年检换证工作；开展两化融合试点示范企业申报工作，完成 3 家集成企业、3 家监理企业；完成 1 批次 1 家软件企业的审核公示、3 批次 6 个软件产品的审核公示工作。兵团设立信息化发展专项资金，全年为 15 家企业、团场提供总计 1 000 万元的资金支持。

【统计数据】

表 1　2014—2015 年新疆生产建设兵团电子信息制造业基本情况

项目名称	单位	2014 年	2015 年
工业总产值（现行价）	千元	918 110.7	1 776 293.1
应收帐款	千元	202 001.7	183 072.6
产成品存货	千元	95 758.8	14 473.4
应付帐款	千元	331 039.9	196 207.8
主营业务收入	千元	851 863.7	1 225 272.9
主营业务成本	千元	559 475.1	723 481.6
销售费用	千元	12 394.0	19 727.6
管理费用	千元	70 414.4	125 500.1
财务费用	千元	71 901.6	100 764.7
利润总额	千元	152 517.3	120 632.1
应交增值税	千元	–48 225.7	2 959.2
从业人员年平均人数	人	1 226	1 300

表 2　2014—2015 年新疆生产建设兵团软件产业基本情况

项目名称	单位	2014 年	2015 年
软件业务收入	万元	5 096.5	17 441.2
软件产品销售收入	万元	416.3	4 967.2
税金总额	万元	110.2	160.1
利润总额	万元	–466.2	–219.7
从业人员年末人数	人	156	175
从业人员工资总额	万元	746.0	1 223.7

注：表 1 ~表 2 数据来源于新疆生产建设兵团工业和信息化委员会。

表 3　2013—2015 年新疆生产建设兵团信息基础设施建设情况

项目名称	单位	2013 年		2014 年		2015 年	
		城镇	连队	城镇	连队	城镇	连队
固定电话	部 / 百户	68	48	72	52	71	56
移动电话	部 / 百户	175	182	188	206	196	216
家用电脑	台 / 百户	71	29	70	41	70	47

注：数据来源于新疆生产建设兵团统计局。

[供稿：新疆生产建设兵团工业和信息化委员会]

附　录①

2015年世界电子信息产业发展态势与特点

【综述】

2015年，世界经济持续复苏，宏观经济风险略有下降，欧元区经济衰退和通货紧缩有所缓解，油价下跌促进全球经济增长，但包括美元升值进一步急剧、发达经济体的低通货膨胀率等金融因素以及乌克兰、中东和西非的地缘政治紧张风险依然存在。根据2015年10月国际货币基金组织（IMF）发布的《世界经济展望》，2015年，全球经济增长率约为3.1%，较2015年7月的预测下调了0.2个百分点。随着欧元区的复苏态势增强和日本经济回到正向增长，发达经济体的复苏速度将略有加快，预计全年经济增长率为2.0%。新兴经济体受石油出口国增长减弱、中国经济增长放缓、信贷和投资高涨之后的调整、大宗商品价格下跌、地缘政治局势紧张和一些国家的国内冲突、大宗商品出口国前景不明朗等因素影响，预计增长将连续第五年出现下滑，全年增长率为4.0%。IMF预计，2016年世界经济持续恢复，增长率将达到3.6%。

2015年，美国、日本、欧盟等世界主要国家和地区都将信息技术产业作为加快经济复苏、重塑国家长期竞争力的先导产业，并出台了一系列政策措施推动该产业发展。在世界各国的共同努力下，集成电路、电子元器件、视听、通信、计算机及网络，以及物联网、云计算、信息消费等重点产业发展迅速，企业积极布局，技术创新不断加快。

受全球经济复苏和新兴市场快速增长等因素的影响，2015年世界电子信息产品市场增速略有放缓，产销值继续保持增长，产业继续呈现回升态势；发达国家电子信息产品的产销全面恢复增长，带动力度不断增强，新兴经济体仍是产业复苏主导力量；创新浪潮不断涌现，新一轮产业革命蓄势待发；并购重组热潮持续升温，产业投资呈现井喷式增长；贸易保护愈演愈烈，知识产权纠纷频发。

一、世界电子产品制造业增速趋缓，产销回升步伐放缓

2015年，尽管世界经济存在不确定因素，但经济

注①　本栏目文章收录在社会科学文献出版社2016年4月出版的“工业和信息化蓝皮书”《世界信息技术产业发展报告（2015—2016）》中。

复苏态势明显，以美国为代表的部分发达国家经济增长势头强劲，外部经济环境不断改善和市场需求持续上升为世界电子信息产品制造业带来了积极的因素。2015年，世界电子信息产品制造业增速略有放缓，产销值继续保持增长。根据《世界电子数据年鉴2015》（The Yearbook of World Electronics Data 2015）的测算，2015年世界电子产品产值为18 615亿美元，同比增长1.86%；销售额为18 523亿美元，同比增长1.96%，电子产品产销规模回升步伐放缓。

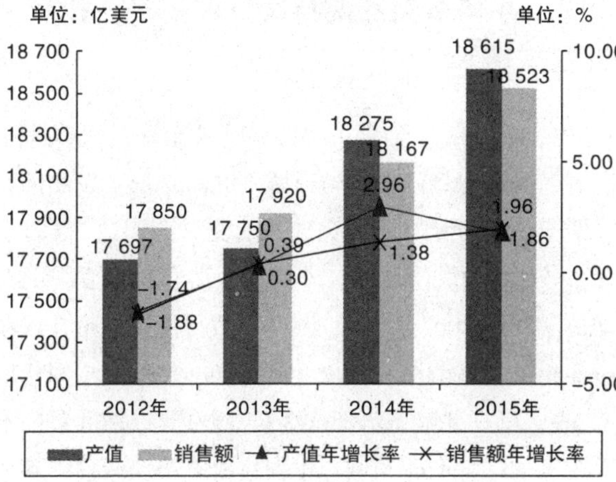

图1　2012—2015年世界电子产品产销值及增长率

注：2015年为预测值

在各类电子产品中，市场份额最大的是电子元器件，其次是电子数据处理设备、无线通信设备、控制与仪器设备，这四大类产品的市场份额分别为32.00%、25.93%、17.94%、8.21%。与2014年相比，各类产品所占市场份额基本相同，其中增幅最大的是电子元器件，其市场份额比上年增加1.07个百分点；

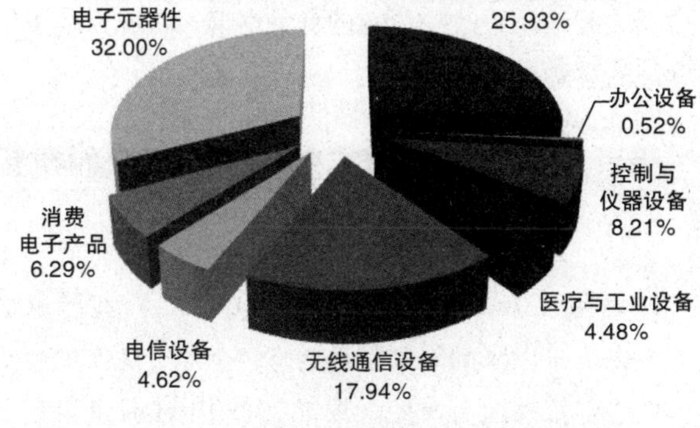

图2　2015年各类电子产品市场份额

降幅最大的是消费电子产品，其市场份额比上年减少0.70个百分点。

近年来，以智能硬件、物联网、云计算为代表的下一代新兴产业迅猛发展，直接带动与之相关的无线通信设备、电子元器件等电子信息产品制造业的发展。2015年，除办公设备、消费电子产品和电子数据处理设备外，其他电子产品产销值均实现增长，其中电子元器件、医疗与工业设备增长最为突出，产值分别增长4.37%和3.33%，销售额分别增长3.57%和3.08%。

二、发达国家带动力度不断增强，新兴经济体仍是产业复苏主导力量

随着全球经济的逐步好转和各国经济振兴政策的持续推进，2015年世界大多数国家和地区电子产品产销增长态势显著。以美国、日本、西欧为代表的发达国家和地区电子信息产品产销全面恢复增长，对全球电子信息产业的带动力度不断增强。新兴国家电子信息产品产销继续保持强劲的增长态势，成为领导产业复苏的主导力量。

在电子产品产值方面，2015年世界排名前十的国家和地区全面恢复增长。中国依然位列产值规模榜首，2015年电子产品产值达到7 087.12亿美元，同比增长2.92%，继续保持世界第一大电子产品制造国的地位。马来西亚成为排名前十的国家和地区中产值增长最快的，2015年电子产品产值增长率达到5.67%，越南超过巴西，跻身前十，增长率为3.11%，中国台湾地区增速位居第三，增长率为3.04%。日本和墨西哥扭转了近两年的负增长态势，新加坡也结束了上年的负增长，产值重新恢复增长，对全球电子信息产业的复苏发挥了重要的拉动作用。

在电子产品市场规模方面，除巴西外，2015年世界主要国家和地区市场规模普遍保持增长态势。中国、美国和英国增速低于上年同期，其他国家增速高于上年同期水平。中国超过美国，跃居为全球最大的电子产品市场，2015年电子产品市场规模为4 360.74亿美元，增速为3.62%，增速较上年同期下降了3.16个百分点，中国市场对全球电子产品产业的复苏起到了重要的拉动作用。欧盟经济体电子产品市场复苏态势依旧平缓，德国、英国、法国分别增长1.67%、3.41%、1.39%。新兴经济体电子产品市场增长最快，成为引领电子产品市场稳步复苏的主导力量，其中，印度成为2015年电子产品市场增长的领头羊，增长率为6.70%，增速位居第一；

墨西哥增长率为 3.82%，增速位居第二；中国增长率为 3.62%，位居第三。

三、创新浪潮不断涌现，新一轮技术革命蓄势待发

世界正处在新科技革命和产业革命的交汇点上。科学技术在广泛交叉和深度融合中不断创新，特别是以互联网、智能制造、新能源和新材料科技为基础的系统集成创新，以前所未有的力量驱动着经济社会发展。随着信息化、工业化不断融合，以机器人科技为代表的智能产业蓬勃兴起，成为现代科技创新的一个重要标志。新一代信息技术与传统制造业的结合，为制造业发展提供了新动能，互联网、移动互联网的普及，以云计算、大数据为代表的规模经济的出现，催生了大量新兴服务与新业态。世界各国都将制造业与互联网、信息技术结合，推动制造业的转型升级。2015 年 4 月，德国政府在汉诺威工业博览会上正式宣布启动升级版的“工业 4.0 平台”，主导推动第四次工业革命的发展；2015 年 6 月，日本发布的《2015 年版制造白皮书》指出，日本制造业在积极发挥 IT 作用方面落后于欧美，建议转型为利用大数据的“下一代”制造业；美国 GE 发布的《2015 工业互联网观察报告》强调大数据分析在工业互联网中的作用，并且针对赛博安全、数据孤岛和系统集成等挑战提出解决思路和行动指南；2015 年 5 月，中国发布《中国制造 2025》，部署全面推进实施制造强国战略。此外，电子信息产业重点领域技术不断创新，集成电路加工工业全面进入 10 纳米时代，新产业、新技术对 PC 产业的拉动作用增强，电子元器件技术进步显著，视听行业新产品持续推出。

同时，随着电子信息技术产业转型升级步伐加快，尤其是数字化、网络化、平板化、融合化、服务化趋势逐步深入，信息产业和行业边界逐渐模糊，新技术与传统产业的融合为信息产业培育了新的增长点。智能电视、智能手机、平板电脑等产品不断推陈出新，新技术、新产品不断涌现。在 2015 年美国 CES 消费电子展上，智能硬件、可穿戴设备、物联网、智能家居、3D 交互电视、无人机、智能汽车等新概念、新产品层出不穷。包括苹果、三星在内的手机厂商巨头纷纷推出各自的智能硬件产品。在可穿戴设备方面，CES 的 3 000 多个参展厂商中有 580 多个将产品定位在可穿戴设备上，以智能手表和健身追踪器为主。三星电子表示，到 2017 年，90% 的三星产品将接入物联网，到 2020 年，所有三星硬件设备均将支持物联网。智能家居产品从控制冰箱、灶台到控制室内的灯光、温湿度，监控室内的空气质量，乃至于草坪的花草所受的阳光、养料是否充足。奥迪、大众、丰田、通用及宝马等通过智能手机实现锁车、点火、自动泊车等功能；LG、AT&T、三星等厂商则将手机、平板电脑和可穿戴设备与汽车无缝连接；松下和特斯拉在美国创建了一个巨大的电池生产厂。电子信息产业正在焕发出新的生机和发展动力，新一轮产业革命蓄势待发。

四、并购重组热潮持续升温，产业投资呈现井喷式增长

2015 年以来，全球并购市场呈现金融危机以来未曾有过的火热态势。据美国彭博（Bloomberg）发布的数据，截至 2015 年 10 月，全球并购交易总额达 3.8 万亿美元，较上年同期增长 25.7%，较金融危机爆发前并购活动最活跃的 2007 年高出近 9%。值得注意的是，仅科技行业相关的并购交易额就达到 3 592 亿美元，同比增长 275%，呈现井喷态势，成为自 2000 年以来的最高水平。在电子信息产业领域，中国集成电路产业投资基金支撑中国集成电路产业发展，继 2014 年向清华紫光投资 300 亿元人民币后，2015 年计划投资 200 亿元人民币用于收购、参股集成电路企业，如 2 月以 30.98 亿港元入股中芯国际，6 月以 48 亿元成为三安光电第二大股东；戴尔 670 亿美元收购美国信息存储资讯科技公司 EMC，创下全球科技业并购交易规模记录；新加坡半导体公司安华高科技（Avago Technologies）以 370 亿美元收购博通（Broadcom），成为半导体行业中最大的一次并购；英特尔以 167 亿美元收购 Altera，成为英特尔史上最大的一次收购。随着互联网普及和科技创新，行业巨头通过兼并重组来加快产业链整合、增强自身技术实力并获得市场支配地位，改变原有的竞争格局，将成为电子信息领域的主旋律。

五、贸易保护愈演愈烈，知识产权纠纷频发

2015 年以来，全球经济持续复苏，但一些国家仍执行金融危机以来的限制贸易措施，全球贸易保护愈演愈烈的态势依然没有改变。根据 2015 年 11 月世界贸易组织（WTO）发布的二十国集团（G20）贸易措施的第

14份贸易监测报告，自2008年以来，记录在册的贸易限制措施共有1441项，截至2015年10月中旬，只有354项措施被取消，仍有1 087项贸易限制措施在实施，约占75%。尽管G20经济体在引进新的贸易限制措施方面相对克制，但采取的措施总量仍在继续增长。

世界已经步入知识产权经济时代，各国都把保护自主知识产权作为强国战略，国际间知识产权纠纷频发。2015年2月，国家发改委宣布对高通滥用市场支配地位实施排除、限制竞争的垄断行为依法作出处理，责令高通公司停止相关违法行为，处以2013年度在中国市场销售额8%的罚款，共计60.88亿元人民币，这也是中国在知识产权领域中开出的金额最高的罚单。

【统计数据】

表1　2012—2015年世界电子产品产销值统计

单位：百万美元

产品名称	2012年		2013年		2014年		2015年		2015年增长率（%）	
	产值	销售额	产值	销售额	产值	销售额	产值	销售额	产值	销售额
电子数据处理设备	488 365	491 525	478 864	485 849	485 443	479 014	482 024	480 330	-0.70	0.27
办公设备	9 742	12 062	8 683	10 939	8 286	10 210	7 862	9 653	-5.12	-5.46
控制与仪器设备	138 679	142 244	140 679	144 808	144 645	147 289	150 109	152 059	3.78	3.24
医疗与工业设备	86 223	80 445	86 679	79 618	87 542	80 433	90 453	82 912	3.33	3.08
无线通信设备	328 817	303 117	346 604	313 250	365 672	323 779	373 903	332 275	2.25	2.62
电信设备	79 045	84 411	78 497	83 739	77 205	84 050	78 271	85 646	1.38	1.90
消费电子产品	139 692	134 673	127 280	125 031	125 440	119 484	122 268	116 578	-2.53	-2.43
电子元器件	499 163	536 472	507 746	548 778	533 283	572 478	556 570	592 808	4.37	3.55
总计	1 769 726	1 784 950	1 775 031	1 792 011	1 827 516	1 816 736	1 861 461	1 852 260	1.86	1.96

表2　2015年世界电子产品产值排名前十的国家和地区

单位：百万美元

国家和地区	2012年	2013年		2014年		2015年	
	产值	产值	增长率（%）	产值	增长率（%）	产值	增长率（%）
中国	603 485	632 400	4.79	688 585	8.88	708 712	2.92
美国	237 512	232 966	-1.91	234 524	0.67	237 319	1.19
日本	170 276	134 467	-21.03	124 354	-7.52	126 415	1.66
韩国	102 134	111 214	8.89	117 155	5.34	118 979	1.56
中国台湾地区	64 756	68 329	5.52	71 756	5.02	73 937	3.04
德国	62 345	62 628	0.45	63 067	0.70	64 141	1.70
马来西亚	59 004	59 357	0.60	60 266	1.53	63 681	5.67
新加坡	58 173	60 481	3.97	60 293	-0.31	61 169	1.45

续表

国家和地区	2012 年	2013 年		2014 年		2015 年	
	产值	产值	增长率（%）	产值	增长率(%)	产值	增长率(%)
墨西哥	51 976	51 153	-1.58	50716	-0.85	52 199	2.92
越南	17 894	26 073	45.71	28942	11.00	29 841	3.11

表 3　2015 年世界电子产品市场规模排名前十的国家

单位：百万美元

国家	2012 年	2013 年		2014 年		2015 年	
	市场规模	市场规模	增长率（%）	市场规模	增长率（%）	市场规模	增长率（%）
中国	369 697	393 977	6.57	420 859	6.82	436 074	3.62
美国	407 233	409 624	0.59	421 202	2.83	430 145	2.12
日本	170 690	148 074	-13.25	141 962	-4.13	142 044	0.06
德国	75 917	73 595	-3.06	74 201	0.82	75 440	1.67
韩国	50 590	52 346	3.47	53 317	1.85	54 654	2.51
英国	43 762	42 853	-2.08	45 417	5.98	46 966	3.41
墨西哥	40 627	42 540	4.71	44 119	3.71	45 805	3.82
巴西	54 126	54 069	-0.11	47 331	-12.46	43 476	-8.14
印度	37 711	37 113	-1.59	37 157	0.11	39 645	6.70
法国	38 108	38 459	0.92	37 960	-1.30	38 489	1.39

注：表 1~表 3 数据来源于《The Yearbook of World Electronics Data 2015》。2015 年为预测值。

2015 年美国电子信息产业发展情况

【综述】

近年来美国经济持续复苏，2015 年 GDP 增速达到 3.1%，在劳动力市场活跃、能源价格下跌、持续的宽松货币政策及财政紧缩状况好转的带动下，美国经济将保持较强的增长态势。从美国电子信息产业来看，2015 年电子产品产值和市场规模平稳增长，细分行业发展格局稳定，无线通信及雷达设备产值及市场规模仍居首位，电子产品创新不断涌现，各大企业积极转型布局，加快创新发展。

一、电子信息产业持续复苏，保持平稳增长

2015 年，在国际经济复苏和国内消费需求反弹的带动下，美国电子信息产业增速回升态势明显。《世界电子数据年鉴 2015》（The Yearbook of World Electronics Data 2015）预测，2015 年，美国电子产品产值

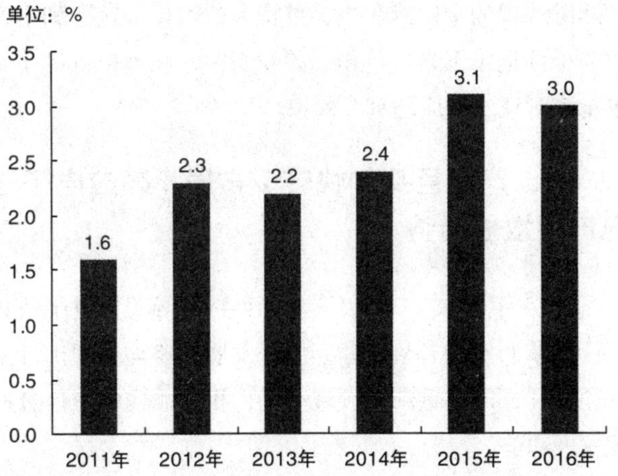

图 1　2011—2016 年美国 GDP 增长情况

注：2015—2016 年为预测值

数据来源：经济学人信息部（EIU）2015 年 5 月发布

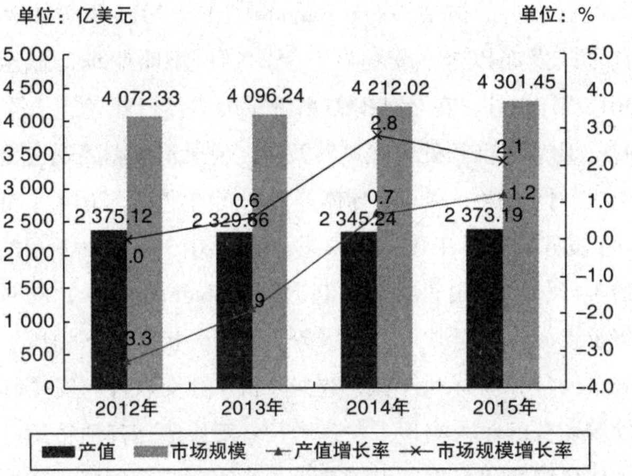

图 2　2012—2015 年美国电子产品产值与市场规模情况

注：2015 年为预测值

为 2 373.19 亿美元，增长 1.2%，增速提升 0.5 个百分点；美国电子产品市场规模为 4 301.45 亿美元，增长 2.1%，增速回落 0.7 个百分点。未来，在制造回流的带动下，美国电子产品产值将保持持续增长态势。

二、细分行业发展格局稳定，无线通信与雷达设备规模领先

2015 年，从美国电子产品细分行业产值来看，无线通信与雷达设备产值所占电子产品总产值比例仍居首位，产值为 753.40 亿美元，占产值总额的 31.7%，较上年增加 0.3 个百分点；排第二位的是电子元器件，产值

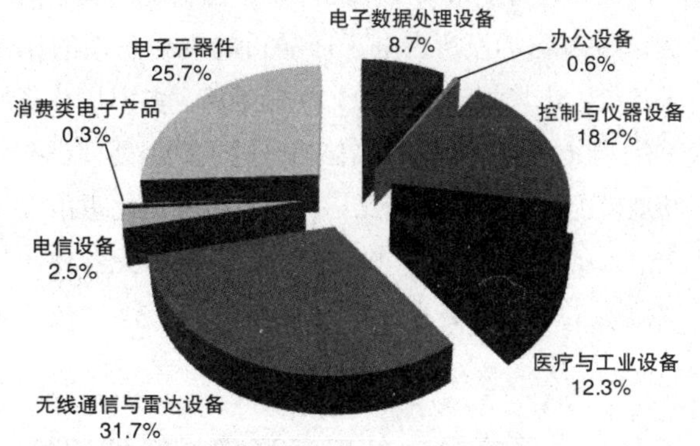

图 3　2015 年美国各类电子产品产值份额情况

注：2015 年为预测值

为 609.88 亿美元，占产值总额的 25.7%，比上年增加 0.5 个百分点；排第三位的是控制与仪器设备，产值为 431.16 亿美元，占产值总额的 18.2%，较上年的 17.8% 增加 0.4 个百分点。电子数据处理设备产值受生产外包比例扩大影响持续下降，由 2013 年的 257.50 亿美元降至 2014 年的 229.70 亿美元，2015 年为 206.73 亿美元，占产值总额的 8.7%，占比较 2014 年降低了 1.1 个百分点。医疗与工业设备和办公设备的产值占比较 2014 年有 0.1% 的上下浮动，分别为 12.3% 和 0.6%。电信设备和消费类电子产品产值比例则保持稳定，分别占 2.5% 和 0.3%，消费类电子产品产值极小是由于目前美国本土几乎没有电视机产量，电视机制造大多迁往墨西哥。

2015 年，从美国电子产品细分行业市场规模来看，除办公设备和消费类电子产品市场规模较上年有所下

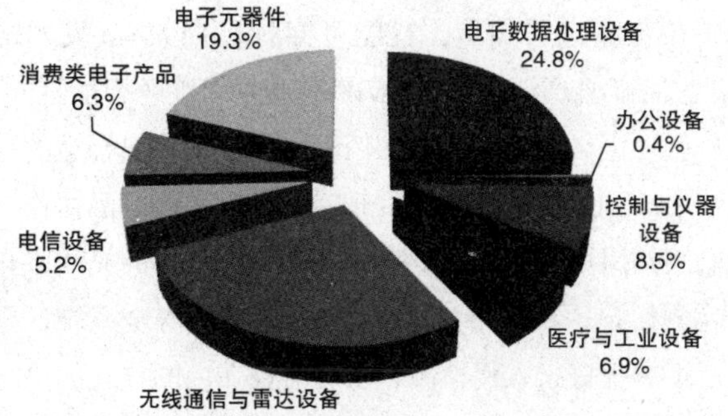

图 4　2015 年美国各类电子产品市场份额情况

注：2015 年为预测值

滑，其他细分行业市场规模均实现了增长。无线通信与雷达设备市场规模所占电子产品市场规模总额的比重仍居首位，市场规模为 1 223.39 亿美元，占市场总额的 28.5%，与上年持平；排第二位的是电子数据处理设备，市场规模为 1 065.05 亿美元，占市场份额的比重由上年的 25.2% 下降至 24.8%；排第三位的是电子元器件，市场规模为 829.02 亿美元，占市场总额的 19.3%，较上年增加 0.3 个百分点。

三、电子产品创新不断涌现，智能终端、智能家居领域尤为突出

美国作为电子信息产业第一强国，引领着世界信息技术的发展。2015 年，美国企业发布的电子产品创新不断涌现，特别是在智能终端和智能家居领域，有诸多新兴产品推出。

在智能终端领域，苹果于 9 月发布的 iPhone 6S 采用了 3D Touch 触控技术，3D Touch 可感应不同的感压力度，通过轻点、轻按及重按三层维度实现不同的操作功能；微软新发布的跨平台和设备应用操作系统 Windows 10 中的 Windows Hello 新功能，采用 3D 深度检测以及 Intel RealSense 3D 摄像头，使用户可以通过刷脸登录系统；在 CES2015 上，美国企业 Saygus 展示的 Saygus V2 智能手机搭载 HD-WiFi 技术，通过这一技术，可把高清视频传送至任何有相应软件加密锁的电视上进行播放，即可通过手机控制视频服务，并连接至大屏幕观看高清视频；Energous 发布了无线充电 WattUp 技术，该技术通过传输器使用低能耗蓝牙与兼容设备通信，当设备连接至传输器后，会发送红外线信号，随后设备中嵌入的芯片可以吸收 WiFi 频段电磁波并转换为电能。

在智能家居领域，智能可穿戴厂商 Misfit 发布的 Bolt 智能灯泡，是一款支持 WiFi 连接的可变色智能灯泡，用户可自定义调节颜色，在任何房间中创造出合适的灯光效果，Bolt 还可以和 Misfit 现有的睡眠监测产品协作，在监测到用户处于浅度睡眠状态时模拟日出的光线来自然唤醒用户；霍尼韦尔展出的 Lyric 家用安全系统，是包括烟雾报警、入侵检测、动态监控在内的整套解决方案，并能连接智能家电产品，控制灯光、家庭影院等，该系统使用配备触控屏幕的控制终端进行统一控制，甚至能够对用户的语音命令进行反馈；美国 Virtuix 公司出品的 Virtuix Omni 是一款用于将玩家的运动同步反馈到实际游戏中的全向跑步机，可将人的方位、速率和里程数据全部记录下来并传输到游戏当中，在虚拟世界中做出玩家对现实反应的真实模拟。

四、产业巨头加快转型布局，顺应电子信息产业发展趋势

2015 年微软、IBM、苹果、英特尔等美国电子信息产业巨擘的发展有喜有悲，但是发展战略均呈现出一个共同特征，即注重新兴领域布局，积极顺应电子信息产业发展趋势。

受个人计算机市场下滑影响，微软积极转型，多领域发力取得显著成果，Surface、Xbox、必应（Bing）搜索广告、Office 365、Azure 云服务和 Dynamics CRM Online（在线版动态客户管理）业务营收均至少增长了两位数。同时，微软积极改变销售策略，以改变在操作系统竞争中的被动局面。Windows 10 自 2015 年 7 月 29 日正式发布以来，受免费升级的推广策略驱动，截至 2015 年 10 月，在全球操作系统中的占比已迅速上升至 9%。IBM 目前正处于深刻转型中，公司正在剥离现金出纳机、低端服务器和半导体等低利润的业务，2014 年将 x86 服务器业务出售给了联想集团，2015 年将旗下亏损的半导体业务出售给芯片制造商 GlobalFoundries，同时将重点放在安全软件、云服务及数据分析等新兴领域。来自云计算与移动计算、数据分析、社交软件与安全软件等业务的收入实现了快速增长。苹果依靠其独特的产品优势维持着良好的发展势头，为实现持续发展，2015 年，苹果发布新产品 Apple Watch，进军可穿戴设备领域，同时，积极收购科技型中小企业。这些中小企业拥有的技术涉及数据分析、音乐插件、数据库软件、摄像头技术、位置服务、增强现实、人工智能等，这些技术将整合到苹果公司的产品线中，以满足苹果产品路线图的发展需求。英特尔旗下最大的个人计算机芯片业务持续下滑，但得益于云服务和数据分析需求的持续增长，数据中心和物联网业务增长强劲，缓解了个人计算机芯片业务下滑带来的损失。虽然英特尔错失了向迅速发展的智能手机和平板电脑提供芯片的良机，但对于用户来说，各类应用程序是智能手机的吸引力所在，而智能手机应用的开发则需要数据中心的支持，英特尔所生产的处理器恰恰是数据中心的核心，具备良好的发展前景。

2015 年日本电子信息产业发展情况

【综述】

2015 年，日本整体经济形势趋于好转，根据世界银行的预测，2015 年日本 GDP 将实现 0.6% 的微量增长，2016 年的增幅将达到 1.2% 左右。日本是全球第三大电子信息产业国。2015 年，电子信息行业全年的总产值继续保持小幅增长态势；在细分领域，消费电子领域的产值下滑幅度有所收窄，电子元器件等部件则继续保持稳定增长态势；全年进出口呈增长态势，其中出口增幅较为明显；依靠科研创新与转型发展，日本企业在电子信息产业链的上游核心部件领域的重要作用更加明显，在商用领域的业务扩展取得了一定的效果。

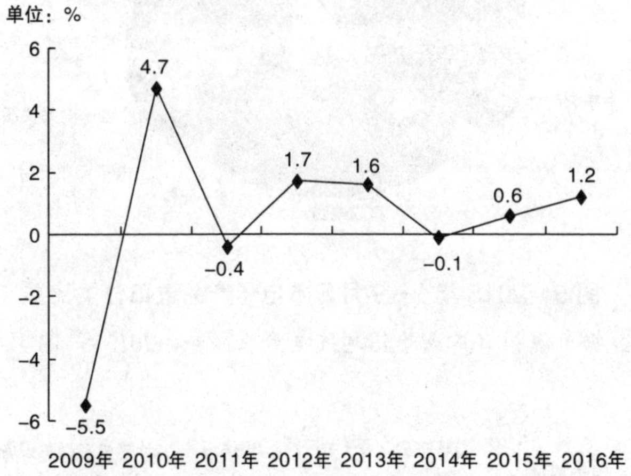

图 1　2009—2016 年日本 GDP 变化情况

注：2015—2016 年为预测值

数据来源：世界银行集团，2015 年 12 月

一、产值小幅增长，占全球比重持续下滑

作为全球第三大电子信息产业国，日本实力依然雄厚。日本电子信息产品的产值自 2014 年止跌回暖后，2015 年继续保持小幅上涨态势，全年总产值预计达到 120 674.87 亿日元，同比增长超过 2 个百分点，2012—2014 年的产值分别为 118 163.16 亿日元、113 540.86 亿

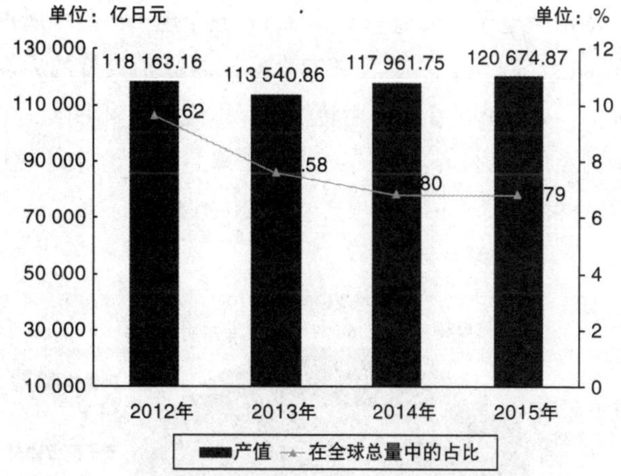

图 2　2012—2015 年日本电子信息产业产值及其在全球总量中的占比

注：2015 年为预测值

数据来源：日本电子信息技术产业协会、《The Yearbook of World Electronics Data 2015》

日元和 117 961.75 亿日元。

日本电子信息产业的小幅增长态势并未能阻止其在全球电子信息产品产值中所占比重下滑的趋势，2015 年，日本的电子信息产品产值约占全球总量的 6.79%，从 2012—2015 年的比重变化来看，其快速下滑势头趋缓。

二、细分领域持续调整，消费电子下滑幅度趋缓

2015 年，日本电子信息产业结构持续调整，电子元器件在所有电子产品中所占比重超过 2/3，且是所有电子产品中增幅最大的产品，2015 年 1—9 月的产值为 60 245.34 亿日元，同比增长 11.12%，增幅比上年同期增加近 5 个百分点；工业电子装备为 27866.51 亿日元，同比增长 0.86%；消费电子继续下滑 4.2%，产值为 4 930.59 亿日元，比上年同期下滑幅度减少 8.6

个百分点。

从产值所占的比例来看，集成电路、电子元件、通信设备是产值最大的产品，并且这三类产品在整个电子信息产品中所占比重均有所增加，分别占全国电子产品总产值的43.6%、21.1%和10.1%，由于日本在计算机及相关设备领域采取了战略撤退政策，其产值仅占全国电子产品总产值的8.9%，同比下滑了近2个百分点。

消费电子产值进一步下滑，在整个电子产品中所占比重已经降至5.3%，但随着日本国内鼓励政策的力度加大，以及相关企业不断转型升级以应对来自韩国、中国的竞争压力，与前几年相比，下降趋势已经得到一定程度的缓解。

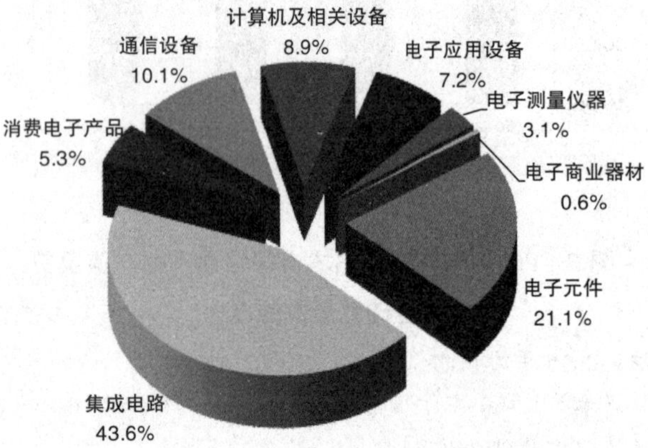

图3　2015年1—9月日本电子产品产值所占比重

数据来源：日本电子信息技术产业协会，2015年12月

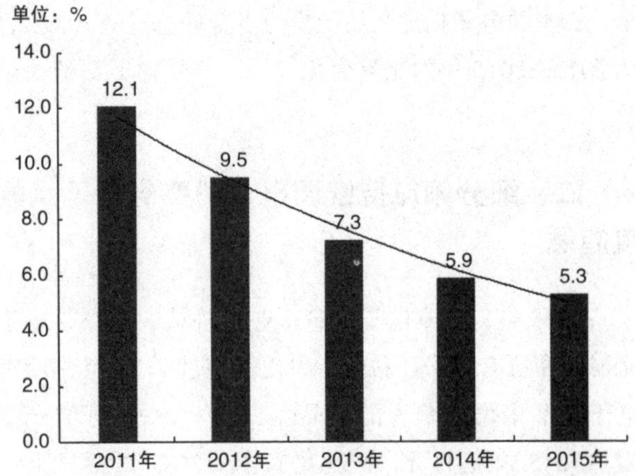

图4　2011—2015年日本消费电子产值在电子信息产业中的比重

数据来源：日本电子信息技术产业协会

三、进口增长稳定，出口增幅明显

日本电子信息产业进口继续保持增长态势，但增幅有所收窄。日本电子信息技术产业协会的统计数据显示，2015年1—9月，日本电子产品进口总额为81 937.65亿日元，比上年同期的77 619.11亿日元增长5.56%，其中消费电子、工业电子装备和电子元器件分别增长-0.85%、5.02%和7.07%，增幅均比上年同期有所收窄，甚至消费电子出现了负增长。从进口产品类别来看，集成电路、计算机及相关设备、通信设备、电子零配件是进口数量最多的产品，占进口总额的81.9%。

日本电子信息产业出口呈反弹增长。日本电子信息技术产业协会的统计数据显示，电子信息产业出口继2014年出现触底反弹以来，2015年开始快速增长。1—9月，日本电子产品出口总额为74 765.14亿日元，同比

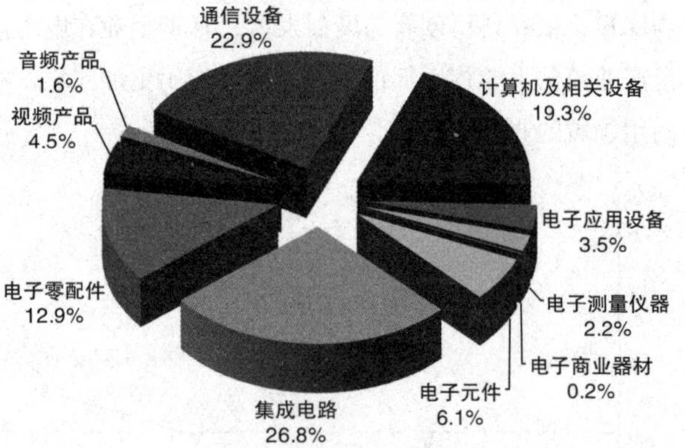

图5　2015年1—9月日本电子产品进口分类比重

数据来源：日本电子信息技术产业协会，2015年12月

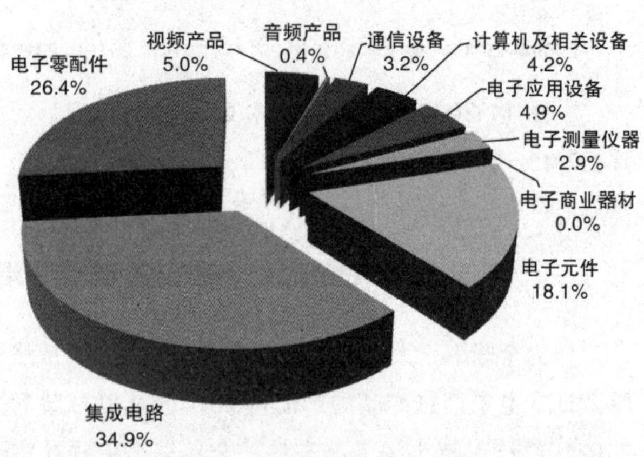

图6　2015年1—9月日本电子产品出口分类比重

数据来源：日本电子信息技术产业协会，2015年12月

增长10.6%。其中，电子元器件仍是出口额最大的门类，也是增幅最大的门类，占出口总额的79.4%，同比增长11.72%，工业电子装备占出口总额的15.3%，同比增长9.59%，但占比有所下降；消费电子继续呈下滑态势，但下滑幅度明显收窄，同比下降1.63%。从出口产品类别来看，集成电路、电子零配件、电子元件是出口数量最多的产品，约占出口总额的80%。

四、企业创新能力突出，上游部件核心地位稳定

尽管日本电子信息产业在消费市场上逐年衰退，但在上游核心部件和企业市场上的话语权因不断创新而得以提升。目前，在全球消费电子与家电等行业中，日本企业让位于韩国和中国后，正通过政策调控、转型发展、技术创新等方式从B2C领域逐渐向B2B领域快速推进。松下已经从家电向汽车电子、住宅能源、商务解决方案等领域扩展，夏普转向健康医疗、机器人、智能住宅、汽车等领域，索尼复兴电子业务的计划遭遇挫折后，更加重视摄像头等上游核心部件，进一步扩大其光学配件在手机、平板、汽车等领域的应用。此外，旭硝子的玻璃面板、夏普与JDI的液晶面板、松下的锂离子电池等都已经占领了全球大部分的上游核心部件市场。通过业务整合、出售不盈利业务，以及受政策影响，日本电子信息企业总体业绩仍在不断改善。

创新发展体现了日本电子信息产业的实力。在2015年11月汤森路透（Thomson Reuters）发布的全球百强创新企业名单中，日本企业有41家，数量居首位。在医疗电子领域，索尼与奥林巴斯联合研发医疗内窥镜，已在该领域占据全球80%~90%的市场份额；日立的阳子技术已经应用于其核电业务，可通过精准地控制距离来检测人身上的癌细胞而不会伤害正常的细胞。在汽车电子、电池等领域，松下是目前全球最大的锂离子电池厂商，其与特斯拉合作，在美国内达华州创建的大型电池工厂Gigafactory已于2014年6月破土动工，预计2017年开始量产，2020年满产；松下、三菱等在研发氢燃料电池，三菱的可穿戴式电池已经取得了积极进展。机器人领域是日本着力打造的新兴领域，安川电机已经从原来的马达、发动机生产商一跃成为全球四大机器人企业之一。

【统计数据】

表1　日本电子产品产值情况

单位：亿日元

产品名称	2014年1—9月	2015年1—9月	同比增长（%）
消费电子	5 146.83	4 930.59	−4.20
工业电子装备	27 630.22	27 866.51	0.86
通信设备	8 907.51	9 425.93	5.82
计算机及相关设备	9 236.25	8 290.11	−10.24
电子应用设备	6 575.39	6 705.09	2.28
电子测量仪器	2 510.68	2 922.39	16.40
电子商业器材	420.39	522.99	24.41
电子元器件	54 216.72	60 245.34	11.12
电子元件	17 925.33	19 662.63	9.69
集成电路	36 291.39	40 582.71	11.82
合计	86 993.77	93 042.44	6.95

表 2　日本电子产品进口情况

单位：亿日元

产品名称	2014 年 1—9 月	2015 年 1—9 月	同比增长（%）
消费电子	5 037.39	4 994.76	−0.85
视频产品	3 614.39	3 650.35	0.99
音频产品	1 423.00	1 344.41	−5.52
工业电子装备	37 516.87	39 399.95	5.02
通信设备	16 347.81	18 781.53	14.89
计算机及相关设备	16 517.75	15 795.97	−4.37
电子应用设备	2 846.98	2 848.77	0.06
电子测量仪器	1 663.82	1 823.66	9.61
电子商业器材	140.52	150.02	6.76
电子元器件	35 064.85	37 542.94	7.07
电子元件	4 428.15	5 011.44	13.17
集成电路	20 697.42	21 921.36	5.91
电子零配件	9 939.29	10 610.13	6.75
合计	77 619.11	81 937.65	5.56

表 3　日本电子产品出口情况

单位：亿日元

产品名称	2014 年 1—9 月	2015 年 1—9 月	同比增长（%）
消费电子	4 034.31	3 968.50	−1.63
视频产品	3 778.23	3 702.08	−2.02
音频产品	256.08	266.42	4.04
工业电子装备	10 435.97	11 436.39	9.59
通信设备	2 308.76	2 409.59	4.37
计算机及相关设备	2 892.91	3 162.97	9.34
电子应用设备	3 207.61	3 650.98	13.82
电子测量仪器	2 013.28	2 196.63	9.11
电子商业器材	13.41	16.21	20.88
电子元器件	53 130.98	59 360.24	11.72
电子元件	12 093.27	13 523.16	11.82
集成电路	23 632.37	26 100.69	10.44
电子零配件	17 405.34	19 736.39	13.39
合计	67 601.25	74 765.14	10.60

注：表 1 ~ 表 3 数据来源于日本电子信息技术产业协会。

2015年欧盟电子信息产业发展情况

【综述】

2015年，在国际原油价格走低及量化宽松政策的刺激下，欧盟国家经济状况持续好转。欧盟委员会于2015年11月发布的数据预计，2015年欧盟的GDP增速将为1.9%。预计2016—2017年，欧盟国家经济情况有望进一步好转，分别实现2.0%和2.1%的GDP增速。受此带动，欧盟电子信息产业呈现回暖态势，根据《世界电子数据年鉴2015》（The Yearbook of World Electronics Data 2015）的统计数据，2015年欧盟主要成员国的电子产品产值为1 967.63亿美元。

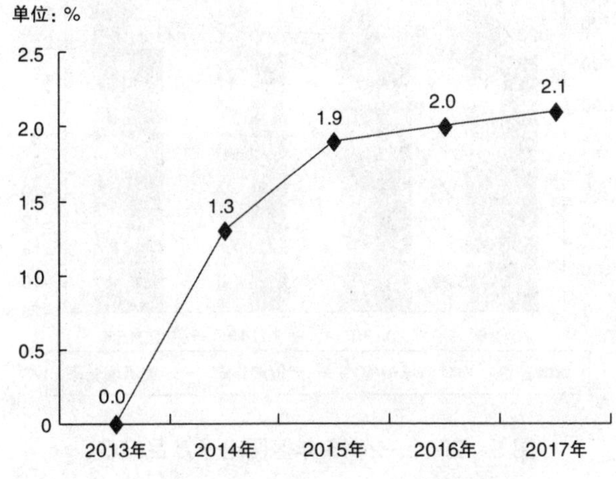

图1　2013—2017年欧盟GDP增长情况

注：2015—2017年为预测值

数据来源：欧盟委员会

一、电子产品产值持续扩大，销售规模稳步增长

根据《世界电子数据年鉴2015》的统计数据，2015年，欧盟主要成员国电子产品产值为1 967.63亿美元，较上年的1 938.6亿美元增长1.5%。在市场规模方面，2015年欧盟主要成员国电子产品销售值达到2 951.51亿美元，较上年的2 899.22亿美元增长1.8%。

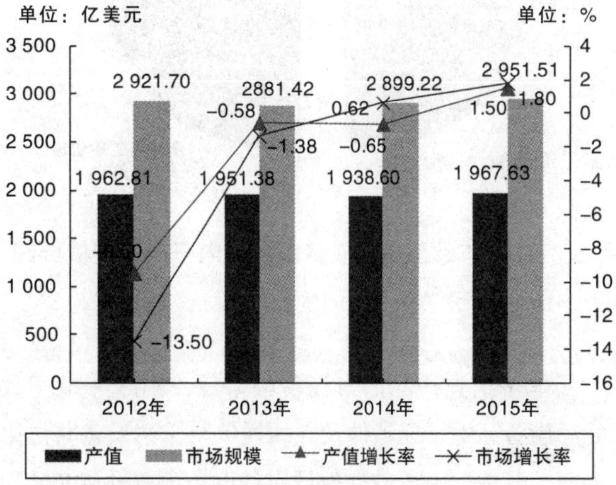

图2　2012—2015年欧盟主要成员国电子产品产值和市场情况

注：2015年为预测值

从欧盟各国电子产品产值具体情况来看，2015年，德国产值达到641.41亿美元，居各国首位，较上年增长1.7%，占欧盟主要成员国总产值的32.6%；法国产值为284.42亿美元，较上年增长1.92%，居第二位，占欧盟主要成员国总产值的14.45%；英国产值为231.94亿美元，较上年增长1.11%，占欧盟主要成员国总产值的11.79%，仅次于德国、法国，居第三位。

二、控制与仪器设备产值持续增长，电子数据处理设备仍为市场热点

欧盟主要成员国2015年电子产品细分领域产销值情况与2014年相比，各细分领域的产值占比及市场份额占比情况均变化不大。

从电子信息产品产值来看，2015年控制与仪器设备、电子元器件及无线通信与雷达设备共占比68.99%。其中，控制与仪器设备产值达到569.98亿美元，占整个电子信息产业产值的28.97%；电子元器件产值达到

461.95 亿美元，占比 23.48%；无线通信与雷达设备产值为 325.45 亿美元，占比 16.54%。

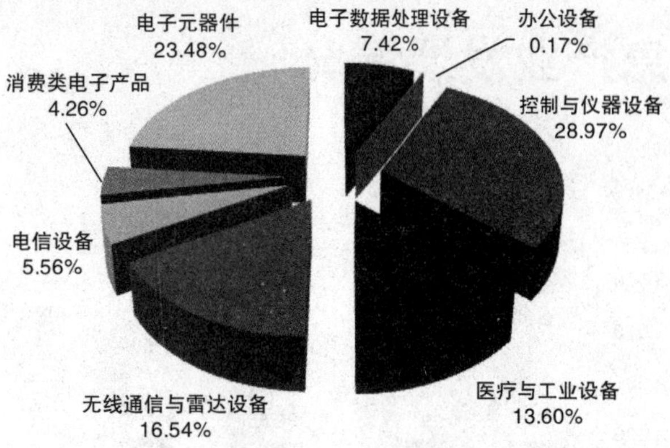

图 3　2015 年欧盟主要成员国各类电子产品产值份额

注：2015 年为预测值

从电子信息产品的市场份额来看，2015 年电子数据处理设备、电子元器件及无线通信与雷达设备共占比 66.18%。其中，电子数据处理设备市场销售额达 929.10 亿美元，占整个电子信息产品销售额的 31.48%；电子元器件销售额为 565.54 亿美元，占比 19.16%；无线通信与雷达设备销售额为 458.59 亿美元，占比 15.54%。

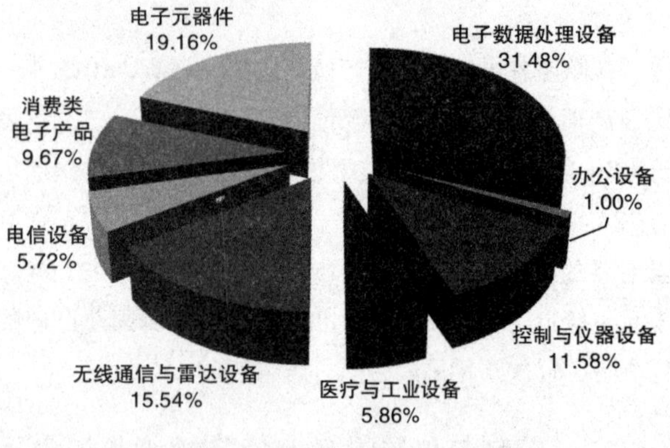

图 4　2015 年欧盟主要成员国各类电子产品市场份额

注：2015 年为预测值

三、主要成员国经济持续回暖，带动产业发展呈现增长态势

2015 年，以德国、英国、法国为代表的欧盟核心成员国经济持续回暖。与此同时，在重点发展智能制造、移动通信网络等领域的相关战略及政策的推动下，三大核心成员国的电子信息产品产值较上年都有一定提升，电子信息产业市场规模较上年也有所增加。

作为欧盟经济的龙头，德国对整个欧盟经济的恢复发挥了良好的带动作用。在外部经济环境明显改善、国内消费需求大幅增加和出口形势进一步向好的带动下，欧盟委员会于 2015 年 11 月发布的数据预计，2015 年德国 GDP 增幅将为 1.7%。《世界电子数据年鉴 2015》的统计数据显示，2015 年德国电子产品产值将达 641.41 亿美元，较上年增长 1.70%；市场销售值为 754.40 亿美元，较上年增长 1.67%。作为全球领先的工业制造强国，2015 年德国进一步重点推进工业 4.0 战略，促进制造业生产与现代信息及通信技术的深度融合。2015 年 11 月，德国经济部正式发布“工业 4.0 平台地图”，为德国企业提供实现工业 4.0 的具体操作建议及有效启发和帮助。此外，德国政府还积极推进信息化基础设施建设，拨款 27 亿欧元的资金援助，旨在于 2018 年前实现全民普及 50Mbps 宽带。

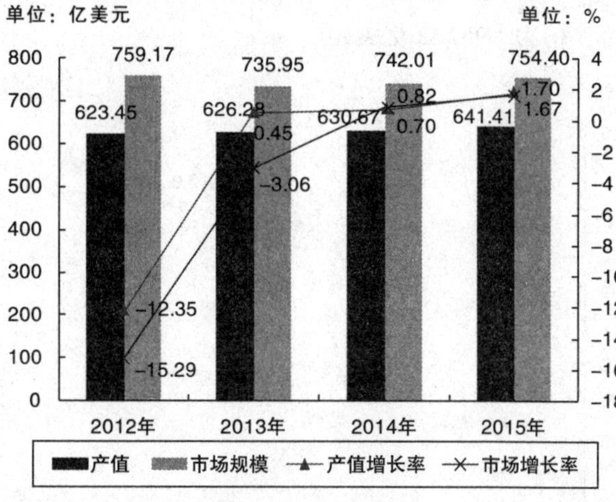

图 5　2012—2015 年德国电子产品产值与市场规模情况

注：2015 年为预测值

得益于适时推出紧缩的财政政策和宽松的货币政策，2015 年英国实现均衡的经济增长，失业率和通胀水平一路走低，服务业需求强劲。此外，英国积极利用税务等方面的优惠政策，吸引外国直接投资促进本国经济发展。根据欧盟委员会 2015 年 11 月发布的数据预计，2015 年英国 GDP 增速将为 2.5%。《世界电子数据年鉴 2015》的统计数据显示，2015 年英国电子产品产值将达 231.94 亿美元，较上年增长 1.11%；市场销售值为 469.66 亿美元，较上年增长 3.41%。2015 年，英国政府

重点聚焦无线网络和移动通信网络的进一步发展。2015年2月，英国技术战略委员会出台《2015—2018年数字经济战略》，提出2015—2018年英国政府每年将投资3 000万英镑（约合2.77亿元人民币）推动数字化业务以及数字化机构的发展。投资中的一半将用来资助数字弹射中心、开放式数据研究所及英国科技城等数字化机构的发展，另一半将用于鼓励数字化创新者尽快将其创意付诸实践。

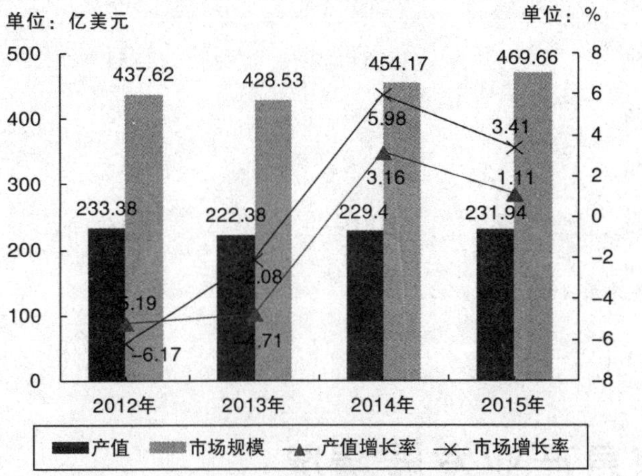

图6　2012—2015年英国电子产品产值与市场规模情况

注：2015年为预测值

在国际原油价格走低和欧元贬值的推动下，2015年法国经济实现实质性复苏，企业倒闭潮渐止。欧盟委员会于2015年11月发布的数据预计，2015年法国GDP增速将为1.1%。《世界电子数据年鉴2015》的统计数据显示，2015年法国电子产品产值将达284.42亿美元，较上年增长1.92%；市场销售值384.89亿美元，较上年增长1.39%。2015年，法国开始效仿德国，全面布局智能制造。2015年5月，法国经济、工业与就业部发布旨在建立更具竞争力的法国工业的“未来工业”计划。“未来工业”计划的主要内容包括重点发展大数据经济、环保汽车、新资源开发、现代化物流、新型医药、可持续发展城市、物联网、宽带网络与信息安全、智能电网九大领域。法国政府还计划将“未来工业”计划与德国“工

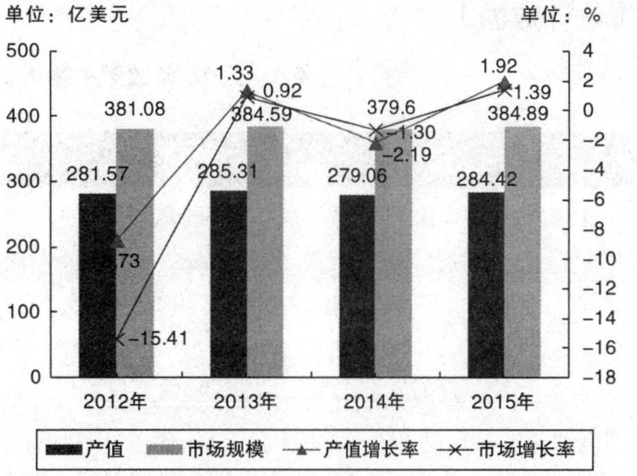

图7　2012—2015年法国电子产品产值和市场情况

注：2015年为预测值

业4.0”战略建立合作关系，并于2016年2月公布“未来工业”的标准化战略。

四、部分厂商实现强劲增长，通信企业利润有所下滑

2015年，欧盟地区部分电子信息厂商实现强劲增长。得益于卫生保健、能源管理、数字工厂和建筑技术领域的积极表现，2015财年西门子公司的订单量大幅增加，营业收入呈现稳健增长态势，达到756亿欧元，较上年同期增长6%，净利润为74亿欧元，较2014财年的57亿欧元增长34.5%。此外，英飞凌公司2015财年在汽车电子、电源管理及多元化市场、工业功率控制、智能卡与安全等业务业绩上升的带动下，实现了强劲增长，营业收入达到58亿欧元，较上年同期提升34%。

与此同时，欧洲通信企业发展势头略显疲软，2015年盈利能力有所下滑。爱立信2015年前三季度实现销售额1734亿瑞典克朗，较上年同期增长8.4%，但受重组支出增加的影响，2015年前三季度实现净利润65.2亿瑞典克朗，较上年同期的70.5亿瑞典克朗下降7.5%。诺基亚公司2015年第三季度实现销售额30.36亿欧元，较上年同期下降2%，净利润为1.52亿欧元，同比大幅下滑80%，主要受北美和欧洲业务下滑的影响。

【统计数据】

表 1 2015 年欧盟主要成员国各类电子产品产值及市场情况

单位：亿美元

产品名称	产值	占比（%）	销售值	占比（%）
电子数据处理设备	145.95	7.42	929.10	31.48
办公设备	3.44	0.17	29.44	1.00
控制与仪器设备	569.98	28.97	341.85	11.58
医疗与工业设备	267.62	13.60	172.88	5.86
无线通信与雷达设备	325.45	16.54	458.59	15.54
电信设备	109.33	5.56	168.75	5.72
消费类电子产品	83.91	4.26	285.37	9.67
电子元器件	461.95	23.48	565.54	19.16

注：数据来源于《The Yearbook of World Electronics Data 2015》。2015 年为预测值。

2015 年韩国电子信息产业发展情况

【综述】

国际电信联盟（ITU）发布的报告显示，在 2015 年度全球信息通信技术发展指数排名中，韩国位居第一，其电子信息产业规模庞大、门类齐全、技术较为先进，部分产业在全球具有重要地位。但近年来，韩国电子信息产业增长乏力，面临着竞争力下滑的挑战，因此韩国政府积极推动信息技术和传统产业融合创新，创造高附加值和经济增长机会，实现“创造的韩国”。

一、产品产值增速放缓，出口业绩整体向好

随着全球经济的缓慢复苏，韩国电子产品销售市场增速缓慢回升，产品产值增速大幅减缓。根据《世界电子数据年鉴 2015》（The Yearbook of World Electronics Data 2015）的数据，2015 年，韩国电子产品产值为 1 189.79 亿美元，较上年增长 1.56%；韩国电子产品的销售额为 546.54 亿美元，较上年增长 2.51%。

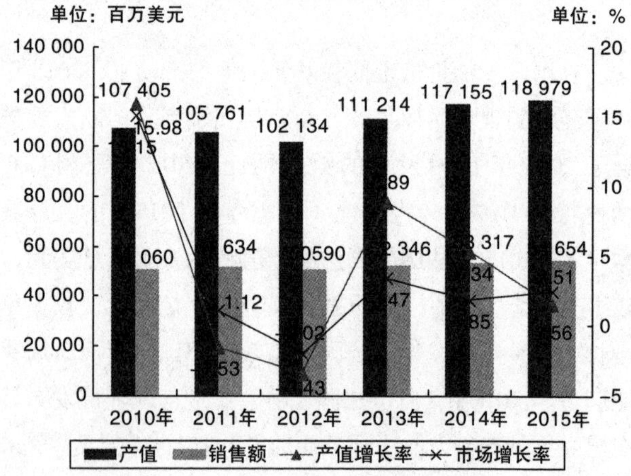

图 1 2010—2015 年韩国电子产品产值与销售情况

注：2015 年为预测值

电子信息产品出口业绩整体向好，手机、半导体产品出口增势突出。韩国未来创造科学部发布的数据显示，在全球信息通信技术领域增长缓慢和韩国整体出口下降的情况下，韩国 ICT 产业出口业绩依旧保持良好，出口额仅次于美国和中国。半导体出口增长较为稳定，尤其是系统芯片出口增势显著。2015 年 1—10 月韩国 ICT

产品累计出口额为 1 457.6 亿美元，其中手机出口额为 239.2 亿美元，同比增长 8.6%；半导体出口额为 529.4 亿美元，同比增长 3.6%。

韩国各类电子产品产值增减不一，控制与仪器设备和医疗与工业设备增速较快。2015 年，控制与仪器设备和医疗与工业设备产值实现大幅增长，分别增长 14.03% 和 8.7%；无线通信设备和电子元器件产值小幅微增，分别增长 2% 和 2.17%；计算机、办公设备、电信设备和消费电子产品较上年有所下滑，分别同比下降 3%、3.94%、1.97% 和 2.14%。

韩国各类电子产品市场销售情况良好，除办公设备和消费电子产品销售额同比下滑外，均有不同程度的增长。2015 年，韩国电子产品销售额达到 546.54 亿美元，同比增长 2.51%。其中，控制与仪器设备、医疗与工业设备和电子元器件的销售额增长相对较快，分别增长

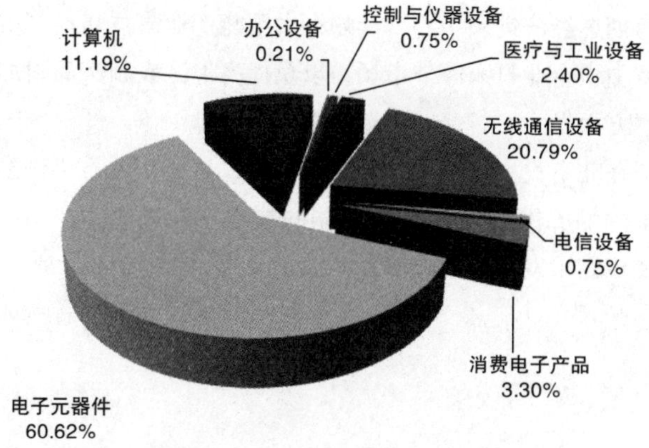

图 2　2015 年韩国各类电子产品产值份额

注：2015 年为预测值

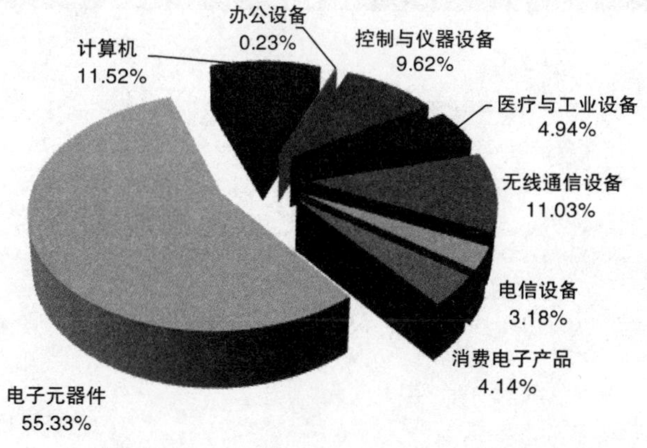

图 3　2015 年韩国各类电子产品市场份额

注：2015 年为预测值

3.71%、2.74% 和 3.36%。

韩国是手机、半导体、消费电子等电子产品生产大国，主要产品涵盖了智能手机、系统芯片、液晶、OLED 显示面板及电视等。电子元器件和无线通信设备产值占韩国电子产品产值的比重为 81.41%，是韩国电子信息产业的中坚力量。同时，电子元器件占据了韩国电子产品市场的半壁江山，占韩国市场份额的 57.33%。

二、产品市场占有率较高，半导体、面板等产品位居霸主地位

2015 年，从产品的全球市场份额来看，韩国在半导体、移动通信和消费电子产品领域居于领先地位。

在半导体领域，韩国三星电子营业收入居第二位，SK 海力士营业收入排名由 2014 年的第六位升至第三位。据 IC Insight 预测，2015 年，三星电子半导体市场营业收入为 416.06 亿美元，同比增长 10%；SK 海力士半导体市场营业收入为 169.17 亿美元，同比增长 4%。2015 年第三季度，三星电子半导体 DRAM 全球市场占有率同比大幅上升，全球份额达 44.9%，较上年提升了 5.4 个百分点，再加上 SK 海力士的市场份额，合计占据全球超过 80% 的 DRAM 市场。

在电视面板领域，据 WitsView 的统计数据，LG 显示器全球市场份额位居第一，三星显示器全球市场份额位居第三。2015 年前三季度，LG 显示器的出货量达到 4 173 万片，占比 20.76%；三星显示器的出货量达到 3876 万片，占比 19.28%。预计 2015 年 LG 显示器的出货量将达到 5 500 万片，同比增长 5.9%；三星显示器的出货量将达到 5170 万片，同比下滑 6.6%。在 2015 年第三季度超高清（UHD）电视面板全球销量方面，三星显示器和 LG 显示器的市场份额合计达到 63%。

在智能手机领域，尽管面临高端领域苹果产品的挑战和中低端领域中国厂商产品的竞争压力，韩国厂商三星依然稳居全球市场份额第一的位置。据统计，2015 年前三季度，三星智能手机出货量达到 2.41 亿部，较上年同期增长 1.69%，占全球市场份额的 23.2%。

三、技术水平先进，DRAM、OLED 等关键技术领先全球

从产品技术水平来看，三星、LG、SK 海力士等公

司拥有 DRAM、OLED 等关键技术。

在 DRAM 领域，三星半导体在 20nm 工艺技术上的实力全球领先，是首家推出 128GB DRAM 内存芯片的企业，通过采用 3D 立体硅穿孔封装技术，使容量和速度提升 2 倍、能耗减少 50%，并已正式进入量产。SK 海力士在 2015 年成为全球第二家成功量产 20nm DRAM 的厂商。

在 OLED 显示技术方面，LG 显示器公司在技术、良品率及成本方面优势明显，并计划开始为电脑显示器和笔记本电脑生产 OLED 面板，还计划投资近 90 亿美元建设新工厂，用于生产 OLED 显示器。韩国政府计划通过扩大税收优惠力度、削减关税等手段，为 LG 提供各种政策支持，试图提高韩国 OLED 产业在全球市场中的地位。

此外，在通信技术上，目前，韩国是全球 4G 普及率最高的国家，并希望率先进入 5G 时代。韩国未来创造科学部于 2015 年 11 月 17 日举行了第三次 5G 战略促进委员会会议，计划在 2020 年以前实现 5G 移动通信服务商业化，并计划在 2018 年冬季奥运会时提供 5G 移动通信示范性服务。2015 年 6 月，韩国运营商 KT 宣布正式商用移动网络 GiGALTE，下行最高速率达到 1.17Gbps，是现有 LTE 网速的 15 倍（下行），比三载波 LTE-A 快 4 倍，在上行方面比三载波快 10 倍。

四、建成创造型经济体系，不断推进新兴领域发展

2015 年，韩国政府为了实现“创造型经济”的战略目标，以地区为单位开展了一系列创新经济项目的专项活动，不断升级传统产业，推进新兴领域发展，打造创造型经济体系。2014 年 9 月以来，韩国政府和市政府累计建成 18 家“创造经济革新中心”，分布在不同城市，由三星、现代汽车、LG 和 SK 等企业提供支持，不断创新经济，推进新兴领域发展。

其中，“京畿道创造经济革新中心”由韩国电信巨头 KT 集团出资建设，主要涉及物联网、金融科技、游戏产业、新一代通信方式、3D 打印等新兴产业；“济州创造经济革新中心”将主打“智能观光”和“能源自立”，力争把济州打造成世界一流的智能观光岛。济州政府将和 18 家 IT 企业共同筹集并运营 1569 亿韩元的基金；“忠南创造经济创新中心”计划在太阳能产业集群建设、支持中小企业打入海外市场，以及提高地区农副产品附加值方面发力，打造“创造经济的大动脉”等。此外，韩国在北京设立了“全球创新中心”，主要帮助希望进军中国的韩国 IT 企业，为韩国的技术开发成果能在中国实现商用发挥桥梁作用。

【统计数据】

表 1　2015 年韩国各类电子产品产值、增长率及全球占比

单位：百万美元

产品名称	2015 年产值	2014 年产值	增长率（%）	占全球比重（%）
计算机	13 314	13 726	-3.00	2.76
办公设备	244	254	-3.94	3.10
控制与仪器设备	894	784	14.03	0.60
医疗与工业设备	2 850	2 622	8.70	3.15
无线通信设备	24 730	24 245	2.00	6.61
电信设备	898	916	-1.97	1.15
消费电子产品	3 925	4 011	-2.14	3.21
电子元器件	72 125	70 596	2.17	12.96

表 2　2015 年韩国各类电子产品市场销售、增长率及全球占比

单位：百万美元

产品名称	2015 年销售额	2014 年销售额	增长率（%）	占全球比重（%）
计算机	6 297	6 235	0.99	1.31
办公设备	126	133	–5.26	1.31
控制与仪器设备	5 257	5 069	3.71	3.46
医疗与工业设备	2 702	2 630	2.74	3.26
无线通信设备	6 029	5 969	1.01	1.81
电信设备	1 739	1 718	1.22	2.03
消费电子产品	2 263	2 304	–1.78	1.94
电子元器件	30 241	29 258	3.36	5.10

注：表 1 ～表 2 数据来源于《The Yearbook of World Electronics Data 2015》。2015 年为预测值。

2015 年印度电子信息产业发展情况

【综述】

当前，尽管全球大多数发达国家及新兴经济体都面临经济疲软的问题，但 2015 年印度经济仍保持强劲的增长势头，预计 2015 年印度 GDP 增速将达到 7.3%。2015 年，印度莫迪政府启动斥资 113 亿美元的基础设施投资计划和一系列大规模融资计划，这些政策措施将有力拉动印度经济增长，预计 2016 年，印度 GDP 增速将达到 7.5%。印度经济的平稳增长以及国内需求的不断释放为印度电子信息产业的发展营造了良好氛围，2015 年，印度电子信息产业规模止跌回升，产业回升态势显著。随着印度国内市场的快速增长、国外投资的引入、出口额的不断上升以及产业发展环境的持续改善，印度电子信息产业仍将保持增长态势。

一、产销规模增速迅猛，产业回升态势显著

2015 年，印度政府继续推行莫迪总理提出的“印度制造”和“数字化印度”计划，先后出台了一系列促进本国电子信息制造业发展的政策措施，包括斥资 113 亿美元的基础设施投资计划、增加特定商品与服务出口激励政策、降低部分电子器材领域关税、统一商品和服务税等。在一系列政策措施的有力推动下，2015 年，印

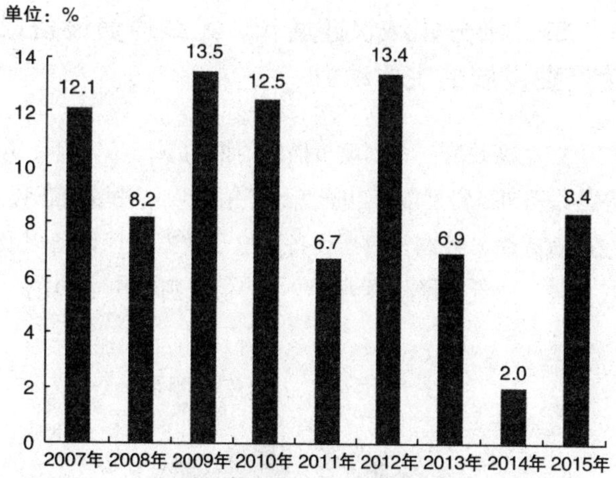

图 1　2007—2015 年印度电子信息产业增速变化情况

度电子信息产业扭转继 2012 年以来的低迷态势，产业发展迎来重要拐点，产销值增速迅猛，产业回升态势显著。根据《世界电子数据年鉴 2015》（The Yearbook of World Electronics Data 2015）的测算，2015 年印度电子产品产值为 200.41 亿美元，同比增长 8.42%，销售额为 396.45 亿美元，同比增长 6.70%。

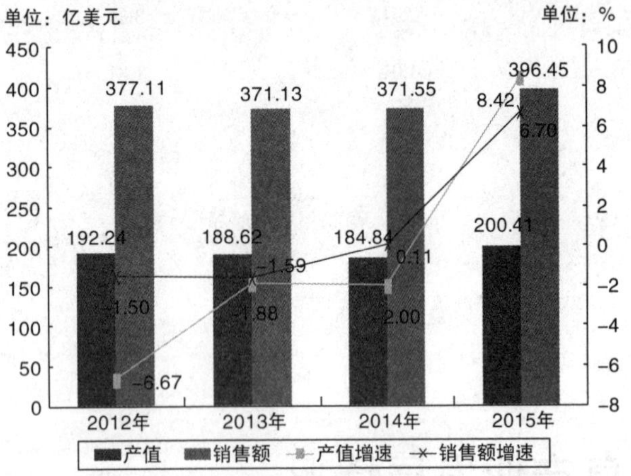

图 2　2012—2015 年印度电子信息产业产销值及增长率

二、细分领域快速增长，无线通信设备成为产业发展的主要动力

在印度政府一系列政策措施的推动下，2015 年，除办公设备外，印度细分电子产品产销值均呈现增长态势。在产值方面，控制与仪器设备、电子数据处理设备以及医疗与工业设备增长最为突出，产值分别增长 12.01%、12.00% 和 10.07%。在销售额方面，医疗与工业设备、控制与仪器设备以及无线通信设备增长最快，销售额分别增长 10.54%、8.99% 和 8.00%。

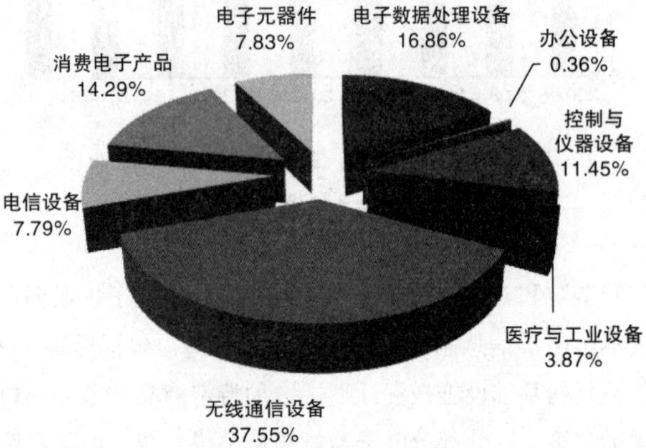

图 3　印度 2015 年电子信息产品产值占比

从电子信息产品产值来看，随着印度移动通信产业的发展以及本土消费市场的不断扩张，无线通信设备、电子数据处理设备和消费电子产品产值占据了总产值的 68.7%，构成了印度电子信息产品的主要组成部分。其中，无线通信设备产值 75.25 亿美元，占总产值的 37.57%；电子数据处理设备产值 33.78 亿元，占总产值的 16.86%；消费电子产品产值 28.63 亿美元，占总产值的 14.29%。

从电子信息产品销售额来看，无线通信设备、电子数据处理设备和电子元器件销售额占据了总销售额的 67.27%。其中，无线通信设备销售额 131.74 亿美元，占总销售额的 33.23%；电子数据处理设备销售额 75.67 亿元，占总销售额的 19.09%；电子元器件销售额 59.27 亿美元，占总销售额的 14.95%。

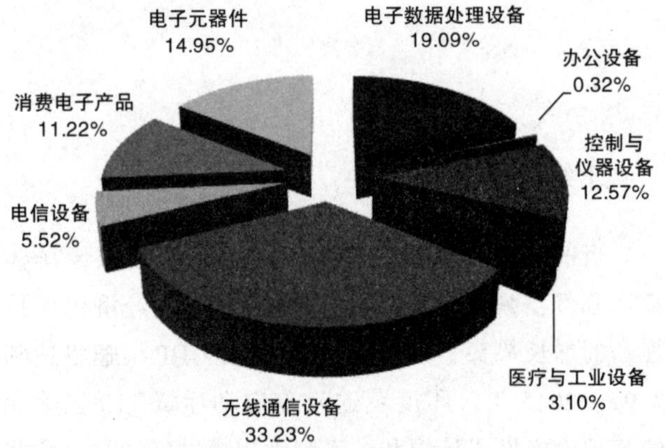

图 4　印度 2015 年电子信息产品销售额占比

三、移动通信产业有效推进，开启全新移动经济时代

当前，印度已成为紧随中国之后的全球第二大移动市场，2015 年 12 月 GSMA 协会发布的研究报告显示，印度的移动用户数占全球总数的 13%，在印度政府的持续推动下，未来几年印度移动用户增速将超过亚太地区及全球平均水平，到 2015 年年底印度移动用户数有望超过 5 亿，到 2020 年预计将达到 7.34 亿。

2015 年，随着印度政府“数字印度”计划的启动实施，信息基础设施建设的不断推进，印度移动产业正快速向新的移动宽带网络、服务和设备方向过渡。自2009年印度推出首个商用3G网络以来，印度移动运营商已将3G网络覆盖范围扩大到涵盖该国3/4的人口。但目前印度4G部署仍处于早期阶段，2014年印度3G/4G网络用户仅占全部移动用户数的11%。然而，随着移动宽带技术的广泛应用和4G部署的持续推进，预计到2020年印度3G/4G用户数占比将上升至42%。新的移动宽带技术的应用也有助于印度移动用户普及率的提升。当前，印度移动用户普及率仍然低于全球50%的平均水平，预计2020年，印度将有数百万人首次用上移动连接，印度的移动用户普及率预计将达到54%。

此外，随着印度本土智能手机制造产业的发展和人口红利的不断释放，多家国际设备供应商已在印度建立了生产设施和生产线，印度智能手机日益普及。CmrIndia的统计报告显示，2015年第三季度，印度手机出货量7 054万部，同比增长25%，其中智能手机占38%。

四、继续推动“印度制造”，打造“全球制造中心”

印度拥有丰富的劳动力资源和广阔的国内市场，随着中国人力成本的逐渐上升，全球制造企业开始将部分工厂转向印度等人力成本更低的国家。根据德勤全球制造业竞争力指数，印度目前的制造业竞争力位居全球第四，预计到2018年印度将成为仅次于中国的全球第二大制造业强国。印度总理莫迪上台以来，推出了以鼓励制造业发展为主的“印度制造”计划，希望将制造业占印度国内生产总值的比重从目前的15%提升至25%，并承诺将大力改善基础设施，削减官僚手续，为大型跨国公司和其他外国投资者铺平道路。

在政府一系列政策措施的积极推动下，2015年，多家电子信息企业在印度投资设厂。2015年8月，全球最大代工企业——中国台湾地区的富士康与印度地方政府签订协议，将在当地投资50亿美元建厂。8月10日，中国手机制造商小米公司在印度发布了第一部印度制造的小米手机。除小米、富士康等中国企业外，苹果、谷歌等全球技术巨头也在积极打开印度市场。谷歌公司对印度市场进行了投资，并积极推动印度提高互联网普及率，此外谷歌还推出了“安卓One”计划，布局印度低端手机市场。苹果公司开始在印度增强市场营销力度，不仅首次播出本地化的电视广告，还新招募了数百家手机授权经销商。三星公司已经向印度工厂投入800亿美元，并计划拓宽其在印度的业务。

五、软件产业持续领先，产业价值链不断升级

2015年，印度软件产业继续保持快速增长的势头。随着电子商务、移动互联网等技术的广泛应用，包括中国、俄罗斯及巴西在内的所有金砖国家中，印度软件产业将迎来最快速的增长。根据Gartner公司的统计报告，随着印度政府和企业开始运用数字化技术，印度的软件市场有望在2016年增长12.8%，达到53亿美元。此外，在印度软件市场上，服务型软件以及开源技术的运用也在不断增加。一些以消费者为中心的品牌正在迅速购买并采用数字化应用程序，以巩固其竞争地位。

一直以来，印度的软件外包产业在全球占有领先地位，伴随着印度软件外包产业的快速发展，其全球市场份额不断提升，作为出口导向型产业，目前全球外包市场一半以上被印度占据。在主动融入软件产业国际分工的过程中，2015年，印度软件产业的价值链不断升级。印度软件企业最初承接的外包项目主要集中在专业人员输出、数据录入等低风险、低附加值领域，随着经验的不断积累、能力的不断提高、国外客户的信任度不断加强，印度软件企业代工的范围不断扩大，并逐渐向高技术含量、高附加值领域扩展，可针对特定市场提供技术支持与服务，实现了产业价值链的升级。

【统计数据】

表 1　2012—2015 年印度电子产品产销值情况

单位：百万美元

产品名称	2012 年		2013 年		2014 年		2015 年		2015 年增长率（%）	
	产值	销售额	产值	销售额	产值	销售额	产值	销售额	产值	销售额
电子数据处理设备	2 082	7 064	2 637	7 153	3 016	7 139	3 378	7 567	12.00	6.00
办公设备	97	134	86	132	78	124	73	127	-6.41	2.42
控制与仪器设备	1 827	4 465	1 877	4 261	2 049	4 571	2 295	4 982	12.01	8.99
医疗与工业设备	581	1 119	644	1 086	705	1 110	776	1 227	10.07	10.54
无线通信设备	8 271	11 761	7 884	11 914	6 967	12 198	7 525	13 174	8.01	8.00
电信设备	1 617	2 315	1 519	2 116	1 508	2 096	1 562	2 190	3.58	4.48
消费电子产品	3 086	4 583	2 580	4 363	2 651	4 325	2 863	4 450	8.00	2.89
电子元器件	1 663	6 270	1 635	6 088	1 509	5 592	1 569	5 927	3.98	5.99
总计	19 224	37 711	18 862	37 113	18 484	37 157	20 041	39 645	8.42	6.70

注：数据来源于《The Yearbook of World Electronics Data 2015》。

2015 年中国台湾地区电子信息产业发展情况

【综述】

2015 年，PC、平板电脑和智能手机出货量增速减缓，存储器产业大幅下滑，美元汇率提升，全球半导体产业呈现负增长态势。中国台湾地区的芯片设计、制造和封装测试在全球占有一席之地，受到全球衰退的影响，中国台湾地区的电子信息产业增长势头受阻，LED 和面板产业全面衰退。在此形势下，中国台湾地区芯片代工产业依然保持强劲增长势头，增速高达 10.1%，实现净增产值新台币 923 亿元（折合 28.15 亿美元），增幅大大超过了 2015 年中国台湾地区电子产品产值增量（17.88 亿美元），芯片代工成为中国台湾地区电子信息产业逆势增长的主要拉动力。物联网市场的崛起为中国台湾地区电子信息产业，尤其是集成电路产业的发展提供了新机遇。不可忽视的是，随着中国大陆对本土集成电路产业的扶持，中国大陆 IC 设计和封测产业发展迅猛，IC 制造业不断壮大，中国台湾地区 IC 产业面临严峻挑战。2015 年，全球半导体产业并购频发，包括联发科在内的中国台湾地区 IC 龙头企业成为紫光等中国大陆企业并购的目标，中国台湾地区与中国大陆的两岸产业互动走向将深刻影响中国台湾地区乃至世界 IC 产业未来的发展。

一、电子产品产值增速减缓，市场下滑趋势有所缓解

据《世界电子数据年鉴 2015》（The Yearbook of World Electronics Data 2015）的统计，2015 年，中国台湾地区电子产品产值为 739.37 亿美元，同比增长 3.04%，增速较上年下降 1.98 个百分点，延续了近两年来的下

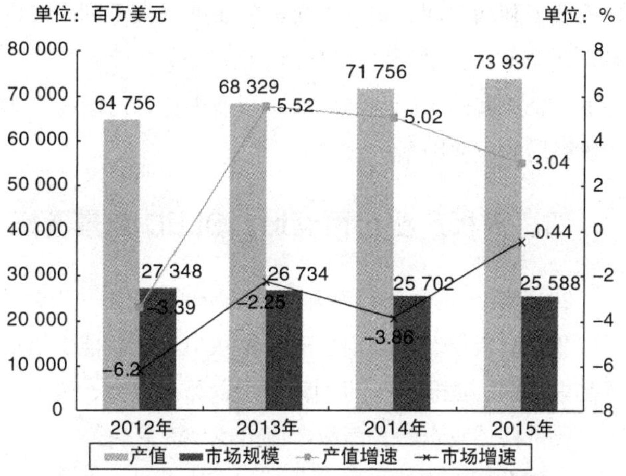

图 1 2012—2015 年中国台湾地区电子产品产值与市场情况

注：2012—2013 年数据采用当年汇率，2014—2015 年数据采用 2014 年汇率。

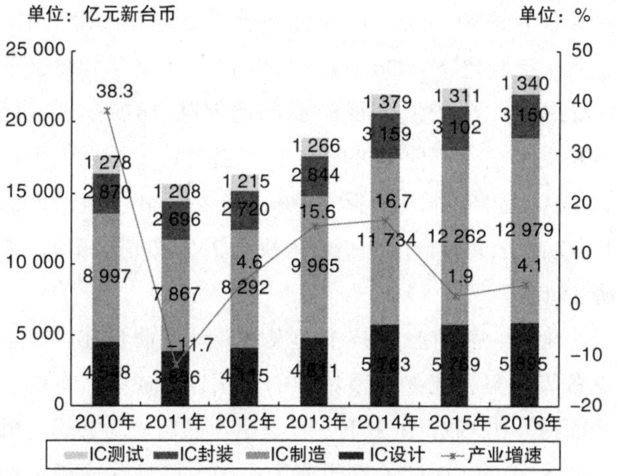

图 2 2010—2016 年中国台湾地区电子产品产值与市场情况

注：2015—2016 年数据为预测值

数据来源：台湾工业技术研究院

滑趋势。其中，电子元器件仍然是最大门类，产值为 583.78 亿美元，占产值总额的 78.96%；无线通信与雷达设备位居第二，产值为 53.13 亿美元，占产值总额的 7.19%；医疗与工业设备紧随其后，产值为 39.29 亿美元，占产值总额的 5.31%。与上年相比，电子元器件占比提升 4 个百分点，无线通信与雷达设备占比下降约 3 个百分点，其他各产品门类产值规模和份额保持稳定。

2015 年，中国台湾地区电子产品市场总额为 257.88 亿美元，同比下降 0.44%，较上年回升了 3.42 个百分点，产业有回暖趋势，但整体仍然保持自 2012 年以来的负增长态势。从产品门类来看，电子元器件稳居首位，市场规模为 140.74 亿美元，占市场总额的 57.00%；电子数据处理设备位居第二，市场规模为 44.75 亿美元，占市场总额的 17.49%；控制与仪器设备和无线通信与雷达设备紧随其后，市场规模分别为 26.92 亿美元和 25.76 亿美元，分别占市场总额的 10.52% 和 10.07%。各门类市场份额保持稳定。

二、芯片代工产业增长强劲，集成电路产业表现稳健

2015 年，受到全球经济不确定性和智能终端出货趋缓的影响，全球半导体产业出现衰退，在此形势下，台湾 IC 产业整体低迷，据台湾工业技术研究院产经中心（IEK）预估，全年产值为新台币 2.2 444 万亿元（折合人民币 4 430 亿元），年增长 1.9%。

IC 制造业总体保持增长态势。其中芯片代工产业增长势头强劲，成为带动中国台湾地区半导体产业增长的主力，存储器制造业受全球趋势不利影响衰退趋势显著。IEK 预测，IC 制造业产值为新台币 1.2 262 万亿元（折合人民币 2 418 亿元），年增长 4.5%。芯片代工业产值新台币 1.0 061 万亿元（折合人民币 1 984 亿元），年增长 10.1%，增速比上年下降 7.2 个百分点；存储器制造业产值新台币 2 201 亿元（折合人民币 434 亿元），年增长 –15.1%。

IC 设计业遭遇挫折。以中国台湾地区 IC 设计巨头联发科为例，2015 年以来，在紫光的“价格战”打击下，联发科营收、股价双双下跌。根据 IC Insights 的年度数据，联发科与高通在全球半导体领先企业（前 20）中增速跌幅最大。IEK 预测，IC 设计业产值为新台币 5 769 亿元（折合人民币 1 137 亿元），同比增长近 0.1%，未能延续近两年来的两位数增速。

IC 封装测试业出现负增长，较上年的高增速下滑明显。IEK 预计，IC 封装测试业产值为新台币 4 413 亿元（折合人民币 870 亿元），同比下降 2.8%。其中，IC 封装业产值新台币 3 102 亿元（折合人民币 611.7 亿元），同比下降 1.8%，IC 测试业产值新台币 1 311 亿元（折合人民币 223 亿元），同比下降 4.9%。

近年来，中国大陆集成电路产业发展迅猛，成为影

响中国台湾地区产业发展的重要因素。2015 年，两岸产业互动频繁，紫光股份接连收购力成科技、台湾矽品和南茂科技的股份，极大地影响了封测产业格局。而中国大陆 IC 设计企业则遭遇中国台湾地区产业禁入政策，紫光展讯在中国台湾地区设立分厂的申请被驳回，引发中国大陆企业的强硬对抗，这将对未来中国台湾地区产品在中国大陆的销售，以及两岸 IC 设计企业（紫光展讯、锐迪科、联发科等）的合作带来不利影响。

三、LED 产业出现衰退，价格竞争成下滑主因

2015 年，台湾 LED 产业增长势头遭受重挫。一方面，全球笔记本电脑、电视等中大尺寸 LED 背光源需求不振；另一方面，LED 产能过剩导致价格竞争成为常态，2015 年 4 月，飞利浦带头开启“价格战”，中国台湾地区 LED 元件厂商营收和利润大减，产业出现衰退。近年来，中国大陆 LED 供应链迅速崛起，对中国台湾地区的 LED 产业造成冲击，中国台湾地区 LED 产业面临严峻形势。

2015 年上半年，中国台湾地区 LED 外延片、芯片产值约为新台币 198 亿元（折合人民币约 38.85 亿元，按 12 月汇率，下同），同比下降约 20%，封装、模组产值为新台币 449 亿元（折合人民币约 88.10 亿元），同比略有下降。据台湾光电科技工业协进会（PIDA）统计，上半年，中国台湾地区十大 LED 芯片厂亏损达 2.2 亿元人民币，产值衰退近 20%；进入 9 月，企业营收有所回升，但与上年同期相比仍大幅下滑。中国台湾地区 LED 产业的衰退大大超出了年初的增长预测，表明中国台湾地区本土 LED 产业不具备抗击全球产业波动和竞争风险的能力。

从企业方面来看，经过近几年的洗牌与整合，中国台湾地区 LED 产业逐渐形成稳定的格局，LED 芯片厂以晶电为主，封装厂则以亿光为首。激烈的价格竞争过分压低了利润空间，迫使上游元件企业向高毛利产品发展。从全球角度来看，在整体 LED 产业增长遇阻的形势下，企业间的跨国并购将成为影响中国台湾地区 LED 产业格局的重要因素。

四、面板产业全面衰退，OLED 前景看好

2015 年，受全球趋势影响，中国台湾地区平板显示产业全面衰退。一方面，PC、平板电脑和智能手机市场需求疲弱，面板出货量明显下滑；另一方面，激烈竞争导致价格持续走跌，面板产值出现严重下跌。

从细分行业来看，显示面板、触摸面板、电子纸面板和零组件四大子行业都出现负增长。根据台湾光电科技工业协进会（PIDA）统计，2015 年上半年，显示面板产值为 4 222.74 亿元新台币（折合人民币 828.5 亿元），同比下降 5.2%，与 2014 年下半年产值 4 869.8 亿元新台币（折合人民币 957.5 亿元）相比，下降 13.3%；触控面板产值为 917.47 亿元新台币（折合人民币 180 亿元），同比下降 34.4%，与 2014 年下半年相比，下降 22.5%；电子纸面板产值同比下降 18%；显示面板相关零组件产值为 898.05 亿元新台币（折合人民币 176.2 亿元），同比下降 8.3%，与 2014 年下半年产值 1 197.36 亿元新台币（折合人民币 235 亿元）相比，下降 25%。

未来，随着触控技术的发展，触控面板在可穿戴设备等新兴智能终端市场中的应用逐渐成熟，有机发光面板（OLED）作为下一代显示产品已成为共识，触控技术及 OLED 显示有望成为中国台湾地区面板产业摆脱衰退的技术发展方向。为刺激产业发展，2015 年 11 月，中国台湾地区决定在两年内注资 2 000 万新台币（折合 61 亿美元），支持本土 PMOLED（Passive matrix OLED，被动式 OLED）厂商智晶光电发展蓝光无害 OLED 面板，抢占未来阅读、住宅和路灯的烛光式（橙色）光源市场。

2015年世界集成电路产业发展回顾与展望

【综述】

2015年，PC、存储器和智能手机出货量放缓，新兴可穿戴设备市场规模尚不足以拉动整体市场的增长，全球半导体市场增长势头受到遏制，集成电路产业出现衰退。除亚太外，美洲、欧洲和日本都出现负增长。在产业衰退的压力下，全球半导体企业并购事件频发，并购金额屡创新高，产业格局发生深刻变革。与此同时，工艺演进深入10纳米水平，有望2016—2017年实现量产，7纳米工艺的研发实现局部突破，芯片制程竞争渐趋白热化。由于硅工艺演进困难，新材料开发已迫在眉睫。立体封装技术成为延续摩尔定律的关键，2.5D的FoWLP封装是先进封装技术的重点方向。随着物联网等新兴市场的成熟，28纳米等中低阶制造工艺产能将进一步释放，有望成为长期节点。

一、2015年集成电路产业发展态势

（一）全球集成电路市场衰退，存储器市场下滑严重

在市场需求疲软和美元升值的影响下，2015年全球集成电路市场未能延续增长势头，出现负增长-0.7%，相对于上年度10.1%的高增速，市场下滑势头显著。

根据WSTS统计，2015年全球半导体市场规模达到3364亿美元，增速仅为0.2%，相比于上年9.9%的增速，下滑势头显著。从地区来看，世界市场增长的动力来自亚太，增速为3.9%，2015年亚太半导体市场规模达到2 018亿美元，市场占比达60%。美洲、欧洲和日本均出现负增长，增长率分别为-0.6%、-8.2%和-10.3%，抵消了亚太市场的贡献，欧洲和日本市场的衰退很大程度来自强势美元的影响。全球半导体市场的增长动力主要来自于光电半导体（12.1%）和传感器（3.4%），抵消了集成电路（-0.7%）和分立半导体（-6.8%）市场的负增长影响。

作为规模最大的半导体门类，2015年集成电路市场规模为2753亿美元，比上年底下滑0.7%。除模拟芯片保持增长（2.5%）外，微处理器（-1.5%）、逻辑芯

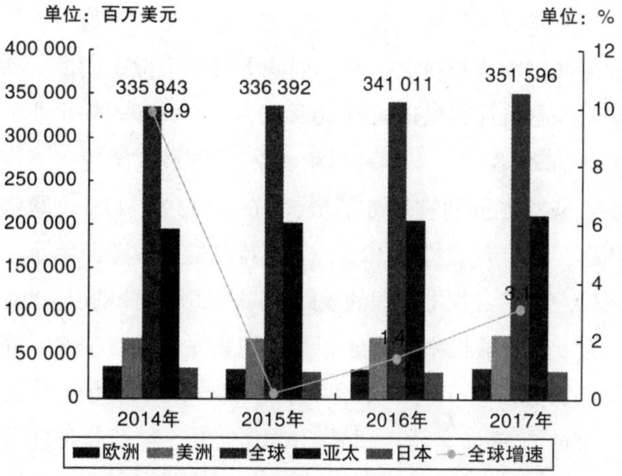

图1　2014—2017年全球半导体市场规模和增速

数据来源：WSTS，2015年11月

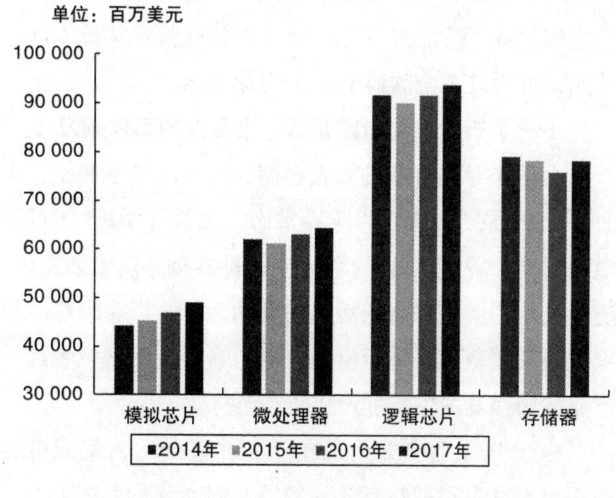

图2　2014—2017年集成电路细分市场规模

数据来源：WSTS，2015年11月

片（-1.6%）和存储器（-1.0%）均出现负增长，存储器的下滑势头最为显著（上年增速为 18.2%）。

（二）全球领先企业排名波动，移动芯片企业跌幅最大

2015 年，全球半导体领先企业营业收入的高速增长态势不再，据 IC Insights 2015 年 11 月上旬预估，2015 年全球前 20 大半导体厂总营收将逾 2 599 亿美元，与上年持平。其中美元汇率的强势表现导致 4 个百分点的回落。

2015 年全球半导体企业中，英特尔、三星、台积电稳居前三，SK 海力士超越高通位居第 4，美光跌出前 5 位居第 6。第 7 至第 20 名的厂商排名发生较大变动，安华高科强势上升 5 个位次，进入前十，英飞凌、索尼和格罗方德排名上升，瑞萨下滑 5 个位次创最大跌幅，联电挤掉超微进入前 20，成为唯一的新入榜企业。全球前 20 强中，安华高科增长 23% 创最大增速，英飞凌、格罗方德和索尼分别增长 16%、15%、11%，紧随其后，三星营收增长 10%，与英特尔的营收差距缩小，并拉大了与台积电之间的差距。瑞萨和高通分别以 -22% 和 -19% 的增长率成为最不景气的领先企业，美光、联发科、意法、飞思卡尔和英特尔都出现了负增长，IC Insights 的统计显示，超微（AMD）2015 年营收可能骤减 28% 至 40 亿美元，跌出前 20。存储器企业 SK 海力士凭借高通的大幅滑落跃升至第 4，但相比上年 22% 增势，增速大幅回落至 4%。联发科上年增长 25%，2015 年 -8% 的增速创最大跌幅。企业并购方面，安华高科与博通合并后，2015 年营收将达 154 亿美元，足以跃升为全球第 6，恩智浦与飞思卡尔合并后营收共计 102 亿美元，可望进军全球前 10，升至第 8 名。

（三）产业格局加剧变革，企业并购事件频发

全球半导体行业进入成熟期，行业内竞争加剧，企业并购和强强联合成为业界常态。尤其在 2015 年行业增速明显放缓的压力下，大企业间的拆分并购愈演愈烈。随着技术的演进和市场需求的变动，传统产业和热门领域遭遇发展瓶颈，甚至出现衰退，新兴应用领域崛起，产业格局和发展模式进入全球性调整期。

由于 PC、存储器和智能手机出货放缓，集成电路产业出现衰退。在移动芯片领域，高通营收大幅下滑，三星采用自有处理器取代高通芯片拉低了高通营收。联发科侵蚀高通处理器市场份额，付出了营收、股价双下滑的代价。苹果、海思、展讯则急速增长，增速分别为 111%、19% 和 40%。芯片研发越发受到重视，华为手机使用海思麒麟芯片，三星手机搭载 Exynos 处理器芯片，苹果自主研发 A 系列应用处理器，小米携手联芯自主开发芯片，以苹果、三星和华为为代表的整机企业重返研发领域大大冲击了 Fabless 厂商，代工厂 +Fabless 的模式受到挑战，产业格局将发生变革。

全球集成电路增速放缓，整机商重返研发，以中国为代表的新兴市场的产业升级催生芯片新需求，导致全球集成电路行业并购整合此起彼伏，全球集成电路产业并购数量和金额屡创新高。据美国调查公司 Dealogic 统计，截至 2015 年 11 月，全球半导体行业并购交易总规模在 1200 亿美元以上，全球半导体行业的平均交易规模，超过上年平均水平的三倍。中国 IC 资本活跃，参与了数起重大交易。新兴领域的成熟企业和拥有技术的初创企业成为收购重点。

2015 年 6 月 1 日，英特尔举债 167 亿美元用以收购全球第二大 FPGA 厂商 Altera，判断 FPGA 将在数据中心和物联网中广泛应用。2015 年 5 月，安华高科耗资 370 亿美元并购博通，成就芯片史上最大规模的并购案，新生巨头企业将在通信和物联网时代的消费电子领域占据优势。2015 年 3 月，恩智浦以 118 亿美元收购飞思卡尔，缔造最大汽车半导体企业，在汽车 MCU 领域向瑞萨发起挑战。2015 年 1 月，江苏长电出资 7.8 亿美元收购新加坡上市公司星科金朋，全球第 6 和第 4 大封测企业的合并将改变行业竞争格局。2015 年 4 月，华创、中信及金石以 19 亿美元收购 CMOS 图像传感器制造商豪威科技，成为中国资本的又一次强势出击。

（四）工艺演进持续深入，新材料和立体封装技术成为行业亮点

2015 年，14/16 纳米 FinFET 技术进入量产阶段。三星的 14 纳米 FinFET 工艺和台积电的 16 纳米 FinFET 工艺共享苹果 A9 处理器订单，未来 A10 处理器将进一步推进 14/16 纳米工艺的量产，甚至采用 10 纳米工艺。台积电和三星对 10 纳米技术的争夺已经展开，预计将于 2016 年实现量产。英特尔的 14 纳米工艺也于 2015 年进入量产阶段，但由于该制程工艺屡遭推迟，英特尔将发力 10 纳米制程挽回局面。

芯片制程竞争进入白热化阶段。英特尔合并 Altera，同时以 15 亿美元入股清华紫光，持股达 20%，作为台积电的主要客户，Altera和展讯的订单遭英特尔抢夺。三星收购EDA技术企业Synopsys，大大提速10纳米芯片开发。面对苹果、高通向三星14纳米工艺的倾斜，台积电同时推进10纳米和7纳米技术的研发。

芯片制程走进7纳米节点，逼近硅材料极限，硅材料的地位受到挑战，新材料开发成为当前技术突破的现实选择。2015年7月，IBM宣布研发出7纳米工艺芯片，领先英特尔进入新技术节点，IBM首次在7纳米晶体管中使用了硅锗材料，为未来工艺技术的演进提供了可行路径。

工艺演进遭遇技术困阻，立体封装技术成为延续摩尔定律的关键。系统级封装存在供应链复杂和成本问题，硅通孔（TSV）3D封装设计难度高，使用硅中介层的2.5D封装也存在成本和集成度问题，接近2.5D概念且有利于降低成本的FoWLP技术日益受到重视，有望成为先进封装技术的发展要点。台积电的整合扇出型封装（InFo）配合16纳米FinFET工艺具有成本优势，有望抢下苹果、高通、海思和联发科等大公司的订单。

二、未来发展趋势

（一）全球市场逐渐复苏，保持适度增长态势

未来几年内，汽车和移动互联网市场保持增长态势，智能终端市场规模持续增长，新一代移动通信全面部署，物联网、云计算等新兴市场继续发展，全球集成电路市场有望迎来复苏。受制于存储器市场的大幅回落和个人电脑市场的衰退，以及新兴市场的规模积累难以一蹴而就，集成电路市场的增速将保持在较低水平，呈现适度增长态势。

据WSTS的预测，受到宏观经济反弹的利好，未来半导体市场将保持适度增长态势，预计2016年全球市场增长1.4%达到3 410亿美元，2017年增长3.1%达到3 520亿美元。从地区来看，2017年世界主要地区市场将迎来正增长。在应用市场方面，汽车和无线通信的增速将高于市场平均增速，消费电子和计算机的增速低于市场平均增速。

集成电路市场将迎来正增长，增速稳步提升，预计2016年集成电路市场增长0.9%达到2 778亿美元，2017年增长2.9%达到2 857亿美元。存储器市场的正增长最早出现在2017年，其他主要门类市场有望在2016年全部实现正增长。

（二）产业调整持续进行，新兴领域成未来争夺焦点

集成电路行业的衰退危机促使企业改变发展思路，传统产业格局和发展模式被打破。系统整机厂商重返核心芯片研发将对全球集成电路产业发展带来深远影响，显著的经济效益极大地鼓励了其他系统整机厂商的加入，代工厂剥离催生的Fabless厂商将受到挑战，产业格局调整仍将延续。高通遭遇全球性反垄断调查，专利回报模式受到打击，一度传出拆分传闻，这表明随着技术扩散的培育、新兴企业的崛起、竞争进入专利层面，未来产业格局将发生变化。

以物联网和数据中心为代表的新兴产业发展强劲，成为芯片企业创新布局的重点。经过数年的培育，物联网市场将迎来大规模的发展。据IDC估计，全球物联网市场将在2014—2020年期间从6 560亿美元增长到1.7万亿美元，引发巨头企业布局热潮。英特尔收购Altera，预计FPGA将在数据中心和物联网中广泛应用；ARM收购蓝牙低能耗企业，蓝牙低能耗在物联网的应用前景被看好；高通收购蓝牙龙头企业CSR，蓝牙技术应用于车联网和智能家庭等市场的前景被看好。未来数年，物联网等新兴领域将成为大企业角力的新战场。

（三）技术演进与产能释放并存，新兴市场技术竞争力提升

未来几年，摩尔定律仍将延续，但技术演进将遭遇巨大困阻，英特尔的14纳米制程推迟上线已成为最好的例证，随之而来的研发成本急速上升不容忽视，充分释放现有技术的产能成为行业发展的重要方向。随着物联网的崛起，以可穿戴设备为代表的应用市场潜力巨大，只需在现有工艺上开发有特色、高性价比的工艺，即可满足大部分应用需求。以28纳米为代表的中低阶移动处理器主流工艺需求增长，有望成为长期节点，甚至接收其他节点的产品迁移。以中国为代表的新兴市场国家仍然处于28纳米以上工艺水平，物联网对工艺水平的非严苛要求为新兴市场的产业发展带来利好，新兴市场国家可通过开发针对可穿戴设备等应用产品的特色工艺提升技术竞争力。

【统计数据】

表 1　2015 年全球半导体产业排名前 20 强

单位：百万美元

2015 年预计排名	2014 年排名	企业名称	2014 年收入	2015 年预计收入	预计增长率（%）
1	1	英特尔	51 400	50 305	–2
2	2	三星	37 810	41 606	10
3	3	台积电	24 975	26 562	6
4	6	SK 海力士	16 286	16 917	4
5	4	高通	19 291	15 632	–19
6	5	美光	16 720	14 816	–11
7	7	德仪	12 166	12 112	0
8	8	东芝	11 040	9 734	–12
9	9	博通	8 428	8 421	0
10	15	安华高科	5 644	6 961	23
11	13	英飞凌	5 938	6 898	16
12	10	意法	7 384	6 840	–7
13	12	联发科	7 032	6 504	–8
14	17	索尼	5 292	5 885	11
15	14	恩智浦	5 647	5 790	3
16	11	瑞萨	7 307	5 664	–22
17	20	格罗方德	4 357	4 990	15
18	19	英伟达	4 382	4 628	6
19	21	联电	4 331	4 474	3
20	18	飞思卡尔	4 548	4 410	–3
	全球 20 强		259 976	259 149	0

注：数据来源于 IC Insights，2015 年 11 月。

2015 年世界电子元器件产业发展回顾与展望

【综述】

2015 年，在智能手机、可穿戴设备、汽车电子等应用的带动下，世界电子元器件的产值继续增加，但产业呈现供不应求的态势。中国大陆是全球电子元器件产值规模和市场规模最大的地区，也是市场规模增长最快的地区。物联网已被各国列为发展战略的重点，作为物联网感知层的传感器因此获得快速发展。随着世界知名企业剥离 LED 业务，中国将成为 LED 的主产地。未来，电子元器件整体市场规模将缓慢上升，而 MEMS 传感器和 LED 将分别在物联网和智慧照明的推动下实现快速发展。

一、2015 年电子元器件产业发展态势

（一）全球产值规模增速略有下降，中国大陆领跑发展

根据《世界电子数据年鉴 2015》（The Yearbook of World Electronics Data 2015）的统计数据，自 2013 年以来，全球电子元器件产值规模连续上升。2013—2015 年产值分别达到 5 077.36 亿美元、5 332.83 亿美元和 5 765.7 亿美元，增速分别为 1.72%、5.03% 和 4.37%，2015 年增速较 2014 年略有下降。

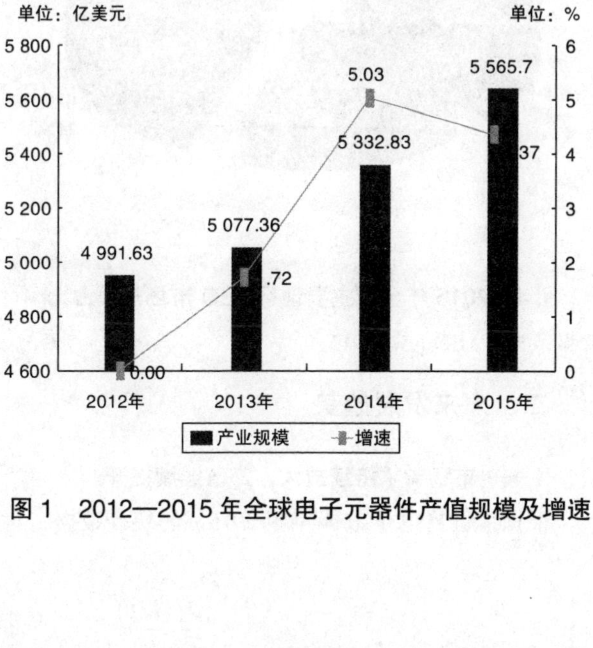

图 1　2012—2015 年全球电子元器件产值规模及增速

从地区来看，全球电子元器件产业增长依然主要得益于除日本外的亚太各国电子元器件产业的增长。中国大陆是唯一产值规模超过 1 000 亿美元的地区，在全球总产值规模中占 23%，远超过排名第二的韩国（13%）。中国大陆产值规模增长速度居第二位，2012—2015 年 CAGR 达到 8.5%。中国台湾地区、韩国和马来西亚产值规模增长速度分别居第一、第三和第四位，2012—2015 年 CAGR 分别达到 9.22%、7.00% 和 6.97%。而日本出现明显衰退，2015 年产值规模仅有 677.24 亿美元，不及 2012 年的 812.57 亿美元，2012—2015 年 CAGR 为 -5.89%。美国和新加坡 CAGR 保持 2% ～ 3% 的缓慢增长速度，西欧则刚遏制住连年下滑态势，企稳复苏，但仍未恢复到 2012 年的发展水平。

（二）受物联网巨大需求带动，传感器发展迅速

随着物联网等新兴产业的兴起，传感器产业被各国列入国家发展战略，成为世界各国在高新技术发展中积极抢占的重要领域之一，传感器市场规模也呈现高速增长态势。根据 BCC 公司历年研究数据整理，2010—2014 年全球传感器市场规模分别为 563 亿美元、628 亿美

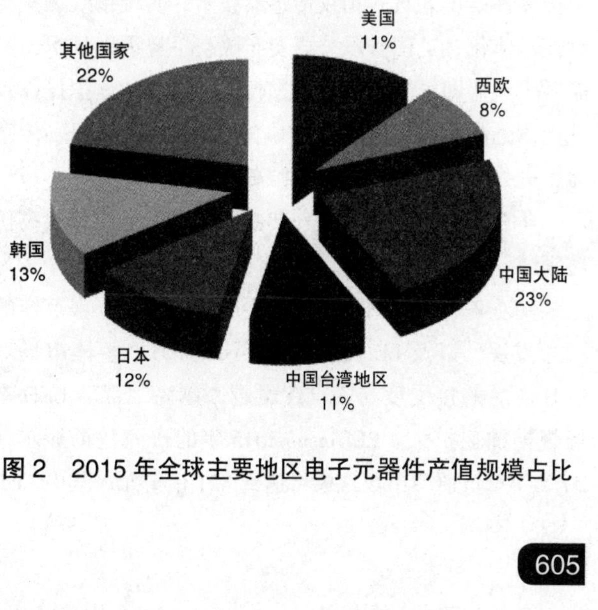

图 2　2015 年全球主要地区电子元器件产值规模占比

元、682 亿美元、775 亿美元、863 亿美元，2015 年预计达到 973 亿美元，2010—2015 年 CAGR 为 11.56%。其中，MEMS 传感器发展最迅速，充分满足物联网对传感器所提出的小体积、轻重量、低成本、低功耗、高可靠性、适量产、易集成和智能化等要求。行业研究公司 ICInsights2015 年的研究数据显示，2014 年全球所售传感器的 80% 都基于 MEMS 技术。

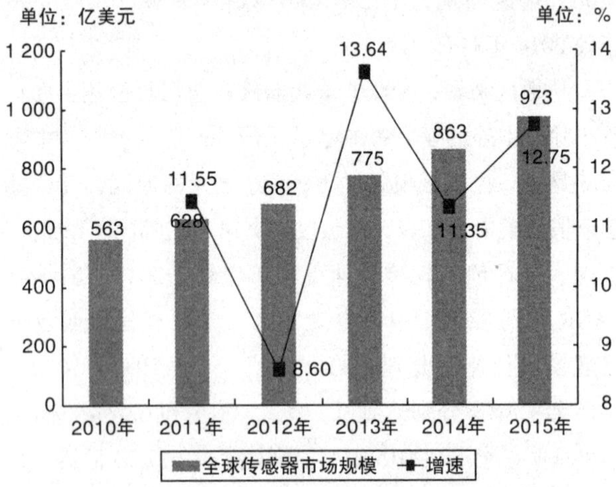

图 3　2010—2015 年全球传感器市场规模和增速

数据来源：BCC 历年研究报告，2015 年为预测值

受智能手机和可穿戴设备市场快速壮大的带动，MEMS 传感器中的环境传感器、生物传感器、生物识别传感器和图像传感器在 2015 年发展迅速，组合度和集成度继续提升，基于新材料和新原理的传感器不断涌现，如博世和 Vishay 都推出集多个传感器于一体的组合传感器，并不断创造体积微缩新记录；中国台湾地区量宏科技投产量子薄膜图像传感器，大幅提升传感器性能极限；中国汇顶推出隐藏式指纹传感器技术，实现指纹识别与触控一体化；美国谷歌公司发布隔空手势识别技术，只需做出手势即可隔空对设备进行极为细微的虚拟操作；美国高通推出基于超声波技术的新型 3D 指纹识别传感器，进一步提升了识别精度和安全性。

（三）LED 渗透率进一步提高，国际巨头转战高价值领域

随着各国节能减排措施的不断推进和对环保节能的日益重视，以及 LED 性价比的不断提升，整体市场对 LED 产品的接受度与需求度也越来越高，带动 LED 市场规模加速扩大。LEDinside2015 年的研究数据显示，2015 年全球照明市场规模将达到 821 亿美元，其中 LED 照明市场规模将达到 257 亿美元，占比为 31%。而在此前的 2012 年，LED 渗透率仅为 11%。从地区来看，在 2015 年全球 LED 照明市场中，欧洲占 23%，原因在于昂贵的电价和光文化差异推动 LED 在商用照明与户外建筑照明中的应用；中国占 21%，市场竞争最激烈；北美占 19%，商业照明需求强劲；日本占 9%，商用和工业照明成长潜力巨大；亚洲其他地区、中东与印度、拉丁美洲共占 28%。中国 2014 年 LED 照明产品销售额为 950 亿元，同比增长 43.9%。LED 照明出口额为 90 亿美元，同比增长 50%，新兴市场出现爆发式增长。

随着中国 LED 照明企业崛起，市场竞争压力大，通用照明业务利润率低，国际重点 LED 企业纷纷剥离低利润的通用照明业务，专注于产业链高端部分。2015 年 4 月，飞利浦业务分拆，并出售 Lumileds 大部分照明业务给中国由金沙江创业投资与橡树投资联合成立的基金。4 月，欧司朗计划将分拆或出售其利润较低的通用照明业务，并成立独立公司，以更加专注于车用照明与 LED 零组件。10 月，GE 宣布成立新公司 Current，负责商业和工业 LED 照明的业务，出售 LED 灯泡给一般消费者仍由 GE 照明负责。随着重点 LED 企业走向价值链高端，汽车照明、植物照明、智能照明等细分领域的创新研发将进一步加强，LED 产品间的技术竞争将更为激烈。

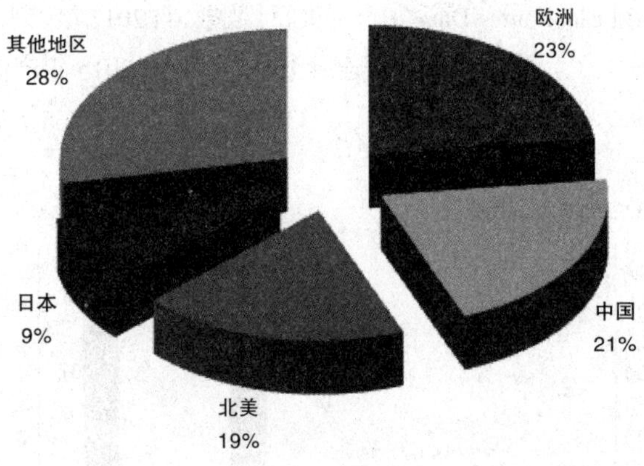

图 4　2015 年全球主要地区 LED 市场规模占比

数据来源：LEDinside2015

二、未来发展趋势

（一）市场需求持续放大，产值继续提升

根据《世界电子数据年鉴 2015》的统计数据，对

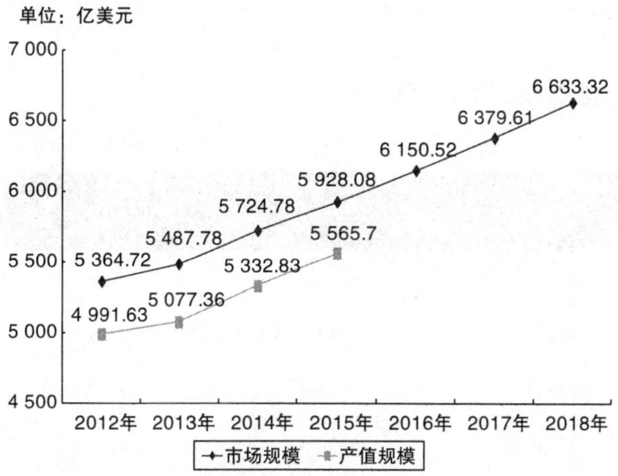

图 5　2012—2018 年全球电子元器件市场规模和产值规模

注：2015—2018 年为预测值

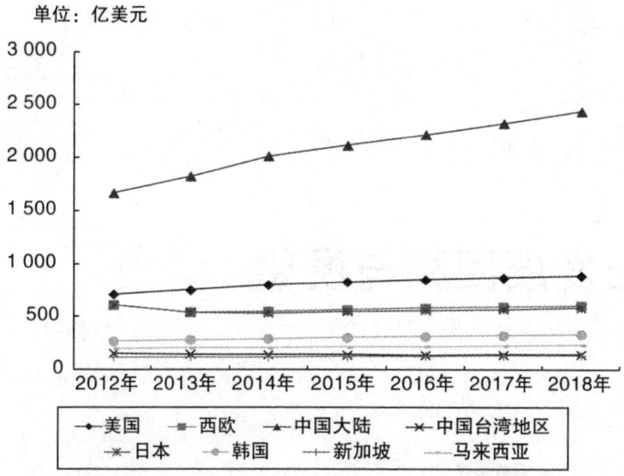

图 6　2012—2018 年全球主要地区电子元器件市场规模

注：2015—2018 年为预测值

比 2012—2015 年全球电子元器件产值规模和市场规模，可以看出产业规模一直未能有效满足市场规模，在市场需求的带动下，未来产业规模将继续放大。而在物联网等新兴产业的带动下，电子元器件的市场规模也保持平稳快速上升态势，预计在 2018 年达到 6 633.32 亿美元，2015—2018 年 CAGR 达到 3.82%。

就地区来看，中国大陆的市场规模仍领跑全球，以 4.88% 的复合年均增长率在 2018 年达到 2 440 亿美元；美国占据市场规模第二位的位置，在 2018 年将达到 888.94 亿美元；韩国增长速度居第二位，以 3.48% 的复合年均增长率在 2018 年达到 357.13 亿美元。

（二）传感器增长迅速，可穿戴、医疗和汽车是主要推动力

目前，在物联网的众多应用中，智能家居、智能城市等领域的需求还未完全释放前，可穿戴设备、汽车电子和医疗将接替智能手机继续拉动传感器快速发展。如在 MEMS 传感器中，根据 IHS 研究数据预测，2019 年每个可穿戴设备中传感器数量将从 2013 年的 1.4 颗增长为 4.1 颗；由于可穿戴设备的强劲需求，这类设备中传感器的总出货量将从 2013 年的 6 700 万颗上升至 2019 年的 4.66 亿颗；医疗是 MEMS 传感器成长最快的领域，将从 2014 年的 24.5 亿美元增长至 2019 年的 72 亿美元左右，复合年均增长率近 25%。在汽车用传感器中，根据 BCC 的研究数据，全球汽车传感器市场将从 2015 年的 221 亿美元上涨到 2020 年的 352 亿美元，复合年均增长率达到 9.7%；Marketsandmarkets 预计，全球汽车传感器市场将在 2022 年达到 357.8 亿美元，2014—2022 年的复合年均增长率为 8.6%；2015 年 10 月透明市场研究公司发布报告预计，全球汽车传感器市场到 2021 年将达到 333.7 亿美元，2015—2021 年的复合年均增长率为 8.7%。

（三）LED 进入高速成长期，智慧照明潜力巨大

全球禁止白炽灯计划和智慧照明的发展将共同加速推动 LED 的应用。美国、加拿大、墨西哥、巴西、阿根廷、英国、澳大利亚、欧盟、日本、韩国、中国等国家和地区均进入白炽灯的禁止和淘汰期，LED 的需求量将急剧增加，除了传统市场外，受惠于人口数量、政策推动与项目推广，新兴国家的市场需求也将迅速释放。而除传统家居照明外，一方面 LED 将不断扩大在景观照明、道路照明、商业照明等领域的应用，另一方面因在智慧照明中发挥的核心和重要作用，LED 将随着智慧家庭的发展而获得快速发展。2015 年 MarketsandMarkets 的研究数据预计，到 2020 年，智慧照明总市场规模预计将达到 81.4 亿美元，2015—2020 年复合年均增长率为 22.07%。

【统计数据】

表 1　2012—2015 年全球主要地区电子元器件产值规模

单位：亿美元

项目名称	2012 年	2013 年	2014 年	2015 年	CAGR（%）
美国	578.78	571.34	591.34	609.88	2.96
西欧	481.29	467.17	458.97	461.95	–1.36
中国大陆	1 011.50	1 074.15	1 195.80	1 292.06	8.50
中国台湾地区	448.01	498.00	575.09	583.78	9.22
日本	812.57	677.67	661.64	677.24	–5.89
韩国	588.69	649.91	705.96	721.25	7.00
新加坡	356.12	379.29	380.68	388.98	2.99
马来西亚	316.27	334.42	353.16	387.15	6.97
总和	4 991.63	5 077.36	5 332.83	5 765.70	3.70

注：数据来源于《The Yearbook of World Electronics Data 2015》。

2015 年世界视听产业发展回顾与展望

【综述】

2015 年，全球视听产业延续下滑态势，产业下行压力较大。中国视听产业规模增速放缓，欧美、亚太等地区视听产业规模持续萎缩，DVD、数码相机等产品的产量持续缩水。彩电出货量不及预期，视听产业亟待挖掘新的增长点。未来，新技术、新产品、新商业模式的出现，有望带动消费需求，提振产业经济。

一、2015 年视听产业发展态势

（一）消费电子产业形势严峻，产业下行压力较大

近年来，全球消费电子产业形势严峻，尽管近两年降幅有所收窄，但依旧难掩下滑局面。据《世界电子数据年鉴 2015》（The Yearbook of World Electronics Data 2015）统计，2015 年，消费电子产品产值预计为

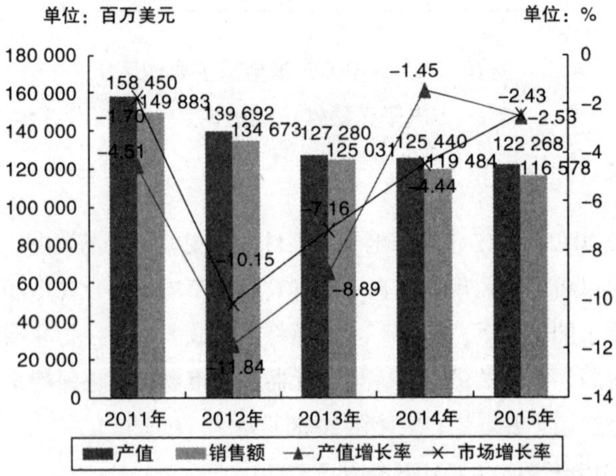

图 1　2011—2015 年消费电子产品产值与销售情况

注：2015 年为预测值；消费电子产品涵盖音视频设备、个人消费电子、彩电、数码相机、DVD 等

1 222.68 亿美元，比上年的 1 254.4 亿美元小幅下滑 2.53%。从市场情况来看，2015 年，消费电子产品销售值为 1 165.78 亿美元，同比下降 2.43%。由于全球经济态势低迷，经济增长存在不确定性，加之行业创新放缓，消费电子产业下行压力较大。

（二）中国视听产业规模增速放缓，欧美、亚太等地区视听产业规模持续萎缩

中国是世界最大的消费电子产品生产国，占全球产值的比重为 39.46%，其后是墨西哥、马来西亚和瑞士；美国是世界最大的消费电子产品市场，全球市场占有率为 23.1%，其后是中国、日本和德国。

中国家用视听行业规模增速放缓。据工业和信息化部的数据，1—10 月，中国家用视听行业销售产值同比增长 4.4%，出口交货值同比增长 2.7%，内销产值同比增长 5.9%。全行业生产彩色电视机 13 039.5 万台，同比增长 6.5%，其中液晶电视 12 222 万台，同比增长 5.5%。

欧美、亚太等地区视听产业规模逐年缩小，DVD、数码相机等产品的产量持续缩水。据《世界电子数据年鉴 2015》的统计，2015 年，除中国、墨西哥等新兴市场国家外，全球视频设备产值 345.85 亿美元，同比下降 5.47%；音频设备产值 97.38 亿美元，同比下降 1.45%；彩电产量 1.18 亿台，同比下降 5.01%；DVD 播放机产量 1 965.8 万部，同比下降 14.29%；数码相机产量 1 851 万部，同比下降 16.12%。

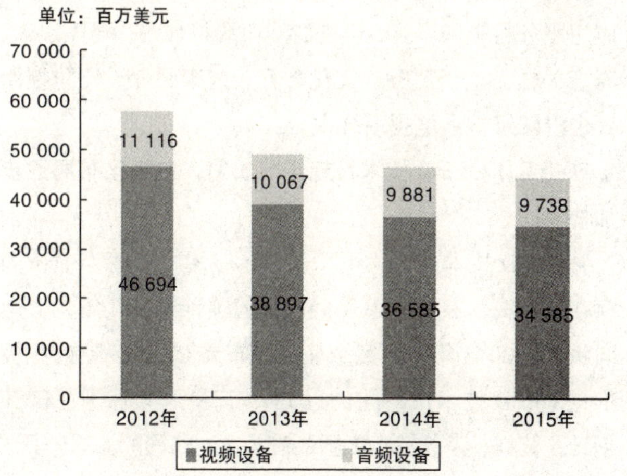

图 2　2012—2015 年视频和音频设备产值

注：2015 年为预测值，且不包含中国、墨西哥等新兴市场国家

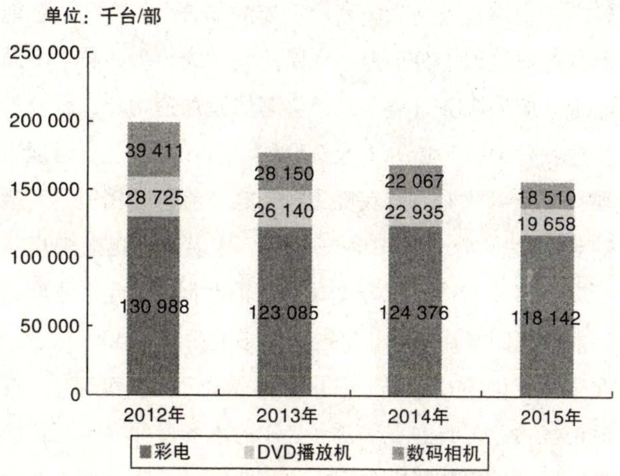

图 3　2012—2015 年彩电、DVD 播放机和数码相机产量

注：2015 年为预测值，且不包含中国、墨西哥等新兴市场国家

（三）电视全年出货量未及预期，韩系品牌依然占据较大市场份额

彩电业经历了前期的高增长之后，市场已经饱和，规模扩张的天花板触手可及，彩电企业的粗放增长模式失灵。IHSDisplaySearch 的最新调查报告显示，受主要新兴国家和地区货币贬值和经济增长的影响，2015 年全球电视的出货量将较上年略微下降至 2.25 亿台。液晶电视仍独占全球电视市场，OLED、量子点电视尚未形成规模，2015 年，全球 OLED 电视出货量不足 50 万台；量子点电视出货量预计达 130 万台。由于欧洲、新兴市场经济仍处低谷，加上中国大陆整体经济增速趋缓，电视出货量面临下滑局面。WitsView 的数据显示，2015 年前三季度全球液晶电视出货量为 15 279 万台，同比大幅下降。从出货量来看，排名前五位的分别是：三星电子持续位居榜首，前三季度液晶电视出货量达到 3 191.2 万台；LG 电子遭受新兴市场汇率波动的持续冲击，出货量仅达 2 120.3 万台；TCL 出货量为 1 020.1 万台；海信出货量为 911.6 万台；索尼出货量为 862.8 万台。韩系品牌领跑全球，占据全球出货量的 34.8%；中国品牌全球出货量稳居第二位，日系品牌全球出货量下滑。

（四）全球联网电视设备大幅增长，智能电视、互联网电视成为市场销售热点

智能电视产业在全球复杂的经济环境下，仍保持了较高的增速，成为彩电领域重要的增长点。当前，智能电视产业发展十分迅速，规模持续扩大，新兴技术不断涌现，应用服务日益丰富，生态体系加速构建，融合态势愈发显著。2015 年，全球联网电视设备（包括智能电视、蓝光播放器、游戏机和数字媒体流）的销售量有望达到 2.21 亿台，同比增长 17%。其中，智能电视出货量有望超过 1.3 亿台。与全球彩电消费低迷的走势不同，智能电视销量快速增长，占全球彩电销量的 40% 以上。在全球智能电视市场，三星继续领先于 LG 和索尼，在该市场占主导地位，占据了 1/4 的市场份额。不仅传统彩电厂商发力智能电视市场，与此同时，IT 企业、互联网企业和内容运营企业基于对智能电视商机的看好，纷纷跨界进入彩电市场，市场竞争日趋激烈，电视硬件、软件水平快速提升。既有苹果、谷歌等国际巨头，也有小米、乐视等中国新起之秀，纷纷加入到电视市场的竞争中，为智能电视行业发展带来新的活力和冲击，智能电视、互联网电视成为市场销售热点。

二、未来发展趋势

未来几年，全球经济形势不确定性加剧，视听产业依旧受到宏观经济的影响。新兴市场国家视听产品需求增长缓慢，除中国外的其他大型新兴经济体表现持续疲弱，全球市场需求增长的重心将再度转向发达经济体。彩电行业正处于整体压力比较大的阶段，智能电视等新产品和 OLED 等新技术的成熟市场化，有望拉动新一轮的增长需求。

（一）产业总体延续低迷态势，亟待寻求新的增长点

受全球经济形势影响，消费电子产业延续低迷态势，据《世界电子数据年鉴 2015》的统计，2018 年将实现销售额 1 110.1 亿美元，较 2017 年下降 1.72%。

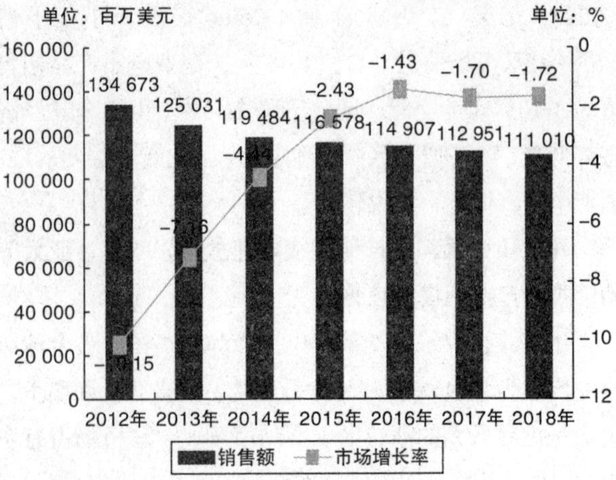

图 4　2012—2018 年世界消费电子产业销售额变化趋势

注：2015—2018 年为预测值

消费电子产业驱动力不足，受宏观经济景气度、居民可支配收入、技术革新、消费习惯、政府产业政策等因素的影响，新的增长点亟待挖掘。彩电行业正处于整体压力较大的阶段，在相当长的一段时间内将处于低位运行态势。电视面板价格已经对彩电厂商的利润率造成明显影响，当前彩电厂商利润率与面板利润率呈现背离态势。对于彩电厂商而言，最大的挑战在于如何在市场占有率与获利率之间、面板的价格与面板的供应之间取得平衡。

（二）智能电视渗透率稳步提升，未来商业模式将产生变革

2015 年，全世界智能电视的渗透率已经超过 43%。其中，中国智能电视渗透率已经将近七成。主要品牌厂商通过相当长一段时间对智能电视系统、内容输入、人机互动等方面进行了不断改进优化，主要发达国家和地区，以及中国大陆的智能电视生态已经相当完整。

未来智能电视的发展关键将集中在内容运营，智能电视的产业链涵盖软硬件、内容与服务商，商业模式将因此而发生变革，颠覆传统彩电行业。未来智能电视的应用服务将更加丰富，电视游戏布局将加快，媒体娱乐、养老关怀、电子商务、文化教育、健康医疗、安防控制等也将陆续接入电视系统中。

（三）OLED 技术日趋走向成熟，市场化布局逐步加快

OLED 技术被誉为下一代显示技术，尽管当前依旧存在成本高、良品率低等问题，但预计未来几年将会走向量产。2015 年，多家企业加快布局 OLED，目前积极推进 OLED 技术市场化的以 LG、三星两大韩国品牌和创维、长虹、康佳三大中国品牌为主。韩国的 LG 电子，中国的创维、长虹、康佳纷纷推出 UHD OLED 电视，日本的松下也已经在欧洲市场推出 65 英寸 UHD OLED 电视。2015 年，韩国 LG Display 与中国多家企业联盟扩展 OLED 产业生态圈，OLED 市场化布局逐步加快。在未

来一段时期内，OLED 厂商间的产品规模和成本竞争不会太明显，而是处于共同开拓市场的阶段。LG Display 公司决定投资 1.84 兆亿韩元建立 P10 工厂，将主要制造 OLED 面板，全部投资预计将超过 10 兆亿韩元，建成后将是全球最大的以生产 OLED 为主的面板生产线。

2015 年世界计算机及网络产业发展回顾与展望

【综述】

2015 年，计算机行业整体仍处在调整期。PC 市场持续低迷，预计全年出货量仅为 3 亿台，是近几年出货量最低的一年，预计从 2016 年起将会有所缓解；服务器市场保持了稳定增长的态势，x86 架构设备在市场上仍占有绝对优势，POWER 架构与 ARM 架构服务器尽管得到快速发展，但仍不足以撼动 x86 架构服务器的地位；高性能计算技术增速稳定，天河二号第六次蝉联榜首，中国在全球超级计算机 500 强中的数量猛增，成为业界关注的焦点；受移动互联网、物联网、大数据等快速发展的影响，以太网交换机与路由器市场稳步增长，预计未来在接口速率、安全等方面将继续推进。

一、2015 年计算机产业发展态势

（一）PC 市场持续低迷，市场进一步向大厂商集中

受全球政治与经济形势等因素影响，PC 市场需求进一步放缓。经过两年的持续低迷，2015 年，欧美等成熟市场的 PC 销量继续下滑，亚太等新兴市场的需求不断下降。面对行业的困境，多家市场研究机构均下调了对 PC 市场的预期，Gartner 的统计数据显示，2015 年全球 PC 产品出货量预计仅为 3 亿台，同比下降约 4 个百分点，受 PC 产品便携化与移动化趋势影响，台式机与笔记本电脑的下滑趋势未见回暖迹象，超级本则持续上涨。PC 产品仍是目前工作与生活中的重要计算设备，预计从 2016 年开始，随着超级本及新形态 PC 产品的升级换代，全球 PC 市场有望止跌回暖。

联想仍是全球最大的 PC 厂商，2015 年的出货量占到了全球 PC 市场的 20%；惠普出货量约为全球 PC 市场的 18%，排第二位；戴尔以 14% 左右的市场份额排第三位；值得关注的是，苹果依靠其笔记本电脑、一体

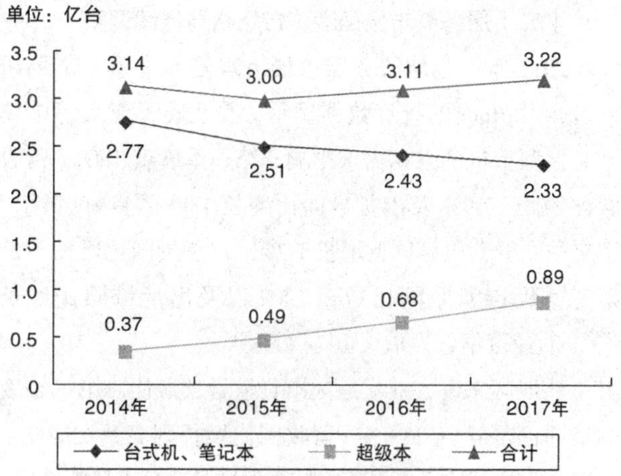

图 1　全球 PC 产品出货量统计与预测

注：2015—2017 年为预测数据

数据来源：根据 Gartner 统计数据整理，2015 年 9 月

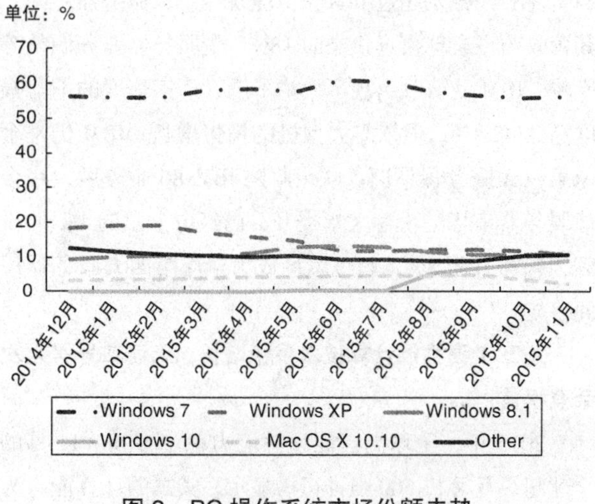

图 2　PC 操作系统市场份额走势

数据来源：Net Applications，2015 年 12 月

机等设备的销量增长，超过宏碁和华硕成为全球第四大PC厂商。全球前六大PC厂商的产品占据了整个市场75%左右的市场份额，市场进一步向大厂商集中。

Windows仍是PC市场的主流操作系统，占据着PC市场91.39%的份额，苹果Mac操作系统的市场份额为6.99%。从具体操作系统的版本来看，Windows XP从年初的18.93%进一步降至11月的10.59%，Windows 7则基本保持在56%左右的份额，Windows 10迅速增至9.00%，预计未来1 ~ 3年将继续快速增长，成为拥有全球用户最多的操作系统。

（二）服务器市场回暖，市场格局持续调整

2015年，全球服务器市场重现复苏迹象。市场研究机构Gartner的统计数据显示，受北美、亚太等市场上对大型主机的强劲需求影响，第一季度就出现了营收同比增长17.9%及出货量同比增长13%的良好开端，第二季度的营收则同比增长7.2%，出货量同比增长8%，第三季度以营收同比增长7.5%以及出货量同比增长9.2%的速度继续发展。

从地区来看，亚太地区出货量增长最快，第三季度的增速已经达到23.8%，营收同比增长则高达25.4%，北美、西欧等地区也保持着较高的增长速度，只有东欧、日本、拉丁美洲等地区出现了一定程度的增速下降。

除IBM外，全球几大服务器厂商收入均有所增长。惠普仍是全球最大的服务器厂商，营收占全球市场的27%左右。戴尔超过IBM成为全球第二大服务器厂商，其营收约占全球市场份额的18%。受服务器业务调整等影响，IBM的营收出现了大幅下滑，第三季度的下滑幅度高达42.8%，但依靠大型机的销售增长，IBM仍是全球第三大服务器厂商。联想收购IBMx86业务后，在全球服务器市场的份额大幅提升，已经由上年的1%的份额大幅提升至8%，超过思科成为全球第四大服务器厂商。

（三）高性能计算技术平稳增长，天河二号第六次荣登榜首

2015年，全球高性能计算能力稳定增长。11月的全球超级计算机500强排行榜显示，其总的计算能力为每秒421千万亿次，比上年同期的每秒309千万亿次增长36.2%，比上年同期增速高出12.6个百分点。由国防科学技术大学研制，位于广东国家超算中心的天河二号以每秒33.86千万亿次的浮点运算速度第六次位居榜首，这是世界超算史上首台连续6次夺冠的超级计算机，创造了超算领域一项新的世界纪录。榜单中前五名从2013年6月起没有任何变化，排名第二至第五的分别是泰坦、红杉、京和米拉。

美国仍是高性能计算技术实力最强的国家，但在全球超级计算机500强排行榜中的数量已经从上年同期的231个降至199个，中国则从上年同期的61个猛增至109个，成为本次500强中的关注热点。中国的快速增长很大一部分来自互联网服务器，这些互联网服务器占109个服务器的一半左右，且由于LINPACK效率低于40%而引起了业界的争论。日本、德国、英国、法国分

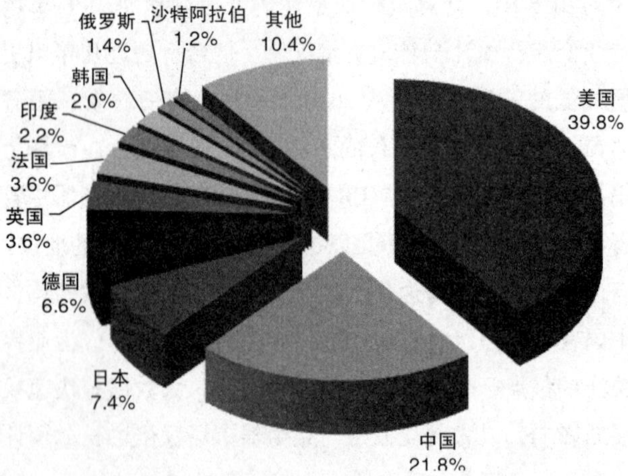

图3　全球超级计算机500强国家与地区装机数量分布

数据来源：http://www.top500.org，2015年11月

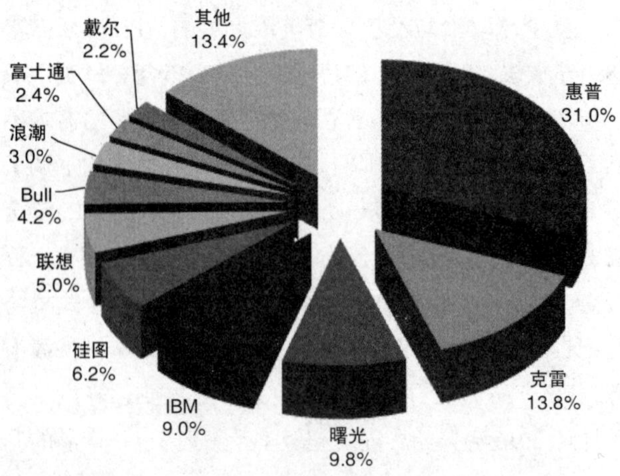

图4　全球超级计算机500强供应商分布

数据来源：http://www.top500.org，2015年11月

别以 37 个、33 个、18 个、18 个排名第三至第六。

惠普仍是最大的供应商，在全球超级计算机 500 强中有 157 个为惠普制造，但比上年同期的 179 个有所下降；克雷则由上年同期的 62 个增至 69 个，排名第二；曙光以 49 个排名第三；IBM 的份额大幅下滑至 45 个，由上年同期的第二名降至第四名。英特尔处理器仍在超级计算机中广泛使用，500 强中使用英特尔处理器的个数由上年同期的 429 个增至 445 个，使用了 IBM 处理器的有 26 个，使用了 AMD 处理器的有 21 个。

（四）需求不断提升，以太网设备市场增长稳定

随着物联网、移动互联网，云计算、大数据、社交媒体等的兴起，全球网络设备市场需求进一步提升，互联网流量呈现指数增长，进一步推动了全球以太网交换机与路由器市场的发展。市场研究机构 IDC 的数据显示，2015 年，全球 2 ~ 3 层以太网交换机市场继续稳定增长，前三季度同比增长了 3 个百分点，预计这一态势将持续到 2016 年。

世界各国对安全可靠网络的需求直接影响到了以太网交换机的发展，北美以及亚太地区的中国大陆、韩国、中国香港特别行政区等地区市场增速明显，平均增幅超过 10%，日本等地区增速出现下滑迹象，欧洲、中东和非洲增速与上年基本持平或略有下降。10GB 与 40GB 以太网设备仍是整个以太网交换机市场增长的主要推动力，2 ~ 3 层 10GB 以太网交换机销售收入增长乏力，第三季度增速下滑 1.6 个百分点，但出货量持续高速增长，同期增长 27.4 个百分点，40GB 以太网交换机收入开始增长，第三季度更是同比增长 41.4 个百分点。

全球数据中心与互联网服务器的扩建直接带动了以太网路由器市场的增长，全球销售收入略好于以太网交换机市场，2015 年第一季度，全球企业和服务商级路由器市场营收同比增长了 7.7%，第二季度同比增长 11.5%，第三季度则增长乏力，与上年同期持平。

思科仍是全球最大的以太网交换机与路由器厂商。市场研究机构 IDC 的数据显示，在 2 ~ 3 层以太网交换机领域，思科仍占据着 60% 左右的市场份额；惠普在以太网交换机市场位列第二，市场份额接近 10%，与上年基本持平；瞻博、华为、阿尔卡特朗讯等分享了剩下不到 30% 的市场份额。路由器市场仍由思科、阿尔卡特朗讯、华为和瞻博四大厂商控制着全球 90% 以上的市场份额，思科继续大幅领先于其他 3 家厂商，但华为在路由器与交换机市场的增幅最大。

二、未来发展趋势

（一）传统 PC 市场进一步萎缩，与智能终端的融合发展将成重点

台式机与笔记本电脑低迷态势仍将持续，PC 厂商的转型压力进一步加大。目前，日本、韩国等计算机硬件厂商已经战略性退出，而联想、惠普、宏碁等厂商的 PC 产品创新能力仍不足以推动整个行业进步，微软推出的 Windows 10 操作系统虽然在短短几个月便占据了全球操作系统近 10% 的市场份额，但仍没有给 PC 行业带来发展的动力。市场研究机构 Gartner 的数据显示，尽管全球用在 PC 设备上的费用将会由 2015 年的 6 056 亿美元增至 2016 年的 6 167 亿美元，2017 年将继续增至 6 271 亿美元，但较 2014 年的 6 419 亿美元仍有一定的差距，市场需求未见明显好转。

受智能终端冲击等因素影响，笔记本电脑与智能终端融合发展将成为未来几年的发展重点。从近两年市场上热销的产品来看，超级本、异形本、笔记本与平板的融合产品等成为 PC 市场上销量唯一增长的产品，而传统台式机与笔记本的销量持续下滑。2015 年挤入全球五大 PC 厂商的苹果公司，其 MacBook 等产品以重量轻、待机时间长等特点成为市场关注的重点，其他厂商销量较好的产品也大都是轻量化、小型化的产品。此外，苹果、华为、三星等智能手机加大了向计算机领域发展的力度，在产品便携化等方向对传统计算机厂商发起了冲击。

微软、谷歌与苹果的新版操作系统在融合 PC 与智能终端产品的进程中将发挥更加重要的作用。微软的 Windows 10 从 PC 扩展到了手机端，谷歌的 Android 与 Chrome 正加速融合，苹果的 Mac OS 与 iOS 日趋一致，PC 与智能终端间的界限将进一步模糊。

（二）服务器技术与产品结构局部微调，市场将持续增长

从技术与产品层面来看，服务器领域仍是 x86、ARM、POWER 三种架构多元演进态势，但 x86 架构处理器仍将占据着服务器行业的主导地位。2015 年，市场上出售的服务器仍以 x86 架构设备为主，未来其市场份额将会进一步提高，八路服务器的价格不断下降，未来有可能成为市场关注的焦点；经过近两年的快速布局，POWER 架构服务器成为服务器行业新的推动力量，但

由于应用软件缺乏等原因，生态系统尚未健全，产业化步伐缓慢；以低功耗为切入点而进军服务器领域的 ARM 架构产品仍有待市场检验；IBM 与甲骨文在大型服务器市场的垄断地位仍然不可动摇，但其市场份额逐年下降；中国市场上以 MIPS 架构为主的服务器尚不足以与其他产品竞争。

从产业层面看，互联网、云计算、大数据等技术的发展为服务器相关产品带来了新的发展机遇，数据中心的新建与扩建使得全球服务器市场保持了一定的增长速度，未来几年，网络安全、关键领域的设备更新、高性能计算的应用与发展等仍是各国发展的重点，整个服务器领域仍将保持稳定增长态势。

（三）以太网设备向多速率接口等方向演进，安全技术成为重点

多速率设备有望得到更多的应用。与过去以 10 倍速演进的 1G、10G、100G 等以太网发展趋势不同，5G、25G 等以太网逐步出现在互联网服务器、数据中心等应用领域，戴尔、惠普等厂商也已经推出了 10/25/40/50/100Gbps 速率的以太网交换机，预计 2.5G、5G、25G 以太网标准将会很快通过，400G、50G、200G 等标准也将在未来几年通过。

网络与数据安全将成为以太网技术与产品的发展重点。安全已经成为全球性话题，也是目前信息技术与产品的关注重点，处于网络安全底层的以太网设备已经成为科研机构、设备厂商与互联网企业的研发重点。将入侵检测、恶意软件防护等集成在以太网设备上已经成为思科、瞻博、华为等产品的宣传重点，预计未来几年，将有更多的安全功能、综合性的软硬件一体化技术应用于网络设备，并驱动以太网技术与产业快速发展。

【统计数据】

表 1　超级计算机 500 强排行榜前十名

排名	名称	安装地点	制造商	处理器数（个）	运算速度（十亿次 / 秒）
1	天河二号	国家超算中心，中国广州	国防科学技术大学	3 120 000	33 862 700
2	泰坦（Titan）	美国能源部橡树岭实验室	克雷	560 640	17 590 000
3	红杉（Sequoia）	劳伦斯－利弗莫尔国家实验室，美国	IBM	1 572 864	17 173 224
4	京（K）	理化高级研究所（AICS），日本神户	富士通	705 024	10 510 000
5	米拉（Mira）	伊利诺伊州阿贡国家实验室，美国	IBM	786 432	8 586 612
6	Trinity	美国能源部	克雷	301 056	8 100 900
7	PizDaint	国家计算中心，瑞士	克雷	115 984	6 271 000
8	Hazel-Hen	斯图加特超级计算中心（HLRS），德国	克雷	185 088	5 640 170
9	ShaheenII	国王科技大学，沙特阿拉伯	克雷	196 608	5 536 990
10	Stampede	奥斯汀得克萨斯高级计算中心，美国	戴尔	462 462	5 168 110

注：数据来源于 http://www.top500.org，2015 年 11 月。

2015 年世界物联网产业发展回顾与展望

【综述】

2015 年，物联网整体和细分市场规模、联网设备数量的复合年均增长率仍保持两位数的水平。法国、荷兰、韩国等国家从政府层面继续大力推进物联网建设，IBM、微软、谷歌、ARM、三星等电子产业巨头也积极布局物联网，以抢占物联网战略发展高地。下一步，物联网将继续以高速增长态势向更多、更广应用领域延伸，物联网所提供服务的价值占比将持续增加。

一、2015 年物联网产业发展态势

（一）市场规模持续放大，联网设备显著增加

2015 年，物联网继续延续 2014 年的快速发展态势。根据美国知名行业研究公司 IC Insights 在 2015 年 8 月公布的预测数据，2015 年与物联网连接的子系统及各种设备内部的网络通信、感测与控制功能相关半导体组件的市场规模预计达 624 亿美元，较 2014 年的 483 亿美元增长 29%，并且在车联网、智慧家庭、工业物联网、智慧城市和可穿戴设备五大物联网应用领域中，可穿戴设备的增长动力最强劲。

IC Insights 估计，整体物联网相关营收（不包括互联网服务器、网络基础架构与云端运算系统）预期 2013—2018 年复合年均增长率可达到 21.1%，并在 2018 年达到 1 041 亿美元的规模；物联网中互联设备的数量也将快速增长，总量将大幅超越全球联网的人类用户数量，2015 年新增联网设备数预计达到 5.74 亿台，比上年的 4.1 亿台增长 40%；联网设备总数 2015 年和 2020 年预计将分别达到 132 亿台和 250 亿台。

在物联网服务支出费用方面，根据国际数据公司（IDC）于 2015 年 12 月公布的分析数据，2015 年全球物联网服务支出费用达到 6 989 亿美元，而到 2019 年全球物联网服务支出费用将达到 1.3 万亿美元，较 2015 年增加近 1 倍。从地域角度来看，亚太地区目前在物联网上的支出最大，约占全球总量的 40%，北美和西欧分列第二和第三位，两者总支出达 2 500 亿美元。从垂直行业来划分，制造业和交通运输业分别排第一和第二位，2015 年各自在物联网上的支出分别为 1 656 亿美元和 787 亿美元。但在不同地区，不同行业的增长率不同。

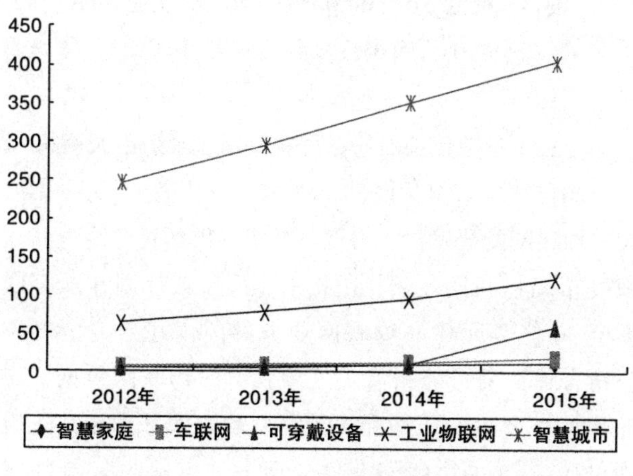

图 1　2012—2015 年物联网应用市场规模

注：2015 年为预测值

数据来源：IC Insights IC Market Drivers 2015 Update

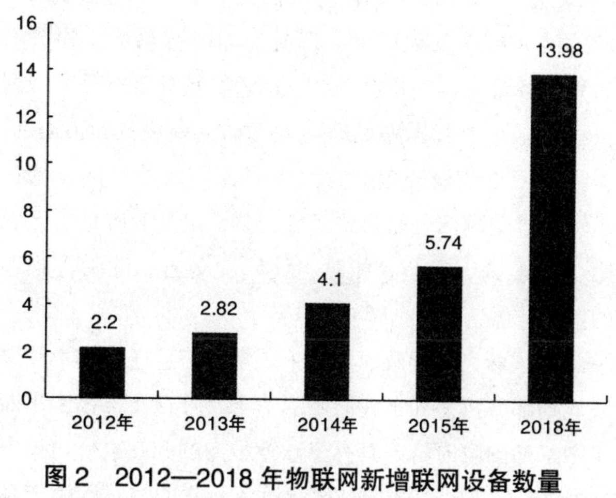

图 2　2012—2018 年物联网新增联网设备数量

注：2015 年、2018 年为预测值

数据来源：IC Insights IC Market Drivers 2015 Update

在中欧和东欧（CEE）以及中东和非洲（MEA）地区，智能建筑增长速度最快；在拉丁美洲地区，维护和现场服务增速最快，用于在现场采集传感器数据并发送给技术人员；在亚太地区，保险公司日益倚重远程车载通信系统监看驾驶员的行为以计算保费；在北美地区，洞察消费者行为的情境营销增速最快。

（二）各国加快物联网建设，抢占战略高点

2015年，美国、法国、荷兰和韩国等国家也加大对物联网的投入力度，或设立全国性研发中心，或在全国范围内铺设物联网网络，或继续由政府出资激励企业进行技术研发。

法国总统奥朗德于7月为位于法国昂热的欧洲最大的物联网技术研发中心揭幕。该研发中心占地面积为1万平方米，由国家和私营企业共同出资，以维护法国在物联网领域的领军地位为使命，计划容纳60家物联网公司，并帮助其迅速将创新理念转化为由法国制造的智能联网设备。法国目前活跃在物联网领域的大型企业有法国电信、阿尔卡特朗讯、欧朗集团、云计算大厂Actility和法国邮政等，小型企业有Parrot、Withings和sen.se等，其产品已销往全球。在2015年拉斯维加斯国际消费电子展（CES）的350家非美国参展商中，法国企业超过了100家，且大部分法国参展商展出的是物联网产品。5月在巴黎举行的物联网大会有超过100家法国企业参展，其中38家为初创企业。

美国政府于9月发表声明，将投入1.6亿美元资金推动“智慧城市”计划，并首先推动“物联网”应用试验平台的建设。到2050年全球城市人口预计将再增加25亿人，其中约90%的增长将集中在非洲和亚洲，持续的人口增长和城市化将会为美国智慧城市相关产品和服务带来巨大机会。在1.6亿美元资金中，美国国家科学基金会和国家标准与技术研究所将提供0.45亿美元，用于建设开展智慧城市研究所需的基础设施；运输部等美国部分联邦政府机构共计出资1.15亿美元，用于探索城市安全、能源、气候、交通和健康等难题的解决方案。

韩国两大关键政府部门（科学、信息通信技术和未来规划部，贸易和工业能源部）于9月宣布，在未来四年中，韩国政府将向具有全球竞争力的300家公司投资高达3.5亿美元，开发与智能设备互联的物联网生态系统，实现家居用品、住房和其他日常用品智能化。

英国第五代移动通信（5G）技术创新中心于9月揭幕，该中心是全球最大的下一代移动通信技术学术研发中心。英国政府提供大力支持，包括提供部分研发资金，希望以此为基础在物联网领域取得更大突破。

荷兰皇家电信（KPN）已于11月开始在海牙和鹿特丹架设物联网网络，并计划于2016年年底前架设完成全国性的物联网网络，使荷兰成为少数可被物联网网络全部覆盖的国家之一。该物联网所用技术为远距离广域网技术（或称为劳拉网络），物联网设备无需使用SIM卡即可以低功耗进行数据连接，适用于偶然联结、发送数据量少的设备或装置。目前在荷兰首都阿姆斯特丹，以及北部都市格罗宁根，已有一个小型非公开的劳拉物联网网络正进行运行测试。该网络由荷兰新创公司TheThingsNetwork为首的物联网网络组织所发起，可免费使用。TheThingsNetwork提供个人可架设物联网发射器，费用为60～200欧元。

图3　荷兰TheThingsNetwork公司提供的个人可架设物联网发射器

（三）产业巨头纷纷布局物联网，紧抓巨大商机

2015年，IBM、微软、谷歌、三星等产业巨头加大对物联网的研发投入力度，加快推出新物联网产品，积极布局物联网发展。IBM于3月宣布计划在4年内投资30亿美元建立物联网业务部门，并与美国气象公司合作，通过分析有关气象状况的物联网数据，帮助相关企业改善业绩和决策。微软于4月和8月先后推出Azure IoT物联网套件云服务和Windows 10物联网版本“Windows 10 IoT Core”：套件云服务可提供针对物联网应用进行计费、监控和分析的集成解决方案；Window 10 物联网版本在系统功能、代码方面进行了大量的精简和优化，主要面向小体积的物联网设备，并提供免费下载，可用于英特尔的“居里”，以及 Raspberry Pi 2、Minnowboard Max 等袖珍型电脑，用作物联网设备的“大脑”。ARM 于 2015 年年初也推出 mbed 物联网操作平台，支持其所有 ARM Cortex 架构微处理器，并在随后收购了美国 Wicentric 和 Sunrise 两家公司，将推出以 Cordio 为品牌的低压蓝牙系统，加强其为智能手表等个人消费类可穿戴设备提供低功耗无线传输解决方案的能力。谷歌正开发代号为“Brilo”的物联网版本的安卓系统，三星也表示在开发自有的物联网操作系统，并将最大限度打造物联网生态系统，到 2020 年其全部产品都将支持物联网。

二、物联网产业未来发展趋势

（一）持续高速增长，汽车应用增速最快

目前物联网正处于发展初期，未来还将有至少十年的高速发展期。根据美国著名行业咨询公司 Gartner 研究数据，2020 年联网设备数将从 2014 年的 37 亿台增长到 250 亿台，2013—2020 年物联网市场复合年均增长率高达 35.2%，农业、医疗保健、零售、银行、教育、政府、交通、公共服务等垂直领域，复合年均增长率达到 24.1%；自动化、能源、信息等通用领域，复合年均增长率则可达 44.3%；面向消费者的医疗健身、家庭自动化、家庭能源管理、家庭安防、娱乐等领域，复合年均增长率达到 32.4%；汽车领域将发展最快，复合年均增长率有望达到 67.2%。

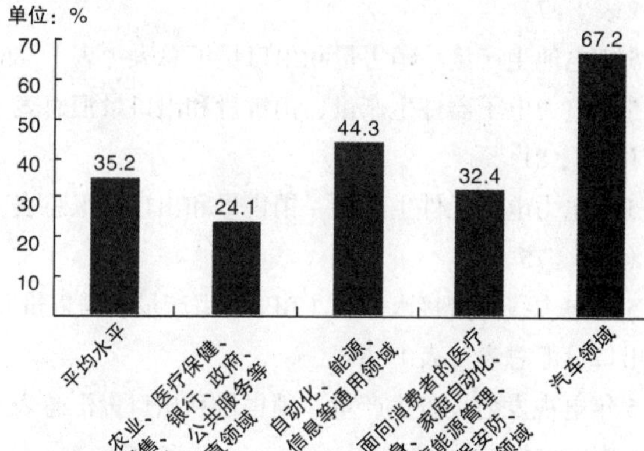

图 4　2013—2020 年物联网各细分应用领域复合年均增长率（CAGR）增长情况

数据来源：Gartner

（二）服务价值占比增大，硬件渐变为服务载体

物联网的价值将由服务驱动，硬件将逐渐变为服务的载体，其重要性不断降低。物联网发展将分为两个阶段：第一个阶段是增加联网设备，第二个阶段是提供服务。由于物联网的一大特性是生命周期长，相较于手机或其他消费性商品的快速推陈出新，很多物联网设备都需使用许多年才能进行替换，迫使硬件制造商以服务带动整体价值的提升。未来物联网带来的大部分价值都出自于服务，硬件所代表的价值则日趋减少。根据 2015 年 12 月 IDC 的预测，2015 年全球物联网服务支出费用达到 6 989 亿美元，而到 2019 年将达到 1.3 万亿美元，较 2015 年增加近一倍。而根据 Gartner 的预测，到 2020 年，物联网产值中大约有 500 亿美元来自半导体、300 亿美元来自通信技术厂商、60 亿美元来自云端平台厂商，而来自服务的产值则将高达 2 500 亿美元。

（三）迎来全面应用新阶段，共性技术平台成发展热点

物联网技术呈现协同、融合、集成发展的新特征，物联网应用进入全面、快速、细分发展的新阶段。物联网技术与云计算、大数据、移动互联网等新兴一代信息技术的协同创新进一步深化，与农业、制造业、服务业等传统产业，与新能源、新材料、先进制造业等新兴产业的“双向融合”不断加强。物联网加快向经济、社会、生活众多领域渗透，不断催生新变革、新应用和新业态。物联网的创新是应用集成性的创新，任何一家企业几乎无法单独完成一个完整的解决方案，一个技术成熟、服务完善、产品类型众多、应用界面友好的应用需要设备提供商、技术方案商、运营商、服务商的充分协同合作。随着产业的成熟，支持不同设备接口、不同互联协议、可集成多种服务的共性技术平台将成为发展趋势。

［供稿：工业和信息化部电子科学技术情报研究所］

索　引

使用说明：

1. 本索引采用内容分析索引法编制。除大事记外，年鉴中有实质检索意义的内容均予以标引，以便检索使用。

2. 本索引基本上按汉语拼音音序排列。具体排列方法如下：以数字开头的，排在最前面；汉字标目按首字的音序、音调依次排列，首字相同时，则以第二个字排序，并依此类推。

3. 索引标目后的数字，表示检索内容所在的年鉴正文页码；数字后面的英文字母 a、b，表示年鉴正文中的栏别，组合在一起即指该页码及左、右两个版面区域。年鉴中用表格反映的内容，则在索引标目后面用括号注明（表）字以区别于文字标目。

4. 为反映索引款目间的隶属关系，对于二级标目，采用在上一级标目下缩二格的形式编排，之下再按汉语拼音音序、音调排列。

0 ~ 9

A

B

C

D

F

G

H

J

L

R

S

T

W

X

Y

Z